中国年鉴精品工程
High Quality Project of China's Yearbook

万州年鉴 2022

WANZHOU YEARBOOK

重庆市万州区党史和地方志研究室 编

方志出版社
Publishing House of Local Records

图书在版编目（CIP）数据

万州年鉴. 2022 / 重庆市万州区党史和地方志研究室编. —北京：方志出版社, 2022.12
ISBN 978-7-5144-5568-7

Ⅰ. ①万… Ⅱ. ①重… Ⅲ. ①万州区—2022—年鉴
Ⅳ. ①Z527.193

中国版本图书馆CIP数据核字（2022）第252627号

责任编辑：李志瑜
责任校对：刘玉霞
责任印制：梅中英
出 版 者：方志出版社
地　　址：北京市朝阳区潘家园东里 9 号（国家方志馆4层）
邮　　编：100021
网　　址：http://www.zgfzcb.cn
发　　行：方志出版社图书营销中心（010-67110500）
印　　刷：重庆新视野快速印务有限公司
开　　本：889毫米×1194毫米 1/16
印　　张：35.5
字　　数：1371千字
版　　次：2022年12月第1版
印　　次：2022年12月第1次印刷
定　　价：300.00元

序

国务院办公厅2015年8月印发的《全国地方志事业发展规划纲要（2015—2020年）》（以下简称《规划纲要》）要求，到2020年要做到地方综合年鉴一年一鉴，公开出版，实现省、市、县三级综合年鉴全覆盖。《规划纲要》还要求，坚持存真求实，正确处理质量与进度的关系，将精品意识贯穿于年鉴编纂出版工作全过程。2015年12月，中国地方志指导小组办公室启动中国年鉴精品工程，将其与先期实施的中国志书精品工程视为姊妹工程，一道作为加强地方志质量建设的重要抓手。

实施中国年鉴精品工程有助于推动中华优秀传统文化传承发展。近年来，在党中央、国务院的高度重视和关心支持下，全国地方志事业发展迎来最好的发展时期。年鉴编纂发端于欧洲，鸦片战争后被引入我国，在我国走过了100多年的发展历史。在长期的编纂中，年鉴在内容和形式上不断发展，逐渐演变成为适合反映中国国情、具有鲜明中国特色的一种文化载体，并在改革开放后出现了快速发展的局面。2006年5月，国务院《地方志工作条例》颁布施行，明确将地方综合年鉴纳入地方志工作范畴，年鉴工作走上了有法可依的轨道。《规划纲要》出台，为从依法编鉴转变到依法治鉴指明了方向。2016年12月，中国地方志指导小组印发《全国年鉴事业发展规划（2016—2020年）》，更进一步明确了到2020年全国年鉴事业的任务书、时间表、路线图。经过多年的发展，年鉴工作已经成为地方志工作的重要组成部分，成为中华民族优秀文化传统的有机组成部分，其存史、育人、资政作用日益彰显。实施中国年鉴精品工程，是年鉴工作者紧扣时代脉搏、坚持创新发展的一项重要举措，对于坚定文化自信，传承弘扬好中华优秀传统文化意义重大。

实施中国年鉴精品工程有助于为全面建成小康社会提供更多智力支持和历史借鉴。党的十八大作出全面建成小康社会的战略部署。党的十八届五中全会提出到2020年如期实现全面建成小康社会的目标要求。完成《规划纲要》确定的目标任务是年鉴工作者的神圣使命，更是年鉴工作者以自身力量为全面建成小康社会献上的厚礼。一方面，可以更好地利用年鉴这种年度资料性文献，及时记录各地区在全面建成小康社会伟大征程中每年取得的新成绩和新经验、出现的新情况和新问题、涌现的优秀人物和典型事迹等；另一方面，可以更好地积累地情、国情资料，为推动经济社会发展和深化改革提供智力支持，为推进国家治理体系和治理能力现代化提供历史借鉴。

实施中国年鉴精品工程有助于全面推进地方志事业转型升级。地方志不是单纯修志编鉴工作，而是全体方志人“修志问道，以启未来”的一项事业，这项事业包含着巨大的时代担当与使命追求。地方志工作要在“五大建设”总体布局和“四个全面”战略布局中发挥与其自身价值、功能相匹配的作用，就要因时而谋、乘势而上、顺势而为，全面推进地方志事业转型升级。转型升级，当下最重要的目标就是完成“两全”目标，包括“年鉴全覆盖”目标；长远的目标就是基本形成地方志编修体系、理论研究和学科建设体系、质量保障体系、资源开发利用体系、工作保障体系“五位一体”的地方志事业发展综合体系，包括“五位一体”的年鉴事业发展综合体系。中国年鉴精品工程是一项探索工程，也是一项创新工程，是推进地方志事业转型升级的重要内容。通过实施中国年鉴精品工程，不仅有助于确保年鉴质量，不断编纂出版具有鲜明时代特征、年度特点和地域特色的精品年鉴，也有助于推动年鉴工作适应经济社会发展形势和时代需要，不断改革创新，与时俱进。

多年来，在中国地方志指导小组办公室的指导和全国各级地方志工作机构的共同努力下，年鉴种类数量快速增长，年鉴成果粲然可观，为实施中国年鉴精品工程奠定了坚实的基础。实施中国年鉴精品工程，就是要在全国地方志系统起到示范作用，进一步培育精品意识，打造精品年鉴，以点带面，在提高年鉴质量方面探索出一条切实可行之路，使这项探索工程和创新工程能够积累经验，发挥引领作用。

“万山磅礴，必有主峰；龙衮九章，但挈一领。”实施中国年鉴精品工程，是筑牢地方志事业特别是年鉴事业发展根基之举，其意义与价值不言而喻。但编修出年鉴精品佳作，绝非朝夕之功，需要付出长期艰辛的努力。希望通过实施中国年鉴精品工程，能够进一步推进年鉴质量建设，使年鉴真正成为传承中华民族优秀传统文化的重要载体，成为展示中国国情、地情的重要窗口，成为“为当代提供资政辅治之参考、为后世留下堪存堪鉴之记述”的资源宝库，在全面建成小康社会过程中作出更大贡献。

是为序。

中国社会科学院原副院长
中国地方志指导小组原常务副组长

编辑说明

一、《万州年鉴（2022）》（以下简称“本年鉴”）坚持以马克思列宁主义、毛泽东思想、邓小平理论、“三个代表”重要思想、科学发展观、习近平新时代中国特色社会主义思想为指导，坚持辩证唯物主义和历史唯物主义的立场、观点和方法，全面真实记录2021年万州区自然、政治、经济、文化、社会、生态文明建设等方面概貌和发展情况。

二、《万州年鉴》是重庆市万州区人民政府主管、万州区人民政府办公室主办、万州区党史和地方志研究室编纂的地方综合年鉴，1989年创办，每年出版1卷，《万州年鉴（2022）》为第34卷。

三、本年鉴记述时限为2021年1月1日至12月31日，部分内容适当上溯和下延。采用类目、分目、条目的编辑体例，少数分目下增设次分目，以字体、字号等版式设计区分不同层次。条目标题统一用【】表示。

四、本年鉴结合年度热点和地方实际，对上年年鉴框架结构进行调整改版。除卷首外，全书设特载、专记、大事记、区情概览、中国共产党重庆市万州区委员会、重庆市万州区人民代表大会、重庆市万州区人民政府、中国人民政治协商会议重庆市万州区委员会、中国共产党重庆市万州区纪律检查委员会 重庆市万州区监察委员会、民主党派·工商联、群众团体、法治、军事、应急管理、经济管理、开放与合作、农业·水利、工业、建筑业、商贸服务业、万州烤鱼、旅游业、金融业、房地产业、城市建设、乡村振兴、生态环境、交通运输、信息产业、教育、科学技术、文化、卫生健康、体育、社会生活、镇乡街道、人物·荣誉、统计资料、附录39个类目，采用图片309幅、表94张。

五、本年鉴卷首图照设地图、2021年·数字万州、百年党史·万州影像、2021年·万州影像4个部分，反映万州发展历程及城乡建设新面貌、新成就。内文设“专记”重点记述“万州区‘一区一枢纽两中心’建设”“万达开川渝统筹发展示范区建设”等区域大事，反映年度热点和时代特征；“区情概览”类目设“世界大河歌会”“中国烤鱼之乡”“中国曲艺之乡”条目，展现城市名片；特设“万州烤鱼”类目，凸显地域特色。

六、本年鉴中凡涉及各种机构首次出现时使用全称并括注简称，其余均使用规范性简称。文中除“民主党派”部分外，“重庆市委”均指“中共重庆市委”，“区委”均指“中共重庆市万州区委”，“党员”均指“中共党员”，“党建”工作均指“中国共产党建设”工作。文中清代以前采用历史纪年夹注公元纪年，其余均用公元纪年。

七、本年鉴数字用法、标点符号用法分别采用国家标准《出版物上数字用法》（GB/T 15835-2011）、《标点符号用法》（GB/T 15834-2011）。计量单位采用国家技术监督局1993年12月发布的《量和单位》系列国家标准。

八、本年鉴所用资料，主要来源于各部门、乡镇（街道）供稿（稿件经各单位负责人审核）、档案资料和新闻报刊。“特载”“专记”类目所收录的资料，除进行编辑规范外，未作其他修改。全书图片主要由各单位和重庆三峡融媒体中心提供，部分为资料图片，如有采用未标注者，请与编辑部联系。由于统计数据其来源及统计口径、方式、时间的不同，所载数据存在不一致者，请以区统计局提供的统计资料为准。

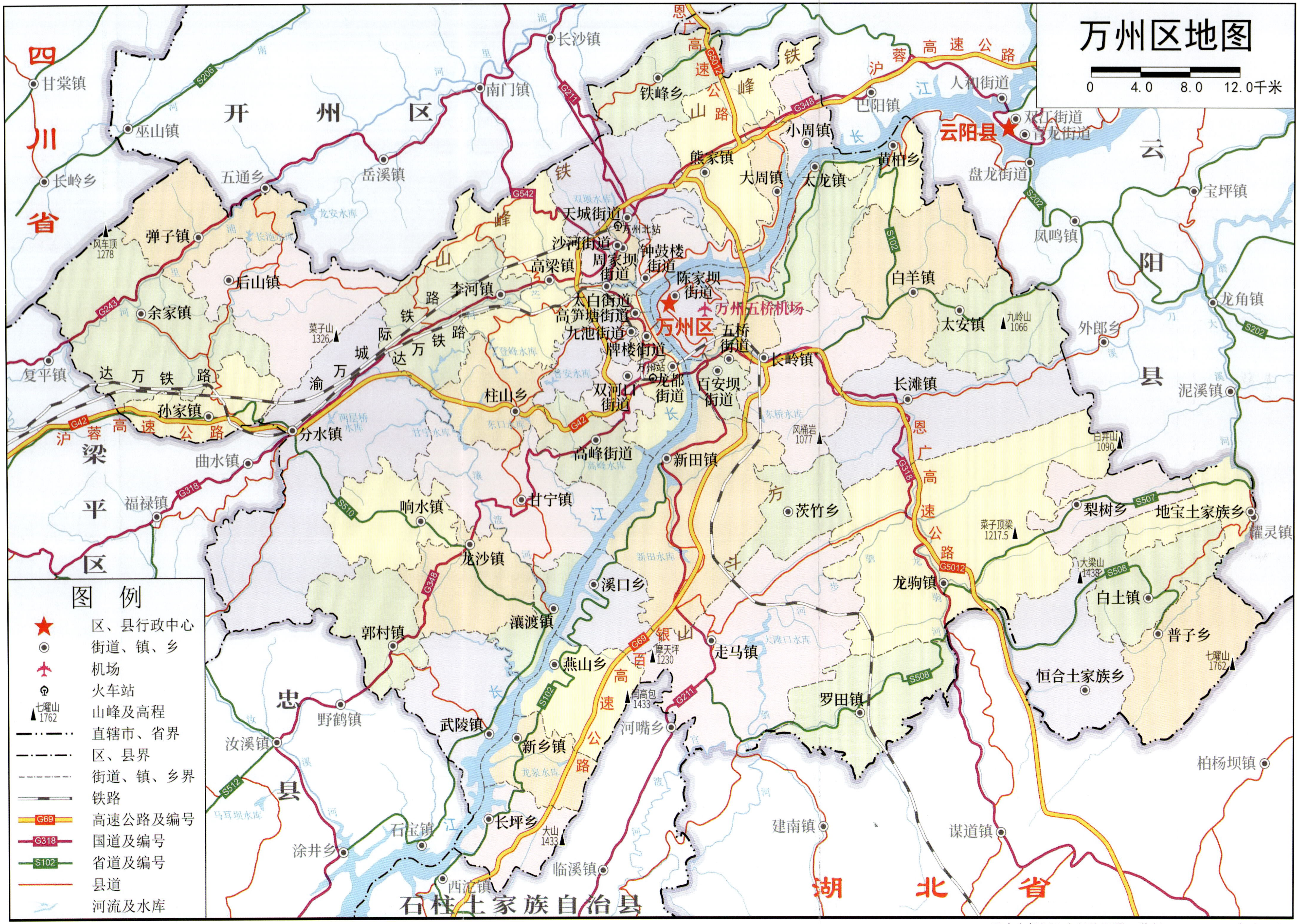

审图号：渝S(2021)052号

重庆市规划和自然资源局 监制 二〇二一年十一月

重庆市渝东北三峡库区城镇群区位

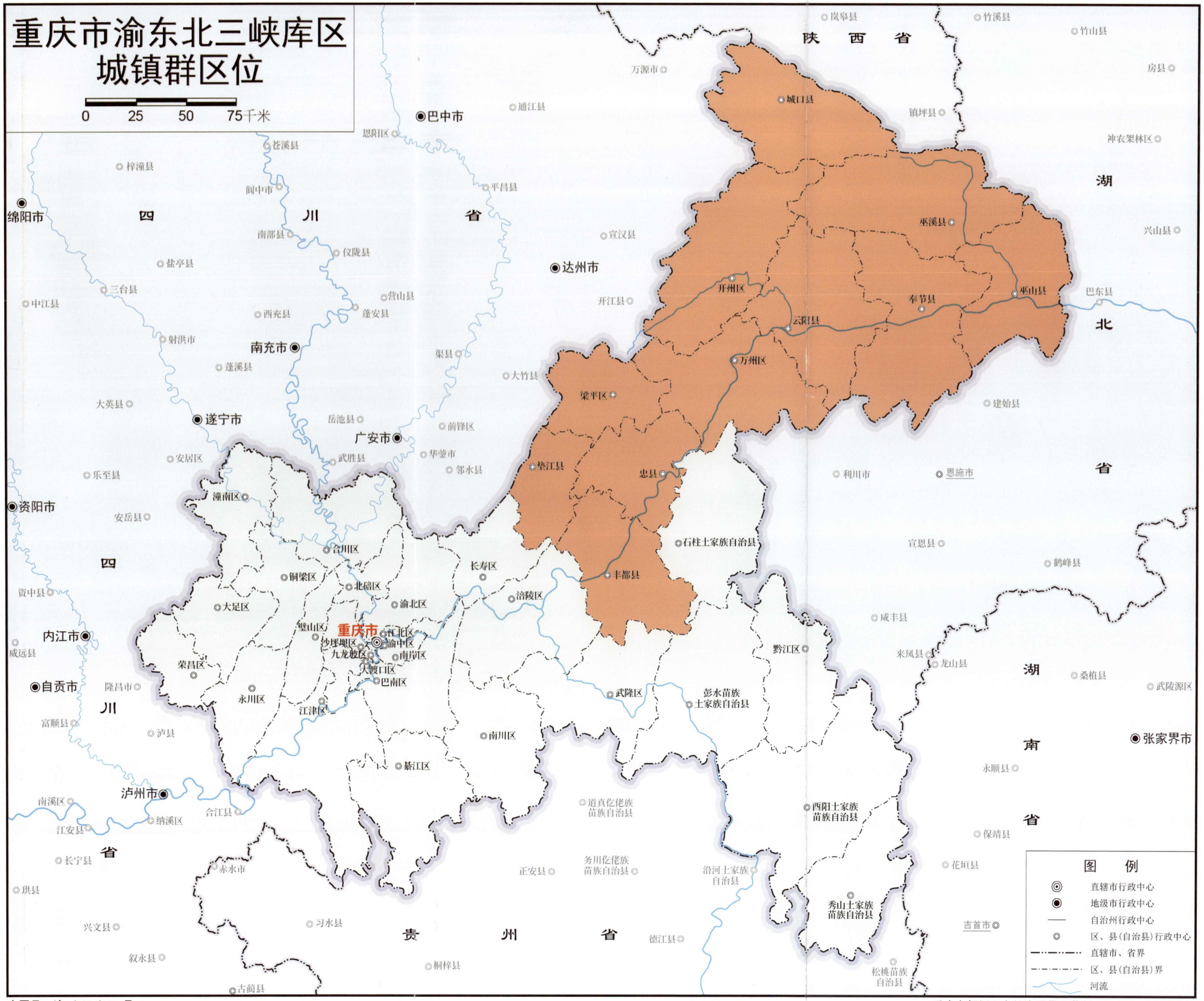

审图号：渝S(2020)014号

重庆市规划和自然资源局 监制 二〇二一年十月

万州区行政区划

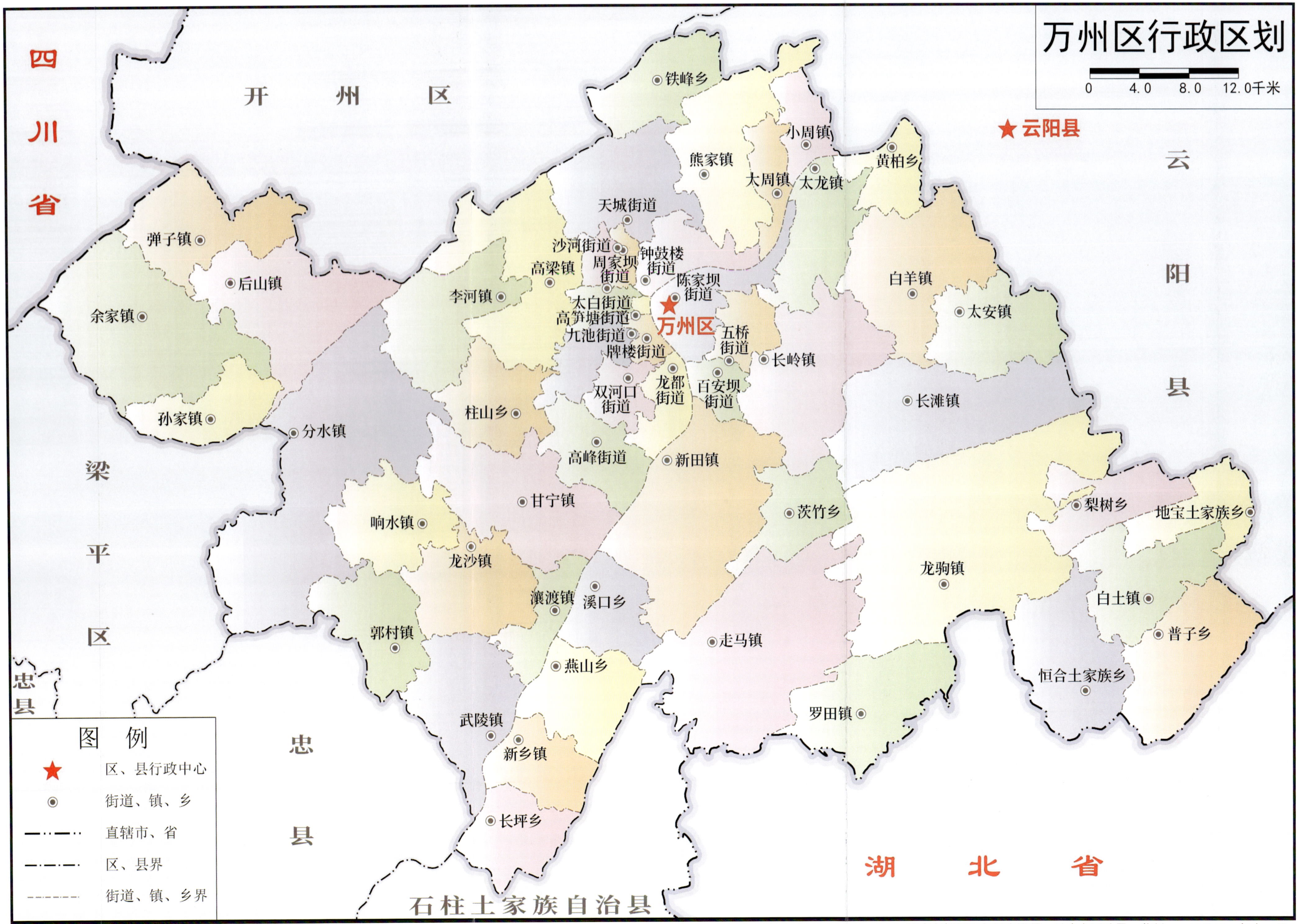

审图号：渝S(2021)052号

重庆市规划和自然资源局 重庆市民政局 监制 二〇二一年十一月

2021年 · 数字万州

2021 WANZHOU DATAS

辖区面积	3456.41平方千米	学校数	436所
年末户籍人口	171.47万人	在校学生总数	32.77万人
年末常住人口	156.87万人	科研单位	16个
城镇化率	69.64%	实施科研项目	200个
地区生产总值	1087.94亿元	高新技术企业	81家
第一产业增加值	108.91亿元	卫生机构总数	1304个
第二产业增加值	310.96亿元	卫生机构床位数	12043张
第三产业增加值	668.07亿元	卫生机构人员数	1.55万人
农林牧渔业总产值	161.43亿元	城镇社区服务设施	1163个
粮食产量	49.75万吨	全体居民人均可支配收入	37817元
规模以上工业总产值	381.43亿元	全体居民人均消费支出	26678元
固定资产投资	223.2亿元	城镇居民人均住房建筑面积	35.4平方米
社会消费品零售总额	441.8亿元	农村居民人均住房建筑面积	50.5平方米
进出口总额	6.12万美元	森林覆盖率	56%
一般公共预算收入	71.45亿元	建成区绿化覆盖率	36.9%
一般公共预算支出	146.85亿元	人均公园绿地面积	13.1平方米
金融机构人民币存款余额	1527.74亿元	城区空气质量优良天数	340天
住户存款	1196.47亿元	培训移民	2900人
金融机构人民币贷款余额	955.79亿元	移民工程本年完成投资额	737万元

（区统计局）

2017—2021年万州区地区生产总值及增速

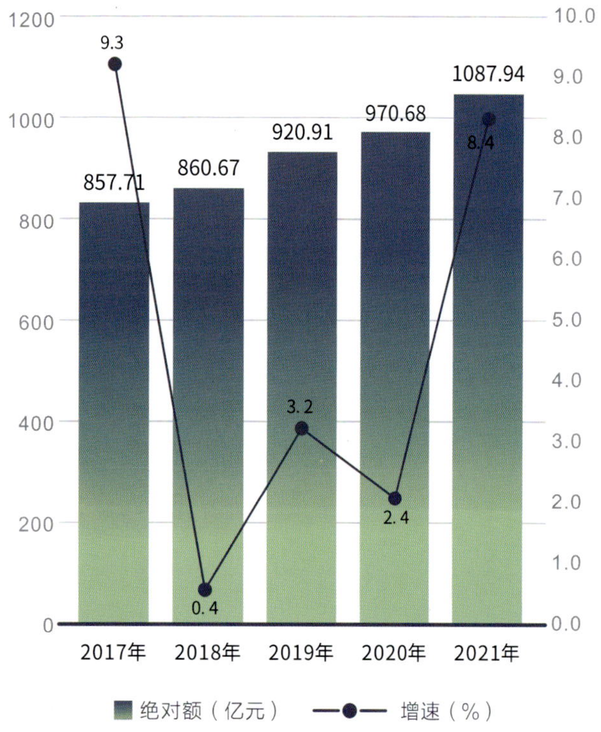

2017—2021年万州区地区生产总值三次产业占比

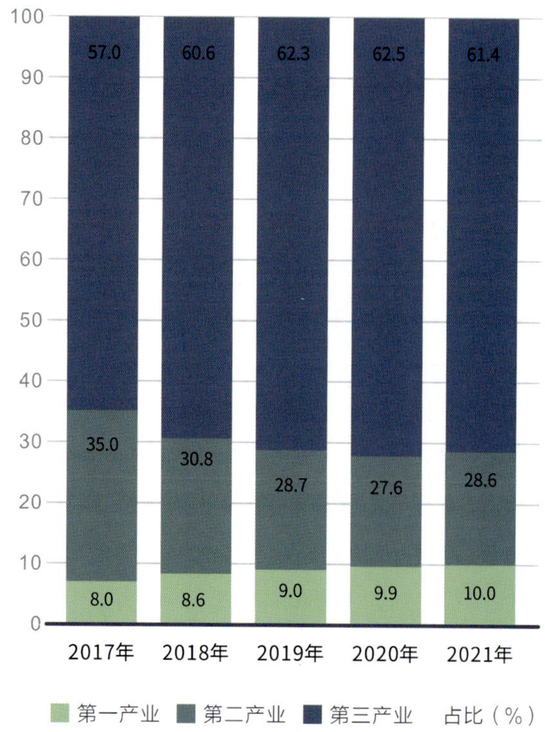

2017—2021年万州区一般公共预算收入

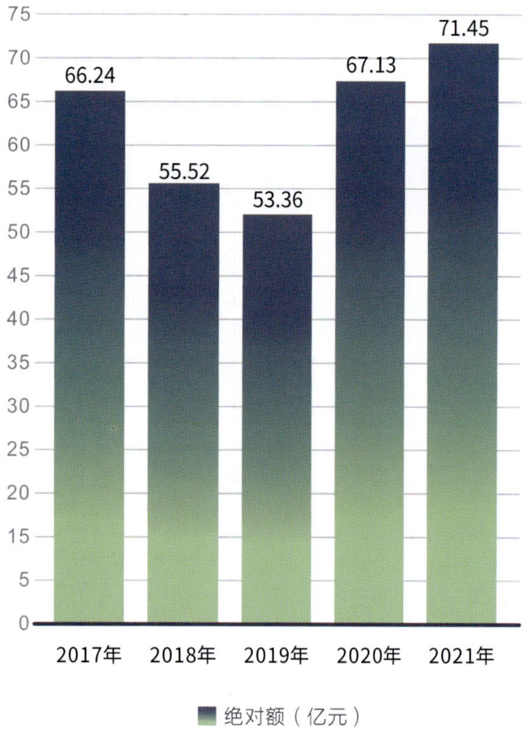

2017—2021年万州区社会消费品零售总额及其增速

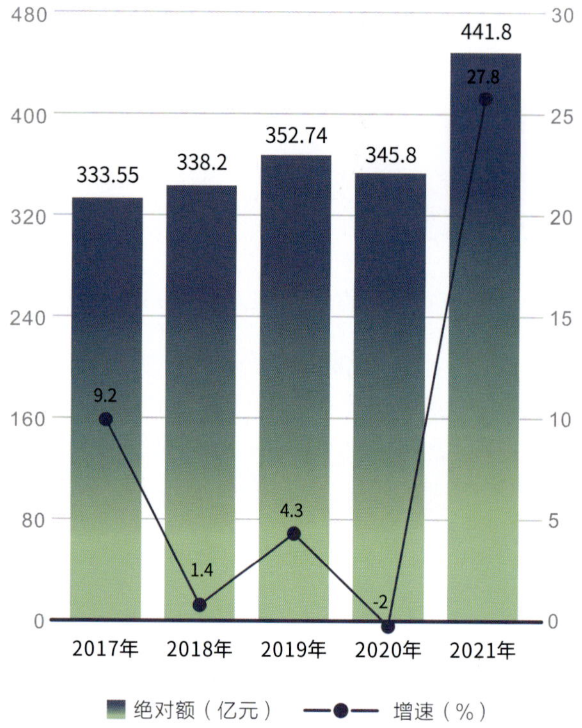

2017—2021年万州区城镇常住居民人均可支配收入及其增速

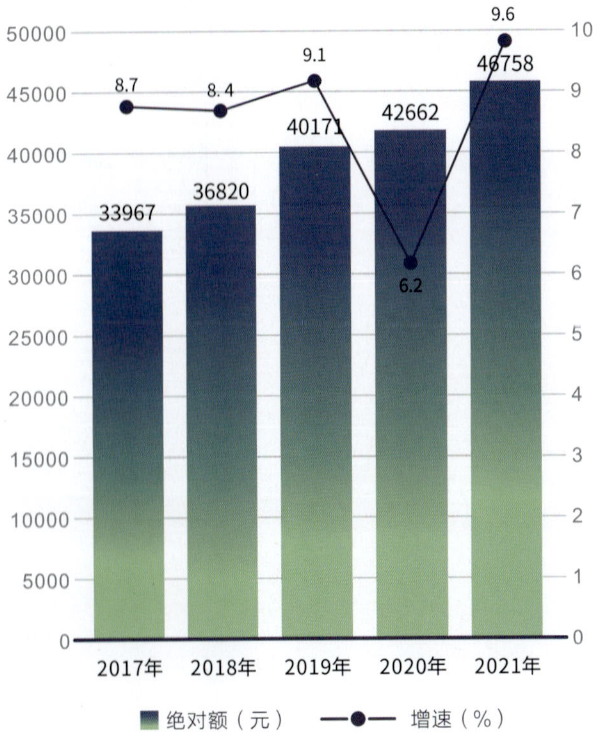

2017—2021年万州区农村常住居民人均可支配收入及其增速

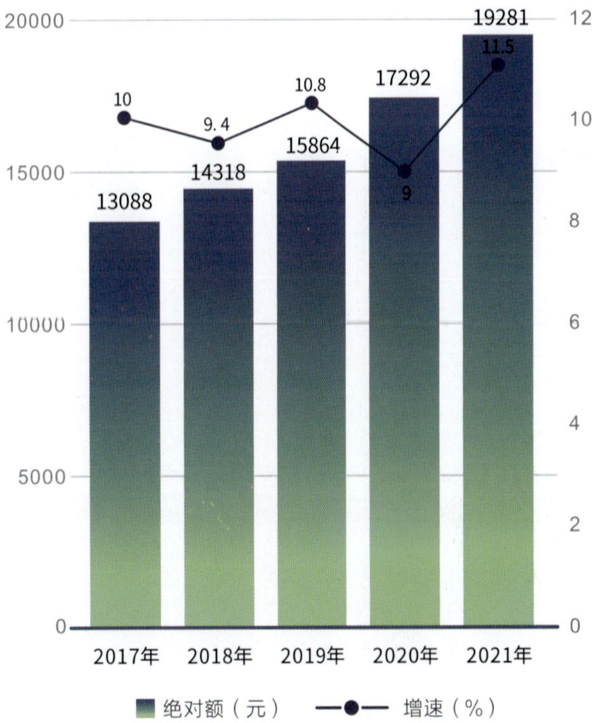

2017—2021年万州区金融机构人民币存款余额及其增速

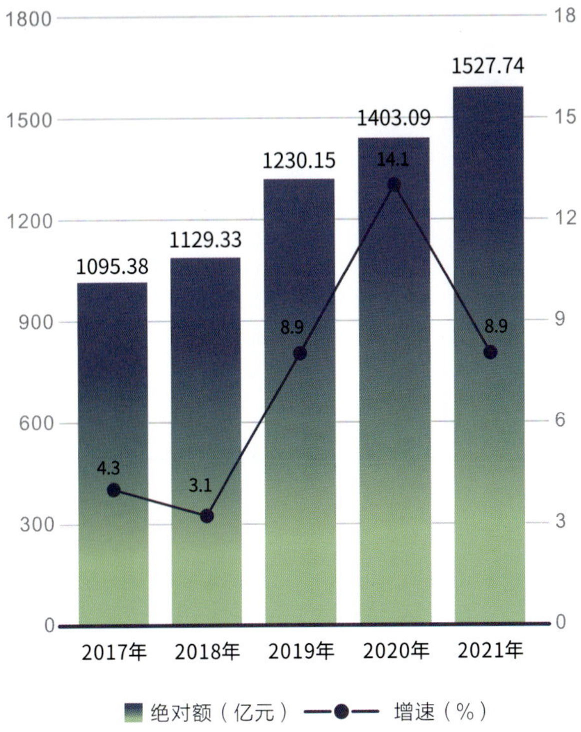

2021年万州区居民消费价格月度涨跌幅度

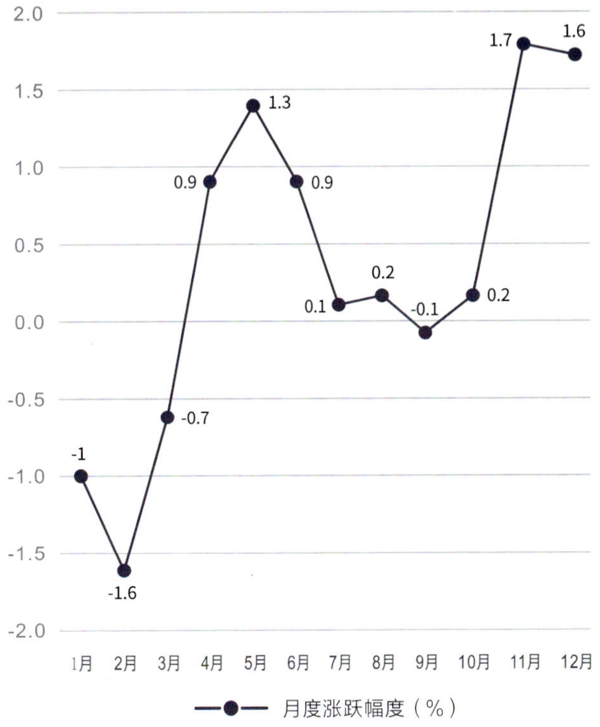

（区统计局）

庆祝中国共产党成立100周年

The 100th Anniversary of the Founding of
The Communist Party of China

百年党史

万州影像

万州，一座富有爱国主义精神和光荣革命传统的英雄之城。在新民主主义革命时期，董必武、萧楚女、恽代英、朱德、陈毅、刘伯承等老一辈革命家先后在这里领导革命斗争，培育创建中共万县地方组织，开展前赴后继的英勇斗争，迎来革命的胜利。在社会主义革命和建设、改革开放和社会主义现代化建设、中国特色社会主义新时代各个历史时期，万州人民始终紧跟党的伟大旗帜，紧紧抓住三线建设、改革开放、西部大开发、三峡大移民、重庆直辖、脱贫攻坚和全面建设小康社会、成渝地区双城经济圈建设等重大历史机遇，改革开放不断深化，产业升级成效显著，城乡发展提质上档，生态环境持续优化，人民福祉持续增进，科技创新取得历史性新成就，奋力谱写万州高质量发展、高品质生活新篇章……

新民主主义革命时期

近代以来，由于西方列强入侵和封建统治腐败，地处下川东地区中心的万县社会混乱、经济凋零、民不聊生。1921年8月中共“一大”召开后，共产党员董必武受党组织派遣，到万县及鄂西组织策动川军援鄂。1923年，共产党员萧楚女、恽代英到万县撒播革命火种。1926年，共产党员朱德、陈毅、刘伯承到万县开展革命活动，组织领导震惊中外的万县“九五”惨案反帝爱国运动，创建中共万县地方组织。从此，党组织团结带领万县人民，为争取民族独立、人民解放，进行艰苦卓绝的革命斗争，终于迎来万县地区的解放。

1923年春，萧楚女到位于万县的四川省立第四师范学校（现为重庆幼儿师范高等专科学校）任教，组织开展革命活动，发展一批社会主义青年团团员。图为“下川东革命摇篮”——四川省立第四师范学校旧址

（区史志研究室 供图）

1926年9月5日，英帝国主义在万县制造震惊中外的万县“九五”惨案，朱德、陈毅立即向全国发出通电，组织领导声势浩大的反帝爱国运动。这是继1925年五卅运动之后，又一次在全国范围内掀起反对帝国主义的群众运动新高潮。

万县“九五”惨案发生前，英兵舰柯克捷夫号将大炮卸衣实弹对准县城作预备轰击之状 （区史志研究室 供图）

朱德、陈毅、刘伯承在万县开展革命活动时的住地——宝隆洋行 （区史志研究室 供图）

1926年冬，中共万县地方组织正式建立。1928年6月和1934年6月，中共万县县委组织两次兵变，均因叛徒出卖而失败，曾润百、邓述明等两届县委领导共8人英勇牺牲。1938年3月，万县地方党组织恢复重建，先后建立特支、县委、中心县委，领导下川东地区革命斗争。

1928年6月，第一届中共万县县委书记曾润百等21名革命志士被枪杀于鸡公岭黄桷树旁 （区史志研究室 供图）

1938—1940年，中共万县（中心）县委所在地——观音阁（现万州区国本小学内） （区史志研究室 供图）

1939年10月14日，受苏联政府派遣来华援助抗日的苏联空军志愿队大队长库里申科，率队出击日军基地时在万县壮烈牺牲。图为国际主义战士库里申科烈士墓园　　（区史志研究室　供图）

1948年6月，下川东党组织因叛徒出卖遭受严重破坏，唐虚谷、雷震、李青林、江竹筠等50余名共产党人先后被捕，被关押于重庆渣滓洞监狱。他们坚贞不屈，直至重庆解放前夕英勇牺牲。图为红岩英烈江竹筠在万县从事革命活动时的住址——万县地方法院旧址　　（区史志研究室　供图）

1949年11月下旬，中国人民解放军由鄂西入川，在中共地方组织和游击队配合下，迅速摧毁国民党军队的川东防线。12月8日，万县宣告和平解放，解放军一二四师和独立一师会师万县。

1949年12月8日，上午9时50分，中国人民解放军乘岷江登陆艇抵达万县，受到群众热烈欢迎

（区史志研究室 供图）

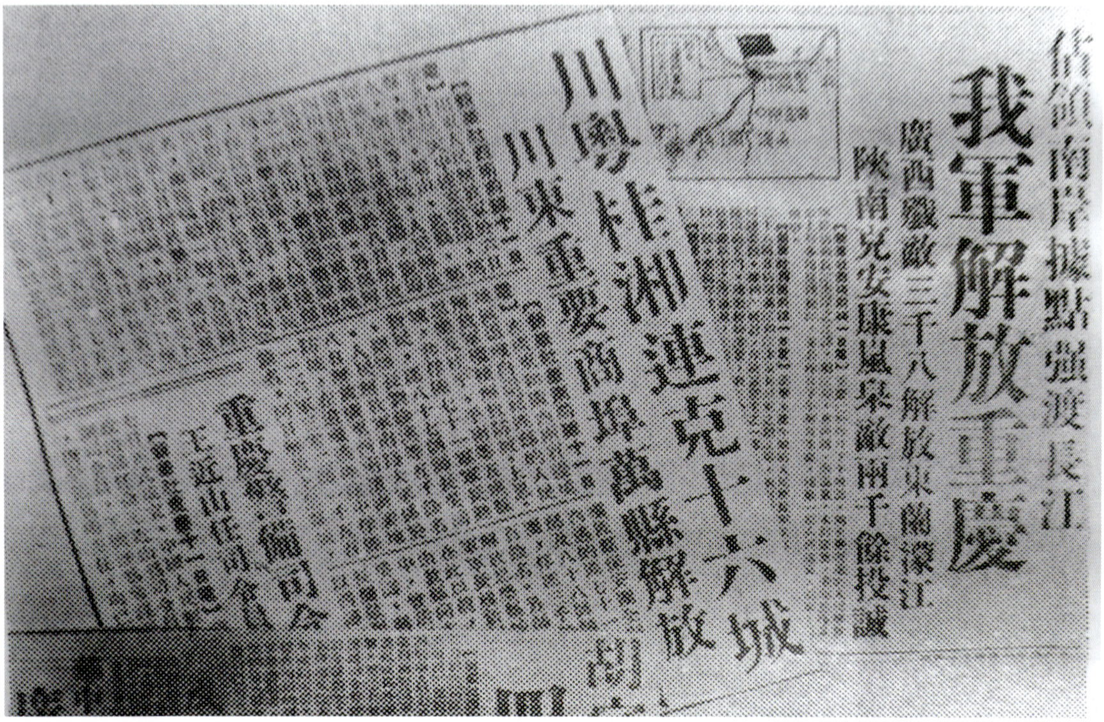

我軍解放重慶

陝南克安康嵐皋敵兩千餘投誠

川粵桂湘連克十六城

川東重要商埠萬縣解放

王近山任司令員

1949年12月12日，《人民日报》刊登重庆、万县等地解放的消息　　（区史志研究室 供图）

社会主义革命和建设时期

1949年12月12日，中国人民解放军第二野战军西南服务团第三支队到达万县，与中共地方组织紧密配合，相继建立起专区、县市、区三级党委和政府机构。12月14日，万县市军管会成立。12月29日，中国共产党万县地方委员会宣告成立。之后，党组织领导开展接管建政和征粮剿匪，组织和发动群众抗美援朝、保家卫国，开展土地改革及其他民主改革，完成农业、手工业和资本主义工商业的社会主义改造，建立社会主义经济制度，迅速恢复和发展国民经济。

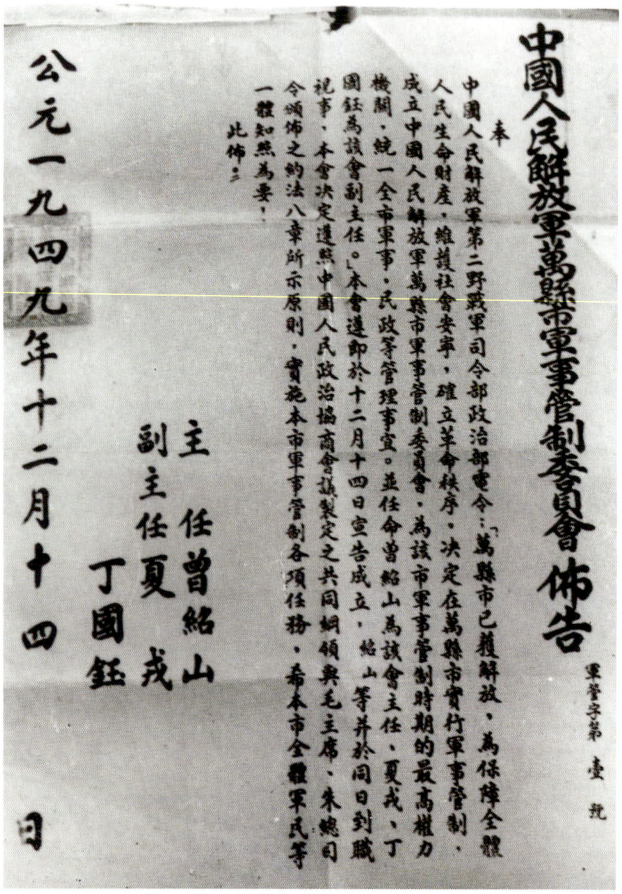

中國人民解放軍萬縣市軍事管制委員會佈告

軍管字第壹號

奉

中國人民解放軍第二野戰軍司令部政治部電令：「萬縣市已獲解放，為保障全體人民生命財產，維護社會安寧，確立革命秩序，決定在萬縣市實行軍事管制，成立中國人民解放軍萬縣市軍事管制委員會，為該市軍事管制時期的最高權力機關，統一全市軍事、民政等管理事宜。並任命曾紹山為該會主任，夏戎、丁國鈺為該會副主任。」本會遵即於十二月十四日宣告成立，紹山等并於同日到職視事。本會決定遵照中國人民政治協商會議製定之共同綱領與毛主席、朱總司令頒佈之約法八章所示原則，實施本市軍事管制各項任務，希本市全體軍民等一體知照為要！

此佈。

主任 曾紹山

副主任 夏戎 丁國鈺

公元一九四九年十二月十四日

1949年12月14日，万县市军管会颁布第一号布告
（区史志研究室 供图）

1950年4月，原龙驹区委组织科科长牟鸿儒及解放军战士下洪运、米兆代、卓云、刘洪山在征粮剿匪战斗中壮烈牺牲，葬于恒合土家族乡石桥梁烈士墓群　（恒合土家族乡 供图）

1950年12月8日，万县各界群众庆祝万县解放一周年　（区档案馆 供图）

1950年12月到1952年3月，中共万县地委领导开展减租退押和土地改革运动，彻底消灭封建地主土地所有制，为全专区无地和少地的414.32万名农民分得土地3126平方千米。1952年起，万县专区陆续发展农业互助合作运动、开办手工业合作社，对资本主义企业实行公私合营。至1956年，全专区社会主义三大改造任务基本完成。

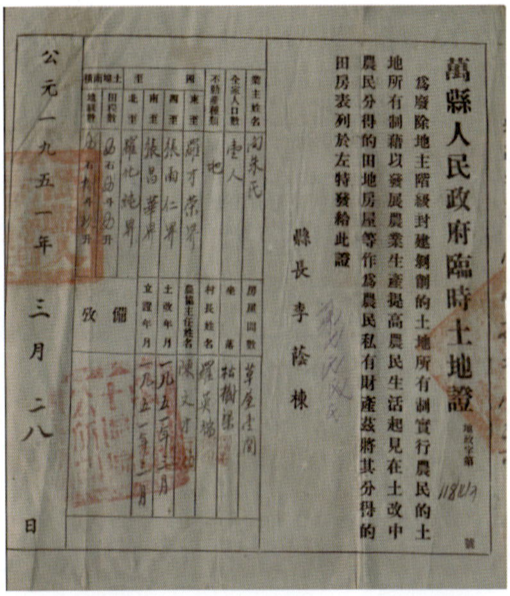
萬縣人民政府臨時土地證

為廢除地主階級封建剝削的土地所有制實行農民的土地所有制藉以發展農業生產提高農民生活起見在土改中農民分得的田地房屋等作為農民私有財產茲將其分得田房表列於左特發給此證

縣長 李蔭棟

公元一九五一年三月二八日

1951年3月，万县人民政府颁发的临时土地证（区档案馆 供图）

土改后，分得土地的村民在田间春耕劳作，生产积极性大大提高（区档案馆 供图）

1954年11月，万县第一家省属公私合营企业——万县市万新纱厂工人开展集体学习（区史志研究室 供图）

1950—1953年抗美援朝期间，万县专区和各县市先后成立抗美援朝分会，组织和发动群众抗美援朝、保家卫国，开展群众集会游行、订立爱国公约、和平签名运动、捐献飞机大炮活动。至1953年，全专区4万余名青年报名参加志愿军，万县市前后迎送过境志愿军12万余人。

1951年4月，万县各界群众参与保卫世界和平签名运动（区档案馆 供图）

1952年3月，中国人民志愿军归国代表团西南军区分团抵达万县，受到万县群众的热烈欢迎（区档案馆 供图）

20世纪60年代中期，为响应党中央三线建设号召，原第六机械工业部先后在万县建设长平、永平、清平、武江、江云、衡山、长江、江陵8个军工厂和船舶导航、船舶自动化、计量3个研究所，职工医院1座。三线建设为地方工业经济发展奠定坚实基础。

永平机械厂，1966年10月建成投产，主要从事船用导航仪器及稳定装置、减摇鳍总装。1993年调迁并入重庆华渝电气仪表总厂，部分与重庆长平机械厂整合。图为永平机械厂旧址　　（区史志研究室　供图）

船舶自动化研究所，1966年开工建设，主要从事舰船自动化控制产品的研制与开发。1987年搬迁至江苏省连云港市，现为中国船舶重工集团第七一六所。图为船舶自动化研究所旧址　　（区史志研究室　供图）

改革开放和社会主义现代化建设新时期

党的十一届三中全会以来，中共万县（1968年5月，万县专区改称万县地区；1993年4月，改设万县市；1998年6月，改设重庆市万州区）地方组织坚持以经济建设为中心，开展平反冤假错案，加强民主法制建设，调整国民经济，推进经济体制改革，扩大开放，全面完成三峡工程移民搬迁任务，在全面建设小康社会的进程中迈出新步伐。

20世纪80年代，万县地区绢纺厂车间
（区史志研究室 供图）

20世纪80年代，万县地区食品罐头厂生产的出口罐头系列
（区史志研究室 供图）

1988年9月11日，万县地区行署、万县市政府面向全国举办“三峡之秋”经济文化交流活动周，全国30个省市自治区参加活动，成交总额21.04亿元
（区史志研究室 供图）

三峡工程，关键在移民。万州区移民数量及淹没综合实物量占三峡库区五分之一，占重庆库区四分之一，居各移民区县之首。1993—2009年，在正式实施三峡移民搬迁安置过程中，万州区在移民中发展，在发展中移民，广大移民和移民工作者发扬“顾全大局、舍己为公、万众一心、艰苦创业”的三峡移民精神，为全面完成移民搬迁任务、成功破解三峡大移民的世界级难题作出重大贡献。

1995年4月11—14日，国务院三峡工程移民工作会议在万县市召开　（区史志研究室 供图）

1999年，三峡水库蓄水前的万州　（区史志研究室 供图）

2000年11月18日，万州城区首批移民迁至双河口

（方本良 摄）

2003年5月30日，三峡水库135米蓄水前，建成于1928年的万安桥被爆破拆除，后方为2001年7月建成通车的新万安大桥

（方本良 摄）

2004年6月，太龙镇外迁移民启程前往江苏省

（骆仁新 摄）

2001年1月7日，中央电视台“心连心”艺术团在万州区移民新城周家坝慰问演出　　（方本良　摄）

2007年，大型方言原创话剧《移民金大花》获全国第十届精神文明建设“五个一工程”优秀作品奖

（区史志研究室　供图）

2008年6月15日，北京奥运火炬在三峡库区最大的移民城市——万州传递，万州人民喜迎奥运圣火

（周志坚　摄）

2010年6月26日，国务院批准重庆市万州工业园区升级为国家级经济技术开发区，定名为万州经济技术开发区

（万州经开区　供图）

中国特色社会主义新时代

党的十八大以来，万州区坚持以习近平新时代中国特色社会主义思想为指导，积极融入新发展格局，深入践行“一心六型”两化路径，高质量打赢脱贫攻坚战，统筹抓好疫情防控和经济社会发展，全面建成小康社会，为加快建设“一区一枢纽两中心”奠定坚实基础。

2016年12月26日，中国共产党重庆市万州区第五次代表大会开幕 （何忠 摄）

2017年11月24日，第十一届全国对口支援三峡库区招商项目签约仪式在万州举行 （何忠 摄）

2019年2月26日，2019三峡柑橘国际交易会在万州举行 （冉孟军 摄）

2016年11月28日，渝万（重庆—万州）高铁正式开通运营　（周志坚　摄）

2019年6月26日，国际陆海贸易新通道万州班列正式开通　（冉孟军　摄）

2019年11月8日，万州机场年旅客吞吐量突破百万人次，跻身全国“百万级”机场行列　（钟伟　摄）

2018年9月，万州区启动申报设立重庆万州综合保税区工作。2021年1月15日，万州综合保税区获国务院批复设立，成为万达开川渝统筹发展示范区、渝东北的开放型经济重要平台　（三峡保税公司　供图）

2019年4月28日，万州接通重庆市首个5G电话，在全市区县中首批开通5G基站和5G体验　（移动万州分公司　供图）

万州区位于三峡库区腹地，集“大山区、大库区”于一体，2015年纳入国家级贫困区县。2020年年末，万州区140个贫困村全部出列，3.5万户、10.7万贫困人口全部脱贫，退出国家扶贫开发工作重点县，脱贫攻坚取得全面胜利。2021年，全区统筹推进巩固拓展脱贫攻坚成果同乡村振兴有效衔接，加快实现农业农村现代化，群众获得感和幸福感持续提升。

2015年7月8日，全区扶贫攻坚大会在万州大会堂举行　　（何忠　摄）

2018年9月29日，白土镇发展乡村休闲旅游，举办首届摸鱼节暨农民丰收节趣味运动会，吸引游客和村民一起共庆首个农民丰收节　　（白土镇　供图）

万州区第一个少数民族乡——恒合土家族乡因地制宜探索“农文旅”融合发展路径，全乡贫困户全部稳定脱贫。图为2020年6月15日，恒合土家族乡群众在民族文化广场载歌载舞　　（恒合土家族乡　供图）

2020年1月21日，万州区发现新型冠状病毒肺炎确诊病例2例。22日，万州区委、区政府成立新型冠状病毒肺炎疫情防控工作领导小组，下设联防联控指挥部，领导全区抗击新冠肺炎疫情。4月29日起，万州区新冠肺炎疫情防控工作按重庆市统一部署转为常态化疫情防控，全区统筹推进疫情防控和经济社会发展。

2020年1月27日，重庆三峡中心医院被确定为渝东北片区集中救治定点医院。29日，重庆市首例新冠肺炎患者在重庆三峡中心医院治愈出院。图为1月28日，重庆三峡中心医院举行抗击新型冠状病毒肺炎誓师会　（区卫生健康委　供图）

2020年2月3日，万州区机关党员干部与社区干部、志愿者到社区参加新冠肺炎疫情防控工作　（何忠　摄）

中国共产党成立100周年庆祝活动

2021年，中国共产党成立100周年。万州社会各界开展丰富多彩的庆祝活动，共庆党的百年华诞。

2021年5月17日，由区委宣传部主办的“永远跟党走·强国伴我行”党史知识竞赛万州赛区决赛在重庆三峡融媒体中心举行 （三峡融媒体中心 供图）

2021年6月23日，双河口街道近500名党员重温入党誓词 （三峡融媒体中心 供图）

2021年6月24日，“巴渝儿女歌唱党”——重庆市庆祝中国共产党成立100周年万人同唱一首歌万州分会场群众文化活动在三峡文化园举行

（三峡融媒体中心 供图）

2021年6月27日，万州市民在北滨商圈以快闪形式共唱《没有共产党就没有新中国》，庆祝中国共产党成立100周年

（三峡融媒体中心 供图）

2021年6月29日，大周镇党员群众在凤凰村市民文化广场庆祝党的百年华诞（三峡融媒体中心 供图）

2021年6月29日，万州区“光荣在党50年”纪念章颁发暨新党员代表入党宣誓活动在万州革命烈士陵园举行

（三峡融媒体中心 供图）

2021年6月30日，万州城区楼宇彩屏发布庆祝中国共产党成立100周年主题宣传视频　　（三峡融媒体中心　供图）

2021年7月1日，万州市民在高笋塘广场观看庆祝中国共产党成立100周年大会电视直播　（三峡融媒体中心　供图）

2021年

万州影像

2021年10月7日，长江沿岸三大钟楼之一——万州西山钟楼，与上海海关钟楼、武汉江汉关钟楼齐名 （陈鹰 摄）

2021年6月30日，万州体育场、万州游泳（跳水）馆 （三峡融媒体中心 供图）

2021年11月14日，三峡水库蓄水后的苎溪河畔　（牟丹　摄）

2021年11月，三峡水库蓄水后的天仙湖　（刘忠浦　摄）

2021年5月，高峰镇朝阳生态滨江园

（区史志研究室 供图）

2021年10月31日，三峡水库蓄水至175米水位

（陈鹰 摄）

2021年11月24日，大周镇五土日月广场消落带中山杉生态修复示范林

（三峡融媒体中心 供图）

2021年7月6日，北滨路消落带绿化花海　　（刘忠浦　摄）

2021年12月，长江万州段生态环境持续改善，红嘴鸥飞临万州越冬

（三峡融媒体中心　供图）

2021年7月30日，农业农村部与重庆市在万州三峡库区联合举办长江珍稀濒危水生生物增殖放流活动

（区农业农村委　供图）

工业强区

2021年4月27日，重庆华歌生物化学有限公司技术中心获“全国工人先锋号”称号，其研发的“毒死蜱绿色合成技术”曾获重庆市科学技术奖

（华歌生物公司　供图）

国家高新技术企业——重庆迪康长江制药有限公司

（迪康制药公司　供图）

2021年5月8日，重庆市鱼泉榨菜（集团）有限公司被农业农村部认定为2021年农业国际贸易高质量发展基地

（鱼泉榨菜公司　供图）

2021年8月3日，重庆平湖金龙精密铜管有限公司被评为重庆市市级智能工厂。图为生产车间

（三峡融媒体中心 供图）

2021年8月24日，施耐德（重庆）电工有限公司被评为2021年重庆市十大智能制造标杆企业

（施耐德公司 供图）

2021年12月3日，重庆长安跨越车辆有限公司入选重庆市设计驱动型企业库名单。图为生产车间

（区经济信息委 供图）

2021年9月27日，重庆威科赛乐微电子股份有限公司被认定为重庆市企业技术中心 （万州经开区 供图）

2021年9月23日，雷士照明入选“2021年亚洲品牌500强排行榜”。图为重庆雷士照明有限公司

（雷士照明公司 供图）

2021年10月9日，重庆三雄极光照明有限公司被评为重庆制造业民营100强企业

（三雄极光公司 供图）

重庆湘渝盐化有限责任公司　　（湘渝盐化公司　供图）

2021年12月22日，重庆市树上鲜食品（集团）有限公司被评为农业产业化国家重点龙头企业。图为灌装生产车间

（树上鲜公司　供图）

现代农业

分水镇石碾村青脆李产业　　（桂本运 摄）

长坪乡中兴村茶叶产业园　　（长坪乡　供图）

太龙镇古红桔　　（牟丹 摄）

万州国家现代农业产业园玫瑰香橙种植基地

孙家镇兰草村茶产业　　　　（孙家镇　供图）

（三峡融媒体中心　供图）

小周镇“三月红”（学名“W·默科特”）柑橘产业
（区史志研究室 供图）

太安镇梯田
（史焕云 摄）

长岭镇安溪村翠玉梨产业
（三峡融媒体中心 供图）

郭村镇灵芝种植基地
（付饶 摄）

白羊镇柠檬标准种植园

（白羊镇 供图）

龙沙镇马岩村百万生猪项目基地

（龙沙镇 供图）

龙驹镇梧桐村脱贫产业芦花鸡养殖场 （区乡村振兴局 供图）

2021年4月26日，重庆市在建最大跨径桥梁——万州新田长江大桥主桥实现合龙，该桥为万州环线高速公路的关键控制性工程
（区交通局 供图）

2021年1月27日，万州交通枢纽汽车站正式投入营运　　（陈鹰　摄）

2021年6月22日，沪渝直达快线万州—上海班轮首航仪式在万州港江南集装箱作业区举行　　（区物流办　供图）

2021年7月28日，“万州港区集散转换多式联运示范工程”被确定为重庆市首批市级多式联运示范工程项目　　（三峡融媒体中心　供图）

宜万铁路万州长江大桥和万州长江大桥　　（三峡融媒体中心　供图）

2021年12月15日，北京大兴—万州航线正式开通，万州开启进京空中“双通道”　　（万州机场公司　供图）

2021年11月26日，万州至云阳城际公交正式开通营运　　（区交通局　供图）

2021年12月16日，G5012恩施至广元国家高速公路万州至开江段在万州举行开工仪式　　（三峡融媒体中心　供图）

2021年12月21日，郑渝高铁全线铺轨贯通。图为铺轨现场　　（区交通局　供图）

科技创新

2021年，万州科技创新中心建成并正式投入使用　　　　（万州经开区　供图）

2021年5月14日，重庆两江数字经济产业园万州园揭牌暨集中签约活动在江南新区举行

（三峡融媒体中心　供图）

2021年，万州绿色智造赋能中心投入使用　　　　（万州经开区　供图）

2021年8月，三峡山地特色农业科技创新中心（区农业农村委　供图）

2021年8月23日，区腾讯云数字经济人才创新中心与区大数据局工作人员调试“智慧万州”平台

（三峡融媒体中心　供图）

2021年10月28日，重庆市一体化协同办公云平台“渝快政”发布会暨重庆市大数据融合应用创新试验区授牌活动在万州区举行

（区大数据发展局　供图）

“交运平湖”号游轮夜游三峡平湖旅游区 （三峡融媒体中心 供图）

2021年2月3日，万州首个“24小时城市书房”正式投入使用 （三峡融媒体中心 供图）

万州大瀑布群旅游区 （区文化旅游委 供图）

2021年5月31日，重庆三峡移民纪念馆入选“建党百年红色旅游百条精品线路——中国三峡·世纪工程”精品线路

（三峡移民纪念馆 供图）

2021年6月22日，位于万州区西山公园的《血火铸丰碑——下川东革命史展（1921—1949）》《中华儿女革命的典型——江竹筠烈士生平事迹展》正式对外开放　（三峡移民纪念馆　供图）

2021年11月30日，由重庆三峡川剧艺术研究传承中心打造的大型现代原创川剧《峡江月》在万州公演。该剧获2021年重庆市文艺创作资助项目、第九届重庆艺术奖　（余小武　摄）

2021年11月25日，位于万州区甘宁镇的何其芳故居修缮完成　　（区史志研究室　供图）

2021年12月5日，中国第五大赏枫胜地——三峡恒合旅游度假区·三峡古枫香园　　（三峡交旅集团　供图）

节会赛事活动

2021年2月8日，“奋进新时代 共圆小康梦”2021万州区线上春节文艺惠民晚会通过电视和网络等方式播出

（三峡融媒体中心 供图）

2021年7月9日，庆祝中国共产党成立100周年“牡丹花开心向党”中国曲艺牡丹奖艺术团“送欢笑”走进重庆万州暨“中国曲艺之乡”授牌仪式在万州大会堂举行

（谢长白 摄）

2021年10月13日，2021三峡美食文化节暨万州烤鱼节在心连心广场举行　（区商务委　供图）

2021年10月14日，2021世界大河歌会在三峡文化园举行　（三峡融媒体中心　供图）

2021年10月14日，在万州区三峡文化园举办的首届万达开“大三峡·大巴山”国际文化旅游节暨2021三峡文化旅游产业博览会活动现场

（三峡融媒体中心　供图）

2021年10月12—19日，2021全国U19青年篮球联赛女子组比赛在三峡之星体育馆举行

（区文化旅游委　供图）

2021年5月27日，第十四届全运会手球资格赛暨2021年“体彩杯”全国女子手球冠军杯赛在三峡之星体育馆举行

（三峡融媒体中心　供图）

2021年5月2日，2021中国·万州体育舞蹈（国标舞）全国公开赛暨第二届重庆三峡体育舞蹈锦标赛在三峡之星体育馆举行

（向九大 摄）

2021年4月28日，群众健身活动风采展在和平广场举行

（三峡融媒体中心 供图）

2021年5月7日，群众体育活动——舞龙

（史焕云 摄）

全国文明城区创建

2021年，万州区将创建全国文明城区作为最大的民生工程，打响“万川毕汇·文明之州”创建品牌，推动文明城区创建与城市提升、乡村振兴有机结合，选树先进典型，培育文明风尚，成功申报2021—2023年创建周期全国文明城区提名城区。

2021年3月17日，万州区召开创建全国文明城区动员部署大会　　（区创文办　供图）

2021年4月15日，由万州区新时代文明实践中心主办，区委宣传部、区文明办、“十万”志愿服务队伍承办的万州区2021年新时代文明实践示范活动正式启动　　（三峡融媒体中心　供图）

2021年5月8日，五桥街道长龙社区志愿者宣读创建全国文明城区倡议书　　（三峡融媒体中心　供图）

2021年5月8日，志愿者向市民宣传法律知识
（三峡融媒体中心　供图）

2021年5月21日，五桥街道五间桥社区志愿者清理五桥河岸的杂草、垃圾　　（三峡融媒体中心　供图）

2021年5月27日，百安坝街道新时代文明实践所上千名志愿者在学府广场现场宣誓加入志愿者队伍，同创全国文明城区

（三峡融媒体中心　供图）

2021年6月4日，万州区“爱心送考二十载·共庆建党一百年”主题公益活动启动，全区1200余辆巡游出租汽车在高考期间为考生免费送考

（三峡融媒体中心　供图）

2021年6月22日，太白街道开展居民公约宣传活动

（区创文办　供图）

2022年1月7日，万州地标建筑为全国“诚信之星”“中国好人”和全国道德模范提名奖获得者袁玉兰亮灯致敬

（区创文办　供图）

目 录

重庆市万州区人民代表大会

重庆市万州区人民政府

中国人民政治协商会议重庆市万州区委员会

中国共产党重庆市万州区纪律检查委员会 重庆市万州区监察委员会

民主党派·工商联

群众团体

法 治

军 事

应急管理

经济管理

开放与合作

农业·水利

工 业

建筑业

商贸服务业

万州烤鱼

旅游业

金融业

房地产业

城市建设

乡村振兴

生态环境

交通运输

信息产业

教 育

科学技术

文 化

卫生健康

体 育

社会生活

镇乡街道

人物·荣誉

统计资料

附　录

索　引

特　载

全力投身经济圈　合力推进一体化
为加快建设“一区一枢纽两中心”
争当高质量发展高品质生活排头兵而努力奋斗

——在中国共产党重庆市万州区第六次代表大会上的讲话

重庆市委常委、万州区委书记　莫恭明

（2021年12月28日）

本次大会的主题是：高举中国特色社会主义伟大旗帜，全面贯彻习近平新时代中国特色社会主义思想，深化落实习近平总书记对重庆提出的重要指示要求，从党的百年奋斗历程中汲取智慧和力量，认真落实市委部署，全力投身成渝地区双城经济圈建设，合力推进渝东北、川东北一体化发展，为加快建设“一区一枢纽两中心”，争当高质量发展、高品质生活排头兵而努力奋斗。

一、拼搏实干取得重大成就的五年

五年来特别是党的十九大以来，在习近平新时代中国特色社会主义思想的科学指引下，在市委的坚强领导下，区委紧紧依靠和团结带领全区人民，沉心静气、苦干实干，推动全区政治生态、自然生态、经济生态、社会生态持续提升，各项事业取得新的重大成就。

看似寻常最奇崛，成如容易却艰辛。过去五年，万州走过了极不平常、很不容易的发展历程，直面了诸多矛盾和严峻挑战。孙政才、薄熙来给重庆造成十年之害，万州受到很大影响，政治生态遭到污染，肃清工作繁重复杂；经济领域深层次问题不断暴露，转方式、调结构、换动能任务艰巨；贫困人口量大面宽，实现高质量脱贫有较大差距；社会治理短板明显，保安全、护稳定压力很大；民生领域欠账不少，一大批群众“急难愁盼”问题迫切需要解决。我们迎难而上、克难攻坚，切实履行把方向、管大局、作决策、保落实职责，应对和驾驭复杂局面，狠抓了一批固本强基、利在长远的大事，干成了一批重点突破、关乎全局的要事。

我们旗帜鲜明加强党的政治建设，政治生态扭转向好、持续向上。始终把习近平新时代中国特色社会主义思想，作为做好工作的“定盘星”，建立区委常委会会议学习习近平总书记重要讲话，和重要指示批示精神“第一议题”制度，做到学思用贯通、知信行统一。从思想、政治、组织、作风、工作上全方位着力，全面彻底干净肃清孙政才恶劣影响和薄熙来、王立军流毒，迅速有力消除洪承义等人违纪违法案不良影响。广大党员干部“四个意识”持续增强，“四个自信”不断坚定，“两个维护”更加坚决，切实兑现市委“三个确保”政治承诺，政治生态净化的效果，正加快转化为经济社会发展的成果。

我们坚定不移走生态优先、绿色发展之路，高质量发展态势形成、愈发强劲。深学笃用习近平生态文明思想，和习近平总书记关于推动长江经济带发展重要讲话精神，消除“生态环境保护同经济发展割裂对立”思想误区，坚定践行“两山论”、走好“两化路”，系统谋定、积极实践“一心六型”两化路径，面对经济断崖式下滑并深度调整、社会预期和市场信心下降、前所未有的新冠肺炎疫情冲击等复杂局面，知重负重、敢于担当，保持定力、勇毅前行，有力稳住了经济基本面、培育了新的增长点，全区经济实现了凤凰涅槃、浴火重生的重大跨越，地区生产总值将历史性地迈上千亿元新台阶！

我们投身成渝地区双城经济圈建设，新发展动能不断积聚、加速释放。把推动成渝地区双城经济圈建设作为重要使命、重大机遇，科学谋划全区“十四五”发展，明确并加快建设“一区一枢纽两中心”，在落实国家重大战略中，推动自身快速发展。坚决扛起大区大担当，领头推动万达开川渝统筹发展示范区创建，引领驱动万开云同城化发展，示范带动“一区两群”区县对口协同发展，联动机制全面建立、重点任务挂图作战、各方合力凝聚形成，区域协同协作全面深化、效果初显。

我们决战决胜关键战役，脱贫攻坚和疫情防控，众志成城、取得双胜。始终把脱贫攻坚作为重大政治责任、第一民生工程来抓，全区动员、尽锐出战，创新开展“三师入户”“国企进村”，精准破解“两不愁三保障”突出问题和产业扶贫难题，140个贫困村全部出列，10.76万贫困人口全部脱贫，退出国家扶贫开发工作重点县，脱贫攻坚取得全面胜利。沉着应对新冠肺炎疫情，采取“四个率先”举措，有力应对巨大挑战，15天全面阻断病毒传播，51天实现本地确诊病例、住院病例“双清零”，院感病例、输出病例“零发生”，为全市疫情防控作出重要贡献。面对大战大考，全区党员干部无私无畏、冲锋在前，以热血赴使命、以行动践诺言，用自己的“辛苦指数”换来群众的“幸福指数”。我们要感谢每一位战贫斗士、战“疫”勇士，向所有的平凡英雄致敬！

我们着力推进基层治理创新，治理能力现代化，水平提升、效能增强。牢固树立以人民为中心的发展思想，紧密结合发展所需、群众所盼，以党建引领自治、法治、德治“三治融合”为导向，以构建共建、共治、共享“三共”格局为目标，以提高基层治理社会化、法治化、智能化、专业化“四化”水平为抓手，创新推行“楼栋工作日”“院落自治”机制，推动资源更多向基层治理单元下沉，在办理实事中改善民生、化解矛盾、凝聚民心，激发了群众主人翁意识，调动了各方参与热情，一大批群众身边的操心事、烦心事、揪心事得以解决，社会大局和谐稳定。

我们大力营造真抓实干浓厚氛围，党员干部干事创业，激情满怀、活力迸发。坚持实字当头、干字为先，创新开展亮高质量发展成果、亮高品质生活美景“双亮”，和议服务基层建设、议服务企业发展“双议”，运用推广项目、事项、政策、机制“四化”工作法，重品行、重实干、重公认选拔使用干部，以好的机制、好的导向，把选人用人“风向标”立起来，全区党员干部的工作积极性、主动性、创造性全面增强，服务发展、改善民生、推动落实的效能显著提升。

我们统筹推进改革发展稳定和党建工作，各项事业取得了长足进步，开创了崭新局面。

生态环境持续优化。以保护好长江母亲河、提升全域水质为中心，打好污染防治攻坚战，天蓝地绿水清的美丽山水画卷，铺展万州大地。在5条河流开展全域水质提升试点，城乡污水处理设施加快完善，妥善安置近千名退捕渔民，积极探索多种消落带治理模式，建成70千米消落带生态绿廊，拓展市民游憩空间，长江干流万州段水质稳定保持Ⅱ类，全区和长江两岸森林覆盖率分别提升至56%、70%，城区空气质量优良天数稳定在330天以上。大力推动绿色低碳发展，达成全市首批“碳汇+”生态产品交易，成功创建全国有机肥替代化肥示范县、绿色防控示范区。依法整治铁峰山国家森林公园违建问题，第一轮中央生态环保督察指出问题整改完成。

产业升级成效显著。坚持绿色化、智能化、集约化方向，大力发展“六型”产业，生态产业体系初步形成。吹响工业强区冲锋号，绿色照明、智能装备、食品医药、汽车、新材料五大重点产业加速集聚，特铝新材料等重大项目竣工，万州经开区工业主战场作用更加凸显，工业发展进入量质齐升快车道。农业“双百亿”工程成效显著，种养殖循环链、产业链加快形成，三届三峡柑橘国际交易会，带动柑橘销售近百亿元，农业增加值和增速稳居全市前列。文旅、物流、大健康、金融等产业提速发展，三峡平湖旅游区成功创建AAAA级景区，“畅游三峡·万州出发”成为趋势，物流通道设施不断拓展完善，年货运量突破1亿吨，康养产业体系加快形成，三峡恒合旅游度假区建设有力推进，金融业占地区生产总值比重提升至7.1%，高笋塘、双河口等“五大商圈”业态升级、更具特色。大数据智能化创新驱动发展深入推进，国家级创新平台实现重大突破，国家高新技术企业、市级科技型企业数量，是2016年的8.1倍、21.4倍，获重庆市科学技术奖17项。

城乡发展提质上档。城市提升和乡村振兴统筹有力，城乡各美其美、美美与共。中心城区更加宜居、宜业、宜游，高铁新城日新月异，城区面积达110平方千米，城区人口达106万人，城镇化率提高至69%。全方位提升城市品质魅力，匠心打造滨江环湖城市“客厅”，南北滨江公园勾勒平湖灵动之韵，“城市五带”凸显山城立体之美，建成牌楼长江大桥和龙溪河大道、经开大道等城市道路百余条，改造提升一批老旧小区和背街小巷，打造樱花渡等一批公园游园，新增建成区绿地面积370余万平方米。城市管理迈向精细化、智能化，“马路办公”“多勤联动”有效治理城市顽疾，大力整治存量违法建筑，加装高层建筑消防设施，加固桥梁防撞护栏，新建道路隔离带等，城市更加干净整洁、安全畅通。推动整合设置渝东新区、3个镇乡改设街道，“双两百”大城市建设拉开大幕、火热推进。加快建设大美乡村，建成通镇乡、通村组公路1.1万千米，农村集中供水率提升至90.6%，行政村网络全覆盖，场镇面貌和农村人居环境明显改善，创建国家和市级名镇5个、绿色示范村67个，打造大周五土、长岭安溪等一批特色江村、山村，亮出265个示范院落，乡村颜值更高、气质更佳。

改革开放不断深化。坚持用好改革开放关键一招，持续释放高质量发展动力活力。重点领域改革取得突破性进展，机构改革任务全面完成，发展单元改革、国企改革成效明显，“放管服”改革深入推进，“一窗办理”事项近九成，项目审批时间压缩一半以上，招商引资到位资金936亿元。对外开放全方位推进，郑万高铁全线贯通，渝万城际五年运送旅客近3700万人次，新田港一期建成运营，船舶运力规模突破150万吨，万州机场旅客吞吐量快速增长、连续三年稳定在百万人次以上、已纳入国家口岸开放审理计划，万州综合保税区获批设立、即将封关运营，万州经开区纳入中国（重庆）自贸试验区联动创新区。万达开6个跨区域功能载体加快构建，万开云年度便捷服务事项全面完成，两江数字经济产业园万州园等5个协同载体高效运营，与周边区县共办共享“支治会”“旅游节”、国企民企万州行等开放活动。合作协作全面深化，水利部定点帮扶“八大工程”成效显著，与上海、天津、南京、宁波等对口支援省市互访更为频繁、合作深度拓展，济宁万州东西部协作“升级版”加快打造。

人民福祉持续增进。牢牢把握人民群众对美好生活的向往，推进民生建设，人民生活水平大幅提升。坚持政府过紧日子，让群众过好日子，五年近八成财政支出投向民生领域，兜牢兜实“三保”底线。滚动实施市区两级重点民生实事120件，新增城镇就业18.5万人，城乡居民人均可支配收入年均分别增长8.1%、9.8%，城乡养老保险、医疗保险参保率分别达95%、98.7%，城乡社区养老服务设施、三级退役军人服务机构实现全覆盖。打好用好三峡教育牌、医疗牌、文化牌，学前教育普惠率93.9%，义务教育巩固率100%，实现有学上到上好学的跨越，建成重庆市示范中职学校3所，“一大四院多专”高等教育发展格局加快形成，推动重庆三峡中心医院等3所医院，改设为重庆大学、重庆三峡医专附属医院，实现医教研结合、医教产相长，公立医院扩容提质和区域均衡布局实现重大进展，获批市级历史文化名城，全国文明城区创建扎实推进，三峡移民纪念馆入选全国中华民族文化基因库。打好防范化解重大风险攻坚战，守住了不发生系统性风险的底线，安全生产形势持续稳定向好，扫黑除恶专项斗争成效显著，政法队伍教育整顿取得实效，成功创建全市法治政府建设示范区，群众安全感指数提升至全市前列。

党的建设全面加强。坚持把抓好党建作为最大政绩，把“严”的主基调贯穿管党治党全过程，严格落实党风廉政建设责任制、意识形态工作责任制，推动全面从严治党向纵深发展。从践行“两个维护”的政治高度，坚决抓好各级各类巡视反馈意见整改。巩固深化“两学一做”学习教育成果，扎实开展“不忘初心、牢记使命”主题教育、党史学习教育，党员干部理想信念更加坚定。浓墨重彩组织开展庆祝中华人民共和国成立70周年、中国共产党成立100周年活动，激发全区人民爱党、爱国、爱社会主义的巨大热情。强化“三级书记”抓基层党建，党支部标准化、规范化建设深入推进，抓党建促脱贫攻坚、促乡村振兴成效明显。镇乡、村（社区）换届圆满完成，干部选拔任用公信度、满意度显著提升，全区干部队伍结构持续优化，党管人才工作全面加强。坚定不移正风肃纪反腐，建立政治生态分析报告、落实主体责任相关情况告知等制度，“四风”问题有效纠治，基层负担明显减轻，本届区委任期内巡察实现全覆盖，严肃查处了一批违纪违法案件，检举控告量持续下降、大幅下降，反腐败斗争压倒性胜利不断巩固发展。支持人大、政府、政协和监察机关、审判机关、检察机关依法依章程履行职能，爱国统一战线不断巩固和壮大，群团改革和群团工作取得实效，国防动员和后备力量建设实现新进展。

五年春华秋实，五年硕果累累。全区“十三五”规划胜利收官，与全国同步全面建成小康社会，建成百万人口以上大城市，生态环境质量实现历史性提升，第四次蝉联全国双拥模范城，成功创建“中国烤鱼之乡”“中国曲艺之乡”，节约集约利用土地工作获国务院通报表彰，“一心六型”两化路径等7个改革案例在全国推广，3个集体、6名个人获全国脱贫攻坚、抗疫、扫黑除恶表彰。这些成绩和荣誉，是全区党员干部群众干出来的，拼出来的！每个人都不平凡，每个人都了不起！

艰难方显勇毅，磨砺始得玉成。经过五年的拼搏实干，全区政治生态持续向好、干部群众精神面貌持续向上、经济高质量发展动能持续增强、社会和谐稳定局面持续巩固、影响力和美誉度持续提升，万州的发展，已经站上了新的历史起点！

优异成绩来之不易，根本在于有习近平总书记的掌舵领航、有习近平新时代中国特色社会主义思想的科学指引，习近平总书记亲临重庆视察，并对重庆提出系列重要指示要求，为我们指明了前进方向、注入了强大动力。得益于市委的正确领导、关心厚爱，4年多来，市委主要领导同志多次到万州调研，多次听取专题汇报，给予全方位指导、大力度支持，带给我们信心和力量。得益于历届区委凝心聚力、接续奋斗，全区党员干部和人民群众同心同德、砥砺奋进，各民主党派、人民团体、社会各界人士，和中央国家机关、对口支援省市、东西部协作城市、对口协同区县的热情关心、倾情帮助。

回首过去五年，积累的经验弥足珍贵，我们深切体会到：

*对标看齐才能把准方向。*中国共产党领导，是中国特色社会主义最本质的特征，是中国特色社会主义制度的最大优势。坚持党的领导，最重要的是坚决做到“两个维护”。这几年，我们坚决贯彻习近平总书记重要指示要求，和党中央决策部署，不折不扣抓落实，步调一致向前行，工作更有底气、发展更具希望、事业更加顺利。新的征程上，必须始终在思想上、政治上、行动上同以习近平同志为核心的党中央保持高度一致，确保党中央大政方针和决策部署在万州一贯到底、高效落地。

*保持定力才能行稳致远。*中国特色社会主义道路，是实现社会主义现代化的必由之路，是指引中国人民创造自己美好生活的必由之路。这几年，我们坚定贯彻党的基本理论、基本路线、基本方略，坚持生态优先、绿色发展，“一心六型”两化路径成为广泛共识，并转化为务实行动，其势已成、其效已显、其兴可待。新的征程上，必须保持战略定力，以“功成不必在我”的精神境界，和“功成必定有我”的历史担当，一张蓝图绘到底，努力实现生态美、产业兴、百姓富。

*厚植民心才能凝聚力量。*党的根基在人民、血脉在人民、力量在人民，人民是党执政兴国的最大底气。这几年，我们始终坚持人民至上，同人民群众想在一起、干在一起，全心全意办实事、做好事、解难事，群众获得感、幸福感、安全感大幅提升，全区人民热爱家乡、建设家乡的豪迈激情迸发涌流。新的征程上，必须始终把人民放在心中最高位置，做到发展为了人民、发展依靠人民、发展成果由人民共享，汇聚起奋进新征程的磅礴力量。

*用好优势才能乘势而上。*科学识势、把握大势是发展前提，厚植优势、全面起势是繁荣关键。这几年，我们放大，交通物流畅、城市体量大、教育医疗优、人才人力足、发展单元多等历史积淀优势，抢抓成渝地区双城经济圈建设等战略机遇优势，出台了一批政策措施、实施了一批重点项目，把比较优势转化为竞争优势。新的征程上，必须准确把握“时与势”，前瞻谋划、精准发力，扩大既有优势，加快转化优势，形成发展胜势。

*改革创新才能赢得主动。*改革创新是推动发展的根本动力，是一个地方的核心竞争力。这几年，我们坚持问题导向和需求导向，用改革的办法、创新的举措破解难题、清除障碍，激活了蛰伏潜能，释放了制度红利。新的征程上，必须准确识变、科学应变、主动求变，更加突出创新核心地位，更大力度用改革，破除发展制约束缚，以改革创新激发高质量发展新动能。

*从严治党才能固本强基。*勇于自我革命，是中国共产党区别于其他政党的显著标志，是党永葆青春活力的强大支撑。这几年，我们大力加强党的建设，全

面从严管党治党，持续增强党组织的创造力、凝聚力、战斗力，党的领导核心作用在各项事业发展中得到充分发挥。新的征程上，必须坚持自我革命，坚持和加强党的全面领导，增强全面从严治党永远在路上的政治自觉，把各级党组织建设得更加坚强有力。

这些经验启示，我们必须倍加珍惜，继续坚持并不断丰富和发展。与此同时，我们也要深刻认识到，新的征程上还面临不少困难和挑战，经济总量不大、产业能级不高、创新支撑不强的问题，需要持续发力解决；城市、乡村发展不平衡、不充分的矛盾依然突出；资源环境约束加大，经济社会发展绿色转型的任务十分艰巨；民生保障、安全稳定领域，和党的建设方面还有不少短板弱项；少数党员干部的能力作风，与现代化建设新要求还不相适应，等等。对此，我们务必保持清醒头脑，采取更加精准有力的措施，切实加以解决。

二、奋力谱写万州社会主义现代化建设新篇章

站在“两个一百年”奋斗目标的历史交汇点，描绘万州未来五年乃至更长时期的发展蓝图，激励全区上下在新的历史起点上接续奋斗，必须立足新发展阶段，科学研判面临形势，客观分析发展基础，准确把握万州所处的历史方位。

未来五年，万州正处于千载难逢的战略机遇期。以习近平同志为核心的党中央，着眼全局和长远发展，作出推动成渝地区双城经济圈建设的重大决策部署，万州迎来了重大历史发展机遇。《成渝地区双城经济圈建设规划纲要》，多次提及万州的重大事项、重点项目，明确指出“支持万州建设渝东北区域中心城市”“支持万州、达州、开州共建川渝统筹发展示范区”“支持万州打造区域性物流中心”，带来一系列政策利好、投资利好、项目利好，市场预期和社会预期得到极大提振，万州战略地位凸显、战略空间拓展、战略潜能释放。共建“一带一路”、长江经济带发展、新时代西部大开发等重大战略深入实施，为万州高质量发展创造了更为有利的条件。

未来五年，万州正处于大有可为的黄金发展期。市委对万州发展格外重视、寄予厚望，要求“大区要有大担当、新作为”“学好两山论、走好两化路”“稳两面、进两新”“打好三峡牌”“抓好四个篇章”，支持万州提升区域中心城市发展能级，建设三峡库区经济中心，和全国性综合交通物流枢纽，要求建好万达开川渝统筹发展示范区，推动万开云板块加快建成三峡城市核心区、绿色工业和现代服务业集聚区。这一系列决策部署，指明了万州未来发展的努力方向，赋予了万州带动周边的重大责任，万州在全市发展大局中的地位更加突出、作用更加重要。

未来五年，万州正处于跨越赶超的重要窗口期。随着“一心六型”两化路径的深入实践，三峡绿色发展新模式逐步成型，生态产品价值增值和转换能力提升，发展优势将进一步彰显；随着高铁时代的全面到来，铁公水空综合立体交通网络更加成型，要素集聚能力将进一步提高；随着区域中心城市功能的不断完善，经济和人口综合承载能力持续增强，城市竞争力、影响力和辐射力将进一步提升；随着政治生态的整体好转，全区上下心无旁骛干事业的氛围更加浓厚，推动高质量发展的内生动力将进一步增强。这些比较优势和强劲势能，将为万州加快发展、跨越发展提供有力支撑。

天道酬勤，力耕不欺。今天的万州，发展基础坚实前所未有，发展机遇重大前所未有，发展前景广阔前所未有，我们要保持起步必须全力加速、开局必须带头带动的奋斗姿态，快马加鞭、奋勇争先，在新的赶考路上，交出更加优异的答卷！

今后五年工作的指导思想是：高举中国特色社会主义伟大旗帜，坚持以马克思列宁主义、毛泽东思想、邓小平理论、“三个代表”重要思想、科学发展观、习近平新时代中国特色社会主义思想为指导，坚持党的基本理论、基本路线、基本方略，全面贯彻党的十九大和十九届历次全会精神，弘扬伟大建党精神，深刻理解“两个确立”的决定性意义，扎实落实习近平总书记对重庆提出的营造良好政治生态，坚持“两点”定位、“两地”“两高”目标，发挥“三个作用”，和推动成渝地区双城经济圈建设等重要指示要求，进一步增强“四个意识”、坚定“四个自信”、做到“两个维护”，统筹推进“五位一体”总体布局，协调推进“四个全面”战略布局，准确把握新发展阶段，深入践行新发展理念，积极融入新发展格局，坚持稳中求进工作总基调，以推动高质量发展为主题，以深化供给侧结构性改革为主线，以改革创新为根本动力，以满足人民日益增长的美好生活需要为根本目的，以全面从严治党为重要保障，统筹发展和安全，加快建设现代化经济体系，推进治理体系和治理能力现代化，促进全体人民共同富裕，实现经济行稳致远、社会安定和谐，奋力谱写万州社会主义现代化建设新篇章。

今后五年的主要奋斗目标是：全面完成“十四五”经济社会发展各项任务，加快建设“一区一枢纽两中心”，争当高质量发展、高品质生活排头兵。具体要实现：

——生态优先绿色发展示范区基本建成。“一心六型”两化路径持续深化，三峡绿色发展新模式更加成

熟，能源资源利用效率大幅提高，主要污染物排放强度持续下降，整体保护与局部开发实现平衡互促，绿水青山转化为金山银山的机制不断健全，在渝东北生态优先、绿色发展中走在前列、做好示范。

——全国性综合交通物流枢纽基本建成。沿江、京昆、包海等国家高铁主通道交汇万州，长江黄金水道效益充分释放，对外大通道更加完善，形成多式联运的综合交通运输体系，开放平台口岸完善提升，更好辐射带动周边区域融入全国流通大格局。

——区域中心城市能级全面提升。“双两百”大城市建设加快推进，城市空间结构持续优化，功能品质明显提升，人口集聚能力显著增强，渝东新区高标准开发建设，江城特色充分彰显，乡村振兴战略全面推进，更高水平建设“六个高地”，万开云同城化取得重大进展，有力服务和促进渝东北、川东北一体化发展，打造联结长江上游和中游、关中平原和鄂西湘西的中心城市。

——三峡库区经济中心地位更加凸显。“六型”产业规模质量大幅提升，数字经济发展取得明显成效，科技创新支撑能力显著增强，营商环境持续优化，万州经开区产业能级加快提升，“三个强区”建设取得标志性进展，地区生产总值占渝东北比重进一步提高，区域经济高质量发展的引擎作用更加彰显。

加快建设“一区一枢纽两中心”，争当高质量发展、高品质生活排头兵，是一个相互联系的有机整体，要准确认识、全面把握。加快建设“一区一枢纽两中心”，是认真落实市委部署要求，扎实抓好生态篇、流通篇、城市篇、产业篇“四个篇章”的务实举措，体现的是全区未来五年乃至更长一个时期，经济社会发展的目标任务。争当高质量发展、高品质生活排头兵，是深入贯彻习近平总书记对重庆提出的重要指示要求，助力全市建成高质量发展、高品质生活新范例的，大区大担当，体现的是对全市发展的贡献度。要深刻认识到，加快建设“一区一枢纽两中心”，争当高质量发展、高品质生活排头兵，把万州做大做强，才能更好地服务和带动周边地区发展，才能在投身成渝地区双城经济圈建设，推进渝东北、川东北一体化发展中，肩负起干在实处、事争一流、当好引领的使命和担当。全区各级党组织和广大党员干部，要紧紧围绕奋斗目标，撸起袖子加油干，全力以赴抓落实，做到既为一域争光、更为全局添彩。

三、以新发展理念引领高质量发展、创造高品质生活

进入新发展阶段、融入新发展格局，加快建设“一区一枢纽两中心”，争当高质量发展、高品质生活排头兵，必须坚定贯彻创新、协调、绿色、开放、共享的新发展理念，努力实现更高质量、更有效率、更加公平、更可持续、更为安全的发展。

（一）在创新发展上实现新作为

科技支撑发展，创新引领未来。要坚持创新在现代化建设全局中的核心地位，加快推进以科技创新为核心的全面创新，激发全社会创新创造活力，让创新成为万州高质量发展的强大动能，示范引领渝东北创新发展。

一是打造三峡库区科技创新高地。提升科技创新集聚度、活跃度、贡献度，主要科技创新指标达到全市一流、区域领先。加强平台建设。积极创建国家级高新区、国家农业科技园区，打造环高校创新生态圈，建设一批工程研究中心、技术创新中心、重点实验室、临床医学研究中心，推动科技成果加速转化为现实生产力。培育创新力量。坚持企业主体、市场导向，健全产学研用、深度融合的科技创新体系，促进创新要素向企业集聚，实施科技企业培育“百千工程”，打造一批“小巨人”企业和单项冠军企业，培育一批国内知名企业。优化创新生态。深入推进科技体制改革，健全科技投入、政策激励、人才评价、成果评价等机制，滚动实施年度重点任务，引导全社会加大研发投入，构建知识产权创造、保护、运用的生态系统，大力弘扬科学家精神、企业家精神和工匠精神，让各方面创新活力充分激发、创新潜能充分释放。

二是推进大数据智能化创新。深入落实创新驱动发展战略，让智能化为经济赋能、为生活添彩。发展数字经济。大力推进数字产业化、产业数字化，加快5G、数据中心等新型基础设施建设，推进三峡智慧城建设大数据融合应用创新试验区，建成三峡大数据中心，培育发展数字文创、数字内容、数据治理等新产业，促进平台经济规范健康发展，推动数字经济和实体经济融合发展。赋能传统产业。用好绿色智造赋能中心、三峡山地特色农业科技创新中心等平台，加强大数据、人工智能、物联网、工业互联网等推广应用，打造一批数字化车间、智能工厂，推进现代农业园区智能化示范，培育服务业新模式、新业态，塑造产业发展新优势。建设智慧城乡。着眼便民、利民、惠民，推动智慧政务、智慧商务、智慧生活等场景化应用，完善城市智能管理系统，积极建设未来大社区。加快数字乡村建设，构建“三农”大数据平台，发展农村电商，让广大群众共享数字经济发展红利。

三是推动全方位创新。把创新作为引领发展的第一动力，让创新贯穿各项工作。增强创新思维。与时俱进推动党员干部解放思想，打破因循守旧的惯性思

维，增强锐意创新的勇气、敢为人先的锐气，在坚决贯彻党中央决策部署的基础上，结合实际创造性地开展工作，努力破除不利于发展的藩篱，激活有利于创新的因子。创新工作方法。围绕保落实求实效，常态化、制度化开展“双亮”“双议”，深化运用“四化”工作法，健全完善“指挥部”机制和督查问责机制，形成完整工作闭环，打通抓落实的“最后一公里”。打造渝东北改革试验高地。统筹推进重要领域和关键环节改革，在激发各类市场主体活力、深化国资国企改革、优化营商环境等方面，谋划和推进一批改革措施，破除妨碍公平竞争的体制机制障碍，推动渝东新区在改革发展中积极探索、多出实效。

（二）在协调发展上实现新作为

协调既是发展手段又是发展目标，也是评价发展的标准和尺度。要统筹抓好城市提升和乡村振兴，推动区域协调发展，促进物的全面丰富和人的全面发展，不断增强发展的整体性、协同性。

一是加快城乡融合发展。更好推进以人为核心的城镇化，实现城市让生活更美好、乡村让人们更向往。提升城市能级。立足江城形态特征，加快构建“一廊三核六组团”格局，打响“三峡江城·平湖万州”城市名片，奋力朝着“双两百”大城市目标迈进。推动渝东新区“一年一个样、三年大变样”，更好发挥“引领万开云、服务渝东北”作用，把北部高铁组团、江湾组团，打造成为现代化的创新生态城；加快中心城区有机更新，做精做靓滨江环湖区域，把中部母城组团、江南组团，打造成为独具魅力的环湖品质城；推进万州经开区以产兴城、以业聚人，把南部九龙组团、高峰组团，打造成为产城融合、职住平衡的产业智造城。完善促进城区人口集聚的政策措施，推动城市规模、产业布局、公共服务等与人口增长协调匹配。建设美丽乡村。按照“五个振兴”要求推进乡村全面振兴，加快培育一批中心城镇、产业强镇、文化名镇，打造乡村振兴重要支点。推动各镇乡特色化、集约化发展，发展一批亿元村，实施好乡村建设行动，从“一片美”迈向“全域美”，充分展示农业农村的经济价值、生态价值、美学价值、人文价值。构建融合发展机制。积极探索城乡融合发展政策体系，推动城乡要素高效配置、公共资源均衡配置，完善城乡一体、互联互通的水利网、能源网和信息网，引导鼓励资金、技术、人才等下乡，实现工农互促、城乡互补、共同繁荣。

二是推动区域协同发展。抓住用好成渝地区双城经济圈建设战略机遇，集中精力办好自己的事情，同心协力办好合作的事情，打造区域协作的高水平样板。共推万达开一体化。认真落实万达开川渝统筹发展示范区建设方案，积极探索经济区与行政区适度分离改革，建立利益共享机制，推动交通物流、产业能源、开放创新、公共服务、生态保护等一体化，引领成渝地区双城经济圈北翼发展，打造战略性增长极。共推万开云同城化。坚持一体化规划、组团式发展、协同性建设，推动城区相向集聚发展，共建共享重大基础设施，构建分工有序、相互融合的产业体系，加快医疗、教育等民生事项的同城化改革，有力牵引带动渝东北三峡库区城镇群高质量发展。共推“一区两群”协同。坚持优势互补、资源共享，主动加强与两江新区的对接协同，开展产业协作、城乡发展、市场互通、科研成果应用转化等深层次合作，积极拓展与其他区县的协同合作，联动周边有关区县打造“三峡库心·长江盆景”，在“一区两群”协调发展中当好表率、做好示范。

三是促进物质文明和精神文明协调发展。社会主义现代化是物质文明和精神文明相协调的现代化，必须坚持“两个文明”一起抓，不断提升精神文明建设质量和水平。提高社会文明程度。坚持社会主义核心价值体系，推动理想信念教育常态化、制度化。深入推进公民道德建设，促进市民文明行为养成，深化新时代文明实践，让文明创建成为共识、文明之举成为自觉、文明之花处处绽放，奋力争创全国文明城区。发展文化事业。深化文化体制改革，优化完善区、镇乡、村（社区）三级公共文化服务网络，推进重大公共文化设施提档升级，加快推进媒体融合发展。讲好万州故事，打造一批文化品牌、文化街区，推出更多满足人民文化需求、增强人民精神力量的文艺精品力作，提升中国戏剧“万州现象”美誉度。打造三峡文化高地。传承和弘扬三峡文化、移民文化，加快推进三峡文化艺术中心、三峡移民纪念馆功能完善等项目，高水平建好三峡文化园，打造成为集中展示三峡文化的窗口、渝东北文化交流的中心。

（三）在绿色发展上实现新作为

保护好三峡库区、筑牢长江上游重要生态屏障，是万州肩负的重要政治责任、历史责任。要把修复长江生态环境摆在压倒性位置，促进经济社会发展全面绿色转型，打造生态优先、绿色发展升级版。

一是提升生态系统质量和稳定性。深入打好污染防治攻坚战，统筹山水林田湖草系统治理，严格实施长江保护法，守护好一江碧水、两岸青山。深入落实河长制。分批推进次级河流水质提升，建好、用好、管好城乡污水处理设施及配套管网，深化消落带综合治理，强化水土流失、石漠化治理，持续抓好长江十年禁渔，次级河流水质稳定达到Ⅲ类以上，长江干流万州段水质稳定保持Ⅱ类。全面推行林长制。推动国土绿化扩面提质，持续开展天然林保护、“两岸青山·千里林带”建设，强化自然保护区用途管控和保护修复，全区森林覆盖率提升到60%以上。加大污染防治力度。加强土壤和农村面源污染治理、固体废物污染治理，持续推进农业废弃物资源化利用，严防严控交通、工业、扬尘和生活污染，空气质量优良天数稳定保持在330天以上。

二是构建高质量生态产业体系。坚持现有企业培育、对外招商引资、创新平台孵化并重，做强“六型”产业，构建具有竞争优势的生态产业体系，提高经济质量效益。建设工业强区。坚持把工业摆在全区经济发展中的突出位置，持续营造全区上下大抓工业的浓厚氛围，力争工业产值突破千亿元。发挥好万州经开区工业主战场、主力军作用，加强要素支撑，提升创新能力，深耕五大重点产业，培育引进一批关键节点、上下游配套项目，针对性补链成群，积极引进战略性新兴产业，加快形成一批百亿级产业集群，和多个百亿级骨干企业，充分释放国家级开放平台的发展动能。推动中小企业“专精特新”发展，积极发展楼宇工业，打造一批镇乡中小企业集聚区。建设农业强区。牢牢把住粮食安全主动权，加强耕地保护，接续推进“双百亿”工程，打造经果林、生态猪两个百亿级全产业链，培育畜禽、中药材、生态渔业等新增长点，做大做响三峡柑橘、茶叶、小水果等优势品牌，发展农副产品深加工，做大烤鱼产业，推动农业“接二连三”，农业经济实现提档升位。建设现代服务业强区。聚力打造特色消费聚集区，提质发展“五大商圈”，加快把高笋塘商圈建成国际消费标志性商圈，形成千亿级市场群和多个百亿级商圈。建成三峡综合物流枢纽、董家物流园等功能载体，积极发展供应链物流、冷链物流等，建设生产服务型国家物流枢纽承载城市。打好三峡旅游牌，打造大三峡旅游集散中心和重要目的地，推进游轮母港建设，构建“中心集散、文旅融合、串点成线”的文化旅游发展格局。建好三峡国际健康城、三峡恒合旅游度假区，推动健康医疗、休闲避暑、养生养老多元素结合，打造长江上游康养之城。大力推动普惠金融、绿色金融、科技金融等发展，积极培育引进金融机构，丰富金融业态，不断提高存贷比，提升金融供给效率，切实增强金融服务实体经济能力。

三是推动绿色低碳发展。积极探索绿色发展新路径，加快形成绿色生产生活方式，提升经济社会发展“含绿量”。有效做好“双碳”工作。调整优化能源、产业、交通运输、用地“四个结构”，降低单位产出能源资源消耗和碳排放，结合实际发展太阳能、风能等可再生能源，持续开展工业园区循环化改造，发展装配式建筑，推动城乡建设绿色发展，努力实现减污降碳协同增效。加快生态价值转换。用好长江水蕴藏的能源，推广长江水源热泵集中供能，积极推进碳排放权、排污权等交易，探索开展生态移民搬迁，积极发展生态旅游，让绿水青山惠民、金山银山富民。实施全面节约战略。增强全民节约意识，全面推进垃圾分类，坚决制止餐饮浪费，推动绿色出行、绿色消费，营造绿色低碳生活新风尚。

（四）在开放发展上实现新作为

未来五年，万州交通枢纽地位将更具优势，开放能级将大幅提升。要用好通道功能，发挥枢纽作用，全面提升开放质量、水平和效果，促进资源要素自由高效流动，在川东北、渝东北带头开放、带动开放，更好服务和融入新发展格局。

一是构建综合立体交通网络。提升交通外联内畅水平，增强交通基础设施支撑能力。迈进高铁时代。郑万高铁明年投运，建成渝万高铁、成达万高铁、渝西高铁，加快打通南向高铁通道，扩能改造达万铁路，形成深度通达、便捷高效的铁路网络。织密公路网络。80千米城市外环明年实现全线贯通，推进万开云快速路网建设，打造半小时通勤圈。构建城区“三横四纵”快速路网，推进普通干线公路升级改造。建好港口集群。优化调整南北两岸港口功能布局，新田港一期、二期全面运营，新田港铁路集疏运中心建成投用，打造亿吨级内河大港。积极发展江海直达运输，构建川渝东向出海大通道。建设航空枢纽。完成机场4D级改扩建，新航站楼投入使用，推动4E级干线机场建设，加快建设高铁北站至机场快速路，不断提升机场服务能级，旅客吞吐量实现翻番。

二是提升对外开放平台。推动各类开放平台提档升级、创新发展，全面增强要素集聚和引领辐射功能。做强功能平台。提升万州经开区和渝东新区开放功能，把万州综合保税区打造成为对外开放新窗口，开放航空口岸，持续推进万州港对外开放。做优节会平台。推动“支治会”“旅游节”常办常新、越办越好，持续办好三峡柑橘国际交易会、三峡美食文化节等展会活动，打造世界大河歌会、江滩音乐季等品牌，提升城市开放形象。做实合作平台。用好中央单位定点帮扶、对口支援三峡库区、东西部协作等平台，深化多领域合作，促进优势互补、互利共赢。

三是壮大开放型经济。更好把流通优势转化为经济优势，进出口总额翻两番以上。壮大高铁经济。坚持“站城一体”理念，推进高铁北站综合开发利用，加快完善高铁组团功能布局，推动数字经济、总部经济、会展经济等发展。繁荣临港经济。加快新田临港经济区建设，积极发展粮油饲料、物流仓储、装备制造等产业。培育临空经济。规划建设临空经济区，推进航空配套服务、航空物流等发展。发展口岸经济。依托万州综合保税区等平台，发展保税加工、保税物流、服务贸易等外向型经济业态，培育一批优质进出口企业。

（五）在共享发展上实现新作为

人民群众对美好生活的向往，就是我们的奋斗目标。要牢记让人民生活幸福是“国之大者”，坚持在发展中保障和改善民生，提高公共服务供给质量和水平，努力创造高品质生活。

一是扎实推动共同富裕。坚持把促进共同富裕作为，为人民谋幸福的着力点，循序渐进、久久为功。巩固拓展脱贫攻坚成果。健全防止返贫动态监测和帮扶机制，保持主要帮扶政策、资金、力量总体稳定，培育壮大帮扶产业，增强内生发展动力，持续发展并管理好村集体经济，确保脱贫基础更加稳固、成效更可持续。着力稳定和扩大就业。强化就业优先政策，健全就业创业服务体系，支持和规范发展新就业形态，促进创业带动就业、多渠道灵活就业、重点群体就业，努力实现更加充分、更高质量的就业。提高居民收入水平。促进收入分配更公平、更合理，积极发展公益慈善事业。高度重视解决“平均数以下”问题，推动更多劳动者通过自身努力，迈入中等收入行列。

二是织密筑牢社会保障网。围绕全覆盖、保基本、多层次、可持续等目标，不断提高社会保障能力和水平。完善社会保险和医疗保障体系。深入推进全民参保计划，健全养老保险体系，强化基本医疗保险、大病保险与医疗救助三重保障功能，兜牢基本民生保障底线。关心关爱重点群体发展。积极应对人口老龄化，大力发展普惠型养老服务和互助性养老，构建居家社区机构相协调、医养康养相结合的养老服务体系，推动老龄事业与产业、基本公共服务与多样化服务协调发展。落实国家生育政策，积极发展婴幼儿托育服务体系，提高生育托育服务水平。进一步完善最低生活保障制度，做好助残、救孤、济困、优抚等工作。健全住房保障体系。坚持“房住不炒”，建立多主体供给、多渠道保障、租购并举的住房保障制度，支持商品房市场更好满足购房者的合理住房需求，促进房地产业良性循环和健康发展，让老百姓住有所居、安居乐业。

三是增加优质公共服务供给。健全公共服务体系，提升公共服务供给质量，更好满足群众需求，增强城市吸引力。打造区域教育高地。坚持教育优先，落实立德树人根本任务，扩大普惠性学前教育供给，推动义务教育优质均衡发展、普通高中特色示范发展、职业教育产教融合发展。积极促进高等教育内涵发展和质量提升，全力支持重庆三峡学院建成综合性、应用型高水平大学，支持重庆三峡医专、重庆幼儿师专、重庆三峡职院、重庆安全职院等创建本科院校，全面加强校地合作，实现共建共赢。打造区域卫生健康高地。深化医药卫生体制改革，完善公共卫生服务体系，启动全国卫生城市创建，积极推进医疗卫生机构创等晋级，推动重庆大学附属三峡医院加快建设应用研究型医院。广泛开展全民健身运动，培育发展竞技体育，增强人民体质。打造渝东北公共服务高地。建设政务服务、商务会展、应急救援等中心，引进和培育会计审计、法律服务、检测检验等区域性专业服务机构。

（六）把安全发展有机统一于，贯彻新发展理念各领域和全过程

安全是发展的前提，发展是安全的保障。要牢固树立总体国家安全观，更好统筹发展和安全，加快提升治理体系和治理能力现代化水平，以高效能治理、高水平安全保障高质量发展。

一是加强和创新社会治理。强化系统治理、依法治理、综合治理、源头治理，建设人人有责、人人尽责、人人享有的社会治理共同体。完善治理体系。强化政治引领、综治能动、法治保障、德治教化、自治强基、智治支撑作用，拓展社会参与渠道，推动政府治理同社会调节、居民自治良性互动。提升治理能力。加强基层力量、基础工作、基本能力建设，推进大数据与社会治理深度融合，健全智慧治理机制，提升智慧治理水平。注重发挥村（居）民小组作用，有效整合网格力量资源，全面激发社会治理活力。创新治理机制。深入推进全国市域社会治理现代化试点，加强基层治理改革创新，深化“楼栋工作日”“院落自治”“多勤联动”等，形成更多可复制可推广的经验做法。

二是扎实开展平安建设。落细落实维护社会稳定各项工作，确保人民更安宁、社会更安定。加强矛盾纠纷排查化解。深化“枫桥经验”重庆实践，完善信访工作机制，深化积案化解，畅通和规范群众诉求表达、利益协调和权益保障渠道，加强社会心理服务体系建设，塑造自尊自信、理性平和、亲善友爱的社会心态。健全社会治安防控体系。常态化开展扫黑除恶斗争，巩固政法队伍教育整顿成果，强化社会面管控，健全完善打击网络犯罪新机制，坚决遏制电信网络诈骗高发态势。抓好安全生产和自然灾害防治工作。完善落实安全生产责任制，持续开展危化品、消防、交通运输、建筑施工、食品药品、校园等重点行业领域

安全隐患排查整治，加强防灾、减灾、救灾体系和应急能力建设，坚决遏制较大及以上事故发生。

三是有效防范各类风险。以大概率思维应对小概率事件，建立完善风险防控体系，坚决打好防范化解重大风险攻坚战。防范化解政治安全风险。扎实推进反渗透、反恐防暴，依法处置非法宗教活动，筑牢政治安全防线。防范化解经济领域重大风险。加强经济安全风险预警、防控机制和能力建设，积极化解政府性债务和国有企业债务风险，防范金融、房地产等重点领域风险，确保不发生系统性、区域性风险。防范化解生物安全风险。落实好常态化新冠肺炎疫情防控措施，夯实联防联控、群防群控的基层基础，着力提高应对重大突发公共卫生事件的能力和水平。

四、不断推进新时代党的建设新的伟大工程

百年风霜雪雨、百年大浪淘沙，我们党能够饱经磨难而生生不息、风华正茂，关键在于始终坚持党要管党、全面从严治党不放松，在推动社会革命的同时，进行彻底的自我革命。以史为鉴、开创未来，必须坚决贯彻落实新时代党的建设总要求，把全面从严治党不断引向深入。

（一）旗帜鲜明讲政治抓政治

始终把党的政治建设摆在首位，巩固发展良好政治生态。坚决做到“两个维护”。深刻理解“两个确立”的极端重要性，把“两个确立”的政治成果，转化为坚决做到“两个维护”的政治自觉，转化为对习近平新时代中国特色社会主义思想的忠实践行，转化为履好职责、做好工作的实际行动，始终在政治立场、政治方向、政治原则、政治道路上，同以习近平同志为核心的党中央保持高度一致。严肃党内政治生活。严明党的政治纪律和政治规矩，牢记“五个必须”，杜绝“七个有之”，认真贯彻民主集中制，严格执行重大事项请示报告制度，着力增强党内政治生活的政治性、时代性、原则性、战斗性。扛牢管党治党政治责任。压紧压实党委主体责任、纪委监督责任、党委书记第一责任和班子成员“一岗双责”，健全习近平总书记对重庆所作重要讲话，和系列重要指示批示精神贯彻落实机制，自觉贯彻党内法规，抓好巡视督察反馈意见整改，深化区委巡察，强化巡察政治体检作用，高质量完成巡察全覆盖任务，以政治生态持续净化促进发展环境不断优化。

（二）坚持不懈加强党的思想建设

把强化理论武装作为根本性任务，筑牢信仰之基、补足精神之钙、把稳思想之舵，不断巩固团结奋斗的共同思想基础。持续学懂弄通做实习近平新时代中国特色社会主义思想。努力掌握蕴含其中的立场、观点、方法，道理、学理、哲理，更好地用以武装头脑、指导实践、推动工作，不断提高改造主观世界和客观世界的能力。深化拓展党史学习教育成果。深入开展“四史”宣传教育，引导党员干部深刻理解把握党的百年奋斗重大成就和历史经验，把“十个坚持”“九个必须”的经验启示学习好、运用好，自觉践行中国共产党人精神谱系，进一步坚定信仰、信念、信心。牢牢掌握意识形态工作领导权。落实落细意识形态工作责任制，统筹做好正面宣传、重点阵地管理、网络文明建设等工作，着力壮大主流思想舆论，弘扬主旋律，传播正能量，巩固马克思主义在意识形态领域的指导地位。

（三）着力打造高素质专业化干部队伍

坚定践行新时期好干部标准，统筹抓好“五大体系”建设，打造适应现代化建设需要的干部队伍。提升干部队伍能力素质。加强干部教育培养，更加注重思想淬炼、政治历练、实践锻炼、专业训练，推动各级干部切实增强“八种本领”、提高“七种能力”，不断提升把握新发展阶段、贯彻新发展理念、融入新发展格局的政治能力、战略眼光、专业水平。树牢正确选人用人导向。坚持德才兼备、以德为先、任人唯贤，坚持事业为上、以事择人、人事相宜，把对党忠诚、敢于担当、成绩突出的干部选出来、用起来。推动优秀年轻干部脱颖而出、茁壮成长，统筹做好女干部、少数民族干部、党外干部的培养使用，构建形成当下有活力、发展有潜力、未来有竞争力的干部梯队。有效激励干部担当作为。坚持激励和约束并重、严管与厚爱结合，强化干部队伍日常监督管理，严格落实“三个区分开来”要求，充分调动和发挥干部积极性和主观能动性，让想干事的有机会、能干事的有舞台、干成事的有地位。加大对基层干部关心关爱力度，注重发挥退出领导岗位干部作用，用心、用情、用力做好老干部工作。加强党管人才工作。牢固树立人才第一资源的理念，抓好人才成长培养、引进集聚、作用发挥、服务保障“四大行动”，深入实施“平湖英才”计划，开展“百千万引才”工程，办好三峡人才节、万州青年人才荟等活动，壮大创新型、应用型、技能型人才队伍，营造“近悦远来”人才生态。

（四）全面加强基层党组织建设

以提升组织力为重点，突出政治功能，不断巩固党的执政基础。严密组织体系。完善三级书记抓基层党建清单制度，严格开展抓党建述职评议考核，创新党组织设置和活动方式，构建纵向到底、横向到边的严密组织架构，不断扩大党的组织覆盖和工作覆盖。夯实基层基础。大力实施农村党建提升、城市党建引领、模范机关创建、国企党建提质、事业单位党建创新、两新党建攻坚“六项行动”，深化党支部标准化、规范化建设，常态化整顿软弱涣散基层党组织，推进基层党组织全面进步、全面过硬。发挥战斗堡垒作用。持续加强基层党组织带头人队伍建设，派强用好驻村第一书记和工作队，抓好党员发展、教育、管理和服务工作，深入推进抓党建促乡村振兴、促城市提升、促基层治理，真正做到党旗飘在一线、堡垒筑在一线、党员冲在一线。

（五）持之以恒正风肃纪反腐

把“严”的主基调长期坚持下去，一刻不停推进党风廉政建设和反腐败斗争，坚决清除一切损害党的先进性和纯洁性的因素，清除一切侵蚀党的健康肌体的病毒。以钉钉子精神纠治“四风”。锲而不舍落实中央八项规定精神，深化整治形式主义、官僚主义顽瘴痼疾，严防享乐主义、奢靡之风反弹回潮，巩固作风问题专项整治成果，严厉整治群众身边腐败和作风问题，持续为基层减负松绑，促进优良作风形成常态、保持长效。健全完善监督体系。持续深化纪检监察体制改革，强化纪委监委专职监督推动作用，发挥好纪律监督、监察监督、派驻监督、巡察监督统筹衔接的综合效能，推动党内监督和其他监督贯通融合，加强对“一把手”和领导班子监督，运用好党员干部涉权事项公开、数智政务一体化等平台，把监督贯穿于党领导经济社会发展全过程。保持惩治腐败高压态势。坚持无禁区、全覆盖、零容忍，坚持重遏制、强高压、长震慑，坚持行贿受贿一起查，加大重点领域反腐败力度，健全“以案四说”“以案四改”长效机制，精准运用“四种形态”，增强治理腐败效能，不断实现不敢腐、不能腐、不想腐一体推进战略目标。

（六）毫不动摇坚持和加强党的全面领导

奋进新征程，建功新时代，必须坚持和加强党的全面领导，调动一切可以调动的积极因素，团结一切可以团结的力量，汇聚起全区上下勠力同心、携手共进的强大动能。提高党的全面领导能力。始终坚持党对一切工作的领导，加强和改善党的领导，不断提高党科学执政、民主执政、依法执政水平，充分发挥党总揽全局、协调各方的领导核心作用。坚持和完善人民代表大会制度。加强和改进新时代人大工作，支持人大及其常委会依法行使职权、开展工作，指导和督促“一府一委两院”自觉接受人大监督，丰富人大代表联系人民群众的内容和形式，不断发展全过程人民民主。坚持和完善中国共产党领导的多党合作和政治协商制度。发挥人民政协专门协商机构作用，推动发扬民主和增进团结相互贯通、建言资政和凝聚共识双向发力，持续提高政治协商、民主监督、参政议政水平，更加广泛地凝聚人心和力量。坚持大统战工作格局。巩固和发展最广泛的爱国统一战线，支持民主党派、工商联和无党派人士积极发挥作用，做好民族、宗教、港澳台侨等工作，找到最大公约数、画出最大同心圆。坚持走中国特色社会主义法治道路。深入学习贯彻习近平法治思想，统筹推进宪法实施和严格执法、公正司法、全民守法，一体建设法治万州、法治政府、法治社会，创建全国法治政府建设示范区。坚持党建带群建。增强工会、共青团、妇联等群团组织的政治性、先进性、群众性，推动群团组织当好党联系群众的桥梁纽带。坚持党管武装。深化国防动员体制改革，巩固发展新时代军政军民团结局面，努力实现全国双拥模范城“五连冠”。

雄关漫道真如铁，而今迈步从头越。让我们更加紧密地团结在以习近平同志为核心的党中央周围，坚决响应党中央伟大号召，勿忘昨天的苦难辉煌，无愧今天的使命担当，不负明天的伟大梦想，坚定信心、鼓足干劲，乘风破浪、拼搏赶超，全力投身经济圈，合力推进一体化，加快建设“一区一枢纽两中心”，争当高质量发展、高品质生活排头兵，奋力谱写万州社会主义现代化建设新篇章，以优异成绩迎接党的二十大胜利召开，为实现中华民族伟大复兴的中国梦，作出新的更大贡献！

重庆市万州区人民政府工作报告

——在重庆市万州区第六届人民代表大会第一次会议上

重庆市万州区人民政府区长　聂红焰

（2022年1月10日）

一、过去五年工作回顾

五年来，在市委、市政府和区委的坚强领导下，我们坚持以习近平新时代中国特色社会主义思想为指导，深入贯彻党的十九大和十九届历次全会精神，全面落实习近平总书记对重庆提出的营造良好政治生态，坚持“两点”定位、“两地”“两高”目标，发挥“三个作用”和推动成渝地区双城经济圈建设等重要指示要求，统筹推进“五位一体”总体布局，协调推进“四个全面”战略布局，持续实施“三大攻坚战”“八项行动计划”，统筹做好“六稳”“六保”工作，坚持稳中求进工作总基调，完整、准确、全面贯彻新发展理念，积极融入新发展格局，深入践行“一心六型”两化路径，决胜全面建成小康社会取得决定性成就，较好完成了区五届人大确定的目标任务，为加快建设“一区一枢纽两中心”奠定了坚实基础。

*——五年来，我们聚焦“生态美”善作善成，高颜值城乡面貌各美其美。*深学笃用习近平生态文明思想，坚定践行“两山论”、走好“两化路”。以提升全域水质为中心，打好污染防治攻坚战，着力打造最优碧水生态廊道、最绿山林生态廊道、最美田园生态廊道，构建起“一干多支、三带两线”生态保护格局；空气质量优良天数保持在330天以上，全区和长江两岸森林覆盖率分别达到56%、70%，21条次级河流水质稳步提升，长江干流万州段水质稳定保持Ⅱ类，展现出天蓝地绿水清的美丽山水画卷。以城乡“双亮”为抓手，统筹推进城市提升和乡村振兴，促进城乡各美其美、美美与共；实施320个城市提升重点项目，精心打造“城市五带”“一环十六景”和97处社区美景；大力实施美丽乡村建设，打造绿色示范村67个、美丽庭院5000个、示范院落265个，城乡颜值更高、气质更佳。

*——五年来，我们聚焦“产业兴”见行见效，高质量发展之路越走越宽。*深入贯彻习近平新时代中国特色社会主义经济思想，坚定不移走生态优先、绿色发展之路，三峡绿色发展新模式逐步成型，预计地区生产总值年均增长4.6%，历史性突破1000亿元大关。因地制宜发展“六型”产业，竣工智能循环型工业重点项目120个、智能化改造项目93个，战略性新兴制造业产值占比增至25%；实施山地高效型农业项目726个，“双百亿”工程建成经果林606.67平方千米、新增生猪产能105万头；集散融合型文化旅游业、绿色智慧型物流业、休闲养生型大健康业、功能共享型金融业协同发展，增加值占地区生产总值比重分别达到5%、4.3%、3.1%、7.1%，支撑经济高质量发展的生态产业体系初步形成。因势利导培育骨干企业，集合要素资源培育和引进平湖金龙、长安跨越、万博特铝、厚捷医药、威科赛乐、四川德康、中储粮油脂、百安港等一批具有引领带动作用的龙头企业，推动形成100亿级新材料、70亿级汽车、30亿级食品医药等现代制造业产业集群，加速形成种养殖两个百亿级现代农业全产业链，带动形成500亿级市场群1个、100亿级商圈1个，高质量发展基础更加坚实。

*——五年来，我们聚焦“百姓富”用心用力，高品质生活愿景渐行渐近。*坚持以人民为中心的发展思想，大力推进普惠性、基础性、兜底性民生建设。量力而行改善民生，脱贫攻坚全面胜利，持续深化“三师入户”“国企进村”，精准解决“两不愁三保障”突出问题，140个贫困村全部出列，3.5万户10.76万贫困人口全部脱贫，退出国家扶贫开发工作重点县；建成扶贫产业基地120平方千米、扶贫车间32个、“四好农村路”4030千米，“三变”改革试点村扩展至116个，培育发展亿元村65个，农村集体经济组织“空壳村”全部消除；城镇新增就业18.5万人、登记失业率控制在3.5%以内，城乡居民人均可支配收入超过全国全市平均水平。尽力而为办好实事，滚动实施重点民生实事120件，推行“多勤联动”“马路办公”“楼栋工作

日”“院落自治”等社会治理新举措，破解群众急难愁盼问题4100余件；打造“世界大河歌会”“中国烤鱼之乡”“中国曲艺之乡”“市级历史文化名城”等城市名片，不断丰富人民群众物质生活、精神生活，群众获得感、幸福感、安全感持续增强。

五年来，我们统筹推进稳增长、促改革、调结构、惠民生、防风险、保稳定工作，各项事业取得新的重大进展。

（一）科技创新能力提升

深入推进大数据智能化创新驱动发展，预计全社会研发投入强度达到1.5%左右，万人发明专利拥有量达到2.8件，17项科研成果获市级科学技术奖，“智能电动汽车电池管理系统”获日内瓦国际发明展金奖。创新平台不断提升，万州科技创新中心、区块链研究中心、三峡山地特色农业科技创新中心投入运营，创建国家级众创空间3个、博士后科研工作站2个，市级以上科技研发平台达到43家。创新主体持续壮大，国家高新技术企业、市级科技型企业分别达到81家、626家，是2016年的8.1倍、21.6倍；培育市级技术创新示范企业、知识产权优势企业54家，有研发机构的规模以上工业企业达到83家。创新人才加速聚集，培育引进高层次人才125人，新增创新创业示范团队45个，在万高校院所创新团队达到77个。

（二）现代产业提质增效

坚持绿色化、智能化、集约化方向，大力发展“六型”产业，现代产业基础进一步巩固。工业发展量质齐升，规模以上工业企业达到162家，建成市级智能工厂3个、数字化车间4个，五大重点产业产值占比达到72%；万州经开区“主战场”作用更加凸显，工业投资、规模以上工业产值占全区比重分别达到87%、79%，建成区面积达到26.5平方千米，新建标准厂房63万平方米、道路桥梁71千米、学校9所。农业发展稳中提质，建成高标准农田306.67平方千米，粮食播种面积、粮食总产量分别稳定保持在1000平方千米、50万吨左右，预计农业增加值年均增长5.4%；新培育区级以上农业龙头企业184家，“两品一标”农产品达到119个，红桔获批中国重要农业文化遗产，玫瑰香橙获评“全国名特优新农产品”；成功创建国家现代农业产业园，4个园区入选全国农村创业园区目录。现代服务业提速发展，培育10亿级商品交易市场6个，限额以上商贸单位达到454家，三届三峡柑橘国际交易会带动柑橘销售近百亿元，预计社会消费品零售总额年均增长7.3%；三峡平湖旅游区、三峡移民纪念馆成功创建AAAA级旅游景区，年货运总量突破1亿吨，预计金融业增加值年均增长7%。

（三）区域协作成效显现

全面落实成渝地区双城经济圈建设规划纲要和渝东北三峡库区城镇群建设行动方案，区域协同协作全面深化。加快推进万达开川渝统筹发展示范区创建，签订合作协议100项，实施重大合作项目43个，协同举办“2020川渝国企万州行”等重大活动，川渝东出智慧物流港等“六大功能载体”加快建设。加快推进万开云同城化发展，推动出台《万开云同城化发展实施方案》，联合成立医疗质量控制渝东北分中心、三峡人力资源服务联盟，城际公交、义务教育就近跨区招生等15项便捷服务事项落地惠民。加快推进对口协同发展，强化与两江新区对接协同，两江数字经济产业园万州园等5个协作载体高效运营；对口支援、中央单位定点帮扶和东西部协作持续深化，累计到位援助资金14.4亿元、实施帮扶项目588个，“一会一节”影响力持续增强。

（四）改革开放持续深化

坚持用好改革开放关键一招，持续释放高质量发展动力活力。重点改革取得突破，“楼栋工作日”社区治理等7项案例做法在全国推广，节约集约利用土地工作获国务院通报表彰；252家国企整合重组为25家区属一级企业，出清改制“僵尸企业”、全民所有制企业160家，国有资产总额、国企营业收入较2016年分别增长1.1倍、5.9倍；整合设置渝东新区，3个镇乡改设街道，多级多点发展支撑格局进一步形成；实施财政资金股权化改革项目437个，农村集体经济组织达到1.1万个，荣获全国农村承包地确权登记颁证工作先进集体。对外开放全方位推进，万州综合保税区获批设立并通过预验收，签约企业3家、协议投资8.2亿元；万州机场口岸开放已报国务院，水运口岸开放有序推进，万州经开区纳入中国（重庆）自贸试验区联动创新区；实现进出口总额111.2亿元，实际利用外资5.6亿美元，服务外包离岸执行额5.2亿美元。营商环境持续优化，推行议服务基层建设、议服务企业发展“双议”，区级行政许可事项压减至733项，审批事项89%实现“一窗办理”，依申请类承诺办结时限压缩81.1%；实施招商项目389个、到位资金947亿元，市场主体达到13.5万户；民营经济增加值、税收、吸纳新增就业占比分别达到58%、62%、72%，占据经济发展“半壁江山”。

（五）城乡建设统筹推进

持续完善城乡一体融合发展体制机制和政策体系，努力推动城市让生活更美好、乡村让人们更向往。城市品质全面提升，城区面积达到110平方千米、人口达到106万人，城镇化率提高到69%；建成牌楼长江大桥和龙溪大道、经开大道等城市道路100余条，新增停车泊位9万余个；建成滨江花带25千米、消落区花海45.6万平方米，新增公园广场10个、城市绿地373万平方米、海绵城市30平方千米；整治存量违法建筑196万平方米，改造提升棚户区81万平方米、老旧小区85个、背街小巷265条。大美乡村加快建设，实施小城镇项目109个，升级改造干线公路619千米、农村电网3400千米，开工建设中小型水库3座，新建和改造农村供水工程1122处，农村集中供水率、自来水普及率分别提升至90.6%、80.9%，创建国家和市级名镇5个。交通枢纽加速构建，重大交通项目完成投资200亿元，“七高八普、二环九射多联、一空一港”立体综合交通体系加快形成；新田港一期建成运营，港口货物年吞吐能力达到4000万吨、集装箱装卸能力达到70万标箱，完成国内首单“铁江联运一单制”试点；万州机场设立云阳、开州、梁平、利川候机楼，旅客吞吐量连续三年超过100万人次，4E级干线机场建设纳入市级规划。

（六）生态环境明显改善

坚持共抓大保护、不搞大开发，实行最严格的生态环境保护制度，推进减污降碳协同增效。强化生态保护，划定生态保护红线741.1平方千米，耕地保有量914.67平方千米，基本农田保有量616.67平方千米；长江流域禁捕退捕扎实有效，退捕渔民全部妥善安置；“森林督查”专项行动、“绿盾行动”整改问题539个，建成国土绿化营造林893.33平方千米、消落带生态绿廊70千米。强化减污治污，建成镇乡污水处理厂46座、污水管网707千米，各级河长累计巡河15.9万次、整治突出问题2016个，城乡生活污水集中处理率分别达到96%、85%。推广“低架网床+益生菌+异位发酵”生态养殖模式，畜禽粪污资源化利用率达到92.5%，秸秆综合利用率达到88.4%，成功创建全国有机肥替代化肥示范县、全国农作物绿色防控示范区。强化节能降耗，调减化工用地1.22平方千米，关停并转化工企业6家，建成国家级绿色工厂2个，达成全市首批“碳汇+”生态产品交易，单位地区生产总值能耗下降10%。

（七）社会事业蓬勃发展

聚焦建设区域公共服务高地，努力增加优质公共服务供给，区域中心城市公共服务辐射能力进一步提升。打好三峡教育牌，教育总投入132.7亿元，学生资助、营养改善计划等惠及学生152.5万人次；公办幼儿园由8所增至140所，新建和改扩建中小学49所，义务教育巩固率保持100%，集团化学区化办学率达到66.1%；重庆三峡学院更名大学上报教育部，全区在校大学生达到9.5万人。打好三峡健康牌，区妇幼保健院新院区建成投用，三峡公共卫生应急医院、重庆全域肿瘤医院基本建成，重庆三峡中心医院等3所医院改设为重庆大学、重庆三峡医专附属医院，新创三级医院4家、甲级乡镇卫生院5家，人均预期寿命提升至77.9岁；城市社区15分钟健身圈基本形成，人均体育场地达到1.6平方米，国民体质抽样合格率93%，举（承）办大型体育赛事20场。打好三峡文化牌，大河歌会广场建成投用，三峡文化艺术中心一期主体完工，三峡移民纪念馆入选中华民族文化红色基因库，4项文艺作品荣获国家级奖项。

（八）民生保障有力有效

坚持政府过紧日子、让群众过好日子，近八成财政支出投向民生领域，民生保障水平持续提升。疫情防控精准有力，落实“四早”“四集中”要求，采取“四个率先”举措有力应对新冠肺炎疫情，圆满完成渝东北确诊病例收治任务；扎实抓好常态化疫情防控，累计接种新冠病毒疫苗306.1万剂次，完成全程接种123.7万人、加强免疫接种24.4万人。民生实事落地惠民，获批实施三峡后续项目262个，到位资金64.4亿元，实施移民小区帮扶项目60个；发放创业担保贷款21.7亿元，三峡人力资源服务产业园开园运营，预计城乡居民人均可支配收入年均分别增长8.1%、9.8%；城乡养老、医疗参保率分别达到95%、98.7%，发放城乡低保、临时救助、特困供养等资金19亿元；新建和改建养老机构35家，城乡社区养老服务设施实现全覆盖，完成区殡仪馆迁建；建成劳动者港湾14个，配租公租房1.3万套，改造农村危房7600户、卫生厕所9.2万户，新建和改造老旧小区电梯300台；三级退役军人服务机构全覆盖，第四次蝉联“全国双拥模范城”；建成公共法律服务站52个，实施法律援助9182件，成功创建市级法治政府建设示范区。社会大局和谐稳定，安全生产专项整治三年行动完成重点任务119项，设置农村道路交通安全专职劝导站45个，建成农村道路生命安全防护工程2643千米，整治无消防用水高层建筑672栋，拆除可燃雨棚1.6万户、外墙防护网3.1万户，疏通生命通道126条，安全生产与自然灾害防治形势稳定向好；各级干部接访下访4.8万人次，办结信访事项4.1万件次，化解矛盾纠纷5.4万件；打掉黑恶团伙18个，八类案件破案率提高到91.9%，群众公共安全指数提高到97.6%。

过去五年，我们按照新时代党的建设总要求，坚定不移推进全面从严治党，扎实抓好各级各类巡视督察反馈意见整改，巩固深化“两学一做”学习教育成果，深入开展“不忘初心、牢记使命”主题教育、党史学习教育，全面彻底干净肃清孙政才恶劣影响和薄熙来、王立军流毒，迅速有力消除洪承义等人违纪违法案不良影响，“四个意识”持续增强，“四个自信”不断坚定，“两个维护”更加坚决，切实兑现市委“三个确保”政治承诺，政治生态持续向好。支持纪检监察机关查处各类腐败问题，建成数智政务一体化平台，深化“以案四说”“以案四改”，一体推进不敢腐、不能腐、不想腐；严格落实中央八项规定及其实施细则精神，驰而不息纠治“四风”，持续为基层减负，干部作风进一步好转。坚决落实区委部署要求，依法接受区人大及其常委会法律监督和工作监督，自觉接受区政协民主监督，主动接受社会和舆论监督，人大代表议案建议、政协提案、区长信箱办理满意及基本满意率保持99%以上。完成第七次全国人口普查和村（社区）换届。国防动员、机关事务、民族宗教、外事、侨务、港澳台、审计、统计、史志、人防、保密、档案、气象等工作取得新进步，工会、青年、妇女、儿童、老龄、慈善、残疾人、红十字等事业实现新发展。

刚刚过去的2021年，我们隆重庆祝中国共产党成立100周年，从容应对百年变局和世纪疫情，统筹发展和安全，扎实抓好“四个篇章”，奋力完成改革发展任务，实现了“十四五”良好开局。预计全年地区生产总值同比增长8%左右，固定资产投资增长10%以上，一般公共预算收入增长6.4%，社会消费品零售总额增长25%，城乡居民人均可支配收入分别增长10%、11.5%。

扎实抓好“生态篇”，长江重要生态屏障进一步筑牢。全域水质提升试点扩大至5条次级河流，新建和改造城乡污水管网、城区雨污分流管网250千米，沱口污水处理厂扩容、11处镇乡处理设施改造有序推进。实施“两岸青山·千里林带”和国土绿化营造林183.33平方千米、消落带中山杉生态修复治理0.79平方千米，铁峰山国家森林公园违建整治有序推进。完成21家企业挥发性有机物治理、836家涉气企业综合整治，淘汰老旧机动车1900辆。实施公共机构建筑节能改造23万平方米，万州绿色智造赋能中心投入运营。

扎实抓好“流通篇”，综合交通物流体系进一步健全。郑万高铁万州段全线贯通，南环高速枢纽工程新田长江大桥成功合龙，渝万高铁、成达万高铁、万达直线高速开工建设，新田港二期及铁路集疏运中心加快推进，万州机场新增停机位3个、盲降跑道投用。完成万州港沱口作业区技改、万州火车站货运站场扩能改造，现代综合物流中心二期、冷链物流分拨中心一期、三峡国际农产品集散基地一期建成投运，中储粮粮食仓储物流项目开工建设。开通沪渝直达快线万州班轮，“水水中转”集装箱班轮延伸至泸州港，预计“蓉万”“西万”货运量分别增长10%、20%，全区货运总量增长7.5%。

扎实抓好“城市篇”，区域中心城市品质进一步提升。112个城市提升重点项目完成投资167亿元，高铁片区基础设施建设等20个项目竣工投用，长江二桥至高铁片区连接道等92个项目加快建设；完成白鹭湾、三生缘廊、樱花渡公园改造提升，北滨公园全面开工，绿化美化坡坎崖50余万平方米，建成“一梯七楼”夜景灯饰；清理利用城区闲置土地0.98平方千米，建成停车场13个、游园广场9个；新建和改建公交站亭（牌）63个，新增占道停车泊位1万余个；高标准完成全国文明城区创建首年测评迎检，启动全国卫生城市创建。乡村振兴良好开局，构建11个市区级重点乡镇帮扶机制，组建驻乡驻村工作队163个、工作队员472名，实施帮扶项目837个，拟定帮扶措施1200余条；升级改造干线公路93千米、桥梁隧道93座，实施通畅工程291千米；打造美丽庭院1000个，白土镇五龙村杉木沟等3个村落入选重庆市传统村落名录。

扎实抓好“产业篇”，库区经济中心建设进一步加快。举办“全国知名民企万州行”、第十三届全国对口支援三峡库区经贸洽谈会（简称“支洽会”）等招商活动，全年签约招商项目61个、协议投资186.8亿元，到位资金76.4亿元。新培育规模以上工业企业16家，特铝新材料等27个项目竣工，菲达旭智能灯具研发生产等27个项目开工，新田临港产业园签约入驻企业3家、协议投资23亿元，预计工业投资增长87%，规模以上工业产值增长13.5%。农业“双百亿”工程新建经果林33.33平方千米、出栏生猪105万头，预计农业增加值增长8%左右、突破百亿元大关。大三峡旅游集散中心高铁集散点建成投用，三峡恒合旅游度假区加快建设，长岭镇安溪村入选全国乡村旅游重点村。启迪生态产业孵化器、三峡超算中心、腾讯云数字经济人才创新中心建成投用，数字经济企业达到1000家。引进东兴证券万州营业部、三峡人寿电话中心，预计人民币存贷款余额增长11%。

奋斗充满艰辛，成绩来之不易。最根本的是，在市委、市政府的坚强领导下，我们始终坚持以习近平新时代中国特色社会主义思想武装头脑，明理增信、崇德力行，把稳了科学发展的“方向盘”，谋定了转型发展的“新路子”，高质量发展路径更加明晰；最关键的是，在区委的统揽全局下，我们抢抓重大战略机遇，紧扣成渝地区双城经济圈建设、全市“一区两群”协调发展，在战略上布好局、在关键处落好子，牵住了带头发展的“牛鼻子”，把牢了带动发展的“主动权”，高质量发展态势向上向好；最重要的是，在广大干部群众的艰苦努力和社会各界的大力支持下，我们自觉在战略部署上“扣扣子”、在责任履行上“担担子”、在工作落实上“钉钉子”，项目化、事项化、政策化、机制化推动工作落地落实，提振了向前发展的“精气神”，跑出了向好发展的“加速度”，高质量发展动能持续增强。

我们也清醒看到，万州发展还存在不少困难和挑战。百年变局和世纪疫情交织叠加，外部环境更趋严峻复杂，经济发展面临需求收缩、供给冲击、预期转弱三重压力；经济总量不大、产业能级不高、创新支撑不强，加快传统产业转型和新兴产业发展任重道远；能耗压力和资源环境约束加大，推进“碳达峰、碳中和”、促进经济社会发展全面绿色转型任务繁重；财政收支压力加大，基础设施、就学就医、“一老一小”、社会治理等领域还有不少短板弱项，发展不平衡不充分问题依然突出；重点领域改革有待深化，营商环境尚需持续改善，政府自身建设和干部作风建设还需进一步加强。对此，我们将以坚如磐石的决心、改革创新的办法、务实管用的举措，认真加以解决。

二、未来五年指导思想和目标任务

未来五年，万州正处于跨越赶超的战略机遇期、黄金发展期、重要窗口期，成渝地区双城经济圈建设、全市“一区两群”协调发展等机遇叠加，万州战略地位凸显、战略空间拓展、战略潜能释放，高质量发展利好众多、前景广阔；市委、市政府对万州发展格外重视、寄予厚望，赋予万州带头发展、带动发展重任，支持万州探索生态优先绿色发展新路、建设全国性综合交通物流枢纽和三峡库区经济中心、提升区域中心城市能级，万州在全市发展大局中地位更加突出、作用更加重要；“一心六型”两化路径其势已成、其效已显、其兴可待，全区上下信心满满、干劲十足，加快建设“一区一枢纽两中心”基础坚实、势能强劲。我们要抢抓机遇、乘势而上，开拓进取、奋勇争先，努力在新的赶考路上交出更加优异的答卷！

未来五年，政府工作的指导思想是：高举中国特色社会主义伟大旗帜，坚持以马克思列宁主义、毛泽东思想、邓小平理论、“三个代表”重要思想、科学发展观、习近平新时代中国特色社会主义思想为指导，坚持党的基本理论、基本路线、基本方略，全面贯彻党的十九大和十九届历次全会精神，弘扬伟大建党精神，深刻理解“两个确立”的决定性意义，扎实落实习近平总书记对重庆提出的营造良好政治生态，坚持“两点”定位、“两地”“两高”目标，发挥“三个作用”和推动成渝地区双城经济圈建设等重要指示要求，进一步增强“四个意识”、坚定“四个自信”、做到“两个维护”，统筹推进“五位一体”总体布局，协调推进“四个全面”战略布局，准确把握新发展阶段，深入践行新发展理念，积极融入新发展格局，坚持稳中求进工作总基调，以推动高质量发展为主题，以深化供给侧结构性改革为主线，以改革创新为根本动力，以满足人民日益增长的美好生活需要为根本目的，以全面从严治党为重要保障，统筹发展和安全，继续做好“六稳”“六保”工作，加快建设现代化经济体系，推进治理体系和治理能力现代化，促进全体人民共同富裕，实现经济行稳致远、社会安定和谐，奋力谱写万州社会主义现代化建设新篇章。

未来五年的主要奋斗目标是：全面完成“十四五”经济社会发展各项任务，加快建设“一区一枢纽两中心”，争当高质量发展高品质生活排头兵。

——生态优先绿色发展示范区基本建成。“一心六型”两化路径持续深化，三峡绿色发展新模式更加成熟，能源资源利用效率大幅提高，主要污染物排放强度持续下降，整体保护与局部开发实现平衡互促，绿水青山转化为金山银山的机制不断健全，在渝东北生态优先、绿色发展中走在前列、做好示范。

——全国性综合交通物流枢纽基本建成。沿江、京昆、包海等国家高铁主通道交汇万州，长江黄金水道效益充分释放，对外大通道更加完善，形成多式联运的综合交通运输体系，开放平台口岸完善提升，更好辐射带动周边区域融入全国流通大格局。

——区域中心城市能级全面提升。“双两百”大城市建设加快推进，城市空间结构持续优化，功能品质明显提升，人口集聚能力显著增强，渝东新区高标准开发建设，江城特色充分彰显，乡村振兴战略全面推进，更高水平建设“六个高地”，万开云同城化取得重大进展，有力服务和促进渝东北、川东北一体化发展，打造联结长江上游和中游、关中平原和鄂西湘西的中心城市。

——三峡库区经济中心地位更加凸显。“六型”产业规模质量大幅提升，数字经济发展取得明显成效，科技创新支撑能力显著增强，营商环境持续优化，万州经开区产业能级加快提升，“三个强区”建设取得标志性进展，地区生产总值占渝东北比重进一步提高，区域经济高质量发展的引擎作用更加彰显。

未来五年，我们要一以贯之完整、准确、全面贯彻新发展理念，把安全发展有机统一于贯彻新发展理念各领域全过程，深入落实区第六次党代会精神，努力实现更高质量、更有效率、更加公平、更可持续、更为安全的发展，地区生产总值年均增长7%左右，固定资产投资年均增长7%，一般公共预算收入年均增长5%。

（一）坚持创新发展，激发核心动能

坚持创新在现代化建设全局中的核心地位，围绕"四个面向"提升科技创新集聚度、活跃度、贡献度，基本建成三峡库区科技创新高地，不断增强高质量发展动能。

丰富创新平台载体。提升万州经开区、渝东新区创新能级，推进江南组团"数字产业化、产业数字化"先行示范，打造环高校创新生态圈，创建国家级高新区、国家农业科技园区。实施规模以上工业企业研发机构三年倍增计划，培育一批市级重点实验室、技术创新中心，鼓励引导大型企业、知名高校、科研院所在万设立科研分支机构或新型研发机构。实施科技企业培育"百千工程"、科技型中小企业创新发展三年行动计划，国家高新技术企业达到150家、市级科技型企业达到1000家、市级以上科技研发平台达到60家以上，有研发机构的规模以上工业企业占比达到60%。

促进科技赋能添彩。围绕产业链部署创新链、依托创新链培育产业链，建成万州产业技术研究院、三峡大数据中心，新建一批智能工厂、数字化车间，高技术产业产值占比达到10%，战略性新兴制造业产值占比达到29%；实施科技成果转移转化行动，力争科技服务机构达到20家、市级以上孵化平台达到30家，让智能化为经济赋能。加快"智慧城乡"建设，推进智慧政务、智慧商务、智慧生活等场景化应用，让智能化为生活添彩。

营造良好创新生态。滚动实施科技创新年度重点任务，促进科技、产业、金融良性循环，全社会研发投入强度达到2.6%。深化科技创新开放合作，推动政产学研协同创新。深入开展人才成长培养、引进集聚、作用发挥、服务保障"四大行动"，大力实施"百千万"引才工程，打造"近悦远来"人才环境，加快建设全市一流、区域领先的重要人才荟萃地，力争技能人才超过25万、博士后科研工作站达到10家。

（二）坚持协调发展，提升城市能级

坚持把协调作为实现高质量发展的内在要求，深度融入成渝地区双城经济圈建设、全市"一区两群"协调发展，更好统筹城市提升和乡村振兴，增强发展整体性和协同性。

深化区域协同协作。认真落实成渝地区双城经济圈建设规划纲要及其实施方案，聚焦万达开川渝统筹发展示范区创建，探索经济区与行政区适度分离改革，持续推进基础设施互联互通、产业发展协作协同、城乡建设同图同向、改革开放共促共进、生态环保联建联治、公共服务共建共享，合力打造成渝地区双城经济圈北翼战略性增长极。加快万开云同城化发展，坚持一体化规划、组团式发展、协同性建设，推动城区相向集聚发展，共建共享重大基础设施，促进主导产业、重点企业协作配套，深化社会民生事业同城化改革，牵引带动渝东北三峡库区城镇群高质量发展。深化两江新区对口协同发展，坚持优势互补、资源共享，拓展现代制造业、数字经济、科研成果转化等领域合作，打造全市"一区两群"区县对口协同发展样板。持续深化对口支援、中央单位定点帮扶和东西部协作，高水平办好"一会一节"。

持续提升城市品质。聚焦"双两百"大城市建设，加快构建"一廊三核六组团"格局，推动大河生态文明示范走廊打造滨江魅力带，北部高铁、江湾组团打造创新生态城，中部母城、江南组团打造环湖品质城，南部九龙、高峰组团打造产业智造城。聚焦建设巴渝文化特色江城，强化城市规划引领和美学哲学运用，深入实施城市更新行动，持续推进城市功能完善和中心城区品质提升，接续打造"一环十六景"，打响"三峡江城·平湖万州"城市名片。深化城市提升"双亮""大城三管"，健全"多勤联动""马路办公"长效机制，争创全国文明城区、全国卫生城市。

全面推进乡村振兴。坚持农业农村优先发展，精准落实"五个振兴"要求，持续深化乡村振兴"双亮"，推进巩固拓展脱贫攻坚成果同乡村振兴有效衔接，加快培育一批中心城镇、产业强镇、文化名镇，打造乡村振兴重要支点。大力实施乡村建设行动，统筹推进农村基础设施和小城镇功能完善，实现村民小组通畅工程全覆盖，谋划实施"水网工程"，推进5G网络向镇乡和行政村延伸。大力发展村集体经济，培育壮大新型经营主体，打造一批各具特色的江村、山村。实施农村人居环境整治提升五年行动、小城镇环境提升工程，持续改善农村人居环境质量。完善镇乡公共文化服务网络，增加优秀乡村文化产品和服务供给。健全人才下乡激励机制和政策体系，引导各类人才投身乡村振兴。

（三）坚持绿色发展，提高经济质效

坚持把生态保护修复作为发展的基本前提，促进经济社会发展全面绿色转型，打造生态优先、绿色发展升级版。

深入打好污染防治攻坚战。把修复长江生态环境摆在压倒性位置，统筹山水林田湖草系统治理，加强生物多样性保护和生物安全风险防范，切实筑牢长江上游重要生态屏障。全面落实河长制，扩面次级河流全域水质提升试点，完善城乡污水处理设施和配套管网，持续抓好长江流域十年禁渔，次级河流水质稳定达到Ⅲ类以上，长江干流万州段水质稳定保持Ⅱ类。全面推行林长制，持续推进“两岸青山·千里林带”建设，完成国土绿化营造林833.33平方千米，全区森林覆盖率达到60%以上；强化大气污染综合治理和联防联治，空气质量优良天数稳定保持在330天以上。坚持最严格的耕地保护和基本农田保护制度，加强土壤和农村面源污染防治，推进废弃物资源化利用、化肥农药减量，强化自然保护区用途管控和保护修复。

做强生态产业集群。培育壮大“六型”产业，加快构建具有竞争优势的生态产业体系。建设工业强区，坚持把工业摆在全区经济发展中的突出位置，大力发展智能循环型工业，力争工业产值突破1000亿元；充分发挥万州经开区主战场作用，加快新田临港经济区、绿色循环产业园、新材料产业园建设，持续完善基础设施和公共配套，建成区面积达到32平方千米，工业产值占全区比重达到80%以上；推动五大重点产业建链补链强链，打造300亿级新材料、200亿级食品医药、100亿级汽车、50亿级绿色照明和智能装备产业集群；加快传统产业智能化、数字化、绿色化改造，推进企业“上云上规上市”，培育引进一批百亿级龙头企业、“专精特新”企业，积极发展楼宇工业，打造一批镇乡中小企业集聚区。建设农业强区，坚决遏制耕地“非农化”、防止耕地“非粮化”，深入实施种业振兴行动和“千年良田”建设工程，粮食年产量稳定在50万吨左右；推进山地高效型农业提质增效和“接二连三”发展，建成经果林、生态猪两个百亿级全产业链，培育畜禽、中药材、生态渔业等新增长点，做大做响“三峡农业”优势品牌。建设现代服务业强区，力推高笋塘商圈建设国际消费标志性商圈，带动“五大商圈”提质发展，打造特色消费聚集区；大力发展绿色智慧型物流业，完善多式联运物流网络，积极培育临港经济、通道经济、枢纽经济，建成三峡综合物流枢纽，创建生产服务型国家物流枢纽承载城市；大力发展集散融合型文化旅游业，打好三峡旅游牌，构建“中心集散、文旅融合、串点成线”文旅发展格局，加快游轮母港建设，唱响“畅游三峡·万州出发”旅游品牌，打造大三峡旅游集散中心和重要目的地；大力发展休闲养生型大健康业，建成三峡恒合旅游度假区、三峡国际健康城，推动健康医疗、休闲避暑、养生养老多元素结合，打造长江上游康养之城；大力发展功能共享型金融业，加快江南金融核心区建设，积极发展普惠金融、绿色金融、科技金融，提升金融服务实体经济能力。

推动绿色低碳发展。推进“碳达峰、碳中和”，落实能源消费强度和总量双控要求，坚决遏制“两高”项目盲目发展，推进重点行业清洁生产和节能减排，单位地区生产总值能耗、二氧化碳排放量分别降低14.5%、15%。探索生态产品价值转换机制，推进碳排放权、排污权交易。推动建筑业加快转型，大力发展装配式建筑、绿色建筑。实施全面节约战略，深入开展绿色创建行动，推广绿色出行、绿色消费，建成垃圾分类处理系统，积极创建“无废城市”。

（四）坚持开放发展，增强后劲活力

坚持带头开放、带动开放，提升开放水平和质效，促进资源要素自由高效流动，更好融入国际国内双循环。

提升外联内畅水平。落实全市交通强市建设部署，加快构建“七高八普、二环九射多联、一空一港”立体综合交通体系。建成郑万高铁、渝万高铁、成达万高铁、渝西高铁，推进达万铁路扩能改造，力争万黔高铁、沿江货运铁路纳入国家规划。建成南环高速、开万梁高速、万达直线高速，开工万巫南线高速、江龙高速延伸段，力争万达、万开直通快速路纳入市级规划。完成万州机场改扩建，推动4E级干线机场建设和航线拓展，规划建设高铁北站至机场快速路，旅客吞吐量实现翻番。优化“二客六货”港口布局，建成新田港二期及铁路集疏运中心，大力发展江海直达、水水中转、铁水联运、公水联运，构建川渝东向出海大通道。

提质开放口岸平台。拓展万州经开区、渝东新区开放功能，积极承接中新（重庆）战略性互联互通示范项目。高效运行万州综合保税区，开工二期及拓展区建设；开放万州机场口岸，推进万州港对外开放；推动中国（重庆）自贸试验区联动创新区与万州综合保税区、开放口岸融合发展，在贸易投资便利化等方面探索可复制、可推广的创新试点经验。培育壮大高铁经济、临空经济、口岸经济，大力发展外向型经济业态，力争对外贸易备案登记企业达到400家，进出口总额翻两番以上。

打造优质营商环境。聚焦打造渝东北改革试验高地，统筹推进重要领域和关键环节改革；持续深化“放管服”改革，落实市场准入负面清单制度，全面推行“证照分离”“一网通办”“一窗通办”，提升政务服务标准化、规范化、便利化水平；加强知识产权保护，完善非公经济联系服务机制和平台，弘扬企业家精神，营造公平竞争市场环境，激发市场主体活力。聚焦重点产业补短板、锻长板，完善招商工作机制、考评机制，强化全员招商、以商招商、驻点招商，引进一批大企业、好项目。健全招商和投资促进服务体系，深化“双议”“两项行动”，强化招商项目建设服务和扶企惠企政策落实，构建亲清新型政商关系。

（五）坚持共享发展，促进共同富裕

坚持在发展中保障和改善民生，提高公共服务供给质量和水平，让发展成果更多更公平惠及全体人民。

拓宽居民增收渠道。巩固拓展脱贫攻坚成果，健全防止返贫动态监测和帮扶机制，深化农村“三变”改革、“三社”融合试点，多渠道增加农民收入，城乡居民收入比降至2.3∶1。落实就业优先政策，加强职业教育和能力培训，支持和规范新就业形态发展，促进创业带动就业、灵活就业和重点群体就业，城镇新增就业15万人、调查失业率控制在5.5%以内，城乡居民人均可支配收入年均分别增长7%、8%。

扩大优质服务供给。打造区域教育高地，以教育评价制度改革为牵引，深化教育领域综合改革，推动学前教育普及普惠发展、义务教育优质均衡发展、普通高中特色示范发展、职业教育产教融合发展、高等教育提质提档发展。打造区域卫生健康高地，深化医药卫生体制改革，完善城乡医疗服务体系，推进医疗卫生机构等级创建；抓好常态化新冠肺炎疫情防控，提升突发公共卫生事件应急处置能力；完善城乡体育设施，广泛开展全民健身运动，培育发展竞技体育。打造三峡文化高地，弘扬社会主义核心价值观，深化群众性精神文明创建活动；实施文艺作品提质、文化惠民、传统文化保护、全媒体传播“四大工程”，完善公共文化服务网络，推出一批文艺精品，提升中国戏剧“万州现象”美誉度；高水平建设三峡文化园，打造集中展示三峡文化窗口、渝东北文化交流中心。打造渝东北公共服务高地，推进政务服务、商务会展等中心建设，培育引进会计审计、法律服务、检测检验等区域性专业服务机构。

健全社会保障体系。深入实施全民参保计划，稳步提高基本养老保险待遇和医疗保险财政补助标准。完善社会救助和福利体系，统筹做好助残、救孤、济困、优抚等工作，推进新一轮“双拥模范城”创建。以“一老一小”为重点完善人口服务体系，加强新时代老龄工作，落实三孩生育政策，提升养老和托育服务水平，促进人口长期均衡发展。坚持“房住不炒”，构建租购并举住房制度，推进保障性住房建设，促进房地产业良性循环和健康发展。

（六）统筹发展和安全，营造良好环境

牢固树立总体国家安全观，加快提升治理体系和治理能力现代化水平，以高效能治理、高水平安全保障高质量发展。

坚决守住安全底线。全力维护国家安全，增强国防动员能力，坚决维护以政权安全、制度安全为核心的政治安全。落实安全生产责任制，健全安全风险研判、防控协同、防范化解机制，抓好重点领域安全监管，防止较大及以上事故发生。加强经济安全风险预警、防控机制和能力建设，防范金融、房地产等重点领域风险，化解政府性债务和国有企业债务风险。

加强应急能力建设。强化监测预警和应急管理，实施自然灾害防治工程，健全森林防火、防汛抗旱、地震、地质灾害、极端天气应急指挥体系，加强专业救援队伍建设和应急物资储备管理，打造区域性综合应急救援中心。

维护社会和谐稳定。加强和创新社会治理，深入推进市域社会治理现代化试点，健全“三治融合”基层社会治理体系，加强基层力量、基础工作、基本能力建设。深化“枫桥经验”重庆实践，加快完善社会心理服务体系，强化矛盾纠纷多元预防调处化解。加强社会治安防控体系建设，常态化开展扫黑除恶斗争，防范打击各类犯罪，不断增强人民群众安全感。

三、2022年重点工作

今年将召开党的二十大，这是党和国家政治生活中的一件大事，做好今年各项工作意义深远、责任重大。我们将坚持稳字当头、稳中求进，坚持底线思维、强化问题导向，在战略上更加主动、在战术上更加精准，稳定经济大盘、稳住社会大局，保持平稳健康的经济环境、国泰民安的社会环境、风清气正的政治环境。今年经济社会发展主要预期目标是：地区生产总值增长6%左右，固定资产投资增长6%左右，社会消费品零售总额增长7%，一般公共预算收入增长3.5%，居民消费价格指数控制在103以内，城镇调查失业率控制在5.5%以内，城乡居民人均可支配收入分别增长7%、8%。围绕上述目标，突出抓好七个方面重点工作。

（一）强化科技创新引领，促进产业转型升级

强化科技创新的支撑引领作用，加快推进产业基础高级化和产业链现代化，构建具有竞争优势的现代

产业体系。

提升产业“含新量”。加快市级高新区、农业科技示范园区创建和环高校创新生态圈建设，开工三峡山地特色农业科技创新中心二期，创建市级科技创新基地2个、新型研发机构1家。培育国家高新技术企业15家、市级科技型企业150家，力争有研发机构的规模以上工业企业达到100家，全社会研发投入强度提高0.2个百分点。加快科技成果转化服务中心建设，完善重点领域技术需求清单制度，力争20个项目纳入市级科技创新指导性目录，认定市级重大新产品3个。办好首届“三峡人才节”，引进高层次人才300名以上。

提升产业“含金量”。深耕工业五大重点产业，开工金龙电工高端装备线缆、江峡制药技改等20个项目，竣工湘渝盐化节能技改、中船重工智能装备产业园等20个项目，实施智能化改造项目30个以上，新建智能工厂和数字化车间5个，规模以上工业产值增长20%，五大重点产业产值占比达到75%；实施重点企业“一企一策”培育计划，实现特铝新材料及配套项目全线投产，推动维都利、华创智能、诗仙太白等企业扩产扩能，新培育10亿级企业1家、1亿级企业5家、“专精特新”企业5家、规模以上工业企业15家以上；完善联系重点企业制度，精准落实扶企惠企政策，指导企业用好分时电价机制。提质发展现代服务业，竣工中储粮粮食仓储物流项目一期，加快冷链物流分拨中心二期和中通、韵达智能科技产业园建设，培育AAA级物流企业1家以上、规模以上物流企业3家；推动三峡银行、金龙铜管、厚捷医药等优质企业上市，引进重庆农商行灾备中心、华泰财险万州分公司，打造4个金融服务港湾，人民币存贷款余额增长6%；加快三峡恒合旅游度假区、小桔灯生态文化旅游区等景区建设，推动三峡古枫香园创建国家AAAA级旅游景区，高品质打造“三峡库心·长江盆景”，办好第十三届“旅游节”、世界大河歌会、江滩音乐季；实施特色街区打造、知名品牌引进、大型会展促销“三大行动”，打造三峡文化园、“三元四方”、桔园等文商旅融合发展示范街区，办好三峡柑橘国际交易会等节会活动，新增限额以上商贸单位30家，批发零售业销售额增长8%、住宿餐饮业营业额增长10%。加大招商引资力度，紧盯长三角、珠三角、京津冀、成渝地区等重点区域，充分发挥驻点招商联络处、行业协会商会作用，主动对接央企、500强企业、行业领军企业，办好“招商季”等招商活动，力争协议投资300亿元以上、到位资金70亿元以上。

提升产业“含绿量”。扎实做好“双碳”工作，制定出台全区碳达峰行动方案，调整优化能源、工业、交通运输、用地“四个结构”，强化“三线一单”硬约束。全面推进绿色制造，持续开展工业园区循环化改造、全域锅炉清洁能源改造，培育发展循环经济、生态产业和节能环保产业，因地制宜发展水能、太阳能、风能等可再生能源。增强全民节约意识，推动生活垃圾分类全覆盖，坚决制止餐饮浪费，营造绿色低碳生活新风尚。

（二）促进更深层次改革，扩大更高水平开放

抓住用好区域发展战略机遇，深化改革破除发展制约，持续完善对外开放体系，向改革要动力、向开放要活力。

推进协作走深走实。深入推进万达开一体化，推动出台《万达开川渝统筹发展示范区建设方案》，协同推进三峡综合物流枢纽等20个重大项目、人才政策改革试点等22个重大事项，承接好第三批“川渝通办”事项，接续打造川渝东出智慧物流港等“六大功能载体”。扎实推进万开云同城化，探索建立组团招商、干部互派挂职、区县领导联系重点项目和毗邻乡镇合作等同城化发展机制，协同推进万云江南快速路等18个重大项目、联合打造区域公共品牌等27个重大事项、跨区域医师多点执业等12个便捷服务事项。务实推进对口协同发展，聚焦产业协同、城乡协同、创新协同、改革协同，加快推进三峡会展中心等10个重大项目、常态化开行沪渝直达快线万州班轮等8个重大事项；壮大现有协作平台，引导两江新区企业在万州建设原材料供应基地，共同打造汽车等百亿级产业集群；推动科研设施和科学设备共建共享，鼓励两地企业开展科研项目合作。

推进开放提质提效。提速开放通道建设，建成投用郑万高铁、新田港铁路集疏运中心、南环高速，加快推进渝万高铁、成达万高铁、万达直线高速、新田港二期等项目，开工建设渝西高铁、开万梁高速。竣工万州机场T2航站楼主体工程，力争旅客吞吐量突破120万人次；开通西部陆海新通道江铁海联运班列（轮）、万防公路冷链专线，稳定运行“蓉万”“西万”“达万”物流通道，建设兰州、西安等“无水港”，货运总量增长8%。完善开放平台功能，封关运行万州综合保税区，引进项目10个、吸纳投资10亿元；力争万州机场口岸获批，建成联检办公综合楼；持续完善水运口岸功能，接续推进新田港口岸查验场地及配套设施建设；加快中国（重庆）自贸试验区联动创新区建设，积极争取跨境贸易便利化配套政策。提升开放型经济质量，新增对外贸易备案登记企业10家、本地服

务外包企业2家，实际利用外资1.6亿美元；支持“鱼泉”“谭木匠”等特色产品拓展海外市场，完成进出口总额50亿元。

推进改革落地落实。深化“放管服”改革，推广“一企一证”“一照通”，落实组合式减税降费政策，健全煤电油气保供机制，降低企业生产经营成本；启动区政务服务中心迁建，推广“渝快政”协同办公平台，拓展数智政务一体化平台功能。深化财政支出和预算体制改革，加大财政资金统筹力度，坚决压减一般性支出；创新政府投融资机制，优化财政资金使用结构和方式，提高资源配置效率和使用效益。深化国资国企改革，完成国企改革三年行动任务，深化“三项制度”改革，提升国资监管效能，防范国企债务风险。

（三）持续提升城市品质，打造三峡特色江城

立足江城形态特征，统筹推进城市规模拓展、功能完善和品质提升，增强城市承载力、吸引力。

精心打造城市新区。推进渝东新区“两圈六园”打造、“五新经济”发展，编制高铁组团、江湾组团控规和城市设计，贯通长江二桥至高铁片区连接道，完成区委党校迁建主体工程，加快北部新城基础设施、南北滨江大道下延段等项目建设，着力打造国际一流滨水区、现代服务业核心区。推进万州经开区以产兴城、以业聚人，持续优化“一区五园”布局和用地结构，完成土地供应1.33平方千米、闲置土地整合利用0.67平方千米，新建标准厂房26.4万平方米，新增建成区面积1平方千米以上；加快新田疏港大道扩宽、高峰园外环连接道、天子园污水处理厂技改等项目建设，竣工百安大道排水工程等9个民生项目，实现万二中高峰校区建成招生，着力打造产城融合典范。

提质更新中心城区。完成国土空间总体规划、总体城市设计，启动万州规划展览馆建设。接续推进城市提升行动计划，实施63个城市提升重点项目，完成西山公园改造，建成三峡之眼，加快三峡动物园等项目建设。统筹推进城市绿廊、快速路绿带、路桥节点绿环、坡坎崖绿化，加快北滨公园、太白岩山顶公园、天生城大遗址公园、“瞰江揽月”气象科普公园建设，持续推进城市闲置土地利用，新增城市绿地30万平方米。加快大滩口水库渠系工程等城市水源项目建设，城区“双水源”用户覆盖率达到83%。

积极创建文明城区。深入开展新时代文明实践活动，持续深化餐饮文明、居住文明、出行文明、游乐文明、环境文明“五大行动”，提高城市文明程度和市民文明素质。健全城市管理综合执法、分级巡查督导体系，创建一批“门前三包”“五长制”示范街道，推动市容秩序规范化管理向背街小巷延伸。推进公共停车场和占道停车智能收费管理系统建设，新增公共停车泊位1500个。规范占道施工管理，实施道路平整专项行动，全面整治井盖噪声和安全隐患。加大城区农贸市场整治力度，建成家庭餐厨垃圾处理中心，新建和改建公厕10座，大力推行文明治丧。

（四）扎实做好“三农”工作，夯实乡村振兴基础

把“三农”工作放在更加突出位置，扎实推进农业发展、乡村建设、农村改革等重点工作，开创全面推进乡村振兴工作新局面。

促进农业高质高效。落实藏粮于地、藏粮于技战略，新建高标准农田66.67平方千米，实施宜机化改造3.33平方千米。着力稳住农业基本盘，接续推进“双百亿”工程，新建经果林13.33平方千米，出栏生猪120万头，农业增加值增长6%以上。实施农产品精深加工制造行动，建成饲料加工厂、发酵饲料及益生菌加工厂、肉制品冷链物流配送中心。办好万州烤鱼学院，推动烤鱼全产业链发展，规模以上农副食品加工业产值达到28亿元。持续打造“三峡柑橘”“三峡天丛”等区域公用品牌，培育“两品一标”农产品10个以上。

促进农村宜居宜业。完成恒合、龙驹、分水国土空间总体规划，推进实用性村规划编制。建成农村公路180千米、农村道路生命安全防护工程550千米，实施农村天然气管网延伸工程30千米。建成枫木水库、石笋沟水库，启动大滩口水库扩建前期工作，除险加固病险水库5座，实施农村供水保障项目17个。深化农村人居环境整治提升行动，完成农村卫生厕所改造3000户，创建市级美丽庭院500个。

促进农民富裕富足。巩固拓展脱贫攻坚成果，严格落实“四个不摘”要求，强化就业、消费、小额信贷等帮扶措施，动态清零“两不愁三保障”突出问题；新建帮扶车间3个，开发乡村公益岗位4700个，回引致富带头人1000名；深化中央单位定点帮扶、东西部协作，推进恒合乡重点帮扶，打造龙驹镇东西部协作产业园、2个鲁渝协作乡村振兴示范村。稳步推进农村集体产权制度改革、宅基地制度改革，完善承包地“三权分置”实现形式；打造“三社”融合发展示范点5个，“三变”改革行政村覆盖率达到30%，培育区级以上农民合作社10家、农业社会化服务组织10个，完善利益联结机制，打造一批产业联合体。

（五）打好环保“三大战役”，提升生态环境质量

强化“上游意识”、担起“上游责任”，深入打好污染防治攻坚战，提高生态系统质量和稳定性。

深入打好碧水保卫战。实施苏马河、大周溪、苎溪河等次级河流综合整治，推进15个乡镇集中式饮用水水源地规范化建设。实施城乡污水处理设施建设两年专项行动，加快江南污水处理厂建设、11座镇乡污水处理厂技改、4个“千人聚居点”污水处理站建设，新建和改建城乡污水管网200千米，开展入河排污口分类整治，城乡生活污水集中处理率分别达到96.5%、85.5%。

深入打好蓝天保卫战。探索“林长+山林警长”机制，实施“两岸青山·千里林带”28.67平方千米、国土绿化营造林68.67平方千米，全区森林覆盖率达到56.5%。深入开展企业废气直排综合整治，加强柴油货车、扬尘和露天焚烧等领域管控。高质量完成铁峰山国家森林公园生态环境综合整治。开展野生动植物资源调查。

深入打好净土保卫战。加快危险废弃物处置项目建设，推进耕地周边涉重金属企业排查整治，污染地块安全利用率达到95%以上，废弃农膜回收率达到90%以上。实施食用农产品“治违禁、控药残、促提升”三年行动，新增农作物绿色防控6.67平方千米。建成生物有机肥加工厂，新增有机肥替代化肥40平方千米，畜禽粪污资源化利用率达到93%。

（六）加强民生保障改善，持续增进民生福祉

牢记让人民生活幸福是“国之大者”，尽力而为、量力而行办好民生实事，努力创造高品质生活。

办好人民满意教育。启动实施新一轮学前教育行动计划，新建和改建上海幼儿园等5所幼儿园。改扩建北山小学等5所中小学，推进集团化办学、学区制管理，积极创建义务教育优质均衡发展区。推动普通高中向城市新区延伸，实施中职教育提质培优行动，推进“双优”中职学校建设。支持和推动重庆三峡学院更名大学、重庆三峡医专和重庆幼专创建本科院校、万州技师学院创建高等学校，推动构建“一大四院多专”高等教育发展格局。全面落实“双减”政策，提升课后服务质量，深化师德师风专项整治。加快智慧校园建设，推进全国社区教育示范区创建。

守护人民身体健康。坚持“外防输入、内防反弹”，科学精准扎实抓好疫情防控工作，完善多点触发实时监控机制，压茬推进新冠病毒疫苗接种，引导群众做好个人防护，筑牢疫情防控防线。建成投用三峡公共卫生应急医院，支持重庆大学附属三峡医院创建市级区域医疗中心、区妇幼保健院创建三甲医院、区疾控中心创建三甲疾控中心，加快三峡医学中心、区疾控中心、区上海医院建设，推进重庆三峡医专附属人民医院和附属中医院、区第一人民医院迁建。深化医药卫生体制改革，推动公立医院提质发展、基层医疗机构特色发展，创建一批市级重点学科专科。

丰富人民文体生活。加快三峡文化艺术中心二期、图书馆新馆、24小时自助图书馆、数字档案馆建设，深度打磨现代川剧《峡江月》、情景歌舞《川江号子情》等文艺精品，常态开展三峡曲艺“周周演”、文艺演出进基层等惠民活动。加强文物保护利用和非物质文化遗产保护传承，加快三峡移民纪念馆功能提升，推进国家级竹琴教育基地和“万州石雕”等市级生产性示范基地创建。加快建设江南体育健身中心、五桥运动公园，积极承办体育赛事活动，办好区第六届运动会。

加强就业和社会保障。统筹抓好大学生、退役军人、贫困劳动力等重点群体就业，城镇新增就业2.5万人以上。新建婴幼儿照护服务托位1500个，推进全国示范性老年友好型社区创建。做好最低工资标准调整工作，强化社保基金征收管理，开展长期护理保险制度试点，城乡养老保险、医疗保险参保率巩固在95%以上。实施11个移民小区、46个老旧小区改造，加装老旧小区电梯184台。新建互联网无人律所站点15个，实施法律援助1500件。完成退役军人和其他优抚对象优待证申领制发。

（七）防范化解重大风险，守住安全发展底线

牢固树立安全发展理念，坚决打好防范化解重大风险攻坚战，以安全稳定的社会环境为高质量发展、高品质生活保驾护航。

深化安全生产专项整治。聚焦“十大领域”，落实“十条措施”，全面推行“两单两卡”制度，突出抓好交通运输、消防、建设施工、食品药品、危化品等重点行业领域安全监管，完成安全生产和消防安全专项整治三年行动。建成三峡库区综合应急救援指挥中心、重庆市万州森林航空护林站，健全地质灾害防灾体系，开展城市内涝治理行动。

推进矛盾纠纷多元化解。深化“楼栋工作日”“院落自治”等“枫桥经验”创新实践，推进信访积案化解，畅通和规范群众诉求表达、利益协调和权益保障渠道。完善“六调对接”“三官一律”进社区等工作机制，加快基层社会工作站建设。

推动扫黑除恶长效常治。始终保持对黑恶势力犯罪严打高压态势，严厉打击盗抢骗、枪爆危、黄赌毒、食药环等违法犯罪。深化“全民反诈”专项行动，防范打击电信网络诈骗等新型犯罪推进“智安小区”建设，加强社会面巡逻防控和重点特殊人群服务管理。

四、切实加强政府自身建设

面对新形势新任务，走好新时代赶考路，必须坚持和加强党的全面领导，落实全面从严治党要求，不断提高把握新发展阶段、贯彻新发展理念、构建新发展格局的政治能力、战略眼光和专业水平，努力打造人民满意的服务型政府。

（一）坚持政治引领。坚持把党的政治建设贯穿政府工作全过程，深学笃用习近平新时代中国特色社会主义思想，巩固拓展党史学习教育成果，增强“四个意识”、坚定“四个自信”、做到“两个维护”，自觉落实“两个确立”，时刻牢记“国之大者”，不断提高政治判断力、政治领悟力、政治执行力。牢牢把握意识形态工作主动权，全面彻底干净肃清孙政才恶劣影响和薄熙来、王立军流毒，务实抓好巡视督察审计反馈意见整改落实，持续巩固风清气正的良好政治生态，以实际行动兑现市委“三个确保”政治承诺。

（二）坚持法治护航。高标准推进全国法治政府建设示范区创建，严格落实政府权责清单制度，持续深化行政复议体制改革和政务公开，严格规范公正文明执法，深入开展“八五”普法。依法接受人大及其常委会法律监督和工作监督，主动接受政协民主监督，高质量办好人大代表建议和政协提案；自觉接受监察监督、司法监督、社会和舆论监督，强化审计监督、统计监督。规范行政决策程序，健全重大政策决策事前评估和事后评价制度，审慎决策、审慎用权。加强政务诚信建设，健全政府守信践诺机制。

（三）坚持善治促干。加强学习提能，学习历史知识、厚植文化底蕴、强化生态观念，完善尽职履职必备的经济、科技、人文等知识体系，提高专业能力和解决实际问题能力。加强调查研究，作决策尊重客观实际和群众需求，干工作综合考虑政治和经济、现实和历史、物质和文化、发展和民生、资源和生态、国内和国际等多方面因素，防止简单化、乱作为。加强跟踪问效，深化应用“四化”工作法，聚焦抓落实关键环节强化政务督查，完善目标分解、台账管理、督查考核、总结评估等工作闭环，增强干部主动服务意识，激发干部干事创业热情。

（四）坚持廉治防腐。持之以恒落实中央八项规定及其实施细则精神，驰而不息整治形式主义、官僚主义顽瘴痼疾，严防享乐主义、奢靡之风反弹回潮，巩固作风问题专项整治成果，持续为基层减负松绑。严肃财经纪律，落实政府过紧日子要求。纵深推进党风廉政建设和反腐败斗争，坚决整治重点领域腐败和侵害群众利益问题，深化拓展“以案四说”，全面推进“以案四改”，不断提升不敢腐、不能腐、不想腐一体推进综合效能，永葆为民务实清廉的政治本色。

使命催人奋进，奋斗开创未来。让我们更加紧密地团结在以习近平同志为核心的党中央周围，坚决响应党中央伟大号召，勿忘昨天的苦难辉煌，无愧今天的使命担当，不负明天的伟大梦想，坚定信心、铆足干劲，踔厉奋发、笃行不怠，加快建设“一区一枢纽两中心”，争当高质量发展高品质生活排头兵，奋力谱写万州社会主义现代化建设新篇章，以优异成绩迎接党的二十大胜利召开，为实现中华民族伟大复兴的中国梦作出新的更大贡献！

《重庆市万州区人民政府工作报告》用语的解释或说明

（以报告中出现的先后为序）

“两点”定位、“两地”“两高”目标，发挥“三个作用” 西部大开发的重要战略支点，“一带一路”和长江经济带的联结点。建设内陆开放高地、山清水秀美丽之地，推动高质量发展、创造高品质生活。在推进新时代西部大开发中发挥支撑作用、在推进共建“一带一路”中发挥带动作用、在推进长江经济带绿色发展中发挥示范作用。

“五位一体”总体布局 建设中国特色社会主义事业总体布局为经济建设、政治建设、文化建设、社会建设、生态文明建设的“五位一体”。

“四个全面”战略布局 全面建设社会主义现代化国家、全面深化改革、全面依法治国、全面从严治党。

三大攻坚战 党的十九大报告提出，要坚决打好防范化解重大风险、精准脱贫、污染防治的攻坚战。

八项行动计划 大数据智能化为引领的创新驱动发展战略行动计划、乡村振兴战略行动计划、城市提升行动计划、科教兴市和人才强市行动计划、内陆开放高地建设行动计划、保障和改善民生行动计划、生态优先绿色发展行动计划。

六稳 稳就业、稳金融、稳外贸、稳外资、稳投资、稳预期。

六保 保居民就业、保基本民生、保市场主体、保粮食能源安全、保产业链供应链稳定、保基层运转。

一心六型 “一心”即以保护长江母亲河、提升全域水质为中心；“六型”即发展智能循环型工业、山地高效型农业、集散融合型文化旅游业、绿色智慧型物流业、休闲养生型大健康业、功能共享型金融业。

一区一枢纽两中心 打造生态优先绿色发展示范区、建设全国性综合交通物流枢纽、提升区域中心城市能级、建设三峡库区经济中心。

两山论 绿水青山就是金山银山。

两化路 产业生态化、生态产业化。

一干多支、三带两线 “一干”指长江干流，“多支”指21条次级河流，“三带”指铁峰山、方斗山、七曜山三大生态屏障带，“两线”指318、348国道沿线。

双亮 亮高质量发展成果、亮高品质生活美景。

城市五带 水带、消落带、彩带、建筑带、山体绿带。

一环十六景 指万州区为打造滨江环湖景区而策划的16个城市品质提升项目。具体为：红砂碛月、音乐广场、南门口广场、天仙揽胜、十七码头、西山晨钟、虹瀑响雪、望江公园、红溪云港、仙侠幽谷、创客江岸、江万方舟、樱花渡、三生缘廊、三峡文化园、白鹭湾。

“双百亿”工程 即发展百万亩经果林，打造经果林“生产+加工+销售”百亿级全产业链集群；新增百万头生态猪产能，打造生猪繁育、饲料生产、屠宰加工、肉类加工、冷链流通的百亿级全产业链集群。

三师入户 教师入户助学、医师入户助医、农技师和工程师入户指导生产生活。

国企进村 区属国有企业到贫困村开展帮扶活动。

两不愁三保障 稳定实现农村贫困人口不愁吃、不愁穿，保障其义务教育、基本医疗和住房安全。

四好农村路 建好、管好、护好、运营好农村公路。

三变 资源变资产、资金变股金、农民变股东。

空壳村 无集体经济或集体经济薄弱、财政乏力的村。

多勤联动 指由区公安交巡警支队和区城管行政执法支队、区综合交通行政执法支队等执法人员组成的综合整治执法队伍走上街头，围绕交通安全管理秩序、市政管理秩序、道路运输管理秩序等方面进行集中整治。

马路办公 指将办公室设在马路上，以路为岗，服务基层，及时掌握城市管理现状、发现分析研究城市管理问题及规律。

楼栋工作日 是万州区为深入推进“枫桥经验”重庆实践十项行动，创新推出的一种基层社会治理工作方法，具体为以城市社区楼栋为单位，领导干部深入一线现场办公，倾听群众意见诉求，协调解决群众困难问题。

院落自治 针对农村治理单元散、老龄人口多、问题诉求杂的问题，将乡村治理的重点延伸至院落，广泛建立院落管理协会，实行院落长责任制，组织发动村民共商解决公共环境问题、化解矛盾纠纷、和睦邻里等事务，打通乡村治理“最后一米”。

五大重点产业 绿色照明、智能装备、食品医药、汽车和新材料五大产业。

两品一标 指绿色食品、有机农产品和农产品地理标志。

六大功能载体 万达开乡村振兴示范区建设暨农业产业合作、万达开国际户外运动基地建设暨文体产业合作、万达开新兴产业合作示范区建设暨制造业合作、万达开省际毗邻地区绿色发展论坛、万达开川渝东出智慧物流港建设暨物流产业合作、万达开“大三峡·大巴山”国际文化旅游节暨文旅产业合作。

一会一节 指全国对口支援三峡工程重庆库区经贸洽谈会和中国长江三峡国际旅游节。

七高八普 “七高”指建成的渝万城际铁路，在建的郑万高铁、渝万高铁、成达万高铁，拟建的渝西高铁，规划建设的兰达万张高铁、万黔高铁；“八普”指建成的达万铁路、宜万铁路，规划建设的达万铁路扩能改造、长垫梁万铁路、沿江铁路、万州至南阳铁路、万州至安康铁路、万黔铁路。

二环九射多联 “二环”指即将建成的万州城市80千米环线高速公路和总长约218千米的万开云环线高速；“九射”指建成的万梁、万开、万云、万忠南线、万利高速，在建的万达直线高速，规划建设的万忠北线、万巫南线、万达直连直通高速。“多联”指多条快速连接路。

一空一港 “一空”指五桥机场，“一港”指重庆港万州港区。

铁江联运一单制 水运转到铁路运输，以及其间的货物、车辆衔接等相关事宜，只需一张联运单证。

绿盾行动 指为贯彻落实党的十九大精神，切实加强自然保护区监督管理开展的专项行动，旨在坚决制止和惩处破坏自然保护区生态环境违法违规行为，牢固构筑生态安全屏障。

四早 早发现、早报告、早隔离、早治疗。

四集中 集中患者、集中专家、集中资源、集中救治。

四个率先 率先加强人员密集场所管控，率先组织机关干部充实防疫一线，率先扩大核酸检测覆盖面，率先对无症状感染者实施医学干预。

八类案件　故意杀人、故意伤害致人重伤或者死亡、强奸、抢劫、贩卖毒品、放火、爆炸、投毒罪的总称。

两学一做　学党章党规、学系列讲话，做合格党员。

四个意识　政治意识、大局意识、核心意识、看齐意识。

四个自信　中国特色社会主义道路自信、理论自信、制度自信、文化自信。

两个维护　坚决维护习近平总书记党中央的核心、全党的核心地位，坚决维护党中央权威和集中统一领导。

三个确保　确保重庆各级党组织和广大党员干部一切行动听党中央指挥、向总书记看齐，确保重庆所有工作部署都以贯彻中央精神为前提，确保重庆各项事业沿着总书记指引的正确方向前进。

以案四说　以案说纪、以案说法、以案说德、以案说责。

以案四改　以案改治理、以案改监管、以案改制度、以案改作风。

四风　形式主义、官僚主义、享乐主义、奢靡之风。

水水中转　散装货物在某一港口“散改集”后，再改由合适的货轮继续运往其他港口，可节省运输成本、提高服务效率。

一梯七楼　即望江大梯道，驿鑫广场3栋、冯家院4栋共7栋楼宇夜景灯饰，是万州区一江两岸夜经济提升配套项目一期建设工程。

一区两群　重庆主城都市区，渝东北三峡库区城镇群、渝东南武陵山区城镇群。

碳达峰　二氧化碳排放不再增长，达到峰值。

碳中和　指直接或间接产生的温室气体排放总量，通过植树造林、节能减排等方式，抵消自身产生的二氧化碳排放，实现二氧化碳“零排放”。

一老一小　指城镇无保障老人、在校学生及学龄前婴幼儿的简称。

两个确立　确立习近平同志党中央的核心、全党的核心地位，确立习近平新时代中国特色社会主义思想的指导地位。

“双两百”大城市　到2035年，建成城区面积200平方千米、城区人口200万人的大城市。

六个高地　三峡库区科技创新高地、区域教育高地、三峡文化高地、区域卫生健康高地、渝东北公共服务高地、渝东北改革试验高地。

三个强区　工业强区、农业强区、现代服务业强区。

四个面向　面向世界科技前沿、面向经济主战场、面向国家重大需求、面向人民生命健康。

科技企业培育“百千工程”　到2025年，国家高新技术企业达到100家，市级科技型企业达到1000家。

“百千万”引才工程　即开展“百名博士荟万州、千名硕士进万州、万名英才兴万州”人才招引。

一廊三核六组团　“一廊”指大河生态文明示范走廊，“三核六组团”指北部创新大脑，包括高铁枢纽核心组团、江湾综合服务组团；中部城市客厅，包括母城历史人文组团、江南智慧数字组团；南部智造中心，包括九龙商贸物流组团、高峰智能智造组团。

大城三管　大城细管、大城智管、大城众管。

五个振兴　产业振兴、人才振兴、文化振兴、生态振兴、组织振兴。

水网工程　水资源调度网络综合工程。

上云上规上市　“上云”指企业以互联网为基础进行信息化基础设施、管理、业务等方面应用，并通过互联网与云计算手段连接社会化资源、共享服务及能力的过程；“上规”指推动打造规模以上企业；“上市”指推动企业挂牌上市。

专精特新　专业化、精细化、特色化、新颖化。

接二连三　推进农业与第二、第三产业融合发展。

五大商圈　高笋塘商圈、江南商圈、双河口商圈、高铁商圈、五桥商圈。

“两高”项目　高耗能项目、高排放项目。

无废城市　以新发展理念为引领，通过推动形成绿色发展和生活方式，持续推进固体废物源头减量和资源化利用，最大限度减少填埋量，将固体废物环境影响降至最低的城市发展模式。

二客六货　即鞍子坝、江南2个旅游客运作业区，新田、桐子园、望天嘴、溪口、小周、红溪沟6个货运作业区。

放管服　推进简政放权、放管结合、优化服务，不断提高政府效能。

证照分离　指市场监管部门颁发的营业执照和各相关行业主管部门颁发的经营许可证审批的改革。改革后只需到市场监管部门领取一个营业执照，就可以从事一般性生产经营活动，如果需要从事需要许可的生产经营活动，再到相关审批部门办理许可手续。

两项行动　土地高效利用、合同全面兑现。

三社　农民专业合作社、供销社、信用社。

三治融合　基层治理中法治、德治、自治结合的治理方式。

枫桥经验　20世纪60年代初，浙江省诸暨市枫桥镇干部群众创造了“发动和依靠群众，坚持矛盾不上交，就地解决，实现捕人少、治安好”的“枫桥经验”。之后，“枫桥经验”得到不断发展，形成了具有鲜明时代特色的“党政动手、依靠群众、预防纠纷、化解矛盾、维护稳定、促进发展”的枫桥新经验。

三峡库心·长江盆景 构建以长江为主景的一江碧水、两岸青山、江峡相拥的大型“山水盆景”，规划范围包括万州区武陵，石柱县西沱等9个乡镇（街道）和忠县石宝等6个乡镇（街道），总面积约978平方千米；核心区包括石柱县西沱古镇、水磨溪及忠县石宝寨、皇华岛和独珠半岛，总面积约61平方千米。

三元四方 指老万县城区的三元街、四方井街区，以中西结合的民国建筑群和吊脚楼而著名。

双碳 碳达峰、碳中和。

三线一单 生态保护红线、环境质量底线、资源利用上线和生态环境准入清单。

无水港 指具有报关、报验、签发提单等港口服务功能的物流中心。

渝快政 重庆市一体化、智能化、数字化政务工作平台。

“三项制度”改革 指国企内部劳动、人事、分配制度改革。

两圈六园 即高铁商圈，包括绿色智慧物流产业园、特色文创科教产业园、大健康产业园；江南商圈，包括滨江文旅产业园、三峡文化产业园、临空产业园。

五新经济 数字、总部、平台、会展和枢纽等新经济业态。

一区五园 “一区”指万州经开区，“五园”指高峰园、天子园、五桥园、九龙园、新田园。

门前三包 指临路（街）所有的单位、门店、住户要担负起一定范围的市容环境责任，承担一定的城市管理任务，“三包”指包卫生、包秩序、包设施。

五长制 指万州区为有效调动社会力量，切实加强城市综合管理，建立的街长、路长、巷长、楼长、店长制度。

四个不摘 摘帽不摘责任，摘帽不摘政策，摘帽不摘帮扶，摘帽不摘监管。

三权分置 农村承包土地所有权、承包权、经营权分置。

国之大者 事关党和国家前途命运、事关中华民族伟大复兴、事关人民幸福安康、事关社会长治久安的大事。

双优 中职学校的优质学校和优质专业。

一大四院多专 “一大”即重庆三峡学院更名为综合性大学；“四院”即重庆三峡医药高等专科学校、重庆幼儿师范高等专科学校、重庆三峡职业学院、重庆安全技术职业学院创建本科院校；“多专”即办好重庆信息技术职业学院、重庆科技职业学院，将重庆市万州技师学院纳入高等学校序列，新设立重庆三峡装备职业学院等一批专科学校。

双减 减轻义务教育阶段学生过重作业负担和校外培训负担。

十大领域 安全生产与自然灾害防治工作的重点领域，包括煤矿、道路交通、危险化学品、建设施工、非煤矿山、工贸、消防、防汛抗旱、地质灾害、森林防火。

十条措施 安全生产与自然灾害防治工作的重点措施，包括安排部署、宣传造势、责任到人、尽职尽责、督查警示、严格执法、群众举报、诚信管理、节点“五在”、专家服务。

两单两卡 企业一线岗位从业人员岗位风险清单、岗位职责清单和岗位操作卡、岗位应急处置卡。

六调对接 指万州区创新推行的六种矛盾纠纷调解对接方式，包括诉讼前调解、公安干警调解、信访部门调解、行政复议调解、公证调解、检察调解。

三官一律 检察官、法官、警官和律师。

盗抢骗 盗窃犯罪、抢劫犯罪、诈骗犯罪。

枪爆危 涉枪支弹药、涉民爆物品、涉其他危险品领域的违法犯罪。

黄赌毒 卖淫嫖娼、贩卖或者传播黄色信息，赌博，买卖或吸食毒品的违法犯罪。

食药环 食品药品和生态环境领域的违法犯罪。

智安小区 指智慧安防小区，通过大数据智能化应用，打造小区智能管理平台，纵向为小区提供融合服务，横向联动公安及其他政府部门，实现小区“治安”向“智安”转变。

“八五”普法 法治宣传教育第八个五年规划。

“四化”工作法 项目化、事项化、政策化、机制化。

专　记

万州区“一区一枢纽两中心”建设

2021年，万州区持续坚定不移走生态优先绿色发展之路，抓好生态篇、流通篇、城市篇、产业篇“四个篇章”要求，结合区情实际和“一心六型”两化路径实践成效，在区委五届八次全会上，明确提出“十四五”期间“一区一枢纽两中心”总体定位。在区第六次党代会上，进一步提出加快建设“一区一枢纽两中心”，争当高质量发展、高品质生活排头兵的奋斗目标。全年实施“一区一枢纽两中心”重大项目192个、重点事项53个，完成投资214亿元。

一、打造生态优先绿色发展示范区

全年聚焦在生态优先上当示范、绿色发展上当标杆，着力建好碧水、山林、田园“三大廊道”，打好污染防治攻坚战。严格落实河长制，巡河5.2万次，巩固长江十年禁渔成果，开展长江水域特有珍稀鱼类增殖放流，新建和改造城乡污水管网250千米，沱口污水处理厂扩容、11个镇乡处理设施改造有序推进，城市污水集中处理率96.3%，镇乡污水集中处理率85%，21条次级河流水质稳定向好，长江干流万州段水质总体保持Ⅱ类。强化生态修复，严守生态保护、耕地保护和城镇开发边界3条红线，划定生态保护红线741.1平方千米，耕地保有量914.67平方千米，基本农田保有量616.67平方千米。开展消落带综合治理，栽植中山杉0.79平方千米，完成国土绿化营造林183.33平方千米，实施“两岸青山·千里林带”20.8平方千米，全区森林覆盖率、长江两岸森林覆盖率分别达56%、70%，城区空气质量优良天数340天。推进“双碳”工作，推动企业高端化、智能化、绿色化转型，26家企业实施34项技改扩能项目，大中型工业企业关键工序数控化率提升至71.9%。新建智能工厂2个、数字化车间2个，2家企业获国家级绿色工厂认证，7家企业纳入全国、全市碳市场配额管理，年履约二氧化碳排放900万吨。

二、建设全国性综合交通物流枢纽

全年聚焦构建多式联运综合交通运输体系，围绕更好辐射带动周边区域融入全国流通大格局发力，货运总量突破1亿吨，公水铁运输结构比为57.2∶34.3∶8.5。拓展大通道，南环高速枢纽工程新田长江大桥合龙，郑万高铁万州段全线贯通，渝万高铁、成达万高铁、万达直线高速开工建设，新田港二期及铁路集疏运中心加快推进。构建大平台，三峡综合物流枢纽加快建设，推进万州机场改扩建，旅客吞吐量创历史新高、达114.91万人次，现代综合物流中心二期建成投运，万州综合保税区一期全面竣工，首批招商引资项目入驻。发展大物流，引入全国知名物流企业设仓建园，渝东（万州）智能科技产业链园区开工，冷链物流分拨中心一期、三峡国际农产品集散基地一期建成投运，开通沪渝直达快线万州班轮，开行万州港“水水中转”集装箱班轮，船舶运力规模突破150万吨，常态化运行“蓉万”“西万”班列，货运量分别比上年增长10%、20%。

三、提升区域中心城市能级

全年聚焦“双两百”大城市目标，加快建设科技、教育、文化、卫生健康、公共服务、改革试验“六个高地”，提升万州区在渝东北片区辐射力、影响力、吸引力。推动城市发展，“一廊三核六组团”城市空间布局加快落实，新增规划区面积5平方千米。112个城市提升重点项目完成投资167亿元，高铁片区基础设施建设等20个项目竣工投用，长江二桥至高铁片区连接道等92个项目加快建设，南北滨江公园、白鹭湾、三生缘廊等市民游憩空间建成开放，新增绿化面积74.9万平方米，新增占道停车泊位1万个。完成全国文明城区创建首年测评迎检，启动全国卫生城市创建，常态开展“楼栋工作日”“马路办公”“多勤联动”，城市精细化管理水平不断提升。打造科技高地，出台支持科技创新财政金融政策30条、为科技工作者办实事20条，启动环重庆三峡学院创新生态圈建设，建成三峡科技创新服务平台，三峡山地特色农业科技创新中心投入使用，入驻国家级、市级等科研平台15个。新培育国家高新技术企业18家、市级科技型企业162家，分别比上年增长28.6%、32.3%，登记科技成果60项，获市政府科学技术奖3项，“智能电动汽车电池管理系统”获日内瓦国际发明展金奖，全社会研发投入强度达1.5%，万人发明专利拥有量达2.8件，技术合同成交额1.5亿元，比上年增长50%。打造教育高地，新建及改扩建幼儿园33所、增加学位1680个，三峡小学、金陵中学等建成投用，新增义务教育学位7000个。重庆三峡学院更名大学申报材料上报教育部，重庆幼儿师范高等专科学校新校区加快建设，“一大四院多专”高等教育发展格局加快形成，区外大学生、中职学生保持10万人以上。打造卫生健康高地，三峡公共卫生应急医院、三峡恒合旅游度假区、三峡国际健康城等重点项目序时推进，建成万州全民健康信息平台，新建市级中医、临床等重点学科7个，区外就医人数占比40%。打造公共服务高地，建成一站式公共法律服务中心，引进全市首家“互联网无人律所”，万州食品药品检验所软硬件实力进一步提升，会展中心、渝东北三峡库区应急救援中心有序推进。打造改革试验高地，“8+65”年度重点改革项目成效明显，国资国企第二轮改革有序推进，出台《国企领导人员管理办法》等改革方案及配套政策文件100余个，各领域改革工作获国家级、市级肯定169次。优化发展单元，设立渝东新区，完成天城镇、高峰镇、九池乡撤镇（乡）设街道。深化“放管服”改革，持续优化营商环境，新增市场主体1.6万户，比上年增长12.7%，总量达13.2万户。推动区域协同发展，深化与四川及周边地区对接交流，推进万达开一体化，召开党政联席会议第二次会议和协调会议，万达直线高速、新田港二期等重点项目开工建设。协同举办三峡道地中药材交易博览会等节会20场，212项川渝通办事项全面落地。落实万开云同城化，国土空间规划、工作机制、实施方案印发实施，召开2次党政联席会议，联合办公室在万州区集中办公，15项年度便捷服务事项全面完成，万开城际快速通道通车，万开、万云城际公交线开通运营。推动对口协同发展，制定万州区两江新区对口协同发展五年实施方案，签订合作协议15份，成立两江数字经济产业园万州园等5个产业协同载体，协作引入6个项目，完成消费帮扶2100万元。

四、建设三峡库区经济中心

全年聚焦“三个强区”目标，着力壮大“六型”产业，完成招商引资项目76个，其中2000万元以上项目61个，总投资216.8亿元。2021年全区第一产业增加值突破百亿元，增加值和增速均位列全市第二，工业投资比上年增长87.1%，增速排名全市第一，地区生产总值首次突破千亿元，达1087.94亿元，增速超过全国、全市平均水平。建设工业强区，新培育规模以上工业企业22家，全年实现27个项目开工、27个项目竣工，新材料产业集群晋档百亿能级，战略性新兴制造业产值占比增至25%，万州经开区获批中国（重庆）自贸试验区联动创新区。建设农业强区，推进农业“双百亿”工程，经果林面积达606.67平方千米、生态猪产能105万头，新培育国家级龙头企业1家，新增市级“一村一品”示范村镇17个、市级农业品牌50个，举办第三届三峡柑橘国际交易会，带动库区区县实现销售收入24.7亿元。助推中医药全产业链发展，益生菌、饲料、有机肥、屠宰加工等配套项目序时推进。建设现代服务业强区，举办世界大河歌会、“支洽会”“大三峡·大巴山”国际文化旅游节等节会，大三峡旅游集散中心建成运营，万州始发“三峡游”游轮增至10艘，“水上观光巴士”万忠航线开通运行。全年接待游客2194万人次，实现旅游综合收入123亿元，分别比上年增长32.8%、28.6%。五大商圈提档升级，推动形成千亿级市场集群，推进高笋塘商圈打造国际消费标志性商圈，社会消费品零售总额比上年增长27.8%，批发业商品销售额比上年增长37%。金融机构97家，金融业增加值占地区生产总值总量7.1%，绿色信贷余额比上年增长64%。

（张劲松）

万达开川渝统筹发展示范区建设

中央财经委员会第六次会议召开以来，万州区积极抢抓战略机遇，在重庆市委常委、万州区委书记莫恭明推动下，全区深入学习、深入讨论、深入调研、深入探索、深入实践，主动加强与达州、开州等地沟通对接、协同联动，在共同投身“双城圈”、建好“示范区”方面开展一系列工作，示范区创建工作有序开局、稳健起步，各方面合作协作渐入佳境。

一、工作开展情况

（一）加强系统学习武装思想

区委、区政府高度重视万达开川渝统筹发展示范区创建工作，全区深入贯彻习近平总书记在中央财经委员会第六次会议上的重要讲话精神和对重庆、四川工作的系列重要指示精神，深刻领会国家推动成渝地区双城经济圈建设的战略意义、战略内涵、战略目标、战略部署，围绕重庆“一区两群”和四川“一干多支、五区协同”的发展格局，先后召开区委全会、区委常委会、区委理论学习中心组学习会等会议30余次进行学习贯彻，明晰创建万达开川渝统筹发展示范区深刻内涵和重大意义，切实把思想和行动统一到中央决策部署、市委工作要求上来。

（二）加强组织领导深化沟通

万州区会同达州、开州建立起党政联席会议、协调会议、联合办公室+9个专项工作组的“三地三级”运作机制，组建联合办公室在万州集中办公。2020年4月9日，三地在万州召开万达开党政联席会议第一次会议，出台工作方案、工作机制等文件，为示范区创建开好局、起好步。2021年1月13日，重庆市委副书记吴存荣和四川省委常委、宣传部部长甘霖共同出席万达开党政联席会议第二次会议，为示范区创建把脉定向、指路领航。同时，全区构建起以区委书记为组长和区长为副组长的成渝地区双城经济圈建设领导小组，先后召开领导小组会议7次，专题研究打好“三峡教育牌”、建设“三峡健康城”等多个重大项目事项；区领导多次带队赴四川成都、达州等地考察调研，对接四川港投、重庆交运等川渝国资，协商合作事项，为统筹发展奠定坚实基础。

（三）加强高位协作谋划路径

重庆市委常委、万州区委书记莫恭明带头深入调研，系统谋划万达开川渝统筹发展示范区创建可行方案，推动形成“1个综合+7个专项”调研成果。转化调研成果，争取国家出台《万达开川渝统筹发展示范区建设方案》。会同达州、开州共同打造万达开川渝东出智慧物流港等6个重大功能载体建设，推动各类要素自由流动和高效配置。围绕共筑绿色生态屏障等方面提出实施路径，分年度制定重点任务清单，确定2021年重大项目43个，2022年重大项目30个。

（四）加强动员部署凝聚共识

万州与达州、开州多层次多部门常态化开展交流互访，并探索对云阳等毗邻区县引入“观察员”机制，推动发改、交通、经信、口岸物流等部门单位开展实地考察学习150余次，签订《万达开川渝统筹发展示范区交通一体化发展合作备忘录》等合作协议或备忘录100余份。深化宣传融合，推进三地新闻资源共享，互发互推新闻稿件，共同设计万达开徽标LOGO，运营万达开川渝统筹发展示范区微信公众号，设立新闻专栏，累计互换报纸版面近144个，互推新闻稿件1606条，互传电视新闻172条，一体化发展理念更加深入人心。

二、工作主要成效

（一）强化互联互通先导，加快一体化交通建设

一是区域航空航运枢纽加快建设。发挥万州港长江黄金水道优势，万州、四川港投、达州、达钢等川渝六方共建共营万州新田港二期。加快推进万州五桥机场改扩建，与达州机场互为备降机场，在开州设立候机楼。

二是综合运输路网格局逐渐形成。加快建设新田港铁路集疏运中心，开工建设渝万高铁、成达万高铁，渝西高铁前期工作有序推进。万达直线高速加快建设，建成投用万开快速通道，万开两地通行时间缩短至15分钟，常态运营万达、万开城际快巴，开通万开城际公交。

三是区域综合物流中心加快建设。联动建设三峡综合物流枢纽、达州秦巴无水港和开州港，试点“铁江联运一单制”，开通西部陆海新通道班列，万州江铁海联运试点工作启动，开辟煤炭、中药材等物流专线，2021年，“蓉万”“达万”“西万”通道货运量分别为154.9万吨、276.1万吨、371.1万吨。

（二）强化特色产业驱动，推动一体化协作补链

一是协同发展智能循环型工业。万州长安跨越与开州千能机械，开州印务公司与万州雷士照明、三雄极光等进一步强化产业链。加快培育智能制造骨干企业，万州创建市级智能工厂3家，威科赛乐3D感测芯片生产（一期）项目竣工投产，金龙集团国家级企业技术中心落户万州。

二是协同发展山地高效型农业。建成经果林606.67

平方千米、生态猪养殖达105万头产能，两个百亿级产业链条加快形成。协同举办三峡柑橘国际交易会、万达开暨秦巴地区乡村振兴协同发展高端峰会、三峡道地中药材交易博览会等节会20余场次。建成三峡山地特色农业科技创新中心、三峡国际农产品集散基地，服务区域农业科技创新和农产品销售。

三是协同发展集散融合型文旅业。联合成立“大巴山·大三峡”文化旅游联盟，共同推出主题旅游线路6条、经典景区80个，加快三峡文化艺术中心一期大剧院等9大项目建设，联合打造三峡国际旅游节、世界大河歌会等大型节会赛事。

（三）强化绿水青山本底，联动一体化生态治理

一是携手共建水域生态廊道。以保护长江母亲河、提升全域水质为中心，协同开展毗邻区县国控市控考核断面、饮用水监测和送样分析164项，开展跨界河流联防联控巡查68次，长江万州段水质总体稳定保持Ⅱ类。

二是携手共建山区生态屏障。统筹推进三峡库区和秦巴山区生态保护与生态修复，与开州“一山同策”共同推进铁峰山国家森林公园生态环境整治。

三是携手共建生态管控体系。建立联合执法、突发事件应急演练、流域横向生态保护补偿和森林病虫害防治等联动协作机制及生态环境分区管控体系。签署“河长制联防联控合作协议”，成立川渝7县区联防护林暨经济协作委员会，挂牌成立重庆市生态环境监测中心万州分中心，实现区域一体化监测全覆盖。

（四）强化开放创新载体，提升一体化合作水平

一是联合开展招才引智。实施万达开“英才计划”，签订万达开“人才协同发展合作框架协议”，组团参加“宁波科技人才周”活动，引进双一流高校全日制研究生20余名；推动三地干部互派挂职，组织三地高层次专家50人赴宁波开展国情研修。

二是共育共办创新赛事。协同开展2020“渝创渝新·创响万州”创新创业大赛、“智汇达州·创新引领”2021年院士专家革命老区（达州）行活动。协同举办2021万达开科技成果推介会，推介科技成果100余项，在万高校科技成果项目签约5个，达成合作意向项目11个。举办首届万达开数字经济融合发展研讨会，发布33个数字经济机会清单。

三是共拓对外开放空间。万州综合保税区已获国务院批复同意，并进入重庆自贸试验区联动创新区第一批名单；万州机场国际航空口岸开放可研报告通过评审。共同推进“2020川渝国企万州行”签约项目，协同举办“2021全国知名民企万州行”签约活动，万州签约项目21个，协议总投资232.1亿元。

（五）强化便捷生活共享，提高一体化服务水平

一是共享公共服务资源。成立万达开川渝统筹发展示范区高校联盟，启动建设万达开川渝职业教育协作发展改革试验区。三峡公共卫生应急医院加快建设，区域应急服务能力进一步提高。万达开37家二甲及以上医疗机构60项检查检验结果互认，三地疾控中心建立常态化交流学习机制，建立健全疾病联防联控合作、信息实时共享和应急物资互助机制。

二是强化人力资源协作。签订“万达开人才协同发展合作框架协议”，建立万达开区域高端人才服务事项清单。建成运营三峡人力资源服务产业园，三地人力资源市场实现用工信息共享，共同组建10个专家服务团，协同开展就业服务工作，对接企业450余家、帮助就业1600余人。

三是拓展便捷服务事项。落实第一、二批川渝通办事项，新增万达开19项事项全部实现通办。在养老保险关系无障碍无纸化转移接续、川渝两地工伤保险协议服务机构互认等领域实现互认互办。

（区发展改革委）

重庆万州综合保税区获国务院批复设立

重庆万州综合保税区于2021年1月15日获国务院批复设立。万州综合保税区设立，有利于完善重庆渝东北片区开放平台布局，带动三峡库区开放型经济发展，提升重庆市整体开放水平，带动内陆扩大开放。万州综合保税区是全区开放型经济发展的新窗口、新平台，承担万州区外贸外资发展的主要任务。按照国务院高质量发展、高水平开放建设综合保税区的总体要求，万州综合保税区将秉持“开放、创新、合作、共赢”理念，在万州及渝东北地区带领开放、带头开放。

一、设立万州综合保税区的战略意义

（一）有利于加速“一带一路”和长江经济带建设

万州是三峡库区中心城市，是长江经济带以及西部地区重要的交通枢纽和物流节点，具有承东启西、连接南北的区位优势。设立万州综合保税区，是贯彻落实习近平总书记在深入推动长江经济带发展座谈会上指示精神的具体举措，有利于在三峡库区构建新的开放支点，加强该区域与长江经济带地区、“一带一

路”沿线国家的经贸互通和产能融合，有效解决三峡库区发展滞后而出现的长江经济带“断续”问题，加快构建起长江流域布局合理、整体联动的开放型产业体系，促进全流域经济社会发展。

（二）有利于构建内陆开放高地建设新格局

万州等渝东北地区因距离重庆主城200余千米，难以借助主城开放平台招商引资和培植产业，其政策短板现象较为突出，急需设立综合保税区，完善开放平台体系，促进投资环境改善，加速产业结构调整。在万州设立综合保税区，有利于加快由重庆主城开放向三峡库区拓展，提升三峡库区吸引聚集经济要素能力，增强重庆大都市区联动大生态区的战略传递功能，在更大范围、更广领域参与国际经济技术合作和竞争，构建起全域、全面开放格局，从整体上提升重庆开放水平。

（三）有利于加快三峡库区承接沿海地区产业梯度转移

万州地处三峡库区腹心，虽然设立了国家级经济技术开发区，但开放平台建设尚处于起步阶段，对外向型企业的吸引力不强，迫切需要设立综合保税区这样高层次的开放平台。在万州设立综合保税区，有利于充分发挥万州铁公水空多式联运优势，优化整合海关特殊监管区域功能，弥补重庆主城以外区县开放功能不足，促进三峡库区开放发展，增强对一般贸易、加工贸易、服务贸易、转口贸易、总部贸易等产业的集聚能力，推动实现发展动力转换，加快三峡库区产业提档升级，巩固三峡移民安稳致富，推动重庆战略性新兴产业优化布局。

（四）有利于带动渝东北及周边地区开放型经济发展

万州地处渝川鄂陕四省市交界处，历为渝东、川东、鄂西、黔北、陕南、湘西的综合交通枢纽和物资集散中心，距离重庆主城和湖北宜昌200余千米，是三峡地区200千米范围内超过100万人口的中心城市。辐射半径200千米范围内覆盖人口2000万人，具有较强聚集辐射能力。在万州设立综合保税区能为周边地区提供保税平台功能，将带动周边地区开放型经济发展，为三峡库区及周边的连片贫困地区提供经济社会发展新动力。

二、万州综合保税区申报设立情况

2018年9月，万州区启动申报设立重庆万州综合保税区工作；2019年4月，市政府上报国务院《关于设立重庆万州综合保税区的请示》；2020年7月，区委组建万州综合保税区筹建工作领导小组和万州综合保税区管理委员会筹备组，统筹推进综保区筹建各项工作；10月16日，自然资源部相关司局通过万州综保区用地审查；10月27日，海关总署函发国家发展改革委、财政部、商务部、国家税务总局、国家市场监督管理总局、国家外汇管理总局六部委局第二轮征求意见；11月20日，六部委局全部函复海关总署同意设立万州综合保税区；12月21日，上报国务院批准设立重庆万州综合保税区的请示会签文件，由海关总署及国家发展改革委、财政部、自然资源部、商务部、国家税务总局、国家市场监督管理总局、国家外汇管理总局八部委局完成会签；12月29日报送国务院；2021年1月15日，国务院批复同意设立重庆万州综合保税区；4月27日，重庆市万州区深化国资国企改革领导小组办公室同意成立重庆三峡保税产业发展有限公司，具体负责万州综合保税区运营管理工作；8月26日，中共重庆市万州区委机构编制委员会设立中共重庆万州综合保税区工作委员会、重庆万州综合保税区管理委员会，为区委、区政府派出机构，党工委、管委会实行合署办公，机构规格为正处级。12月31日，综合保税区（一期）通过预验收。

三、万州综合保税区基本情况

（一）选址情况

万州综合保税区位于万州经开区高峰园区，符合“综保区一般应建在国家级经开区”的总体要求。其四至范围为：东至高峰镇原石羊村九组，南至沪蓉高速公路，西至鹿山河，北至高峰镇原石羊村五组、七组，规划建设用地面积1.85平方千米。

（二）交通情况

万州综合保税区选址紧邻渝万高速公路出口，城市主干道经开大道畅通快捷。距离万州沱口集装箱码头约8千米，距离万州火车站4千米，与万州新田港有跨江大桥相连，园区内外交通便利。

（三）产业规划情况

万州综合保税区将重点发挥保税加工、保税物流、跨境电商、服务贸易等功能，重点培育铜材加工、纺织服装、装备制造、电子电器等加工贸易产业，配套发展保税仓储、跨境电商、保税展示展销等产业。力争5年内（封关运行后）产业规模达300亿元，进出口规模达30亿美元。

四、万州综合保税区前景广阔

（一）万州综合保税区可支持优质农产品贸易出口

万州地处大巴山和武陵山交界地带，以万州为中心的中国柑橘黄金产业带，已种植柑橘266.67平方千米，年产柑橘30万吨，加上周边区县的柑橘产量将超过300万吨。万州综合保税区可利用保税加工、保税仓储等功能，支持开展柑橘等农产品进出口业务。

（二）万州综合保税区可配套现有加工贸易企业

万州区有雷士照明、三峡纺织、肯发科技等加工贸易企业，带动形成以机械电子、纺织服装、能源化工、药品食品等为主导的开放型支柱产业。万州综保区作为较高层次的保税平台，可配套服务大型外贸企业，帮助企业解决配额等困难，促进万州区加工贸易发展。

（三）万州综合保税区可促进招商项目落地

万州综合保税区可发挥对外开放主战场作用，促进招商项目落地。万州综合保税区已签约项目3个，达成签约意向项目2个，其他在谈跟踪项目18个，涵盖保税加工、保税物流和保税服务等业态，协议总投资38.5亿元、年产值253.7亿元、年进出口额212.1亿元。

（四）万州综合保税区可带动周边市场发展

万州地处渝川鄂陕四省市交界处，辐射半径200千米范围内都没有设立综合保税区等开放平台。万州综合保税区可辐射带动万州区临近的云阳、开州等区县，以及四川达州、湖北利川等周边地区，利用保税平台便利和优惠政策，带动周边地区进出口企业扩大产业规模，实现新发展。

（晏非）

万州区新冠肺炎疫情防控

2021年，万州区贯彻落实习近平总书记关于疫情防控的重要指示精神，按照重庆市委、重庆市政府安排部署，毫不防松抓好“外防输入、内防反弹”，压实“四方责任”，科学精准做好新冠肺炎疫情常态化防控工作，实现全年无阳性感染者发生，疫情防控成果得到持续巩固。

一、完善四项机制，建立健全工作体系

万州区委、区政府成立新冠肺炎疫情防控工作领导小组和新冠肺炎疫情联防联控指挥部，由区委、区政府主要领导任双指挥长，2021年在原有11个专项工作组的基础上分别于1月26日、3月15日增设流调溯源组、核酸检测组和疫苗接种组，以14个专项工作组开展工作。万州区疫情防控工作坚持党政同责、齐抓共管，不断完善工作机制。一是完善“三级分包机制”，39个区级领导包片联系52个乡镇（街道），乡镇（街道）落实“乡镇干部包村”“村干部包户”。二是完善“平急转化机制”，指挥体系始终保持激活状态，严格落实24小时值班值守制，做到组织不变、人员在岗，一旦发生疫情，实行扁平化管理，确保从常态化防控转到应急处置无缝衔接。三是完善“定期研判机制”，强化专项工作组协作配合，建立定期分析研判机制，每日开展疫情形势分析，全年召开指挥部会议72次、分析研判会12次。四是完善“督查通报机制”，建立定期综合督查、专项督查、行业督查和日常监督执法检查相结合的督查机制，全年发布督查通报17期、疫苗接种通报39期。

二、把好四道关口，抓实常态化疫情防控

一是严把“人”“物”同防关。强化入境人员管理，万州机场于2020年1月31日暂停国际航班后尚未恢复，区内无直接入境旅客，全年管理国内其他口岸入境人员978人，其中“渝快行”从重庆江北机场闭环转运来万返万人员74人。强化国内重点地区人员管理，通过大数据、信息化手段，开展车站、码头等交通口岸排查和社区网格化排查，强化酒店宾馆登记报告和用人单位报告，加强信息交换和信息推送。全年排查运用大数据推送和市级“疫情防控”App精准排查8.4万人次，通过“社区排查码”登记22.38万人次。强化进口货品管理，全面落实进口冷链食品管理要求，建立全链条追溯体系，实现生产、流通、销售全程防控，建立141家冷藏冷冻食品贮存服务企业、21家进口冷链食品生产加工首站企业、8家冻库、1431名冷藏冷冻食品从业人员台账。进口企业按照“首掏检消”“属地检消”原则，对2004.09吨进口冷链食品和61箱进口非冷链货物批批全检、应消尽消。

二是严格重点场所关。对机场、车站、码头、商务楼宇、商场、超市、餐馆、酒店、各类门店等公共场所、机关企事业单位以及景区景点，严格落实扫码（健康码和行程码）登记、体温检测、佩戴口罩、“一米线”、清洁消杀、限流错峰等措施。坚守院感防控底线，规范设置7家发热门诊和8家基层医疗机构发热诊室，严格落实医疗机构预检分诊、首诊负责制和院感防控10项基本制度。

三是前置预警监测关。制定《万州区新冠肺炎疫情常态化监测预警工作实施方案（第三版）》，对23

类重点人群、6类重点环境、2类重点物品定期开展常态化监测，全年核酸检测样品197.76万份，结果全部为阴性。发挥药店、发热门诊等“哨点”作用，零售药店实名登记购买“四类药品”19.19万人次，发热门诊闭环管理2.26万人次。为进一步提高核酸检测便民度，确定重庆大学附属三峡医院、重庆三峡医药高等专科学校附属中医院、重庆市万州区第一人民医院3个24小时核酸检测医疗机构并向社会及时公布。

四是强化群众认识关。全媒体统一开设“聚焦新冠疫情防控”专栏。在《万州时报》《三峡都市报》刊发新闻稿件445条。电视频道播出新闻稿611条，在“万州综合”“三峡移民”等频道全天滚动播出宣传标语、拉底字幕。新媒体平台以公益广告、H5、海报、动画、图表、短视频等多种形式，发布疫情防控权威提醒稿件443条，阅读量3098.6万人次。在“看万州”App、“微万州”“平湖万州”微信公众号等新媒体发稿2400余条，做好信息发布、舆情管理和科普宣传工作。

三、注重四个提升，强化应急处置能力

一是提升队伍能力。组建流调队伍，制定《万州区新冠肺炎流行病学调查方案》，组建区级流调溯源队伍187人，其中区公安局59人、区疾控中心24人、52个乡镇（中心）卫生院及社区卫生服务中心104人。建立区域核酸采样队伍12支，共有采样人员6102人、检测人员336人。成立医疗救治专家队伍26人，7家二级以上公立医疗机构组建院内专家队伍，由呼吸或重症副高级职称以上的医师担任总诊医师。万州区联防联控指挥部印发《万州区元旦春节期间新冠肺炎疫情应急预案》《万州区应对聚集性疫情应急处置预案》《万州区大规模人群新冠肺炎病毒核酸检测工作预案》，8月、12月开展两轮行政管理、专业技术等人员常态化疫情防控培训，2月在甘宁镇开展万州区新冠肺炎疫情防控全流程演练，8月、11月分别开展新冠肺炎疫情防控桌面推演。

二是提升硬件能力。采样点在原有339个的基础上增设至838个，共有PCR实验室9个，拥有核酸检测仪器65台，其中城市大规模检测基地有30台，全区每日检测量最大可达6.5万管左右，并与重庆迪安医学检验中心有限公司、重庆金域医学检验所有限公司两家第三方公司签订合作协议。将重庆千洲酒店有限公司设置为万州区疫情防控定点健康观察点，房间103间。统筹协调部分城区房间40间以上的住宿经营单位及镇乡达一定规模的住宿经营单位，作为常备集中健康观察点，共计111个点5119间房，并建立分批次启用机制。

三是提升医疗救治能力。2020年4月30日，万州区联防联控指挥部印发《重庆市万州区新冠肺炎医疗救治工作应对预案（第一版）》，设立重庆三峡中心医院、万州区人民医院2个定点医院，10月开展片区集中救治医院腾空实战演练。至2021年年末，重庆三峡公共卫生应急医院建设有序推进，建成后承担渝东北片区乃至三峡库区城镇群相关区县公共突发事件及重大传染病疫情医疗救治任务，该院于2020年2月破土动工，2022年7月投入使用，医院占地面积18万平方米，建设面积5.11万平方米，规划床位1000张。

四是提升信息化能力。2021年6月，万州区疫情防控管理平台初步上线，疫情防控管理平台链接于“健康万州”微信公众号内，含新冠肺炎个案调查与管理系统、核酸检测采样管理系统、行程码管理系统、疫情防控工作动态管理系统、疫情防控小程序、疫情防控大屏等6个系统，具备核酸检测、场所码管理、发热直报、社区排查、集中隔离等功能模块。该平台在实现数据互融互通基础上，形成发热管理、确诊管理、隔离管理三大闭环，贯穿基层医疗机构、发热门诊、定点医院、疾控中心、“三站一场”等角色，解决不同机构间的信息不畅问题，加强群众参与、信息互通、事件预警等环节的支撑。通过联动药品数据、医疗数据、场所码数据等，分析区域内风险人群及风险趋势，尽早发现区域疫情趋势，及时预警，采取相应措施。组建30个通信网络抢修专班，确保信息平台网络平稳运行。全年疫情防控小程序注册135.24万人，全区申请场所码2.03万个，轨迹登记总数380.97万人次。

四、做到四个及时，协同开展疫情防控

一是及时开展区域协查。流调队伍第一时间对重庆市和外省市来函要求协查的密接、次密接人员开展流调、管控、检测。2021年共处理新冠肺炎疫情相关来函204起，包括密接流调、风险人群调查，物品，环境阳性事件等，其中涉及密接、次密接、相关涉疫人员共1275人，发送至外省、外区协查函101起，涉及人数352人。

二是及时开展区域协同防控。2021年8月4日，奉节县报告1例新冠肺炎无症状感染者，当天重庆三峡公共卫生应急医院紧急完成应急病区改造，8月5日收治奉节县无症状感染者1人，6名医师、13名护士投入“五位一体”医疗模式，患者住院两周后核酸转阴，18天后康复出院。8月4—10日，启动基地支援奉节县开展两轮大规模核酸检测，累计检测7.7万份样本，检测结果全部为阴性。

三是及时应对市内本土疫情。11月2日重庆市发生本土病例以后，区联防联控指挥部迅速部署，在全区59个固定采样点的基础上，启用4个临时采样点和2个交通站场采样点，对市民提供免费核酸检测服务，11月3—9日共检测12.43万人次，迅速关停聚集性及密闭文娱场所，严格重点场所防控，强化重点人员排查，及时核实处置协查信息，从严从细从紧落实疫情防控各项措施。

四是及时开展国际抗疫支援。区政府外办联系国际友城，关注疫情动态、提供防疫咨询、分享防疫经验。随着柬埔寨新冠肺炎疫情加重，医用防护服紧缺，为深化发展国际友好城市关系，帮助支持共同抗击新冠肺炎疫情，2021年5月20日，万州区紧急调拨应急备用医用防护服600套，捐赠支持柬埔寨暹粒市抗击新冠肺炎疫情。新冠肺炎疫情以来，双方一直保持友好互通，在抗击新冠肺炎疫情中勠力同心，共同前进。

五、落实四项举措，统筹推进疫苗接种

一是有序推进接种。万州区联防联控指挥部组织协调全区疫苗接种工作，先后印发《万州区新冠病毒疫苗接种实施方案》《万州区12～17岁学生新冠病毒疫苗接种工作实施方案》《万州区老年人和15～17岁人群新冠病毒疫苗接种指导方案》《万州区新冠病毒疫苗加强免疫接种实施方案》《万州区3～11岁人群新冠病毒疫苗接种实施方案》，2020年12月22日万州区启动重点人群接种新冠病毒疫苗第一针，2021年3月21日全面放开18～59岁人群新冠病毒疫苗接种，8月1日万州区启动15～17岁人群第一剂次疫苗接种；8月3日启动60岁及以上人群新冠病毒疫苗接种工作；9月1日启动12～14岁人群新冠病毒疫苗接种工作，10月13日启动18岁以上人群加强免疫。

二是提升接种能力。按照“扩大准备、分批启用”原则，规划好接种门诊（点）设置，设置53个固定和7个临时预防接种门诊，培训接种人员1082人，并发放接种资格证，遴选二级以上公立医疗机构专业骨干427人组建疫苗接种保障队伍，确保疫苗接种安全规范，单日最大接种量达6.58万剂。

三是优化服务保障。加强疫苗精准调度，通过固定+上门、预约+延时、分批次+分时段、单位集体组织+个别电话通知等方式，引导群众错时错峰接种，最大限度缩减群众等待时间，提高群众接种便利度和满意度，根据辖区政府和行业部门要求对200人以上的接种需求安排上门接种。全区59个接种点周末、节假日正常接种，开展延时服务，加强疫苗出库管理，严格执行“三查七对一验证”，精准把握接种禁忌，落实“四有”措施，每个疫苗接种点配备街道社区、卫生系统、公安等工作力量，维护现场秩序。

四是强化组织实施，按照“区级统筹、镇街实施、行业推进”的原则，万州区联防联控指挥部每日排名，每周通报，层层压实属地、部门、单位、个人“四方”责任。组建23支督查工作组，下派地方、行业主管部门明察暗访。各乡镇（街道）、各行业部门开展摸底排查，动态建立未接种人员、未全程接种人员、已全程接种人员“三本台账”，确保应种尽种。截至2021年12月31日24时，累计接种306.13万剂次，累计接种第一剂次126.05万人，累计全程接种123.73万人，累计加强免疫接种24.4万人，3～11岁人群累计接种12.16万人。

（区新冠肺炎疫情联防联控指挥部）

大事记

1月

1日 零时起，万州区内长江流域重点水域正式进入“十年禁渔期”。

6日 “奋进新时代 共圆小康梦”“我们的中国梦”文化进万家活动暨2021年重庆市新年音乐会走进万州区活动在万州大会堂举行。

10日 万州区网上房交会活动历时52天后收官。活动采取“线上看房选房、线下购房签约”模式，新建商品房成交38.27万平方米，成交金额20.68亿元。

是日 万州区公安局举行首个“中国人民警察节”系列主题庆祝活动。

12日 万州区农村不动产登记窗口下沉镇乡，高梁镇规划自然资源所在高梁镇新店村7组完成全区第一份农村不动产登记申请。

15日 重庆万州综合保税区获国务院批复同意设立。12月31日，万州综合保税区（一期）通过预验收，为重庆市第5个、渝东北唯一的综合保税区。

15—17日 中国人民政治协商会议重庆市万州区第五届委员会第五次会议在万州大会堂召开，重庆市委常委、万州区委书记莫恭明出席会议。区政协主席罗能平作区政协常委会工作报告，区政协副主席胡家海作提案工作情况报告。大会审议通过区政协五届五次会议关于区政协第五届委员会常务委员会工作报告的决议，通过区政协五届五次会议决议；增选政协重庆市万州区第五届委员会常务委员。

15—19日 万州区举办“江南新区CBD夜市步行街开市暨新春民俗文化节”活动。

16—18日 重庆市万州区第五届人民代表大会第六次会议在万州大会堂召开，重庆市委常委、万州区委书记莫恭明出席会议。区长聂红焰作政府工作报告，区人大常委会主任贺恩友作区人大常委会工作报告。会议表决通过关于区人民政府工作报告、“十四五”规划和二〇三五年远景目标纲要、计划报告、预算报告、区人大常委会工作报告、区人民法院工作报告、区人民检察院工作报告的决议；表决通过重庆市万州区第五届人民代表大会有关专门委员会组成人员名单。

18日 万州首个文物保护修复基地在重庆三峡移民纪念馆挂牌成立。

27日 渝东北最大交通枢纽——万州交通枢纽汽车站投入运营，实现乘发车智能化及高铁、出租、长途、公交无缝换乘。

31日 从贵阳北高铁站始发的D8572次“复兴号”动车到达万州高铁北站，这是“复兴号”动车首次开进三峡库区。

2月

2日 万州区党政代表团赴两江新区考察，双方签署对口协同发展2021年度工作协议。

3日 位于万州区图书馆大门旁的万州首个“24小时城市书房”投入使用，免费对外开放。

5日至3月31日 第三届三峡柑橘国际交易会（网上）举行。该次交易会以“三峡柑橘 全球分享”为主题，发挥“三峡柑橘”区域公共品牌影响力，共销售柑橘47.6万吨、交易额24.9亿元。

7日　百安坝街道天台社区被表彰为第八批“全国民主法治示范村（社区）”。

8日　“奋进新时代 共圆小康梦”2021年万州区线上春节文艺惠民晚会通过电视和网络等多种方式播放。

18日　万州区柱山乡戈厂村谭家包、普子乡碗厂村干坝子入选重庆市住房和城乡建设委员会公布的第二批重庆市传统村落名录。12月2日，万州区恒合乡五星村冒水井、白土镇五龙村杉木沟、梨树乡龙头村裴家槽入选第三批重庆市传统村落名录。

23日　重庆大学附属三峡医院黄霞获“第六批全国岗位学雷锋标兵”称号。

25日　在北京人民大会堂举行的全国脱贫攻坚总结表彰大会上，区扶贫办综合科科长傅飞丁、郭村镇集庆玩具服装制衣厂厂长罗显清获“全国脱贫攻坚先进个人”称号，龙驹镇党委获“全国脱贫攻坚先进集体”称号。

3月

1日至5月31日　万州区800余名运动员参加重庆市第六届运动会，获金牌19枚、银牌41枚、铜牌39枚。

2日　在重庆市2021年一季度重大项目集中开工视频连线活动万州分现场，三峡国际健康城三峡医学中心项目开工。

是日　重庆市政府新闻办举行“三峡库心·长江盆景”跨区域发展规划新闻发布会。万州区武陵镇纳入重点区域，打造三峡库心风情小镇。

17日　万州区召开创建全国文明城区动员部署大会。

是日　在由重庆市农业技术推广总站、重庆市柑橘产业协会共同举办的2021年“三峡杯”优质晚熟柑橘评选活动中，万州“塔罗科”血橙、“W·默科特”分获2个类别的“果王”称号。

是日　郑万高铁重庆万州段雷家坡隧道使用“走单线铺双线”施工技术，填补中国高铁机械化铺轨作业技术空白。

22日　五桥街道五间桥社区入选2020年度全国学雷锋志愿服务“四个100”先进典型宣传推选活动名单，获“最美志愿服务社区”称号。

25日　中央政协工作会议、中共重庆市委新时代加强和改进人民政协工作会议精神贯彻落实情况专项督查座谈会在万州召开。

是日　万州区“巩固脱贫保”首次现场理赔在恒合土家族乡举行。

26日　成渝地区双城经济圈就业创业活动周结束，万州区获重庆市“稳就业、保居民就业”主题演讲比赛一等奖，重庆农村商业银行万州分行获2020年度就业创业成绩突出集体奖。

30日　党史学习教育重庆市委宣讲团报告会在万州区举行。

是日　万州区委党校迁建项目开工。该项目位于江南新区核心区金岛路，规划总用地面积5万平方米，总投资7.86亿元。

31日　万州区法院公开开庭远程审理重庆市首例高空抛物罪一案并当庭宣判。被告人钟某某因犯高空抛物罪被判处有期徒刑6个月，并处罚金人民币3000元。

是月　重庆三峡医药高等专科学校附属中医院晋级为三级中医医院。

是月　万州区教育考试院与教育部考试中心签订《教育部考试中心举办境外考试（托福网考项目）委托协议》，成为全国第一个由教育部委托举办境外考试（托福网考项目）的区县考试机构。

是月　重庆三峡学院“智能电动汽车电池管理系统”获2021年日内瓦国际发明展金奖。

4月

1日　万州区图书馆组织开展纪念中国共产党成立100周年红色主题书展，共展出各类红色书籍700余种、1300余册。

是日　“长岭常来往安溪好安逸”2021年“大美万州”乡村旅游季春季游活动启动仪式在长岭镇安澜谷景区举行。

是日　万州区政务办、万州区残联、建行重庆万州分行、万州区卫生健康委、中邮万州分公司合作打造的重庆市首个残疾证网上预审系统在万州区上线。

7日　万州区公安局与重庆三峡职业技术学院动物科技学院联合建立的犬只实验基地挂牌。

13日　万州区事故灾害综合应急队伍授旗暨开训仪式在万州经开消防救援站举行。

13—14日　四川省达州市、重庆市万州区、开州区三地签订“万达开共建川渝东向物流大通道合作备忘录”“万达开政务服务事项通办合作协议”“万达开政府数据共享互通合作协议”“万达开市场监管合作备忘录”，达州市与万州区签订“共建川渝地区北翼开放重要窗口备忘录”。

14日　江苏省南京市教育局与重庆市万州区政府举行南京对口支援万州教育座谈会暨教育合作签约仪式。

15日　万州区23名个人和17个集体分获重庆市脱贫攻坚先进个人、先进集体表彰。

16日　万州区首届“平湖工匠”职业技能大赛在心连心广场启动。

19日　在中华全国总工会举办的全国先进女职工集体和个人表彰大会上，重庆大学附属三峡医院感染管理部获“全国五一巾帼标兵岗”称号，中交一公局重庆万州环线高速公路项目总承包部项目经理胡风明获“全国五一劳动奖章”，重庆华歌生物化学有限公司技术中心获“全国工人先锋号”称号。

22日　万州区首张“跨省通办”营业执照在河南省通过“渝快办”平台办理。

23日　万州区2021年“全民阅读 书香万州”启动仪式暨纪念世界读书日活动在和平广场举行。

是日　山东省济宁市·重庆市万州区东西部协作联席会议在万州召开，双方签订“十四五”东西部协作框架协议。

23—25日　重庆市第四届斗茶大赛决赛暨首届“三峡天丛”品牌推介活动在万州区举行。“三峡天丛”获评五星冠军茶产品，“三峡天丛”在茶叶区域品牌评选中获第二名。

26日　“全国脱贫攻坚楷模”毛相林先进事迹巡回报告会万州区专场在万州大会堂举行。万州各部门及社会各界人士代表近400人参加。

是日　重庆市在建最大跨径桥梁——万州新田长江大桥主桥合龙。该桥吊装过程中，钢箱梁88米荡移法创造国内行业施工新纪录。

是日　万州区信用协会登记成立。

28—29日　由重庆市委统战部、重庆市工商联、万州区人民政府主办的民企聚万州、共建双城圈的“全国知名民企万州行”活动在万州举行。在重点招商合作项目签约活动中，万州签约招商合作项目21个，协议总投资232.1亿元。

29日　《重庆市万州区国民经济和社会发展第十四个五年规划和二〇三五年远景目标纲要》发布。

30日　重庆三峡保税产业发展有限公司成立。

30日至5月1日　2021三峡江滩音乐季暨万州文化旅游惠民消费季活动在北滨大道商圈举办。

5月

2—3日　中国国标舞全国公开赛暨第二届重庆三峡体育舞蹈锦标赛在万州区三峡之星体育馆举行。

8—16日　第十四届全运会男子手球资格赛暨2021年“体彩杯”全国男子手球冠军杯赛在万州区三峡之星体育馆举行。

9—10日　万州区第十一届村（居）民委员会开展换届选举。全区52个乡镇（街道）603个村（社区）依法依规完成选举，选举产生新一届村（居）民委员会成员3250名。

9—10日　2021成渝地区双城经济圈学前教育发展学术论坛活动在万州区举行。

10日　川渝·万达开教体融合智慧体育发展研讨会暨万州区智慧体育教育项目启动仪式在万州区举行。

11日至6月12日　万州区代表团在重庆市第六届残疾人运动会上获金牌31枚、银牌13枚、铜牌9枚，金牌榜和奖牌榜均位列第二名。

14日　重庆两江数字经济产业园万州园揭牌暨集中签约活动在万州区举行。7月，两江数字经济产业园万州园投入运营。

是日　万州区太安镇凤凰花果山有机茶园入选第三届中国茶产业T20峰会暨生态茶产业发展高峰论坛“最美生态茶园”名单，获评中国茶产业T20最美生态茶园。

是日　万州区安全生产与灾害防治大排查大整治大执法“百日行动”动员部署会议召开。

20—23日　万州区和万州经开区组织全区近30家企业参加在重庆举行的第三届中国西部国际投资贸易洽谈会，吸引2万余人次逛展，签约75亿元项目。

21—27日　第十四届全运会手球资格赛暨2021年“体彩杯”全国女子手球冠军杯赛在万州区三峡之星体育馆举行。

28日至6月1日　全市消费扶贫周系列活动之万州区消费帮扶周系列活动在重庆江北区中国西部消费扶贫中心举行。

29日　中国人民政治协商会议重庆市万州区第五届委员会第六次会议在万州大会堂举行，王海宝当选区政协副主席。

30日　重庆市万州区第五届人民代表大会第七次会议在万州大会堂召开，谭方培当选区人大常委会副主任。

31日　重庆三峡移民纪念馆入选文化和旅游部、中共中央宣传部、中央党史和文献研究院、国家发展改革委联合发布的“建党百年红色旅游百条精品线路”，获评“中国三峡·世纪工程”精品线路。

是月　万州区天援社会福利院通过“万州区机构养老服务标准化试点”项目验收，成为万州区首个市级社会管理和公共服务业标准化试点示范目标考核合格项目。

6月

4日　重庆市经济信息委在重庆雾都宾馆举办“万开云”产业协同发展项目集中签约仪式。万州区、开州区、云阳县三地共签约招商项目13个，协议总投资37.9亿元。

6日　万州港“水水中转”集装箱班轮开行，装载120个集装箱的班轮由江南沱口集装箱码头开往涪陵港。

是日　万州区乡村振兴局挂牌成立。

7日　万州区举行防止干预司法“三个规定”（《领导干部干预司法活动、插手具体案件处理的记录、通报和责任追究规定》《司法机关内部人员过问案件的记录和责任追究规定》《关于进一步规范司法人员与当事人、律师、特殊关系人、中介组织接触交往行为的若干规定》）集中宣讲暨签署防止干预司法“三个规定”承诺书仪式。

8日　万州区文化旅游宣传推介会在山东省济宁市举办，宣传推介大三峡和平湖万州的自然风光、美景美食及风土人情。

10日　2021万达开首届科技成果推介会在重庆三峡学院举行。中科院绿色智能研究所、重庆市教育委员会（简称重庆市教委）和万达开三地相关部门、高校、科研院所、企业代表200余人参会。

是日　中国人民银行重庆营业管理部、万州区人民政府共同举行“贷动小生意 服务大民生”暨融资服务对接会。签约仪式上，10家银行机构与24家企业和个体工商户签订战略合作、授信、贷款协议，涉及金额55.85亿元，并为2个再贷款示范基地授牌。

11日　由重庆市政府新闻办公室指导，万州区委宣传部、万州区政府新闻办公室主办的“发言人来了——我为群众办实事”万州区首场新闻发布活动在百安坝街道举行，相关单位“发言人”回应群众“急盼难求”。

22日　沪渝直达快线万州—上海班轮首航仪式在万州港江南集装箱作业区举行。

是日　“党的光辉照我心”万州区庆祝中国共产党成立100周年民族音乐会在万州大会堂举行。

24日　“巴渝儿女歌唱党”——重庆市庆祝中国共产党成立100周年万人同唱一首歌万州分会场群众文化活动在三峡文化园举行。

是日　2021年全国职业院校技能大赛中药传统技能赛项在重庆三峡医药高等专科学校开幕。在该次比赛中，重庆三峡医药高等专科学校谭欣获一等奖，王梦婵老师获“优秀指导教师奖”。

25日　万州区至开州区城际公交开通。7月5日，万州区至开州区的城市快速通道（简称万开快速通道）全线通车，开州区浦里新区到万州高铁北站车程从1小时缩至15分钟。

28日　万州区五桥街道香炉山社区党总支书记、居委会主任傅山祥在北京人民大会堂举行的全国“两优一先”表彰大会上被授予“全国优秀共产党员”称号。

29日　在中国共产党成立100周年之际，万州区举行“光荣在党50年”纪念章颁发暨新党员代表入党宣誓活动。

是日　重庆万州至山东济宁航线开通，班期为每周二、四、六共3班。

是月　经重庆市规划委员会第十次会议审议、重庆市政府审批通过，万州区成为重庆市第二个历史文化名城。

7月

1日　万州区社会各界收听收看庆祝中国共产党成立100周年大会直播，聆听习近平总书记在庆祝大会上的重要讲话。

2日　万州区第十三届青少年科技创新区长奖表彰大会在万州高级中学举行，5名学生获区长奖，9名学生获提名奖。

5日　万州区开通首条城乡公交线路——61路长岭镇至万州汽车南站公交线路。

8日　重庆三峡人力资源服务产业园举行开园仪式。

9日　庆祝中国共产党成立100周年“牡丹花开心向党”中国曲艺牡丹奖艺术团“送欢笑”走进重庆万州暨“中国曲艺之乡”授牌仪式在万州大会堂举行。

是日　在2021“重庆好礼”旅游商品（文创产品）大赛颁奖典礼暨外事礼品命名授牌活动上，万州区“绿影青踪”茶席、“国色天香”工艺梳、“三峡民居”手绣真丝披肩、黄桷树小摆挂、“山水情”手绣真丝围巾5件产品入围2021“重庆好礼”外事礼品名单。

是日　万州环线高速“第一长隧”——杨家岭隧道实现双幅贯通。

12日　万（州）开（州）云（阳）同城化发展联合办公室成立，并在万州高铁片区渝东开发区新办公楼开始运行。

是日　万州区恒合土家族乡枫木村入选重庆市文化和旅游发展委员会（简称重庆市文化旅游委）等多家部门联合公布的重庆市第二批乡村旅游重点村名单。

14日　三峡库区道地药材开发利用重庆市重点实验室（区域）揭牌仪式在重庆三峡医药高等专科学校举行。

16日　2021“大美万州”乡村旅游季夏季游暨三峡恒合旅游度假区土家欢乐节启动仪式在三峡恒合旅游度假区举行。

28日　万州区与奥地利共和国布尔根兰德州古兴市建立国际友好城市关系。

30日　“养护水生生物资源、促进生态文明建设”长江珍稀濒危水生生物增殖放流活动在万州区举行，放流中华鲟、长江鲟、胭脂鱼等国家重点保护水生野生动物和长江上游珍稀特有鱼类共计5万余尾。

是月　位于万州高铁北站的大三峡旅游集散中心建成投运。

8月

18日　万州区人民政府与重庆市畜牧科学院联合组建重庆市畜牧科学院万州分院签约仪式在万州区举行。

23日　万州区“世界大河歌会”入选文化和旅游部全国公共文化发展中心公布的2021年“百姓大舞台”网络群众文化品牌活动入选名单。

24日　万州区在2021中国国际智能产业博览会重点项目“云签约”活动中，签约重点项目33个，协议总投资97.8亿元，项目涵盖绿色照明、智能装备、生物医药、新材料等多个领域。

26日　万州区·重庆工商大学校地合作座谈会召开，双方围绕协同开展人才培养、加强创新平台建设、发挥高校智力优势3个方面10项重点合作内容，签订战略合作框架协议。

是月　万州区恒合土家族乡石坪村和长滩镇清河村入选重庆市第一批鲁渝协作乡村振兴示范村。

9月

1日　新建的万州南京金陵中学举行2021年秋季开学典礼，该校前身为抗战爆发后曾迁至万州的南京金陵中学。

2日　重庆市人民政府发文同意万州区高峰镇、天城镇、九池乡改设街道。10月25日，万州区高峰、天城、九池街道举行揭牌仪式，挂牌成立。此次变更后，万州区辖14个街道、27个镇、11个乡。

是日　万州区长岭镇安溪村入选文化和旅游部、国家发展改革委发布的第三批全国乡村旅游重点村名单，成为万州首个国家级乡村旅游重点村。

3日　万州经开区与两江新区签订“两江新区万州企业研发中心协同建设合作协议”。16日，两江新区万州企业研发中心揭牌仪式在两江新区举行。

8日　由原中共重庆市渝东经济技术开发区工作委员会（简称渝东开发区党工委）、重庆市渝东经济技术开发区管理委员会（简称渝东开发区管委会）和原中共重庆市万州区江南新区工作委员会（简称江南新区党工委）、重庆市万州区江南新区管理委员会（简称江南新区管委会）整合设置的中共重庆市渝东新区工作委员会（简称渝东新区党工委）、重庆市渝东新区管理委员会（简称渝东新区）举行揭牌仪式。

10日　万州区电影电视艺术家协会成立并召开第一次代表大会。会议选举产生第一届理事会理事和主席团主席、副主席、秘书长。

是日　万州区社会组织党群服务中心、创新社区治理服务中心、社会工作服务中心投入使用。

11日　万州区2021年退役士兵“退役第一课”适应性培训班开班，全区退役士兵参加培训。

15日　万州区与乌克兰切尔卡塞市续签友好城市合作协议。

17日　“美丽渝东 诗画江南”2021万州区中秋诗会在三生有幸广场举行。

23日　四川省妇女联合会、重庆市妇女联合会共同命名100名“2021年度川渝乡村女能人”，万州区罗显清、谭世凤分获“巧手乡村女工匠”“农村致富女能手”称号。

25日　金龙精密铜管集团股份有限公司、重庆三峡银行股份有限公司分别上榜中国企业联合会、中国企业家协会联合发布的“2021中国制造业企业500强”“中国服务业企业500强名单”。

26日　万州区首个“侨胞之家”在太白街道孙家书房社区挂牌成立。

30日　重庆市委宣传部、重庆市文明办、重庆市退役军人事务局、重庆警备区政治工作局联合发布2021年重庆市“最美退役军人”，万州区燕湾小区退伍军人志愿服务队作为全市唯一一个集体获奖。

10月

7日　万州机场跑道延长400米至2800米及11号跑道盲降系统投入使用，达到国内中小机场先进水平。

8日　万州首个进口商品分销中心——重庆保税港区进口商品授权分销中心（万州中心）开业。

12日　河南省精神文明建设指导委员会、中国志愿服务联合会公布河南省防汛救灾优秀志愿服务先进典型入选名单，重庆市万州区青年助学志愿者协会腾长波、重庆市万州蓝天救援队谭超入选“河南省防汛救灾优秀志愿者”，重庆市万州蓝天救援队入选“河南省防汛救灾优秀志愿服务组织”。

13—17日　2021三峡美食文化节暨万州烤鱼节在心连心广场举行，同时举行万州烤鱼学院授牌仪式。四川省达州市、湖北省利川市、重庆市长寿区等周边20多个市区县参与活动，参展单位100余家，现场销售2100余万元，较上届增长40%，拉动社会消费1.68亿元，现场签约1.5亿元。

14日　2021世界大河歌会在万州三峡文化园开演。乌兹别克斯坦、俄罗斯、乌克兰、意大利等地的音乐家和重庆本土艺术家参加演出。

14—16日　万州“巴渝大嫂”劳务品牌作为重庆市劳务品牌代表参加在吉林省长春市举行的第三届全国创业就业展示交流活动，获评“我最关注的劳务品牌”（全国唯一获评家政劳务品牌）、“最具地方特色劳务品牌”。

15日　第十三届全国对口支援三峡库区经贸洽谈会重大合作项目集中签约活动在万州举行，库区各区县共签约项目102个，总投资1046.88亿元。

16—17日　由国家体育总局水上运动管理中心在江苏省溧阳市举行的2021全国桨板锦标赛上，重庆万州第二高级中学学生赵芷萱获女子U18组2500米长距离赛、1000米技巧赛2个单项项目冠军。

17—18日　成渝地区双城经济圈建设专家服务团暨重庆市博士后沙龙到万州助力万州特色产业发展。活动期间，专家团累计开展技术指导36次、学术讲座报告10场、座谈交流21场。在区域医疗中心建设、大学生创新、玫瑰香橙栽植养护、生猪养殖等方面进行培训指导，参与总人数超过1500人。

18日　万州区在区特殊教育中心举行参加全国第十一届残运会暨第八届特殊奥林匹克运动会出征仪式。万州区派出103人代表重庆市参加乒乓球、旱地冰壶等7个项目比赛，获金牌16.5枚（1枚金牌与其他区县合作共赢）、银牌13枚、铜牌12枚。

20日　万州区数字经济融合创新发展示范基地揭牌成立。

21日　万州首个人才公寓——玉安人才公寓摇号，投放房源102

套。11月20日，首期房屋交付入住。

25日　农业农村部种植业管理司发布第一批全国农作物病虫害绿色防控示范县和统防统治百强县名单，万州区获“全国农作物病虫害绿色防控示范县（区）”称号。

28日　重庆市一体化协同办公云平台“渝快政”发布会暨重庆市大数据融合应用创新试验区授牌活动在万州区举行。

11月

2日　中国（重庆）自由贸易试验区联动创新区启动建设新闻发布会在重庆市商务委员会（简称重庆市商务委）举行。万州经济技术开发区纳入中国（重庆）自贸试验区联动创新区首批名单。

是日　万州区工程师协会成立并召开第一次代表大会。

3日　中共重庆市委全面依法治市委员会办公室公布第一批全市法治政府建设示范区县和项目，万州区被命名为“全市法治政府建设示范区县”。

5日　在北京举行的第八届全国道德模范座谈会和颁奖仪式上，万州区武陵镇椅城社区居民袁玉兰获第八届全国道德模范提名奖。

12日　万州区太安现代农业示范园区、龙沙镇现代农业示范园区、万州区国家农村产业融合发展示范园、孙家镇现代农业示范区共4个园区（基地）入选农业农村部办公厅公布的《全国农村创业园区（基地）目录（2021）》。

18日　重庆市农业农村委员会（简称重庆市农业农村委）和重庆市文化旅游委共同公布2021年市级休闲农业和乡村旅游示范单位名单，万州区1个镇6个村10个点入选。

24日　重庆市科学技术研究院乡村振兴研究院万州分院在万州区恒合土家族乡揭牌成立。

26日　国家级非物质文化遗产保护项目“四川竹琴”传承培训基地授牌仪式在万州区龙沙镇举行，这是全区第十六个曲艺传承培训基地。

26日　万州区创作的原创纪录片《夏芳的暑假》获2019—2020年度中国广播电视大奖电视专题大奖，系重庆市唯一获奖作品。

29日　第二十四届渝东北片区老年人乒乓球邀请赛在万州区三峡之星体育馆开赛，来自渝东北片区的11支代表队、近百名乒乓球运动员参加比赛。

30日　万州区首届“最美退役军人”发布，谭伯诚、龙兴明、周松、牟其江、涂兴斌、胡兵、牟桔丰、周光富、程飞、陶宏翔获评“最美退役军人”称号。

是月　万州富祥花园三峡移民小区改造项目入选住房和城乡建设部“我为群众办实事”老旧小区改造重点项目联系点。

12月

2日　万州区大数据应用发展管理局与重庆（荣昌）生猪大数据中心举行共建国家级生猪大数据中心·三峡运营中心（简称三峡运营中心）签约仪式，三峡运营中心落户万州。

3—5日　万州区艺术体操队在2021年“奔跑吧·少年”重庆市青少年艺术体操锦标赛上，获金牌7枚、银牌6枚、铜牌5枚。

3—5日　重庆市第十届全民健身运动会气排球比赛在万州区三峡之星体育馆举行。

8日　由人民银行万州中心支行和区金融办指导推动，重庆农商行万州分行和高笋塘街道办事处联动建设的全区首家“金融服务港湾”在重庆农商行万州高笋塘专营支行揭牌。

15日　北京大兴—万州航线开通，加上已有万州直达北京首都机场的航班，万州开启进京空中“双通道”。

16日　G5012恩施至广元国家高速公路万州至开江段（简称万开达高速）在万州区举行开工仪式。

18—19日　在上海举办的WER（World Educational Robot Contest）2021赛季世界锦标赛上，万州高级中学2023级21班学生郎也、唐麟皓获积木机器人普及赛高中组全球总冠军（第一名）。

20日　由万州区教育委员会、共青团万州区委员会、万州区科学技术协会联合举办的万州区首届中小学生科技节活动开幕。

21日　万州烤鱼创新发展高峰论坛在重庆三峡广告产业园举行。论坛主题为“科技，让万州烤鱼更鲜美”，来自国内美食行业的专家学者共谋万州烤鱼产业发展。

是日　郑万高铁全线铺轨贯通。

24日　万州三峡旅游水上巴士“交运平湖”号游轮开通万州到巫山航线。

25日　位于万州区天城街道德厚路666号的万州区殡仪馆新馆投入使用，位于周家坝街道的老馆同日关闭。

27—29日　中国共产党重庆市万州区第六次代表大会召开。大会批准重庆市委常委、万州区委书记莫恭明代表中共重庆市万州区第五届委员会所作题为《全力投身经济圈 合力推进一体化 为加快建设“一区一枢纽两中心”争当高质量发展高品质生活排头兵而努力奋斗》的报告。

29日　万州新田光伏发电项目并网发电。该项目是中央企业五大发电集团在渝开工投产的第一家光伏项目。

是月　万州区西山公园被列入重庆市首批历史名园。

是月　万州区分水镇石碾村、甘宁镇永胜村、高梁镇天鹅村、龙驹镇龙溪村、武陵镇下中村、恒合土家族乡石坪村共6个村入选“成渝地区双城经济圈美丽巴蜀宜居乡村示范村”名单。

（区史志研究室）

区情概览

自然理地

【区域位置】 万州区地处重庆市东北部、三峡库区腹心，位于北纬 30°23′50″～31°0′18″、东经 107°52′22″～108°53′52″。东邻云阳县，南接石柱土家族自治县和湖北省利川市，西连忠县、梁平区，北倚开州区和四川省开江县。面积 3456.41 平方千米，城区面积 110 平方千米，东西长 97.25 千米，南北宽 67.25 千米。历来为渝东、川东、鄂西、黔北、陕南、湘西综合交通枢纽和物资集散中心，素有“川东门户”之称，是渝东北三峡库区城镇群的区域中心城市和成渝地区东向开放门户，是“一带一路”和长江经济带重要节点。

【地形地貌】 万州区地处大巴山褶皱带、川东褶皱带和川鄂湘黔隆起褶皱带交汇处。境内地形以丘陵、山地为主，低山、丘陵面积约占四分之一，低中山和山间平地面积约占四分之一，极少平坝和台地，且零星散布。地势南北高，中间低。区内最高点位于普子乡七曜村沙坪峰，海拔 1762 米；最低点位于黄柏乡境内，随长江蓄水水位变化而变化。

（区史志研究室）

【气候】 万州区属亚热带季风湿润带，四季分明，日照充足，雨量充沛，无霜期长、霜雪稀少。冬暖多雾；夏热多伏旱；春早，气温回升快而不稳定；秋长，阴雨绵绵。常年平均气温 18.2℃，极端最高气温 42.3℃，极端最低气温 -2.2℃。常年平均降水量 1184.8 毫米，平均日照时数 1168.2 小时，平均风速 0.6 米/秒，平均相对湿度 81%。2021 年，万州区平均气温 19.3℃，年降水量 1531.1 毫米，雨日 212 天，降水量大于 50 毫米日数 4 天，日最大降水量 103.9 毫米，年日照时数 1126 小时。全年气温显著偏高、降水偏多，出现 15 次区域性或局地强降水天气。

气温 2021 年，万州区平均气温 19.3℃，较常年同期平均气温（18.2℃）显著偏高 1.1℃。年极端最高气温 40.8℃（8 月 2 日），极端最低气温 -0.5℃（1 月 13 日）。各月气温以偏高为主，除 11 月较常年同期偏低外，其余月份均较常年同期偏高，其中 2 月平均气温 12.6℃，位列有记录以来同期气温偏高第一位。2 月最高气温 28.2℃，位列历年同期最高第一位；10 月最高气温 37.8℃，位列历年同期最高第一位。

降水 2021 年，万州区降水总量 1531.1 毫米，较常年同期（1184.8 毫米）偏多 346.3 毫米，偏多率 29.2%。各月降水量以偏多为主。2 月和 6 月降水量较常年同期偏少 1～2 成；5 月、7 月、10 月降水量与常年持平；1 月、4 月、9 月、11 月、12 月降水量较常年同期偏多 1～3 成；8 月降水量较常年同期偏多 1 倍以上；3 月降水量较常年同期偏多 2 倍以上，为历年同期降水量最多。

日照　2021年，万州区年日照时数1126小时，较常年同期（1168.2小时）偏少42.2小时，偏少率3.6%。日照时数各月分布不均，其分布特征是冬秋季节偏多，春夏偏少。

季节转换　2021年，万州区低坝地带在2月5日入春，较常年（2月25日）提前20天；4月30日入夏，较常年（5月9日）提前9天；10月10日入秋，较常年（10月1日）延后9天。入冬时间为12月22日，比常年（12月5日）延后17天。

气象灾害　2021年，万州区出现3次强降温天气过程，无明显灾情发生；1月上旬出现的降温降雨（雪）天气过程，积雪冰冻灾害天气造成部分乡镇损失；12月25—26日低温天气，部分中高山区出现短时积雪。春夏季节出现10次局地强降水和暴雨天气过程，出现1次大风天气，共发生4次有记录的地质灾害，并造成人员伤亡和财产损失。

（周英）

【水文】　万州区境内水系发达、河流纵横，有大小河流257条。其中，流域面积大于50平方千米的河流有22条（含长江），流域面积小于50平方千米的河流有235条。长江自西南向东北贯穿万州区全境，过境流程82.6千米，年平均流量1.32万立方米/秒，年平均过境流量4163亿立方米。源出区境内直接注入长江的河流有7条：苎溪河、瀼渡河、石桥河、新田河、五桥河、大周溪、杨河溪。源出区境内流经其他县境后注入长江的河流有2条：九龙溪、培文河。过境河有4条：长江、磨刀溪、普里河、泥溪河。受三峡发电及防洪调度影响较大，水情情况与自然河道站情况不尽一致，长江最高水位出现在枯水期（10—12月），最大洪水出现在汛期（6—9月）。

水情　2021年，长江委水文局万州勘测分局万县水文站最高水位175.09米，出现在10月31日，最低水位146米左右，出现在6月上旬；最大流量4万立方米/秒左右，出现在9月上旬，最小流量4700立方米/秒左右，出现在1月上旬；最大洪水水位167.77米，出现在9月7日，相应流量4.04万立方米/秒。

旱情　2021年7月下旬开始，万州区出现约25天的轻度气象干旱，大部地区极端最高气温39℃～40℃，全区水库蓄水1.47亿立方米，蓄水情况较好，无大旱情隐患。

汛情　2021年，万州区降雨约高于常年并局部偏重，1—10月，全区累计降雨1450毫米，比多年平均偏多320毫米，先后出现14次区域性暴雨，降雨过程中庄子河、龙驹河、磨刀溪等5条中小河流有较大涨幅，但未超警戒，大滩口、鱼背山等7座水库有34次泄洪过程，累计泄洪5.66亿立方米。9月6日大暴雨期间，走马镇下池河、后山镇丁阳河有短时超保证水位过程，超保0.2～0.6米。全年降雨引发水利灾损2100万余元。

水质　2021年，长江万州段高峰镇、江万船厂、屠宰场、红火沟、大周（左）5个监测断面全年水质类别为Ⅱ类（粪大肠菌群未参评）；万县水文站全年水质类别为Ⅱ类（粪大肠菌群未参评），其中高锰酸盐指数、化学需氧量、五日生化需氧量在7月达到全年最大浓度，氨氮、总氮、总磷全年最大浓度分别出现在3月、4月、5月。

水生态　2021年，万县水文站常见浮游植物门类有硅藻门、绿藻门、隐藻门等，优势藻属为直链藻；常见浮游动物有枝角类、桡足类等；水体营养状态评估为贫营养型，不具备水华发生条件。

（卢俊良　肖羽）

【土地资源】　2021年年末，万州区土地总面积3456.41平方千米。其中，耕地面积850.03平方千米，占全区土地面积比重24.59%；园地面积171.52平方千米，占全区土地面积比重4.96%；林地面积1713.36平方千米，占全区土地面积比重49.57%；草地面积8.26平方千米，占全区土地面积比重0.24%；湿地面积2.23平方千米，占全区土地面积比重0.06%；水域面积173.5平方千米，占全区土地面积比重5.02%；城镇村及工矿用地面积318.71平方千米，占全区土地面积比重9.22%；交通运输用地面积32.17平方千米，占全区土地面积比重0.93%；水工建筑用地面积2.04平方千米，占全区土地面积比重0.07%；其他土地面积184.59平方千米，占全区土地面积比重5.34%。

（区规划自然资源局）

2021年万州区水文中心部分流量统计表

表1

序号	站名	最小流量			最大流量		
		日期	水位（米）	流量（立方米/秒）	日期	水位（米）	流量（立方米/秒）
1	长岭水文站	2021年3月4日	271.32	0.09	2021年8月13日	274.22	63.6
2	李河水文站	2021年6月13日	194.3	0.35	2021年8月29日	195.9	90.7

续表1

序号	站名	最小流量			最大流量		
		日期	水位（米）	流量（立方米/秒）	日期	水位(米)	流量（立方米/秒）
3	中山水文站	2021年8月5日	621.26	0.906	2021年8月27日	623.33	108
4	太吉水文站	2021年2月9日	318.32	0.54	2021年7月7日	320.16	387
5	三合水文站	2021年3月11日	490.58	0.08	2021年9月6日	494.72	125

（区水文中心）

【矿产资源】 2021年，万州区发现矿产资源20多种，具备开发价值的14种。其中，岩盐资源保有储量约13亿吨，远景储量28亿吨；天然气探明储量183.3亿立方米，远景储量近294亿立方米；地热水资源探明最大降深出水量2207.52～2425.25立方米/天，静止水位+142～+149米，水温51℃～51.5℃，允许开采量1800立方米/天；水泥用石灰岩保有储量10亿吨；煤炭保有储量2300万吨，预测资源量5000万吨，但因煤层薄、开采条件差，区内煤矿已全部关闭退出。

（区规划自然资源局）

【水资源】 万州区水资源多年平均总量22.3亿立方米，主要来源于自然降雨形成的地表水。区域多年平均年降水量42.46亿立方米，地表水多年平均径流深637.37毫米，多年平均河川径流量22.3亿立方米，水资源可开发利用量为6.7亿立方米。2021年，全区水资源总量37.42亿立方米。其中，地表水资源量37.42亿立方米、地下水资源量3.17亿立方米、重复计算量3.17亿立方米，年降水总量55.32亿立方米。年供水量3.04亿立方米。其中，地表水源供水3亿立方米、地下水源供水0.01亿立方米、其他水源供水量0.03亿立方米。年用水量3.04亿立方米。其中，生活用水0.66亿立方米、第一产业用水1.72亿立方米、第二产业用水0.38亿立方米、第三产业用水0.17亿立方米、生态环境补水量0.11亿立方米。年人均综合用水量194立方米，万元GDP用水量28立方米，万元工业增加值用水量27立方米，农田灌溉水有效利用系数0.5095。

（卢俊良）

【生物资源】 万州区属暖湿亚热带季风气候，立体气候明显。境内发现野生植物3824种，其中荷叶铁线蕨、篦子三尖杉、岩柏、红豆杉、疏花水柏枝等珍稀濒危植物181种，黄葛树、枫香、银杏等散生古树1518株，柏树、青冈、檀木等珍贵用材树种68种，牛奶子、拐枣、刺梨等食用植物385种，黄连、石斛、苏铁等药用植物资源1235种，马尾松、杉木、光皮桦等乡土树种226种，野百合、玉兰、川桂等香料植物133种，木姜子、油茶、油桐等油料植物172种，马缨丹、红花酢浆草、凤眼莲等外来物种94种。据初步调查，全区野生动物资源430科2423种。其中，陆生野生动物234科1610种，水生野生动物196科813种。有国家重点保护野生动物林麝、中华秋沙鸭等47种，重庆市重点保护动物果子狸、小麂、狍等28种，国家“三有”（有益、有重要经济价值、有科学研究价值）保护动物237种。

（范声英）

【旅游资源】 万州区因“万川毕汇”而得名，因“万商云集”而扬名，是长江经济带重要节点城市和三峡库区综合交通枢纽，亦是大三峡旅游集散中心和重要目的地。自东汉建县，有1800余年建城史。有市级自然保护区1个，国家级森林公园1个，省（市）级森林公园1个。有国家A级景区12家。其中，AAAA级旅游景区3家，分别为万州大瀑布群旅游区、重庆三峡移民纪念馆、三峡平湖旅游区；AAA级旅游景区7家，分别为同鑫蔬菜大观园、奇芳花谷、西游洞、凤凰花果山、七星谷景区、桐花湾美人谷景区、石桥水乡湿地公园；AA级旅游景区2家，分别为万县“九五”惨案纪念馆、万州古红桔主题公园。旅游商品有谭木匠木梳、鱼泉榨菜、三峡手工刺绣等；特色美食有万州烤鱼、万州格格、杂酱面等。

（区文化旅游委）

建置区划

【建置沿革】 万州区境内有旧石器时代人类活动遗址，大周镇渣子门遗址曾出土一批打制磨制石器；新石器时代有涪溪口、麻柳沱、密溪沟、苏和坪、大地嘴、黄柏溪、聚鱼沱等众多遗址。夏属梁州之地，商周时期为庸国境域。周匡王二年（前611），楚、秦、巴三国联合灭庸，三分其地，区境归属巴国。在巴国由清江流域沿长江流域西迁过程中，曾驻万州区武陵镇“巴子故城”。秦昭王三十年（前277），秦夺取楚国西部地区后，置巴郡朐忍县（治万户驿，今云阳县双江镇建民村）管辖。

东汉建安二十一年（216），刘备分朐忍西南地界置羊渠县（因“羊飞山下有盐渠”），治今万州区长滩镇，为区境行政建置之始。蜀汉建兴八年（230），改羊渠置南浦县。西魏废帝元钦二年（553），改南浦县为鱼泉县（得名于“地土多泉，民赖鱼罟”），徙治江北（原环城路）。在鱼泉县置安乡郡，辖鱼泉、梁山（今梁平区）2县。北周时期（557—581），改鱼泉县为安乡县，改安乡郡为万川郡（取“大江至此，万川毕汇”之意），与南州同治；分临江地置南都郡，领源阳1县（治今万州区武陵镇），北周建德四年（575）分别改名为怀德郡和武宁县（“取威武以宁斯地为名”）。隋开皇十八年（598），废万川郡，改万川县为南浦县。大业三年（607），废南州，南浦、武宁隶属巴东郡。唐武德二年（619），分南浦、武宁、梁山3县置南浦州（治南浦县），隶属信州。武德八年（625），废南浦州。武德九年（626），复立浦州，仍领南浦、武宁、梁山3县，隶属夔州。贞观八年（634），改浦州为万州。天宝元年（742），改万州为南浦郡。乾元元年（758）复名万州，仍领南浦、武宁、梁山3县。五代十国时期，万州境域先后为前蜀、后唐、后蜀占据，行政建置仍沿袭唐制，领南浦、武宁、梁山3县。北宋开宝三年（970），以万州石氏屯田务置梁山军（亦名高梁郡），领梁山1县，划归夔州路管辖。元朝至元二十年（1283），省南浦县入万州，领武宁1县。明洪武四年（1371），并武宁县入万州；洪武六年（1373），降万州为万县。

清末，万县成为川、鄂、陕、湘、黔边区30余县的进出口商品集散中心，有“万商之城”的美誉。光绪二十八年（1902）9月5日，英帝国主义强迫清政府签订《中英续议通商行船条约》，增辟万县为通商口岸。清宣统三年十月初五（1911年11月25日），清廷驻万县巡防军第三营管带刘汉卿宣布反正，十月十八日（12月8日）在万县成立四川省下川东蜀军政府。1917年设海关，1925年开商埠。1928年11月15日，驻万县军阀杨森以万县城区设置万县市。1935年6月，四川省第九行政督察区在万县市设立，辖万县市（同年10月并入万县）、万县、开县、忠县、云阳、奉节、巫山、巫溪、城口1市8县。

1949年12月8日，万县解放。15日，设置川东行署区万县专区，代管万县市（1952年12月20日经政务院批准改由万县专区管辖），辖万县、开县、忠县、云阳、奉节、巫山、巫溪、城口、石柱（1950年1月划归涪陵专区）9县。1952年9月，改隶四川省。1953年3月，梁平县划归万县专区管辖。1968年5月，改称万县地区。1992年12月，经国务院批准撤销万县地区、万县、万县市建制，以原万县地区辖境置地级万县市，原万县、万县市辖境置龙宝区、天城区、五桥区。1993年4月，万县市正式设立，辖龙宝区、天城区、五桥区和开县、梁平、忠县、云阳、奉节、巫山、巫溪、城口3区8县。1997年12月20日，中共中央办公厅、国务院办公厅批复，撤销万县市及所辖龙宝、天城、五桥3区，设重庆市万县移民开发区和万县区（未正式设立）。1998年2月，经重庆市委、市政府批准，设立龙宝、天城、五桥3个管委会。5月，国务院办公厅批复，万县移民开发区和万县区更名为万州移民开发区和万州区。6月，万州移民开发区和万州区正式挂牌运行，实行“两块牌子、一套班子”运行体制，万州移民开发区代管有移民任务的开县、忠县、云阳、奉节、巫山、巫溪6县。2000年6月，国务院批复，撤销万州移民开发区，其代管的6县由重庆市直接管辖。7月，龙宝、天城、五桥管委会分别改称移民开发区管委会。2005年4月，撤销龙宝、天城、五桥移民开发区，所辖乡镇（街道）由万州区直接管理。

（区史志研究室）

【行政区划】 2021年9月，万州区撤销高峰镇、天城镇、九池乡，设立高峰街道、天城街道、九池街道。年末，全区辖14个街道、27个镇、11个乡，有群众自治组织社区居民委员会197个、村民委员会413个。

2021年万州区行政区划一览表

表2

序号	镇乡（街道）	所辖建制村		所辖社区	
		数量	村名	数量	社区名
1	高笋塘街道	—	—	10	东方广场、西山路、王家坡、甘家院、太白路、苗圃、望江路、高笋塘、电报路、乌龙池
2	太白街道	3	太白、永宁、万二	12	青羊宫、白岩路、桂花堰塘、桔园、孙家书房、文化里、国本路、复兴路、和平路、南池沟、吴家湾、红光
3	牌楼街道	—	—	9	牌楼、袁家墩、搭马桥、太平、万安、观音岩、大河沟、印盒石、石峰

续表2

序号	镇乡（街道）	所辖建制村		所辖社区	
		数量	村名	数量	社区名
4	双河口街道	5	龙宝、石鼓、永清、大榜、万利	5	一碗水、螺蛳包、学堂湾、槽房、石梁
5	龙都街道	1	三吉	5	大塘边、红溪沟、岩上坝、九龙园、金港
6	周家坝街道	—	—	11	周家坝、流水、天生城、救兵城、天子湖、映水坪、天子路、双堰塘、长生河、狮子、集中
7	沙河街道	4	安乐、上坪、万斛、孙家	6	凤仙路、沙河、花青路、申明、落函、玉城
8	钟鼓楼街道	6	都历、驸马、吊龙、大团、抗建、小岩	11	丰收、幸福、棉花地、八角井、陶家坪、玉安、枇杷坪、桑树、双溪、百步、富祥
9	百安坝街道	2	天星、保安	10	庆宁、学府、百安、乐居苑、张家湾、尖峰岭、程家、扁寨、天台、三洲
10	五桥街道	1	民强	8	五间桥、香炉山、万石桥、石人、龚家、民安、莲花、长龙
11	陈家坝街道	5	翠屏、茂合、旅密、晒网、塘角	8	机场、联合、沱口、大石、陈家坝、南山、大河、向坪
12	高峰街道	9	兴隆、相思、大寨、赵家、朝阳、吟水、石羊、灵凤、洪安	3	高峰、鹿山、雷家
13	天城街道	6	万河、老岩、高寨、中坝、付沟、绿茶	9	塘坊、太平、工农、陈家、小湾、董家、诗仙、茅谷、麻柳
14	九池街道	7	九池、凤凰、泉活、桐花、普安、金明、大包	3	下场、戴家岩、黄梅
15	龙沙镇	12	沙包、青龙、海螺、红鹤、老林、何院、印合、黄金、雨台、马岩、彭家、周坝	3	龙沙、岩口、龙古
16	响水镇	9	总角、万民、响水、张家、联合、公议、付家、高石、青林	2	响水、宝莲
17	武陵镇	12	下中、客群、黄金、长榜、禹安、八羊、朝阳、和平、鹿井、复龙、石桥、乐安	3	椅城、源阳、红谷
18	瀼渡镇	6	重岩、碑牌、高村、炉头、河溪、双鸡	1	龙井
19	甘宁镇	25	永胜、公碑、冠丰、楠桥、仙云、高梁、高桥、庙沟、永正、甘宁、烟坡、围灯、二屯、永平、石庙、中屯、姜家、大山、黑马、新农、兴国、帅家、河口、桐坪、牌楼	3	河口、凉风、天宫
20	熊家镇	10	红星、白水、古城、庄子、石公、万家、举安、腊烛、燕子、松柏	2	半边井、响水滩
21	小周镇	5	大堡、小周、姚家、马道、马褡	1	刘家坝
22	大周镇	5	铺垭、宋家、莫家、凤凰、五土	1	常家坪
23	高梁镇	14	沙坝、香良、长春、千家、五福、大碑、康胜、桐槽、茨坪、天鹅、庙垭、顺安、三义、豪家	4	高梁场、五梁桥、新店子、杨金
24	李河镇	14	平安、李河、福寺、天地、十字、洞沟、高升、彭河、骑龙、荆煤、七里、棕花、小城、蒲团	3	国光、兴盛路、油房坝
25	分水镇	18	川兴、竹山、双红、辣子、双城、茶坪、王兴、石碾、五马、大地、龚家弯、郎家、八角、红古、三角凼、红豆、大冲、花屋	8	三正、枣园、分水岭、新石、大兴、培文、黄泥、三元
26	孙家镇	7	兴发、田弯、兰草、快乐、天宝、槐花、大河	1	飞龙桥
27	余家镇	17	万安、柏桐、安平、九龙、饶家、余家、关龙、凤池、三河、李垭、千银、张河、铁炉、同心、钟楼、硝水、桥亭	5	老街、岔路口、回龙、邵家、五一

续表2

序号	镇乡（街道）	所辖建制村		所辖社区	
		数量	村名	数量	社区名
28	后山镇	11	曾家、紫云、石关、沐河、丁阳、天池、元河、天顺、马槽、铁厂、天元	1	新场
29	弹子镇	9	人和、插旗、黄龙、大垭、小垭、龙峡、三坝、林泉、关家	2	弹子坝、新袁
30	长岭镇	11	龙立、东桥、老土、立苇、乔家、安溪、茶店、凉水、板桥、双龙、鹿池	4	长岭岗、青石、梨花路、响滩
31	新田镇	9	天德、西村、谭绍、五溪、铜马、高家、幸家、东村、义和	5	五一、金山、小岭、五新、盐井
32	新乡镇	5	万顺、合作、治华、龙泉、三水	1	新场
33	走马镇	16	白草、马安、石告、凉风、渡河、老屋、杜家、龙台、熊家、石灯、坝梁、野鸭、谷雨、槽溪、冒水、龙咀	3	走马、小河、双流
34	罗田镇	11	折岩、龙坝、六合、新华、梓桐、长堰、谷山、枫香、三溪、阳坪、阳河	3	天生、马头、中山
35	龙驹镇	16	向东、玉合、分水、丛木、宏福、灯台、官坝、老雄、茶园、龙溪、黄显、太吉、民义、花坪、岭上、梧桐	5	龙驹、信义、灯塔、赶场、团结
36	白土镇	9	五龙、青杠、人头、丁家、联盟、谭家、大林、石家、长槽	1	白土
37	长滩镇	11	林场、土门、红石、沙滩、草堂、天庆、白岩、清河、茶坪、太白溪、庙子	3	长滩、龙泉、向家
38	太安镇	8	古堰、钟刘、柏弯、河堰、天峰、红丰、醒狮、法隆	2	长乐、凤凰
39	白羊镇	12	白燕、大悟、公平、三元、太和、惠民、友谊、紫金、大石、清潭、长石、大弯	5	白羊、魏家场、鱼泉、双石、石龙
40	太龙镇	8	龙滩、大旗、楠木、万丰、蓼叶、横山、仙鹤、五塝	2	太阳溪、大田
41	郭村镇	11	关子、桐林、灼艾、中洋、柏木、瑞池、安全、三根、笔峰、向泥、双福	2	郭村场、康乐
42	柱山乡	9	草盘、金牛、何庙、山田、葵花、青高、戈厂、三木、云安	1	柱山
43	铁峰乡	6	太平、吉安、富强、箭楼、桐元、楼坪	1	中心场
44	茨竹乡	5	盛家、马家、外梁、枣木、前堰	1	茨竹
45	溪口乡	4	玉竹、其林、九树、高山	1	大溪
46	长坪乡	4	大树、金福、中兴、弹子	1	长坪
47	燕山乡	4	东峡、泉水、长柏、沱基	1	复兴
48	梨树乡	3	龙头、河马、召灵	1	安民
49	恒合土家族乡	13	八一、石坪、玉都、前进、恒心、国兴、七星、里坪、箱子、鸿凤、五星、水口、枫木	1	凤安
50	普子乡	7	院子、金家、七曜、小龙、虎头、土庙、碗厂	1	普子
51	地宝土家族乡	3	裴家、龙河、四季	1	地宝
52	黄柏乡	5	金山、沙田、明月、三坪、向龙	1	黄柏
	合计	413		197	

（杨舒悦）

人口方言

【人口】 2021年年末，万州区户籍户数68.9万户，户籍人口171.47万人。其中，城镇人口70.65万人，占全区户籍人口比重41.2%；乡村人口100.82万人，占全区户籍人口比重58.8%。男性86.98万人，占全区户籍人口比重50.7%；女性84.49万人，占全区户籍人口比重49.3%。年末户籍人口男女性别比102.95。0～14岁人口21.52万人，15～59岁人口111.98万人，60～64岁人口6.76万人，65周岁及以上人口31.21万人。万州区年末常住人口156.87万人，比上年增加0.43万人。其中，城镇常住人口109.25万人、乡村常住人口47.62万人，常住人口城镇化率为69.64%，比上年提高0.72个百分点。全区户籍人口密度每平方千米496.01人，全区常住人口密度每平方千米453.77人。

（区统计局）

【方言】 万州方言属于汉语北方方言区西南官话成渝方言片，与四川方言、重庆方言相近。其声母、韵母、声调以及声韵配合，与北京语音相比较有一定特点及变化。声母有20个，没有翘舌音，只有平舌音；没有鼻音n[n]，只有边音l[l]；多出唇齿浊擦音声母[v]、舌尖前浊擦音声母[z]和舌根浊鼻音声母ng[ŋ]。韵母37个，其中开口呼13个、齐齿呼11个、合口呼8个、撮口呼5个。声调分作阴平、阳平、上声、去声4个调类。北京语音里读55调、35调、214调、52调的字，在万州方言里分别读55调、21调、42调、215调。有“儿化韵”“儿尾”两种现象，双音节词或多音节词大都可以儿化，如“盆盆儿”“罐罐儿”。万州方言的语法结构与普通话差别不大，但在表达上有特色。如“人些”“东西些”等，在名词后加“些”作复数，相当于普通话的“们”。万州方言单音节形容词语素前加前缀，表示程度加深，如“帮重（很重）”；普通话的“非常”在万州方言里简化成“非”，如“非红”（非常红）等。

（区史志研究室）

民族宗教

【民族】 2021年年末，万州区有蒙古族、回族、藏族、苗族、壮族、土家族等42个少数民族，户籍总人数3.64万人，人数排名前4位的少数民族分别是土家族、苗族、回族、壮族。外来少数民族流动人口1.05万人（含在万州高校学生0.9万人），外来流动维吾尔族人员116人。有少数民族乡2个。其中，恒合土家族乡于2001年1月经重庆市人民政府批准成立，面积82平方千米，辖13个村、1个社区，总户数1万户，总人口2.82万人，土家族人口1.55万人，占总人口的54.96%；地宝土家族乡于2008年7月经重庆市人民政府批准成立，面积39.3平方千米，辖3个村、1个社区，总户数0.28万户，总人口0.79万人，土家族人口0.41万人，占总人口的51.9%。

【宗教】 2021年年末，万州区有佛教、伊斯兰教、天主教、基督教4个区级宗教团体和天主教万州教区1个市级宗教团体，依法批准开放的宗教活动场所24处。有信教群众4.6万人。

（罗小恩）

历史人文

【重庆市历史文化名城】 万州区是重庆市建县历史最早、历史文化资源最丰富的区县之一，于2021年6月成为重庆市历史文化名城。自东汉建县，迄今1800余年建城史，中华人民共和国成立后一直为万县专（行）署所在地，1992年设立地级万县市，辖8个县、3个区，是重庆库区移民第一大城市，重庆直辖后设立万州区。巴渝文化、三峡文化、抗战文化、红色文化、移民文化交融发展，李白、黄庭坚等历史名人曾在此歌咏，朱德、陈毅、刘伯承三大元帅和江竹筠、彭咏梧等革命先烈曾在此留下革命足迹，同时是三国名将甘宁、无产阶级革命家林铁、现代诗人何其芳和杨吉甫故里。2021年年末，全区有国家级历史文化名镇1个，市级历史文化名镇2个，市级历史文化名村1个，中国传统村落3个，市级优秀历史建筑20处，国家级风景名胜区1个，市级风景名胜区3个，重点文物保护单位132处，抗战遗址13处，古树名木2071株，非物质文化遗产135项。

（区规划自然资源局）

【世界大河歌会】 世界大河歌会由重庆市人民政府主办，重庆市文化旅游委、重庆市万州区人民政府承办，以世界大河流域具有代表性的经典曲目为主线，将世界大河、中国母亲河与长江三峡联成一线，是“突出三峡特色、彰显中国气派、体现国际水准”的大型特色综艺性歌会活动。自2018年起，万州已连续举办4届世界大河歌会，是中国长江三峡国际旅游节和全国对口支援三峡库区经贸洽谈会的重要子活动，是万州区委、区政府重点打造的城市名片。歌会邀请过来自非洲国家，以及美国、墨西哥、爱尔兰、俄罗斯、越南、印度、印度尼西亚等世界大江大河流域的合唱团队和艺术家共同讴歌大河文明，坚持“交流互鉴，文化融通”理念，将独唱、表演唱、组合唱、大合唱、交响乐，以及世界大河流域各民族歌咏、民俗、风情、人文等多种内容和形式融会贯通，展现世界著名江河情怀和长江三峡风光人文之美，是一台集国际性、思想性、艺术性、观赏性与参与性于一体的歌唱盛会，受到国内外观众欢迎，2021年8月入选2021年“百姓大舞台”网络群众文化品牌活动。2021年10月14日，2021世界大河歌会在万州三峡文化园开演，乌兹别克斯坦、俄罗斯、乌克兰、意大利等地的音乐家和重庆本土艺术家们参演。

（区文化旅游委）

【中国曲艺之乡】 2020年10月，中国曲协决定授予万州区“中国曲艺之乡”称号，2021年7月，万州区获“中国曲艺之乡”授牌。万州区曲艺历史底蕴深厚。编写有《万县市曲艺志》《万县地区曲艺志》，整理出版有曲艺书籍7部和16集长篇竹琴光碟。有国家级非物质文化遗产代表性项目四川竹琴、金钱板2个，国家级非物质文化遗产代表性传承人4人、市级传承人10人、区级传承人18人。1952年，三峡曲艺团（今重庆市三峡曲艺保护传承中心）成立，是渝东北地区唯一一支专业曲艺团体。1982年，万州区曲艺家协会成立，现有中国曲协会员21人、重庆市曲协会员76人、区级曲协会员223人。此外，成立“四川竹琴学会”“渝东竹琴协会”等多个民间组织。先后创建市级非物质文化遗产传承教育基地5个，区级曲艺传承培训基地15个，涵盖四川竹琴、金钱板、四川清音等多个曲种，开展青少年曲艺教育、培训和传承。近年来创作演出的四川竹琴《生日礼物》、四川评书《江姐闯关》、川东盘子《新对花》、琵琶弹唱《梳妆台》、四川清音《三峡神女颂》、金钱板《重庆热》等特色曲艺节目获群星奖、牡丹奖表演奖、全国曲艺类非遗保护成果及曲艺传人展演银奖等20余项国家级、省市级奖项。先后承办中国曲协“首届边远地区曲艺创作研修班”“第三届中国西部曲艺交流展演”和第四届、第五届曲艺创作高级研修班等大型跨区域曲艺活动。举办“万州区首届四川竹琴传统剧目交流展演”“万州区一、二、三届民间艺人交流展演”等特色曲艺活动。开展三峡曲艺“周周演”活动，曲艺登上惠民春晚、长江三峡国际旅游节、全国对口支援三峡库区经贸洽谈会等重大节会舞台，助力万州文旅融合发展。

（区文化旅游委）

【中国烤鱼之乡】 万州烤鱼历史文化源远流长。早在新石器时代，三峡地区的先民就结网捕鱼，用以果腹。万州烤鱼最早发现可追溯至万州区小周镇中坝子遗址出土的距今3000多年的商周时期的鱼骨、木炭。2005年，万州区武陵镇天丘遗址（墓群）出土的东汉庖厨俑，造型与万州烤鱼的制作工艺十分相似。2008年，万州烤鱼被列入区级非物质文化遗产名录。2018年，万州区创建为“中国烤鱼之乡”，2021年通过复审，并于心连心烤鱼广场树立烤鱼先祖雕像。万州烤鱼是特色地方美食，采用先腌后烤再炖的独特技法，取传统川菜与重庆火锅的用料精华，调制出麻辣、酱香、香辣、豆豉等几十种不同口味，香味浓郁，辣而不燥。其独特的烹饪技艺自成体系，先后列入区级、市级非物质文化遗产名录。全国以万州烤鱼命名的店铺达万余家，万州烤鱼成为万州区城市美食名片。

（区商务委）

【美食特产】 万州美食众多，主要有万州烤鱼、万州格格、万州杂酱面、万州土扣碗、万州凉面、鸡嗉子粑粑、萝卜丝油钱儿等。其中，万州格格、万州杂酱面、万州烤鱼被誉为“万州美食三绝”。万州地方特产主要有诗仙太白酒、鱼泉榨菜、万州古红桔、万州玫瑰香橙、“三峡天丛”茶叶、青脆李、牛肉干、谭木匠木梳、三峡绣、三峡石等。

万州格格 起源于三国时期，历经1800年传承，属于川菜渝菜系下河帮菜，主要是由肉类和土豆、红薯等食材一起上笼蒸，系万州餐饮业一大亮点。口感麻辣鲜香，并伴有竹香，主要有羊肉格格、排骨格格、肥肠格格、鸳鸯格格等。

万州杂酱面 流行于三峡地区的一种传统面食小吃，历经300余年传承发展，口感麻辣咸鲜，主要有猪肉杂酱、牛肉杂酱、泡椒牛肉丝、泡豇豆肉末、火锅面、红烧牛肉、酸辣粉等40余个品种。2016年6月，“老万县”“古州万城”牌万州杂酱面制作技艺入选重庆市第五批非物质文化遗产名录。

鱼泉榨菜 由重庆市鱼泉榨菜（集团）有限公司生产，该公司在全国首创低盐技术，率先将软包装榨菜打造成不含任何防腐剂、保质期长达18个月的现代方便即食食品，主要加工和经营榨菜、萝卜、竹笋、魔芋、雪菜、调味品等食品，其制作工艺为万州区非物质文化遗产。鱼泉榨菜远销中国香港地区以及美国、新加坡等多个国家，从2002年至2021年，连续20年在全国酱腌菜行业出口量保持第一。

冉师傅牛肉干 清光绪十八年（1892），冉氏高祖冉隆礼在万州桥头开档设肆，营创“冉记牛肉干”。民国年间，冉记牛肉干成为川渝名品。其传统制作技艺为重庆市非物质文化遗产，有七香、香辣、麻辣、蜂蜜、咖喱、灯影、葱香七大品种，多次获“中国著名品牌”“消费者最喜爱商品”“老字号”等称号。

诗仙太白酒 起源于1917年，因唐代大诗人李白钟爱万州大曲酒，后遂改名为诗仙太白酒，其传统酿制技艺为重庆市非物质文化遗产。1958年在青岛评酒会上被指定为“国庆十周年国宴用酒”，先后获中国优质酒、全国酒类评比金奖、四川名酒、重庆名酒等荣誉。2020年，“诗仙太白·盛世唐朝”酒获国际烈酒（中国）大奖赛金奖。2021年，

2021年1月6日，重庆谭木匠工艺品有限公司获金港股“最具社会责任上市公司”奖项。图为位于万州区的谭木匠专卖店　　（谭木匠公司　供图）

新花瓷（2018年陈藏）获国际酒类（中国）大奖赛银奖。

谭木匠木梳　由重庆市谭木匠工艺品有限公司生产，其木梳传统制作技艺为重庆市非物质文化遗产，先后获“重庆市著名商标”“中国公认名牌”“中国驰名商标”等称号。该公司主导起草“木镜”“梳篦”两个行业标准，拥有专利60余项。2018年，谭木匠木梳获“首届重庆文化旅游十大特色产品”称号。2019年，谭木匠木梳“重庆印象”获“重庆好礼”特色旅游商品（文创产品）大赛银奖。工艺梳“国色天香”入围2021重庆好礼外事礼品名单。

万州三峡绣　蜀绣的一个分支，重庆市非物质文化遗产。重庆市万州区三峡绣手工艺品有限公司开发有“艺术空间”“锦绣服饰”“小家碧玉”“千年典藏”四大系列百余类产品，其创作的《荷香四溢双面绣》在2017年第六届中国（重庆）文化产业博览会工艺美术大师作品暨国际工艺美术精品展上获“第二届‘工匠杯’工艺美术精品奖金奖”。2021年，“三峡居民”手绣真丝披肩、“山水情”手绣真丝围巾、“绿影青踪”茶席3件作品入围2021重庆好礼外事礼品名单。

（区非遗保护中心　区商务委）

【非物质文化遗产】　至2021年年末，万州区有国家级非物质文化遗产代表性项目2个，重庆市级非物质文化遗产代表性项目24个，万州区级非物质文化遗产代表性项目109个；有国家级非物质文化遗产代表性传承人4名，市级非物质文化遗产代表性传承人22名，区级非物质文化遗产代表性传承人130名。有市级非物质文化遗产传承教育基地5个、区级传承基地25个（含17个区级传承教育基地），市级生产性保护示范基地2个、区级生产性保护示范基地1个。

（区非遗保护中心）

经济社会发展

【概况】　2021年，万州区委坚持生态优先绿色发展，深化“一心六型”两化路径，加快建设“一区一枢纽两中心”。全区地区生产总值1087.94亿元，比上年增长8.4%，历史性突破千亿元大关，增速高于全国0.3个百分点。第一产业增加值108.91亿元，增长12%；第二产业增加值310.96亿元，增长4.4%；第三产业增加值668.07亿元，增长9.6%。三次产业结构比为10：28.6：61.4。全年人均地区生产总值6.94万元，增长8.5%。民营经济增加值603.25亿元，增长8.7%，占全区经济总量的55.4%。完成固定资产投资223.2亿元，增长10%。社会消费品零售总额441.8亿元，增长27.8%。一般公共预算收入71.45亿元，增长6.4%。全年居民消费价格比上年上涨0.3%，其中食品烟酒价格下降2.1%。城镇新增就业3.1万人，城镇调查失业率控制在5.5%以内。城镇居民人均可支配收入4.68万元，增长9.6%；农村居民人均可支配收入1.93万元，增长11.5%。

【现代产业】　2021年，万州区推动传统产业转型迭代升级，培育新兴产业业态，提升产业链现代化水平，智能循环型工业、山地高效型农业、集散融合型文化旅游业、绿色智慧型物流业、休闲养生型康养业、功能共享型金融业“六型”产业能级持续壮大，现代产业体系加快构建。工业量质齐升，新培育规模以上工业企业22家，规模以上工业产值381.43亿元，比上年增长14.1%，工业投资增长87.1%。绿色照明、智能装备、食品医药、汽车、新材料五大重点产业产值增长10.7%，占全区规模以上工业产值比重增至68%。智能化、数字化水平持续提升，新建市级数字车间、市级智能工厂各2个，大中型工业企业关键工序数控化率提升至71.9%，规模以上高技术制造业、数字制造业产值分别比上年增长20.2%、27%。农业稳中提质，全区粮油、蔬菜总产量分别为49.8万吨、124.4万吨，分别增长0.7%、4.9%；“双百亿”工程接续实施，新建经果林面积33.33平方千米，经果林总面积606.67平方千米，建成生态猪养殖场75个841个单元、产能超100万头。集散融合型文化旅游业、绿色智慧型物流业、休闲养生型康养业、功能共享型金融业协同发展，增加值占地区生产总值比重分别达5%、4.1%、3.1%、6.4%。大三峡旅游集散中心高铁集散点建成投用，万州始发“三峡游”游轮增至10艘，全年接待游客2194万人次、旅游综合收入123亿元，分别比上年增长32.8%、28.6%；新培育规模以上物流企业2家，开通沪渝直达快线万州班轮、“水水中转”集装箱班轮，全年货运总量1.19亿吨，比上年增长19.5%，机场旅客吞吐量114.91万人次，比上年增长14.1%，船舶运力规模突破150万吨。三峡恒合旅游度假区建设加快推进，申报市级首批森林康养基地2个；引进东兴证券万州营业部、三峡人寿电话中心，金融机构人民币存款、贷款余额分别比上年增长8.9%、14.7%。

【投资消费】 2021年，万州区深入开展招商引资，推进项目建设，持续释放消费需求。举办万州经开区、渝东新区重点项目集中开工活动，16个重大产业项目、重大基础设施项目落地开工，165个“一区一枢纽两中心”建设项目完成投资214亿元。组织开展2021“爱尚重庆”消费季促进活动，举办三峡库区春秋两季汽车消费展、网上房交会等展会活动21场，批发业销售额、零售业销售额、住宿业营业额、餐饮业营业额分别增长37%、23.5%、28.5%、25.3%，商品房销售面积增长6.2%；成功申报2021年电子商务进农村综合示范区（升级版），万达广场智慧化改造纳入全市智慧城市商业综合体示范试点项目。举办“全国知名民企万州行”、第十三届全国对口支援三峡库区经贸洽谈会，全年签约2000万元以上重大招商引资项目61个、总投资216.8亿元。到位资金76.4亿元，比上年增长48.3%。26个项目当年签约、当年投产，18个项目当年签约、当年开工，动态投资转化率40.9%。

【改革开放】 2021年，万州区全面深化改革破除发展制约，完善对外开放平台体系。纵深推进73个区级重点改革项目，“楼栋工作日”社区治理、公办养老机构改革等案例做法在全国推广，龙都街道九龙园社区自治案例获评中国社会治理研究会“全国市域社会治理创新优秀案例”；渝东开发区、江南新区整合设置为渝东新区，高峰镇、天城镇、九池乡改设街道；国资国企改革完成40家“僵尸”空壳企业出清；万州区被纳入全市农村集体经营性建设用地入市试点。“放管服”改革持续实施，依申请类承诺办结时限压缩81.1%，即办件比例46.8%，平均跑动次数仅0.23次，全程网办比例76.7%，行政许可类事项全程网办比例85.2%。落实系列惠企助企政策，“三峡增发电量入渝”为170家工业企业减免电费5572万元；为2035家企业降低养老保险费8882万元，为124家企业减免农民工工资保证金1.2亿元；全年新登记市场主体1.9万户，比上年增长13.8%。万州综合保税区获批设立并通过预验收，万州经开区纳入中国（重庆）自贸试验区联动创新区；郑万高铁万州段全线贯通，渝万高铁、成达万高铁、万达直线高速开工建设，新田港一期开港运营、二期及铁路集疏运中心加快建设；万州机场新增3个停机位，航线增至30条，旅客吞吐量增长14.1%。全年实际利用外资1.8亿美元，进出口总额39.51亿元。

【科技创新】 2021年，万州区坚持创新在现代化建设全局中的核心地位，推进大数据智能化创新驱动发展，加快聚集创新资源，加速融合产业链创新链，科技创新能力持续提升。全年新认定国家高新技术企业18家、新培育市级科技型企业162家，总量分别增至81家、626家；新创建市区级企业技术中心9个，有研发机构的规模以上工业企业83家。获批三峡库区道地药材开发利用市级重点实验室；组建三峡山地特色农业科技创新中心，引入国家生猪创新中心、中国柑橘研究所在万州建立研发机构；市级以上科技研发平台43家。首次引进中国工程院院士1名，引进重庆“鸿雁计划”人才3名，培育“重庆英才”人才3名、团队3支，评选“平湖英才”20名，增补第六届区级学术技术带头人30名，认定第二批区级创新创业示范团队16个。出台支持科技创新30条财政金融政策，实施科技企业培育“百千工程”、规模以上工业企业研发机构三年倍增计划，出台为科技工作者办实事工作措施20条。三峡科技创新服务平台和科技成果转化服务中心（一期）基本建成，2个项目获市级自然科学奖三等奖，1个项目获市级科技进步奖三等奖，1个项目获日内瓦国际发明展金奖，首届万达开科技成果推介会推介科技成果100余项。

【区域合作】 2021年，万州区抢抓成渝地区双城经济圈建设重大机遇，落实全市“一区两群”协调发展战略，推进万达开一体化、万开云同城化和万州两江协同化，示范引领带动区域合作协作。万达开川渝统筹发展示范区建设方案完成编制上报国务院，各项重大项目进展迅速；万开云同城化发展联合办公室印发实施万开云同城化发展实施方案，建立万开云同城化发展工作机制；万州区和两江新区建立党政联席会议制度+互访结对、企业合作、招商引资“1+3”专项工作机制，制定万州区两江新区对口协同发展五年实施方案，签署对口协同发展年度协议。

【城乡建设】 2021年，万州区统筹抓好城市乡村建设，切实提升新型城镇化水平质效，推动城市乡村深度融合、共富共美。整合设置渝东新区，高峰镇、天城镇、九池乡改设街道。万州经开区新增建成区面积1平方千米。112个城市提升项目、61个区域中心城市功能提升项目有序推进，白鹭湾、三生缘廊、樱花渡公园开放，建成“一梯七楼”夜景灯饰，清理整治97.67万平方米闲置土地打造游园广场9个，绿化美化坡坎崖50余万平方米，培植消落区花海20万平方米。完成全国文明城区创建首年测评迎检。入列全市乡村振兴先行示范区，构建11个市区级重点乡镇帮扶机制，组建驻乡驻村工作队163个、工作队员472名，实施帮扶项目837个，拟定帮扶措施1200余条；建设高标准农田41.33平方千米，新增市级“一村一品”示范村镇17个，白土镇五龙村杉木沟等3个村落入选重庆市传统村落名录；升级改造干线公路93千米、桥梁隧道93座，实施通畅工程291千米，完成农村供水保障项目6个，改造农村危房243户；新增农村生活垃圾分类示范村71个，建设无害化卫生厕所4627户，打造美丽庭院1000个；农村资源变资产、资金变股金、农民变股东“三变”改革试点扩面，新增试点村90个，带动社会资本新增投入2718.2万元，26.6万名农民变股东。

【生态环保】 2021年，万州区生态保护修复成效明显，长江重要生态屏障进一步筑牢。全域水质提升试点扩大至5条次级河流，21条次级河流水质稳定向好，城乡生活污水集中处理率分别达96%、85%，长江干流万州段水质稳定保持Ⅱ类。实施“两岸青山·千里林带”和国土绿化营造林、加大消落带中山杉生态修复治理和水土流失治理，长江两岸可造林地绿化全覆盖，全区森林覆盖率和长江两岸森林覆盖率分别为56%、70%。完成21家企业挥发性有机物治理、836家涉气企业综合整治，新增2.2平方千米高污染燃料禁燃区，全年空气质量优良天数340天。抓好长江“十年禁渔”，放流珍稀濒危水生动物鱼种150万尾。编制完成并发布实施生态保护红线、环境质量底线、资源利用上线和生态环境准入清单等“三线一单”，全面启动“无废城市”建设，启动创建市级节水型城市。实施公共机构建筑节能改造23万平方米，装配式建筑、绿色建筑占新建建筑比例分别达15%、53.5%，万州绿色智造赋能中心投入运营。

【社会事业】 2021年，万州区18件民生实事和36件“我为群众办实事”落地见效。24家人力资源服务机构入驻重庆三峡人力资源服务产业园，职业技能培训2.3万人，发放创业担保贷款3.2亿元，城镇新增就业3.05万人，回引农民工返乡就业创业1.2万人。常态化抓疫情防控，新冠病毒疫苗全程接种123.7万人、加强免疫接种24.4万人；重庆三峡医专附属人民医院晋升三级综合医院，重庆三峡医专附属中医院晋升三级中医院，成立神经内科、消化内镜、血液内科等3个医疗质量控制中心渝东北分中心。改扩建幼儿园13所，重庆市万州第二高级中学高峰校区建设加快推进，三峡小学、三峡初中、金陵中学建成开学，重庆幼儿师范高等专科学校新校区启动建设，集团化学区化覆盖率66.1%，“一大四院多专”高等教育发展格局加快形成。全区隆重庆祝中国共产党成立100周年，开展“信仰的力量”纪念中国共产党成立100周年暨第六届“历代诗文咏万州”诵读大赛等活动，举办江竹筠生平事迹展、下川东革命历史展等；获批市级历史文化名城，举办2021世界大河歌会、全国手球全运会资格赛暨冠军杯赛等文体赛事活动，累计开展三峡移民精神巡展活动230场。医疗保险、城乡养老保险参保率分别增至98.7%、95%，发放养老待遇66.1亿元、支出医保待遇23.4亿元，发放低保金、特困供养对象供养金、临时救助资金3.8亿元；新建婴幼儿托位1535个，每千人口拥有3岁以下婴幼儿托位数1.25个；建成街道养老服务中心10个、社区养老服务站190个，完成10家敬老院升级改造、11个镇乡养老服务中心和80个村级互助养老点建设，城市社区养老服务设施社会化运营率100%。

（陈俊伶）

中国共产党重庆市万州区委员会

综　述

【概况】　2021年，中国共产党重庆市万州区委员会（简称区委）全面贯彻落实习近平总书记对重庆提出的营造良好政治生态，坚持“两点”定位、“两地”“两高”目标，发挥“三个作用”和推动成渝地区双城经济圈建设等重要指示要求，统筹新冠肺炎疫情防控和经济社会发展，统筹发展和安全，印发实施《重庆市万州区国民经济和社会发展第十四个五年规划和二〇三五年远景目标纲要》，制定科技创新等34个专项规划。全年工业投资比上年增长87.1%、增速全市第一，农业增加值首次突破100亿元，地区生产总值增长8.4%，历史性突破千亿元大关。

【党的建设】　2021年，区委开展党史学习教育，依托区内革命文物和旧址遗迹，打造红色资源“三基地、三展陈、一联线”，序时推进74件区级重点民生实事项目。开展集中换届工作，提拔重用在大战大考中担当作为的干部105名，完成区乡村三级换届。深化全面从严治党，整顿软弱涣散基层党组织18个，党支部标准化、规范化率95%。推进政法队伍教育整顿，整改干警主动报告事项5572条。持之以恒正风肃纪反腐，建立主体责任情况告知制度，推动工程建设招投标领域“以案四改”，实现五届区委巡察全覆盖。推进民主法治建设，支持区人大依法履职、区政协发挥作用，成功创建全市法治政府建设示范区，指导各民主党派完成换届，强化党管武装，加强工会、共青团等群团工作。

【改革创新】　2021年，万州区深化机制创新，落实项目、事项、政策、机制“四化法”，谋划“一区一枢纽两中心”重大项目192个、重点事项53个，成立18个重大项目指挥部，总投资近214亿元。推进“8+65”年度重点改革项目和国资国企第二轮改革，整合设置渝东新区，3个镇乡改设街道，持续优化营商环境，近九成审批事项实现“一窗办理”，新增市场主体1.6万户。出台支持科技创新财政金融政策30条，新培育国家高新技术企业18家、市级科技型企业162家，建成投用三峡山地特色农业科技创新中心、三峡科技创新服务平台。启动建设环重庆三峡学院创新生态圈，全年获市政府科学技术奖3项，登记科技成果60项。

【民生保障】　2021年，万州区全面推进乡村振兴，5万余名脱贫人口转移就业，选派驻乡驻村工作队员472人，培育乡村振兴重点镇乡11个、“亿元村”65个。常态化制度化开展城乡亮高质量发展成果、亮高品质生活美景“双亮”活动，城镇新增就业3.1万人，城乡社区养老站全覆盖，建设婴幼儿托位2000余个，完成首年全国文明城区创建测评迎检。维护社会稳定，抓好常态化新冠肺炎疫情防控，安全生产事故比上年下降14.7%，刑事案件比上年下降14.9%。打造“楼栋工作日”升级版，解决群众反映强烈问题70余个、办结诉求800余件，该做法入选全市“我为群众办实事”实践活动典型案例，工作经验在《国内动态清样》等国家级刊物刊发。

【融入成渝地区双城经济圈建设】 2021年，万州区深化与四川省及周边地区对接交流，承办渝东北三峡库区城镇群工作座谈会。推进万达开一体化，万达直线高速、新田港二期等重点项目开工建设，川渝东出智慧物流港等6大功能载体加快形成，举办“2021全国知名民企万州行”。落实万开云同城化，完成年度便捷服务事项15项，万开城际快速通道通车，万开、万云城际公交线开通运营，三峡人力资源产业服务园带动近2万人次就业。推动对口协同发展，与两江新区协同构建产业园区，两江数字经济产业园万州园等5个产业协同载体运营良好。

（区委办公室）

重要会议

【中国共产党重庆市万州区第六次代表大会】 2021年12月27—29日召开。大会的主题是，高举中国特色社会主义伟大旗帜，全面贯彻习近平新时代中国特色社会主义思想，深化落实习近平总书记对重庆提出的重要指示要求，从党的百年奋斗历程中汲取智慧和力量，落实市委部署，全力投身成渝地区双城经济圈建设，合力推进渝东北、川东北一体化发展，为加快建设“一区一枢纽两中心”，争当高质量发展高品质生活排头兵而努力奋斗。12月28日，中国共产党重庆市万州区第六次代表大会在万州大会堂开幕。市委常委、区委书记莫恭明代表中共重庆市万州区第五届委员会向大会作题为《全力投身经济圈 合力推进一体化 为加快建设“一区一枢纽两中心”争当高质量发展高品质生活排头兵而努力奋斗》的报告。12月29日，中国共产党重庆市万州区第六次代表大会第二次全体会议在万州大会堂召开。大会选举产生中共重庆市万州区第六届委员会委员45名、候补委员10名，中共重庆市万州区第六届纪律检查委员会委员25名。大会表决通过《关于中国共产党重庆市万州区第五届委员会报告的决议》《关于中国共产党重庆市万州区第五届纪律检查委员会工作报告的决议》。

【区委全委会议】 中国共产党重庆市万州区第五届委员会第九次全体会议 2021年6月23日召开，全会审议通过《中共重庆市万州区委关于加快建设三峡库区科技创新高地支撑引领高质量发展的决定》《高峰镇、天城镇、九池乡改设街道行政区划调整方案》《中国共产党重庆市万州区第五届委员会第九次全体会议决议》。全会强调要全面落实推动科技创新的总体要求，把科技创新作为高质量发展的主动力，把大数据智能化作为科技创新的主方向，把建设三峡库区科技创新高地作为主目标，把产业科技创新作为主战场，把建设国家级高新区作为主平台，把科技成果产生转化应用作为主抓手，把优化创新生态作为主任务，推动“一区一枢纽两中心”建设，奋力谱写万州高质量发展新篇章。

中国共产党重庆市万州区第五届委员会第十次全体会议 2021年9月29日召开，全会审议通过《关于召开中国共产党重庆市万州区第六次代表大会的决议》。全会决定，中国共产党重庆市万州区第六次代表大会于2021年12月在万州大会堂召开。全会按照党章和党内有关规定，决定同意刘峰、杨梅、蔡淼川3人因工作变动辞去区委委员职务。

中国共产党重庆市万州区第五届委员会第十一次全体会议 2021年12月18日召开，全会听取和讨论市委常委、区委书记莫恭明受区委常委会委托作的区委五届八次全会以来工作报告和抓党建工作报告，审议通过《中共重庆市万州区委关于深入学习宣传贯彻党的十九届六中全会精神的决定》《中国共产党重庆市万州区第五届委员会第十一次全体会议决议》；听取区第六次党代会筹备工作情况汇报，审议通过五届区委、区纪委向区第六次党代会作的报告，酝酿六届区“两委”组成人员候选人预备人选。

中国共产党重庆市万州区第六届委员会第一次全体会议 2021年12月29日召开，全会选举产生第六届区委常务委员会委员和书记、副书记，莫恭明、聂红焰、李庆、李小军、赵光平、蒋艺义、刘伟、黄立军、郭建伟、张凤政、吴晓明当选为中国共产党重庆市万州区第六届委员会常务委员会委员，莫恭明当选为中国共产党重庆市万州区第六届委员会书记，聂红焰、李庆当选为中国共产党重庆市万州区第六届委员会副书记。全会审议通过《中国共产党重庆市万州区第六届纪律检查委员会第一次全体会议选举结果的报告》《中国共产党重庆市万州区第六届委员会第一次全体会议决议》。

【区委常委会会议】 2021年，万州区委常委会召开会议43次，其中五届区委常委会召开会议42次，分别是第160次至第201次，六届区委常委会召开会议1次。

五届区委常委会第160次会议 1月4日召开，会议学习贯彻中央经济工作会议精神、中央农村工作会议精神和习近平总书记在中央政治局第二十五次集体学习时的重要讲话精神等，传达贯彻全市经济工作会议部署要求，听取“三大攻坚战”推进情况和“八项行动计划”实施方案落实情况汇报，研究部署2021年经济工作和知识产权保护、食品安全等工作。

五届区委常委会第165次会议　2月19日召开，会议学习贯彻习近平总书记春节前夕赴贵州看望慰问各族干部群众时的重要指示精神、给河北省平山县西柏坡镇北庄村全体党员的回信精神和在2021年春节团拜会上的重要讲话精神，研究部署全区重点民生实事工作，审议《关于全面推进乡村振兴加快农业农村现代化的实施意见（送审稿）》《关于实现巩固拓展脱贫攻坚成果同乡村振兴有效衔接的实施意见（送审稿）》。

五届区委常委会第166次会议　2月24日召开，会议学习贯彻习近平总书记在党史学习教育动员大会上的重要讲话精神，审议《万州区国民经济和社会发展第十四个五年规划和二〇三五年远景目标纲要任务分解方案（送审稿）》。

五届区委常委会第167次（扩大）会议　3月15日召开，会议学习贯彻习近平总书记重要讲话精神和十三届全国人大四次会议、全国政协十三届四次会议精神，审议《万州区创建全国文明城区工作方案（送审稿）》《万州区积极应对人口老龄化工作方案（送审稿）》。

五届区委常委会第168次会议　3月31日召开，会议学习贯彻习近平总书记在福建考察时的重要讲话精神、关于信访工作的重要指示精神，听取“一区一枢纽两中心”建设重点项目、重点事项安排汇报。

五届区委常委会第169次会议　4月13日召开，会议学习贯彻习近平总书记在全国脱贫攻坚总结表彰大会上的重要讲话精神、对深化东西部协作和定点帮扶工作作出的重要指示精神，研究部署全区“十四五”期间接续推进三大攻坚战和“八项行动计划”等工作。

五届区委常委会第170次（扩大）会议　4月25日召开，会议学习贯彻习近平总书记关于深化东西部协作的重要指示精神，通报山东省党政代表团到万州考察情况，传达市委书记陈敏尔到万州调研指示要求，研究万州区贯彻落实意见。

五届区委常委会第175次会议　6月24日召开，会议学习贯彻习近平总书记在中央政治局会议上的重要讲话精神和在青海考察时的重要指示精神，研究部署提升城市人口聚集能力、托育养老服务等工作。

五届区委常委会第177次会议　7月14日召开，会议学习贯彻习近平总书记在庆祝中国共产党成立100周年大会等近期重要讲话精神，学习贯彻习近平总书记在中央财经委员会第九次会议和在领导人气候峰会上的重要讲话精神，听取全区平台经济发展和碳达峰、碳中和有关情况汇报，听取全区国家安全工作情况汇报。

五届区委常委会第178次（扩大）会议　7月23日召开，会议学习贯彻习近平总书记关于完整、准确、全面贯彻新发展理念的重要指示精神，分析全区上半年经济形势，研究部署下半年经济工作；听取全区安全生产和自然灾害防治工作情况汇报，研究部署防汛抗旱、疫情防控和安全生产等工作。

五届区委常委会第181次会议　8月12日召开，会议学习贯彻习近平总书记在中央政治局会议、党外人士座谈会、中央政治局第三十二次集体学习时的重要讲话精神，听取全区“我为群众办实事”实践活动进展情况汇报。

五届区委常委会第188次会议　9月29日召开，会议学习贯彻习近平总书记在中央财经委员会第十次会议上的重要讲话、在陕西榆林考察时的重要指示精神，听取全区促进共同富裕有关情况及统筹做好防范化解重大金融风险和金融稳定发展工作情况汇报。

五届区委常委会第190次（扩大）会议　10月21日召开，会议学习习近平生态文明思想和习近平总书记对重庆提出的重要指示要求，传达渝东北三峡库区城镇群工作座谈会精神，听取全区粮食工作、少先队工作情况汇报，研究部署有关工作。

五届区委常委会第191次（扩大）会议　10月28日召开，会议贯彻落实全市推动制造业高质量发展大会、全市优化营商环境大会、全市加强和创新基层治理工作推进会等会议精神，分析研究全区前三季度经济形势，听取平安稳定和信访工作情况汇报，研究部署第四季度经济社会发展工作。

五届区委常委会第192次会议　11月3日召开，会议学习贯彻习近平总书记近期重要讲话、重要指示精神，听取全区生物安全工作、中小学教育发展及“双减”工作、电力供应保障等情况汇报。

五届区委常委会第193次会议　11月11日召开，会议学习贯彻习近平总书记重要讲话、重要指示精神，听取全区数字经济发展和老龄工作情况汇报。

五届区委常委会第194次（扩大）会议　11月15日召开，会议学习党的十九届六中全会精神，传达市级党员领导干部会议要求，研究部署万州区学习贯彻工作。

五届区委常委会第196次会议　11月30日召开，会议学习贯彻习近平总书记重要讲话、重要指示精神，传达贯彻市委五届十一次全会精神，研究部署深化东西部协作和推进农业农村现代化工作，审议《万州区农业农村现代化“十四五”规划（送审稿）》等。

五届区委常委会第198次（扩

大）会议　12月16日召开，会议学习贯彻中央经济工作会议精神，传达贯彻推动成渝地区双城经济圈建设重庆四川党政联席会议第四次会议等要求，听取全区统战工作汇报，研究部署有关工作。

六届区委常委会第1次会议　12月30日召开，会议学习贯彻习近平总书记关于加强党委领导班子建设的重要论述，审议《万州区科技创新“十四五”规划（送审稿）》等。

【区委议事协调机构会议】　2021年，万州区委议事协调机构召开会议51次。

区新冠肺炎疫情防控工作领导小组会议　1月27日召开，会议传达贯彻市新冠肺炎疫情防控工作领导小组（扩大）会议精神，研究部署全区冬春疫情防控工作。3月31日召开，会议传达贯彻全国、全市新冠病毒疫苗接种工作电视电话会议精神，研究部署全区新冠病毒疫苗接种有关工作。8月12日召开，会议通报国务院联防联控机制指导组到万州督导有关情况，研究部署全区疫情防控工作。

区委农村工作暨实施乡村振兴战略领导小组会议　3月15日召开，会议学习贯彻习近平总书记在全国脱贫攻坚总结表彰大会上的重要讲话精神，听取全区巩固拓展脱贫攻坚成果同乡村振兴有效衔接重点工作汇报。8月25日召开，会议学习贯彻习近平总书记关于巩固拓展脱贫攻坚成果同乡村振兴有效衔接的重要论述和对深入推进农村厕所革命作出的重要指示精神，传达贯彻全市巩固拓展脱贫攻坚成果同乡村振兴有效衔接重点工作视频调度会议要求，听取全区推进农村厕所革命工作情况汇报。

全区政法队伍教育整顿领导小组会议　3月15日召开，会议学习贯彻习近平总书记关于政法工作和政法队伍建设的重要讲话和重要指示精神，传达贯彻全国、全市政法队伍教育整顿动员部署会议精神，深化部署全区政法队伍教育整顿工作。4月30日召开，会议学习贯彻习近平总书记关于政法队伍教育整顿的重要指示精神，传达贯彻全国政法队伍教育整顿中央第十三督导组督导意见。

区深入推动长江经济带发展加快建设山清水秀美丽之地领导小组会议　3月31日召开，会议学习贯彻习近平生态文明思想和习近平总书记关于推动长江经济带发展的系列重要讲话精神，审议《万州区推动长江经济带发展及加快建设山清水秀美丽之地2021年工作要点（送审稿）》。

区委全面深化改革委员会会议　4月9日召开第八次会议，学习贯彻习近平总书记在中央全面深化改革委员会第十八次会议上的重要讲话精神，传达贯彻市委全面深化改革委员会第十五次会议要求，审议区委全面深化改革委员会2021年工作要点、深化国企改革行动方案（2021—2022年），听取2020年全区全面深化改革工作情况汇报。7月14日召开第九次会议，学习贯彻习近平总书记在中央全面深化改革委员会第十九次、二十次会议上的重要讲话精神，传达贯彻市委全面深化改革委员会第十六次会议精神，听取2021年上半年全区全面深化改革工作及全区深化医药卫生体制改革工作情况汇报，审议全面推行义务教育阶段教师“区管校聘”管理改革实施方案。

区委党的建设工作领导小组会议　4月29日召开，会议听取全区村（社区）“两委”班子换届工作、区委巡察工作、抓党建促脱贫攻坚向乡村振兴有效衔接工作情况汇报，审议2021年党建工作要点等有关文件。

区委全面依法治区委员会会议　5月10日召开，会议学习贯彻习近平法治思想，传达贯彻市委全面依法治市委员会会议精神，听取全面依法治区工作情况汇报，研究部署依法治区有关工作。12月23日召开，会议学习贯彻习近平总书记在中央政治局第三十五次集体学习时的重要讲话精神，审议《万州区法治社会建设工作方案（2021—2025年）（送审稿）》。

区委平安万州建设暨防范化解重大风险领导小组会议　6月24日召开，会议学习贯彻习近平总书记对湖北十堰市张湾区艳湖社区集贸市场燃气爆炸事故作出的重要指示精神，听取全区危险化学品安全生产工作情况汇报，部署全区安全稳定工作。9月2日召开，会议学习贯彻习近平总书记关于安全生产重要论述，听取全区安全生产与自然灾害防治工作情况汇报。

区创建全国文明城区工作领导小组会议　6月24日和8月25日分别召开1次，会议主要学习贯彻习近平总书记关于精神文明建设的重要论述，听取全区创建全国文明城区工作情况汇报。

区委人才工作领导小组会议　11月3日召开，会议学习贯彻习近平总书记在中央人才工作会议上的重要讲话精神，听取全区人才工作情况汇报，审议《万州区“平湖英才”计划实施办法（送审稿）》。

区推动成渝地区双城经济圈建设领导小组会议　11月11日召开，会议学习贯彻习近平总书记关于推动成渝地区双城经济圈建设的重要指示精神，听取全区贯彻落实《成渝地区双城经济圈建设规划纲要》有关情况汇报，研究部署相关工作。

区党史学习教育领导小组会议　12月7日召开，会议学习贯彻党的十九届六中全会精神，传达贯彻市党史学习教育领导小组会议精神，听取全区党史学习教育工作情况汇报。

（区委办公室）

重要决策

【农业农村现代化推进】 2021年3月21日，区委、区政府印发《万州区全面推进乡村振兴加快农业农村现代化的实施意见》，明确实现巩固拓展脱贫攻坚成果同乡村振兴有效衔接、加快推进农业现代化、大力实施乡村建设行动、深入推进农村改革、推动城乡区域融合发展等6方面109项任务内容。提出到2025年，脱贫攻坚成果巩固拓展，农业农村现代化取得重要进展，重要农产品供应保障更加有力，山地高效型农业体系全面构建，乡村建设行动取得明显成效，农民获得感、幸福感、安全感明显提高。

【脱贫攻坚成果巩固拓展同乡村振兴有效衔接】 2021年3月21日，区委、区政府印发《万州区实现巩固拓展脱贫攻坚成果同乡村振兴有效衔接的实施意见》，明确建立健全巩固拓展脱贫攻坚成果长效机制、做好巩固拓展脱贫攻坚成果同乡村振兴有效衔接工作、健全农村低收入人口常态化帮扶机制等6方面71项任务内容。提出到2035年，农村低收入人口生活水平显著提高，全区经济实力显著增强，乡村振兴取得重大进展，在促进全区人民共同富裕上取得明显进展。

【党史学习教育启动】 2021年3月22日，区委印发《万州区开展党史学习教育实践指导方案》，明确党史学习教育贯穿2021年全年，突出学党史、悟思想、办实事、开新局，注重融入日常、抓在经常，面向全体党员，以县处级以上领导为重点开展学习教育实践。

【现代环境治理体系构建】 2021年3月29日，中共重庆市万州区委办公室（简称区委办公室）、万州区人民政府办公室（简称区政府办公室）印发《万州区构建现代环境治理体系实施方案》，明确建立健全全区现代环境治理的领导责任体系、企业责任体系、全民行动体系、监管体系、市场体系、信用体系、政策体系，落实各类主体责任，提高市场主体和公众参与的积极性，到2025年形成导向清晰、决策科学、执行有力、激励有效、多元参与、良性互动的现代环境治理体系。

【全国文明城区创建启动】 2021年4月1日，区委、区政府印发《万州区创建全国文明城区工作方案》，明确全面启动全国文明城区创建工作，力争2023年万州区成功创建第七届全国文明城区。

【工业强区十条措施出台】 2021年4月9日，区委办公室、区政府办公室印发《万州区工业强区十条措施》，提出加强对工业经济的组织领导、建立完善重点项目指挥部制度、建立完善工业招商工作机制、设立工业发展专项资金、强化工业项目要素保障、优化政务服务环境、完善考核评价机制、强化企业人才资源保障、完善干部激励保障机制、营造支持工业发展浓厚氛围等十条措施。

【“十四五”规划和二〇三五年远景目标纲要出台】 2021年4月10日，万州区印发《重庆市万州区国民经济和社会发展第十四个五年规划和二〇三五年远景目标纲要》，贯彻《中共中央关于制定国民经济和社会发展第十四个五年规划和二〇三五年远景目标的建议》《成渝地区双城经济圈建设规划纲要》和习近平总书记对重庆提出的系列重要指示要求，阐明战略意图、明确政府工作重点、引导规范市场主体行为，是未来15年全区经济社会发展的宏伟蓝图，是全区各族人民共同奋斗的行动纲领，是政府履行经济调节、市场监管、社会管理、公共服务和环境保护职责的重要依据。共提出六大目标、26项主要指标、11项重点任务、683项重大项目，同步编制专项规划35个。

【林长制全面推行】 2021年6月30日，区委办公室、区政府办公室印发《关于全面推行林长制的实施方案》，明确全面建立林长制责任体系，建立落实山林资源保护发展机制、山林资源损害问题发现与整治机制、林长制绩效考核评价机制，根据“三级林长+网格护林员”责任体系梳理工作责任清单、划清责任区域，加强森林、草原等重要生态系统保护管理，压实党委和政府保护发展森林、草原等生态资源的主体责任。

【三峡库区科技创新高地建设】 2021年7月7日，区委印发《关于加快建设三峡库区科技创新高地支撑引领高质量发展的决定》，明确坚持以习近平总书记关于科技创新的重要论述为根本遵循，加快优化创新发展布局、加快推进大数据智能化创新、加快集聚用好创新力量、加快推进全面创新改革、加快构建科技创新生态、切实加强党对创新工作的领导，建成三峡库区科技创新高地，使创新成为万州高质量发展的强大动能。

【“楼栋工作日”推动社会治理】 2021年7月8日，区委办公室、区政府办公室印发《万州区“楼栋工作日”工作方案》，明确“楼栋工作日”的总体要求、目标任务、责任主体、重点任务、工作方式、职责及流程等方面，持续推动社会治理重心向基层下移，加快推进万州区基层治理体系和治理能力现代化。

【营商环境打造】 2021年10月31日，区委、区政府印发《万州区持续营造国际一流营商环境实施方案》，明确到2025年，在打造市场化、法治化、国际化营商环境方面取得显著成效，各类市场主体创新创业活力充分激发，企业和群众获得感持续提升，推动“万开云”商业环境整体水平持续提升，打造全市营商环境最优区域之一。

【新时代教育评价改革】 2021年12月24日，区委办公室、区政府办公室印发《万州区贯彻落实〈重庆市深化新时代教育评价改革若干措施〉的具体举措》，明确加快推进教育现代化，经过5~10年努力，各级各类学校立德树人落实机制更加完善，引导教师潜心育人的评价制度更加健全，促进学生全面发展的评价办法更加多元，社会选人用人方式更加科学。明确到2035年，基本形成有利于推动新时代教育事业高质量发展的教育评价体系。

【法治社会建设规划】 2021年12月31日，区委印发《万州区法治社会建设工作方案（2021—2025年）》，明确到2025年，“八五”普法规划全面完成，法治观念深入人心，社会领域制度规范更加健全，社会主义核心价值观要求融入法治建设和社会治理成效显著，公民、法人和其他组织合法权益得到切实保障，社会治理法治化水平显著提高，市民法治素养进一步提升，为2035年基本建成法治社会奠定基础。

（区委办公室）

组织工作

【概况】 2021年，万州区有基层党组织3387个，其中党工委20个、党委259个、党总支164个、党支部2944个、村（社区）党组织610个、机关党组织407个、企业党组织254个、事业单位党组织631个、非公组织党组织472个、社会组织党组织176个。有党员79832名，其中机关事业单位党员15436名、企业单位党员3174名、非公组织党员5780名、社会组织党员1030名、离退休人员党员19724名、农牧渔民党员28672名、工勤技能党员1497名、其他（社区干部、个体工商户、自由职业人员、学生毕业未就业人员、复员待安置人员、中介组织从业人员、无固定职业人员）党员4519名。

【干部选拔任用】 2021年，中共重庆市万州区委组织部（简称区委组织部）坚持政治、实干、目标、创新“四个导向”选拔使用干部，从区级部门、乡镇（街道）新提任乡镇党政正职34名，新提拔98名优秀年轻干部充实乡镇班子，择优新选拔38名“五方面”（乡镇事业编制人员、优秀村党组织书记、到村任职过的选调生、第一书记、驻村工作队员）人员担任乡镇班子成员，交流88名区级机关企事业单位等干部到乡镇、49名乡镇干部到区级部门、国企任职，乡镇班子平均年龄下降4岁。全覆盖开展谈心谈话2300余人次、推送换届“十严禁”纪律要求2万余条、签订严守换届纪律责任书1500人次。开展换届风险排查、巡回督查、举报核查，建立联查联办、快查快结、失实检举澄清工作机制，受理办结换届问题线索15件，取消4人考察对象资格。

【考核奖励】 2021年，区委组织部健全“一述四评”机制，优化完善“一区一枢纽两中心”高质量发展考核体系，差异化设置考核内容和测评体系，综合年度考核、专项考核、班子回访等考准考实干部工作实绩，并将考核结果与选拔任用、职级晋升、评先评优挂钩。严格“三个区分开来”，细化容错纠错、澄清正名、重新使用机制。推进落实职务与职级并行、谈心谈话、带薪休假、健康体检等制度，提高基层干部乡镇工作补贴。推荐2名干部参与全市“担当作为好干部”评选，全年开展公务员职级晋升1091人，深化市场监管等领域专业技术类公务员分类改革，注重关怀帮扶家庭有特殊困难的干部。

【公务员管理】 2021年，万州区在职公务员6840人，其中区级部门5145人、街道552人、乡镇1143人，女性1967人，少数民族225人，非中共党员1652人，研究生405人、大学本科5325人、大学专科1176人、中专及以下24人，30岁及以下1047人、31岁至40岁1457人、41岁至50岁1893人、51岁以上2443人。

【干部监督】 2021年，区委组织部健全纪检监察、组织人事、信访等部门日常联系通报机制，严格落实提醒函询诫勉、个人有关事项报告等制度，用好经济责任审计、信访举报查核等各类日常监督管理手段，开展干部人事、换届任前档案专项审核2016卷，开展个人有关事项报告查核1008人次，建立正反两方面信息档案，诫勉处理23人、提醒函询75人。管好管住权力集中、资金密集、资源富集的重点部门和关键岗位干部，制定50条工作措施加强对各级领导干部的监督，紧扣疫情防控、巡视巡察整改、乡村振兴等重大决策部署开展专项督查督办87次，12名干部因整治违法建筑、脱贫攻坚工作不力等受到问责处理。严肃干部管理监督六项纪律，把工作圈管理和社交圈管理衔接起来，建立来电、来信、来访、网络“四位一体”立体监督平台，整合民政、社保、住建委涉权数据和党员干部亲属涉权事项等形成“数据铁笼”，打造“由线到面、立体四维”的全方位监督。持续开展“三超两乱”（超职数配备干部、超机构规格提拔干部、超审批权限设置机构，擅自提高干部职级待遇、擅自设置职务名称)、“违规兼职”、选人用人等专项整治，清理违规在企业兼职12人，开展干部“带病提拔”倒查1人，对27家单位开展专项检查，发现整改违规问题134个，2020年度选人用人满意度99.73分，比上年提升0.58%。

【干部培训】 2021年，区委组织部将习近平新时代中国特色社会主义思想作为培训必修课，分级分类开展党员干部大学习大培训，分批组织到党的一大会址等开展教学研讨，全年党的理论教育和党性教育培训干部7810人次。开展干部政治忠诚教育，组织参加政治学习、党史教育，参观革命烈士纪念馆等，组织开展党政“一把手”政治能力提升培训班5期、轮训处级党员领导干部1159人次。实施新时代基层干部主题培训计划，开展乡村振兴、社会治理、科技创新、数字经济等专题培训班61期、轮训干部7611人次。选派10名政治素质好、有能力、有责任的干部到对口支援省市、万达开等地挂职锻炼，安排125名年轻干部参加巡视巡察、信访维稳、疫情防控、重大产业项目等急难险重任务。

【党员电教】 2021年，区委组织部坚持抓好党员电化教育，完成556个远程教育站点合并调整，指导、督促全区130家单位3858名党员干部完成重庆干部网络学院4个专题培训班学习。依托“万州党建”微信公众号，录制并发布“党课开讲啦”微视频11期，推送各类学习信息881篇，阅读量49.72万人次。策划播出《党建时空》电视栏目32期，摄制党员教育电视片7部。其中，纪录片《夏芳的暑假》被重庆市委组织部遴选参加全国党员教育电视片观摩交流活动，获全国二等奖、全市一等奖；典型事迹片《梧桐山上金鸡舞》和纪录片《大林的种子》获全市二等奖；微视频《奶奶的故事》和公益宣传片《人当做修竹 持节如抚琴》获全市三等奖。

【人才管理】 2021年，万州区人才资源总量40.11万人，其中党政人才0.68万人、企业经营管理人才10.78万人、专业技术人才9.4万人、高技能人才8万人、农村实用人才10.33万人、社会工作人才0.92万人。

聚才引才 2021年，区委组织部向用人单位、企业等放权，首次柔性引进中国工程院院士1名，依托国家级众创空间、市级博士后科研工作站等平台集聚优秀人才。实施“平湖英才”计划，开展百名博士荟万州、千名硕士进万州、万名英才兴万州的“百千万”人才招引活动，引进博士38名、硕士研究生314名等急需紧缺人才，3人、3个团队入选重庆英才计划，评定“平湖英才”20名，“西部之光”访问学者入选1人，增补学术技术带头人34名。

育才用才 2021年，区委组织部围绕推动人才链、创新链融合发展，研究制定科技人才培育、评价、激励等“双十条”措施，成立博士联盟、烤鱼学院等，培养使用科技领军人才、重点领域专业人才、优秀青年人才等高层次人才125名、研发人员3592名，遴选第二批区级“双创”团队16个、专家服务团9个，推动建设三峡库区科技创新高地。推动万达开、万开云人才一体化发展，协同建立人才政策制度、打造人才发展平台、开展招才引智活动，联动开展培训人才274名，互派专技人才213名交流学习，举办首届“万达开”科技成果推介会、成渝地区双城经济圈建设专家服务团暨重庆市博士后沙龙走进万州活动。引导人才向基层一线流动，实施“三师入户”，选派教师、医师、技师进村入户助学、助医、助收，选派25个“双创”团队和专家服务团助力乡村振兴。

人才服务 2021年，区委组织部健全人才服务证制度，设立创新创业发展专项资金1000万元，发放人才服务证91张，落实人才住房保障、子女入学等10件实事，筹建人才公寓903套，76名人才入住。开展“最美科技工作者”等评选表彰和学习宣传，宣传报道10名高层次人才先进事迹。

【基层党建】 2021年，区委组织部跟进在产业链等组建特色产业党支部137个；以实施农村基层党建“三年示范引领行动”深化“整乡推进、整区提升”示范创建，培育“五好”示范村党组织20个；开展城乡支部手拉手结对共建，组织万州与济宁两地50个村党组织结成共建对子，集中整顿提升18个软弱涣散村党组织。在产业工人、青年农民等群体中新发展党员1700人，排查整治违规发展党员问题4类238条。

结合村级换届，采取考核留任、本村选拔、能人回请、跨村交流等方式，选优配强村党组织书记413名，换届后村党组织书记致富能手比例提升至66%、书记和主任“一肩挑”达98.69%，年龄、学历实现“一降一升”。全员轮训换届后村“两委”成员5000余名，选派10名村党组织书记到山东省济宁市跟岗学习锻炼。

向市级脱贫村、乡村振兴示范村和重点帮扶村等分类选派153支驻村工作队、437名驻村第一书记和工作队员，向10个支点镇乡各选派1支驻村工作队和1名挂职干部，回引497名本土人才到村挂职、创业，选派科技特派员1091名，培育9000余名农村实用人才、新型职业农民，培养储备村级后备力量1142名。

依托全区经果林、生态猪“双百亿”工程，指导帮助中央财政资金扶持的89个村闯出集体经济发展新路子，探索产业带动型、项目创

2021年12月3日，重庆市在基层社会治理中开展"三进三服务"的方法研究课题研讨会在万州区召开（区委组织部 供图）

收型等模式，开展国企进村、民企帮村行动，以"五星3A"创建评选亿元村，集体经济空壳村"全面清零"、508个村级集体经营性收入达5万元以上。

【非公有制经济组织和社会组织党建】 2021年，区委组织部推进"两个覆盖"，加强物流快递、互联网等新兴领域党建，创新开展非公组织"党建带群建、群团联动发展"，新组建三峡水利大厦、三峡广告产业园等区域性党组织5个，新建4个城区党群服务驿站，非公经济组织和社会组织党组织覆盖率分别达92.01%和82%。

【党建引领基层治理】 2021年，区委组织部推动区属派出机构负责人任免、考核等5项权力下放，取消招商引资职能，健全完善与职责相适应的考评体系。统筹政策、资金和资源捆绑打包下放社区，建立三岗十级社区工作者职业等级体系，增配社区工作者219名，清理规范社区活动场所挂牌，落实"4张清单"精简社区会议和工作台账，提升社区党组织服务群众能力。拓展区域化党建格局，建立结对共建、条块结合、融合发展的互联互动组带，用好城市基层党建三级联席会议，开展驻区单位党组织和在职党员到社区报到。加大新业态新群体党组织组建力度，建立城市社区网格党支部543个、物业企业和业委会等党组织130个，促进街道社区和新兴领域党组织有机融合。开展"红色物业"党建，健全党组织领导下的居民自治机制、民主协商机制、群团带动机制、社会参与机制，依托"四事五议"（小区的事协商办、社区的事协作办、街区的事协调办、城区的事协同办，各层级通过建议、提议、商议、审议、决议5个环节协商解决基层治理相关问题）等为民办实事300余件；坚持"楼栋工作日"机制，区领导每月带队到社区楼栋开展现场办公1次，带动各方资源力量汇集基层治理末端，通过听民情、解民忧、聚民意，解决群众烦心事、操心事、揪心事438件。

【"三进三服务"活动】 2021年，万州区开展在职党员到社区小区"双报到"（机关、企事业党组织到所在地社区报到，实行共驻共建；在职党员到居住地社区报到，组织党员开展志愿服务）、"三进三服务"（党员干部进园区、进小区、进云区报到，服务群众、服务企业、服务基层）活动，引导1.2万名党员投身疫情防控、全国文明城区创建等大战大考，1人获全国优秀共产党员称号，13个党组织和313名个人获全市全区"两优一先"表彰。

（区委组织部）

宣传工作

【概况】 2021年，万州区宣传思想文化系统深学笃用习近平新时代中国特色社会主义思想，以庆祝中国共产党成立100周年为主线，开展党史学习教育，强化中国共产党成立100周年的宣传教育。中央党史学习教育简报刊载万州信息1次。中央及市级主流媒体推出报道342条次。重庆三峡移民纪念馆入选"建党百年红色旅游百条精品线路"。打造江竹筠生平事迹展、下川东革命历史展，参观人数超20万人次。创作主题文艺作品500余个。强化理论武装，召开全区层面专题研讨班6期，开展宣讲6600余场次，受众150余万人次。完成年度中央巡视意识形态专项整改任务。"看万州"客户端被中共中央宣传部评为全国7个更具有示范意义的客户端之一。跨区域举办2021"万达开云网络安全宣传周"活动，区委宣传部被评为中共中央宣传部2020年度舆情信息工作优秀单位。深化文明实践，黄霞被评为第六届全国岗位学雷锋标兵；3人获评"中国好人"，袁玉兰获"重庆市道德模范""全国道德模范提名奖"。举办第四届世界大河歌会。成功申报2021—2023年创建周期全国文明城区提名城区。

【党史学习教育】 2021年，万州区成立党史学习教育领导小组，制定指导方案和工作细案。组建巡回指导组12个，指导督导区管班子164

个。区委理论学习中心组开展专题学习21次，全区各级中心组开展学习1900余次，征订指定学习材料13万余册，重印、发放地方史书籍和《我的名字叫共产党员》《灯盏》等学习资料近万册，推送权威电子学习资料1.2万条。区级班子和区管班子开展集体学习6000余次。区委党校开设专题课程20个，累计举办主体班次5期、培训1159人次。开展“我为群众办实事”实践活动，督办18件全区重点民生实事、36件区级层面重点民生项目和20条“为科技工作者办实事”措施。

组建区委宣讲团、“六进”宣讲队、基层微宣讲队伍等开展宣讲6600余场次、受众150余万人次。开展“学习新思想 共赞100年 奋进新征程”微宣讲活动，重庆市三峡曲艺保护传承中心姜婷获全市总决赛第一名，获评2021年度全市理论宣讲先进个人。中央及市级主流媒体报道万州党史学习教育342条次。区属全媒体推出专栏专题9个，发布稿件6000余条。

普查出革命史迹、遗址和纪念设施30处，养护馆藏革命文物163件（套）。重庆三峡移民纪念馆作为中华民族文化基因库（一期）红色基因库首批试点单位，累计接待现场研学参观超60万人次，入选全国“建党百年红色旅游百条精品线路”。升级打造万州革命烈士陵园、万州西山抗战遗址群等区级党史学习教育基地，推出万州区红色旅游联线。推出江竹筠生平事迹展、下川东革命历史展、何其芳生平展等重点展陈，吸引观展党员群众超20万人次。

【理论武装】 2021年，万州区将学习宣传贯彻习近平新时代中国特色社会主义思想作为长期的重大政治任务，围绕学习贯彻党的十九届六中全会精神和总书记“七一”重要讲话精神等，全区各级理论学习中心组开展专题学习会1900余次，全区层面召开专题研讨班6期，交流发言238人次。全区征集确定2021年度经济社会发展重点理论课题10个、社科基础研究重点理论课题5个，评审结题2020年度经济社会发展重点理论课题10个。“四史”故事基层微宣讲4100余场。宣讲报告《那年那人那些事》获评2021年度全市优秀理论宣讲报告。举办“永远跟党走·强国伴我行”党史知识竞赛，纪录片《大林的种子》、图文《扶贫干部张凤丽：七星山下的誓言》分获第一期全国县级融媒体中心优秀作品双月赛二、三等奖，万州区在全国平台用稿、重庆学习平台用稿分别居全市各区县中第三名和第二名。

【意识形态工作】 2021年，万州区加强中央巡视意识形态专项整改，完成年度整改任务。组织开展意识形态专项检查，覆盖21家单位党组织。召开驻万州高校意识形态工作联席会、全区意识形态工作联席会，严格管理意识形态类论坛讲座。做好企业、农村、学校、社区、网络思想政治工作。

【对外宣传】 2021年，万州区在中央主流媒体刊播稿件1032篇（条）、市级主流媒体刊播稿件2702篇（条）、境外媒体报道刊播稿件6篇（条）；在《重庆日报》推出专题报道15个、市级及以上网络媒体平台发布信息3000余篇、区级网络媒体平台发布信息10.4万篇。创新开展“新征程·我的新期待”等网络主题活动10余个。策划制作“万开云”同建三峡城市核心区宣传片在重庆卫视黄金时段播出。建立健全对外宣传工作联席会议机制，区农业农村委、甘宁镇先后接受外媒主题外宣采访。坚持集约共融、破除壁垒，推动媒体深度融合发展，打通报、台、网、端、微融媒体指挥中心，升级改造融媒体“中央厨房”。

【社会宣传】 2021年，万州区围绕春节、国庆、第十三届全国对口支援三峡库区经贸洽谈会等重点工作，在主要干道、市民广场、重要节点布设景观装饰、艺术造型和行道树灯饰。利用户外广告牌、各类电子显示屏、宣传栏、建筑围挡、灯杆道旗等宣传载体，全年动态更新发布党史学习教育、庆祝中国共产党成立100周年、脱贫攻坚、疫情防控、全国两会精神、我为群众办实事等主题公益广告20余次。城区户外大屏联动发布全国“诚信之星”“道德模范”“中国好人”等各类先进典型主题公益广告12次。

【新闻发布】 2021年，万州区围绕万开云同城化重点工作推进事项、第十三届全国对口支援三峡库区经贸洽谈会筹备情况、政法队伍教育整顿和大排查大整治大执法百日行动等重点工作，召开新闻发布会7场，区委宣传部部长、区委政法委书记、区政府副区长等新闻发言人介绍相关情况。结合党史学习教育，聚焦“楼栋工作日”解民忧、全国文明城区创建、养老反诈、老旧小区改造提升、义务教育阶段子女入学等主题，全年举办“发言人来了——我为群众办实事”专场新闻发布活动6场，来自区住房城乡建委、区教委、区公安局等部门的新闻发言人走进辖区牌楼街道、太白街道、高笋塘街道等多个社区，面对面向群众作信息发布和政策解读，让惠民、利民政策被更多老百姓知晓。

【文化事业】 2021年，万州区强化精品创作，纪录片《夏芳的暑假》获中国广播电视大奖，广播剧《英雄的守护》入选中共中央宣传部庆祝中国共产党成立100周年优秀广播剧展播推荐剧目。举办第四届世界大河歌会、春节文艺惠民晚会、新春音乐会、“美丽渝东 诗画江南”中秋诗会等文化品牌活动。完成送文艺（戏曲）下乡进村演出174场，流动文化进基层活动1651场，总计服务101万人次。开展“我们的中国梦 文化进万家”等公益演出活动345场，惠民电影放映8000场。推进文化服务，区文化馆数字文化体验中心完工并投入使用。完成南浦剧场等4个剧场的改扩建工作。开展第二批乡村文化振兴试验示范项目建设，建成乡情陈列馆9个，“一村一品”文化品牌活动5个，惠民电影室内放映厅6个。长岭镇安溪村入选第三批全国乡村旅游重点村名录名单。新创建市级社科普及基地2个，组织开展“全民阅读 书香万州”等系列活动，谭明海获评全国“新时代乡村阅读榜样”，完成439个农家书屋出版物续配工作。

【出版印刷管理】 2021年，万州区加强版权保护，持续推进党政机关及国有企业软件正版化工作，区级各部门开展全面自查整改，协调全区各地各单位完成重庆市正版软件资产管理及日常监督系统的信息填报工作。开展“剑网2021”专项行动，加大对辖区内网络直播、网络动漫、网络动画等平台监管力度，组织联合检查5次，依法打击网络侵权盗版行为。落实新闻出版“放管服”改革，规范制订行政审批服务指南简版、完整版，开展“互联网+监管”，承接和发布政务服务事项11项，缩短行政审批承诺办理时限50%，全程网办率87.5%以上。全年审批发放出版物经营许可证36张、印刷经营许可证5张、一次性内部资料准印证15张。双河口街道一碗水社区获评市“扫黄打非”进基层示范点。

【先进典型选树】 2021年，万州区举办“时代楷模”毛相林、王红旭等先进事迹报告会，组建8人宣讲团，在全区开展“榜样面对面”巡回宣讲25场。开展第五届“感动万州十大人物”评选，在10个行业推荐评选“最美人物”代表30人。袁玉兰获“全国道德模范提名奖”、全国“诚信之星”“重庆市道德模范”；黄霞获评第六届全国岗位学雷锋标兵；3人获评“中国好人”，6人获评“重庆好人”。

（余海）

统战工作

【概况】 中共重庆市万州区委统一战线工作部（简称区委统战部）是区委主管全区统一战线工作的职能部门，加挂中共重庆市万州区委台湾工作办公室（简称区委台办）、万州区政府台湾事务办公室（简称区政府台办）、万州区民族宗教事务委员会（简称区民族宗教委）、万州区政府侨务办公室（简称区政府侨务办）牌子；统战组织及团体有区工商联、区侨联、区台联、区知联会、区新专联、区中华职教社、万州民族团结进步促进会、区光彩事业促进会等，以及佛教、伊斯兰教、天主教、基督教4个区级宗教团体和天主教万州教区1个市级宗教团体；5个民主党派组织，即民革万州区委会、民盟万州区委会、民建万州区委会、农工党万州区委会、九三学社万州区委会；2个少数民族乡，即恒合土家族乡和地宝土家族乡。全区52个乡镇（街道）均配备统战委员。

【民主党派工作】 2021年，区委统战部制发《中共重庆市万州区委2021年度政党协商计划》。开展暑期谈心会、党外人士座谈会、调研协商会、政府工作报告征求意见会等会议协商9次，发布调研成果10项。全年各民主党派区委会共提案、建议474件。32名特约人员作为人民陪审员、特约监督员等，参与区内重大改革措施和重大监督项目的各类视察、考察活动。协助民主党派区级组织换届，全年吸纳民主党派成员70名。支持民主党派与四川省达州市、雅安市、自贡市和重庆市开州区等地持续合作，开展《成渝地区双城经济圈经济区与行政区适度分离》重点课题调研座谈，共同向民主党派中央（省委）、全国（省级）工商联申报推荐调研课题3个。支持民主党派组建法律、医疗、科技、教育等服务团队，民革开展“博爱系列”公益服务，民盟开展“万盟暖冬”送温暖送礼包，民建开展“助学助残”捐资捐物，农工党开展“三峡绣”扶贫车间开展免费培训，九三学社开展“科技三下乡”送技术、送幼苗等活动。区中华职教社6个团体或个人在国家级赛事中获奖。

【党外代表人士工作】 2021年，万州区党外干部信息管理系统入库全区机关、国有企事业单位党外人员共3324人。区委统战部会同区委组

2021年12月6日，万州区各民主党派、知联会班子成员及部分新任支部主委培训班在万州社会主义学院开班

（区委统战部 供图）

织部建立162名的党外优秀年轻干部信息库，制定《万州区党外代表人士综合评价实施办法》。完成第十二批5名党外干部挂职，接收第十三批7名区外党外干部挂职。推荐提拔使用党外领导干部15名；18个政府工作部门配备党外干部。建立万州区统一战线大走访大谈心讲师团师资和课题库，包含统一战线史及基础理论、参政议政等12个专题版块，共有43名讲师101门课程。举办优秀党外年轻干部培训班等各类培训班29个，培训党政领导干部85人次，党外代表人士1519人次。发展区知联会会员15人，认定无党派人士11人。区知联会成立内部监督委员会，制定完善制度14个。

【海外统战工作和侨务工作】 2021年，区委统战部开展全区侨情普查，建立健全归侨侨眷数据库。全年接访海外华人华侨及其眷属30余人次，帮助解决和协调处理有关生活、就业、入学、医疗等问题。开展各种学习联谊活动15次。服务侨企台企发展，走访侨企26家，协助万州区侨商会员开展政企沟通服务。邀请菲律宾等地侨团侨商50余人在万州考察，组团参加“中国东西部投资贸易洽谈会暨第五届中国丝博会”“创业中华2021侨界精英创新创业论坛”“渝港共携手 抗疫创商机线上活动”等国际侨商活动。

【非公有制经济领域统战工作】 2021年，区委统战部打通区领导联系66个区直属商会和乡镇（街道）商会、52个乡镇（街道）主要领导分别联系所属商会、基层商会班子成员联系企业的民营经济统战三级“脉络”，通过企业点单、商会接单、组织派单“三单”模式，帮助全区多家民营企业协调融资。开展“学党史、讲《条例》、增合力、促发展”大走访大谈心活动，启动“万企兴万村”行动。

【新的社会阶层人士统战工作】 2021年，区委统战部成立新专联党支部，打造重庆三峡产业园基层党建综合阵地。组织开展“奋斗百年路·启航新征程”专题座谈会。助力支持新的社会阶层人士开展“同心双创面对面”“青锋计划·创享美好万州”“渝创渝新·创响万州”等创新创业及交流活动。联合开展救援培训、公交车驾驶员能力提升培训等公益活动30余场，开展会员联谊、送温暖进校园、技能培训以及“平湖新荟”新媒体进民企等各类活动18场。开展“凝聚新力量·筑梦新时代”等系列活动，依托实践创新基地开展各类联谊交流活动12场，服务新的社会阶层人士200余人次。

【统战宣传工作】 2021年，区委统战部持续开设全区统一战线官方微信公众号“万州统战”，累计推送文章370余篇。编制出版《党外人士建言成果选编》1000余册。征集本地“建党百年·统战百事”“建党百年·统战百作”创新案例18例，编印《万州区统一战线理论实践创新重点课题汇编》。开展“重温中共党史 同心同向同行”座谈会、“学百年党史，讲统战故事”主题征文暨演讲比赛、“专家讲堂+部长讲学”等系列活动，发挥“统战大讲堂”“智汇万州”“平湖建言”等万州统战特色品牌平台作用。万州区统战工作获全市统战理论创新成果奖、实践创新成果奖各1项。全区统一战线集体、个人获各级各类表彰50余项。

（罗小恩）

调查研究

【概况】 2021年，中共重庆市万州区委研究室（简称区委研究室）聚焦领导关注、现实所需、群众关切的重点难点问题开展调研，形成《推动科技创新促进高质量发展调研报告》《关于“楼栋工作日”机制总结推广情况的报告》等调研成果，为制定出台《万州区工业强区十条措施》《万州区“楼栋工作日”工作方案》等20余项政策性文件提供支撑。

【生态优先绿色发展研究】 2021年，区委研究室深入调研近年全区“一心六型”两化路径发展情况，全面梳理从明方向到作思考、从寻路径到强保障发展历程，系统总结生态美、产业兴、百姓富取得的显著成绩，归纳出“四化法”等有效机制，形成《关于践行产业生态化、生态产业化“两化”路径情况的报告》，为“十四五”期间如何更好推动全区生态优先绿色发展提供建议。

【科技创新专题研究】 2021年，区委研究室围绕贯彻落实市委五届九次全会精神，通过实地走访、专题座谈等方式，收集掌握全区科技创新详情，形成《推动科技创新促进高质量发展调研报告》，从基础条件、发展目标、重点领域、重点任务4个方面对全区科技发展工作进行详细分析，相关成果吸纳进区委五届九次全会等，为出台支持科技创新财政金融政策30条、为科技工作者办实事20条等政策提供建议。

【党史学习教育研究】 2021年，区委研究室围绕革命文物保护利用、提升教育宣传实效、营造全社会学习氛围、深化我为群众办实事实践活动等方面开展调研，提出利用革命文物打造红色教育基地、优化工作方法推进民生实事，为整合三峡库区红色资源，打造形成重庆三峡移民纪念馆、万州革命烈士陵园、万州西山抗战遗址群“三基地”，下川东革命史展、江竹筠在万革命活动展、何其芳生平展“三展陈”等提供建议。

【成渝地区双城经济圈研究】 2021年，区委研究室围绕落实《成渝地区双城经济圈建设规划纲要》，聚焦一体化，紧扣工作机制、交流合作、功能载体等方面开展调研，为推动万达开川渝统筹发展示范区建设提供建议。聚焦同城化，紧扣交通互联互通、产业融合发展、公共服务共建共享等方面开展调研，提出加快推进万开云同城化的建议，为制定万州区两江新区“1+3”对口协同机制等政策提供建议。

【基层社会治理研究】 2021年，区委研究室聚焦基层社会治理主题，围绕治理能力、治理体系、群众满意度等，调研“楼栋工作日”机制，形成《关于“楼栋工作日”机制总结推广情况的报告》，明确“五事共抓”（基层党建、居民自治、平安稳定、文明素养、发展环境）、“三官一律”、“四事四办”（社区引导居民自办私事、居民自治主办小事、街道和部门主办小事、包片区领导督办难事）等制度，为打造加强版“楼栋工作日”机制提供建议，提升全区基层社会治理能力。

【乡村振兴研究】 2021年，区委研究室聚焦乡村振兴同脱贫攻坚有效衔接，围绕产业发展、乡村治理、动态监测等开展调研，为中心城镇、产业强镇、文化名镇培育提供建议，相关成果被“十四五”乡村振兴重要支点培育工作方案、全面推进乡村振兴实施方案、区领导联系乡村振兴工作机制等政策吸纳。

（张劲松）

督查工作

【概况】 2021年，万州区委督查工作聚焦开启全面建设社会主义现代化国家新征程和推动“十四五”开好局、起好步，督促推动成渝地区双城经济圈建设、庆祝中国共产党成立100周年活动、党史学习教育、巩固拓展脱贫攻坚成果同乡村振兴有效衔接等重点工作落地见效，为加快建设“一区一枢纽两中心”提供保障。全区督查后核事项27项，督查专业队伍队员118人，全年开展专项督查80余次。

【督查机制建设】 2021年，区委督查工作领导小组发挥牵头抓总、协调落实作用，按照“四化”工作法，统筹全区27项督查检查考核事项，逐渐健全解决形式主义突出问题切实为基层减负梳理汇总机制、监测预警机制和定期研判机制，构建统一领导、齐抓共管、各负其责的督查工作格局。优化督查工作制度，修订任务分解、回访调研、领导带队督查、批示件办理等10项制度，规范工作流程，评估反馈实际效果。推行“互联网+督查”，应用党务督查系统，通过红、黄、蓝3色亮牌制度，打造全链条督查闭环。完善队伍建设制度，组建全区督查人员库，筛选区级部门业务骨干，建立1支118人的督查专业队伍。由区委督查办牵头，从督查人员库中抽选相关专业人员参与专项督查活动。

【专项督查】 2021年，万州区委督查工作坚持政治督查定位，分解区第六次党代会、区委经济工作会议、区政府工作报告等任务，推动贯彻落实习近平总书记对重庆所作重要讲话和系列重要指示批示精神“回头看”，推进实施党史学习教育督促检查，一体整改铁峰山国家森林公园违建等中央巡视、环保督察发现的各类问题。聚焦经济发展挂图督战，印发实施全区“十四五”规划和二〇三五年远景目标纲要，制定科技创新、生态保护等34个专项规划，统筹抓实“一区一枢纽两中心”建设重大项目事项、工业强区十条措施、全国文明城区创建、疫情防控等专项督查80余次，督促推进197个重大项目、53个重点事项落地。跟踪督办区委常委会会议决定事项31项、区委专题会议决定事项32项、区委书记指示批示事项35项，确保事事有结果、件件有回音。牵头督办区委系统人大代表建议和政协委员提案24件，办结率、满意率均为100%。

（区委办公室）

机构编制工作

【概况】 2021年，中共重庆市万州区委机构编制委员会办公室（简称区委编办）学习宣传贯彻落实《中国共产党机构编制工作条例》及配套法规制度，印发《万州区机关事业单位机构编制事项申请办理流程》，提高机构编制法定化水平。全区行政机构个数控制在规定限额内，全区党政机构46个保持不变；有事业单位694家，通过撤并整合比上年减少4家。全区行政编制总量保持不变；事业编制总量较上年减少8名，主要原因是区无线电监测站上划市里相应核收8名编制。开展第二次全区机构编制核查，核查机关事业单位813家；开展全区机关事业单位编外聘用人员专项调查，清理编外用工，督促区信访办、区委招待所等单位整改超额使用编外用工问题，规范运行管理。

【党政机构改革】 扶贫工作机构优化调整 2021年，万州区扶贫开发办公室重组为区乡村振兴局，乡镇（街道）扶贫办统一更名为乡村振兴办；印发《支持乡村振兴重要支点培育政策清单》，全区11个重点镇乡根据自身发展需要分别自选设置1个综合办事机构。保障乡镇机关及所属事业单位用编补员108名，申报农村订单定向医学生、农村小学全科教师培养计划25名，用编安置学业期满农村小学全科教师20名。

开发区管理机构清理规范　2021年，万州区整合渝东开发区和江南新区2个管理机构设置渝东新区党工委、管委会，调整优化内设机构、事业站所和领导职数等；新设重庆万州综合保税区党工委、管委会，推进综保区规划建设、运行管理和安全生产等各项工作；配套做好开发区下放权限、代管镇街等工作。

重要领域职能体系完善　2021年，万州区单独设置中共重庆市万州区委网络安全和信息化委员会办公室（简称区委网信办），完善网信工作职能、健全内设机构设置、加强班子建设和人员编制配备。在万州区文化和旅游发展委员会（简称区文化旅游委）加挂"区文物局"牌子。优化调整派驻（派出）纪检监察机构，调整设置区纪委监委驻渝东新区、驻万州经开区纪检监察组。优化群团组织机构，将区法学会机关纳入机构编制管理。完善区计生协会机关"三定"规定。落实教育督导和"双减"政策，增核区教委总督学、副总督学各1名，在区教委办公室加挂"区委教育工作领导小组秘书组秘书科"牌子；在区教委民办教育科加挂"校外教育培训监管科"牌子。

【公益类事业单位改革】　2021年，万州区新设区文明实践促进中心，新建金陵中学、三峡初中、三峡小学等6所学校，落实"区管校聘"改革要求，动态调整中小学校教职工编制，确保民生领域人员编制需求。推进"小弱散"事业单位撤并整合，将经济信息、住房城乡建设系统的9家单位整合为3家，撤销正处级事业单位1家（区政府驻上海联络处）。推进公立医院编制管理创新，将区第一人民医院纳入全市第二批人员总量试点范围，首批下达新增人员总量106名；优化社区卫生服务中心管理服务体制机制，将高笋塘、周家坝等8个街道社区卫生服务中心作为独立法人进行实体化运转；为区疾病预防控制中心增核事业编制85名。

【重点领域体制机制改革】　行政复议体制改革　2021年，万州区在区司法局机关增设"行政复议立案监督科"，增核内设机构科级领导职数1名，调整"行政复议立案监督科""行政复议应诉科"职责任务。在区行政执法监督检查大队加挂"重庆市万州区行政复议事务中心"牌子，增加行政复议事务性服务性职责，加强行政复议工作力量，增核事业编制4名。

部门内综合行政执法改革　2021年，万州区完成应急管理、林业、水利领域综合行政执法改革，规范机构设置，实行统一执法。改进乡镇（街道）综合执法，明确乡镇（街道）综合行政执法机构（综合行政执法办公室、综合行政执法大队）集中行使行政执法权限范围，规范行政执法行为，建立健全与派驻机构联合执法机制，提升基层执法水平。

经济发达镇行政管理体制改革　2021年，万州区15个区级部门的247项权限赋予分水镇，涵盖企业投资、民政管理、规划建设等10个领域，为分水镇机关事业单位补充专业人才16名。

【第二次全区机构编制核查】　2021年9月中旬，区委编办牵头，组织、财政、人力社保等职能部门分工负责，组织开展第二次全区机构编制核查，印发《万州区机构编制核查工作实施方案》，召开工作部署培训会议，历时5个月完成全区813家机关事业单位的机构编制核查工作，摸清全区机构编制"家底"，实现各级机构设置清、各级编制清、实有人员清、领导职数清，各级具体机构设置与按规定审批的机构相对应、实际配备人员和财政供养人员与批准的编制数职数相对应等"四清两对应"目标，发出书面整改通知书6份，督促落实问题整改66项。

【事业单位监管】　2021年，万州区加强事业单位登记管理，完成全区694家事业单位法人年度报告工作，报送率、公示率均为100%。集中完成171家事业单位的设立、变更、注销登记等工作，冻结应注销未注销事业单位20家。按照"双随机、一公开"方式，实地核查20家事业单位，督促推进问题整改，促进事业单位法人规范运行。

（颜武）

区直机关党建

【概况】　2021年，中共重庆市万州区委直属机关工作委员会（简称区委直属机关工委）推进基层组织、党员基本能力、党建基础性工作等"三基"建设和绿色机关建设，探索"一支部一品牌"特色做法，深化"三进三服务"，着力建设模范机关。至年末，区直机关工委有直属党组织76个。其中直属党委43个、直属党总支16个、直属党支部17个，区直机关有党支部397个、党员8104名。

【机关党的政治建设】　2021年，区委直属机关工委把党的政治建设摆在首位，加强政治机关意识教育，学习党的百年奋斗重大成就和历史经验，推动区直机关深刻领会把握"两个确立"的重大意义和实践要求。强化对党忠诚教育，坚持和完善重温入党誓词、入党志愿书以及党员过"政治生日"等政治仪式，组织500余名党员代表在万州革命烈士陵园开展"光荣在党50年"纪念章颁发暨新党员代表入党宣誓活动。加强党章党规党纪教育，贯彻《关于新形势下党内政治生活的若干准则》，严格执行《中共中央政治局关于加强和维护党中央集中统一领导的若干规定》《中国共产党重大事项请示报告条例》和市委区委有关要求。

【机关党的思想建设】 2021年，区委直属机关工委把学习贯彻习近平新时代中国特色社会主义思想作为首要任务，结合党史学习教育，分级分类轮训各级党员干部人才2.6万人次。建立落实习近平总书记重要指示批示精神和党中央决策部署任务清单管理制度，整改完成中央、市委巡视督查反馈涉及组织部门4个方面的问题，组织开展庆祝中国共产党成立100周年系列活动。健全党内政治生活情况纪实、全程指导等机制，全覆盖召开党史学习教育专题组织生活会，全面彻底肃清孙政才恶劣影响和薄熙来、王立军流毒，坚决消除洪承义等人违纪违法案不良影响。

【机关效能建设】 2021年，区委直属机关工委推动机关党组织全覆盖与村、农村社区党组织开展“城乡支部手拉手”结对共建，选派472名机关事业单位党员干部驻乡驻村。开展在职党员到社区小区“双报到”“三进三服务”活动，1.2万名党员参与新冠肺炎疫情防控、全国文明城区创建工作，帮助解决社区群众、企业困难问题700余件。会同开州区、达州市建立机关党建联席会议制度，承办万达开机关党建联席会第二次会议，建立万达开三地红色教育资源及党课师资库，助力成渝地区双城经济圈建设。

【党风廉政建设】 2021年，区委直属机关工委持续纠治“四风”，坚决整治形式主义、官僚主义，落实中央为基层减负部署要求，带头精简文件会议，规范督查检查考核。把“带头过紧日子”作为机关作风建设的重要内容，深化绿色机关建设，制止餐饮浪费，持续开展“光盘行动”，营造“节约光荣、浪费可耻”的良好氛围。推广网上办公、双面打印，节约使用纸张、油墨等办公耗材。推进机关纪委应建尽建，37个机关党委全面设立机关纪委，党支部纪检委员应配尽配。

【基层组织建设】 2021年，区委直属机关工委推进党支部标准化规范化建设，深化党的建设制度改革，全区党支部规范化标准化率95%。推动党员队伍增量增质，新发展党员117名。分层分类开展党组织书记集中轮训，举办“党史微课堂”7期，颁发“光荣在党50年”纪念章1181枚。压实党建工作责任，建立三级书记抓党建工作清单521张，严格党组织书记抓党建述职评议考核。

（区委组织部）

网络安全和信息化

【概况】 2021年，中国共产党重庆市万州区委员会网络安全和信息化委员会办公室（简称区委网信办）推进全区网信各项工作，统筹全区网信领域重大工程、重大活动和重大项目，形成上下一体、协同联动工作格局，为全区经济社会发展提供良好网络舆论氛围、网络安全保障和信息化支撑。

【网络舆论引导】 2021年，区委网信办围绕重大会议、重要工作、重大节日等，开展舆情分析研判，作出风险预警及分类处置。8月，区委网信办被评为2020年度全市网络舆情和网络应急工作突出单位。

【网络安全管理】 2021年，万州区对全区各地各部门、各单位实行网络安全规范化建设和管理，监测并预警处置安全漏洞200个，全年未发生重大网络安全事故事件。编制《万州区网络安全和信息化“十四五”规划（2021—2025年）》。“光网万州”基本建成，“智慧万州”取得实效，围绕信息基础设施、融合基础设施、创新基础设施策划储备项目20个。

【“万达开云”网络安全宣传周】 2021年10月10日，区委网信办跨区域举办2021“万达开云”网络安全宣传周活动，“万达开云”四地联动，首次协同集体开展2021年网络安全宣传周“启动仪式”“专家论坛”“跨区域网络安全应急演练”“网络安全远程培训”，宣传解读网络安全领域法律法规和政策举措，被市委网信办评为全市“2021网信

2021年10月10日，“万达开云”网络安全宣传周现场（区委网信办 供图）

工作10大创新案例”。区委网信办被中央网信办评为“2021年国家网络安全宣传周活动表现突出单位”。

（李朱丹）

老干部工作

【概况】 2021年，中共重庆市万州区委老干部局（简称区委老干局）管理服务对象3096人，其中离休干部93人、厅级退休干部88人、处级退休干部2471人、中华人民共和国成立初期干部232人、离休干部遗属212人。全区有离退休党支部203个。

【三项建设】 2021年，区委老干局抓实离退休干部政治、思想和党组织三项建设，做好新时代离退休干部工作。组织全区离退休干部参加各类专题报告会、讲座及党史知识学习1000余场次，整理老同志感悟体会300余条；利用三级微信公众号，发布线上党课30余堂，推送党史知识90余期；组建离退休干部宣讲团，打造“百年华诞党史系列讲座”“90岁高龄老党员向90后讲红色故事”等特色品牌，录制9期党史微宣讲，全年宣讲200余场次；举办3期“青松向党”党史知识竞赛。组织观看庆祝中国共产党成立100周年大会，召开“我看建党百年新成就”座谈会；邀请专家作“从百年党史看中国共产党的独特优势”专题宣讲报告；举行“真情颂党恩 永远跟党走”文艺演出和“献礼百年华诞”老干部书画摄影集邮展。对老同志学习活动场地进行管控，管好用好“万州老干部”微信平台。全年受理来电来信来访300余次，老同志满意率100%。制发《万州区离退休干部党支部标准化规范化建设细则（试行）》。推进离退休干部党支部到社区、离退休党员到居住地（社区、小区）双报到。协助区委组织部开展全区离退休支部书记培训。开展“传递书香 共享阅读”送书活动，向离退休党员赠送书刊5000余册。

【老干部政治和生活待遇】 2021年，区委老干局落实离休干部“一人一策”措施，提高19名离休干部医疗待遇。制定走访慰问离退休干部制度，全年走访慰问500余人次，帮扶慰问困难离退休干部230余人次；组织厅级以上离退休干部1年1次健康体检。出台“四就近”示范社区人员考核办法，全年组织工作人员专题培训5场，参加市级培训1次；针对老同志开展专题讲座18场、培训班10个，服务老同志500余人次。组织引导全区各单位、离退休干部关注三级老干微信公众号；举办10余场老同志学网用网专题培训；组织老同志收看《中华人民共和国民法典》等网络专题报告会；开设《畅游三峡万州出发》线上讲座；“万州老干部”微信公众号全年累计发布学习动态、时事新闻、老年保健等图文信息200余条。

【老干部作用发挥】 2021年，区委老干局建立“银发人才”库，引导老同志发挥独特优势和作用。组织老同志参加全区“三会”，赴经开区、九池街道和小周镇等地参观考察，召开调研座谈会，收集意见建议100余条。开展“一区一枢纽两中心”建设、“千秋伟业正风华”“唱好双城记，我来献良策”主题征文活动，收集文稿149篇，评选出一等奖5篇、二等奖25篇。组织部分老同志开展科技、文化、书法采风下乡活动50余次。在长岭镇、恒合乡等地设立7个科辅基地，助力“农民工返乡孵化园”建设。引导老同志组建30余支志愿者队伍，在社区疫情防控、全国文明城区创建、邻里纠纷化解等方面发挥作用。区关工委每年举办“中华魂”读书活动；开展家校社共育活动，线上线下授课170余场。区革命传统教育协会编印《革命英烈在万州》《学习传承延安精神》等书籍。

【离退休干部活动中心】 2021年，区委老干局老干部活动中心下设周家坝、孙家书房、五桥3个老干部活动室，设置健身室、乒乓球室、阅览室、棋牌室、音乐舞蹈室、书画室、桥牌室等功能室，配备20余种学习资料。牵头拍摄制作的“永远跟党走”MV在七一网和红岩青松同步播出；编辑出版《万州老干书画》《光影颂祖国》《方寸送党恩》3部作品集。重庆市老干部艺术团万州分团、老干部京剧团及摄影、书画、桥牌、乒乓球、门球、象棋、集邮、太极拳等8个兴趣小组，常态化开展文体活动。

（刘南兰）

2021年6月28日，为庆祝中国共产党成立100周年，万州区委老干局在万州大会堂举办“真情颂党恩 永远跟党走”文艺演出 （区委老干局 供图）

保密工作

【概况】 2021年，万州区保密安全工作贯彻总体国家安全观，加强保密宣传教育，开展保密执法检查，做好保密服务保障，处置发现新风险新隐患，全区未发生重大泄密案件。

【保密宣传教育】 2021年，万州区围绕领导干部、涉密人员、社会群众3个群体开展全民保密教育。组织“区级领导干部保密工作培训会”等集中培训3次，邀请市级专家授课1次，覆盖各级领导干部380余人，直接向各单位负责人进行电话提醒1次，涉及领导120余人。组织技术人员到重点单位开展“上门送教”6场，累计培训2900余人次。通过“网信万州”微信公众号刊发《致万州市民的一封信》等保密相关文章7篇，总阅读量5000余人次。开展“4·15全民国家安全日”进社区活动，在全区676辆公交车上连续播放《保守国家秘密》公益宣传片8个月，覆盖乘客30余万人次。

【保密执法检查】 2021年，万州区保密工作以“自查自评+常态化检查+专项检查”工作模式，指导各地各部门开展保密自查自评工作2次，开展“庆祝中国共产党成立100周年网络安全检查”等专项检查3次，涉及单位60余家，下发《整改通知书》7份，处理直接责任人4人。

【保密服务保障】 2021年，万州区将保密要求贯穿各类国家级考试“考前检查、考中巡逻、考后报告”全流程，全年审核试卷保密室8间，参与国家级考试应急预案制定和监考工作5场。做好涉密视频会议系统维护并做好保密会议随行服务，保障涉密会议80余场，未发生失泄密事件。

（区国家保密局）

党校工作

【概况】 2021年，中国共产党万州区委员会党校（简称区委党校）把习近平新时代中国特色社会主义思想作为教学首要任务和中心内容，突出党的理论教育和党性教育的主业主课地位，构建“结构化+精准化+特色化”学科体系，打造“精品课程+精美案例+精彩现场”系列课程，加强干部思想淬炼、政治历练、实践锻炼、专业训练，提升干部综合能力素养。3月30日，区委党校迁建项目开工，定址于江南新区核心区金岛路。

【培训教育】 2021年，区委党校举办各类班次35期，其中初任公务员培训班2期、十九届五中全会精神暨党史学习教育专题培训班5期，培训学员5720人次；全市党校（行政院校）系统第一片区协作组专题班2期，共90人。打造《三峡移民精神的科学内涵及时代价值》《三峡移民城市规划管理与城市文化建设》等18门专题课程，其中《延安时期中国共产党提升话语权的经验与启示》获全市党校（行政学院）系统第七届教学比赛第二名、第一片区协作组教学比赛第一名。全年组织教学骨干宣讲100余场次，受众9000余人次；开展全区“党史微课堂”5场次，受众500余人次。

【科研资政】 2021年，区委党校紧扣时代主题和地方经济社会发展实际，围绕推动党史学习教育、庆祝中国共产党成立100周年、贯彻落实党的十九届六中全会精神等热点、重点问题开设专栏、深化研究。编发《三峡论坛》4期，刊发各类理论文章76篇，发行3000余册。发挥教师理论优势和学员实践优势，对接区级有关部门，打造教师、学员和区级有关部门“1+1+X”合作团队，形成共研共享机制。跟进研究党委政府重大决策部署和社会热点重点难点问题。全年结项各级各类课题21项，其中省部级课题2项、市级部门重点课题3项、市级部门一般课题10项、区级重大课题2项。公开发表理论文章49篇，其中核心期刊3篇；全年编送《资政参考》《送阅件》8期，获市、区级领导批示17人次，其中市级领导批示3人次、区级领导批示14人次。

【片区协作】 2021年，区委党校融入万达开川渝统筹发展示范区建设，与四川省达州市委党校签署协同发展战略合作框架协议。全年互派2个班次，培训学员98人次；与达州市委党校、开州区委党校共同举办“万达开党校系统庆祝中国共产党成立100周年”理论研讨会。与山东省济宁市委党校签署缔结为友好党校框架协议，议定每年为万州举办政德教育专题培训班3次以上、培训学员450人以上。对接浙江省宁波市滕头乡村振兴学院，就合作共建滕头乡村振兴学院万州分院达成共识。与达州市委党校、开州区委党校联合举行庆祝中国共产党成立100周年理论研讨会暨党史学习教育宣讲报告会，区委党校教师撰写的13篇论文入选。以“百年伟业与民族复兴”为主题，在万州举办重庆市党校（行政学院）系统第一片区协作组理论研讨会。

【党校师资队伍建设】 2021年，区委党校通过2021重庆英才大会等多渠道引进硕士研究生3名、军转干部1名；选送优秀教师、干部参加各级各类培训19人次，挂职锻炼2人次专技人员，申报副教授职称3名，2名专技人员提任区级部门副职和乡镇副职。

（区委党校）

党史编研

【概况】 2021年，万州区党史和地方志研究室（简称区史志研究室）围绕党史书籍编纂出版、党史宣传教育、党史资料征集等方面，助力全区党史学习教育，被人力资源和社会保障部、中央党史和文献研究院联合表彰为“全国党史和文献部门先进集体”。

【党史书籍编纂出版】 2021年，区史志研究室修订重印《中国共产党重庆历史万州区卷》，并作为全区党史学习教育的重要参考资料。编撰出版《口述万州党史》《图说万州党史》2部党史书籍，再现万州党组织成立以来各个历史时期经济社会等各方面取得的成就。深入挖掘万州红色文化资源，撰写《关于加强红色资源整合与保护利用的建议》《下川东革命历史文物保护管理运用存在的问题及建议》《发扬三线建设精神推动万州工业提档升级》等资政文章，供区委、区政府和有关部门决策参考。

《口述万州党史》 2021年11月内部出版，全书50余万字，主要收录新民主主义革命时期以来万州各个历史时期的相关亲历者、参与者、见证者和老同志的口述回忆文章100篇，集中反映万州人民在中国共产党的领导下争取民族独立、人民解放和实现国家富强、人民幸福的光辉历程。

《图说万州党史》 2021年11月内部出版，收录图片300余幅，以图文并茂的形式展现新民主主义革命时期以来万州各个历史时期经济社会等各方面取得的成就。

【党史宣传教育】 2021年，区史志研究室推进党史“四进”宣传教育活动，围绕庆祝中国共产党成立100周年重要时间节点，组织党史专家先后到区委办、高峰镇、郭村学校、袁家墩社区等单位宣讲万州地方党史50余场（次）。向区内各级党组织免费赠阅《中国共产党重庆历史万州区卷》《光荣之城——万州区革命历史遗址巡礼》等书籍1000余册。联合重庆三峡融媒体中心在《万州时报》、“看万州”App等主流媒体平台开设“寻访红色印记”“百年奋斗路”等栏目，刊载万州革命历史遗址、万州党史大事记及英烈人物等，共推出“寻访红色印记”8期、“百年奋斗路”10期。与重庆三峡融媒体中心联合拍摄《萧楚女恽代英播撒革命火种》等11集万州党史故事微视频，在万州电视台等媒体平台播出。审读“江竹筠生平事迹展”“下川东革命历史展”展陈文稿，征集原地下党万县县委书记雷震的亲笔题词、红岩英烈周后楷生前使用的皮箱等革命文物6件用于展陈，并配合做好布展工作，两项展览于“七一”前对外开放。与区档案局、重庆三峡融媒体中心联合举办“百年党史万州记忆”珍档图片展，吸引数千名党员干部和群众参观。运用“万州史志”微信公众号推送万州地方党史资料等信息近100篇，扩大党史宣传面和知晓率。

【党史资料征集】 2021年，区史志研究室结合《口述万州党史》编纂，到区政协文史学习委、区委老干局等单位收集、补充、整理口述回忆文章110余篇50余万字；收集万州脱贫攻坚专题资料20余万字，并向市委党史研究室上报脱贫攻坚口述史资料5篇；跟进收集整理万州区抗击新冠肺炎疫情有关文件、报摘、图片等资料；通过实地采访等形式，征集在万州的抗战老同志文字资料10余万字，录制采访视频8小时；编写《中共万州区历史大事记（2021年）》资料长编3万余字。

【区史志研究室获评“全国党史和文献部门先进集体”】 2021年12月31日，区史志研究室被人力资源和社会保障部、中央党史和文献研究院联合表彰为“全国党史和文献部门先进集体”，是重庆市唯一获奖单位。区史志研究室是区政府直属正处级事业单位，负责地方党史资料征集、研究编纂和宣传教育。近年来，先后申报并完成中央党史和文献研究宣传专项引导资金项目《下川东武装斗争史研究》，编撰出版《重庆市万州区抗日战争时期人口伤亡和财产损失》《图说万州党史》《口述万州党史》等党史编研成果。撰写《关于万州红色文化资源保护利用的建议》等资政文章。

（区史志研究室）

2021年5月18日，万州区史志研究室在万州区法院开展党史学习教育宣讲

（区史志研究室 供图）

重庆市万州区人民代表大会

综　述

【概况】　2021年，万州区人民代表大会常委会（简称区人大常委会）召开人民代表大会2次、常委会会议11次、主任会议19次；听取和审议“一府一委两院”工作报告29个，开展专题调研39项、专题视察5次、执法检查4项、工作评议1项、“代表问政”1次；作出决定决议14项；任免国家机关工作人员134人次；选举产生区六届人大代表448名，乡镇人大代表2448名并确认当选资格有效，完成区五届人大六次会议确定的各项工作任务。

【代表构成】　2021年，区五届人大有代表423名。其中，中国共产党党员代表331人，占78.25%；非中国共产党党员代表92人，占21.75%；妇女代表104人，占24.59%；少数民族代表9人，占2.13%。选举区六届人大代表448名，其中，中国共产党党员代表315人，占70.31%；非中国共产党党员代表135人，占30.13%（其中2名代表既是中共党员，又是其他民主党派）；妇女代表124人，占27.68%；少数民族代表6人，占1.34%。

【工作联动】　2021年，区人大常委会加强与市人大常委会及各专工委的工作联系，常委会领导列席市人大常委会会议，反映基层情况，传递代表声音，争取指导支持。增进与市内外各级地方人大常委会的联系联络，围绕创新优化工作机制、助推一体化发展等交流，为促进人大工作区域协同夯实基础。区人大常委会领导分片联系指导乡镇人大和街道人大工委，指导推进重大民生实事项目代表票决制等重点工作；联动各乡镇人大、街道人大工委开展监督工作；邀请乡镇人大主席、街道人大工委主任列席区人大常委会会议；支持各乡镇人大、街道人大工委落实机构、人员、经费等保障，提升全区人大工作整体合力。

【人大信访工作】　2021年，区人大常委会受理群众来信来访169件（批）次，办理市人大常委会转办交办信访件6件；区人大常委会领导阅批群众来信26件，开展接访下访活动150次，接待群众538人次。

【区人大代表换届选举】　2021年11月30日，万州区进行区、乡镇人大代表换届选举投票，选举产生新一届人大代表。全区登记选民1325869人，登记率88.1%；1147342名选民参加选举投票，占登记选民数86.54%。划分区人大代表选区203个，应选区六届人大代表450名，实际选出448名，确认448名代表当选资格有效。划分乡镇人大代表选区921个，应选乡镇人大代表2452名，实际选出2448名，占应选名额的99.84%。本次选举，区、乡镇人大代表均一次性选出，工人、农民、妇女、非中共党员代表的比例上升明显，党政干部代表的比例明显下降。当选的区人大代表中，大专以上文化程度383名，占85.49%，比上届增加6.88%。

（葛木垚）

重要会议

【区人民代表大会会议】 区五届人大六次会议 2021年1月16—18日在万州大会堂召开，应到代表427人，实到代表402人，举行预备会议1次、全体会议3次、主席团会议4次、各代表团会议5次。大会听取和审议区政府区长聂红焰作的区人民政府工作报告、区人大常委会主任贺恩友作的区人大常委会工作报告、区法院院长陈忠作的区人民法院工作报告、区检察院检察长刘峰作的区人民检察院工作报告；听取万州经开区工作报告（书面）；审查计划报告、预算报告，批准万州区2021年国民经济和社会发展计划和2021年区级财政预算；审查和批准《重庆市万州区国民经济和社会发展第十四个五年规划和二〇三五年远景目标纲要（草案）》。

区五届人大七次会议 2021年5月30日在万州大会堂召开，应到代表424人，实到代表382人，共举行分团预备会议1次、全体会议2次、主席团会议3次、各代表团会议3次。大会选举谭方培为区人大常委会副主任。

【区人大常委会会议】 区五届人大常委会第三十九次会议 2021年1月11日在区人大常委会机关常委会会议室召开。会议听取区人大常委会办公室主任吴凯峰受区五届人大六次会议筹备处委托作的重庆市万州区第五届人民代表大会第六次会议筹备工作情况报告，听取和审议区五届人大常委会代表资格审查委员会主任委员殷久阳作的区人大常委会代表资格审查委员会关于个别代表资格审查的报告，审议区人大常委会主任会议关于提请审议重庆市万州区第五届人民代表大会第六次会议主席团成员和秘书长等建议名单及列席人员名单（草案）的议案，审议重庆市万州区第五届人民代表大会有关专门委员会组成人员表决办法（草案），审议区人大常委会主任会议关于提请审议补选重庆市第五届人民代表大会代表的议案，审议区人大常委会补选重庆市第五届人民代表大会代表办法（草案），酝酿和确定重庆市第五届人民代表大会代表候选人名单，审议区人大常委会补选重庆市第五届人民代表大会代表监票员名单（草案），选举重庆市第五届人民代表大会代表1名，审议区人大常委会工作报告（草案），听取区人大监察法制委、财经委、城环委、社会建设委2020年工作总结及2021年工作要点（书面）。

区五届人大常委会第四十次会议 2021年3月29日在区人大常委会机关常委会会议室召开。会议听取和审议区人大监察法制委主任委员陈大清作的区人大监察法制委关于备案审查工作情况的报告，听取万州经开区管委会副主任骆高燕受区政府委托作的万州经开区2020年财政预算执行和2021年财政预算情况的报告，听取江南新区2020年财政预算执行和2021年财政预算情况的报告（书面），听取渝东开发区2020年财政预算执行和2021年财政预算情况的报告（书面），听取区政府副区长涂立军受区政府委托作的区政府关于公共文化服务体系建设情况的报告，听取区政府副区长涂立军受区政府委托作的区政府关于全区长江生态屏障项目建设情况的报告，审议区人大常委会主任会议关于提请审议接受张程辞去重庆市万州区人民政府副区长职务的议案。

区五届人大常委会第四十一次会议 2021年5月17日在区人大常委会机关常委会会议室召开。会议审议区人大常委会主任会议关于提请审议许可区公安局对区五届人大代表乔玉平采取刑事强制措施的议案，4名任命人员向区人大常委会报告履职情况并开展满意度测评，进行人事任免并按规定向任命人员颁发任命书和举行宪法宣誓，听取和审议区五届人大常委会代表资格审查委员会主任委员殷久阳作的区人大常委会代表资格审查委员会关于个别代表资格审查的报告，审议

2021年1月16—18日，万州区五届人大六次会议在万州大会堂召开

（区人大常委会办公室 供图）

区人大常委会主任会议关于提请审议召开重庆市万州区第五届人民代表大会第七次会议的议案，听取区人大常委会办公室主任吴凯峰受区五届人大七次会议筹备处委托作的重庆市万州区第五届人民代表大会第七次会议筹备工作情况报告，审议区人大常委会主任会议关于提请审议接受楼秋玲辞去重庆市万州区人大常委会副主任职务的议案，审议区人大常委会主任会议关于提请审议重庆市万州区第五届人民代表大会第七次会议主席团成员和秘书长等建议名单及列席人员名单（草案）的议案，审议重庆市万州区第五届人民代表大会第七次会议选举办法（草案）。

区五届人大常委会第四十二次会议　2021年5月31日在区人大常委会机关常委会会议室召开。会议听取区政府副区长张国建受区政府委托作的区政府关于职业教育发展情况的报告，听取和审议区政府副区长张国建受区政府委托作的区政府关于农业面源污染防治工作情况的报告并开展工作评议，听取区政府副区长蒋艺义受区政府委托作的区政府关于全区退役军人事务工作情况的报告，听取区检察院检察长刘峰作的区检察院关于未成年人检察工作情况的报告，审议区人大常委会主任会议关于提请审议《重庆市万州区人民代表大会常务委员会关于进一步加强和规范区人大常委会任前法律知识考试有关工作的办法（草案）》，听取和审议区政府副区长蒋艺义受区政府委托作的区政府关于两镇一乡改设街道区划调整情况的报告。

区五届人大常委会第四十三次会议　2021年7月29日在区人大常委会机关常委会会议室召开。会议听取和审议区政府副区长刘小泉受区政府委托作的区政府关于2021年1—6月国民经济和社会发展计划执行情况的报告，听取和审议区政府副区长刘小泉受区政府委托作的区政府关于2021年1—6月预算执行情况的报告，听取区政府副区长蒋艺义受区政府委托作的区政府关于公立医院综合改革情况的报告，听取和审议区人大常委会执法检查组副组长陈保余受区人大常委会执法检查组委托作的区人大常委会执法检查组关于检查《中华人民共和国水法》贯彻实施情况的报告，进行人事任免并按规定向任命人员颁发任命书和举行宪法宣誓。

区五届人大常委会第四十四次会议　2021年8月23日在区人大常委会机关常委会会议室召开。会议审议区人大常委会主任会议关于提请重新确定全区新一届乡镇人大代表名额的议案。

区五届人大常委会第四十五次会议　2021年9月26—28日在区人大常委会机关常委会会议室召开。听取和审议区人大常委会执法检查组组长谭方培作的区人大常委会执法检查组关于检查《中华人民共和国国旗法》贯彻实施情况的报告，听取和审议区人大常委会执法检查组副组长姜孝安受区人大常委会执法检查组委托作的区人大常委会执法检查组关于检查《中华人民共和国食品安全法》贯彻实施情况的报告，审议区人大常委会主任会议关于提请设立高峰街道人大工作委员会等的议案，听取区人大常委会主任会议关于万州区新一届乡镇人大代表名额调整的说明（书面），审议区人大常委会主任会议关于提请审议接受刘峰辞职的议案，进行人事任免并按规定向任命人员颁发任命书和举行宪法宣誓，审议区人大常委会主任会议关于提请审议决定邹燕凌为重庆市万州区人民检察院代理检察长的议案，听取和审议区政府常务副区长姜雪松受区政府委托作的区政府关于2020年度区级预算执行和财政收支审计工作的报告，听取和审议区政府常务副区长姜雪松受区政府委托作的区政府关于2020年财政决算（草案）的报告，审查和批准区级财政决算，审议区人大常委会主任会议关于万州区区乡镇人民代表大会换届选举时间的议案，审议区人大常委会主任会议关于设立重庆市万州区选举委员会的议案，审议区人大常委会主任会议关于设立各乡镇选举委员会的议案，听取和审议区监委主任李小军作的区监委关于扶贫领域腐败和作风问题专项治理工作情况的报告，听取区政府副区长张国建受区政府委托作的区政府关于全区百万亩经果林项目建设情况的报告，听取区政府副区长张国建受区政府委托作的区政府关于全区残疾人保障工作情况的报告，听取区政府副区长蒋艺义受区政府委托作的区政府关于《中华人民共和国长江保护法》贯彻实施情况的报告，听取和审议区政府副区长蒋艺义受区政府委托作的区政府关于国有资产管理情况的综合报告，听取和审议区政府副区长蒋艺义受区政府委托作的区政府关于国有自然资源管理情况的专项报告，审议区人大常委会主任会议关于提请审议许可区公安局对个别区五届人大代表采取强制措施的议案，审议区人大常委会主任会议关于提请审议《〈重庆市万州区人民代表大会代表建议批评和意见办理办法〉修订案（草案）》的议案。

区五届人大常委会第四十六次会议　2021年11月22日在区人大常委会机关常委会会议室召开。会议听取区法院院长陈忠作的区法院关于人民法庭服务乡村振兴工作情况的报告，听取和审议区政府副区长涂立军受区政府委托作的区政府关于全区2021年度环境保护工作情况的报告，听取区政府副区长张国建、区法院院长陈忠和区人大常委会人事代表工委分别作的区政府、区法院、区人大常委会人代工委关于区五届人大六次会议以来代表建议、批评和意见办理情况的报告，审议区人大常委会主任会议关于提请审议许可区公安局对个别区五届人大代表采取强制措施的议案，审议区人大常委会主任会议关于提请审议万放辞去重庆市万州区第五届人民代表大会常务委员会委员职务的议案，进行人事任免并按规定向任命人员颁发任命书和举行宪法宣誓。

区五届人大常委会第四十七次会议　2021年12月14日在区人大常委会机关常委会会议室召开。会议听取和审议区政府副区长颜森受区政府委托作的区政府2021年区本级财政收支预算调整方案（草案）的报告，听取区选举委员会办公室主任王智鸣受区选举委员会委托作的重庆市万州区选举委员会关于全区区、乡镇两级人大代表换届选举工作情况的报告，听取和审议区五届人大常委会代表资格审查委员会主任委员殷久阳作的区人大常委会代表资格审查委员会关于重庆市万州区第六届人民代表大会代表资格审查的报告，审议区人大常委会主任会议关于提请审议召开重庆市万州区第六届人民代表大会第一次会议的议案，审议区人大常委会主任会议关于提请审议接受个别代表辞去重庆市第五届人民代表大会代表职务请求的议案，进行人事任免并按规定向任命人员颁发任命书和举行宪法宣誓。

区五届人大常委会第四十八次会议　2021年12月24日在区人大常委会机关常委会会议室召开。会议听取和审议区政府副区长张国建受区政府委托作的区政府关于2020年度财政预算执行和其他财政收支审计查出问题整改情况的报告，听取和审议区政府副区长张国建受区政府委托作的区政府关于“七五”普法工作和“八五”普法规划情况的报告，听取区人大常委会办公室主任吴凯峰受区六届人大一次会议筹备处委托作的重庆市万州区第六届人民代表大会第一次会议筹备工作情况的报告，审议区人大常委会主任会议关于提请审议重庆市万州区第六届人民代表大会第一次会议主席团成员和秘书长等建议名单及列席人员名单（草案）的议案，审议重庆市万州区第六届人民代表大会第一次会议选举办法（草案），审议重庆市万州区第六届人民代表大会第一次会议关于设立重庆市万州区第六届人民代表大会专门委员会的决定（草案），审议重庆市万州区第六届人民代表大会专门委员会组成人员人选通过办法（草案），审议区人大常委会工作报告（草案），审议区人大监察法制委、财经委、城环委、社会建设委工作总结（书面）。

区五届人大常委会第四十九次会议　2021年12月30日在区人大常委会机关常委会会议室召开。会议审议区人大常委会主任会议关于提请审议变更重庆市万州区第六届人民代表大会第一次会议有关事项的议案，审议区人大常委会主任会议关于提请审议调整重庆市万州区第六届人民代表大会第一次会议主席团成员等建议名单的议案，审议区人大常委会主任会议关于提请审议接受个别代表辞去重庆市第五届人民代表大会代表职务请求的议案。

（葛木垚）

人大监督

【法治工作监督】　2021年，区人大常委会听取和审议区政府关于“七五”普法工作和“八五”普法规划情况、区人大监察法制委关于备案审查工作情况的报告；听取区政府关于法治政府建设情况、区监委关于扶贫领域腐败和作风问题专项治理工作情况、区法院关于人民法庭服务乡村振兴工作情况、区检察院关于未成年人检察工作情况的报告；视察公安执法规范化建设工作情况；开展《中华人民共和国水法》《中华人民共和国国旗法》《中华人民共和国食品安全法》等法律实施情况执法检查，受市人大常委会委托开展《中华人民共和国固体废物污染环境防治法》实施情况执法检查。备案审查区政府报备的《关于高污染燃料禁燃区扩建的通告》等规范性文件7件，前置审核《万州区平湖英才计划实施办法》等规范性文件13件。

【经济工作监督】　2021年，区人大常委会听取和审议区政府关于2021年1—6月国民经济和社会发展计划执行情况的报告、国有资产管理情况的综合报告、国有自然资源管理情况的专项报告；听取区政府关于全区重点项目建设情况、百万亩经果林基地项目建设情况、“十四五”专项规划编制情况的报告；视察全区工业经济发展情况。

【公共财政监督】　2021年，区人大常委会听取和审议区政府关于2021年1—6月财政预算执行情况、2020年度区级预算执行和其他财政收支审计工作、2020年度区级预算执行及其他财政收支审计查出问题整改情况的报告；听取和审议区政府关于2020年财政决算（草案）、2021年区本级财政收支预算调整方案（草案）的报告，审查和批准区级财政决算、区本级财政收支预算调整方案；听取区政府关于2021年区本级财政收支预算方案的报告，万州经开区、江南新区2020年财政预算执行和2021年财政预算情况的报告；加强政府债务、预算执行、审计查出突出问题整改等监督，持续推动全面预算绩效管理、预算公开评审等工作。

【民生工作监督】　2021年，区人大常委会听取和审议区政府关于全区2021年度环境保护工作情况的报告；

听取区政府关于公共文化服务体系建设情况、职业教育发展情况、公立医院综合改革情况、长江生态屏障项目建设情况、退役军人事务工作情况、残疾人保障工作情况等报告；视察全区城市建设工作、脱贫攻坚工作情况；与市人大常委会联动开展农业面源污染防治工作评议；围绕江南水厂建设情况开展“代表问政”；常态化督促落实中央和市委、区委关于疫情防控各项要求。

（蒿木垚）

重大事项决定与人事任免

【概况】 2021年，区人大常委会依法讨论决定重大事项，作出决定决议14项。区人大常委会任免国家机关工作人员134人次，其中决定任命18人、任命53人、决定免职15人、免职48人，接受辞职4人。

【重大事项决定】 2021年，区五届人大常委会第四十次会议通过人事任免有关决定，区五届人大常委会第四十一次会议通过《关于许可区公安局对区五届人大代表乔玉平采取强制措施的决定》及人事任免有关决定，区五届人大常委会第四十二次会议通过《关于同意撤销高峰镇、天城镇、九池乡设立高峰街道、天城街道、九池街道的决议》，区五届人大常委会第四十四次会议通过《关于重新确立全区新一届乡镇人民代表大会代表名额的决定》，区五届人大常委会第四十五次会议通过《关于批准2020年区级财政决算的决议》、《关于设立高峰街道人大工作委员会等的决定》、《关于许可区公安局对区五届人大代表万本斌采取强制措施的决定》、人事任免有关决定及一系列关于换届选举有关事项的决定，区五届人大常委会第四十七次会议通过《关于批准万州区政府2021年财政收支预算调整方案的决定》。

【人事任免】 2021年5月17日，区人大常委会第四十一次会议决定任命：王智勇为万州区教委主任。

7月29日，区人大常委会第四十三次会议决定任命：张范为万州区政府副区长；任红梅为万州区审计局局长；雷传亮为万州区乡村振兴局局长。决定免去：蔡淼川的万州区审计局局长职务，任红梅的万州区金融办主任职务。免去：胡帮林的万州区监委委员职务。

9月26日，区人大常委会第四十五次会议决定任命：汪海云为万州区经济信息委主任；饶小雪为万州区民政局局长；雷传亮为万州区人力社保局局长；杜秀波为万州区住房城乡建委主任；江树清为万州区政府外办主任；傅文祥为万州区国资委主任；杨贵林为万州区乡村振兴局局长；牟维康为万州区医保局局长；张良春为万州区金融办主任；李天新为万州区物流办主任；杨荣为万州区政务服务办主任。任命：邹燕凌为万州区检察院副检察长、检察委员会委员、检察员；牟洪林为万州区人大常委会农业农村工委副主任；宋晓为万州区人大常委会教科文卫工委副主任；杨超为万州区人大监察法制委副主任委员；陈运为万州区人大城环委办公室副主任；汪世清为万州区人大社会建设委办公室副主任；陶永忠为万州区人大常委会太白街道工委主任；段小雷为万州区人大常委会高笋塘街道工委主任；邓如钦为万州区人大常委会牌楼街道工委主任；胡应国为万州区人大常委会龙都街道工委主任；漆明怀为万州区人大常委会双河口街道工委主任；段术华为万州区人大常委会周家坝街道工委主任；刘宇为万州区人大常委会沙河街道工委主任；吴明菊为万州区人大常委会钟鼓楼街道工委主任；牟奇亮为万州区人大常委会百安坝街道工委主任；程荣为万州区人大常委会五桥街道工委主任；曾大友为万州区人大常委会高峰街道工委主任；谭小林为万州区人大常委会天城街道工委主任；张永群为万州区人大常委会九池街道工委主任；侯俊芳为万州区法院刑事审判庭庭长；代元令为万州区法院民事审判一庭庭长；宋驰为万州区法院刑事审判庭副庭长；姜晶为万州区法院民事审判一庭副庭长；王志攀为万州区法院分水人民法庭副庭长；夏耒为万州区法院龙驹人民法庭副庭长；向毓军为万州区法院大周人民法庭副庭长；梅念章为万州区法院白土人民法庭副庭长。决定免去：骆明富的万州区经济信息委主任职务；陈知尧的万州区民政局局长职务；宋玮冬的万州区人力社保局局长职务；程丹的万州区住房城乡建委主任职务；兰申海的万州区人民政府外事办主任职务；张川的万州区国资委主任职务；雷传亮的万州区乡村振兴局局长职务；杜永全的万州区医保局局长职务；温飞灵的万州区物流办主任职务；张杨鹰的万州区政务服务办主任职务。免去：吴光怀的万州区人大常委会太白街道工委主任职务；吴显权的万州区人大常委会高笋塘街道工委主任职务；李亨禄的万州区人大常委会牌楼街道工委主任职务；谭红兵的万州区人大常委会龙都街道工委主任职务；张义昌的万州区人大常委会双河口街道工委主任职务；刘仕琳的万州区人大常委会周家坝街道工委主任职务；杨小东的万州区人大常委会沙河街道工委主任职务；兰斌的万州区人大常委会钟鼓楼街道工委主任职务；冉瑞祥的万州区人大常委会百安坝街道工委主任职务；吕永福的万州区人大常委会五桥街道工委主任职务；孙代斌的万州区人大常委会人代工委副主任职务；严学万的万州区法院刑事审判庭庭长职务；侯俊芳的万州区法院民事审判一庭庭长职务；姜晶的万州区法院分水人民法庭庭长职务；宋驰的万州区法院立案庭副庭长职务；郭亚飞的万州区法院分水人民法庭副庭长职务；谭瑞萍、陈湘明的万州区法院审判员职务；杨帆、朱发英、陈柳、向晓云、张丽娟、陈勤、刘勇、王华梅的万州区法院人民陪审员职务。

11月22日，区人大常委会第四十六次会议决定任命：陈绍斌为万州区水利局局长；邱文伟为万州区退役军人事务局局长；牟东云为万州区信访办主任。任命：杨文勇、李秀生、葛木垚为万州区人大常委会办公室副主任；熊竹清为重庆市万州区人大常委会人代工委副主任；周春雷为万州区人大常委会农业农村工委主任；龙芳为万州区人大常委会教科文卫工委副主任；徐洪为万州区人大常委会预算工委副主任；魏洪全、秦榛为万州区人大监察法制委办公室副主任；张安仲、杨军、秦晓军、张小娟为万州区人大财经委办公室副主任；傅世周、付继光为万州区人大城环委办公室副主任；何开春、王义权为万州区人大社会建设委办公室副主任；熊莉为万州区人大社会建设委办公室副主任、万州区人大常委会信访办公室副主任；胡乙小、徐凤霞、张大海、王兵兵、程婧雯为万州区检察院检察员。决定免去：陈维林的万州区水利局局长职务；杨秋萍的万州区退役军人事务局局长职务；陈绍斌的万州区信访办公室主任职务。免去：熊道君的万州区人大常委会农业农村工委主任职务；易良湘的万州区人大常委会农业农村工委副主任职务；程朴、徐红的万州区人大常委会教科文卫工委副主任职务；幸乾福的万州区人大常委会预算工委副主任职务；苏江华的万州区人大监察法制委副主任委员、办公室副主任职务；崔联升的万州区人大财经委副主任委员、办公室副主任职务；芮蕊的万州区人大财经委办公室副主任职务；万放的万州区人大城环委副主任委员职务；赵呈刚的万州区人大城环委办公室副主任职务；徐洪的万州区人大社会建设委副主任委员、办公室副主任职务；向光贵、邓永安、刘亚平、唐小力、王小慧、杨彦的万州区检察院检察员职务。

12月14日，区人大常委会第四十七次会议任命：李其兵、徐胜杰为万州区监委副主任，熊飚为万州区监委委员。免去：杨文勇、邱文伟的万州区监委副主任职务。

12月30日，区人大常委会第四十九次会议免去：杨超的万州区法院审判委员会委员、审判员职务；周锦海的万州区法院立案庭庭长、审判员职务。

（葛木垚）

议案和建议

【概况】 2021年，区五届人大六次会议和闭会期间收到的代表建议、批评和意见共363件。其中，大会期间收到代表建议、批评和意见358件，闭会期间收到代表建议、批评和意见5件。交区人民政府办理352件、万州经开区办理6件、区法院办理2件、党群部门办理3件。

【代表议案建议办理】 2021年，万州区实行区委、区人大常委会、区政府领导督办和领办重点建议制度，深化集中交办、联合督查、跨年度追踪、人民代表大会通报等代表建议办理的“十步工作法”，建立完善“两次办理”、“两次评价”、第三方“背靠背”调查评估等工作机制。363件代表建议、批评和意见全部办理完毕，办复率和代表反馈率均为100%，满意率96.7%，没有不满意件。

【关于加强万州区智慧教育建设的建议（22号建议）】 2021年，区五届人大六次会议期间，罗族诗代表提出《关于加强万州区智慧教育建设的建议》，建议区政府长远规划信息化建设特别是智慧规划建设前瞻性布局，加大向教育系统智慧教育建设投入的倾斜力度；教育系统落实落地教职工培养培训工作，为智慧教育建设做好人才保障，适应智慧教育建设的发展现实，真正发挥智慧教育的优势。该建议由区教委承办、区大数据发展局协办。“智慧万州·智慧教育”项目已由区大数据发展局纳入智慧城市一期“一区一枢纽两中心”建设项目，全区中小学校园网基础网络布线升级改造全部完成。区教委开展万州区中小学教师信息技术应用能力提升工程2.0，打造以校为本、基于课堂、应用驱动、注重创新、精准测评的教师信息素养发展新机制，全面促进信息技术与教育教学融合创新发展。

【关于加大万州古红桔产业发展的建议（279号建议）】 2021年，区五届人大六次会议期间，李兵代表提出《关于加大万州古红桔产业发展的建议》，建议拓宽万州古红桔的销售渠道，加大对万州古红桔的宣传、深度开发、提质改良力度。该建议由区农业农村委承办。区农业农村委具体落实万州古红桔重点保护区、核心保护区域的划定，制定和完善万州古红桔发展与保护规划与系列管理办法，同时对全区红桔种植区混杂的群体进行品种选优和基地品种纯化，加强保护与提质改良；向市、区两级申请相关红桔发展和保护政策，加强政策扶持；推进农旅融合，延伸产业链条，加强品牌打造，强化产业融合发展。

2021年万州区领导牵头督办区五届人大六次会议代表建议一览表

表3

序号	建议题目	领衔代表	牵头领导	承办单位
1	关于倾全区之力推进万州高铁新区建设的建议	吴晓阳	莫恭明	渝东开发区管委会
2	关于加强城区闲置土地管理的建议	张义昌	聂红焰	区规划自然资源局
3	关于加快恒合旅游度假区供电设备设施升级改造的建议	冉茂林	贺恩友	区经济信息委
4	关于优化产业链，振兴万州古红桔发展的建议	雷　蕾	阳秋冬	区农业农村委
5	关于加快在城乡过渡带建立中小企业园的建议	程绍祥	姜雪松	区经济信息委
6	关于探索乡镇老人集中养老服务模式的建议	黄永成	罗　莹	区民政局
7	关于加强万州旅游集散中心的中心地位的建议	梁先汇	刘丹文	区文化旅游委
8	关于统筹整合中心城镇驻镇企事业单位闲置资源资产拓展发展空间的建议	张凤政	李小军	区规划自然资源局
9	关于做好新形势下基层减负工作的建议	曾祥胜	刘　伟	区委办公室
10	关于兴建万州抗战文化博物馆的建议	宋朝辉	黄立军	区文化旅游委
11	关于加强万州城区宠物管理的建议	魏　燕	赵光平	区公安局
12	关于加快推进我区林草碳汇储备，促进“两化”先行示范区建设的建议	胡帮成	徐　洪	区生态环境局
13	关于李河镇蒲团村自来水厂供电专变转为公变的建议	谢召钢 杨　君	楼秋玲	区经济信息委
14	关于对三峡水利红巴线10千伏高压线路小周段进行升级改造的建议	林隆江	姜孝安	区发展改革委
15	关于开通玉成家园至沙河区域公交线路的建议	舒正辉	陈保余	区交通局
16	关于对走马镇有线电视网络进行接管运营的建议	刘　斌	殷久阳	区文化旅游委
17	关于推进建设万州机场复线的建议	鲍雪松	刘忠诚	区规划自然资源局
18	关于加强柠檬产业大实蝇防治的建议	谭大友	张国建	区农业农村委
19	关于加强天生城保护与开发利用的建议	陈贵林	涂立军	区文化旅游委
20	关于加快推进我区智慧医疗建设的建议	王　艳	蒋艺义	区卫生健康委
21	关于打造中国烤鱼文化特色街区的建议	向建华 张劲松	刘小泉	区商务委
22	关于在油（沙）茨（竹）公路安装区间测速设施的建议	张孝琼	余朝刚	区公安局
23	关于落实“三峡库心·长江盆景”跨区域发展规划，支持武陵打造三峡库心风情小镇和文化名镇的建议	刘厚荣	颜　森	区规划自然资源局

（蔦木垚）

人大代表工作

【人大代表履职活动】 2021年，区人大常委会开展区人大代表小组活动200余次、联组活动12次，常态化开展代表小组活动、“进选民门、知选民心、办选民事”活动以及“为政府谏一言、为发展献一策、为选区办一事、为群众解一难”年度履职活动，开展“绿化国土”“4·3代表日”、宪法日宣传等活动；邀请区人大代表列席区人大常委会会议20人次，参加调研、执法检查、专题询问等62人次。

【人大代表履职平台建设】 2021年，区人大常委会坚持方便接待群众、联系选民、就近就便原则，建成人大代表之家53个、人大代表活动站262个、人大代表民情联络点364个，细化完善学习培训、代表小组活动等制度12项，家站点建设运行经费分别纳入区、乡镇两级财政预算予以保证，落实专人负责服务管理。

【市人大代表履职服务】 2021年，区人大常委会协助在万市人大代表在市五届人大四次会议期间提出建议64件，10名市人大代表在区人大常委会会议上述职并接受评议和满意度测评。

（蔼木垚）

人大专门委员会

【区人大监察法制委】 2021年，万州区人民代表大会监察和法制委员会（简称区人大监察法制委）协助区人大常委会听取和审议备案审查工作、扶贫领域腐败和作风问题专项治理工作、“七五”普法工作等情况报告，就备案审查工作提出意见建议4条，就扶贫领域腐败和作风问题专项治理提出意见建议3条。协助区人大常委会听取未成年人检察工作和人民法庭服务乡村振兴工作等情况报告，就未成年人保护工作提出意见建议4条，就人民法庭服务乡村振兴工作提出意见建议3条。协助区人大常委会主任会听取法治政府建设工作情况报告，提出意见建议5条。协助区人大常委会组织开展《中华人民共和国国旗法》实施情况检查，提出意见建议3条。协助区人大常委会视察公安执法规范化建设。做好规范性文件备案审查工作，确保规范性文件合法性。

【区人大财经委】 2021年，万州区人民代表大会财政经济委员会（简称区人大财经委）做好2020年计划、预算执行及2021年计划、预算草案编制的初步审查工作。协助区人大常委会听取和审议1—6月国民经济和社会发展计划执行情况报告，提出意见建议4条。协助区人大常委会组织开展《中华人民共和国食品安全法》实施情况检查，提出意见建议9条。视察金龙精密铜管集团股份有限公司、年产360万吨特铝新材料项目等4家重点工业企业。开展“十四五”专项规划编制情况调研，督促相关部门加快编制进度，提高专项规划质量。开展乡镇经济社会发展专项调研，对乡镇抓住乡村振兴国家战略机遇、拓展发展思路提出对策建议。开展“一区两口岸”建设情况调研，推动重点项目加快建设。

【区人大城环委】 2021年，万州区人民代表大会城乡建设环境保护委员会（简称区人大城环委）与市人大常委会联动开展《中华人民共和国固体废物污染环境防治法》实施情况检查。协助区人大常委会听取《中华人民共和国长江保护法》贯彻实施情况的报告，协助举办长江保护法渝东北片区座谈会。协助区人大常委会听取长江生态屏障项目建设情况报告。协助区人大常委会组织开展《中华人民共和国食品安全法》实施情况检查，提出意见建议9条。牵头就江南水厂及大滩口渠系建设开展代表问政，收集意见建议20余条，梳理问题10余个，反馈区政府及相关部门研究处理。开展城乡垃圾分类调研，提出意见建议3条。开展城乡污水管网建设调研，督促解决污水管网缺失、堵塞、破损、错接、漏接等问题。开展城市交通综合执法调研，推动解决公交车、出租车停靠不规范、货车超载超限、执法不规范等问题。开展全区城市建设工作视察，提出意见建议4条。

【区人大社会建设委】 2021年，万州区人民代表大会社会建设委员会（简称区人大社会建设委）协助区人大常委会听取退役军人事务工作情况报告，提出意见建议7条。协助区人大常委会听取残疾人保障工作情况报告，提出意见建议8条。协助区人大常委会听取和审议两镇一乡改设街道区划调整情况报告，提出意见建议10条。与市人大社会建设委联动开展全区消防安全工作专题调研。开展未成年人保护工作调研，提出意见建议10条。

（蔼木垚）

重庆市万州区人民政府

综　述

【概况】　2021年，万州区人民政府（简称区政府）在区委的统揽全局下，抓住重大战略机遇，紧扣成渝地区双城经济圈建设、全市“一区两群”协调发展，抓好生态、流通、城市、产业“四个篇章”，完成改革发展任务，筑牢长江重要生态屏障，健全综合交通物流体系，提升区域中心城市品质，加快库区经济中心建设，实现“十四五”良好开局。全年地区生产总值1087.94亿元，比上年增长8.4%，历史性突破千亿元大关；固定资产投资223.2亿元，增长10%；一般公共预算收入71.45亿元，增长6.4%，其中税收收入42亿元，增长9.5%。

【全国文明城区创建】　2021年，万州区将创建全国文明城区作为最大的民生工程，纳入第十四个五年规划发展主要目标，写入区政府工作报告进行部署，推进创建工作，完成全国文明城区创建首年测评迎检。

机制健全　打响“万川毕汇·文明之州”创建品牌，建立“领导层+管理层+执行层”工作体系和“先进群体+志愿服务组织+骨干志愿者+市民”参与体系，健全目标考核制度、经验展示制度、不定期督查督办制度、整改落实制度等机制，全年印发创文工作简报20期，创文工作提示37期、创文工作交办单47期，完成379份全国文明城区创建资料、137项未成年人思想道德建设资料收集审定上报。

城市提升　推动文明城区创建与“多勤联动”“楼栋工作日”“双亮”活动等相结合，全面开展“创建全国文明城区10件小事”行动，落实“门前三包”责任、“我文明·靠右行”“雷锋的士”等工作，推动创建“从小事做起、从现在做起”。强化日常市容秩序综合整治，多举措整治农贸市场、背街小巷、老旧小区、交通点位，加强17条示范街区综合整治，完成120条背街小巷、41个老旧小区、180个卫生死角卫生治理，建成生活垃圾分类示范村437个，全面提升32大类1432个考察点位创建成效。

乡村振兴　持续推动巩固脱贫攻坚成果同乡村振兴有效衔接，以美丽乡村建设为主题，深入推进农村人居环境整治，开展“厕所革命”“村庄清洁行动”“五清理一活动”和“千村宜居”创建，农村居住环境、群众生活习惯得到根本性改善。突出抓好乡风民风，依托文明实践阵地，开展移风易俗“十抵制十提倡”宣传活动516场、“新农村新生活”培训316场，惠及群众超过10万人。制发《文明节俭操办红白喜事倡议书》，发动基层劝阻大操大办、调解不孝父母等行为230余起，整治农村“白事道场”攀比之风。

典型选树　全年新创建区级文明村镇140个、文明单位37家、文明校园28个、文明家庭100个，推出市级美丽庭院1000户、区级“最美家庭”12个、“书香家庭”10个。持续开展“新乡贤”“好婆媳”“好夫妻”“好邻居”等系列评选150

场、选出“最美家风家训”100个，好媳妇、好公婆、新乡贤等先进典型300余人。

文明风尚　推进“餐饮文明”“居住文明”“出行文明”“游乐文明”“环境文明”五大行动，建立节约用餐提醒制度，创作文明用餐系列公益广告和公益海报101份，开展“周六文明劝导我参与”志愿服务，推广施画“我文明·靠右行”斑马线，开展第三届“山水之城 美丽之地”导游词讲解大赛，推荐30名志愿者录制微视频为家乡文旅代言，深入推进“物管小区环境卫生”“生活垃圾密闭运输”专项整治，开展“同讲普通话 倡微笑服务 共建文明城”宣传活动45场。

2021年6月22日，万州区举行“发言人来了 我为群众办实事”创新推行“楼栋工作日”解民忧发布活动（区创文办　供图）

【我为群众办实事】　2021年，万州区推动开展“我为群众办实事”实践活动，督办18件全区重点民生实事、36件区级层面重点民生项目和20条“为科技工作者办实事”措施。持续深化“楼栋工作日”机制，《人民日报》《新华社内参》等刊物和央媒先后26次为“楼栋工作日”机制“点赞”。全市党史学习教育总结大会专题片中对万州“楼栋工作日”机制进行展示。万州入选全市建立“我为群众办实事”长效机制试点区县。

【重点民生实事项目】　2021年，区政府完成重点民生实事18件，投资完成5.16亿元。其中，市级11件，主要涉及普惠性学前教育发展、中小学课后服务、改厕、老年人照顾服务、城镇老旧小区改造和社会服务提升、农村公路生命安全防护栏安装、街头绿地提质、青少年心理健康教育、群众体育提升行动、农村社区养老服务全覆盖工程、“劳动者港湾”示范点建设等方面，投资完成4.37亿元；区级7件，主要涉及人行道完善提升、新生儿遗传代谢疾病筛查、“两癌”妇女救助、闲置土地处置利用、流动文化服务进村、巨灾保险购买、无大修基金无消防用水高层建筑整治工作等方面，投资完成7890万元。

2021年万州区政府为民办实事项目一览表

表4

序号	名称	事项内容	计划投资（万元）	投资完成情况		完成情况
				额度（万元）	占比（%）	
合计			51129	51558	100.80	
		市级重点民生实事（11件）	47080	43668	92.80	
1	发展普惠性学前教育	改扩建5所、配建3所，增加公办幼儿园学位1380个，学前三年毛入园率达到90%以上，普惠性幼儿园覆盖率稳定在85%以上	5160	5160	100	完成
2	开展中小学课后服务	课后延时服务参与率99%以上，进一步规范课后延时服务，让课后延时服务真正促进学生全面发展；做好两次常规教育培训机构专项督查工作，持续规范校外培训机构办学行为	23296	18376	78.90	完成
3	推进城市公厕和农村中小学“改厕”	新建城市公厕5座、改造城市公厕5座	500	500	100	完成
		改建中小学厕所15所，全区中小学厕所全部达到安全、卫生、环保底线要求	1008	1008	100	完成
4	实施老年人照顾服务计划	对全区10家符合条件的农村敬老院热水供应系统、老人房间标准化、公共洗浴间适老安全化进行升级改造	100	100	100	完成

续表4

序号	名称	事项内容	计划投资（万元）	投资完成情况		完成情况
				额度（万元）	占比（%）	
5	城镇老旧小区改造和社区服务提升	新开工改造城镇老旧小区42个199.91万平方米，改善2万户居民的居住条件和环境	4940	5650	114.40	完成
6	实施农村公路生命安全防护工程	实施农村公路生命安全防护工程650千米	10400	10400	100	完成
7	实施街头绿地提质工程	建设街头绿地项目4个3万平方米	200	600	300	完成
8	青少年心理健康教育	在7家二级及以上综合医院开设心理门诊；依托重庆大学附属三峡医院建设心理服务平台1个	70	102	145.70	完成
		依托区教师进修学院建设心理服务平台2个，培训心理健康教师300人。全面开展中小学青少年心理健康活动，青少年心理健康核心知识知晓率75%以上	16	382	2387.50	完成
9	实施群众体育提升行动	举办全民健身月、全民健身日、“长江杯”乒乓球比赛、横渡长江系列赛、万州男子篮球联赛等全民健身赛事10场	280	280	100	完成
10	实施农村社区养老服务全覆盖工程	建设乡镇养老服务中心11个	1100	1100	100	完成
11	“劳动者港湾”示范点建设	建设“劳动者港湾”示范点3个	10	10	100	完成
		区级重点民生实事（7件）	4049	7890	194.90	
12	人行道完善提升	完善提升人行道20千米	1000	1340	134	完成
13	新生儿遗传代谢疾病筛查	以2020年万州区住院分娩活产数9473例为基数，全区全年免费筛查率98%，免费筛查新生儿9284例	119	96.80	81.30	完成
14	“两癌”妇女救助	对全国妇联“贫困母亲‘两癌’救助专项基金”救助后余下的入库妇女给予每人1万元救助金，实现入库妇女救助全覆盖	50	28	56	完成
15	闲置土地处置利用工作	完成23宗闲置土地处置利用“开工、收回、化解、建设”的工作目标，利用闲置土地建设学校、公园、广场、停车场、街头绿化等项目	—	—	—	完成
16	流动文化服务进村	全年为乡镇（街道）、村（社区）群众送文艺演出、图书、展览讲座、辅导培训和政策法规宣讲等文化活动2000场以上	120	464.96	387.50	完成
17	购买巨灾保险	由政府全额出资购买巨灾保险，用于分担灾害发生时处于本行政区域内的所有自然人的救助	260	260	100	完成
18	无大修基金无消防用水高层建筑整治工作	通过增设、更新室内外消火栓系统、自动灭火系统，对前期排查确定的402栋无大修基金、无消防用水的高层建筑进行整治，确保高层建筑消防系统完好有效	2500	5700	228	完成

（区政府办公室）

重要会议

【区政府全体会议】 2021年，区政府召开全体会议2次。

五届区政府第五次全体会议 1月8日召开，审议并原则通过《万州区人民政府工作报告（送审稿）》《万州区2020年国民经济和社会发展计划执行情况及2021年计划草案报告（送审稿）》《万州区2020年预算执行情况和2021年预算草案报告（送审稿）》《万州区国民经济和社会发展第十四个五年规划和二〇三五年远景目标纲要（送审稿）》。

五届区政府第六次全体会议 12月22日召开，审议并原则通过《万州区人民政府工作报告（送审稿）》《万州区2021年国民经济和社会发展计划执行情况及2022年计划草案报告（送审稿）》《万州区2021年预算执行情况和2022年预算草案报告（送审稿）》。

【区政府常务会议】 2021年，万州区政府召开常务会议28次。

五届区政府第75次常务会议 1月5日召开，审议并原则通过《万州区人民政府工作报告（送审稿）》《万州区2020年国民经济和社会发展计划执行情况及2021年计划草案报告（送审稿）》《万州区2020年预算执行情况和2021年预算草案报告（送审稿）》《万州经济技术开发区工作报告（送审稿）》《万州区国民经济和社会发展第十四个五年规划和二〇三五年远景目标纲要（送审稿）》《万州区构建现代环境治理体系实施方案（送审稿）》等。

五届区政府第76次常务会议 2月8日召开，审议并原则通过《2021年万州区政府工作报告确定目标任务责任分解方案（送审稿）》《万州区反思整改“两个不到位、两个不扎实”问题切实加强安全生产工作方案（送审稿）》等。

五届区政府第77次常务会议 2月18日召开，审议并原则通过《2021年重点民生实事建议方案（送审稿）》《关于全面推进乡村振兴加快农业农村现代化的实施意见（送审稿）》《关于实现巩固拓展脱贫攻坚成果同乡村振兴有效衔接的实施意见（送审稿）》等。

五届区政府第78次常务会议 2月23日召开，审议并原则通过《重庆市万州区国民经济和社会发展第十四个五年规划和二〇三五远景目标纲要任务分解方案（送审稿）》《万州区积极应对人口老龄化工作方案（送审稿）》等。

五届区政府第79次常务会议 3月11日召开，审议并原则通过《创建全国义务教育优质均衡发展区工作方案（送审稿）》《万州区创建全国文明城区工作方案（送审稿）》《万州区第十三届青少年科技创新区长奖、区长奖提名奖获奖建议人选名单》等。

五届区政府第80次常务会议 3月29日召开，审议并原则通过《万州区2021年“一区一枢纽两中心”建设重点项目计划表（送审稿）》《万州区2021年“一区一枢纽两中心”建设重点事项计划表（送审稿）》《万州区加快推进“一区一枢纽两中心”建设工作机制（送审稿）》等。

五届区政府第81次常务会议 4月12日召开，听取全区地质灾害防治工作情况汇报、东西部协作和定点帮扶工作情况汇报、“十四五”期间接续推进“三大攻坚战”“八项行动计划”有关工作情况汇报等。

五届区政府第82次常务会议 4月21日召开，审议并原则通过《区政府领导干部安全生产职责清单和2021年度工作清单（送审稿）》等，听取全区一季度经济运行情况汇报、全区旅游安全工作情况汇报、全区打击治理电信网络新型违法犯罪情况汇报等。

五届区政府第83次常务会议 5月7日召开，审议并原则通过《2021年度安全生产与自然灾害防治工作考核办法（送审稿）》等，听取全区防汛抗旱工作情况汇报等。

五届区政府第84次常务会议 5月26日召开，审议并原则通过《万州区创建市级全域旅游示范区工作实施方案（送审稿）》等，听取关于“一区一枢纽两中心”建设项目推进情况汇报、听取全区安全生产问题整改落实情况和大排查大整治大执法百日行动有关情况汇报等。

五届区政府第85次常务会议 5月31日召开，审议并原则通过《万州区两镇一乡改设街道区划调整方案（送审稿）》。

五届区政府第86次常务会议 6月7日召开，审议并原则通过《支持科技创新若干财政金融政策（送审稿）》等，听取全区2020年市级和区级脱贫攻坚成效考核情况汇报、全区建设施工安全管理工作情况汇报等。

五届区政府第87次常务会议 6月17日召开，审议并原则通过《重庆市万州区生态环境保护责任清单（送审稿）》《全面推行林长制的实施意见（送审稿）》等。

五届区政府第88次常务会议 6月29日召开，审议并原则通过《重庆市万州区集体土地征收补偿安置实施办法（送审稿）》等，听取全区贯彻落实全国深化“证照分离”改革动员培训会议精神意见的汇报、2021年上半年全区安全生产和自然灾害防治工作情况汇报等。

五届区政府第89次常务会议 7月9日召开，听取全区平台经济发展和碳达峰碳中和有关工作情况汇报、全区森林防灭火工作情况汇报等。

五届区政府第90次常务会议 7月21日召开，听取全区上半年经济运行情况汇报，研究分析全区经济形势，安排部署下半年重点工作。传达全市新冠病毒疫苗接种工作视频调度会精神，听取全区新冠病毒疫苗接种工作情况汇报。

五届区政府第91次常务会议 7月27日召开，审议并原则通过《关于高污染燃料禁燃区扩建的通告（送审稿）》等，听取重点地区来万返万人员健康管理及全区新冠病毒疫苗接种工作情况汇报、全区气象灾害防御工作情况汇报等。

五届区政府第92次常务会议 8月9日召开，传达全国、全市疫情防控工作电视电话会议精神，听取全区疫情防控及疫苗接种工作情况汇报、全区危险化学品安全生产工作情况汇报、全区推进农村厕所革命工作情况汇报等。

五届区政府第93次常务会议 8月26日召开，审议并原则通过《万州区长江重庆段“两岸青山·千里林带”规划建设总体方案（2021—2030）（送审稿）》《万州区2021年长江重庆段“两岸青山·千里林带”规划建设实施方案（送审稿）》等，听取全区推进法治政府建设情况汇报、全区道路交通安全管理工作情况汇报、全区新冠病毒疫苗接种工作情况汇报等。

五届区政府第94次常务会议 9月6日召开，审议并原则通过《重庆市万州区重大行政决策事项目录标准（送审稿）》《2021年度重大行政决策事项目录（送审稿）》等，听取全区水上交通安全工作开展情况汇报。

五届区政府第95次常务会议 9月24日召开，审议并原则通过《铁峰山国家森林公园万州区域违建处置优化方案（送审稿）》《万州区持续营造国际一流营商环境实施方案（送审稿）》《万州区建设大健康产业协同创新区实施方案（送审稿）》《重庆市万州区应急管理“十四五”规划（送审稿）》《重庆市万州区防震减灾“十四五”规划（送审稿）》等，听取全区工贸行业安全生产工作开展情况的汇报等。

五届区政府第97次常务会议 10月8日召开，审议并原则通过《万州区城镇小区配套幼儿园建设移交实施办法（送审稿）》《重庆市万州区人民政府关于规定森林防火期和划定森林防火区的通告（送审稿）》等，听取全区粮食安全有关工作情况汇报、全区生活垃圾分类工作情况汇报等。

五届区政府第98次常务会议 10月22日召开，审议并原则通过《万州区“平湖英才”计划实施办法（送审稿）》等，研究分析2021年前三季度全区经济形势，安排部署四季度经济工作，听取全区新冠肺炎疫情防控工作情况汇报、2021年全区中小学教育发展及减轻义务教育阶段学生作业负担和校外培训工作推进情况的汇报等。

五届区政府第99次常务会议 11月11日召开，审议并原则通过《万州区推动食品产业高质量发展行动计划方案（2021—2025年）（送审稿）》《重庆市万州区人民政府关于废止部分区政府规范性文件的决定（送审稿）》《万州区行政规范性文件后评估工作办法（送审稿）》《万州区重大行政决策后评估工作办法（送审稿）》等，听取全区电力供应保障有关情况的汇报、全区消防安全工作开展情况的汇报、全区新冠肺炎疫情防控工作情况汇报等。

五届区政府第100次常务会议 11月25日召开，审议并原则通过《重庆市万州区制造业高质量发展“十四五”规划（送审稿）》《重庆市万州区市场监管现代化“十四五”规划（送审稿）》《重庆市万州区农业农村现代化“十四五”规划（送审稿）》等，听取2021年全区城市运行安全工作情况的汇报、全区2021年度生态环境保护工作情况的汇报等。

五届区政府第101次常务会议 12月10日召开，审议并原则通过《万州经济技术开发区九龙园“一园一策”安全整治提升方案（送审稿）》《万州区国有投资抢险救灾工程管理办法（送审稿）》等，听取全区安全生产和自然灾害防治工作情况及区政府班子成员安全生产履职专题汇报等。

五届区政府第102次常务会议 12月21日召开，审议并原则通过《万州区人民政府工作报告（送审稿）》《万州区2021年国民经济和社会发展计划执行情况及2022年计划草案报告（送审稿）》《万州区2021年预算执行情况和2022年预算草案报告（送审稿）》《万州经济技术开发区工作报告（送审稿）》《重庆市万州区科技创新“十四五”规划（送审稿）》《重庆市万州区社会治理“十四五”规划（送审稿）》等。

（区政府办公室）

政务工作

【行政审批制度改革】 2021年，万州区政务服务管理办公室（简称区政务服务办）推进渝东新区行政审批制度改革工作，牵头拟定《渝东新区行政审批制度改革工作实施方案（送审稿）》《关于渝东新区行使万州区部分行政管理权限的通知（初稿）》。在万州区政府网站公布2021年行政审批中介服务事项清单59项，所涉17个部门在“渝快办”平台完善和公开行政审批中介服务事项办事指南。配置2021年版市级统筹36个和区级10个“一件事一次办”事项，受理4538件。完善“互联网+监管”事项清单，认领目录清单1024项，检查实施清单855项，目录清单认领率75.65%，检查实施清单完成率98.05%。全区依申请事项92.31%入驻区级政务服务大厅，在区级政务服务大厅设置已实现全程网办事项的线下服务窗口。区级政务服务设置“无差别综合窗口”“分领域综合窗口”85个，综合窗口受理事项数1240项，受理比例89%。4月1日，重庆市首个残疾证网上预审系统上线，全年网上申请数据1.2万条，解决残疾人办证“往返跑、多次跑”和窗口拥挤问题。

【“放管服”改革】 2021年，万州区依申请类事项承诺时限较法定时限压减81.08%，即办件比例46.76%，平均跑动次数0.23次，全程网办比例76.69%，行政许可类事项全程网办比例85.19%。区级政务中心设置老年人、残疾人等特殊群体线下接待窗口。推行信用承诺办理，全区梳理出政务领域信用承诺清单49项，重点在工程建设领域、环保领域等推行备案制、告知承诺制，全面开展一次性告知制度。拓宽“7×24”小时自助终端服务事项范围，5台智能自助服务一体机能办理8类（水电气缴费、身份证打印以及事项申报）业务；可提供33项（社保、事项办理进度以及便民服务）查询服务；42家部门单位1463个政务服务事项可在线申报；5505个事项办事指南可查看，为办事群众和企业提供便利。

【政务公开】 2021年，万州区政府门户网站新增栏目6000余个，公开信息1.15万条，梳理和完善政府门户网站25个领域区级基层政务公开栏目，80个政务新媒体纳入全国政务新媒体系统备案，指导关停政务新媒体62个，回复政府信息公开申请47人次，公开政府信息50余项。

【政务宣传】 2021年，万州区加大“一件事一次办”推广力度。聚焦卫生健康、就业创业、户籍办理、公安交管等重点领域，发布10件区级“一件事一次办”事项，启动全区“一件事一次办”事项线下办理，1—10月共办理“一件事一次办”事项4527项。通过微信公众号、区政府网站子网页、政务服务大厅内外显示屏、开设宣传栏、发放宣传资料等方式宣传优化提升政务服务、“跨省通办”、政务信息公开、推行告知承诺制、优化残疾证办理流程等工作动态。年末，“万州政务服务”微信公众号更新文章68篇，关注量从不足1000人提升至1.6万余人。在各级政务服务中心和部分村居、广场等14种场所播放“渝快办”3.0版宣传视频和发放相关宣传资料2万余份。

【政务服务跨区域通办】 2021年，万州区加强万达开协同协作，签订政务服务事项三地跨省通办协议，梳理跨省通办清单，承接“川渝通办”第一批95项和第二批115项事项，建立西南五省政务服务“跨省通办”协作机制，在区政务服务大厅及部分分中心等实体政务大厅设置“川渝通办”窗口。扩大“跨区县通办”事项覆盖面。推进市级三批共362项“跨区县通办”事项的承接和落地，实现线上线下融合互通、无差别协同办理。

【邮政+政务服务】 2021年，万州区政务服务办开展“邮政+政务服务”代办试点工作。梳理出36项高频政务服务事项清单在天城、分水、北山、新田等4个邮政所试运行，实现“渝快办”平台与邮政EMS系统互联互通，全年共办理2万余件。

【信息调研】 2021年，万州区政府围绕社会关注、群众关心的热点难点问题开展实地调研，完成《关于政务服务效能提升的思考》《区县城市管理综合执法问题及对策研究——以万州区“多勤联动”为例》等9篇调研报告。全年上报国务院办公厅、市政府办公厅政务信息416条，被采用116条。

【政务督查】 2021年，万州区成立区政府督查工作协调小组，设立区政府督查办，建立落实上级重大决策部署、区政府中心重点工作、各级巡视审计反馈问题整改等5张督查清单，开展疫情防控及疫苗接种、政府工作报告目标任务完成情况、可燃雨棚及外墙防护网整改等专项督查18次。

【建议和提案办理】 2021年，万州区政府承办人大建议352件、政协提案339件，办结率、答复率均达100%，建议和提案办理满意率分别为96.6%、99.7%。

（区政府办公室 区政务服务办）

人事管理

【概况】 2021年，万州区举办首届成渝地区双城经济圈建设专家服务团暨重庆市博士后沙龙走进万州活动、“渝创渝新·创响万州”创新创业大赛、万州青年人才荟、“平湖工匠”职业技能竞赛等。组建第二批专家服务团9个，引导87名专家赴基层一线开展智力服务活动。参加第七届“中国·重庆职业技能大赛”，获1金、2银、2铜、7个优胜奖。开展“百千万引才工程”，全区引进硕士研究生314名、博士研究生38名。参加2021年重庆英才大会，引进人才82名、项目10个，总预算投资额15.8亿元。实施“平湖英才”计划，累计认定“平湖英才”95名。评定第六届区级学术技术带头人110名。组织专技人才参加岗前培训2703人次、继续教育学习2.18万人次、技能人才培训2万人次。

【事业单位人事管理】 2021年，万州区组织事业单位公开招聘考试1次、考核招聘考试3次，招聘530人。引进区外教师57人，录用提前选招教师90人。考察聘任支农、支教、支医和扶贫工等“三支一扶”人员12人，招募“三支一扶”人员

31人。办理晋升聘任394人。完成全区2.1万名事业单位工作人员年度统计和年度考核，审核备案146家事业单位296名科级领导干部任职和586名试用期满人员转正定级。

【人才队伍建设】 2021年，万州区专业技术人才总量增至9.4万人。其中高级0.78万人、中级3.92万人、初级4.7万人。技能人才总量增至20.5万人，其中高技能人才6.38万人，占技能人才总数的31%。当年入选重庆鸿雁计划10人，总量增至18人，至年末在任12人。入选重庆英才计划个人3人，总量增至10人；入选重庆英才计划团队3个，总量增至6个。认（评）定第四批“平湖英才”20人，总量增至95人，发放“平湖英才”岗位津贴97.6万元，返还个税补助1.9万元。推荐申报省部级表彰奖励个人33名、集体28个，获省部级表彰奖励个人23名、集体17个。推荐申报市级部门表彰奖励个人38名、集体20个，获市级部门表彰奖励个人16名、集体6个。

【职称评定】 2021年，万州区深化职称制度改革，畅通职称申报渠道，规范职称评审标准，完善专技人才评价机制。全区4015人取得专业技术人员职称，其中正高级30人、副高级290人、中级1642人、初级2053人。

【薪资管理】 2021年，万州区规范执行机关事业单位工资福利政策，完善事业单位绩效工资政策，细化绩效考核指标，核定各类医疗机构、院校等单位绩效工资总量。提高工资管理信息化水平，推进建设“渝薪芯”工资管理系统，实现机关事业单位工资业务全程网络办理，基本实现业务申报“不用跑”、无谓证明材料“不用交”、重复表格信息“不用填”。

（夏显坤）

外　事

【概况】 万州区人民政府外事办公室（简称区政府外办），负责全区外事工作归口管理。中共重庆市万州区委外事工作委员会为议事协调机构，下设中共重庆市万州区委外事工作委员会办公室（简称区委外办），同时设在区政府外办，设区委外办秘书科，负责处理区委外办日常事务。万州区人民对外友好协会下设办公室在区政府外办，挂牌在区政府外办外事科，承担万州区人民对外友好协会日常工作。

【中西部国际交往中心万州区建设】 2021年，区政府外办落实《重庆市建设中西部国际交往中心万州区分年度工作安排》，推动实施年度任务。全覆盖落实全市对外资企业送政策、送工具、送咨询、访企业的“三送一访”活动。全区培育进出口贸易备案登记企业19家，累计315家。协助企业邀请外籍专家到万州6人次，服务外资外贸发展。全面提升国际传播能力，完善国际传播体系，健全外宣联席会议制度，发挥重庆三峡融媒体中心国际传播功能。申请将重庆三峡移民纪念馆、库里申科烈士墓园等9个点编入《重庆市外事参访线路专辑》。“国色天香”木梳、“绿影青踪”茶席等5件文创产品入围“重庆好礼”外事礼品名单。支持法国电视二台驻沪分社常驻记者到万州开展长江10年禁渔和长江生态文明建设情况实地采访拍摄，向国际社会展示万州建设生态优先绿色发展示范区等方面情况；征集全区友城网络链接在iChongqing推送，探索在国际友城政府主流媒体平台互设“友城之窗”，讲好中国故事重庆万州篇章。

【国际交往合作】 2021年，万州区有国际友好城市5个和友好交流城市1个，数量持续居全市区县首位。区政府外办加强“云外事”线上交流，通过书信往来、电话联系，与奥地利古兴市建立国际友城关系，与乌克兰切尔卡塞市续签友城合作协议；深化与法国热尔省、乌克兰切尔卡塞市、美国韦恩斯伯勒市、白俄罗斯科佩尔区交往，加强与柬埔寨暹粒市交往。万州职教中心与3个国家（德国、法国、泰国）在3个方面（学校、教师、学生）及3个层面（办学、培训、留学）的“三三三”国际合作持续深化，引进德国职业教育教学法、建成中法工业合作示范项目绿色制造人才培养和创新中心、组建中泰旅游专业联合办学国际班。全国首个由教育部委托举办境外考试的区县考试机构万州教育考试院TOEFL考点通过验收，累计举办考试3场，参考95人次。万州外国语学校被德国外交部国外学校教育司确认为德语语言证书考点学校，举办2021年度德语Ⅰ级考试，德语班学生获“2021年中

2021年万州区同外国城市结好一览表

表5

序号	结好城市名称	结好时间
1	法国热尔省	1988年
2	乌克兰切尔卡塞市	2003年
3	美国韦恩斯伯勒市	2008年
4	白俄罗斯明斯克州科佩尔区	2018年
5	奥地利古兴市	2021年

国青少年德语辩论赛”（Jugend debattiert in China）奖项。

日本驻重庆总领馆斋藤宪二一行考察万州 2021年3月，在万州区人民对外友好协会与日本山梨县国际文化交流会缔结友好协会30周年之际，万州区政府邀请日本驻重庆总领馆副总领事斋藤宪二一行专程在万州开展商贸考察，举行万州区对日商贸座谈会，考察金龙铜管集团和鱼泉榨菜公司等对日贸易企业，拜访重庆三峡学院探讨教育交流合作，参观重庆三峡移民纪念馆和百安游园友谊樱园。

2021年3月16日，日本驻重庆总领馆副总领事斋藤宪二（左二）参观金龙铜管集团

（区政府外办　供图）

加拿大驻重庆总领馆领事安杰一行访问万州 2021年11月，万州区政府邀请加拿大驻重庆总领馆领事安杰参观访问万州区中加友谊小学，双方共商继续深化在教学、校园管理、学生互访等领域合作，巩固重庆三峡医药高等专科学校与加拿大开展护理专业与康复治疗技术专业合作办学。

【海外领事保护服务】 2021年，万州区加强海外领事保护宣传培训，制作海外领保宣传展板，提升公民海外安全防范意识和能力。建立区委国家安全委员会办公室维护海外利益安全工作协调机制，统筹维护万州市民海外安全及合法权益。组织动员区委宣传部等区级部门相关工作人员完成外交部“平安丝路网”和手机移动客户端的备案申请注册工作。帮助万州区市民陈某贵找到出国失联儿子陈某华，协助做好因航班熔断万州区滞留俄罗斯圣彼得堡学生谭某双、张某悦家人及本人的稳定劝说工作，指导万州区被福建工作单位派往坦桑尼亚工作意外身亡公民晏某的亲属依法维权。

【涉外新冠肺炎疫情防控】 2021年，区政府外办召开区外事联络组疫情防控专项工作会4次，完善联防联控和快速反应机制。全区全年管理境外旅居到万返万人员978人，其中通过“渝快行”从重庆江北机场闭环转运74人，万州机场闭环转运717人，无境外病例输入。动态开展万州籍在境外人员摸排，主动联络宣传国内防控政策措施。加强境外在万人员管理服务，开通疫情防护咨询服务热线，宣传防控政策和防疫知识。督促乡镇（街道）开展“一对一、面对面”上门宣传，完成渝东北片区疫苗接种外籍人士51人，其中在万外籍人士47人。联系各国际友城，关注疫情动态、提供防疫咨询、分享防疫经验，为柬埔寨暹粒市捐赠医用防护服600套。

（张英）

2021年11月26日，加拿大驻重庆总领馆领事安杰（右前排第二）参观万州区中加友谊小学科技馆

（区政府外办　供图）

港澳台事务

【概况】 万州区是重庆市对台工作重点区县之一，2021年年末，有台胞台属1.35万人（其中台胞47人）。万州区委台湾工作办公室、万州区人民政府台湾事务办公室（简称区台办）是万州区港澳台统战工作机

2021年5月14日，三峡库区首个台胞台属法律服务中心在万州区成立

（区委统战部　供图）

构，与万州区委统战部合署办公。2021年，登记调查走访在万州的港澳同胞，建立“嫁台万州新娘”、台属数据库。全年全区接种新冠病毒疫苗港澳同胞35人、台湾同胞43人。

【港澳地区交往】　2021年，万州区接访港澳同胞5人次，台胞台属20余人次。区政府外办邀请香港特别行政区政府驻成都经济贸易办事处人员访问万州，推动江东机械公司加快香港近净成形研发中心香港创新科技署专项项目主体设备研制调试，力争进入航空发动机涡轮叶片技术研究试制阶段。

【对台工作】　2021年，区台联新发展会员6名（含90后3人），其中台胞2名。举办台海形势专题报告会，宣传对台方针政策。宣传国台办惠台31条措施、最新26条措施和重庆惠台58条措施。成立三峡库区首家台胞台属法律服务中心。关注万州籍中国台湾新娘群体，发动台联理事出资出力，募捐抗疫物资寄往中国台湾。全年组织2次台企座谈交流会，协助招商引资2次，走访调研3家台属台资企业。

【三峡库区首个台胞台属法律服务中心成立】　2021年5月14日，重庆市万州区台胞台属联谊会法律服务中心在重庆市百安律师事务所成立。全年接待台胞台属法律咨询问题20余起（含电话咨询），为台胞台属代理诉讼2起。万州区以该中心为依托，为台胞台属提供专业的法律意见、建议和解决方案，提供法律服务，维护台胞台属合法权益。

（罗小恩　张英）

信　访

【概况】　2021年，万州区畅通信访渠道，推进信访积案化解，开展信访矛盾“控增量、减存量、防变量”专项工作，依法规范信访秩序，全年信访形势平稳向好。进一步健全群众来信来访网上信访办理工作机制，加强网上信访推广宣传和网上信访代理员队伍建设，网上信访成为群众信访“主渠道”。全年，全区各地各部门办理信访事项件次比上年上升6.4%、人次下降8.6%；网上投诉信访比上年上升26.6%。

【领导干部接访下访】　2021年，万州区级领导和部门领导班子成员每月至少1天、乡镇（街道）领导每周1天公开接待信访群众，在重点时段，每个工作日安排1名区委或区政府领导在区信访接待中心坐班接待信访群众。持续开展“大走访大督查大调研”专项活动，通过“楼栋工作日”“社区工作日”等接访下访“解难”办实事。开展人民建议征集办理工作，收集社情民意，解决民计民生热点问题。全年，全区各级领导干部、区级领导接访下访化解率均为99%。信访信息系统办理人民建议事项511件。

【矛盾纠纷防范化解】　2021年，万州区深化矛盾纠纷排查化解机制，定期排查与重点时期专项排查、动态排查相结合，排查化解矛盾纠纷，全区共开展排查26次，梳理排查信访突出问题。使用社会管理专项资金推动解决疑难信访问题18件，解决“两证遗留”问题15件。

【重大事项社会稳定风险评估】　2021年，万州区把社会稳定风险评估作为制定实施重大决策、重大政策、重大项目、重大改革措施、涉及社会敏感问题及区政府工作报告中确定的重大事项的前置程序和刚性门槛，坚持“应评尽评、该缓则缓、当否必否”原则，对全区27件重大事项开展社会稳定风险评估。

【信访复查复核】　2021年，万州区落实复查复核工作办法，对行政机关在信访事项处理中事实认定不清、适用依据错误、违反法定程序、超越或滥用职权、明显不当的，坚决予以纠正。坚持涉法涉诉信访工作机制改革，推进依法分类处理信访诉求，实现涉法涉诉信访问题准确分流、有序导入、及时处理、妥善化解。全年，查办信访事项复查复核案件16件。

【信访突出问题专项治理】 2021年，万州区落实区领导、责任单位主要领导包案化解信访积案，一体推进“治重化积”等信访突出问题专项治理。中央信联办交办第一批“治重化积”案件化解结案率100%；市信联办交办“清仓见底”案件化解结案率83.33%。在市级层面统筹开展“房地产开发建设、土地流转、‘治重化积’”3项专项治理的基础上，同步开展征地拆迁、物业管理等3个重点领域信访突出问题专项治理。

（向德波）

2021年4月28日，由重庆市机关事务局主办的“服务乡村振兴”公务用车管理片区会暨地产纯电动汽车“分时租赁”保障基层公务出行推介会在万州区召开

（区机关事务管理中心　供图）

区直机关事务管理

【概况】 2021年，区机关事务管理中心开展硬件改造，提升公务接待能力，从严审批公务用车管理，按照“节约、快速、质优”要求加强机关后勤服务，做好办公用房等资产经营管理，提升机关事务管理水平。全年审批新购公务车75辆、接待来宾115批次6320人次。

【公务车辆管理】 2021年，区机关事务管理中心按照“过紧日子”工作要求，从严审批公务用车的报废和申购。全年，审批报废公务用车73辆；审批新购（含捐赠）公务用车75辆，其中特种专业技术用车35辆、普通公务用车40辆。承办重庆市机关事务管理局主办的渝东北片区新能源汽车推介会，深化行政事业单位对新能源汽车的认知肯定。全年审批新购新能源汽车8辆。配合区纪委监委对各部门、各单位公务用车开展明察暗访，利用公务用车信息化平台对网上派车、定点加油、定点停放、定点租赁、费用公示等日常管理活动进行监督，防止公车私用、私车公养等违规违纪现象发生。

【公务接待】 2021年，区机关事务管理中心依托万州区委招待所和百安宾馆，对会务接待队伍进行重组优化、培训提升。对万州区行政中心机关食堂、百安宾馆、高铁北站接待服务站、后服楼会见室等进行改造扩容。全年接待来宾115批次6320人次，其中国家领导人（警卫任务）2批次，省部级领导41批次。完成中央干部考察第一组、中央第十三督导组、党史学习教育中央第八指导组、中共中央统战部检查组、重庆市委巡回指导一组、重庆市委第一干部考察组、重庆市巩固拓展脱贫攻坚成果同乡村振兴有效衔接专项督查组、第十三届全国对口支援三峡工程重庆库区经贸洽谈会、渝东北三峡库区城镇群工作座谈会、全市加强基层社会治理暨市域社会治理现代化工作现场会、区党代会、区人代会、区政协会等接待和保障任务。

【机关后勤服务】 2021年，区机关事务管理中心按照“节约、快速、质优”要求，实施集中办公区零散维修80余起；对集中办公区17部电梯进行定期检验、日常维保工作；维护集中办公区配电设施设备。做好周转房后勤保障，为市管交流任职（挂职）领导提供服务。做好高铁北站VIP室日常管理，为政务接待、招商引资活动提供服务。全年开展安全检查42次，排查安全隐患18起，及时整改16起，实现安全事故零目标。

【资产经营管理】 2021年，区机关事务管理中心抓好办公用房调配，协助万州经开区、渝东新区、区招商投资局完成新办公用房租赁、装修、入驻工作；协助推动区规划自然资源局办公用房租用、装修工作；对6个部门办公用房进行调增、调减。推进40余宗1.9万平方米经营性资产产权划转工作；完成3051个停车位特许经营权转让工作。

（周建强）

中国人民政治协商会议重庆市万州区委员会

综　述

【概况】　2021年，中国人民政治协商会议重庆市万州区委员会（简称区政协）深入协商建言，召开区政协全体会议2次、区政协常委会会议11次、区政协主席会议19次，开展专题协商24次，做好“渝事好商量”协商平台试点工作；深化民主监督，开展“三评”工作，加强提案督办，开展委员集中视察8次；参政议政，开展建设美丽山水城市等4项重点课题调研，听取情况通报26项，反映社情民意信息82期，开展聚焦“科技创新”主题重点履职活动；举办万达开三地政协联席会议，开展专题调研考察和联合协商议政；推动脱贫攻坚同乡村振兴有效衔接；发挥政协专委会及参加单位作用。

【委员构成】　2021年，五届区政协委员436名。其中，中国共产党党员176人，占区政协委员总数的40.37%；非中国共产党党员260人，占区政协委员总数的59.63%；民主党派170人（民革32人、民盟34人、民建39人、农工党36人、九三学社29人），占区政协委员总数的38.99%；妇女102人，占区政协委员总数的23.39%；少数民族9人，占区政协委员总数的2.06%。

【主席接待走访委员活动】　2021年，区政协坚持开展“主席接待走访委员”活动，加强与委员的沟通联系，累计接待走访委员200余人次，收集意见建议90余条，帮助委员解决实际问题20余个。

【政协委员读书活动】　2021年，区政协开展委员读书活动，各专委会分别建立委员读书群，在微信公众号开设学习专栏，组织委员开展“学习百年党史、弘扬红色精神”庆祝中国共产党成立100周年线上诵读活动暨委员线上读书分享会，11名委员参与线上诵读，45名委员分享所学、所思、所悟。

（区政协办公室）

重要会议

【区政协全体会议】　区政协五届五次会议　2021年1月15—17日召开，406名区政协委员出席会议。会议举行3次大会，开展3次分组讨论，其间召开区政协五届六十五、六十六次主席会议和五届二十七、二十八次常委会会议。会议听取并审议通过区政协常委会作的工作报告和区政协常委会作的提案工作情况报告；区政协全体委员列席区五届人大六次会议，听取并协商讨论区政府工作报告，协商讨论区政府计划报告、财政报告、万州区“十四五”规划和二〇三五年远景目标纲要、区人民法院工作报告、区人民检察院工作报告；审议通过政协重庆市万州区第五届委员会第五次会议关于政

2021年1月15—17日，中国人民政治协商会议重庆市万州区第五届委员会第五次会议召开　（区政协办公室　供图）

协重庆市万州区第五届委员会常务委员会工作报告的决议和政协重庆市万州区第五届委员会第五次会议决议，增选政协重庆市万州区第五届委员会常务委员3名。

区政协五届六次会议　2021年5月29日召开，385名区政协委员出席会议。会议举行3次大会，开展1次分组讨论，其间召开区政协五届七十二、七十三次主席会议和五届三十一、三十二次常委会会议。会议增选王海宝为政协重庆市万州区第五届委员会副主席。

【区政协常委会会议】　五届二十六次常委会会议　2021年1月8日召开，会议集中学习习近平总书记在全国政协新年茶话会上的重要讲话等近期系列重要讲话精神、全市经济工作会议精神和全区经济工作会议精神，听取政协重庆市万州区第五届委员会第五次会议筹备工作情况汇报及相关审议事项说明，听取有关人事事项说明，审议通过政协重庆市万州区第五届委员会第五次会议相关事项。

五届二十九次常委会会议　3月26日召开，会议集中学习习近平总书记在全国两会期间的重要讲话精神和全国政协十三届四次会议精神，学习习近平总书记在党史学习教育动员大会等会议上的重要讲话精神，学习万州区创建全国文明城区动员部署大会精神，听取万州区污染防治攻坚战（2018—2020年）任务完成情况通报、区政协五届五次会议提案审查情况的报告，审议通过《区政协2021年度重点调研协商通报视察计划》《政协重庆市万州区委员会2021年工作要点》《区政协聚焦“科技创新”主题开展2021年重点履职活动方案》和有关人事事项。

五届三十次常委会会议　5月21日召开，会议集中学习习近平总书记在博鳌亚洲论坛2021年年会开幕式上主旨演讲等近期系列重要讲话精神，学习《中华人民共和国长江保护法》和市委五届十次全会精神，审议通过区政协五届六次会议有关事项。

五届三十三次常委会会议　7月27日召开，会议集中学习习近平总书记“七一”重要讲话等近期系列重要讲话精神，听取万州区1—6月经济社会发展、万州区1—6月财政预算执行、《万州区国土空间总体规划（2020—2035年）》工作进展情况通报，开展万州区重点民生实事推进工作专题协商，审议通过《政协重庆市万州区委员会专门委员会工作规则》《政协重庆市万州区委员会协商工作规则》和有关人事事项。

五届三十四次常委会会议　10月21日召开，会议集中学习习近平总书记在纪念辛亥革命110周年大会上的重要讲话等近期系列重要讲话精神，听取万州经开区工作情况、万州区党风廉政建设和反腐败工作情况通报，开展推动乡村振兴战略实施专题协商，审议通过《万州区政协关于强化政协委员责任担当的实施意见》和有关人事事项。

五届三十五次常委会会议　12月20日召开，会议集中学习中共十九届六中全会精神和市委五届十一次全会、区委五届十一次全会精神，听取区委系统关于区政协五届五次会议以来提案办理情况、区政府关于区政协五届五次会议以来提案办理情况、区政府关于区政协五届五次会议以来建言献策采纳落实情况、区法院工作情况、区检察院工作情况通报，听取区政协主席会议2021年工作情况报告、区政协2021年“三评”工作开展情况以及区政协办公室、各专委会2021年工作情况报告，表彰区政协五届五次会议以来的优秀提案，审议通过关于召开政协重庆市万州区第六届委员会第一次会议的决定、政协重庆市万州区第六届委员会界别设置、委员名额和人选及有关人事事项。

五届三十六次常委会会议　12月20日召开，会议集中学习中央经济工作会议精神，审议通过政协重庆市万州区第六届委员会第一次会议有关事项。

【区政协主席会议】　五届六十四次主席会议　2021年1月5日召开，会议集中学习习近平总书记在全国政协新年茶话会上的重要讲话等近期系列重要讲话精神，审议通过区政协五届五次会议有关事项、区政协五届二十六次常委会会议方案。

五届六十七次主席会议　2月24日召开，会议审议《区政协2021年度重点调研协商通报视察计划（草案）》《政协重庆市万州区委员会2021年工作要点（草案）》。

五届六十八次主席会议　3月22日召开，会议集中学习习近平总书记在全国两会期间的重要讲话精神和全国政协十三届四次会议精神，学习习近平总书记在党史学习教育动员大会、全国脱贫攻坚总结表彰大会等会议上的重要讲话精神，学习万州区创建全国文明城区动员部署大会精神，听取万州区疾控体系建设、万州区推动万达开川渝统筹发展示范区创建和万开云同城化发展情况通报，听取区政协五届五次会议提案审查情况的报告，审议《政协重庆市万州区委员会聚焦"科技创新"主题开展2021年重点履职活动方案（草案）》，审议通过区政协五届二十九次常委会会议方案和有关人事事项。

五届六十九次主席会议　4月26日召开，会议集中学习习近平总书记在福建考察时的重要讲话、对深化东西部协作和定点帮扶工作作出的重要指示等近期重要讲话重要指示精神，学习《全国政协党组织给中共党员委员的一封信》，听取万州区重大项目2020年执行及2021年安排情况通报，开展2021年区本级财政收支预算编制专题协商，审议《政协重庆市万州区委员会关于"渝事好商量"协商平台建设试点工作方案（草案）》及部分调研报告。

五届七十一次主席会议　5月20日召开，会议集中学习习近平总书记在博鳌亚洲论坛2021年年会开幕式上主旨演讲等近期系列重要讲话精神，学习《中华人民共和国长江保护法》和市委五届十次全会精神，听取万州区三峡平湖旅游区建设情况通报，审议通过区政协五届六次会议有关事项、区政协五届三十次常委会会议方案。

五届七十四次主席会议　6月24日召开，会议集中学习习近平总书记近期重要讲话重要指示精神，学习区委五届九次全会精神，听取万州区三峡文化产业园建设、万州区"双百亿"工程推进情况通报，审议通过《政协重庆市万州区委员会反映社情民意信息工作实施细则》和有关人事事项。

五届七十五次主席会议　7月15日召开，会议集中学习习近平总书记在庆祝中国共产党成立100周年大会上的重要讲话等近期系列重要讲话精神，听取万州区第七次人口普查、万州区科技创新工作及科技创新成果转化情况通报，听取区政协"一室八委"2021年上半年工作情况汇报，审议《政协重庆市万州区委员会协商工作规则（草案）》《政协重庆市万州区委员会专门委员会工作规则（草案）》，审议通过区政协五届三十三次常委会会议方案和2021年部分调研报告。

五届七十六次主席会议　8月20日召开，会议集中学习习近平总书记在党外人士座谈会上的重要讲话等近期系列重要讲话精神，听取万州区城市提升"双亮"活动、万州区乡村振兴"双亮"活动推进情况通报，审议通过《政协重庆市万州区委员会2021年"三评"工作方案》《2021年市、区政协委员集中视察工作方案》。

五届七十七次主席会议　9月23日召开，会议集中学习习近平总书记在陕西考察时的重要指示等近期系列重要讲话重要指示精神，听取万州区审计工作情况通报，审议《万州区政协关于强化政协委员责任担当的实施意见（草案）》《万州区政协关于加强和促进凝聚共识工作的实施意见（草案）》。

五届七十八次主席会议　10月13日召开，会议集中学习习近平总书记在纪念辛亥革命110周年大会上的重要讲话等近期系列重要讲话精神，听取万州区功能共享型金融业发展、万州区教育综合改革情况通报，开展推进万州区融媒体建设专题协商，审议通过区政协五届三十四次常委会会议方案和有关人事事项。

五届七十九次主席会议　10月19日召开，会议审议通过有关人事事项。

五届八十次主席会议　11月25日召开，会议集中学习党的十九届六中全会精神和习近平总书记近期系列重要讲话重要指示精神，学习保密工作有关规定，听取万州区营商环境优化、万州区重点交通基础设施建设情况通报，审议有关人事事项，审议通过区政协六届一次会议方案。

五届八十一次主席会议　12月8日召开，会议集中学习习近平总书记在全国宗教工作会议上的重要讲话等近期系列重要讲话精神，学习市委五届十一次全会精神，听取万州区重点改革事项推进、万州区招商引资工作情况通报，听取区政协2021年"三评"工作情况和区政协办公室、各专委会2021年工作情况报告，审议通过区政协五届三十五次常委会会议方案、区政协五届五次会议以来优秀提案表彰方案、区政协主席会议2021年工作情况报告，审议关于召开政协重庆市万州区第六届委员会第一次会议的决定（草案）、政协重庆市万州区第五届委员会常务委员会工作报告（草案）、政协重庆市万州区第五届委员会常务委员会关于提案工作情况的报告（草案）。

五届八十二次主席会议　12月17日召开，会议集中学习习近平总书记在中央经济工作会议上的重要讲话精神、在党外人士座谈会议上的重要讲话精神，学习《中国共产党章程》和中共中央办公厅《党委（党组）意识形态工作责任制实施办法》、市委办公厅《党委（党组）意识形态工作责任制实施细则》，审议区政协六届一次会议有关事项，审议通过区政协五届三十六次常委会会议方案和有关人事事项。

（区政协办公室）

协商监督

【“渝事好商量”协商】 2021年，区政协开展“渝事好商量”协商平台建设试点，打造“要事协商”“专事专商”“众事众商”三级协商平台，在陈家坝街道沱口社区、周家坝街道燕湾小区开展试点工作。全年组织开展协商议事活动27场次，参与协商643人次，其中政协委员参与228人次，提出意见建议16条，助推解决民生问题41个。

【聚焦“科技创新”主题重点履职活动】 2021年，区政协深入开展聚焦“科技创新”主题重点履职活动，开展山地特色高效农业科技创新专题调研，开展建设区域性科技创新中心专题协商，听取科技创新工作及成果转化专题通报，集中视察农业科技园区建设情况、高新技术企业培育情况、智慧城市建设情况，引导全区政协委员参与“我为科技创新献一策”活动，共计献计献策100余条（篇）。

【重点调研】 2021年，区政协持续深化重点课题调研，完成“彰显江城特色，建设美丽山水城市”“突出重点，加快建设全国性交通物流枢纽”“加快中小企业发展”“加强基层治理能力建设”4个年度重点调研课题，得到区委、区政府主要领导肯定性批示。完成重庆市政协交办“将万州港建成亿吨深水良港”等调研课题2个。完成区委、区政府主要领导交办“建设万州城市新名片”调研课题1个。

【重点视察】 2021年，区政协主席会集中视察城市交通节点突出问题整治情况，常委会监督性视察污水“三排”、河流“三乱”问题治理及基础设施建设，继续开展“聚焦污水偷排直排乱排问题”委员监督性调研视察活动，组织委员年度集中视察百万头生猪养殖重点项目推进、智慧城市建设、区域中心城市功能完善重点项目推进、提案办理落实、应急管理体系建设、对口支援工作、在万高校“一大四院多专”推进、重点旅游项目建设等情况，提出意见建议80余条，服务党政决策。

2021年7月2日，万州区政协主席会集中视察城市交通节点突出问题整治情况，现场督办重点提案办理落实情况，开展“我为群众办实事”实践活动

（区政协办公室 供图）

【“三评”工作】 2021年，区政协持续开展“三评”工作，改单项评议为综合评议，进一步量化评议标准，评议组织更加合理、成效更加显著。对区科技局、区生态环境局、区国资委、区林业局4家政府部门的部门工作及作风、提案办理工作、社情民意信息办理及部门协商意识开展民主评议。

【社情民意信息工作】 2021年，区政协编报社情民意信息82期，其中上报重庆市政协42期，促进疫情防控、交通秩序、城市建设等群众关心关切问题的解决。社情民意信息《关于明确社区矫正机构法律地位及属性的建议》《关于加快推进设立药事服务费的建议》由重庆市政协转报全国政协，《关于“万达开川渝统筹示范区”的几点建议》由重庆市政协转报市政府分管领导和有关部门参阅，《关于渝万、成万高铁实行月票和次票制的建议》《关于医院管理者职业化发展的建议》《入侵植物加拿大一枝黄花亟待控制清除》经重庆市政协转送重庆市政府有关部门参考。

（区政协办公室）

政协提案

【概况】 2021年，区政协五届五次会议期间及闭会期间，区政协委员、区政协各参加单位、各专门委员会、各界别和委员小组共提交提案403件，经审查，立案399件、转社情民意信息4件，立案率99%。立案提案并案后，交办360件，由42家主办单位牵头办理。

【政协提案办理】 2021年，区政协提案办理按照“预交办+正式交办+重点督办+集中视察+民主评议”的办理体系，在预交办时充分协商，区委办公室、区政府办公室、区政协办公室对立案提案及时交办。区委、区政府、区政协领导牵头督办重点提案26件，区政协领导跟踪督办提案9件。区政协召开重点提案办理协商座谈会，组织提案办理年度集中视察。实行重点提案督办，办理单位落实“三次协商两次回复”制度。加强提案办理督查，开展提案办理“回头看”，推进提案再办理再落实，27件B类提案转化为A类提案，4件C类提案转化为B类提案。民主评议区科技局等提案办理工作，促进部门提高办理质量。全年提案办复率100%，提案者表示满意的359件、表示理解的1件。

【关于大力推进数字经济高质量发展的建议（第38号提案）】 2021年，区政协五届五次会议期间，农工党区委会提出《关于大力推进数字经济高质量发展的建议》，建议万州区紧紧抓住龙头企业和大项目这一关键，加大力度招引培育一批数字经济龙头企业，解决要素保障，推进智能制造。提升数字经济基础设施，推动城市智慧化建设。持续深化数字经济与传统行业融合，破解数字经济人才紧缺问题，不断创新政府治理模式。该提案由区发展改革委主办，区经济信息委、区大数据发展局、江南新区协办。万州区将推动数字经济高质量发展纳入全区“十四五”发展规划纲要及相关专项规划，建立重大项目库，深入推进数字经济和实体经济融合发展。大力招引培育渝万传媒集团、腾讯云数字经济人才创新中心等龙头企业，加快实施数字产业项目和发展工业互联网。加快通信网络和数据中心建设，加快推进智慧化场景应用，建设智能智慧城市。深化传统产业融合，提升产业数字化水平。完善人才招揽机制，拓宽平台招引专业人才，强化育人用人留人举措。

【关于万达开文化旅游一体化发展的建议（第298号提案）】 2021年，区政协五届五次会议期间，区政协文化文史和学习委提出《关于万达开文化旅游一体化发展的建议》，建议万州区、达州市、开州区三地合作将巴蜀文化东部旅游走廊建成知名文化旅游目的地。利用长江三峡黄金旅游带、秦巴山区旅游带、鄂西生态文化旅游圈优势，推动三地文旅品牌联动营销、旅游集散能力提升、旅游服务优化，统筹推进万达开文化旅游产业一体化发展。构建三地文化旅游发展联席推进机制，打造“大三峡旅游集散中心”“大巴山旅游集散中心”，整合共享文化、市场、活动、公共、交通5个资源，推动区域文化旅游体育优化融合高质量发展。该建议由区文化旅游委主办，区发展改革委协办。区文化旅游委联合达州市、开州区等14地文旅部门成立“大巴山—大三峡”文化旅游发展联盟并签订战略合作协议，共同推进度假区建设，丰富旅游产品供给，共同打造精品旅游线路。打造“大三峡·大巴山”国际文化旅游节等节会平台，联合搭建区域文化旅游推广联盟，共同繁荣文旅客源市场。

2021年万州区领导牵头督办区政协五届五次会议重点提案一览表

表6

序号	提 案 题 目	提案者	牵头领导	主办单位	协办单位
1	关于发挥交通枢纽优势助推产业发展的建议	民盟万州区委会	莫恭明	区交通局	区经济信息委、区物流办
2	关于促进工业经济发展的建议	区政协经济委	聂红焰	区经济信息委	万州经开区经济发展局
3	关于加快城区部分交通节点改造的建议	陈　勇	罗能平	区城市管理局	区住房城乡建委
4	关于长岭镇发展休闲农业与乡村旅游的建议	许明荣　胡　海	阳秋冬	区农业农村委	区文化旅游委、区交通局
5	关于进一步优化营商环境的建议	民革万州区委会	姜雪松	区发展改革委	
6	关于全面深化产教融合的建议	无党派人士界别	罗　莹	区教委	
7	关于优秀传统文化进校园的建议	郝春红	刘丹文	区教委	
8	关于大力推进数字经济高质量发展的建议	农工党万州区委	李小军	区发展改革委	区经济信息委、区大数据发展局、江南新区
9	关于加强科技创新的建议	宋　琴	刘　伟	区科技局	区财政局、区科协
10	关于引导退役军人参与基层社会治理的建议	区政协委员联络委	黄立军	区退役军人事务局	区委政法委、区委组织部

续表6

序号	提 案 题 目	提案者	牵头领导	主办单位	协办单位
11	关于防范打击电信网络诈骗的建议	张扬全	赵光平	区公安局	区大数据发展局、区委宣传部、电信、移动、联通公司
12	关于加快建成区域科技创新中心的建议	民盟万州区委会	徐　洪	区科技局	区委组织部、区财政局
13	关于推动山地高效型农业发展的建议	民建万州区委会	张国建	区农业农村委	
14	关于保障普通高中基本运行的建议	农工党万州区委	涂立军	区教委	区财政局、区发展改革委
15	关于进一步规范城区文明治丧活动的建议	张学斌	蒋艺义	区民政局	区委宣传部、区公安局、区城市管理局
16	关于进一步做好“稳就业”“保居民就业”的建议	任晓君	刘小泉	区人力社保局	
17	关于加强大型群众性活动安全监管工作的建议	张扬全	余朝刚	区公安局	区商务委、区文化旅游委、区城市管理局
18	关于支持武陵打造“三峡库心风情小镇”的建议	陈　林	颜　森	区规划自然资源局	区住房城乡建委、区发展改革委、区农业农村委
19	关于万州东部沿江四镇乡同规同建滨江特色小镇群的建议	华　楠　周建红 宋　琴　程国庆	丁坤林	区规划自然资源局	区发展改革委、区文化旅游委、区住房城乡建委、区交通局、区水利局
20	关于优化三大开发平台空间布局的建议	民盟万州区委会	徐素环	区委改革办	区委编办、区委组织部、区发展改革委、区规自然资源局、区财政局、区人力社保局、区民政局
21	关于加强高等教育建设的建议	无党派人士界别	牟之叔	区教委	区发展改革委、区财政局、区经济信息委、区科技局、区人力社保局、区规划自然资源局、区住房城乡建委、万州经开区办公室、渝东开发区
22	关于万达开文化旅游一体化发展的建议	区政协文化文史和学习委	周红霞	区文化旅游委	区发展改革委
23	关于激活沉睡资源发展新型农村集体经济的建议	张　全	张嘉强	区农业农村委	区委组织部
24	关于在万州北站片区打造渝东北消费聚集地的建议	民建万州区委会	卢祖华	区商务委	渝东开发区
25	关于科技创新与成果转化的建议	九三学社万州区委会	胡家海	区科技局	区财政局、区委编办、区委组织部、区人力社保局
26	关于打造长滩镇“十里滨河画廊”一日游的建议	区政协文化文史和学习委	陈联国	区文化旅游委	区交通局、区水利局

（区政协办公室）

政协专门委员会

【区政协提案委】 2021年，区政协提案委交办提案360件，提案办复率100%，提案者满意率100%，评选优秀提案34件，刊播（转载）提案工作新闻稿件48篇次，开展重点课题《基层治理能力建设》调研，组织委员年度集中视察烤鱼产业发展情况，开展区本级财政预算专题协商等2次，协助开展对区国资委“三评”工作和区级有关部门情况通报，开展对口联系、对口协商，提交“我为科技创新献一策”建议10

条、“川渝自由贸易试验区协同开发示范区建设”建议12条，提交集体提案3件，报送社情民意信息6条。

【区政协文化文史和学习委】 2021年，区政协文化文史和学习委牵头开展党史学习教育读书班暨“政协讲坛”5次、政协委员读书班2次，起草《万州区政协委员学习培训制度》《人民政协基本知识和工作要求》，起草重庆市政协党建经验交流材料《发挥五大作用、加强党的建设》，完成《决胜2020——万州区政协系统脱贫攻坚纪实》文史专辑以及重庆市政协《行千里·致广大——重庆人文丛书》万州分卷组稿任务，开展《乡村文化振兴》等12个课题调研，组织委员年度集中视察重点旅游项目建设情况，报送社情民意信息8条，督办重点提案2件，协助开展对区林业局“三评”工作，接待区外政协到万州学习考察6次，组织党员干部下沉社区开展疫情防控和全国文明城区创建工作。

【区政协农业和农村委】 2021年，区政协农业农村委牵头开展常委会专题协商乡村振兴推进情况，开展对区林业局“三评”工作，组织委员年度集中视察对口支援工作情况，开展高效农业产业园创建对口协商、“三社”融合界别协商，协助开展主席会议通报“双百亿”工程推进情况、“双亮”活动推进情况，撰写《关于山东临沂市、江苏连云港市和湖南岳阳市建设全国性综合交通物流枢纽的考察报告》，报送《进一步优化新冠病毒疫苗接待服务的建议》等社情民意信息5条，接待区外政协到万州考察学习3次，统筹6名干部下沉社区参与疫情防控和创建全国文明城区志愿服务。

【区政协经济委】 2021年，区政协经济委牵头开展重点课题《加快中小企业发展》调研，开展“助推川渝自由贸易试验区协同开发示范区建设共同打造改革开放新高地”网络协商议政工作，开展常委会专题协商民生实事实施情况，组织委员年度集中视察智慧城市建设情况，开展工业重点项目对口协商，协助开展常委会议通报1—6月经济运行情况、万州经开区工作情况和主席会议通报重大项目2020年执行及2021年安排情况等6项，协助参与“乡村振兴”常委会专题协商，开展对区科技局“三评”工作，组织开展界别活动，组织联系委员开展读书活动，做好外地政协到万州考察接待工作。

【区政协城建环保委】 2021年，区政协城建环保委牵头开展《彰显江城特色，建设美丽山水城市》重点课题调研，开展江湾组团概念性设计等重点协商5项，开展城市交通节点突出问题整治、区域中心城市功能完善重点项目推进情况等集中视察3次，开展“聚焦‘三排’‘三乱’问题”委员监督性调研视察活动，开展对区生态环境局“三评”工作，协助开展常委会议通报污染防治攻坚战（2018—2020年）任务完成情况、“十四五”国土空间规划情况和主席会议通报重点交通基础设施建设情况，提交《关于加强万州物业管理的建议》等集体提案2件，报送《关于进一步完善高速公路出入口服务设施的建议》等社情民意信息5条，刊播《助力三峡库区“桥头堡”高质量发展》等新闻稿件22篇。

【区政协社会法制委】 2021年，区政协社会法制委牵头开展《基层治理能力建设》重点课题调研，开展“渝事好商量”协商平台建设试点工作，开展养老服务业发展等重点协商4项，组织委员年度集中视察应急管理体系建设情况，督办重点提案6件、跟踪督办重点提案1件，协助开展对区生态环境局“三评”工作，报送《关于建设网上家长学校的建议》等社情民意信息4条，组织委员参与司法监督、检务公开、执法监督、人民陪审员推选监督等活动30余次。

【区政协教科卫委】 2021年，区政协教科卫委牵头开展聚焦“科技创新”主题重点履职活动，开展《山地特色高效农业科技创新》专题调研，组织开展“我为科技创新献一策”活动，开展“社区卫生服务中心建设”对口协商，组织委员年度集中视察“一大四院多专”高等教育发展布局情况，开展对区科技局“三评”工作，协助开展主席会议通报疾控体系建设情况等3次，提交《关于城区基础教育资源扩容的建议》集体提案1件，报送《关于优化重庆摩托车产业发展环境的建议》等社情民意信息7条，协助督办《关于科技创新与成果转化的建议》等6件重点提案。

【区政协委员联络委】 2021年，区政协委员联络委牵头开展万达开三地政协助推万达开川渝统筹发展示范区建设相关工作，开展《突出重点，加快建设全国性交通物流枢纽》重点课题调研，组织委员年度集中视察百万头生猪养殖重点项目推进情况，开展乡村组织人才振兴等界别协商4次，协助开展万达开三地政协联席会议，督办《关于万州东部沿江四镇乡同规同建滨江特色小镇群的建议》等重点提案5次，协助开展周家坝街道燕湾小区“众事众商”协商议事活动2次，提交《关于推进农村不动产登记工作的建议》等集体提案3件，报送社情民意信息2条，组织22名政协常委及机关干部赴南京农业大学集中学习培训7天，完成区政协五届五次、六次会议选举工作，服务住万重庆市政协委员，完成委员履职评价考核工作。

（区政协办公室）

中国共产党重庆市万州区纪律检查委员会 重庆市万州区监察委员会

综　述

【概况】　2021年，中共重庆市万州区纪律检查委员会、重庆市万州区监察委员会（简称区纪委监委）坚持全面从严治党首先从政治上看，以政治建设为统领推动工作发展，坚定不移正风肃纪反腐，发挥监督保障执行、促进完善发展作用，注重从个案中发现治理大道理，推动案件办理与政治监督深度融合，精准运用“四种形态”，实事求是，系统施治、标本兼治，推进“三不”一体机制，全区全面从严治党、党风廉政建设和反腐败斗争持续取得进展成效。协助区委建立全面从严治党主体责任相关情况告知制度，推动主体责任、监督责任、监管责任贯通协同，中央纪委国家监委内部工作网站、《中国纪检监察报》先后对该制度宣传报道，市委深改办专题印发各区县学习。坚持“系统问题系统治理”廉政风险防范工作思路，以幸某某案件推动全区公路系统以案为鉴、以案促治工作经验得到中共重庆市纪律检查委员会、重庆市监察委员会（简称重庆市纪委监委）肯定，在全市纪检监察系统推广。注重从案件中挖掘廉政素材，制作的《“暗箱操作”的公开招标》等5期动漫在中央纪委国家监委网站头图展播，区纪委监委被中央纪委国家监委新闻传播中心评为年度宣传工作先进单位。

【纪检监察队伍建设】　2021年，区纪委监委加强新时代纪检监察干部队伍建设。将全员培训工作与党史学习教育相结合，印发全员培训工作计划，坚持每周五应知应会线上测试制度，累计培训干部2000余人次。做好区、乡镇、村（社区）“三级”换届，改善全区纪检监察干部队伍结构、整体功能，纪委常委均具备执纪执法专业背景或专业素养，52个乡镇（街道）纪委（纪工委）书记学历、年龄整体实现“一升一降”。常态化开展实践锻炼，先后抽调参与区纪委监委专案、区委巡察等专项工作78人次，选派10名干部到重庆市纪委监委“跟案锻炼”，提升纪检监察干部执纪执法实践能力。制定纪检监察干部监督检查工作制度，严肃查处纪检监察干部违纪违法行为，处置相关问题线索11件14人。

【纪检监察体制改革】　2021年，区纪委监委健全“周清月结”“一案三查”通报考核机制，每月通报问题线索处置效率、核查质量、重复访化解效果，实现提质效、减存量、遏增量。优化派驻（派出）机构设置和运行机制，新设驻万州经开区纪检监察组、整合组建驻渝东新区纪检监察组，细化履职清单和责任清单10余项，破解职能交叉、监督效果不突出等问题，派驻（派出）

机构立案数比上年上升346%。探索区纪委监委与在万高校纪检监察机构协同工作机制。探索执纪执法工作“复盘”制度，把“复盘”思维贯穿于信访举报、问题线索、案件办理工作全流程，提升执纪执法工作水平。

【告知制度】　2021年，区纪委监委履行全面从严治党协助职责，为区领导履行主体责任、落实“一岗双责”提供载体和方向，健全完善《万州区委落实全面从严治党主体责任相关情况告知制度》，确定告知对象、明确告知情形，细化告知流程、履职方式、监督检查等具体要求，明确告知书不仅包括告知对象、问题情形、整改方式等基本内容，还必须对问题产生原因进行分析，并提出针对性整改意见建议。发出告知书26份，推动相关领域开展专项整治7个，查纠各类问题570余个，健全完善制度规定40余项，得到市委干部考察组等方面“万州政治生态达到了历史最好时期”的评价。

（区纪委监委机关）

重要会议

【区纪委全委会议】　五届区纪委六次全会　2021年2月6日，中国共产党重庆市万州区第五届纪律检查委员会第六次全体会议召开。全会由区纪委常委会主持。区委书记莫恭明发表题为《充分发挥全面从严治党引领保障作用，确保我区“十四五”发展开好局起好步》讲话，会议审议通过区委常委、纪委书记李小军代表区纪委常委会所作的《落实新时代纪检监察工作高质量发展的实践要求，为奋力谱写万州发展新篇章提供坚强保障》工作报告和全会决议。

2021年2月6日，中国共产党重庆市万州区第五届纪律检查委员会第六次全体会议召开

（区纪委监委机关　供图）

【区纪委常委会会议】　2021年，五届区纪委常委会召开会议30次，分别是第140次至第169次，主要内容为传达学习习近平总书记系列重要讲话、重要指示批示精神，以及党中央决策部署和中央纪委、重庆市委、重庆市纪委、区委有关要求，结合实际研究贯彻落实措施，讨论案件审理、干部人事、“三重一大”等事项。

区纪委常委会第140次会议　1月8日召开，会议传达学习习近平总书记在中央全面深化改革委员会第十七次会议上的重要讲话精神，以及全市案件监督管理工作培训班、2020年全市反腐败追逃追赃工作会暨第二期反腐败追逃追赃业务培训班有关精神，研究全区纪检监察体制改革有关工作以及反腐败协调机制建设等。

区纪委常委会第141次会议　1月28日召开，会议传达学习习近平总书记在十九届中央纪委五次全会上的重要讲话精神和十九届中央纪委五次全会精神以及市“两会”精神，听取脱贫攻坚成效考核以及铁峰山国家森林公园违法建设整改监督有关情况等。

区纪委常委会第142次会议　2月3日召开，会议传达学习陈敏尔在五届市纪委五次全会上的讲话精神和五届市纪委五次全会会议精神，审议《五届区纪委六次全会会议方案（送审稿）》《五届区纪委六次全会报告（送审稿）》等。

区纪委常委会第143次会议　2月9日召开，会议传达学习习近平总书记关于作风建设重要指示精神，研究节日期间疫情防控、值班值守、作风检查工作要求等。

区纪委常委会第144次会议　3月4日召开，会议传达学习习近平总书记在中央全面深化改革委员会第十八次会议、中央政治局第二十八次集体学习时的重要讲话精神，研究《万州区纪委监委机关贯彻落实2021年全面从严治党、党风廉政建设和反腐败工作部署分工方案》《万州区纪委监委落实中央第十二巡视组巡视重庆市反馈意见整改工作方案》等。

区纪委常委会第145次会议　3月19日召开，会议传达学习习近平总书记在全国两会期间的重要讲话精神和全国两会精神等。

区纪委常委会第146次会议　3月25日召开，传达学习习近平总书记关于作风建设重要指示精神，学习重庆市纪委办公厅《关于印发

〈毫不松懈纠治“四风”十项举措〉的通知》精神，研究万州区作风建设专项整治工作等。

区纪委常委会第147次会议　4月16日召开，会议传达学习《中共中央国务院关于实现巩固拓展脱贫攻坚成果同乡村振兴有效衔接的意见》，研究监督保障工作等。

区纪委常委会第149次会议　4月30日召开，会议传达学习全国、全市纪检监察机关审查调查安全工作会议精神，研究全区审查调查安全工作等。

区纪委常委会第150次会议　5月20日召开，会议传达学习习近平总书记在4月30日中央政治局会议、中央政治局第二十九次集体学习时的重要讲话精神和习近平总书记关于青年工作重要论述精神，研究强化纪检监察干部监督管理等。

区纪委常委会第151次会议　6月11日召开，会议传达学习全国巡视工作会议暨十九届中央第七轮巡视动员部署会议精神，审议《关于工程建设招标投标领域“以案四说”“以案四改”工作情况的报告》《重庆市万州区村（社区）集体“三资”提级监督试点工作实施方案》，研究万州区2020年党风廉政建设和反腐败工作考核等次等。

区纪委常委会第153次会议　6月24日召开，会议传达学习习近平总书记在参观“‘不忘初心、牢记使命’中国共产党历史展览”时的重要精神，研究区纪委监委机关党史学习教育等。

区纪委常委会第155次会议　7月5日召开，会议传达学习习近平总书记在庆祝中国共产党成立100周年大会和参观“‘不忘初心、牢记使命’中国共产党历史展览”时的重要讲话精神，研究贯彻落实意见等。

区纪委常委会第157次会议　7月22日召开，会议传达学习习近平总书记在中央全面深化改革委员会第二十次会议上的重要讲话精神，以及全市纪检监察工作会议、全市安全生产责任事故追责问责审查调查专题培训会精神，听取监察体制改革以来全区纪检监察干部监督情况汇报，审议《万州区纪检监察干部监督工作制度（试行）（送审稿）》等。

区纪委常委会第159次会议　7月30日召开，会议传达学习习近平总书记关于疫情防控有关重要讲话精神，研究疫情防控监督工作等。

区纪委常委会第163次会议　8月31日召开，会议传达学习习近平总书记在中央财经委员会第十次会议上的重要讲话精神，审议区监委向区人大常委会报告专项工作报告稿等。

区纪委常委会第164次会议　9月16日召开，会议传达学习中央全面深化改革委员会第二十一次会议精神，以及全国第二批政法队伍教育整顿动员部署会议、中央纪委国家监委中央政法机关队伍教育整顿监督执纪执法工作座谈会以及全市第二批政法队伍教育整顿动员部署会议精神等。

区纪委常委会第165次会议　9月29日召开，会议传达学习习近平总书记有关坚持和加强党的全面领导内容的重要讲话精神，研究受贿行贿一起查、粮食购销领域腐败问题专项整治、全区镇乡换届风气监督工作等。

区纪委常委会第166次会议　10月14日召开，会议传达学习贯彻习近平生态文明思想，研究贯彻落实意见等。

区纪委常委会第167次会议　10月28日召开，会议传达学习《成渝地区双城经济圈建设规划纲要》精神，听取推动成渝地区双城经济圈建设监督检查情况汇报等。

区纪委常委会第168次会议　11月25日召开，会议传达学习党的十九届六中全会精神，研究贯彻落实意见等。

区纪委常委会第169次会议　12月6日召开，传达学习市委五届十一次全会精神，审议《中共重庆市万州区第五届纪律检查委员会工作报告》，研究《重庆市万州区纪委监委关于贯彻落实“三不”一体推进的工作举措》等。

（区纪委监委机关）

纪律检查和案件受理

【概况】　2021年，区纪委监委坚持无禁区、全覆盖、零容忍，运用“四种形态”批评教育帮助和处理867人次，其中第一、二、三、四种形态分别占比79%、11%、5%、5%。处置问题线索542件，立案162件，其中留置10人，给予党纪政务处分164人，移送司法机关11人。坚持行贿受贿一起查，建立行贿人信息库，持续释放反腐力度不减、节奏不变、尺度不松的强烈信号。

【案件审理】　2021年，区纪委监委坚持查审共同负责，突出审理政治属性，强化政治监督，在总结拓展前期乡案区审、质量评查、考评通报、纪法联动、跟踪回访等有益做法基础上，探索全面复盘机制，培养程序和纪法意识，完善证据链条，确保事实清楚、证据确凿。把对证据审核贯穿审查调查全过程，严把实体和程序关口，审核有罪证据和无罪证据，有效排除合理怀疑。在常态化开展案件质量检查同时，坚持每案必评，不断完善“一案三查末位说明”制度。严格请示报告，特别是对重庆市纪委领导批示件、交办件、疑难复杂问题、职务犯罪案件以及涉及区管干部问题线索，报告过程和结果。移送审理案件161件，审结率100%，当年立案结案率96.3%。

【专项治理】　2021年，区纪委监委总结扶贫领域腐败和作风问题专项治理成效，组织区监委向区人大常委会专项报告工作成果。推动巩固拓展脱贫攻坚成果同乡村振兴有效衔接，制定过渡期专项监督任务清单，明确19项监督事项，聚焦“四个不摘”要求、扶贫产业发展等工作落实情况，督促整改问题130个。推动死亡人员养老金被套取问题专项整治。对34家窗口服务单位实施“窗口腐败”集中整治，聚焦受理、审核、办理、反馈等窗口服务环节，严肃查处敷衍塞责、推诿扯皮，勾结中介刁难群众、违规办理业务，利用职务便利吃拿卡要、收受礼品礼金等问题。对“大棚房”问题专项清理整治行动“回头看”、惠民惠农财政补贴资金“一卡通”管理问题治理等工作实施专项监督，对建设、交通、燃气等行业开展生产安全责任落实情况监督检查。

【“三不”机制】　2021年，区纪委监委制定32项具体措施，把“三不”一体推进战略目标落实到工作各方面全过程。深化以案促改、以案促治，发出纪检监察建议书13份，通过一个问题的解决推动一个领域治理。以幸某某案件解剖为切口，梳理工程建设招投标领域10类典型问题，同步在案发单位、重点领域、全区层面实施案件办理、案情剖析、专题调研、问题整改等工作。提请区委常委会研究全区工程建设招投标领域“以案四改”实施方案，明确4个阶段18项具体任务，推动建立完善制度机制50余项。

（区纪委监委机关）

党风政风监督

【概况】　2021年，区纪委监委常态化做好监督检查、典型问题通报曝光、廉政短信提醒等工作，巩固违规公款吃喝、违规收送红包礼金、违规发放津补贴等问题专项治理成果，持续释放作风监督越往后越严的强烈信号。开展“吃公函”专项清理，发现背后的隐形变异问题。紧盯对党中央重大决策部署不敬畏、不在乎、喊口号、装样子等错误表现和材料报表多、检查考核泛滥等困扰基层问题，督促纠治，查处“四风”问题37件63人。

【政治监督】　2021年，区纪委监委完善区纪委常委会定期分片区听取政治监督工作情况等制度，每季度制定政治监督任务清单。监督推动铁峰山国家森林公园万州区域违建整改和生态提升工作。围绕习近平总书记的重要指示批示精神和党中央重大决策部署加强监督检查，强化人防、供销、粮食购销领域腐败问题专项整治，将监督“探头”架在第一线，压紧压实污染防治、疫情防控等专项工作的政治责任。持续深入肃清孙政才恶劣影响和薄熙来、王立军流毒，坚决肃清邓恢林流毒影响，督促区管领导班子将邓恢林、王杰案纳入民主生活会对照检查重要内容。贯彻万达开川渝统筹发展示范区创建工作部署，推进建立示范区清廉建设合作机制。跟进监督中央第十二巡视组反馈问题整改进度。推动政法队伍教育整顿工作走深走实。把换届选举监督作为重点，建立联查联办、快查快结工作机制，开展廉政审查2.7万余人次，出具党风廉政意见883人次，防止干部“带病提拔”“带病上岗”。配合开展村（社区）“两委”换届班子成员资格联审，对重难点村（社区）开展专项督查和工作指导。

【日常监督】　2021年，区纪委监委建立将监督融入基层治理工作机制，督促职能部门解决群众反映强烈的突出问题，办理中央纪委国家监委交办的群众个体诉求类留言。深化党员干部亲属涉权事项公开工作，对610个村（社区）开展“拉网式”排查，督促整改问题58个。开展村（社区）集体“三资”提级监督试点工作，推动建立村级组织权力清单、责任清单、负面清单。整合基层监督力量，逐步推动村（社区）纪委书记（纪检委员）、村（居）监察监督员、村（居）务监督委员会主任“三员合一”。

【作风整治】　2021年，区纪委监委总结作风建设新特点新成效，梳理9个监督重点。一体推进惩治腐败和纠治“四风”，制定毫不松懈纠治“四风”工作措施，对“四风”问题线索备案及处置、典型案例通报曝光、案件质量专项检查等工作细则予以明确。修订规范党员干部操办和参与婚丧喜庆事宜的实施办法，弘扬新风正气。推动编印落实中央八项规定精神30问合辑本，明晰政策界限。实施专项督查，对政策落实“中梗阻”、服务企业不作为慢作为乱作为等问题予以坚决整治，持续优化营商环境，构建亲清政商关系。

【脱贫攻坚成果巩固与乡村振兴有效衔接过渡期专项监督】　2021年，区纪委监委聚焦脱贫攻坚摘帽后“四个不摘”要求，针对健全防止返贫监测帮扶机制、脱贫人口稳定就业等落实情况，开展跟进监督、精准监督、全程监督。推动建立“两不愁三保障”问题动态清零工作机制，新识别脱贫不稳定户、边缘易致贫户和突发严重困难户等“三类对象”56户149人。建立过渡期专项监督互通工作机制，紧盯过渡期责任落实、政策落实等方面存在的薄弱环节，督促过渡期专项督查检查、专项审计反馈的39个问题得到整改。

（区纪委监委机关）

反腐倡廉宣传教育

【概况】 2021年，区纪委监委加强党风廉政宣传，强化党性党风党纪教育，发挥党风廉政宣传舆论导向作用。全年上报中央纪委国家监委、市纪委监委宣传作品159篇，多篇作品被《中国纪检监察报》、中央纪委国家监委网站等采用。策划制作《落实全会精神》系列动漫5期，在中央纪委国家监委网站头图栏目刊登。

【廉政宣传】 2021年，区纪委监委开展“倡廉活动月”活动，运用“看万州”“清正万州”等平台拓宽廉政教育宣传渠道，以漫画、动画等形式宣传纪法知识，督促各单位开展廉政微讲堂140余场次。组织全体区领导参加重庆市纪委监委党风廉政宣教“轻骑兵”巡回宣讲活动，对政法、国企、交通等系统实施专场宣讲。

【警示教育】 2021年，万州区召开全区领导干部“以案四说”警示教育暨“以案四改”工作会，把“说”与“改”贯通起来。编印《万州区纪委监委查处违纪违法党员干部典型案件警示录》，拍摄制作《从严治党风帆劲 砥砺奋进新征程——万州区2020年党风廉政建设和反腐败工作纪实》，为全区各地各部门开展警示教育、对照查摆问题提供“活教材”。推动各级党组织召开“以案四说”警示教育会400余场次，受教育1.5万余人次。

【廉政文化建设】 2021年，区纪委监委与区妇联、团区委联合开展“家庭助廉”“青春倡廉”活动，结合庆祝中国共产党成立100周年开展廉政文化作品征集、活动，开展“护航百年路·扬帆新征程”优秀廉洁文化作品展播。挖掘本地资源，打造“3+2+N”廉洁文化阵地，“3”即3个廉政教育主阵地，在新修建的区委党校、五桥莲花公园、区委清风公园规划建设廉政教育阵地；“2”即两个红色教育基地，依托“全国爱国主义教育示范基地”、中华民族文化基因库（一期）红色基因库首批试点单位——重庆三峡移民纪念馆以及重庆市廉政教育示范基地——万州革命烈士陵园开展红色教育；“N”即多个廉洁文化微基地，打造群众家门口的廉洁文化“微基地”。2021年区纪委监委被评为“清风常伴 廉洁齐家”家庭助廉立德活动表现突出单位。

（区纪委监委机关）

巡察工作

【概况】 2021年，中共重庆市万州区委巡察工作领导小组办公室（简称区委巡察办）发挥巡察综合监督作用和联系群众纽带功能，完成对36个区管党组织的巡察工作，发现“三个聚焦”方面问题684个，提出整改建议146条，实现五届区委巡察全覆盖。

【巡察实施】 2021年，区委巡察办制定印发《关于进一步深化村（社区）巡察工作的具体举措》《贯彻落实市委〈关于加强巡视巡察上下联动的若干措施〉任务清单》，落实各项工作任务。健全完善巡察机构与区纪委监委机关、区委组织部、区财政局协作配合机制。组织开展3轮常规巡察，配合开展1次交叉巡察，同步实施选人用人、落实意识形态工作责任制专项检查。对34家单位津补贴清理、出国（境）证件管理、编外用工等问题开展“回头看”，交办限期整改问题22个。全程跟踪指导巡察组工作，移送问题线索30件。

【巡察整改】 2021年，区委巡察办抓好中央巡视指导督导反馈意见专项整改工作，牵头制定《万州区落实中央巡视指导督导反馈意见专项整改工作方案》，自查提出6个方面13个问题，明确34条整改措施，逐一建立问题清单、任务清单、责任清单，明确牵头单位、整改时限。配合抓好落实中央巡视整改以及选人用人、意识形态专项整改工作，把巡视整改落实情况作为区委巡察重要内容，推动全区各级党组织共同抓实整改。将选人用人、落实意识形态工作责任制情况作为巡察重要内容，对区委第十三轮、十四轮共21个被巡察党组织开展选人用人、落实意识形态工作责任制专项检查。

【巡察成果运用】 2021年，区委巡察办探索巡察整改成效综合评估机制，将巡视整改落实情况作为区委巡察重要内容，对五届区委第八至十四轮巡察整改情况开展整改成效评估，确保移交问题及时整改。坚持巡察反馈意见“双反馈、双通报”，根据巡察发现共性问题，督促有关区领导履行“一岗双责”，压实整改责任。对区委书记专题会交办的突出问题，制发全面从严治党主体责任告知书1份，督促开展专项治理，巡察反馈问题整改率97%。

（区委巡察办）

民主党派·工商联

中国国民党革命委员会万州区委员会

【概况】 至2021年年末，中国国民党革命委员会万州区委员会（简称民革万州区委会）有支部15个，党员376人。将党员之家建设作为思想政治教育主阵地，全年开展各类培训交流活动56次，围绕重大主题和全区中心工作报送各类简报、信息38篇，累计被民革中央、市委统战部等中央和市级平台采用51次。组织参与民革中央短视频大赛，制作《党员之家建设》《示范支部创建》《民革榜样人物》短视频3个，举办庆祝中国共产党成立100周年诗歌朗诵会。

【组织建设】 2021年，民革万州区第六次代表大会召开，选举主委1名、副主委6名、委员14名。全年发展党员13人，其中本科以上文化程度9人、硕士研究生4人，特色党员9人。组织新任领导班子成员、支部主委20余人参加培训学习，组织50余名新党员参加市区两级培训，举办参政议政、思想宣传专题培训会2次。开展示范支部创建，新党员支部被民革中央评为“第二批全国示范支部”。加强和完善党内监督机制建设，组织党员干部学习《中国国民党革命委员会纪律处分办法》，优化监督委员会人员结构，党内纪律建设有序推进。抓好区人大代表、政协委员换届工作，推选出9名民革党员为人大代表、37名民革党员为政协委员。

2021年7月2日，民革万州区委会在万州革命烈士陵园举办“同心百年路·同行新征程”诗歌朗诵会，献礼中国共产党百年华诞 （民革万州区委会 供图）

【参政议政】 2021年，民革万州区委会提交集体提案11件，委员个人提案29件、代表建议7件，1件集体提案、3件委员个人提案选为区委、区政府、区政协领导牵头督办重点提案。民革籍人大代表、政协委员，围绕经济社会发展发言40余次。全年结合调研、视察工作，向民革重庆市委会、区政协、区委统战部报送提交社情民意、综合反映116篇。其中，4篇建言和反映获得中央级采用；17篇建言和反映获市级采用（1篇获重庆市副市长李明清批示）；22篇建言被区级采用，为党委和政府决策提供参考。全年参加各级层面组织的民主协商会、情况通报会等近10次。

【社会服务】 2021年，民革万州区委会持续巩固脱贫攻坚成效。全年共走访贫困户16次，发放慰问药品3次，帮助贫困户申请助学项目，帮助适学青少年入学职高。购买贫困户种养殖农产品2万余元，在社会扶贫网重庆馆、中国西部消费扶贫中心等载体上扶贫消费1万元。民革万州区委会重点帮扶对象李仁福在2021年获“重庆脱贫攻坚先进个人”称号，区委会被民革中央授予“民革助力脱贫攻坚工作先进集体”。参加长坪乡乡村振兴工作会，引导党员所在单位与长坪社区开展“支部手拉手”，实地开展“四下乡”“送医送药进乡村”“法律四进”等活动，向长坪乡捐赠“博爱助医”药品大礼包150余份。开展“慰问抗战老兵”活动，给在万州的2名抗战老兵送去慰问金及慰问品，引导民革党员铭记历史。发挥民革法律界专业人士作用，开展“乡村振兴战略中乡风文明建设及土地流转中存在问题”等涉法课题调研；开展“百名法律专家普法进社区”活动，组织法律咨询、法律培训、法律服务；赴柱山乡等送法进乡镇，将法律送到群众身边。开展“博爱牵手·周末爸妈”活动，为万州福利院儿童送去价值5000多元的文具、生活用品。携手“小红花公益微基金”向黄柏乡捐赠资金3万元，用于开展美丽乡村建设。开展“夏日送清凉”活动，为三峡医学中心建设工程、万州长江二桥北桥头综合交通体系工程的建设人员送去防暑降温礼包160余份。组织民革党员开展“纪念孙中山先生·植树添绿”活动，种植树木40余棵，宣传生态文明观念。多次组织支部赴长岭镇、李河镇等乡镇开展支部活动、调研活动，拓展社会服务宽度。

2021年1月8日，民革万州区委会赴长坪乡开展科技、文化、卫生、法律“四下乡”活动，为当地居民书写春联 （民革万州区委会 供图）

【民革万州区第六次代表大会召开】 2021年6月15日，中国国民党革命委员会重庆市万州区第六次代表大会召开。大会选举产生民革万州区第六届委员会，高子清当选为民革万州区委会主委，饶小雪、陈勇、任晓君、孙政、骆世才、段小东当选为民革万州区委会副主委，选举产生委员14人，平均年龄43.2岁，较上届下降2.7岁。重庆市政协副主席、民革重庆市委会主委王新强，中共万州区委常委、组织部部长、统战部部长罗莹出席会议并讲话。

（民革万州区委会）

中国民主同盟万州区委员会

【概况】 2021年，中国民主同盟万州区委员会（简称民盟万州区委会）有盟员399人，其中区委委员21人。盟员平均年龄53.5岁。盟员中男性242人，约占61%，女性152人，约占39%；大专及以上文化程度362人，约占92%，本科及以上文化程度308人，约占77%；盟员中文化科技界别人数260人，约占65%。2021年，民盟万州区委会被民盟中央评为脱贫攻坚先进集体，被民盟市委会评为年度综合考核先进集体、纪念中国民主同盟成立80周年先进集体。

【组织建设】 2021年，民盟万州区委会内设组织、宣传、参政议政、社会服务等7个部委。成立内部监督委员会，加强重大盟务监督。召开民盟万州区第六次代表大会，选举新一届领导班子，选举主委1名、副主委6名。全年新发展盟员15名，新盟员中人大代表2名，盟内区政协委员、人大代表较上届增加5名。提升大垭口宏策环艺“盟员之家”服务能力，该“盟员之家”半年承办盟市委会、区委统战部等各类活动近10次。民盟万州区委会全年举办重庆市民盟大讲坛、“盟员之家”建设研讨会、盟刊研讨会、渝东北渝东南参政议政培训会4项活动。

【参政议政】 2021年，民盟万州区委会提交区六届人大、政协两会建议和提案60余篇。各类建言及社情民意被民盟中央采用2篇、重庆市委统战部采用26篇、盟市委会采用23篇、区委统战部采用14篇。组织渝东北、渝东南区县盟员前往甘宁镇开展乡村振兴专题调研，组织民盟界别政协委员开展全区养老服务业专题协商活动，完成库区生态环境治理、企业科技创新2个专项调研课题。

【社会服务】 2021年，民盟万州区委会创响“万盟暖冬”社会服务品牌，筹资捐物近10万元，为万州区九池、罗田、普子、白土和云阳县清水等乡镇的5所学校160名贫困学生赠送羽绒服、文具套装、拉杆箱、红包等冬日大礼包，慰问困难盟员家庭和百岁老盟员，慰问牌楼街道东方、钟鼓楼街道陶家坪2个社区困难群众，为长滩镇龙泉社区31户贫困家庭送过冬棉被，为清真寺8户贫困回民送过节牛肉。开展“黄丝带帮教行动”活动，参与社区矫正工作，看望慰问刑满释放人员。开展“农村教育烛光行动”活动，组织万州高级中学、万州第二高级中学、万州第三中学、外国语学校支部骨干教师到龙驹中学献课座谈。组织重庆大学附属三峡医院支部盟员到龙驹镇卫生院交流指导。全年为普子乡产业发展捐款2万元，盟员线上线下消费扶贫5.5万元，年度代销扶贫产品300万元。

【民盟万州区第六次代表大会召开】 2021年6月17日，中国民主同盟重庆市万州区第六次代表大会召开。会议选举产生新一届民盟万州区委会领导班子，王海宝当选为民盟万州区委会主委，陈卫星、王治国、刘召奎、向家祐、崔坤明、陈凌当选为民盟万州区委会副主委。民盟重庆市委会副主委邓世军，中共万州区委常委、组织部部长、统战部部长罗莹出席会议并讲话。

（民盟万州区委会）

中国民主建国会万州区委员会

【概况】 2021年，中国民主建国会万州区委员会（简称民建万州区委会）组织会员深学笃用习近平新时代中国特色社会主义思想，以庆祝中国共产党成立100周年为契机，开展中共党史学习教育。全年，累计报送建言类信息43篇，较上年增加12篇；会员报送宣传报道44篇被民建重庆市委会网站采用，10篇被民建中央网站采用，5篇被国家级媒体采用。

【组织建设】 2021年，民建万州区委会第六次代表大会召开，选举主委1名、副主委6名和民建区委会第六届监督委员会。全年获批新会员21人。完善机关和支部制度建设，细化会员之家建设标准，完善会员数据库和支部考评办法。搭建党派成员履职平台，推荐多名会员入选六届区政协委员候选人，其中36名会员成为新一届政协委员，新提名委员17名，占47.2%。民建区委会7名会员被有关乡镇（街道）推选为人大代表，比上届增加4名。

【参政议政】 2021年，民建万州区委会提交各类提案、建议68件，比上年增加5%。其中，重庆市人大建议4件、重庆市政协提案2件，区人大建议5件、区政协提案56件。提交区政协的集体提案12件、个人提案47件，其中两件提案被大会评为优秀提案。组织会员申报民建中央课题3件，提交《加快培育数据要素市场，巩固形成中长期发展新优势》等课题报告2件；申报民建市委2021年调研课题31件，结题提交《大宗商品价格持续上涨的经济影响及对策思考》《建立健全现代护工体系，全方位保障人民健康》等课题报告26件，提交件比上年增长189%，其中5篇被市委会采用，民建万州区委会被民建重庆市委会评为2021年度参政议政先进集体。协同民建四川省委、民建四川省达州市委会开展“成渝地区双城经济圈经济区与行政区适度分离”重点课题调研，为成渝双城经济圈建设落地落实建言献策。撰写社情民意信息，全年报送会员各类信息148件，较上年增加20%，整理上报137篇，46篇被各级采用。着眼全区脱贫攻坚与乡村振兴有效衔接等重点难点问题和薄弱环节，开展专题调研考察，发挥民主监督作用。

【社会服务】 2021年，民建万州区委会会员资助后山贫困学生完成学业、为高升小学留守儿童送去学习用品，为区特教中心残疾学生送去生活学习用品。会员还多次到各乡镇（街道）讲授传统文化，组织木兰拳协会开展各种活动。

【民建万州区第六次代表大会召开】 2021年6月26日，中国民主建国会重庆市万州区第六次代表大会召开。大会选举胡家海为民建万州区委会主委，周健（女）、王兴和、鲍雪松、范雄、祝智勇、张曦临（女）为民建万州区委会副主委，选举产生民建区委会第六届监督委员会。民建重庆市委会副主委商文江，中共万州区委副书记阳秋冬出席并讲话。

（民建万州区委会）

中国农工民主党万州区委员会

【概况】 2021年，中国农工民主党万州区委员会（简称农工党万州区委会）有总支2个、支部12个，党员371名，其中在职240人，平均年龄56.39岁，医疗卫生、生态环保等重点领域党员216人，本科及以上学历260人，其中硕士30人、博士7人，中高级职称307人。

【组织建设】 2021年，农工党万州区委会召开主委会8次、全委会5次。7月完成区委换届工作，选举主委1名、副主委6名、委员21名。全年发展党员12名，平均年龄41岁。成立监督委员会7人，其中主任1人、副主任2人。完成农工市委六届5名委员、11名参会代表的推荐选举工作。推出区人大代表5人、区政协委员34人，其中卸任14人、继任21人、新提名13人，平均年龄在41.3岁，博士1人，硕士2人，本科10人。精简机构，专委会由11个调整到8个，人数由22人减少到20人，各专委会由区委主委、副主委分管联系，专委会设主任1名，组员5～8名。

【参政议政】 2021年，农工党万州区委会在市两会上提交代表委员建议提案9件；在区两会上提交集体提案20件，其中2件评选为政协五届五次会议以来优秀集体提案；提交个人提案建议27件，2件提案列为区领导重点督办提案，1件人大建议列为区领导重点督办建议。区委会承担市委会重点调研课题1项，完成《关于万达开三地共建“大三峡·大巴山”国际生态文化旅游示范区的调研报告》。承担中共万州区委重大调研课题1项，形成《关于加强物流枢纽建设助力万州“工业强区”的建议》调研报告。全年征集社情民意信息130余条，采用59篇次，其中农工党中央采用6篇、重庆市政协采用1篇、重庆市委统战部采用11篇、农工党市委采用28篇、区委统战部采用13篇。

【社会服务】 2021年，农工党万州区委会“农工同彩书画苑”持续发挥库区书画人才培养基地作用，党员雷虎、石峰坚持义务教学，全年开展培训10余期，受训师生近100人。龙驹镇“三峡绣”扶贫车间免费培训近100人，解决10余名贫困残疾妇女家门口就业问题，吸纳20名贫困人员到三峡绣总公司就业，实现人均月收入2000元以上。全年向11名贫困学生发放奖助学金2万元，向万州高级中学捐款4.9万元用于学校办公设备添置。完成“共画同心圆，共建家乡好”帮扶云阳县巴阳卫生院社会服务工作2次、龙驹义诊1次。组织15名党员专家团队赴白羊镇开展“服务百姓健康 助力乡村振兴”义诊社服活动，为200余名群众提供健康咨询与诊疗，为群众免费发放价值2000余元的药品、1000余元的口罩等防护物质。组织20名党员到瀼渡镇开展“三下乡”活动，现场接受村民种植养殖咨询120余人次、法律咨询10余人次，发放《畜禽疫病防控手册》等技术资料100余份、疫病防控药品50余份。消费扶贫1万元，帮助瀼渡镇重岩村销售农产品8000余元。

【农工党万州区第六次代表大会召开】 2021年7月25日，中国农工民主党重庆市万州区第六次代表大会召开。会议听取并审议农工党万州区第五届委员会工作报告，选举产生新一届农工党万州区委员会。陈联国当选为农工党万州区委会主委，杨贵林、陈贵林、邹宜芬、骆坤明、赵蔷薇、魏大荣当选为农工党万州区委会副主委，主副委平均年龄48岁。选举委员21人，平均年龄44岁，全部为大学本科及以上学历。农工党重庆市委会专职副主委姚树，中共万州区委常委、组织部部长、统战部部长罗莹出席会议并讲话。

（农工党万州区委会）

九三学社万州区委员会

【概况】 2021年，九三学社万州区委员会（简称九三学社万州区委会）召开主委会议12次、全委（扩大）会议6次、社员代表大会1次，开展各类政治理论学习43场次，参加九三学社中央开展的“五史”知识竞赛300人次。全年开展走访谈心活动23批次、谈心100余人次，收集意见建议42条。在“万州九三”微信公众号上策划宣传报道53篇，被“万州统战”微信公众号采用12篇、社市委会网站采用13篇。年末有社员312名，支社11个。

【组织建设】 2021年，九三学社万州区委会完成换届工作，选举主委1名、副主委6名。全年发展8名中青年知识分子加入九三学社，其中硕士研究生2人，高级职称3人，35岁以下2人，平均年龄38岁。推荐5名社员任人大代表，推荐29名社员在11个界别任政协委员。全年参加社中央专题培训2人次，参加社市委会组织的新任班子及基层组织工作培训6人次，参加区委统战部组织培训12人次。

【参政议政】 2021年，九三学社万州区委会被市区两级人大、政协全会采用建议、提案共45件。完成重庆市政协集体提案《关于推进我市生猪安全生产的建议》，5篇个人提案被重庆市政协采用。《打好三峡职业教育牌 构建高校发展新格局》被选为区政协大会发言，与《关于加强科技成果转化的建议》一起被评为区政协五届五次会议优秀集体提案。完成九三学社市委会常委牵头课题报告《关于推进畜禽粪污资源化利用的建议》。全年共向社市委会提交社情民意129篇，其中《建议细化地质灾害防治调查，防范群测群防体系新生隐患点》被社中央采用，8篇社情民意被社市委会采用。全年反映社情民意、党外人士建言122篇，其中重庆市政协采用1篇、重庆市委统战部采用8篇、区政协采用6篇、区委统战部采用54篇，《入侵植物“加拿大一枝黄花”在渝始蔓延亟待控制清除》被重庆市级部门采纳推广，《开启统战工作数字化、智能化的叠加之旅》被采用为重庆市统战理论研究文章。参加区委统战部组织的“学百年党史、讲统战故事”主题征文演讲比赛，获二等奖、三等奖和优秀奖各1个，参加万州区第二届“青年人才荟·创新论坛”比赛，获三等奖1个。

【社会服务】 2021年，九三学社万州区委会选派农业科技人才3批36人次到龙沙镇、甘宁镇等地，点对点指导当地产业发展。17名社员被选派为国家三区、市级科技特派员，服务万州、开州、云阳、彭水等区县，为企业、专业合作社、种植大户带去种植技术、管理经验和发展模式。协调区农广校在龙沙镇马岩村开设高素质农民培训班。组织医疗、农业、法律等社员专家24人进镇乡、进社区、进企业开展科技“三下乡”服务。重庆大学附属三峡医院支社、三峡医药高等专科学校支社组织医疗专家开展义诊和医疗健康咨询活动7次，惠及群众1000余人次，发放急救和健康知识书籍手册等资料2000余份，发放价值1000余元药品。承接社市委会社会服务活动，在各乡镇（街道）组织开展“同心美丽家园”捐赠活动，为52个乡镇（街道）618个村居、养老机构及困难家庭等捐赠洗衣用品878件7024瓶。

【九三学社万州区第六次代表大会召开】 2021年6月20日，九三学社重庆市万州区第六次代表大会召开。大会选举产生新一届九三学社万州区委会领导班子，骆继军当选为九三学社万州区委会主委，杨荣、谭宁、张世平、牟方政、潘明安、张季春当选为九三学社万州区委会副主委。重庆市政协副主席、九三学社重庆市委会主委屈谦，中共万州区委副书记阳秋冬出席并讲话。

（张世平）

万州区工商业联合会

【概况】 2021年，万州区工商业联合会（简称区工商联）会员总数6031户，其中企业会员5135户。全区民营经济市场主体占全区市场主体的97.8%，民营经济增加值、税收、吸纳新增就业占全区市场主体比重分别达58%、62%、72%。6月22日，区工商联（总商会）第六次会员代表大会召开，选举产生第六届执行委员会和领导班子，王敏当选为区工商联第六届主席和总商会会长。区工商联连续6年保持全国“五好”工商联称号，获全国工商联2021年民营企业调查点工作先进单位。区级工商联系统获省部级表彰集体9个、个人6人次；厅局级表彰集体13个、个人18人次；其他表彰集体19个、个人27人次。党史学习教育、招商引资、服务民营企业发展等工作获《中华工商时报》20次专项报道。

【商会建设】 2021年，区工商联把商会的组建作为扩大工商联工作覆盖的基础工程，开展“服务高质量发展商会建设年”活动。至年末，有基层商会66个，镇乡（街道）商会全覆盖，区工商联与9家行业协会建立协作机制。建立兼职班子成员联系直属会员企业制度，由34个兼职班子成员联系128家直属会员企业，每个成员分别对接服务3～4家会员企业，协调解决企业发展难题。健全基层商会制度，督促实施会员（代表）大会、会长会议、教育培训、参政议政、交心谈心、财务管理、工作考评等制度。万州区青年商会被全国工商联认定为2019—2020年度全国“四好”商会、被万州区民政局认定为AAAA级社会组织。

【服务民营企业】 2021年，区工商联持续加大涉企政策宣传力度。通过主席（会长）会、执（常）委会、民营企业家座谈会、政银企对接会、宣讲报告会等形式宣传民营经济发展政策措施、解读惠企政策，及时发布信息。探索设立专业委员会、专题研讨会等方式和平台，实现资源共享、信息互通、管理互鉴，共促企业抱团发展。组织38名企业家2批次赴重庆市和广东省等科创型企业参观考察、交流座谈，学习先进经验、创新实践。优化营商环境，推动全区“放管服”改革深化。坚持区领导联系民营企业制度，35位区领导与40家民营企业和民营经济人士建立定期走访服务机制。开展

2021年6月22日，重庆市万州区工商联（总商会）第六次会员代表大会第一次全体会议召开

（区工商联　供图）

"学党史、讲《条例》、增合力、促发展"大走访大谈心活动，走访58家企业，收集困难问题69条、协调解决45条。建立区工商联对接服务兼职班子成员工作制度，组建6个对接服务组分别对接服务5～6名兼职班子成员企业。坚持非公有制经济工作联席会议制度，召开联席会议3次。22个区级部门定点服务110家民营企业，全年宣讲政策165场次，召开座谈会137次，帮助企业化解困难问题203件。

坚持民营企业困难问题办理机制。落实民营经济人士接待日制度，区领导接访民营经济人士25人，报送信息专报2期。坚持政银企对接制度，开展4次政银企恳谈活动，为1500余家企业协调融资6亿多元。深化民营企业困难问题办理制度，交办问题31件、办结29件。持续健全法律服务机制。建立与公检法司对接联系机制，为企业协调解决劳动争议、合同和侵权案件10余件，涉案金额1000余万元。区工商联与区人社局、区总工会联合开展和谐劳动关系企业评审工作。与市检察院二分院、区检察院开展"送法进企"活动2次，举办法治宣讲、发放宣传资料、开展座谈交流，提升民营企业法治理念。牵头承办"全国知名民企万州行"活动。利用"万商会馆""今日万州"发布万州招商信息105条。与外地万州商会对接联系、搭建"走出去"平台，拜访外地万州籍企业家，开展招商对接活动19次，举办推介会39场次。

【民营企业人才培育】 2021年，区工商联落实全区"双百工程"实施方案，把优秀企业家培育纳入科教兴区和人才强区行动计划。建立年轻一代民营经济人士人才储备库，确定60名民营经济人士后备人选。撰写《万州区民营经济领域经营管理人才队伍建设调研报告》。完善"万商大讲堂"学习研讨制度，每季度开展1次集中学习研讨。实施企业家差异化培训，开展法律法规、全区"十四五"发展规划和2035年远景目标、民营经济标准创新大会等专题学习培训。

【参政议政】 2021年，区工商联组织民营经济人士78人次参加全区性大会、区委和区政府相关专题会、工商联界别政协委员活动，组织提交政协集体提案6件、个人提案14件，其中被区政协评为优秀集体提案1件、优秀委员提案1件。开展民营制造业科技创新、民营企业运行状况、物流业发展状况等专题调研7次，组织召开2次民营企业座谈会，听取民营企业诉求和意见建议。

【会员企业党建】 2021年，区工商联会员企业党组织32个、党员550名，推进党组织标准化制度化规范化建设。开展党组织书记2020年度述职评议工作。培训入党积极分子27名，新发展党员9名，预备党员转正10名。开展以"民营企业心向党"为主题庆祝中国共产党成立100周年活动，开展红色教育，举办"百年荣光颂党恩·初心不改践誓言"演讲赛、"学英雄楷模·传红色基因"微宣讲活动。23个会员企业党组织与23个村（社区）党组织结对共建。推荐获评重庆市优秀党务工作者1名、重庆市先进基层党组织1个，区工商联会员企业党委表彰优秀党组织书记6名、优秀党务工作者6名、先进基层党组织5个。

全年组织政策宣讲、专题报告、集中辅导5场次，举办培训班3期、研讨会3次。组织30余名民营经济代表人士赴重庆红岩革命纪念馆、渣滓洞、白公馆开展"追寻先辈足迹·传承红色基因"主题活动。推荐区工商联系统第六届区党代表7人、政协委员27人。发挥青年商会作用，开展"上党课·学党史""青年心向党·重温长征路""爱心捐灯·点亮乡村""学习革命精神·传承红色基因"等活动，引导年轻民营经济人士树立爱国思想和制度认同。组织区青年商会与重庆市开州区、梁平区、云阳县、奉节县及四川省达州市等青年商会开展交流合作。

【"万企兴万村"行动】 2021年10月，万州区召开"万企兴万村"行动启动大会，发出《"万企兴万村"乡村振兴行动倡议书》，引导企业参与乡村振兴发展战略。组织重庆智飞生物制品股份有限公司向恒合土家族乡捐赠价值140万元医疗物资，用于村卫生室提质升级；市时尚精品商会募集资金31.2万元为恒合土家族玉都村安装太阳能路灯200套；温州市万州商会为长滩镇泉水村小学捐赠价值4.7万元的教学器材、体育用品、衣物等，并为3名特困生每人捐赠现金2000元。牵线促成重庆交通职业学院与玉都村签订农产品定点购销协议，首批采购农产品1.5万千克，惠及村民200余户。组织民营企业参与消费扶贫工作，消费扶贫115.98万元。

【工商联合作交流】 2021年，区工商联助推"万达开"统筹发展，融入成渝双城经济圈"万达开"统筹示范区建设，与四川省达州市、重庆市开州区工商联签订合作框架协议，为民营企业合作发展搭建平台。推进东西部扶贫协作，与山东省济宁市、邹城市工商联保持常态化工作联系，山东省、济宁市、邹城市工商联领导及民营企业家到万州开展交流考察并赴恒合土家族乡开展康养项目专题调研，组织万州区民营企业家赴山东省开展东西部协作对接交流活动。

（周明）

群众团体

万州区总工会

【概况】 2021年，万州区共建立11个街道总工会、4个乡镇总工会、37个乡镇工会联合会和19个行业工会工作委员会。基层工会2962个，基层专兼职工会干部8777人。全区职工32.06万人，工会会员31.72万人，其中农民工13.34万人，职工入会率98.94%。总工会下设区职工服务中心、区工人文化宫2家正科级事业单位。区职工服务中心为公益一类，经费形式为财政全额拨款；区工人文化宫为公益二类，经费形式为自收自支。

【工会组织建设】 2021年，万州区建立工会组织39个，发展会员2500余人，其中非公组织33个。区总工会推行扁平化管理，直接指导基层建会4家，指导高笋塘街道、区市场监管局等27个工会组织开展换届和届中调整等工作。开展输入地农民工入会，培育农民工入会试点单位1家。建立货车司机群体工会组织1个，发展会员40余人；筹建快递小哥工会联合会和网约车工会2个，发展会员1700余人。3个流动会员之家累计吸纳流动会员1.7万人，转接会员关系400余人次。兑现发放2020年7—12月非公企业工会主席补贴以及2020年50人以上新建非会补助4.6万元。

深化“职工之家”创建工作，授牌28个区级先进职工之家和28个区级先进职工小家。开展全国模范职工之家结对帮扶工作，结对2对。申报市级模范职工之（小）家6个，市级模范职工之家示范点1个，完成1983—2005年受表彰全国模范职工之家复查工作。开展植树、慰问、培训等志愿服务4次，开展家政、计算机、茶艺等培训40场3000余人。落实机关干部蹲点工作机制，推动蹲点单位建会1个，解决实际问题4个。开展走访调研，班子成员带队走访基层60余个。落实万州非公联席办《重点民营企业清单服务制度》工作要求，召开座谈会1次，收集问题建议3个。利用工会网站、微信平台，结合“12351”职工服务热线，持续推进“互联网+工会”制度。出台《万州区工会预算管理办法》，全面实施预算绩效管理，开展全区2020年工会决算及2021年工会预算工作。采取随机抽查方式对全区基层工会开展一年一度经费审查工作，实行送达审计和实际审计相结合，审计基层单位工会20个。

【职工合法权益维护】 2021年，区总工会挂牌成立工会劳动争议纠纷人民调解委员会，畅通维护劳动争议双方合法权益、促进劳动人事关系和谐渠道。成立新就业劳动调解工作室1个，在重庆率先成立快递小哥法律服务团。对全区乡镇（街道）工会、系统工会工委劳动关系“四员”队伍进行调整充实，围绕构建和谐劳动关系对新调整的280人采取专题培训。办理法律援助案件102件，为102名职工挽回经济损失1287.34万元。坚持工会主席信访接待日和节日值班，接待处理职工来访29人，答复完成率100%；接待处理职工来电243件次，答复完成率100%。开展工会法律大讲堂13场次、大型法律服务宣传12场次。

【职工创业就业服务】 2021年，区总工会发放创业就业资料3万余份，送岗1.35万个，提供咨询服务8.33万人次，求职登记4689人。开展“网络直播招聘”，参与人数28.3万人，办理求职登记5363人。开展中华全国总工会家政培训20期，培训100C人，327人就业。

【工会帮扶服务】 2021年，区总工会走访慰问受新冠肺炎疫情影响基层工会8家，慰问困难职工、坚守岗位一线职工、劳模、志愿者、基层工会干部、流动会员等176人16.4万元；开展“工会进万家”调研走访活动，走访慰问劳模工匠、困难职工、农民工和生产骨干23人2.3万元。开展困难职工日常帮扶工作，慰问困难职工50人，通过银行卡发放慰问金22.42万元；开展全国级、市级建档困难职工生活救助，打卡发放3.6万元。全年发放金秋助学金、残疾人家庭学生补助金、全国级建档困难职工助学成才寒暑假补助金21.17万元。

【新就业形态劳动者温暖行动】 2021年，区总工会助推“工会进万家·新就业形态劳动者温暖行动”，聚焦新就业形态群体，开展送思想文化、送身心健康、送平安保障、送温暖关爱、送岗位技能、送婚恋服务21场，惠及职工3000余人。区总工会联合团区委开展“清凉一夏”关心关爱活动，向100余名快递小哥、网约车司机、货车司机送去清凉。授牌建立劳动者港湾4个，补助工作经费10万元。组织开展“庆祝五一劳动节、致敬城市美容师”活动，为200余名环卫工人提供送餐服务。区四大家领导带队慰问一线职工，发放慰问物资10万元。

【职工互助保障工作】 2021年，万州区工会职工互助保障工作入会单位374家，入会10.36万人次，入会金额540.3万元，1127人次互助会员获互助金赔付339.3万元。

【职工劳动技能竞赛】 2021年，区总工会承办重庆市重点工程劳动和技能竞赛启动仪式暨“三峡工匠杯”电焊工、钢筋工技能大赛，万达开及毗邻区县等16支代表队参赛。举办全区家庭医生、应急救护2场劳动技能竞赛，52支优秀家庭医生团队156名选手参赛。组织开展“安全伴我行”职工安全文艺比赛。组织28家单位职工参加2021年“建功‘十四五’、奋进新征程”网上劳动和技能竞赛，方案浏览156.7万次、点赞159.61万次，比上年增长27%，获月度之星72人、季度之星10人，“五小”获奖项目51个。组织参加2021年川渝旅游行业职工职业技能大赛暨西南地区邀请赛，区总工会获优秀组织奖，个人获宴会摆台二等奖。组织参加2021年成渝地区双城经济圈现代制造业技能大赛，个人获工业机器人三等奖。

【劳动典型培育】 2021年，区总工会推荐评选全国五一劳动奖章1名、全国工人先锋号1个、重庆五一劳动奖状3个、重庆五一劳动奖章5名、重庆市工人先锋号4个、重庆第六届劳动模范和先进工作者11名。推荐三峡纺织职工李周霞评为重庆“十佳最美产业工人”称号。表彰2021年优秀产业工人11名、流动会员之家优秀志愿者3名。推动劳模创新工作室、劳模示范产业园建设，对9个区级劳模创新工作室、3个市级劳模创新示范工作室开展调研指导，劳模创新工作室获专利数119项、创新及攻关数171项、创新成果转化106项、取得直接经济效益1.79亿元。

【劳模关爱】 2021年，万州区完成全区13名全国劳模和186名（含去世人员）省部级劳模本人及家庭情况的调查摸底、信息录入统计工作。上报56名生活困难、13名特殊困难劳模资料，争取全国和省部级劳模专项补助资金191.99万元。争取区财政劳模专项资金6.2万元，对85

2021年4月26日，“三峡工匠杯”电焊工、钢筋工技能大赛现场

（区总工会 供图）

名70岁以上的省部级老劳模及具有特殊困难的劳模进行慰问。兑现发放市总工会对万州劳模创新工作室牵头人、创新工作室劳模、五一劳动奖章获得者12人的慰问资金1.1万元。组织全区65名省部级以上劳模参加市内疗休养。

【"三峡工匠杯"电焊工、钢筋工技能大赛】 2021年4月26日，重庆市重点工程劳动和技能竞赛启动仪式暨"三峡工匠杯"电焊工、钢筋工技能大赛在万州新田长江大桥北岸建设现场举行，活动由重庆市总工会、万州区人民政府主办，万州区总工会、中交一公局重庆万州高速公路有限公司承办。劳动和技能竞赛启动仪式上，表彰万州区2020年度11名优秀产业工人，并授予重点工程项目建设一线的部分团队"党员先锋队""工人先锋号""青年突击队"旗帜。万达开川渝统筹发展示范区及万州周边区县的16支队伍、46名"工匠"参赛。两项大赛分别评出一等奖1名、二等奖2名、三等奖3名。中交一公局万州环线项目的葛俊榜和李万康、王近财分获两个工种技能大赛一等奖。

（区总工会）

中国共产主义青年团万州区委员会

【概况】 2021年，中国共产主义青年团万州区委员会（简称团区委）重点围绕思想引领、服务大局、青年需求、组织建设等方面，团结带领全区广大团员青年开展一系列工作和活动。全区有直属团组织73个，其中乡镇（街道）团（工）委52个、系统团工委17个、其他直属团组织4个。下设团（工）委142个，团（总）支部2332个，团员43133人，团干部4267人。全区各级团组织、团员青年和青年群体获全国表彰5项、市级表彰39项，有关工作被《人民日报》《重庆日报》等市级以上媒体平台宣传报道24次，承办上级团组织会议及活动10场。

【基层团组织建设】 2021年，团区委推进县域共青团改革，梳理团队改革任务清单88条，印发《万州区共青团基层组织改革试点工作任务分解清单》，成立改革试点领导小组，分线推进落实改革工作；坚持党管青年，将青年工作纳入全区党建工作目标考核；将党建带团建重点工作纳入区委巡察和党组织书记述职评议内容；将共青团工作纳入学校党建考核和教育督导内容；出台《关于进一步加强全区团干部队伍建设的意见》《万州区基层团组织书记述职评议考核暂行办法》，建立全区共青团系统述职评议制度，落实团干部协管和任前谈话制度，组织团干部综合素质提升行动3次，开展"青马工程"培训班2期。全年新建社会领域团组织166个、非公团组织123个，社会领域团的组织建立比上年增长14.59%，学校领域团组织覆盖率100%。

【青少年思想引领】 2021年，团区委抓好主题教育，开设党史学习云课堂，发挥青年讲师团作用，集中宣讲活动14场，推送"百年党史"微团课10期，推出"青年大学习"网上主题团课27期，发布红色主题信息30余篇，覆盖团员青年总人次100余万。在全区开展"学党史、强信念、跟党走"主题团日活动5500余次，举办"童心向党·礼赞百年"少先队员风采展示活动，吸引200多名青少年参赛、3万余人线上观看，组织街舞青年等新兴青年群体编排献礼党的百年华诞相关视频3条。依托"红色之旅""团干部综合素质提升行动"等开展线上线下红色主题活动5场，组织留守儿童、基层团干部、青联委员走进红色革命基地，引领青少年传承红色基因。持续运营"青春万州"微信公众号，全年发布时事热点、活动动态等推文310余篇，制作发布主题壁纸9张、一图看懂3期，阅读量61.5万人次；用好"青春万州"抖音号，发布视频10条，观看人数5000人；开通"青春万州"官方视频号，发布"请党放心 强国有我""七彩假期""青年人才荟"等主题视频15期，阅读量7.5万人次。

【青少年群体关爱】 2021年，团区委在区青少年宫、青少年之家等地开设"七彩假期·快乐童年"暑期托护班、"流动少年宫"等公益活动30余场，提供安全教育、课业辅导、兴趣课堂等课程，服务假期留

2021年1月19日，团区委在郭村学校开展"冬日阳光·温暖你我"2021年新春关爱活动

（团区委 供图）

守儿童3000余人次。发动爱心企业家和爱心人士捐款捐物，推动实施“冬日阳光·温暖你我”关爱留守儿童、“情寄留守·团企益行”关爱行动、“青春同行·与你相伴”关爱留万青年、“清凉一夏”关爱快递外卖小哥、“清凉夏日”关爱环卫工人等暖心行动，关爱慰问全区群众1000多人。团区委联动司法、教育等部门开展预防青少年违法犯罪工作，帮助20余名轻罪未成年重新融入社会；在12355青少年成长大课堂中设置安全自护、法治教育等课程，帮助2000余名留守儿童增强是非意识、安全意识、法律意识。

2021年11月18日，万州区青年人才荟创新论坛决赛举行 （团区委 供图）

【青少年志愿服务】 2021年，团区委发动团员青年、在万大学生、青联委员等组建抗击疫情、抗洪救灾等专项志愿服务队伍20余支，深入社区排查疫情防控薄弱环节、参与抗洪救灾，为基层一线、受灾镇街及河南受灾群众捐赠价值50万元的生产生活物资。区青年志愿者协会新增办公场地100平方米，招募专项志愿者500余人，组建新时代文明实践小分队进广场、走社区、敲家门，开展“美化老旧小区”等文明城区创建志愿服务活动1164场。打造万州青年志愿服务站，提档升级高铁万州北站志愿服务岗亭，常态化提供乘车指引、信息咨询、法治宣传、便民寄存等服务，为一线环卫工人发放消暑物资。建立“河小青”“洁小青”“林小青”等志愿服务队440支，投身“美丽中国·青春行动”，开展志愿服务活动150余场次。

【青年创新创业服务】 2021年，团区委深化“E万州·众创空间”、区青企协等青年创新创业平台建设，在两江数字经济产业园万州园新建2处创新创业实践基地，开展“青创桥·青年创新创业活动”“农村青年致富带头人培训班”等活动6场，培训指导创业青年300余人。通过“西部计划”“返家乡”“扬帆计划”“千校万岗”等专项活动提供就业岗位近200个。实施“12355青少年成长大课堂项目”等东西部协作活动5场，打造创新创业实践基地3处，开展培训8次，推进“青联组织服务千村行动”7次，新建“青联希望小屋”5间，组织300余名大学生开展科技指导、乡村规划、志愿服务等活动100余场，累计服务留守儿童和创业青年1.5万人次。

【青年人才服务】 2021年，团区委联合区委组织部、区人社局举办“青年人才荟·创新论坛”“渝创渝新·创响万州”等创新赛事，全区各领域青年建言献策万州经济社会发展，撰写论文148篇，整理汇编优秀论文30篇，为全区挖掘青年人才100多名、创新项目200余个。举办“三生有幸·情定万州”等青年交友联谊和集体婚礼活动2场，服务单身男女青年上百人。

【少先队工作】 2021年，万州区少先队员12.09万名，较上年新增2900名。团区委推进少先队改革，印发《万州区贯彻落实〈中共中央关于全面加强新时代少先队工作的意见〉的工作方案》，落实48项具体任务；将少先队工作纳入万州区委教育工作领导小组2021年工作要点，并纳入学校党建督导考核，分值占考核总分比重10%；印发《万州区红领巾奖章实施细则（试行）》，指导学校制定一星章实施细则，推动全区范围内规范开展“红领巾奖章”争章活动。配齐配强大、中队辅导员2496名，出台文件明确少先队辅导员的任职资格、准入制度和退出程序，开展2021年度新任大、中队辅导员岗前培训和区级少先队大队辅导员培训，优选10名大、中队辅导员成立区级少先队名师工作室，13名个人、3个集体获市级“优秀少先队员”“优秀少先队辅导员”“优秀少工委主任”“优秀少先队集体”称号。有少先队校外实践教育基地32个，免费面向青少年群体开放，少先队员就近就便参与校外实践活动105次，开设运动安全、预防溺水、禁毒宣传等安全自护教育课程，实施浙江省宁波市海曙区对口支援助学、中国儿童扶贫基金助学等暖心行动，覆盖青少年儿童近1000人。

【青少年宫活动】 2021年，万州区青少年宫设有绘画、书法、舞蹈、声乐、语言、乐器等艺术培训项目，培训学员7613人。开展军事夏令营、爱国主义教育、科普进校园等主题公益活动以及川东竹琴、国学、剪纸、茶艺等公益课程，开展合唱、金钱板、竹琴、戏剧、四川评书等非遗免费公益课程，共培训316人。全年开展爱国主题、国学类、非遗类、科技类等公益活动27场，惠及青少年儿童1.5万人次。区青少年宫蒙童园开设社团活动课程，近400名学生、1600余人次参加社团活动。

【万州区第二届“青年人才荟·创新论坛”】 2021年8—11月举办，以“青春智荟 共话发展”为主题，涉及“科技创新和工业发展”“乡村振兴和新型城镇化”等5大领域，由区委、区政府主办，区委组织部、区人力社保局、团区委承办，区委人才办、万州第二高级中学文德初级中学协办，重庆三峡广告产业园执行。活动收到万州区各行业、各领域青年干部报送的参赛论文147篇，经过论文初评、赛前辅导、复赛演讲、导师指导等环节，于11月18日在文德初级中学报告厅举行决赛，活动评选产生一等奖2名、二等奖3名、三等奖5名、优秀奖20名。

（谌盈颖）

万州区妇女联合会

【概况】 2021年，万州区妇女联合会（简称区妇联）开展思想引领，引领“巾帼心向党”，开通“党史学习教育”专栏，推送党史知识和专题讲座信息60余次。线上线下开展“百千万巾帼大宣讲”“思想政治引领第一课”“巾帼榜样事迹报告会”，到农村、社区开展宣传中国共产党十九届五中、六中全会和习近平总书记“七一”重要讲话精神等宣讲活动800余场次，开展“网络安全周”宣传活动。在“三八”国际妇女节111周年期间，以“巾帼心向党·奋斗新征程”为主题，开展“百千万巾帼大宣讲”、送奖到基层以及困难妇女慰问、巾帼榜样巡展、倡导绿色生活、纪念宣传服务等6大活动带领全区广大妇女同胞，弘扬爱党爱国精神，展现巾帼时代风采。

【基层妇联组织建设】 2021年，区妇联投入资金120万元，新建市级示范妇女之家40个、儿童之家40个，推动灵活建立“妇女微家”5个，开展主题活动100余场次。利用村（社区）换届契机，指导村（社区）做好妇联换届工作，选拔优秀女性进入妇联执委。完成全区610个村（社区）妇联的换届工作。实施“巴渝巾帼基层妇联领头雁培训计划”，组织各级妇联干部40余人次参加重庆市妇联组织的新任妇联主席培训班、宣传思想工作培训班、维权工作培训班等培训，学习习近平新时代中国特色社会主义思想、习近平关于妇女儿童和妇女儿童工作的重要论述和妇联业务知识等。

【巾帼建功行动】 乡村振兴巴渝巾帼行动 2021年，区妇联举办“乡村巾帼大讲堂”，宣传强农惠农富农政策。实施“巾帼致富带头人”培养计划，培训手工制作、农村电商、种植养殖等实用技术，培训妇女1000人次。评选谭世凤、罗显清、郦小燕等20余名“巾帼致富领头雁”等先进典型。在陈家坝街道茂合村、沙河街道安乐村等10个村开设“文明礼仪小课堂”，带领广大农村家庭学礼仪、知礼仪、行礼仪，倡导“乡风文明，从我家做起”。万州区与山东省济宁市、新疆英吉沙县联合开展云上巾帼好品，乡村振兴“她力量”直播带货活动。以“巾帼暖心爱·携手同发展”为主题，为易致贫返贫妇女、低收入妇女、“三留守”人员等特殊困难群体开展创业就业帮扶。

成渝地区双城经济圈建设巴渝巾帼行动 2021年，区妇联推动“巾帼助力万达开川渝统筹发展示范区建设合作协议”落地落实，加强万达开三地妇女儿童事业发展思路对接，规划联谋联行。举办2021年巾帼助力万达开川渝统筹发展示范区建设女企业家万州行活动，组织三地女企业家以走访企业、座谈分享、文艺联谊等方式开展交流。评选12个万达开经济圈妇女创业创新基地，常态化开展创业实践、就业培训。开展2场女性创业创新项目展示推介、赛事交流、观摩学习。发挥“巴渝大嫂”手工编织品牌优势，联合三地开展手工编织技能培训，培育刺绣、编织等川渝特色手工龙头企业、女传人。

2021年7月8日，巾帼助力万达开川渝统筹发展示范区建设女企业家万州行活动现场

（区妇联　供图）

创业创新巴渝巾帼行动　2021年，区妇联与相关单位联合举办2021年“渝创渝新·创响万州”创新创业大赛。打造“E万州众创空间”为2021年重庆市“巴渝巾帼创业创新示范基地”。参加市妇联“寻找最美巾帼家政人”活动，周乐芬获“服务能手”、夏亚庆、罗春霞、周梦圆获“行业先锋”称号。实施“巴渝巧姐”手工编织培训项目，培育10余名“巴渝巧姐”手工编织带头人。帮助巾帼手工企业在乡村创建5个手工工坊，带动100余农村妇女在家门口就业增收。开展“巴渝大嫂”巾帼家政培训3期，培训学员150人。实施农村电商“巴渝网姐”培养计划，帮助返乡创业女大学生、女致富带头人、村妇联执委等开办“巴渝网姐”网店，培育20余名农村电商巾帼带货达人。推荐命名7个单位为2021年重庆市巾帼文明岗，推荐命名3人为重庆市巾帼建功标兵。联合区人社局、区总工会开展“春风行动”女大学生专场招聘会。

绿色生活巴渝巾帼行动　2021年，区妇联实施“绿色生活人人参与”行动，动员机关干部、巾帼志愿者、先进典型妇女等，在“三八”节、“五一”节、国庆节等节日节点，进村入户开展大扫除、大清洁、大整治。开展“绿色家庭”“最美阳台”“最美庭院”评选表彰工作，创建重庆“绿色家庭”4户、重庆“最美庭院”4户、重庆“最美阳台”3户，评选区级“绿色家庭”100户。以“绿色生活美万家”为主题，组织巾帼志愿者开展“巾帼护河·共建生态家园”“共建美丽家园·义务植树”“除陋习促新风”等实践活动150余场次。开展“除陋习树新风”“吃得文明”宣传实践活动20场，惠及妇女1000余名。

【妇女儿童权益维护】　2021年，区妇联联合区法院、区公安局建立《一站式人身安全保护令申请工作机制》，完善女性公平就业约谈机制，着力解决妇女儿童侵权重点问题。启动编制新一轮万州区妇女儿童发展规划。实施妇联系统“八五”普法规划，开展“建设法治中国·巾帼在行动”妇女法治宣传活动300余场次。在全区开展婚姻家庭纠纷排查调处化解专项行动，建立村（社区）婚姻家庭纠纷排查调处工作台账，化解调处纠纷23个，化解率100%。加强与公检法司等部门协作，处理母女受家暴起诉离婚案1件。

【妇女扶贫助困】　2021年，区妇联开展“爱在万州·巾帼温心行动”关爱项目，落实常态化慰问走访机制，全区各级妇联组织筹措资金近20万元，为1000余名困难妇女儿童送去节日关心和祝福。举办“母亲健康快车”项目“两癌”健康知识讲座29场，1950人次参与，28名低收入患病妇女每人获1万元救助。实施“母亲水窖”关爱项目，申请中国妇基会专项资金27万元，在钟鼓楼街道双溪社区建立集中供水点。开展“微爱行动·快乐操场体育箱”暨儿童图书捐赠活动，捐赠总价值约3.7万元的体育箱66个。组织65名农村留守儿童参加市“快乐成长营”体验之旅公益活动。实施“爱助事实孤儿项目”，为29名事实无人抚养孤儿每年发放1200～2000元受助金。联合济宁市妇联开展鲁渝东西部协作“圆梦微心愿点亮新希望”巾帼公益活动，筹集爱心企业捐赠资金3万元，帮助60名困难妇女儿童实现微心愿。

【家庭文明建设】　2021年，区妇联持续开展寻找“最美家庭”，何承香家庭被评为全国最美家庭。开展“书香润万家”家庭阅读展示活动，评选出骆艳家庭、朱全奉家庭等10户万州“最美书香家庭”，推选陈星、刘湘玲、罗军3户家庭获评重庆“最美书香家庭”。参加重庆市第四届家庭诵读大赛，获一、二等奖各1名。评选万州区文明家庭100户，推荐重庆市文明家庭5户。开展“清风润万家”家庭廉洁文化作品征集活动，收集作品100余份。开展“学党史 传家风 育新人”重庆市第五个家庭教育日主题活动，开展主题培训100余场。创建市级家庭教育实践基地2个。依托区家庭教育指导中心、家长学校、家教流动学校，以“暑期安全知识”“守护花季”为主题开展培训100余场。组织“家庭教育流动学校百场讲座进万家”家教知识线上线下培训439场，惠及5000余名家长及儿童。联合区教委、重庆幼儿师范高等专科学校（简称重庆幼儿师专）开展“成就孩子唯一童年”2021家庭教育公益论坛。提升家庭基层社会治理参与度，深化“平安家庭”建设，推广天城镇万河村“巾帼气象站”先进经验。开展问题家庭帮扶转化工作，关爱帮教女性戒毒人员、社区矫正人员。深入推进妇女议事会制度，引导基层妇女参与基层民主自治实践。

（刘超）

万州区科学技术协会

【概况】　2021年，万州区新成立重庆万州外国语学校科协、万州中加友谊小学科协、万州江南中学科协3家科协组织，新成立万州区工程师协会、万州区国际税收研究会2家区级学会。至年末，万州区科学技术协会（简称区科协）主管或团体加入的区级学会（协会）14个、企事业科协组织21家、乡镇（街道）科协组织52个、农村专业技术协会39家。有市级院士工作站2家、市级海智工作站1家、全国科普示范社区5个、重庆市科普示范社区8个。全区科技志愿者队伍3支，社

2021年9月26日，万州区全国科普日主场活动现场　（区科协　供图）

区科普大学11个，科普文化云终端123台。全年开展各类学术、论坛、助力乡村振兴等活动300余场次，发放各类科普宣传资料6万余份，服务群众3万人次。全区具备科学素质公民比例为9.8%。区科协在重庆市科学技术协会（简称重庆市科协）2021年度目标考核中获特等奖，位列“两群”第一名。

【科普活动】　2021年，区科协常态化开展应急科普宣传活动，引导公众科学防疫。举办新冠肺炎健康知识讲座18场，受益群众3000余人。开展“千会千人进千户”科技志愿服务活动，组织10余家农技协在14个乡镇开展科技培训，参训农户5000人次。开展低碳知识科普阅读活动，组织11个社区教学点开展“碳达峰碳中和”专题授课，参加科普学习的群众、师生1.2万人，区科协获重庆市科协“碳达峰碳中和科普宣传”组织奖。开展全国科普日活动，开展主会场和分场活动共45场次，2000余名科技工作者、科技、科普志愿者参加科普宣传和志愿服务，覆盖群众近10万名，区科协获评中国科协2021年全国科普日优秀活动奖。

开展青少年科普活动。配合区教委举办万州区首届中小学生科技节，期间中国科协流动科技馆在万州开展巡展活动。开展青少年科技创新校园行、院士专家科普进校园、“万达开”科技辅导员培训班、“万开云”青少年科技教育校长论坛等活动15场，全区学校全覆盖。开展各项青少年科技竞赛活动，组织60所学校8000余名青少年开展第36届万州区青少年科技创新大赛、青少年科技模型大赛、青少年创意编程与智能设计大赛等，并评选优秀项目和推荐学生参加市级赛，186人获优异成绩。在第十三届万州区青少年科技创新区长奖表彰大会上，5名学生获区长奖，9名学生获提名奖。

【科普宣传】　2021年，区科协利用好“科普中国”App，万州区线上注册人数5000人，信息传播量位居全市第二名。转发“科普中国”“科普重庆”权威疫情防控信息及科普知识200余条，区级媒体全年宣传报道157条（篇）。编印《万州科普》读本春、夏、秋、冬四季刊2万册，送发给乡镇（街道）科协和部分城区社区。结合新时代文明实践“讲科技”志愿服务活动，开展党史学习教育宣传宣讲，覆盖科技工作者和群众1500余人次。

【科技人才服务】　2021年，区科协向市区两级推荐各类人才20余名、优秀团队10余个。推荐重庆三峡农业科学院陈泉获“重庆市最美科技工作者”称号，重庆三峡学院郭远臣、重庆市万植巨丰生态肥业有限公司陈明元为万州区第六届学术技

2021年第十三届万州区青少年科技创新区长奖获奖者一览表

表7

获奖奖次	姓　名	性别	年龄（岁）	所在学校
区长奖	邹瀚琳	女	17	万州第二高级中学
	张峻峰	男	12	万州区中加友谊小学
	周子轩	男	13	万州区鸡公岭小学
	周子衿	女	17	万州高级中学
	熊子健	男	12	万州区鸡公岭小学
区长奖提名奖	向　婷	女	12	万州区五桥小学
	李晓玲	女	16	万州第二高级中学
	汪子颜	男	17	万州第二高级中学
	陈　信	男	13	万州五桥实验学校
	邵红宁	女	14	万州上海中学
	殷浩洋	男	17	万州第三中学
	唐　浩	男	18	万州高级中学
	程歆然	女	10	万州区红光小学
	潘雨佟	女	11	万州区鸡公岭小学

术带头人，郭远臣加入重庆青年科技领军人才协会，唐家平、吕媛媛当选重庆市大学科学传播研究会副理事长，李鸣亮为“感动万州十大人物”候选人；推荐重庆三峡农业科学院蚕桑产业团队获“2021年重庆市巾帼文明岗”称号；增补5名科技工作者为区科协五届委员会委员，其中2名当选为常委。在春节前夕、全国科技工作者日等关键节点，区科协通过走访、座谈、电话等多种形式走访慰问在万州区工作的医疗专家、农技专家、基层科协“三长”代表、科技教师等科技工作者50余名。联合区委宣传部、区委人才办、区文明办、区科技局评选出“最美科技工作者”10名和“最美科技创新团队”10个。

2021年万州区“最美科技工作者”一览表

表8

序号	姓名	性别	单位及职务
1	叶　舰	男	万州区科学技术局科技平台与孵化科科长
2	刘尔云	男	万州高级中学中小学高级教师
3	刘振平	男	重庆安全技术职业学院副教授，后山镇马槽村驻村第一书记
4	张奕霞	女	万州爱尔眼科医院党支部书记、CEO、院长
5	陈　泉	女	重庆三峡农业科学院蚕桑研究所副所长、高级农艺师
6	罗　强	男	重庆三峡学院机械工程学院副教授
7	郎春辉	男	重庆大学附属三峡医院科研外事部副主任、主治医师
8	姜兴鹏	男	重庆三峡医药高等专科学校附属医院副院长、主任中医师
9	雷　宇	男	中科金龙金属材料开发有限公司副总经理、高级工程师
10	颜　忠	男	万州区水产研究所副所长、高级工程师

2021年万州区“最美科技创新团队”一览表

表9

序号	名称
1	重庆大学附属三峡医院新冠肺炎“五位一体”临床治疗研究团队
2	重庆三峡学院电子与信息工程学院电动汽车与电网互动技术团队
3	万州区疾病预防控制中心核酸检测团队
4	重庆三峡医药高等专科学校附属医院新时代家庭医生精准签约服务模式探索与实践创新创业示范团队
5	万州区规划设计研究院疫情地图保障党员突击队
6	重庆三峡农科所种子开发公司U型杂交水稻新品种研发转化创新创业团队
7	万州区数字化城市管理中心数字城管创新团队
8	万州职业教育中心智能制造与大数据集成应用创新创业团队
9	中国船舶重工集团衡远科技有限公司电动高压空压机研制创新创业示范团队
10	重庆华歌生物化学有限公司吡啶衍生物工艺开发及应用研究创新团队

【科普社会服务】　助力企业科技创新　2021年，区科协组织万达开一线创新工程师培训，参训一线科技人员120人；开展川渝专家服务队精准对接企业万州行活动，来自重庆大学等高校、科技企业的13个团队共27位专家到长江科技有限公司等5家企业开展技术对接；协助江东机械成立海智工作站，并获重庆市科协专项补助10万元。培育科技创新团队，指导和激励企业科技人员参与大众创业、万众创新的“双创”工作。开展科技经济融合试点工作，通过中国科协“科创中国”平台和重庆市科协“促进科技经济融合发展”平台，把创新要素引向万州、引向基层、引向企业。配合区委人才办筹备万州区博士联盟，助力打造博士智库，已有230余名博士加入。

助力乡村振兴　以“搭建产学

2021年11月19日，万州区科技助力乡村振兴产业指导现场（区科协　供图）

研用创新平台，促进科技经济融合发展”为主题，开展海智（海外智力为国服务行动计划）专家走进龙驹镇助力脱贫攻坚与乡村振兴有效衔接活动；组织9家单位参加“重庆市科普惠农消费扶贫产品展销会”，销售各类扶贫产品100万余元；开展“科技专家助力乡村振兴志愿服务活动”，组织50余名专家到20个乡村振兴帮扶村开展义诊和产业指导，举办专家培训讲座20场，开展种养殖技术服务和技术示范指导48次，培训农户3800余人次。开展全区科技助力乡村振兴重点镇（乡）、村乡村振兴工作。邀请市测绘地理信息学会专家在甘宁镇永胜村开展3次无人机实用技能培训，受益群众300余人次。成立恒合土家族乡科技志愿服务队，组织专家服务队开展“五进”活动，并向重庆市科协争取项目资金50万元，用于建设恒合土家族乡乡村振兴科技小院、恒合民族中心小学校园科普馆、恒合土家族乡卫生院健康科普中心。

【万州区工程师协会成立】　2021年11月2日，万州区工程师协会成立。成立大会在万州三峡印象酒店召开，大会选举蒋大文为万州区工程师协会第一届理事长，谢德富、邓晶、段茂兵、谈中华、罗建兰为副理事长。该协会主要聚焦能源环保、科技创新、产业发展、乡村振兴、制造工艺等专业板块，通过举办科研讲座、发展论坛、创新展示、科技研讨会、学术交流会、技能技术大会等活动进行科普宣传、科研创新以及信息咨询服务工作。

【万州区国际税收研究会成立】　2021年10月22日，万州区国际税收研究会召开成立大会。重庆市国际税收研究会会长曾洪波、万州区税务局局长张廉汶，区科协、区民政局等单位会员和个人会员共90余人参加会议。会议选举产生万州区国际税收研究会第一届理事、会长、副会长、秘书长，该协会主要深耕税费学习、研究、宣传和普及，通过服务社会、服务税收、服务经济和服务会员，实现研究会办会价值。

（代凤娟）

万州区归国华侨侨眷联合会

【概况】　2021年，万州区归国华侨侨眷联合会（简称区侨联）第三届委员会有委员49名，其中常委17名，专职主席1名，专职副主席兼秘书长1名，兼职副主席8名。全区侨界有区人大代表2名、区政协委员5名，重庆市侨联常委1名、委员4名。全区有海外华人、华侨1200余人，归侨、侨眷5800余人，留学归国人员96人。2021年，区侨联被中国侨联评为全国侨联系统抗击新冠肺炎疫情先进集体。

【侨联组织建设】　2021年，区侨联在太白街道孙家书房社区建成首个“侨胞之家”。配合区委统战部开展全区侨情大普查，全年增补侨联委员2名、常委2名，吸纳新会员13名。注重培养侨界参政议政骨干，向六届区政协考察推荐侨界政协委员5名，向六届区人大推荐侨界人大代表2名。

【侨界联络联谊】　2021年，区侨联在传统节假日期间，向全区侨联会员发送祝福、问候链接，传递温暖。接待菲律宾等地50余人侨团侨商到万州考察，组团参加大型国际侨商活动。组织万州侨商参加“万州知名侨商开江行”活动和“2021侨界菁英川渝汇”活动。

【侨益维护】　2021年，区侨联走访慰问老归侨、困难归侨侨眷16人次，发放慰问金4000元。帮助侨联会员解决子女入学入伍、身份确定等困难2件。开展侨法宣传宣讲，营造万州区知侨、爱侨、护侨社会氛围。国庆期间，向海外留学生赠送电子电影票，邀请侨胞云端观影。通过走访调研、政协提案、单位建议等多途径，帮助万州区侨企解决发展过程中的问题和困难。走访侨企26家，协助全区侨商会员减免租金4万元、争取搬迁费1万元、帮助2家企业解决产品销路问题、协助政企沟通服务3次。以中国华侨国际文化交流基地——重庆三峡移民纪念馆为平台，接待华人华侨游客160余人。

2021年9月26日，万州区首个“侨胞之家”在太白街道孙家书房社区挂牌成立

（区侨联　供图）

【参政议政】　2021年，区侨联向区政协五届五次大会提交集体提案19件，其中《关于推进万州人才创新创业的建议》《关于将万州大瀑布整合打造为AAAAA级景区的建议》2件提案被评为大会优秀提案；报送社情民意3篇，其中《竺溪河码头安全隐患需重视》被区政协督办。全国“两会”期间，万州侨界党外人士报送21篇反映类建言，其中2篇被重庆市委统战部采用、1篇被中央特定刊物采用。

【社会服务】　2021年，区侨联组织万州侨之声艺术团进社区开展“送文化、送温暖、送健康”活动2次，惠及群众100余人。启动2021年“侨爱心·光明行”白内障公益项目，实施免费白内障手术415例。开展“侨爱心在行动”系列公益活动。慰问社区老党员、困难群众、城市环卫工人200余人，赠送爱心包和生活物资，价值1万余元；开展“爱心护考”行动，高考期间118辆出租车免费接送考生；开展公益助学行，向郭村小学、响水学校分别捐赠价值8万元的爱心包160套和3万元现金，向四川省凉山彝族自治州昭觉县、美姑县2所小学捐赠价值5万元助学物资；联合重庆蓝天救援队向遭受严重洪灾的河南省新乡市捐赠生活物资。

【万州区首个“侨胞之家”成立】　2021年9月26日，万州区首个“侨胞之家”在太白街道孙家书房社区挂牌成立。区侨联主席陈平，太白街道统战委员、街道侨联分会主席向宏，街道侨联分会秘书长陈亮及孙家书房社区有关人员和辖区侨胞代表等出席授牌仪式。孙家书房社区有侨界群众7户10余人，设有“侨胞之家”工作领导小组和“侨胞之家”阵地152平方米，内设涉侨纠纷咨询室、侨务政策咨询台、侨胞活动室、多功能室、艺术之家和归侨侨眷阅览室，全年接待归侨侨眷50余人次，为侨胞侨眷提供咨询服务和联谊交流平台。

（王小军）

万州区文学艺术界联合会

【概况】　2021年，万州区文学艺术界联合会（简称区文联）下辖文艺协会20个，其中社团16个、民办非企业单位4个。全区各文艺协会共有会员2894人，其中国家级会员179人、市级会员748人。

【文联组织建设】　2021年，区文联发展新会员130余人，新增国家级会员3人、市级会员4人。新成立万州区电影电视艺术家协会，新创建“四川竹琴”非物质文化遗产传承基地1个。万州区曲艺家协会获“2020年度中国曲协先进基层曲协组织”称号。开展文娱领域综合治理、行风建设和文艺工作者职业道德建设，开展线上线下培训活动6次。雷虎当选第五届重庆市书法家协会（简称重庆市书协）副主席，余少鹏、潘海琳（女）当选第五届重庆市电视艺术家协会副主席，吴春帆（女）当选第五届重庆市音协副主席，何菊芳（女）当选第五届重庆市曲协副主席，赵志当选第五届重庆市杂技艺术家协会副主席。潘海林作为重庆市区县唯一代表参加全国文联十一次代表大会。

【文艺创作】　2021年，区文联编辑出版《三峡文艺》4期，指导出版《何其芳文墅》4期、《三峡诗词》1辑、《三峡新星》1辑。在各级各类报刊上发表作品2000余件，其中省部级以上报刊发表作品600余件、国家级报刊发表作品100余件，出版《万州2019—2020文学作品双年选》、散文集《土地的血脉》、《中国当代青年女中音歌唱家吴春帆专辑》。创作书法作品1000余件、美术作品200余件、摄影作品万余件、音乐作品100余件、曲艺作品10余件、戏剧作品10余件、杂技作品6件。纪录片《以文物说》系列、《梧桐山上金鸡舞》、《大林的种子》，广播剧《英雄的守护》《三分钟》，川剧《峡江月》，曲艺长篇《川东游击队（改编）》，音舞诗画《川江号子情》8件作品获2021年重庆市文艺创作项目资助。

【文艺服务】 2021年，区文联开展“永远跟党走”主题文艺精品创作，完成长篇报告文学《最亮的眼睛》、长篇纪实文学《瑞金穿越》、长篇小说《黛水狂澜》、歌曲《1921的那一天》、MV《辉煌的历程》等重点文艺作品400余件，重新编排长篇竹琴《华子良传奇》、长篇评书《喋血川东》等曲艺节目。出版庆祝中国共产党成立100周年《三峡文艺》专刊，开展“学党史、庆百年、守初心、担使命”主题征文比赛，评选获奖作品42件。举办“百人绘百米长卷 同心庆建党百年”现场书画创作活动、“奋斗百年路 启航新征程”万州区篆刻书画作品展、“党的光辉照我心”万州区民乐音乐会、“牡丹花开心向党”曲艺节目展演等文艺展演活动15场。

助力疫情防控。开展“新冠肺炎阻击战”主题创作，创作战“疫”作品600余件，数十件作品在央视网、“学习强国”平台等媒体发表，《展现“文艺”担当，助力疫情防控》入选重庆市基层文联“三个十佳”典型案例。

助力脱贫攻坚与乡村振兴。开展脱贫攻坚采风活动10余次，创作脱贫攻坚主题作品100余件，完成“万州扶贫印记”拍摄活动，开展脱贫攻坚惠民演出50余场。协助长岭镇开展安溪村湿地坝艺术部落建设，实现“文旅农”融合发展；组织区作协、书协、美协、摄协等文艺家协会分赴龙都街道、铁峰乡、茨竹乡等乡镇（街道）开展主题文艺创作采风活动20余次，创作作品上百件，有效助力乡村文化振兴。

助力成渝地区双城经济圈建设。举办“万达开”文联协同发展联席会议2次，联合开展川渝“两江流域”文艺联盟“两江文脉·红色巴蜀”文艺创作采风活动、“万达开”三地“庆祝中国共产党成立100周年文艺创作采风活动”2次，举办“不忘初心百年路 川渝启航新征程”——“万达开”三地庆祝中国共产党成立100周年书法美术摄影作品联展、“百印贺百年”万州·达州两地篆刻作品联展等展览2次，互相刊发文艺作品50余篇，唱好文艺领域“双城记”。

【文艺活动】 2021年，区文联开展“第四届万州区文学艺术创作奖”评选活动，评选优秀作品42件。区书法家协会举办万州区第四届书法篆刻展；区书法家协会、美术家协会联合举办“奋进新时代 共圆小康梦”2021年万州区迎新春书画作品展等线上线下主题展览20余次；区摄影家协会开展“万州时光·市民影像计划”暨“我爱重庆·精彩一日”看万州摄影活动；区音乐家协会举办第二届重庆市青少年古筝大赛——渝东北片区选拔赛及2021年钢琴艺术节暨第五届重庆市青少年钢琴大赛渝东北片区选拔赛；区舞蹈家协会、区民乐协会开展万州文艺界红色文艺轻骑兵进广场演出活动2场；区曲艺家协会组织会员参加演出160余场；区戏剧家协会新排《峡江月》首演；区民乐协会举办庆祝“五一”劳动节专场音乐会等各类民族音乐会演出15场；区民间文艺家协会开展民间文艺和民俗文化普及宣传活动，与走马小学联合举办《非遗瑰宝剪纸艺术作品展》；南山印社举办北魏时期书法艺术精品《龙门二十品》展；三峡诗社举办“庆祝建党百周年诗词朗诵会”；区民间文艺家协会编撰《民间手工技艺调查报告》，完成《万州烤鱼故事应用研究》资料搜集整理；区书法教育研究会举办中小学书法教师专业培训暨研训会，受益200余人；区硬笔书法家协会举办万州区第二届硬笔书法大赛，评选获奖作品676件。

【万州区电影电视艺术家协会成立】 2021年9月10日，万州区电影电视艺术家协会第一次代表大会在重庆三峡融媒体中心召开。会议审议并通过《万州区电影电视艺术家协会章程》，选举产生万州区电影电视艺术家协会第一届理事会，选举第一届主席余少鹏，常务副主席潘海琳，副主席袁怀君、李正、陈振华、向继全，秘书长何贤德。有会员78人，是由万州区电影电视艺术家及电影电视艺术工作者利用非国有资产自愿结成的地方性、专业性、非营利性社会团体。

2021年万州区文联所辖协会一览表

表10

序号	名称	会员总人数	全国会员人数	市级会员人数
1	重庆市万州区作家协会	190	9	78
2	重庆市万州区书法家协会	238	10	72
3	重庆市万州区美术家协会	191	11	51
4	重庆市万州区摄影家协会	262	17	83
5	重庆市万州区音乐家协会	206	6	76

续表10

序号	名称	会员总人数	全国会员人数	市级会员人数
6	重庆市万州区舞蹈家协会	178	9	13
7	重庆市万州区电影电视艺术家协会	78	3	3
8	重庆市万州区杂技家协会	62	6	49
9	重庆市万州区戏剧家协会	126	13	76
10	重庆市万州区曲艺家协会	223	21	76
11	重庆市万州何其芳研究会	213	0	0
12	重庆市万州新体诗歌研究会	126	17	43
13	重庆市万州区三峡印社	50	3	9
14	重庆市万州区南山印社	30	2	3
15	重庆市万州区民间文艺家协会	51	8	16
16	重庆市万州区民乐协会	265	3	12
17	重庆市万州区硬笔书法家协会	198	3	12
18	重庆市万州区书法教育研究会	70	0	5
19	重庆万州长江三峡书画院	35	6	30
20	重庆市万州区三峡诗社	102	41	41
	合计	2894	179	748

2021年万州区文艺作品部分获奖情况一览表

表11

序号	奖项名称	获奖时间	颁奖单位	获奖作品	获奖人
1	第三届全国“大鹏生态文学奖”征文大赛散文类二等奖	2021年10月	中国自然资源作家协会、广东省作家协会、深圳市文学艺术界联合会	散文《大地之上清漂人》	文贤猛
2	“抗疫四川在行动”征文二等奖	2021年3月	四川省地方志办公室	诗歌《眉目传情》	向求纬
3	“麒麟杯”全国征文优秀奖	2021年7月	湖南省总工会	组诗《川陕苏区人物》	向求纬
4	诗歌万里行，龙润《龙润茶杯》“百名诗人百家姓”优秀作品奖	2021年7月	中国作家协会	诗歌《触摸黄陵轩辕柏感受绿》	柏铭久
5	“非常梦想”——四川省第四届暨川渝首届农民工原创文艺作品大赛优秀奖	2021年10月	四川省人力资源和社会保障厅、四川省文化和旅游厅、重庆市人力资源和社会保障局	组诗《打工往事》	何真宗
6	第十六届中国人口文化奖文学二等奖	2021年11月	国家卫生计生委员会、中国人口文化促进会	组诗《青山绿水家乡美》	何真宗

续表11

序号	奖项名称	获奖时间	颁奖单位	获奖作品	获奖人
7	第十期重庆市中青年文艺骨干研修班暨第三期重庆市音乐拔尖人才创作培训优秀作品奖	2021年10月	重庆市委宣传部、重庆市文学艺术界联合会	歌词《与人民在一起》	何真宗
8	“我心向党，共筑梦想”庆祝中国共产党成立100周年主题征文活动二等奖	2021年11月	重庆市委统战部、市网络作家协会、市新的社会阶层人专业士联合会	组诗《党旗颂》	何真宗
9	重庆市文学艺术界联合会征文二等奖	2021年5月	重庆市文学艺术界联合会	诗歌《幸福账单》	徐成万
10	庆建党百年、谱敬老新篇全国诗歌大赛优秀奖	2021年7月	甘肃省文学艺术界联合会、甘肃省广播电视总台	《敬老》组诗	向墅平
11	“我与民盟80年”主题征文	2021年3月	民盟重庆市委员会	诗歌《民盟华诞》	黄　沙
12	“护航百年路·扬帆新征程”庆祝中国共产党成立100周年廉洁文化作品征集三等奖	2021年11月	重庆市纪委	小小说《绳葬》	马　卫
13	“中华情·中国梦”美术书法作品展	2021年9月	中国文学艺术界联合会、厦门市人民政府	书法作品《岑公洞》	雷　虎
14	重庆市第三届临帖书法（篆刻）作品展	2021年9月	重庆市文学艺术界联合会、重庆市书法家协会、中共长寿区委宣传部	书法作品	彭家鑫　谢　欢
15	重庆市第三届临帖书法（篆刻）作品展	2021年9月	重庆市文学艺术界联合会、重庆市书法家协会、中共长寿区委宣传部	书法作品	乐新宇　李凌雁
16	重庆市中小学教师书法赛课一等奖	2021年11月	重庆市教委、重庆市教育科学研究院	书法赛课	殷阳明
17	重庆市第十一届书法篆刻作品展	2021年9月	重庆市文学艺术界联合会 中共重庆市合川区委 重庆市合川区人民政府 重庆市书法家协会	书法作品	严　武　谢　欢 彭家鑫　李克军 廖小勇
18	第二十四届全国版画作品展	2021年10月	中国美术家协会	版画《城市变迁之旧城故事》	晏风雷
19	第二届全国美术教育教师作品展	2021年10月	中国美术家协会	版画《葱茏》	任梦均
20	中国新兴版画运动90周年——全国版画作品展	2021年11月	中国美术家协会	版画《三峡移民》	李　冰
21	“不忘初心 继往开来”第四届全国新钢笔画学术展	2021年7月	中国美术家协会	钢笔画《2020雪》	许　辉
22	“永远跟党走”第二十届重庆市美术书法摄影联展二等奖	2021年6月	重庆市文化旅游委	国画《走过风雨》	黄龙长
23	“永远跟党走，奋斗新时代”——重庆市老年书画摄影作品展	2021年7月	重庆市文化旅游委	国画《激情源远》	柏铭久

续表11

序号	奖项名称	获奖时间	颁奖单位	获奖作品	获奖人
24	“永远跟党走，奋斗新时代”——重庆市老年书画摄影作品展	2021年7月	重庆市文化旅游委	国画《石琴响雪》	王常仁
25	“永远跟党走，奋斗新时代”——重庆市老年书画摄影作品展	2021年7月	重庆市文化旅游委	国画《长城颂》	田马达
26	“永远跟党走，奋斗新时代”——重庆市老年书画摄影作品展	2021年7月	重庆市文化旅游委	国画《清贡》	陶本兰
27	“永远跟党走，奋斗新时代”——重庆市老年书画摄影作品展	2021年7月	重庆市文化旅游委	国画《夔门朝晖》	吴绪武
28	“永远跟党走，奋斗新时代”——重庆市老年书画摄影作品展	2021年7月	重庆市文化旅游委	国画《盛世国香》	曾庆素
29	“永远跟党走，奋斗新时代”——重庆市老年书画摄影作品展（获优秀奖）	2021年7月	重庆市文化旅游委	国画《国艳香融》	王明建
30	第九届重庆市摄影艺术展记录类铜奖	2021年6月	重庆市委宣传部、重庆市文学艺术界联合会、重庆市摄影家协会	《致敬战友》	史宗历
31	第九届重庆市摄影艺术展记录类优秀奖	2021年6月	重庆市委宣传部、重庆市文学艺术界联合会、重庆市摄影家协会	《新冠重症病区的战役妆》	冉孟军
32	第九届重庆市摄影艺术展记录类优秀奖	2021年6月	重庆市委宣传部、重庆市文学艺术界联合会、重庆市摄影家协会	《江边》	程　全
33	第九届重庆市摄影艺术展艺术类优秀奖	2021年6月	重庆市委宣传部、重庆市文学艺术界联合会、重庆市摄影家协会	《日月星辰》	史宗历
34	第九届重庆市摄影艺术展艺术类优秀奖	2021年6月	重庆市委宣传部、重庆市文学艺术界联合会、重庆市摄影家协会	《碰撞》	张为民
35	“唱支山歌给党听”全国群众歌曲百首优秀作品	2021年7月	文化和旅游部全国公共文化发展中心、上海市文化和旅游局、上海市杨浦区人民政府	秋天的歌谣	吴春帆　邓成彬 易良军
36	2021欢跃四季舞台动山城重庆广场舞大赛优美奖（三等奖）	2021年6月	重庆市文化旅游委	《这片热土》	刘剑虹 吴　磊
37	“辉煌百年路 阔步新征程”庆祝中国共产党成立100周年暨党史学习教育优秀舞台剧目展演巡演	2021年5月	重庆市委宣传部、重庆市文化旅游委	话剧《薪火》	潘龙吟
38	“牡丹花开心向党”第四届中国西部优秀曲艺节目展演	2021年7月	中国曲艺家协会、甘肃省委宣传部、甘肃省文化和旅游厅、甘肃省文学艺术界联合会	四川清音 《亲人哪别牵挂》	胡　月　牟玉菊 张　婷　许兴凤 张红丹
39	第六届“南山杯”全国曲艺新人新作展演奖	2021年10月	中国曲艺家协会	四川谐剧 《我的母亲叫二妹》	姜　婷

续表11

序号	奖项名称	获奖时间	颁奖单位	获奖作品	获奖人
40	川渝两地优秀曲艺节目展演奖	2021年10月	重庆市曲艺家协会	四川竹琴《青山绿水任我行》	应雪婷 牟玉菊 张 婷 许兴凤 罗巧云 胡 月
41	第三届重庆市少儿曲艺大赛一等奖	2021年10月	重庆市曲艺家协会	四川竹琴《竹琴传唱代代新》	集体
42	第三届重庆市少儿曲艺大赛三等奖	2021年10月	重庆市曲艺家协会	琵琶弹唱《树树枇杷闪金光》	集体
43	第三届重庆市少儿曲艺大赛三等奖	2021年10月	重庆市曲艺家协会	配乐评书《情寄黄葛树》	集体
44	第三届重庆市少儿曲艺大赛三等奖	2021年10月	重庆市曲艺家协会	四川竹琴《红梅赞》	集体

说明：此表不含广播电视类获奖作品，相关资料收录于文化类目

（区文联）

万州区残疾人联合会

【概况】　2021年，万州区残疾人联合会（简称区残联）完成全国持证残疾人基本状况调查工作，全区52个镇乡610个村（社区）调查录入48866人，采集率100%。年末全区持证残疾人45831人。其中，男性27327人、女性18504人；农业户口29745人、非农业户口16086人；一级残疾人5713人、二级残疾人15247人、三级残疾人9854人、四级残疾人15017人；视力残疾6476人、听力残疾4289人、言语残疾639人、肢体残疾21083人、智力残疾4585人、精神残疾6172人、多重残疾2587人。

【残联基层组织建设】　2021年，区残联通过劳务派遣形式为52个乡镇（街道）配齐专职委员，完成基本业务培训后，全部到岗协助乡镇（街道）残联理事长做好各项残疾人服务工作。区残联打造一支志愿服务队伍，全年累计开展志愿助残活动18次，服务残疾人近600人。加强专门协会管理，成立区肢协安全组和聋协、盲协兴趣活动小组，开展活动24次，协会工作经费按照市残联要求纳入年度经费预算并提升至3万元/年，投入专项资金购置音箱、乐器等加强协会活动室建设。区残联支持残联系统、社会保障界别政协委员1名履行参政议政、民主监督职能，无障碍改造、残疾人停车费减免2件提案得到区住房城乡建委、区城市管理局重视，落实情况较好。

【残疾人社会保障】　2021年，区残联配合区民政局每月开展残疾人数据实时比对，全区城乡低保对象中有10632名残疾人（重度残疾人6344人），占全区在册低保对象的26.2%，发放低保金5742.7万元，其中残疾人重点保障888.5万元。做好残疾人“两项补贴”工作，全年发放贫困残疾人生活补贴10635人937.05万元，发放重度残疾人护理补贴17235人1501.54万元。加强残疾人参保政策宣传，对参加城乡居民社会养老保险的一、二级重度残疾人员，将政府代缴的养老保险费标准由每人每年40元提高到100元，惠及全区一、二级重度残疾人员8625人。全区残疾人参加城乡居民基本养老保险3万余人，参加职工养老保险1.24万人，参保率93.50%。持续开展“阳光家园”项目，为700名智力、精神残疾人和重度肢体残疾人提供托养服务。每年投入专项资金为全区近5万名持证残疾人购买人身意外保险。为300名残疾儿童提供手术、康复训练等服务，对200名农村残疾人开展残疾人实用技术培训，实施残疾人家庭无障碍改造312户，扶持农村残疾人阳光扶贫基地1个和残疾人种养业大户2户。

【残疾人就业】　2021年，万州区残疾人综合服务中心入围重庆人力资源和社会保障局《职业技能提升行动培训机构目录》，累计开展残疾人职业培训1161人。区残联组织人员参加“巴渝工匠”杯重庆市残疾人就业服务技能竞赛，联合汇杰人力资源举办残疾人专场招聘会2场，吸引927名残疾人及家属参加，其中有373名残疾人与招聘企业达成意向性协议。

【残疾人教育】　2021年，区残联为家庭经济困难的残疾儿童、青少年

提供包括义务教育、高中阶段教育在内的12年免费教育和大学教育救助。适龄听力、视力、智力残疾儿童少年接受义务教育比例99.92%。做好未入学适龄残疾儿童少年义务教育，天翌幼儿园有在校儿童131名。实施残疾人事业专项彩票公益金助学项目，投入15万元学前教育经费救助残疾儿童50名。实施残疾大学生助学项目，投入资金17.8万元对20名残疾人大学生进行入学救助，为53名在校残疾大学生每人每年提供2000元生活补助。配合区教委规范残疾学生随班就读和送教上门管理，对残疾儿童实行“一人一案”，每周开展送教上门康复教育至少1次，每次2课时，每学年不少于80课时。年末，全区义务教育阶段（6～15岁）适龄残疾儿童1311人。其中，在校1243人（随班就读765人、特殊教育中心就读291人、送教上门187人），缓学39人（就读幼儿园31人、康复中心8人），入学率99.31%。

【残疾人康复服务】 2021年，区残联开展残疾人精准康复服务。将全年康复工作所需经费纳入年初残保金支出预算，对乡镇（街道）残联干部和康复机构进行业务培训3次。全年完成20576名残疾人康复服务，完成康复服务率100%，其中辅具适配服务完成1407人，服务率100%。建立残疾儿童筛查、康复制度，对0～6岁儿童残疾初筛纳入公共卫生服务中给予免费，救助残疾儿童421名464人次；对1484名贫困精神病残疾人进行药物救助2296人次，对特困、重症、肇事肇祸精神病人实行住院医疗救助518人次，实施贫困残疾人白内障手术142例。全区198个村（社区）建立残疾人康复室，完成17696名残疾人家庭医生签约服务，实施残疾人康复训练、心理康复服务、居家康复服务、精神病防治等救助。

【残疾人权益保护】 2021年，万州区建立残疾人“大维权、大接访、大稳定”工作机制，区残联实施领导干部公开接访、阅批来信和残联系统干部下访制度。抓好12385残疾人服务热线工作，接听残疾人来电咨询1215人次，妥善处理残疾人来信来访90件。依法维护残疾人合法权益，开展“德法相伴”“‘莎姐’大普法·关爱残疾人”专项普法活动，累计开展培训6期，参加人员400人；建成万州区残疾人法律救助中心，建立起以区司法局残疾人法律援助中心提供的法律服务和法律援助为主导，以区残联、渝万律师事务所提供的法律救助为补充的残疾人法律救助体系。落实残疾人乘坐公共交通工具优惠减免政策和残疾人停车费用减免政策，新发行残疾人爱心卡515张、优惠卡574张，刷卡金额252.4万元。为符合政策规定的6名残疾人发放C5汽车驾驶培训补贴0.6万元。规范残疾人代步三轮车管理，协助相关部门为183名残疾人办理入城通行证。为63名残疾人发放残疾人机动轮椅车燃油补贴1.64万元。全年累计安排67.5万元在“全国助残日”等节点，开展“关注残疾 冬送温暖”走访慰问活动，对全区2250名贫困残疾人进行慰问。

【残疾人文体活动】 2021年，区残联选送舞蹈《山城记忆》和器乐《搏浪逐梦》2个作品参加第十届全国残疾人艺术会演。组织参加市残联第三十一次全国助残日活动文艺汇演。组织参加“永远跟党走”重庆市残疾人百幅优秀文化作品征集活动评选，万州区残疾人绘画作品《党在我心中、永远跟党走》获优秀奖。组织142名残疾人到电影院观看红色题材电影《长津湖》。重视和加强残疾人体育工作，是年，万州

2021年6月1—11日，万州区代表队参加重庆市第六届残疾人运动会田径比赛获5金4银3铜 （区残联 供图）

区代表重庆市参加全国第十一届残疾人运动会暨第八届特殊奥林匹克运动会，103人参加乒乓球、旱地冰壶、五人制聋人足球、三人制聋人篮球、特奥田径、特奥篮球、特奥足球7个项目比赛，获金牌16.5枚、银牌13枚、铜牌12枚。万州区代表队参加全市第六届残疾人运动会，获金牌31枚、银牌13枚、铜牌9枚，被评为“最佳竞赛组织单位”。

【残疾人基础设施建设】 2021年，区残联争取中央投资项目，新建残疾人康复中心扩建工程，占地9300平方米，建筑面积8000平方米，总投资近4000万元，作为全区“一心六型”产业发展重点工程建设项目之一。至年末，主体工程竣工，二次装修的设计工作同步开展，计划2022年下半年完成建设任务并投入使用。

【残疾人福利基金会工作】 2021年，重庆市残疾人福利基金会万州办事处通过承接上级任务和线上线下社会公开募捐，募集资金160万元，募集净水器、罐头等生活物资折合人民币147万元，开展残疾人就业扶持、白内障复明手术、基因检测、辅助器具发放、生活困难救助和残疾儿童口腔救助等慈善公益项目，帮助残疾人解决实际困难。

【残保金征收】 2021年，区残联配合区财政、税务、人社、审计等部门，征收残疾人就业保障金，在网上提交残疾人就业保障金申报的单位按比例安置残疾人就业164名，征收残保金3836万元，涉及14588家单位。

【残疾人证换核发】 2021年，区残联联合建设银行开发网上办证预审系统，全年完成19838本第三代残疾人证换核发工作，其中新办残疾证1633本、到期换证18205本。加强残疾人证清理，对668名公职人员持有残疾人证进行专项清理，注销216本，降级19本，升级24本；为目测评定的704名残疾人安排重新鉴定，送上级医院复检残疾证32人（其中未达级11人）。为1031名行动不便重度残疾人开展残疾评定上门服务。为低保、特困人员和建档立卡贫困户中的残疾人发放办证鉴定、交通补贴，累计为贫困残疾人办证340人次，节省开支5万余元。

（易红）

万州区红十字会

【红十字会组织建设】 2021年11月25日，区红十字会第四届理事会第三次会议举办，选举产生新一届常务副会长、副会长，设理事32名、常务理事21名。至年末，万州区红十字会有会员单位1家，有志愿者服务队1个，注册志愿者32人，个人会员76人，登记志愿者1800余人。

【红十字救助】 2021年，万州区红十字会重点开展疾病应急救助和人道救助工作。全区3名白血病儿童、1名先心病儿童上报市红十字基金会后得到救助，为17名患者申请疾病应急救助基金2.2万元。对符合条件的22名贫困人员因疾病住院实施疾病应急救助，发放救助金4.87万元。发放特困救助资金1.8万元，救助困难群众7人。开展“2021温暖阳光与爱同行——慰问贫困地区困难儿童爱心”活动，为全区43所学校1000名困难儿童发放学习用具、体育用品、生活用品等爱心大礼包，价值49.8万元。开展“博爱送万家”活动，为长滩镇、龙驹镇、罗田镇等贫困家庭送“温暖包”250个，价值7.5万元。争取市红十字会“星火助学计划”2.6万元，帮助13名品学兼优的贫困家庭学生完成学业，每名学生2000元。

【应急救护培训】 2021年，万州区红十字会注册应急救护师资18名。举办首届区红十字应急救护大赛，提升应急救护技能。开展应急救护培训进学校、进社区、进农村、进机关、进企业“五进”活动，培训1.65万人，其中“进学校”培训学生1.25万人、“进农村”培训90余人、“进社区”培训3500余人、“进企业”培训320余人、“进机关”培训100余人。在中小学综合实践基地开展应急救护培训进校园活动，培训学生6000名，并倡导学生教父母及家人，促进应急救护培训进家庭。

【“三献”工作】 2021年，万州区红十字会推进“三献”工作（无偿献血、造血干细胞捐献、遗体和人体器官捐献）。通过举办“我献血·我健康·我快乐”主题活动，宣传捐献知识。全年器官捐献3例，遗体捐献1例，全区新增76人登记为遗体（角膜）捐献志愿者。

【募捐筹资】 2021年，万州区红十字会利用重大节日、纪念日等，开展集中宣传11次，受众1万余人次。开展志愿服务，在人员密集场所开展宣传教育活动，提升红十字会社会公信力。规范公立医疗机构接受捐赠，加强捐赠业务流程管理，公开接受捐赠信息。科兴中维公司捐赠给万州区红十字会资金100万元，全部用于突发急性传染病防控应急队伍建设。开展助学助困工作，争取社会爱心企业资助2.5万元。

（区红十字会）

法　治

政法委及综治工作

【概况】　2021年，万州区政法系统结合党史学习教育，战疫情、防风险、保安全、护稳定、促发展，完成中国共产党成立100周年、党的十九届六中全会、全国全市“两会”、第十三届全国对口支援三峡库区经贸洽谈会等重点时段安保维稳任务，为全区经济社会高质量发展营造安全政治环境、稳定社会环境、公正法治环境和优质服务环境。全区群众安全感、政法队伍满意度、司法公信力分别为99.33%、96.8分、97.08分。

【平安万州建设】　2021年，由区委主要领导任组长的平安万州建设暨防范化解重大风险领导小组坚持统筹发展和安全，健全完善组织领导、协调联动、考评和宣传引导4项机制，印发《平安万州建设暨防范化解重大风险2021年工作要点》，推进平安万州建设暨防范化解重大风险工作。

政治安全风险防范　加强反恐怖重点目标防范和安全检查，开展督导检查1500余次、防范恐怖袭击培训15次。深化“4·15”国家安全教育日等宣传教育活动，开展总体国家安全观专题学习180余次，参与党员干部1.2万人次。

重大矛盾风险防范　全年推进“治重化积”等信访突出问题专项治理，中央信联办交办的第一批“治重化积”案件全部化解结案。依托矛盾纠纷大调解体系，结合“一乡镇（街道）一法官一检察官一律师”“三官一律”进村（社区）两张矛盾纠纷排查化解网，调处化解矛盾纠纷1.3万件。开展“我为群众办实事·网格员进千万家”活动，收集解决问题5606个。

社会治安风险防范　强化打击犯罪主业意识，全年立刑事案件4098件，比上年下降14.37%；立侵财案件3255件，下降17.36%；破八类案件89件，破案率93.68%；查处治安案件6649件，上升33.9%。开展全民反诈专项行动，电信诈骗案件发案1751件，下降25.1%，开通“96110”反诈专线，成功预警16.61万条，直接避免群众经济损失284.07万元。落实重点人群动态评估、救治救助、心理疏导等服务管理措施，敏感时段未发生个人极端案事件。

公共安全风险防范　开展安全生产专项整治三年行动等工作，盯紧涉气涉油、水陆交通、铁路护路、校园安全、森林防火等重点行业领域，开展安全检查3200余次，整改消除各类隐患1400余处。开展新冠肺炎疫情防控社区排查工作，落实“人”“物”“环境”同防、闭环严防等要求，排查核实大数据推送境外和国内重点地区到万返万人员9万余人次。

网络安全风险防范　落实“7×

24小时”网络巡查等措施，上报有害、违法信息300条。

【扫黑除恶专项斗争】 2021年，万州区政法系统持续推进扫黑除恶斗争常态化，进一步健全源头防范、举报奖励、依法严惩、督导督办、考核评价、组织领导等机制。组织各乡镇（街道）、成员单位常态化开展扫黑除恶线索摸排等工作，排查、接收各类涉黑涉恶线索38条，立涉黑涉恶九类现案128件，移送起诉犯罪嫌疑人133人。开展信息网络、自然资源、交通运输、工程建设4个重点行业领域专项整治，将专项斗争融入日常执法、源头监管等工作。持续开展社会治安重点地区挂牌整治，4个市级社会治安挂牌重点地区，1个市级动态挂牌整治地区，均成功摘牌。开展村（社区）全面排查，建立后进基层党组织整顿动态调整机制，18个软弱涣散村（社区）党组织全部实现整顿转化。

【服务经济社会发展】 2021年，万州区政法维稳战线紧扣高质量发展主题，聚焦“一区一枢纽两中心”发展目标，为全区经济社会发展提供保障。区委政法委印发《万州区“三官一律”进村（社区）实施意见》，常态化组织法官、检察官、警官、律师进村（社区），开展法治宣传、了解社情民意、引导依法办事、进行回访帮教、提出司法建议等工作。区法院开通网上移动“微法院”诉讼平台，实现立案阶段当事人“一次都不用跑”。区检察院上线律师异地阅卷系统，为律师提供电子阅卷、预约会见等服务200余次。区公安局完成43个派出所综合服务窗口改建，方便企业群众就近办理治安、交管等服务业务130余项。区司法局引进全市首家“互联网无人律所”，畅通12348公共法律服务网络、热线等咨询服务，解答各类法律咨询3348人次。加强法治保障，全区政法系统实施重点便民利民措施35项，开展“公共法律服务园区行”和民营企业“法治体检”行动，服务企业328家、重点项目5个。受理法律援助2083件，避免和挽回群众经济损失3652.98万元。加强公益诉讼，审结环境资源案件247件，严惩非法捕捞、非法采矿、污染长江水体等罪犯169人。

2021年6月25日，万州区政法队伍教育整顿总结会召开

（区委政法委　供图）

【法治改革】 2021年，中共重庆市万州区委政法委员会（简称区委政法委）紧盯执法司法领域突出问题，不断提高执法司法公信力，维护社会公平正义。推进司法体制改革。印发《执法司法监督办法（试行）》等机制文件，完善执法司法监督体系。区法院深化公证参与司法辅助事务，集约化办理案件排期、文书送达等工作。区检察院加强法律监督，在区公安局执法办案中心设立派驻检察室，探索对110可视化系统监督。区公安局推进警务运行机制改革，在钟鼓楼、望江等6个派出所开展“一室两队”改革，创新建立“一表清”工作机制。区司法局深化行政复议体制改革，增设行政复议立案监督科和区行政复议事务中心。

【政法队伍教育整顿】 2021年2月到6月，万州区开展政法队伍教育整顿。区委成立由区委主要领导任组长的政法队伍教育整顿领导小组，区教育整顿办印发《万州区政法队伍教育整顿工作方案》等文件80余份。全区政法系统聚焦“筑牢政治忠诚、清除害群之马、整治顽瘴痼疾、弘扬英模精神”4项任务，抓好“学习教育、查纠整改、总结提升”3个环节，1876名干警主动报告个人自查事项5572条，综合运用执纪监督“四种形态”处理处分违纪违法政法干警504人次。完成5042件重点案件评查，整改完成瑕疵案件375件，全面清查1990年以来办理的“减假暂”案件，整改问题案件30件。区纪委监委、区委组织部、区委政法委联合开展政法队伍建设巡查，梳理出干部结构不够合理等问题45个，提出加大干部交流轮岗等整改事项17条。制定《办理看守所留所服刑罪犯减刑假释暂予监外执行案件工作规范》等制度机制84个，实现整改措施制度化、整改成果长效化。

（向剑峰）

法治政府建设

【概况】 2021年，万州区各级党政机关深学笃用习近平法治思想，深入贯彻党的十九大和十九届二中、三中、四中、五中、六中全会精神及中央全面依法治国工作会议精神，起草万州区贯彻落实《法治政府建设实施纲要（2021—2025年）》任务分工方案，加快推进政府治理体系和治理能力现代化，法治政府建设取得重要进展。区委常委会会议、区政府常务会议听取法治政府建设相关工作汇报并研究解决问题9次。制定《党政主要负责人履行推进法治建设第一责任人职责列入年度述职内容实施方案》。举办市级法治政府建设示范创建片区会。11月3日，万州区成功创建为重庆市法治政府建设示范区。将习近平法治思想纳入干部教育培训重要内容，开展不同层级培训3920人次。推进党政机关法律顾问、公职律师制度，为党政机关提供法律咨询、合法性审查等1100余件次。开展“法润千里·治汇广大”法治宣传等活动，百安坝街道天台社区被命名为“全国民主法治示范社区”。

【合法性审查】 2021年，区司法局审查区政府规范性文件15件，提出审查意见24条。协助审查区委规范性文件20件，提出审查意见16条，向市司法局报备区政府规范性文件10件，备案率和通过率100%。开展涉及营商环境、长江流域保护等领域行政规范性文件清理5次，废止行政规范性文件33件。全年，全区对招商引资等合同开展合法性审查，审查联合国教科文组织国际农村教育研究与培训中心重庆市万州区人民政府战略合作协议、万州区人民政府与上海城建集团公司战略合作协议等区政府合同（协议）及其他涉法事项共73件，提出审查建议94条。研判区政府重大项目法律风险106件次，提出法律意见200余条。编制公布重大行政决策目录、标准，开展重大行政决策合法性审查13件。建立健全决策后评估机制，出台行政规范性文件、重大行政决策后评估办法。发挥公职律师、政府法律顾问作用，为党政机关提供法律咨询、合法性审查等1100件次。

【行政执法监督】 2021年，万州区推行行政执法“三项制度”，开展行政执法“三项制度”落实情况专项监督检查和镇乡综合行政执法专项督查，处理行政执法投诉举报9次。组织开展行政执法案卷评查，评查18个单位行政处罚案卷73宗，通报4大类11个具体问题。审核重庆市行政执法证申请308件，注销执法人员资格516人，发放执法证件299本。举办综合执法、行政执法规范化建设和通用法律知识等培训活动4次，培训执法人员740余名。

【行政执法创新】 2021年，万州区落实跨领域部门联合执法，“多勤联动”综合整治规范跨门经营1419起，拆除违法建筑502平方米。持续推进涉企行政执法联合检查，匹配筛选确定联合执法检查计划126次，涉及企业87家，减轻企业负担。探索推进“柔性执法”，执行交通巡逻警察支队路面勤务“六步工作法”，交通违法“一般违法首次警告”8841件、“常见违法先行提醒”6127车次。

【行政复议应诉】 2021年，《重庆市万州区行政复议体制改革工作方案》制发，专项工作经费增至20万元。区司法局办理行政复议案件416件，审结403件，全年新收行政复议案件数量较2020年增加224.6%。解决行政负责人应诉率低问题，建立行政机关负责人出庭应诉情况按月通报机制，督促行政机关负责人出庭应诉。全年全区应出庭应诉案件162件，实际出庭应诉121件，平均出庭应诉率74.7%。

【行政权力清单管理】 2021年，万州区动态管理全区行政权力、责任事项和公共服务事项清单，发布全区行政权力事项4853项、公共服务事项345项，实现“行政权力进清单，清单之外无权力”。全面清理行政审批中介服务，公布2021年行政审批中介服务事项清单59项，保障行政审批中介服务质效。

【领导干部学法用法】 2021年，万州区组织77名春秋两季新提任领导干部参加法治理论考试，组织3万余名企事业、机关单位人员参加法治理论网络学习考试，参考率

2021年11月29日，万州区举行领导干部宪法集中宣誓活动

（区司法局　供图）

98.94%，合格率99.93%。组织200余名副处级以上领导干部和150名法官、检察官、行政执法人员开展宪法集中宣誓，全区57名新提任领导参与庭审旁听。

（张亦珺）

公 安

【概况】 2021年，万州区公安机关以中国共产党成立100周年安保维稳工作为主线，防风险、保安全、护稳定、促和谐。是年，龙都派出所被评为“全国公安机关成绩突出集体”，刑警支队获评“全国扫黑除恶先进基层单位”“公安部集体一等功”，政治处获评“全国公安机关教育训练工作突出集体”，涌现出“全国公安机关情报信息工作成绩突出个人”“全国公安机关成绩突出交警”“2021年度最美渝警楷模”等先进个人。

【打击刑事犯罪】 2021年，区公安局立刑事案件4098件，比上年下降14.37%；立侵财案件3255件，下降17.36%；破八类案件89件，破案率93.68%。快速破获“2·26王牌路抢劫杀人案”“邓某故意杀人放火案”，及时消除社会影响，现行命案破案率连续13年保持100%。

【打击经济犯罪】 2021年，区公安局破涉众型经济犯罪案7件，打击犯罪嫌疑人40人。立涉企案件22件，挽回企业损失6500余万元，破获涉案金额1000余万元的“国际机电城被职务侵害案”，保障企业合法权益。打击非法捕捞，破案6件，移送起诉15人。深入打击治理跨境赌博，移送起诉62人，行政处罚参赌人员3人，打掉平台3个，查扣冻涉案资金、资产790万余元，治理黑灰产1家。破获销售假药案件，抓获犯罪嫌疑人31人。

2021年6月22日，万州区全民禁毒宣传月主题活动启动

（区公安局 供图）

【打击涉毒犯罪】 2021年，万州区以“净边2021”禁毒专项行动为抓手，推进缉毒执法工作，抓获吸毒人员371人，移送检察院起诉161人，强制隔离戒毒160人，社区戒毒89人，缴获各类毒品1228.35克。聚焦外流贩毒整治，全区外流贩毒比上年下降175%。实现易制毒化学品网上办证，对全区12家经营企业、123家使用单位实现全程监督管理，办理购买证明623份、运输备案证明16份。开展全区禁毒宣传集中宣传活动，弘扬“健康人生、绿色无毒”理念，营造全民禁毒氛围。

【电信诈骗防范打击】 2021年，区公安局开通“96110”反诈专线，成功预警16.62万条，在转款环节紧急预警劝阻1927人，直接避免群众经济损失284.07万元，返还受害人被骗金额295万元；策动开展反诈宣传34.1万户62.5万人次，张贴宣传海报2.7万份，发放宣传资料16万余份。全区电信诈骗案件发案1751件，比上年下降25.1%，移诉电信诈骗及关联犯罪嫌疑人466人；打击涉卡犯罪团伙13个，金融惩戒217人。

【治安管理】 2021年，万州区以深化社会治安防控体系建设“示范城市”创建为重点，策动城区11个街道和部门、物业建设智慧安防小区257个，覆盖率40%。建立“屯警街面、网格布防、快速反应、高效处置”的社会面巡防机制，以581个必巡点、31条必巡线为支撑，开展社会面常态巡逻防控。加强治安卡点建设及快速封控，设立联合公路检查站点146个，形成警种部门无缝衔接的社会面治安防控网。完成交通指挥室大厅改造、大数据资源中心及综合管控平台和机房扩容项目。

【出入境管理】 2021年，万州区审发各类出入境证件3074证次，落实面见询问、人像比对和报警核查工作机制，未出现漏管失控。开展境外入境来万返万人员专项清理排查，登记境外人员临时住宿信息753条，实现境外人员临时住宿登记率、准确率、及时上传率“三个100%”。开展“非法出入境涉赌诈”“集中打击妨害国（边）境犯罪”专项行动，查实非法出入境人员184人；办理偷越（国）边境案2件，起诉11人；开展非法入境、非法居留、非法就业等“三非”外国人专项清理整治，遣送出境3人。

【公共安全监管】 2021年，区公安局开展生活失意、心理失衡等“两失”人员排查、评估、列管、稳控等工作。做好重性精神障碍患者服务工作、强化涉稳重点人员管理，全区未发生重大影响的事件及现实危害。加强“枪、爆、危化品”管理，启用公务用枪数字化改造工程，对枪、弹、人实施精准管控。督促民爆物品仓库、爆破作业点整改安全隐患38起。开展各类大型群众性活动及政府重要活动排爆安全检查30次。加强校园安全隐患排查，开展拉网式大督查3次，整改各类隐患90余起。实现256.74千米1818处临水临塘道路隐患清零，完成650千米“临崖+急弯+陡坡”复合型隐患治理。落实河库警长制，协助河长、库长开展巡查、联合执法260次，自行巡河1398次。开展水域安全检查，发现并督导整改隐患3起。完成全区90个加油站散装汽油购销信息化建设。

【安保维稳】 2021年，区公安局累计调动警力2万余人次，完成2021年全国和市区“两会”、区党代会召开期间，庆祝中国共产党成立100周年活动期间、国庆节等重要节点，“世界大河歌会”、万州区第十三届全国对口支援三峡库区经贸洽谈会、“中国曲艺之乡”授牌仪式等系列活动安保维稳任务。

【网络安全管理】 2021年，区公安局开展“净网2021”专项行动，整改查处违法违规互联网单位43家，约谈整改3家、警告40家。开展网络安全执法检查，督促76家重点单位开展自查，下发整改通知书24份，消除漏洞78个。推动重要信息系统、网站等级保护备案、测评整改和安全监督，备案网站和系统123个。

【户政管理】 2021年，区公安局贯彻落实60项便民利民措施，受理各类户口申请19125人次，其中出生登记7560人次，死亡注销10876人次，省外迁入登记2413人次，迁往省外注销3732人次，区间移入3914人次，区间移出5409次，区内迁移15584人次、所内移居13950人次，主项目变更更正1891人次，办理身份证8.53万个，办理临时身份证3569个，办理边境证1194个。开展“一人多证”专项整治，对全区3.06万人进行比对排查，清理疑似“一人多证”人员68人。实施门楼牌“亮化工程”，全区完成编制、制作、装订门楼号牌12.29万块。是年，完成征兵政治考核和消防员招录政治考核。

2021年10月15日，万州区公安局执行世界大河歌会安保任务

（区公安局 供图）

【警务为民服务】 2021年，万州区创新推出门楼牌“亮化工程”、停车位“扩容工程”、社区民警“1+1”帮教等10条举措。规范城市“文明养犬”行为，引导群众依法养犬、文明养犬，办理犬证3712个，办证率80.19%，化解涉犬矛盾纠纷196件，化解涉犬投诉4起。开展“降噪安民”整治行动，查处噪声扰民治安案件172件、非法改装引起的噪声扰民等违法行为114起，警告教育186人。实施停车位“扩容工程”，新增高铁北站路外停车泊位400余个，会同城管部门在全区各交通道路、人行道等地施划停车泊位1万余个。集中清理无户籍人员，登记入户490人，其中为1名刑满释放人员解决27年未“落户”问题，为1名无户籍人员解决42年“黑户”问题，被网络媒体报道。完成43个派出所综合服务窗口改建，方便企业群众就近办理治安、交管、出入境等130余项公安政务服务业务。全面落实简政放权20条举措，146项依申请类公安政务承诺时限较法定时限减少80%以上。推进律师驻派出所调解工作，依托派出所律师驻所调解室受理矛盾纠纷464起，化解矛盾纠纷425起，化解率91.59%。

【跨区域警务协作】 2021年，区公安局与四川省达州市公安局、开江县公安局分别签署服务成渝地区双城经济圈建设警务合作机制，深化细化警务协同发展举措，联合四川省公安机关侦破各类刑事案件156件，抓获公安部目标案件涉毒人员1人。指挥中心、特警、交巡警等警种与四川省达州市公安局相关警种签订警务协作框架协议，开展考察学习、联动协作20余次，与四川警方共享情报信息12条。弹子和余家派出所与毗邻的四川省开江县长岭派出所建立所长“1+1”联络机制，余家公巡大队与开江县交通警察大队签订“省际边界道路交通安全联防合作框架协议”，抓获盗窃犯罪嫌疑人1名、逃犯1名，针对山体滑坡、断道等情况互通信息10余次，联合处置有效警情4起。全面承接“川渝通办”事项，窗口单位设置专用窗口，办理川渝户口迁移381人次，补、换领居民身份证442人次，开具临时身份证明134人次。

【智慧侦查中心成立】 2021年，区公安局成立智慧侦查中心，建立完善合成作战工作机制，先后核查公安部、市公安局下发的万州籍滞缅人员、窝点人员165人，核减率70%。研判专案线索6条，支撑禁毒、经侦、治安等警种，协查线索78条，抓获涉案嫌疑人46名。研判公安部推送落地线索41条，明确嫌疑人34人，抓获28人，打掉电信网络诈骗团伙3个。开展小案侦防攻坚战，抓获侵财类嫌疑人116名，打掉侵财团伙8个，协助抓获逃犯13人。

【公安宣传】 2021年，区公安局新闻媒体发稿7503篇，发稿总量排名重庆市公安机关同序列第二名。召开新闻发布会2场次，策划开展全民反诈和平安在身边等主题宣传活动。创新“平安万州”微博、“万州治安”微信公众号、“万州交巡警”微信公众号新媒体平台阵地建设，平台累计发稿3994条，原创稿件累计阅读量突破900万。“万州交巡警”微信公众号在全市政务微信公众号影响力排行榜位居前十。拍摄制作的《十七码头恶徒覆灭记》获重庆政法优秀宣传作品评选活动新闻专题类二等奖，《千里追捕》获2020年度重庆政法优秀宣传作品评选活动影视类微电影二等奖，区公安局被授予集体优秀组织奖。推选出程飞、周桂秋等20余名先进个人以及刑警支队、龙都派出所等多个先进集体，民警程飞在淤泥中匍匐爬行数十米救起深陷泥潭小女孩的感人事迹被中央电视台、《人民日报》、《人民公安报》、重庆电视台等近百家媒体宣传报道。

【公安队伍教育整顿】 2021年，万州区开展全区公安队伍教育整顿工作，被市公安局推荐为全国教育整顿表彰先进集体。组织开展“第一议题”学习330场，专题学习1323场次，讲授专题党课120余场次，开展革命传统教育100余场次。完成政治轮训22期，实现全员参训。参加全市政法队伍教育整顿在线答题100余万人次，累计排名全市第一名。围绕“自查从宽、被查从严”政策，召开思想动员大会5次，专题民主生活会、组织生活会111场（次），开展覆盖全警谈心谈话2轮3243人次。全面清理排查整改队伍各类顽瘴痼疾，开展有案不立、压案不查、降格处理及违规取保候审等问题专项整治。坚持边查边改、边治边建，修订完善36项制度，实现长管长严。

（罗军）

检　察

【概况】 2021年，万州区检察院审查提请逮捕609人，批准逮捕495人，审查起诉2115人，提起公诉1348人，办理刑事执行检察案件135件；受理民事、行政监督案件102件，民事案件提请抗诉12件；民事公益诉讼立案14件，诉前公告13件，提起刑事附带民事公益诉讼13件；行政公益诉讼立案31件，发出诉前检察建议31件，提起行政公益诉讼2件。

【刑事检察】 2021年，区检察院密切关注新冠肺炎疫情防控常态化条件下影响社会稳定的突出问题，起诉在网络上散布政治谣言犯罪3人，起诉强奸、抢劫等严重暴力犯罪21人，起诉妨碍社会管理秩序类犯罪550人。扫黑除恶专班不撤、力度不减、“漏网之鱼”不放，提前介入赵某某等10余人组织领导、参加黑社会性质组织案和龚某某等6人恶势力案件。办理陈某某等7人利用澳门太阳城集团赌厅注册账户跨境开设赌场涉案金额6000万余元案，以及公安部挂牌督办的吴某某等11人销售假冒伪劣柴油涉案金额800万余元案。深挖洗钱犯罪线索，从杨某某行贿、串通投标、合同诈骗罪中查明其有为上游犯罪提供资金账户等行为，追诉杨某某洗钱犯罪，该案系市检察院二分院辖区首例。开展“全民反诈”“断卡”等专项行动，起诉涉电话卡、银行卡犯罪165人，起诉“杀猪盘”等电信网络诈骗犯罪60人。加强公民网络信息安全保护和侵犯公民个人信息犯罪打击，起诉通过网络组织、介绍、容留卖淫犯罪24人，营造清朗文明网络环境。开展“司法工作人员职务犯罪侦查百日攻坚”行动，办理最高人民检察院交办的全市首例由基层检察院立案侦查的司法工作人员渎职犯罪案件。

【民事行政检察】 2021年，区检察院办理各类民事行政诉讼监督案件60件。办理民事生效裁判监督案件29件，提请市检察院二分院抗诉11件，作出不支持监督申请15件，终结审查3件。办理审判活动违法行为监督案件9件，提出检察建议9件，均获法院采纳。受理执行活动监督案件19件，提出检察建议18件。办理行政生效裁判监督案件3件。因行政机关履职不规范发出社会治理类检察建议5件，行政机关采纳检察建议并整改回复5件。办理支持起诉案件37件，全部获法院采纳，涉案金额21万余元。常态化开展虚假诉讼监督，排查“套路贷”“空放贷”“消费贷”等领域虚假诉讼线索，立案11件。开展行政争议实质性化解专项活动，实质性化解易某某等3人申请行政监督案。开展土地执法查处领域行政非诉执行监督专项活动。在全区29个律师事务所设立民事行政检察监督代理申诉点，对人民群众认为判决不公正的民事行政案件实施法律监督。

【未成年人检察】 2021年，区检察院持续打造“莎姐”未成年人法律服务品牌，呵护未成年人健康成长。落实未成年人犯罪案件“捕、诉、监、防”一体化办案模式，受理审查逮捕未成年人犯罪案件20件29人，批准逮捕15人，不批准逮捕14人；受理审查起诉未成年人犯罪案件47件65人，起诉18人，微罪不起诉31人（含附条件不起诉期满后不起诉7人），存疑不起诉2人，附条件不起诉19人。用好5个观护帮教基地，联合区团委、区关工委等社会各方力量，对42名不捕不诉未成年人实现精准化帮教全覆盖。持续落实最高检“一号检察建议”，继续推行性侵未成年人案件“一站式”办案机制，全覆盖性侵害未成年人案件，开展心理疏导46次，救助未成年被害人17人，发放司法救助金32万元。办理监护侵害、监护缺失案件3件，帮扶困境未成年人3人。举办“检爱同行 共护未来”检察开放日活动，送法进校园8场。就学校周边摊贩售卖“三无产品”问题向相关单位发出检察建议，推动全区中小学周边食品质量问题得到有效整治。区检察院检察六部获评全国“青少年维权岗”称号。

【公益诉讼】 2021年，区检察院聚焦环境保护、食品药品安全等重点领域，推进“公益诉讼守护美好生活专项行动”“落实长江保护法开展公益诉讼专项巡查”，发现公益诉讼线索84件，立案51件，开展诉前程序38件；与行政机关开展磋商10件，推动整改10件；发出诉前检察建议28件，行政机关诉前回复整改率100%；提起诉讼13件，均获法院判决支持；支持行政机关提起生态环境损害赔偿诉讼2件，参与行政机关开展生态环境损害磋商6件；发出社会治理类检察建议2件，被采纳2件。通过办案督促相关部门保护耕地1726.68平方米、清理河道约2千米。聘任87名公益诉讼观察员，拓宽公益诉讼线索渠道。推行“河长+检察长”协作机制，在区河长办设立派驻检察联络室，与区水利局、区河长办联合巡河2次、联合到现场办案3次，共同研究长江及有关河流中涉及的公益诉讼案件，召开圆桌会议2次。

2021年3月11日，万州区检察院联合万州高级中学在重庆检察林业生态修复司法保护教育基地开展“莎姐”检察官开学普法季·“德法植心田”主题活动

（区检察院 供图）

【诉源治理】 2021年，区检察院以能动司法、积极履职推进诉源治理，参与社会治理。落实“少捕慎诉慎押”刑事司法政策，依法不批捕119人，不起诉543人，开展羁押必要性审查171人，对12人变更强制措施。用足用好认罪认罚从宽制度，对1767名认罪认罚犯罪被告人提出从轻或减轻的量刑建议。建成一体化、规范化检察听证室，对27件案件组织公开听证。对284件群众来信来访来电100%做到7日内程序性回复，3个月内办案结果或办案过程回复。启动“战时”工作制度，院领导包案化解信访积案25件，妥善处理集体访2件10余人次。

【法律监督】 2021年，区检察院对2018年以来久侦不结、诉判不一案件全面开展法律监督专项检查，组织监督评查案件5989件，纠正执法司法问题380件。对1990年以来的6147件减刑、假释、暂予监外执行案件进行审查，发现问题案件8件、瑕疵案件126件，已全部整改到位，3件作为职务犯罪线索移送。与区公安局联合成立侦查监督与协作配合办公室，探索对110可视化系统监督，监督立案、撤案4件。在办理“老中医”系列诈骗案中，通过严格审查复核证据，依法追诉漏犯30名，全部被判处有期徒刑以上刑罚。常态化规范化开展财产刑执行监督巡查工作，核查清理在册监管剥夺政治权利罪犯148人，依法提出口头建议30余次、纠正意见6次。

【检察履职服务发展】 服务三峡库区科技创新高地建设 2021年，区检察院制定出台加强知识产权司法保护意见，调研走访10余家区内知名企业，与区市场监督管理局建立联动机制，授牌成为“万州区知识产权行政司法保护战略合作成员单位”。开展“保知识产权、护知名品牌”专项行动，严厉打击侵犯知识产权犯罪的同时，为企业量身制定法治服务套餐。

服务万达开一体化、万开云同城化建设 2021年，区检察院落实万达开三地政法工作协作建设框架协议，与四川省达州市检察院签署加强跨区域检察协作意见，建立万达开一体检察信息群，联合开展交流学习4次。与重庆市云阳县检察院、湖北省利川市检察院会签《关于齐岳山地区生态环境公益诉讼跨区域协作的意见》，与重庆市忠县检察院联合召开“三峡库心·长江盆景”生态检察官联席会。

服务保障长江经济带绿色发展 2021年，区检察院贯彻落实《中华人民共和国长江保护法》，组建长江生态检察官办公室，聘任11名长江生态检察官助理，形成一体化检察保护格局。落实3号总河长令，开展三峡库区消落区整治公益诉讼专项监督行动，起诉环境资源犯罪143人，生态环境公益诉讼立案39件，提起公益诉讼15件，督促整改消落区内侵占长江岸线、堆放建筑垃圾和砂石、煤炭等货物行为。

2021年7月29日，万州区检察院与云阳县检察院、湖北省利川市检察院召开七曜山（齐岳山）跨区域公益诉讼检察协作联席会议 （区检察院 供图）

【检察为民办实事】 2021年，区检察院聚焦人民群众“急难愁盼”集中发力。持续建设12309检察服务中心，开通“12309检察云呼叫”，实现群众来电“一键通”。利用网络平台监督纠正妨碍律师执业权利案件，上线律师异地阅卷系统，为律师提供电子阅卷、预约会见、诉讼信息推送等服务200余次。落实“三官一律进社区”制度，派出36名员额检察官下沉到全区52个乡镇（街道）社区，开展法治宣传、提供法律咨询服务、协助基层党委政府解决实际问题20余次。参与“尚俭崇信 守护阳光下的盘中餐”食品安全宣传活动，持续开展食品药品安全“四个最严”要求专项行动，严惩危害食品药品安全犯罪，守护好老百姓“舌尖上”安全。协同区环保局加大对非法排污、工地扬尘等问题的整治力度，针对辖区乡镇污水处理设施建设和管理问题，开展专项调研并向相关单位和乡镇人民政府发出15份诉前检察建议。起诉重庆首例高空抛物案，守护老百姓“头顶上”安全。

【检务监督】 2021年，区检察院自觉接受人大政协和社会各界监督，向区人大常委会专题报告未成年人检察工作。健全人大代表、政协委员常态化、个性化联络机制，围绕社会热点举办检察开放日活动13次，征求代表意见建议并逐条落实。主动邀请政协委员、各民主党派、工商联、无党派人士、人民监督员和社会各界人士代表参与调研视察、联席会议，定期通报检察工作。依法发布案件程序性信息5216件、重要案件信息16件。

（付茜）

法 院

【概况】 2021年，区法院受理各类案件45807件，结案41202件，结案率90%，员额法官人均办案485件。审判工作结收比100.4%，高于全市法院均值0.2个百分点。全年受理立案登记40548件，其中通过网络方式受理案件15876件。受理司法救助案件25件27人49.86万元。办理国家赔偿案件4件。受理保全案件972件，实施保全4800余次，保全金额1.1亿元。有297名人民陪审员，一审陪审案件2311件。

【刑事审判】 2021年，区法院受理刑事案件1112件，审结1044件，判处罪犯1408人。常态化开展扫黑除恶斗争，全年打击信息网络、自然资源、交通运输、工程建设等四大行业领域违法犯罪活动58件63人，获重庆市扫黑除恶专项斗争先进集体。审结的马某某、余某等15名恶势力犯罪集团成员案入选重庆法院2020年度十大典型案例。审结电信网络诈骗犯罪8件39人，判处罚金39万元，追缴赃款112万元；判处售卖银行卡、电话卡罪犯99人，发布电信网络诈骗典型案例10余起，打击电信网络诈骗上、下游犯罪。审理肖某某等57名罪犯冒充老中医实施电信诈骗案、吴某某等11人销售假冒伪劣汽油案。办理重庆首例高空抛物罪案，被中央电视台13频道《社会与法》栏目两次播报。

【民商审判】 2021年，区法院受理涉及民生权益案件8595件，审结7782件。建立"一站式"人身安全保护令网上申请机制，发出保护令5份。办理农村土地流转、复垦案件1532件。审结的"陈某诉杨某等排除房屋装修妨害"案件入选"中国法院2021年度典型案例"；审结的"当事人在医院就医意外摔伤责任分担"案件，被中央电视台以《意外摔伤谁之责》在《法治在线》栏目播出。全年受理合同类商事案件7272件，审结6552件，裁决标的额21.04亿元。审结金融、房地产领域案件4032件。化解顺达房地产"三峡明珠"项目破产案、恒大地产系企业在万州项目商品房买卖案、天仙湖置业公司破产案、东方药业重整案等一批涉众型案件。

【行政审判】 2021年，区法院受理各类行政案件1984件，审结1866件，结案率94.05%。办理万州高铁北站征地系列案件，化解武陵镇政府协议用地系列纠纷，完善万州区协议用地修建道路补偿标准。审查行政非诉执行案件，助力区住建部门征收54个城市基础设施建设项目费4.4亿元、4处人防易地建设费400余万元，助力区房屋管理中心收回1000余户公租房租金125万元。深化府院协调机制，全年常态化参与区政府牵头组织的涉及重点工程项目会议52次。全年行政机关负责人出庭应诉96次，出庭应诉率74.4%。行政机关负责人出庭应诉率75.19%，比上年上升24.69个百分点。行政机关败诉率3.38%。

【环境资源审判】 2021年，区法院受理涉及各类环境资源类刑事、民事、行政案件293件，审结247件。严惩非法捕捞、污染长江水体等罪犯169人。与云阳县农业农村委打造"重庆法院环境司法巡回审判艇"。深化司法保护示范林建设，助推大周镇成为库区靓丽风景带。发布《长江三峡库区环境司法审判十年报告》和环境司法十大典型案例。最高人民法院院长周强在《求是》杂志撰文谈人民法院如何贯彻习近平法治思想时，肯定区法院探索治理库区消落带难题的成效。审结"重庆开都混凝土工程有限公司、张明非法占用农用地"案，入选"重庆法院第六批民营经济司法保护典型案例"。

【司法改革】 2021年，区法院深化公证参与司法辅助工作。统一集约化办理案件排期、文书送达等辅助工作。全年辅助送达司法文书1.4万件4万余人次，直接送达率63.3%，公告送达比上年下降14.2%。

审判权运行制约监督 出台《严格落实审限制度规定》，清理一年以上长期未结案件111件。落实员额法官办案责任，对12名瑕疵案件责任人追责。发挥专业法官会议功能，召开不同类型的专业法官会议210余次，提供案件咨询910余件次。

员额法官列席审判委员会制度 落实审判委员会制度改革要求，发挥处理疑难复杂案件、统一裁判尺度的作用，提升员额法官研判案情水平，提高审判委员会工作效率。全年开展5名员额法官遴选工作。

智慧法院建设 推进网上立案及诉前调解工作。建立"人民法院老马工作室"调解平台，邀请"全国模范人民调解员"李德芳在内的3名"老马"进驻法院，开展诉前调解工作，全年对符合调解条件的案件进行分流，移送"驻院调解工作室"调解案件8246件，其中调解成功3430件、司法确认2211件。

以审判为中心的刑事诉讼制度改革 推进刑事审判"六专四室"信息化系统建设，形成囚车运送、羁押、开庭闭环管理。推动侦查人员、鉴定人员、证人等出庭作证36件38人。坚持宽严相济刑事政策，对339名轻型犯罪被告人依法判处缓刑，对1人免于刑事处罚。落实法律援助值班律师机制，为被告人提供辩护46人次。严厉惩治性侵、猥亵未成年人罪犯13人。

【案件执行】 2021年，区法院受理申请执行案件17162件，执行案件15386件，其中执行完毕4469件，执行到位金额12.79亿元，其中涉民生案件到位金额1896.99万元，落实执行救助13件14人次26.96万元。全年司法拘留88人次，搜查47人次，限制出行、高消费9100人次，

2021年11月18日，万州区法院工作人员向申请人集中发放执行案款

（区法院 供图）

发布失信7641人次，曝光失信人员250人次，腾退房屋380套、扣押车辆42辆。全年拍卖成交房屋、车辆、土地使用权等479件，成交10386.43万元。强制交付经营场地8处，逐步推进铁道办、物流园、双石监狱等单位的搬迁工作。清理党政机关、国有企业拖欠民企债务案件12件，到位5933.35万元。与区税务局签订司法税务协作备忘录，解决司法拍卖房屋定向询价、涉税联合管控、失信被执行人联合惩戒过程中存在的信息不畅、沟通不及时、合力不够等问题；建立与四川省达州市、重庆市开州区法院协作执行机制，相互协作查存款、封房屋、扣车辆、拘老赖。联合万州、开州、云阳三地生态环境局，构建万开云环资案件多元纠纷化解机制。强化执行信息化建设，与重庆市公安局交通管理局建立专网车辆查控机制，实现网上查封、解封车辆，让执行扣车从“路途奔波”变为“数据跑腿”。

【矛盾纠纷多元化解】 2021年，区法院对接调解组织调解案件9655件。重点化解九池街道黄梅村390余户土地租赁合同纠纷，涉及1100余人800余万元。化解金科观澜工地366名农民工欠薪纠纷，涉及金额1400余万元。建立“一庭两所”矛盾纠纷联调机制，搭建“5个法庭+19个派出所+26个司法所”纠纷联调体系，调解案件156件，司法确认案件140余件。建立“代表委员联络站”，10名代表委员驻站开展工作，接待群众35人次、化解纠纷20余起。审结“樊某某与重庆某生态农业开发有限公司土地承包经营权出租合同纠纷系列调解案”入选2021年度重庆法院多元解纷优秀调解案例。区法院被命名为首批“重庆市多元解纷机制建设示范法院”。

【“一街镇一法官”工作机制】 2021年，区法院出台《关于员额法官开展对接服务镇乡（街道、园区）实施意见》，开启员额法官对接服务镇、乡、街道工作计划，按照“领导包片、员额包镇”原则，组织66名员额法官定点对接全区52个乡镇（街道），承担化解矛盾、释法答疑、法治宣传、回访帮教、民意沟通等职责，全年开展现场对接426次、提供法律咨询809次、化解矛盾纠纷90余起。

【案件速裁】 2021年，区法院受理简易纠纷8934件，立足快审快结8055件。其中办结金融借款、信用卡纠纷1142件，涉案标的额7亿余元，为全区金融机构清理大量陈年贷款。妥善审理物业纠纷3000余起，审结劳务合同和劳动争议案件1000件。通过审理网络购物合同案件对发现的涉法问题发出《司法建议书》，得到回应和整改落实。《人民法院报》以《重庆万州：司法建议助力电子商务平台健康发展》予以报道。

【法庭工作】 2021年，区法院有龙沙、分水、龙驹、白土、大周、新田6个人民法庭，全年受理案件4097件，审结3814件。分水法庭参与治理家庭暴力、高额彩礼、不赡养老人等纷争，在2021年度全市人民法庭工作专项评估中排名第二位。龙沙法庭服务保障万州国家农业公园发展，妥善化解武陵镇、郭村镇等5镇2900余户村民与重庆雁谷生态农业有限公司等3家公司3.33平方千米土地流转纠纷，其审理的一起升学宴上因饮酒过量死亡案件被重庆卫视以《升学宴后的悲剧》为题播出。龙驹法庭持续打造“渝楚边城法庭”，争创重庆市法院示范民生法庭。大周法庭协同环境资源审判庭深化司法示范林建设，打造“滨江美丽法庭”，建立“人大代表林”“政协委员林”“法官林”。白土法庭结合“三峡恒合旅游度假区”打造，妥善化解矛盾纠纷134起。新田法庭自2021年9月运行以来办理案件298件。建设“车载便民法庭”，开展巡回审判、诉讼服务、普法宣传等工作，人民法院新闻传媒展播车载法庭开进三峡库区巡回审判情况。

【云上共享法庭】 “云上共享法庭”系在新冠肺炎疫情背景下，人民法院为解决当事人到庭不便、减少人员聚集、防止疫情扩散而打造的互联网线上诉讼共享平台，设置有“远程实时交互、身份核验、电子质证、远程送达、在线签名”等多种功能。2021年，区法院通过

2021年9月2日，万州区法院车载便民巡回法庭开进农家小院（区法院 供图）

“云上共享法庭”开展庭审活动4974场次，其中直播庭审4665场次，审结案件385件。

【案件再审】 2021年，区法院受理再审审查案件51件，其中当事人申请再审49件、依职权审查2件。全年驳回不符合进入再审条件案件31件，准予当事人撤回再审申请13件，审查进入再审案件2件。

【司法公正】 2021年，区法院立案变更案件11件（因新证据8件），立案变更率0.016%。一审判决案件改判发回重审136件，其中改判107件（因新证据91件），发回重审29件（因新证据27件），一审判决案件发回重审率0.19%。生效案件再审发回重审25件，其中因抗诉改判3件（均系因新证据），再审改判14件（12件系因新证据），生效案件再审发回重审率0.04%。

【司法公开】 2021年，区法院公开裁判文书17134件（含摘要信息），裁判文书公开率44.64%，其中获评全市法院优秀裁判文书一等奖2篇、三等奖2篇。公开庭审直播4477件，庭审公开率21.61%。公开审判流程信息22752件，公开率99.41%。

【审判监督】 2021年，区法院接受区人大和区政协监督，专题向区人大及其常委会报告人民法庭服务乡村振兴工作情况，办结区人大代表建议2件，满意率100%；办结区政协委员提案4件，满意率100%。打造“人大代表林”“政协委员林”，搭建代表委员监督支持法院工作平台，开展联络活动18场120人次。接受检察机关监督，办理检察建议30份。接受社会各界监督，召开新闻发布会3场次。

【警务保障】 2021年，区法院安全检查7.64万人次，收缴违禁物品20件，出动警力2860人次；处置涉诉信访、突发事件76起，出动警力357人次；提押刑事被告949人次，送达法律文书5312份，出动警力800人次。出动警力921人次，完成拘留84人、传唤432人、搜查139人；协助执行兑现金额4.77亿元。

【司法建议助力电商健康发展】 2021年3月，万州区法院在审理原告彭某某与被告山东某电子商务有限公司网络购物合同案中，查明彭某某在淘宝网络平台购买某植物果蔬压片糖果，其包装上标明的生产商、生产地址系伪造，且无产品质量检验合格证明、生产日期、批号、所含成分主要含量，违反相关法律规定，侵害消费者合法权益。同时，淘宝网络上还存在其他商家销售此商品。遂于4月1日向浙江淘宝网络有限公司发出《司法建议书》，建议其对存在的问题及时整改。浙江淘宝网络有限公司收到《司法建议书》后，采取删除相同商品链接、对该类商品经营者进行行业宣传督导等具体整改措施。并复函万州区法院整改落实情况。8月17日，该案例被《人民法院报》专题报道。

【重庆首例高空抛物罪案宣判】 2021年3月31日，区法院公开审理重庆市首例高空抛物罪案并当庭宣判。被告人钟某某因犯高空抛物罪被判处有期徒刑六个月，并处罚金人民币3000元。当年1月12日凌晨，被告人钟某某为泄愤将屋内椅子、花瓶、电饭煲、床头柜、电视机等物品从12楼扔出窗外，导致楼下人行通道旁停放的4辆汽车不同程度受损。当日，被告人钟某某被民警抓获，到案后如实供述前述事实。钟某某近亲属赔偿了被害人受损车辆修理费，并取得部分被害人谅解。区法院经审理认为，被告人钟某某从建筑物抛掷物品，情节严重，其行为已构成高空抛物罪。被告人钟某某到案后如实供述自己的罪行，可以从轻处罚；自愿认罪认罚，可以从宽处理，遂对钟某某作出上述判决。该案例被中央电视台专题报道2次。

（汪奇权）

司法行政

【概况】 2021年，区司法局一手抓政法队伍教育整顿，一手抓法治建设和法律服务。2月，区司法局被司法部评为“2020年国家统一法律职业资格考试先进单位”。6月，牌楼司法所所长张鸿鸣被司法部表彰为“法援惠民生 扶贫奔小康”品牌活动突出表现个人。10月，长岭司法所被司法部评为“全国模范司法所”。12月，区司法局被重庆市委宣传部、重庆市人力社保局、重庆市司法局表彰为2016—2020年重庆市法治宣传教育工作先进集体。

【全面依法治区】 2021年，区司法局筹备召开区委依法治区工作会议和区委依法治区第三次、第四次、第五次会议，印发《贯彻落实习近平总书记在中央全面依法治国工作会议上的重要讲话精神工作方案》。起草形成《万州区贯彻落实〈法治中国建设规划（2020—2025年）〉的具体措施》《万州区法治社会建设工作方案（2021—2025年）》。制定《中共重庆市万州区委全面依法治区2021年工作要点》《全区2021年法治政府建设工作要点》，明确具体任务57项，全部按期推进。制定全面依法治区考核细则，明确扣分点14个，推动党政主要负责人履行推进法治建设第一责任人职责列入年度述职内容。牵头迎接中央依法治国办法治政府建设实地督察，开展法治政府建设实地督察，梳理法治政府建设短板问题清单13项，点对点下发问题整改通知43份。2021年10月，万州区通过中央依法治国办法治政府建设实地督察。

【法治社会建设】 2021年，万州区以满足群众需求为导向，以增强全民法治观念为目标，编制《万州区法治社会建设工作方案（2021—2025年）》《中共重庆市万州区委宣传部、重庆市万州区司法局关于开展法治宣传教育的第八个五年规划（2021—2025年）》，有效发挥法治固根本、稳预期、利长远保障作用。

【普法宣传】 2021年，万州区落实“谁执法谁普法”责任制，年度普法计划备案率100%。开展“法润千里·治汇广大”“12·4”宪法宣传周等重点法律法规宣传活动800余场次。实施“法律明白人”培养工程，确定“法律明白人”3050名。实施公民法治素养持续提升活动，《普法龙门阵》获重庆市新时代文明实践“六讲”大赛三等奖。深化民主法治村（社区）自治、德治、法治结合“三治结合”建设行动，打造天台法治文化大观园、大唐荔园法治文化景区暨青少年法治教育基地，其中百安坝街道天台社区“法治文化大观园”辐射周边社区民众、在校师生等9万余人，获评全国民主法治示范社区。建成法治文化阵地13个，“三治结合”的民主法治村（社区）建设完成率70%。

【公共法律服务】 2021年，万州区建成公共法律服务中心1个、公共法律服务工作站52个、公共法律服务工作室620个，全区公共法律服务规范化实体平台达70%。有基层法律服务所19家，从业人员116人，基层法律服务工作者办理案件2060件。区公共法律服务中心完成整体扩建及搬迁，9大司法行政要素资源集中入驻，配备“大牛”“小牛”法律服务机器人，引进全市首家“互联网无人律师事务所”入驻区公共法律服务中心，累计接待群众1.16万人，提供法律咨询3348人次。全年开展服刑戒毒人员亲属远程会见199场次，服务群众380人次。

【律师事务】 2021年，万州区有律师事务所29家，律师从业人员481人，律师全年办理各类案件6437件。区司法局指导律师开展民营企业“法治体检”和律师园区行服务入园，服务企业289家、重点项目5个，开展涉企法治宣讲101场，处理法律问题484件次。指导党政机关法律顾问团服务党政机关100余家，为顾问单位提供法律服务1000余件次。奎龙律师事务所获评全国优秀律师事务所，新盟律师事务所获评全国普法工作先进单位。

2021年12月4日，万州区国家宪法日宣传活动周活动现场

（区司法局　供图）

【公证事务】 2021年，万州区有公证处1家，公证人员12人。全年办理各类公证8928件，未出现错证、假证，合格率100%。落实万达开司法行政区域合作重点推进项目清单，4项公证事项实现川渝跨省通办。

【司法鉴定】 2021年，万州区有司法鉴定机构5家，司法鉴定人78人，全年办理司法鉴定案件6217件。区司法局指导万州区司法鉴定行业首个科研项目“双色谱柱双检测器顶空进样气相色谱法测定血中乙醇含量”申报成功。司法鉴定行业实现党建工作全覆盖，工作经验被司法部宣传报道。指派司法鉴定机构承办涉及武陵镇村民民事行为能力鉴定援助案件，该案是《司法鉴定与法律援助工作衔接管理办法（试行）》印发以来，全区司法鉴定机构受理的首例司法鉴定法律援助案件。

【法律援助】 2021年，万州区受理各类法律援助案件2083件，其中民事案件1773件、刑事310件。办结法律援助案件1390件，其中民事案件1144件、刑事案件246件，已办结案件实现质量评查率、回访率“两个100%”。区司法局推动法律援助受理、初审职能下沉司法所，为群众避免和挽回经济损失3652.98万元。

【人民调解】 2021年，万州区有镇乡（街道）人民调解委员会52个、村（社区）人民调解委员会610个，全区人民调解组织覆盖率100%。区司法局指导成立区知识产权纠纷人民调解委员会，行业性、专业性调委会增至13个。设立区级综合性人民调解委员会3个，各调委会和调解组织共受理各类调解案件7045件，其中疑难复杂案件1628件，成

2021年11月9日，万州区公共法律服务中心接待来访群众并提供法律援助咨询

（区司法局 供图）

功调处6969件，调解成功率98.92%，无一件因调解不及时或调解不当引发民转刑案件或群体性事件。初步构建矛盾纠纷大调解体系，发挥行政复议化解行政争议的主渠道作用，设立53个行政复议“便民接件点”，化解实质性纠纷265件，工作经验被司法部专题报道。深化诉调、访调、警调、复调、公调、检调“六调”对接机制，组织律师参与“三官一律”进村（社区），开展重点矛盾纠纷大排查、大化解活动，95%以上矛盾纠纷实现就地化解。

【社区矫正和安置帮教】 2021年，万州区开展社区矫正突出问题专项治理活动，评查社区矫正重点案件5224件，接受社区矫正对象501人，解除社区矫正对象491人，在册社区矫正对象466人，信息化管理实现100%覆盖。推进刑释人员安置帮教工作，落实重点刑满释放人员必接必送制度，协助乡镇（街道）接收刑满释放人员，实现核查回执率、帮教率、重点帮教对象接送率100%。

【基层司法所建设】 2021年，区司法局加强对司法所的指导、联系和服务，提档升级建设陈家坝等司法所6个，指导余家、黄柏等2个片区司法所开展协作，在分水、新田等5个司法所开展法治力量融合向基层司法所纵深发展试点，通过招录公务员、政府购买服务等多种方式，新增司法所工作人员14人，开展司法助理员及临聘人员业务培训1次，参训率100%。10月，区司法局长岭司法所被表彰为“全国模范司法所”。

【法律职业资格考试】 2021年，区司法局组织国家统一法律职业资格考试工作，万州考区客观题报名857人，实际参考人数574人，缺考283人，参考率66.98%；主观题报名人数383人，实际参考人数366人，缺考17人，参考率95.6%。开展法律职业资格考试政策信息宣传，接待咨询300余人次。完成申请授予法律职业资格的审查工作，授予法律职业资格263人。

（张亦珺）

仲 裁

【概况】 2021年，万州区劳动人事争议仲裁院以“预防为主、基层为主、调解为主”，提高办案质量和效率，依法公正维护劳动者合法权益。立案受理劳动人事争议案件1284件，结案1266件，结案率98.6%。立案数比上年增长14.8%。全年提供劳动人事争议仲裁咨询服务3000余人次。

【劳动争议仲裁案例】 李某某劳动报酬争议案 申请人李某某与被申请人某某地产集团重庆有限公司因劳动报酬争议一案，于2021年10月18日申请至万州区劳动人事争议仲裁委员会。经审查，李某某于2020年4月20日到被申请人处上班，从事销售工作，工作时间1年6个月，被申请人一直拖欠申请人工资报酬13.4万元。区仲裁委调解无效，依据《中华人民共和国劳动合同法》第三十条规定，裁决被申请人支付申请人工资报酬13.4万元。

陈某某经济补偿争议案 申请人陈某某与被申请人重庆某某服饰有限公司争议一案，于2021年12月25日申请至万州区劳动人事争议仲裁委员会。经审查，陈某某于2014年6月1日到被申请人处上班，从事销售工作，工作时间7年6个月，被申请人未为申请人参加社会保险。陈某某要求被申请人支付解除劳动关系的经济补偿。区仲裁委调解无效，依据《中华人民共和国劳动合同法》第四十七条规定，裁决被申请人支付申请人陈某某解除劳动关系的经济补偿2.5万元。

（夏显坤）

军　事

区人武部

【概况】　2021年，中国人民解放军重庆市万州区人民武装部（简称区人武部）深化党管武装，开展党史学习教育，推进“我为群众办实事”实践活动，完成实事清单任务10项。聚焦练兵备战，全年组织52个乡镇（街道）应急分队和区民兵应急连进行“开训练兵周”活动，组织民兵军事训练，开展民兵应急连轮训备勤训练，参加渝东北片区专业集训。加强国防动员，完成新兵征集工作，军训学生4.46万名，更新全区国防动员指挥网，加强民兵整组。完成抗战老兵、伤残军人、烈士遗属走访慰问和现役军人立功喜报送进家、退役军人服务保障等工作。

【党管武装】　2021年，区委、区政府高度重视党管武装工作，区领导参加区人武部党委扩大会，12月22日，市委常委、区委书记、区人武部党委第一书记莫恭明主持召开万州区委议军会议。会议学习贯彻习近平总书记关于国防和军队重要论述，听取全区驻万州部队和双拥工作汇报。专题研究解决加强两级武装部正规化建设、人武部遗留问题和军人“三后”（后路、后院、后代）问题。解决48名边防军人子女入学入托问题、1名边防军人家属安置就业问题；多名计划分配军转干部全部不降职安排到公务员或参公单位，退役军人安置到机关事业单位，安置比例达72%。各乡镇（街道）党委书记落实党管武装工作述职制度，做到重要工作亲自部署、重要问题亲自解决、重要活动亲自参加、重要措施亲自实施，统筹推进国防建设与经济建设协调发展，形成军地合力推进国防建设的良好态势。

【思想政治建设】　2021年，区人武部坚持把习近平新时代中国特色社会主义思想和习近平强军思想纳入党委理论中心组学习和机关理论学习，把党的创新理论全面纳入干部职工教育安排。开展党史学习教育，推进“我为群众办实事”实践活动，全年制定办实事清单10条，全部按时按质完成。加强工作经验做法和先进事迹宣传报道，全年在国家级媒体上稿7篇、“西部战区”微信公众号上稿2篇、重庆市媒体上稿9篇、省级媒体上稿22篇。实施分类管理，采取集中培训、以工代训、以法促训等方式培养锻炼队伍。刚性执行中央八项规定和军委十项规定，彻底肃清郭伯雄、徐才厚流毒影响，彻底肃清孙政才恶劣影响和薄熙来、王立军流毒，做好大项经费开支和兵员征集等敏感事务中的党风廉政工作。

【双拥工作会议】　2021年12月16日，万州区召开2021年双拥工作领导小组会议，区委副书记、区政府区长、区双拥工作领导小组组长聂红焰主持会议并讲话。会议学习《中华人民共和国军人地位和权益保障法》《关于新时代深入开展军民共建社会主义精神文明活动的意见》，听取2021年全区双拥工作开展情况汇报，安排部署相关工作。

【练兵备战】 2021年，区人武部贯彻落实《中国人民解放军战备工作条例》，建立日综合报告制度、阶段任务专项报告制度、重要时节情侦备勤制度，机关值班、战备分队和战备值班秩序正规，每月拉动值班分队。全年组织52个镇乡、街道应急分队和区民兵应急连进行“开训练兵周”活动，组织区国动委成员单位开展国防动员指挥训练。抓实民兵分队以勤代训和岗位自训，组织各项训练8次。全面展开民兵应急连共同基础、专业训练、任务行动轮训备勤训练。选派70名专业分队骨干参加渝东北片区侦察、无人机、医疗、通信等“小专业大集中”集训，组织渝东北片区防化专业人员进行集中培训，组织民兵实兵拉动演练。

【后备力量建设】 2021年，区人武部全面维护和更新全区国防动员指挥网，完善充实国防动员潜力数据库。军地联合制定《关于2021年度民兵整组计划方案》，成立民兵整组工作领导小组，抓实基干民兵编组，实现整组任务率100%完成。完善训练设施器材储备，健全训练保障机制，购买装备器材400余件（套）等，共计28万余元。

【国防动员】 2021年，区人武部按照“任务完成好、新兵质量高、征兵风气正”的目标完成新兵征集工作。对辖区大、中学校4.46万名学生开展军训，培育爱国精神，增强国防意识。协调双拥工作会议，集中研究解决国防动员氛围营造、退役士兵安置、军人军属优待等涉及拥军优属的具体问题，营造全区军爱民、民拥军局面。

【参建参治】 2021年，区人武部贯彻落实军队和地方各级政府关于实现巩固拓展脱贫攻坚成果同乡村振兴有关要求，持续做好分水镇川兴村乡村振兴工作，召开专题会议4次，选派3名业务骨干常驻川兴村，保障帮扶资金到位，硬化公路305米。购买及帮助销售万野山花椒专业合作社销售花椒等农产品。协调燃气公司为村民安装燃气管道，实现天然气入户。做好抗战老兵、伤残军人、烈士遗属走访慰问和现役军人立功喜报送进家、退役军人服务保障等工作，全年走访慰问30余户，为复退军人出具证明材料4500余份，接待来访军人军属10人次。

【军地联合应急演练】 2021年4月27日，区人武部配合区抗洪抢险指挥部、区应急局、区水利局等相关部门，以走马镇发生山体滑坡，形成堰塞湖，水位迅速上涨出现险情为背景，出动消防救援车、橡皮艇、无人机等各类应急救援车辆和机械设备，完成灾情预警、启动应急响应、人员队伍集结、搭建应急指挥所、转移受困群众、堰塞湖排险、危化救援等多个科目演练。

【渝东北“小专业大集中”集训活动】 2021年6月21日，渝东北地区防化专业骨干在民兵训练基地进行为期12天防化救援专业集训。集训突出“最基础理论素养、最基本防化技能、最实用班组行动”3个必备能力，安排3类15个教学项目，完成基本体能、装备理论、防毒面具穿戴、防化服穿戴、正压式空气呼吸器操作等科目考核，理论考核合格率90%以上，装备操作合格率100%。

【学生军训】 2021年9月10日起，万州区人武部采取“错峰分批次”训练形式，组织18所高中、7所高校共4.46万名学生军事训练工作。区人武部派出专门人员住校督导学生军训，采取“人武部不定时抽查、专武干部全时督查”的两级督查检查方式，建立与区教委和各高校的常态联系管理机制。学生军训以军事技能为主，突出战备基础、防护、战术基础动作等科目训练和军事体育训练，增加军体拳、战场救护、特种战术手语等训练科目，以及自救互救、消防疏散等难点内容。

（区人武部）

武警重庆总队三支队

【概况】 中国人民武装警察部队重庆市总队第三支队（简称武警重庆总队三支队），正团级，支队机关驻万州区，主要担负看守、看押、执勤处突和城市武装巡逻等任务。2021年，武警重庆总队三支队被武警重庆总队表彰为新闻工作先进单位，政治工作处被表彰为先进政治机关，1人被表彰为总队“十佳”政治教员和新闻舆论工作先进个人。

【思想政治建设】 2021年，武警重庆总队三支队深入抓好习近平新时代中国特色社会主义思想和习近平强军思想，支队党委坚持把学习党的十九届六中全会精神摆在当前政治工作的首要位置，要求机关各部门、基层各中队围绕学习贯彻全会精神，引导官兵自觉把学习全会精神与干好本职工作结合起来、与当前形势任务需要结合起来。3月11日，召开党史学习教育动员部署会，明确总体要求和内容设置，各级党委（支部）高度重视、主动谋划、积极行动，真正做到学有所获、学有所悟、学有所成。6月28日，为庆祝中国共产党成立100周年，支队在万州区革命烈士陵园组织“追忆红色初心 矢志强军伟业”主题党日活动，支队党委常委、机关党员干部和部分基层党员代表参加。

【“英雄屹立喀喇昆仑”学习专题活动】 2021年2月下旬，中央军委授予祁发宝“卫国戍边英雄团长”称号，追授陈红军“卫国戍边英雄”称号，给陈祥榕、肖思远、王焯冉追记一等功，其英雄事迹广为流传，在广大官兵中引起强烈反响。武警重庆总队三支队筹划组织“英雄屹立喀喇昆仑”学习专题活动，以英雄事迹教育官兵树牢无私奉献、忠诚可靠的政治品质。活动中，各单位利用电视、报刊、广播、网络等多种载体学习了解“英雄屹立喀喇昆仑”英雄事迹，感悟英雄故事；开展群众性大讨论大交流，用兵语说兵话讲兵心；组织主题演讲，让官兵走上讲台用生动语言、真诚情感讲述内心感受，真心为卫国戍边的英雄官兵点赞，引导官兵向新时代卫国戍边的英雄官兵学习。

【基层主官军事体育考核】 2021年3月2日和15日，武警重庆总队三支队组织2021年一季度军事体育考核。考核组依据《军事训练大纲》，采取集中组织、分组实施的办法对体型、3000米跑、单杠引体向上、仰卧起坐、30米×2蛇形跑军事体育通用5项进行考核。

【群众性练兵比武活动暨军事体育运动会】 2021年10月19日，武警重庆总队三支队组织2021年度群众性练兵比武活动暨军事体育运动会。活动采取个人报名与单位推荐相结合方式，将不同层级人员全部纳入竞赛，实现官兵广泛参与、不同层级同台竞赛目标，参加11个课目竞赛。通过比武竞赛，找准官兵训练的短板弱项，促进练兵备战，达到以赛促训目的。

【覃家缓获评2020年度“感动重庆十大人物”】 2021年1月16日，武警重庆总队三支队机动大队一中队班长覃家缓被评为2020年度“感动重庆十大人物”，武警重庆总队三支队组织官兵观看2020年度“感动重庆十大人物”颁奖典礼。评选组委会给覃家缓的颁奖词：当灾难降临，你奋勇当先，当使命在肩，你千锤百炼，誓报人民安康，坚护山河无恙，沧海横流中方显英雄本色，惊涛拍岸处勇立中流砥柱。

【“库区卫士铸忠诚”2020年度表彰奖励大会】 2021年1月26日，武警重庆总队三支队举行“库区卫士铸忠诚”2020年度表彰奖励大会，出席支队党委一届七次全体（扩大）会议的全体代表、机关干部、基层部分官兵代表在现场参会，基层官兵通过电视会议系统同步参会。支队党委分别为支队2020年度“极限训练勇士”、“十大爱岗敬业标兵”、“四有”优秀个人代表、“四铁”先进单位代表、荣立个人三等功代表、荣立个人二等功官兵代表颁发奖牌、奖章、勋章。

（武警重庆总队三支队）

武警重庆总队船艇支队三大队

【概况】 2021年，中国人民武装警察部队重庆市总队船艇支队三大队（简称武警重庆总队船艇支队三大队）聚焦建设一支以水为主、水陆联动、承上启下、应急快反的过硬船艇大队，对照基层建设“三个过硬基层”（听党话、跟党走的过硬基层，能打仗、打胜仗的过硬基层，法纪严、风气正的过硬基层）建设标准，争创“四铁”（铁一般信仰、铁一般信念、铁一般纪律、铁一般担当）先进单位，高标准实现“两个确保”。开展主题党日活动，采取“个人自查、信息排查、网上筛查、军地协查”方式，全面肃清郭伯雄、徐才厚流毒影响。抓好基层风气建设，召开“民主座谈会”集思广益，查摆问题。全年推荐上报个人三等功、选晋士官、“四有”优秀个人、嘉奖、入党，推荐新训骨干和各类集训人员。

【思想政治建设】 2021年，武警重庆总队船艇支队三大队创新开展“我是举旗人”“强军思想我来讲”“好课推荐、精品共享”教育活动，强化支部党员自身理论武装。全年累计制作板报36期、海报62张，刊发新闻稿148篇。登陆艇艇长率队在武警重庆总队党史知识竞赛中获团体第三名。组织学习《习主席在庆祝中国共产党成立100周年大会上的讲话》，开展好“弘扬优良传统、整顿作风纪律”“六查六治”专项整治等活动，为官兵购买党史学习教育书籍和习近平总书记“七一”讲话原文白皮书，制作专题展板和海报12块。大队党委被武警部队表彰为“先进基层党组织”。用“卫国戍边”英雄群体和新疆总队“反恐尖刀中队”英雄事迹教育官兵。开展主题团课教育、大队主题演讲比赛、重温入党誓词、举行入团宣誓仪式、到万州革命烈士陵园祭奠先烈等活动。

【军事训练】 2021年，武警重庆总队船艇支队三大队以《军事训练大纲》为依据，按照基础训练、专攻精练、组织考核步骤，全面提高部队遂行多样化任务能力。采取区分任务练单兵、小组融合练处置、结合情况抓合成方式，抓好3种能力训练；采取干部骨干专长任教、课前备课示教、定期会操考核、评选训练尖子方法，抓好“五大技术”训练，5名战士在武警重庆总队军人运动会上取得前三成绩。制定大队军事训练月计划，干部骨干带头参训研训组训，每周进行小竞赛，将考核成绩优异的个人张榜公布。每周三组织教练员集中备课示教，为每名官兵制定军事训练目标精细化表，通过每日打卡、每周总结、定期组织测试、落实固定训练计划等方式，持续推进实战化训练。

【执勤备战】 2021年，武警重庆总队船艇支队三大队紧盯大庆之年特殊背景和应对强敌严峻形势，严密抓执勤工作。每月组织执勤教育并学习执勤通报，定期组织讨论辨析、制定整改措施，提高官兵处置能力；结合吉林省吉林监狱在押犯脱逃事件情况通报，引导官兵树牢居安思危意识。组织开展执勤隐患安全检查鉴定，针对前期检查通报问题，抓好问题整改。对新补入人员进行专勤专训，落实“新老搭配”，开展以老带新和专哨训练，纠治执勤“常见病”“多发病”。修订完善大队各类战备方案，研究大队在组织指挥能力、编携配装落实、后勤保障力量建设等方面存在的问题。及时维护保养车辆船艇，确保完好率、在航率；及时维修自动门、报警器和阻车器等设施，确保报警联通、设施管用。完成万州区熊家镇古城村山坪塘抗洪抢险任务，组织节假日和敏感时期水上武装巡逻勤务。开展重大节日前战备演练和方案演练，官兵常态保持战备水平。

（武警重庆总队船艇支队三大队）

人民防空

【概况】 2021年，万州区开展130余次指挥通信业务训练、60余次人民防空队伍专业训练，开展人民防空宣传教育“五进”活动。新建人防疏散基地、“两防一体化”社区和防空地下室，公共人防工程开发利用率93.2%。新增城区固定防空警报器2个，城区防空警报音响覆盖率和统控率“双100%”，完成全区“9·5”防空警报试鸣放及演练任务。推进万州区人防基本指挥所建设前期工作，江南新区市民广场人防工程完成主体结构施工。

【人防信息化建设】 2021年，万州区完成全区人防战备数据信息核查更新，组织开展人防卫星通信、光纤通信、短波通信、无人机信息采集等人防指挥通信业务训练130余次，牵头完成市人民防空指挥通信保障第一组（5区县人民防空办）跨区域集中训练7次，投资162万元改造升级人防指挥通信系统设备设施。

【人防工程建设】 2021年，万州区批建人防工程，比上年增长43.77%。在保障居民人员掩蔽条件下，增设3个防空专业队工程、5个一等人员掩蔽工程。城市人均防护面积提升至0.68平方米，位居渝东北第一、全市前列。新建3处人防疏散基地，提档升级3处人防疏散安置设施。

【人防演练】 2021年，万州区遴选区水务集团杨柳水厂作为重点防护试点单位，组织人防专业队伍30余人，开展人防专业队伍暨重要经济目标伪装防护、供水管网抢修、氯气泄漏应急处置、消防应急扑救、人员安全疏散等综合演练。完成全区第九周期人防专业队伍扩编整组任务，组织抢险抢修、医疗救护等12支人防专业队伍开展应急训练演练60余次。推进人防志愿者队伍架构建设，组建人防志愿者队伍180人，开展队伍人防专业技能、应急救援等演练、培训37场次。

【人防宣传教育】 2021年，万州区组织30个“两防一体化”社区开展人防宣传培训56场次、人员应急疏散演练32次。开展人防知识讲座、人防主题教育书画大赛等各类活动38场次，1800余人次参加现场活动。在全区55所中小学、7所高校、区委党校（两期）及大周镇人防宣教馆持续开展人防知识教育培训工作，累计受众3.2万人次。结合“5·12”全国防灾减灾日、全区“9·5”警报试鸣放日等重要节点，通过各类媒体平台宣传报道人民防空建设成就47件（篇）次，全年在重庆人防“一刊一网一号”累计上稿量25篇。

（区住房城乡建委）

退役军人事务

【概况】 2021年，万州区退役军人事务局开展全区退役军人服务保障体系建设、双拥共建、安置军休、士兵就业、抚恤优待、褒扬纪念、思想引领等工作。健全乡级党委退役军人事务工作领导小组52个。年末，全区有全国示范型退役军人服务中心1个、乡级退役军人服务站20个、村级退役军人服务站33个。高标准打造牌楼街道、周家坝街道退役军人服务站。推动退役军人工作纳入2021年度经济社会发展业绩考核内容。举办首届万州区“最美退役军人”评选，10人入选。牌楼街道退役军人服务站站长吴波评被选为“全国退役军人服务保障先进个人”。

【抚恤优待】 2021年，万州区退役军人及其他优抚对象抚恤优待政策全面落实，调整并兑现抚恤补助和地方优待金标准，较上年度均提高10%以上。推动区优抚康复医院改制为公益二类事业单位，核定事业编制15个，支持重新开展门诊住院、巡诊医疗等业务。组织优抚对象参加短期疗养，开展健康体检和送医送药活动。市退役军人事务局授权委托万州假肢康复中心开展全市残疾军人康复辅助器具配置、更换和维修等服务工作，服务范围拓展到渝东北、渝东南片区。

【烈士褒扬纪念】 2021年，万州区建立烈士遗属定期联络制度，结成帮扶对子166对。“一对一”落实烈士纪念设施管护责任，完成烈士陵园改扩建项目建设，组织实施县级以下烈士纪念设施提档升级建设。在9月30日隆重举行烈士纪念日活动，全体区领导参加。开展“清明祭英烈”网上献花活动，为万州籍烈士献花30余万束。持续开展“英烈精神归故里”活动，为3名烈士找到亲人。万州革命烈士陵园作为区委党史学习教育基地之一，创新推出敬献花篮、重温入党誓词、党史研学等各类研学活动700余场次，参与的党员干部群众10万余人次。拍摄制作吴体珂、库里申科英雄事迹短视频2部，编撰完成《万州区英名录》，收录1161名烈士生平事迹。

【移交安置】 2021年，万州区退役军人事务局健全退役军人阳光安置机制，100%完成军转干部、退役士兵年度接收安置任务。由政府安排退役士兵和消防员安置到机关事业单位比例达72%，比上年增加13个百分点。服务军休干部，落实政治待遇和生活待遇，军休干部组建合唱团参加全市军休干部庆祝中国共产党成立100周年文艺会演，获金奖。

【双拥共建】 2021年，万州区聚焦服务部队练兵备战，完善军地互办实事“双清单”制度，帮助解决驻万州部队反映的重难点问题5个。开展“尊崇军人献爱心”服务活动，发放慰问信11万余份、慰问金363万余元。开展“情系边海防官兵”慰问活动，制发慰问信、祝福卡、慰问物资700份。悬挂、播报双拥标语等2000余条，发放《致全体退役军人的一封信》，重庆三峡融媒体中心发布万州籍现役军人立功受奖光荣榜，59人上榜。组建“老兵永远跟党走”微宣讲分队，组织战斗英雄、功臣模范进军营、进机关、进企业、进学校、进乡镇、进村居宣讲16场次。解决现役军人子女入学入托、随军家属就业等问题55个。

【退役军人就业创业】 2021年，万州区新建立退役军人创业孵化基地（园区）3家，创评全市退役军人创业孵化基地1个、园区1个、退役军人“就业榜样人物”1人，签订教育培训机构服务合同8家。开展线上招聘2场、线下专场招聘2场，提供岗位1121个，签订就业意向协议120余人，专项录用退役军人。退役军人牟桔丰的“国家级芦花鸡西南繁育中心（全产业链）培育项目”获重庆市第二届退役军人创业创新大赛现代农业组一等奖。完成退役士兵“退役第一课”线上补训93人，实施2021年退役士兵第一课培训2期。开展实用性技能培训2场次，培训200余人。做好学历提升，落实自主就业退役士兵享受高职扩招政策。

【退役军人思想政治与权益维护】 2021年，全区退役军人服务中心（站）深入开展“送法上门”活动，发放《中华人民共和国退役军人保障法》6万余本，悬挂保障法宣传标语2万余幅，尊法、学法、守法、用法的社会氛围日渐浓厚。落实常态化联系退役军人工作制度，解决矛盾突出问题40余个。周家坝街道燕湾小区退役军人志愿服务队获评2021年度“重庆最美退役军人”，其先进事迹被《人民日报》《中国退役军人》等主流媒体刊发报道。组织开展首届万州区“最美退役军人”评选表彰活动，10名退役军人获此荣誉。推选牌楼街道退役军人服务站站长评选为“全国退役军人服务保障先进个人”。区退役军人事务局思想政治和权益维护科被市委、市政府评选表彰为“全市信访工作先进集体”。设立万州区退役军人关爱基金，募捐资金130万余元。

【首届万州区“最美退役军人”评选】 2021年6月，区委宣传部、区文明办、区退役军人事务局、区人武部联合启动首届万州区“最美退役军人”评选活动。11月30日，来自全区各行各业和各领域的10名优秀退役军人谭伯诚、龙兴明、周松、牟其江、涂兴斌、胡兵、牟桔丰、周光富、程飞、陶宏翔获评“最美退役军人”称号。

（区退役军人事务局）

2021年11月30日，万州区“最美退役军人”发布仪式现场

（区退役军人事务局　供图）

应急管理

综 述

【概况】 2021年，万州区建立健全应急组织指挥、行政管理、救援力量、制度保障四大体系，完善“两委四指九专委”体制机制。即重庆市万州区安全生产委员会、重庆市万州区减灾委员会、重庆市万州区森林防灭火指挥部、重庆市万州区防汛抗旱指挥部、重庆市万州区抗震救灾和地质灾害防治救援指挥部、重庆市万州区气象灾害防御指挥部，区安全生产委员会下设道路交通、水上交通、住房和建设施工、危险化学品、工矿商贸、旅游、城市运行、消防、特种设备9个专项安全委员会，建成适合“全灾种、大应急”的应急组织指挥体系，构建起指挥统一、功能齐全、反应灵敏、运转高效的应急管理工作机制。全年，万州区各级应急救援力量开展抢险救援1300余次，出动应急救援人员3.2万人次，调用各类应急救援装备、设备、车辆1万台套。全年开展各类应急演练1700余次、企业应急演练2万余次，开展区级事故灾害综合应急演练1次，参演人员200人次，调动各类装备100余套。

【应急预案体系建设】 2021年，万州区启动《重庆市万州区突发事件总体应急预案》修订工作，全区42家相关单位完成风险辨识和应急资源调研工作；修订专项应急预案15份，审查备案企业应急预案63家。建设应急通信系统，基本实现前方救援与后方指挥通信的互联互通；强化应急救援装备建设，充实应急救援硬实力；组建专业应急救援队伍，增强应急救援力量；制定应急救援经费保障制度，保障应急救援工作正常开展。

【区事故灾害综合应急救援队成立】 2021年，为增强万州区事故灾害应急救援能力，区应急局新组建1支31人的区事故灾害综合应急救援队，承担全区生产安全事故、自然灾害及其他事故应急救援任务。4月13日，举行授旗及开训仪式。

（区应急局）

防灾减灾

【概况】 2021年，区委、区政府多次召开地灾防治、森林防火等领域工作会、专题会，传达贯彻重庆市委、重庆市政府关于灾害防治工作的系列指示和部署。区减灾委4次组织召开成员单位扩大会议，研究部署自然灾害防治工作。加强防汛、地灾、森林防火灾害防范及处置，开展防灾减灾宣传，提升全民防灾意识和综合减灾能力，筑牢安全防线。

【防汛抗旱】 2021年，万州区遭受“3·30”“8·25”等12次暴雨洪涝灾害，直接经济损失约5.3亿元，无人员伤亡。启动防汛Ⅳ级应急响应5次、Ⅲ级应急响应1次，协调指挥镇乡（街道）开展应急抢险救灾工作180余次，出动抢险队伍2.15万人次，调用挖掘机、工程抢险车及其他抢险救援装备7700余台次，处置熊家镇老熊湾山坪塘溃坝风险、双河口街道龙宝河应急度汛、走马镇场镇进水等灾情，调用防汛沙袋、膨胀沙袋、救灾帐篷、折叠床、棉被等救援救灾物资9.5万件，投入抢险救援资金3440余万元。

【地质灾害防治救援】 2021年，万州区启动地质灾害Ⅳ级应急响应1次、Ⅲ级应急响应1次。发生地质灾害灾情险情212起，下发应急处置单212份，疏散转移涉险群众410户1639人；死亡7人，其中“8·6”三雄极光厂区后侧危岩崩塌灾情造成2人死亡，“8·30”钟鼓楼街道桑树社区石鼓梁孤石崩塌灾情造成5人死亡。

【气象灾害防御】 2021年，万州区推进“区、镇、村”三级预警工作体系和“区、镇、村、户、人”五级预警信息发布传播体系建设，累计在全区12个区级部门、单位和52个乡镇（街道）建成智能预警信息发布系统工作站，在全区541个村（社区）建成村级预警工作站。建立健全预警信息发布、接收、处置和响应反馈机制，推进智能预警信息发布系统、村级预警工作站建设和运行管理。全年，区预警中心通过预警平台发布气象预警信号101期。启动低温雨雪冰冻灾害Ⅳ响应1次。

（区应急局）

2021年万州区气象灾害及其影响一览表

表12

时间及种类	灾害情况及其影响
“1·7”雪灾	1月5—7日，万州区出现1次降温降雨（雪）天气过程，高山地区有雨夹雪或小雪，区内许多地方可见积雪，大部分地区日平均气温下降3℃～5℃，局地降温6℃以上；最低气温大部地区降至-1℃～3℃，高海拔山区为-7℃～-1℃，九池、梨树、太安等3个乡镇因积雪较大而受灾。受灾人口183人，受灾农作物面积3.49万平方米，直接经济损失60万元
“3·30”大暴雨	3月30日5时开始，万州区出现暴雨、局部大暴雨天气过程，到下午降水基本结束，全区93站有43站为暴雨以上量级，其中有9站为大暴雨量级，最大为江南站，降水139.4毫米。小时最大降水为江南站30日10时的45.8毫米。至4月1日12时，全区4200名群众受灾，紧急避险转移6人，紧急转移安置13人，均为分散安置，其中熊家镇老熊湾山坪塘大坝塌陷，5户9人转移，另外4人为房屋受损转移。直接经济损失310.04万元
“5·10”地质灾害	自4月以来，万州区降雨频繁，各地偶有滑坡等地质灾害发生。5月10日，新田镇天德村大包梁G211万石路K1508+450—K1508+600段发生路基垮塌，长约200米，宽约8米；10千伏电线损毁450米，15米电线杆损毁1根，直接经济损失404.6万元
“5·16”暴雨	自5月14日夜间开始，万州区出现雷雨天气，伴随短时强降水、阵性大风等强对流天气。至16日10时，全区93站累计雨量有72站达50毫米以上，最大为龙泉水库站108.5毫米，最大小时雨强为龙泉水库站38毫米（15日4时），极大风速18.5米/秒（15日5时）。至5月18日14时，全区2616名群众受灾，因灾死亡2人，紧急转移安置48人，均为分散安置；紧急避险转移27人，直接经济损失481.03万元
“6·18”暴雨	6月17日15时至18日14时，万州区出现短时强降水、雷电天气，伴有局地大风。有48站达暴雨以上降水级别，其中茨竹（118.3毫米）最大，最大小时雨强为大滩口水库48.7毫米/小时（17日18时）。茨竹乡、燕山乡和李河镇等20多个乡镇受灾，至6月22日11时，全区6867名群众受灾，紧急转移安置83人（分散安置），直接经济损失424.52万元
“6·25”岩崩灾情	6月以来万州区阵性降水频繁，各地滑坡垮岩较多。高峰镇石羊村6组石孔岩（非地灾监测点）垮塌岩石约300立方米，砸断下方树木，经济损失约1000元，紧急转移18人
“7·7”暴雨洪涝	自7月6日夜间开始，万州区出现雷雨天气。至7日14时，全区93站累计雨量共有5站达50毫米以上，15站达25毫米以上，19站达10毫米以上，最大为潭獐峡站85.2毫米，最大小时雨强为地宝站36.8毫米（7日9时）。至9日11时，全区6499名群众受灾，紧急转移16人。直接经济损失393.96万元
“7·11”局地强降水	自7月10日夜间开始，万州区出现降雨天气。至7日13时，全区93站累计雨量，共有3站达50毫米以上，最大为白羊站57.8毫米，最大小时雨强为地宝站36.8毫米。极大风速为恒合炮站17.4米/秒（10日23时）。至7月14日11时，全区3491名群众受灾，紧急转移38人，直接经济损失182.83万元
“7·19”局地强降水	从7月19日零时开始到20日零时止，万州区出现1次短时强降雨天气过程，全区93站累计雨量中，最大为李河站58.8毫米，最大小时雨强为龙泉水库站43.1毫米。至7月21日12时，全区4653名群众受灾，紧急避险转移38人，紧急转移安置40人。直接经济损失355.09万元

续表12

时间及种类	灾害情况及其影响
“7·29”大风灾害	7月29日晚，万州区出现大风，最大风速15.6米/秒（天德站21时）。30日傍晚下雨伴大风，最大风速16.1米/秒（大堡站19时），白羊、黄柏2个乡镇受灾严重。全区群众受灾3506人，紧急转移安置2人，直接经济损失387.36万元
“8·9”暴雨洪涝灾害	8月7日傍晚开始，万州区出现降雨天气过程。至9日15时，全区93站累计雨量共有38站达50毫米以上，其余为中到大雨。走马、熊家、罗田等18个乡镇出现农作物损毁、道路损坏等灾情。至8月12日10时，全区有3538名群众受灾，紧急转移275人，直接经济损失117.7万元
“8·16”地质滑坡	8月12—14日，万州区出现降雨天气过程。全区93站累计雨量有32站达50毫米以上，其余为中到大雨。14日，恒合土家族乡国兴村发生滑坡灾害，造成266.67平方米水稻被掩埋，直接经济损失500元，紧急转移8人
“8·23”暴雨洪涝灾害	8月23日凌晨开始，万州区出现降雨天气过程。至23日20时，万州区普降大雨到暴雨，局部大暴雨。全区93有5站达100毫米以上，最大为培文站的116.9毫米；49站50～100毫米之间，其余36站在50毫米以下；最大小时降水为23日4时余家站40毫米；最大风力为23日4时三正站的18.1米/秒。至8月24日10时30分，全区1673名群众受灾，紧急转移安置11人，直接经济损失283.16万元
“8·26”暴雨洪涝灾害	8月25日夜间，万州区开始出现降雨。至30日8时，全区93站累计雨量共有89站在100毫米以上，最大累计雨量281.8毫米（五桥站），最大小时雨强18.8毫米（五桥站），极大风速12.4米/秒（太安）。至9月1日10时，全区4748名群众受灾，紧急转移安置人口156人，直接经济损失609.46万元
“8·30”岩体崩塌	8月25日夜间，万州区开始出现降雨。至30日8时，全区93站累计雨量有89站在100毫米以上，最大累计雨量281.8毫米（五桥站），最大小时雨强18.8毫米（五桥），极大风速12.4米/秒（太安），其中钟鼓楼街道过程累计雨量209.3毫米。8月30日22时22分，钟鼓楼街道桑树社区10组突发1起岩体崩塌（非地灾监测点），造成该组居民李某某家房屋8间垮塌，5人被掩埋致死，家庭财产损失40万元
“9·6”暴雨洪灾	9月5日零时前后，万州区出现暴雨天气过程，同时伴随短时强降水、雷暴大风等强对流天气。至7日降水结束，全区93站累计雨量共有79站达50毫米以上，最大为五桥站187.8毫米，最大小时雨强为五桥站80.6毫米（6日8时），极大风速14.9米/秒（天德6日11时）。至9月8日11时10分，全区10969名群众受灾，紧急避险转移人口3830人，直接经济损失851.31万元

（周英）

【森林火灾防治】 2021年，区应急局接火警12起，均无人员伤亡，森林火灾受害率控制在0.3‰以下。启动全区森林防火检查站（卡）185个，推进“森林草原防火一码通”扫码入林，全年扫码次数9.17万次。组织开展森林防灭火百日行动等专项行动，排查治理隐患884处。开展森林火灾风险普查，完成风险普查信息采集2.25万条。建成森林防火标准化检查站3个，批复建设森林防火公路124千米。新建20人的国有林场森林消防队。

【防灾减灾宣传】 2021年，万州区主要开展森林防火月、“5·12”防灾减灾宣传周等活动。强化全区森林防灭火宣传，发放宣传单10万余份，接受群众咨询1.5万人次，采购宣传教育设备和资料19万元。在“两报一台”开设应急管理专栏；对安全生产、防灾减灾救灾、应急救援等工作宣传报道270余次；播放公益广告300余次。

【灾害救助与重建】 2021年，万州区报送灾情数据37次，其中山体崩塌3起、洪涝灾害13起、滑坡14起、风雹1起。受灾群众7.24万人次，因灾死亡9人，紧急转移安置1441人，农作物受灾17.98平方千米，倒塌房屋135户311间、严重损坏房屋121户308间、一般损坏房屋167户351间，造成直接经济损失5520.23万元。下拨救灾资金757万元，调拨救灾物资帐篷39顶、折叠床63张、棉被1466床、大衣836件，恢复重建房屋81户285间，维修房屋85户153间，救助因灾困难群众3万余人次。

（区应急局）

安全生产监管

【概况】 2021年，万州区推进安全生产专项整治三年行动，开展安全生产大排查大整治大执法，监管道路交通、高层建筑消防、非煤矿山等重点领域安全，实施农村公路安防工程650千米，全年生产安全事故起数、死亡人数比上年分别下降14.7%、16.7%。

【安全生产监管执法】 2021年，万州区重点行业领域开展执法检查2.9万家次，查处安全隐患2.1万个，完成整改1.9万个，整改完成率91.7%。行政处罚4926家次，责令停产停业5家次，关闭取缔2家次，经济处罚1579.89万元。

【危险化学品和烟花爆竹安全监管】2021年，区应急局检查危化烟爆企业214家次，责令消除隐患943处，行政处罚或警告企业12家次，责令停产1家次，罚款22.3万元，查处烟花爆竹非法销售、储存、运输行为16起，没收非法产品1056件，拘留14人。办理危险化学品许可50件、烟花爆竹零售许可350件。

【非煤矿山安全监管】至2021年年末，万州区有非煤矿山企业27家，油气开采企业2家，即重庆气矿万州采输气作业区、天然气净化厂万州分厂。区应急局全年检查企业189家次，下达执法文书426份，下达整改指令91份，发现隐患525条，监管执法立案查处企业14家，罚款21.5万元。全年未发生非煤矿山统计类人身伤亡生产安全事故。

【工贸行业安全监管】2021年，万州区工贸行业发生工贸事故1起，死亡1人，事故起数和死亡人数比上年下降5起5人，下降83%以上，无较大及以上亡人事故。全年打造三级标准化企业65家、二级标准化企业3家。全年执法检查企业117家，发现安全隐患778条，整改完成778条，整改率100%，立案查处12起，行政处罚41万元。

【安全事故调查处理】2021年，区应急局办理生产安全事故案件23起，其中生产安全类事故15起、道路交通事故8起，区政府已批复办结23起。执行处罚到账610.44万元；处理事故单位12家，主要负责人16人，建议追究刑事责任10人，移交行业部门处理的相关单位和个人9家（人），其他处理相关责任人员40余人。

【安全生产宣传培训】2021年，万州区开展“安全生产宣传月”活动，紧扣“落实安全责任，推动安全发展”主题，开展安全宣传咨询日暨“最美应急人表彰”、安全宣传“五进”、安全文艺创作比赛等活动。12月18日，区安全生产委员会在高笋塘广场开展12350安全生产举报奖励集中宣传活动，倡导群众举报存在安全生产重大隐患、涉嫌违法的行为和生产安全事故。受理安全生产考试和颁证申请7632人次，组织安全生产考试12次。其中，受理并组织非煤矿山、危险化学品、烟花爆竹、重点工商贸企业负责人、安全生产管理人员合格证考试512人，特种作业操作证新办证考试3839人，特种作业操作证复审换证考试3281人。

2021年12月18日，万州区安全生产委员会在高笋塘广场开展12350安全生产举报奖励集中宣传活动　（区应急局　供图）

【生产安全事故】2021年，万州区发生考核类生产安全亡人事故29起、死亡30人。其中，道路运输事故17起，死亡18人；建设施工事故11起，死亡11人；冶金机械八行业事故1起，死亡1人。

（区应急局）

消防救援

【概况】2021年，万州区发生火灾367起，未发生较大以上亡人火灾事故。区消防救援支队全年接警出动2445次，出动车辆4026辆次、人员2.16万人次，营救疏散被困人员324人，抢救财产价值2095.4万元。

【消防安全管理】2021年，区消防救援支队按照消防安全专项整治三年行动总体要求，推进《重庆市高层建筑消防安全提升计划（2020—2022年）》，排查整治重点行业领域火灾隐患。开展高层建筑、地下工程、工业厂房库房、古镇古寨等专项行动10余项。区政府落实专项经费用于恢复高层建筑消防用水、拆改可燃雨棚及防护网、消防车道整治等工作，解决消防安全疑难问题。对重点区域、重点部位，落实常态化火灾管控措施。推动行业系统开展消防安全标准化管理，分别在文物古建筑、学校、医院、养老院、商业综合体等场所打造标杆示范单位，召开行业标准化管理现场会，指导行业领域掌握消防安全管理流程。完善消防基础设施，新建市政消火栓10个，社会单位安装简易喷淋10套、电气火灾报警装置30套、独立式感烟探测器2500余个。全年检查单位2412家，督促整改火灾隐患1023处，下发责令改正通知书509份，办理行政处罚124件，新立重大火灾隐患单位3家，临时查封2家，责令停产停业、停止施工、停止使用单位2家。

【消防责任落实】 2021年，区政府召开常务会16次、专题会研究消防安全工作，主要领导、分管领导就抓实消防安全重点工作作出批示35次，带队开展实地检查50余次。区政府将消防工作纳入部门和乡镇（街道）经济社会发展考核指标，授权区消防救援支队牵头开展火灾事故延伸调查工作。区消防安全委员会定期分析研判辖区消防安全形势，解决消防安全难题。向乡镇（街道）、行业部门发送消防工作督办函60余份，督促指导乡镇（街道）、行业部门、社会单位落实属地、属事和单位主体责任。

【消防专业能力建设】 2021年，区消防救援支队制定下发《全员岗位大练兵实施方案》，落实《练兵奖惩规定》，每月组织考核、每季度开展比武。先后组织开展高层、隧道、大型城市综合体火灾、化工灾害事故、水域、地震、高空山岳救援等支队级实战拉动演练13次。建强应急通信保障队伍，明确支队、消防站应急通信保障人员组成、职责任务、运行机制，推进应急通信保障分队实体化运行。开展应急通信岗位练兵培训和通信演练，选派14名通信人才参加消防救援局、总队通信培训。优化完善力量调派模式，按照就近调派原则，调整部分消防站辖区边界，确保接警后第一时间赶赴现场。突出指挥中心在灭火救援行动中的辅助支撑作用，全程跟踪指导作战行动，综合评估现场情况，推送处置要点，提示安全注意事项，提升辅助决策能力。

2021年12月3日，万州区消防救援支队开展地震拉动演练

（区消防救援支队 供图）

【消防队伍建设】 2021年，万州区消防救援支队针对辖区灾害实际，组建化工、森林、地震、水域救援等7支灭火救援编队，牵头承办战区内攻搜救技术培训，选派36名指战员参加绳索救援、激流救援、冲锋舟驾驶等专业培训，获专业资质认证，组织支队水域救援编队骨干20人、安全员及紧急救援小组32人参加支队专项培训，遴选4人至广州潜水学校参加潜水培训，专业化灭火应急救援力量体系日趋完善。鼓励11名指战员学习取得本科学历，1名消防员考取中国消防救援学院，激发指战员职业荣誉感和归属感。

【消防宣传培训】 2021年，区消防救援支队在万州电视台、《三峡都市报》设立消防宣传专栏，专题播报消防安全工作。在微信、抖音、微博等平台开设官方公众号，发送消防安全常识和消防安全提示3万余条。开展“消防安全第一课”“消防业务比武”等专场直播10次，累计观看量80万人次。开放消防科普教育基地、消防队站70余次，参观体验人数1万余人次。定期利用流动宣传车在城区人员密集地带、乡镇赶场现场宣传消防安全常识，发放宣传手册2万余份。联合“美团”等外卖服务平台，打造5支外卖骑手消防宣传志愿队，与重庆三峡学院合作在区消防救援支队挂牌成立实习基地。全年，区消防救援支队在央视上稿2条，在新华社、央广网、中国新闻网刊发稿件11条，在市级媒体刊发稿件120条，在区级媒体刊发稿件350条，累计开展各类专题培训200余次，发放消防宣传单30万余份，培训重点目标人群1万人次。

（童宇航）

卫生应急

【概况】 2021年，万州区逐步健全卫生应急预案体系，编制完善《万州区突发公共卫生事件专项应急预案》《万州区突发重大传染病疫情应急预案》等工作预案6个，建立突发卫生应急预警机制和研判机制。进一步加强卫生应急队伍管理，开展公共卫生应急培训和医学救援演练，三峡公共卫生应急医院基本建成。

【卫生应急机制体系建设】 2021

年，区卫生健康委与区卫生应急指挥部成员单位建立突发事件卫生应急协调联动机制；与区教委、区市场监管局建立学校突发公共卫生事件联防联控工作机制，每年召开联防联控工作会2次；与万州海关建立口岸突发公共卫生事件应急处置机制，联合制定《万州口岸公共卫生事件合作应对实施方案》。区120指挥中心与110、119、122等专业机构建立信息互通和应急联动机制。区卫生健康委与四川省达州市卫生健康委建立卫生应急协作机制，签订合作协议。

应急预警机制　建立全区突发公共卫生事件监测、预警与报告网络体系，包括法定传染病和突发公共卫生事件监测报告网络、实验室监测网络、出入境口岸卫生检疫监测网络以及动物疫病、食物中毒、职业中毒监测网络。传染病网络监测系统覆盖各公立医疗机构；将重大附属三峡医院、三峡医专附属人民医院、区第一人民医院、区上海医院作为流感、手足口、不明肺炎监测哨点医院；所有医疗机构作为食源性疾病监测哨点医院；设置禽流感监测点4个（沪万、万安、龙驹、分水农贸市场），每月采样监测。

应急研判机制　定期开展日常风险评估，区疾控中心每月、区卫生健康委每季度分别开展1次突发公共卫生事件趋势分析，联合气象、生态、教育、农业、海关等部门每年开展1次综合研判并形成专题报告。适时开展专题风险评估，根据每年具体情况确定专题，针对性开展自然灾害突发公共卫生事件风险评估。

【卫生应急队伍建设】　2021年，万州区建立卫生应急队伍65支，卫生应急队员435人，预备队员249人。其中区级医疗卫生应急队7支、水上紧急医学救援队万州分队1支、基层医疗防疫应急队52支，队伍覆盖全区所有乡镇（街道）。制定卫生应急队伍管理办法，建立定期培训制度，每年组织开展公共卫生应急专题培训和讲座1～2次，每年开展全区综合演练1次。全年组织开展“陆水空”立体医学救援演练、库岸8区县鼠疫应急处置演练。

【卫生应急救援能力提升】　2021年，万州区加强卫生应急救援能力建设。全区配备120救护车127台，卫生应急救援艇纳入120院前急救体系。加大卫生应急物资储备，各医疗卫生机构分别建立卫生应急物资库，储备必备卫生应急物资及药品，完善卫生应急管理制度。

【公众卫生应急知识宣传培训】　2021年，万州区利用主流媒体、互联网、宣传专栏等多种形式，开展突发公共卫生事件应急知识宣传教育，普及卫生科普知识，指导群众科学应对突发公共卫生事件。各级医疗卫生机构发挥宣传引导作用，开展公众卫生应急技能培训进社区5次、专题健康巡讲12场次。依托5家区级医院建立5个公众卫生应急技能培训基地，年培训1000人。

【渝东北片区卫生应急保障】　2021年，万州区继续承担渝东北片区公共卫生应急任务，推进三峡公共卫生应急医院建设，提升渝东北医疗救治应急能力。重庆大学附属三峡医院御安分院（传染病医院）医疗业务辐射渝东北及三峡库区周边区县，服务人口超过1600万人。重庆市急救中心万州分中心、急诊医学医疗质量控制中心渝东北分中心、重庆市救灾防病应急处理中心万州分中心、重庆市中毒控制中心万州分中心承担渝东北11个区县重点传染病及突发公共卫生事件的应急检测、救灾防病应急处理和中毒控制工作。

（区卫生健康委）

【三峡公共卫生应急医院基本建成】　2021年年末，项目主体、安装、装修等各项工程基本完工，室外附属设施、景观工程、匝道建设有序推进。该项目为市属重点疫情防控项目，规划床位1000张，总投资7.84亿元，服务覆盖万州、垫江、开州等11个区县。

（苟小霞）

经济管理

宏观经济管理

【发展规划编制】 2021年，《重庆市万州区国民经济和社会发展第十四个五年规划和二〇三五年远景目标纲要》印发实施，提出26项主要指标、410项重点任务、56项重大事项。统筹推进专项规划编制，全年印发实施大中型水库移民后期扶持、应急管理、防震减灾等5个区级“十四五”专项规划，其余29个专项规划编制工作有序推进。编制出台年度计划报告，起草形成《关于重庆市万州区2020年国民经济和社会发展计划执行情况及2021年计划草案的报告》并通过区五届人大六次会议审查，23项年度目标全部完成。

【宏观政策制定】 2021年，万州区惠企政策发力显效，助力产业高质量发展政策出台，不断推进区域协同发展，持续扩大经济新动能，为企业减费降税上亿元。

惠企纾困政策 印发《贯彻落实全市促进生产经营稳定发展若干措施的任务分工方案》，提出27条具体政策措施，全年减免小规模纳税人6547户增值税及附加1.1亿元以上，减免2035家企业降低养老保险费8882万元、124家企业农民工工资保证金1.2亿元以上，发放再贷款11.1亿元以上，累计投放普惠小微信用贷款3.6亿元以上。

产业支持政策 制定工业强区十条措施，从成立工业强区工作领导小组、建立完善重点项目指挥部制度、建立完善工业招商工作机制、设立工业发展专项资金、强化工业项目要素保障、优化政务服务环境、完善考核评价机制、强化企业人才资源保障、完善干部激励保障机制、营造支持工业发展浓厚氛围10个方面支持工业经济发展，全年规模以上工业总产值比上年增长14.1%、工业投资增长87.1%。出台《加快全区服务业高质量发展工作方案》，提出龙头支柱企业培育专项行动等13条具体工作举措。

科技创新政策 区委召开五届九次全会专题部署科技创新工作，出台《关于加快建设三峡库区科技创新高地支撑引领高质量发展的决定》，制定支持科技创新30条财政金融政策、20条为科技工作者办实事工作措施，全年向165家创新主体兑现政策资金862.5万元，新培育市级科技型企业162家，新认定国家高新技术企业18家。

区域协调发展政策 万州区配合编制《万达开川渝统筹发展示范区建设方案》《万开云同城化发展实施方案》《万州区两江新区对口协同发展实施方案》等政策文件，深化区域合作协作。制定《万州区建立健全城乡融合发展体制机制和政策体系分工方案》，出台《万州区乡村振兴重要支点培育2021年工作方案》等政策文件，统筹抓好乡村振兴和城市提升，城乡居民人均可支配收入比缩小至2.4∶1。

民生保障政策　印发实施《2021年重点民生实事工作目标任务》，实施市区两级重点民生实事18个。全区民生投入占一般公共预算支出的80%，粮油等民生市场供应充足价格平稳，居民消费价格指数100.3。城乡居民人均可支配收入分别为4.68万元、1.93万元，分别比上年增长9.6%、11.5%。

【经济发展运行管理】　2021年，万州区发展和改革委员会（简称区发展改革委）加强全区宏观经济运行管理，提升监测分析、预测预警能力水平。落实季度综合、月度综合、月度行业三级调度机制，全年组织召开经济运行调度综合会议10余次，科学研判经济发展形势，解决运行困难问题。全区经济恢复态势稳定，地区生产总值总量位列全市第八位、较上年同期提升两位，增速高于全国0.3个百分点、高于全市0.1个百分点。定期归集入库经济金融领域潜在风险点，防范、动态处置风险，全区经济金融领域总体平稳、风险整体可控。

【重点领域改革】　2021年，万州区继续以供给侧结构性改革为主，聚力突破重点领域改革，推动经济高质量发展。

发展单元改革　推动渝东开发区、江南新区整合设置渝东新区，高峰镇、天城镇、九池乡改设街道，万州经开区产城融合发展提质，建成区面积扩至26.5平方千米。

农业农村改革　建立防止返贫监测和帮扶机制，针对性制定帮扶措施1200余条。“三变”改革试点扩面，新增试点村90个，带动社会资本新增投入2718.2万元，26.6万农民变股东。“三社”融合发展持续深化，规范发展农民专业合作社16家，培育农村综合服务社100家，入社入会农户11.26万户，供销社基层服务组织行政村全覆盖。508个村（社区）集体经济平均经营性收入增至12万元以上，万州区被纳入全市农村集体经营性建设用地入市试点。

国资国企改革　实施混合所有制改革项目10个，完成66户存续全民所有制企业（含分支机构）公司制改革，累计出清103户“僵尸”空壳企业。

开放型经济体制改革　万州综合保税区获批设立并通过预验收，首批签约协议投资超8亿元，万州经开区纳入中国（重庆）自贸试验区联动创新区。新开通沪渝直达快线万州至上海班轮及万州港“水水中转”集装箱班轮，新田港一期开港运营、二期开工建设，万州机场新增加密万州—济宁等19条航线。实际利用外资1.8亿美元，进出口总额39.51亿元。

营商环境优化　出台《万州区持续营造国际一流营商环境实施方案》等政策，创新开展议服务基层建设、议服务企业发展“双议”活动。区级行政许可事项压减至733项，审批事项89%实现“一窗办理”，全程网办比例达76.7%，全年新登记市场主体1.9万户、比上年增长13.8%。

【固定资产投资】　2021年，万州区夯实重大项目建设，推动有效投资持续放量，全年固定资产投资223.2亿元，比上年增长10%。围绕基础设施建设、生态产业发展、城市品质提升等方面，入库“十四五”项目库项目691个，计划投资6037亿元；纳入政府投资三年滚动计划项目635个，计划投资569亿元。争取中央预算内投资项目23个，专项资金5.87亿元、增长89.4%，项目全部开工，完成中央预算内投资3.12亿元，投资完成率70.6%。争取市级配套资金0.22亿元。全年发行地方政府专项债券3批33个项目，落实债券资金42亿元，增长46%，开工24个、开工率73%，使用专项债券资金8.64亿元。165个“一区一枢纽两中心”年度建设项目完成投资214亿元，其中25个市级重大项目投资74.9亿元。

【社会信用体系建设】　2021年，万州区制定《关于健全万州区社会信用体系建设联席会议制度的通知》《万州区2021年社会信用体系建设工作要点》，事项化、责任化推进社会信用体系建设。成立全市第二个信用协会——万州区信用协会，率先与四川省达州市开展信用合作，签订《万达开川渝统筹发展示范区信用合作备忘录》。做好“双公示”、公共信用信息归集、联合奖惩查询反馈等工作，累计归集信息2.11万条，开展联合奖惩查询1.11万次。全面承接落实证明事项和涉企经营许可事项告知承诺制，激发市场活力。

（陈俊伶）

国有资产监督管理

【概况】　2021年，万州区一级国有企业23户，区属国企资产总额1359亿元，比上年增长13.6%；负债总额888.8亿元，增长15.4%；资产负债率65.4%，上升1个百分点；所有者权益总额470亿元，增长10.3%。全年营业收入486亿元，增长38.5%，排名全市区县第一位；缴纳税费总额12.2亿元，增长26.2%，排名全市区县第一位；劳动生产总值44.8亿元，增长6.7%；工业总产值363亿元，增加52.6%。

【国资国企改革】　2021年，万州区基本完成全民所有制企业改制工作，出清“僵尸”空壳企业103户。督促区属国企全面落实党建进章程、“双向进入、交叉任职”“四同步”“四对接”“四步工作法”要求，制定党组织前置研究讨论事项清单40项。持续深化企业内部分配制度改革，分类调整优化工资总额管理机制，完成2020年度职工工资总额清算，实施国企负责人经营业绩考核，强化对履职待遇业务支出管理。

改革重组和混合所有制改革 2021年，《万州区深化国企改革行动方案（2021—2022）》出台，制定深化国企改革行动任务清单15项。推进全区国有经济布局优化和结构调整，区属国企改革内部专业化重组和企业间横向战略重组持续优化，区属国有企业数量缩减，经营性国有资产集中统一监管基本完成。国有企业混合所有制改革推进有力，三峡文创集团子公司与民营企业汇杰人力资源组建混合制公司，成功运营三峡人力资源服务产业园。

国有资本投资和运营公司试点 推动万州经开集团、三峡平湖公司和三峡资本集团转型为国有资本投资和运营公司试点工作。万州经开集团围绕万州经开区园区功能定位，实施重点基础设施建设和产业投资。三峡平湖公司重构管理模式，以投融资为重点，在城市基础设施、市政公共服务、民生基础保障等领域发力，打造“产城融合运营商”。通过装入财政经营性资产和将部分万州建工等工程、施工类企业股权划入方式，做大资产规模，增强投融资能力，加快向国有资本投资公司转型。三峡资本集团通过做大股权运作、融资租赁、商业保理、基金投资等业务，加速资本积累，强化资本运营功能。

【国企发展】 2021年，万州区“2020川渝国企万州行”重点项目逐步落实。全年，由区国资委牵头的国有平台合同额36亿元、到位资金7.2亿元。重庆君顿酒店管理有限公司万州丽呈柯澜酒店合作项目、三峡农业与广东中科无抗生态科技有限公司合作的万州区微生物饲料研发加工中心项目完成签约。区属国企作为项目业主单位推进实施“一区一枢纽两中心”建设重点项目83个，完成投资约10亿元。万州区新田镇等11个镇乡污水管网补充工程、新田污水处理厂、万州五桥机场改扩建项目、万州区东北部城市拓展区供水工程基本完成；万州区种养结合循环有机农业产业示范园和万州区国家农村产业融合发展示范园配套设施项目开工。开展巩固拓展脱贫攻坚成果同乡村振兴有效衔接工作，谋划“国企进镇”，发挥国企资金、人才、信息、管理等方面优势，与11个乡村振兴支点培育镇乡建立务实高效对接沟通机制，形成11个支点镇乡“国企进镇”方案，打表推进项目87个，全年投资13.7亿元。

【国企监管】 2021年，万州区国资监管体制改革稳步深化，构建国企党委主体责任、纪委监督责任和纪检监察、监事会、财务、内审、内控、风控协同联动的大监管体系，形成有效监管闭环。出台限时办结制度，实行领导包组、干部包企、“一对一”服务企业制度，推进制度优势转化为治企效能，精准服务与有效监管同步。宣传《重庆市社会信用条例》，建立“违约、失信人员共享信息平台”，营造良好营商环境。制定区属国有企业投资项目风险评估、固定资产投资项目审核制度。开展国企专项审计工作，发现问题106个，督促企业全面整改问题102个，整改率96.2%，利用审计成果规范和提升国企管理能力。开展整治国企财务会计信息虚报问题专项行动。完成党政机关和事业单位经营性资产集中统一监管。落实监事会主席履职考核工作，开展企业违规经营投资责任追究工作，已追责3人，向纪委监委机关移送违纪违法线索2件，移送处理2人。向区属国企发出监管提示函7个、相关工作提示14个。推进万州国资大数据监管平台建设，已完成监管平台“网络通”“视频会议通”。

2021年万州区区属国有企业一览表

表13

序号	企业名称	企业简称	备注
1	重庆市万州三峡平湖有限公司	三峡平湖公司	区属国有重点企业
2	重庆三峡国有资本运营集团有限公司	三峡资本集团	
3	重庆万州经济技术开发（集团）有限公司 （下设二级企业金龙精密铜管集团股份有限公司）	万州经开集团 （金龙集团）	
4	重庆市万州区南滨开发建设有限公司 （重庆市万州江南新区开发建设有限公司）	南滨开发公司 （江南开发）	
5	重庆市万州建筑工程集团有限公司	万州建工集团	
6	重庆大有工程设计研究院集团有限公司	大有设计集团	
7	重庆长江水务集团有限公司	长江水务集团	

续表13

序号	企业名称	企业简称	备注
8	重庆三峡农业集团有限公司	三峡农业集团	区属国有重点企业
9	重庆三峡交通旅游产业发展集团有限公司	三峡交旅集团	
10	重庆三峡文化创意集团有限公司	三峡文创集团	
11	重庆三峡传媒集团有限公司	三峡传媒集团	
12	重庆万商实业集团有限公司	重庆万商集团	
13	重庆建环实业集团有限公司	重庆建环集团	
14	重庆市万州机场有限责任公司	万州机场公司	
15	重庆万州燃气有限公司	万州燃气公司	
16	重庆万州融资担保有限公司	万州融资担保公司	
17	重庆江东机械有限责任公司	江东机械公司	
18	重庆市万州区丝绸公司	区丝绸公司	
19	重庆万州经济技术开发区建设发展有限公司	经开建司	区属国有非重点企业
20	重庆市万州城市建设综合开发有限公司	城建开发	
21	重庆平湖蓝盾保安服务有限责任公司	平湖蓝盾	
22	重庆市万州区联勤服务有限公司	联勤公司	
23	重庆市万州区建设工程质量检测中心有限公司	检测公司	

（陈雪莹）

自然资源管理

【概况】 2021年，万州区规划和自然资源局（简称区规划自然资源局）落实耕地目标责任，加大耕地保护特别是基本农田保护宣传力度，提高依法用地意识。保障重大基础设施建设和重点招商引资项目用地，推进闲置土地清理与优化利用，提升用地保障能力。加强矿产资源管理，完善矿山长效监管机制，推进绿色矿山建设。开展国土变更调查，保持国土变更调查数据现势性，开展自然资源常规监测、耕地“非农化”“非粮化”监测，推动构建自然资源调查监测“事前、事中、事后”全过程自然资源监测评价预警机制。落地“川渝通办”事项13项，实现矿业权登记服务“川渝通办”。

【国有自然资源资产报告】 2021年，万州区对2020年度全区国有自然资源资产现状及管理情况进行全面梳理分析，最终形成《万州区2020年度国有自然资源资产报告》并通过专家组成果审查。统计结果显示，截至2020年12月31日，区境内河流纵横，境内流域面积100平方千米以上的河流共13条、50平方千米以下的235条，各级蓄水工程总库容4.47亿立方米。全区森林总面积1852平方千米，已知各类野生植物403种1410属3824种，属于国家重点保护植物40种，古树名木2070株。拥有自然旅游资源单体346个，自然保护地7处、总面积470平方千米。该报告于9月28日在区第五届人大常委会第四十五次会议上作专项汇报。

【耕地保护与土地整理】 2021年，万州区落实耕地占补平衡制度，办理建设项目耕地占补平衡33宗2.09平方千米（其中水田1.01平方千米，粮食产能202.23万千克）。实行耕地保护工作纳入乡镇（街道）年度实绩目标考核。完成恒合土家族乡、白土镇等4个区级土地整理项目区级验收和市规划自然资源局新增耕地认定工作，新增耕地1.2平方千米。完成龙驹镇、长滩镇、柱山乡15个农村建设用地复垦项目市级验收，规模0.35平方千米。

【建设项目用地审批制度改革】 2021年，万州区整合国土空间规划，形成统领全区的“一张蓝图”，加快推进区域整体评价各项报告的编制，全面完成“多审合一”“多证合一”改革，实现用地预审和规划选址合并，建设用地规划许可证、建设用地批准书、国有土地划拨决定书整合，办理《建设项目用地预审与选址意见书》17件、“建设用地规划许可证”21件。取消规划方案预审环节，精减申报要件材料，规划设计方案审查通过后即核发建设工程规划许可证，提高审批效率，办理“建设工程规划许可证”35件。建立“多测合一”工作机制，同一项目实行“一次委托、统一测绘、成果共享”。全面贯彻落实小型低风险建设项目审批服务改革，全方位减手续、减时间、提质量，放线、竣工测量费用纳入本级财政统筹，减轻企业负担。

【重点项目用地】 2021年，万州区完成农用地转用和土地征收报批38宗3.96平方千米，审批临时用地10宗约0.66平方千米；制定万州区征地补偿安置实施办法和土地征收成片开发方案，征地8宗1.02平方千米，安置人员1030人，支付征地拆迁补偿资金3.7亿元。保障新建郑州至万州铁路万州段、新建宜万铁路万州新田港铁路集疏运中心、三峡公共卫生应急医院、万州重庆幼儿师专迁建一期、万州恒合旅游康养小镇一期、三峡国际健康城三峡医学中心、中通快递渝东（万州）智能科技产业链园区、重庆三峡医药高等专科学校扩建、石笋沟水库等全区重大基础设施建设和重点招商引资项目用地。

【土地资源供应】 2021年，万州区出让土地46宗2.14平方千米，其中经营性用地8宗9万平方米（集中出让居住用地4宗）、工矿仓储类用地38宗2.05平方千米，出让合同价款17.18亿元。划拨土地30宗2.75平方千米。全年土地价款财政入库（全口径）55.6亿元，其中出让18.22亿元、划拨37.38亿元。消化处置批而未供土地1.94平方千米，完成率134%；处置完成未按期开竣工闲置土地26万平方米，完成率131%。全年分5批合计启动187宗闲置土地处置任务，处置完成106宗0.98平方千米土地，实施街头绿化35宗，建成游园、广场9个和停车场13个，新增停车位1835个。

【集体经营性建设用地入市纳入全市试点】 2021年，万州区通过调研学习先进经验做法，因地制宜探索全区集体经营性建设用地入市试点路径。做好入市意愿调查，初步梳理入市意向项目清单，争取纳入试点区县；深化论证、核实甄别，逐宗核实入市宗地规划、生态等。至年末，万州区被纳入全市除中心城区外8个试点区县之一。

【矿产资源管理】 2021年，万州区开展现场联合踏勘拟出让矿业权6宗，完成矿业权项目计划申报6宗，下达出让计划3宗。收缴矿业权出让收益4521.26万元；办理建设项目压覆重要矿产资源审批43宗。持续开展绿色矿山创建成效巩固暨露天矿山综合整治提升专项行动，至年末，累计建成绿色矿山17家。

【确权登记管理】 2021年，万州区在完成第三次国土调查土地利用现状调查基础上，查清全区内部3682个村民小组农村集体土地权属，基本完成全区76.85平方千米城镇村地籍调查。全年完成产权流转交易鉴证9宗，面积1.09平方千米，惠及农户418户，交易金额572.03万元；办理农村产权抵押融资交易鉴证2宗，面积0.44平方千米，贷款金额908万元。

【不动产登记服务】 2021年，万州区不动产登记中心办理各类不动产登记96794件，颁发不动产权利证书47302本，办理土地房屋抵押登记11293件，促进抵押融资315.3亿元。为纳入2021年集中解决项目范围的群众办理不动产权分户证2033本；推进历年遗留项目，全年累计解决23个项目遗留问题，涉及面积48万余平方米，为群众办理不动产权分户证5212本。1月12日，万州区农村不动产登记窗口下沉镇乡，由基

2021年1月12日，高梁镇规划自然资源所在高梁镇新店村7组完成全区第一份农村不动产登记申请

（区规划自然资源局 供图）

层规划自然资源所办理农村不动产登记申请。区不动产登记中心指导各片区规划自然资源所开展农村不动产确权登记工作，全年各片区所受理不动产登记1439件，颁发不动产权利证书1124本，有效减轻农村群众办证负担。

【测绘地理信息服务】 2021年，万州区开展中心城区1：500地形图动态更新、航空影像数据更新、中心城区50平方千米倾斜三维数据采集，完成178千米地下管线更新，开展恒合三峡旅游度假区重点基础测绘保障建设。编制《万州区政务工作用图》《万达开立体地图》《万州区地图（丝绸版）》，推进《中国国家人文地理·万州》编纂。

【自然资源信息化建设】 2021年，万州区开展“自然资源和空间地理数据库”项目，基本搭建完成覆盖全区自然资源和规划本底数据平台。推进国土空间信息平台建设，完成市局国土空间信息平台在全局全系统的部署和运行，实现统一桌面、新版国土空间规划“一张图”、政务业务全融合。

【执法监察】 2021年，万州区立案查处土地违法案件83件、矿产违法案件3件、违法建设案件10件，组织开展2020年和2021年季度卫片图斑判定、查处等专项工作。推进铁峰山国家森林公园违建处置工作，拆除约7440平方米违法建筑。组织全区50个乡镇（街道）完成农村乱占耕地建房产业等补充摸排信息核实。开展自然资源领域安全检查293次，发现违法行为和隐患82起，罚款3.4万元，警告2起，实现执法月清零。全年巡查持证非煤矿山130次、关闭矿山68次、工程矿山（修复）42次、历年无证采矿点9个，发现无证采矿点4处，现场制止4处，查处1处。

【地灾监测治理】 2021年，万州区投入区级地灾防治补助资金1600万元，对101处地灾隐患实施整治，确保群众生命财产安全。完成三峡后续地灾防治项目1个（燕山乡冉家塝滑坡）、市级治理项目1个（罗田镇卡门危岩治理工程），完成灾后重建项目9个（大周镇川主庙滑坡等）。实施地质灾害防治金土工程搬迁214户731人。

（区规划自然资源局）

公共资源交易管理

【概况】 2021年，万州区公共资源交易监督管理局推行经评审的最低投标价法，完成交易的施工类工程建设项目205宗，采用经评审的最低投标价法194宗，占施工类工程建设项目比重94.63%，最高限价90.32亿元，中标价64.64亿元，节约资金25.68亿元，节资率28.43%。

【电子招投标】 2021年，万州区全面实行全流程电子招标投标，实现工程建设领域招标投标“不见面开标”“异地远程评标”，在房屋及市政、水利、交通、材料设备采购、勘察、设计、监理等方面全面推行不见面电子招标投标，工程建设招标投标领域电子化率100%，实现万州区首个与重庆市远程异地评标项目“绿地配建学校南侧市政道路工程”挂网。

【招投标文件审核备案】 2021年，万州区招投标文件审核备案全面规范。实行招标文件审核备案全流程网上办理，率先成为重庆市各区县中唯一实行全流程网上办理招标文件审核备案的监管部门；落实重庆市工程建设领域投标人信用查询工作，推进招标代理机构及其从业人员信用评价建设，补充调整招标文件资格条件、投标保证金、履约保证金、低价风险担保、评标办法等相应位置对信用状况查询相关内容，查处并曝光代理机构及其从业人员的违法行为及失信行为，全年诚信处理代理机构1家、代理机构从业人员1人次。

【招投标监管】 2021年，万州区公共资源交易监督管理局印发《招标规范投标监督管理机构人员行为暂行规定》《关于进一步加强工程建设项目招投标监管措施的通知》，进一步完善招标投标监督管理机构人员管理制度，规范评标委员会业主代表资格、业主代表人数、招标文件技术方案符合性审查等工作；印发《关于进一步规范代理机构及其从业人员执业行为管措施的通知》《关于进一步加强评标现场招标人代表和评标专家管理的有关措施的通知》，加强招标代理机构代理行为和业主代表评标行为管理。完成征集重庆市综合评标专家库万州区评标专家初审工作，审核相关申请入库专家500余人次；推广重庆市网上中介服务超市应用，全年发布采购项目1883条，在重庆市排名第十四位。建立健全项目信息档案管理机制，实现监管信息全流程追溯，查处工程建设领域招标投标违法行为和失信行为。全年立案查处案件4起，下达行政处罚决定书4份，罚款金额76.92万元，涉及单位4家，下达行政处理决定书12份，对12家失信企业及个人予以记分处理。

（潘波）

财　政

【概况】 2021年，万州区财政收入（三本预算）138.93亿元，财政支出（三本预算）241.9亿元。本级收入加上年结转结余加地方政府债务转贷收入加上级补助收入，全年实现收支平衡。

【财政收入】 2021年，万州区一般公共预算收入71.45亿元，为预算的101.07%，比上年增长6.44% 其中，税收收入42亿元，增长9.53%；非税收入29.45亿元，增长2.33%。主要税种完成情况：增值税18.93亿元，增长38.6%；企业所得税6.19亿元，增长5.68%；个人所得税1.86亿元，增长11.66%；资源税3804万元，下降50.07%；城市维护建设税2.71亿元，增长28.9%；房产税1.72亿元，下降8.83%；印花税1.54亿元，增长28%；城镇土地使用税3.63亿元，增长17.79%；土地增值税5721万元，下降75.52%；耕地占用税5579万元，下降65.51%；契税3.65亿元，下降8.15%。主要非税项目完成情况：专项收入2.78亿元，下降38.97%；行政事业性收费收入1.25亿元，增长79.14%；罚没收入1.59亿元，增长9.81%；国有资源（资产）有偿使用收入20.88亿元，增长11.24%。捐赠收入4065万元，下降33.93%。

政府性基金预算收入63.36亿元，为预算的106.26%，比上年增长26.06%，主要是规范划拨土地价款征缴实现增长。其中，国有土地使用权出让收入53.74亿元，增长22.72%；城市基础设施配套费收入5.95亿元，增长11.35%。

国有资本经营预算收入4.12亿元，为预算的100.22%，比上年增长71.69%。

【财政支出】 2021年，万州区一般公共预算支出146.85亿元，为预算的100%，比上年下降8.98%。主要支出项目完成情况：一般公共服务支出12.54亿元，比上年增长1.83%；公共安全支出6.56亿元，下降7.24%；教育支出27.48亿元，增长1.38%；科技支出3.67亿元，增长8.28%；文化旅游体育传媒支出2.37亿元，增长0.44%；社会保障与就业支出21.61亿元，增长7.24%；卫生健康支出13.74亿元，下降39.68%；节能环保支出4.9亿元，增长0.43%；城乡社区事务支出8.66亿元，增长59.62%；农林水支出18.22亿元，增长0.61%；交通运输支出4.9亿元，下降19.8%；住房保障支出3.27亿元，下降30.51%；资源勘探信息支出12.22亿元，下降33.43%；商业服务业支出5256万元，下降52.24%；自然资源海洋气象支出1.73亿元，下降35.01%。

政府性基金预算支出93.33亿元，为预算的78.14%，比上年增长22.23%。其中，社会保障和就业支出3854万元，下降27.53%；城乡社区支出48.14亿元，增长92.18%；农林水支出14.15亿元，增长37.04%，其他支出25亿元，下降8.7%。

国有资本经营预算支出1.71亿元，为预算的98.57%，比上年下降25.99%。

【政府采购】 2021年，万州区审批政府采购项目439项，下达政府采购计划7.09亿元，政府采购合同金额7.83亿元，政府采购节约率约3.97%。全年授予中小微企业合同金额5.45亿元，占政府采购规模的69.65%。按照不低于10%比例预留年度食堂食材采购份额392.16万元，通过扶贫“832”平台采购418.71万元。

【税源培植】 2021年，万州区全面落实减税降费政策，助力市场主体解难纾困。全口径减税4.7亿元，地方口径减税1.5亿元，社保降费4.3亿元，房交会契税补贴1700万元。本级安排、争取上级产业发展专项资金近1亿元，支持市场主体增强发展后劲。其中，6000万元支持工业发展，1853万元支持商贸流通发展，1000万元支持中小微企业发展。注入建环实业集团资本金3.6亿元、三峡交旅集团资本金8000万元。兑现落实各项招商引资优惠政策12.7亿元。

【政府债务管理】 2021年，万州区政府债务余额233.9亿元，低于政府债务限额。政府债务率104.4%，低于警戒线，风险总体可控。全年新增政府债券47亿元，其中一般债券5亿元、专项债券42亿元。主要用于三峡公共卫生应急医院、区妇幼保健院迁建、铁峰山片区生态环境综合整治等57个项目。再融资债券20.5亿元，用于到期政府债务还本。全年偿还政府债务利息6.8亿元。

【财政保障民生】 2021年，万州区保工资、保运转、保基本民生等“三保”支出112亿元，占一般公共预算支出的76.3%。社会保障和就业支出21.61亿元，教育支出27.48亿元，卫生健康支出13.73亿元，助力全区新冠肺炎疫情防控工作和三峡库区医疗卫生高地建设。文化旅游体育与传媒支出2.37亿元，住房保障支出3.27亿元，保障性安居工程加快推进。整合涉农资金7.6亿元，巩固脱贫攻坚成果和衔接乡村振兴。

【财税改革】2021年，万州区实施“税收专管员制度+辖区增量激励机制”政策，乡镇（街道）税收比上年增长295.55%。实施非税“正向激励+反向倒逼”机制，非税收入增长2.33%。推进预算管理一体化建设，“制度+技术”的一体化管理系统上线运行。加快支出标准体系建设，制定万州区行政事业单位通用办公设备、通用办公家具共性法定支出标准。财政预算绩效管理评审中心提标扩面，整合预算绩效管理与财政投资评审，实现对项目建设全过程和全覆盖管理，全年评审项目670个，送审金额175.81亿元，审定169.45亿元，审减6.36亿元，审减率3.61%。

【财政监督】 2021年，万州区开展对区教委、区委党校、区委宣传部等15家行政事业单位2021年预算及

2019年决算公开情况专项监督检查。开展对区物流办、区应急局、龙沙镇、牌楼街道办事处等6家单位2019—2020年会计信息质量专项监督检查。开展对区林业局、分水镇、铁峰乡2019年国土绿化提升行动项目、20个行政村2019年和2020年扶持壮大村集体经济专项资金使用情况专项调查。财政监督与审计监督协同发力，全年查处各类违纪违规金额5000余万元，督促相关单位及时整改。

【会计管理】 2021年，万州区加强会计资格考试管理工作，开展2021年度会计专业技术资格高、中级10批次考试工作，应考6988人，实考4189人，参考率59.94%，合格率33.8%。做实会计人员信息采集工作，完成7956名会计人员信息采集和审核工作。规范中介机构代理记账工作，制订《中介机构从事代理记账业务审批告知承诺书》，审批代理记账机构17家。开展内部控制报告年度编报工作，全区406家行政事业单位完成内控报告编报工作。

（廖东海）

税 务

【概况】 2021年，万州区税务局融入万州发展大局、深化税收征管改革、应对各类风险挑战、强化干部队伍建设，持续发挥税收在国家治理中的基础性、支柱性、保障性作用。全年获“重庆市巾帼建功标兵”、重庆市总工会“服务之星”“技能之星”、重庆市职工小家等荣誉16项。

【税收收入】 2021年，万州区累计组织税收收入78.14亿元，比上年增长16.9%，其中区级税收42.39亿元、增长9%。全区税收收入呈现3个特点：区级税收增速与全区地区生产总值增速基本协调；税收增速高于全市平均水平；税收结构持续优化，反映经济发展质效的企业所得税和个人所得税增长6.9%，工业税收增长23.1%。

【社会保险费和非税收入】 2021年，万州区征收社会保险费48.66亿元，比上年增长19.2%。组织非税收入3.51亿元，增长52.9%。健全社会保险费征收机制，形成“税务局—税务所—社保所”紧密联系的网格化管理责任链条。做好水土保持补偿费、城镇垃圾处理费、国有土地使用权出让收入等非税收入的征管职责划转工作。

【依法治税】 2021年，万州区税务局不断完善税务执法制度和机制，编印土地增值税清算、个体工商户税收征管、房地产开发行业税收管理等工作指引资料。制定涉税案件应对处置工作实施办法，建立涉税案件快速应对处置机制。推行税务文书电子送达制度，税务文书电子送达确认书签订率95%以上。对“首违不罚”企业启用《税收警示函》，对放弃享受阶段性税费缓缴政策的制造业中小微企业启用《行政指导函》，提升税收执法精确度。与区人民法院签署司法税务协作备忘录，解决“执行难”“征收难”问题。

【减税降费】 2021年，万州区税务局健全税费优惠政策落实工作机制，探索政策精准解读、精准推送方式，实现适用群体宣传推送全覆盖、无死角、无盲区。加强优惠政策到期后续管理，做好政策解读、政策落实、跟踪反馈和效应分析工作，打造减税降费的“铁账本”“硬账单”。全年新增减税降费5.6亿元。

【税费征管】 2021年，万州区税务局稳妥推进增值税专用发票电子化改革，为试点纳税人领用税务UKey、首次开票、首次受票等环节提供全流程、全方位服务。企业所得税汇算清缴申报率97.1%，高于全市平均水平。实施个人所得税汇算清缴“分类、分期、分册、分责”引导和网格化管理，总体申报完成率103.8%。建立个人股权转让税收前置管理机制，试点房产税、城镇土地使用税网格化管理，加强土地增值税预征管理、尾盘销售跟踪管理、可清算项目催报及清算进度监管，实施资源税“一目一策”管理，联合重庆市税务局第六稽查局建立“管查互动”工作机制，提升精准监管水平。比对分析互联网平台经济等新经济业态业务模式、涉税诉求与现行征管方式的差异，加强涉税数据监管。实行大企业3张财务报表报送“两提示一督导”制度，千户集团企业月份直报、财务报表附

2021年10月11日，重庆市万州区人民法院、重庆市万州区税务局签署司法税务协作备忘录

（区税务局 供图）

报，千户集团企业规模以上工业企业、列名企业和3张财务报表报送率100%。健全“事前、事中、事后”相结合的增值税发票全链条管理快速反应机制，落实“一户式”管理机制，遏制发票虚开风险，累计完成风险应对任务1303户次，查补入库税款及滞纳金近2.7亿元。制定涉税案件应对处置工作实施办法，建立涉税案件快速应对处置机制。健全万州区综合治税联动机制，强化与区级部门和乡镇（街道）在委托代征、税种管理、个体税收管理、社会保险费征收以及非税收入征管职责划转等方面的常态化互动。与乡镇（街道）签订耕地占用税委托代征协议，累计实施代征364户次。

【纳税服务】 2021年，万州区税务局持续推广电子税务局网上办税，高频业务综合替代率95.7%。优化企业开办流程，实现线上“一网通办”、线下“一窗领取”、材料“一次提交”、全流程“一日办结”。做好渝快办税务政务服务事项上线工作，梳理61项“零材料”办税事项清单，纳税人不需提交任何资料即可办理。企业正常留抵退税业务办理平均时长压缩至3.6个工作日，企业正常出口退税业务办理平均时长压缩至3.8个工作日。加强“58812366”纳税服务热线建设，接通率89.5%，比上年增长近10个百分点。畅通纳税人缴费人诉求有效收集、快速响应和及时反馈渠道，妥善办结36件意见建议、123件举报。建立专精特新中小企业“一户一档”成长档案，促进税费优惠政策直达快享。打造“三峡税银贷”品牌，686户纳税人通过银税互动项目获得银行授信6.34亿元，比上年增长93.6%。

【税务职能发挥】 2021年，万州区税务局为区内招商引资决策提供税务参考意见，完成《基于税收视角立足万达开一体化 加快建成全国性综合交通物流枢纽》《从税收视角看万州区汽车制造业发展》《税收视域下万州区民营经济发展情况报告》等分析报告17篇，其中2篇在2021重庆英才大会——万州区第二届“青年人才荟·创新论坛”上分获一、二等奖。制定《税收服务万达开川渝统筹发展示范区2021年行动方案》，选派2名干部到四川省达州市下辖区县税务局挂职锻炼，持续推动区域税收协作。

（张永杰）

金融监管

【概况】 2021年，万州区金融业各监管机构通过压力测试、央行评级、监测核查等加强法人银行监督管理。加强对金融体系内外风险监测，重点关注其违规和异常经营行为，做好地方民间融资和非法集资风险排查。探索多地多层级金融稳定协同联动，创新开展人行重庆营业管理部、万州中心支行、开州支行、开江支行三级四地金融机构突发事件应急演练。

【金融市场管理】 2021年，万州区落实稳健货币政策，发挥宏观审慎评估（MPA）前瞻性引导作用，继续做好再贷款再贴现、两项直达工具等对实体经济恢复的支持，推进货币信贷稳健增长。推动反赌反诈资金链治理，对涉案账户倒查并处置个人账户1918户，破获涉嫌为犯罪集团提供支付结算服务案件。保持反洗钱严监管高压态势，推动2件洗钱案宣判。持续开展拒收现金和人民币图样使用专项整治行动，处理拒收现金举报投诉5起。开展征信修复乱象排查，完成万州城区半小时征信查询服务圈建设，全年提供信用报告查询8.59万笔。向市场监督管理局移送违法违规金融广告线索2起，持续规范金融广告发布环境。

【外汇管理】 2021年，万州区优化外汇服务，打击外汇市场投机和违法违规行为，对个人非法买卖外汇行为给予警告并处罚款。帮助涉外企业解决结算不便利等问题，引导参与外债便利化额度试点，提升资本项目外汇业务便利化服务。对接渝东北首个综合保税区——万州区综合保税区建设，针对招商企业关注度较高的外汇结算、跨境融资等，编写外汇服务手册。开展汇率避险专项行动，引导企业树立风险中性意识，合理审慎管理汇率波动风险，为跨境人民币业务办理提供便利化服务。全年全区结售汇总额2.93亿美元，比上年增长32.64%，其中结汇2.58亿美元，售汇0.35亿美元，结售汇顺差2.23亿美元。

【金融机构监管】 2021年，万州区持续推进“全民反诈”和“断卡”行动，暂停3个银行网点新开户业务，督促30余个银行网点自行暂停新开户业务。走访13家银行机构规范金融机构代理国库业务行为，督促整改不合规问题。督促银行机构加大不良资产处置力度，全年处置不良资产10.69亿元。

【金融风险防范与处置】 2021年，万州区做好重大金融风险防范化解，以宣传教育、专项摸排、案件处置、信访维稳为抓手开展打击非法金融活动。全区组织220余次宣传活动，参与群众超过7万人次。区金融办参与川渝防范非法集资短视频大赛，制作《学法用法护小家 防非处非靠大家》宣传短视频并获优胜奖。举办万州区防范和打击非法金融活动专题培训会，全年排查各类企业1621家，下发风险线索29条，纳入异常名录26户。化解9个存量非法集资案件，挂牌督办案件结案率100%，2017年年末案件化解率超过85%，2018年年末案件化解率超过30%，全区未发生区域性和系统性金融风险。不良贷款余额24.98亿元，不良率2.61%。加强房地产贷款集中度管理，持续跟踪重点大型房地产企业贷款风险，引导银行做好资金支持，加强项目资金账户监测。开展2021年人身险满期给付及退保风险排查，未发生因满期兑付纠纷引发的投诉。发挥债委会风险防范作用，推动银行对部分重点企业按市场化原则落实信贷支持1.65亿元。

【人行万州中心支行】 中国人民银行万州中心支行下辖开州、梁平、忠县、云阳、奉节、巫山、巫溪、城口8个区县支行，全辖面积2.95万平方千米，服务人口686万人，是人民银行重庆营业管理部辖内最大的中心支行。2021年，人行万州中心支行落实稳健货币政策，发挥新增3000亿元支小再贷款额度、两项直达实体经济货币政策工具（普惠小微企业贷款延期支持工具、普惠小微企业信用贷款支持计划）、宏观审慎评估（MPA）作用，引导金融机构加大对实体经济的支持。至年末，人行万州中心支行累计办理再贷款再贴现16.02亿元，比上年增长54.86%，惠及2612户普惠小微企业和涉农主体；万州区金融机构各项贷款余额956.01亿元，比年初增加122.74亿元，增长14.73%，高于全市2.8个百分点；市级法人银行分支机构及村镇银行为普惠小微企业办理延期还本付息15.44亿元，投放普惠小微信用贷款4.33亿元。

【万州银保监分局】 万州银保监分局于2018年12月成立，监管万州区、开州区、梁平区、忠县、云阳县、奉节县、巫山县、巫溪县、城口县银行业和保险业，下设开州、梁平、忠县、云阳、奉节、巫山、巫溪、城口8个监管组。依法依规独立对辖内银行业和保险业实行统一监督管理；对有关银行业和保险业机构及其业务范围实行准入管理，审查高级管理人员任职资格；对有关银行业机构实行现场检查和非现场监管，对有关保险业机构开展非现场分析；对有关银行业和保险业机构开展风险与合规评估，保护金融消费者合法权益，依法查处违法违规行为；统计有关数据和信息，跟踪、监测、预测辖内银行业保险业运行情况。2021年，万州银保监分局开展金融支持经济持续恢复和高质量发展现场督查，评估政策落实效果，推动银行机构全年延期还本付息39亿元。

（王柳　万璐　黄晨佳）

审　计

【概况】 2021年，万州区审计局完成审计或审计调查项目41个，其中，审计37个、专项审计调查4个。查出问题金额总和为679168万元，其中违规金额19554万元、损失浪费金额27万元、管理不规范金额659587万元。审计发现非金额计量问题364个；损益（收支）不实金额1.51亿元；出具审计报告和专项审计调查报告41篇，被批示、采用13篇次。审计处理处罚金额总和为22276万元，其中应上缴财政11534万元、应归还原渠道资金8019万元、应调账处理金额2723万元。移送司法机关、纪检监察机关和有关部门处理事项42件，移送处理人员15人、处理金额148万元。审计促进整改落实有关问题资金990.95亿元；审计后挽回（避免）损失6609万元；核减投资额6390万元；移送处理落实事项17件。审计提出建议102条，被采纳101条；推动被审计单位制定整改措施66项；促进被审计单位建立、健全规章制度5项。提交审计信息130篇，被批示、采用80篇次。

万州区审计局实施的万州区钟鼓楼街道党工委书记和办事处主任经济责任审计被重庆市审计局评为优秀审计项目。重庆市2020年社会保险基金审计，世界银行贷款重庆市统筹城乡发展与改革试点二期卫生项目万州区子项目审计，万州区九池乡党委书记、乡长自然资源资产离任（任中）审计被重庆市审计局评为行业审计优秀项目。

【重大政策措施落实情况跟踪审计】 2021年，万州区审计局围绕推进长江生态环境修复工作落实、做好“六稳”“六保”工作、农业供给侧结构性改革，开展长江流域禁捕退捕、稳外贸、新型农业经营主体培育、成渝地区双城经济圈建设等相关政策落实情况跟踪审计或专项审计调查。围绕现代农业产业园项目、川渝合作共建重大项目、百项重点关注项目等，对农业园区建设投资有关政策措施落实，诗仙太白复产技改项目、重庆三峡移民纪念馆、西山公园综合改造项目，万州中储粮粮食仓储物流基地项目，万州冷链物流分拨中心5万吨冷库建设项目、万州金陵中学项目、万州区高笋塘片区老旧小区改造配套基础设施污水管网改造项目等情况开展跟踪审计。重点反映财政资金管理使用不规范、新型农业经营主体培育体制机制建立不完善、股权化改革政策措施执行不到位等问题，推动万州区强化财政资金管理，涉及金额372.63万元。

【财政审计】 2021年，万州区审计局开展2020年度重庆市长寿区财政预算执行和决算草案编制情况审计，重点关注防范化解财政风险方面的组织财政收入、“三保”支出保障、债务管控、隐性财政赤字挂账等情况，促进增收节支5538万元，推动长寿区财政局制定《关于进一步加强和规范履职活动经费管理的通知》。在全区71个一级预算单位部门预算执行和财政财务收支审计全覆盖的基础上，选择10个长期未接受过审计、有大额项目建设、涉及养老和救济等民生资金的二级预算单位开展预算执行情况审计，重点关注政府采购预算编制、住房公积金缴存、项目预算执行和绩效、电子发票报账、编外人员使用等情况。重点揭示二级预算单位普遍存在的用工管理混乱、电子发票报账管理存在漏洞等问题，促进全区范围内行政事业单位编外人员专项清理、规范电子发票报销入账管理。

【经济责任审计】　2021年，万州区审计局开展区机关事务管理中心、区供销合作社、双河口街道办事处、沙河街道办事处、龙都街道办事处、五桥街道办事处、九池乡人民政府7个部门、乡镇（街道）共13名领导干部的经济责任审计或自然资源资产离任（任中）审计。查出主要问题金额3.96亿元。

【固定资产审计】　2021年，万州区审计局开展万州第二高级中学高峰校区建设项目、区殡仪馆迁建项目、区看守所建设项目、万州长江二桥至密溪沟段消落带生态库岸综合整治工程、通镇乡公路升级改造工程、海绵城市试点建设项目等6个项目的跟踪审计和翠屏大道支路、小湾还房一期工程、鸽子沟、望江大梯道、果园路口建筑立面整治及环境整治工程、万州经开区工业固废物处置场工程、高峰污水处理厂一期工程5个工程竣工结（决）算审计。审计投资额7.22亿元，核减工程投资6390万元。从政策落实、招标投标、建设管理、征地拆迁等方面，揭示行业、系统、板块的体制机制问题，从宏观层面规范工程建设管理，促进提高公共投资效能。

【专项资金审计】　2021年，万州区审计局开展江南新区开发建设公司2016—2020年度建设管理情况、2017—2019年度万州区房建市政工程招投标情况、全市交通局系统建设管理情况、全区国有企业资产管理情况审计调查和固体废物污染防治专项审计调查4个专项审计调查，开展2020年度万州区社会保险基金审计。重点关注国有资产总量及结构、产业布局、经营状况，固体废物污染防治政策执行、综合监管、设施建设等情况，及时揭示风险隐患，助力防范化解各类重大风险。

【内部审计】　2021年，万州区有内审机构204个，其中专职机构73个。有内审人员980人，其中专职人员70人。完成审计项目1646个，审计发现问题金额25453.36万元，促进增收节支整改金额21970.19万元。

【外资运用审计】　2021年，万州区审计局开展亚投行新冠肺炎疫情防控紧急贷款项目2020年度财务收支和项目执行情况审计、世界银行贷款重庆市统筹城乡发展与改革试点二期卫生项目截至2021年5月末财务收支和项目执行情况审计。审计发现设备闲置情况普遍、未及时拨付项目资金等问题，促进被审计单位加强设备采购的使用效益，提高贷款资金使用绩效。

【审计协作】　2021年，万州区审计局紧扣推进成渝地区双城经济圈建设、“一区两群”协调发展，与四川省达州市、重庆市开州区审计局共同推进万达开统筹发展审计一体化建设，按照框架协议加强联动协作，召开预算执行审计座谈会，就推动成渝地区双城经济圈建设政策措施落实情况专项审计调查达成协作共识。与开州区、云阳县审计局签订万开云同城化发展审计一体化建设框架协议，通过工作会商、资源共享、项目联动、人才交流、成果共用等方式，加强在保障重大政策措施落细落实、推动重大骨干基础设施建设、加快三地审计机关协同发展等方面联动，构建起三地审计机关一体化发展格局。

（廖澜骏）

统　计

【概况】　2021年，万州区统计工作在重庆市区县考核中获优秀等次。参与考核的18个专业中，国民经济核算、统计设计管理、工业统计、投资领域统计、贸易外经统计、人口和就业统计、统计法治工作等15个专业获一等奖。万州区统计局被市人力社保局、市统计局、国家统计局重庆调查总队联合评为重庆市统计系统先进集体。

【统计业务】　2021年，万州区统计局完成工业、能源、贸易、固定资产投资、房地产开发、建筑业、服务业、社会科技等专业统计工作；落实地区生产总值统一核算工作；推进知识产权产品投资统计监测和投资项目联网直报“两表合一”工作；完成全面建成小康社会统计监测、妇儿两纲统计监测、统计用城乡划分代码更新维护工作、互联网经济统计调查、数字经济统计调查、“四下”单位（未达到“四上”企业标准的单位）抽样调查、人口变动情况抽样调查、企业创新调查等近20项统计调查工作。落实全区经济运行监测联席会议制度，加强经济监测分析工作，加大行业部门联系，交流行业发展情况。开展统计数据质量评估、查询核实、“升规入统”（达到“四上”单位标准后纳入统计）等工作，提高统计数据质量。全年新增“四上”单位（达到一定规模、资质或限额的法人单位）70家。制定《行政执法责任制》，印发

2021年5月13日，万州区统计局工作人员现场查看新升规模以上企业

（区统计局　供图）

《日常检查实施方案》，按照“双随机、一公开”原则抽选48家企业开展检查。分类建立统计专业档案，推进电子基础台账，维护数据网络平台，优化基层统计机构环境，抓实重点镇街统计建设，提高统计基层基础规范化建设水平。

【统计服务】　2021年，万州区统计局围绕区委、区政府中心工作，针对社会关注的热点和焦点问题，履行统计“信息、咨询、监督”职能，打造需求型、时效型、预见型“三合一”统计“智库”。全年撰写统计分析59篇、统计信息专报104期，其中《建议抢抓机遇高质量发展城市商业综合体 提升服务辐射周边能力》等5篇统计分析被区委主要领导批示，1篇被《万州要情》全文采用。创新编印《区域统计月报》，分板块反映万州经开区、各商圈、各乡镇（街道）统计指标情况，“精准化”服务各级领导及社会公众。及时通过政府门户网站依法公开统计月报、统计年鉴、统计公报及各类普查公报。运用第七次全国人口普查相关数据，分类整理人口信息，点对点反馈到各乡镇（街道），协助新冠病毒疫苗接种工作。设立统计信息咨询服务窗口，通过网络服务、现场服务、电话服务等方式，提供数据咨询服务。

【统计法治建设】　2021年，万州区将统计法律法规纳入党校主体班学习内容，引导各级领导干部明确自身统计职责，并通过抓社会宣传、普法教育、日常检查等工作，将统计法治建设引向深入。万州区统计局开展对各乡镇（街道）、区政府各部门、有关单位依法贯彻统计法律法规情况的专项督查，清理1起将统计部门纳入经济指标考核责任单位的违规做法，对1个未经报批的统计调查项目及时纠正，并对2家企业给予警告，责令11家企业进行整改。

【统计培训】　2021年，万州区统计局制定《统计学习培训工作方案》，并分层次开展统计业务培训。全年面向统计从业人员开展关于工业、建筑业、房地产开发、批零企业、住餐企业、规模以上服务业等全方面业务培训11场，累计培训1050人次。开展2020年乡镇（街道）统计工作年报会、第七次全国人口普查行职业编码培训会、万州区2021年统计工作专题会、万州区2021年固定资产投资统计培训和全区领导干部统计工作培训会5场培训，累计培训1070人次。

【统计年鉴编纂】　2021年，万州区统计局完成《万州统计年鉴——2021》编纂工作。全书17章，19.2万字，收录2020年万州区经济和社会发展的主要统计数据，乡镇（街道）综合经济指标，全国、全市国民经济主要指标及全市分区域的主要数据，于9月付印发行。其信息丰富、内容翔实，全面系统地反映万州区经济社会发展情况，为广大干部群众了解万州区发展现状拓宽视角，为区委、区政府科学决策提供统计参考。

（区统计局）

2021年12月1日，万州区统计局开展统计法律法规宣传（区统计局　供图）

物价管理

【概况】 2021年，万州区科学统筹疫情防控和经济社会发展，做好价格调控监管。全年开展市场价格监测，推进城乡供水改革，实现城乡供水同价，规范各项收费行为。全年居民消费价格总指数（CPI）100.3，上涨0.3%，比全国低0.6个百分点，与全市持平，较上年同期低2个百分点。食品价格比上年下降4.1%，其中畜肉类价格下降23.6%，拉低食品类指数1.08个百分点。

【市场价格监测】 2021年，万州区开展常态化和应急监测314次，持续对101个监测品种、24个价格监测定点单位调查巡视，掌握农副产品收购价格、城镇居民食品零售价格、城镇居民日用工业消费品零售价格、农业生产资料价格和城镇居民服务价格等重要商品服务价格。启动应急监测工作，发布重要民生商品供应充足、价格基本稳定等信息。根据监测数据显示：46个重要民生商品与2020年同期相比，12种商品零售价格上涨，占比26.08%；21种商品零售价格下跌，占比45.65%；13种商品零售价格持平，占比28.26%。全区市场储备供应充足，价格总体平稳。

【价格改革】 2021年，万州区推进全区城乡供水价格改革，经成本监审、拟制定价方案、召开听证会、社会稳定风险评估、集体审议等调价程序，调整万州区城乡自来水价格，实现城乡供水同价，并制定万州区非居民用水超定额累进加价制度，引导各用水主体树立节水观念。根据上游企业上浮天然气门站价格及天然气上下游价格联动机制，调整全区居民、非居民用天然气、CNG原料气和车用CNG销售价格。落实电价市场化改革相关政策，全面取消工商业目录销售电价，完善主要由市场决定电价的机制。出台万州区公办幼儿园保育教育费收费标准及增设延时保育费项目政策。推进农业水价综合改革工作，完善农业水价形成机制和成本监审规则，探索鼓励发展农民用水自治、专业化服务和社会资本投资主体参与等多种形式的终端用水管理模式。全年实施水价改革的农业灌溉灌区面积64.67平方千米，累计实施改革面积159平方千米，安排农业水价综合改革奖补资金7258.35万元。

【猪肉市场保供稳价】 2021年，受猪肉供给较多影响，猪肉价格持续走低，区发展改革委会同区财政局、区农业农村委、区商务委、国家统计局万州调查队等部门定期召开专题会议，做好猪粮比价监测工作，分析生猪和猪肉市场价格形势，全年报送生猪及猪肉价格信息15条，为促进全区生猪产业稳定发展和市场平稳运行提供参考。

【收费管理】 2021年，万州区贯彻落实国家、市行政事业性收费政策，规范收费行为。主要贯彻市级关于降低部分公证服务收费标准政策、疾控机构新冠病毒核酸检测收费政策和调整耕地开垦费标准的政策。调整万州区纯阳中学校学费标准。核定玉安富祥人才公寓收费标准和部分中学校学生公寓收费标准。开展行业协会商会经营服务性收费“回头看”工作。

【价格调控监管】 2021年，万州区持续抓好民生产品、防疫物资价格稳定，强化殡葬、物业、砂石行业价格监管力度，对商场、超市、农贸市场、药店哄抬物价牟取暴利、串通涨价、联合涨价、操纵市场价格、不按规定明码标价、捏造或散布涨价信息以及囤货居奇、恶意控销、生产销售假冒伪劣商品扰乱正常市场价格行为的违法经营行为进行严厉查处。

【城镇供水供电供气行业收费清理规范】 自2021年3月1日起，万州区清理取消城镇供水供电供气行业不合理收费16项，减负约51万元。当年印发《万州区清理规范城镇供水供电供气行业收费促进行业高质量发展实施方案》，界定政府、企业、用户的权责关系，降低企业成本和优化营商环境。

2021年万州区粮油肉禽蛋菜水产全年平均价格统计表

表14

序号	品种	规格等级	单位	价格
1	籼米	主销（散装）	元/500克	2.43
2	粳米	东北大米（散装）	元/500克	3.17
3	面粉	主销（散装）	元/500克	2.64
4	大豆油	一级桶装（金龙鱼）	元/5升	55
5	菜籽油	一级桶装（红蜻蜓）	元/5升	76.90

续表14

序号	品种	规格等级	单位	价格
6	花生油	一级桶装（鲁花）	元/5升	159.90
7	食用调和油	一级桶装（金龙鱼）	元/5升	69.50
8	后腿精瘦肉	散装	元/500克	22.15
9	去骨后腿肉	散装	元/500克	18.60
10	三线肉	散装	元/500克	19.79
11	纤排骨	散装	元/500克	27.30
12	腱子肉	散装	元/500克	53.80
13	牛腩	散装	元/500克	50.27
14	带骨羊后腿	散装（当年10月至次年3月）	元/500克	39.77
15	鸡肉	白条鸡、开膛、上等	元/500克	19.32
16	鸡蛋	新鲜完整、鸡场蛋	元/500克	5.50
17	牛奶	天友，250毫升盒装纯牛奶	元/盒	2.80
18	国产奶粉	飞鹤，三段配方、听装900克	元/听	333.36
19	草鱼	鲜活	元/500克	14.67
20	花鲢	鲜活	元/500克	16.23
21	鲫鱼	鲜活	元/500克	14.28
22	莜麦菜	新鲜	元/500克	2.67
23	黄秧白	新鲜	元/500克	1.83
24	瓢儿白	新鲜	元/500克	3.18
25	莲白	新鲜	元/500克	1.82
26	芹菜	新鲜	元/500克	3.78
27	韭菜	新鲜（当年11月至次年2月）	元/500克	7.58
28	西兰花	新鲜	元/500克	5.58
29	青椒	新鲜	元/500克	4.20
30	黄瓜	新鲜	元/500克	3.57
31	西红柿	新鲜	元/500克	2.82
32	茄子	新鲜	元/500克	3.75
33	四季豆	新鲜	元/500克	4.88
34	冬瓜	新鲜	元/500克	2.06
35	老南瓜	新鲜	元/500克	1.96
36	大葱	新鲜	元/500克	7.39
37	藤菜	新鲜（4—10月）	元/500克	3.52
38	菠菜	新鲜（当年11月至次年2月）	元/500克	5.92

续表14

序号	品种	规格等级	单位	价格
39	白萝卜	新鲜	元/500克	1.37
40	胡萝卜	新鲜	元/500克	2.90
41	土豆	新鲜	元/500克	1.46
42	莲藕	新鲜	元/500克	5.05
43	苹果	红富士一级	元/500克	7.32
44	香蕉	国产一级	元/500克	4.83
45	酥梨	一级	元/500克	3.76
46	西瓜	一级	元/500克	2.90

2021万州区城乡供水价格统计表

表15

水价分类		销售价格（元/立方米）
城区供区	居民生活用水第一阶梯（每户每年260立方米及以下）	2.50
	居民生活用水第二阶梯（每户每年261～360立方米）	3.22
	居民生活用水第三阶梯（每户每年361立方米及以上）	4.90
	非居民生活用水	3.28
	学校、养老福利机构、部队等非居民用户	2.60
	特种用水	洗车5.60 洗浴9.20
万州区开源水务有限公司镇乡供区	居民生活用水	2.60
	非居民生活用水	3.75

（牟益增）

市场监督管理

【概况】 2021年，万州区完成《万州区市场监管现代化“十四五”规划》《万州区知识产权保护和运用“十四五”规划》编制工作。试点开展4个市场监管所标准化规范化建设。设立“川渝通办”“同城通办”服务专区，惠及企业10余家。全面推广“进一次门、查多项事”，重拳整治民生领域突出问题、行业乱象、市场乱象问题，开展市场监管领域部门联合“双随机”检查213户，完成市场监管内部“双随机”任务32项2945户次。推行包容审慎监管，依法对14起轻微违法行为免于行政处罚，对4.7万户个体工商户恢复正常记载状态。全年查办食品药品、特种设备、不正当竞争等21类违法案件888件，作出处罚决定760件，涉案金额163万余元；案件种类比上年增加4类，案件数量增长47.58%；2个案例分别入选重庆市市场监管系统“网络交易违法行为典型案例”“民生领域案件查办铁拳行动典型案例”。

【市场主体注册登记】 2021年，万州区累计发放食品药品、医疗器械、特种设备行政许可8623件，新登记市场主体18658户，比上年增长14.42%；新登记民营企业4698户，增长14%。推进“证照分离”改革全覆盖，全面梳理证照关系，对涉企经营许可事项实行清单管理。出台《万州区市场主体集群注册登记管理办法（试行）》，“工位制登记”全年引进落户市场主体1500余家。持续推动“最多跑一次”改革，83%的许可事项均实现“一次都不跑”，承诺办结时限压缩比例达

80%，全程网办率83%，企业平均跑动次数缩短至0.17次。推行“一个终端全办结”“一个平台全覆盖”“一套电子证照全应用”，开办企业最快实现2小时办结。

【反不正当竞争与反垄断】 2021年，万州区加快推进反不正当竞争联席协作机制，开展重点行业和领域公平竞争状况评估。开展“双反促公平”专项执法行动，规范数字经济、民生保障等重点领域竞争行为。接受市级公平竞争三方评估，审查清理涉及市场经济活动的政策措施140份，创建无传销村社1个。

【广告监管】 2021年，万州区加强大众传媒监管，监测广告3400条次；加强商品房广告监管，行政约谈2轮，下达《责令改正通知书》22份，立案3起；严查虚假违法广告，立案48件，罚款14.35万元。

【企业监管】 2021年，万州区市场监管局承接重庆市市场监管局企业监管创新工作课题——探索无事不扰监管模式，出台《重庆市万州区市场监管领域无事不扰监管工作方案（试行）》。全区内资企业年报率93.41%，外资企业年报率94.69%。依法列入经营异常名录企业1072户，移出经营异常名录企业322户。加强无证无照经营查处，开展专项整治1次，联合检查8次，排查线索403户，引导规范登记392户，移送线索11户，立案62件，罚没27.3万元。受理撤销冒用他人身份信息取得公司登记5户，撤销登记3户，不予撤销2户。开展市场主体强制退出工作，依法吊销企业751户，强制注销个体工商户2031户。

【计量管理】 2021年，万州区建立计量工作联席会议制度，开展儿童青少年近视矫正、集贸市场计量器具、基层医疗机构医用计量设备、产品能（水）效标识等专项检查947家次1.6万台（件）。民用“三表”（水表、电表和燃气表）、加油（气）机、出租车计价器周期检定率稳定保持100%。高笋塘街道甘家院智慧农超被纳入全市5家智慧计量集贸市场之一。

【标准化管理】 2021年，万州区市场监管局指导天援福利院通过市级社会管理和公共服务业标准化试点示范目标考核，指导10家企业开展对标达标行动，指导发布团体标准3项、地方标准1项、社会公用计量标准2项、企业自我声明公开标准91项。

【食品安全监管】 2021年，万州区对403家校园食堂进行“互联网+明厨亮灶+AI智能识别”改造，对4639户涉特殊食品经营商家进行风险分级，对158户食品流动摊贩进行备案管理。承接食品生产许可审批权限下放工作，开展“你点我检”针对性抽检52批次。开展农村假冒伪劣食品专项整治，查办案件202件，查扣违法食品145千克。创建市级“放心肉菜超市”2家、市级“名特优”小作坊9家、市级食品安全规范化农贸市场3家。全年开展食品抽检（快检）8523组，食品（含农产品）抽检量达4.9批次/千人，评价性抽检合格率100%。

2021年6月23日，万州区在和平广场开展2021年食品安全宣传周活动

（区市场监管局 供图）

【药品安全监管】 2021年，万州区重点开展中药饮片、含兴奋剂药品、药械网络销售、新冠病毒检测试剂、疫情防控用药械等各类专项行动检查。“滚动式”督促791家零售药店，通过“重庆市零售药店常态化疫情监测警戒系统”及“重庆市药监”App累计登记上报发热、止咳、抗病毒、抗生素类药品等“四类药品”购药人数22.5万人次。聚焦新冠病毒疫苗及检测试剂重点产品，检查疫苗接种点179家次，覆盖率100%，检查疾控机构13家次。开展药品、化妆品和医疗器械等“两品一械”监督抽样180批次、不良反应等4项监测3155例。

【产品质量安全监管】 2021年，万州区接受国家市场监督管理总局对辖区内重庆万州西南水泥有限公司实行飞行检查；开展工业产品生产许可获证企业日常巡查8次；以危化品、国旗国徽党旗党徽产品、儿童学生用品、塑料制品、汽车及重点零部件为重点开展17类专项整治；深入开展塑料购物袋行业质量提升行动，组织开展5大类60项“质量月”活动。在万州经开区搭建质量基础设施“一站式”服务平台，利用“基地+驿站+窗口”服务模

2021年6月10日，万州区质量基础设施"一站式"服务启动仪式举行

（区市场监管局　供图）

式，指导企业开展质量攻关150余次，组织中小企业培训先进质量管理办法120余次，指导企业完成质量管理制度10余家，帮助企业导入卓越绩效模式2家。开展万开云汽车零部件生产企业"巡回问诊"活动，现场为20余家企业解决质量管理过程中问题。组织长安跨越等企业参加重庆市市场监管局质量奖培育会议，指导金龙铜管申报"重庆市市长质量管理奖"。全年市级工业产品质量监督抽查340批次，不合格34批次，合格率90%，非医用口罩产品质量抽查4批次，首次开展区级工业产品质量监督抽查80批次。

【特种设备安全监管】　2021年，万州区推进特种设备"迎大庆保安全稳定"工作和"三年行动""百日行动"，开展风险研判7次，组织培训152人次，日常和专项检查特种设备生产经营使用单位941家次，排查并整改隐患348件，下达《安全监察指令书》196份，立案38件，移送相关部门36件，全年未发生任何特种设备安全事故。完成老旧住宅电梯增设177台，更新改造25台，全区6530台电梯接入电梯"96333"应急处置平台，实现100%覆盖。开展燃气安全专项整治，全覆盖检查8家燃气公司及5个CNG加气（输气）站，5家气瓶充装单位建立气瓶追溯系统，全区长输管道、高压（次高压）燃气管道、城镇燃气管道定检率分别达100%、100%、90.5%。完成2个市级重点特种设备保障任务。改造低氮锅炉19台。在用特种设备定期检验无飘红预警天数累计351天。

【网络交易监管】　2021年，万州区清理排查全区入库网站网店数据936条，处理失效数据4批次69户；累计监测网站网店5706个，监测商品信息6130条，督促删除违规商品信息11条；累计办结重点行业格式合同备案157件，网上备案公示率100%。

【信用监督管理】　2021年，万州区市场监管局实施备案承诺1.9万份，实施信用修复13条次，为政府部门提供查询比对5.9万条次，出具信用报告116份。

【认证认可】　2021年，万州区新增检验检测机构1家，新增管理体系认证证书193张。区市场监管局对企业零部件、CCC产品获证生产企业、共享电单车、燃气具等领域开展认证监督检查，对8家获证生产企业组织开展有效性现场检查，发现问题17个；对13家企业开展强制性认证专项检查，对14类产品现场抽样。开展体系认证和有机产品认证现场检查15次，检查认证审核人员23人次。组织9家检验检测机构参加2021年检验检测机构能力验证，指导7家检验检测机构进行能力扩项，办理非实质标准变更19次。

【消费维权】　2021年，万州区推动消费维权社会共治，全区ODR企业（在线解决消费纠纷企业）16家，消费维权服务站144个，受理投诉举报4693件，为消费者挽回经济损失262.87万元，"诉转案"实施行政处罚案件19件。支持汽车合格证质押贷款相关集体诉讼，处置学生语言培训、天然气用户计量计费纠纷等9起群体投诉。开展时令水果采摘、餐饮、出租车等行业消费体察调查，发布消费提示警示16期，联合四川省达州市，重庆市开州区、城口县三地消委会开展家装建材领域消费满意度调查。

（周毅）

开放与合作

招商引资

【概况】 2021年，万州区实施重大招商项目76个、到位资金76.4亿元，比上年增长48.3%。签约引进苏州菲达旭LED芯片研发和智能灯具生产、韵达万州智能科技产业园等投资2000万元以上重大招商项目61个（纳入市招商投资局考核认定53个），总投资216.8亿元，其中投资5000万元以上项目45个、投资10亿元以上项目5个。

【招商引资体系】 万州区推进“1+4+5”招商格局体系。以全区招商投资促进工作领导小组为统领，依托开发开放平台、“六型”产业招商组、国有平台、乡镇（街道）4类主体，联动长三角、珠三角、成渝、京沪、对口支援5个驻点招商联络处共同招商。建立领导小组会议、联席会议、联络员会议的三级议事机制，理清全区招商工作思路、工作重点，完善项目调度决策机制，协调解决项目落地各类困难问题。梳理招商项目落地参考流程，规范信息收集、实地考察、初步研判、项目谈判、项目评审、合同审查、项目签约、跟踪服务等阶段程序，高效推进项目落地。

【招商项目服务】 2021年，万州区全面推进招商引资投资合同进度。按照《万州区推进落实未履行合同项目工作实施方案》工作要求，由区招商投资局牵头对2011年以来全区招商引资项目进行清理推动，提高合同履约率和项目落地率；对推进缓慢项目逐一建立项目台账，推进落实。全程服务招商项目，加强招商项目前期研判评审，增强可行性和操作性，力争签约项目顺利推进；落实进展缓慢项目常态化推进机制，协同各项目业主和有关单位解决项目困难，协调解除无法履行项目协议；主动对接服务项目企业，畅通企业反映问题渠道，帮助企业解决项目建设中存在的困难和问题。实行招商引资项目协调服务4个机制。

“谁审批谁代办”工作机制　由区招商投资局、区政务服务管理办公室牵头，招商单位落实项目专员，职能部门落实服务专员联络联系，全区具有行政许可和公共服务职能的相关部门和单位负责具体承办招商引资项目政务事项。

“四个一”服务机制　根据项目建设要求，协调联系项目业主和相关职能部门，落实1名区级责任领导，组建1套服务专班，实行一个项目、一名领导、一套班子、一个服务专员的“四个一”工作机制，加大招商项目推进工作的领导、统筹、协调促建力度。全面负责项目登记注册、工程建设、投产运营等协调服务工作，解决推进过程中的困难问题。

工作清单责任机制　根据项目建设内容和进度要求，细化步骤，明确完成时间，落实责任单位、责任领导、责任人、配合单位等事项，

2021年4月29日，全国知名民企万州行重点招商合作项目签约活动举行

（区委统战部　供图）

倒排工期，形成工作清单，打表推进。

督查督办机制　全区对工作不力、效率不高、服务不好的单位和个人进行通报，并将招商引资项目“四个一”服务机制落实和招商项目工作清单推进情况，作为招商引资年度工作考核重要内容。

【全国知名民企万州行】　2021年4月29日，“全国知名民企万州行”重点招商合作项目签约活动在万州区举行。活动以“民企聚万州，共建双城圈”为主题，山东、广东、四川等10个省、市（区、县）的工商联，广西、上海等15个重庆、万州在外商会，以及全国各地142家知名民营企业、203名知名民营企业家参加活动。签约招商合作项目21个，协议总投资232.1亿元。项目涵盖生物医药、电子信息、智能装备、食品加工、大数据和现代物流、高效农业、大健康等多个重点产业领域。活动期间，万州区政府为浙江省重庆商会、广西重庆商会、昆明市重庆万州商会授牌“万州区招商引资联络站”，累计与9家重庆、万州在外知名商会建立招商合作机制。

【第十三届“支洽会”重大合作项目签约活动】　2021年10月15日，第十三届全国对口支援三峡库区经贸洽谈会重大合作项目集中签约活动在重庆市万州区举行。水利部副部长陆桂华，天津市人大常委会副主任张庆恩，湖北省政府副省长柯俊，重庆市委常委、万州区委书记莫恭明，重庆市政府副市长郑向东，水利部移民司司长卢胜芳，农业农村部发展规划司副司长、一级巡视员聂新鹏，湖北省水利厅厅长周汉奎，重庆市水利局局长张学峰，重庆市万州区政府区长聂红焰出席活动并见证签约。重庆市政府副秘书长董瑞忠主持活动。国家有关部委和对口支援省（区、市），成渝地区双城经济圈建设相关城市，东西协作及友好合作城市，湖北省、重庆市有关部门及库区相关市、区、县参加活动。签约项目102个，总投资1046.88亿元。其中，湖北库区签约项目19个、总投资210.58亿元，重庆库区签约项目83个、总投资836.3亿元。现场集中签约项目41个，总投资562.23亿元。项目涵盖节能环保、基础设施、文化游旅、大健康、智能装备、生物医药、智慧物流、新型材料、科技创新、大数据、云计算、人工智能等多个重点领域。万州区签约项目27个，总投资268.1亿元，其中集中签约项目6个、签约金额124亿元。

【“2021智博会”招商】　2021年，万州区围绕“为经济赋能，为生活添彩”的2021中国国际智能产业博览会主题，侧重开展大数据、智能化与数字经济以及新一代信息技术、高端装备、新材料等战略新兴产业项目引进。通过现场集中签约、网上“云签约”、线下自主签约等多种方式，签约智能化及战略新兴产业项目33个，协议总投资97.8亿元。万州绿色智能赋能中心是全区参加智博会现场签约的代表性招商项目，总投资10亿元。

【万州港区新田作业区二期项目签约】　2021年9月16日，在成都市

2021年8月24日，万州区举行2021智博会重点项目“云签约”活动

（区招商投资局　供图）

举行的第十一届中国西部投资说明会暨经济合作项目签约仪式会上，重庆港万州港区新田作业区二期项目作为重庆市唯一招商引资重点代表项目参加签约仪式进行现场集中签约，万州区人民政府副区长刘小泉和重庆川渝三峡港口物流有限公司董事长李洪兵参加签约活动。该项目是重庆市川渝合作招商引资重点代表项目，由川渝六方共同建设运营，协议总投资18亿元，申请使用岸线长度645米，建成后拥有4个5000吨级散货泊位及配套设施，港口货物设计吞吐量1400万吨/年，设计通过能力1477万吨/年。

【万达开川渝统筹发展示范区协同招商座谈会】　2021年12月30日，万达开川渝统筹发展示范区协同招商座谈会在万州区举行，三方签订“万达开川渝统筹发展示范区产业协同招商战略合作协议”。三地建立合作机制，将组建专门工作班子，建立定期会商和协调联络制度，携手加强产业研究、开展产业招商、推动园区合作、举办平台活动。围绕共建万达开川渝统筹发展示范区，发挥三地政策、资源等优势，加快传统产业转型升级和新兴产业培育壮大，联手打造川渝地区重要现代化产业基地和东向经济增长极。

（黄亿峰）

对外国及港澳台贸易

【概况】　2021年，万州区加大对外开放力度，融入国内国际双循环，实施“走出去”与“引进来”战略，着眼两种资源、两个市场，以开放促改革、促发展，全区开放型经济持续健康发展，逐渐构建起全方位、多层次、宽领域的对外开放新格局。

【进出口贸易】　2021年，万州区新增对外贸易经营备案企业31家，累计327家。全年进出口总额39.51亿元，其中出口额25.25亿元、进口额14.26亿元。龙头企业对全区进出口业支撑作用明显，金龙集团全年进出口业总额14.4亿元，比上年增长131%。区内企业通过参加中国国际消费品博览会、中国西部国际投资贸易洽谈会、中国国际进口博览会等国际性展会，开拓“一带一路”沿线国际市场，展会现场签约金额超70亿元。

【外资及港澳台资利用】　2021年，万州区新设立外商投资企业3家，合同外资593万美元。全区实际利用外资1.8亿美元，比上年增长37%，金融类利用外资贡献突出。外商直接投资875万美元，增长78.3%，以现代服务业为主。中国香港等地居投资来源主导地位，实际使用外资金额排名前三位的是中国香港地区、中国澳门地区以及新加坡，合计投资12983万美元，占全区实际使用外资金额的74.2%。落实外商投资负面清单管理，从优化营商环境、加强招商合作等方面着手，扩大利用外资规模，提高利用外资质量。

【服务外包】　2021年，万州区有服务外包企业3家，主要依托万州区外贸企业，围绕机械电子、纺织服装、能源化工、食品药品等主导产业，从事工业设计、产品研发、冷链管理等业务。全年全区服务外包离岸执行额1.06亿美元。

【对外经济技术合作】　2021年，万州国际经济技术合作有限公司承接的中国政府援助利比里亚竹藤编及蔬菜种植技术培训项目第六期结业，项目实施历时14年，为利比里亚培训900余名青年农业技术人才，受到中利两国政府赞誉，联合国多次委派官员前往考察、推崇。新华网、《中国日报》、《人民日报》、《国际商报》和利比里亚当地媒体多次报道援利比里亚竹藤编项目发挥的作用。

【重庆保税港区进口商品授权分销中心（万州中心）开业】　2021年10月8日，重庆保税港区集团在万州区打造的重庆保税港区进口商品授权分销中心（万州中心）开业。位于万州区北滨大道281号，经营面积200余平方米，主要售卖“一带一路”沿线国家红酒、零食、母婴用品、化妆品、日化用品等优质进口商品，是两江新区与万州区对口协同发展2021年重点项目。

【领事机构、商协会和外商投资企业区县行（万州站）活动】　2021年11月25—26日，由重庆市商务委员会主办，重庆市外商投资促进中心承办的领事机构、商协会和外商投资企业区县行（万州站）活动在万州举行。在万州投资推介会上，重庆市外商投资促进中心与万州区招商投资促进局签订招商引资战略合作协议，就未来招商引资市区联动工作达成相关合作意向。活动邀请英国、荷兰、加拿大、意大利和匈牙利5国驻重庆总领事馆，中国欧盟商会西南分会、中国瑞士商会西南分会等5家涉外商协会，空气产品公司、重庆康明斯发动机有限公司等13家外资企业参加。代表团一行考察万州绿色智造赋能中心、维都利新能源、平湖金龙、威科赛乐等项目及公司，现场达成初步合作意向10余项。

（区商务委）

海关监管

【通关税收】　2021年，万州海关持续推广一体化、提前报关等通关便利措施，做好报关单“日清”工作，压缩通关时效，全年报关单提前申报率88.19%，较2020年上升近14个百分点。开展税政调研和税收征管质量检查，复核涉税报关单及减免税单证的规范申报、归类、审价、减免政策等信息，确保企业在政策范围内足额纳税、合理减税。

【口岸监管】 2021年，万州海关对辖区危化品生产企业漏报线索和进口再生金属企业开展专项稽查，打击“洋垃圾”走私和虚报价格、伪报瞒报等走私违规行为。建立视频监控巡查制度，监管场所实行“双随机、一公开”巡查。做好口岸疫情防控，关区4人次参加高风险非冷链集装箱货物采样检测和预防性消毒监督应急响应队伍“轮战”，1人参与进口冷链食品抽采样工作。联合动植检专业专家开展研判，抽取疑似松木蓝变、虫眼、活体昆虫样品等送实验室检测。教学指导开展实蝇、红火蚁监测，累计送样60余次。全年开展口岸病媒生物监测工作40余次，重点掌握种类、数量等本底数值。对关区进境粮食企业开展外来有害生物监测，先后开展杂草监测8次。开展出口动物源性食品风险监测，完成26次猪样品风险监测抽采样工作。实时搜集上报境外动植物疫病疫情信息，对进境粮食实施中转监管。牵头开展食品安全风险信息上报工作，累计报送1053条。

【进出口企业管理】 2021年，万州海关开展打击跨境电商走私“断链刨根”专项整治行动，对辖区备案的跨境电商企业资质进行验核，对发现问题的企业进行注销、变更或移入异常企业名录库。落实企业信用管理办法，为6家企业开展“一对一”信用培训，为守法企业办理资信证明。

【助力农食产品扩大出口】 2021年，万州海关根据关区优势和农产品出口需求，指导出口企业合理规避国外技术性贸易壁垒，为关区213家农产品企业及种植物户送去国外检验检疫要求，为60余家企业开展集中政策宣讲培训，在基地备案、通关流程、检疫处理、风险监测等方面给予政策指导。派员参与海关总署墨西哥输华马肉风险评估工作，发挥海关技术执法、技贸措施作用。帮助60吨云阳菊花和25吨忠县“忠橙”通过陆海贸易新通道走进新加坡，成为“中国西部—东盟”农业合作新示范；帮助万州玫瑰香橙出口菲律宾500吨，云阳红肉脐橙出口印度尼西亚125吨。忠县柑橘首次自营出口越南25吨，梁平区奇爽食品有限公司柚汁扩大东南亚市场并首次出口澳大利亚和葡萄牙、Q爽豆干首次出口至文莱，重庆市忠味堂有机食品有限公司粉丝首次销往阿联酋、中国香港，忠州腐乳酿造有限公司豆腐乳首次出口至澳大利亚。注册登记重庆首家出口李子

2021年，万州海关工作人员在出境注册登记果园进行有害生物监测现场指导
（万州海关　供图）

2021年4月2日，万州海关工作人员现场查验出口中山杉种苗
（万州海关　供图）

果园，备案重庆首家出口猪肉养殖场。推荐辖区7家出口食品原料基地和果园获“重庆市出口农产品示范基地”称号，奉节、巫溪、巫山、城口等县均实现出口果园备案基地“零突破”。

【中山杉种苗首次出口】 2021年4月6日，由重庆市林森耐水中山杉研发有限公司投产的三峡库区中山杉种苗出口基地的1100株中山杉种苗经万州海关查验后，首次出口至越南。作为治理消落带水土流失兼具景观价值和经济价值的优良树种，中山杉在三峡库区消落带治理中发挥作用，此次出口是三峡库区中山杉首次走出国门，亦是中国优良树种中山杉首次走出国门。

（匡鸿皓）

开放平台建设

【概况】 2021年，万州综合保税区获国务院批复设立，成为全市第5个综合保税区，是渝东北首个综合保税平台。万州机场全年旅客吞吐量114.91万人次，机场改扩建工程稳步推进，航站楼主体工程完工。

【万州综合保税区获国务院批复设立】 万州综合保税区于2021年1月15日获国务院批复设立，位于万州经开区高峰园鹿山片区，总体规划面积1.85平方千米，占地约200万平方米。规划建筑面积约108万平方米，其中保税加工厂房约83万平方米、保税仓库约20万平方米、办公及贸易服务等配套用房约5万平方米。11月2日，万州综合保税区一期全面竣工。12月31日，经重庆海关、重庆市商务委等8个市级部门组成的预验收组评审同意，万州综合保税区（一期）通过预验收，正式建成。万州综合保税区是服务万达开、渝东北开放型经济的重要平台。全年签约项目3个，协议投资8.14亿元，年产值63.5亿元，进出口总额39.51亿元，外商直接投资约500万美元。在谈跟踪项目13个，涵盖保税加工、保税物流和保税服务等业态，协议总投资25.3亿元、年产值201亿元、年进出口额155亿元，外商直接投资2000万美元。

【万州机场对外开放建设】 2021年，国家口岸办就万州机场对外开放征求各部委意见，海关总署、国家移民管理局、中央军委联合参谋部、中国民航局均回复“同意万州机场对外开放”。至年末，国家口岸办就万州机场开放事宜征求中央编办意见。口岸开放基础设施联检单位综合用房于2021年3月动工建设，T1航站楼改建为国际航站楼的可行性研究报告初稿编制完成。

（区发展改革委 区物流办）

万州经济技术开发区

【概况】 2010年6月，经国务院批准，重庆市万州工业园区升级为国家级开发区，定名为万州经济技术开发区（简称万州经开区）。2011年3月，中央编办批准设立万州经开区管委会，规格正厅级。2011年10月，重庆市编委批准设立万州经开区党工委、管委会，分别为市委、市政府派出机构，由万州区委、区政府代管，万州经开区的党务、社会事务由区委、区政府统筹管理。万州经开区按高峰园、天子园、五桥园、九龙园和新田园“一区五园”规划布局，国土空间开发用地范围69.56平方千米。

【经济发展】 2021年，万州经开区入园企业618家，其中规模以上工业企业101家。规模以上工业产值301.4亿元，比上年增长14.8%，占全区比重79%。固定资产投资59.8亿元、增长94.4%，其中工业投资51.4亿元、增长116%、占全区比重87%，增速全市第一，实现翻番。一般公共预算收入15.6亿元、增长15%，其中税收收入11.2亿元、增长3%。进出口总额35亿元，增长7.7%。五大重点产业占规模以上工业总产值比重74.7%，其中新材料（产值110.9亿元）成为全区首个100亿级产业集群。金龙铜管集团当年营业收入75亿元以上（作为规模以上工业企业统计数据，不含金龙销售、金龙贸易及金乡管件、平湖川村、中科金龙等公司数据）。

【科技创新】 2021年，万州经开区新增国家高新技术企业12家、累计44家，新增科技型企业17家、累计109家。国家、市级企业技术中心17个，创建国家级绿色工厂2个，新建市级智能工厂2个、累计3个，新建市级数字化车间2个、累计4个。企业新申请发明专利12个、达156个，获得新产品认定3个、重大新产品2个。规模以上工业企业研发经费支出占主营业务收入2.04%。重庆长安跨越车辆有限公司、重庆索特盐化股份有限公司等26家企业实施技改扩能项目34个，累计投资6.17亿元。金龙铜管集团、重庆长安跨越车辆有限公司等8家重点企业与中科院、香港理工大学、重庆大学等11所高校建立战略合作关系，建立博士后工作站2个。

【营商环境提升】 2021年，万州经开区着力推进“放管服”改革，全面推行审批服务“一网通办”“一窗办理”，实行“一站式”服务，进一步缩减政府投资项目审批流程，大幅度压缩项目审批时间。完善首问责任制、限时办结制、告知承诺制等，持续深化社会投资小型低风险建设项目审批、监管制度改革。坚持开展“合同全面兑现行动”，持续转变工作作风，做到“有呼必应、无事不扰”，提升企业获得感和满意度，营造市场化、法治化、国际化营商环境。

【项目引进】 2021年，万州经开区引进项目34个，到位资金45亿元。发展粮油加工、化学原料药、医药中间体等食品医药产业，签约中储粮粮食仓储物流等产业节点项目。发展教育照明、光伏照明和铜深加工等上下游产业，签约菲达旭智能灯具研发生产、江门晶英光伏组件、金龙电工高端装备线缆等产业链项目9个。德馨泰扬声器研发中心等22个项目开工，特铝新材料等24个项目竣工。

【外资及港澳台资利用】 2021年，万州经开区外资企业12家，其中投资主体为世界500强企业2家，实现规模以上工业产值10.1亿元。实际利用外资1.6亿美元，比上年增长31.3%，其中外商直接投资实现“零”的突破，达100万美元。进出口企业28家，完成进出口总额35亿元，增长7.7%，其中出口额22.4亿元，增长282.3%。

【平台打造】 2021年，万州综合保税区当年获批、当年竣工，封关在即，签约入驻英国闪亮等企业3家，吸纳投资8.2亿元，打造为万州对外开放“桥头堡”、外向型经济“新引擎”。渝东表面处理中心即将建成，将为万州及周边地区汽车、电子、照明等行业提供电镀技术支撑。整合配置优质资源，建成照明电气产业园、食品产业园等园区，加快推进新田临港产业园建设，签约入驻广东中科无抗生态科技有限公司等企业3家，协议总投资23亿元，园区多点支撑、集群发展格局初步显现。

【开发建设】 2021年，万州经开区新增建成区面积1平方千米，达26.5平方千米。全年实施建设项目85个，完成投资16.7亿元。其中，19个“一区一枢纽两中心”重点项目完成投资11.5亿元，实现开工率100%、投资完成率105%。竣工照明电气产业园、食品产业园等标准厂房31.2万平方米，累计126万平方米。竣工回龙路、纵二路、学堂湾1号路等道路12.6千米，累计122千米。土地征转报批1.35平方千米、征地拆迁3.04平方千米、土地供应46宗3.3平方千米，保障重点项目顺利推进。完成天子园、高峰园、新田园空间拓展与用地布局优化研究，完成九龙化工园区总体规划、高峰园和天子园夜景照明详细规划。完成疏港大道、外环连接道路标准等12个专项研究论证，完成文物保护、水资源论证等4个区域性专项评价。完成高峰园公共租赁住房、白岩寨公园景观提升等41个项目设计工作，产城融合发展新格局逐步显现。

【土地处置利用】 2021年，万州经开区清理处置已签约未供地、已供地未建设、已建成未利用项目，协议收回土地0.45平方千米、督促开工0.28平方千米，低效闲置土地清理处置率79%，土地节约集约利用水平不断提高。

【安全生产】 2021年，万州经开区统筹抓好常态化新冠肺炎疫情防控工作，入园企业员工新冠病毒疫苗接种应接尽接，保持“零感染”。持续开展安全生产专项整治三年行动，制定九龙园“一园一策”安全整治提升方案，提升应急管理科学化、信息化水平。举办安全生产培训班6期、培训企业164家，排查整改安全隐患905项，整改率100%，未发生较大及以上生产安全事故。化解经济运行、建设施工、征地拆迁等领域社会矛盾11件，受理、办理群众来信来访78件，化解率100%。协调劳资纠纷73批次，督促兑现民工工资2000余万元。

【环境保护】 2021年，万州经开区完成新田园污水处理厂、新田河综合治理、园区雨污管网排查整治等环保项目。园区工业污水处理达标率、工业固体废物综合利用处置率均100%。单位工业增加值二氧化硫和氮氧化物排放量明显下降，空气质量优良天数保持在330天以上。完成第二轮中央生态环境保护督察反馈问题整改销号。未发生较大及以上环境污染事故。

万州照明电器产业园 （冉劲松 摄）

【区域协同】 2021年，万州经开区在两江新区设立万州企业研发中心、在万州建立两江新区先进制造配套产业万州园，共建万州绿色智造赋能中心，促成两地企业深度合作，形成研发在主城、制造在库区的服务企业新格局。

【万州经开区纳入中国（重庆）自贸试验区联动创新区】 2021年10月，万州经开区纳入中国（重庆）自贸试验区联动创新区第一批名单。中国（重庆）自贸试验区万州经开区联动创新区覆盖万州经开区管理的全部区域，面积73.27平方千米，包括高峰园等5个区域（含万州综合保税区规划建设面积1.85平方千米、新田港作业区），涵盖机械电子、绿色照明、食品药品、新型材料、生物医药、汽车制造、电子商务等产业，将推动万州与市自贸试验区政策联动、功能互补、优势叠加，构建对外开放新格局。

（何俊）

渝东新区

【概况】 2021年9月8日，渝东新区揭牌仪式举行。渝东新区地处万州区、开州区和云阳县中心位置，是重要的交通枢纽，是联动渝东北、川东北协同发展的重要门户。开发建设范围以江湾为轴向江南、江北延展，面积约154平方千米，规划建设面积60.57平方千米，包含江南、高铁、都历、北山、驸马、高梁、李河等片区及小周镇姚家码头，办公驻地万州高铁大道366—2号。

【渝东新区管理机构获批】 2021年8月26日，万州区编委印发《关于规范开发区管理机构的通知》，将中共重庆市渝东经济技术开发区工作委员会、重庆市渝东经济技术开发区管理委员会和中共重庆市万州江南新区工作委员会、重庆市万州江南新区管理委员会，整合设置为中共重庆市渝东新区工作委员会（简称渝东新区党工委）、重庆市渝东新区管理委员会（简称渝东新区管委会），为区委、区政府派出机构，党工委、管委会实行合署办公、一套机构，机构规格为正处级，核定行政编制40名。其中，党工委书记1名（由区领导兼任）、党工委副书记2名（1名由管委会主任兼任），管委会主任1名、管委会副主任4名。内设机构科级领导职数10名。设置办公室（挂党群工作办公室牌子）、财务局、产业发展局、招商服务局、规划和建设管理局、生态环境和应急管理局、协同发展办公室内设机构7个。管理重庆市渝东新区经济发展服务中心、重庆市渝东新区投资评审服务中心、重庆市江南产业发展服务中心、重庆市万州区高铁北站地区综合管理服务中心下属4家事业单位。

原渝东开发区成立于1992年，1993年由四川省人民政府批复成立为省级开发区，主要负责观音岩片区、金龙片区的城市建设开发。后随着万州北部交通枢纽的形成和高铁新城建设，调整为重点对天城镇、钟鼓楼街道管理范围进行开发建设，涵盖高铁片区、驸马滨江片区和都历山片区，规划面积60平方千米。原江南新区成立于2003年，是经重庆市人民政府批准成立的以城市开发建设为主的市级开发区，以行政、文化、旅游服务、商贸及港口物流为主，服务万州城市建设移民安置，面积60.45平方千米。整合后的渝东新区管委会，作为开发区管理机构，统一管理原渝东开发区、江南新区两个开发平台的开发范围。

【规划编制】 2021年，渝东新区规划引领“生态两化、数字两化”先行示范建设，其驸马、塘角及都历三大片区控制性详细规划编制取得初步成果。完成龙溪河片区景观提升概念设计、高铁北广场片区综合交通规划，江湾新城概念规划及总体城市设计通过评审；完成高铁北站片区和密溪沟—塘角区段城市设计初步方案；推进高铁北站片区用地规划、北部新城战略定位研究和临空经济区产业发展及用地布局研究，推进区域整体评价工作。

【经济发展】 2021年，渝东新区地区生产总值178.24亿元，占全区的16.38%；全口径固定资产投资69.15亿元；社会消费品零售总额49.74亿元；限额以上批发零售业销售额59.35亿元。一般公共预算收入6.25

万州文化创意创业产业园 （渝东新区 供图）

亿元，其中税收收入5.25亿元、非税收入1亿元；基金预算收入10.48亿元。推进产业转型提质升级，中通快递产业园主体工程开工，两江数字经济产业园万州园、腾讯云数字经济人才创新中心、大三峡旅游集散中心等4个项目建成投用见效，引进数字经济企业50余家，大三峡旅游集散中心累计接待游客3万人次。秦经实业公司线上交易额12亿元。三峡启迪孵化器引进科创型企业10家，园区产值1亿元。市级万州文化创意创业产业园进驻各类企业近100家。30余家金融机构及网点持续入驻江南核心区并对外营业，重庆市农村商业银行启动入驻新区工作。持续推进数据灾备中心等一批项目前期工作。

【项目建设】 2021年，渝东新区土地征报1.31平方千米，划拨3.53万平方米，出让14.73万平方米，签订安置协议428户7.78万平方米，拆迁房屋面积11万平方米。开展新区道路、管网等35个重点项目建设，完工高铁片区基础设施项目、三生缘廊、白鹭湾等7个“一区一枢纽两中心”重点项目，万一中至驸马片区库岸整治工程，长江二桥北桥头至高铁连接道、渝巴路东一段、东二段，密溪沟渡改桥工程加速推进，新区路网骨架日益清晰。三峡中学、三峡小学如期开学入驻；重庆幼儿师范高等专科学校迁建一期、三峡公共卫生应急医院、三峡文化艺术中心一期、江南新区体育健身中心基本建成；三峡库区综合应急救援中心、医学中心等项目加快推进；疾病预防控制中心等6个项目开工建设。绿地万萃城新开工30万平方米，欢乐海底世界在五一节开门迎客，超高层双子塔施工至116米，绿地缤纷城大商业工程推进主体施工。

【科技创新】 2021年，渝东新区引导企业进行网络化、智能化升级改造与科技创新研发，全年规模以上服务业企业研发投入完成435万元。组织企业与在万高校、科研院所开展产、学、研、用深度合作，吸纳创新资源，建立机制灵活、互惠高效的产业技术创新研发和人才培育机制。培育高新技术、战略性新兴技术企业，提升产业发展层次，提高创新孵化服务和科技创新能力，创建高质量产业开发区。

【营商环境提升】 2021年，渝东新区修订产业扶持办法，发挥财政资金杠杆作用，对文化创意、金融商务、信息技术等企业给予入驻扶持和政策支持。建立完善联系服务企业制度，完善从项目洽谈、签约、落地、建设到投产全程化的联动对接机制，落实“首问负责”“限时办结”“四个一”服务制度，提高项目引进成功率、落地开工率和竣工投产率。加大稳企惠企走访、宣传力度，解决企业合理诉求，营造重商、亲商、爱商、护商的发展环境。

【招商引资】 2021年，渝东新区围绕“六型”产业和新经济业态，强化服务保障，落实优惠政策，精准招商。全年洽谈知名企业134家，签约韵达万州智能科技产业园、三峡影视文化街区等项目12个，签约资金46.4亿元，到位资金16亿元。签订融创文旅综合开发等2个框架合作协议，协议总投资136亿元。引进知名企业总部2家入驻新区，注册资金0.4亿元。渝东新区全力保障中通快递渝东（万州）智能科技产业链园区项目落地，协同推进园区主体工程及配套设施建设。全年使用外资864万美元，推进打造中通快递渝东北区域分拨中心，助推高铁片区绿色智慧物流园区发展。

（苟小霞）

万达开川渝统筹发展示范区

【概况】 2020年1月，习近平总书记在中央财经委员会第六次会议上作出推动成渝地区双城经济圈建设的重大战略决策后，四川省、重庆市随即开展协同推动万达开统筹发展调研工作。万州区、达州市、开州区三地建立起党政联席会议、协调会议、联合办公室+9个专项工作组的“三地三级”运作机制，组建联合办公室在万州集中办公。2020年4月9日，三地在万州召开万达开党政联席会议第一次会议，出台工作方案、工作机制等文件。推动形成“1个综合+7个专项”调研成果，争取国家出台《万达开川渝统筹发展示范区建设方案》。2021年，三地地区生产总值总量3624亿元，三地增速分别超过川渝两省市增速，占渝东北川东北地区总量的30.8%，是成渝地区双城经济圈北翼地区经济体量最大、发展态势最好、紧密程度最高的区域，具有良好的创建示范区基础条件。万州、达州、开州三地一衣带水、三州同源、地缘相近、人文相亲，交往源远流长。三地巴渝、三峡、抗战、移民等文化交融辉映；重庆市直辖前三地同属川东，万县市曾下辖开县，直辖后虽分属川渝，但乡情不隔、往来频繁。三地位于川渝鄂陕接合部，处在三峡库区、秦巴山区腹心，连接成都、重庆、西安、武汉4大国家级中心城市，是长江经济带、丝绸之路经济带和西部陆海新通道的重要节点；三地中心城区空间距离较近，呈三角形状分布，随着交通网的完善，三地将形成半小时通勤圈、一小时经济圈。三地总面积2.4万平方千米、人口1000万人，位于成渝双核、武汉城市圈、关中城市群、长株潭城市群中心区域，与重庆、成都、武汉、西安、长沙的车程分别为316千米、527千米、676千米、579千米、766千米，经济腹地广阔，发展潜力较大。

【重要会议】 创建万达开川渝统筹发展示范区党政联席会议第二次会议 2021年1月13日在四川省达州市召开，重庆市委常委、常务副市长吴存荣，四川省委常委、宣传部部长甘霖出席会议。重庆市委常委、万州区委书记莫恭明率队参加考察活动，万州区委副书记、区长聂红焰，四川省人大常委会副主任、达州市委书记包惠，开州区委书记冉华章出席会议。会议总结2020年示范区创建成果，谋划下一步发展方向，讨论《创建万达开川渝统筹发展示范区建议方案》《关于协同打造万达开川渝统筹发展示范区重大功能载体的建议》《创建万达开川渝统筹发展示范区2021年工作计划》等多个文件。

万达开党政分管领导协调会议第四次会议 2021年3月19日在开州区召开，会议明确“万达开川渝统筹发展示范区”微信公众号运行、徽标LOGO方案设计、领导联系重点项目、重大功能载体工作方案编制、规划编制等多项工作任务。

万达开党政分管领导协调会议第五次会议 2021年6月24日在开州区召开，会议研究川渝通办事项落实情况、示范区徽标LOGO设计情况、6个重大功能载体建设情况等内容，明确要精心筹备万达开第三次党政联席会议，修改完善6个重大功能载体建设方案。

【重要活动】 万达开签订养老服务协同发展合作框架协议 2021年3月20日，万达开三地签署万达开川渝统筹发展示范区养老服务协同发展合作框架协议，将在养老服务发展平台、养老服务市场、养老服务信息、养老扶持政策等方面加强合作。

川渝五区县签订政务服务合作协议 2021年4月28日，重庆市万州区、梁平区、开州区、云阳县和四川省达州市开江县签订推进成渝地区双城经济圈建设政务服务战略合作协议，明确将在服务联办、数据联享、人员联训、机制联动、监管联合等多方面开展合作，实现川渝五区县政务服务一体化。

成渝双城经济圈学前教育发展学术论坛 2021年5月9日在万州区举行，活动围绕“学前教育高质量发展”主题，采取“线上+线下，主论坛+平行分论坛，交流分享+专家引领”的形式开设6个分论坛，开展主题研讨、对话交流、分享经验，进一步更新育人观念，拓宽专业知识、丰富专业技能。

国家发展改革委地区司在万州调研 2021年6月1日，国家发展改革委地区司副司长吴树林一行在万州指导调研，并召开万达开川渝统筹发展示范区创建工作座谈会。会议认为万达开三地要进一步凝聚共识，增强梯次意识，谋求最大公约数，画出最大同心圆。要进一步优化工作机制，在万州集中办公。要突出统筹发展，聚焦生态保护、产业支撑、交通基础、科技创新等重点。

川渝两地人大代表、有关单位负责人在万州调研 2021年6月10—11日，川渝两地全国人大代表、两省市有关单位负责人一行在万州专题调研万达开川渝统筹发展示范区创建情况并召开座谈会，重庆市人大常委会党组书记、主任张轩，四川省人大常委会党组书记、副主任王宁等参加联合调研，重庆市委常委、万州区委书记莫恭明主持会议。会议围绕探索经济区与行政区适度分离改革、行政管理体制和经济管理体制综合改革、财税利益分享机制改革等展开交流探讨；建议三地加快编制万达开川渝统筹发展示范区建设方案，务实推进重大基础设施建设，统筹打造特色优势产业集聚地，共同深化公共服务供给；提出完善川渝两地人大协作工作机制，持续深化两地人大常委会的协同合作，加强协同立法和联动监督。

民革川渝联合调研组专题调研 2021年7月8日，民革重庆市委会、民革四川省委会联合调研组专题调研万达开川渝统筹发展示范区建设情况，民革四川省委会专职副主委曾蓉，民革重庆市委会秘书长刘金萍等参加调研。调研组就示范区基础设施建设、自然资源利用、产业规划发展、生态环境保护、旅游资源开发等方面展开交流并建言献策。

万达开签署信用合作备忘录 2021年8月3日，万达开三地共同签署《万达开川渝统筹发展示范区信用合作备忘录》，明确“会商协调、调度通报、动态衔接”合作机制，将围绕“专栏共建、宣传共谋、信息共享、奖惩共推”4个方面开展信用合作，共同构建万达开区域信用体系建设一体化格局。

首张“川渝通办”营业执照颁发 2021年8月26日，万州区市场监管局在区政务服务中心为四川省遂宁市境美再生资源综合利用有限公司颁发全区首张“川渝通办”营业执照，实现营业执照异地办理“立等可取”。

川渝两省市人大常委会调研 2021年9月16日，川渝两省市人大常委会调研组一行在万州专题调研万达开川渝统筹发展示范区建设情况，重庆市委常委、万州区委书记莫恭明参加相关活动，四川省人大常委会副主任杨洪波、重庆市人大常委会副主任杜黎明率队调研。调研组表示，希望万达开三地在未来继续深化合作，在交通互联互通、产业协同发展、公共服务共建共享、生态环境联防共治等方面探索更为积极有效的方式。

万达开签署河长制联防联控合作协议 2021年9月，万达开三地河长办联合签署“河长制联防联控合作协议”，明确将普里河（万开）、南河（达开）等跨界河流全部纳入联防联控协作范围，建立信息共享、问题处置、协同配合、协商处置、联合治理、应急联动、工作交流等机制，共同开展河流联合巡查、专项整治以及跨界突发水环境事件应急演练等行动，推进跨界河流治理保护。

万达开签署数字经济协同发展合作备忘录　2021年10月，成渝地区双城经济圈大数据协同发展工作会议召开，万达开三地大数据发展主管部门共同签署《深化“万达开”川渝统筹发展示范区数字经济协同发展合作备忘录》，明确将从联合建设新型基础设施、协同推进数据共享交换、共同建设数据交易中心、相互共享数字治理成果、合力增强产业协同能力、推动人才交流合作、协同引入与孵化创新项目、共同开展数字经济产业发展课题研究、共同建立万达开数字经济产业联盟、合力开展数字经济活动赛事等10个方面开展更加深入的合作，共同构建万达开数字经济协同发展“同心圆”。

万达开界线精准落地暨区划地名平安边界研讨会　2021年11月30日在万州区召开，重庆市民政局和四川省民政厅主办，万州、达州、开江、梁平、开州、忠县、石柱、云阳、奉节、巫山、巫溪等市内外区县民政局相关负责人以及重庆市勘测院、万州江南勘测有限公司有关人员参会。会议围绕界限精准落地、挖掘跨界红色地名资源、“川渝一家亲”地名寻根、平安边界建设等内容进行经验交流和探讨。

【重大项目进展】　至2021年年末，万达开川渝统筹发展示范区各项重大项目进展迅速。郑万高铁万州段全线贯通，渝万高铁、成达万高铁、万达直线高速开工建设，万开快速通道全线通车，万州北站升级改造工程加速推进。川渝合作重点项目万州新田港二期工程及铁路集疏运中心加快建设。五桥机场与达州机场互为备降机场。联合启动打造万达开新兴产业合作示范区，成立“大巴山·大三峡”文化旅游联盟。212项川渝通办事项落地落实。

（区发展改革委）

万开云同城化发展

【概况】　重庆市万州区、开州区、云阳县（简称万开云），地处三峡库区腹心，总面积1.1万平方千米，户籍人口475.9万人，2021年三地地区生产总值总量2216.34亿元，占渝东北地区总量的45.28%，是渝东北三峡库区城镇群经济体量最大、人口最集中、城镇分布最密集、发展程度和开发条件相对较好区域。2020年4月15日，市委五届八次全体会议提出，“推动万开云板块加快建成三峡城市核心区、绿色工业和现代服务业集聚区、综合交通枢纽和物流中心、三峡旅游集散中心和对外开放门户”。2020年11月27日，市委五届九次全体会议提出，“加快万开云板块同城化，强化在三峡库区生态保护、江城特色城镇化发展、生态产业体系建设上的示范作用”。2021年，市领导多次调研万开云三地，提出具体意见，推动万开云同城化发展。万开云三地召开党政联席会议2次，开展互访交流50余次，签订合作协议30余份；联合印发万开云产业协同发展行动方案，多个企业建立产业链合作关系；相继开通万开、万云城际公交，在义务教育就近跨区招生、远程诊疗合作等多个领域合作。

【重要会议】　万开云同城化国土空间规划专题研究会　2021年3月1日，市委常委、万州区委书记莫恭明专题研究万开云同城化国土空间规划，市规划自然资源局作相关报告。会议强调要从成渝地区双城经济圈等更大视角谋划万开云区域定位与职能，深化综合交通规划，完善万开云内联外畅交通网络，打造成渝地区双城经济圈北翼中心城市、川渝陕鄂毗邻地区经济增长极。

渝东北三峡库区城镇群建设第三次联席会议　2021年4月28日在万州区召开，市委副书记吴存荣主持，会议听取各区县城镇群建设推进情况，提出要围绕产业发展、科技创新、乡村振兴、基础设施、生态环保、区域协同等方面深化合作，会议研究万开云同城化发展相关事宜，明确要加快组建工作专班、编制实施方案，提出在机制运行、公共服务、交通互联等方面加快推进一体化。

万开云同城化发展相关事宜专题研究会　2021年5月18日召开，市委常委、万州区委书记莫恭明主持召开，会议听取万开云同城化发展实施方案起草情况，研究同城化发展的重点方向，指出要强化“一家亲”意识、树牢“一盘棋”思维，聚焦万开云三地城区同城化，突出交通基础设施互联与公共服务共建共享，提出一批重大项目、重大事项、重大政策和便民服务清单。

万开云同城化发展分管领导协调会议第一次会议　2021年8月16日在万州区召开，会议通报万开云同城化发展2021年重点任务推进情况，研究《万开云同城化发展专项工作组组织架构及工作规则》《万开云同城化发展联合办公室组织架构及工作规则》，讨论万开云同城化发展在开发建设模式、优化政务服务环境、共建教育高地、打造综合交通枢纽、实现生态价值转换等方面先行先试的发展思路。议定万开云党政联席会第一次会议筹备的有关事项。

万开云同城化发展党政联席会议第一次会议　2021年8月18日在

万州区召开，市委常委、万州区委书记莫恭明主持，会议听取万开云同城化发展2021年重点工作推进情况汇报，审议通过《〈万开云同城化发展实施方案〉任务分工》《〈万开云同城化发展2021年重点工作〉任务分工》《万开云同城化发展8个便捷服务事项实施方案》《万开云同城化发展专项工作组组织架构及工作规则》《万开云同城化发展联合办公室组织架构及工作规则》等有关文件。

万开主要领导就深化同城化发展开展高层会谈　2021年10月12日，市委常委、万州区委书记莫恭明，区委副书记、区长聂红焰，与开州区委书记蒲彬彬，区委副书记、区长陈道彬在万州区共同召开交流座谈会。双方围绕共同推动交通重大项目、共同做强产业集群、共同优化公共服务、共同推进生态建设等方面展开交流探讨，明确万开两地要加强合作联动，推动两地全方位合作向纵深发展。

渝东北三峡库区城镇群工作座谈会　2021年10月20日在万州区召开，市委书记陈敏尔主持，市委副书记、市长唐良智，市委副书记吴存荣讲话。陈敏尔强调，要深入贯彻习近平生态文明思想和习近平总书记对重庆提出的系列重要指示要求，探索生态优先新路子，打造绿色发展升级版，更加注重区域协同，更好实现生态美、产业兴、百姓富有机统一。要坚持从全局谋划一域、以一域服务全局，全面加强组织领导。唐良智指出，要聚焦区域协同发展，强化内部协同、市域协同、跨省协同，建好万开云中心城市和沿江城镇带，融入主城都市区、联动渝东南，加快推动城镇空间布局成网成群。要突出交通基础设施补短板、因地制宜发展绿色产业、统筹做好“双碳”工作、全面推进乡村振兴，促进万州区加快推动成渝地区双城经济圈建设。

万开云同城化发展党政联席会议第二次会议　2021年11月9日在万州区召开，市委常委、万州区委书记莫恭明主持，会议听取万开云同城化发展2021年重点工作汇报，研究讨论2022年重点工作安排。会议强调，要进一步贯彻好渝东北三峡库区城镇群工作座谈会精神，抓好生态环境整治、产业绿色发展和城市规划建设等重点工作，更好实现生态美、产业兴、百姓富有机统一。要进一步实施好既定项目，聚焦交通基础设施、对外开放平台等发力，加强协调配合，注重分类推进，确保项目早日建成、如期投用。要进一步谋划好明年重点工作，抢抓重大机遇，争取更大支持，在基础设施上补短板、产业发展上做长板、公共服务上强弱项，努力在区域协同发展中展现新作为。要进一步完善好同城化发展机制，探索建立组团招商、干部互派挂职、区县领导联系重点项目和毗邻乡镇合作等机制，更好推动万开云同城化发展。

【重大事项】　“万开云”产业协同发展项目集中签约　2021年6月4日，“万开云”产业协同发展举行项目集中签约仪式。三地共签约招商项目13个，协议总投资37.9亿元，其中万州签约项目5个，总投资13.3亿元。

万开快速通道全线通车　2021年7月5日，投资40亿元的万开快速通道全线开通，万州到开州车程由1小时缩短至15分钟。

万开云同城化发展联合办公室正式组建　2021年7月12日，万开云同城化发展联合办公室成立，在万州高铁片区重庆交运集团2号办公楼办公。联合办公室贯彻落实《万开云同城化发展实施方案》《万开云2021年重点任务清单》等文件，抓好任务分解、研究细化、督促调度等工作。

第一批万开云同城化便捷服务事项实施方案出台　2021年9月6日，万开云三地政府制定印发《第一批万开云同城化便捷服务事项实施方案》，涉及公共交通、市场监管、医疗健康、文化旅游等13个具体便捷服务事项，包括实现路径、实施时间、保障措施等具体内容。

万开云三地医保同城化第一批通办事项公布　2021年9月，万开云三地出台《万开云同城化发展医保参保暨门诊特殊疾病诊断鉴定资格认定三地通办工作实施方案》，第一批包括“城乡居民参保登记”“特病结算方式变更”等30项具体任务实现通办。三地按照先易后难、分步实施的原则，实施医疗保障政务服务流程再造，推进万开云公共服务加快同城化。

万开云同城化发展新闻发布会　2021年10月15日在重庆市新闻发布厅举行。市发展改革委副主任朱江围绕生态同保、空间同构、产业同联、基础同网、服务同享、机制同建6个方面详细解读《万开云同城化发展实施方案》。万开云三地相关负责人分别就万开云同城化组织架构建立、联合办公室运行情况、相向发展措施路径、生态环境保护和公共服务同享等方面回答记者提问，此次新闻发布会为万开云同城化发展提供舆论宣传支撑。

万开云三地媒体签署“合作发展备忘录”　2021年10月29日，万开云三地媒体在重庆三峡传媒集团全媒体影响力发布会上签署“合作发展备忘录”，在新闻资源共享、联合采访、稿件互传、栏目共建等领域合作，重点围绕经营方向，从深化媒体业态创新，做强产业链、做深价值链，建立万开云三地投资、产业转移接续、项目合作等利益分配共享机制实现万开云同城化发展。

万达开云四地开展医疗保障基金联合检查　2021年11月2日，万州区医疗保障局、开州区医疗保障局等组成联合检查组，随机检查开州区人民医院、开州安康医院医保基金使用情况。按照《万达开云医疗保障基金协同监管实施方案》《2021年万达开云医保联合检查工作方案》，万达开云四地将深化医疗领域合作。

万开云签订推动审计一体化建设框架协议　2021年11月，万开云三地审计机关在万州区召开座谈会，签订“推动审计一体化建设框架协议”，三地将围绕同城化发展的重大政策措施贯彻、重大规划编制、重大项目推进、简政放权落地生根、重点资金使用和重大风险防范等方面开展政策跟踪审计项目合作。

万开云“公共体育健身场馆、图书馆一码通”　2021年12月，《万开云“公共体育健身场馆、图书馆一码通”实施方案》印发实施，三地户籍居民凭身份证，线下免费借阅图书、免费或低费使用公共体育健身场馆。

（区发展改革委）

万州两江新区协同发展

【概况】　2019年4月，习近平总书记视察重庆时强调，要推动区域协调发展，促进各片区发挥优势、彰显特色、协同发展。2020年重庆市政府工作报告明确提出要着力构建“一区两群”协调发展格局。2020年7月8日，市委、市政府印发《关于建立健全“一区两群”协调发展机制的实施意见》。12月13日，市委办公厅、市政府办公厅印发《建立“一区两群”区县对口协同发展机制工作方案》。2021年1月11日，万州区两江新区召开对口协同发展联席会议第一次会议。2021年，万州区和两江新区召开联席会议3次，各层级交流对接40余次；到位年度帮扶资金1775万元、安排帮扶项目10个，年度帮扶资金拨付率100%；协作引进项目7个，到位资金24981万元；推动两地3家优质企业建立合作关系；消费帮扶4200余万元；搭建科研平台1个，开展科技协作项目2个；互派党政干部、教师、医生挂职交流26人，培训医务人员20余人次；培训万州数字人才100名，提供就业岗位950个，在岗204位，开展就业培训310人次；开展飞地建园、产销对接等体制机制创新12个。

【产业协同】　2021年，两地协同打造汽车、新材料“两个百亿级产业集群”，万州长安跨越与重庆顺风汽车零部件、重庆长安秦川实业公司建立供应链合作，推动两江基金公司支持金龙铜管混改，推动万州江东机械与上汽依维柯红岩开展重载汽车轻量化零部件配套生产合作。两地整合资源优势，共同打造两江数字经济产业园万州园、两江新区万州企业研发中心、两江先进制造配套产业万州园、万州（两江）绿色智造赋能中心4个“飞地园区”。共同组建招商专班，搭建招商协作平台，两江新区帮助万州区协作引进猪八戒网、博拉等项目7个，累计到位资金24981万元。推动重庆港务物流集团参与新田港二期建设，优化调整红溪沟作业区装卸作业能力，升级改造桐子园作业区，共同推动开通“沪渝集装箱直达快线”（万州航线），万州港开行万州—涪陵水水中转班轮首航。

【城乡互动】　2021年，两地联动打造三峡恒合旅游度假区、乡村振兴示范，安排400万元对口帮扶资金用于万州区恒合土家族乡石坪村乡村旅游项目，探索“景区共建”。互派交流教师10名，建立结对学校10所，互派医务人员10名，签订“卫生健康合作框架协议”，通过线上培训的方式协助万州区培训20名医务人员。互派挂职干部6名，两江新区为万州区培训园区管理、数字人才100名，为万州区劳动力提供就业岗位信息950个，在岗204人；选派师资对万州区长安跨越、乐仁汽车等企业培训310人次。两江新区帮助销售万州区农特产品、文旅产品，消费帮扶4200余万元。在万州设立保税港区进口商品授权分销中心，引导伊欧优新零售（重庆）有限公司与万州恒合土家族乡签订农副产品供销合作协议。

【科技协作】　2021年，两地协同打造1个科创平台，即共建重庆三峡科技创新服务平台，借助易智网的技术优势，促进两江新区科技创新优势资源与万州区企业交流合作。协同开展2个科技项目，推进万州区恒合土家族乡种植功能营养高山蔬菜农产品，引导两江哈工大重庆研究院与万州中科金龙投产试用铜管拉拔用超硬高耐磨模具材料。建立双方创新资源共享机制，促成长安跨越与重庆同济研究院有限公司签订合作协议，建立科技孵化器专业人才共育共享共用机制，两江新区帮助万州区培训孵化平台专业人员7名。

【服务协作】　2021年，万州区组织人员学习两江办展、办会经验，培训会展人才15名。两地开展旅游促销活动4次，推广旅游线路4次，推介万州旅游精品线路2条，实现双方人才在文化旅游服务事项互认互通。两江新区推荐重庆君顿酒店管理有限公司在万州建成营业柯澜酒店。万州区学习两江新区政务服务新模式，推动营商环境“同优共创”，开办园区建设与管理、数字经济发展、电子政务能力等专项培训班，累计培训专业人才130人。两江新区援建万州区政务自助服务终端5台。

【万州区两江新区签署对口协同发展2021年度工作协议】　2021年2月2

日，市委副书记吴存荣，市委常委、万州区委书记莫恭明，市委常委、两江新区党工委书记、管委会主任段成刚等共同见证万州区、两江新区签署“对口协同发展2021年度工作协议”。万州党政代表团考察参观两江新区智慧政务、长安汽车先进制造园、礼嘉数字智慧公园等地，两地明确将围绕招商引资、产业发展、科技协作、城乡互动、社会事业等10个方面开展合作。

【两江数字经济产业园万州园揭牌暨集中签约活动在万州举行】 2021年5月14日，市委常委、万州区委书记莫恭明，市委常委、两江新区党工委书记段成刚共同揭牌两江数字经济产业园万州园。中软国际教育科技集团、猪八戒股份公司等6家入园企业代表与万州区签署框架协议，协议投资12.1亿元。段成刚率两江新区党政代表团考察渝东新区规展馆、恒合土家族乡乡村振兴示范等对口协同发展重点任务建设情况。

【两江新区万州区3个产业协同载体挂牌】 2021年9月16日，两江新区万州企业研发中心、两江新区先进制造配套产业万州园、万州（两江新区）绿色智造赋能中心同步挂牌运营。3个产业协同载体将分别促进两江新区、万州区在研发创新、先进制造、绿色赋能方面深化合作，推动“一区两群”对口协同发展走深走实。

（区发展改革委）

对口协作

【水利部定点帮扶】 2021年，水利部继续定点帮扶万州。期间，水利部部长李国英、副部长陆桂华到万州调研考察，水利部司局级领导到万州调研指导7人次，选派干部在万州挂职3名（其中区领导2名），2021年累计投入万州帮扶资金14630万元，重点实施水利行业倾斜、水利建设技术帮扶、水利人才培训、职业技能培训、党建促乡村振兴、消费帮扶、以工代赈稳岗就业、内引外联“八大工程”。在水利部帮助下，万州区全年完成帮扶项目10个，开展人才、技能培训148人次，实施技术帮扶2次，销售农产品136万元，完成以工代赈稳岗就业52人次。

（卢俊良）

【对口支援】 2021年，万州区接待对口支援省市到访25批次、169人次，到对口支援省市考察学习8批次、71人次，编制各对口支援省市《对口支援三峡库区重庆市万州区“十四五”规划》，落实对口支援财政性无偿援助资金1.41亿元，比上年增长6.03%，实施对口支援项目74个，培训各类人员330人，互派干部9人。以对口支援为平台，开展招商引资、深化经贸合作，在万州召开第十三届全国对口支援三峡库区经贸洽谈会，万州签约项目27个，签约金额268.1亿元。

（卢俊良）

【东西部协作】 2021年，万州区编制完善《济宁·万州“十四五”东西部协作发展规划》，明确未来五年济宁万州协作方向、内容和路径。出台《2021年济宁万州东西部协作工作实施方案》，明确全年7个方面28项重点任务，各项协作事项均超额完成。在文旅合作、产业合作和消费帮扶3个方面9项重点工作任务中，万州至济宁航线于6月29日开通，两地人员往来5500余人次；推进两地龙头企业结对互促，延伸产业链条、提升价值链条，巩固提升芦花鸡全产业链，衔接深化中医药全产业链，创新拓展生态渔业全产业链；万州区累计销往济宁市农特产品2300余万元。全年山东省和济宁市拨付万州区财政援助资金4906万元，实施项目31个，完工27个。

（区乡村振兴局）

农业·水利

综　述

【概况】　2021年，万州区以绿色发展、提质增效为主攻方向，以乡村振兴"双亮"活动为抓手，发展山地高效型农业，推进"双百亿"工程实施。全年粮食生产持续稳定，百万亩经果林、百万头生态猪两大产业集群初步建成，培育和打造全国名特优新、"巴味渝珍"等重要品牌，组建三峡山地特色农业科技创新中心，推动芦花鸡保种场西南繁育中心发展，累计建成高标准农田307平方千米，农田宜机化改造1平方千米。第一产业增加值108.91亿元，比上年增长12%，总量和增速均位列重庆市第二。全年落实水利专项资金3.39亿元、三峡后续资金14.05亿元、三峡库区基金1.58亿元、移民后期扶持0.43亿元、对口支援资金1.41亿元，到位资金总额20.86亿元，完成水利投资13.67亿元，两项指标均创历史新高。

【"双百亿"工程】　万州区以发展山地高效型农业为方向，实施"双百亿"工程，即：围绕百万亩经果林、百万头生态猪，构建种植、养殖生态循环全产业链，实现产值各100亿元。2021年，两大产业集群初步形成。新建经果林基地33.33平方千米，其中新建柑橘基地6.67平方千米、小水果基地13.33平方千米、茶叶基地3.33平方千米、中药材基地3.33平方千米，新改建林业特色经济产业基地6.67平方千米。全区经果林面积606.67平方千米。建成75家841个生态猪养殖单元，新增105万头生猪产能；重庆万州德康农牧科技有限公司3800头祖代种猪场、400头种公猪站建成投产；重庆万州德康农牧科技有限公司50万吨饲料厂、200万头生猪屠宰暨肉食品加工厂，广东中科无抗生态科技有限公司、三峡农业集团35万吨益生菌及发酵饲料厂，重庆农神集团20万吨生物有机肥加工厂加快推进。

【农产品品牌打造】　2021年，万州区持续打造"三峡牌"农产品。新增绿色食品、有机农产品和农产品地理标志等"两品一标"产品19个，累计119个，其中包含绿色食品116个、有机食品2个、农产品地理标志产品1个。新增市级农业品牌50个，累计163个，其中包含区域公用品牌、中国特色农产品优势区、中国重要农业文化遗产、全国乡村特色产品、名特优新目录农产品、特质农品16个，重庆名牌农产品26个，"巴味渝珍"授权农产品42个，中华老字号1个、重庆老字号7个，非物质文化遗产7个，国家驰名商标、地理标志商标和产品22个，行业品牌42个。万州玫瑰香橙入选全国名特优新产品目录。承办重庆市第四届斗茶大赛暨“三峡天丛”品牌推介活动，达成940吨购销协议，协议金额4120万元，现场展位交易额近100万元。开展2021年中国农民丰收节、特色水果推介会、万州特色农产品展示展销等节会活动，交易金额近1亿元。

【农业绿色发展】 2021年，万州区发展生态循环农业，推广种养循环、绿色发展的生产方式。治理农业面源污染，推行“低架网床+益生菌+异位发酵”生猪生态养殖模式，畜禽粪污资源化利用率92.5%。推进水产养殖健康发展，治理37家养殖单位500万吨尾水。全年推进化肥农药使用减量增效，实施有机肥替代化肥面积47平方千米，累计213平方千米。将秸秆回收利用转化为有机肥垫料，推进秸秆资源化综合利用，全区秸秆综合利用率达88.41%以上。

【动植物疫病防控】 2021年，万州区开展动植物疫病防控，及时有效监测非洲猪瘟、高致病性禽流感等重大动物疫病和柑橘大实蝇、柑橘溃疡病、稻水象甲等重大检疫性病虫害。

动物疫病防控 全年完成畜禽免疫557.78万头（只），发放动物疫病疫苗600余万份、畜禽免疫标识40万余套、消毒药20吨。集中消毒圈舍31.5万间次。强化非洲猪瘟防控工作，排查生猪养殖场（户）约50.37万个次、屠宰场636个次。开展动物疫病监测4.99万项/次，检测样品3.37万份。加强动物及产品调运监管，外来动物及其产品的调入备案率100%、查验率100%，运载工具100%消毒。

植物疫情防控 全区建立植物疫情监测点203个，开展柑橘实蝇、红火蚁、柑橘溃疡病、稻水象甲、梨树病害等重大疫情的监测，全年抽取疑似疫病样品132份。及时阻截新发疫情，全年发现3起柑橘溃疡病疫情，均及时进行处置；发现并处置“亚洲梨火疫病”疫情4.07万平方米、“水稻细菌性条斑病”涉疫种子180千克、“红火蚁”疫情面积15.09万平方米。规范种苗生产调运，签发种苗产地检疫合格证、植物检疫证书38份，区内检疫柑橘、李子苗共13.76万株。

【农业装备信息】 2021年，万州区推广山地高效型农业机械设备，新增农机总动力1万千瓦以上，主要农作物综合农机化率50.13%。推进果园轨道运输机、生猪养殖喂料机等机具推广应用，推动开展无人机播种、施肥，锄草机、微耕机、开沟机、打米机应用试验示范。新建果园轨道运输线140条，轨道长度3.1万米。开展水稻大钵体毯状苗育插秧试验示范面积13.33万平方米。完成老式拖拉机、联合收割机年检24台。新建益农信息社站点101个，建成村级益农信息社站点505个，完成全区信息进村入户工程任务。

【惠农政策】 耕地地力保护和种粮大户补贴 万州区实施耕地地力保护和种粮大户补贴工作“大专项+任务清单”管理方式。同一地块，1年只能享受1次耕地地力保护补贴或种粮大户补贴。耕地地力保护资金原则上补贴给拥有耕地承包权的种地农民，与耕地面积挂钩，直接补贴到户，补贴标准为70.57元/亩。种粮大户补贴的对象即种粮大户，补贴面积以2020年种粮大户实际种粮面积计算，补贴标准为230元/亩。全年共发放耕地地力保护和种粮大户补贴资金1.05亿元，涉及补贴耕地973平方千米、农户32.12万户。其中，耕地地力保护补贴发放农户32.12万户，967平方千米。种粮大户35户，面积6.4平方千米。

农机购置、报废补贴 万州区对包含14个大类37个小类118个品目在内的农业生产需要机具实行购置补贴，补贴对象为从事农业生产的个人和农业生产经营组织，根据农机购置补贴系统公布的农机购置补贴机具补贴额一览表，对农机购置补贴资金实行定额补贴，全年使用农机购置补贴资金791.1万元，补贴各类农机具4978台（套），受益农户4449户，农机购置补贴资金额度连续3年增长。在重庆市率先启动农机报废更新补贴工作，对达到报废条件的农机进行报废更新补贴，补贴种类范围为拖拉机、联合收割机、水稻插秧机等3类农业机械，全年补贴报废拖拉机3台，补贴资金1.05万元。

种粮一次性补贴 万州区为有效化解农资价格上涨对农民种粮收益的影响，保护粮食生产者积极性，稳定农民收入，对全区实际种粮农民发放一次性补贴。补贴品种为水稻、玉米、小麦和大豆等粮食作物，可兼顾薯类等其他粮食作物。补贴面积为核实上报的2021年耕地地力保护和种粮大户补贴面积。补贴标准为10.81元/亩。补贴资金于2021年7月中旬通过“一卡（折）通”发放到实际种粮农民手中。全年发放实际种粮农民一次性补贴资金1579万元，补贴农户321227户，补贴面积967.31平方千米。其中补贴一般农户321200户，补贴面积967.13平方千米；种粮大户27户，补贴面积6平方千米。

【农业行政执法】 2021年，万州区瞄准农资、农机、农产品质量安全、畜牧兽医、渔业等五大领域，抓住农资打假、动物疫病防控、禁渔打非断链（打击非法捕捞渔获物、斩断市场销售产业链）等关键环节，开展农业农村委、公安、市场、水利等部门联动执法检查。开展“春雷”“零点”“砺剑”等13个专项执法检查行动，累计出动执法人员3290人次，开展执法检查896余次，其中多部门联动检查20次，涉及检查对象918个；检查发现安全隐患117个，整改117个。针对私屠滥宰、非法捕捞、农资打假等重点、难点领域，对违法行为实施精准打击，办理农业领域案件161件，共处罚款109.83万元。打表推进变型拖拉机清零工作，全年报废外籍变型拖拉机567台、本籍变型拖拉机204台，全区变型拖拉机存量明显下降。

【农业基础设施建设】 2021年，万州区集中连片、整村整镇推进高标准农田建设，新建高标准农田41平方千米，累计建成306.67平方千米。完成田间道路（机耕路与生产路）31.48千米，分布在7个镇乡22个村居。推进农田宜机化改造，改善农田机械化操作条件，农田宜机化改造1平方千米。

【农产品质量安全】 2021年，万州区开展食用农产品“治违禁控药残促提升”三年行动，出动监管人员4196人次，检查生产经营主体3845家次，开展风险监测396批次，监督抽查596批次，查处禁用农兽药案件2起。强化日常监督监测，抽取样品1406个，监督抽样769个，对送检不合格的样品生产企业立案查处。加快试行农产品合格证制度，拓宽食用农产品合格证制度实施覆盖面，试行主体开具使用合格证覆盖率84%。

【全国农作物病虫害绿色防控示范县】 2021年，万州区强化农作物病虫害监测预警，推广重大病虫绿色防控技术，被农业农村部种植业管理司评为全国农作物病虫害绿色防控示范县。做好重大病虫监测和防控，新建草地贪夜蛾监测点50个、智能物联网监测系统15套，及时发布预警信息指导开展专业化统防统治。开展绿色防控示范，建立柑橘绿色防控示范片2.53平方千米，重点推广黄板、捕食螨等绿色防控技术；建立柑橘大实蝇绿色防控示范片11.33平方千米，重点推广示范果瑞特食诱剂诱杀柑橘大实蝇技术；开展稻水象甲应急防控示范片16平方千米，重点推广高效低度低残留农药。全年农药使用量1019吨，比上年减量5.9%。开展主要农作物病虫害绿色防控面积607.4平方千米，主要农作物病虫害绿色防控覆盖率56.67%。

【三峡山地特色农业科技创新中心】 2021年，万州成功组建三峡山地特色农业科技创新中心，科创中心位于三峡农科院甘宁试验基地，一期展厅完工，已入驻国家生猪技术创新中心、西南大学柑桔研究所、重庆市畜牧科学院等11家单位15个科研平台，引进中国工程院院士李德发、印遇龙，中国农业大学教授李保明，西南大学柑桔研究所所长陈善春等国内知名专家、学者在内的100余名产业体系专家和技术骨干，吸引山东鲁抗、四川德康等10家现代农业企业入驻，紧扣生态猪、经果林两大主导产业，聚焦良种繁育、疾病防控、农产品精深加工、山地智能农机及农业全产业链系统五大关键领域，开展生猪、柑橘、中药材等15项科研课题核心技术攻关。

【国家现代农业产业园】 万州区国家现代农业产业园位于万州区西南部，2021年4月被农业农村部、财政部纳入创建名单，是重庆市第五个国家现代农业产业园。园区范围涵盖甘宁镇、龙沙镇、瀼渡镇、新田镇、柱山乡、高峰街道等6个乡镇（街道），面积254.27平方千米，总人口17.88万人。园内有省级及以上农业产业化龙头企业13个、农民合作社132个、家庭农场79个。产业园交通发达，资源禀赋优异，是万州现代农业最发达、历史文化最厚重、乡村旅游最富集、市场主体最活跃的地区。以园区为核心区域，先后创建为国家农村产业融合发展示范园、中国特色农产品优势区（玫瑰香橙），市级现代农业产业园、市级农业科技园区。至2021年，产业园已经形成生猪和柑橘为主导的两大产业集群，柑橘基地总面积63.67平方千米，年产柑橘12.9万吨，累计建成大规模生猪生态养殖场19个，形成生猪产能45万头。

（张婷婷）

【三峡后续工作】 2021年，万州区申报三峡后续项目共2批次，累计落实专项补助资金计划14.05亿元（其中第一批项目申报获得额外补助奖励2.3亿元），获批实施三峡后续项目45个（新建19个、续建26个），资金额度、项目数量为重庆市最多。按照水利部三峡后续工作规划编制要求，完成2022—2024年度三峡后续项目库编制工作，累计获批2022—2024年三峡后续项目库项目101个。涉及专项补助资金23.24亿元，其中2022年度8.56亿元、2023年度10.46亿元、2024年度4.21亿元。至年末，全区累计实施三峡后续项目517个，落实三峡后续补助资金116.02亿元，其中完工项目470个、在建项目47个，累计拨付专项资金110.48亿元，占到位资金的95%，完工项目已办财务决算331个。

【移民后期扶持】 2021年，万州区水利局开展移民直补、困难扶助、技能培训、搬迁避险等后扶工作，实施三峡库区基金项目30个、大中型水库后期扶持项目24个、小型水库补助项目9个、移民小区及安置区精准帮扶项目17个，完成175米蓄退水影响人口避险搬迁，推进移民小区电梯加装工作。全年落实水库移民后期扶持投资20308万元，其中三峡库区基金投资15823万元、大中型水库移民后期扶持基金投资4301万元、小型水库补助资金184万元。全年下达后期扶持项目建设资金计划15502.15万元，项目63个。

其中，三峡库区基金项目11921.47万元、项目30个，大中型水库后扶项目3396.66万元、项目24个，小型水库扶助项目184万元、项目9个。至年末，已完工项目25个、在建项目37个、未开工项目1个，拨付当年项目建设资金13283.5万元，资金拨付率85.69%。全年发放大中型及三峡水库农村移民直补资金882.6万元，涉及5.85万人；发放三峡城镇移民困难补助资金3063.72万元，涉及7.64万人；发放三峡城镇移民特殊救济803户133万元；慰问三峡城镇移民17619户450万元。全年下达培训资金计划400万元，计划培训2900人次，其中水利部定点帮扶万州培训120人。实施政府采购，由15个培训机构承担培训任务，并委托相关中介机构进行监测评估，实际培训2928人。

（卢俊良）

2021年万州区农业生产情况统计表

表16

指标名称	计量单位	代码	统计数据
内陆水域面积	平方千米	01	242.62
#可养殖面积	平方千米	02	51.70
水产品养殖面积	平方千米	03	38.52
水产品产量	吨	04	22149
水产品商品率	%	05	72
设施水产养殖占地（水面）面积	平方千米	06	5.20
农业机械总动力	万千瓦	07	73.20
拖拉机	辆	08	146
农用及其他	辆	09	949
#手扶变型运输机	辆	10	0
农用运输车	辆	11	949
农用排灌动力机械	台	12	40958
机耕面积	平方千米	13	1132.78
重庆名牌产品	个	14	26
农用柴油	吨	15	1554
农药使用量	吨	16	1068
龙头企业	家	17	192
#区级及以上	家	18	192
#市级及以上	家	19	40
#国家级及以上	家	20	5
农民专业合作社	个	21	1200
农民合作社成员数	户	22	170879
累计土地流转面积	平方千米	23	476
累计集中规模经营面积	平方千米	24	387.33
市级农业产业化示范园区	个	25	7
市级农业产业化示范园经营面积	平方千米	26	324.58

续表16

指标名称	计量单位	代码	统计数据
农业科技与服务单位个数	个	27	14
农业技术服务机构从业人员	人	28	442
化肥使用量（折纯量）	吨	29	37845
机收面积	平方千米	31	568.70
种植大户数	户	32	1598
畜禽养殖大户数	户	33	1372
家庭农场数	个	34	1118
设施农业种植占地面积	平方千米	35	5.98
设施畜牧养殖占地面积	平方千米	36	2.24
高标准农田面积	平方千米	37	307.53
“两品一标”农产品	个	38	119
“两品一标”农产品基地面积	平方千米	39	51.62
农业专业技术人员	人	40	226
草原综合植被覆盖度	%	41	—
畜禽粪污综合利用率	%	42	92.50

2021年万州区农林牧渔业总产值及增速统计表

表17

指标	代码	现价1—本季本期（万元）	现价1—本季（上年同期）（万元）	1—本季可比价速度（%）	本季可比价速度（%）
农林牧渔业总产值	1	1614310	1421267	14.60	15.90
农业产值	2	1080798	924512	8.90	10
林业产值	5	83572	79834	3.90	-0.90
牧业产值	6	361725	345696	34	29.50
渔业产值	9	61617	48509	8	46.30
农林牧渔专业及辅助性活动产值	12	26597	22716	11.80	14.30

2021年万州区“两品一标”认证农产品一览表

表18

序号	产品名称	认证种类	产量（吨）	面积（平方千米）	企业名称	乡镇（街道）
1	番茄	绿色食品	800	0.10	重庆市万州区同鑫现代农业发展有限公司	甘宁镇
2	辣椒	绿色食品	800			
3	黄瓜	绿色食品	300			
4	万州玫瑰香橙	绿色食品	2000	1.07	重庆市万州区西部农业开发有限责任公司	

续表18

序号	产品名称	认证种类	产量（吨）	面积（平方千米）	企业名称	乡镇（街道）
5	万州玫瑰香橙	绿色食品	850	0.34	重庆蕤峰园农业有限公司	龙沙镇
6	万州玫瑰香橙	绿色食品	730	0.25	重庆市万州区祥云玫瑰香橙专业合作社	
7	玫瑰香橙	绿色食品	400	0.13	重庆市万州区天奥农业开发有限公司	
8	玫瑰香橙	绿色食品	2000	0.33	重庆视界农业开发有限公司	
9	蓝莓	绿色食品	300	0.14	重庆市熙丰农业开发有限公司	
10	晚熟脆李	绿色食品	450	0.19	重庆南城农业开发有限公司	
11	翠冠梨	绿色食品	70	0.08	重庆市美盛园家庭农场	
12	火龙果	绿色食品	150			
13	万州玫瑰香橙	绿色食品	500	0.28	重庆市万州区新辉农业发展有限公司	
14	沃柑	绿色食品	400	0.13	重庆蕤阓农业开发有限公司	
15	玫瑰香橙	绿色食品	753	0.33	重庆皇心明君农业发展有限责任公司（重庆皇心明君农业发展有限责任公司甘宁分公司）	
16	葛根面	绿色食品	150		重庆市好恭道食品有限责任公司	
17	香迷尔脐橙	绿色食品	1100	0.38	重庆市万州区国寿福脐橙种植场	
18	玫瑰香橙	绿色食品	40	0.02	重庆市峡江农业开发有限公司	
19	晚熟脐橙	绿色食品	25	0.01		
20	黄金蜜柚	绿色食品	150	0.07		
21	红心蜜柚	绿色食品	75	0.03		
22	加碘食用盐	绿色食品	150000		重庆索特盐化股份有限公司	龙都街道
23	加碘精制盐	绿色食品	20000			
24	未加碘食盐	绿色食品	5000			
25	肠衣盐	绿色食品	10000			
26	精制盐（未加碘）	绿色食品	55000			
27	低钠盐	绿色食品	3000			
28	海藻碘精制盐	绿色食品	2000			
29	海藻碘食用盐	绿色食品	3000			
30	海藻碘食用盐	绿色食品	3000			
31	香菇	绿色食品	570	0.03	重庆闽万菌草食用菌技术有限公司	高峰镇
32	白土高山大米	绿色食品	1750	3.33	重庆市万州区白土坝水稻农机专业合作社	白土镇
33	蓝莓	绿色食品	1000	0.87	重庆市蓝溪谷农业发展有限公司	恒合土家族乡
34	李子	绿色食品	131	0.08	重庆市万州区向光木果树种植场	白羊镇

续表18

序号	产品名称	认证种类	产量（吨）	面积（平方千米）	企业名称	乡镇（街道）
35	桃子	绿色食品	100	0.09		
36	桃子	绿色食品	136	0.08	重庆力芝坪种植专业合作社	
37	李子	绿色食品	125	0.09		
38	柠檬	绿色食品	555	0.25		
39	尤力克柠檬	绿色食品	500	0.17	重庆市驰翰柠檬开发有限公司	
40	北京柠檬	绿色食品	600	0.20		
41	玫瑰香橙	绿色食品	2800	0.93	重庆市映水农业开发有限公司	瀼渡镇
42	默科特	绿色食品	600	0.20		
43	三峡恋梨	绿色食品	900	0.30	三峡优质农业发展有限公司	
44	三峡恋沃柑	绿色食品	210	0.10		
45	三峡恋橙	绿色食品	2808	1.04		
46	鲢鱼	有机食品	15		重庆市三峡生态渔业股份有限公司	
47	鳙鱼	有机食品	70			
48	晚熟脆红李	绿色食品	400	0.25	重庆市裕升坪农业开发有限公司	后山镇
49	中熟青脆李	绿色食品	360			
50	青脆李	绿色食品	250	0.10	重庆捷达农业开发有限公司	
51	脆红李	绿色食品	300	0.10		
52	花生牛奶饮料	绿色食品	4000	0.02	重庆宁兰食品有限责任公司	分水镇
53	红茶（悦君女儿红）	绿色食品	3	1.49	重庆市万竹茶业发展有限公司	
54	绿茶（悦君童子茶）	绿色食品	3			
55	蜜柚	绿色食品	700	0.31	重庆市万州区民之爱农业发展有限公司	
56	晚熟青脆李	绿色食品	5000	3.33	重庆市万州区分水广洞岩李子专业合作社	
57	长粒香米	绿色食品	120	0.33	重庆市万州区稼穗米业有限公司	
58	尝香米	绿色食品	120			
59	中熟清脆李	绿色食品	800	0.27	重庆市香当好农业开发有限公司	响水镇
60	蜂糖李	绿色食品	65	0.09		
61	月二坡脆李	绿色食品	1600	0.67	重庆燊旺农业开发有限公司	
62	柑橘	绿色食品	300	0.10	重庆市莅林农业开发有限公司	
63	易家寨李	绿色食品	180	0.09		
64	猫洞脆梨	绿色食品	225	0.10	重庆市万州区创普农业开发有限公司	
65	大沟酥梨	绿色食品	225	0.10		
66	王二沟脆李	绿色食品	150	0.07	万州区响水镇兴旺种养殖场	
67	晚熟青脆李	绿色食品	680	0.17	重庆市瑞奥农业开发有限公司	溪口乡

续表18

序号	产品名称	认证种类	产量（吨）	面积（平方千米）	企业名称	乡镇（街道）
68	玫瑰香橙	绿色食品	500	0.23	重庆市为公农业开发有限公司	弹子镇
69	弹子柚	绿色食品	200	0.07		
70	莲子（鲜）	绿色食品	10	0.26	重庆市芊玥农业综合开发有限公司	
71	草鱼	绿色食品	10			
72	白鲢	绿色食品	5			
73	玫瑰香橙	绿色食品	500	0.17	重庆帝尚农业开发有限公司	
74	沃柑	绿色食品	120	0.03		
75	无花果熟果干	绿色食品	200	0.67	重庆康寿无花果开发有限公司	钟鼓楼街道
76	无花果	绿色食品	500			
77	红阳猕猴桃	绿色食品	2000	0.13	重庆市万州区同圆猕猴桃专业合作社	铁峰乡
78	翠冠梨	绿色食品	2700	1.20	重庆市万州区白角山翠冠梨专业合作社	
79	翠玉梨	绿色食品	1300	0.58	重庆市万州区马子塘翠玉梨专业合作社	
80	番茄	绿色食品	320	0.35	重庆市金菜篮生态农业开发有限公司	高梁镇
81	甘蓝	绿色食品	150			
82	花菜	绿色食品	80			
83	黄瓜	绿色食品	60			
84	苦瓜	绿色食品	200			
85	茄子	绿色食品	100			
86	青椒	绿色食品	90			
87	四季豆	绿色食品	30			
88	莴笋	绿色食品	75			
89	豇豆	绿色食品	30			
90	大雅柑	绿色食品	160	0.05	重庆优瑞生态农业有限公司	
91	春见柑	绿色食品	100	0.03		
92	砂糖橘	绿色食品	160	0.05		
93	云梦银针（绿茶）	绿色食品	0.40	2	重庆玖凤旅游开发有限公司（有英文证书）	太安镇
94	太平春（绿茶）	绿色食品	1.20			
95	凤凰毛峰（绿茶）	绿色食品	1			
96	三峡银针（绿茶）	绿色食品	0.30			
97	三峡红茶	绿色食品	1.50			
98	玖凤红茶	绿色食品	2			
99	玖凤云雾（绿茶）	绿色食品	0.20			
100	绿羽春茗（绿茶）	绿色食品	1.50			

续表18

序号	产品名称	认证种类	产量（吨）	面积（平方千米）	企业名称	乡镇（街道）
101	云梦红茶	绿色食品	1			
102	香羽红茶	绿色食品	2.20			
103	万州罗田大米	农产品地理标志	15000	21		罗田镇
104	万州玫瑰香橙	绿色食品	1080	0.60	重庆市万州区泷霖农业开发有限公司	郭村镇
105	万州柠檬	绿色食品	120	0.07		
106	青脆晚熟李	绿色食品	400	0.13	重庆市万州区芳发农业开发有限公司	
107	玉凰蜜甜李	绿色食品	200	0.13	重庆市万州区合玉家庭农场	龙驹镇
108	塔罗科血橙	绿色食品	1600	0.57	重庆枭利多农业有限公司	武陵镇
109	蜜柚	绿色食品	210	0.13	重庆如美生态农业有限公司	
110	枇杷	绿色食品	400	0.13		
111	龙眼	绿色食品	300	0.40		
112	W·默科特	绿色食品	700	0.27	重庆市万州区青山紫农业开发有限公司	小周镇
113	大雅柑	绿色食品	1250	0.33	重庆丰满园农业开发有限公司	新乡镇
114	三峡红（红茶）	绿色食品	1.15	0.10	重庆聚缘川秀茶叶有限公司	
115	寒山云雾	绿色食品	4			
116	大雅柑	绿色食品	2600	0.77	重庆独具佳农业有限公司（原名重庆驰实农业开发有限公司）	长坪乡
117	香水梨	绿色食品	250	0.20	重庆市万州区生心果园	长滩镇
118	脆李	绿色食品	380	0.17	重庆望之欣农业发展有限公司	柱山乡
119	万州探戈（柑橘）	绿色食品	500	0.36	重庆市万州区远翔柑橘专业合作社	大周镇

（张婷婷）

种植业

【粮食】 2021年，万州区实现粮食产量、面积稳中有增，“米袋子”货足价稳。粮食播种面积991.2平方千米，产量49.75万吨，分别比上年增长0.4%、0.7%。

【油料】 2021年，万州区油料作物保持稳定，油料播种面积103.6平方千米，产量2.04万吨，分别比上年增长0.1%、2.6%。

【蔬菜】 2021年，万州区蔬菜生产稳中略增，蔬菜播种面积494.4平方千米，产量124.4万吨，分别比上年增长1.5%、4.9%。其中，保供蔬菜基地播种面积80平方千米，产量22万吨；榨菜播种面积158.53平方千米，产量48.42万吨，分别比上年增长0.9%、3.5%；以辣椒、生姜、葱、蒜为主的调味品蔬菜播种面积33.33平方千米，产量8万吨。

【柑橘】 2021年，万州区柑橘种植总面积273.33平方千米，产量35.5万吨，总产值16.9亿元，分别比上年增长2.5%、18.3%、24.3%。其中，玫瑰香橙种植面积96.67平方千米，投产面积66.67平方千米，产量12万吨，产值8亿元；红桔种植面积66.67平方千米，投产面积66.67平方千米，产量11万吨，产值2.5亿元；柠檬种植面积66.67平方千米，投产面积66.67平方千米，产量8.5万吨，产值3.2亿元；杂柑种植面积43.33平方千米，投产面积23.33平方千米，产量4万吨，产值3.2亿元。

【小水果】 2021年，万州区特色小水果种植总面积180平方千米，投产面积122平方千米，产量14.2万吨，产值9.93亿元，分别比上年增长8%、15.8%、24%。其中，脆李种植面积100平方千米，投产面积60.67平方千米，产量7万吨，产值4.34亿元；梨种植面积20平方千米，投产面积15.33平方千米，产量3万吨，产值2亿元；桃种植面积13.33平方千米，投产面积8平方千米，产量1.2万吨，产值0.83亿元；其他小水果（枇杷、龙眼、杨梅、樱桃等）种植面积46.67平方千米，投产面积38平方千米，产量3万吨，产值2.76亿元。

【茶叶】 2021年，万州区茶园种植总面积41.33平方千米，投产茶园面积23.77平方千米。茶叶产量2451吨，总产值3.02亿元，茶叶综合产值8.01亿元，分别比上年增长9.9%、20.8%、12.03%。

【中药材】 2021年，万州区中药材定植面积65.33平方千米，产量3.01万吨，产值3.3亿元，分别比上年增长2.08%、0.66%、10.74%。新增中药材产地初加工厂2座，全区中药材产地大小初加工厂27座，年最大加工能力2万余吨。万州区中药材资源丰富、栽培历史悠久，是三峡道地药材主产区，全区主要种植佛手、前胡、黄精、金荞麦、石菖蒲等大宗中药材。

佛手 2021年，万州区佛手规模化种植面积6.67平方千米，涉及微型企业10家、农民合作社6家、农业公司4家，覆盖全区9个乡镇、11个行政村（其中贫困村3个），农户200余户，有佛手初加工企业7家，带动500余人就业，年产值2000余万元。

石菖蒲 2021年，万州区通过“龙头企业+合作社+农户”模式，大力推广石菖蒲人工种植。全区石菖蒲规模化人工栽培面积0.67平方千米、年产值1000余万元。

【烟叶】 2021年，万州区烤烟种植面积7.13平方千米，涵盖4个乡镇37个村160余户烟农。白肋烟种植面积1.96平方千米，涵盖6个镇乡59个村659户烟农。烤烟、白肋烟交售收入3795.09万元，比上年增长38%，实现烟叶税834.92万元，增长38%。整村推进白土镇人头村1.01平方千米烟叶草种植示范区建设。新增茨竹乡，转型普子乡、余家镇、弹子镇种植烤烟，取消分水镇、响水镇、郭村镇烟叶种植。划定8个镇乡为烟叶核心种植区，建设基本烟田23.33平方千米。投入854万元扶持生产，优化集成“深翻+有机肥+绿肥”土壤保育模式，降低烟农生产投入，协助受灾烟农保险理赔120余万元。打造“烟+N”智慧农业综合体，发展烟菜配套基地2.67平方千米。争取资金360万元，完成烤房建设及设备维修，保障烟叶生产。

2021年万州区主要农作物面积及产量统计表

表19

指标名称	单位	2020年		2021年	
		绝对值	增幅（%）	绝对值	增幅（%）
粮食播种面积	平方千米	987.33	0.03	991.20	0.40
粮食产量	万吨	49.38	0.60	49.75	0.70
油料播种面积	平方千米	103.53	0.04	103.60	0.10
油料产量	万吨	1.99	2.20	2.04	2.60
蔬菜播种面积	平方千米	487.40	1.50	494.40	1.50
其中：榨菜	平方千米	157.20	0.10	158.53	0.90
蔬菜产量	万吨	118.59	3	124.40	4.90
其中：榨菜	万吨	46.76	0.70	48.42	3.50
水果投产面积	平方千米	315.07	4.50	337.53	7.10
其中：玫瑰香橙	平方千米	6.67	—	6.67	11.10
水果产量	万吨	49.59	6.80	56.37	13.70
其中：玫瑰香橙	万吨	9	—	12	33.30
茶园投产面积	平方千米	21.44	32.60	23.77	10.90
茶叶产量	吨	2231	33.60	2451	9.90

2021 年万州区入选重庆市第三批市级“一村一品”示范村镇一览表

表 20

村镇名称	主导产业（产品）	村镇名称	主导产业（产品）
白羊镇惠民村	柠檬	小周镇小周村	柑橘
白羊镇石龙社区	柠檬	熊家镇红星村	樱桃
白羊镇大弯村	柠檬	余家镇关龙村	花椒
甘宁镇	玫瑰香橙	长滩镇茶坪村	青脆李
甘宁镇永胜村	玫瑰香橙	孙家镇兴发村	青脆李
黄柏乡向龙村	古红桔	孙家镇兰草村	三峡佛印茶
太龙镇大旗村	柑橘	太安镇凤凰村	茶乡香米
太龙镇仙鹤村	玫瑰香橙	龙驹镇龙溪村	高山生态有机茶
武陵镇客群村	柑橘		

（张婷婷）

林　业

【概况】　2021 年，万州区有林业用地 2017 平方千米，森林面积 1852 平方千米，公益林面积 1052 平方千米，活立木总蓄积 970 万立方米。全区森林覆盖率 56%，长江两岸森林覆盖率 70%，湿地保护率 78% 以上。森林资源主要分布在七曜山脉、龙驹山脉、方斗山脉、铁峰山脉、善字山脉及长江两岸。全区自然保护地 7 个，总面积 470 平方千米，占全区总面积 13%，其中自然保护区 1 个，包括重庆王二包市级自然保护区；森林公园 2 个，包括铁峰山国家森林公园、乌龙池市级森林公园；风景名胜区 4 个，包括潭獐峡国家级风景名胜区、歇凤山市级风景名胜区、龙泉市级风景名胜区和青龙瀑布市级风景名胜区。全区发展并认定市级林业龙头企业 3 家、区级林业龙头企业 11 家，全年全口径林业总产值 38.3 亿元。

【造林绿化】　2021 年，万州区实施森林质量提升项目，完成国土绿化营造林 183.33 平方千米，其中完成“两岸青山 · 千里林带” 20.8 平方千米，累计绿化造林 734 平方千米。全年全民义务植树 180 万株，参与人数 35 万人，义务植树尽责率 90%，营造全民参与国土绿化良好氛围。实施消落带生态治理，在黄柏乡、大周镇、百安坝街道等乡镇（街道）栽植中山杉生态修复示范林 0.79 平方千米，新栽植中山杉 10 万余株。

铁峰林场　　（区林业局　供图）

【国有林场】　2021 年，万州区有 4 个以生态效益为主的公益一类国有林场，包括国有铁峰山林场、国有龙驹林场、国有新田林场、国有分水林场，共管辖面积 132 平方千米，其中有林地面积 122 平方千米，森林蓄积 133.23 万立方米；按性质分，其中重点公益林 113 平方千米，商品林 18.73 平方千米。全年加大林场基础设施建设投入，4 个国有林场基础设施明显改善，新建检查站 2 个，改造管护站 5 个，新修护林步道 1 千米，改造林区公路 5 千米，安装视频监测系统 22 套、智能语音播报卡口 10 套。在 4 个国有林区科学实施生态修复，完成森林抚育 4.1

平方千米、封山育林2.67平方千米、“两岸青山·千里林带”0.73平方千米，林区森林植被迅速恢复，森林质量显著提升。

【林业生态安全】 2021年，万州区开展森林火灾预防，强化宣传教育，严格火源管控，推进扫码入林，推动森林草原火情智能监控系统建设，新建标准化检查站4个，批复建设森林防火公路123千米，全区无森林火灾发生和人员伤亡事故。抓好松材线虫病防治工作，完成防治面积211平方千米，无害化处置疫木10.2万株，拔除疫点单位1个，实现无疫情单位4个，全区松材线虫病蔓延势头得到控制。

【林业行政审批】 2021年，万州区推进林业系统简政放权，下放乡镇（街道）行政许可办理事项1项。优化林地征占用审批流程，办理时间压缩80%，办理环节压减至3个以下，行政许可事项即办件比例40%以上。全年审批270件，办理行政确认20件，未出现逾期未办结现象。

【林业执法】 2021年，万州区严格林业执法，开展打击毁林专项行动、“清风行动”、野外火源治理和查处违规用火行为专项行动等，查处林业行政案件104件，处罚企业21家、个人83人，涉林案件查处率100%。规范执法监管，将“双随机、一公开”纳入常态化，抽查镇乡（街道）16个、涉林企业32家，事项抽查率100%。

【森林督查问题整改】 2021年，万州区加强森林督查问题整改。2020年森林督查问题22个，全部完成查处和整改。2021年森林督查违法项目37个，已制定整改方案，正在开展查处整改工作。推进铁峰山国家森林公园违建整改，调整成立由区政府主要负责人为“指挥长”的整改指挥部，下设办公室和10个工作组，全面统筹整改工作。按照“拆除、改造、迁出”工作思路，制定《铁峰山国家森林公园万州区域违建处置优化方案》。至年末，完成违建项目整改13个，拆除房屋类违建3.3万平方米，剩余5处13.5万平方米房屋类违建推进整改。

【林业产业发展】 2021年，万州区加强森林康养建设，推动铁峰、茨竹、长滩森林康养小镇和打阵坪、凤凰茶乡森林康养基地建设，申报重庆市首批森林康养基地2个。助推农村“双亮”活动，开展村庄绿化，完成农村“四旁”植树2平方千米。利用“两岸青山·千里林带”项目，支持条件适宜的镇乡发展特色林业产业5.33平方千米，带动项目区林农年增收4000万元以上。至年末，累计发展经果林295平方千米，培育第一产业林业大户540户，第二产业以重庆市谭木匠工艺品有限公司、重庆市树上鲜食品（集团）有限公司、重庆市禾采食品有限公司等为代表的林业加工企业200余家，第三产业森林旅游业主体18个。

（范声英）

畜牧业

【概况】 2021年，万州区出栏生猪103.17万头，年末存栏生猪66.26万头，其中能繁母猪7.03万头，分别比上年增长58.8%、20.8%、28.6%。出栏牛1.7万头，增长2.5%。出栏山羊15.79万只，增长2.5%。出栏家禽801.19万羽，增长8.4%。肉类总产量9.87万吨，增长50.7%。禽蛋产量1.16万吨，增长4.7%。

【生猪养殖】 2021年，万州区生猪出栏50头以上规模养殖场共799户，年出栏生猪49.7万头，主要分布在龙沙、甘宁、响水、罗田、分水、九池等镇乡。其中，年出栏2000头以下养殖场759户，年出栏2000头以上规模养殖场40户，其中甘宁镇重庆市万州区鸿阔养殖公司、罗田镇重庆熊万养殖有限公司规模养殖场年生猪出栏2万头以上。

【牛羊养殖】 2021年，万州区肉牛出栏10头以上规模养殖场共162户，年出栏0.5万头。其中年出栏50头以下养殖场138户，年出栏50头以上规模养殖场24户，主要分布在甘宁、后山、长滩等镇乡。全年山羊出栏30只以上规模养殖场225户，年出栏山羊2.4万只。其中年出栏200只以下山羊养殖场198户，年出栏200只以上规模养殖场27户，主要分布在长滩、分水、高梁等镇乡。

【家禽养殖】 2021年，万州区蛋鸡存栏500羽以上规模养殖场66户，年末存栏79.5万羽。其中年末存栏2万羽以下养殖场35户，年末存栏2万羽以上规模养殖场36户，主要分布在龙驹、武陵、分水、甘宁、龙沙等镇乡。全年肉鸡出栏2000羽以上规模养殖场125户，年出栏199.8万羽。其中年出栏4万羽以下养殖场115户，年出栏4万羽以上规模养殖场10户，主要分布在龙驹、响水、分水、余家、甘宁等镇乡。全年肉鸭出栏5000羽以上规模养殖场6户，年出栏6.6万羽。其中，年出栏1万羽以下养殖场4户，年出栏1万羽以上规模养殖场2户，主要分布在甘宁、太安等镇乡。

【畜禽产品】 2021年，万州区猪肉产量8.14万吨，比上年增长65.1%；牛肉产量2294吨，增长4%；羊肉产量2393吨，增长2.3%；禽肉产量1.24万吨，增长9.2%，其中鸡肉产量9895吨，增长4.7%；禽蛋产量1.16万吨，增长4.7%，其中鸡蛋产量9995吨，增长6.1%。

【芦花鸡养殖】 2018年，万州区龙

驹镇通过鲁渝东西部协作平台，从山东省济宁市汶上县引进芦花鸡到该镇梧桐村繁育，同时引进养殖业主重庆铭森晟祥农牧科技有限公司开始芦花鸡生态养殖。至2021年年末，万州先后建成芦花鸡高效山地原生态散养基地、国家级保种场芦花鸡西南繁育中心、屠宰冷链仓储中心及深加工研发中心、销售网点等相关配套实施，成立重庆市芦花鸡产业联合体，辐射带动四川、贵州、云南等省发展芦花鸡产业，形成繁育鸡苗500万羽、林下散养10万羽、年屠宰120万羽、深加工50万羽芦花鸡能力，建成1000平方米的芦花鸡产品精深加工厂，全产业链年总产值上亿元，成为全国东西部协作典型范例。

2021年万州区主要畜禽生产情况统计表

表21

项目	计量单位	2020年	2021年					增长率(%)
			一季度	二季度	三季度	四季度	全年	
畜禽存栏								
猪	头	548566	698837	701798	700674	662559	662559	20.80
其中：能繁殖母猪	头	54632	75041	77038	75124	70283	70283	28.60
牛	头	28100	28124	29145	28237	28016	28016	-0.30
其中：肉牛	头	20094	20111	20467	20101	19874	19874	-1.10
奶牛	头	19	14	13	14	14	14	-26.30
羊	只	102264	102053	108029	108788	101159	101159	-1.10
其中：山羊	只	102264	102053	108029	108788	101159	101159	-1.10
活家禽	羽	4171315	4029159	3724851	3692458	3827708	3827708	-8.20
其中：活鸡	羽	3406869	3200422	3192160	3049641	3205437	3205437	-5.90
其中：肉鸡	羽	1830877	1869548	1791305	1801827	1737071	1737071	-5.10
蛋鸡	羽	1575992	1330874	1400855	1247814	1468366	1468366	-6.80
畜禽出栏								
猪	头	649738	251317	160966	285178	334161	1031622	58.80
牛	头	16595	2545	1296	4167	8997	17005	2.50
羊	只	154070	40401	16398	24072	77018	157889	2.50
其中：山羊	只	154070	40401	16398	24072	77018	157889	2.50
活家禽	羽	7393910	1944504	1510812	2215467	2341100	8011883	8.40
其中：活鸡	羽	6103441	1542516	1196481	1794483	1984572	6518052	6.80
畜禽产品产量								
猪肉	吨	49275	19253	12517	21619	27968	81357	65.10
牛肉	吨	2205	331	164	529	1270	2294	4
羊肉	吨	2338	618	241	373	1161	2393	2.30
其中：山羊肉	吨	2338	618	241	373	1161	2393	2.30
禽肉	吨	11333	2834	2347	3434	3760	12375	9.20
其中：鸡肉	吨	9454	2637	1857	2406	2995	9895	4.70
禽蛋	吨	11058	2642	2310	2770	3861	11583	4.70
其中：鸡蛋	吨	9416	2462	1987	2452	3094	9995	6.10
生牛奶	吨	257	40	25	24	26	115	-55.30

说明：畜禽存栏全年数为年末存栏数。

（张婷婷）

渔 业

【水产品养殖】 2021年，万州区重点保障水产品苗种生产供应、稳定池塘养殖、示范推广生态养殖、集约化设施养殖、保持天然水域生物多样性，生态渔业稳定持续发展。渔业养殖面积38.53平方千米，其中池塘（包括山坪塘）24.13平方千米、水库14.33平方千米。水产品总产量2.21万吨，渔业产值6.16亿元，渔业经济总产值10.17亿元，分别比上年增长4.7%、27%、15.9%。

【稻渔综合种养】 万州区持续推广以优质稻为主的稻鱼综合种养推广技术和模式，通过稻渔综合种养，共生共养，共存共防，优化稻田生态环境，自然实现“双减”，提高稻田综合生产效益，形成“试验基地+示范基地+面上推广+品牌打造”的稻鱼产业体系。2021年，形成稻鱼综合种养示范基地0.9平方千米，辐射带动2平方千米。

【退捕安置】 2021年，万州区在重庆市率先完成994名渔民、445艘渔船退捕上岸工作。推进退捕渔民安置保障工作，完成退捕渔民“转产就业、职业技能培训、养老保险参保和兜底保障”4个100%。退捕渔民中，除参军、学生、死亡10人不符合参保条件外，剩余984人均参加养老保险。打好促进就业、支持创业和公益岗位安置等“组合拳”，实现转产就业668人，转产转业率100%。

【禁捕执法】 2021年，万州区开展打击非法捕捞专项整治行动，农业农村、公安机关、市场监管等部门联动执法，常态化开展“四清四无”（四清指清江、清湖、清船、清网，四无指无渔船、无渔民、无网具、无生产）排查整治，严厉打击各类非法捕捞行为，并对违规垂钓进行重点整治。加大对涉渔重点区域、重点对象的日常检查，深入推进打非断链专项行动。全年查处非法捕捞行政案件122起，罚款40余万元，没收涉案渔获物80余千克。深挖全区首例销售禁用渔具案中案，查获销售禁用渔具案2起。查处泥鳅打窝、钓获物超量、船艇垂钓等典型案例8起。

（张婷婷）

水 利

【概况】 2021年，万州区全域水质稳中向好，长江干流万州段水质稳定保持Ⅱ类，次级河流水质基本满足Ⅲ类要求。编制完成以水安全保障总体规划为核心，水利基础设施空间布局、水旱灾害防御、农村供水保障、水库移民后扶等多个专项规划为支撑的“十四五”规划体系。先后开工青龙水库、石笋沟水库、枫木水库，谋划启动大滩口水库扩建、杨家河水库（均为开展前期工作），构建三峡后续、对口支援、城市提升等水利项目库10余个。农村饮水通过国家“后评估”考核，水旱灾害防御全年“未亡一人、未垮一坝、未决一堤”，水利建设实现“零责任事故”，水利工作全年获水利部、市级、区级的表彰表扬20余次。

【水利建设】 2021年，万州区水利建设投资13.67亿元。推进大滩口水库渠系、东北部都市拓展区供水工程、青龙至甘宁水库补水工程3个水系连通工程，启动万州水网建设。开工建设青龙水库、石笋沟水库、

2021年万州区水产养殖情况统计表

表22

指标名称	单位	2020年	2021年	增速
养殖面积	平方千米	38.23	38.52	0.70%
池塘	平方千米	23.87	24.16	1.20%
水库	平方千米	14.36	14.36	0
稻渔综合种养	平方千米	1.38	1.79	29.70%
生产鱼苗	万尾	2250	2550	13.30%
水产品总产量	吨	21149	22149	4.70%
养殖产量	吨	21080	22149	5.10%
捕捞产量	吨	69	0	-100%
渔业产值	万元	48509	61617	27.02%
渔业经济总产值	万元	87749	101667	15.90%

枫木水库3座骨干水源工程。开展农村饮水安全“一改三提”（改善农村供水设施饮水条件，提升人均可供水量、提升水质达标率、提高运行管护水平）行动，实施农村供水保障项目25个，完成6个。建成长滩小流域治理水保项目，综合治理水土流失面积19平方千米。推进密溪沟至长江四桥（驸马长江大桥）、万一中至驸马片区消落区综合整治工程，实施新乡集镇、黄柏集镇库岸整治项目，开展里牌溪、大周溪防洪安全综合整治，完成孙家场镇防洪应急抢险整治工程，开工浦里河余家—弹子河段综合治理工程，整治山坪塘168口。

大滩口水库　（桂本运　摄）

【水利行业监管】　2021年，万州区全面加强水利行业监管。强化工程管护，实施水库大坝安全鉴定，开展库塘防溺水专项行动，管好用好现有水利工程体系。建立安全风险台账，开展安全生产大排查大整治大执法、水利建设领域“建安”执法等专项行动，水利建设领域全年未发生1例安全生产责任事故。加强建设管理，实施水利工程建设项目审批制度改革，全年办理质量监督书15个。全年下达责令停止水事违法行为通知书131份，纠正水事违法违规行为124起，调解水事矛盾纠纷6起，水事违法案件查处率100%。规范河道采砂，由“政府主导、部门牵头、国企实施、民企参与”的长江河道采砂机制成功试点。下放政务服务事项6项、取消4项，16个事项优化审批流程、4个事项简化审批手续，1个事项实行承诺制管理。推进政务服务“一网通办”，办理时限压缩至法定办理时限的80%以内，全年办结各类行政审批事项348件，合法性审查覆盖率、正确率100%。

【重点水利工程】　2021年，万州区有蓄水工程23262处（中型水库7座、小型水库183座、山坪塘23072口），总蓄水容积4.46亿立方米，年供水能力3.56亿立方米。泵站工程260处，现状年提水4371万立方米。全区运行的水力发电工程108座，总装机18.03万千瓦，在建水力发电工程2座，总装机1.96万千瓦。堤防204.69千米，其中5级及以上堤防178.6千米，保护人口42.1万人。规模以上灌区41处，灌溉面积218.7平方千米，灌区渠道687.3千米，其中防渗渠道621.6千米。农村供水工程7312处，其中集中供水工程1229处、分散供水工程6083处。

【水土保持】　2021年，万州区扎实开展水土保持工作，全年新增水土流失治理面积35.51平方千米，可减少土壤流失量8.3万吨。完成长滩小流域国家水土保持重点工程建设，综合治理水土流失面积19平方千米。全面落实生产建设项目水土保持“三同时”制度（建设项目中的水土保持设施，必须与主体工程同时设计、同时施工、同时投产使用），全年督办备案161个，验收复核项目22个，审批水土保持方案135个。加大水土保持执法力度，常态化开展生产建设项目监督检查，控制人为水土流失。完成付沟小流域监测站点迁建，付沟小流域被列入国家水土保持监测站点，命名为“国家水土保持监测重庆万州区付沟水力侵蚀观测重点站”。

【农村水利水电】　2021年，万州区整治山坪塘168口，推进大滩口水库二级电站、保安供水电站2个扶贫电站项目建设，兑现扶贫收益金297.54万元。持续推进标准化自动化绿色小水电建设，新增自动化改造和安全生产标准化达标电站3座，巩固小水电清理整改成果，整改销号118项。加强小水电安全督查，整改安全隐患74处。全年未发生安全责任事故。

【水旱灾害防御】　2021年，万州区全面落实防洪重点区域“行政、技术、巡查”和190座中小型水库（电站）“行政、管护、技术”3个防汛责任，强化汛前检查、汛中巡查、汛后排查“三查”措施，修订完善水旱灾害防御预案，修复水毁20处，启动水利风险普查，强化监测预警预报，严格防汛值守，开展防汛应急演练，组织流域防洪调度，统筹“防汛抗旱”双线作战，在年度降雨较多年平均偏多320毫米的形势下平安度汛。

（卢俊良）

工　业

综　述

【概况】　2021年3月24日，万州区召开工业大会，提出万州未来发展要以工业经济为主、建设工业强区的决定，并制定建设工业强区十条措施。全区以万州经开区为主战场，深化落实工业强区“十条措施”，发展智能循环型工业，深耕绿色照明、智能装备、食品医药、汽车、新材料五大重点产业，着力补链延链强链、壮大集群规模，不断提升工业发展质效。绿色照明产业建立起较为完善的产业配套体系，主要工序和配件实现本地协作和配套；智能装备产业拥有市级企业技术中心6个，有较强技术创新能力；食品医药产业拥有市级消费品工业重点培育品牌示范企业6户，占全市8.6%；汽车产业以长安跨越公司为龙头，引进培育近20户配套企业，其产销量居全国城镇物流商用车前3位；新材料产业有金龙集团、九龙万博特铝新材料、威科赛乐公司等龙头企业和项目，是万州首个百亿级产业集群。

全年，全区规模以上工业产值381.4亿元，比上年增长14.1%，规模以上工业增加值增长9.9%。绿色照明、智能装备、食品医药、汽车、新材料（建材）五大重点产业产值259.5亿元，增长10.7%，占全区规模以上工业产值比重68%；规模以上工业企业营业收入384.6亿元，增长12.2%，利润总额28.2亿元，增长21.2%。工业入库税金15.4亿元，增长23.1%，其中制造业税金13亿元，增长31.5%。新培育规模以上工业企业22家，累计162家。评选出2021年度万州工业十强企业，其产值228.1亿元，占全区规模以上工业产值总量的59.8%；利润20.7亿元，占全区规模以上工业利润总额的73.4%。

【工业企业服务】　2021年，万州区提出工业强区战略，并采取系列措施提升服务效能，优化营商环境。深化区级领导定点联系重点企业制度，创新开展议服务基层建设、议服务企业发展“双议”工作。设立工业企业“服务热线”，规定企业诉求1个工作日内派发给相关责任部门，责任部门10个工作日内反馈办理情况。开设工业企业政务审批服务“绿色通道”，实行“谁审批、谁代办”，以及上门服务、延时服务、预约服务。推行职能部门“服务专员”负责制，负责协调落实本部门所有服务事项，执行一次性告知、限时办结、责任追究。针对重点工业项目，区政府成立专项指挥部，由区级领导担任指挥长、副指挥长，分组负责产业准入、环保、安全、交通、要素保障、用地保障、综合协调等。将服务企业工作纳入年度综合考核，倒逼各部门单位转变工作作风、提升服务效能。万州区经济和信息化委员会（简称区经济信息委）着力搭建政银企平台，协调农商行、中银富登等合作银行机构，释放“增信贷”“欣工贷”等融资产品潜力，帮助企业破解融资难题，至年末，全区48户工业企业得到政府增信融资支持，累计发放贷款3.65亿元。企业贷款利率比上年平均下降0.6个百分点左右。

【工业强区十条措施】 2021年4月7日，区委办公室、区政府办公室联合印发《万州区工业强区十条措施》，即成立工业强区工作领导小组；建立完善重点项目指挥部制度；建立完善工业招商工作机制；设立工业发展专项资金2亿元；强化工业项目要素保障；优化政务服务环境；完善考核评价机制；强化企业人才资源保障措施；完善干部激励保障机制；营造支持工业发展浓厚氛围。十条措施出台为万州区实施工业强区战略，推动工业经济高质量发展奠定基础。

【工业项目招商建设】 2021年，万州区工业投资58.6亿元，比上年增长87.1%，增速排名重庆市第一名。区经济信息委以签约项目落地开工为主要抓手，加强日常项目调度，强化困难问题协调，推动一批项目早签约、早开工、早投产。全年，签约菲达旭智能灯具研发生产等工业项目21个，协议总投资57.9亿元；新材料产业园绿色建材基地等5个项目加快完善签约手续，协议总投资81.8亿元；维都利锂离子电池生产等26个项目竣工投产，国能重庆万州新田光伏发电等27个项目开工建设。推动“万开云”“万达开”以及和两江新区、江苏、山东地区的产业协同发展。与开州区、云阳县共同承办“万开云”产业协同发展推进会，举行集中签约仪式，共签约招商项目13个，协议总投资37.9亿，其中万州签约项目5个，总投资13.3亿元。

【智能化改造】 2021年，万州区大力发展循环智能型工业，促进产业结构优化调整和转型升级，提速打造长江上游绿色制造基地。落实2021年度万州区智能循环型工业发展专项资金5440.5万元，支持项目185个。建立和完善2021年智能制造项目库，全年实施智能制造项目30个，长安跨越星V5车身主焊车间等13个项目竣工投产。加快智能化改造，新增食品科技公司、平湖川村公司2户企业为2021年市级数字化车间，累计市级数字化车间4个；新增嘉博文生物公司、平湖金龙公司2户企业为2021年市级智能工厂，累计市级智能工厂3个。通过市级智能制造信息管理平台认证项目27个。施耐德（重庆）电工有限公司获评2021年重庆市智能制造标杆企业。

【落后产能退出】 2021年，万州区着力建好环保设施，推进污染集中治理，加大循环化改造，推动不同行业、企业的资源链、加工链和产品链横向耦合、纵向延伸、循环链接，实现更高资源利用率和最小化废弃物产出。全区调减化工园区面积1.22平方千米，相继关停三阳、九棱等化工企业，化工行业产值比重从2016年的17.1%降到2021年的8.7%。依法依规推动落后产能退出和去过剩产能，煤矿企业全部关停，无1家违法生产“地条钢”企业，取缔烧结砖瓦窑企业10户、淘汰落后产能9500万标砖。

（谭雨秋）

【农产品加工】 2021年，万州区推动农产品加工业迭代升级。农产品加工总产值38.32亿元，比上年增长25.4%，其中规模以上农产品加工业产值28.75亿元，增长31.9%。新增农产品产地仓储保鲜冷链设施20座，库容1139吨。累计建成冷藏库119座、烘干房23座、初加工及商品化处理设施31个。新增市级农产品加工示范企业7家，规模以上企业20家、市级示范企业19家。

2021年万州区重点工业企业一览表

表23

序号	企业名称	类型
1	金龙精密铜管集团股份有限公司	万州区工业十强企业
2	重庆长安跨越车辆有限公司	
3	国能重庆万州电力有限责任公司	
4	重庆湘渝盐化有限责任公司	
5	重庆三峡水利电力（集团）股份有限公司	
6	重庆三雄极光照明有限公司	
7	重庆华歌生物化学有限公司	
8	重庆雷士照明有限公司	

续表23

序号	企业名称	类型
9	重庆迪康长江制药有限公司	
10	重庆谭木匠工艺品有限公司	
11	金龙精密铜管集团股份有限公司	万州区重点工业企业
12	重庆长安跨越车辆有限公司	
13	重庆湘渝盐化有限责任公司（含索特盐化）	
14	神华神东电力重庆万州港电有限责任公司	
15	重庆三雄极光照明有限公司	
16	重庆三峡水利电力（集团）股份有限公司	
17	重庆华歌生物化学有限公司（含中邦科技）	
18	重庆万州西南水泥有限公司	
19	重庆飞亚实业有限公司	
20	重庆迪康长江制药有限公司	
21	重庆雷士照明有限公司	
22	中国船舶重工集团长江科技有限公司	
23	施耐德（重庆）电工有限公司	
24	重庆市鱼泉榨菜（集团）有限公司	
25	重庆市树上鲜食品（集团）有限公司	
26	重庆谭木匠工艺品有限公司	
27	中国船舶重工集团衡远科技有限公司	
28	重庆市维都利新能源有限公司	
29	重庆江东机械有限责任公司	
30	重庆市九龙万博新材料科技有限公司	

（张婷婷）

创新驱动发展

【企业研发平台培育】 2021年，万州区国家、市级、区级三级企业研发平台培育体系基本建立。拥有国家级企业技术中心1个，新增市级企业技术中心3个，累计24个；新增区级企业技术中心6个，累计13个；3户企业创建为重庆市技术创新示范企业；30余家工业企业与高校、科研机构建立起长期产学研合作关系。全区规模以上工业企业R&D占比达全市平均水平；大中型工业企业关键工序数控化率71.9%，有研发活动的规模以上工业企业数字化研发设计工具普及率75.2%。重庆京穗船舶制造有限公司、重庆长安跨越车辆有限公司、重庆江东机械有限责任公司、中国船舶重工集团衡远科技有限公司4家企业入选重庆市设计驱动型企业库名单。

【企业技术创新成就】 2021年，万州区推动研发机构三年倍增计划，提升企业技术创新能力。国家高新技术企业工业产值占规模以上工业产值比重超过31%。4个产品申报重庆市重大新产品并通过评定，3个项目申报市级新产品并通过鉴定；雷士照明等7户企业15个项目在重庆市级技术创新指导性项目推荐目录上完成备案，全年20个项目纳入技术创新指导目录。新增长越内饰、敏城电子等4户企业通过国家两化融合贯标体系认定，累计8户企业通过认定。金龙集团退火包装自动化生产线5G+工业互联网集成创新应用、钦纵航空航天零部件智能工厂等2个项目纳入重庆市2021年智能化赋能工程试点示范项目。

【企业人才保障】 2021年，万州区聚焦工业企业需求，采取校企合作、订单式培养等方式，组织重庆三峡职业学院等院校与重庆迪康长江制药有限公司等10家企业签订合作协议。实施大规模职业技能提升行动，全年累计培训企业职工1.31万人。开展“平湖英才”评选活动，入选企业人才24名，在子女教育、住房保障等方面提供一对一服务100余次；累计申报18名企业人才入选“鸿雁计划”，发放入选人才奖励资金109.1万元，单位引才补助40.5万元。对在万企业吸纳离校2年内的登记失业高校毕业生、稳定就业1年以上并缴纳社保保险的，给予单位社保补贴和岗位补贴。全年兑现社保补贴373.6万元、岗位补贴20万元；岗位补贴144人46.4万元。搭建线上线下用工求职平台，开展招聘活动54场，达成意向就业7357人，保障重点企业用工6788人。

【万州区公共实训基地项目】 项目于2021年5月经区发展改革委可研批复，8月下达投资计划，是2021年度全国唯一一个中央财政投资5000万元的市级公共实训基地。其主要功能包括，行业一流、技术先进的五轴联动加工中心、汽车检测与维修、船舶操纵模拟器、材料与力学等实训车间25个，可放置智能制造、新能源汽车、航运、电子商务、会计等7个专业（工种）的实训设备1000台（套）。

（谭雨秋）

绿色照明产业

【概况】 2021年，万州区以重庆三雄极光照明有限公司、重庆雷士照明有限公司、施耐德（重庆）电工有限公司为代表的10户规模以上绿色照明企业产值26.8亿元，比上年增长12.8%，主要以生产智能照明产品、智能高低压电器等为主，主要产品包括LED筒灯、LED灯盘、LED灯带、芯片（SMD LED、LED材料）和配套设备及智能高低压电气开关设备、电力设备及仪器仪表。其中，三雄极光、雷士照明跻身全国照明行业前五强。主要产品包括照明灯具（LED支架、筒灯、射灯灯盘）、开关插座、高低压开关柜等，具备一定产业基础和产业配套能力，主要工序都能实现本地协作和配套。

【龙头企业选介】 重庆三雄极光照明有限公司 该公司是广东三雄极光照明股份有限公司全资子公司，是“三雄·极光”品牌下属5大公司之一，注册资本8000万元，位于万州区芦家坝高新技术产业园，员工1400余人。自2018年以来连续3年被万州经开区评为“纳税十强工业企业”，2021年获“重庆制造业民营企业100强”称号。企业主要产品为LED支架系列、LED筒灯系列、LED射灯系列、消防应急照明系列、LED灯珠系列等，系列产品获“中国名牌产品”称号，并通过节能认证、3C认证、国家消防认证等多种认证。2021年，企业产值13.58亿元。

（谭雨秋）

装备制造产业

【概况】 2021年，万州区以重庆江东机械有限责任公司、中国船舶重工集团等在万州企业为代表的21户规模以上装备制造企业产值10.4亿元，比上年增长6.9%，主要产品有液压机、小型双组份涂胶机、移动式喷砂机组、平切铸板机、游艇、光纤罗经、自动跟踪分罗经、可变节能螺旋桨、DYT4蓄电池专用生产设备、有色金属铸件等。其中，中国船舶重工集团长江科技有限公司为全国无气喷涂机喷嘴的行业标准制定者；中国船舶集团衡远科技有限公司打破国内双相不锈钢完全依赖进口的历史；重庆江东机械有限责任公司为国内规模较大、综合实力较强的专业成形技术综合提供商之一。

【龙头企业选介】 中国船舶集团衡远科技有限公司 该公司隶属中国船舶集团，2017年由重庆衡山机械和重庆远风机械整合重组而成。该公司位于万州区经开区九龙园，是国家高新技术企业、技术创新示范企业、国家“专精特新”小巨人企业，建有省级技术中心、省级蓄电池装备工程技术研究中心、国防三级计量站。有技术人员近100名，取得58项国家专利及各级科技成果30项，近10个项目被列入国家重点新产品、重庆市高新技术产品、重庆市科技攻关项目。其主要产品有：智能成套装备，替代进口的铅酸蓄电池板栅绿色智能生产线、真空合膏线等智能生产设备；特种船舶配套，舰船用高压空气压缩机、精密传动、电子设备、可调桨、固定桨、喷水推进系列产品；先进绿色铸造，铜合金铸造、铝合金铸造、双相不锈钢铸造。2021年，公司营业收入2.9亿元，工业总产值2.87亿元。

重庆江东机械有限责任公司 该公司是集研发、生产、销售智能液压成型成套设备的国有控股企业，前身系国民政府第27兵工厂，2001年改制为有限责任公司，注册资本3亿元，位于万州区五桥百安大道1008号，员工520余人。企业先后获“中国机械工业优秀企业”“中国机械工业最具竞争力品牌”等称号，其液压机系列产品为“重庆名牌产品”，聚焦金属零部件生产用锻压设备或生产线、非金属零部件生产用压力机或生产线，聚焦汽车轻量化、航空航天等方向开展锻压成形装备研究；同时研发高档多工位机械伺服等机械压力机。拥有国家专利102项，其中发明专利13项，获得机械工业科学技术奖1项、中国工业首台（套）1项、重庆市级科学技术

江东机械全自动冲压生产线　　（区经济信息委　供图）

成果8项、重庆市重点新产品8项、重庆市高新技术产品10项、市级奖1项。参与制定国家标准2项、行业标准11项。2021年，企业产值2.29亿元，其下属江东汽车零部件有限责任公司等3家子公司产值1.12亿元。

（谭雨秋）

食品医药产业

【概况】　2021年，万州区以重庆市鱼泉榨菜（集团）有限公司、重庆迪康长江制药有限公司为代表的26户规模以上食品药品企业产值37亿元，比上年增长11.9%。食品主要包括味精、鸡精、原盐（食盐）、花椒油、榨菜、白酒等，其中鱼泉榨菜出口连续20年居全国同行业第一位，树上鲜花椒油在国内市场占有率居第一位，药品主要有生化制药、化学药、中成药及兽药4大类。生化制药中胰酶、胃蛋白酶产量占全国70%～80%。龙七胃康片、三号蛇胆川贝片、宁心益智胶囊、金花明目丸等8个品种为全国独家品种药。迪康长江卡络磺钠氯化钠注射液和龙七胃康片在国内市场占有率居第一位。厚捷医药集团有限公司入选2021年重庆民营企业100强榜单。

【龙头企业选介】　重庆市树上鲜食品（集团）有限公司　位于万州区李河镇，是全国规模最大花椒油专业生产企业，也是国家重点龙头企业、国家高新技术企业。该公司是集花椒种植、研发、生产、销售为一体的国内大型花椒油生产骨干企业，并致力于复合调料、粉末调料等调味品的创新改良。公司资产规模3亿元，占地8000平方米，厂房设施面积3000平方米，有员工100余人，拥有30余项知识产权，连续斩获中国国际农产品交易会金奖等荣誉，每年产值达3亿元，上缴利税近3000万元。

重庆迪康长江制药有限公司　该公司是成都迪康药业股份有限公司全资子公司，注册资本5000万元，位于万州区龙井沟1号，员工600余人，是国家高新技术企业、重庆市医药骨干企业、重庆市创新示范企业、重庆市“专精特新”小巨人企业、万州区重点工业企业、万州工业十强企业，拥有重庆市企业技术中心研发平台。企业主要产品为片剂、胶囊剂、大容量注射剂、小容量注射剂、粉针剂、颗粒剂、膜剂等剂型。企业拥有发明专利3项、实用新型专业14项，龙七胃康片是其拥有自主知识产权的全国独家品种，龙七胃康片、卡络磺钠氯化钠注射液、阿莫西林胶囊获评重庆市重大新产品，人工牛黄甲硝唑胶囊、环扁桃酯胶囊、贝诺酯片等9个品种获评重庆市高新技术产品。2021年，企业产值5.88亿元。

（谭雨秋）

汽车制造产业

【概况】　2021年，万州区以重庆长安跨越车辆有限公司为代表的14户规模以上汽车制造企业产值70.5亿元，比上年增长4.9%，主要产品有轻卡、小卡、面包车和专用车、农用车、货箱总成汽车零配件等。

【龙头企业选介】　重庆长安跨越车辆有限公司　该公司由重庆跨越产业投资有限公司、重庆长安汽车股份有限公司合资组建，公司注册资本6533万元，位于万州区天城街道天子工业园，员工2900余人，是全国汽车行业重点骨干企业，也是长安牌轻型汽车的重庆生产基地。企业主要产品为长安牌载货汽车、微型客车、专用汽车。2012年，长安跨越总体从重庆主城搬迁至万州区，投资近10亿元，同步实现工艺技术生产线的改造升级；2018年对生产线集约化智能化升级改造，建成年产20万辆商用车基地。企业拥有重庆市企业技术中心，有专利近300件，长安新豹、长安新豹mini、长安跨越者、长安跨越王、长安V系列成为重庆市高新技术产品，迅速挤占轻微卡城乡镇级物流市场，以电动、网联、共享、智能等“新四化”引领技术研发及储备。2021年，企业产值60.49亿元，带动万州10余家零部件配套企业发展，形成80亿级的汽车产业集群规模。

（谭雨秋）

新型材料产业

【概况】 2021年，万州区以金龙精密铜管集团股份有限公司、重庆万州西南水泥有限公司为代表的41户规模以上新型材料企业产值114.7亿元，比上年增长14%，主要产品包括精密铜管、内螺纹铜管、新型不锈钢建材、环保水泥、半导体衬底材料等，是全区首个100亿级产业集群。其中，金龙铜管是全球规模最大、技术最先进的铸轧法铜管生产企业，生产工艺和产品品质处于国际领先水平。金龙精密铜管集团股份有限公司入选2021中国制造业企业500强榜单。

【新材料产业园绿色建材基地项目】 2021年5月21日，在第三届中国西部国际投资贸易洽谈会重大项目签约仪式上，万州经开区管委会与海螺水泥股份有限公司和重庆万州西南水泥有限公司，共同签订万州新材料产业园——绿色建材基地项目投资协议。项目总投资约75亿元，建设打造水泥智能化示范工厂、智能化绿色矿山等系列项目。

【龙头企业选介】 金龙精密铜管集团股份有限公司 该公司是重庆万州经济技术开发有限公司投资的国有控股混合所有制企业，注册资本6亿元，位于万州区机场路588号，员工700余人。2019年，金龙集团紫铜管获“制造业单项冠军产品”称号；2020年，企业获“中国铜管行业突出贡献团队”称号，位居2021中国制造业企业500强第311位、重庆企业100强第23位和重庆企业制造业100强第10位。企业拥有国内外铜管及铜管深加工生产企业15家28条生产线65万吨产能，占全国总产能22%，是全球精密铜管产能规模最大企业，拥有国家认定的企业技术中心、中国科学院精密铜管工程研究中心、博士后科研工作站和金龙集团应用科学与技术研究院。其生产的系列光面铜管、内螺纹铜管、外翅片铜管、毛细铜管等产品，成为格力、美的、海尔、海信、奥克斯、日本大金、美国特灵、韩国LG等空调制冷厂家首选产品，其精密铜管在国内外市场占有率稳居首位。2021年，企业产值74.37亿元。

重庆市九龙万博新材料科技有限公司 该公司位于万州经开区九龙工业园，注册成立于2019年12月。该公司于2020年1月17日与万州区政府签订年产360万吨特铝新材料项目投资协议，项目占地面积1.13平方千米，总投资75亿元，建设4条年产90万吨氧化铝低温拜耳法溶出生产线，于2020年9月开工，土建工程总体完成98%，设备制作安装工程总体完成88%，2022年投产，是2020年市级重点项目和万州区“一区一枢纽两中心”重点项目。

（谭雨秋）

特色化工产业

【概况】 2021年，万州区以重庆湘渝盐化有限责任公司、重庆华歌生物化学有限公司为代表的8家规模以上化工企业产值26.5亿元，占全区规模工业企业产值6.9%，主要生产纯碱、氯化铵、毒死蜱、三氯吡啶、2,3-二氯吡啶、吡啶硫酮锌等产品。

【龙头企业选介】 重庆湘渝盐化有限责任公司 该公司前身系重庆宜化化工有限公司，2018年被湖南轻工盐业集团有限公司整体并购，2021年经过集团调整后，成为其上市板块雪天盐业集团股份有限公司的全资子公司。企业注册资本10948万元，位于万州区龙都大道519号，职工1900余人，主要生产纯碱和氯化铵，先后获“重庆工业企业五十强”“就业安置先进企业”“纳税十强工业企业”“富民兴万贡献奖”等称号。2021年，企业产值15.09亿元。

重庆华歌生物化学有限公司 该公司是由江苏红太阳集团2008年在万州投资组建的全资子公司，位于万州经开区九龙园，占地0.53平方千米，注册资金1亿元，在职员工692名。其经营范围覆盖“生产、销售农药，化工原材料，销售化工机械，包装材料，技术开发”等领域，主要产品包括三氯吡啶醇钠、乙基氯化物、四氯吡啶、毒死蜱、高效氟吡甲禾灵等。2021年，该公司累计产值8.4亿元，销售收入8.77亿元，缴纳税收4200万元。

（谭雨秋）

建筑业

综　述

【概况】　2021年，万州区建筑业注册地总产值229.8亿元，比上年增长3.1%；纳税8.6亿元，增长3%；建筑业增加值175.45亿元，增长1.3%；占全区地区生产总值的16.1%；全年对外工程承包合同金额19亿元。万州装配式建筑产业基地项目开工建设，装配式建筑占新建建筑比例15%。

【智慧工地建设】　2021年，万州区创建智慧工地13个，其中一星级智慧工地11个、三星级智慧工地2个。创建市级扬尘示范工地10个，创建市级文明建筑工地4个，申报优质结构工程1个。

【首个社会投资装配式建筑项目落地实施】　2021年，万州区装配式建筑取得突破，蓝波湾·雍江上境项目（3号、4号、6号、7号楼）实施装配式建筑，通过专项技术论证并全面进入装配式预制构件建设施工阶段。该项目采用的是SPCS装配式结构技术体系，建造实施中的3号楼建筑面积1.7万平方米，装配率52.6%，实施至第12层，相对传统现浇楼板节约工期约30%，节约人工成本20%，是万州区首个采用装配式建筑的社会投资项目。

（区住房城乡建委）

建筑市场监管

【建筑市场规范】　2021年，万州区累计开展建筑市场执法大检查等巡查项目1376个次，巡查塔机335台次、升降机73台次、吊篮543台次，对因存在安全隐患的项目下发质量安全隐患限期整改通知书457份，局部暂停施工通知书74份，消除安全隐患2218条；对85名因存在质量安全违法违规行为的项目经理共扣除254分；对512起习惯性违章实施简易处罚，处罚金额21.42万元；立案查处在建工程安全生产违法违规行为为36起，罚款109.5万元；立案查处建筑市场违法行为16起，其中违法发包1起、违法分包3起，罚款8.6万元，无证施工项目12个，罚款130.82万元。

【建筑工程监理行业监管】　2021年，万州区对147个项目实施监理合同备案。其中，涉及区内企业项目16个，区外市内企业项目92个，市外企业项目39个。对全区部分在建工程监理机构开展专项检查2次。4—5月，对43家监理企业涉及的95个在建房屋市政工程项目的项目监理机构开展专项检查，出具《隐患整改通知书》23份，收到《隐患整改回复书》23份，约谈监理机构1次，整改闭合率100%。11月，对全区监理工作“十不准”规定的情况进行检查，约谈监理机构6次，整改闭合率100%。

【建筑工程造价管理】 2021年，万州区有104家造价咨询机构。其中，注册地在重庆市内的78家（注册地在万州区的造价咨询中介公司13家），注册地在重庆市外的26家。全年调解造价纠纷13起，涉及调解金额约1040万元。服务建设市场，新增商品砂浆信息价的采集和发布，全年采集、编辑和发布《渝东建设工程造价信息》12期，每月评价采集和发布土建材料信息600余条，安装材料信息600余条、装饰材料信息80余条，人工市场价及人工、主要材料价格指数4期，全年发布造价材料信息1.63万条。

【建筑职业教育】 2021年，万州区开设土建施工员、质量员、安全员、材料员、预算员、资料员6个专业技术管理岗位培训班，发挥"互联网+建设教育"综合平台作用，开展线上教育，参训学员987人。全年培训施工企业安全管理三类人员109人、考核鉴定建筑电工21人、架子工38人。完成万州132家建筑施工企业1473名施工现场专业人员继续教育，特种作业1109人延期线上集中培训工作。加强新兴职业师资队伍建设，全年有28人取得职业技能考评证书，30人取得特种作业考评人员证书，3人取得装配式建筑、智能建造及特种作业人员师资资格。

【施工扬尘污染控制】 2021年，万州区对建筑工地实行"红黄绿牌"动态分类管控，优选创建扬尘控制示范工地10个，实现"以点带面，树立典型，全面推广"目标。城区施工现场按照与环保监测点的直线距离1千米、3千米、5千米分成三类实行分级管控。组织文明施工专项检查，督促施工现场落实全封闭施工、场地坪硬化、车辆冲洗、预拌混凝土使用、烟尘排放控制、易扬尘物质处置、高空垃圾处理、渣土密闭运输、施工湿法作业、视频监控等扬尘污染防治10项措施。全年，针对施工扬尘检查工地330次，下达限期整改通知书86份，移交行政立案调查4件，处罚金额5.7万元；开展非移动道路机械尾气排查专项行动1次，抽查项目2个，对发现的问题要求整改；开展施工扬尘专项检查2次，检查项目7个，处罚工地2个，下达隐患整改5份，约谈督办工地7个。

【预拌混凝土行业管理】 2021年，万州区每季度对区内10家商品砼企业开展市场行为和质量安全检查，重点对各商品砼企业市场行为、试验室管理、档案资料保存、生产过程质量管理、运输及安全文明生产管理等方面进行检查。出具《限期整改通知书》31份，并督促企业整改到位。

（区住房城乡建委）

建筑工程管理

【概况】 2021年，万州区管辖房屋市政工程项目96个。其中，房屋建筑项目69个，建筑面积约433.98万平方米，投资约63.11亿元；市政基础设施项目27个，投资55.13亿元。

【建筑工程质量监督管理】 2021年，万州区强化建筑工程质量安全及文明施工监管。开展"建安"系列集中执法行动、质量安全执法大检查等专项整治行动10余次，累计检查巡查工地1500余个/次。召开2次质量安全标准化现场观摩会，800余人次参会，加强示范引领，提升文明施工形象。开展南北滨大道、经开大道等重点区域施工围挡整治，设置创建全国文明城区公益广告2000余块。

【建筑工程安全管理】 2021年，万州区以落实建设单位首要责任制为主线，通过日常监督检查和专项执法行动相结合的方式，加强施工安全管理。全年检查在建项目1320个次，下达隐患限期整改通知书519份、局部暂停施工指令68份；项目经理实施扣分处理80个次，累计扣分239分；下达简易程序处罚决定书525份，罚款21.65万元；立案查处49起，共处罚款175.42万元。

（区住房城乡建委）

建筑企业

【概况】 2021年，万州区建筑业企业资质、人员均有所增加，新增一级施工总承包资质3家，一级总承包企业22家，位居渝东北区县第一、全市第三。有二级建筑资质企业58家。新办施工企业61家，增项施工企业28家，总量685家。培训施工现场专业人员987人，继续教育线上集中培训2582人，建筑工人职业技能培训59人。

【建筑企业选介】 重庆市万州建筑工程集团有限公司 该公司是万州区国有重点施工企业。公司注册资本8775.91万元，职工近600人，具有国家注册建造师105人，各类专业技术人员306名。2021年，该公司签订合同总额11.7亿元，比上年增长21.9%；产值11亿元；营业总收入6.95亿元，利润总额2447万元，缴纳税金2631万元。全年，在建"小天鹅市场安全隐患整改工程""镇乡污水管网工程"等一批重点民生工程，完成区级重点工程项目"综合保税区（一期）二标段工程"建设任务，并获"市级文明工地""三峡杯"优质结构工程奖。

重庆市渝海建设（集团）有限公司 该公司前身为重庆市万州第二建筑工程总公司，于1963年成立。2001年改制设立重庆市渝海建设（集团）有限公司。公司注册资本1.21亿元，下设3个子公司、6个分公司。有各类机械设备300余台（件），技术职称人员450余名，高、中级职称人员100余名，一级、二级注册建造师、注册造价师100余名。具有建筑工程总承包一级等相关资质，是集房建、公路、水利水电、建材、商贸和租赁为一体的综合性施工企业。2021年在建项目16个，产值7.7亿元，依法纳税1284万元。该公司先后获中国土木工程“詹天佑”奖、“巴渝杯”优质工程奖、“三峡杯”优质结构工程奖、“万州杯”优质工程奖。先后获评全国先进集体建筑企业、全国守合同重信用企业、重庆市先进企业、重庆市质量效益型企业、重庆市AAA诚信建筑企业、重庆市精神文明优秀团体、万州区建筑十强企业、万州区移民迁建先进施工集体等荣誉和称号。

重庆博云建工集团有限公司 该公司成立于2007年1月，是集建设工程、建筑劳务、物业管理等多产业为一体的集团公司，有建筑工程施工总承包一级、市政公用工程施工总承包一级、装饰装修工程专业承包一级等多项资质。该公司在重庆本地和全国地区参与过道路桥梁、市政水利、房屋建筑等方面多个重点基础工程建设，在扶贫公益、抢险救灾、纳税创收、稳定就业、抗击疫情等方面承担社会责任。2021年，该公司参与重庆本地、广东、山东、云南、河南、四川等多地项目施工。

2021年万州区建筑企业一览表

表24

序号	企业	资质等级	序号	企业	资质等级
1	重庆市万州建筑工程集团有限公司	一级	19	重庆博投建设有限公司	一级
2	重庆市烁今建设工程有限公司	一级	20	重庆金晟源建设工程有限公司	一级
3	重庆恒通建设（集团）有限公司	一级	21	重庆市三峡天龙建筑集团有限公司	一级
4	重庆市渝万建设集团有限公司	一级	22	重庆市华洲建设有限公司	一级
5	重庆市亚东建设工程集团有限公司	一级	23	重庆市万州区索特建筑公司	二级
6	重庆越众建设工程有限公司	一级	24	重庆三峡水利建设有限公司	二级
7	重庆市渝海建设（集团）有限公司	一级	25	重庆市宏东建筑工程有限公司	二级
8	重庆宏耀建设（集团）有限公司	一级	26	重庆市万州区兴业建筑工程有限公司	二级
9	重庆崇景建设有限公司	一级	27	重庆科锐建设有限公司	二级
10	重庆万港工程建设有限公司	一级	28	重庆万州兴涛建筑工程有限公司	二级
11	重庆市万州三峡移民建筑工程有限公司	一级	29	重庆市万州建筑消防工程有限公司	二级
12	重庆博云建工集团有限公司	一级	30	重庆市万州区鸿泰建筑工程有限公司	二级
13	重庆川东路桥工程有限公司	一级	31	重庆市腾升建筑工程有限公司	二级
14	重庆市晟铭建筑工程有限公司	一级	32	重庆市万州区渝升建筑工程有限公司	二级
15	重庆地升建设有限公司	一级	33	重庆太白建设（集团）有限公司	二级
16	重庆鸿鸥实业有限公司	一级	34	重庆市蜀峰建筑工程有限公司	二级
17	重庆平祥建筑工程有限公司	一级	35	重庆龙建建筑工程（集团）有限公司	二级
18	重庆市万州水电建筑工程有限公司	一级	36	重庆市万州区扬子江建筑工程有限公司	二级

续表24

序号	企业	资质等级	序号	企业	资质等级
37	重庆市龙武建设（集团）有限公司	二级	59	重庆乾和建筑工程有限公司	二级
38	重庆盈达建筑工程有限公司	二级	60	重庆市万州区天马建筑有限责任公司	二级
39	重庆市万州区永德建筑工程有限公司	二级	61	重庆市万州区五星建筑工程有限公司	二级
40	重庆市万州区东方建筑工程有限公司	二级	62	重庆市万州区昌浦建筑工程有限公司	二级
41	重庆市万州川浦建筑工程有限公司	二级	63	重庆市玉罗实业有限公司	二级
42	重庆市万州恒达建筑工程有限公司	二级	64	重庆市欣宏建筑有限责任公司	二级
43	重庆市建高建设工程有限公司	二级	65	重庆宗信盛拓建设工程有限公司	二级
44	重庆五桥建筑工程有限公司	二级	66	重庆渝乾实业有限公司	二级
45	重庆市万州区江南建筑工程有限公司	二级	67	重庆冠海建筑工程有限公司	二级
46	重庆万安建设工程有限公司	二级	68	重庆思峻建筑工程有限公司	二级
47	重庆市万州区清江建筑工程有限公司	二级	69	重庆永旭建筑工程有限公司	二级
48	重庆恒杰建筑安装工程有限公司	二级	70	重庆开欣建筑工程有限公司	二级
49	重庆海银建设集团有限公司	二级	71	重庆三峡水利电力建设有限公司	二级
50	重庆市万州创业建筑工程有限公司	二级	72	重庆市万州路桥总公司	二级
51	重庆平通建设集团有限公司	二级	73	重庆华通路桥工程有限公司	二级
52	重庆景浩建设工程有限公司	二级	74	重庆浙交市政建设有限公司	二级
53	重庆嘉晋建设集团有限公司	二级	75	重庆洪富建筑工程有限公司	二级
54	重庆吉泰建设（集团）有限公司	二级	76	重庆伟亮实业有限公司	二级
55	重庆市万州区文华建筑工程有限公司	二级	77	重庆溢萃建筑工程有限公司	二级
56	重庆市澳泰建筑工程有限公司	二级	78	重庆恒发建筑劳务有限公司	二级
57	重庆繁祥建筑工程有限公司	二级	79	重庆万钧建筑工程有限公司	二级
58	重庆嘉晟建筑工程有限公司	二级	80	重庆展和建筑工程有限公司	二级

（区住房城乡建委）

商贸服务业

综　述

【概况】　2021年，万州区社会消费品零售总额441.8亿元，比上年增长27.8%，其中限额以上单位零售总额139.9亿元，增长19.4%。全年实现批发业商品销售额1404.6亿元，增长37%；零售业商品销售额177.4亿元，增长23.5%；住宿业营业额16.9亿元，增长28.5%；餐饮业营业额50.6亿元，增长25.3%；全年进出口总额39.51亿元。推动消费升级，优化消费供给，提档升级“五大商圈”，加快打造特色消费聚集区。培育市场主体，加快重点项目建设，京东家电超级体验店启动，三峡国际农产品基地（商贸区）项目二期完成主体建设。

【市场保供】　2021年，万州区确定新世纪万州商都超市等17家单位为区级生活必需品重点保供企业，并签订保供协议书，在发生疫情、灾情、突发事件期间，重点保供企业履行应急保供义务，服从政府及相关部门调配。全年，储备市级冻猪肉1900吨、区级冻猪肉140吨，全区生活必需品价格平稳、不脱销、不断档。

【商贸行业监管】　2021年，万州区加强商贸领域常态化疫情防控，落实商场、超市、市场、餐馆、酒店等重点场所防控措施，筑牢疫情防控防线。加强重点领域监管，组织开展“双随机、一公开”执法检查，开展打击整治成品油非法经营专项行动、再生资源回收行业安全生产、小天鹅市场安全隐患整治等专项整治行动，累计检查商贸企业253次，发现隐患（问题）343个，隐患整改率100%，下达限期整改指令书25份，行政处罚1.43万元，全区商贸系统未发生1起安全生产责任事故。

【商贸市场主体培育】　2021年，万州区继续实施“小巨人”工程，重点培育一批盈利模式较好、经营规模较大、增长潜力较强的商贸企业。全年新增限额以上商贸单位65家，总数475家。商务市场主体支撑作用明显，限额以上商品销售总额占全区商品销售总额的68%。限额以上商贸企业年销售额100亿元以上的2家、10亿元以上的13家、1亿元以上的58家。

【商圈提质】　2021年，万州区持续推进高笋塘商圈提质发展，打造太白诗酒文化街、望江大梯子网红瀑布等一批特色街区，引进一批国内外知名品牌，提升商圈消费供给能力。加快线上线下消费融合发展，支持实体零售创新转型和跨界融合，探索发展智慧商圈、智慧菜市场、智慧商超、智慧餐厅等新零售，鼓励发展在线下单、无接触配送、外卖、团餐等消费模式，万达广场智慧化改造确定为全市智慧城市商业综合体示范试点项目，沪万菜市场智慧化改造基本完成。夜间经济高质量发展，培育万达广场、福斯德广场、北滨熙岸、“心连心”广场、长江之星、上海大道、双河口滨河大道7条夜间经济示范街区。

【商贸品牌打造】 2021年，万州区实施“品牌带动战略”，长江之星美食街创建为市级美食街区，万州区伴神酿造公司“百年伴神”字号创建为重庆市老字号，评选万州“老字号”5家、万州餐饮名店（名火锅）1家、万州名菜（名小吃）2道。

【商务扶贫】 2021年，万州区加大消费帮扶力度，促进乡村振兴工作。组织开展第十三届“支治会”三峡库区对口支援消费帮扶农产品展销会、鲁渝协作重庆农产品对接大会等帮扶对接活动，引进山东省济宁莲升电子商务有限公司入驻万州，成立重庆好品供应链公司，帮助万州扶贫产品拓展销售渠道。全年，全区消费帮扶销售扶贫产品2.73亿元，其中鲁渝帮扶协作销售扶贫产品2378万元。

（王博）

商品交易市场

【概况】 万州区商品交易市场主要以家居、建材、汽摩配件等生活资料市场为主。城区内各类专业市场共11个，高笋塘、太白、双河口、百安坝、钟鼓楼街道各1个，牌楼街道3个，龙都街道3个，其中主要商品交易市场9个，2021年交易额约176亿元，创造就业岗位约1.9万个。

【商品交易市场选介】 万州国际汽车机电物流贸易城 位于龙都大道390号，占地约0.2平方千米，于2016年11月开业，入驻商家1631户，主要经营汽车销售及后续服务、五金机电、家居建材等，知名商家有红旗汽车、长安汽车、九牧卫浴、世达五金等，年末从业者4893人，全年交易额超20亿元。

万州商贸城 位于太白路128号，占地5800平方米，于2000年开业，入驻商家950户，主要经营小商品、服装、家具等，属市级文明市场，年末从业者1700余人，全年交易额超25亿元。

万州区宏远市场 位于沙龙路二段298号，占地4.13万平方米，于2000年开业，入驻商家509户，主要经营家电、食品、农副产品等，属“商务部双百市场工程农产品批发市场”“重庆市商贸流通100强市场”，年末从业者2010人，全年交易额27.5亿元。

友豪万商城 位于科龙路88号，项目一期占地0.15平方千米，于2019年11月开业，入驻商家超过1298户，主要经营家居、建材、小商品、餐饮等，以红星美凯龙家居生活广场为主力旗舰店，由红星美凯龙全球家居MALL、家居博览中心、义乌小商品交易中心等三大板块组成，经营国内外一、二线品牌970余个，年末从业者6000余人，全年交易额超30亿元。

小天鹅综合批发市场 位于白岩路399号，占地3.2万平方米，于2000年开业，入驻商家810户，主要经营家电、服装等，该市场辐射广泛，有“长江三峡第一市”之称，年末从业者2800余人，全年交易额超过28亿元。

（王博 向张玲）

高笋塘商圈 （牟丹 摄）

2021年万州区主要商品交易市场情况统计表

表25

序号	市场名称	占地面积（万平方米）	入驻商家（户）	年末从业者（人）	全年交易总额（亿元）
1	万州国际汽车机电物流贸易城	20	1631	4893	20
2	万州商贸城	0.58	950	1700	25

续表25

序号	市场名称	占地面积（万平方米）	入驻商家（户）	年末从业者（人）	全年交易总额（亿元）
3	万州区宏远市场	4.13	509	2010	27.50
4	友豪万商城	15.30	1298	6000	30
5	小天鹅综合批发市场	3.20	810	2800	28
6	光彩大市场	10	758	853	10
7	银河批发市场	0.73	283	317	0.80
8	百安港农产品批发市场	23.20	106	560	2.60
9	三峡佳信建材市场	4.40	106	720	1.30

批发零售业

【概况】 2021年，万州区批发业商品销售额1404.6亿元，比上年增长37%；零售业商品销售额177.38亿元，比上年增长23.5%。在限额以上法人单位中，粮油、食品类商品零售额比上年增长27%，饮料类商品增长44.8%，烟酒类商品增长28.1%，服装、鞋帽、针纺织品类商品增长39.1%，化妆品类商品增长37.9%，日用品类商品增长32.6%，体育、娱乐用品类商品下降5.3%，家用电器和音像器材类商品增长30%，中西药品类商品增长16.3%，文化办公用品类商品增长10.6%，通信器材类商品增长19.4%，建筑及装潢材料类商品增长32%，石油及制品类商品增长21.2%，汽车类商品增长10.1%。

【限额以上商贸企业选介】 重庆百货大楼股份有限公司新世纪百货万州商都 该公司位于万州区太白路2—26号，于1997年9月19日入驻万州，历经迁址自建，至2021年年末商都面积3万余平方米，从业人员1450人（百货1034人、电器130人、超市286人）。商都以高品质商品、场景化体验和个性化服务，构建定位万州区领先的时尚百货商场。

重庆市万州区家益百货有限公司 该公司成立于2004年12月，至2021年年末有直营门店50余家，主要分布于万州城区及周边县城、乡镇。公司总部管理人员100余人，门店管理人员100余人，门店营业员400余人，主要经营食品、百货、蔬菜、水果、猪肉、家禽、水产、冻鲜等1.2万种，是万州区应急保供单位，先后获万州区诚信企业、重庆市社区连锁示范单位等30余项荣誉。

重庆厚捷医药集团有限公司 该公司成立于2017年8月，是在重庆市万州区医药（集团）有限责任公司基础上组建成立的大型医药产业企业，是重庆万州经济技术开发（集团）有限公司控股的混合所有制企业和市级重点项目三峡国际健康产业园投资单位，位列全国百强医药流通企业。公司下辖重庆厚捷制药有限公司、杏仁医药科技重庆有限公司、重庆全域肿瘤医院等10家子公司，涵盖医药贸易、药品（器械）三方物流、中药电商、连锁零售、医药工业、医疗器械生产、三级肿瘤专科医院（质子中心）等多个领域。集团与全国400余家医药供应商建立长期稳定的合作关系，在下游业务销售端覆盖万州区及周边200千米范围涵盖川、陕、渝、鄂、湘五省近60个县（市、区），是三峡库区近2000家公立医院及医疗卫生服务机构的药品、医疗器械及医用耗材安全、快捷、稳定的供应商，年销售规模达20亿元。

（王博　向张玲）

餐饮住宿业

【概况】 2021年，万州区餐饮业营业额50.6亿元，比上年增长25.3%；住宿业营业额16.94亿元，增长28.5%。是年，长江之星美食街创建为重庆市级美食街。至年末，万州区拥有中华美食街1条、市级美食街3条、市级特色夜市街1条。

【特色餐饮住宿企业选介】 重庆北三玖玖玖餐饮管理公司 该公司专注于大众化宴会型餐饮企业，旗下有直营店17个，其中万州区13个、开州区1个、云阳县1个、重庆主城区2个。先后创建7个“国家五钻级酒家”、3个“中华餐饮名店”，获“全国钻级酒家示范店”“消费者满意单位”“餐饮服务食品安全示范店”等称号，其制作的“万州烤鱼”被评定为中国名菜、“万州格格”被评定为中国名小吃。2019年，该公司字号“999大酒楼”被认定为“重庆老字号”。

重庆市小八仙餐饮有限公司　该公司创立于1990年，专注于精品川菜的研究与开发，以“精品川菜”为核心，坚守味道纯正、食材鲜美、干净卫生的烹饪标准。旗下有重庆市著名商标“小八仙”“小八仙·三峡菜”“小八仙·宴”“三峡印象”等多个品牌。先后被评为重庆餐饮100强、中国餐饮名店、中国AAA级绿色饭店和国家五钻级酒家，已发展成为拥有12家直营店的现代化餐饮集团。

重庆之香唐餐饮文化有限公司　该公司位于万州区白岩路64号，成立于2010年，是一家集研发、经营、加盟连锁为一体的餐饮公司。有直营店12家，先后获“中华餐饮名店”“重庆最受消费者喜爱的知名汤锅”“重庆市餐饮住宿企业50强”“万州餐饮名店”“全国绿色餐饮示范企业”等称号。

重庆万州富力希尔顿逸林酒店　位于万州区北滨大道二段319号，坐落长江江畔，毗邻万州万达广场。酒店隶属于富力集团，由希尔顿集团负责运营管理，是一家按照国际酒店标准打造，集住宿、会议宴会、餐饮娱乐为一体的商务型酒店，有客房243间。

百安宾馆　位于万州区五桥安宁路66号，是由重庆市万州区百安宾馆有限责任公司直接经营管理的万州区属国有企业，以政务接待为主，同时兼顾商务、旅游、会议团体接待。酒店占地面积6.24万平方米，建筑面积2.6万平方米，绿化面积超过65%，地理位置优越，交通便利，依山畔江，风景秀丽，是三峡库区园林式宾馆，有客房数191间，床位319个。

重庆逸泊凯莱大酒店　位于万州区太白路99号，处在高笋塘商圈核心区域，是一家集客房、餐饮、会议、休闲、娱乐等功能于一体的四星级商务酒店。酒店总面积1.9万平方米，有客房191间。

全季重庆万州万达广场酒店　位于万州区复兴路48号和平广场城市之心B栋，是华住酒店集团旗下中档酒店市场的全新品牌酒店。坐落长江江畔，毗邻万州万达广场，楼高26层，视野开阔，周边餐厅、会所、银行、商铺等设施遍布。有房间171间，床位207个。

重庆万州兰兹酒店　位于万州区白岩路3号，处在高笋塘商圈核心区域，是一家以生活即格调为主线，全方位打造人文、艺术、创意、自然幸福系酒店。酒店有现代时尚个性客房127间，设有自助早餐厅、包房、咖啡吧、自助洗衣房、健身房、书吧、独立停车场等。有双床房42间、大床房79间、套房6间。

（王博　向张玲）

粮油购销

【概况】　2021年，万州区聚焦粮食安全党政同责重点任务，从保障粮油市场平稳运行、保障人民群众生活需求出发，做好粮食储备和购销工作。完成区级储备稻谷5083吨、小麦4385吨轮换计划。

应急保供　落实应急成品粮储备计划，建立成品粮与原粮互补的粮食储备体系。重点时段执行粮油市场价格监测及粮油企业库存日报、周报制度，合理引导市场预期。推动粮油储运、加工、配送、供应等重点环节有效衔接，建立粮食应急供应网点65个、应急加工企业12家、配送中心4个。粮食应急加工能力620吨/日，食用油分装能力180吨/日。

流通监管　开展2021年政策性粮油库存检查及市级交叉检查、粮食流通“亮剑2021”专项执法行动、粮食购销领域腐败问题专项整治工作和问题整改“回头看”等专项行动，守住储备粮食库存数量真实、质量良好、储存安全和运作合规的底线。开展秋粮收购监督检查，宣传贯彻《粮食流通管理条例（2021年修订）》，宣传12325全国粮食和物资储备监管热线，落实取消粮食收购资格许可相关规定，规范11家粮食收购企业备案管理工作。

质量安全监管　开展2021年度新收获粮食质量抽样检测工作，深入全区10个乡镇10个村，抽取新出产的优质稻谷样品10个、油菜籽样品2个、水稻样品16个、玉米样品10个，进行粮油质量、重金属污染、真菌毒素等质量和食品安全检测，摸清全区新收获粮食质量及食品安全状况。严把政策性粮食出入库关，委托有资质的粮食质检机构，定期开展区级储备粮食数量核查和质量检验。建立粮食质量安全检验监测网络，投资60万元设立7个粮食重金属安全监测点。

爱粮节粮宣传　利用食品安全周粮食质量日、全国粮食安全宣传周等活动契机，开展粮食科技知识进社区、“粮食实验室开放日”等宣传活动，发放“放心粮油”消费指南等科普宣传资料2500余份，展示粮油科技创新成果，推介优质粮油产品，增强市民爱粮节粮意识。

【商品粮油购销】　2021年，万州区国家粮油统计信息系统直报企业（简称入统粮食企业）累计购进（不含进口）商品粮食（原粮，下同）6.32万吨，比上年减少12.9%，其中小麦1.58万吨、稻谷4.56万吨、玉米0.16万吨、其他0.02万吨。全区入统粮食企业购进商品粮食中，从市外购进4.08万吨，下降9.7%；市内购进2.25万吨，下降18.2%。全年全区入统粮食企业销售商品粮食6.2万吨，下降28.9%，其中小麦1.15万吨、稻谷3.72万吨、玉米1.31万吨、其他0.02万吨。全区销售商品粮食中，销往市外0.39万吨，下降91.6%；市内销售5.82万吨，增长42.1%。全年，全区入统粮食企业购进商品食用植物油（油脂油料折油，下同）1.45万吨（不含进口量），比上年减少12.4%。其中，从市外购进1.34万吨，市内购进0.11万吨。全区入统粮食企业销售商品食用植物油1.45万吨（无出口量），增长52.6%。其中，销往市外0.1万吨，市内销售1.35万吨。全区入统粮食企业加工转化用粮0.66万吨，增长4.5%，其中饲料用粮0.01万吨、食品及副食品酿造用粮0.65万吨。至年末，全区入统粮食企业库存商品粮0.75万吨，增长87.5%。其中，小麦0.03万吨，稻谷0.71万吨，其他0.01万吨；库存食用植物油0.004万吨，增长27.6%。

【粮油仓储设施建设】 至2021年年末，万州区入统粮食企业有粮油库区17个，其中国有粮食企业库区5个。库区面积18.67万平方米，比上年下降0.16%。全区粮油库区完好仓容19.23万吨，下降0.56%，其中平房仓仓容19.2万吨，立筒仓仓容0.03万吨。全区有油罐20个，总罐容2.03万吨，分别增长33.33%和96.53%。全区粮油仓容中，应用环流重蒸仓容16.06万吨，应用粮情测控仓容16.06万吨，应用机械通风仓容16.18万吨，气调储粮仓容1.25万吨，准低温储粮仓容15.18万吨。

（向东辉）

供销合作

【概况】 2021年，区供销合作社累计恢复重建基层供销社48个（其中6家被中华全国供销合作总社命名为“基层社标杆社”，15家市级基层社示范社）。规范发展专业合作社达814家，每个乡镇均有基层社、每个行政村均有农民专业合作社，常住农户入社入会率89.69%。社有资产有建筑物11.73万平方米、土地4.67万平方米。总资产评估价约7亿元，净资产约5.9亿元，居重庆市38个区县供销社前列。全年全系统年销售总额5亿元，净利润300万元；回收废弃农膜430余吨，回收率90.3%。区供销合作社多次获得中华全国供销合作总社“百强县级社”称号，连年在重庆市供销社年度目标考核中获一等奖及以上表彰。

【社有企业发展】 区供销合作社通过资产整合、股权调整，成立重庆市万州区三峡供销社集团公司，形成社企分开、上下贯通、协调运转的双线运行机制与新型社企关系。全资企业三峡供销社集团有限公司多次被评为区A级纳税企业，旗下拥有独立核算企业71家（含基层供销社48家），其中全资7家、控股51家、参股13家，集团及下属企业主要经营范围涵盖农业生产资料供应、农产品购销、农村现代流通网络运营、烟花爆竹专营、再生资源回收、农业社会化服务、种植养殖等20多个行业。所属控股企业顺丰、兴业2家农资公司是区政府生产生活物资保供应急单位，均多次被评为“全国农资百佳服务企业”，供销系统农资销售份额占全区销售额的70%以上。

【为农服务】 农资保供 2021年，万州区顺丰、兴业、互邦达等农资企业经营稳健，1500多个连锁店组成的农资流通体系日渐完善，保障全区农业生产需要。顺丰、兴业2家农资公司筹集资金6000万元，与其他4家农资公司共同调进4万吨化肥、500吨农药等农资，采取电话、微信预约等方式主动送货到村入户，保障春耕生产需要。

农技服务 区供销合作社农资企业和基层供销社共建立测土配方施肥站（点）5个，组建专业化服务组织20家，为农提供代耕代种、机播机收、统防统治、土壤改良等服务，总面积181.33平方千米次。2021年，开展柑橘、柠檬、青脆李、水稻、猕猴桃等农业产业的社会化服务10平方千米次，为20余个果园开展修剪、飞防、套袋等农技服务。开展科技咨询50余次，农资配套服务13.33平方千米次。

【渝东北为农服务中心建成投用】 2021年，区供销合作社社属全资企业重庆市三峡供销社集团有限公司投资2445万元的渝东北为农服务中心建成投用。中心占地面积1.61万平方米，建筑面积1.35万平方米，于8月投用。入驻有万州农资龙头企业4家、农业社会化服务企业2家以及农产品配送企业，建设有农资展示中心、生鲜农产品配送中心、农资仓库、企业办公区，主营业务为农资配送、农产品配送、农技农

渝东北为农服务中心 （区供销合作社 供图）

业社会化服务等，服务范围覆盖渝东北片区及鄂西部分市、县，当年产值约1.3亿元。

【农产品销售】 2021年，区供销合作社加快建设农产品销售体系。新成立重庆市万州区绿良鲜农产品商贸有限公司，与锐拓农产品公司共同组成区供销合作社农产品购销主力军，打造以农产品外销、冷链物流，生鲜配送为一体的供应体系；以“村村旺”“832”平台、重庆消费扶贫馆等平台为依托，推荐、引导本地专业合作社、农业公司上线销售；建立浙江宁波、长岭安澜谷、万州电报路等农副土特产品展示馆（形象馆），宣传本地农特产品，结合赶场、恒合、走马等星级电商综合服务社的运营，打造万州农特产品销售平台，年销售额2000万元以上。

【“三社”融合发展】 2021年，万州区供销系统的供销社、农民专业合作社、信用社等“三社”融合发展工作持续推进。全区恢复重建基层供销社48家，依托村委会和农村商户，通过“村社共建”等方式，培育农村综合服务社87家，基层社“全覆盖”。其中，星级综合服务社30个、庄稼医院11个，培育发展专业合作社841个。区供销合作社牵头组织农商行万州支行、农民合作社、基层供销社进入“三变”改革试点村。将“三变”改革与“三社”有机结合，引领村集体、农民和基层供销社（个人+工商资本）以产业为依托共同组建股份合作社，实行股权形式合股联营。打造“三变”改革和“三社”融合发展示范村1个、亮点村17个，新建五星级综合服务社3个、四星级综合服务社5个、三星级综合服务社7个。

【废弃农膜回收】 至2021年年末，万州区建成村级废弃农膜回收网点133个、镇乡级回收网点80个、废弃农膜回收储运中心1个，回收网点覆盖全区所有镇乡和涉农街道。全年回收肥料包装物82.2吨，回收废弃农膜430.5吨，农膜回收率90.7%。

（谭冰钰）

烟草专卖

【概况】 2021年，万州区烟草专卖局主营收入16亿元，比上年下降0.37%。税利2.24亿元，下降7.25%（资产处置收益减少3930万元），上缴税金2.56亿元。推进物流易地技改项目建设，打造行业20万大箱规模的商业物流示范性项目。启动罗田烟叶收购点建设，完成江南新区经营业务用房搬迁。与湖北中烟工业有限责任公司围绕“中棵烟高油分烟叶”“高可用性上部烟叶开发”两个核心主题签订战略合作协议。

【烟叶收购】 2021年，万州区收购烟叶1502吨。其中，烤烟收购1142吨、比上年增长49.24%，收购均价27.62元/千克、增长8.1%，种植烤烟烟农160余户、户均收入19.34万元、提高6.22万元；收购白肋烟360吨、下降27.1%，种植白肋烟烟农659户、收购均价17.86元/千克、增长10.79%，户均收入0.98万元、提高0.28万元。收购烟叶中，烤烟上等烟占收购烟叶比重57.39%，上中等烟占收购烟叶比重100%。加强烟叶收购数字化应用，全程追溯烟叶收购质量，开展质量抽检和二次复检，提升烟叶收购质量和等级纯度。

【烟草营销】 2021年，万州区烟草专卖局销售卷烟4.47万箱，比上年下降2.41%；单箱收入3.54万元，增长4.67%；条均价141.48元，比上年增加4.67元。全年分拣卷烟19.27万箱，直接送货11.54万箱。“黄鹤楼”“天子”等品牌烟市场价格稳定。地产烟份额40.38%，单箱收入2.47万元，结构增长13.15%。建成现代零售终端客户498户，其中升级星级终端243户。安装店铺管理系统607户，样本客户数152户。开通并使用聚合支付468户。推进文明吸烟环境建设，全年新建成吸烟区5个。

【烟草专卖管理】 2021年，万州区烟草专卖局查处涉烟违法案件417起，其中假烟案件53起；查获违法卷烟13846.2条，案值207.72万元，其中假烟2117.7条、案值63.96万元，刑拘“6·15”假烟网络案主犯。市场净化率98.25%以上。降档违规大户8户，查处外流卷烟5起。加强电子烟监管，清理销售电子烟零售户32户，建立电子烟市场主体数据库。全区新办烟草专卖零售许可证449户，网上申办办证率80%。中小学周边零售户整治率、行政执法案卷优秀率达100%。

【课题研究】 2021年，万州区烟草专卖局“提高烟田空闲期综合产值”课题为烟农增加效益506.56万元，获重庆市质量协会发布示范级QC小组成果奖、全市系统一等奖。管理创新课题“烟草物流人才队伍建设”获行业精益物流重点课题研究成果二等奖；QC课题“提高标准烟机台作业效率”提升分拣效率15.25%，产生效益31.8万元，获重庆市质量协会发布示范级QC小组成果奖、全市系统三等奖。

（高飞）

盐业经营

【概况】 2021年，万州区有盐业定点生产企业1家，即重庆索特盐化股份有限公司；食盐定点批发企业4家，即重庆索特盐化股份有限公司、重庆市盐业集团渝东北有限责任公司、湖北长舟盐化有限公司、四川省天渠盐化有限公司。

【食盐市场供应】 2021年，万州区全口径生产各类盐品110.96万吨，采购各类盐品7180吨，销售各类盐品113.58万吨，库存各类盐品1.3万吨。全年区内销售各类盐产品840928吨，比上年下降2.5%。其中，销售食用盐5786吨、食品加工盐2599吨、工业盐832543吨，依次分别下降14.6%、9.7%、2.4%。重庆市盐业集团渝东北有限责任公司承担市政府食盐储备800吨、企业食盐储备190吨；重庆索特盐化股份有限公司承担企业食盐储备9000吨。

【食盐专营秩序管理】 2021年，万州区强化盐行业管理，维护食盐专营秩序。集中开展食盐专营执法检查，强化对食盐定点生产、批发企业的源头治理，加大对商场超市、食堂等重点场所的日常检查。检查食盐定点生产企业1家，食盐定点批发企业4家，商场超市438家，机关、学校、企业等食堂513家，食品加工用盐企业33家，责令整改55家（次）。全区召开食盐宣传会议近30场（次），悬挂宣传横幅标语30余幅，发放食盐专营及食盐安全知识宣传资料8000余份。

（冉伯清）

成品油经营

【概况】 至2021年年末，万州区有成品油仓储企业2户，总库容5.05万立方米。其中，中石油公司油库1座，库容3.7万立方米；中石化公司油库2座，库容1.35万立方米。从加油类型看，成品油加油站点107座（其中加油站99座、加油点4个、水上加油站4座）。从性质看，中石油公司加油站20座，中石化公司加油站22座，其他国有企业加油站6座，民营企业加油站47座，外资企业加油站5座。从区域看，城区有加油站点53座，城区以外加油站点50座，基本覆盖乡镇和农村地区主要区域。

（王博）

【成品油专项整治行动】 2021年，万州区在辖区范围开展打击整治成品油非法经营专项行动，严厉查处成品油违法违规经营行为，对销售不符合国家标准以及掺杂掺假、以假充真、以次充好、缺斤少两、价格欺诈等不法行为进行全面整治。在此次成品油产品质量监督抽查中，市场监管部门按照《产品质量监督抽查管理暂行办法》要求，在辖区内100余家加油站中随机抽取被检对象，采取不打招呼、直奔现场的方式，对经营者开展监督抽查。全年抽检加油站35家，抽检成品油80批次，包括95#汽油15批次、92#汽油28批次、0#柴油37批次。查办成品油案件8起，其中质量违法案件3起、价格违法案件1起、无照案件1起、计量违法3起。

（周毅）

家政服务业

【概况】 2021年，万州区将重庆市万州区巴渝大嫂职业培训学校培育为“重庆市劳务培训基地”，将重庆巴渝子弟劳务集团有限公司培育为“重庆市创新创业项目孵化基地”“鲁渝劳务协作就业帮扶基地”，将知名家政服务品牌“巴渝大嫂”培育为“地方特色类劳务品牌”。至年末，万州区在商务部家政服务业信息管理平台录入家政企业11家，录入家政服务员12433名，审核通过1080名。全年持续开展家政行业职业技能培训、商务部家政人员回炉培训工作，培训4800余人次。

【“巴渝大嫂”家政劳务品牌】 “巴渝大嫂”家政源于万州，由移民妇女塑造而来。“巴渝大嫂”在全国首创家政从业人员的价值评估标准，制定“巴渝大嫂三级五钻七星价值评估体系”。2011年，被人社部认定为“家政服务业百强企业”。至2021年年末，累计培训10万余人，其中贫困人口占培训人口比重12%。在本地开展1080场家政进社区活动，在上海举办211场“巴渝大嫂”双选见面会，劳务输出10055人，就业2万余人。2021年10月14—16日，万州“巴渝大嫂”作为重庆市5个优秀劳务品牌之一，代表重庆参加第三届全国创业就业展示交流活动，被评为“我最关注的劳务品牌”（全国唯一获评的家政劳务品牌）、“地方特色类劳务品牌”。

【家政服务企业选介】 重庆巴渝子弟劳务集团有限公司 位于重庆市万州区的重庆巴渝子弟劳务集团有限公司成立于2006年，是全国妇联巾帼家政脱贫示范基地、中华职教社温暖工程培训示范基地、重庆市家政龙头企业、市级家政培训示范基地、渝东北片区唯一的生活服务业线上线下融合创新示范企业，该公司两次获人社部“全国家政服务百强企业”称号。集团公司下辖2所职业学校，控股渝管家科技、苏州立力信息、重庆巴渝大嫂家政3家高成长企业。主营各类非建筑劳务工作（输入、输出、承包、派遣等）、各类家政服务、职业培训、信息科技等。公司担纲重庆市驻江苏省劳务办事处、万州区驻长三角劳务办事处相关工作，业务遍及北京、上海、广州、深圳等15个省市。2014年，该公司创办万州区巴渝大嫂职业培训学校，独创“巴渝大嫂”三级五钻七星品牌家政员价值评估体系，为家政服务员的筛选、培训、考核和工资标准提供多方认可标准，后升级为“渝管家”，2021年创办渝管家培训学校，形成年轻化、专业化和职业化家政管理团队。2021年，该公司下辖服务网点263个，有员工1678人。

（王博）

电子商务

【概况】 2021年，万州区电子商务交易额100亿元，比上年增长15%。全年新增市场主体48户，累计市场主体1322户。建成区级电子商务公共服务中心1个、乡镇及村电子商务服务站点263个、区级电商公共物流配送中心1个，基本实现城市下行商品1天送达农村、农村上行产品1天到达城市目标。

【电商发展政策及措施】 2021年，万州区印发消费帮扶补助项目实施方案，整合区级资金600万元用于支持经营主体投资建设产品商品化处理设施、仓储物流、冷链配送、线上线下销售、直播带货等活动。争取市级、中央专项资金879万元，推进以农产品保鲜为重点的农产品供应链建设，新建农产品保鲜库8个，新增农产品仓储保鲜库1.7万吨。

【电商培训】 2021年，万州区商务委委托万州高等院校、职业学院、技工学校等开展电商培训100人次，针对有电商需求的农村创业青年提供增值培训25人次，针对电商服务站点负责人定向培训50人次、电子商务精准扶贫培训10人次、农村电商积极群众及电商创客培训30人次。

【直播带货】 2021年，万州区渝万传媒、万州电视台、三都电商、新十年、捌佰商贸等160余家直播机构和直播网红开展直播带货活动。组织企业参加2021年重庆“6·18”电商节、电商年货节，推荐鱼泉榨菜、柠檬、玫瑰香橙等特色产品参与直播带货活动，“6·18”电商节期间，柠檬销售额超600万元、玫瑰香橙订单超4.5万单。在抖音、微万州、三峡讯、平湖万州等平台开展直播带货活动1500余场，观看人数超6000万人次，网上直播带货销售额约2000万元。

【第三届三峡柑橘国际交易会（网上）】 2021年2月5日至3月31日，由重庆市农业农村委、重庆市商务委和万州区人民政府主办，万州百安港农产品批发市场、重庆三峡传媒集团三都会展有限公司承办的第三届三峡柑橘国际交易会举办。交易会以“三峡柑橘，全球分享”为主题，通过上线“三峡柑橘国际交易会”微信服务公众号，设置重庆11个区县和四川达州市柑橘产品展示馆，以“网上展会”的方式开展。交易会期间上线柑橘采购商132家，种植企业、大户416家，电商物流、农资装备等产业链企业22家，达成交易量47.6万吨，交易额24.7亿元。

（张婷婷）

【美团优选落户万州营运】 2021年，美团渝东北中心仓落户万州现代综合物流中心。项目一期仓储面积8000平方米，主要用于冷链物流配送。5月25日，万州区商务委组织全区农产品流通骨干企业、专业合作社、农产品加工企业，以及部分酒类食品、电商企业等代表70余家，与美团优选重庆区域采购部负责人进行现场对接交流会。9月，美团优选社区团购渝东北中心仓开仓运营，仓储面积1.4万平方米，与50余家农产品流通企业（专业合作社）签订合作协议，以共建“农鲜直采”基地为纽带，通过美团优选电商平台，依靠美团自有智慧物流体系，带动渝东北地区农产品及农副加工产品在全国范围内线上线下销售。

【电子商务进农村综合示范区创建】 2021年3月，万州区完成电子商务进农村综合示范区创建项目验收及整改，建成区级电商公共服务中心1个、村级电商服务站点263个，行政村覆盖率60%，由中国邮政万州分公司牵头整合多家快递物流公司，建成区、镇（乡）、村三级物流配送体系，电商物流通村率达70%以上。5月，成功申报电子商务进农村综合示范创建（升级版）项目，12月，印发《万州区2021年电子商务进农村综合示范创建实施方案》。

（王博　向张玲）

物流业

【概况】 2021年，万州区货运总量首破“亿吨”大关，全年货物运输1.19亿吨，比上年增长19.5%。其中，公路运输6801.3万吨，增长24.2%；水路运输4076.5万吨，增长10.2%；铁路运输1005.8万吨，增长29.9%；公水铁运输结构比57.2∶34.3∶8.5。港口货物吞吐量2604万吨，增长21.6%。集装箱吞吐量18.9万标箱，增长21.8%。

【物流产业发展规划】 2021年，万州区17个重大物流项目全部纳入《重庆市现代物流业发展“十四五”规划（2021—2025年）》。完成《重庆市万州区口岸物流业发展“十四五”规划（2021—2025年）》专家评审和合法性审查。《规划》提出建设“全国性综合交通物流枢纽和西部地区重要开放门户”总体发展目标，以长江黄金水道和城市外环为纽带，依托港口、火车站、机场等主要功能载体，在长江南北两岸规划布局“两核、四园、多节点”的物流体系。重点规划建设新田物流产业园和三峡综合物流枢纽两大核心物流园区，适时启动建设董家物流园（渝东智能快递物流园）、空港物流园、小周物流园和姜家物流园四个功能型物流园，同步建立完善“多节点”城乡配送网络，打通物流“最后一公里”。

【物流通道建设】 2021年，万州区主要物流通道货运总量802.1万吨，比上年增长23.1%。“蓉万”（成都至万州）铁水联运物流通道和“西万”（西安至万州）铁公水联运物流通道货运量分别为154.9万吨、371.1万吨，分别增长36.8%、42.9%，“达万”（达州至万州）铁水联运物流通道货运量276.1万吨，与上年同期持平。万州港“水水中转”集装箱班轮在万州港江南集装箱作业区开行，全年开行53航次，运输集装箱1416标箱。沪渝直达快线万州—上海班轮全年开行26航次，运输集装箱1894标箱。试点推广“智慧长江物流工程”，15家企业加入使用。

【物流设施提升】 2021年，万州江南沱口作业区完成技改，投资103.7万元，购置粮食“散改集”液压抓斗、集装箱翻箱机等设备，提升装卸作业能力，单台设备最大卸船作业能力400吨/小时（开顶箱13箱）；万州火车站货运站场扩能改造项目一期完工投用，新建2条尽头式货物线，有效长分别为302米、480米。修建仓库1座6300平方米。修建集装箱堆场1.01万平方米，采用正面吊进行装卸作业，办理粮食、化肥、钢材、矿建、集装箱等货物，货运能力新增100万吨/年；万州冷链物流分拨中心一期8万吨冷库完工投入试运行；万州现代综合物流中心一期实现30余家物流业入驻、二期标准化仓储设施竣工投入运营；美团优选社区团购渝东北中心仓2万平方米开仓运营；中通快递渝东（万州）智能科技产业链园区开工，“万州港区集散转换多式联运示范工程”被确定为第一批市级多式联运示范工程项目；三峡综合物流枢纽项目土地调规挂网公示完毕，经万州区规划委员会办公室第七次会议审议通过。

【物流企业培育】 2021年，万州区新培育规模以上物流企业2家，累计培育规模以上物流企业9家，9家规模以上物流企业全年营业收入5.67亿元，比上年增长53%。组织2家物流企业通过AAA级物流企业现场评审。企业新型学徒制物流服务师培训班开班，100余名物流企业职工接受职业技能培训。开展物流惠企政策宣讲4场次，组织企业争取上级补助资金2106.2万元。引入美团优选2万平方米社区团购渝东北中心仓、万州多式联运集散中心等项目。

【物流区域合作】 2021年，万州区同四川省达州市、重庆市开州区共同编制《万达开川渝东出智慧物流港建设暨物流产业合作方案》，打造万达开川渝统筹发展示范区创建重大功能载体。同涪陵区、长寿区共同编制完成《重庆生产服务型国家物流枢纽建设方案》，通过重庆市级初审并上报国家发展改革委。同两江新区签订“物流业协同发展合作协议”，对接港口合作，促进两地物流良性互动。对接山东省济宁市民航事业发展中心、济宁机场、济宁市发展改革委等，签订“物流业协同发展协议”，6月29日开通济宁—万州航线。

【进口货物防疫】 2021年，万州区持续监测“单一窗口”进口集装箱情况，对全区16家单位进口的72单非冷链集装箱货物严格进行抽样检测和预防性消毒，有效防范境外疫情通过进口高风险非冷链集装箱货物输入风险，无检测样本阳性情况发生。

【万州港“水水中转”集装箱班轮开行】 2021年6月6日，民生公司“川集36号”班轮从万州江南沱口集装箱码头驶向涪陵港，万州港“水水中转”集装箱班轮开行。万州作为集散中心，“水水中转”开行后，下游运来的散装粮食可在万州港实现“散改集”，再改由货轮进行发货运往重庆果园港、涪陵、江津等地，可为企业节省内陆运输成本约20%。“水水中转”集装箱班轮初期每周开行一班，常态化运行，并与成都至万州的“蓉万”粮食通道形成相互补充，服务云、贵、川等地粮食生产加工企业。

【沪渝直达快线万州—上海班轮开通】 2021年6月22日，沪渝直达快线万州—上海班轮在万州港江南集装箱作业区举行首航仪式。满载275TEU（标箱）的“航旭802”轮，从万州江南集装箱码头驶向上海港，沪渝直达快线万州—上海班轮开通，每周定时发运。此前，万州港已开通达万（达州至万州）铁路班列和蓉万（成都至万州）铁路班列，实现万州港与四川货物铁水联运。但由于没有开通万州直达上海的集装箱班轮，万州港集装箱都是由重庆港下行的班轮加挂，货物在万州港等待上船时间常常长达数天。此次班轮开通后，货物运输时间减少1~2天，长江段物流成本降低10%~15%，同时增强万州港集货能力和对四川、陕西、甘肃、湖北等省的周边地区辐射能力。

（朱雅骏）

【万州冷链物流分拨中心一期完工】 项目单位为重庆四行源物流有限公司，建设内容为冷库及配套用房，一期项目总建筑面积9万平方米，总投资为3.34亿元，其中中央预算内投资0.1亿元、企业自有投资3.24亿元，于2021年11月30日通过竣工验收并投入试运行。该项目投入运行后引进中通冷链物流、冰雪冷链，为万州区提供8万吨冷库储存能力，提高万州区物流效率水平和冷链物流服务能力。

（区发展改革委）

邮 政

【概况】 2021年，万州区邮政行业业务总量60530.75万元，比上年增长9.55%；邮政行业业务收入（不包括邮政储蓄银行直接营业收入）60093.72万元，增长14.48%；邮政快递业投递量6464.11万件，增长27.8%。全年邮政寄递服务业务量完成1367.67万件，下降61.4%；邮政寄递服务业务收入完成2429.29万元，下降50%。邮政寄递服务业务全年函件业务量完成29.26万件，下降26.76%；包裹业务量完成5000件，下降58.68%；订销报纸业务完成818.18万份，下降69.58%；订销杂志业务完成94.9万份，下降67.34%；汇兑业务完成4000笔，下降33.33%。全年快递服务企业业务量完成1546.99万件，增长19.69%；快递业务收入完成20063.04万元，增长29.57%。支撑网络零售额超过15亿元，邮政快递从业人员近3000人，年纳税近300万元。万州区内邮政快递管理机构为重庆市邮政管理局一分局，属重庆市邮政管理局派出机构，是中央和地方双重管理并以中央为主的邮政监管机构，驻地万州区，管辖万州区、梁平区、开州区、云阳县、奉节县、忠县、巫山县、巫溪县和城口县3区6县。

【邮政市场监管】 2021年，重庆市邮政管理局一分局持续深入推进安全生产专项整治三年行动，对邮件快件处理场所实行重点监管，全年办理行政处罚案件8件，累计罚款6万元。加强新冠肺炎疫情防控，紧盯“人、车、货”关键环节，坚持“人物同防”，把好疫情“外防输入”关口，行业从业人员新冠病毒疫苗应接尽接。开展“邮件快件处理场所安全管理规范化提升行动”“寄递渠道禁毒百日攻坚”“消防安全专项整治”等专项行动，全年实现安全事故零发生。

【邮政普遍服务】 2021年，万州区有国有邮政企业1家（中国邮政集团有限公司重庆市万州片区分公司），下设遍布城乡的邮政普遍服务营业网点115个，建成村邮站414个，414个建制村“村村通邮”。全年开展乡镇邮政普遍服务局所“回头看”专项检查，邮政普遍服务局所硬件配套设施有所改观，服务水平大幅提升。按要求开展机要通信和“扫黄打非”检查工作，督促邮政企业遵守《邮政机要通信保密管理规定》，确保机要通信绝对安全；开展“扫黄打非”相关集中行动，强化有害出版物“画像法”培训，未发现有“涉黄涉非”物品通过寄递渠道流通。

【快递服务】 2021年，万州区有快递独立法人企业7家，分支机构62家，备案末端网点169个，38个乡镇实现“乡乡设点”。中通快递渝东（万州）智能科技产业链园区和韵达万州智能科技产业园项目落户万州，顺丰、京东、邮政等产业项目有序推进。

【邮政快递电商】 2021年，万州区邮政快递业重点服务现代农业，解决农产品进城“最初一千米”难题，借助“邮政在乡”“快递下乡”工程，引导企业下乡进村，将寄递服务延伸到田间地头，打造“快递+特色农产品”等金牌农业项目。全年，白羊镇柠檬寄递量约150万件，业务收入1500万元。顺丰速运重庆公司、万州机场、重庆德农科技发展有限责任公司签署万州机场航空货运三方战略合作协议，携手塑造万州农产品品牌，助力万州区域内优质农产品走向全国。中邮万州片区公司与“四通一达”等6家民营快递企业签订邮快合作协议推动快递下乡进村，实现快递进村服务全覆盖。快递企业主动对接电商客户，建立深化合作机制，为电商提供更优质服务。邮政快递企业主动加强与商户、农户、制造企业联系，畅通“农产品进城”“工业品下乡”渠道，促进电子商务与快递物流协同发展。万州邮政建成农村电商区级服务中心1个，村级电商服务站414个。全年线上线下通过自有电商及引进社会电商平台助力扶贫销售寄递价值约3000万元。

【中通快递渝东（万州）智能科技产业链园区项目开工】 项目于2021年11月24日开工，占地约12.5万平方米，总投资6亿元，项目分两期

2021年4月12日，中通速递服务有限公司董事长兼总裁赖梅松（中）一行对中通快递渝东（万州）智能科技产业链园区项目作前期调研

（重庆市邮政管理局一分局 供图）

建设，规划为集智能化快递分拨中心、快运转运中心、电子商务中心、电商云仓中心于一体的综合性物流产业园。项目投产后，业务将辐射渝东北、四川达州、湖北恩施等地，同时为万州地区提供超过1500个就业岗位，年包裹处理量将达4亿件。

2021年万州区邮政快递企业一览表

表26

企业名称	一级网点企业名称	企业性质	地址
中国邮政	中国邮政集团有限公司重庆市万州片区分公司	国有企业	万州区江南大道385号
顺丰	顺丰速运重庆有限公司万州分部	分支机构	万州区北滨大道二段滨湖天地
	顺丰速运重庆有限公司万州分部	分支机构	重庆市万州区厦门大道407号火车站商贸城
	顺丰速运重庆有限公司万州分部	分支机构	重庆市万州区北滨大道三段176号11—13幢 国瑞·天街2层136、137号
	顺丰速运重庆有限公司万州分部	分支机构	万州区天城镇上坪三组15号
	顺丰速运重庆有限公司万州分部	分支机构	万州区天城镇合巴路39号
	顺丰速运重庆有限公司万州分部	分支机构	万州区红星东路259号医药产业园区
	顺丰速运重庆万州集散点	分支机构	万州区天城镇合巴路39号
	顺丰速运重庆万州集散点	分支机构	万州区体育场支路247号
京东	重庆京邦达物流有限公司万州分公司	分支机构	万州区金龙路515号1层门面4
德邦	重庆德邦物流有限公司万州分公司	分支机构	万州区石峰路828号C区商业1号
中通	重庆小蜂快递服务有限公司	法人企业	重庆市万州区永佳路339号
圆通	重庆市钛前速递有限公司	法人企业	重庆市万州区北山棉花地小区14号楼一号门面
	重庆心声物流有限公司	法人企业	万州区五桥宁波一支路粮食局综合楼105号3号门市
申通	重庆市万州区盛彤速递服务有限公司	法人企业	重庆市万州区津滨路爵士花园D幢13-14门面
韵达	重庆渝洪快递有限公司万州分公司	分支机构	万州区天城镇塘坊合巴路
极兔速递	重庆尚捷物流有限公司	法人企业	重庆市万州区天子工业园区申明中路137号A区33、34、35号门面
交运	重庆交运快递有限公司万州客运中心营业部	分支机构	国本路158号

（毛文斌）

会展业

【概况】 2021年，万州区举办第十三届“支洽会”三峡库区对口支援消费帮扶农产品展销会、2021三峡美食文化节暨万州烤鱼节、2021三峡柑橘国际交易会（网上）、2021三峡江滩音乐季、2021三峡库区春秋两季汽车消费展、2021·百城车展巡展万州站、2021年万州首届孕婴童博览会等展会活动18场，交易额50.5亿元，现场签约金额1.7亿元。

【第十三届“支洽会”三峡库区对口支援消费帮扶农产品展销会】 2021年9月24—27日在万州区体育场举办，由万州区人民政府主办，万州区商务委、万州区乡村振兴局承办。活动现场邀请四川省达州市，重庆市万州区、开州区、云阳县、巫溪县、忠县等地近200家企业，展示展销农特产品500余种。现场签订万州农特产品购销意向协议4份，签约额2000万元，线上线下展销额4000余万元。

【2021三峡美食文化节暨万州烤鱼节】 2021年10月13—17日在万州区心连心广场举办，由万州区委宣传部、万州区商务委、重庆三峡融媒体中心等单位联合主办，万州区餐饮协会、万州区烤鱼产业协会承办，主题是“韵味三峡·鱼香九州”。活动邀请四川省达州市，湖北省恩施州，以及重庆市涪陵区、长寿区、梁平区、开州区、云阳县、垫江县、丰都县、巫溪县、奉节县、忠县等20余个市、区、县，100余家企业、500余种三峡特色美食、商品参展，销售额2100余万元，拉动社会消费1.68亿元，现场签约1.5亿元。

【2021三峡库区春秋两季汽车消费展】 由重庆三峡融媒体中心、重庆三峡传媒集团主办，重庆市艺龙广告公司执行，自2011年开始办展，至2021年已连续举办22届。2021年4月23—25日，第21届三峡库区春季汽车消费展在心连心广场举行，80余个品牌300余款车型参展，成交车量560台、成交额8000余万元。9月26—27日，第22届三峡库区秋季汽车消费展在心连心广场举行，40余个品牌300余台车辆参展，成交车量430台、成交额7000余万元。

2021年万州区主要展会活动一览表

表27

序号	活动名称	主办单位	活动时间	现场交易额（亿元）
1	2021三峡柑橘国际交易会（网上）	重庆市农业农村委、重庆市商务委、万州区人民政府	2021年2月5日至3月31日	24.7
2	车视界2021（第十一届）汽车消费节（万州站）	重庆麦尔传媒有限公司	2021年3月27—28日	0.8
3	2021（第21届）三峡库区春季汽车消费展	重庆三峡传媒集团有限公司	2021年4月23—25日	0.8
4	2021年万州区夏季网上房交会	万州区房地产业协会	2021年5月15日至6月30日	19.9
5	2021万州江南新区汽车文化美食音乐节	重庆三峡传媒集团有限公司	2021年7月9—11日	0.1
6	第十三届“支治会”三峡库区对口支援消费帮扶农产品展销会	万州区人民政府	2021年9月24—27日	0.4
7	2021（第22届）三峡库区秋季汽车消费展	重庆三峡传媒集团有限公司	2021年9月26—27日	0.7
8	2021三峡美食文化节暨万州烤鱼节	万州区委宣传部、万州区商务委、重庆三峡融媒体中心等	2021年10月13—17日	0.21

（王博）

万州烤鱼

综　述

【概况】　万州烤鱼是三峡库区特色产品，以鲤鱼等为主要原材料，采用“先烤后炖”的独特做法，加以独特配方，烹制成泡椒、麻辣、酱香、椒香、蚝油、香辣、豆豉、鱼香等不同味型，深得食客喜爱。2016年，万州区烤鱼城打造成为市级特色夜市街；2017年，万州区举办首届万州烤鱼节，至2021年连续举办5届；2018年，万州区创建为“中国烤鱼之乡”；2021年，万州区“中国烤鱼之乡”复审通过，举办2021三峡美食文化节暨万州烤鱼节和万州烤鱼创新发展高峰论坛，授牌成立万州烤鱼学院，心连心广场树立“烤鱼先祖”城市形象雕塑。至年末，万州烤鱼食品加工年产能1万吨，烤鱼调料加工年产量近2000吨，拥有烤鱼产业相关专利15件。全国经营万州烤鱼的店铺1.6万家，以万州烤鱼命名的店面店铺1.3万家，并发展到美国、加拿大、法国、德国、新加坡等国家。

【烤鱼历史文化】　万州烤鱼历史文化源远流长。早在新石器时代，万州、巫溪、巫山等三峡地区的先民，就结网捕鱼，用以果腹。其最早可溯源至万州区小周镇中坝子遗址出土的距今三千多年前商周时期的鱼骨、木炭。西魏时期万州因多泉多鱼被设置为“鱼泉县”。万州出土的战国青铜器“虎钮錞于”，镌刻有反映两千多年前巴人渔猎生活的“鱼纹”。重庆三峡移民纪念馆镇馆宝藏之一“东汉庖厨俑”的造型与万州烤鱼的制作工艺十分相似。至南宋景炎元年，时值元军入侵中原攻打万州天子城时，守军饥饿，派兵丁到苎溪河取水，兵丁捕鱼并撒盐烤而食之，其余兵丁皆效仿并做出各种口味的烤鱼，万州烤鱼自此流传后世。20世纪80—90年代，万州经营烤鱼的商铺越来越多，烹饪技艺传承较广泛。至2021年，万州烤鱼制作技艺历经40代人传承，并在烤烧中探索改进，调整配料，形成今日之万州烤鱼。2008年，万州烤鱼被列入区级非物质文化遗产名录，并先后被中央电视台《欢乐中国行》、中国台湾综艺节目《大陆寻奇》等栏目报道。2017年，以“万州烤鱼”为题材的微电影《一尾风尘》荣登意大利威尼斯电影节“聚焦中国”展演。2019年，万州烤鱼技艺入选重庆市第六批非物质文化遗产代表性项目名录。

【烤鱼品种】　万州烤鱼以鲫鱼、鲤鱼、草鱼等为主，有泡椒、麻辣、酱香、椒香、蚝油、香辣、豆豉、鱼香等几十种不同味型。2021年，三峡美食文化节暨万州烤鱼节上，万州烤鱼学院首度亮相，其首席专家——国家级烹饪名师吴朝珠创新研发出57味特色烤鱼，分为传统经典烤鱼10道、创新口味烤鱼20道、流行小份烤鱼20道、快餐烤鱼捞饭7道，主要有黑椒味、XO酱味、鱼子酱味、柠檬味、冬阴功味、蟹黄酱味、松茸酱味、香茶味、鲍汁味等口味，中西交融，百味齐放。

【“中国烤鱼之乡”复审通过】 2021年，“中国烤鱼之乡”称号通过复审。2016年，万州区启动“中国烤鱼之乡”创建工作，并成立由区政府牵头，江南新区管委会、区委宣传部、区商务局、区餐饮协会等多个部门、乡镇（街道）为成员的“中国烤鱼之乡”创建工作指挥部，出台《万州区创建“中国烤鱼之乡”工作方案》，统筹“中国烤鱼之乡”创建工作。2018年4月15—17日，“中国烤鱼之乡”认定专家组在万州区评审“中国烤鱼之乡”创建工作。28日，在第二届重庆厨师节上，中国烹饪协会常务副会长乔杰向万州区授牌，万州区成功创建“中国烤鱼之乡”。

【万州烤鱼节】 2017年11月24—28日，万州区举办万州首届烤鱼节。2018年，万州烤鱼节与三峡美食文化节合并举办，此后每年举办1届，至2021年连续举办5届。烤鱼节期间，万州烤鱼、梁平张鸭子、开州紫水豆干、云阳桃片糕、忠县乌杨白酒、丰都麻辣鸡块等重庆长江三峡沿线区县上百种美食亮相展会，吸引重庆、四川达州、湖北利川等周边区县参与，并逐步发展为现场观展和线上直播相结合的方式，每年拉动社会消费上亿元。2021年10月13—17日，2021三峡美食文化节暨万州烤鱼节在心连心广场举办。该届美食节吸引四川省达州市，湖北省利川市，重庆市长寿区、涪陵区、垫江县等周边20余个市区县参与，万州烤鱼学院首度亮相，并推出57味特色烤鱼展演。现场参展单位100余家，现场销售2100余万元，比上届增长40%，拉动社会消费1.68亿元，现场签约1.5亿元。

【万州烤鱼城】 位于万州区周家坝街道石城路99号（心连心广场，因中央电视台“心连心”艺术团于2001年1月在周家坝移民新城演出而得名），建成于2002年。有门面27个，营业面积3300平方米。2016年，在区商务委和周家坝街道办事处的共同指导下，各经营户对店面门楣、灯饰、卫生间等进行集中改造提升，被重庆市商务委评为市级特色夜市街区。从2017年起至2021年，每年的万州烤鱼节均在该地举办。2021年，年销烤鱼量超过160吨，销售额超2000万元，接待食客60余万人次。

（区商务委　区史志研究室）

烹饪技艺

【烤鱼制作技艺】 万州烤鱼通常取1.5千克左右的鱼剖杀后改花刀，洗净码味，平放在专用的铁夹中上炉，烤至两面色泽金黄，待鱼烤熟后，撒上孜然粉，垫上豆芽、魔芋等不同食材装盘，淋上现炒所需的味型调料即可，其制作集腌、烤、炖3种烹饪方法于一体，采用独特配方又集合重庆火锅的用料精华，调制出麻辣、酱香、泡椒、椒香、尖椒、蚝油、香辣、豆豉等不同口味。

【烤鱼烹饪技术规范】 2017年8月，重庆市烹饪协会起草、重庆市商务委归口管理、重庆市质量技术监督局发布《渝菜·万州烤鱼烹饪技术规范》，2017年10月1日实施，万州区中国注册烹饪大师（资深级）吴朝珠参与该规范起草。该规范对万州烤鱼的术语和定义、原辅料要求、烹饪器具配置、制作工艺、装盘、质量要求、最佳食用温度及时间均进行规范，促进万州烤鱼烹饪技术规范化发展。

【烤鱼营养价值】 万州烤鱼以鲤鱼为主，秉承传统小吃技艺，沿袭火锅特色，融合原始烧烤及现代美食制作工艺，其制作集腌、烤、炖3种烹饪方法于一体，制作完成后边煨边吃，具有麻辣鲜香、皮酥肉嫩、烧烤味浓、辣而不燥、口感舒适、回味悠长等特色，含有蛋白质、磷、钾、钠、钙及多种维生素。

【烤鱼技艺传承创新】 自南宋至2021年，万州烤鱼烤制方法历经柴火烤、植物叶片包裹烤、炭火烤、炭烤炉烤和电炉烤5个阶段。从最初的用荷叶、南瓜叶等植物叶片包裹鱼直入炭火中烤，发展到铁架夹鱼放炭火上烤，再到烤炉烤，再到电炉烤，烹饪技艺集腌、烤、炖于一体，烤鱼烹制火候更加可控，食品卫生更加安全，工艺流程更易复制。在味型上，创新推出几十种口

万州烤鱼

味，烤鱼味型更加丰富。在食材选用上，从烤鲫鱼，发展到烤鲤鱼，再到烤草鱼、胭脂鱼、翘壳鱼、水弥子、海鱼、深海鱼等，用鱼品种更加多样。万州烤鱼技艺先后入选区级、市级非物质文化遗产代表性项目名录。

（区商务委　区史志研究室）

产业发展

【概况】　2021年，万州区持续实施"烤鱼产业链条延伸计划"，一方面加快高标准农田建设，提高水利工程完好率，加大蔬菜基地建设力度，提升农产品加工生产能力；另一方面，通过加强"万州烤鱼"标准化体系建设、商标品牌创建培育、人才教育培养基地建设、原辅食材种植养殖基地建设、调味品预包装食品烹饪器具加工基地建设、品牌宣传推广等系列工作，推动万州烤鱼标准化、品牌化、规模化、产业化发展。据不完全统计，2021年，万州区烤鱼餐饮经营服务产值约3亿元，以辣椒、生姜、葱、蒜为主的调味品产值5.23亿元。

【烤鱼原辅材料种养殖】　万州地属亚热带季风湿润气候，总面积3456.41平方千米，适宜蔬菜、花椒、鱼类等食材种植养殖业发展。全区主要在弹子、甘宁、郭村、武陵、响水、长滩、双河口等镇街布局渔业，发展鲤鱼、草鱼、鲫鱼、鲢鱼等适合烤鱼烹制的鱼类养殖。辣椒、生姜、萝卜、豇豆、花椒、山胡椒等万州烤鱼烹制不可或缺的佐料辅材，主要在甘宁、茨竹、孙家、龙驹、分水、余家、响水、钟鼓楼等镇街种植。至2021年年末，全区渔业养殖面积39.67平方千米，年产量2.1万吨；烤鱼辅材种植面积41.27平方千米，年产量6.45万吨。发展培育烤鱼产业养殖基地11个、烤鱼产业种植基地10个、烤鱼产业食材加工基地6个。

【烤鱼餐饮经营】　至2021年年末，重庆市万州区烤鱼产业协会共发展会员单位43家。全国经营万州烤鱼的店铺1.6万家，以万州烤鱼命名的店面店铺1.3万家；重庆市内经营万州烤鱼的店铺1600余家，以万州烤鱼命名的店面店铺1300余家；万州区内经营烤鱼菜品的店铺超1000家，烤鱼经营门店300余家。美国、加拿大、法国、德国、新加坡等国家均有万州烤鱼店铺。

【万州烤鱼餐饮名店选介】　小舅母子烤鱼　品牌创立于2002年，总店位于万州区周家坝心连心广场万州烤鱼城20~26号店面，在万州区北滨路、江南新区及五桥腾马夜市开设有3家分店。成立以来，先后获"万州老字号""重庆都市广播（吃在重庆）推荐餐厅""万州餐饮名店""文明诚信个体工商户"等荣誉称号，店内特色菜品小舅母子泡椒烤鱼被评为"中国名菜"。

渝尾巴烤鱼　品牌创立于1995年，拥有烤鱼门店4家，拥有员工100余人。该企业及相关人员先后获"重庆百佳烤鱼名店""最受重庆网友喜爱的烤鱼""万州烤鱼名师""重庆烤鱼百佳创新人物"等称号。

【烤鱼经营行为规范】　2017年12月，万州区餐饮协会制发《重庆市万州区烤鱼经营行为规范（试行）》，对重庆市区域内从事万州区烤鱼经营或含万州区烤鱼经营项目

2021年万州区烤鱼名店一览表

表28

品牌名称	单位名称
小舅母子烤鱼(南滨店)	万州区江南新区冉篮球餐饮经营部
小舅母子烤鱼(北山店)	万州区兰桂餐饮店
渝尾巴烤鱼(南滨店)	万州区江南新区渝知伟餐饮店
记忆918地道烤鱼	万州区静园路枭江烤鱼店
瓦缸烤鱼(心连心店)	万州区周家坝黄德云餐饮店
金鳞汇烤鱼	万州区御景江城金鳞汇烤鱼店
诸葛烤鱼	万州区太白路诸葛渝人烤鱼店

（区商务委　供图）

的餐饮服务提供者，提出基本的经营行为规范要求。该规范8章39条，包含法律法规要求、管理体系制定、食品添加剂管理、经营场所选址布局、原料供应管理、烤鱼底料和汤料加工、餐饮服务和餐厨垃圾处置等方面，尤其是对万州烤鱼制作加工标准进行详细规定，从鱼品选择、养鱼、开生、腌鱼、烤鱼、撒粉、装盘各个环节都进行说明。该规范加强了万州烤鱼经营行为管理，保障消费者饮食安全，促进万州烤鱼品牌的标准化、规范化、产业化发展。

“江来好”礼品烤鱼　　（区商务委　供图）

【烤鱼系列产品加工】　2021年，万州区烤鱼食品加工年产能1万吨，烤鱼调料加工年产量近2000吨，拥有烤鱼产业相关专利15件。有企业从事烤鱼休闲食品、预包装食品生产加工，即将烤鱼做成半成品、家庭版简易装、开袋即食食品销售。江来好（重庆）食品有限公司研发的“江来好”礼品烤鱼常温保存时间长达6个月，方便快捷，开盒即食。万州烤鱼的调味品加工企业主要有重庆市万州区伴神酿造有限公司、重庆市鱼泉榨菜（集团）有限公司等15家企业，主要生产花椒油、烤鱼调料、麻辣鲜、泡辣椒、泡青菜、泡萝卜、泡豇豆、泡藠头、泡生姜、榨菜、调味品等烤鱼辅料。重庆市万州区伴神酿造有限公司生产的万州烤鱼调料在全国各地各大超市均有销售，并通过电子商务销往全国各地。重庆市鱼泉榨菜（集团）有限公司生产的鱼泉榨菜畅销全国，系列产品远销美国、日本、加拿大等30多个国家和地区。

2021年万州烤鱼预包装食品一览表

表29

商品名称	商品规格	企业名
江团	820克(香辣、酱香、藤椒)	江来好(重庆)食品有限公司
黔鱼	820克(香辣、酱香、藤椒)	
多利鱼	820克(香辣、酱香、藤椒)	
多利鱼(蓝盒)	680克(香辣、酱香、藤椒)	
多利鱼家庭简易装	820克(香辣、酱香、藤椒)	
小红鱼	500克(香辣、蜜汁)	
小红鱼(蓝盒)	220克(香辣、五香)	
亲情装(草鱼)	1000克(香辣、蒜蓉、泡椒)	重庆渝府食品公司
惠民装(多利鱼)	700克(香辣、蒜蓉、泡椒)	
自加热烤鱼礼盒(武昌鱼)	558克(麻辣、泡椒)	重庆桥钧食品有限公司
烤鱼礼包(草鱼)	258克(麻辣、泡椒)	
万州手撕烤鱼(鲫鱼)	150克(麻辣、原味)	
万州烤鱼鱼块袋装(草鱼)	80克(麻辣、泡椒)	

2021年万州烤鱼加工龙头企业一览表

表30

企业名称	产品类型	品牌
重庆市万州区伴神酿造有限公司	万州烤鱼调料	百年伴神
重庆市鱼泉榨菜(集团)有限公司	万州烤鱼调料	鱼泉、味相随
重庆市树上鲜食品(集团)有限公司	万州烤鱼调料	树上鲜
重庆飞亚实业有限公司	万州烤鱼调料	飞马
江来好(重庆)食品有限公司	万州烤鱼预包装食品	江来好
重庆渝府食品公司	万州烤鱼预包装食品	渝府
重庆桥钧食品有限公司	万州烤鱼预包装食品	桥钧

【万州烤鱼加工企业选介】 江来好(重庆)食品有限公司　该公司成立于2020年，注册资本1000万元，是一家致力于万州烤鱼传承和创新，集研发、生产、销售于一体的现代化食品企业。生产厂址位于万州经开区，占地6700平方米，拥有年产5000吨的标准化生产基地，年产值可达10亿元。主要产品有万州烤鱼礼品系列、万州烤鱼休闲即食系列、万州烤鱼方便系列、万州烤鱼调料等四大系列。“江来好”产品分别入选“重庆好礼”、“重庆双晒”万州区区长推介产品、《央视财经》栏目助农直播带货产品、央视《大国匠心》《三农优选》栏目合作伙伴等。

重庆市渝府食品有限公司　该公司成立于2012年，是一家集原生态养殖基地、产品研发、烤鱼生产、品牌化运营和文化沉淀的万州烤鱼生产企业，在烤鱼生产上率先自主研发全国第一条万州烤鱼工业化生产线，获7项国家专利，并建成一次性单炉烤鱼1000条规模的烤鱼炉房。渝府食品作为全国预制菜专委会会员单位，和西南大学食品院、重庆三峡学院生物食品院进行一系列产学研合作，为万州烤鱼工业化生产标准的制定和水产预制菜品的深度研发进行系列科技攻关。

【万州烤鱼协会】　万州烤鱼协会成立于2018年6月15日，至2021年年末，有会员单位43家。主要成员单位有万州区小舅母子烤鱼（会长单位）、江来好（重庆）食品有限公司（秘书长单位），副会长单位有22家。有天子烤鱼、渝尾巴烤鱼、兄弟烤鱼、瓦岗寨烤鱼等烤鱼经营企业15家；有树上鲜花椒油、伴神调料、鱼泉榨菜、添香调料4家烤鱼调料生产企业，有万野山花椒基地1家烤鱼原材料种植企业，有兴海农业开发有限公司1家烤鱼原材料养殖企业。万州烤鱼协会成立以来，多次承办三峡美食文化节暨万州烤鱼节，组织会员单位研发创新万州烤鱼系列菜肴，推动万州烤鱼提档升级。

（区商务委　区史志研究室）

品牌建设

【烤鱼人才培训】　万州区重视烤鱼相关人才技能培训，主要通过移民技能培训、“双创”技能培训、就业技能培训、青年成才技能培训等方式，依托万州技师学院等9所职业院校，推出星级饭店运营与管理、酒店服务与管理、中餐烹饪等专业，年培训千余人次。开办吴朝珠烤鱼技术培训班等民办职业培训机构24所，年培训超3000人次，为万州烤鱼产业发展提供人才支撑。

【烤鱼宣传推介】　2008年，万州烤鱼被列入区级非物质文化遗产名录，先后被中央电视台《欢乐中国行》、中国台湾综艺节目《大陆寻奇》等栏目报道；2017年，以“万州烤鱼”为题材的微电影《一尾风尘》荣登意大利威尼斯电影节“聚焦中国”展演。万州区通过举办万州美食节、万州烤鱼节、万州旅游文化节等节庆活动，组织烤鱼调味料加工企业参加全国糖酒博览会、广州国际食品食材展览会、“西洽会”等会展活动，宣传推介“万州烤鱼”品牌，提升影响力。

【万州烤鱼学院授牌成立】　万州烤鱼学院筹建于2018年，2021年经万州区委批准成为重庆万州技师学院增设内设机构，由万州技师学院、汇杰集团合作共建，校址位于万州区和平路48号，建筑面积约6000平方米，于2022年2月对外招生，通过系统化、标准化、规范化培训，向烤鱼行业输送大量专业从业人员，推动烤鱼产业发展。2021年10月13日，三峡美食文化节暨万州烤鱼节开幕，万州区人民政府为万州烤鱼学院举行授牌仪式，成为全国首家烤鱼学院。

【“烤鱼先祖”城市形象雕塑亮相】2021年，万州区餐饮协会、区烤鱼产业协会在心连心广场树立“烤鱼先祖”雕塑，并于10月13日2021三峡美食文化节暨万州烤鱼节开幕当天揭幕。整个雕塑人物高3米，人物基座高1米，背景高7米，材质以铸铜等为主。雕塑人物形象以重庆三峡移民纪念馆馆藏东汉庖厨俑为原型，提取虎纽錞于“鱼纹”和汉代庖厨炙鱼画像砖上图案，融入三峡山水文化等元素，采取虚实结合方式，设计制作成“烤鱼先祖”雕塑，是万州作为“中国烤鱼之乡”的城市形象雕塑。

万州烤鱼先祖雕塑 （区史志研究室 供图）

【万州烤鱼创新发展高峰论坛】 2021年12月21日，万州烤鱼创新发展高峰论坛在万州三峡广告产业园举行。该次活动由区科技局、区经济信息委、区农业农村委、区商务委、区市场监督管理局主办。论坛以专题讲座、研讨会、实地考察等方式开展，邀请西南大学教授、博士生导师、院长张宇昊，华中农业大学食品科学技术学院教授、博士生导师熊善柏，重庆三峡学院教授、硕士生导师肖国生，重庆三峡学院硕士生导师赵峰等专家学者主讲，重庆万州、开州、云阳，四川达州等地嘉宾参会。论坛聚焦“科技，让万州烤鱼更鲜美”主题，研讨烤鱼工业化生产技术研究重点、地方标准研究制定、万州烤鱼亟须破解的技术难题等。万州烤鱼协会现场为4位专家颁发烤鱼产学研顾问聘书。会后，专家们先后到江来好（重庆）食品有限公司、重庆飞亚实业有限公司、重庆市渝府食品有限公司等烤鱼相关企业考察。

（区商务委 区史志研究室）

2021年12月21日，万州烤鱼创新发展高峰论坛在万州三峡广告产业园举行 （区科技局 供图）

旅游业

综　述

【概况】　2021年，万州区以建设大三峡旅游集散中心和重要目的地为目标，发展集散融合型文化旅游业，打好三峡旅游牌，构建“中心集散、文旅融合、串点成线”文旅发展格局。当年，长岭镇安溪村入选第三批全国乡村旅游重点村，恒合土家族乡枫木村入选重庆市第二批乡村旅游重点村，重庆三峡移民纪念馆入选全国“建党百年红色旅游百条精品线路”参观点，“畅游三峡·万州出发”旅游品牌持续唱响。

【旅游发展规划编制】　2021年，《重庆市万州区文化旅游体育业发展第十四个五年规划（2021—2025年）》征求意见稿完成，规划强调锻长板补短板，完善文化旅游体育产业链，增强优质文旅体产品和服务供给，突出优势和特色，加快建设文化体育强区和知名旅游目的地。

【旅游行业规模】　2021年，万州区旅行社总数26家，较上年减少1家，导游166人，直接旅游从业者2.4万人。在全国旅游监管服务平台备案旅游团队1085个，涉及游客4.07万人。全年新建示范性旅游厕所4座，新创建三星级酒店2家。年末有星级农家乐42家。

【旅游接待】　2021年，万州区累计接待游客2193.78万人次，比上年增长32.83%，恢复至2019年同期的95.36%；旅游综合收入123.04亿元，增长28.56%，恢复至2019年的81.53%。过夜游客182.5万人次，增加24.03%。其中，国家AAAA级景区万州大瀑布群旅游区接待游客16.9万人次，比上年增长21.87%；重庆三峡移民纪念馆接待游客42.4万人次，增长132%。

【旅游线路开发】　2021年，万州区新开发旅游线路8条，共开发线路16条。“田园瀑布观光游、滨江体验乡村度假游、青山湖水观光游、近郊民宿乡愁游”4条线路入选《重庆市乡村旅游线路汇编》。

2021年万州区旅游线路一览表

表31

序号	线路名称	具体路线
1	大美万州、平湖风情一日游	万州城区—三峡移民纪念馆—西山公园—夜游平湖（水上巴士）
2	田园花海、大美甘宁一日游	万州城区—何其芳故居—奇芳花谷景区—同鑫现代农业园—万州大瀑布

续表31

序号	线路名称	具体路线
3	乡愁悠悠、近郊民宿一日游	万州城区—九池街道草莓基地、桐花湾美人谷景区—泉水院子、九凤湘院、厚院民宿院落
4	巴阳画廊、水墨黄柏一日游	万州城区—狮子岛—水墨广场—七星山万步梯—七彩熊家沟
5	青山湖水、安溪长岭一日游	万州城区—安澜谷景区—安溪水世界
6	滨江长廊、山水研学一日游	万州城区—七星谷—十里滨江长廊
7	千层梯田、茶园太安一日游	万州城区—千层梯田—凤凰花果山景区
8	民俗文化、寨堡柱山一日游	万州城区—鹰嘴岩—擎天寨—青云寨—文氏宗祠
9	七曜土家、云上恒合二日游	万州城区—石桶寨—文星塔—三峡恒合旅游度假区（枫香记民宿、土家天境、三峡古枫香园）
10	大美万州、水墨梁平二日游	万州城区—西游洞、万州大瀑布—梁平双桂堂、百里竹海
11	平湖之州、人文鬼城二日游	万州城区—三峡平湖旅游区、三峡移民纪念馆—丰都南天湖、名山景区
12	万开云同城化二日游	万州城区—三峡平湖旅游区—开州汉丰湖、刘伯承纪念馆—云阳三峡梯城景区、月光草坪
13	万达开生态康养三日游	万州城区—三峡恒合旅游度假区—开州汉丰湖—达州巴山大峡谷
14	三峡库心、山水实景三日游	万州城区—万州大瀑布、石桥水乡湿地公园—忠县石宝寨、烽烟三国—石柱西沱古镇、大风堡
15	重温历史、红色记忆三日游	万州城区—三峡移民纪念馆—开州刘伯承故居、刘伯承纪念馆—城口苏维埃政权纪念公园、黄安坝
16	万奉巫三峡文化之旅四日游	万州城区—万州大瀑布、夜游平湖—奉节白帝城、瞿塘峡—《归来三峡》演出—巫山五里坡、神女天路、小三峡—巫溪红池坝、宁厂古镇

【文旅项目建设】 2021年，万州区重点文旅项目天生城大遗址公园、小桔灯生态文化旅游区、巴国部落文化旅游区和万州文化创意创业产业园等有序推进，完成投资2.13亿元，占年度计划投资的100.44%。重庆市大三峡旅游集散中心建成投用。建设完成恒合土家族乡石桶寨停车场、甘宁镇楠桥村乡村旅游设施提升、太安镇凤凰社区乡村旅游基础设施建设等首批市级乡村旅游重点村基础设施建设项目。全区文化旅游行业项目固定资产投资4.41亿元，比上年增长38.11%。

【重庆三峡移民纪念馆入选“建党百年红色旅游百条精品线路”参观点】 2021年6月，重庆三峡移民纪念馆入选文化和旅游部、中共中央宣传部、中央党史和文献研究院、国家发展改革委联合推出的“建党百年红色旅游百条精品线路”中第65条“中国三峡·世纪工程”精品线路参观点。作为全国唯一一座为纪念三峡百万大移民而修建的专题性纪念馆，馆内常设主题陈列《伟大壮举 辉煌历程》三峡移民精神展，每周仅星期一闭馆（法定假日除外），节假日每天免费提供1场讲解服务。全年免费开放324天，接待游客42万余人次。

【大三峡旅游集散中心建成投运】 2021年7月，毗邻万州高铁北站的大三峡旅游集散中心建成投用。该中心由重庆市文化旅游委、万州区人民政府、重庆交通运输控股（集团）有限公司和重庆旅游投资集团有限公司联合投资建设，万州区文化旅游委、渝东开发区、万运集团运营管理。中心总建筑面积2万平方米，设旅游运输服务区、旅游餐饮服务区、游客接待中心、旅游酒店服务区、人才培训和交易市场5层功能区，全方位满足旅游交通、咨询、投诉、导服、休憩、购物、虚拟现实体验、大数据分析等功能需求，为游客提供“吃、住、行、游、购、娱”全要素“一站式”旅游服务。运行以来，联合周边区县举办旅游推荐会10余场，引入湖北神农架、云阳龙缸、奉节白帝城、巫山小三峡、忠县石宝寨等涉旅业态入驻，开发游轮游、探险游、田园游、定制游等20条旅游线路产品，累计服务游客152万余人次。

【长岭镇安溪村入选第三批全国乡村旅游重点村】 2021年8月25日，文化和旅游部、国家发展改革委联合公布第三批全国乡村旅游重点村名单，万州区长岭镇安溪村入选，成为万州首个国家级乡村旅游重点村。安溪村曾是重庆市级贫困村，2014年以后，通过举办万开云浆板、钓鱼、皮划艇、游泳等多场大型户外文体赛事，开展“大美万州”乡村旅游季活动，常年举行桃花节、梨子采摘节等节会活动，走出一条农文旅融合的绿色崛起之路。村内有安澜谷景区和旅游发展公司1家、安溪村旅游协会1个。全村旅游从业人员300余人，旅游年收入3000万元以上，村集体经济收入突破100万元，人均纯收入1.87万元。

（区文化旅游委）

旅游景点

【铁峰山国家森林公园】 位于万州区北部铁峰山脉中段，距万州城区17千米。海拔最高处1355米，园内森林面积91平方千米。公园内树种以马尾松、湿地松、楠竹等为主，森林景观的色彩富于季节变化。山峰集雄、险、奇、峻、美于一体。年平均气温15℃，无霜期240天，夏为无暑清凉的避暑胜地，冬为踏雪林海的赏雪佳境。主要有凤仪禅院、养儿窝、洗面石、狮子石、电视塔、画阁岭、亭阁、梅花园、茶园、苗圃、养鹿场（遗址）等景点。

【万州大瀑布群旅游区】 为国家AAAA级旅游景区。位于长江北岸甘宁镇楠桥村，核心景点万州大瀑布宽151米，高64.5米，面积9739.5平方米，是亚洲瀑布面积最大的单挂瀑布，被誉为“亚洲第一瀑”。景区可360度观瀑，游客可在此体验丛林飞车、天风栈道、竹筏漂流，参观陆安古桥、观音古洞，品尝天然泉水。甘宁镇亦是三国名将甘宁、现代诗人何其芳故里，市级非物质文化遗产“甘宁鼓乐”衍生于此。

【三峡平湖旅游区】 为国家AAAA级旅游景区，被中央电视台评为新三峡“十大旅游新景观”之一，入选重庆十大旅游新名片。旅游区内总面积5.6平方千米，其中水域面积5.21平方千米、陆地面积0.39平方千米。以“万川毕汇·平湖之州”为主题，分为南北滨江环湖两个片区，有西山公园、十七码头、南门口广场、音乐广场、红砂碛、南滨公园、三生有幸广场、樱花渡体育公园八大景观区，结合游船码头、步行道、自行车道等观光方式，融合亲水休闲、水上观光、体育赛事、光影演艺、节会活动、亲子游玩、水上运动等游览元素，集旅游休闲、音乐艺术、餐饮娱乐、体育健身等为一体，形成“城在山中、水在城中、人在山水中”的景观格局，是典型的山水相依、湖城相融的城市型旅游区。

【重庆三峡移民纪念馆】 为国家一级博物馆、全国首批中小学研学教育实践基地、全国爱国主义教育基地、全国首批红色基因库建设试点单位、国家AAAA级旅游景区。位于万州区南滨大道，于2018年对外开放，是全国唯一一座为纪念三峡工程百万移民而修建的专题性纪念馆，也是三峡库区重要的历史文化和移民文化收藏、保护、研究和展示中心，与万州区博物馆合署办公。主体建筑15062平方米，展区7610平方米，馆藏文物3.22万件（套）、一级文物13件（套）、二级文物35件（套）、三级文物644件（套）。设有《伟大壮举 辉煌历程》《万川汇流》《盐井沟古象》《刘江书法篆刻作品展》4个常设展览。

【西山公园】 为国家AAA级旅游景区。位于万州区长江北岸北滨大道，始建于1925年，由原四川军阀杨森修建，为纪念1926年万县“九五”惨案，朱德曾亲笔题名“九五公园”，1928年更名为“西山公园”。园内古木参天，古树名木繁多，幽静秀丽，是重庆建园历史最早的公园之一，曾被住建部、中国公园协会评为中国百家名园之一，2016年被评为“国际杰出茶花园”。公园内有西山钟楼、五洲池、古茶园、库里申科烈士墓园、动物园、静园6个主要景点。西山钟楼是万州标志性建筑，共12层，高50.2米，始建于1930年，融中西建筑风格于一体，端庄典雅，雄伟壮观，与上海海关钟楼、武汉江汉关钟楼并列为长江三大钟楼。西山钟楼和园内的西山抗战遗址群均为“重庆市重点文物保护单位”。库里申科烈士墓园被命名为“第五批全国重点烈士纪念建筑物保护单位”，列入第一批国家级抗战纪念设施、遗址名录。

【西游洞】 为国家AAA级旅游景区。位于万州区新田镇盐井社区，全洞纵深320米，有各具特色的洞中洞和12滩分布其中。洞壁钟乳嶙峋，形态万千，状如石柱、石笋、石花、石人、石兽等。景区有三大景观：古生物化石——东方剑齿象、虎、犀牛、大熊猫等（存列于美国纽约自然历史博物馆和万州博物馆，被命名为“盐井沟古生动物群”），清光绪皇帝笔题匾《功宣朐忍》，洞内高近30米的钟乳石柱定海神针——金箍棒（称为天下第一柱）。

【太白岩】 位于万州西山，古称西岩，唐开元十二年（724）李白游历西山，留下“谪仙笑乘金凤去，大醉西岩一局棋”的传说，此后西岩被称为“太白岩”。太白岩紧靠城区，最高海拔405米，有“万州第一山”之称，集“雄、险、奇、幽”于一身，是万州“古八景”之一。

万州区太白岩　　（区文化旅游委　供图）

横岩中部有60多处摩崖石刻，为晋代至民国时期名人雅士题刻，各具风格，是一处集儒、佛、道三教文化艺术于一体的著名旅游胜地。东晋卓庵道人在此修筑宫观，倚岩建龛，题刻“绝尘龛”三字历时1600余年至今保存完好。园内有著名诗人何其芳、书法家刘孟伉墓园。太白岩景观被国家文物管理局列为“中国名胜”，是重庆市级文物保护单位和万州最大的文化主题公园。

【同鑫蔬菜大观园】　为国家AAA级风景区、重庆市级现代农业园、重庆市十佳科普基地、乡村旅游示范点。位于万州区甘宁镇，是一个集“生产、观光、休闲、体验、科普、美食、养生”于一体的现代农业示范园。园区占地66.67万平方米，建有蔬菜博览馆、特色蔬果采摘园、爱情主题公园、儿童主题公园、露地花海、瓜果长廊、植物迷宫、同鑫湖、荷花池、绿色休闲走廊、阳光餐厅等一系列景点及观光、休闲、游乐等设施。

【凤凰花果山】　为国家AAA级旅游景区。位于万州区太安镇凤凰社区，景区面积15.3平方千米，其中核心景区5.7平方千米，森林覆盖率96%，负氧离子含量5.3万个/立方厘米，平均海拔1000米，夏季平均气温22.5℃。景区以“自然、秀美、野趣、宁静”为主题，是集观光旅游、休闲度假、拓展野营、农耕体验、果茶采摘等功能于一体的乡村生态旅游景区，入选全国20条“茶乡旅游精品线路”，被命名为“重庆市首批乡村文化乐园”。

【三峡恒合旅游度假区】　位于万州区东南部，总面积52.8平方千米，主要布局在恒合土家族乡五星村、枫木村等7个村（社区）和龙驹镇花坪村部分区域，以周边3小时交通圈为客源主体，主打“生态旅游”“康养旅居”“高山避暑”3张名片和“一廊一两区一一镇”旅游度假产品体系。分为游龙戏凤·景观廊、鹿鸣之喜·森林度假区、心归云霞·乡村度假区、有凤来仪·高山康养旅居小镇4个版块，是万州区重点打造的旅游项目之一。至2021年年末，建成枫香记系列民宿5处、三峡古枫香园景观23处、露营基地1处，全年投资约3.5亿元。三峡古枫香园被评为全国森林康养基地试点建设单位，枫木村被评为重庆市乡村旅游重点村。

（区文化旅游委）

三峡恒合旅游度假风光　　（恒合土家族乡　供图）

旅游业态

【乡村旅游】 2021年，万州区开辟特色乡村旅游线路，打造乡村旅游综合体，农旅产业逐步有机融合。万州区人民政府主办、万州区农业农村委和万州区文化旅游委联合承办“大美万州四季游 乡村振兴解乡愁”乡村旅游季系列活动。围绕“春赏花、夏纳凉、秋摘果、冬赏雪”四季乡村旅游特色，依托万州乡村自然风光及生态观光、瓜果采摘、休闲避暑、农耕体验、特产采购、民宿住宿等乡村游形式，结合乡村振兴“双亮”活动打造的美丽乡村示范点，开展形式多样、主题丰富的四季游活动。提升三峡恒合旅游度假区、安澜谷等景区景点知名度，推出飞瀑田园、滨江长廊、云上恒合、太安采茶等20条精品线路，涉及乡村旅游点40个、农旅融合基地15个、美丽宜居院落16个。

2021年万州区市级休闲农业与乡村旅游示范单位一览表

表32

示范镇	示范村	示范点	评定年限
武陵镇 甘宁镇 太安镇	长岭镇安溪村 大周镇五土村 分水镇石碾村 九池乡凤凰村 龙沙镇黄金村	天城镇红石谷生态农庄 武陵镇“大唐荔园”农业观光园 甘宁镇同鑫蔬菜大观园 弹子镇池海乡村旅游景区 燕山乡燕山杨梅园 太安镇凤凰花果山景区 高梁镇七星谷生态旅游度假区 钟鼓楼街道三峡无花果生态旅游园 九池乡九凤湘院休闲观光园 龙沙镇“万州欢乐黄金谷” 钟鼓楼街道梦林休闲度假村 双河口街道“花语果”欢乐大世界	2019年
恒合土家族乡	甘宁镇新农村 响水镇万民村 孙家镇兰草村 龙驹镇龙溪村（贫困村） 钟鼓楼街道大团村	大周镇滨江小筑 甘宁镇奇芳花谷园区 武陵镇石桥水乡湿地公园 高梁镇金菜篮生态农业园 响水镇傣族风情园 白羊镇祥和山庄 长岭镇安澜谷 九池乡泉水院子 黄柏乡狮子岛 恒合土家族乡石桶寨农庄	2020年
长岭镇	恒合土家族乡枫木村 甘宁镇黑马村 恒合土家族乡箱子村 燕山乡东峡村 长滩镇茶坪村 柱山乡戈厂村	甘宁镇古树别院遇见里民宿 恒合土家族乡土家福生态园 孙家镇森林农家 燕山乡红茶基地 余家镇大地芳华度假农庄 长岭镇天要山庄 长岭镇乌龙坝度假山庄 长坪乡品森农业安吉白茶旅游示范基地 长滩镇渔乐人家 柱山乡九岭茶山	2021年

2021年，万州交运平湖号游轮“水上巴士”万州到云阳航班

（三峡融媒体中心　供图）

【水上巴士】　三峡旅游“水上巴士”是区委、区政府为打好“三峡牌”，提升三峡旅游“大交通”，推进三峡旅游“大融合”，打造三峡旅游升级版的重大举措。三峡旅游“水上巴士”采取旅行社和船舶企业联合运营的方式，兼具交通和旅游功能，共有“交运平湖号”“环湖明珠号”游轮2艘。2021年年末，开通有万云（万州—云阳，含大周乡村一日游航线）、万巫（万州—巫山）、万州平湖游和过江航线，全年三峡旅游“水上巴士”接待游客16.45万人次。

【滑翔飞行】　万州国际滑翔伞基地位于长岭镇安溪村独树子梁，占地0.07平方千米，建有起飞场2个、降落场1个，起飞高度为710米和800米，降落场高度460米，平均落差在250米左右，平均滑翔时间8分钟左右。2021年，万州长岭国际滑翔伞基地接待游客1万余人次。

【户外越野】　万州宝林越野山地跑车基地位于长岭镇安溪村，依山傍水，风景秀丽，占地0.05平方千米，是集沙滩车、摩托车越野体验、CS拓展、自助烧烤、星空露营等于一体的户外运动项目。建有越野跑道7千米，赛道蜿蜒曲折，起伏不平，障碍重重，可供游客体验骑行乐趣。2021年，越野山地跑车基地接待游客1万余人次。

（区文化旅游委）

旅游景区建设

【概况】　2021年，万州区加快三峡恒合旅游度假区、小桔灯生态文化旅游区、天生城大遗址公园等重点旅游项目建设，推动8家A级旅游景区建立预约系统，指导长岭镇、九池街道完善旅游标识标牌，提档升级乡村旅游景区品质，提升万州旅游市场吸引力。

【旅游基础设施建设】　2021年，万州区提升乡村旅游点公共服务供给能力，完善九池乡全域旅游交通标志牌、全景图等30余处，完善长岭镇安溪村、老土村等乡村旅游重点镇村旅游交通标志导向牌。配套新建三峡古枫香园景区、何其芳故居等地示范性旅游厕所4座，满足新建景区景点游客如厕需求。全区257座旅游厕所服务评价二维码、旅游厕所标志牌的上墙工作完成，理顺旅游厕所“谁使用、谁收益、谁负责、谁管理”的日常管理机制体制。

【三峡古枫香园建设】　“三峡最秋天，枫叶舞翩跹”，三峡古枫香园是中国第五大赏枫胜地、三峡最美山岭、重庆避暑胜地。园内三绝为千年古枫香树、千年古松树、绝壁悬崖景观。已开放中华枫香王、五子登科树、合家欢树、夫妻树、姊妹松、山色半岭、土家天境、廪君台、1314观景台等景点20余处，设立有枫香学院（文创研发中心）。2021年，三峡恒合旅游度假区围绕三峡古枫香园AAAA级景区建设，建成旅游公路、游步道等24.2千米，建成枫香记系列民宿5处（枫香里、枫香驿、枫香谣、枫香恋、枫香意，房间56间），建成三峡古枫香园景观23处、露营基地1处。枫香记民宿群自2021年7月16日开业，7—8月和国庆期间均出现一房难求情况，通过携程网、小红书等平台营销，已有广州、深圳、西安、成都、重庆主城等地游客前来度假。

【“一环十六景”项目建设】　三峡平湖旅游区是万州全域旅游主客共享战略的集中体现，区域内游览项目、环境氛围、服务设施建设360度全面景观化，实现景城一体。2021年，结合三峡平湖旅游区建设，万州城市滨江环湖区域品质提升“一环十六景”项目有序推进。其中，移民广场以“三峡之眼”“三峡画卷”“城市花环”“长江之水”“城市展厅”五大主题全面改造升级，在赋予城市美学同时，体现万州独特文化内涵和精神风貌，彰显万州山水城市独特魅力，项目加快推进中；十七码头项目以“港埠拾忆·十里繁华”为主题，以“开埠”文化为主线，承袭开埠历史文化，延续万州山城特色大阶梯空间特色，对临江侧2.7千米库岸及消落带区域改造治理，新建外挑观景平台、绿化池，更新铺装，增设雕塑小品并植入巷道文化和历史记忆，175米水位线以上部分项目完工。

【三元四方文旅街区打造】 项目位于万州老城区核心西至王家坡、果园路，北至太白路、双白路（含高笋塘广场、行署大院、四方院、三峡影都），南至北滨路，东至电报路（含和平广场），总面积0.8平方千米，项目投资13.7亿元，建设周期3年（2020—2022年）。以重塑万州、记忆三峡为主线，以城市更新、文化复兴、商业振兴为总纲，以非遗文化和民俗文化为灵魂，形成都市文化旅游为支撑，特色美食、休闲、娱乐、文创产品为业态的文旅街区。全区依托老旧小区改造工程和三峡后扶等项目，结合文旅街区特色，已依序完成何家沟、万县面等部分老旧小区改造节点，基本完成历史建筑“金玉满堂”的建设修复，吉祥街片区完成建设招商并投入运营，成为万州城内供游人驻足打卡休闲消费的好去处。重点子项目“三峡会馆”于2021年10月下旬完成方案设计评审工作。已实施项目合同金额5045.4万元，实际项目投资金额3089.45万元，占合同投资额完成率61.23%。2021年，“三元四方”文旅街区打造为市级首批夜间文化旅游消费集聚区。

2021年万州区A级旅游景区一览表

表33

序号	景区名称	质量等级	地址	门票价格
1	重庆万州大瀑布群旅游区	AAAA	万州区甘宁镇楠桥村8组1号	98元/人
2	重庆三峡移民纪念馆	AAAA	万州区江南新区南滨大道1469号	免费
3	重庆三峡平湖旅游区	AAAA	万州区北滨大道二段288号	无
4	重庆万州同鑫蔬菜大观园	AAA	万州区甘宁镇永胜村3组	挂牌价50元/人
5	奇芳花谷	AAA	万州区甘宁镇黑马村4组	30元/人
6	重庆万州西游洞	AAA	万州区新田镇盐井社区龙池1组	50元/人
7	凤凰花果山	AAA	万州区太安镇凤凰社区	原价50元/人，按七折优惠
8	七星谷景区	AAA	万州区高梁镇香良村四组72号	景区大门票：38元/人，其余项目分类收费
9	桐花湾美人谷景区	AAA	万州区九池乡桐花村	无
10	石桥水乡湿地公园	AAA	万州区武陵镇石桥村	38元
11	万县“九五”惨案纪念馆	AA	万州区兰地沟10号	50元
12	万州古红桔主题公园	AA	万州区陈家坝街道向坪社区12组	旺季（11月至次年1月）：20元，其余月份：10元

2021年万州区重点文旅项目建设一览表

表34

项目名称	项目业主	建设规模及主要建设内容	计划建设年限	总投资（万元）	当年完成投资（万元）	当年完成情况
合计				137285	21294	
天生城大遗址公园	区文管所、重庆三峡文化创意集团有限公司	文物本体修缮、考古发掘15000平方米、基础设施建设与展示	2021—2023	14371	1245	完成考古勘探调查，完成考古发掘面积3000平方米。本体保护修缮方面，累计补砌城墙条石300立方米，石材进场2500立方米，城垛石加工200立方米，脚手架搭设1500平方米
万州文化创意创业产业园	重庆日报集团	项目总占地8万平方米，总建筑面积约19万平方米	2018—2022	80000	9840	2号楼完成封顶，1号楼建设至一层，其他楼层均建设完工

续表34

项目名称	项目业主	建设规模及主要建设内容	计划建设年限	总投资（万元）	当年完成投资（万元）	当年完成情况
小桔灯生态文化旅游区	三峡交旅集团	规划范围为驸马长江大桥南桥头至黄柏乡狮子岛沿江公路外侧滨江区域以及太龙镇大旗村部分区域，面积约6.67平方千米，主要建设内容为小桔灯游客接待中心、古红桔文化博物馆、群众文化活动广场、过街天桥人行便道、民宿改造等	2020—2023	18514	6072	景区内配套道路完成75%；接待中心处开挖房屋基础桩；山上步道完成80%，推进砌筑栏杆；共享民居、原食品站完成80%；桔林长廊完成基槽；景区内溪流河沟以及池塘整治逐步开展工作
巴国部落文化旅游区	三峡交旅集团	规划范围为瀼渡河万州大瀑布至入长江河口段沿岸流域，规划区总面积约1.73平方千米，其中核心区规划面积约0.6平方千米。项目拟依托古崖洞（绝壁）、叠级瀑布、瀼渡电厂、瀼渡河、老村落以及长江等资源，打造以“巴国洞天、三峡秘境”为定位的巴国部落主题文化旅游区	2020—2025	19900	4137	瀼渡河水生态修复完成50%，万州区瀼渡河巴蜀文化旅游示范区建设项目开展初步设计审批程序，桥梁工程完成二次招标

（区文化旅游委）

旅游宣传营销推介

【概况】 2021年，万州区开展“打卡巴渝美景”全媒体推介活动，联合渝东北区县赴重庆主城、对口支援城市、重点客源城市开展宣传推介活动10次，提升“壮美长江 诗画三峡”“畅游三峡 万州出发”旅游品牌知名度和影响力。

【“打卡巴渝美景”全媒体推介活动万州专场】 该活动由重庆市委宣传部、重庆市委网信办、重庆市文化旅游委联合主办，区委宣传部、区委网信办、区文化旅游委承办，2021年3月18日，万州三峡平湖旅游区以“全媒体推介+活动推广”组合方式在全市各媒体平台上线，向八方游客全景式、立体化推广“万川毕汇 平湖之州”的文化风情和文旅品牌形象，将三峡平湖旅游区打造成网红打卡新热点。

【万达开川渝统筹发展示范区文化旅游展演（重庆）推介活动】 2021年4月9—11日，由市文化和旅游协会主办的第25届重庆都市文化旅游节暨城际旅游交易会（简称“一会一节”）在重庆解放碑开幕。万达开川渝统筹发展示范区文化旅游展演（重庆）推介活动举行，万州区文旅组团参加“一会一节”活动，大美万州精彩亮相。

【万州在两江新区推介旅游资源】 2021年5月19日，在重庆欢乐谷启动的2021年“中国旅游日”暨第六届重庆文化旅游惠民消费季（春夏）重庆两江新区主题活动启动仪式上，万州区作为两江新区对口协同发展单位，在现场推介旅游资源，发布优惠政策，助力两区文旅协同发展，提升旅游品牌，拉动旅游消费。

【万州赴山东济宁文化旅游推介会】 2021年6月8日，重庆万州赴山东济宁文化旅游推介会在济宁市举行。区文化旅游委和三峡交旅集团代表分别向济宁市社会各界推介万州和大三峡文化旅游精品线路，同时播放三峡旅游宣传片、万州区文化旅游宣传片。两地文旅部门和媒体单位分别签署交流合作协议和合作框架协议，并开展文艺节目表演。

【万州文旅参展第七届中国西部旅游产业博览会】 2021年6月11—14日，第七届中国西部旅游产业博览会在重庆国际博览中心举行。万州区文化旅游委组织三峡交旅集团、三峡文创集团、石桥水乡景区等10多家文旅企业，以及谭木匠、三峡石、“三峡天丛”茶叶、虎钮錞于系列文创产品等30多种旅游商品参展。展会期间，通过旅游宣传推介、商品展示展销、优惠政策发布等形式，展示万州自然人文景观、精品旅游资源、特色旅游线路等，吸引大量市民驻足。

【万州文旅参展第十七届海峡旅游博览会】 2021年6月18—20日，第十七届海峡旅游博览会在厦门国际会展中心举行。万州非遗手工艺品“三峡绣”、鱼泉榨菜、谭木匠梳子、“三峡天丛”茶叶、老万县杂酱面等10余种特色旅游商品、文创产品以及旅游宣传图册和特色景点书签在馆内亮相，受参展群众青睐。万州区代表渝东北区域旅游协作组织重点推介由渝东北特色景区景点组成的“两条环线、五大特色”精品旅游线路，发出“走进渝东北，领略三峡美”邀请。

【万州文旅亮相粤港澳大湾区重庆文化旅游推介活动】 2021年12月7—8日，2021年粤港澳大湾区重庆文化旅游推介活动在深圳举行。万州区文旅委以“山水之城 美丽之地”为主题，代表渝东北片区进行文旅现场推介，展示渝东北历史人文风貌。

（区文化旅游委）

旅游节庆活动

【概况】 2021年，万州区举办“大三峡·大巴山”国际文化旅游节、三峡文化旅游产业博览会、2021重庆文化旅游惠民消费季渝东北专场活动（秋冬）、大美万州乡村旅游季等活动8场，促进“大三峡·大巴山”文化旅游品牌影响力和文旅消费。

【“大三峡·大巴山”国际文化旅游节】 2021年10月13—16日，首届万达开“大三峡·大巴山”国际文化旅游节在万州区三峡文化园举办。活动由重庆市万州区人民政府、四川省达州市人民政府、重庆市开州区人民政府主办，万州区文化旅游委、达州市文体旅游局、开州区文化旅游委承办，旅游节以“促巴渝文旅融合 为美好生活添彩”为主题，围绕打好“三峡牌”先后开展三峡旅游商品及文创产品展示展销活动、2021三峡库区文创产品创意设计大赛、渝东北区域旅游协作组织交流座谈会、“大三峡·大巴山”主题旅游线路发布、“云上三峡”文旅超市等子活动。

【三峡文化旅游产业博览会】 2021年10月13—16日，三峡文化旅游产业博览会在万州区三峡文化园举办，万州、达州、开州、两江新区及渝东北其他9个区县共精选万州格格、万州烤鱼、竹酒、汉绣、茶叶、山城丝巾、竹编、木版年画、核桃工艺品等700多种精美旅游纪念商品、文创产品、非遗产品参展。在三峡文化园设立的旅游商品和文创产品主会场，有80多户商家741个品种参展；在太白街道玉和工艺小巷设立的古玩艺术品、非遗产品、民间收藏品分会场，有230多户商家1万余种艺术品、非遗产品等参展。活动吸引10万余名游客、市民前来观展、消费，达成现场销售和意向合作协议资金500余万元。

【2021重庆文化旅游惠民消费季渝东北专场活动（秋冬）】 2021年10月14—16日，2021重庆文化旅游惠民消费季渝东北专场活动（秋冬）在万州区举行。活动结合线上直播带货和线下产品展示，给消费者提供便利优惠和丰厚奖品。活动期间，“文旅万州”微信公众号新增3000余名微信用户关注，吸引1万余人参加线上线下抽奖活动，发放奖品3500余份。参展期间，由渝万传媒集团面向参展企业组织两次直播电商专业培训，吸引万州、达州、开州等地36家企业参与。

【2021三峡库区文创产品创意设计大赛】 2021年10月12—14日，2021三峡库区文创产品创意设计大赛在万州区太白宾馆举行，大赛以“三峡非遗 文创赋能”为主题，面向三峡库区区县、四川省达州市等文创产品生产企业和有关单位征集具有三峡特色的文创产品，吸引参展企业55家，收到文创产品159件。评选出三峡库区文创产品金奖3个、银奖9个、铜奖15个，评选优秀组织奖15个。

【“大美万州”乡村旅游季活动】 2021年4月1日，2021“大美万州”乡村旅游季春季游活动启动仪式在长岭镇安澜谷景区举行，活动以“长岭长来往 安溪好安逸”为主题，长岭镇、孙家镇、三峡交旅集团、交运游轮公司相关负责人分别做春季旅游路线推介，同时颁发“畅游三峡·万州出发”摄影大赛相关奖项。7月16日，2021“大美万州”乡村旅游季夏季游暨三峡恒合旅游度假区土家欢乐节启动仪式在三峡恒合旅游度假区举行，活动以“清凉怡夏”为主题，推出4条夏季乡村旅游路线，吸引来自万州、开州、达州、石柱土家族自治县等地的游客参与。

（区文化旅游委）

旅游管理与服务

【智慧旅游建设】 2021年，万州区着力开展智慧旅游建设。8家A级旅游景区建立景区预约系统。大三峡旅游集散中心开设“畅游三峡，万州出发”智慧体验区，游客可通过VR设备在虚拟现实中观赏三峡库区各大景点优美风光。建成“惠游大三峡”微信小程序，设置景区预约、路线推荐、资讯查询、线上购物等功能，让游客乐享智慧旅游。建立渝东北文旅大数据监测平台，接入渝东北11个区县文旅数据，通过大数据分析为游客推荐合理旅游出行计划。

【星级酒店】2021年，万州区新增重庆沃尔曼酒店、万州区骏怡精选酒店高笋塘广场店两家星级酒店，共有星级酒店5家，其中四星级酒店1家、三星级酒店4家。客房数460间，其中四星级186间、三星级274间。床位数684张，其中四星级267张、三星级417张。

【旅行社管理】2021年，万州区加强旅行社服务管理，督促全区26家旅行社定期通过重庆市旅行社管理系统、全国旅游服务监管平台上报每季度经营业务情况；完善落实旅游租车备案服务制度，实现游客可追溯、可查询。指导旅行社导游服务人员加强线上学习培训，推荐区内旅行社从业人员参加重庆市“向旅游工作者致敬”活动的先进旅游工作者评选表彰和“满意在重庆 服务在行动”岗位服务明星推荐评选，提升旅行社服务品质和服务能力。

【旅游市场管理】2021年，万州区加强旅游市场管理，推动旅游服务质量提升，围绕市场主体落实责任、培育品牌、夯实基础、人才建设、信用体系建设、服务质量监管6个方面，制定《万州区旅游服务质量提升五年行动计划》，首批45家旅游企业开展全面自查评估。区文化旅游委强化市场主体培育监管，指导三峡古枫香园、兰草茶山等创建国家A级旅游景区，推荐重庆三峡移民纪念馆申报重庆市首批文明旅游示范单位和重庆市文明单位，推荐赛菲尔酒店派员参加全国旅游饭店管理人才杭州专项培训，组织万州区内星级饭店店长、领班和客房服务人员进行旅游服务标准化培训1次。指导旅游市场主体做好节假日期间旅游数据统计上报工作。

【旅游安全管理】 2021年，万州区组织开展文旅企业经营业主安全知识培训会，引导企业科学制定应急疏散预案，开展A级旅游景区、星级饭店应急演练观摩学习会，增强旅游市场主体的应急处置救援能力。全年出动安全巡查检查人员5000余人次，检查各类文化旅游经营场所2000余家次，全年无安全事故发生。

【旅游执法监督检查】 2021年，万州区开展旅游市场大排查大整治大执法百日行动，结合常态化新冠肺炎疫情防控，全覆盖执法检查全区旅游市场主体，打击旅游市场“黑车”“黑导”“黑店”“黑社”现象，查处擅自改变行程、不合理低价游等严重侵犯游客权益的违法行为。全年开展专项整治行动10余次，出动执法人员4403人次，巡查市场2184家次，办理行政处罚案件13件，处罚金额3.1万元。全年受理举报投诉80件，办结80件，“诉转案”10件，举报投诉办结回复率100%。

【旅游企业选介】 重庆三峡交通旅游产业发展集团有限公司 简称三峡交旅集团，是万州区国资委批准成立的商业一类国有企业，2019年2月成立，注册资本5亿元，下辖企业11家，员工280余人。专注旅游开发、游览景区管理、旅行社经营、酒店管理、会展服务、养老服务、交通配套设施维护、港口经营、矿产资源（非煤矿山）开采、道路货物运输、道路旅客运输等业务。2021年收入4277万元，资产总额28.02亿元，负债总额18.67亿元，净资产9.35亿元，资产负债率66.63%，人均劳动生产总值19.37万元/人，上缴税金361万元，上缴规费5648万元。

重庆市万州区岸蓝文化旅游发展有限公司 该公司位于万州区长岭镇安溪村，2019年7月成立，注册资本500万元，主要经营旅游项目开发、室外体育游乐、酒店、餐饮服务、现代农业等项目。该公司着力打造三峡安澜谷景区，是万州网红乡村旅游景点之一。自2021年开园以来，安澜谷景区累计接待游客超100万人次，每年为村集体经济组织分红20.8万元，吸纳当地村民就业69人，累计带动就业人数1500余人。

2021年万州区旅行社一览表

表35

序号	企业名称	地址	注册资金（万元）
1	重庆市万港旅行社有限公司	重庆市万州区鞍子坝万州港口集团综合楼	32
2	重庆心达旅行社有限公司	重庆市万州区乌龙池171号20幢-2层负二层	500
3	重庆东朴旅行社有限公司	重庆市万州区睿尚城A栋吊一层71号	30
4	重庆云游天下国际旅行社有限公司	重庆市万州区沙龙路一段865号	50
5	重庆若游旅行社有限公司	重庆市万州区联合路4号（万州经开区）403室196号	100
6	重庆山上云旅游有限公司	重庆市万州区北山大道1161号附2号	30
7	重庆市君之旅旅行社有限责任公司	重庆市万州区白岩路218号第1-4层	100
8	重庆万众国际旅行社有限公司	重庆市万州区白岩路232号	50
9	重庆去看看旅行社有限责任公司	重庆市万州区沙龙路一段619号二层	100
10	重庆平湖画梦旅行社有限公司	重庆市万州区高铁大道366-1	30
11	重庆发现之旅国际旅行社有限公司	重庆市万州区高笋塘街道新城路69号附1号门面	30

续表35

序号	企业名称	地址	注册资金（万元）
12	重庆市万州金河旅游服务有限公司	重庆市万州区新城路260号	413
13	重庆北斗国际旅行社有限公司	重庆市万州区天城大道799号	50
14	重庆市恒润旅行社有限公司	重庆市万州区龙庭半岛21-2	300
15	重庆国奥旅行社有限公司	重庆市万州区白岩路196号吊层	30
16	重庆全成旅游有限公司	重庆市万州区太白街道白岩二支路16号	30
17	重庆高山流水国际旅行社有限责任公司	重庆市万州区沙龙路一段98号1层夹层2号	30
18	重庆凯莱旅游有限公司	重庆市万州区太白路145号	30
19	重庆市万州区三牧旅行社有限公司	重庆市万州区白岩路1号	30
20	重庆市万州区新闻旅行社	重庆市万州区新城路128号	30
21	重庆市万州区万州旅行社	重庆市万州区高笋塘1号	40
22	重庆市万州区青年旅行社	重庆市万州区高笋塘77号	30
23	重庆三峡国际旅行社有限公司	重庆市万州区白岩二支路8号	3000
24	重庆市太白旅游文化产业集团有限公司	重庆市万州太白宾馆	3000
25	重庆渝东北国际旅行社有限责任公司	重庆市万州区白岩路65号第5层	50
26	重庆欣程国际旅行社有限公司	重庆市万州区新城路44号	100

2021年万州区星级酒店一览表

表36

序号	酒店名称	质量等级	地址
1	逸泊凯莱大酒店	★★★★	万州区太白路99号
2	赛菲尔酒店	★★★	万州区新城路2巷6号
3	观湖大酒店	★★★	万州区北滨大道二段493号
4	万州区骏怡精选酒店高笋塘广场店	★★★	万州区万川花园2号
5	重庆沃尔曼酒店	★★★	万州区北滨大道二段256号

2021年万州区星级农家乐一览表

表37

序号	名称	地址	等级	评定时间
1	万州区林渔园农业发展有限公司	万州区柱山乡草盘村4组	三星	2020年
2	万州区恒合土家族乡鸿雅轩农家乐	万州区恒合土家族乡凤凰街142号	三星	2020年
3	万州区恒合土家族乡花海驿站农家乐	万州区恒合土家族乡箱子村2组	三星	2020年
4	万州区九池乡全水院子民宿餐饮店	万州区九池街道泉活村2组51号	三星	2020年
5	万州区分水镇秋秋农家乐	万州区分水镇新石村9组	三星	2020年
6	重庆市万州区龙温泉农家乐	万州区长滩镇龙泉社区4组	三星	2019年
7	万州区长滩镇邦友农家乐	万州区长滩镇沙滩村11组	三星	2019年
8	重庆如美生态农业有限公司	万州区白岩路53号1-1001（农家乐经营地址：万州区武陵镇下中村15组13号）	三星	2019年

续表37

序号	名称	地址	等级	评定时间
9	重庆嘉衡农业发展有限公司（嘉衡农庄）	万州区甘宁镇河杨路42号	三星	2018年
10	重庆市万州区幸福家庭农场	万州区甘宁镇新农村3组	三星	2018年
11	万州区南浦西苑农家乐	万州区甘宁镇新宁村12组	三星	2018年
12	万州区甘宁镇阡陌弯餐饮店	万州区甘宁镇桐枰村7组	三星	2018年
13	万州区甘宁镇青龙苑农庄	万州区甘宁镇楠桥村2组	三星	2018年
14	万州区龙沙镇老林峡谷农家乐	万州区龙沙镇老林村7组	三星	2018年
15	万州区武陵镇葛之恋农家乐	万州区武陵镇朝阳村28社	三星	2018年
16	重庆市旅平科技发展有限公司	万州区瀼渡镇百步梯99号	三星	2018年
17	桃源农家乐	万州区白羊镇惠民2组	三星	2018年
18	万州区梦想农庄	万州区熊家镇庄子村6组	三星	2018年
19	万州区柿子塘酒店	万州区大周镇凤凰村7组66号	三星	2018年
20	小周镇铁头农庄	万州区小周镇马道村2组	三星	2018年
21	重庆七星谷生态农业开发有限公司	万州区高梁镇香良村4组	三星	2017年
22	重庆市万州区新田镇葡萄小院	万州区新田镇盐井6组	三星	2017年
23	万州区陈家荷塘农家乐	万州区天城镇陈家村3组	三星	2017年
24	重庆市万州区香柳聚餐饮店（香柳聚贤农庄）	万州区罗田镇枫香村1组	三星	2017年
25	重庆市金菜篮生态农业开发有限公司	万州区高粱镇庙垭村3组	三星	2016年
26	万州区柱山乡青峰农庄	万州区柱山乡	三星	2016年
27	万州区飞缘农家乐	万州区沙河街道万斛村5组	三星	2016年
28	重庆市万州区宝香缘家庭农场	万州区孙家镇天宝村3组天宝寨	三星	2015年
29	重庆市万州区万俱农业开发有限公司（石桥水乡农家乐）	万州区周家坝天城东路299号	三星	2015年
30	重庆市万州区幸蕻惠农家乐	万州区百安坝保安村2组20号	三星	2015年
31	重庆市常到田坝生态农业开发有限公司（四季钓鱼城）	万州区五桥街道民强村5组	三星	2015年
32	博云森林酒店	万州区大垭口	五星	2013年
33	万州区太安镇凤凰岭大酒楼	万州区太安镇凤凰岭凤凰街	三星	2012年
34	太安九里山鸡庄（凤凰农庄）	万州区太安镇凤凰新村	三星	2012年
35	万州区神广嘴农庄	万州区双河口街道边家八社	三星	2011年
36	万州区彩云间度假村	万州区天城街道老岩村8组	四星	2009年
37	万州区梦林度假村	万州区钟楼街道大团村前进水库	四星	2009年
38	万州区金冠果园（万州区花语果）	万州区双河口街道滴水岩八村	四星	2009年
39	万州区无花果生态园	万州区钟鼓楼街道大团村6组	四星	2009年
40	潘光元农家乐	万州区太白村4组	三星	2009年
41	万州区黄桷园农家乐	万州区太白村4组	二星	
42	万州区正元农家乐	万州区甘宁镇	二星	

（区文化旅游委）

金融业

综　述

【概况】　2021年，万州区金融机构97家，居渝东北片区首位，其中各类银行机构20家、证券机构8家、保险机构52家、小贷公司8家、担保公司2家、基金公司2家、典当公司4家、融资租赁公司1家。金融业增加值69.55亿元，比上年增长3%，占地区生产总值的6.4%。税收14.88亿元，占全区比重21.23%。

【金融招商引资】　2021年，万州区引入区域性金融机构1家，即东兴证券万州营业部；引入功能型服务机构3家，即三峡人寿电话中心、重庆农商行万州分行财富管理中心和灾备中心；引入金融特色产品3个，即三峡银行“美食贷”、中银富登“中富翼贷”、农商行“保e贷”。

【普惠金融服务】　2021年，万州区开展“万州区1+5+N民营小微企业和个体工商户金融服务港湾行动”，建设周家坝街道、陈家坝街道、高笋塘街道、龙都街道4个金融服务港湾，全区普惠小微企业贷款余额94.75亿元，比上年增长14.53%。持续优化人民币流通环境，开通小面额和残损人民币兑换“绿色通道”，创建现金服务示范区9个，为群众鉴定、兑换残损人民币。开展存款保险宣传，全区行政村、社区存款保险宣传全覆盖。组建“渝见金融”联合宣讲队，开展“金融课 校园行”“普惠金融 五心助残”“国债下乡”等金融知识宣传活动。

【农村金融服务】　2021年，万州区推动金融机构与乡镇政府签订10余项金融支持乡村振兴、普惠金融服

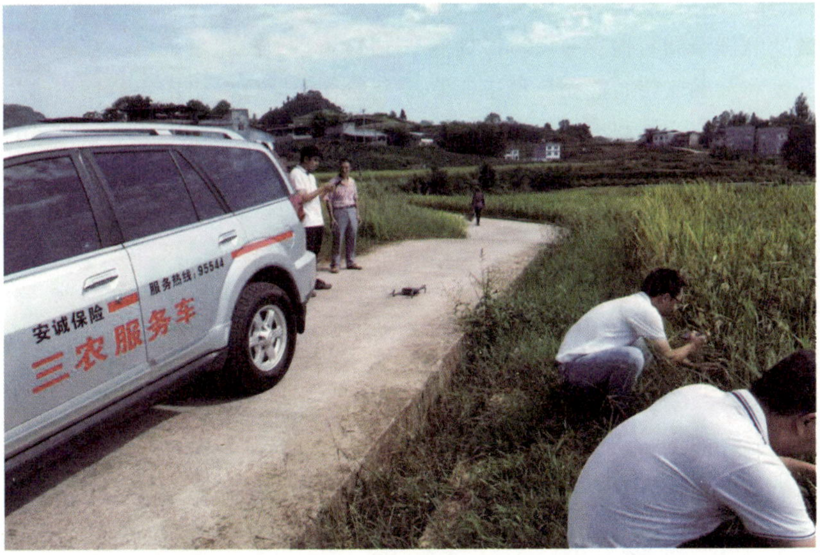

农业保险查勘现场　　（万州银保监分局　供图）

务到村共建、农村信用体系建设等合作协议，建立乡村振兴领域风险补偿、贴息等配套机制。银行业推出农业产业链快贷、渝快振兴贷三农版、脆李贷、生猪贷等乡村振兴金融产品30余个，支持新型农业经营主体5795户，贷款15.03亿元。开展重点农业产业链金融链长制试点，形成玫瑰香橙全产业链担保融资方案，人行万州中心支行推动各涉农银行机构建成“1+2+N普惠金融到村”基地120个，实现553个助农取款服务点移动支付二维码全覆盖。推进国债下乡，提升乡镇储蓄国债销售占比，举办“村民理财课堂”748期，受益群众3万余人。至年末，全区涉农贷款余额221.36亿元，比年初新增17.47亿元，比上年增长7.73%；全区小额信贷历年累计放贷6.21亿元2.15万户次，全年新增放贷7538.8万元1722户次；脱贫人口小额信贷获贷率60.18%，较年初增加8.48个百分点。持续推广“巩固脱贫保”“惠民济困保”，为15.15万户提供733.18亿元风险保障，全年赔付支出1684.23万元。落实政策性农业保险，险种由14个增加至16个，全年保费收入6426.68万元，增长115.9%；赔付支出4636.04万元，增长31.44%。

2021年，万州银保监分局工作人员在养老院开展金融知识宣传活动

（万州银保监分局　供图）

【绿色金融】　2021年，万州区聚焦碳达峰碳中和目标，开展林业碳汇开发和金融支持智能循环型工业发展改革工作。区政府统筹设立智能循环型工业发展专项资金，对“双碳”行动、绿色金融等支持的绿色产业发展融资进行贴息。加大绿色金融贷款，支持金融机构向万州经开区高峰园、新田园、万州综合保税区等发放“长江保护贷”“基金补贴贷”等绿色贷款，推介绿色项目至“长江绿融通”大数据平台。中国农业发展银行万州分行投放“长江大保护贷款”1.55亿元。至年末，全区绿色信贷余额67.5亿元，比上年增长113.5%，占各项贷款比重7.1%，比年初增加2.3个百分点。推动林业碳汇改革，全区可用于碳汇开发的林木面积8万平方米，可开发碳排放权交易价值约10.8亿元的碳票。重庆农村商业银行万州分行以“碳汇+”绿色信用贷款模式发放80万元贷款，支持李河镇棕花两山生态农业发展股份合作社。

【金融消费者权益保护】　2021年，万州区开展银行业保险业“3·15”消费者权益保护教育宣传周、“金融知识普及月”、“非法集资宣传月”等活动，为消费者普及金融知识。前移矛盾纠纷化解端口，搭建保险纠纷调解队伍，中信银行信用卡中心万州分中心成立诉前调解工作站，持续探索金融纠纷多元化解路径。成立万州区金融消费纠纷调解室，对接区人民法院“纠纷易解平台”，妥善处理金融消费者投诉事项，办结率、满意度均为100%。

【移动智慧金融城市建设】　2021年，万州区推动移动智慧金融城市建设。建设银行万州分行推进政府“智能机关”建设，两期投入近1000万元，助力万州区做好智慧政务、乡村振兴、民生服务、城市治理、智慧监管五大领域的智慧城市建设。人行万州中心支行联合重庆银联公司开展“云闪付畅游节”活动，在万州大瀑布、摩尔庄园、七星谷、安澜谷、奇芳花谷、桐花湾、平湖游轮等旅游设施、景点，开展“满20立减10元”的支付活动，拓展移动支付使用场景。全年让利于民5.4万元，优惠受众超5000人次。完成万州区三峡职业学院、重庆安全职业学院的云闪付移动支付受理改造和重庆市巴蜀渝东中学的卡基受理改造，全年实现校园移动支付交易70万笔，交易金额440万元。

【金融区域合作】　2021年，万州区围绕发展功能共享型金融业，打造渝东北三峡库区城镇群金融高地，编制《重庆市万州区金融业发展“十四五”规划》。深化万达开、万开云打击非法金融活动协调联动机制，推动三地非法集资举报奖励互认，形成“防非处非共行动”工作氛围。与四川省达州市、万源市、大竹县等成渝毗邻地区国库深化业务交流与合作，探索储蓄国债跨省市“通售、通兑、通存”一体化发展。与两江新区现代服务业局签订对口协作协议，搭建地方金融监管交流平台、建立跨区域金融风险防范机制。与山东省济宁市地方金融监管局签订东西协作战略合作协议，选派干部到济宁市学习交流。

【“百行进万企、万企兴万村”专项行动】 2021年，万州区金融业开展“百行进万企、万企兴万村”专项行动，持续扩大信贷供给。至年末，全区制造业贷款余额142.47亿元，比上年增长40.84%；新增获得知识价值信用贷款企业105家1.29亿元，其中54家企业首次获贷；全区银行普惠口径小微企业贷款余额98.9亿元，增长14.6%。

（王柳　万璐　黄晨佳）

银行业

【概况】 至2021年年末，万州区有银行机构19家（不含人行万州中心支行），银行业总资产1641.62亿元，比年初增加135.92亿元，比上年增长9.03%；各项存款余额1509.87亿元，比年初增加114.15亿元，增长8.18%；各项贷款余额956.01亿元，比年初增加122.74亿元，增长14.73%；存贷比63.32%，较上年增加3.62个百分点；利润总额5.02亿元，增长170.62%。

【政策性银行】 万州区有中国农业发展银行1家政策性银行，主要发挥政策优势，支持“三农”事业。至2021年年末，贷款余额61.51亿元，比上年增长13.5%；存款余额6.75亿元，增长32.4%。加强风险资产处置，不良贷款率1.73%，较年初下降0.23个百分点。

【国有大型商业银行】 至2021年年末，万州区有大型商业银行万州分行5家，机构网点182个，从业人员1770人。总资产450.42亿元，比上年增长8.9%，其中各项贷款余额328.92亿元，新增贷款主要集中在制造业，批发和零售业，水利、环境和公共设施管理业，建筑业，电力、热力、燃气及水的生产和供应业等行业。总负债446.31亿元，增长7.4%，其中各项存款余额426.82亿元。

【股份制商业银行】 至2021年年末，万州区有全国性股份制商业银行7家，机构网点12个，从业人员210人。总资产121.69亿元，比上年下降5.62%，其中各项贷款余额94.71亿元，新增贷款主要集中在批发和零售、租赁和商务服务业行业。总负债117.69亿元，下降5.97%，其中各项存款余额83.95亿元。

【城市商业银行】 至2021年年末，万州区有城市商业银行4家，机构网点20个，从业人员435人。总资产349.56亿元，比上年增长12.55%，其中各项贷款余额205.01亿元，新增贷款主要集中在批发和零售业。总负债352.98亿元，增长11.71%，其中各项存款余额358.11亿元。

【农村商业银行】 至2021年年末，万州区有农村商业银行1家，机构网点96个，从业人员661人。总资产393.22亿元，比上年增长12.27%，其中各项贷款余额210.53亿元，新增贷款主要集中在制造业、环境与公共设施管理业、建筑业等。总负债393.22亿元，增长12.27%，其中各项存款余额385.73亿元。

【村镇银行】 至2021年年末，万州区有村镇银行1家，机构网点4个，从业人员82人。总资产12.38亿元，比上年增长18.77%，其中各项贷款余额11.29亿元，新增贷款主要集中在批发零售、交通运输、建筑行业。总负债10.21亿元，增长22.36%，其中各项存款余额7.92亿元。

【信用卡中心】 至2021年年末，万州区有信用卡中心万州分中心1家，累计客户量18.67万户，累计有效客户13.61万户；信用卡中间业务收入798.8万元。

2021年万州区银行机构基本情况一览表

表38

企业名称	地址	期末存款余额（万元）	期末贷款余额（万元）
中国农业发展银行重庆市万州分行	重庆市万州区江南新区南滨大道1999号	67471	615083
中国工商银行股份有限公司重庆万州分行	重庆市万州区白岩路81号	883947	673976
中国农业银行股份有限公司重庆万州分行	重庆市万州区白岩路67号	1769254	1109753
中国银行股份有限公司重庆万州分行	重庆市万州区上海大道78号	458614	451664
中国建设银行股份有限公司重庆万州分行	重庆市万州区高笋塘86号	1156341	1053777
中国邮政储蓄银行股份有限公司重庆万州分行	重庆市万州区南滨大道1613号	2405977	440514

续表38

企业名称	地址	期末存款余额（万元）	期末贷款余额（万元）
中国民生银行股份有限公司万州分行	重庆市万州区玉龙路271号附1号、271号附3号至9号、273号、275号、277号、279号、281号、283号、239号附27号至31号	137809	203119
中信银行股份有限公司重庆万州支行	重庆市万州区高笋塘85号	269670	211781
华夏银行万州支行	重庆市万州区白岩路318号	179412	170507
恒丰银行股份有限公司重庆万州支行	重庆市万州区北滨大道二段88号	48193	60909
中国光大银行股份有限公司重庆万州支行	重庆市万州区北滨大道二段106号至110号	88409	107805
兴业银行股份有限公司重庆万州支行	重庆市万州区和平广场19号	105910	132595
平安银行股份有限公司重庆万州支行	重庆市万州区和平广场19号1幢1-商铺3、1-商铺4、1-库房	10115	60337
哈尔滨银行股份有限公司重庆万州支行	重庆市万州区北滨大道258号	30581	72121
富滇银行股份有限公司重庆万州支行	重庆市万州区北滨大道二段256号	56556	27407
重庆银行股份有限公司万州支行	重庆市万州区白岩路193号	237282	249646
重庆三峡银行股份有限公司万州分行	重庆市万州区南滨大道1999号1幢B座	3256714	1700920
重庆农村商业银行股份有限公司万州分行	重庆市万州区太白路91号	3857267	2105317
重庆万州中银富登村镇银行有限公司	重庆市万州区北滨大道二段461号	79161	112911

（万璐）

保险业

【概况】 至2021年年末，万州区有财产险公司18家、人身险公司15家、保险中介机构19家，从业人员6489人（其中代理人员5614人），全区保险机构总资产149.23亿元。全年全区保险赔付支出13.15亿元，下降5.88%；原保费收入62.28亿元，下降2.38%，保费规模位列全市第三位，其中通过中介渠道（含专、兼业中介机构和个人代理人）实现保费收入55.67亿元，占全区保费收入的89%；承保利润9454.32万元。

【财产保险】 2021年，万州区财产保险保费收入12.86亿元，比上年增长1.44%，车险保费与非车险保费比例约为59.6∶40.4，其中车险保费收入7.66亿元，下降6.8%。财产保险赔款支出8.94亿元，增长10.62%；承保利润5300.86万元。至年末，万州区财产保险公司总资产8.45亿元。全区财险市场风险总体可控，运行平稳，部分机构和险种经营管理有待加强。车险综合改革后，车险保费收入持续走低，财险公司盈利压力加大；部分机构考核导向过度偏重保费规模和市场份额等短期利益，综合成本偏高。

【人身保险】 2021年，万州区人身保险保费收入49.42亿元，比上年下降3.33%。其中，寿险保费收入41.15亿元，意外伤害险保费收入0.45亿元，健康险保费收入5.28亿元；新单保费收入占保费收入比重52.8%，续期保费收入占保费收入比重42.1%。人身保险赔付支出4.21亿元，下降28.5%，承保利润4153.46万元。至年末，人身险公司总资产140.78亿元。全区人身险市场风险可控，全年未发生因满期给付与退保引发的群体性事件，未发生重大案件风险事件。

【巨灾保险】 2021年，万州区政府持续全额出资为全区人民购买巨灾保险，用于分担火灾、爆炸等巨灾发生后政府依法应承担的救助责任。保障对象为保险期间万州区行政辖区内的所有自然人，保险范围为自然灾害救助保险，火灾、爆炸救助保险，拥挤踩踏救助保险，市政设施救助保险，高空坠物伤人救助保险，精神障碍患者伤人救助保险，恐怖袭击、重大恶性案件救助保险，传染病救助保险，见义勇为救助保险，附加流动人口救助保险10个险种。区金融办通过开展集中宣传活动20余场、组织工作小组深入每个镇街开专场等方式提高巨灾保险知晓度。全年累计已赔付36件150余万元。当年，万州区首次开展巨灾保险新冠肺炎理赔工作，至年末赔付涉及118人291.86万元。

2021年6月22日，区金融办组织金融机构开展金融知识宣传普及活动，向群众宣传巨灾保险　（区金融办　供图）

2021年万州区保险机构基本情况一览表

表39

企业名称	地址	业务范围	保费收入（万元）	参保赔付（万元）
中国人民财产保险股份有限公司万州分公司营业部	重庆市万州区国本路224号一层营业大厅（右侧门面）	财产损失保险、责任保险、法定责任保险、信用保险和保证保险、农业保险、其他财产保险业务、短期健康保险和意外伤害保险、上述保险业务的再保险业务	42336.56	28728.29
中国太平洋财产保险股份有限公司万州中心支公司	重庆市万州区北滨大道二段694号、696号、698号、700号滨湖天地13栋1、2层	许可该机构经营中国银行保险监督管理委员会依照有关法律、行政法规和其他规定批准并经上级管理单位授权的业务，经营范围以上级管理单位授权文件所列为准	10552.67	6350.82
中国平安财产保险股份有限公司万州中心支公司	重庆市万州区北滨大道二段256号2-办公室3、4、5及1、2部分	许可该机构经营中国银行保险监督管理委员会依照有关法律、行政法规和其他规定批准并经上级管理单位授权的业务，经营范围以上级管理单位授权文件所列为准	21427.42	13395.97
中国人寿财产保险股份有限公司重庆市万州区支公司	重庆市万州区沙龙路二段2988号怡风会馆1底层右侧	许可该机构经营中国银行保险监督管理委员会依照有关法律、行政法规和其他规定批准并经上级管理单位授权的业务，经营范围以上级管理单位授权文件所列为准	5206.26	4240.45
安诚财产保险股份有限公司重庆分公司万州中心支公司	重庆市万州区玉龙路142号5-1号、5-2号	许可该机构经营中国银行保险监督管理委员会依照有关法律、行政法规和其他规定批准并经上级管理单位授权的业务，经营范围以上级管理单位授权文件所列为准	1803.76	1447.02
阳光财产保险股份有限公司重庆市万州中心支公司	重庆市万州区南滨大道1999号1幢1-6办公室1、2、3、4、1-8办公室6	许可该机构经营中国银行保险监督管理委员会依照有关法律、行政法规和其他规定批准并经上级管理单位授权的业务，经营范围以上级管理单位授权文件所列为准	5887.60	2858.70

续表39

企业名称	地址	业务范围	保费收入（万元）	参保赔付（万元）
中华联合财产保险股份有限公司重庆分公司万州中心支公司	重庆市万州区沙龙路三段218号9层	许可该机构经营中国银行保险监督管理委员会依照有关法律、行政法规和其他规定批准并经上级管理单位授权的业务，经营范围以上级管理单位授权文件所列为准	24662.56	22937.83
中国大地财产保险股份有限公司重庆分公司万州中心支公司	重庆市万州区玉龙路620号1幢13-1、13-2	许可该机构经营中国银行保险监督管理委员会依照有关法律、行政法规和其他规定批准并经上级管理单位授权的业务，经营范围以上级管理单位授权文件所列为准	2890.64	1875.86
太平财产保险有限公司万州支公司	重庆市万州区高笋塘85号三峡水利大厦15楼B室	许可该机构经营中国银行保险监督管理委员会依照有关法律、行政法规和其他规定批准并经上级管理单位授权的业务，经营范围以上级管理单位授权文件所列为准	2655.28	1483.77
永安财产保险股份有限公司万州中心支公司	重庆市万州区高笋塘84号华顺大厦6楼	许可该机构经营中国银行保险监督管理委员会依照有关法律、行政法规和其他规定批准并经上级管理单位授权的业务，经营范围以上级管理单位授权文件所列为准	1145.05	494.23
渤海财产保险股份有限公司万州中心支公司	重庆市万州区高笋塘2号附楼第7层	许可该机构经营中国银行保险监督管理委员会依照有关法律、行政法规和其他规定批准并经上级管理单位授权的业务，经营范围以上级管理单位授权文件所列为准	1628.10	975.13
大家财产保险有限责任公司万州中心支公司	重庆市万州区电报路147号6楼南苑	许可该机构经营中国银行保险监督管理委员会依照有关法律、行政法规和其他规定批准并经上级管理单位授权的业务，经营范围以上级管理单位授权文件所列为准	1012.68	881.02
国任财产保险股份有限公司重庆分公司万州支公司	重庆市万州区沙龙路二段2988号怡风会馆第4层	许可该机构经营中国银行保险监督管理委员会依照有关法律、行政法规和其他规定批准并经上级管理单位授权的业务，经营范围以上级管理单位授权文件所列为准	1387.85	593.31
华安财产保险股份有限公司重庆分公司万州支公司	重庆市万州区新城路28号7-709	许可该机构经营中国银行保险监督管理委员会依照有关法律、行政法规和其他规定批准并经上级管理单位授权的业务，经营范围以上级管理单位授权文件所列为准	1176.95	713.60
天安财产保险股份有限公司重庆市万州支公司	重庆市万州区沙龙路三段2177号二楼	财产损失保险、责任保险、法定责任保险、信用保险和保证保险、农业保险、其他财产保险业务、短期健康保险和意外伤害保险、上述保险业务的再保险业务	696.18	409.93

续表39

企业名称	地址	业务范围	保费收入（万元）	参保赔付（万元）
锦泰财产保险股份有限公司万州中心支公司	重庆市万州区玉龙路620号1幢12-2	许可该机构经营中国银行保险监督管理委员会依照有关法律、行政法规和其他规定批准并经上级管理单位授权的业务，经营范围以上级管理单位授权文件所列为准	3061.61	1145.39
永诚财产保险股份有限公司重庆分公司万州支公司	重庆市万州区（龙宝）王牌路1038号3层	许可该机构经营中国银行保险监督管理委员会依照有关法律、行政法规和其他规定批准并经上级管理单位授权的业务，经营范围以上级管理单位授权文件所列为准	51.82	161.47
利宝保险有限公司万州营销服务部	重庆市万州区沙龙路三段3928号AB栋吊一层	许可该机构经营中国银行保险监督管理委员会依照有关法律、行政法规和其他规定批准并经上级管理单位授权的业务，经营范围以上级管理单位授权文件所列为准	891.15	651.66
中国人寿保险股份有限公司重庆市万州区支公司	重庆市万州区国本路75号	许可该机构经营中国银行保险监督管理委员会依照有关法律、行政法规和其他规定批准并经上级管理单位授权的业务，经营范围以上级管理单位授权文件所列为准	51007.22	5506.16
中国人民人寿保险股份有限公司重庆市万州区支公司	重庆市万州区静园路269号A1-2层	人寿保险、健康保险和意外伤害保险	5534.29	325.96
中国平安人寿保险股份有限公司重庆市万州中心支公司	重庆市万州区和平广场19号11楼、19号1幢1-8、1-9、1-10楼、19号1幢6-商场1-2、19号1幢5-商场1部分	许可该机构经营中国银行保险监督管理委员会依照有关法律、行政法规和其他规定批准并经上级管理单位授权的业务，经营范围以上级管理单位授权文件所列为准	48077.54	5631.20
中国太平洋人寿保险股份有限公司万州中心支公司	重庆市万州区北滨大道二段100号1幢-2层商业房4、100号1幢-1层商业房4、102号1幢-3层商业房9，90号1幢-1层商业房2、100号1幢-1层商业房3	许可该机构经营中国银行保险监督管理委员会依照有关法律、行政法规和其他规定批准并经上级管理单位授权的业务，经营范围以上级管理单位授权文件所列为准	43725.40	5663.08
建信人寿保险股份有限公司万州中心支公司	重庆市万州区百安大道263号第3层	许可该机构经营中国银行保险监督管理委员会依照有关法律、行政法规和其他规定批准并经上级管理单位授权的业务，经营范围以上级管理单位授权文件所列为准	27585.22	67.83
百年人寿保险股份有限公司重庆市万州中心支公司	重庆市万州区高笋塘85号8楼、13楼	许可该机构经营中国银行保险监督管理委员会依照有关法律、行政法规和其他规定批准并经上级管理单位授权的业务，经营范围以上级管理单位授权文件所列为准	76076.29	401.38

续表39

企业名称	地址	业务范围	保费收入（万元）	参保赔付（万元）
幸福人寿保险股份有限公司重庆市万州中心支公司	重庆市万州区白岩路1号三牧大厦22楼	许可该机构经营中国银行保险监督管理委员会依照有关法律、行政法规和其他规定批准并经上级管理单位授权的业务，经营范围以上级管理单位授权文件所列为准	11686.49	465.65
恒大人寿保险有限公司重庆分公司万州中心支公司	重庆市万州区和平广场19号1幢2-15-办公室1-4号	经营人寿保险、健康保险、意外伤害保险等保险业务	21035.59	926.30
富德生命人寿保险股份有限公司重庆市万州中心支公司	重庆市万州区和平广场19号1幢2-13-办公室	许可该机构经营中国银行保险监督管理委员会依照有关法律、行政法规和其他规定批准并经上级管理单位授权的业务，经营范围以上级管理单位授权文件所列为准	75728.56	651.27
光大永明人寿保险有限公司重庆市万州区中心支公司	重庆市万州区高笋塘85号三峡水利大厦12楼A幢、B幢	许可该机构经营中国银行保险监督管理委员会依照有关法律、行政法规和其他规定批准并经上级管理单位授权的业务，经营范围以上级管理单位授权文件所列为准	10310.80	426.36
太平人寿保险有限公司重庆市万州中心支公司	重庆市万州区玉龙路620号1幢4层、5层	许可该机构经营中国银行保险监督管理委员会依照有关法律、行政法规和其他规定批准并经上级管理单位授权的业务，经营范围以上级管理单位授权文件所列为准	10516.68	赔付数据集中于重庆分公司统一核算
泰康人寿保险有限责任公司重庆万州中心支公司	重庆市万州区和平广场19号1幢2-8-办公室、2-9-办公室	许可该机构经营中国银行保险监督管理委员会依照有关法律、行政法规和其他规定批准并经上级管理单位授权的业务，经营范围以上级管理单位授权文件所列为准	21184.68	2869.88
阳光人寿保险股份有限公司重庆市万州中心支公司	重庆市万州区南滨大道1999号1幢第六层5、6、7、8、9号办公室	许可该机构经营中国银行保险监督管理委员会依照有关法律、行政法规和其他规定批准并经上级管理单位授权的业务，经营范围以上级管理单位授权文件所列为准	48942.37	980.68
新华人寿保险股份有限公司重庆分公司万州中心支公司	重庆市万州区和平广场19号1幢2-7-商场2	许可该机构经营中国银行保险监督管理委员会依照有关法律、行政法规和其他规定批准并经上级管理单位授权的业务，经营范围以上级管理单位授权文件所列为准	16499.94	2195.22
三峡人寿保险股份有限公司重庆万州中心支公司	重庆市万州区南滨大道1999号1幢1-9-办公室1、办公室2、办公室3、办公室4、办公室5（部分）	许可该机构经营中国银行保险监督管理委员会依照有关法律、行政法规和其他规定批准并经上级管理单位授权的业务，经营范围以上级管理单位授权文件所列为准	822.86	109.27

说明：寿险公司保费收入包含新增保费和续期保费；赔付金额扣除正常满期给付金额

（万璐　王柳）

证券业

【概况】 2021年，万州区新增证券公司1家，证券公司总数8家；新开户8528户，开户总数159015户，证券交易量2483.43亿元，比上年增长65.61%。

【企业上市辅导】 2021年，万州区多措并举培育辅导企业上市。区领导召开专题会议对全区经济证券化工作进行专题研究。区金融办主要负责人带队至市金融监管局就经济证券化工作争取支持，组建万州区企业上市工作群，召开座谈会，印制《重庆企业上市操作手册》。建立《上市挂牌企业名单》《拟上市挂牌企业名单》《后备企业储备名单》。年末，万州区上市挂牌企业13家，拟上市重点企业12家，后备企业储备13家。邀请专业机构为全区拟上市企业开展上市辅导培训，西南证券万州营业部派专员到区金融办挂职。协调解决金龙集团、厚捷医药公司等拟上市重点企业在上市过程中遇到的困难和问题。重庆三峡银行上市审核状态为"预先披露更新"。

2021年万州区证券机构基本情况一览表

表40

企业名称	地址	负责人	业务范围	主营业务指标
华西证券股份有限公司重庆万州玉澜路证券营业部	重庆市万州区玉澜路42号、玉韵路15号	钟宇	证券经纪；证券投资咨询；证券投资基金代销；融资融券；代销金融产品	客户总数：41892户 全年累计证券交易量：227.24亿元
国泰君安证券股份有限公司重庆万州北滨大道证券营业部	重庆市万州区北滨大道258号负1-商场1	许鸣飞	证券经纪；证券投资咨询；融资融券；证券投资基金代销；为期货公司提供中间介绍业务；代销金融产品	客户总数：37436户 全年累计证券交易量：468.61亿元
中信建投证券股份有限公司重庆万州高笋塘证券营业部	重庆市万州区高笋塘万高国际商都第二层	周威	证券经纪；证券投资咨询；与证券交易、证券投资活动有关的财务顾问；证券承销与保荐；证券资产管理；证券投资基金代销；为期货公司提供中间介绍业务；融资融券业务；代销金融产品业务；销售贵金属制品	客户总数：56852户 全年累计证券交易量：1379.76亿元
东兴证券股份有限公司重庆万州证券营业部	重庆市万州区白岩路1号三牧集团商务大厦第6层部分	马文娟	证券分支机构证券业务（不含证券自营、股票期权做市）	客户总数：683户 全年累计证券交易量：137.16亿元
国盛证券有限责任公司重庆万州北山大道证券营业部	重庆市万州区北山大道26号、28号、32号	俞加伟	证券经纪；证券投资咨询；与证券交易、证券投资活动有关的财务顾问；证券承销与保荐（仅限项目推介与承揽）；融资融券；证券投资基金销售；代销金融产品	客户总数：3244户 全年累计证券交易量：16.14亿元
华龙证券股份有限公司重庆万州和平广场证券营业部	重庆市万州区和平广场19号1幢1单元25-办公室3、办公室4部分	程芳	证券经纪；证券投资咨询；与证券交易、证券投资活动有关的财务顾问；证券承销与保荐（仅限项目承揽、项目信息传递与推荐、客户关系维护等辅助工作）；证券资产管理（仅限项目承揽、项目信息传递与推荐、客户关系维护等辅助工作）；融资融券；代销金融产品；证券投资基金代销	客户总数：3295户 全年累计证券交易量：54.67亿元
中国银河证券股份有限公司重庆万州证券营业部	重庆市万州区高笋塘83号	傅向阳	证券经纪；证券投资咨询；证券投资基金代销；融资融券；与证券交易、证券投资活动有关的财务顾问；代销金融产品；证券承销与保荐（仅限项目承揽、项目信息传递与推荐、客户关系维护等辅助工作）；销售贵金属制品	客户总数：3583户 全年累计证券交易量：331.05亿元

续表40

企业名称	地址	负责人	业务范围	主营业务指标
西南证券股份有限公司重庆万州高笋塘证券营业部	重庆市万州区高笋塘85号第6层	付骏炜	证券经纪、证券投资咨询、与证券交易、证券投资活动有关的财务顾问、融资融券、证券投资基金代销、代销金融产品，为期货公司提供中间介绍业务（按许可证核定范围和期限从事经营）	客户总数：12030户 全年累计证券交易量：170.57亿元

2021年万州区上市公司基本情况一览表

表41

企业名称	地址	法定代表人	业务范围
重庆大全新能源有限公司	重庆市万州区龙都街道仙家村	徐广福	多晶硅、单晶硅、太阳能电池片、太阳能电池组件、硅材料、太阳能光伏系列应用产品的生产、制造、加工；销售自产产品并提供相关配套服务
重庆三峡水利电力（集团）股份有限公司	重庆万州区高笋塘85号	叶建桥	发电、供电、勘察设计安装、节水安装销售以及蒸汽销售
重庆谭木匠工艺品有限公司	万州区龙宝双河口（轻工业园）A型厂房	谭力子	生产、加工、销售家具、木梳、角梳、木制品、工艺品（文物除外、象牙及其制品除外）、手工鞋业、针织品、刺绣品及以上产品的出口业务；进口本企业生产所需要的原辅材料；加工、经营木材；以特许经营方式从事商业活动；房屋租赁；销售金银制品

（王柳）

其他金融机构

【担保公司】 2021年年末，万州区有担保公司2家，其中国有担保公司1家（重庆万州融资担保有限公司）、分公司1家（三峡担保万州分公司）。重庆万州融资担保有限公司，原为重庆市万州区国有资产担保有限公司，于2001年3月29日注册成立，注册资本金3亿元人民币，2006年4月被万州区确认为区属重点企业，2019年7月出资人变更为重庆市万州区国有资产监督管理委员会。2020年12月被重庆市财政局、市金融监管局确认为首批政府性融资担保公司。2021年为小微及“三农”企业提供融资担保6.1亿元。

【小额贷款公司】 2021年年末，万州区有小额贷款公司8家。其中，注册地在万州7家，即重庆市万州区光彩小额贷款有限责任公司、注册资本1亿元，重庆市万州区互通小额贷款有限责任公司、注册资本1亿元，重庆市万州区万商小额贷款有限公司、注册资本1亿元，重庆市万州区德尔小额贷款有限责任公司、注册资本0.3亿元，重庆市万州区源正小额贷款有限责任公司、注册资本1亿元，重庆市万州区繁祥小额贷款有限公司、注册资本2亿元，重庆市高信隆小额贷款有限责任公司（外资）、注册资本3.23亿元；分公司1家，为富登小额贷款（重庆）有限公司万州分公司。

【基金公司】 2021年年末，万州区有基金公司2家，即万州经开区股权投资基金合伙企业（有限合伙）和重庆三峡万融股权投资基金管理有限公司。

【典当公司】 2021年年末，万州区有典当公司4家。其中，注册地在万州2家，即重庆庆衡典当有限公司、注册资本1500万元、典当余额328.75万元，重庆实德典当有限公司、注册资本2500万元、典当总额310万元、典当余额45万元；分公司2家，即重庆三和典当有限责任公司万州分公司、重庆市融华典当有限责任公司万州分公司。

【融资租赁公司】 2021年年末，万州区有融资租赁公司1家，即重庆万川聚源融资租赁有限公司。该公司为重庆三峡国有资本运营集团有限公司的全资子公司，2021年资产总额4.71亿元，负债总额1.59亿元，融资租赁余额1.82亿元。

2021年万州区担保公司基本情况一览表

表42

企业名称	地址	法定代表人	业务范围	主营业务指标
重庆万州融资担保有限公司	重庆市万州区白岩路67号13楼	田贵林	贷款担保、票据承兑担保、贸易融资担保、项目融资担保、信用证担保等融资性担保业务；兼营诉讼保全担保业务，履约担保业务，与担保业务有关的融资咨询、财务顾问等中介服务，以自有资金进行投资，监管部门规定的其他业务（按许可证核定事项及期限从事经营）	全年新增融资担保合同30笔、担保额28388.90万元
三峡担保万州分公司	重庆市万州区高笋塘85号	李德华（负责人）	贷款担保、票据承兑担保、贸易融资担保、项目融资担保、信用证担保等融资性担保业务。诉讼保全担保业务、履约担保业务，与担保业务有关的融资咨询、财务顾问等中介服务，以自有资金进行投资，监管部门规定的其他业务（按许可证核定期限从事经营）	（因该公司系分公司，业务未单独核算）

2021年万州区小额贷款公司基本情况一览表

表43

企业名称	地址	法定代表人	业务范围	主营业务指标
重庆市万州区光彩小额贷款有限责任公司	重庆市万州区白岩路1号三牧集团商务大厦第12层	谭经绪	在重庆市范围内开展各项贷款，票据贴现、资产转让和以自有资金进行股权投资	2021年贷款余额4306.64万元
重庆市万州区互通小额贷款有限责任公司	重庆市万州区白岩路53号第7层	周江	在重庆市范围内开展各项贷款、票据贴现、资产转让和以自有资金进行股权投资	2021年贷款余额7217万元
重庆市万州区万商小额贷款有限公司	重庆市万州区外贸路278号2楼	张德沛	在重庆市范围内开展各项贷款，票据贴现、资产转让和以自有资金进行股权投资	2021年贷款余额12270万元
重庆市万州区德尔小额贷款有限责任公司	重庆市万州区中庆花园1号楼（中庆大厦）20层	夏宁璐	在重庆市万州区区域内办理各项贷款、票据贴现和资产转让	2021年贷款余额3000万元
重庆市万州区源正小额贷款有限责任公司	重庆市万州区北滨路二段196号天江郦城A栋202	陈亮（负责人）	在重庆市范围内开展各项贷款、票据贴现、资产转让和以自有资金进行股权投资	2021年贷款余额8125万元
重庆市万州区繁祥小额贷款有限公司	重庆市万州区天龙路111号（蓝天锦园）	陆元山	在重庆市万州区区域内办理各项贷款，票据贴现，资产转让	2021年贷款余额21422.46万元
重庆市高信隆小额贷款有限责任公司	重庆市万州区玉龙路620号1幢16-2	谢慧君	在重庆市范围内开展各项贷款、票据贴现、资产转让；以自有资金进行股权投资（其中股权投资余额不得超过注册资本30%）	2021年贷款余额12742万元
富登小额贷款（重庆）有限公司万州分公司	重庆市万州区北滨大道二段998号2幢商铺197-198号	罗陈章恒（负责人）	在重庆市内办理各项贷款、票据贴现、资产转让	2021年贷款余额6472万元

2021年万州区基金公司基本情况一览表

表44

企业名称	地址	法定代表人	业务范围
重庆万州经开区股权投资基金合伙企业（有限合伙）	重庆市万州区联合路20号附2号407室	重庆市江北嘴股权投资基金管理有限公司（执行事务合伙人）	股权投资（不得从事吸收公众存款或变相吸收公众存款、发放贷款以及证券、期货等金融业务）
重庆三峡万融私募股权投资基金管理有限公司	重庆市万州区联合路4号101室	王端亚	私募股权投资基金管理

2021年万州区典当公司基本情况一览表

表45

企业名称	地址	法定代表人	业务范围	主营业务指标
重庆庆衡典当有限公司	万州区白岩路二支路3号附5号	张华	动产质押典当业务；财产权利质押典当业务；房地产（外省、自治区、直辖市的房地产或者未取得商品房预售许可证的在建工程除外）抵押典当业务；限额内绝当物品的变卖；鉴定评估及咨询服务；商务部依法批准的其他典当业务	2021年典当余额328.75万元
重庆实德典当有限公司	万州区白岩路297号附5号	薛丹民	许可项目：动产质押典当业务；房地产（外省、自治区、直辖市的房地产或者未取得商品房预售许可证的在建工程除外）抵押典当业务；限额内绝当物品的变卖；鉴定评估及咨询服务；商务部依法批准的其他典当业务	2021年典当余额45万元
重庆三和典当有限责任公司万州分公司	重庆市万州区高笋塘三峡万高国际二层C22号	章国义（负责人）	动产质押典当业务；财产权利质押典当业务；房地产（外省、自治区、直辖市的房地产或者未取得商品房预售许可证的在建工程除外）抵押典当业务；限额内绝当物品的变卖；鉴定评估及咨询服务；商务部依法批准的其他典当业务	无
重庆市融华典当有限责任公司万州分公司	重庆市万州区沙龙路一段407号	张徐银（负责人）	许可项目：动产质押典当业务；财产权利质押典当业务；房地产（外省、自治区、直辖市的房地产或者未取得商品房预售许可证的在建工程除外）抵押典当业务；限额内绝当物品的变卖；鉴定评估及咨询服务；商务部依法批准的其他典当业务	无

（王柳）

房地产业

房地产开发

【概况】 2021年，万州区房地产开发投资66.11亿元，比上年增长5.7%，占万州区固定资产投资的29.6%。施工面积813.31万平方米，下降5%；新开工面积117.14万平方米，增长13.45%；竣工面积248.64万平方米，增长37.2%。房地产开发企业66家，比上年增长2%。其中，一级资质5家、二级资质21家、三级资质14家、四级资质4家、暂定资质22家，一、二级资质占房地产开发企业总数的39.39%。恒大、碧桂园、融创、新城、世茂、金科、绿地、奥园等8家中国房地产百强企业进驻万州。房地产开发项目在库统计数75个，在建项目27个。

（区住房城乡建委）

【土地市场】 2021年，万州区供应国有建设用地76宗，面积4.89平方千米。其中出让46宗，面积2.14平方千米；划拨30宗、面积2.75平方千米。全年土地价款财政入库（全口径）55.6亿元。

（区规划自然资源局）

房地产市场

【概况】 2021年，全区商品房销售面积133.18万平方米，比上年增长6.2%。房地产业增加值121.92亿元，增长4.5%，占全区地区生产总值的11.2%。房地产业税收收入10.83亿元，增长12.9%，占全区税收总收入的13.9%。2021年，编制完成《万州区房地产“十三五”形势分析及“十四五”规划情况》《万州区房地产市场发展体检研究报告》《万州城区住房问题情况专项报告》，全面研判万州区房地产业发展态势。发展“展会”经济，举办2021春季、秋季网上房交会，成交金额32.33亿元。

【商品房市场】 2021年，万州区商品房批准上市面积135.58万平方米，比上年下降19.76%。新建商品房住宅均价6143.46元/平方米，下降4.87%。非住宅均价3307.99元/平方米，下降11.47%，其中商业服务用房均价9514.30元/平方米；停车用房均价1398.73元/平方米。

【商品房销售】 2021年，万州区新建商品房登记成交19053套、面积150.47万平方米、金额81.27亿元，套数、面积分别比上年增长12.62%、6.45%，金额下降0.97%。其中，新建商品房住宅均价6143.46元/平方米。商品住宅价格整体偏低，城镇居民住房支付负担相对较小。全区房价收入比为5.3，低于全市平均7.8、开州区7.9、云阳县8.4的水平，在渝东北三峡库区城镇群区县中排名靠后，住房支付压力相对较小。

【二手房市场】 2021年，万州区二手房成交14217套、面积150.56万平方米、成交金额63.72亿元，套数、面积、金额分别比上年增长1.99%、21.07%、51.03%。成交均价从2016年的3163元/平方米上升至2021年的4231元/平方米，年均增长3.92%。全区新建商品住房与二手商品住房面积之比由2016年的1.93：1，调整为2020年的0.92：1，发生结构性转变。二手住房交易量持续增加，推动房地产市场进入存量提质改造和增量结构调整并重阶段。

【网上房交会】 2021年，万州区举办夏、冬两季网上房交会，推出“购买新房、契税减半”惠民政策，即凡在房交会期间购买参展开发企业商品住宅、非住宅（含商业、门面）、停车用房并网签成功的（仅限首次网签购房），实行契税减半补贴。两次房交会均由区住房和城乡建设委员会指导，万州区房地产业协会主办。合计参展企业30家，参展项目47个。销售商品房8576套，建筑面积61.89万平方米，成交金额32.33亿元，区内购房占商品房销售比重60%。

（区住房城乡建委）

房地产管理

【概况】 2021年，万州区坚持稳地价、稳房价、稳预期，因城施策。把握房地产业规模大、链条长、涉及面广特点，综合运用土地、金融、市场监督等要素，加强市场预期引导、精准实施宏观调控，应对需求收缩、供给冲击、预期减弱三重压力。顺应房地产业由“粗放式”向“内涵式”转型趋势，优化房地产市场源头供给结构，摸排、挖掘、盘活利用存量土地，促进房地产业集约化发展。组织指导房屋主体使用安全排查。实施国有土地上房屋征收项目20个、收购项目6个，涉及土地5.77平方千米、房屋约61万平方米、被征收人961户（含企业89户）。加强白蚁防治管理，将房屋市政工程项目白蚁防治作业纳入建设工程质量监督范畴，强化白蚁防治企业管理，督促企业落实白蚁防治管理规定。

【房地产市场监管】 2021年，万州区针对房地产市场出现的新情况新问题，强化房地产市场监管，助推行业市场良性循环和健康发展。持续推行房地产信息制度，规范企业商品房预售信息披露行为；加大销售现场和商品房新网签的监测力度，实行商品房预售许可制度、健全商品房交付使用制度；加强房地产市场执法，采用“双随机、一公开”、部门联动检查、定期巡查、重点督查等方式，开展持续整治规范房地产市场秩序专项行动。查处骗取商品房预售许可手续案1件、房地产中介机构违规销售案2件，累计罚金14万元；向公安机关移送违法线索1条。

【房屋中介机构监管】 2021年，万州区开展房屋中介机构备案工作。全区中介机构备案103家，有中介门店249个。开展“双随机、一公开”检查，随机抽查中介机构28家。精简备案办件资料，实现备案证明立等可取。制作《特别提示》277张，更新《经纪人执业情况表》《收费项目和标准》上墙公示信息等内容。

【房屋安全管理】 2021年，万州区组织指导农村房屋主体使用安全排查，累计排查49个乡镇（街道）农房34.78万户，发现隐患1.36万户，整治隐患房屋1.16万户，整治率86%；组织指导城镇房屋主体使用安全排查，排查城镇房屋2.03万栋，编制危房动态监测方案60份，乡镇（街道）指导房屋使用安全处置31份。

【房屋征收管理】 2021年，万州区完成万利高速长滩出口—太安镇连接路、大周法庭、金陵中学复建、渝东大道塑料厂4个征收项目及上海大道1号移民局宿舍收购项目，解决高笋塘小游园拆迁遗留问题，全年累计征收216户（含企业2户）、补偿金额3.79亿元。

（区住房城乡建委）

物业管理

【概况】 2021年，万州区有物业服务企业103家，物业管理项目389个，服务面积4000万平方米；物业从业人员8000人，年产值3亿元。

【物业服务标准体系建设】 2021年，万州区印发《重庆市万州区物业服务星级挂牌管理办法（试行）》，对区内签订物业服务合同并提供物业服务的物业企业及物业项目，按照物业服务质量、服务水平给予评定。印发《关于做好物业管理小区消防安全工作的通知》，通过开展专题讲座、业务培训、工作部署等方式，结合全区《重庆市物业管理条例》宣传贯彻日，围绕“电梯、消防、违建、化粪池、地质灾害”等安全重点领域，对103家物业企业负责人进行宣传教育全覆盖，让物业安全理念进小区、进社区、进企业。

【物业市场监管】 2021年，万州区103家物业企业开展“加大物业服务收费信息公开力度，让群众明明白白消费”工作，提高物业收费透明度。组织20家物业公司负责人开展物业行业座谈会，倾听物业心声，了解行业痛点难点。组织全区128名物业骨干到长江之星、欧鹏天境、滨江一号等小区交流学习先进服务理念及智慧物业知识。组织全区80余家物业公司开展讲党课活动，号召全区物业开展“学党史、讲党课”活动，推行“红色电影进小区”活动，深受群众欢迎。

【物业管理融入基层社会治理】 2021年，万州区推进物业管理融入基层社会治理，提升物业服务企业、业主委员会、物业小区党组织覆盖率，指导区物业协会成立党支部，推动全区13家物业成立党支部。按照文明城区创建要求，下架不符合要求的广告横幅200余条，清理广场商铺周边杂物垃圾80余处，播放创文公益广告400余条，50个户外大型LED显示屏全天候滚动播放创文视频，物业小区张贴创文类标语、横幅600余幅，推动物业助力全国文明城区创建工作。开展“物业+社区”安全管理专题培训10余次，各物业企业组织开展电梯困人演练100余次，消防等应急演练200余次。开展“双随机、一公开”检查和消防安全通道专项排查，明确实施“一小区一对策”，累计清理完善消防标识、标牌300余个，开展专项约谈15次。

（区住房城乡建委）

城市建设

综　述

【概况】　2021年，万州区112个城市提升重点项目完成投资167亿元，高铁片区基础设施建设等20个项目竣工投用；完成江城品质提升规划、旧城更新规划、高铁北站综合交通规划等重点规划设计；完成白鹭湾、三生缘廊、樱花渡公园改造提升，北滨公园全面开工，建成“一梯七楼”夜景灯饰及北滨大道三段库岸灯带，绿化美化坡坎崖50余万平方米；清理利用城区闲置土地97.67万平方米，建成停车场13个、游园广场9个；新建和改建公交站亭（牌）63个，新增占道停车泊位1万余个；建成“智慧万州”云数据中心，打造“智慧综治”“智慧城管”等智慧平台和应用场景，城区主要区域5G信号全覆盖；持续开展城市提升“双亮”，推行“马路办公”“多勤联动”等治理城市顽疾，改造老旧小区32.2万平方米、棚户区4.2万平方米，打造17条市容秩序规范化管理示范街；完成全国文明城区创建首年测评迎检，启动创建全国卫生城市。健全防止返贫动态监测和精准帮扶机制，5万余名脱贫人口实现转移就业，消费帮扶2.15亿元，新发放小额信贷6500余万元。构建11个市区级乡村振兴重点乡镇帮扶机制，组建驻乡驻村工作队163个、工作队员472名，实施帮扶项目837个，拟定帮扶措施1200余条。完成干线公路升级改造93千米、通畅工程291千米，改造农村危旧房243户、卫生厕所4627户，新创建美丽庭院1000个。白土镇五龙村杉木沟等3个村落入选重庆市传统村落名录。

【海绵城市建设】　万州区自2016年被确定为重庆市海绵城市4个试点区县之一以来，主要通过透水铺装、绿色屋顶、雨水花园等海绵措施，完成对部分城区的海绵化改造。2021年，万州区实施海绵城市项目25个，完工3个，新增2个排水达标分区，累计24个，海绵城市达标面积26平方千米，占城市建成区总面积的35.02%。

【巴渝文化特色江城建设】　2021年，万州区政府在政府工作报告中首次提出“统筹城乡融合发展，建设巴渝文化特色江城”，通过拓展城市规模，完善城市功能，提升城市品质，把三峡文化、巴渝文化、红色文化元素融入平湖景观、建筑风貌中，塑造显山露水、疏密有致、独具一格的特色江城。全年，重点推进三峡平湖旅游景区建设，打造“一环十六景”；完成白鹭湾、三生缘廊、樱花渡公园改造提升，开工北滨公园，绿化美化坡坎崖，建成“一梯七楼”夜景灯饰；清理利用城区闲置土地，新建停车场、公交站亭，新增道旁停车泊位，打造万县面馆、何家沟段、太白诗酒小巷、吉祥街4条特色巷道，万州区域中心城市品质得到提升。

（区住房城乡建委）

城乡规划

【国土空间规划体系建立】 2021年，万州区初步建立全区两级三类国土空间规划体系。印发《2021年万州区国土空间规划工作要点》，制定《万州区国土空间规划编制目录清单》《2021年度区规划编制任务计划表》，明确规划体系编制任务和责任主体。开展国土空间总体规划环境影响评估报告，完成国土空间总体规划年度城市体检评估报告。开展区国土空间总体规划编制工作，精准规划空间，推进空间治理，基本完成现状评估、目标定位、区域协调发展、三线统筹试划、全域和中心城区空间规划、重大设施支撑等方面阶段性成果。加快编制恒合土家族乡、龙驹镇、分水镇等重点镇乡国土空间总体规划。推进恒合集镇、龙驹新城控制性详细规划和城镇开发边界外实用性村规划编制工作。开展综合交通体系规划、工业园区布局规划、教育布点专项规划和物流设施布局规划等专项规划。

【国土空间规划重大专题研究】 2021年，万州区对接成渝地区双城经济圈国土空间规划、市级国土空间总体规划和万开云一体化国土空间规划，持续加强万达开、万开云区域城镇空间协调发展等重大国土空间规划发展战略研究。召开“万达开”三地自然资源规划部门联席会第二次会议，研究万达开国土空间布局与协调总体思路和万达开川渝统筹发展示范区国土空间规划研究编制工作思路。推进人口城镇化、双评价、地理特征和历史文化保护等10余项区国土空间总体规划重大专题研究，为区国土空间总体规划编制提供坚实理论基础。

【“三线”划定】 2021年，万州区坚持底线思维，按照耕地和永久基本农田、生态保护红线、城镇开发边界的优先序，推进全区生态保护红线、永久基本农田、城镇开发边界3条控制线划定工作。落实耕地保护制度、生态环境保护制度和节约集约用地制度，将2020年耕地和永久基本农田保护目标（耕地保护目标817平方千米、永久基本农田保护目标617平方千米）延续至2035年，完成全区生态保护红线评估调整优化方案，上报自然资源部审核，细化城镇开发边界划定工作。

【城市规划】 2021年，万州区完成旧城更新规划。提升高笋塘商圈品质，完成高笋塘商圈有机更新总体规划。助推物流交通枢纽建设，完成高铁北站综合交通规划、三峡物流枢纽规划。提升江城、山城特质，完成江城品质提升规划。深化完善江城步道规划、地下空间专项规划成果。加强城市新区规划策划，完成江湾新城概念规划及总体城市设计国际方案公开征集，开展万州区总体城市设计、三峡国际健康城详细城市设计，启动北部新城提升规划、新材料产业园、绿色循环产业园控规编制。保障建设项目落地实施，完成城区控制性详细规划修改方案41个。加强规划论证，完成食品产业园、小微企业园、董家物流园、重庆三峡职业学院、万州安全职业技术学院、德康屠宰场、渝万高铁综合开发用地等全区重点项目规划选址论证。强化规划服务，印发《重庆市万州区社区规划师实施方案》，推进城市更新、社区营造、社区生活圈建设。

【村镇规划】 2021年，万州区启动三峡恒合旅游度假区、三峡库心武陵江湾、龙驹新城、分水镇等重点镇乡国土空间总体规划、详细规划及城市设计编制工作。保障乡村振兴建设项目落地实施，编制实用性村庄规划20余个。通过规划师下乡活动，继续推进农村人居环境整治。

【规划审批制度改革】 2021年，万州区通过“多规合一”整合国土空间规划，形成统领全区的“一张蓝图”。加快推进区域整体评价各项报告的编制，全面完成“多审合一”“多证合一”改革，实现用地预审和规划选址合并，建设用地规划许可证、建设用地批准书、国有土地划拨决定书整合，办理《建设项目用地预审与选址意见书》17件、“建设用地规划许可证”21件。取消规划方案预审环节，精减申报要件材料，规划设计方案审查通过后即核发建设工程规划许可证，提高审批效率，办理“建设工程规划许可证”35件。建立“多测合一”工作机制，同一项目实行“一次委托、统一测绘、成果共享”。全面贯彻落实小型低风险建设项目审批服务改革，全方位减手续、减时间、提质量，把放线、竣工测量费用纳入本级财政统筹，减轻企业负担。

（区规划自然资源局）

勘察设计

【概况】 2021年，万州区勘察设计单位12家，从业人员500余人，其中专业技术人员429人，占从业人员的85.8%。全区49家勘察企业、46家设计企业、12家施工图审查机构参加工程建设活动。

【勘察设计审批】 2021年，万州区办理初步设计审批（政府投资项目）68次，其中市政工程项目20个、房屋建筑项目24个、老旧小区改造项目16个、其他项目8个，总投资概算约61.37亿元。施工图联合审查备案项目283个，其中房屋建筑项目87个、市政工程项目40个、老旧小区加装电梯项目131个、装饰装修项目25个。

【勘察设计监管】 2021年，万州区

有建设工程勘察项目209个，其中初步勘察项目6个、详细勘察项目188个、补充勘察项目15个。全区49家勘察单位申报建设工程勘察外业，其中重庆中科勘测设计有限公司、重庆大有工程设计研究院集团有限公司与建勘勘测有限公司申报项目数量占据前三，分别为22个、20个和16个。至年末，万州区专项检查22个建设工程勘察外业见证工作，开展年度施工图设计质量抽查1次。

（区住房城乡建委）

城市建设重点工程

【概况】 2021年，万州区召开城市提升指挥部全体会议1次，审议重大项目方案5项，统筹推进2021年城市提升重点项目112个，完成有效投资167亿元。

【城市品质提升】 2021年，万州区高铁片区基础设施建设、白鹭湾、三生缘廊等20个项目竣工投用，三峡公共卫生应急医院、江南体育健身中心2个项目完成主体建设，三峡医学中心、三峡文化艺术中心二期、动物园迁建等21个项目开工建设，长江二桥至高铁片区连接道、五桥机场改扩建工程、密溪沟至长江四桥库岸整治工程等69个项目加快建设，区域中心城市功能全面提升。

【棚户区改造提升】 2021年，重庆市住房城乡建委向万州区下达棚户区改造任务400户，万州区通过实物安置和货币化安置方式改造棉花地片区、花园路片区、渝巴路片区3个项目，共400户4.18万平方米，惠及群众12万人。实施清堰街168号危房搬离整治，涉及住户10户。

【老旧小区改造】 2021年，万州区推进城镇老旧小区改造工作，累计完成32个老旧小区改造，建筑面积106万平方米，惠及居民1万余户；新开工改造老旧小区42个，建筑面积200万平方米，惠及居民2万余户。区规划自然资源局受理老旧住宅增设电梯办理规划许可申请159份，复函103份，办理电梯工程规划许可证57份，改善部分老旧住宅出行环境。推进11个移民小区改造试点，钟鼓楼街道富祥小区被确定为住建部“我为群众办实事”老旧小区改造重点项目联系点，百安坝街道百安社区、太白街道青羊宫社区被评为2021年市级示范绿色社区。创新“设计引领+区巷融合+分段牵头+共建共享”四位一体改造模式，获得市住房城乡建委通报肯定并在重庆市推广借鉴。

（区住房城乡建委）

市政公用事业

·供　水·

【概况】 2021年，万州区有以杨柳水厂、江北水厂为主力水厂的城乡水厂49座，城镇日供水规模42.09万立方米，城镇日均供水量20.98万立方米，公称直径100毫米以上城镇给水主干管网1200余千米，服务面积120平方千米，服务人口110万人。

【供水项目建设】 2021年，万州区江南水厂及配套管网工程完成场平工程量的90%，净水厂及配套管网工程完成合同工程总量的38%，投资1.16亿元。东北部城市拓展区供水工程完成厂区主体构筑物建设及52千米管道安装，投资1.01亿元。江北水厂引水隧洞高峰水库段改道工程达到通水条件，累计投资4500万元。筹集资金1400万元，建成江北水厂，增加碳滤池工程并投运。三水厂至吴家湾管网（一标段）工程，安装公称直径1000毫米管道3.9千米。三峡水库基金万州城市移民安置区配水管网及附属设施改造（石峰片区）完成工程总量的90%，投资1300万元。完成金泉阳光花园、体育花园给水等市政管道改造工程10个。全年安装各类水表2.4万只、市政管道71千米、公称直径100以上阀门380台。完成山屿城一期、御澜府二期等小区一户一表的水表安装工程。

【供水保障服务】 2021年，万州区供水量7878万立方米，比上年增加4.66%，其中城区供水量7043万立方米、镇乡供水量835万立方米。售净水量5822万立方米，增加8.22%，售原水880万立方米，新增用户3.2万户。上缴税金1980万元。单日最大供水量21.9万立方米。杨柳水厂、江北水厂出厂水合格率100%，其他水厂出厂水合格率99.76%。水费回收率97.42%，水表抄见率99.5%。

（唐玲）

·供　电·

【概况】 2021年，万州区用电量35.17亿千瓦时，比上年增长10.1%。其中，工业用电17.23亿千瓦时，增长7%；商业用电4.23亿千瓦时，增长23.7%；民用电10.12亿千瓦时，增长8%。万州地区电网最高负荷57.12万千瓦，增长19.4%。最大日用电量966.57万千瓦时，增长4.21%。综合供电可靠率99%。

【电网建设】 2021年，万州区推动电网建设，完成万州金明220千伏变电站主变扩建工程、重庆九龙万博公司110千伏间隔改扩建业扩配套工程可行性研究工作。投资1866万元对154个老旧小区进行电力线路改造，消除1.7万户用户用电安全隐患。编制4个乡镇“一乡一策”配电网规划，形成4个规划报告、项目清册及相应图集成果。审查万州新田光伏发电项目接入系统设计。

【电力服务】 2021年，万州区供电公司持续优化营商环境，提升“获得电力”服务水平。推行办电“关口前移”，将客户服务部门前移至产业园区，满足产业园区企业用能需求，掌握招商引资企业用电动态，跟进客户用电需求。开启“点对点”服务模式，安排专人驻点产业园区，掌握园区规划，提前开展电网布局，量身定做电力接入方案。重庆三峡水利电力（集团）股份有限公司持续推进获得用电减条件、减材料、减环节、减时限等“四减”行动，缩短办电时限，提升办电效能；延伸投资界面至用户红线，完成配套工程项目90个。高、低压客户平均办电时间分别比上年下降12.38%、17.35%，累计为小微及园区企业节约电力投资1060.62万元。

【用电管理】 2021年，万州区供电公司强化客户安全隐患治理，促成大客户重庆湘渝盐化有限责任公司启动投资建设第二电源，打造低碳示范区，落地林辉电气第一个屋顶光伏项目，建成樱花渡光伏充电示范站；开展“长江之星三期综合能源站项目”可研，纳入重庆电力公司新型电力系统建设示范项目。开展“一企一策”用电成本诊断服务，为万州经开区入园企业提供用能分析，引导企业优化用能结构，帮助客户降低用电成本，提升经济效益。

【万州新田光伏发电项目并网发电】 2021年12月29日，万州新田光伏发电项目并网发电。项目占地面积0.84平方千米，总装机规模68兆瓦，于2021年9月开工建设，是中央企业五大发电集团在渝开工投产的第一家光伏项目。项目投产后，每年可为电网提供清洁能源约4000万千瓦时，节约标准煤约1.2万吨、减少二氧化碳排放量3.44万吨。

（区经济信息委）

·供　气·

【概况】 2021年，万州区有天然气经营企业8家，营业收入7.6亿元，利润1927万元，从业人员785人，有区应急抢险救援队1支、应急救援车辆2辆。新增天然气用户1.34万户，累计51.1万户。全年，新建中压及以上城镇天然气管道44千米，全区累计建成中压及以上管道1410千米，配置阀井阀室1296个、调压装置11574个、抢险车辆36辆，建成天然气数据采集与监视控制系统（SCADA系统）1套，桐元储配站天然气储存能力32万立方米，录入智能巡线系统及管道完整性管理信息系统管线170千米。乡镇（街道）管道天然气覆盖率100%。

【生产经营】 2021年，万州区全社会供气量21820万立方米，比上年增长4.1%。其中，居民用气11305万立方米，占用气总量的51.8%；工业用气2748万立方米，占用气总量的12.6%；商业用气2871万立方米，占用气总量的13.2%；加气站用气3525万立方米，占用气总量的16.2%。

【安全管理】 2021年度，万州区供气企业应急预案修订备案率100%。完善应急抢险队伍建设，强化应急物资储备和24小时应急值守，开展万州区城镇天然气事故应急演练、桐元储配站消防人防防恐应急演练、明镜加气站消防安全防恐应急演练、联合社区开展水电气应急演练等多种形式的演练活动35次。区级20005个一般建档隐患（供气类87个、用气类19906个、油气12个），整改率100%。双白路菜市场、江山龙苑、五桥宝石工贸园、桐子园码头燃气占压及江南大市场、三峡购物城、国贸大厦通风不良等7个较大燃气安全隐患全部限期整改清零。悬挂张贴燃气油气安全宣传标语3520余条。开展商业集中区、小区、学校、广场集中宣传活动32次，发放安全宣传资料超13万份，制作微视频6个。开展安全执法监督检查53家次，发现问题126个，下达限期整改书48份，罚款14.6万元，问题整改率100%。

【管网运行服务】 2021年，万州区天然气新建中压及以上城镇天然气管道44千米，调压装置315个（其中调压箱297个、调压柜18个）。全区城镇天然气企业逐步实现用户网上业务办理以及移动抄表、移动安检、移动工单等“互联网+”工作方式，逐步推广安装使用物联表，万州燃气、凯源燃气实现远程抄表。

（区经济信息委）

·排水与污水处理·

【概况】 2021年，万州区推动城乡污水处理设施建设两年行动，新建和改造城乡污水管网、城区雨污分流管网250千米，沱口污水处理厂三期扩建完成主体工程，城区3座城市污水处理厂一级A标排放，83座镇乡污水处理厂进出水水质实现全覆盖监测。城市、镇乡生活污水集中处理率分别达96.3%、85%，污泥无害化处理率100%。26平方千米海绵城市建设通过市级评估。

【污水管网建设】 2021年，万州区推进雨污分流污水管网改造，新改建城区雨污分流管网70千米，累计730千米。全区镇乡实施污水处理设施建设项目共5个（含84个子项）。其中，在建污水处理设施建设项目3个（含53个子项），建成污水管网188千米，完成投资27072万元；开展前期工作的项目2个（含31个子项），完成投资188万元。至年末，全区镇乡污水管网已建成826千米，投运污水处理厂83座，设计日处理能力约5.8万立方米/日。

【城市防水排涝】 2021年，万州区强化排水设施应急处置，优化城市排水防涝应急预案，做好防汛物资、人员、设备储备，组织防汛抗灾应急演练。应对“3·30”“9·6”大暴雨，修复暴雨受损管网4处，完成20条排箱涵清淤、整修和7条箱涵盖板改造工程。

（区住房城乡建委）

2021年3月，三峡库区消落带万州段群花盛放 （区城市管理局 供图）

·垃圾处理·

【概况】 2021年，万州区城区11个街道餐厨垃圾实现分类收运、处置，全年处置3.8万吨。完成天高路垃圾中转站改扩建，转运能力提升至300吨/天，关闭天仙湖、商贸城垃圾中转站，避免垃圾转运二次污染。全年收运处置生活垃圾30.65万吨，无害化处理率100%。

【垃圾分类】 2021年，万州区加大垃圾分类处理宣传力度，入户宣传14.6万家，发放《垃圾分类指南》50万余份，在交通隔离护栏、灯杆设置分类宣传栏（牌）1000余处，在公交车和出租车张贴宣传标语2000条。编印《万州区校园生活垃圾分类读本》，将垃圾分类知识纳入课堂教学。城区新改建垃圾分类亭179个、智能分类亭22个和“两网融合点”（城市环卫系统与再生资源系统两个网络有效衔接、融合发展，提高效率，实现垃圾分类后的减量化和资源化）11个。

【餐厨垃圾治理】 2021年，万州区城市管理局查处擅自将餐厨垃圾交于未经区县（自治县）人民政府通过招标等方式确定的餐厨垃圾收运单位的餐饮门店17家，将餐厨废垃圾和废弃油脂排入污水管道的门店2家，违规投放的门店3家。查处海底捞火锅店等2家餐饮企业违规销售处理废弃油脂，查获废弃油脂200余千克，违规收集餐厨废弃油脂企业1家，共罚款1.1万元。

（唐玲）

·园林绿化管理·

【园林绿化规划】 2021年，万州区编纂完成《万州九大山体保护提升规划（2020—2035年）》《万州经济技术开发区区域整体绿化评价》《重庆渝东经开区区域整体绿化评价》《重庆市万州江南新区绿化方案评价》等园林绿化专项规划。

【园林绿化建设】 2021年，万州区完成万州综合保税区边坡绿化工程等21个项目，绿化美化坡坎崖39万平方米，绿化美化库区消落带22.82万平方米，在消落带撒播野花种子15.8万平方米。摆放鲜花350余万盆，普查古树名木532株，修剪行道树2.1万株，补植乔木花草灌木89万余株。新增城市绿地1.26平方千米，全区建成区绿地2568.75万平方米，其中公园绿地1089.06万平方米，人均公园绿地面积13.11平方米。

2021年，万州区南北滨江路沿线三角梅总量达100万株，安放组合艺术花箱、鞍式花箱等1700余组，栽植各类鲜花280万盆，建成绿墙400平方米，在消落带撒播野花种子15.8万平方米。同时，实施彩带纵深工程，在西山公园举办郁金香花展、山茶花展、荷花展及菊花展。

【公园游园建设】 2021年，万州区实施三峡平湖“十六景”项目，完成白鹭湾、十七码头等6个项目建设，推进移民广场、北滨公园、西山公园等4个项目建设。完成扁寨游园等一批社区小游园建设，完成五桥运动公园、观音岩公园水系及周边、新星公园、莲花公园景观提质改造，推进城市公园更新。

（唐玲）

·城市公共交通·

【概况】 至2021年年末，万州区有出租车企业9家，在营巡游出租汽车1243辆，日均载客量约6万人；公交企业4家，在营公共汽车743辆均为新能源汽车，万人公交车辆拥有量7.9标台，日均载客41万余人次；公交线路50条，公交线网总长195千米，线路总里程875.5千米，城区公交线网密度达2.3千米/平方千米；办理公交IC卡58.17万张，使用率85%；公交优先专用道6.1千米，公交站点480余个，城区500米公交站点覆盖率100%，城市公交出行分担率30%。至2021年年末，万州区“水上巴士”航线和平湖游航线有游轮2艘、800客位，城区主要有过江航线、万州平湖游航线、大周乡村一日游航线。

【交通车辆管理】 2021年，万州区报废淘汰公交车12辆、出租车222辆，更新投放全电动清洁能源公交车58辆，新投放品牌出租车203辆，新能源公交车占比100%。

2021年，万州区针对前两年全区共享单车大规模粗放式发展带来的乱摆乱放、违规载人、逆行变道等城市乱象问题，探索适宜山地城市特点的共享电单车运营管理模式。制定《万州区互联网租赁电动自行车运营管理方案》，征询区人大常委会、区政协常委会、相关区级部门意见，举行共享电单车运营管理听证会、发放问卷调查和网络投票等形式征求社会意见建议。严格入市条件，开展公平招商比选，确定滴滴青奇“小绿车”、天津松果“小黄车”两大品牌获得万州区共享电动车经营权。同时，探索限区域、限规模、限用户、限速度、限载人“五限”管理模式，通过定制投放车辆、合理运营收费、管理维护，建立信用监管机制、信息监测机制和运营考核机制等方式规范共享电动车经营秩序和企业运维管理责任，健全长效监管机制。全年，全区投放1200余辆共享电单车，为市民短途低碳出行带来便利。

【城市公共汽车运营】 2021年，万州区开通运营城际公交线路2条（万州至开州、万州至云阳）、城乡公交线路2条（61路长岭至汽车南站、62路九池至高铁北站），优化开行工业园区公交线路7条，新增临时摆渡公交线路3条，调整公交线路23条，基本实现大型商场、重点单位、工业园区、学校机关、居民小区等交通节点公交全覆盖。出台公交、出租企业《运营安全服务质量量化考核细则》，实行常态化考核，书面通报安全服务质量4次，清退不合格驾驶员51名。推广出租车使用车载智能系统200台，“公交掌上出行”App和失物招领信息平台上线运行，全年帮助乘客找回失物2551件、现金21.81万元。

【过江轮渡开通】 2021年12月28日，万州开通过江轮渡，为南北两岸的居民以及外地到万州游客提供便利和良好的旅游体验。轮渡采用对开方式，运行初期，早、晚高峰各发两班。北岸移民广场交运游轮码头开航时间为8:00、17:00，和平广场环湖明珠码头开航时间为8:15、17:30；南岸陈家坝渡口开往移民广场码头的开航时间为8:30、17:30，陈家坝渡口开往和平广场码头的开航时间为8:45、18:00，开班统一执行惠民价格5元/人。

（熊飞　唐玲）

城市管理

【概况】 2021年，万州区着力强化环境卫生管理，不断完善市政基础设施，持续美化绿化城市环境，重拳规范市容基本秩序，统筹优化城镇供水管理，推进智慧城管建设，城市治理能力和治理水平明显提升。

【市容环境管理】 2021年，万州区推进城区主次干道、环卫设施、社会家具等常态化清洗，城区机扫率达95%以上，创建沙龙路三段、科龙路、龙溪大道等5条市级扬尘控制示范道路。全年出动清漂船只0.3万船次、作业人员1.4万人次，打捞转运清漂和消落区各类垃圾1.5万吨，清理退水淤泥100余吨。新改建公厕10座、劳动者港湾3座，音乐广场“劳动者港湾”被全国总工会评为2021年全国“最美工会户外劳动者服务站点”。推进万川大道、津滨路等17条道路市容交通秩序综合整治，支持各类商家开展户外促销、节日氛围装点150余次。

【市政设施】 道路 2021年，万州区开展道路平整专项行动，计划用3年时间全面提升主次干道、支路及背街小巷行车安全性、舒适性，

2021年11月18日，清漂船守护一江碧水　（三峡融媒体中心　供图）

全年维护车行道9.9万平方米。对国本路等54条道路部分人行道进行品质提升，共提升人行道品质7254.44米、20793.56平方米，改造调整路缘石4087.5米、缘石坡道96个，安装隔离桩1344根。安装城区临水临崖路段防撞设施1500米，整改问题井盖1228个。

桥隧通道　对城区215条道路、87座桥梁市政设施进行承灾体风险普查，全年检查桥梁37座、隧道2座、地下通道10座。

灯饰照明　建设长江北岸望江大梯步及冯家院、长江南岸驿鑫广场“一梯七楼”夜景灯饰。整治照明暗盲区30个。

停车场所　新建公共停车场8个，新增登记备案公共停车场及配建停车场40个，新增占道停车泊位1.7万个。

公交站亭　新建公交站亭26座、新增公交临时站牌32个，扩建公交站亭5座、迁移2座。维修整改公交站亭问题130余个次，发布公交站公益广告250余块。

【城市管理执法】　2021年，区城市管理局办结简易程序案件109件、普通程序案件268件，执行罚款111.58万元。全年备案经济合同20份，培训执法人员300余人次，开展案卷评查3次、执法案件法制审核9件。督促整改悬挂国旗不当行为20余起。整治违法建筑27万平方米。整治高层建筑消防通道重点堵塞区域162处，将全区920个楼栋（含小区）高层建筑消防通道纳入日常监管范围。督促建筑工地设立扬尘监管公示牌31个，立案查处工地16个，罚款19.65万元；查处运输车辆89辆，罚款11.22万元，合计查处案件105件，罚款30.87万元。制止露天焚烧200余次，取缔非制定区域露天烧烤点20个。办理新增户外广告设施审批手续33块，审批备案户外招牌700余处、广场活动70余次，规范户外摊点2000余个，教育整改群众江边洗衣行为920余起。

【数字化城市建设】　2021年，万州区依托数字城管信息平台和网格化管理，以“数”治城效果明显。城市管理问题采集、受理、立案、派遣、处置、核查、考核7个环节形成闭环流程，创新推出“991”工作法，即90%的普通问题由系统自动派遣、责任单位自主完成，9%的重点问题通过考核督办完成，1%的难点问题高位协调督促完成。全年主动发现并处置各类城市管理问题8.3万件，总体结案率超98%；办理市级“12319”案件1420件，结案率100%，数字城管各项考核指标均处于渝东北渝东南组前列。同时，推进“大城智管”，完成综合管理服务平台以及智慧城管执法、智慧市容环卫、智慧市政设施、智慧园林绿化四大业务应用信息系统的一体化技术方案设计，启动城市综合管理服务平台项目建设。

【“马路办公”】　2021年，万州区持续开展“马路办公”，以现场了解、现场解决问题的方式，掌握城市管理现状、发现分析研究城市管理问题及规律。通过“马路办公”日常巡查、问题整改交办，推动城市精细化管理。全年开展“马路办公”1.63万次，出动人员3.9万人次，发现并处置城市综合管理问题5.27万件。

（唐玲）

乡村振兴

综　述

【概况】　2021年，万州区全面推进乡村振兴，坚持农业农村优先发展，加快农业农村现代化，精准落实“五个振兴”要求，推进巩固拓展脱贫攻坚成果同乡村振兴有效衔接。突出因地制宜，强化规划引领，依托全区乡村振兴重点帮扶体系，有序推动11个乡村振兴支点镇建设。实施农村人居环境整治提升五年行动、小城镇环境提升工程，持续开展乡村振兴“双亮”活动，不断深化农村改革，农民收入稳步增长，农业农村经济运行持续向好。启动“江村、山村”示范建设，打造大周五土、长岭安溪等一批特色江村、山村。长岭镇安溪村入选第三批全国乡村旅游重点村。新增重庆市休闲农业和乡村旅游示范乡镇1个、示范村6个、示范点10个、市级“一村一品”示范村镇17个。

【乡村振兴规划】　2021年，万州区先后出台《万州区农业农村现代化“十四五”规划》《万州区恒合土家族乡乡村振兴规划（2021年—2025年）》，对农业农村现代化提出实现巩固拓展脱贫攻坚成果同乡村振兴有效衔接、保障重要农产品有效供给、提升现代山地特色高效农业质量效益和竞争力等10条举措和坚持党的全面领导等5条保障机制；对市级重点帮扶乡恒合土家族乡乡村振兴提出巩固拓展脱贫攻坚成果同乡村振兴有效衔接、推进城乡融合发展、推进产业振兴等9条举措和加强监督考核、社会参与等4条保障措施。启动《万州区巩固拓展脱贫攻坚成果同乡村振兴有效衔接“十四五”规划（2021—2025）》编制起草工作。

【万州区乡村振兴局挂牌成立】　2021年6月6日，重庆市万州区乡村振兴局挂牌成立；7月6日，《关于调整扶贫工作机构设置的通知》印发，明确将重庆市万州区扶贫开发办公室重组为重庆市万州区乡村振兴局，为区政府工作部门，机构规格正处级，主要承担巩固拓展脱贫攻坚成果、统筹推进实施乡村振兴战略有关具体工作。机关内设综合科、信息科、计划项目科、社会扶贫科、考核监督科5个科室和重庆市万州区扶贫政策研究中心、重庆市万州区扶贫开发培训中心两家下属事业单位（2022年4月6日，两家事业单位合并为重庆市万州区乡村振兴服务中心），行政编制21名（含行政编制控制数6名）。区委副书记阳秋冬，区政府副区长张国建出席活动并为区乡村振兴局揭牌。

（丁义鹏）

【农村综合改革】　2021年，万州区加强农村集体资金、资产和资源等“三资”管理，完成全区508个村的干部任期和离任经济责任专项审计及2020年度农村集体资产清查。深化农村资源变资产、资金变股金、农民变股东“三变”改革，新增“三变”改革试点村90个，累计试点村116个，在全区占比22.8%，带动社会资本新增投入2846.2万元，26.53万名农民变股东。培育新型经营主体，新培育国家级龙头企业1家、市级龙头企业2家、区级龙头企业13家，区级以上龙头企业总数192家，其中市级龙头企业40家（含国家级5家）。新增家庭农场57家，总数1118家。新增农民合作社51家，总数1200家。社会化服务组织总数2058个，农业生产托管服务小农户17.22万户次。牵头开展农村闲置宅基地清理，建立农村宅基地用地建房联审联办制度。

（张婷婷）

【市区级重点乡镇帮扶机制】 2021年，万州区在全区41个乡镇确定11个乡镇，构建起“3+4+4”重点帮扶体系，由区委书记、区政府区长、区人大常委会主任、区政协主席，部分区委常委和分管乡村振兴副区长定点联系帮扶。“3”即市级乡村振兴重点帮扶乡镇恒合土家族乡、市级乡村振兴示范镇甘宁镇和市级巩固拓展脱贫攻坚成果与乡村振兴有效衔接示范镇龙驹镇3个市级重点镇，“4”即分水镇、余家镇、龙沙镇、白羊镇4个区级重点帮扶镇，“4”即罗田镇、武陵镇、走马镇、长滩镇4个区级重要支点镇。分水镇双红村、余家镇硝水村、走马镇杜家村、白羊镇白燕村、罗田镇阳河村5个村被确定为乡村振兴重点帮扶村。

【驻村工作】 2021年，万州区印发《关于轮换选派驻村第一书记和工作队员的通知》《万州区乡村振兴驻乡驻村干部管理办法》，规范驻乡驻村工作队轮换选派管理工作。重庆市教委帮扶集团牵头组建驻恒合土家族乡乡村振兴工作队，重庆市农业农村委选派驻原深度贫困镇龙驹镇产业指导组，区级层面组建10支驻乡工作队和153支驻村工作队，轮换选派472名驻乡驻村工作队员。各驻乡驻村工作队落实下村签到、工作纪实、在岗抽查“三项制度”，深入基层一线抓党建、谋发展、促治理、强服务。

【重庆市科学技术研究院乡村振兴研究院万州分院成立】 2021年11月24日，由万州区人民政府和重庆市科学技术研究院（简称重科院）共建的重庆市科学技术研究院乡村振兴研究院万州分院在万州区恒合土家族乡揭牌成立。万州区乡村振兴局和重科院干部人事处负责人分别代表万州区政府和重科院签订乡村振兴研究院万州分院合作共建协议，万州区政府副区长张国建和重科院党委书记何平共同揭牌并讲话。万州区是重科院乡村振兴定点帮扶区县，万州分院将聚焦乡村振兴专项规划、乡村振兴产业研究、乡村安全饮水和污水治理、乡村电商平台培育、农业科技成果转移转化、乡村人才培养、乡村助学七大领域，深入开展“三农”合作，逐步把服务范围扩大至万州区40个乡镇，助力乡村全面振兴。

（丁义鹏）

脱贫攻坚成果巩固

【概况】 2021年，万州区严格落实摘帽不摘责任、摘帽不摘政策、摘帽不摘帮扶和摘帽不摘监管“四个不摘”要求，建立区领导联系乡村振兴工作机制，研究部署巩固拓展脱贫攻坚成果同乡村振兴有效衔接工作50余次，区级相关部门召开联席会议18次，形成工作合力，推进防止返贫动态监测和帮扶机制走深走实，实现“两不愁三保障”和饮水安全动态清零，守住不发生规模性返贫底线。

【返贫风险防范】 2021年，万州区印发《万州区健全防止返贫动态监测和帮扶机制实施方案》，成立由分管副区长任组长的防止返贫动态监测和帮扶专项工作组，建立全区防止返贫动态监测和帮扶工作联席会议制度，定期研判调度、协调解决重大问题。建立“吹哨人”机制，形成“镇乡主要负责人包片、驻村干部包村、村干部包组、村民小组长包户”的“四包”网格化监测体系，实行每周“网格监测”、每月“分析监测”、每年“集中排查监测”，落实监测联系人每月至少1次入户走访制度。全年累计识别脱贫对象34771户106232人、监测对象1824户4431人。有未消除风险户860户1912人，其中脱贫不稳定户288户681人、边缘易致贫户523户1114人、突发严重困难户49户117人，针对性制定饮水安全、务工推荐、产业资助、小额信贷、就业培训、兜底保障等帮扶措施1200余条。

【脱贫成果巩固】 2021年，万州区对23万余户在家农户“两不愁三保障”和饮水安全巩固情况集中开展“回头看”，清单化推进问题全面整改销号。开展农村义务教育控辍保学专项行动和教育资助专项行动，对全区义务教育阶段383名残疾儿童按规定要求开展送教上门，失学辍学动态清零。落实各级各类学生资助资金1.36亿元。开展全区3~25周岁的29673名脱贫户、监测对象家庭学生资助情况核查工作和秋季学期适龄儿童就读情况。开展农房安全隐患排查整改，确保“人不住危房、危房不住人”，累计排查并录入系统房屋信息34.7万条，发现隐患房屋13554万户，整治11629户。基本医疗保障方面，持续实施“先诊疗后付费”、一站式结算机制，基本医疗参保和资助全覆盖，在家脱贫人口享受家庭医生签约服务，保障脱贫人口住院合规医疗费用个人自付比例控制在6%~10%，重特大疾病、慢性病门诊合规医疗费用个人自付比例控制在10%~20%。饮水安全保障方面，投入3274万元，实施2021年农村供水保障工程项目25个。699处农村饮水安全工程饮用水水质全部达标。

【巩固脱贫保险】 2021年，万州区实施“巩固脱贫保”项目，全区参保10.7万人，按130元/人·年标准，投入保费1391.8万元，为脱贫户购买大病补充保险、农房保险、小额意外伤害等保险，为脱贫人口因病因灾因意外提供保障。全年累计赔付19711人次1198.58万元，赔付率86.12%。

【过渡期脱贫人口小额信贷】 2021年，万州区强化小额信贷政策助力到户产业发展，在重庆市率先出台过渡期脱贫人口小额信贷政策，全区小额信贷历年累计发放62075.9万元21528户次，当年新增放贷7538.8万元1772户次。

【消费帮扶】 2021年，万州区出台消费帮扶政策，安排鲁渝协作资金150万元、衔接推进乡村振兴补助资金616.9万元，用于农产品流通、产销对接、直播带货，在山东省设立万州农特产品专柜、专区、专馆和组织举办万州农特产品推介展销等活动。通过万州区第三届电商（网上）年货节、第三届三峡柑橘国际交易会、重庆西部消费扶贫中心万州消费帮扶周系列活动、第十三届“支洽会”三峡库区对口支援消费帮扶农产品展销会、2021三峡美食文化节暨万州烤鱼节、万州优质农产品（济宁）推介会、万州优质农产品（济宁）展会，全国农商互联农产品产销对接大会（南京）、鲁渝协作重庆农产品对接大会（济南）、重庆第七届中小企业服务节等活动，全年累计消费帮扶2.7亿元。

【脱贫人口就业帮扶】 2021年，万州区通过开发4680个公益性岗位托底安置一批、引导198名脱贫人口到山东及其帮扶企业转移就业一批、累计创办32个扶贫车间安置一批、实施76个以工代赈项目“赈济”一批等措施，兑现交通补贴、一次性求职创业补贴和社保补贴等就业帮扶政策，确保脱贫人口应享尽享，5万余名脱贫人口转移就业。

【农村低收入群体帮扶】 2021年，万州区开展巩固社会救助兜底脱贫成果“回头看”，将脱贫不稳定户、边缘易致贫户和突发严重困难户“三类监测对象”中符合条件的1235人纳入城乡低保，纳入特困救助供养21人、实施临时救助38人。实施低收入家庭“单人保”271人。对脱贫人口中失能或者半失能且无法通过产业就业获稳定收入的人口纳入低保13643人、特困供养877人，实施临时救助295户次。

【扶贫项目管理】 2021年，万州区纳入巩固拓展脱贫攻坚成果与乡村振兴有效衔接项目库项目805个74518.43万元。到位衔接资金36899万元，较上年增加254.8万元，其中区本级配套衔接补助资金11001万元，较上年增加0.8万元。委托华西会计师事务中心抽查审计2020—2021年的项目资金使用管理情况，抽审项目175个。开展扶贫项目资产清理，清理2013年以来的项目7627个，涉及各类资金53.99亿元，形成扶贫资产43.64亿元，录入系统进行信息化管理。

（丁义鹏）

村镇建设

【概况】 2021年，万州区围绕农村危房改造、特色小城镇建设、农村人居环境整治、传统村落保护发展等工作，统筹推进城乡一体融合发展。保障农村低收入群体等重点对象住房安全，实施农村危房改造243户，投入资金757万元，惠及群众约600人；开展农村房屋安全隐患排查整治，累计排查农房34.78万户。统筹推进小城镇及特色小镇项目建设，打造武陵中国特色小镇。组织全区行政村（含农村社区）开展党建星、宜居星、产业星、平安星、文明星及乡村旅游AAA景区村创建，建设一批美丽乡村示范村。

【农村危房改造】 2021年，万州区完成农村房屋安全隐患排查录入工作，开展已脱贫户住房安全保障“回头看”，超额完成市、区两级农村C、D级危房整治目标。完成年度危房改造任务243户（C级34户、D级186户、无房户23户），投资金额

罗田镇阳河村D级危房改造集中安置点 （区乡村振兴局 供图）

757万元（中央资金和市级资金464.4万元、区县财政补助资金292.6万元）。累计排查并录入系统房屋信息34.7万条，发现隐患房屋13554万户，整治11629户，整治率85.8%（2021年市级整治目标10%、区级整治目标40%）。

（丁义鹏）

【农村土地流转】 2021年，万州区引导农村土地经营权有序流转，鼓励支持适度规模经营。全年新增土地流转20.67平方千米，农村耕地流转面积累计476平方千米，占承包耕地的44.18%。新增土地规模经营耕地面积17.33平方千米，规模经营耕地面积累计387平方千米，占承包耕地的35.95%。

（张婷婷）

【农村饮水安全保障】 2021年，万州区围绕农村饮水安全保障，推进供水工程标准化改造，加强水费征收、落实运管经费，推行“两部制”水价（基本水价和计量水价相结合）。对接重庆市万州区开源水务有限公司，确定37个镇乡（街道）农村供水保障实施方案。落实财政补助资金3274万元，实施农村供水保障项目25个。将高峰、甘宁等17个农村移民安置镇乡（街道）项目打捆纳入三峡后续2022—2024年项目库，争取项目资金2203.96万元。全年落实农村饮水工程运行管护资金900万元，下达各乡镇（街道）及相关供水管理单位。完成699处工程的水质抽检工作。全年集中开展饮水安全保障排查两次，26个农村饮水安全保障核查组采取定期与不定期相结合的方式对排查情况进行抽查，发现问题56个，均整改完成。

【农村生活污水治理】 2021年，万州区按照《万州区农村生活污水治理专项规划》，分批实施农村生活污水治理专项行动，推动万州区美丽乡村建设。余家镇关龙村等4个“千人聚居点”污水处理站项目取得可研、初设、概算等批复，并取得用地预审与选址意见书；铁峰乡、长滩镇农村生活污水治理完成选址可行性研究报告编制和地形图测绘。组织专家及三方公司对全区32条农村黑臭水体进行实地踏勘，编制《重庆市万州区农村黑臭水体治理项目可行性研究报告》，并向上申报中央山水林田湖草沙一体化保护修复工程项目等中央资金。

【特色小镇建设】 2021年，万州区着力推进特色小镇建设进度，全面竣工武陵镇南都路环境综合整治、武陵镇椅城小区环境综合整治两个市级特色小镇项目，打造武陵中国特色小镇。

【传统村落保护】 2021年，万州区有太安镇凤凰村、罗田镇用坪村、燕山乡泉水村3个中国传统村落。全年，实施燕山乡泉水村传统村落保护发展示范项目（一期），在重庆市率先开展传统村落调查评估工作，编制完成《万州区传统村落调查评估报告》。2月18日，柱山乡戈厂村谭家包、普子乡碗厂村干坝子入选由重庆市住房和城乡建设委员会公布的第二批重庆市传统村落名录。12月2日，恒合土家族乡五星村冒水井、白土镇五龙村杉木沟、梨树乡龙头村裴家槽入选第三批重庆市传统村落名录。

（丁义鹏）

农村环境

【概况】 2021年，万州区推进农村人居环境整治，持续开展乡村“双亮”活动。完成甘宁镇楠桥村、大周镇五土村、长岭镇安溪村3个乡村振兴示范点项目建设，创建美丽庭院1000个，安装庭院灯、路灯共1200盏。开展适老化改造试点，全市乡村唯一的适老化改造项目——长岭镇东桥村适老化改造项目完工。

【农村人居环境整治】 2021年，万州区聚焦农村人居环境整治，开展村庄清洁行动系列活动。推进“五清理一活动”（清理“蓝棚顶”、清理无人居住的废旧房、清理房前屋后的杂物堆、清理田间地头的废弃物、清理管线“蜘蛛网”和深入开展农村爱国卫生运动）专项行动，开展爱国卫生运动活动108次。深化农村生活垃圾治理，农村生活垃圾有效治理覆盖人口比例99%。农村创建市区两级垃圾分类示范村96个，配置分类收集桶5760个。新创建美丽宜居乡村18个，累计创建78个。

【农村户厕改造】 2021年，万州区分别召开区委常委会和区政府常务会专题研究农村改厕工作。强化改厕质量，提高改厕奖补标准，配备粪污无害化处理设施，实现粪污无害化处置和综合利用。全年全区无害化卫生厕所改造3789户，累计完成卫生厕所改造9.35万户，卫生厕所普及率提高。

（张婷婷）

【乡村“双亮”活动】 自2019年起，万州区连续3年在全区农村地区开展“亮山地高效农业发展成果、亮农村人居环境整治成效”的“双亮”活动。全体区领导、镇乡及重点涉农部门负责人合理分组，设置现场观摩、成效测评和经验交流环节，把“双亮”活动测评结果作为领导干部提拔任用、部门镇乡年度考核和落实“五级书记”抓乡村振兴实绩考核的重要依据。至2021年年末，万州区累计展示252个山地高效农业产业基地、265个人居环境示范院落，成为全区推进乡村振兴的抓手和载体。

（丁义鹏）

生态环境

综　述

【概况】　2021年，万州区深学笃用习近平生态文明思想，践行“绿水青山就是金山银山”的“两山论”，走好“产业生态化、生态产业化”的“两化路”。城区空气质量优良天数340天，全区森林覆盖率和长江两岸森林覆盖率分别达56%、70%，21条主要次级河流水质稳步提升，长江干流万州段水质稳定保持Ⅱ类，展现出天蓝地绿水清局面。统筹推进城市提升和乡村振兴，重点打造水带、消落带、休憩带、建筑带、山体绿带等“城市五带”，97处社区美景等，城乡环境有效提升。

【长江重要生态屏障建设】　2021年，万州区全面推动山水林田湖草综合治理，实施森林质量精准提升项目，全区森林覆盖率56%，长江两岸森林覆盖率70%，全年林业全口径产值38亿元。构建长江两岸消落区固土涵养林带、滨江景观林带、中山经济林带、高山防护林带的“四带”山体空间新格局，长江万州段生态屏障体系基本形成，其中实施长江“两岸青山·千里林带”20.8平方千米，栽植国土绿化营造林183.33平方千米，开展人工造林、森林抚育退耕还林质量提升等各项工作。

（范世东　魏承艳）

【全域水质提升】　2021年，万州区坚定不移走生态优先、绿色发展之路，通过加快生活污水治理、工业企业稳定达标排放、完善镇乡生活垃圾收运体系、强化农业种植污染防治、实施生态修复、抓好乡村振兴等具体措施，着力实施全域河流治理、城乡污水治理、消落区生态治理等工程，重点开展次级河流全流域水环境综合整治试点，全区水域环境明显改善。河库环境稳中向好，长江干流万州段水质保持Ⅱ类，21条次级河流水质均基本满足Ⅲ类水域功能要求，城市集中式饮用水水源地水质达标率100%，镇乡集中式饮用水水源地水质达标率92.3%，水功能区水质达标率93.8%。

（卢俊良）

【长江“十年禁渔”成果巩固】　2021年，万州区以强化宣传引导、严格执法监管为抓手，落实镇街、村社网格化包片管理，不断提升渔业资源群护群管能力，将工作重心从打击非法捕捞逐步向维护垂钓秩序转移，确保长江流域“起好步、管得住”。开展“十年禁渔”护渔队劝离非法垂钓4583人次、暂存钓具3000余副，协助控制违法犯罪人员4583人，案件移送公安机关5起。

（张婷婷）

【增殖放流】　2021年，万州区开展长江珍稀濒危水生生物增殖放流等系列活动，全年向长江流域增殖放流长江鲟、胭脂鱼、岩原鲤、鲈鲤、中华倒刺鲃、厚颌鲂、白甲鱼、黄颡鱼、鲢、鳙等珍稀名特经济鱼类150.39万尾，促进长江水生生物资源补充及水域生态环境恢复。

（张婷婷）

【林长制工作】 2021年，万州区制定《关于全面推行林长制的实施方案》，完善林长制度8项，发布万州区总林长1号令，聚焦乱侵占、乱搭建、乱采挖、乱捕食等“四乱”突出问题开展专项整治行动。建立三级林长责任体系，落实三级林长1127名，组建网格护林员1755名，全年各级林长累计巡林2.75万人次，实现山有人管、林有人护、责有人担。落实生态惠民资金4552万元，在建卡贫困户中选用生态护林员1210名，生态护林带动贫困户年增收580余万元。

（范声英）

【河长制工作】 2021年，万州区河长制组织体系不断优化。更新区镇村三级河长，有区级河长20名、镇级河长247名、村级河长560名，全年巡河5.2万次。合理布局河流牵头单位，增设区检察院驻区河长办检察联络室，调整河流警长、检长。印发《关于强化水环境检测成果运用的通知》《万州区河库水体污染突发事件联防联控机制》，签署“万达开河长制联防联控协议”，共同推进跨界河流治理保护。编制完成20条区级河流一河一策方案。发出河长制工作交办函27份，督促河长巡河查河。贯彻落实市总河长1、2、3号令，推动“偷排、直排、乱排”“污水乱排、岸线乱占、河道乱建”“污水收集率、污水处理率和处理达标率”问题整改及销号。联合区就业服务中心开辟公益巡河岗位99个。

（卢俊良）

2021年4月，“两岸青山·千里林带”项目在大周镇栽植的中山杉苗木

（区林业局 供图）

【绿盾2021自然保护地强化监督】 2021年，万州区开展“绿盾2021”自然保护地强化监督工作，区生态环境局与区林业局联合制定《重庆市万州区2021年自然保护地生态环境保护专项执法检查计划》，对王二包自然保护区、铁峰山国家级森林公园、歇凤山风景名胜区、潭獐峡风景名胜区、龙泉风景名胜区7个自然保护地进行专项执法检查，共发现问题4个，相关部门和涉及镇乡按各自职责进行整改。

（范世东 魏承艳）

【“两岸青山·千里林带”生态项目】 2021年，万州区“两岸青山·千里林带”营造林任务为20.8平方千米。其中，区林业局牵头实施17.33平方千米（包括农村“四旁”植树2平方千米、疏林地和未成林地营造林2平方千米、宜林地造林与灌木林地培育3.33平方千米、森林抚育6.67平方千米、低效林改造3.33平方千米），区农业农村委牵头实施农业种植结构调整3.33平方千米，区城市管理局牵头实施城区园区绿化美化0.13平方千米。各牵头部门按2021年度“两岸青山·千里林带”建设任务分解指标，抢抓秋冬植树造林时机，全年完成营造林任务23.67平方千米，占年度任务114%。

2021年4月，三峡库区特有的珍稀植物荷叶铁线阙，为国家一级保护野生植物

（重庆三峡珍稀植物园 供图）

【三峡库区消落带中山杉生态修复示范林】 三峡库区消落带的生态恢复与治理被称为世界级“生态难题”。2009年，万州区在长江两岸消落区种植中山杉208株，并持续在长江沿岸的新田、武陵、瀼渡、溪口、大周镇等镇乡消落区推广栽植中山杉试验示范林。中山杉抗逆性、耐旱性、耐涝性特强，在水下长期浸泡后，仍能达到80%的成活率，被誉为“淹不死的树坚强”。至2021年，三峡库岸中山杉林治理面积扩大到2.07平方千米，覆盖长江库岸万州段70余千米，有效缓解消落带水土流失问题，形成独特“水上森林”景观，万州长江两岸森林覆盖率70%，初步构建起消落带绿色生态长廊。

【重庆三峡珍稀植物园建设】 重庆三峡珍稀植物园位于万州区陈家坝街道机场社区，占地0.53平方千米，有各类植物220余种40多万株，其中珍稀濒危植物54种4.6万株。园中培育有荷叶铁线蕨、红豆杉、珙桐、崖柏、鹅掌楸、单性木兰等10多种珍稀植物，规模达2.8万株以上。已建成珍稀植物游赏区、四季花海、古树名木观赏区、岩生植物园等11个专类园和珍稀植物保育区1个，成为万州植物种质资源异地保存基地和珍稀植物繁育基地。

（范声英）

环境状况

【空气质量】 2021年，万州区优良天数340天，超目标任务2天。可吸入颗粒物（粒径小于等于10微米）、二氧化硫（SO_2）、二氧化氮（NO_2）、细颗粒物（粒径小于等于2.5微米）、臭氧（O_3）、一氧化碳（CO）年均浓度分别为51微克/立方米、9微克/立方米、31微克/立方米、36微克/立方米、98微克/立方米、0.8毫克/立方米，除细颗粒物年均浓度超标1微克/立方米外，其他各项监测污染因子年均浓度均满足《环境空气质量标准》（GB3095-2012）二级标准。

【水环境质量】 2021年，万州区地表水监测断面12个，其中国考断面3个、市考断面1个、市控评价断面8个。12个断面中满足Ⅲ类水质断面比例为100%，满足“十四五”时期水质目标要求及水域功能要求的断面占100%。万州区2个在用城市集中式饮用水水源地，分别为长江和甘宁水库，全年水质达标率100%；104个乡镇级集中式饮用水水源地，总体达标率92.3%。

【声环境质量】 2021年，万州区区域环境噪声昼间平均等效声级为53分贝，与上年持平；交通噪声昼间等效声级为65.7分贝，下降0.2分贝；噪声功能区均能满足相应的声功能区标准；4个安静居住小区达到声功能区控制标准。

（范世东　魏承艳）

资源保护

【水资源保护】 2021年，万州区把水资源节约保护贯穿水利工程补短板、水利行业强监管全过程，融入经济社会发展和生态文明建设各方面。强化资源管控，严控水资源开发利用控制红线、水功能区限制纳污红线和用水效力控制红线等“三条红线”，完成万州经开区和渝东新区水资源论证区域整体评价，开展取水计量设施和超证取水整治专项行动，安装111套取水监测计量设施。保障生态流量，开展重点河流流域水量分配与评价，严控河湖开发强度，实施水系连通、水量调度与生态补水，严格水电站生态流量泄放，维持河湖生态用水，编制完成万州区重要江河流域生态流量保障措施实施方案和万州区主要江河流域水量分配方案。全年全区用水总量3.05亿立方米，水功能区水质达标率提升至93.8%，万元GDP用水量、万元工业增加值用水量分别较上年下降13.34%、4.03%，农田灌溉水有效利用系数0.5095。

（卢俊良）

【森林资源保护】 2021年，万州区推进天然林保护工程。全区签订森林资源保护目标责任书51份，落实网格护林员对全区森林实现全覆盖巡护，投入资金183.75万元，为

万州区梨树乡千年古银杏树　（区林业局　供图）

1154.8平方千米森林购买森林保险。加大古树名木保护力度，对全区1518株散生古树、16个古树群（群状古树546株）全部进行调查登记，实行挂牌保护。推进生态环境损害赔偿工作。根据第二轮中央生态环境保护督查反馈问题清单，对涉及铁峰山国家森林公园6个违建项目启动生态环境损害赔偿工作。至年末，有4个项目签订“生态环境损害赔偿协议”，缴纳森林生态系统服务功能损失费11.6万元。2个项目未达成生态环境损害赔偿协议，已向重庆市第二中级人民法院提起生态环境损害赔偿诉讼。

【野生动物保护】　万州陆生野生动物资源丰富，已发现234科1610种（两栖双目录8种），其中国家一级重点保护动物9种、国家二级重点保护动物33种、重庆市重点保护动物、国家“三有”动物237种。2021年，全区大力普及野生动物保护法律法规知识，利用“国际生物多样性日”“国际森林日”“世界野生动植物日”等活动，宣传野生动物违法犯罪典型案例，累计发放宣传资料2万余份，张贴海报1500余份，制作横幅30余条，提高群众对野生动物保护的知识普及度和认同感。严厉打击破坏野生动物违法行为，开展清风行动，出动执法检查人员100余人次，全年查处乱捕乱猎违法案件1起。开展野生动物救助，区林业局与西山动物园共同建立野生动物救助站，全年救助野生动物74只。

【湿地保护】　万州区湿地面积138.5平方千米，占全市湿地总面积的6.7%，位居全市各区县第二位，其中自然湿地25.63平方千米、人工湿地112.87平方千米。为恢复扩大湿地资源，提高湿地生态质量，保护生物多样性，制定《万州区湿地保护修复制度实施方案》，划定湿地红线。2021年，万州区结合“湿地日”等重要节点，开展湿地保护宣传工作，加强全区湿地保护研究与监测工作，开展库区消落带湿地生态修复，强化全区湿地水源保护区斑块巡护，完善全区湿地保护修复制度工作，实现全区湿地面积总量不减少、湿地保护率达78%以上目标。

（范声英）

【矿产资源保护】　2021年，万州区加强矿产资源保护，结合露天矿山综合整治、绿色矿山建设工作推进生产矿山生态修复工作，督促矿业权人落实生态修复主体责任，履行地质环境恢复治理法定义务，实现“边开采边治理”。完成历史遗留及关闭矿山治理面积0.15平方千米，完成自然资源部下发的308个疑似遗留矿山图斑清理核查工作，核查成果已通过市级检查。开展铁峰山国家森林公园6家关闭矿山复垦复绿工作。

（区规划自然资源局）

污染防治

【大气污染防治】　2021年，万州区治理挥发性有机物企业21家，综合整治涉废气排放中小微企业836家，改造锅炉清洁能源和低氮燃烧企业40余家，新增2.24平方千米高污染燃料禁燃区，持续减少工业污染量。创建（巩固）扬尘控制示范工地5个、示范道路5条，主要城市道路机扫率达95%以上；淘汰替换老旧车1900余辆，路检机动车3000余辆，有效控制扬尘污染。国能重庆万州电力有限责任公司、重庆索特盐化股份有限公司等7家企业被纳入全国和重庆碳市场配额管理，年履约二氧化碳排放共900余万吨。制定发放臭氧污染控制告知书1200份，启动10次污染天气应对工作预警。

【水污染防治】　2021年，万州区以提升全域水质为中心开展水污染防治工作。城区3座城市生活污水处理厂稳定运行，持续推进沱口污水处理厂三期扩容项目，实施雨污分流管网改造133千米，城市生活污水集中处理率95.5%；强化83座镇乡污水处理厂运维管理，建成污水管网666千米，镇乡生活污水集中处理率85%；持续推进工业聚集区污水治理，稳定运行3座工业污水处理厂，实现园区污水应收尽收、达标排放。开展455个长江入河排污口整治，完成排污口分类命名并编码，基本完成整治实施方案的编制和备案，基本竖立排污口标志牌。推进铁峰乡、长滩镇3座农村生活污水处理站建设。推进实施恒合、李河、高梁污水处理厂技改等中央水污染防治专项资金项目，3个项目均已完工。实施石桥河、新田河、瀼渡河水生态修复项目，次级河流生态保护与生态修复持续深化。

【土壤污染防治】　2021年，万州区以改善土壤环境质量为核心，以保障农产品质量和人居环境安全为出发点，全面落实土壤污染防治行动计划，加强土壤污染源头防控，动态更新土壤污染重点监管单位名录。强化土壤污染重点监管企业管控力度，落实企业环保主体责任，督促7家重点监管企业完成土壤污染自行监测及公示、完成隐患排查报告，落实有毒有害物质排放报告制度。持续开展耕地周边涉镉等重金属行业企业排查整治，确保土壤环境质量保持总体稳定。

【噪声污染防治】　2021年，区生态环境局审批夜间施工工地许可证130余个，处理噪声污染投诉543次。开展中高考期间噪声污染专项整治，出动执法人员100余人次，劝导噪声污染点位10余个，整治噪声污染源30余个。持续开展安静居住小区创建工作，新创建驿鑫广场·玉龙湾安静居住小区，开展百安花园、兴茂翠园、金泉阳光3个安静居住小区复查工作。

【固体及危险废物污染防治】 2021年，万州区全面运行危险废物（含医疗废物）电子转移联单，10家重点企业全部实施“一物一码”全过程跟踪管理。实施危险废物年度申报企业265家，一般工业固体废物申报企业87家，危险废物管理计划备案企业580家。完成33家单位辐射安全许可证换证发证工作。开展辐射安全管理系统数据核查工作，整改和核查企业78家。全区所有医疗机构医废垃圾集中收运全覆盖，11月，万州区新建的高危污染物热解处置车间竣工，主要处置感染性和损伤性医疗废物，采用“先高温蒸汽灭菌，后破碎”处置工艺，设计日处置能力10吨，于2022年7月1日投用。

【无废城市建设】 万州区于2020年启动“无废城市”建设试点工作，2021年8月19日成立万州区“无废城市”建设工作领导小组，8月24日印发实施工作方案，12月区机关事务管理中心牵头制定《万州区“无废机关”建设实施方案》。区卫生健康委启动万州区“无废城市”创建工作，拟在全区创建“无废医院”4个。万州海事处于11月启动无废游轮创建工作。

（范世东 魏承艳）

环境监管

【环境监测】 2021年，万州区全面完成环境监测监督性及例行监测任务。开展辖区次级河流水华预警监测、断面地表水水质监测、水功能区监测、城市及乡镇级饮用水源地监测等工作，监测次数80次；每季度开展1次特定33项区县送样监测。完成国家级空气自动站各项保障工作，开展城区降尘监测12次。完成道路交通噪声、区域噪声及噪声功能区声环境噪声监测工作，监测次数164次。分别对704个国控点、市控点开展金属指标分析及土壤采样工作，并通过国家网的质量专项监督检查。

【生态环境行政执法】 2021年，万州区按照“双随机、一公开”开展生态环境执法工作，出动执法人员1500余人次，检查环境风险点位和企业583次，发现问题15个，均整改完成；办理行政处罚案件59起，罚款总金额262.49万元，向公安机关刑事移送案件1起，曝光典型案件2起。运用非现场执法手段，利用电话、微信等指导服务企业100余家次，持续解决多头执法、重复执法等扰企问题，对20余家安装在线监控设施的企业实行在线巡查1700余次。全年受理各类环境污染投诉1681件，所有信访投诉均得到有效处理，满意度98%。全区生态环境领域未发生重大群体性事件和重大负面影响事件。

【生态环境行政审批服务】 2021年，万州区生态环境领域行政审批告知承诺制从试点的19大类95小类扩大调整到44大类100小类，从产业类、社会服务类、基础设施、环境治理、扶贫及疫情防控等方面提出24类78项不纳入环评管理的建设项目类型。推行行政审批“网上办”“一次办”，实施“全渝通办”，环评行政审批申请和决定皆可通过窗口统一受理和送达。依法对环境影响登记表实行网上备案，将环境影响报告书、报告表的审批时限分别压缩至18个和8个工作日。

【环保督察问题整改】 2021年，万州区第一轮中央环保督察指出的35个问题全部整改完成，交办的71件群众投诉全部办结。第二轮中央生态环保督察交办的111件群众投诉办结110件；指出的专项整改任务3项，2项通过市级督导部门审核，铁峰山国家森林公园万州区域内违建问题整改序时推进；专项整改子任务15项，整改8项，其余7项有序推进；举一反三任务6项，全部完成整改。2020年长江经济带生态环境警示片披露的“非法转移废油”问题，完成整改。

（范世东 魏承艳）

节能减排

【节能降耗】 2021年，万州区规模工业产值381.4亿元，比上年增长14.1%，规模以上工业增加值增长9.9%。规模工业综合能耗248.8万吨标煤，增长22.2%，工业能耗总量全市排名第六位。大宗工业固体废物综合利用率保持在80%以上。重庆平湖金龙精密铜管有限公司、施耐德（重庆） 电工有限公司2家企业创建为“国家级绿色工厂”，重庆飞亚实业有限公司创建为“市级绿色工厂”，万州经开区正申报市级绿色工业园区。加强重点用能企业节能节水监管，指导58家企业分类完成能耗限额检查评估、工业节能诊断、工业用能监测工作。持续抓好清洁化诊断、清洁化改造、清洁生产技术推广工作，重庆万州西南水泥有限公司、重庆长安跨越车辆有限公司等13家企业完成市级清洁化诊断。

【碳排放】 2021年，万州区全国碳市场和重庆碳市场“双市场”并行，国能万州电厂、索特（自备电厂）2家全国碳市场企业完成2019、2020年度碳排放履约，累计履约量1094万吨。

【污染物减排】 2021年，重庆市污染物减排办公室通报2020年主要污染物总量减排情况。相比2015年，2020年万州区完成全区化学需氧量减排20.33%（目标10.2%）、氨氮减排15.41%（目标8.2%）、二氧化硫减排25.2%（目标24.1%）、氮氧化物减排31.8%（目标16%）、挥发性有机物减排41%（目标7%）。“十三五”期间以上5项污染物完成重点减排工程减排量分别为：5747.09吨、615.98吨、4376.9吨、3191.2吨、2017.3吨。

（范世东　魏承艳）

【节水行动】　2021年，万州区推进节水型社会建设，全年创建4家节水型企业，建成区级公共机构节水型单位29家。编制《重庆市万州区“十四五”节约用水规划》，实施非居民用水阶梯水价和老旧管网改造，对年用水量10万吨以上的10家工业企业及用户核定用水定额及用水量。第二十九届“世界水日”、第三十四届“中国水周”期间，在全区开展节水进机关、进校园、进社区、进企业“四进”活动，节水活动得到水利部表彰，万州节水工作被全国节水办官网报道4次、市水利局官网报道1次。

（卢俊良）

【公共机构节能】　2021年，万州区人均综合能耗比上年下降1.51%，单位建筑面积能耗下降1.75%、人均水耗下降1.35%。在全区开展节能宣传活动100余场次，悬挂宣传条幅100余条，印发宣传资料1万余份，举办万州区“十三五”公共机构节约能源资源工作成效展，受众8万余人次。至年末，创建全国节约型示范单位5家、国家节约型公共机关94家；创建市级节水型单位113家；23家单位完成水平衡测试。全区公共机构厨余垃圾实现专业公司集中清运、集中处置，有害垃圾分类收运处置。

（周建强）

【生产企业节能减排】　2021年，万州区持续开展能效赶超、水效提升、清洁化诊断、绿色制造行动。重庆平湖金龙精密铜管有限公司、施耐德（重庆）电工有限公司施耐德电工入选工信部第五批绿色工厂名单，是万州企业首次获评国家级绿色工厂。3户企业分别获评“市级能效领跑者”“市级水效领跑者”“市级节水型企业”称号。重要工业企业废水排放达标率100%，工业固体废物综合利用率99.9%；推行清洁生产，20余家企业燃煤锅炉完成煤改气，万元工业增加值能耗累计下降20%以上。

（区经济信息委）

【建筑节能】　2021年，万州区开展建筑能效测评287栋（其中居民建筑192栋、公共建筑95栋），总建筑面积约238.09万平方米，实施公共机构建筑节能改造23万平方米。创建智慧小区5个、绿色生态住宅小区3个、绿色完整社区2个，绿色建筑占新建建筑比例达51.1%，全区城镇新建建筑节能标准执行率继续保持100%。

（区住房城乡建委）

交通运输

综 述

【概况】 2021年，万州区完成交通建设投资约47亿元，其中交通重点项目完成投资约27.8亿元，分别为铁路6.9亿元、公路18亿元、水运1.05亿元、航空1.85亿元，长江上游区域性综合交通枢纽基本建成。全区在营铁路4条157千米、高速公路5条195千米，通车公路总里程8246.41千米，行政村通畅率、通客运率和村民小组通达率、镇乡快递末端服务网点覆盖率均达100%。辖区有营运货车1.05万辆、8.4万吨，班线客车1097辆、2.51万座，公交车743辆，出租车1473辆；客船19艘、3379客位，货船271艘、156.07万吨。全年综合旅客货物周转量493.87亿吨千米，比上年增长11.3%。

【综合交通体系规划】 2021年，万州区抓住"交通强国""一带一路""成渝地区双城经济圈"等历史机遇，立足丝绸之路、长江经济带和全国重要城市群，面向2035年，谋划提出"七高八普"铁路、"二环九射"高速、"二客六货"港区和4E级区域枢纽机场为主骨架的铁公水空现代化综合立体交通格局，完成《万州区综合交通运输"十四五"发展规划》；建设全国性综合交通枢纽定位得到国家和市级层面认可；万州机场规划建设4E级区域枢纽机场项目已纳入市级规划，总规修编通过民航西南管理局评审。

【交通安全管理】 2021年，万州区发生道路运输责任事故2起，死亡2人，死亡人数比上年下降33.3%；建设施工领域发生安全责任事故2起，死亡1人、受伤7人；地方海事管辖水域连续20年保持"零"事故、"零"伤亡、"零"经济损失。全年悬挂张贴安全生产宣传标语572条、海报1200余张，散发传单2.6万份，曝光建设领域典型诚信案件2起；组织开展专家指导、授课、检查等14次，交通建设领域安全专家服务工作8家次；开展应急救援演练拉练19次，670名交通行业安全监管干部及企业安全管理人员安全教育线上培训合格率100%，457名道路运输企业主要负责人和安全生产管理人员安全考核合格率100%。全年开展专项督查、联合检查、日常检查等129次，排查整治各领域安全隐患1899个，约谈企业2次。开展各类重点专项整治行动，发现并处理运输安全问题713个，查处危化品运输及交通建设违法行为115起，整改建设方面红线问题10个，完成区级重大隐患挂牌整治2个。妥善处理各类群众信访、投诉、网络舆情等9961件，回复办理率100%。

【交通法治建设】 2021年，万州区交通系统建立规范性文件及重大行政决策合法性审查常备机制，100%修正信用重庆网站反馈数据；优化审批服务6项，约谈、指导4家失信企业签订信用承诺书并完成信用修复；妥善处理公路建设项目农民工工资纠纷50余起，全系统领导应诉出庭率100%，连续3年无行政复议案件。更新行政权力和公共服务清单，修改完善办事指南，达到即办件比例47.98%，全程网办比例79.37%，平均办结时限压缩83.55%，平均跑动次数0.2次。落实“跨省通办”“西南五省通办”“川渝通办”“万达开通办”“跨区县通办”，全年办理政务服务事项3万余件次，“渝快办”“好差评”应评尽评好评率100%。

【交通综合行政执法】 2021年，万州区交通系统健全党委议事规则、执法监督、评议考核等管理规范50个，推行落实重大案件案审会等3项制度，召开重大案件集体讨论会19次，法制审核案件955件，无行政复议、行政诉讼案件。打击运输市场乱象，全年开展联合执法行动566次，查处涉嫌非法营运车、违规网约车666辆，跨区域经营155辆，网约车线下揽客97辆，有效遏制高铁北站、火车站“羊儿客”乱象和机场出租车垄断宰客现象。专项整治交通执法领域4类突出问题9个，聘请作风监督员守牢纪律底线，办理行政处罚案件2756件，罚款金额比上年下降11.95%，群众投诉建议回复时间缩短1/3，满意率98.7%。

【交通行业文明行动】 2021年，万州区交通系统组织新雷锋出租车140余辆，常态化开展说普通话、热情服务、帮助乘客提行李等文明礼仪活动，服务乘客8000余人次；在学习雷锋纪念日以及重阳节开展“献爱心”活动，出租车免费接送老年人、孕妇、军人及行动不便乘客1300余人次。全年开展新时代文明实践活动38次，发放《重庆市文明行为促进条例》4万余份，在公交出租车上粘贴标语3000余条，引导和纠正行人、车辆等不文明交通行为2万余人次（辆）。辖区浩升、赛威、驰龙、腾达、曼联5家出租车公司创建为“区级文明单位”，出租车驾驶员蒲承祥获“中国好人”称号、李育明获“重庆市劳动模范”“全国最美出租车驾驶员”称号。

【交通运输疫情防控】 2021年，万州区交通系统组织召开新冠肺炎疫情防控调度会18次，张贴疫情防控宣传单4万余张、标语8000余条；派驻机场、火车站、高铁站等重要站场防疫执勤人员40名，规范设置测温场地、留观场地、隔离场地和中高风险地区旅客出站专用通道，落实旅客测温、健康码或行程卡查验措施；修订印发《万州区道路客运及站场疫情防控应急处置工作预案》，调配包车运力1667辆，跨省运输务工人员2.7万人次；全区交通系统人员接种新冠病毒疫苗3万人次。全区交通运输疫情防控工作在2次国家层面疫情督查和3次市级检查暗访工作中获得检查组肯定。

（熊飞）

公　路

【概况】 至2021年年末，万州区通车公路总里程8246.41千米，按等级划分为高速公路195千米、一级公路21.83千米、二级公路325.75千米、三级公路279.93千米、四级公路7283.02千米、等外公路140.88千米，有渝万、万忠南线、万宜、万达、万利5条高速公路。全区公路密度以国土面积计算为238.54千米/百平方千米、以人口数量计算为48.51千米/万人。全年道路运输客运量1742.1万人次、旅客周转量5.36亿人千米，分别比上年下降11.3%、4.4%，货运量6801.3万吨、货物周转量56.82亿吨千米，分别上升24.3%、17.6%。

【高速公路建设】 重庆万州环线高速项目高峰至新田段　路线全长约23千米，总投资50.1亿元，于2019年动工建设。2021年，完成投资15亿元，项目全线隧道贯通，新田长江大桥主体及附属工程全部施工完成，其他土建标段路面水稳摊铺完成55%、桥梁工程完成90%。

万达直线高速　路线全长50.8千米（含L2李家河支线3.3千米），总投资108.1亿元，其中万州段全长24.63千米，投资54.6亿元，于2021年12月举行开工活动。至年末，工可、初设、控制性工程先行用地已审批，万州5个标段进场驻地建设。

开万梁高速　路线全长96.4千米，总投资132.6亿元，其中万州段全长16.3千米、投资22.4亿元。至2021年年末，项目实施方案、项目

2021年8月5日，亚洲最高拼宽桥梁——重庆万州环线高速项目鹿山互通拼宽桥钢板梁吊装成功

（区交通局　供图）

财政承受能力评价、项目物有所值评价等“两评一案”已获批复，正在进行招商引资。

【公路建设与养护】 2021年，万州区牌楼长江大桥附属工程全面完工，普通干线公路升级改造完工通车93千米，国省道路面灌缝作业4万米，平均每千米病害面积仅0.14平方米，国省道路况检测指标和路面灌缝率排名重庆市前列，公路工作目标督查评价名列重庆市第三。全年安装农村公路生命安全防护栏650千米，新增道口桩3000余根、安全警示标志牌192块、爆闪警示灯61套、凸面镜10套，施划标线900平方米，基本解决农村公路临水临崖综合危险路段安全隐患。维修桥梁栏杆18座，更换桥梁伸缩缝10座，分类加强桥梁防护设施60座，G211万开路大垭口隧道病害整治工程（第一期）和G211万石路走马岭隧道提质升级工程完工，财门关大桥、帽合大桥、杨河溪中桥完成危旧桥改造，一、二类桥占桥梁比重由60%上升为85%，大垭口隧道采用新型发光反光环装置。采集普通国省道公路承灾体普查数据76条，防汛期间，出动人员2000余人次、车辆1700余车次、应急抢险设备181台次，清除坍方5.7万立方米，修复水沟80余处2500余米，清除障碍物200余处，抢通道路60余处，全区普通公路未因汛情出现车辆损毁和人员伤亡。完成罗田、白羊交调站建设，移植苗木8万余株，绿化国省县道120余千米，打造公路休闲观景平台19处，姚大路入选重庆市“最美农村路”。

【“四好农村路”建设】 2021年，万州区下达资金计划1.8亿元，实施村民小组通畅及联网路建设291千米，可解决100余个村民小组道路通行需求。

【道路客运】 2021年，万州区交通系统推行定制化服务，报废并新增农村客运车辆68辆，调整运行线路12条，预约响应式农村客运班线覆盖全区437个行政村，开通长岭安溪村、七星谷等乡村旅游直通车（包车），余家、龙驹片区农村客运实现跨区域运行，定线定人定点开通农村校园直通车135条。春运期间共投入客运车辆9.25万辆次，安全运送旅客98.65万人；清明、五一、端午、中秋、国庆等假日旅客运输中，共投入客运车辆4.74万辆，其中加班271班、包车628车次，安全运送旅客77万人；高考期间投放大中型客车1883辆，安全接送高考学生5000余人次；组织全区9家出租车公司的1243辆出租汽车和2000余名驾驶员开展“爱心送考”主题公益活动，免费接送高考学子2538人次。

2021年6月4日，万州区1243辆出租汽车和2000余名驾驶员参加“爱心送考”主题公益活动。图为“爱心送考”启动仪式 （区交通局 供图）

【道路货运】 2021年，万州区交通系统推广应用智能视频监控报警技术，加强危险货物电子运单管理，完成重庆市危险货物运输行业风险管理信息服务系统和道路运输电子远程监控系统建设，全年排查解除风险隐患6150件、解除率100%。安全培训道路货运企业43家、人员126名；执行营运柴油车退出机制，累计清理营运柴油车888辆；检查督导货运企业46家，发现整改问题71个，清理4.5吨至12吨车辆经营运营证过期、年审过期共5000余件，清理12吨以上车辆个体经营运营证过期、年审过期共100余件。

【道路运输管理】 从业资格管理 2021年，万州区严把道路运输企业两类人员安全考核关、道路运输达标车辆核查关、安全生产重大风险防控关，提升源头监管能力和驾驶员职业素质，全年开展驾驶员培训1.57万人次、从业人员资格培训2872人次、继续教育培训2167人次；办理道路客运经营许可112件、货运经营许可126件，为3571人办理货运从业资格证。

运输行业管理 全年督促指导道路运输企业206家，发现并整改问题350个，约谈企业18家，抄告相关问题信息12万余条、问题企业6561家。

巡游和网络预约出租汽车行业管理 出台出租企业《运营安全服务质量量化考核细则》，实行安全生产、交通违法、行政处罚、有责投诉及日常考核的一体化考核，推动落实万开云三地巡游出租车返程载客，报废淘汰出租车222辆，更新投放品牌出租车203辆，推广出租车使用车载智能系统200余台。

周边行业管理 支持驾培机构资源整合，全区19家驾培企业整合重组为12家，促进驾培行业健康可持续发展。整治规范车辆维修行业，检查维修企业40余次，组织车辆非法改装及二级维护专项整治会7次，查处改型货车39辆、擅自改型维修企业4家，限期整改维修企业6家。

【路政管理】 2021年，区交通局依托4个固定治超站，24小时不间断治理，加强对超载现象高发路段管控，查处超限车辆468台，卸载超限车辆56台，卸载357.2吨，移送交巡警处罚46台；完成G318万利路、万分路动态不停车超限检测系统建设，不停车检测系统查处超限车辆10台次。全年开展涉路施工现场监督检查80余次，处理路产损失赔补偿131件，收取赔（补）偿费17.2万元；办理公路路政行政许可249件，收取路产占用费439.66万元，行政许可受理率、正确率、满意率100%。

【万开云城际公交开通】 2021年6月25日，渝东北片区首条城际公交——万开城际公交线路（万州体育场—开州长沙镇）开通营运。线路单程56千米，先期投入运力6辆，双向同时发车，运行票价按4元、5元、6元实行分段计价。11月26日，万云城际公交线路（重庆大学附属三峡医院—云阳月光草坪）开通，线路单程63千米，先期投入运力12辆，双向同时发车，全程票价16元，分段收取票价。

【万州交通枢纽汽车站投入运营】 万州交通枢纽汽车站毗邻高铁北站，占地0.14平方千米，总投资2.8亿元。2021年1月27日投入运营，集长途客车站、公交枢纽站、蓄车场、快运物资分拨中心等多种功能于一体，是渝东北最大交通枢纽，实现乘发车智能化及高铁、出租、长途、公交无缝换乘。

（熊飞）

铁 路

【概况】 至2021年年末，万州区建成运营渝万城际铁路、达万铁路和宜万铁路，境内铁路通车里程157千米。年内，万州北站固化新增至广州、昆明等方向动车6对，日常开行动车31对，全年到发旅客932万人次，比上年增加27%。万州火车站到发旅客137万人次，增加8%；货运量1004万吨，增加36%。

【铁路安全管理】 2021年，万州区投入资金368万元，完成中铁成都局集团公司排查已建铁路新增隐患整改任务109处（高铁47处、普铁62处）；投入资金364万元，整治郑万高铁万州段外部环境137处，包括铁路沿线100米内彩钢棚拆除或换顶、500米范围内彩钢棚加固，以及广告、薄膜等轻漂物清除，已通过铁路方验收；增设公铁并行路段防护设施5处，涉铁镇街“双段长”（指铁路沿线各“区段”，每一段高铁线都有“铁路段长”“地方段长”，联合负责高铁线内外安全）公示栏全覆盖。

【郑万高铁建设】 郑万高铁是全国西南地区特别是重庆地区通往华北、华东、华中地区的快速客运主骨架，全长818千米，设计时速350千米/小时。其中万州段全长18.1千米，总投资26亿元，于2015年12月底先期开工，2017年2月全线开工建设。至2021年年末，完成重庆段铺轨及静态验收、万州段外部环境整治，万州北站节点工程基本完工，全年投资2亿元，2022年开通运营。

【渝万高铁建设】 渝万高铁正线全长252千米，总投资527亿元，其中万州段全长49千米，投资77亿元，于2020年举行开工活动。至2021年年末，国铁集团组织初设鉴修审查，设计单位已完成全线施工图设计和万州北站扩建初步设计，全年完成投资4000万元。

【成达万高铁建设】 成达万高铁正线全长486.4千米，总投资851亿元，其中万州段全长12千米，投资30亿元，于2020年开工。至2021年年末，国铁集团已组织初设鉴修审查，设计单位基本完成施工图设计，全年完成投资4000万元。

【渝西高铁建设】 渝西高铁正线全长540千米，总投资1175亿元，东线樊哙至万州段全长91千米，其中万州段全长20千米，投资37亿元。至2021年年末，取得可研批复，设计单位基本完成初步设计。

【新田港铁路集疏运中心建设】 新田港铁路集疏运中心正线全长16.3千米，总投资21亿元，于2020年3月动工建设。至2021年年末，基本完成征地拆迁，路基、桥涵、隧道等土建工程完成工程总量的70%，荆竹园隧道全线贯通，全年完成投资3.96亿元。

（熊飞）

水 路

【概况】 万州辖区内有长江干线82.6千米、支流25条、渡口33道。主城港区上自三洲溪，下至银霄溪，全长16千米，自然岸线32千米，港口面积175万平方米，其中陆域面积100万平方米、水域面积75万平方米。2021年，辖区水路运输客运量25.19万人、旅客周转量1083万人千米，分别比上年下降14.9%、45.3%；货运量4076.5万吨、货物周转量4364501万吨千米，分别增长10.2%、10.6%；载重车滚装运输37082辆次，增长96.1%。

2021年万州区水运指标情况统计表

表46

指标名称	计算单位	2021年	2020年	同比增减百分比（%）
客运量	万人	25.19	29.60	-14.90
旅客周转量	万人千米	1083	1980	-45.30
货运量	万吨	4076.50	3697.60	10.20
货物周转量	万吨千米	4364501	3947881	10.60
载重车滚装运输	辆次	37082	18914	96.10
货物吞吐量	万吨	2604.24	2141.28	21.60
旅客吞吐量	万人	42.61	28.15	51.40
外贸吞吐量	万吨	14.55	15.81	-8
集装箱吞吐量	TEU	189371	153786	23.10
载重车滚装吞吐量	辆次	53125	28977	83.30

【港口】 2021年，万州辖区拥有港口企业16家，生产性码头29座、泊位61个。其中，生产经营性客运码头2座、泊位9个，危化品码头4座、泊位4个，集装箱码头1座、泊位2个，滚装码头1座、泊位1个，普货码头8座、泊位21个，乡集镇码头13座、泊位24个。港口机械最大单件吊装起重能力50吨，最大靠泊能力超5000吨级，港口年货物吞吐能力4000万吨，旅客年吞吐能力800万人次，集装箱年吞吐能力70万标箱。全年，辖区港口货物吞吐量2604.24万吨，比上年增长21.6%；旅客吞吐量42.61万人次，增长51.4%；集装箱吞吐量18.9万标箱，增长23.1%；载重车滚装吞吐量5.31万辆次，增长83.3%。

2021年万州区全社会港口情况一览表

表47

序号	码头名称	码头类型（用途）	经营业主	泊位总数（个）
1	重庆石油106囤	危化品	中石油重庆销售万州分公司	1
2	饕盛九龙仓储码头	散货	重庆饕盛商贸有限公司	1
3	铫子坡码头（九龙）	危化品	中石化重庆三峡石油分公司	1
4	万州江南沱口作业区	集装箱	重庆港九万州港务有限公司	2
5	万州红溪沟作业区（七里沟）	散货、件杂	重庆港九万州港务有限公司	5
6	万州鞍子坝客运港区	客运	重庆市万州港口（集团）有限责任公司	5
7	大磨加油站	危化品	中石化长江燃料有限公司万州分公司	1
8	猴子石加油站	危化品	中石化长江燃料有限公司万州分公司	1
9	桐子园苏商码头	散货、件杂	重庆苏商港口物流有限公司	3
10	红物流登山码头	散货、件杂	重庆市万州区红溪沟物流有限公司	1
11	红溪沟滚装码头	滚装	万州区平湖滚装运输服务有限公司	1
12	万州区青草背作业区登山码头	散货	重庆登山实业有限公司	1
13	新田作业区神华码头	散货、件杂	神华神东电力重庆万州港电有限责任公司	3

续表47

序号	码头名称	码头类型（用途）	经营业主	泊位总数（个）
14	桐子园作业区鄂渝金果码头	散货、件杂	重庆鄂渝钢铁集团有限公司	2
15	新田作业区一期	多用途泊位（集装箱、件杂）	重庆新田港口物流有限公司	5
16	驷马桥码头	客运	重庆交运游轮有限公司	4
17	长坪	散货、件杂、客运	重庆市万州区通亚港建有限责任公司	2
18	杨河溪	散货、件杂、客运	重庆市万州区通亚港建有限责任公司	1
19	燕山	散货、件杂、客运	重庆市万州区通亚港建有限责任公司	2
20	新乡	散货、件杂、客运	重庆市万州区通亚港建有限责任公司	2
21	新田	散货、件杂、客运	重庆市万州区通亚港建有限责任公司	2
22	溪口	散货、件杂、客运	重庆市万州区通亚港建有限责任公司	2
23	小周	散货、件杂、客运	重庆市万州区通亚港建有限责任公司	2
24	武陵	散货、件杂、客运	重庆市万州区通亚港建有限责任公司	2
25	拖路口	散货、件杂、客运	重庆市万州区通亚港建有限责任公司	1
26	太龙	散货、件杂、客运	重庆市万州区通亚港建有限责任公司	2
27	让渡	散货、件杂、客运	重庆市万州区通亚港建有限责任公司	2
28	黄柏	散货、件杂、客运	重庆市万州区通亚港建有限责任公司	2
29	大周	散货、件杂、客运	重庆市万州区通亚港建有限责任公司	2
合计				61

【航运企业运力】 2021年年末，万州区拥有航运企业44家，其中客运企业3家、货运41家（滚装运输企业2家、普通货物运输企业39家）。营运船舶290艘，其中客船19艘（营业性运输客船短途5艘、城区游船2艘、乡镇客渡船12艘）、货船271艘（干散货船242艘、多用途船16艘、集装箱船4艘、滚装船7艘、拖船1艘、驳船1艘），有客位数3379客位（短途840客位、游览船800客位、滚装船1257客位、客渡船462客位、库周渡20客位），载重吨位156.07万吨（普货船140.23万吨、多用途船11.94万吨、集装箱船2万吨、滚装船1.62万吨）。货运船舶平均吨位5759吨，超过全市货运船舶（长江干流）平均吨位43.26%。标准化货船艘数占货运船舶比重87.1%、吨位占货运船舶比重91.4%。

2021年万州区航运企业运力情况统计表

表48

指标名称	计算单位	2021年年末	2020年年末	增长百分比（%）
企业家数	家	44	42	4.80
客运	家	3	3	0.00
长途客运	家	1	1	0.00
短途客运	家	2	2	0.00
货运	家	41	39	5.10
普货运输	家	39	37	5.40
滚装运输	家	2	2	0.00

续表48

指标名称	计算单位	2021年年末	2020年年末	增长百分比（%）
营运船舶总数	艘	290	237	17.30
客船艘数	艘	19	22	-13.64
短途客船	艘	5	5	0.00
游览船	艘	2	2	0.00
乡镇客渡船	艘	12	15	-20
客船客位数	客位	3379	3415	-1.10
短途客船	客位	840	840	0.00
游览船	客位	800	800	0.00
滚装船	客位	1257	1257	0.00
乡镇客渡船	客位	482	518	-6.90
货船艘数	艘	271	230	17.80
干散货船	艘	242	204	18.60
多用途船	艘	16	13	23.10
集装箱船	艘	4	5	-20
滚装船	艘	7	7	0.00
拖船	艘	1	1	0.00
驳船	艘	1	0	—
货船吨位数	吨	1560675	1266738	23.20
干散货船	吨	1402290	1130580	24
多用途船	吨	119424	96925	23.20
集装箱船	吨	20030	23044	-13.10
滚装船	吨	16189	16189	0.00
驳船	吨	2742	0	—
货船平均吨位数	吨/艘	5759	5508	4.60
载货5000吨以上艘数	艘	174	149	16.80
载货5000吨以上吨数	吨	1255734	1021829	22.90
货船标准化率（按艘数算）	%	87.10%	82.60%	5.40
货船标准化率（按吨数算）	%	91.40%	89.80%	1.80
多用途和集装箱船箱位	TEU	6673	5889	13.30
滚装船车位	车位	420	420	0.00

【绿色航运建设】 2021年6月15日，长江流域第一批绿色智能三峡130型散货船“理航渝建”1号、2号在湖北省宜昌市开建；全年改造港口船舶污染物固定接收设施11座，辖区码头污染物接收设施覆盖率100%；改造船舶岸电系统受电设施161艘，指导4家港口企业完成岸电设施标准化改造，全年港口使用船舶岸电1204次，接电时间2.24万小时，用电量约56.7万千瓦时。印发《万州区船舶和港口污染物接收

转运管理措施》，推进船舶污染物接收转运处置全过程联单管理电子化，辖区港口企业全部完成“协同平台”注册和基础信息维护，全年接收船舶生活垃圾401吨、生活污水1.98万立方米、含油污水153.67立方米。

【水路运输服务】 2021年，万州区在春运期间投入16艘客船、2042客位，运行2632航次，安全运送旅客6.43万人次；国庆期间安全运行客运船舶524艘次，完成客运量2.19万人次，实现“事故为零、港口滞留为零、旅客伤亡为零、旅客投诉低”的“三零一低”工作目标。全年辅导办理港口经营许可3家，注销港口经营许可2家，变更港口经营许可法人1家，事前辅导歇业港口企业恢复生产1家，完成港口危险化学品装卸作业审批352起；资质核查水运企业34家、辅助业企业16家、营运船舶256艘；审核兑付渡运船舶补贴38万元。

【水运安全监管】 2021年，区港航海事事务中心召开各类安全会议21次、安全知识讲座3次，设立宣传站点10个，出动宣传人员50人次，制作展板1个，悬挂安全标语28幅，散发宣传资料3000余份，受教群众5000余人次。开展应急演练、拉练14次，投入救援艇20余艘次，参加人员200余人，使用应急物资100余件，开展应急视频会商联调16次。全年出动检查人员782人次，邀请检查专家9人，检查港航企业381家次，发现并整改问题107个，上报问题5个，企业自查并整改问题453个，约谈企业4家。全年辖区未发生水上交通和港口安全生产死亡事故，地方海事管辖水域保持连续20年“零”事故、“零”伤亡、“零”经济损失纪录。

【码头整治】2021年，万州区围绕“整改提升一批、巩固保持一批、取缔搬迁一批”工作思路，取缔搬迁沿江老旧小趸船13艘，整改亮化沿江趸船外观形象23艘，主城沿江趸船外观形象得到全面美化提升。

【新田港二期建设】 2021年9月，新田港二期工程开工，该项目规划新建4个5000吨级散货泊位及相应的配套设施，总投资16.98亿元，计划2024年完工。至年末，基本完成除征地手续以外的前期各类审批工作，完成隧道洞口边坡支护、端部挡墙及洞口支护加固，完成码头前沿陆域抗滑桩施工，新田河左岸陆域已回填至175米高程并进行精平，临时驻地建设筹备中。

【桐子园作业区升级改造】 2021年6月，桐子园作业区升级改造项目开工建设，该项目主要为万州经开区招商引资企业提供原材料水上物流装卸服务，规划改建2个5000吨级散货进口泊位和1个5000吨级散货出口泊位，设计年吞吐量1260万吨，总投资4.22亿元。至年末，已完成港池疏浚5.4亿立方米、钢平台搭设8000平方米，完成引桥、转运墩台的桩基施工10根。

（程波）

民　航

【概况】 2021年，万州机场新增万州北站候机楼，与巫山机场建立协同一体化机制，新增国内航线11条、加密8条。年末运行国内航线29条，全年旅客吞吐量114.91万人次、货运量0.12万吨，分别比上年增加14.1%、4.8%。整体客座率57.1%，出港客座率66.2%，出港载运率56.4%。

【民航运输生产】 2021年，万州机场保障本场安全起降12894架次，比上年增加13.03%。其中，航班起降13754架次，减少9.61%。机场放行正常率91.41%，增长1.11%。运行高峰11架次/小时。高峰日旅客吞吐量6108人次，小时旅客吞吐量906人次；高峰日货邮吞吐量2.7吨。万州机场有大巴14辆，日均16班次，日均载客量150人次，年客运量5.5万人次。货物主要来源于万州及周边巫溪县、开州区、云阳县等地，到达地以广州、深圳、上海、北京、厦门、海口等城市为主。货物主要由鲜活、调味品、服装、鞋面、线圈、主板、水果、电子元件、水产鱼苗等构成。

【航线航空】 2021年，万州机场全年共运行航线32条，分别至武汉、广州、上海、北京、昆明、深圳、南京、厦门、西安、杭州、贵阳、海口、天津、无锡、宁波、泉州、长沙、兰州、大理、南宁、郑州、太原、珠海、桂林、合肥、济南、温州、乌鲁木齐、福州、南昌、三亚、济宁；共计运行航班1.29万班次，其中进港6447班次、运输旅客66.61万人次，出港6447班次、运输旅客48.3万人次。

【万州机场改扩建项目建设】 万州机场改扩建按满足年旅客吞吐量250万人次、货邮吞吐量1.8万吨、飞机起降量2.4万架次的目标设计，总投资14.4亿元，飞行区内建设内容于2017年7月动工。至2021年年末，万州机场跑道由2400米延长至2800米，停机位增加至8个，11号跑道方向盲降设备投用，29号跑道飞行区空管工程和消防工程通过民航行业验收；新建的2.6万平方米T2航站楼完成航站楼及连廊、塔台、办公楼主体结构建设。

（熊飞）

信息产业

综　述

【概况】　2021年，万州区围绕建成渝东北数字经济发展高地的战略目标，加快推进智慧城市建设，激发全区数字经济发展创新活力。全年，万州区项目云数据中心、信息安全保障体系两个核心模块建成并投入试运行。上线全民健康信息平台和疫情防控大数据平台。6月，万州区以“云联数算用”为着力点，推进实施“云长制”、新型智慧城市建设、政务数据资源管理等工作实绩得到市政府办公厅通报表扬并获相应奖励支持。6月3日，万州区无线电监测站并入重庆市无线电监测站，万州区经济信息委不再管理该站。

【“云长制”推行】　2019年12月，万州区印发《万州区全面推行“云长制”实施方案》，设立政法、组工、交通、农业农村、住房城乡建设等7个系统云长、47个部门云长。2021年，全区围绕“管云、管数、管用”目标，持续推进信息系统“迁移上云”工作，完成系统集中迁移47个，完成政务信息系统整合37个。持续推进智慧场景应用，启动万州区乡村振兴信息服务平台、三峡库区健康医疗大数据应用创新研发中心、万州区能源大数据中心等项目规划建设，建成各类智慧场景应用30余个。

【智慧万州建设】　2016年，万州区启动顶层设计，形成“智慧万州”顶层设计总体规划及23个专项规划。2017年，“智慧万州”顶层设计方案通过住建部智慧城市示范试点专家评审组评审。2020年7月，万

2021年9月28日，万州区全民健康信息平台举行上线发布仪式

（区大数据发展局　供图）

州区启动面向重大公共卫生突发事件的智慧医疗一期项目建设，拉开全区建设“智慧万州”序幕。“智慧万州”建设总体规划采用一网、一云、一中心、三应用、一体系的“11131”框架，即：1个泛在的网络、1个大数据云平台、1个运行管理中心，生态宜居、城市治理、产业提升3大智慧应用领域，1套支撑体系的“11131”智慧城市总体框架。至2021年年末，“智慧万州”数据中心、云平台、信息安全保障体系等核心基础平台基本部署完成，先后建成区级社会治理网格化服务管理平台、三峡商贸交易大数据平台、电子政务网络态势感知大数据平台、区级政务数据资源共享交换平台、长江水域一体化智慧监管平台、智慧小区大数据平台、三峡学前教育大数据平台、数字经济生产力要素调度指挥平台、环境风险应急指挥平台、城市数字孪生场景展示、三峡超算中心、三峡医疗健康大数据平台、疫情防控大数据平台、数字城管、数字规划、智慧监督、智能机关、智慧农超等服务政用、商用、民用等方面的智慧化应用场景。

（区大数据发展局）

信息基础设施建设

【5G建设】 2021年，万州区推进5G精品网络建设，5G基站建设向乡镇延伸。全年新建5G基站882个，城区主要区域5G信号全覆盖，其中建成农村5G基站292个，行政村5G通达率52%，累计建成5G基站2940个。全区5G手机用户63万户，5G用户普及率30%。

【数字乡村建设】 2021年，万州区新增敷设光纤1.56万皮长公里，解决信号盲点360个，新建太龙镇1个“互联网小镇”，建成太龙镇大旗村、大田村、横山村、蓼叶村、龙滩村、楠木村、太阳溪社区、万丰村、五塝村、仙鹤村10个“互联网村”。至年末，累计建成“互联网小镇”10个、“互联网村”139个。围绕农业数字化转型，建成玫瑰香橙大数据平台、德康智慧养猪大数据平台等融合项目，建成404个益农信息社，上线农产品全程溯源系统，启动恒合康养基地、太龙小桔灯、龙沙巴国部落智慧旅游项目。部署安防大数据平台、镇村视频会议系统、应急大喇叭、综治网格化平台等应用。

【“双千兆”网络建设】 2021年，万州区建成千兆示范小区816个，千兆宽带用户3.85万户，万州区10G-PON及以上端口规模7.17万个，千兆光纤网络实现城乡全覆盖，“双千兆”网络城区全覆盖。开展千兆宽带应用试点示范，在云游戏、超高清视频、云办公、VR/AR、高清网课、智慧城市、智慧社区等场景开展应用。

【算力基础设施建设】 2021年，万州区“智慧万州”云数据中心建成，重庆三峡学院三峡超算中心、渝东北电信数据中心升级为四星级机房和等保三级区域云数据中心。中国联通万州分公司启动渝东北联通云数据中心、联通渝东北CDN数据中心建设，全区数据储存能力1.6万TB。

【融合基础设施建设】 2021年，万州区工业互联网标识注册1.46亿次。金龙集团智能化企业运营系统、索特盐化工业互联网标识解析及应用、衡远科技精细化运营管理被纳入市级工业互联网试点示范，金龙集团退火包装自动化生产线5G+工业互联网集成创新应用被纳入市级智能化赋能工程试点示范。10月，万州绿色智造赋能中心、小米物联网系统研发与全场景应用示范研究实验室建成运行。

（区大数据发展局）

大数据发展和应用

【大数据资源管理体制改革】 2021年，万州区将全面推行“云长制”实施方案落实情况纳入数字经济发展质效和战略性新兴产业发展考核内容，“管云、管数、管用”体制工作机制进一步完善。至年末，全区有信息系统83个，其中上级垂直部署信息系统25个、自建信息系统58个。可迁云信息系统54个，迁云比例100%。除中央、市垂管系统外，其余37个区级自建政务信息系统全部整合，整合率62%。印发《关于印发全区〈政务信息化项目管理的单位职责表〉和〈万州区政务信息化项目管理流程图〉的通知》，强化对全区信息系统的集约化建设管理。

【政务数据资源共享】 2021年，万州区启动全区政务数据资源共享交换平台升级改造方案。梳理全区政务数据共享汇聚情况，统筹开展政务数据资源共享开放工作。立足第七次人口普查数据推动建设全区人口数据库，起草《万州区能源大数据中心建设方案》。排查全区现有数据承载能力、数据安全防护能力，制定万州区政务数据协同试点工作实施方案，申报成为市区政务数据协同试点区县。建成“智慧万州”安全保障体系，建成信息系统和网络安全川渝检验检测实验室项目，牵头全区政务数据安全重大风险排查整治工作，健全政务数据安全保密管理体系。深入实施“三清单”（目录清单、需求清单、责任清单）制度，编制形成目录清单810类、需求清单65类、责任清单785类。挂接资源735类，挂接率90.7%。汇聚资源595类，汇聚率73.5%。文件共享426类，数据库共享309类。累计资源调用758次，调用数据706条。

【数字政务平台建设】 2021年，万州区推进信创项目，完成电子政务外网各应用系统适配并上线运行，推进终端替换工作，替换进度位于重庆市前列。建成数智政务一体化平台一期——智慧监督大数据平台，上传数据300余万条，发现预警信息33万余条，交办5.6万条，预警信息核查处理1508条。在区委常委会会议室、区政府常务会议室、区人大常委会会议室、区政协会议室配置终端200台，建成万州区无纸化智能会议管理系统和无纸化智能会议室管理系统。建成政府政务通信电话会议系统，组建起横向+纵向的同级或多级部门联动的可靠型智能电话会议系统，提高全区行政信息通达能力。

2021年8月，万州长江水域一体化智慧监管平台被中国铁塔有限公司作为典型应用场景在智博会进行专柜展示 （区大数据发展局 供图）

【“渝快政”政务服务平台发布】 2021年，万州区推动“渝快政”系统与全区电子政务外网对接融合，发挥“渝快政”协同办公效能。10月28日，重庆市一体化协同办公云平台“渝快政”发布会在万州区举行，有关市级部门，市内各区县大数据发展局主要负责人参加。至年末，全区上线单位54家，正在测试单位139家，累计登记人数超1.1万人，推广使用情况居重庆市前列。

【智慧场景应用】 2021年，万州区全面推进“小切口大民生”智能化项目，完成双河口街道“智慧移民小区”示范工程项目、高峰街道龙凤鸣居还房小区智慧升级改造建设项目，并分别获得市级专项补助资金35万元、25万元。规划启动建设社会救助大数据平台、能源大数据中心。建成长江水域一体化智慧监管平台，建成14个前端监控并完成算法配置，实现监管范围内垂钓行为、“三无”船舶、水面漂浮物、排污口监测、垃圾倾倒、违法搭建、岸线种植等业务场景的实时监控，该场景应用在2021年智博会亮相，于8月24日被人民网转载报道。收集全区社会经济各方面智慧场景应用30余个，在江南中心市民广场建成智慧化应用场景展示中心，为市民打造集宣传、教育、科普、体验于一体的综合性智慧展厅。

【智慧医疗项目建设】 2021年6月18日，万州区面向重大公共卫生突发事件的智慧医疗一期项目（智慧万州子项目）开工建设。9月28日，全民健康信息平台举行上线仪式。11月，疫情防控大数据平台上线运行。截至2021年12月，项目云数据中心、信息安全保障体系两个核心模块建成并投入试运行。全民健康信息平台全面接通7家二级以上医院、52家基层医疗机构和1家民营医院，采集数据23.01亿条，构建261.72万份居民电子健康档案。疫情防控大数据平台核酸检测功能覆盖全区838个核酸采样点；“健康万州”微信公众号关注人数41万余人，疫情防控小程序注册人数140.36万余人；行程登记管理功能完成398.75万余人次健康行程登记；新冠肺炎管理个案调查与管理系统完成与重庆市食药监App对接，共上传20.24条数据；手机简报功能上线使用，全区医疗信息化水平进一步提升。

【国家级生猪大数据中心·三峡运营中心落户万州】 2021年12月2日，万州区大数据应用发展管理局与重庆（荣昌）生猪大数据中心举行共建国家级生猪大数据中心·三峡运营中心签约仪式。国家级生猪大数据中心是农业农村部批准建设的全国首个且唯一的畜牧单品种国家级大数据服务平台，由重庆（荣昌）生猪大数据中心承建。三峡运营中心是国家级生猪大数据中心设置的首个专门运营中心，将通过该平台对三峡库区特别是万州区生猪智慧养殖、屠宰、加工、消费等数据进行收集、整理、挖掘、应用，为万州生猪产业养殖、加工、冷链等各方提供全方位数字服务。

（区大数据发展局）

信息安全

【网络安全等级保护】 2021年，万州区党政综合办公系统完成网络安全二等级定级备案工作。万州区门户网站统一由重庆市负责日常运维，中心仅负责内容管理。启动电子政务外网、党政督查系统两个系统改造和网络备案工作。

【关键信息基础设施安全保护】 2021年，万州区行政区域互联网部署国产自主品牌安全产品，包括漏洞扫描系统、上网行为审计系统、WAF（web应用防火墙）、网页防篡改系统、防火墙、IPS（入侵防御系统）、网络版杀毒软件、安全态势感知平台等。安全产品、服务器等按需配置安全策略，采用“白名单”“黑名单”相结合制度。建成“智慧万州”安全保障体系，开展政务网络安全加固和整改核验；建成全区电子政务内网中心机房、网络核心平台及安全管理平台，推广信创产品及应用，万州区党政信息中心获“万达开云网络安全先进集体”称号。

【网络安全监督】 2021年，全区制定《万州区区块链发展管理统筹协调机制》《万州区维护网络安全工作协调机制》《万州区网络安全风险重点问题整改督查方案》，对辖区112家重点单位网络安全保障情况和整改情况逐一实地排查，全面加强网络安全漏洞防范。全年开展线上巡查176次，并对区内40.88万个联网终端进行全天候漏洞扫描，监测到联网终端安全漏洞33个，有效整改率100%。关闭勒索软件频繁利用的高危端口7个，核查辖区公众号174个、重要信息系统56个，各责任单位将信息系统与互联网进行物理隔离。全面核查并清理区内备案网站1926个，清理非万州接入地网站134个、非正常访问网站884个，注销域名20个。整合政务类应用程序49个，关闭2个。

（区大数据发展局）

数字经济

【概况】 2021年，万州区编制数字经济发展“十四五”规划，引入落地小米物联网系统研发与全场景应用示范研究实验室，腾讯云数字经济人才创新中心建成运营，支持两江新区数字经济产业园万州园开园引企，牵头三峡智慧城规划建设，挂牌重庆市大数据融合应用创新试验区。全年，数字产业营业收入56.74亿元，比上年增长31.6%。其中，规模以上数字产业数字经济业务收入52.91亿元，增长28.1%；规模以下数字产业数字经济业务收入3.83亿元，增长112.6%。产业增加值20.68亿元，增长20.8%。其中，规模以上数字产业增加值19.3亿元，增长17.3%；规模以下数字产业增加值1.38亿元，增长114.6%。

【数字经济制造业】 2021年，万州区规模以上数字经济制造业25家，比上年增长4.2%；数字经济业务收入24.46亿元，增长56.9%；产业增加值6.34亿元，增长42.2%，增速比全区平均水平高21.4个百分点。其中维都利、江东机械、西偌帕斯等3户企业完成数字经济产值同比增速超过80%。全年签约引进菲达旭微、南浦科技等数字产业项目7个，计划总投资10.1亿元。加快信息技术与制造业融合应用，加速推进企业生产数字化、智能化。敏城电子等4户企业通过国家两化融合贯标体系认定，食品科技、平湖川村创建为2021市级数字化车间，嘉博文生物、平湖金龙创建为2021市级智能工厂。

2021年万州区数字经济制造业规模以上企业一览表

表49

序号	企业名称	产业领域	数字经济业务活动占主营收入比重（%）
1	重庆朗奕迪实业有限公司	其他数字产业	100
2	重庆欣天利智能重工有限公司	智能制造装备产业	100
3	重庆长安跨越车辆有限公司	智能网联汽车产业	9.50
4	重庆三雄极光照明有限公司	其他数字产业	7.80
5	重庆奥根科技股份有限公司	物联网产业	100
6	重庆市维都利新能源有限公司	其他数字产业	100
7	重庆市万州区三金技术开发有限公司	智能制造装备产业	100
8	重庆三铭重工有限公司	智能制造装备产业	100
9	重庆市万州区江南机械制造有限公司	智能制造装备产业	100
10	重庆安特瑞润滑设备有限公司	智能制造装备产业	100
11	重庆江东机械有限责任公司	智能制造装备产业	100
12	镤伟科技（重庆）有限公司	其他数字产业	100

续表49

序号	企业名称	产业领域	数字经济业务活动占主营收入比重（%）
13	重庆市敏城电子有限公司	其他数字产业	100
14	重庆市冠音泰科技有限公司	其他数字产业	100
15	重庆市弛电科技有限公司	其他数字产业	100
16	重庆昆仑仪表有限公司	智能制造装备产业	100
17	重庆赛奥机械有限公司	智能制造装备产业	100
18	重庆艾格润数控机床有限公司	智能制造装备产业	100
19	威科赛乐微电子股份有限公司	集成电路产业	100
20	重庆杰思谷机器人科技有限公司	智能机器人产业	100
21	重庆斯通伯科技有限公司	智能制造装备产业	100
22	重庆台安十字汽车空调有限公司	智能网联汽车产业	100
23	重庆乐仁汽车工业有限公司	智能网联汽车产业	100
24	重庆西偌帕斯光电科技有限责任公司	物联网产业	100
25	重庆顺玻富威科技有限责任公司	其他数字产业	100

【数字经济服务业】 2021年，万州区规模以上数字经济服务业33家。数字经济业务收入28.45亿元，比上年增长10.7%；产业增加值12.96亿元，增长8%。推进区级出台解决平台企业在注册登记、税收扶持等方面的政策，增强企业招商引资吸引力。建设三峡商贸交易大数据平台，推动450余家企业上平台。在牌楼街道中国邮政大楼内建立数字经济融合创新示范基地，年入驻企业8家。引入上海跃橙科技、上海微知数字科技、北京蜗牛科技等互联网平台企业，成立重庆捷科数字经济产业园，年缴税5000万元。

2021年万州区数字经济服务业规模以上企业一览表

表50

序号	企业名称	产业领域	数字经济业务活动占主营收入比重（%）
1	重庆市普众公交客运有限公司	大数据产业	100
2	重庆聚成广告传媒有限公司	数字内容产业	60
3	重庆万州爱尔阳光眼科医院有限公司	物联网产业	80
4	重庆万州万达儿童娱乐有限公司	数字内容产业	100
5	重庆市万州区华美紫馨整形美容医院有限公司	物联网产业	90
6	重庆凌众物流有限公司	物联网产业	46
7	重庆金纳船务有限公司	数字内容产业	47
8	重庆市太白旅游文化产业集团有限公司	数字内容产业	100
9	重庆三峡交通旅游产业发展集团有限公司	数字内容产业	32
10	重庆平湖画梦旅行社有限公司	数字内容产业	100
11	重庆市万州区雅高公交巴士有限公司	大数据产业	100
12	重庆万州川东骨科医院有限公司	物联网产业	65
13	重庆市万州区立民医院有限责任公司	物联网产业	70

续表50

序号	企业名称	产业领域	数字经济业务活动占主营收入比重（%）
14	重庆美天智慧交通股份有限公司	大数据产业	100
15	中国联合网络通信有限公司重庆市万州区分公司	大数据产业	100
16	重庆圣耀文化传媒有限公司	数字内容产业	100
17	重庆市万州铁公水联运有限公司	物联网产业	100
18	重庆三峡铁水物流有限公司	物联网产业	100
19	重庆市天洋公交客运有限公司	大数据产业	100
20	重庆万州昌明医院有限公司	物联网产业	65
21	重庆市万州区建设工程质量检测中心有限公司	物联网产业	100
22	重庆理想档案管理服务有限公司	数字内容产业	75
23	重庆市万州区龙环环卫服务有限公司	数字内容产业	100
24	中国邮政集团有限公司重庆市万州片区分公司	大数据产业	100
25	重庆渝万传媒集团有限公司	数字内容产业	100
26	重庆三峡文化创意集团有限公司	数字内容产业	35
27	重庆煊龙船务有限公司	物联网产业	53
28	浙旅（重庆）万州大瀑布群有限公司	数字内容产业	100
29	重庆市锐旺物流有限公司	物联网产业	68
30	重庆七星谷生态农业开发有限公司	数字内容产业	17
31	重庆琼州物流有限公司	物联网产业	30
32	重庆谡海数字科技有限公司	数字内容产业	100
33	重庆捷科供应链管理有限公司	大数据产业	100

【腾讯云数字经济人才创新中心建成】 该项目位于江南新区驿鑫广场，是2020年智博会上万州区与腾讯云计算（北京）有限责任公司、中通服软件科技有限公司签约项目。该创新中心主要包括搭建数字化基础平台，开展大数据应用开发，打造实训中心、考试认证中心、数字经济展示中心，开展智慧城市建设，同时引进数字经济、科创企业入驻，打造产业互联网生态。项目总投资10亿元，分二期建设。至2021年年末，建成腾讯产业板块、数字经济内容、入驻企业成果、万州大事记展示区等功能区域，建成总面积5000平方米；注册企业20家，实际入驻8家，入驻办公人员120人。

【两江数字经济产业园万州园建成投用】 2021年5月14日，两江数字经济产业园揭牌成立。该项目是深入推动重庆市“一区两群”对口协同发展战略的首批示范项目之一，发挥两江新区数字产业集聚优势，依托万州文化创意创业产业园，由万州区与两江新区协同建设，围绕“数字+”“互联网+”发展定位，助力万州数字产业化、产业数字化发展，建成渝东北片区数字经济集聚区。至2021年年末，入驻猪八戒网、博拉、秦经宗尚3家平台，引进或孵化数字经济企业30余家。

（苟小霞）

【三峡智慧城挂牌重庆市大数据融合应用创新试验区】 2021年10月28日，重庆市大数据融合应用创新试验区授牌活动在万州区举行。三峡智慧城由重庆市大数据发展局授牌成为全市大数据融合应用创新试验区。三峡智慧城位于万州城区核心位置，面积约2.48平方千米，拟构建“一心三区”（智慧赋能中心、亲水运动休闲区、美好生活服务区、产城融合创新区）联动发展的融汇创新格局，建设成为新型基础设施示范区、数字经济发展集聚区、智慧城市建设样板区。

（区大数据发展局）

通信业

【概况】 2021年，万州区主要有中国电信股份有限公司万州分公司、中国移动通信集团重庆有限公司万州分公司、中国联合网络通信有限公司重庆市万州区分公司3家通信企业，全年电信业务收入11.4亿元，通信从业人员1400余人，新建5G基站882个。年末，全区固定电话用户20.1万户，比上年下降4.4%；移动电话用户178.8万户，增长11.6%。互联网用户227.6万户，增长15.1%，其中手机上网用户163.27万户，增长13%。

（区统计局）

【中国电信股份有限公司万州分公司】 2021年，中国电信股份有限公司万州分公司（简称中国电信万州分公司）有从业人员1000余人，辖28个支局、4个核心营业厅。至年末，有宽带用户25万户、移动用户5.9万户，全年收入近4亿元。重点发展5G和三千兆业务，推进农村区域“数字乡村”建设，发展“天翼看家”用户，签约“平安乡村”“公共监控”。落实电信集团公司云改数转战略，打造一支系统集成数字化解决方案队伍，推动中小企业IT上云，助力水利、城市管理、智慧法治、数字乡村等场景数字化转型。做实客户经营和服务工作，互联网测评满意率持续保持在全市前3名内。光网利用率53.08%，千兆小区覆盖占小区比重30%，主要城区及重要场镇均具备千兆接入能力。开展5G基站和4G网优型基站建设，建设农村区域无线基站60个；全年开通5G基站248个，累计开通870个；建设4G网优型基站128个，累计1627个，整体MR覆盖率96.41%。成立重要任务网络保障团队，全年完成庆祝中国共产党成立100周年、防汛抗灾、高校招生考试、全国法律考试、全国教师资格考试、中考高考、区招商引资工作会、大河歌会等重要通信保障12次，党政会议保障82场。开展“数字乡村”建设，建成甘宁镇“数字乡村—智慧大屏”数字乡村信息化系统。累计办理业务扶贫致富礼包1.3万个，其中扶贫减免包5557个，线上线下消费扶贫产品27万余元。落实全民反诈和防骚扰工作，与区公安局反诈中心合作开通云呼叫，提高反诈效率。

（余洋）

【中国移动通信集团重庆有限公司万州分公司】 2021年，中国移动通信集团重庆有限公司万州分公司（简称中国移动万州分公司）有员工近300人，通信服务收入超5亿元，全年净增宽带3.2万户，宽带总用户27万户。万州移动总基站5200余个；城区宽带覆盖率96.8%，较上年提升3%；农村宽带覆盖率90.9%，提升2.8%。全年开通运行5G基站900余个，农村有39个乡镇实现5G全覆盖；辖区内所有大中专院校、重点商圈以及高铁、机场、码头等重点交通枢纽实现5G全覆盖；区内AAAA以上景区重点5G网络覆盖率99.18%。全年完成各类应急通信保障任务32次，出动应急人员358人次。与百安坝街道、龙都街道等多个街道落地“5G+智慧社区”项目；与南滨建筑开发有限公司合作实施樱花渡公园三期工程，打造渝东北首个5G+智慧体育公园，助力万州区南滨公园搭建5G+云客流实时监测系统；联合牌楼街道欣翰养老服务中心打造“5G智慧养老服务平台”；助力建设益农信息社，帮助销售血橙、柠檬等农产品400余吨；联合重庆德康农牧建设“智慧养猪”项目，获批重庆市农业农村委5G智慧农业项目；发送疫情免费短信600万条，为重庆大学附属三峡医院百安分院和万州人民医院5G+远程诊疗系统、重庆大学附属三峡医院5G+CT方舱医院提供网络支撑。

（刘小家）

【中国联合网络通信有限公司重庆市万州区分公司】 中国联合网络通信有限公司重庆市万州区分公司（简称中国联通万州分公司）是中国联合网络通信集团有限公司在万州区的分支机构。至2021年年末，有员工181人，本科及以上学历占比90%；内设部门8个，驻地化网格7个；服务网点270余个，全面覆盖万州区场镇，解决就业1200余人；“千兆”网络覆盖用户10.69万户，用户数超40万。全年收入2.2亿元，比上年增长5.8%，为重庆联通主城区外收入规模最大的分公司。全年新开通5G基站108个，累计开通767个；新建室分128个，累计建成156个；新建成光缆5639皮长公里，总量达1.47万皮长公里；投资1200万元建设边缘CDN节点，业务性能提升200%以上。聚焦客户体验与数字化转型，打造多个客户体验与运用项目，投资2230万元推进万州智慧医疗建设、智慧社区打造、智慧工业制造、智能交通平台打造等项目；投资1500万元建设渝东北最大数据中心，一期共206个IDC机架。

（唐德权）

教 育

综 述

【概况】 2021年年末，万州区有各级各类学校468所（其中包括小学教学点），比上年的478所减少10所，下降2.1%；在校学生343833人（含非全日制学生），比上年的313578人增加30255人，增长9.65%；有教职工22991人，比上年22771人增加220人，增长0.97%。全区学校占地989.39万平方米，比上年的879.24万平方米增加110.15万平方米，增长12.53%；校舍面积477.39万平方米，比上年的448.12万平方米增加29.27万平方米，增长6.53%。全年教育经费总收入396178.13万元，比上年的380793.17万元增加15384.96万元，增长4.04%；总支出396178.13万元，比上年的377229.74万元增加18948.39万元，增长5.02%。

【教育综合改革】 2021年，万州区深化新时代教育评价改革，立项市级教育评价改革试点项目2个。推进党组织领导下的校长负责制，公开选拔中小学校长10名。深化集团化办学改革，纳入市级教育综合改革试点项目，以"一体化办学型"为突破口，组建"教研协同发展型""结对帮扶型"相辅的教育集团。万州南京金陵中学、万州三峡初中等4所新建集团化学校于秋季招生入学，义务教育集团化、学区化覆盖率66.09%。"区管校聘"改革稳步推进，出台义务教育阶段教师"区管校聘"管理改革实施方案，优化学校编制核定标准，放宽职称评定支教范围要求；创新农村分流教师与城区学校双向选择机制，健全适应义务教育改革发展的教师配置、交流、激励、退出新机制，赋予学校用人自主权。

【招生考试】 2021年，万州区小学招生13832人，其中区外787人、农村学校招生3650人、安排流动人口随迁子女在城区就读1024人。初中招生16446人，其中市内区外1242人、市外234人、农村学校招生4936人、安排流动人口随迁子女在城区就读709人。义务教育阶段招收开州区籍学生541人、云阳县籍学生599人。普通高中招生11780人，其中区内中考初中毕业生11241人、市内区外初中毕业生539人。中职学校区内招生2898人，区内中考升入高中阶段学生14139人，全区统一划线录取11179人，其中统招录取（按纯文考成绩）8983人、指标到校录取1658人、特色招生录取538人。区教委下达各校小学招生计划363个班、16335人（45人/班），初中招生计划389个班、19450人（50人/班），市教委下达万州区普通高中招生计划11800人（含民办学校）。2021年是重庆市高考综合改革落地实施第一年，高考报名普通类首次采用"3+1+2"考试模式，由全国统一考试语文、数学、外语3门学科考试和"选择考"（1+2）组成，"1+2"即物理、历史中选择1科，思想政治、地理、化学、生物学中选择1科。万州区全年高考报名16123人（其中历史类6561人、物理类5788人、高职对口类2060人、中职直升1700人、残疾单招10人、体育单招2人、消防单招2人），被各类各批次高校录取15478人，录取率96%。全区组织全国硕士研究生考试（7854人报考）、高等教育自学考试（3523人报考）、普通高中学业水平考试（35941人报考）、成人高校招生考试（1206人报考）、普通高校专升本考试（3854人报考）、教师资格笔试（13409人报考）、教师资格面试（3334人报考）和托福考试（95人参考）。全年报考考生共85339人，较上年78508人增加6831人，增长8.7%。区教委联合20多个部门深入开展“净化涉考网络环境”“打击销售作弊器材”“净化考点周边环境”“打击替考作弊”等专项行动，举行高考综合改革适应性测试，开展志愿填报和录取工作的模拟演练，确保招考工作公平公正、平稳有序。

2021年10月，万州福建小学开展课后延时服务——武术

（万州福建小学　供图）

【“双减”工作】　2021年，《万州区进一步减轻义务教育阶段学生作业负担和校外培训负担的若干措施》《关于落实“双减”和“五项管理”工作要求的实施意见》出台，优化作业设计，强化作业公示，摒弃机械性、重复性和惩罚性作业，严控作业总量。组织近500名优秀教师教研员合力打造义务教育阶段12个学科作业智慧题库和寒假作业题库。每日作业“晒上墙”，学生作业量较上年下降25%；发挥区教师进修学院作用，开展区级主题研训活动25科次，呈现观摩课例40节、专题讲座36场。重拳整治校外培训机构，取缔2家，71家学科类校外培训机构已全部转型或注销。

【教育基础设施建设】　2021年，万州区教育领域建设投资额度4283万元，安排学前教育奖补资金2001万元，改扩建（配建）鸡公岭幼儿园等13所幼儿园，提供学位1680个；推进三峡小学、电报路小学中恒校区等新改扩建工程，提供学位4680个；新改扩建三峡初中、金陵中学2所中学，提供学位3300个。

【校园新冠肺炎疫情防控】　2021年，万州区在全区教育系统组织区级传染病防控知识及突发事件应急处置等方面培训约3万人次，组织师生、家长线上培训30万人次；部署教职工、18岁以上学生、12～17岁学生、3～11岁学生疫苗接种，建立师生疫苗接种台账。全年全区18岁以上高中阶段毕业生接种10039人次，12～17岁学生接种89740人次，应接尽接率100%，3～11岁学生接种124616人次，首针应接尽接率100%，实现校内新冠肺炎“零感染”目标。

2021年万州区教育事业情况统计表

表51

	学校数（所）	毕业生数（人）	招生数（人）	在校生数（人）	教职工数（人）	
					总计	其中专任教师
总计	459	86368	101987	343833	22991	17510
高等教育	8	24319	37471	106518	5668	3959
中等职业教育	6	5237	10293	23780	1120	809
普通高级完全中学	17	19990	18721	57531	4130	3687
九年一贯制学校	21	3082	2166	10947	1027	915
普通初中	27	5843	8162	23821	1831	1660
普通小学	113	13997	12937	79388	4685	4488
学前教育	269	13833	12152	41474	4488	1953
特殊教育	1	67	85	374	42	39

说明：1.此表数据包含民办教育；
2.学校总数中，未包含中小学实践学校（1个）和在万州高校分校点（5个），中等职业教育未包含特殊教育中心开设的职业高中；
3.学生总数为全日制和非全日制学生总和；
4.数据来源于《2021—2022年学年初重庆市万州区教育事业统计综合报表》

2021年万州区办学条件情况统计表

表52

	占地面积（万平方米）	校舍面积（万平方米）		运动场地面积（万平方米）	固定资产值（亿元）		图书（万册）	数字终端数（台）
		计	其中教学行政用房		计	其中教学仪器设备值		
总计	989.39	477.39	260.43	196.10	149.13	13.24	1027.05	49057
高等教育	498.66	175.34	92.13	28.74	48.36	7.46	543.11	19178
中等职业教育	72.44	37.71	21.34	5.83	4.97	1.06	52.36	4426
普通高级完全中学	114.03	72.65	36.25	49.86	9.44	1.16	131.17	7593
九年一贯制学校	39.51	21.78	9.46	13.93	1.79	0.26	27.91	2187
普通初中	66.01	46.79	19.03	23.33	6.34	0.60	71.40	3687
普通小学	143.57	80.71	47.38	53.90	14.99	1.44	140.67	11914
学前教育	54.30	41.77	34.46	20.37	63.10	1.23	60.18	—
特殊教育	0.87	0.64	0.38	0.14	0.14	0.03	0.25	72

说明：1. 此表数据包含民办教育；
2. 数据来源于《2021—2022年学年初重庆市万州区教育事业统计综合报表》

2021年万州区教育经费与办学水平情况统计表

表53

类别	单位	数量	类别	单位	数量
教育经费总收入	万元	396178.13	每万人口在园幼儿数	人	241.87
国家财政性教育经费	万元	359432.29	每万人口在校小学生数	人	502.90
社会捐、集资办学经费	万元	0	每万人口在校初中生数	人	291.11
事业收入	万元	36077.03	每万人口在校高中阶段学生数	人	345.94
教育经费总支出	万元	396178.13	学前三年毛入园率	%	90.40
事业性经费支出	万元	396178.13	小学适龄人口净入学率	%	100
基本建设投资项目支出	万元	1226.89	初中适龄人口净入学率	%	100
财政预算内教育经费支出占财政支出的比例	万元	18.71	高中阶段教育毛入学率	%	108.24
一般公共预算教育经费增长高于财政经常性收入增长（百分比）	%	-6.63	小学毕业生升入初中比例	%	100
小学生均预算内教育事业费	元	11245.95	初中毕业生升入高中阶段教育比例	%	93.32
初中生均预算内教育事业费	元	15327.67	教育人口占总人口的比例	%	21.40
普通高中生均预算内教育事业费	元	16116.34	人均受教育年限	年	11.20
中等职业学校生均预算内教育事业费	元	12317.06			
小学生均预算内公用经费	元	2781.41			
初中生均预算内公用经费	元	3902.32			
普通高中生均预算内公用经费	元	5042.66			
中等职业学校生均预算内公用经费	元	6376.36			

说明：1. 此表数据包含民办教育，不包含高等教育；
2. 数据来源于《2021年全国教育经费统计报表》

（区教委）

教育管理

【教育督导评估】 2021年，万州区制定并实施《万州区深化新时代教育督导体制机制改革落实方案》。组织开展幼儿园办园行为第一轮第四批区级实地督评。组织办园行为督导评估典型案例及研究论文评选活动，获市级一等奖4篇、二等奖6篇、三等奖7篇。接受市级专家组对万州区幼儿园办园行为市级实地督评、万州区学前教育普及普惠调研、重庆市学前教育质量监测。组织全体责任督学，对全区中小学、幼儿园、教育培训机构开展寒假前后新冠肺炎疫情防控全覆盖实地督查指导、春秋两期开学专项督查。印发《万州区责任督学开展“五项管理”督导工作方案》，开展每月1次“双减”“五项管理”（作业、睡眠、手机、读物、体质管理）全覆盖督查指导。

【教育质量评价】 2021年，万州区完善教育评估监测指标体系，制定《万州区义务教育学校教学质量监测方案（2021年修订版）》。开展全区中小学春秋两期教育教学质量监测。召开2020年市级义务教育质量监测反馈视频会，制订区、校两级监测结果应用方案。组织全区义务教育阶段学校参加2021年重庆市义务教育“双减”及“五项管理”专项监测。立项义务教育阶段学生学业水平过程性评价改革试点项目。

【学校安全教育】 2021年，万州区各校开展交通安全、消防安全、食品安全、卫生防疫、防诈反诈、防校园欺凌、防溺水等宣传，并组织应急疏散演练活动。开展防范欺凌专题学习会221次，专题讲座76场；举行万州区中小学生防溺水安全教育启动仪式暨防溺水工作推进会。组织安全教育教师通过课例观摩、说课交流、专题发言、专题讲座等多种方式开展安全教育专题研修。参加全市第六届校园消防作文绘画比赛及第八届消防安全示范课评比活动，获重庆市一等奖2个。开展全市第十届“安全在我心中”书画摄影比赛，万州区80余人次获奖，其中获重庆市特等奖1人、二等奖3人。表彰全区教育系统安全稳定工作先进集体27个、先进个人75名。

【义务教育优质均衡发展区创建工作】 2021年，万州区加快推进义务教育优质均衡发展区创建。制定《创建全国义务教育优质均衡发展区工作方案》，确定万州区2028年创建全国义务教育优质均衡发展区目标。开展义务教育学校（不足50人教学点除外）优质均衡发展重点指标年度监测。

【校园法治教育】 2021年，万州区配备法治教师300余人。全区教职工注册参加区级法治理论考试12758人，考试合格率100%。聘请法治副校长210人，开展法治专题教育148场次。推进法治教育进课堂，配齐《中小学法治教材》，每月至少开展2节法治教育课。参加重庆市第六届（高中）法治教育优质课竞赛活动，获二等奖2个。参加全国学生“学宪法讲宪法”系列活动，获高中组、初中组、小学组二等奖各1个。组织开展“宪法小卫士”网络法治知识学习测评活动，参与学生178597人，参测率95.74%，在重庆市排名第六。

【德育教育】 2021年，万州区配备德育课教师1500余人（包含法治教师300余人），强化未成年人思想道德教育阵地，开展各级文明校园创建，全年新增市级文明校园4所、区级文明校园25所。推进乡村学校少年宫项目建设，38个乡镇乡村学校建成少年宫。推进示范性综合实践基地的建设，全区有10个综合实践基地，其中国家级2个、市级5个、区级3个。结合党史学习教育，制定《万州区中小学“童心向党”教育实践系列活动方案》；开展“我向党旗敬个礼”“唱支红歌给党听”“党的光辉照我心”“党的故事我来讲”“童心向党”红色之旅研学活动等系列活动。《万州区“四个融入”推进党史进校园》作为典型案例在全市推广。全区师生参加市级红色讲解员大赛等活动，51人获奖，2人获“新时代重庆好少年”称号，8万名师生参加“红色书香进校园”活动，参与人数居全市首位。

【学校体育卫生艺术】 2021年，万州区狠抓中小学生体质健康管理工作。保障学生体育活动时间，推广体育家庭作业；对56所学校15473名考生提供中招体考优质服务；选拔学生参加各级各类比赛，获51金64银53铜；抓好体育特色学校建设，7所学校被教育部认定命名为全国青少年校园足球特色学校（幼儿园），66所小学开展公益足球推广，累计创建体育特色学校76所、艺术特色学校56所。推进慢病防控，对全区17.6万名中小学生开展健康体检。2次召开学校近视防控现场会，21所学校被评为市、区级近视防控特色学校，万州区被评为重庆市儿童青少年近视防控试点区县。改善学生用眼环境，实施教室灯光标准化改造3384间，改造率91%；升降课桌凳增至11.13万套，配备率68%。全区儿童青少年总体近视率51.29%，连续3年完成下降0.5%目标。规范实施营养改善计划，落实食品安全管理制度和工作要求，印发相关文件30余份，组织召开培训会3次和现场推进会1次；推进学校食堂智慧管理，推进各校（园）食堂入驻“重庆阳光食品”平台，全区406家学校食堂完成“互联网+明厨亮灶+AI智能识别”工作，视频接入率及AI智能识别接入率均达100%。强化艺术课程建设，开齐上足艺术课程，将优秀传统文化与地方特色文化纳入艺术课程体系，改善学校艺术教育的教学场地、设施设备、功能室建设，对全区中小学全覆盖达标配备音乐美术专用教室。全区20所高中阶段19215名学生按疫情防控相关要求，错时错峰开展军事训练。

【校园劳动教育活动】 2021年，万州区印发《关于进一步加强中小学劳动教育的通知》，把劳动教育纳入人才培养全过程。把劳动教育课程纳入教学计划，中小学劳动课每周不少于1课时，小学1至2年级每周课内外劳动时间不少于2小时，其他年级不少于3小时；各校科学设计劳动项目，开发“食在有味”“二十四节气”等劳动教育课程30余门，涵盖烹饪、编织、耕种等多方面；打造劳育品牌，岩口复兴学校打造植物园、种植园和养殖园，利用生态选修课拓宽劳动教育途径，被评为国家级乡村温馨校园；龙沙小学“以劳融德”实践课程创建为市中小学德育品牌，谷雨小学“耕读乐园”、红光小学“小学生劳动教育课程建设的研究”的劳动教育课程项目成功申报重庆市第二批立德树人特色项目；组织未成年人志愿者参与卫生清理志愿服务5000余人次，参与义务植树、校园美化等志愿服务活动8500余人次；开展全区中小学劳动教育活动之厨艺大赛，来自55所学校的165名学生参赛。

【心理健康教育】 2021年，区教委成立万州区未成年人心理健康辅导中心和万州区未成年人家庭教育指导服务中心，开通心理咨询公益热线，组建万州区中小学“医校联合”专家组和家庭教育指导中心专家组；成立万州区心理健康教育刘燕名师工作室，由心理健康教育研训员担任主持人，建立12名专职心理健康教师组成的骨干教师团队；开展心理健康专兼职教师线上线下培训活动，形成国家级、市级、区级和校级的四级培训网络，组织区级及以上线下专业培训5次，300余人参加；开齐上足心理健康教育课，组织开展中小学心理健康教育优质课竞赛活动，63名专职教师参加；投入300余万元建设中小学心理辅导室基础，万州区中小学心理辅导室全部挂牌；投入20万余元，为22所较大规模的学校购买测评软件；联合区社科联开展线上咨询和“美好生活 从心出发”心理健康线下公益行动；开展特色活动80余场，受益学生近18万人；联合区民政局试点农村“心”育，在熊家中学、赶场初中、高峰小学试点开展“童享阳光 悦纳自己”留守儿童心理健康帮扶工作。

【教育装备与信息化建设】 2021年，万州区投入近9000万元实施教育装备与信息化建设项目，中小学互动多媒体“班班通”增至2303套，教学班配备率62.8%；为21所学校配备空调2284台；累计建成人工智能教学实验室55个，同步课堂和专递课堂教室13间；建设教育城域网中心机房网络安全设备设施，提升教育城域网安全性能。全区1万余个校园视频监控点接入公安专线，实现公办及民办学校校园视频监控区级联网全覆盖。累计入选重庆市智慧校园建设示范校6所，2021年新入选万州第一中学、五桥实验学校2所学校。举办全区中小学教师2021年交互式电子白板应用培训、万达开首届科技辅导员培训，组织参加国家教育行政学院举办的2021年教育系统网络安全专题网络培训，参培人员1.1万人次。编印发放《万州区教育系统网络安全教育知识读本》口袋书5000册。组织师生参加全国2021年“中国梦——行动有我”系列活动“成语中国”电影征集展播活动等7项国家级、市级教育技术竞赛活动，获国家级奖项95个，获市级一等奖51个、二等奖87个、三等奖119个，其中“中国梦——行动有我”系列活动“成语中国”电影征集展播活动获国家级奖项数量和市级一等奖数量均居全市第一。举办万州区首届中小学生科技节，开展3大类共17项活动。

【教育科研】 2021年，成立万州区教育学会社区教育、劳动教育专委会；组织课题立项申报、基层课题指导、课题专题培训，全年清理2014—2018年度全区在研课题146项，分别立项国家级、重庆市、区本级课题3项、31项、55项，结题国家级、重庆市课题各1项。按计划开展群文阅读、教学成果推介、“阅读之星”比赛、高中数学名师送教等活动，红光小学、枇杷坪小学分获重庆市群文阅读优质课决赛一等奖、“阅读之星”决赛一等奖。江南中学等8所学校获评“重庆市基础教育校本教研示范学校”，王牌小学等8所学校参加重庆市教育科研实验基地学校征文活动，获一等奖1篇、二等奖3篇、三等奖1篇；参加重庆市政府课改成果奖评选，获二等奖1项、三等奖1项；参加重庆市第六届教育教学优秀论文评选，40篇论文获奖，其中一等奖7篇。区教育学会被重庆市教育学会评为“十三五”期间科研先进集体，区教师进修学院院长王小华被重庆市教育学会评为“十三五”期间科研先进个人。

【贫困学生资助】 2021年，万州区全面落实各项学生资助政策，助力脱贫攻坚成果巩固同乡村振兴有效衔接。通过发挥学校主渠道宣传、公众媒体平台宣传、开展面对面的宣传、发放明白卡宣传等形式，让家长对资助政策的知晓率达到100%。全年资助各级各类贫困学生

14.34万人次，资助资金1.54亿元（其中资助脱贫户学生33511人次，落实资助资金6013.83万元）。金秋圆梦公益资助77人，资助资金10万元；“滋蕙计划”资助中西部全日制普通高等院校家庭经济困难新生，总计资助学生529名，资助资金35万元；民生育才项目资助2021秋季入学的脱贫易返贫监测户、边缘易致贫户本专科大学生15人，发放资助金10.3万元。

（区教委）

教师队伍建设

【概况】 2021年，万州区各级各类学校有教职工22991人。其中，幼儿园4488人、小学4685人、九年一贯制学校1027人、初级中学1831人、高级完全中学4130人、特教中心42人、中职学校1120人、高等院校5668人。全年，全区国家万人计划教学名师有重庆英才3人，平湖英才20人，国家万人计划教学名师工作室1个，市级名校长工作室1个，市级名师工作室1个，市级中学物理特级教师工作室1个，特级教师17人，正高级教师25人，市级教师培训专家团队成员15人，市级中小学学科教学名师25人，市级骨干校长5人，市级骨干教师304人，市级学科带头人4人，“双师型”（教师资格证+专业方面的中级职称或资格证）教师261人、占中职学校专任教师比重46.03%。培养高素质专业化中小学教师，农村中小学“领雁工程”获批立项5个，城区学校帮扶农村学校21所。促进城乡教师合理流动，改革教师调配方式，为农村超编学校教职工开设“绿色通道”，盘活全区教师资源。

【师德师风】 2021年，万州区把师德师风作为第一标准推进教师评价改革，在教育系统开展师德专题教育，深入学习习近平总书记关于师德师风的重要论述，深入开展党史学习教育。开展学习宣传勇救落水儿童的“时代楷模”王红旭先进事迹系列活动，邀请全国师德标兵程素芳作师德专题讲座，开展“师德活动周”“寻找最美教师”“学党史、崇师德、育新人”师德师风主题征文比赛和优秀案例评选等活动，选树宣传教师典型。开展万州区中小学有偿补课和教师违规收受礼品礼金问题专项整治工作，在开学、教师节、中秋节、国庆节、元旦、春节及寒暑假等关键时间节点明察暗访，建立典型案例库。强化制度建设，把教师师德考核结果作为年度考核、职称评审、岗位聘任、评优评先、绩效奖励、教师资格定期注册的基本依据和重要参考。建立教师个人职业行为档案，推进教师职业行为负面清单制度，公开各级各类师德师风信访举报平台，全年受理师德师风信访举报案件77起，做到件件有查处、有落实，规范教师从教行为。

【教师培训】 2021年，渝东北教研工作中心在区教师进修学院挂牌运行。全年组织万州区教师参加“国培计划”“市培计划”、区级培训、对口支援培训等共2.94万人次。新增特级教师3名、中职学校中高级“双师型”教师23名，评选第七批区级骨干教师415人，开展第三批、第五批区级骨干教师任期满考核，574人考核合格。实行名师工作室活动报备、外聘专家审批和研修活动简讯报送制度，对全区33个名师工作室开展全覆盖现场调研，编发《万州名师工作室工作月况》3期。举办教师培训者高级研修（青岛大学）、全体学科研训员教材教法专题培训及院本研修活动。

2021年万州区特级教师一览表

表54

序号	姓名	性别	层次学科	工作单位
1	王　琼	女	语文	万州区鸡公岭小学
2	谢定来	男	小学数学	万州区红光小学
3	晏　燕	女	小学语文	万州区电报路小学
4	刘卫华	男	历史	万州第二高级中学
5	黄全安	男	物理	万州区教师进修学院
6	张程玉	男	语文	万州区沙河小学
7	杨志友	男	数学	万州高级中学
8	陈岳祥	男	体育	万州区上海小学
9	陈学应	男	小学语文	万州区沙河小学
10	刘体美	女	小学数学	万州区红光小学
11	汪建德	男	初中语文	万州第二高级中学
12	梁治明	男	高中数学	万州第二高级中学
13	张　进	男	初中数学	万州高级中学
14	高建中	男	小学信息技术	万州区教师进修学院
15	覃跃武	男	小学语文	万州区红光小学
16	何光君	女	小学道德与法治	万州区电报路小学
17	田　杰	男	高中物理	万州区教师进修学院

2021年5月10日，万州区承办成渝双城经济圈学前教育发展论坛

（区教委 供图）

【教育人事工作】 2021年，万州区教委、区委编办、区财政局、区人力社保局4部门联合印发《万州区全面推行义务教育阶段教师“区管校聘”管理改革实施方案（试行）》。实施动态调整编制，对大规模学校按照生师比核定编制，对小规模学校按照班师比核定编制，对超大规模学校适当控减编制。全年核定中小学教师编制数11677人（农村学校附属幼儿园202人）。加大新教师招聘和区外优秀教师引进力度，全年公开招聘新教师238人，考核招聘40名，区外引进优秀教师76人。严格职称评审条件，破除“五唯”（唯论文、唯帽子、唯职称、唯学历、唯奖项），全年全区教育系统7人取得正高级职称资格，82人取得高级职称资格，190人取得中级职称资格，276人取得初级职称资格。

【教师交流】 2021年，万州区教育系统加强学校校长和教师队伍建设，优化中小学教师资源配置，促进学校均衡发展，加大区内教师交流轮岗力度。全年，73名农村学校教师考调进城、52名教师城区学校之间调动、11名教职工农村学校之间调动；172名农村超编学校教职工分流进入城区学校；85名教师进行交流轮岗；25名教师到边远贫困地区、边疆民族地区和革命老区等“三区”支教。

（区教委）

基础教育

【概况】 2021年，万州区学前教育三年毛入园率90.4%，九年义务教育巩固率100%，高中阶段教育毛入学率108.24%。全区幼儿园164所，小学65所，九年一贯制学校21所，初级中学20所，高级完全中学17所。幼儿在园41474人，小学在校生86232人，初中在校生49916人，高中在校生35539人；基础教育阶段教职工数16161人。

【学前教育】 2021年，万州区改扩建（配建）鸡公岭幼儿园、新田还房幼儿园等13所，其中改扩建公办园8所、移交小区配建园5所，增加学位1680个。认定重庆市普惠性幼儿园12所，评定幼儿园等级40所，其中重庆市一级幼儿园12所、二级幼儿园24所、三级幼儿园4所。“成渝双城经济圈学前教育发展论坛”在万州区举办，成渝两地共700余人次参与现场论坛，2.5万人次参与线上论坛。区教委联合重庆幼儿师范高等专科学校、区妇联主办的“成就孩子唯一童年”家庭教育公益论坛在重庆幼儿师范高等专科学校举行。举行幼儿园教师基本功大赛，设单项和综合两个比赛奖项。综合赛包含“我的成长叙事”评选活动和青年教师基本功大赛两个项目，评出一等奖2名、二等奖3名、三等奖3名；单项赛“我的成长叙事”评出一等奖8篇、二等奖12篇、三等奖20篇。

【义务教育】 2021年，万州区开展创建全国义务教育优质均衡发展区工作，推进三峡小学、天星小学、电报路小学中恒校区等新改扩建工程，增加学位4680个；完成新改扩建三峡初中、金陵中学2所中学，增加学位3300个。完成三正学校、新田中心小学、走马中心小学等改扩建工程，完成10所学校厕所改造工程，实现高海拔（800米以上）取暖全覆盖，农村寄宿制条件基本满足。开展控辍保学专项行动，进行大排查大整改4次，整改问题5个，失学辍学动态清零。利用综合实践基地、标准化农村留守儿童之家等载体开展留守儿童、困境儿童关爱保护工作。

【高中教育】 2021年，万州区优化普通高中布局，新建万州第二高级中学高峰校区、复建万州南京金陵中学。缩减普通高中招生计划数，招生普职比优化至5.2∶4.8。全面消除超大班额，56人及以上大班额比上年减少60个。高中物理课程创新基地通过验收且被评为“优秀”等级；获批重庆市普通高中新课程新教材实施示范区，万州高级中学获批重庆市普通高中新课程新教材实施示范校；全年示范校、课程创新基地获批立项8个。落实重点高中

"指标到校"70%比例分配，全面禁止收取普通高中"择校费"。推行阳光招生，开展违规招生清理，落实教育部关于中小学招生"十严禁"。区财政局将高中阶段学费全额返还，安排切块资金500万元支持重点高级完全中学发展，增加超额绩效教学实绩评价考核部分奖励1100万元；提高生均公用经费标准至1300元/生/年。

【学校选介】 万州第二高级中学 万州第二高级中学教育集团拥有"一校四区"，即白岩校区、金陵中学、文德初中和在建高峰校区，教学班176个，学生9000余人。2021年，学校获评全国青少年篮球特色学校、重庆市文明校园等荣誉。获评正高级教师2人、区学术带头人1名、区骨干教师28人，受聘重庆三峡学院硕士校外合作导师6人，拥有市级名师工作室3个、区级名师工作室5个、校级名师工作室9个，赛课获市级一等奖、二等奖和区级一等奖12人，获市级班主任工作案例特等奖1人。赵芷萱同学夺全国桨板锦标赛冠军，微电影创新作品全国一等奖1人，全国中学生创新作文大赛一等奖2人，全国机器人比赛二等奖4人。重庆市青少年生物多样性探究大赛特等奖1人（重庆市仅2名）、一等奖3人（重庆市仅5名）；参加重庆市青少年艺术体操锦标赛获5金3银1铜，3人获评国家一级运动员；获数学、物理、生物、化学学科竞赛省级决赛二等奖以上66人。获万州区科技创新大赛一等奖3人，科技创新区长奖2人、区长提名奖2人。

万州高级中学 万州中学教育集团包括万州高级中学本部、三峡初中、三峡小学、鱼泉初中以及在建的万州上海长兴小学，在校学生1.22万人。学校逐步形成飞行员培养、海洋教育、国际教育、科技教育、阳光体育五大办学特色，先后获"全国民主管理先进单位""全国家长学校示范校""全国青少年足球布点学校""全国空军飞行学员优质生源基地学校""全国绿化模范单位""全国青少年校园篮球示范学校""重庆市首批智慧校园示范学校""重庆市科技教育先进集体""全国人工智能活动特色学校"等20多项国家级、市级称号。2021年，学校被评为"全国读书活动示范学校""全国节约型公共机构示范单位"。1人入选重庆英才名家名师，2名教师获评正高职称，新增1名平湖英才、1名学术技术带头人。全年，2名学生获WER机器人世界锦标赛冠军，2名学生获全国科技创新大赛一等奖，5名学生获市级一等奖，1名学生获区长奖，1名学生获区长奖提名奖，1名学生获新时代好少年主题教育演讲比赛全国第一名。

万州区鸡公岭小学 该校建校于1929年，系重庆市重点小学、巴渝名校。学校拥有白岩校区、天星小学、素质教育实践基地"一校三部"。有120个教学班，学生7000余人。教职人员298人，其中高级教师25名、特级教师1名、全国优秀教师2名、全国教育先进个人1名、全国骨干校长1人、市级学科名师2人、市区级骨干教师61人。学校获全国艺术教育先进集体、重庆市文明单位、重庆市艺术教育示范学校、重庆十大著名小学等80多项荣誉称号。2021年，学校全面贯彻落实"双减"要求，建设"中医药馆、四大发明体验、茶艺、陶艺、沙画、厨艺、汽车模拟驾驶、机器人实验、乐高编程"等40多个项目学习场馆。

万州区电报路小学 万州区电报路小学教育集团成立于2011年，是万州区第一所集团化办学试点学校，拥有"一校五区"——电报路校区、中恒校区、北山校区、钟鼓楼校区、其芳校区。有124个教学班，学生6585名，教职工428名，其中重庆市特级教师2人、学科名师3人、市级骨干教师13人、区级骨干教师50人。先后获"全国红旗大队""全国优秀少先队集体""全国关心下一代工作先进集体""全国青少年校园网球特色学校""全国校园足球特色学校""重庆市中小学德育品牌学校""重庆市优秀少先队集体""重庆市教育科研先进集体""重庆市文明校园""重庆市依法治校示范校""重庆市家长学校示范校""重庆市智慧校园示范校"等称号。

万州区红光小学 万州区红光小学是三峡库区第一所全迁移民小学，原名万县沙河二校。1997年3月整体移民搬迁到万州区白岩路619

2021年12月，万州高级中学学生参加WER2021年世界锦标赛

（万州高级中学　供图）

号，更名为红光小学。学校有红光本部校区、江南校区、经开校区等“一校三区”，总占地面积10万余平方米，总校舍面积10万余平方米，有教学班110个，教职工266人，学生6000余人。有特级教师3名，硕士生导师（校外）6名，市级教师教育专家、教学名师、学科带头人、骨干教师等共20余名，平湖英才4名，区级学术和技术带头人2名，骨干教师40余名。学校先后获“全国教育系统先进集体”“中国当代特色学校”“重庆市首批示范小学”等数十项市级以上荣誉，被誉为“三峡奇葩”“巴渝名校”。

2021年万州区市级重点中学、示范小学和市级示范幼儿园、一级幼儿园一览表

表55

学校	类别	学校	类别
重庆市万州第二高级中学	重庆市重点中学	重庆市万州区熊家中心幼儿园	重庆市一级幼儿园
重庆市万州高级中学	重庆市重点中学	重庆市万州区南京幼儿园	重庆市一级幼儿园
重庆市万州第三中学	重庆市重点中学	重庆市万州区太白幼儿园	重庆市一级幼儿园
重庆市万州上海中学	重庆市重点中学	重庆市万州区职教中心附属幼儿园	重庆市一级幼儿园
重庆市万州第一中学	重庆市重点中学	重庆市万州区幼儿师范高等专科学校附幼天生分园	重庆市一级幼儿园
重庆万州外国语学校	重庆市重点中学	北山幼儿园	重庆市一级幼儿园
重庆市万州新田中学	重庆市重点中学	七彩幼儿园	重庆市一级幼儿园
重庆市万州区红光小学	重庆市示范小学	五桥移民幼儿园	重庆市一级幼儿园
重庆市万州区中加友谊小学	重庆市示范小学	蓝天幼儿园	重庆市一级幼儿园
重庆市万州区鸡公岭幼儿园	重庆市级示范幼儿园、重庆市一级幼儿园	飞士银河幼儿园	重庆市一级幼儿园
重庆市万州区电报路幼儿园	重庆市级示范幼儿园、重庆市一级幼儿园	长龙幼儿园	重庆市一级幼儿园
重庆市万州区直属机关幼儿园	重庆市级示范幼儿园、重庆市一级幼儿园	金泉阳光幼儿园	重庆市一级幼儿园
重庆市万州区幼师幼儿园	重庆市级示范幼儿园、重庆市一级幼儿园	小精灵康德幼儿园	重庆市一级幼儿园
重庆市万州区复兴幼儿园	重庆市级示范幼儿园、重庆市一级幼儿园	玉城家园幼儿园	重庆市一级幼儿园
重庆市万州区天福幼儿园	重庆市级示范幼儿园、重庆市一级幼儿园	棕榈幼儿园	重庆市一级幼儿园
重庆市万州区飞士幼儿园	重庆市级示范幼儿园、重庆市一级幼儿园	天子园幼儿园	重庆市一级幼儿园
重庆市万州区鸡公岭幼儿园中恒分园	重庆市一级幼儿园	宝艺幼儿园	重庆市一级幼儿园
重庆市万州区龙都幼儿园	重庆市一级幼儿园	中科未来幼儿园	重庆市一级幼儿园
重庆市万州区新田中心幼儿园	重庆市一级幼儿园	艾可星幼儿园	重庆市一级幼儿园
重庆市万州区余家中心幼儿园	重庆市一级幼儿园	芬奇幼稚园	重庆市一级幼儿园
重庆市万州区幼儿师范高等专科学校附幼	重庆市一级幼儿园	七彩童话幼儿园	重庆市一级幼儿园
重庆市万州区电报路幼儿园双河分园	重庆市一级幼儿园	小牛金幼儿园	重庆市一级幼儿园
重庆市万州区电报路幼儿园高峰分园	重庆市一级幼儿园	艾比利幼儿园	重庆市一级幼儿园
重庆市万州区区直属机关幼儿园钟鼓楼分园	重庆市一级幼儿园	才儿坊滨江一号幼儿园	重庆市一级幼儿园
重庆市万州区龙沙中心幼儿园	重庆市一级幼儿园	七彩星光幼儿园	重庆市一级幼儿园
重庆市万州区龙驹中心幼儿园	重庆市一级幼儿园	南滨幼儿园	重庆市一级幼儿园
重庆市万州区青少年宫蒙童园	重庆市一级幼儿园		

（区教委）

职业教育

【概况】 2021年，万州区有职业教育学校13所，其中高职学校6所、中职学校6所（技工学校2所）、特殊教育职高1所。在校学生93882人，其中高职学生70102人、中职学生23780人。高职专科招生25778人、中职招生10293人。高职专科毕业14401人，就业率93.7%，中职毕业5237人（含中师毕业生353人），直接升学3381人，就业率98.5%。高职学校教职工3993人，专任教师2736人，中职教职工1120人，专任教师809人。2021年，高职学校获国家级荣誉31项，中职学校获国家级奖项5个、市级奖项29个。入选农业农村部、教育部“乡村振兴人才培养优质校”1所，遴选为第46届世界技能大赛国家集训基地1个，获批国家级职业教育教师教学创新团队1个，入选教育部第二批示范性职教集团培育单位1家，获批重庆市中医药文化体验场馆1个，获重庆五一劳动奖学校1所、重庆英才·创新创业示范团队1个，“双城杯”黄炎培职业教育优秀学校奖1个。

【教育体系建设】 2021年，万州区有国家级优质高职学校1所，市级优质高职学校2所，2所国家级重点中职学校、市级高水平学校、市级双优学校，3所市级示范性中等职业学校，1所市级重点技工学校，3所民办学校为市级达标学校。全年中职在校生“三·二分段制”（在中职学校和高职院校选取对应专业，制定三年中职学段和二年高职学段一体化的人才培养方案，分段开展教学活动）5648人，五年一贯制4497人，三年制13635人，为社会输送中等高素质劳动者5237人、高技能人才14401人。开展中高职直通衔接教育，衔接高职院校13所，涉及专业32个。高职院校为社会提供职业培训47371人次，中职学校为社会提供职业培训2435人次，形成类型齐全、中高职衔接、质量优良的现代职业教育体系。

【办学条件】 2021年，万州辖区高职学校占地面积292.71万平方米，校舍面积99.21万平方米（其中教学行政用房53.92万平方米），运动场地面积19.46万平方米，固定资产值28.3亿元（其中教学仪器设备值4.33亿元），图书343.38万册，教学用计算机12429台。全年高校教学设备投入0.58亿元。中职学校占地面积72.44万平方米，校舍面积37.71万平方米（其中教学行政用房21.34万平方米），运动场地面积5.83万平方米，固定资产值4.97亿元（其中教学仪器设备值1.06亿元），图书52.36万册，教学用计算机4426台。全年中职教学设备投入0.17亿元。

【品牌专业建设】 2021年，万州区中高职院校品牌专业门类齐全，涉及医农工商教。高职：开设14个大类125个专业，国家级双高专业群2个，市级双高专业群7个，国家级特色专业10个，市级骨干专业21个，市级特色专业15个；国家级产教融合实训基地3个，国家级公共实训基地2个，市级双基地（兼具教学和生产双重功能、校企双主体深度合作培养培训技术技能人才的基地）9个，市级虚拟仿真实训基地2个。中职：开设15个大类50个专业，市级优质专业5个，市级重点（特色）专业5个，市级高水平骨干专业3个，市级紧缺骨干专业1个；国家级公共实训基地1个，市级双基地4个，市级产教融合实训基地2个，市级专业实训基地3个，市级虚拟仿真实训基地2个。

【校企合作】 万州区中职学校与企业采取共建实训基地和研究中心、订单式培养、岗位实习、员工培训等形式开展校企合作。2021年与重庆三雄极光照明有限公司、施耐德（重庆）电工有限公司、重庆江东机械有限责任公司、重庆宗申汽车进气系统制造有限公司、浙江吉利汽车股份有限公司、思凯兰（福建）航空教育产业集团有限公司等30余家大中型企业建立“绿色人才培养基地”“校外实训基地”，校企合作建设重点项目7个，中职学生顶岗实习岗位4098个，校企合作开发课程16门，校企合作开发教材23本，学校培训企业员工3721人，校企合作订单班244人，合作企业接收毕业生2757人。入选重庆市第一批产教融合型企业建设培育名单1家（重庆瑞佳达科技有限公司）。

【职业院校技能竞赛获奖情况】 2021年，万州区高职学校师生在全国各类技能大赛中，获一等奖5项、二等奖6项、三等奖2项，同时获重庆市一等奖22项、二等奖41项、三等奖57项；中职学校师生获重庆市一等奖7项、二等奖16项、三等奖34项。重庆三峡职业技术学院获全国技能大赛园艺技术一等奖；重庆三峡医药高等专科学校获2021年全国职业院校技能大赛高职组中药传统技能赛项一等奖、全国乡村振兴职业技能大赛育婴员项目学生组金牌、第五届全国职业院校“华教杯”教师检验技能竞赛（微生物检验）项目一等奖、教师检验技能竞赛（血常规检验）项目一等奖。重庆万州职业教育中心获中国汽车工程学会巴哈大赛（职校组）三等奖、爬坡奖（职校组）第二名；三峡水利电力学校建筑CAD项目获重庆市第十三届中等职业学校职业技能大赛一等奖；万州高级技工学校获全国乡村振兴技能大赛重庆选拔赛餐厅服务项目一等奖、2021年重庆市教学教研成果评选一等奖、重庆职业技能大赛暨“巴蜀工匠”杯新职业技能大赛餐厅服务项目一等奖、重庆市十三届中等职业学校职业技能大赛沙盘模拟企业经营一等奖。

【全国职业院校技能大赛中药传统技能赛项在万州区举行】 6月22—25日，2021年全国职业院校技能大赛中药传统技能赛项在万州区的重庆三峡医药高等专科学校开幕，这是该赛项首次在重庆市及西部地区举行。本届中药传统技能赛项比赛赛程4天，设有中药炮制、中药性状与真伪鉴定、中药显微鉴定、中药调剂、中药制剂分析5个项目，来自全国29个省（市、自治区）的参赛队、观摩人员共800余人参加。重庆三峡医药高等专科学校谭欣获一等奖，王梦婵老师获“优秀指导教师奖”。

【学校选介】 重庆幼儿师范高等专科学校 该校是公办全日制普通高等专科学校。有万州塘坊、沙河和云阳梨园3个校区，占地面积0.71平方千米，校舍建筑面积21.87万平方米。开设专业23个，全日制在校生12560人。教职工601人，其中副高级职称以上教师103人，硕士学位以上教师269人。固定资产2.93亿元。有国家级骨干专业1个，市级教学资源库1个，市级骨干专业3个，市级专业能力提升项目2个，市级双基地建设项目2个。学校是国家级学前教育“双师型”教师培养培训基地、重庆市学前教育教师培训培养基地、重庆市学前教育公费师范生定向培养基地、重庆市学前儿童家庭教育研究中心、重庆三峡学前教育职业教育集团、重庆市学前教育大数据中心，也是重庆市学前教育高水平专业群建设单位，教育部“1+X”证书制度试点单位，成渝地区双城经济圈职业院校学前教育发展联盟理事长单位、重庆市高等教育学会学前教师教育专委会会长单位、重庆市教育管理干部培训机构、重庆市教师教育先进单位，重庆市美育改革实验学校、重庆市语言文字规范化示范校。

重庆三峡医药高等专科学校 该校是重庆市市级示范性高等职业院校，前身是1951年创建的重庆市万县卫生学校和1974年创建的重庆市万县中医药学校。2019年，该校被确定为国家优质高等专科职业院校、中国特色高水平专业群建设单位。累计培养18万余名各级各类医药卫生人才。学校占地1.38平方千米，校舍54.18万平方米。固定资产16.23亿元。全日制普通高职高专在校生22036人。教师1445人，其中专任教师978人、外聘教师467人，总折合教师数1212人。具有硕士以上学位教师440人，占专任教师的44.99%；具有高级职务教师数294人，占专任教师的30.06%。

重庆市万州高级技工学校 该校建校于1956年，占地面积32.7万平方米，建筑面积11.4万平方米。在校教职工421人，其中专任教师275人；在校生6626人，开展社会培训1943人。开设专业22个，其中市级重点特色专业3个、市级精品专业1个、市级示范专业3个。2021年招生2714人，毕业生1487人。毕业生对口安置就业企业遍布全国，如广东美的、重庆长安、福建奔驰等，学生就业率100%。全年，学院教师在市级各项比赛中获特等奖2个、一等奖9个、二等奖28个、三等奖28个，学生在市级各项比赛中获市级一等奖1个、二等奖8个、三等奖12个。

重庆市万州职业教育中心 重庆市万州职业教育中心是由重庆市万州区教育委员会举办的公办全日制普通中等职业学校，公益二类事业单位。学校始建于1981年，其前身是省级重点职业中学——万州第一职业高级中学，属三峡工程二期移民全迁单位。学校是全国首批国办中职学校、国家级重点中等职业学校、第二批中法工业合作示范项目学校、中德先进职业教育合作项目（SGAVE）首批试点院校、重庆市中等职业教育改革发展示范学校、重庆市高水平中等职业学校立项建设学校、重庆市2021年优质中职学校和优质专业建设项目立项学校。学校占地面积12.28万平方米，建筑总面积6.34万平方米。在校教职工248人，学生4524人，开设学前教育、电气信息、文化旅游、机械汽修4个专业部共18个专业。2021年毕业的1198人全部就业，就业率100%，其中高职分类考试997人、直接就业201人。

重庆市三峡水利电力学校 该校创建于1978年，是一所集中职学历教育、社会培训、职业技能鉴定于一体的国家级重点中职学校，是重庆市首批改革发展示范中职学校，国防教育特色学校。学校占地面积14.54万平方米，建筑面积10.2万平方米。校内实训基地、实训室总数62个。学校开设水利及建筑工程系、电气工程系、汽车工程系、机械工程系、电子与信息工程系、医学护理系、艺术服务部、公共基础部8个专业教学系部共19个专业。其中机电技术应用和建筑工程施工两个专业于2021年被评为“重庆市优质专业”。教职员工291人。2021年在校学生5081人，毕业生1445人，升学学生680人，升学率91%，就业学生765人，就业率100%。

重庆安全技术职业学院 该校成立于2011年，是原国家安全监管总局（现应急管理部）与重庆市人民政府共建院校，是西南地区第一所安全类高等职业院校。2021年，学院在金平果发布的2021—2022年安全类高职院校分专业类排行榜中排名第五位，挂牌成立重庆市网络安全人才培训基地，2个市级双基地建设项目完成验收。学院占地11.59万平方米，校舍建筑面积8.02万平方米。在校学生12432人，教职工410人，2021届毕业生1343人，年终就业率97.53%。

重庆三峡职业学院　该校于1936年建校，2003年组建高等职业院校，是重庆市唯一一所以现代农业为特色的全日制普通公办高等职业院校。学院是首批中国特色高水平专业群建设单位，全国乡村振兴人才培养优质校，全国毕业生就业典型经验50强高校，教育部首批“1+X”证书制度试点院校，教育部第三批现代学徒制试点院校，全国“五四”红旗团委，“法国施耐德电气绿色低碳产教融合项目”建设单位。设有农林科技学院、动物科技学院、智能制造学院、汽车工程学院、经济管理学院、人工智能学院、马克思主义学院、通识教育学院、乡村振兴学院9个教学单位43个专业。学院占地62.33万平方米，校舍建筑面积26.33万平方米。有教职工553人。在校学生12470人，2021届毕业生2324人，年终就业率93.53%。

重庆信息技术职业学院　该校为全日制普通高等职业学院，非营利性民办学校，是国家计算机与软件技术技能型紧缺人才培养院校。有金龙、天城2个校区，占地40.6万平方米，校舍16.2万平方米；专职教师496人，在校生15643人（高职专科生12897人、五年一贯制中职生2746人）。学校以全日制高职专科教育为主，兼及成人专科教育、专科自考助学教育，与其他大学联合举办的本科继续教育以及职业培训、职业认证教育，学科层次以工科为主，兼及经济管理、法学、语言、艺术，有大数据、网络与通信、学前教育、传媒艺术、装备制造、财经商贸、康养7个专业群29个专业，其中计算机网络技术、动漫制作技术、汽车检测与维修技术和电子商务为特色专业。2021年招生4528人，毕业1845人，就业率92.8%。

2021年万州区职业学校一览表

表56

院校名称	学校地址	办学性质	办学类型	是否重点
重庆三峡医药高等专科学校	天星路366号	公办	大学专科	市级示范高职、全国高水平高职学校
重庆幼儿师范高等专科学校	育才路1号	公办	大学专科	
重庆三峡职业学院	科龙路8号	公办	高职专科	市级示范高职、全国高水平高职学校
重庆安全技术职业学院	安庆路583号	公办	高职专科	
重庆信息技术职业学院	平湖路88号	民办	高职专科	
重庆科技职业学院	龙安路368号	民办	高职专科	
重庆市万州职业教育中心	灵龙路6号	公办	职业高中	国家级重点市级示范校
重庆市三峡水利电力学校	天援路216号	公办	普通中专	国家级重点市级示范校
重庆市万州高级技工学校	永佳路318号	公办	技工学校	省部级重点市级示范校
重庆市万州区特殊教育中心	天龙路221号	公办	职业高中	
重庆市万州现代信息工程学校	滨河路19号	民办	职业高中	达标
重庆市万州电子信息工程学校	厦门路600号	民办	普通中专	达标
重庆中意职业技术学校	长岭大道72号	民办	技工学校	达标

（区教委）

普通高等教育

【概况】　2021年，万州区有高等院校8所。其中，本科院校1所（重庆三峡学院），高职高专6所（公办有重庆三峡医药高等专科学校、重庆幼儿师范高等专科学校、重庆三峡职业学院、重庆安全技术职业学院4所，民办有重庆信息技术职业学院、重庆科技职业学院2所），成人高等教育院校1所（万州电大）。在校生111015人（含函授11354人），教职工5668人。全年，在万州高校获国家级荣誉31项、获市级奖项713项。入选教育部“一站式”学生社区综合管理模式建设自主试点单位1所、全国乡村振兴人才培养优质校1所、教育部首批“1+X”证书制度试点院校1所、教育部第三批现代学徒制试点院校1所、全国“课程思政教学名师团队”1个、“课程思政示范课程”1门、国家级双高专业群2个、国家级骨干专业5个、特色专业10个，主持建设国家级专业教学资源库1个。

【高等教育发展布局】 2021年，万州区继续构建“一大四院多专”高等教育发展布局。重庆三峡医药高等专科学校升格为本科院校、万州技师学院创设高等学校纳入全市高等学校设置“十四五”规划。重庆三峡医药高等专科学校、重庆幼儿师范高等专科学校纳入重庆市教育事业发展“十四五”规划高等教育高质量发展重点计划，实施高校布局结构优化调整。是年，重庆三峡学院更名大学经重庆市委、重庆市政府研究同意并将资料提交教育部；重庆幼儿师范高等专科学校完成一期项目主体建设；重庆三峡职业学院、重庆安全技术职业学院、重庆电子信息工程学校确定选址高峰园灵凤山，正在开展方案设计等前期工作；三峡装备工程职业学院筹建已完成前期设置论证工作。

【教学科研】 2021年，重庆三峡学院入选教育部“一站式”学生社区综合管理模式建设自主试点单位；获批教育部首批新文科项目、教育部产学合作协同育人项目2项；获批市级教育评价改革试点单位。策划申报项目62项，获批25项，实施续研项目39项。收集保存农作物种质资源近2.5万份，挖掘优质新种质、新材料960余份。鉴定亲本材料11个，参加各级区试新组合（品系）69个，审定（鉴定）或登记新品种22个。获植物新品种保护授权6项，获专利9项，获科技成果奖1项。教师申请发明专利18项，主研参研教材、专著33本，公开发表论文100余篇，其中高质量论文10篇、论文获奖10余篇。

【研究生培养】 2021年，经过国务院学位委员会审批，重庆三峡学院新增数学、资源与环境、电子信息、新闻与传播、公共管理5个硕士学位授权点；经重庆市学位委员会审批，重庆三峡学院成为重庆市新增博士学位授予单位立项建设高校，“中国语言文学”学科成为新增博士学术学位立项建设授权点，“资源与环境”“教育”成为新增博士专业学位立项建设授权点。

重庆三峡学院百安校区局部俯瞰图 （彭添富 摄）

【学校选介】 重庆三峡学院 重庆三峡学院始建于1956年，是三峡库区腹地唯一的一所综合性应用型本科院校，全国智慧校园建设试点单位、重庆市教育信息化示范单位、重庆市高校美育改革和发展实验校。学校形成以工学、文学、管理学为主要学科门类，农学为特色学科，理学、经济学、教育学、法学、艺术学等学科门类协调发展的学科专业体系，以本科教育为主，研究生教育、留学生教育、成人教育协调发展的办学格局。学校占地面积202.6万平方米，校舍建筑面积72.64万平方米。有18个二级学院，全日制在校本科及以上学生20757人，其中硕士研究生1224人。有本科专业62个，一级学科硕士学位授权点5个、专业学位硕士授权点8个；有重庆市高等学校“十四五”市级重点学科7个，国家级一流本科专业建设点2个。教职工1412名，其中专任教师1071人。专任教师中具有高级专业技术职务的427人，其中正高级专业技术职务145人；其中具有博士学位的219人。建有国家级专家服务基地、重庆市级院士专家工作站、博士后科研工作站，以及省部级重点实验室、工程技术中心等科研平台30余个。

（区教委）

成人教育

【概况】 2021年，万州区6所高校共有非全日制成人函授在校学生11354人，其中1所成人高校有在校生3722人、5所普通高校有成人本科和专科学生7632人。全年招收成人教育学生6165人，毕业学生4418人。

【社区教育】 2021年，《万州区创建全国社区教育示范区实施方案》出台，明确2022年建成全国社区教育示范区目标。全区成立社区教育工作领导小组，各镇乡（街道）成立社区教育学校，各村居成立社区教育学习中心，完成社区教育学院、社区教育学校、社区教育学习中心三级终身教育体系建设。依托成人社区教育，倡导全面终身学习。遴选并聘任257名社区教育兼职教师，组织开展较大型示范活动8次，提升社区教育的知晓度和认可度。

【学校选介】 重庆市万州广播电视大学 重庆市万州广播电视大学成立于1979年，是由万州区人民政府主办的开展现代远程教育的成人高等学校。2017年10月，学校与原万州区教师进修学校、万州区教育科学研究所合并成立重庆市万州区教师进修学院，同时挂重庆市万州广播电视大学和万州区社区教育学院牌子，为正处级全额拨款公益一类事业单位。学校位于万州区百安坝天台路，占地面积2.93万平方米，建筑面积2万平方米，总投资8010万元；另有白岩路校区和偏石板校区，共占地4200平方米，建筑面积1万余平方米。教职工108人，其中专任教师87人。有教授4人，副教授57人。2021年招生1443人，其中开放教育学生1220人、奥鹏教育学生223人；国家开放大学毕业生1569人，奥鹏教育毕业生278人。2021年，该校获“全市开大教育工作先进单位”“中国高校现代远程教育优秀校外学习中心”“重庆市模范职工之家”“全国2019—2020节约型公共机构示范单位”等称号。

（区教委）

特殊教育

【概况】 2021年，万州区有特殊教育学校1所，在校生373人，专任教师39人。新增3所特殊教育资源教室，提升随班就读融合教育质量，区域责任学校每周对义务教育阶段残疾儿童进行送教上门，提高适龄残障儿童少年义务教育普及水平。完善渝东北三峡库区城镇群片区特殊教育指导中心组织机构，区域特殊教育资源中心作用有效发挥。

【特殊教育机构】 万州区特殊教育中心创建于1991年，是一所为万州区适龄“三残”儿童提供基础教育、康复训练、职业培训的学校。有聋生部和培智部共27个教学班，贯穿学前、小学、初中和高中阶段教育。学校先后获“全国青少年校园冰雪运动特色学校”“全国排舞推广先进单位”“重庆市中小学教研组建设先进教研组”等称号，涌现出以全国助残先进个人、全国模范教师、全国特教园丁奖、重庆市教书育人楷模等为代表的优秀教师队伍，2021年获市级赛课三等奖1名，区级赛课一等奖5名、三等奖1名。学校成立有万州区特殊教育资源中心、渝东北三峡库区城镇群片区特殊教育发展指导中心。

【特殊教育艺体荣誉】 万州区特殊教育中心以艺体工作为特色，有旱地冰壶、足球、篮球、田径、排舞、啦啦操等16支体育艺术训练队，是重庆市残疾人田径、群体、特奥体育综合训练基地和艺术培育基地。2021年，万州区特殊教育中心学生在区首届中小学生科技节中6个项目取得一等奖，在全国第十一届残运会中获10金9银9铜，在全国第十届残疾人艺术会演中获1金1银，在重庆市第六届残运会中获27金10银6铜，在重庆市2021年中学生田径锦标赛中获残疾组一等奖，在重庆市第九届中小学生艺术展演中获优秀组织奖。

（区教委）

民办教育

【概况】 2021年，万州区民办学校207所，其中民办幼儿园149所、民办中小学2所、民办中职学校3所（技工类学校1所）、民办高校2所、民办培训机构51所，有196所民办学校进行分类登记。全年新审批小区配套民办幼儿园4所，4所基础薄弱民办幼儿园合并整合成2所，6所民办学校变更办学场地，16所民办学校停止办学，43所民办幼儿园建成托育普惠1200个学位。

【民办学校分类管理】 2021年，万州区采取“积极鼓励、大力支持、正确引导、依法管理”方针，推动民办学校分类管理改革。对发生重要变更、到期换证的民办学校，一校一策进行选择登记，督促其他民办学校加快选择登记工作，并对选择登记的民办学校进行分类管理。已有196所民办学校进行分类登记，占全区民办学校的96.1%，其中选择举办为营利性民办学校44所，选择举办为非营利性民办学校152所。

【民办培训机构监管】 2021年，万州区强力规范培训机构办学行为，全年开展随机检查校外培训机构1069次，联合执法106次，出动执法人员392人次。取缔2所无证无照培训机构、有照无证超许可经营培训机构8所，开具整改通知书8份，约谈培训机构举办者11人次，约谈大班额幼儿园28所，约谈违规举办大型活动幼儿园3所。根据教育部及重庆市教委“双减”工作要求，于2021年12月对全区学科类校外培训机构全面清零，非学科类校外培训机构纳入区教委监管。建立民办学校资金第三方监管平台，加强对已审批校外培训机构资金监管。

2021年万州区教育系统部分荣誉表彰一览表

表57

获奖单位（个人）	获奖事项	授奖单位	获奖时间
万州外国语学校李刘鑫等	全国第十四届学生运动会跳绳项目8人集体自编（4男4女）中学混合组第一名	教育部、国家体育总局、共青团中央	2021年7月
重庆三峡医药高等专科学校谭欣	2021年全国职业院校技能大赛中药传统技能赛项、高职组护理技能赛项一等奖	教育部	2021年7月
万州分水中学王瑞	全国“中华魂”（科技托起强国梦）主题教育活动一等奖	中国关工委、教育部关心下一代工作委员会、人民出版社、人民教育出版社、北京发行集团	2021年9月
重庆幼儿师范高等专科学校熊天旗、王尧；何少清、孙于嫒、何福恒等	第九届全国高校数字艺术设计大赛（“未来设计师”NCDA大赛）一等奖	中国人工智能学会和教育部高等学校计算机类专业教学指导委员会	2021年9月
万州第二高级中学赵芷萱	2021全国桨板锦标赛女子U18组2500米长距离赛第一名、1000米技巧赛第一名，获冠军	国家体育总局水上运动管理中心	2021年10月
万州区教师进修学院	2021年度中国高校现代远程教育优秀校外学习中心	全国高校现代远程教育协作组和《中国远程教育》杂志社	2021年10月
万州区国本中学谭智勃、应征宇	“全国中小学信息技术创新与实践大赛”决赛人形机器人任务挑战赛项初中组一等奖	城乡统筹发展研究中心、中国人工智能学会	2021年11月
万州区电报路小学中恒校区杨钺煊、谢振兴	“全国中小学信息技术创新与实践大赛”机器人太空任务挑战一等奖	城乡统筹发展研究中心、中国人工智能学会	2021年11月
重庆三峡医药高等专科学校	第九届中国TRIZ杯大学生创新方法大赛优秀组织单位	中国科学技术协会科学技术部	2021年11月
重庆三峡学院	新增5个硕士学位授权点，分别为数学、资源与环境、电子信息、新闻与传播、公共管理。硕士学位授权点总数13个，其中学硕点5个、专硕点8个，17个二级学院研究生教育全覆盖	国务院学位委员会	2021年11月
重庆三峡医药高等专科学校李佳鑫、刘欢、丁文轩、金俐杉、董凤	第七届全国大学生基础医学创新研究暨实验设计论坛总决赛一等奖	高等学校国家级实验教学示范中心联席会基础医学组	2021年12月
万州区教师进修学院刘燕	小学教育专业课程思政教学案例大赛教师教学技能综合一等奖	国家开放大学	2021年12月
万州沙河中学冉灿	全国高中语文教师教学基本功大赛一等奖	全国语文教育研究中心	2021年12月
万州高级中学郎也、唐麟皓	WER2021赛季世界锦标赛积木教育机器人普及赛高中组全球总冠军（第一名）	世界教育机器人协会、上海市科协、世界教育机器人学会中国分会	2021年12月
区教委	“中国梦——行动有我：2021年中小幼学生‘成语中国’微电影征集展播活动”中19件作品被评为创新作品，41件作品被评为示范作品，35件作品被评为入围作品	中央电化教育馆	2022年1月
万州高级中学	2021年中小幼学生“成语中国”微电影征集展播活动优秀组织单位	中央电化教育馆	2022年1月
万州特殊教育中心	舞蹈《山城记忆》、器乐《搏浪逐梦》获第十届全国残疾人艺术会演优秀节目	中国残联、教育部、民政部、文化和旅游部、国家广播电视总局	2022年2月

（区教委）

科学技术

综　述

【概况】　2021年，万州区编制出台科技创新“十四五”规划，联合中科院战略咨询研究院开展区域科技创新中心建设战略研究，争取到6项重大项目纳入全市科技创新“十四五”规划。制定支持科技创新若干财政金融政策30条和实施细则，优化调整科技创新发展监测指标体系，加快建设三峡库区科技创新高地。至年末，全区科研机构16家。全年，地方财政科技支出3.67亿元，比上年增长8.3%。实施区级科技项目数217项，项目经费支出1820.5万元，其中用于研究与发展经费支出630万元。完成科研项目结题134项。登记科技成果60项。认定登记技术合同37项，技术合同成交额1.34亿元。

【创新主体】　2021年，万州区培育国家高新技术企业18家、市级科技型企业162家，总数分别为81家、626家。全区市级以上科技创新平台66家。印发《重庆市万州区科技企业孵化器认定及管理办法（试行）》，全区科技孵化平台新增孵化企业（团队）60个，在孵企业（团队）354个。培育市级技术创新示范企业2家、智能工厂2家、数字化车间2家、知识产权优势企业4家。

【项目实施】　2021年，万州区组织实施国家、市、区级科技项目430项3827.3万元。其中，争取国家、市级科技资金项目213项2006.8万元；首次争取三峡后续科研项目资金300万元；争取市级乡村振兴对口帮扶科技项目18项400万元。组织实施区级科研项目45项630万元，其中支持企业技术攻关资金88%、工业项目资金52.4%、重点以上项目资金31.7%。在铜材料、新能源汽车、芯片工艺、生猪等领域支持开展重点技术攻关。

【科技人才】　2021年，万州区引进重庆“鸿雁计划”人才10名，其中研发类人才1名。培育重庆“英才计划”团队3支，均为科研创新创业团队。遴选“平湖英才”18人，累计遴选95人。首次引进中国工程院院士1名，选派国家级、市级、区级科技特派员207名（国家级19名、市级68名、区级120名），组建“百万头生猪生态养殖关键技术集成与应用”科技特派团。

（区科技局）

科技创新平台建设

【概况】　2021年，万州区获批市级重点实验室1家、企业技术中心3家、企业工业设计中心1家，全区市级以上科技创新平台66家。市级高新区加快建设，万州科技创新中心、万州绿色智造赋能中心等核心功能体建成并运营。组建三峡山地特色农业科技创新中心，入驻市、区级科研平台15个，挂牌市畜科院万州分院。环重庆三峡学院创新生态圈建设指挥部成立，启动建设方案编制。

【创新平台政策支持】 2021年，万州区支持科技创新基地建设。对新认定的国家重点实验室、工程研究中心、技术创新中心、临床医学中心等国家科技创新基地，按照市级支持资金1∶0.5的比例给予区级配套支持。对新认定的市级重点实验室、工程研究中心、技术创新中心、临床医学中心等市级科技创新基地，一次性补助50万元。支持建设一批区级科技创新基地，每个基地给予最高20万元补助。支持引进建设高端研发平台。对国家布局及批准建设的国家实验室、重大科技基础设施项目，国内外知名高校、科研机构及科研团队等，到万州设立科研分支机构或新型高端研发机构的，采取“一事一议”给予资金支持。对新认定的市级新型研发机构，按照市级支持资金1∶0.5的比例给予区级配套支持。

【重点实验室】 2021年，万州区引导支持重庆三峡医药高等专科学校创建三峡库区道地药材开发利用市级重点实验室，兑现区级科技创新激励性资金20万元。全区建有三峡库区地质环境监测与灾害预警重庆市重点实验室、三峡库区水环境演变与污染防治重庆市重点实验室、三峡库区道地药材开发利用重点实验室3家市级重点实验室。

【临床医学研究中心】 2021年，重庆市老年疾病临床医学研究中心在重庆大学附属三峡医院正式挂牌，兑现区级科技创新激励性资金20万元。全区建有重庆市内分泌代谢病学临床医学研究中心、重庆市老年疾病临床医学研究中心两家市级临床医学研究中心。

【企业技术中心】 2021年，万州区威科赛乐微电子股份有限公司、重庆大全泰来电气有限公司、重庆友友利鸿玻璃有限公司3家企业被认定为重庆市企业技术中心。全区累计拥有市级以上企业技术中心24家，其中国家级企业技术中心1家。

【万州科技创新中心】 2021年，万州区建成万州科技创新中心并投入使用，规划面积3.5万平方米，建筑面积8.5万平方米，规划综合服务中心、孵化器、生活休闲区与商业服务区、加速器及中试区四大板块。签约重庆智莱通公司作为万州科技创新中心运营单位，吸引北京康力优蓝机器人科技有限公司、重庆杰思谷机器人科技有限公司、金龙精密铜管集团博士后研究院及其实验室、重庆三峡科技创新服务平台暨科技成果转移转化中心等机构入驻。

【万州绿色智造赋能中心】 2021年，万州区与两江新区共同打造的万州绿色智造赋能中心建成并投入使用。位于万州经开区五桥园，建筑面积约7000平方米，一期建成1400平方米，建有绿色智能会客区、绿色能源管理、绿色智能制造、AI人工智能和绿色赋能课堂5个模块，利用5G、大数据、云计算、物联网、人工智能等科学技术将绿色低碳的能效解决方案应用于工业企业、办公、家居等多个领域。至年末，重庆三峡绿色智造赋能有限公司与重庆节能中心开展合作，引进施耐德电气公司等10余家高科技赋能企业入驻。

（区科技局）

科技成果

【概况】 2021年，万州区登记科技成果60项，其中11项科技成果已产业化应用，25项科技成果有转化需求。从成果类型来看：专利42项、区级结题项目16项、市级结题项目1项、农作物新品种1项；从登记主体来看：企业登记成果54项、科研院所登记成果2项、医院登记4项。

【智能电动汽车电池管理系统】 该系统是重庆三峡学院“电动汽车与电网互动技术重庆市高校创新研究群体”的研究成果，实物于2019年年末研发成功，2020年1月入选中国展团，于2021年获日内瓦国际发明展金奖，获奖单位为重庆三峡学院。该系统获发明专利授权2项、实用新型专利授权多项。

【山区中小跨径梁桥抗震设计理论与应用关键技术】 该项目获2021年度重庆市科技进步三等奖，完成单位为重庆三峡学院、重庆交通大学、中交一公局重庆万州高速公路有限公司。项目历经十余年，采用试验研究、理论分析、技术研发与工程应用相结合的方法对山区中小跨径梁桥的地震致灾机理、灾变模式及抗震性能提升关键技术开展系统深入研究，攻克了震后桥梁梁体位移大、桥墩塑性铰区域损伤严重、震后桥梁功能快速恢复能力差等难题。

【非线性最优控制问题的高效算法及应用】 该项目获2021年度重庆市自然科学三等奖，完成单位为重庆三峡学院、天津财经大学。项目主要研究非线性最优控制问题的混合有限元算法、污染控制问题的高效算法、非线性最优化问题的优化算法，从根本上改善HS共轭梯度法的稳定性。项目已获国家和省部级基金20余项，其中国家自然科学基金5项、国家社会科学基金2项。

（区科技局）

科技成果转移转化

【概况】 2021年，万州区建成三峡科技创新服务平台及科技成果转化服务中心一期工程。新增市级新产品26个，总数187个。有效发明专利、每万人有效发明拥有量分别新增141件、1.01件，总量分别达452件、2.89件，分别比上年增长36.97%、53.72%。6项科技成果获市政府科学技术奖，“智能电动汽车电池管理系统”获2021年日内瓦国际发明展金奖。

【技术合同成交】 2021年，万州区认定登记各类技术合同37项，实现技术合同成交额1.34亿元，成交额比上年增长30.24%。其中，市级登记技术合同8项6609.66万元，区级登记技术合同29项6786.63万元（技术服务类合同20项4935.83万元、技术开发类合同8项1843.8万元、技术转让类合同1项7万元）。

【超高空降落伞面料项目投入批量生产】 2021年，由重庆龙的丝绸有限公司研发的超高空降落伞面料投入批量生产，该面料既有氨纶丝的高伸长率，又有锦纶丝的高强力，满足超高空降落伞布料既要有很高的断裂强力、又有超强的回弹性能的要求，解决了超高空投掷降落伞技术需求，产品质量达到国内同行先进水平，属国内首创。该成果被市经济信息委认定为“重庆市企业技术创新重点项目新产品”，同时申请实用专利（201922094355.2），是适用于喷水织机织造特殊功能的产品。重庆龙的丝绸有限公司建成有日本进口整经、浆丝、并轴、分绞以及24台多臂喷水织机完整的生产线，有完整的试验基地、中试线和生产线，可实现高空空投降落伞的伞布面料年产量40万米。

（区科技局）

2021年6月10日，万达开首届科技成果推介会在万州区举行

（区科技局　供图）

科技创新开放合作

【概况】 2021年，万州区加强科技领域创新开放与合作。推进区域协同创新，与四川省达州市、重庆市开州区联合实施科研项目，与两江新区开展科技协作项目，举办万达开首届科技成果推介会并签约科技项目5个。推进校地校企合作，万州区与重庆工商大学围绕共建创新平台、科技成果转化等签订战略合作框架协议，金龙集团与北京科技大学联合实施科技项目。

【区域协同创新】 2021年，万州区与四川省达州市、重庆市开州区联合实施省（市）级科研项目7项，举办万达开首届科技成果推介会，签署万达开数字经济协同发展合作备忘录、知识产权合作备忘录，签订“共建成渝地区双城经济圈北翼知识产权高地框架协议”。建成两江数字经济产业园（万州园）、两江新区万州企业研发中心、万州绿色智造赋能中心等重大项目，与两江新区联合开展科技协作项目3项，促成哈尔滨工业大学重庆研究院、重庆同济研究院有限公司、西北工业大学重庆科创中心与万州工业企业开展科技合作。

【校地校企合作】 2021年，万州区建立在万州高校科技创新资源要素库和需求库，征集重点企业技术需求40项，组织区内区外对接，金龙集团与北京科技大学联合实施“高铁贯通地线固液连铸复合技术研发及产业化”等36个项目加快推进。8月26日，万州区·重庆工商大学校地合作座谈会召开，双方围绕协同开展人才培养、加强创新平台建设、发挥高校智力优势三方面10项重点合作内容，签订战略合作框架协议。

【万达开首届科技成果推介会】 2021年6月10日，2021万达开首届科技成果推介会在重庆三峡学院举行。推介会以“产学研用融合、科技成果转化”为主题，围绕科研成果集中展示、创新团队重点推荐、产学研用经验交流、校企校地合作洽谈等内容开展活动，现场签约5个项目，金额200余万元，来自中科院绿色智能研究所、重庆市教委和万达开三地相关部门、高校、科研院所、企业代表200余人参会。

（区科技局）

科技服务

【概况】 2021年，万州区先后出台《关于印发万州区支持科技创新若干财政金融政策的通知》及实施细则、“为科技工作者办实事20条”，印发《万州区推动数字经济高质量发展实施方案》《万州区工业强区十条措施》等一系列政策措施，设立科技创新、工业发展、涉农统筹、人才发展等专项资金统筹支持科技创新，全方位激发科技创新活力。

【科技政策兑现】 2021年，万州区兑现科技主体培育、平台建设、成果获奖等激励性项目165项、资金854.5万元。新增105家企业获批知识价值信用贷款1.29亿元，累计获批258家2.8亿元，引导发放商业贷款1.7亿元。引导规模以上工业企业63家备案研发准备金，制造业企业84家享受研发费用税前加计扣除1.87亿元。

【服务科技工作者】 2021年6月22日，区委办公室印发“为科技工作者办实事，助科技工作者作贡献”工作清单，涵盖住房保障、配偶就业、子女入学、看病就医等20条务实举措。全年，印发《人才公寓配租管理暂行办法》，建成玉安富祥社区人才公寓，加快推进万州经开区高品质人才公寓项目。搭建科技工作者学习交流发展平台，印发《重庆市万州区博士联盟运行方案（试行）》。在济宁干部政德教育学院首次举办科技人才政德教育培训班，50名科技人才参训。举办首届“平湖工匠”职业技能大赛，评选出一等奖11名、二等奖22名、三等奖33名。开展首届全区“最美科技工作者”“最美科技创新团队”学习宣传活动，10名个人和10个团队分别获得该称号，重庆三峡农科院陈泉获重庆市“最美科技工作者”称号。

【科技特派员】 2021年，万州选派国家级“三区”科技人才19名、市级科技特派员68名、区级科技特派员120名，覆盖全区38个乡镇、街道及98个村。共计引进新品种435个，推广先进适用技术251项，解决技术难题635项，指导培训1.3万余人次。优秀事迹报道获《科技日报》、人民网等多家媒体转载。

2021年万州区国家级“三区人才”科技特派员一览表

表58

序号	姓名	所属单位
1	赵春江	北京农业信息技术研究中心
2	李炯光	重庆三峡职业学院
3	杨　燕	四川省达州市农业科学研究院
4	梁桂兆	重庆大学
5	范首君	重庆市动物疫病预防控制中心
6	牟华明	重庆大学附属三峡医院
7	谢吉容	重庆市文理学院
8	赵　琳	重庆三峡职业学院经济管理学院
9	刘正学	重庆三峡学院
10	林俊杰	重庆三峡学院
11	向邦全	重庆三峡职业学院
12	黄成文	重庆三峡农业科学院
13	吕直文	重庆三峡农业科学院
14	熊运海	重庆市文理学院
15	杨　梅	重庆三峡农业科学院
16	邓朝军	福建省农业科学院果树研究所
17	黄美英	重庆三峡学院
18	孙春红	重庆市文理学院
19	程文超	重庆三峡职业学院

【科技服务中心建设】 2021年，万州区建成重庆三峡科技创新服务平台和科技成果转化服务中心一期，均已入驻万州经开区科技创新中心，打造科技成果展厅300平方米，集中展示科技成果和科技创新资源，推进联通易智网平台、两江新区科技创新平台以及对口支援省市、达州、开州等地科技创新平台，促成科技成果与万州企业高效对接。

（区科技局）

科技活动

【概况】 2021年，万州区举办“渝创渝新·创响万州”第五届创新创业大赛、万州烤鱼创新发展高峰论坛、全国科技活动周、科普讲解大赛、科创沙龙等科技活动148场，参与群众20余万人次。开设“平湖深读·科技前沿”专栏，发布专题报道10篇。首次举办成渝地区双城经济圈建设专家服务团暨重庆市博士后沙龙、重庆英才大会万州青年人才荟创新论坛、“平湖工匠”职业技能竞赛等活动，打响“创响万州”品牌。万州中学选手参加世界教育机器人大赛（WER），获2021赛季世界锦标赛积木教育机器人普及赛高中组全球总冠军。

【科技普及】 2021年，万州区在各级媒体开展科技宣传报道334篇，其中国家级11篇、市级57篇，科技特派员、众创空间、区域协同创新、创新平台建设等方面工作获新华网、人民网、中国科技网、《科技日报》等国家级媒体报道。发布《万州科技》11期，收录当月重要科技创新部署、科技前沿信息、创新指标情况及科技创新工作情况。科技创新成效在市政府常务会视频展示。编印《万州科普》读本2万册。“科普中国”App线上注册4659人，信息传播量位居重庆市第二名。

【科普基地】 2021年，万州区培育市级科普基地1家、区级5家，累计市级科普基地7家、区级科普基地26家。评选万州区针灸科普基地、重庆三峡农业科学院科普基地、万州区中小学综合实践基地3家区级优秀科普基地。重庆三峡医药高等专科学校作为首批科普重庆共建基地获评重庆市科协2021年度优秀共建科普基地表彰。加强基层科普场馆建设，建成中加友谊小学、宁波小学、万州高级中学、龙驹中学、熊家中学校园科技馆5个，建成周家坝街道流水社区、百安坝街道百安社区、龙驹镇民义村科普馆3个。

【“平湖深读·科技前沿”专栏】 2021年，万州区开设“平湖深读·科技前沿”专栏，发布《让创新“种子”落地生根——我区加快推进高校科技创新成果高效转化》《走好“先手棋”，牵住“牛鼻子”，抢占“高点”——创新，让“科技之花”结出“产业之果”》《科技创新“加强版”打造医疗卫生高质量发展“升级版”》《论文写在大地上，成果引入百姓家——科技创新助力我区渔业高质量发展》《承担国家级重大科技项目五十七项、市级科技项目八百六十项——在万高校与企业“联姻”结出硕果》《提升创新能力，激发创新活力——万达开科技协同创新落地生根》等专题报道10篇。

【万州区首届中小学生科技节】 2021年12月20日，由区教委、团区委、区科协联合举办的万州区首届中小学生科技节在万州高级中学体艺馆开幕。主题是“快乐探索，筑梦科技”，历时3个月，主要开展形式多样、面向全区中小学师生的科技运动会、科技创新校园行、院士专家科普进校园，“万达开”“万开云”青少年科技教育工作学习交流等线下+线上同步直播活动。当天，来自61所学校的近350名学生通过学校、片区预赛，参加铁丝陀螺、纸牌叠屋、弹射模型飞机、飞行器穿越赛、人工智能机器人场景化编程挑战赛5个项目的区级决赛。

2021年万州区新增科普基地一览表

表59

级别	基地名称	依托单位	地址
市级	重庆大学附属三峡医院健康管理科普基地	重庆大学附属三峡医院	万州区北山大道268号
区级	万州区新一代人工智能教育实训基地	重庆双人旁教育科技有限公司	万州区江南中学
区级	重庆三峡农业科学院蚕桑科普基地	重庆三峡农业科学院	万州区甘宁镇楠桥村
区级	万州区安澜谷科普基地	重庆市万州区林友农业开发有限公司	万州区长岭镇安溪村1组
区级	重庆市万州区青少年宫	重庆市万州区青少年宫	万州区安庆路415号
区级	“万州三峡绣”非遗科普基地	重庆市万州区三峡绣手工艺品有限公司	万州区北滨大道二段473号孙家书房还房A栋3楼

（区科技局）

知识产权保护

【概况】 2021年年末，万州区有效注册商标总量18672件，万户市场主体商标拥有量1411件，驰名商标7件，地理标志证明商标19件，授权专利总量5184件。全年，新注册有效商标2883件、地理标志证明商标（万州中蜂蜜）1件，新增授权专利1831件，有效发明专利拥有量458件，每万人口发明专利拥有量2.93件，新培育5家重庆市知识产权优势企业、1家市级中小学知识产权教育试点学校，指导2家企业获批市级知识产权风险预测预警项目、1家企业获批市级企业技术创新专利导航项目，1家企业获批知识产权质押融资3000万元。成立区知识产权人民调解委员会。

【商标培育】 2021年，《关于印发万州区深入实施商标品牌兴区战略工作方案的通知》《关于印发万州区支持科技创新若干财政金融政策实施细则的通知》出台，有效推动全区商标品牌产业和特色产业发展。全年挖掘和培育农产品商标4346件、地理标志20件。指导申报“万州烤鱼”集体商标，“万州中蜂蜜”成功申请地理标志证明商标。

【商标运用】 2021年，万州区开展“万州青脆李”“万州玫瑰香橙”“万州山胡椒”“万县老土鸡”等地理标志专用标志换标工作，5家企业换标。“鱼泉”“诗仙太白”等8件商标被纳入“川渝知识产权合作重点保护名录”，提升品牌知名度，加大商标专用权保护。

【专利管理】 2021年，万州区出台贯彻落实《关于强化知识产权保护的具体措施》分工方案，建立万州区知识产权保护联席会议制度。全年查处侵犯知识产权案件171件。深化“行政+司法”保护合作机制，申报获批渝东北首个“专利侵权纠纷行政裁决试点区县”，重庆飞亚实业有限公司被确定为全市第二批“知识产权综合保护联系点”。设立重庆知识产权法庭巡回审判站，与四川省达州市、重庆市开州区签订“共建成渝地区双城经济圈北翼知识产权高地框架协议”，与四川省达州市、重庆市开州区、梁平区、垫江县、城口县等地出台《关于开展川渝东北毗邻区域知识产权行政专项行动的通知》，开展联合执法行动，推动形成知识产权保护大格局。督促撤回非正常专利申请行为170件，办理商标、专利、版权等各类知识产权行政案件40件，其中侵犯“中国共产党成立100周年庆祝活动标识”特殊标志案件1件。万州区查办的“封旺侵权著作权案”被市高级人民法院、市检察院列为全市典型案例。

（冉龙懿）

气象服务

【概况】 2021年，万州区气象局加强气象灾害监测预警，形成以《重要天气服务快报》《0～2小时短临预警》《预警信号》《气象风险等级预报》《雨情通报》等材料为序的标准化气象服务流程。全年开展暴雨诱发中小河流山洪和地质灾害风险等级、高温、森林火险等级、生活指数等预报预警服务和三峡面雨量专项预报以及柑橘特色农业气象服务。全年发布各类防灾减灾气象服务材料502期，通过预警平台发送各类信息1007条，受众406.6万人次，全区8252人纳入突发事件预警信息发布平台管理。开展气象科普与气象法规宣传“进学校、进农村、进社区、进企业”5次。

（周英）

【气象服务和保障】 2021年，万州区通过指导乡镇（街道）和区气象灾害防御指挥部成员单位落实灾害防御主体责任，不断完善气象防灾减灾体制机制。开展汛前检查，全区发现并整改气象灾害防御工作问题14项。开展联合会商38次，启动应急响应10次。加强基层防灾减灾体系建设，12个区级部门、单位和52个镇乡街建成智能预警信息发布

2021年11月16日，万州区气象局在甘宁镇开展“蓝天行动”人工增雨作业

（程思勇　摄）

2021年，山地特色农产品气象服务示范基地挂牌　（区气象局　供图）

系统工作站，541个村（社区）建成村级预警工作站，通过预警信息发布平台向全区8252名防灾应急处置人员发布预警短信和服务信息406.6万条次。收集录入气象灾害数据1701条，实地调查自然灾害隐患点582个。全年开展防雷重点单位安全执法检查253家次，行政处罚39家次。

【气象科研】　2021年，万州区加强气象科技创新，优化业务布局与流程，促进科研与业务深度融合。推动研究型业务发展，加强8个研究型业务团队建设管理，其中4项研究内容写入全市气象部门2021年研究型业务工作要点。加强区级科技创新项目建设管理，项目成果《探索“互联网+”智慧气象应急保障平台本地化的新模式》被评为2021年重庆市气象部门创新工作。

（袁明清）

【柑橘特色农业气象服务】　万州区地处三峡库区，位于长江上游，亚热带季风湿润气候，非常适宜柑橘种植。柑橘生长受气象因素影响较大，为防范气象灾害，保障柑橘品质，2021年万州区气象局在甘宁镇玫瑰香橙园建立山地特色农产品气象服务示范基地，开展柑橘气象指标及适用技术研究。同时，将全区所有柑橘种植大户纳入突发事件预警信息发布平台、农业气象精细化智能服务平台，组建涵盖农户及气象专家的联络群，全年针对关键农事节点，制作柑橘特色农业、农业气象灾害预警、病虫害防治预报、土壤墒情等专题农业气象服务材料67期，提升气象科技助力万州柑橘现代农业产业发展能力。

（周英）

【人工影响天气作业】　2021年，万州区气象部门开展“蓝天保卫战”人工增雨保障服务及人工防雹增雨作业，实施人工影响天气作业32次，作业59门（架）次。其中，高炮作业16架次，用弹364发；火箭作业16架次，用弹46枚。

（张先俊）

地震监测

【概况】　2021年，万州区监测记录里氏1.0级以上地震3次，最大为里氏1.4级地震，未造成人员伤亡和财产损失。

【地震活动】　2021年1月2日12:39:30，万州区双河口街道（北纬30.73°，东经108.37°）发生里氏1.4级地震。1月23日23:45:44，双河口街道（北纬30.72°，东经108.37°）发生里氏1.0级地震。1月26日12:02:11，新田镇（北纬30.65°，东经108.45°），发生里氏1.0级地震。

【地震监测预报】　2021年，万州区天星、溪口、长岭3个地震监测台站正常运行。落实震情监视、趋势分析、信息共享、宏观异常把控，把握地震活动趋势。建立健全震情监测和跟踪工作机制，组建防震减灾的地震宏观测报网、地震灾情速报网、地震知识宣传网和防震减灾助理员等“三网一员”队伍，突出重点地区和三峡水库水位变化的特殊时段，及时捕捉、处理异常信息，应对各类突发情况。

【防震减灾科普宣传】　2021年，万州区在“5·12”全国防灾减灾日、“7·28”唐山大地震纪念日、“10·13”国际减灾日重点时段，利用大型商场电子屏幕滚动播放宣传视频，到镇乡、村社、学校、广场开展防震减灾科普宣传活动，发放宣传资料7000余份。

（区应急局）

文　化

综　述

【概况】　2021年，万州区优化完善区、乡镇（街道）、村（社区）三级公共文化服务网络，提高文化馆、图书馆、基层综合文化服务中心等公共文化设施服务效能。举办2021世界大河歌会、三峡江滩音乐季、“牡丹花开心向党”中国曲艺牡丹奖艺术团“送欢笑”走进重庆万州暨“中国曲艺之乡”授牌仪式等活动，承接“巴渝儿女歌唱党”——重庆市庆祝中国共产党成立100周年万人同唱一首歌万州分会场群众文化活动、2021重庆市街舞大赛第二片区赛、川渝“阅读之星”市民诵读大赛复赛、蒲公英梦想书屋等群众文化展演及全民阅读活动。累计开展三峡移民精神巡展活动230余场。大型原创现代川剧《峡江月》完成剧目新创编排，与纪录片《夏芳的暑假》、谐剧《我的母亲叫二妹》同获第九届重庆艺术奖。深度打磨情景歌舞剧《川江号子情》。建成武陵镇非遗展示传承基地和何其芳故居非遗工坊。完成三峡库区（万州）历史文化遗产资源专项调查工作。开展线下文化惠民活动、线上慕课、阅读活动，推动全民艺术普及。

【同城一体化文化活动】　2021年11月，万州区参加川渝—渝东北地区公共图书馆联盟馆际阅读活动暨文献保护经验交流会、万达开三地庆祝中国共产党成立100周年书法美术摄影作品联展、庆祝中国共产党成立100周年川渝两地优秀曲艺节目展演、曲韵巴蜀 艺荟双城——成渝精品曲艺节目交流演出。《万开云同城化发展实施方案》编制出台，万开云三地公共图书馆、公共体育健身场馆启动互认工作，三地户籍居民可凭身份证线下免费借阅图书、免费或低费使用公共体育健身场馆，“万开云·一码通”同城一体化服务数字阅读平台持续推动。

【三峡文化园建设】　三峡文化园位于万州区渝东新区南滨大道中段，是万州滨江环湖“一环两岸十六景”重要节点之一。规划总占地面积0.19平方千米，总建筑面积35.4万平方米，由重庆三峡移民纪念馆、三峡文化艺术中心、三峡园、万州文化创意创业产业园（重报万州中心）4个公共建筑共同构成。通过实体雕塑、文物展陈、文艺汇演、数字新媒体等手段，全方位展现移民文化、三峡文化、巴蜀文化、大河文化，打造成为集中展示三峡文化的窗口及渝东北三峡库区城镇群文化交流中心。

（区文化旅游委）

公共文化设施

【公共文化服务体系建设】　2021年，万州区持续优化完善三级公共文化服务网络，提高公共文化设施服务效能。建成52个文化馆分馆、

65个图书馆分馆，开展12次流动图书车到基层活动，启动图书馆“万开云·一码通”工作，持续推动公共图书馆联盟共建共享和区域交流合作。建好用好24小时城市书房，全年接待读者3.3万人次。

【万州区文化馆】 万州区文化馆为国家一级文化馆，面积6900平方米，设声乐、美术、书法、摄影、舞蹈等功能室8个，全面实施群众文化免费开放。2021年，建设完成总面积300平方米的数字文化体验中心，设数字接待厅、数字演播厅、数字人文馆、数字地理馆、数字体验馆。举办“不忘初心 砥砺前行——纪念中国共产党成立100周年红色主题书展”“庆祝中国共产党成立100周年管乐专场音乐会”“奋进新时代 共圆小康梦——迎新春书法国画摄影作品展”等线下文化惠民活动90余次。通过重庆文化云数字平台向基层阵地发布文化活动信息221条，开展演出、讲座、展览等文化配送570余次；公共文化物联网注册志愿者310人次，线上志愿者队伍134支，累计开展公共文化志愿服务192次。

【重庆三峡移民纪念馆】 2021年，重庆三峡移民纪念馆（万州区博物馆）内《伟大壮举 辉煌历程》《万川汇流》《盐井沟古象》《刘江书法篆刻作品展》4个常设展览正常运行，推出引进《万州区文物保护成果展》《万州区革命文物展》《万州区书法篆刻作品展》《龙门二十品——北魏时期书法艺术精品展》《圜宇方圆——万州区博物馆馆藏历代钱币展》《一门三院士——共筑中国梦专题展》等11个临时展览。牵头11家川渝地区文博单位举办《丹青绘巴山 翰墨写蜀水——庆祝中国共产党成立100周年巴渝名家书画展》巡展，首展在万州区举办。制作《伟大壮举 辉煌历程——庆祝中国共产党成立100周年三峡移民精神巡展》，在市内巡回展出200余天，直接受众数万人次。全年免费开放324天，接待观众42万余人次，提供讲解服务3029场次，连续11年获重庆市博物馆免费开放绩效考核优秀奖（一等奖）。开展“元旦歌唱祖国”“做花灯 迎元宵”“百年华诞童心向党”“恢复与重塑——文物修复体验”“弘扬移民精神 传承红色基因”中小学生研学征文比赛等线下社教活动20余个，累计参与中小学生超过2000人。开展“弘扬三峡移民精神 助力民族伟大复兴”“穿越时空的对话——古陶瓷修复”学术讲座。开展博物馆里贺春节网络直播、《江竹筠用生命践行初心》微党课等线上社教活动，受众50万人。

（何义栋）

万州区图书馆 （区图书馆 供图）

【万州区图书馆】 万州区图书馆为国家一级公共图书馆，占地1000平方米，建筑面积5002平方米。2021年成立社会分馆4个，分别是万州区人民法院分馆、重庆三峡广告产业园分馆、老酒魂分馆、宏祥阁分馆。年末有直属分馆1个和24小时城市书房2个以及基层分馆65个，实现一卡通56个，每周开放时间达64小时以上。图书总藏量154万册，其中纸质藏书32万余册（古籍约4.5万册）。可移动文物209种；数字资源总量67.69TB，折合122万册图书，其中本地资源31.43TB，折合7.7万册图书。有阅览座位250个、计算机接点82台，设服务窗口6个，馆内无线网络信号全覆盖。全年接待读者52.3万人次，书刊外借22.03万册次（含馆外借书点），总持证8.72万人。24小时城市书房全年接待读者3.31万人次；视障阅览室接待读者50人次。全年开展阅读活动159场，其中线上活动90次、阅读推广活动69场。主题展览17场，专题讲座24场。开展12次流动图书车到基层活动。

移动图书馆开通 2021年，万州区图书馆与第三方机构合作开通移动图书馆，移动阅读平台（手机图书馆）客户端下载量0.26万人次，点击量14万次；新增数字资源访问读者1.5万人，读者登录数字资源量7.8万人次，浏览量31.2万人次。

【三峡文化艺术中心】 三峡文化艺术中心位于万州区渝东新区市民广场，毗邻三峡移民纪念馆和南滨公园，由中国建筑设计研究院有限公司工程院院士崔愷设计，是万州区城市提升重大基础设施项目之一。

项目占地3.3万平方米，建筑面积约3.6万平方米，总投资约4.94亿元。项目分两期建设，一期建筑面积约2.2万平方米，主要配置为1417座的大剧场及相关配套用房，投资约2.94亿元。二期按大城市标准设置文化馆入驻所需功能，主要配置600座的音乐厅、排练、展厅、培训、教室、办公等功能用房，建筑面积1.4万平方米，投资约2亿元，建成后入驻区文化馆、川剧团、曲艺团等单位。2021年，一期大剧院主体工程竣工。

【电影院线】 2021年，万州电影院线组织放映《焦裕禄》《西安事变》《中国机长》等爱国影片，全年放映电影85885场，观众109.86万人次，电影收入3906.89万元。全区惠民电影放映队38个，其中农村放映队34个。惠民电影放映财政拨款166.4万元，中小学（不含高中、职校）爱国主义教育片放映拨款81.95万元。全年农村惠民电影放映5268场，社区放映2364场，敬（养）老院、军营共放映688场，中小学（不含高中、职校）爱国主义教育片放映512场。

【基层文化设施】 2021年，万州区52个乡镇（街道）有综合性文化服务中心52个、乡镇文化广场68个、文化馆分馆52个、图书馆分馆65个。至年末，每个行政村配置完成2万元、每个社区配置完成5万元的文化器材。建成农家书屋423家，存有出版物64万册，每个农家书屋配书平均在1500册以上，实现农家书屋村（社区）全覆盖。

（区文化旅游委）

文化活动

【文化惠民工程】 2021年，万州区推进文化类民生实事惠民工程，加大“点菜式”“订单式”服务力度，围绕党的十九大、庆祝中国共产党成立100周年、文明城区创建、新时代文明实践、乡村振兴等内容，开展2021“我们的中国梦 文化进万家”区级政府购买文艺演出服务345场，完成流动文化进村2000场，开展“三峡曲艺周周演”100场，完成戏曲进校园15场。常态化开展“马馆长带你读好书”等线上慕课、阅读活动150余次，惠及群众21.9万人次。

【文艺演出】 2021年，万州区举办“庆祝中国共产党成立100周年管乐专场音乐会”等庆祝中国共产党成立100周年主题系列文化惠民活动90余次。依托群星剧场、太白街道百姓大舞台等阵地，为三峡合唱团、长江红叶艺术团、三峡民乐团、三峡管乐团等群众文化队伍免费提供剧场、舞台，常态化开展“相约春天”长江红叶艺术团演出、京剧票友专场演出、新民乐团文艺演出、三峡空竹队专场演出、欣年芯艺术团文艺演出、2021年“文化和自然遗产日”戏剧曲艺展演、三峡合唱艺术团文艺演出等群众文艺展演100余场。加强乡村文化品牌建设，培育燕山杨梅节、龙驹秋收采摘节、太安踏青采茶节、白土摸鱼节等地方文化品牌项目，扶持乡村自办文化，开展基层群众文艺演出80场。

【三峡曲艺周周演】 2021年，万州区开展“三峡曲艺周周演”活动100场，活动包含“曲艺周周演”“曲艺进游轮”，采取线上、线下结合的形式，由重庆市三峡曲艺保护传承中心具体演出实施，每周五、六晚展播两场，演出内容涵盖四川竹琴、金钱板、四川清音、川东盘子、相声、四川评书等多种曲种，在南浦剧场、交运平湖游轮号以及重庆市“重庆市三峡曲艺传承保护中心”微信公众号等多平台多阵地免费对外开放。

【“中国曲艺之乡”授牌】 2021年7月9日，庆祝中国共产党成立100周年“牡丹花开心向党”中国曲艺牡丹奖艺术团“送欢笑”走进重庆万州暨“中国曲艺之乡”授牌仪式在万州大会堂举行。活动由中国曲艺家协会、重庆市文学艺术界联合会、万州区政府主办，中国曲艺家协会主席姜昆，中国曲协分党组书记、驻会副主席杨发航，区委副书记、区长聂红焰出席。来自全国的曲艺表演艺术家表演陕北说书、扬州清曲、二人转等多种形式的曲艺节目。活动现场，杨发航为万州“中国曲艺之乡”授牌，历时4年的“中国曲艺之乡”创建工作完成。

2021年7月9日，“中国曲艺之乡”授牌仪式现场　（区史志研究室　供图）

2021年6月10日，万州区高笋塘广场举办"文化和自然遗产日"活动

（区非遗保护中心　供图）

【万州区"文化和自然遗产日"活动】　2021年6月10日，由区文化旅游委主办，区非遗保护中心、区文化馆承办的万州区"文化和自然遗产日"活动在高笋塘广场举办。活动现场，现代川剧《江姐·绣红旗》、川东盘子《缘满万州》、金钱板《赞三峡》、四川评书《军神》等戏曲节目轮番登场，三峡木雕、谭木匠木梳、万州竹雕、万州石雕等8位市级工艺美术大师非遗传承人开展现场教学、展览，展示出非遗独特文化魅力，受到市民欢迎。

【2021万州区中秋诗会】　2021年9月17日，"美丽渝东 诗画江南"2021万州区中秋诗会在渝东新区三生有幸广场举办。诗会围绕诗词、团圆、佳节、乡愁等主题，涵盖诗歌朗诵、群舞、杂技等多种节目。现场原创诗歌《诗画江南 让我怦然心动》、诗歌《青春渝东》、歌舞《灯火里的中国》等节目轮番呈现，与平湖月夜、三生有幸广场及南滨大道景观融为一体，给群众带来一场立体式、沉浸式的传统文化盛宴。活动同时通过"微万州"和"平湖万州"微信公众号，万州手机台，平湖万州抖音号和三峡融媒抖音号等平台同步播放，吸引近20万人次点击观看。

【三峡江滩音乐季】　2021年4月30日至5月1日、9月30日至10月2日，万州区先后举办三峡江滩音乐季2次。活动以"燃情三峡江滩 乐享平湖万州"为主题，在"五一""国庆"小长假期间，依托万州音乐广场周边美食商圈的夜间消费市场和人群聚集优势，搭建文旅农特商品惠民展台，打造"吃、游、购、娱"于一体的万州本土夜间旅游消费品牌。内容包含"文体融合 亲水万州"群众文化体育展演、"文商融合 夜品夜享"产品展示展销、"文旅融合 亲水江滩"休闲音乐会三大主题活动，结合文化旅游惠民消费季，动员文化、旅游商户参加，以特色商品拉动消费，激活万州夜经济活力。

【承办2021世界大河歌会】　10月14日晚，2021世界大河歌会在万州渝东新区南滨路三峡文化园举办。歌会由重庆市人民政府主办，重庆市文化旅游委、重庆市万州区政府承办，延续"人类命运共同体"主题，以三峡平湖为背景，体现浓郁三峡特色，凸显长江三峡人文风光绚烂之美，以"同舟共济扬帆起，乘风破浪万里航"为中心思想，立足"国际视野、大河礼赞、命运与共、乘风破浪、大爱无边"等关键词，分为"江河之源、生命交响、激越奔涌、共建家园"4个乐章呈现。300余名国内、本地演职人员与来自乌兹别克斯坦、俄罗斯、印度尼西亚、印度、喀麦隆、乌克兰、意大利等国家的艺术家一起跨越国界、跨越民族、跨越肤色和语种，用不同的语言歌唱江河之美，歌唱世界和平。现场观看人数3000余人，各大媒体平台点击观看、阅读量3894万人次。

（区文化旅游委　区非遗保护中心）

文学艺术

【文艺精品创作】　2021年，万州区深度打磨大型原创现代川剧《峡江月》，并于11月30日完成新排首演。重点创排大型情景歌舞剧《川江号子情》，持续"中国戏剧万州现象"。围绕庆祝中国共产党成立100周年等重大时间节点，创作《我的家在长坪乡》等10余首歌曲，创作《曲艺之乡绽新花》等曲艺节目6个、川剧折子戏6个。挖掘整理优秀传统剧目，恢复长篇四川竹琴《华子良传奇》（十六回）、新创长篇四川评书《川东游击纵队》（十四回）。

【川剧《峡江月》公演】　2021年11月30日—12月2日，由重庆市三峡川剧艺术研究传承中心打造的大型现代原创川剧《峡江月》举行3场公演。活动由区委宣传部、区文化旅游委、区文联主办，重庆市三峡川剧艺术研究传承中心承办。《峡江月》于2018年开始筹划，从立意、选材历经3年时间，深度还原历史场景，通过川剧表演"唱念做打"的艺术形式，将苦难伤痛的民国历史时代变迁中的人物众生相立体丰满展现在观众面前，体现传统戏曲直面现实生活的探索和创新实践。

【文艺人才培养】 2021年，万州区推荐文艺人才参加高层次培训课程，组织各类文艺人才参加重庆市非遗传承人群培训班、成渝地区文旅系统中青年人才交流活动。组织举办以“公共文化服务数字化建设”“文图总分馆建设”“非遗传承培训”等为主题的全区文化专干培训班4次。组织开展“第七期文化体育人才帮扶进基层”和第一批“人才支持专项计划”，共选派72人次优秀文化工作者，帮扶范围覆盖全区各乡镇（街道），培育乡土文化人才，激活非遗传承人才。发挥公共物联网作用，全年注册文化志愿者310人次、志愿者队伍134支，累计开展公共文化志愿服务192次。

（区文化旅游委）

文化遗产保护

【概况】 2021年，万州区对14处市级文物保护单位的文物保护范围红线和建设控制地带红线等“两线”进行优化调整，并上报重庆市文化旅游委、重庆市规划自然资源局审批公布。12月29日，区委编委印发《关于在区文化旅游委加挂区文物局牌子的通知》，正式在区文化旅游委加挂区文物局牌子。万州区各级（国家级、市级、区级）文物保护单位132处，当年无新增数。区政府与镇乡政府（街道办事处）签订文物安全责任书52份，镇乡政府（街道办事处）与辖区文物保护单位签订文物安全责任书132份，签订博物馆安全责任书4处。全区普查、搜集非遗线索1265条，重点整理建档项目178项，涵盖民间文学、传统音乐、传统舞蹈、传统戏剧、曲艺、传统体育·游艺与杂技、传统美术、传统技艺、传统医药、民俗10个大类。至年末，万州区各级政府加大非物质文化遗产保护力度，投入资金总额1237.8万元，其中国家投入709.2万元、市级投入188.6万元、区级投入340万元。

【文物保护利用】 2021年，万州区完成对何其芳故居、五间桥、万斛城、王氏宗祠的修缮保护。成立不可移动革命文物专项调查组，确认库里申科烈士墓园、中共万县县委旧址（观音阁）、何其芳故居等10处为不可移动革命文物，并建立革命文物台账。重庆三峡移民纪念馆与北京博宬文化遗产保护中心签署战略合作协议，共同成立文物保护修复基地，先后完成《重庆市万州区三峡出土文物保护修复（调整）》《丰都县文物管理所馆藏陶器文物保护修复》项目，累计保护修复398件（套）文物。启动全区第四批11个街道的历史文化挖掘工程，梳理历史文化资源，丰富城市文化内涵。

【文物考古发掘】 2021年，天生城大遗址公园建设项目完成考古勘探调查21.5万平方米、考古发掘3000平方米，发现新石器至商周、汉至六朝、宋、明、清至民国等多个时期的遗址、遗物，编写《重庆万州天生城大遗址公园2021年度发掘工作报告》。新田镇小湾祠堂墓地、秦家包墓地完成考古发掘250平方米，发掘宋明时期墓葬5座，出土文物30件。

【非遗保护传承】 2021年，万州区在何其芳故居设立非遗体验展示中心及非遗特色产品展销点，推动诗仙太白酒、冉师傅牛肉干、万州三峡绣、万州杂酱面等特色品牌做大做强，强化明海卤菜、万州格格、三峡果酒等万州老字号保护。鼓励有关旅游机构将符合条件的老字号、特色品牌企业纳入旅游路线重点推介，鼓励旅游景区引入老字号、特色品牌企业开设旗舰店、体验店。支持成立农民合作社，推广“非遗工坊”“一村一品”等模式，扶持传统手工艺开展加工生产，推动非遗产业化发展。

【非遗文化传播】 2021年，万州区利用“文化遗产日”和传统节假日，开展非遗展览、展演、访谈、讲座等宣传教育活动，扩大非遗影响力。6月10日，万州区庆祝中国共产党成立100周年暨2021年“文化和自然遗产日”戏剧、曲艺展演在高笋塘广场举办。7月8—11日，全区各非遗商家参展2021“重庆好礼”旅

2021年10月28日，2021中国原生民歌节万州区原生民歌进景区演出活动在万州大瀑布群旅游区举行

（区非遗保护中心 供图）

2021年4月20日，重庆三峡移民纪念馆举办“小小考古家”体验活动

（重庆三峡移民纪念馆　供图）

游商品（文创产品）大赛、外事礼品征集及展示展销系列活动，万州区非遗项目姜氏背脊经络穴位诊疗法研制的产品天灸罐获银奖，三峡果酒——初逸万县中国橙酒获铜奖；谭木匠的“国色天香”工艺梳、万州三峡绣的“三峡居民”手绣真丝披肩、“山水情”手绣真丝围巾、“绿影青踪”茶席入围外事礼品名单。10月28日，“2021年中国原生民歌节万州区原生民歌进景区演出”在万州大瀑布群旅游区举办，展示传统音乐类非遗传承保护成果。

【文化遗产宣传活动】 2021年，重庆三峡移民纪念馆策划制作“伟大壮举辉煌历程——庆祝中国共产党成立100周年三峡移民巡展”，在市内巡回展出200余天，直接受众2万余人次，该展先后到重庆市万盛经开区博物馆、永川区博物馆等地展出，开启弘扬三峡移民文化“走出去”战略第一步。同时，举办“弘扬移民文化 传承红色基因”中小学生研学征文比赛等线下社教活动20余个，开展博物馆里贺春节网络直播、《江竹筠用生命践行初心》微党课等线上社教活动，受众50万人；开展“弘扬三峡移民精神　助力民族伟大复兴”“穿越时空的对话——古陶瓷修复”学术讲座，文化遗产宣传效果明显。

【红色文化保护利用】 2021年，万州区红色教育基地万州革命烈士陵园接待企事业单位团体930个，讲解2800余场，参观人数33万人次。

江竹筠生平事迹及下川东革命历史展开展　2021年6月22日起，江竹筠生平事迹及下川东革命历史展对外开放，全年接待观众10385人，接待团队502个。《中华儿女革命的典型——江竹筠生平事迹展》展陈面积200平方米，分为“成长中觉醒”“斗争中淬炼”“战斗在万县”“烈火中永生”“永恒的纪念”5个单元，讲述江竹筠短暂光辉的革命生涯，再现其坚贞不屈、永不叛党的英勇事迹，传承红岩精神。《血火铸丰碑——下川东革命历史展》展陈面积400平方米，分为“大革命时期”“土地革命时期”“全民族抗日战争时期”“全国解放战争时期”4个部分，展示下川东地区人民在中国共产党的领导下为新民主主义革命胜利作出贡献的历程。

何其芳故居修缮　何其芳故居位于万州区甘宁镇新农村3组，始建于清嘉庆年间，分为正院、东院、西院，三院横向合一布局，砖木结构，青砖墙体，硬山式小青瓦屋面，抬梁与穿斗式混合梁架，占地面积约2922平方米，建筑面积3070平方米。何其芳故居本体修缮保护被纳入三峡后续自然与历史文化遗产保护和完善项目，于2019年12月30日开工，2021年4月29日主体建筑通过专项验收，11月25日竣工验收。已完成“何其芳生平展”“渝东民居复原展示”，修缮后的何其芳故居成

2021年11月25日，“何其芳生平展”完成布展

（重庆三峡移民纪念馆　供图）

为万州区保护革命文化资源、传承红色血脉的重要文化名片。

【三峡库区首个文物保护修复基地在万州区成立】 2021年1月18日，三峡库区首个文物保护修复基地——北京博宬文化遗产保护中心文物保护修复基地在万州辖区内重庆三峡移民纪念馆成立。该基地是一个集文物修复、传承、交流、学术研究和实用型文物修复人才培养于一体的多维度平台。重庆三峡移民纪念馆以修复基地为依托，提高修复人才专业技能，形成以万州为中心，辐射周边及三峡库区的文物保护网络。至年末，保护修复文物398件（套）。

2021年万州区市级及以上文物保护单位一览表

表60

序号	名称	地理位置	类别	时代	级别
1	西山钟楼	万州区高笋塘街道办事处西山路社区西山公园	近现代重要史迹及代表性建筑	近现代	国家级
2	天生城	万州区周家坝街道办事处天生城社区	古遗址	宋代	国家级
3	瀼渡电厂	万州区瀼渡镇碑牌村1社	近现代重要史迹及代表性建筑	民国	国家级
4	洄澜塔	万州区陈家坝街道办事处南山社区	古建筑	清代	市级
5	西山抗战遗址群	万州区高笋塘街道办事处东方广场社区西山公园	近现代重要史迹及代表性建筑	近现代	市级
6	太白岩石刻群	万州区太白街道办事处太白岩社区	石窟寺及石刻	两晋至民国	市级
7	西山碑	万州区太白街道办事处青羊宫社区高笋塘广场流杯池旁	石窟寺及石刻	宋代	市级
8	良公祠	万州区长岭镇凉水村2组	古建筑	清代	市级
9	陆安桥	万州区甘宁镇楠桥村8组	古建筑	清代	市级
10	普济桥	万州区罗田镇天生社区1组	古建筑	清代	市级
11	金黄甲大院	万州区罗田镇长堰村2组	近现代重要史迹及代表性建筑	近现代	市级
12	谭家寨楼	万州区分水镇八角村2组	古建筑	清代	市级
13	司南祠	万州区太安镇凤凰社区5组	古建筑	清代	市级
14	盐井沟古生物化石群	万州区新田镇盐井沟高家村	古遗址	中更新世晚期	市级
15	向氏民居	万州区走马镇槽溪村4组	古建筑	清代	市级
16	武陵遗址群	万州区武陵镇	古遗址	战国至宋代	市级
17	新乡墓群	万州区新乡镇万顺村	古遗址	汉	市级

2021年万州区国家级和市级非遗项目一览表

表61

序号	项目名称	项目类别 项目编号	批准文号	项目级别 公布批次	保护单位
2-1	四川竹琴	曲艺 V-76	国发〔2008〕19号	国家级第二批	重庆市三峡曲艺保护传承中心（重庆市三峡曲艺团）
2-2	金钱板	曲艺 V-91	国发〔2011〕14号	国家级第三批	区文化馆
24-1	甘宁鼓乐	传统音乐 Ⅱ-17	渝府发〔2007〕80号	市级第一批	区文化馆
24-2	三峡背二歌	传统音乐 Ⅱ-76	渝府发〔2016〕24号	市级第五批	区文化馆

续表61

序号	项目名称	项目类别 项目编号	批准文号	项目级别 公布批次	保护单位
24-3	龙驹狮舞	传统舞蹈 Ⅲ-19	渝府发〔2011〕27号	市级第三批	龙驹镇文化服务中心
24-4	武陵板凳龙	传统舞蹈 Ⅲ-30	渝府发〔2014〕1号	市级第四批	武陵镇文化服务中心
24-5	太安茶连箫舞	传统舞蹈 Ⅲ-29	渝府发〔2014〕1号	市级第四批	太安镇文化服务中心
24-6	川剧	传统戏剧 Ⅳ-24	渝府发〔2016〕24号	市级第五批	重庆市三峡川剧艺术研究传承中心（重庆市三峡川剧团）
24-7	花鼓	曲艺 Ⅴ-8	渝府发〔2011〕27号	市级第三批	区文化馆
24-8	万州逃遁术	传统体育、游艺与杂技 Ⅵ-6	渝府发〔2011〕27号	市级第三批	新田镇文化服务中心
24-9	牙齿顶板凳	传统体育、游艺与杂技 Ⅵ-7	渝府发〔2011〕27号	市级第三批	铁峰乡文化服务中心
24-10	万州石雕	传统美术 Ⅶ-6	渝府发〔2011〕27号	市级第三批	区文化馆
24-11	三峡根雕	传统美术 Ⅶ-21	渝府发〔2014〕1号	市级第四批	区文化馆
24-12	罗氏剪纸	传统美术 Ⅶ-33	渝府发〔2016〕24号	市级第五批	区文化馆
24-13	万州泥塑	传统美术 Ⅶ-34	渝府发〔2016〕24号	市级第五批	区文化馆
24-14	万州竹雕	传统美术 Ⅶ-35	渝府发〔2016〕24号	市级第五批	区文化馆
24-15	万州三峡绣	传统美术 Ⅶ-46	渝府发〔2019〕16号	市级第六批	重庆市万州区三峡绣手工艺品有限公司
24-16	三峡木雕	传统美术 Ⅶ-60	渝府发〔2019〕16号	市级第六批	区文化馆
24-17	谭木匠木梳传统制作技艺	传统技艺 Ⅷ-27	渝府发〔2009〕94号	市级第二批	重庆谭木匠工艺品有限公司
24-18	万县桐油手工压榨技艺	传统技艺 Ⅷ-46	渝府发〔2011〕27号	市级第三批	分水镇文化服务中心
24-19	诗仙太白酒传统酿制技艺	传统技艺 Ⅷ-87	渝府发〔2014〕1号	市级第四批	重庆诗仙太白酒业有限公司
24-20	万州杂酱面传统制作技艺	传统技艺 Ⅷ-122	渝府发〔2016〕24号	市级第五批	区文化馆
24-21	冉师傅牛肉干传统制作技艺	传统技艺 Ⅷ-174	渝府发〔2019〕16号	市级第六批	重庆乾方天地食品有限公司
24-22	万州烤鱼技艺	传统技艺 Ⅷ-175	渝府发〔2019〕16号	市级第六批	重庆陈黄餐饮管理有限公司
24-23	万州程凉面制作技艺	传统技艺 Ⅷ-176	渝府发〔2019〕16号	市级第六批	重庆万州程凉面餐饮文化有限公司
24-24	郑氏温病诊疗法	传统医药 Ⅸ-21	渝府发〔2019〕16号	市级第六批	重庆大学附属三峡医院

2021年万州区市级及以上非物质文化遗产代表性传承人一览表

表62

姓名	性别	传承项目	传承项目级别	命名机构	命名时间
华国秀	女	四川竹琴（重庆）	国家级	文化和旅游部	2009年5月
吴卡亚	女	四川竹琴（重庆）	国家级	文化和旅游部	2012年12月
刘国福	男	四川竹琴（重庆）	国家级	文化和旅游部	2012年12月
丁长福	男	金钱板	国家级	文化和旅游部	2018年5月
刘明华	男	甘宁鼓乐	重庆市级	重庆市文化旅游委	2009年2月

续表62

姓名	性别	传承项目	传承项目级别	命名机构	命名时间
成良全	男	龙驹狮舞	重庆市级	重庆市文化旅游委	2012年11月
向育红	男	三峡背二歌	重庆市级	重庆市文化旅游委	2017年9月
谭继琼	女	川剧	重庆市级	重庆市文化旅游委	2017年9月
张承志	男	川剧	重庆市级	重庆市文化旅游委	2017年9月
潘光正	男	四川竹琴	重庆市级	重庆市文化旅游委	2009年2月
蒋其书	男	四川竹琴	重庆市级	重庆市文化旅游委	2009年2月
胡　冯	女	四川竹琴	重庆市级	重庆市文化旅游委	2009年2月
吴永发	男	四川竹琴	重庆市级	重庆市文化旅游委	2010年12月
付开国	男	四川竹琴	重庆市级	重庆市文化旅游委	2010年12月
张克俊	男	四川竹琴	重庆市级	重庆市文化旅游委	2010年12月
卢章田	男	四川竹琴	重庆市级	重庆市文化旅游委	2010年12月
张克宪	男	四川竹琴	重庆市级	重庆市文化旅游委	2010年12月
谭华波	男	四川竹琴	重庆市级	重庆市文化旅游委	2012年11月
庞德矛	男	金钱板	重庆市级	重庆市文化旅游委	2010年12月
程大琼	女	四川评书（重庆）	重庆市级	重庆市文化旅游委	2012年11月
杨德贵	男	万州逃遁术	重庆市级	重庆市文化旅游委	2012年11月
王　飞	男	万州竹雕	重庆市级	重庆市文化旅游委	2017年9月
程启燊	男	万州泥塑	重庆市级	重庆市文化旅游委	2017年9月
葛培爵	男	万县桐油手工压榨技艺	重庆市级	重庆市文化旅游委	2012年11月
谭传华	男	谭木匠木梳传统制作技艺	重庆市级	重庆市文化旅游委	2010年12月
蒋育萌	男	诗仙太白酒传统酿制技艺	重庆市级	重庆市文化旅游委	2014年12月

2021年万州区市级非物质文化遗产传承基地一览表

表63

基地名称	命名机构	命名时间	备注
赶场中心小学“金钱板”传承教育基地	重庆市文化旅游委	2017年12月	2020年1月获重庆市艺术特色学校称号
四川外国语大学“金钱板”传承教育基地	重庆市文化旅游委	2017年12月	
青少年宫“四川竹琴”传承教育基地	重庆市文化旅游委	2014年12月	
孙家中心小学“四川竹琴”传承教育基地	重庆市文化旅游委	2012年6月	2016年4月获重庆市艺术特色学校称号
溪口学校“罗氏剪纸”传承教育基地	重庆市文化旅游委	2014年12月	2016年4月获重庆市体育特色学校称号
“谭木匠木梳传统制作技艺”生产性保护示范基地	重庆市文化旅游委	2012年6月	
“诗仙太白酒传统酿制技艺”生产性保护示范基地	重庆市文化和旅游委	2014年12月	

（区文化旅游委　区非遗保护中心）

地方志

【概况】 2021年，区史志研究室开展志书编纂、旧志点校、年鉴出版、地情资料开发利用、方志馆建设等工作，服务地方经济社会发展，发挥地方志“存史、资政、育人”作用，被人力资源和社会保障部、中国地方志指导小组联合表彰为“全国地方志系统先进集体”。

2021年4月27日，万州区史志研究室组织点校的《清乾隆万县志校注》《清咸丰万县志校注》通过重庆市地方志办公室评审　　（区史志研究室　供图）

【志书编纂】 2021年，区史志研究室编纂完成《万州政府志（送审稿）》，全书80余万字；启动《重庆市第二中级人民法院志》编纂，完成初稿60余万字；收集万州全面小康大事记资料12万字；加强名特志编修指导，全区累计启动4部名特志编修工作。

【旧志点校】 2021年，区史志研究室完成《清同治增修万县志校注》送审出版，成书100余万字。完成清乾隆《万县志》、清咸丰《万县志》校注、评审工作，修改完善后送出版社审查出版。

【《万州年鉴（2021）》首次实现“掌上”阅览】 2021年12月，区政府主管、区政府办公室主办、区史志研究室主编的《万州年鉴（2021）》（总第33卷）由南海出版公司出版。该书首次实现“掌上”阅览，读者通过手机扫描图书二维码，即可快速浏览电子书。全书设特载、万州概貌、大事记、政治、法治、军事、经济、社会事业、开发区·新区、镇·乡·街道、附录共11个部分25个分目78万字，图文并茂，全面记述2020年万州区自然、政治、经济、社会、文化、生态文明建设等各个领域的基本情况和取得的新进展、新成就。

【地情资源开发利用】 2021年，区史志研究室利用“万州史志”微信公众号开展地方历史文化宣传。编写并向区级部门、乡镇（街道）赠送《江姐战斗在万县》一书，为全区党史学习教育提供学习参考；参与编写地情丛书《流淌的乡愁》第4集，负责并撰写沙河街道、百安坝街道历史文化挖掘成果共计6万余字；撰写三峡平湖旅游故事7个；撰写《中国国家人文地理·万州》部分篇目初稿2.3万字；编写提供龙驹红色文化、沙龙公园、万州区中小学综合实践基地、石桥水乡等历史文化资料，推动建成龙驹红色文化陈列馆、沙龙红色文化主题公园、游击队战斗体验、重走红军长征路实践体验等历史文化项目；为四川省泸州市委党史研究室、区委宣传部、郭村镇等单位和个人提供党史资料共10余万字；审读《女中豪杰李青林》《血染的红旗》等地方历史题材作品文稿共20万字；与区文化旅游委等单位联合开展市级文物保护单位（革命文物类）申报工作。

2021年区史志研究室编研成果　　（区史志研究室　供图）

【三峡方志馆建设】 2021年，三峡方志馆建设纳入《重庆市万州区国民经济和社会发展第十四个五年规划和二〇三五年远景目标纲要》，区史志研究室加快推进三峡方志馆建设前期工作。区政协将三峡方志馆建设纳入年度对口协商工作安排，并于7月召开“渝事好商量·专事专商”对口协商会，专题协商推进三峡方志馆建设选址工作。11月15日，区长聂红焰主持召开专题会议研究三峡方志馆选址事项。

【区史志研究室获评“全国地方志系统先进集体”】 2021年6月2日，区史志研究室被人力资源和社会保障部、中国地方志指导小组联合表彰为“全国地方志系统先进集体”，是重庆市唯一获奖单位。区史志研究室主要负责地方志、地情丛书编纂，所编纂的《重庆市万州区志》获重庆市第二届区县地方志书优秀成果评比“司马迁奖”。至年末，全区累计编纂出版部门志、行业志、镇街志43部，连续出版地方综合年鉴33卷，为万州申报“中国烤鱼之乡”等提供资料，挖掘利用地情资料服务经济社会发展。

（区史志研究室）

档案

【概况】 2021年，万州区召开区委常委会会议、档案工作座谈会、局馆联席会议研究贯彻落实习近平总书记对档案工作的重要批示精神，区档案局、区档案馆联合印发《关于贯彻落实习近平总书记对档案工作重要批示精神推动全区档案事业高质量发展的通知》，部署学习贯彻工作。区档案馆围绕主责主业，做好档案接收、档案利用、档案管理工作，履行“为党管档、为国守史、为民服务”职责，进一步巩固机构改革后档案工作。区档案馆馆藏档案120万余卷（件）册，馆藏量居重庆市各区县之首。

【依法治档】 2021年，区档案局举办全区依法治档工作培训会，宣传新修订《中华人民共和国档案法》，印制发放《中华人民共和国档案法》宣传资料5000余份；在线上平台推送档案法律法规知识解读396条。梳理档案行政管理部门权责清单10项，实施《档案检查工作办法》，建立档案检查对象和检查人员名录库，对全区52个乡镇（街道）和重点部门开展档案专项督查，对区科技局等23家单位开展档案行政执法检查。

【档案业务指导】 2021年，区档案局聚焦精准扶贫档案移交进馆和新冠肺炎疫情防控档案收集整理两大重点工作，深入全区41个镇乡、8个涉农街道开展档案业务指导。对万州高级中学、区科协、区汇杰人力集团等单位开展“点对点”档案业务培训。制发《关于做好2020年度文件材料收集整理归档工作的通知》《关于进一步加强当前档案安全工作的通知》等文件，规范各立档单位档案收集整理和安全管理工作。对万州经开区高峰生态工业园鹿山大道道路工程、万州经开区工业固体废物处置场工程、万州经开区盐化园水污染防治体系建设工程等13个项目档案进行指导和验收。

【档案接收保护】 2021年，区档案馆接收区政府办公室、区工商联、高梁镇、三峡农业集团有限公司等50家单位的文书档案、会计档案、退休（死亡）职工档案、婚姻登记档案，累计接收档案8891卷63163件。完成40家单位的精准扶贫档案接收进馆工作。开展以收集红色档案资源为主题的档案收集活动，收集到万县市中国人民解放军西南服务团入万55周年、60周年纪念册、光盘等56件档案（资料）。新建档案密集架740余立方米。全年抢救修复民国时期档案1100卷。

【档案查询利用】 2021年，区档案馆接待单位或个人查阅利用档案5251起，接待群众9140人次，利用档案资料3.04万卷（件）册次，复制档案资料4.12万页，档案查证率95%以上。

【档案编研鉴定】 2021年，区档案馆编研出版《民国时期万县金融业档案概览》等5册书籍。编辑完成《重庆市万州区城市概览》，2件馆藏档案入选、1件馆藏档案入围“印记100——川渝地区档案馆馆藏档案红色珍档名录库”。

【档案宣传】 2021年，区档案局结合“6·9”国际档案日、庆祝中国共产党成立100周年、党史学习教育等主题活动，开展“档案话百年”主题宣传活动，举办“百年党史·万州记忆”珍档图片展，吸引10万余人次观展；推出“档映百年史·

2021年6月9日，区档案局和区档案馆主办、区史志研究室和重庆三峡移民纪念馆协办“百年党史 万州记忆”——庆祝中国共产党成立100周年“档案话百年”珍档图片展

（区档案局 供图）

筑梦复兴路”专题报道，搭建党史学习好载体。撰写档案故事参与全市“百年追梦人”档案主题宣传活动，其中《铭记百万移民伟大壮举》《四个零背后的“石峰样本”》等故事入选全市百篇档案故事。依托档案元素拍摄《库里申科英雄故事》《星星的眼睛》等红色微视频2部。

【档案数字化建设】 2021年，区档案馆争取国家重大水利工程建设基金（三峡后续工作）项目资金820余万元，完成6万余卷档案数字化工作。依托此项目，为数字档案馆建设配套软硬件设备，新增数字档案馆核心数据存储管理应用系统、网络安全与防护系统、档案自主查阅终端机等，构建数字档案馆平台。

（区档案局　区档案馆）

【城建档案管理】 2021年，区城建档案馆通过线上即时指导、集中交底与上门服务相结合，提高在建工程档案编制质量和归档效率。建设工程档案专项验收通过“渝快办”线上申报办理比率100%，平均办理时限为2.5个工作日，较规定办理时限减少约64.9%。工程档案验收全程通过“重庆市网上政务服务平台”“重庆市市、区（县）城建档案信息一体化管理平台”办理，规范高效便捷透明。落实重庆市社会投资小型低风险建设项目取消工程档案专项验收改革要求。全年完成78个建设工程档案专项验收、92个单位工程档案验收，接收各类城建档案20057卷，其中建设工程档案13678卷，工程规划、竣工备案、村镇建设、房地产开发等业务管理档案6379卷。馆藏各类城建档案总量23.76万卷，均进行著录、编目、消毒、入库上架、数据库录入等规范管理。接待各类查询档案人员955人次，查询利用档案861个工程3027卷47847页，在老旧小区改造、案件调查审理、重点工程建设、产权产籍、排危抢险、矛盾纠纷调处、违法建设查处等方面提供资料。

（区住房城乡建委）

大众传媒

【概况】 2021年，重庆三峡融媒体中心管理运营电视、广播、报纸、杂志和“两微一端”移动新媒体平台核心传播平台20个，是重庆市区县规模最大、传播平台最多、覆盖人群最广的融媒体中心。

重庆广播电视信息网络有限公司万州分公司（简称重庆广电网络万州分公司）是市属驻万州国有文化企业，隶属重庆有线电视网络有限公司（简称重庆有线），其广播电视网络是广播电视节目的主流传播渠道，是万州本地广播电视节目唯一传输渠道。

【媒体融合发展】 2021年，重庆三峡融媒体中心将所有广播电视节目、报刊内容接入“看万州”App等新媒体平台，重庆三峡融媒体中心工作平台实现与重庆市级平台“两江一上游云”和重庆市区县融媒体中心市级技术平台互联互通、资源共享。入驻第三方平台，重庆三峡融媒体中心在《人民日报》、新华社、今日头条等中央和头部媒体建立新媒体账号，在“学习强国”平台上畅通发稿机制。加强区域协作，建立万达开、万开云区域媒体合作联动机制，签订媒体战略合作协议。万开云三地媒体互换报纸版面200余个，全媒体互推新闻稿件累计2500余条、纪录片近40部。与山东省济宁市广播电视台、济宁日报社签订媒体合作协议。在城区设置2个固定点位，同时配置1个移动点位，建成慢直播项目，于2021年国庆期间开通，通过网络24小时不间断直播平湖万州美景。

【新闻宣传策划】 2021年，重庆三峡融媒体中心策划推出《深入学习贯彻党的十九大精神》《学习贯彻党的十九届六中全会精神》《把习近平总书记的殷殷嘱托落实在重庆大地上》《在行动》《看效果》《奋斗百年路 启航新征程——庆祝中国共产党成立100周年全媒体报道》《奋力开新局 展现新气象》《决战决胜脱贫攻坚》《唱好双城记 共建经济圈》《共推同城化 共绘同心圆》等系列主题宣传专栏。全年在市级以上主流媒体平台用稿2200条。其中，50条稿件在中央电视台和《人民日报》刊播；200余条稿件在人民网、新华网等中央级媒体推送；530条稿件在重庆电视台和《重庆日报》刊播；540条稿件在“学习强国”平台推

重庆三峡融媒体中心新闻指挥中心　（冉孟军　摄）

送；1000余条稿件在华龙网、上游新闻等市级媒体推送。在重庆市区县“双晒”第二季大型文旅推介活动中，万州区获得“最佳传播奖”。

【报刊出版发行】 2021年，《万州时报》《三峡都市报》进行新一轮改版，增加民生新闻比重，推动纸媒与新媒体平台互联融合。在重庆首届报纸编校质量考核中，《三峡都市报》以1.812/10000差错率位列重庆市44家报纸中10个优秀之一，《万州时报》被评定为合格。两报共10件作品获重庆新闻奖、19件作品获中国地市报好新闻奖。3月起，重庆三峡融媒体中心全媒体统一开设《奋斗百年路 启航新征程——庆祝中国共产党成立100周年全媒体报道》专栏。7月1日，《万州时报》推出《红心向党 盛世华章——庆祝中国共产党成立100周年特刊》，《三峡都市报》推出《百年伟业 万州画卷——庆祝中国共产党成立100周年特刊》。7月2日，两报加版推出庆祝中国共产党成立100周年大会报道，连续两天头版封面创意、特刊版面被“中国报业”“编前会”“中国地市报人”“全媒体传播”等微信公众号收录转载。典型报道影响扩大，《你为国捐躯 我替你尽孝》报道的主人公袁玉兰的事迹在全国引起反响，其继获评全国道德模范提名奖后，11月被中共中央宣传部推选参加全国诚实守信模范评选。《你奋不顾身的身影好帅！》《永不退休的“编外宣传员”》报道的主人公程飞、彭道明先后上榜“重庆好人”，彭道明入选2021年12月“助人为乐”类中国好人。

【广播电视】 2021年，重庆三峡融媒体中心摄制播出《万州城市宣传片》《三峡旅游宣传片》《万州旅游宣传片》《寻常巷陌践初心》《鸢飞鱼跃江水绿》等70余个电视专题片。创作展播《文明创建》《学党史》《夏至，愿所有美好如约而至》等公益广告80条。纪录片《梧桐山上金鸡舞》、15集微纪录片《三峡移民故事》系列分别在重庆卫视、重庆科教频道播出和“学习强国”平台刊出。4集广播剧《英雄的守护》在中央广播电视总台“中国之声”播出，入选中共中央宣传部、国家广电总局联合举办的“庆祝中国共产党成立100周年优秀广播剧展播活动”，面向全国展播；100集广播剧《聆听万州党史故事》入选重庆市委宣传部全民阅读重点扶持项目。完成庆祝中国共产党成立100周年大会、《伟大征程》文艺演出等全年重保期广播电视安全播出任务，实现“零秒停播”“零责任事故”目标。自办电视频道安全播出12972小时，两套广播频率安全播出24859.2小时。完成2021年万州惠民春节联欢晚会、2021世界大河歌会、“巴渝儿女歌唱党”——重庆市庆祝中国共产党成立100周年万人同唱一首歌万州分会场群众文化活动、最美退役军人评选等20多场直（录）播活动；完成全区视频电视电话会摄制、有关培训会议直播等26场次。全年新开办《聆听万州党史故事》《乐在渝东》《畅享车生活》《嗨在万州》《万州医保》5档广播节目，自办节目达17档。12月2日，升级的“5G智慧电台”上线，万州交通广播实现24小时全天候播出，可视化广播节目日播出时长达3个小时，实现从听广播到看广播的转变。10月，三峡移民电视频道实现高标清同步播出。新开办《文旅万州》《嗨在万州》《航拍万州》《主播说事》4档自办栏目，新引进《习近平时间记录》《探索》《中国城市报道》《致富经》《小戏骨》5档栏目，万州综合、三峡移民2个电视频道自办栏目30个。

【网络媒体】 2021年，重庆三峡融媒体中心所办微信公众号、微博、客户端、网站、抖音等各平台装机量、用户数等指标显著增长，网络媒体总用户量突破560万，年度总阅读量（访问量）达20亿人次。重点打造4个百万级网络媒体平台，分别是：以“微万州”为代表的微信公众号，用户130万；以“三峡融媒”为代表的微博，用户150万；以“看万州”为代表的客户端，装机量115万台；以“平湖万州”抖音号为代表的视频号，用户数突破100万。“看万州”连续48个月获重庆市区县融媒体中心“十佳客户端”称号，2021年4月，“看万州”App获选为中共中央宣传部新闻局在全国推选出的7个具有示范意义的县级融媒体中心客户端之一，是重庆市唯一获选的新媒体平台。围绕乡村振兴、长江经济带、长江生态屏障、成渝双城经济圈等主题，全年生产“10万+”“100万+”“1000+”作品700余件。

“看万州”App《橘视频》栏目改版升级，日均推发信息20条左右，视频数量、作品质量提升。短视频《奶奶的故事》、城市灯光秀《万州亮了》、画卷式H5《红色印记》、系列数字海报《红色印记》、双屏互动虚拟现实H5《100年》、MV《少年》《1921年的那一天》《在灿烂阳光下》《唱支山歌给党听》和《心声》系列等数字产品，类型丰富、形式多样、传播效果好。全年创作各类短视频产品300多期，在“学习强国”平台推出245条音视频作品。新媒体平台开展各类网络直播100场，直播观看总人次近1000万，“网络直播”成为移动互联网视频传播主力产品。

（三峡融媒体中心）

【广电网络基础设施建设】 2021年，重庆广电网络万州分公司有B级中心机房1个，面积300平方米；C级机房5个，面积230平方米。建成有线广播电视信息传输服务体系，建设光缆累计10750.9千米、杆路558千米，新建管道363.5管程千米，光分纤箱37931个，累计建设光端口89160个；光纤用户达18.93万户，实现城区光纤“户户通”、农村光纤“村村通”。城区宽带平均网速100兆，农村宽带平均网速50兆。总投入3.96亿元。建成上联市网总前端最大400G带宽的DWDM密集波分骨干网、MSTP城渝网以及PTN环网和覆盖全区所有乡镇（街道）的光纤到户（FHC）有线电视接入网，形成“有线为主、无线为辅、卫星补点”的广播电视信号覆盖格局，综合覆盖率100%。

【有线电视节目】 2021年，重庆广电网络万州分公司提供公共频道75套、专业频道57套、高清数字电视83套、广播频道11套等有线电视服务。全频道电视节目时移回看，海量、高清、3D、4K互动视频点播节目服务和互联网宽带接入服务，以及教育、旅游、财经、体育、娱乐、钓鱼、支付、商城、游戏等综合信息服务。

【光纤到户通达建设】 2021年，重庆广电网络万州分公司按照乡村振兴及“十三五”以来的全区农村通信建设要求，推动龙驹、恒合、李河镇等32个镇乡313个行政村和3个街道的光纤到户通达建设，新架设主干光缆皮长2312.58千米，建设端口40064个，覆盖用户24.6万户，投资7850.53万元。全区镇乡全部实现“万兆进村、千兆入户”“村社通有线电视、户户看万州新闻”。

（重庆广电网络万州分公司）

2021年重庆三峡融媒体中心荣誉表彰一览表

表64

获奖者	获奖名称	授奖单位	获奖时间
重庆三峡融媒体中心	重庆市首届报纸编校质量考核优秀单位	重庆市报业协会	2021年12月
“看万州”App	全国推选出的7个具有示范意义的县级融媒体中心客户端	中共中央宣传部	2021年4月
微万州微信公众号	全市区县政务微信排行榜第一名	重庆发布、人民网（重庆）	—
万州发布微博	全市区县政务微博排行榜第二名	重庆发布、人民网（重庆）	—
万州区手机台	2021年度重庆市各区县手机台传播力引导力影响力（页面浏览量）综合评比第一名	重庆广播电视集团（总台）、重庆网络广播电视台	2022年2月
万州区网络电视台（视界网万州频道）	2021年度重庆市各区县网络台传播力引导力影响力（页面浏览量）综合评比第一名	重庆广播电视集团（总台）、重庆网络广播电视台	2022年2月

2021年重庆三峡融媒体中心部分作品获奖情况一览表

表65

获奖作品	获奖名称	授奖单位	获奖时间
广播专题《我和我的党支部》	2021年度第二季度创新创优节目	国家广播电视总局	2021年10月
纪录片《夏芳的暑假》	中国广播电视大奖2019—2020年度广播电视节目奖（专题类）	国家广播电视总局	2021年11月
广播剧《三分钟》	广播剧专家评析一等奖	中国广播剧研究会	2021年10月
广播剧《找鲟》	广播剧专家评析二等奖	中国广播剧研究会	2021年10月
广播剧《黄葛树下》	中国共产党成立100周年“百年百集”广播剧精品剧目展播入选作品	中国广播剧研究会	2021年10月
电视纪录片《大林的种子》	全国县级融媒体中心双月赛二等奖	“学习强国”全国平台	2021年4月
图文《扶贫干部张凤丽：七星山下的誓言》	全国县级融媒体中心双月赛三等奖	“学习强国”全国平台	2021年4月
《花开的痕迹》	中国地市报好新闻奖（评论）一等奖	中国地市报研究会	2021年9月
《那人，那狗，那道卡》	中国地市报好新闻奖（通讯）二等奖	中国地市报研究会	2021年9月
《昔日贫困户脱贫了不忘报党恩 捐出20年拾荒捡的59套文物》	中国地市报好新闻奖（消息）二等奖	中国地市报研究会	2021年9月

续表65

获奖作品	获奖名称	授奖单位	获奖时间
《感谢党和国家的好政策，105岁老人“八一”建军节给政府写了一封信“我要亲自送孙子去参军”》	中国地市报好新闻奖（消息）二等奖	中国地市报研究会	2021年9月
《石坳口防疫守夜人》	中国地市报好新闻奖（摄影）二等奖	中国地市报研究会	2021年9月
《八项规定八周年　监督就在你身边》	中国地市报好新闻奖（网络新闻）二等奖	中国地市报研究会	2021年9月
《初心，闪耀在百年老街》	中国地市报好新闻奖（通讯）三等奖	中国地市报研究会	2021年9月
《七曜山上守“卡”人》	中国地市报好新闻奖（通讯）三等奖	中国地市报研究会	2021年9月
《勇士的谎言——万州空调安装工陈明中“逆行”参建火神山医院前后》	中国地市报好新闻奖（通讯）三等奖	中国地市报研究会	2021年9月
《昔日“捕鱼人”　今成“护鱼人”　万州16名渔民退捕上岸当起长江渔业资源“守护神”》	中国地市报好新闻奖（消息）三等奖	中国地市报研究会	2021年9月
《78岁“新娘”喜领迟到30年的“红本本”》	中国地市报好新闻奖（消息）三等奖	中国地市报研究会	2021年9月
《龙驹镇产业助推脱贫多处开花结果》	中国地市报好新闻奖（消息）三等奖	中国地市报研究会	2021年9月
《打鱼人变护鱼人》	中国地市报好新闻奖（摄影）三等奖	中国地市报研究会	2021年9月
《救援五间桥》	中国地市报好新闻奖（摄影）三等奖	中国地市报研究会	2021年9月
《疫痕——致敬抗疫一线医务工作者》	中国地市报好新闻奖（网络新闻）三等奖	中国地市报研究会	2021年9月
《三峡传媒网首页》	中国地市报好新闻奖（网络新闻）三等奖	中国地市报研究会	2021年9月
《脱贫户罗显清走出颁奖台，开始新追求》	中国地市报好新闻奖（消息）优秀奖	中国地市报研究会	2021年9月
《加强长江生态保护与修复　万州952位渔民离船上岸》	中国地市报好新闻奖（消息）优秀奖	中国地市报研究会	2021年9月
《投身“双城经济圈”“万达开云”在行动》	中国地市报好新闻奖（专栏和深度报道）优秀奖	中国地市报研究会	2021年9月
《那人，那狗，那道卡》	第二十四届重庆新闻奖（通讯与深度报道）一等奖	重庆市新闻工作者协会	2021年7月
《石坳口防疫守夜人》	第二十四届重庆新闻奖（摄影）一等奖	重庆市新闻工作者协会	2021年7月
《抗疫一线·最美万州人 黄霞：逆行！义无反顾》	第七届重庆市区县广播电视好新闻奖（电视访谈）一等奖	重庆市新闻工作者协会	2021年5月
《从“捕鱼人”到“护渔人”——陈文学与长江的不解情缘》	第七届重庆市区县广播电视好新闻奖（广播专题）一等奖	重庆市新闻工作者协会	2021年5月
《重庆首例新型冠状病毒感染的肺炎确诊患者康复出院》	第七届重庆市区县广播电视好新闻奖（广播消息）一等奖	重庆市新闻工作者协会	2021年5月
《梧桐山上金鸡舞》	第七届重庆市区县广播电视好新闻奖（电视专题）一等奖	重庆市新闻工作者协会	2021年5月

续表65

获奖作品	获奖名称	授奖单位	获奖时间
《重庆首例新冠肺炎确诊孕妇在万州诞下女婴》	第七届重庆市区县广播电视好新闻奖（电视专题）一等奖	重庆市新闻工作者协会	2021年5月
《以文物说》	第一届重庆市区县新媒体（网络）好新闻奖（短视频专题报道）一等奖	重庆市新闻工作者协会	2021年5月
《万州网络问政》	第一届重庆市区县新媒体（网络）好新闻奖（网络专栏）一等奖	重庆市新闻工作者协会	2021年5月
《重庆首例新型冠状病毒感染的肺炎确诊患者康复出院》	2019—2020年度重庆市广播电视优秀作品奖（广播消息）一等奖	重庆市文化旅游委、重庆市广播电视协会	2021年7月
《从“捕鱼人”到“护鱼人”——陈文学与长江的不解情缘》	2019—2020年度重庆市广播电视优秀作品奖（广播专题）一等奖	重庆市文化旅游委、重庆市广播电视协会	2021年7月
《重庆首例新冠肺炎确诊孕妇在万州诞下女婴》	2019—2020年度重庆市广播电视优秀作品奖（电视消息）一等奖	重庆市文化旅游委、重庆市广播电视协会	2021年7月
《战“疫”日记》	2019—2020年度重庆市广播电视优秀作品奖（电视纪录片）一等奖	重庆市文化旅游委、重庆市广播电视协会	2021年7月
《以文物说》	2019—2020年度重庆市广播电视优秀作品（十佳栏目）	重庆市文化旅游委、重庆市广播电视协会	2021年7月

（三峡融媒体中心）

图书发行

【概况】 2021年，重庆新华传媒有限公司万州新华书店（简称万州新华书店）销售收入5821万元，为万州区图书发行主渠道。万州店在“2021年度阅读空间新榜样推选”活动中获评优秀基层店。万州新华书店3名职工参加由重庆书刊协会主办，重庆书刊发行协会、重庆新华书店集团公司承办的“永远跟党走——中国共产党党史知识竞赛”，获大赛一等奖。

【党建读物发行】 2021年，万州新华书店发行《论中国共产党历史》9393册、《毛泽东邓小平江泽民胡锦涛关于中国共产党历史论述摘编》8486册、《中国共产党简史》10096册、《习近平新时代中国特色社会主义思想学习问答》8602册、《在庆祝中国共产党成立100周年大会上的讲话（2021年7月1日）》4414册、《中华人民共和国简史》（新版）2073册。

【教材教辅征订发行】 2021年，万州新华书店销售教材教辅540万册，销售码洋5190万元，其中国家义务教育减免教材教辅2409万元、高中教材教辅2395万元、小学初中收费品种385万元，与2020年同期相比增加328万元，在高中学生人数减少的情况下保持销售码洋增长。

【业务经营】 2021年，万州新华书店聚焦卖场营销与新技术融合，用好“阅淘网”“小程序”“新华优享”等线上平台，开展好店内“直播带货”“抖音短视频”等新媒体，实现线上线下融合。万州书城从场景化体验、个性化服务、专业阅读指导3个核心竞争力入手，实施精准营销。利用各类节假日开展读书活动，推进实体卖场体验化升级，打造新型文化空间。

【公共服务】 2021年，万州新华书店完成重要文件、文献发行工作。开展“百年复兴梦 奋进新时代”——庆祝中国共产党成立100周年“党史微课堂”、“童心向党——把革命故事讲给你听”等一系列党史学习教育主题活动20场次。满足全区党员干部和群众开展党史学习教育的学习用书需求，销售图书180余万元。“党史微课堂”被万州区党史学习教育领导小组纳入全区党史学习教育整体实施方案。全年开展“马馆长带你读好书”“行走书香”公益赠书活动、“七进”活动以及“小小图书管理员”、每周六“故事点亮心灯”等公益活动，累计组织各类营销活动60余次，合计销售图书上万册。

（万州新华书店）

文化市场管理

【文化市场综合执法】 2021年，区文化市场综合行政执法支队开展专项整治行动10余次，出动执法人员4403人次，开展市场巡查2184家次，办结投诉举报80件。全年办结案件118件，涉及网吧、歌舞娱乐、营业性演出、文物、网络、印刷、发行、版权、旅游、电影、艺术考级、安全12个领域，办案数量和办案领域均排名全市第一。办理的案卷代表重庆市参加文化和旅游部2019—2021年度文化市场综合执法案卷评查，综合排名全国第一。办结“扫黄打非”案件12件，没收非法出版物1.24万本（册）；办理的重庆三峡医药高等专科学校教师杨某等人非法从事出版物发行业务案，被评为全市“扫黄打非”十大案件。

【文旅市场行政审批】 2021年，区文化旅游委从市网审平台认领的政务服务事项127项，其中行政许可事项36项、行政处罚事项47项、行政强制事项1项、行政给付1项、行政确认7项、行政奖励6项、其他备案事项13项、公共服务事项16项。36项行政许可事项全部入驻区政务服务中心综合窗口，并通过全国文化市场技术监管与服务平台、全国旅游监管服务平台、市网审平台（渝快办）实现网上办理；16项公共服务事项中除“五类特殊群体有线数字电视收视维护费减免”外，其余事项基本实现“周末不打烊”服务。逐步建立新设立的行政许可事项网上网下同步公示制度，探索将行政指导、实地检查、公示听证时间“三步合一”压缩审批时限。全年文旅市场行政许可实施数量206件，其中，娱乐场所27件，文艺表演团体110件，艺术品经营单位1件，互联网上网服务场所20件，营业性演出13件，不予许可1件；一般性体育经营项目许可3件，高危险性体育经营项目许可14件；旅行社17件。全区新增演出经纪机构1家、经营性互联网文化单位1家。

【文旅市场疫情防控】 2021年，万州区始终坚持“外防输入、内防反弹”策略方针和动态清零总要求，适时出台并不断健全完善全区文旅行业疫情防控总方案和应急预案。11月2—15日，关停全区网吧等互联网上网服务场所，阻断疫情通过文化和旅游活动传播，累计为相关市场主体减免停业期间电信网络专线费折合7万余元。加强文化旅游体育市场重点场所防控、关键环节管控和文旅活动监管，抽调40余人组建17个工作组（专班），对市场主体安全巡查、疫情防控检查进行1月1次全覆盖，推广应用健康码场所码，文旅体各重点场所“凡进必扫码 扫码必登记”。落实各类演出活动、体育赛事、旅游节会等文化旅游体育聚集性活动监管，做好对来自国内中高风险区和重点地区的人员筛查，全年累计完成行业系统机关、企事业单位3500余人疫苗接种。

（区文化旅游委）

文化产业

【概况】 2021年，万州区文化产业发展总体呈增长趋势。新增重庆艺龙广告有限公司和重庆市洋豪影视文化传媒有限公司两家规模以上文化企业。全区文化及相关产业增加值19.76亿元，现价增速10.9%。

【文创产品】 2021年，万州区新开发文创产品“芝蘭其芳”系列10件、“西山碑”系列11件，结合文物青铜鸡嘴壶造型元素开发“鸡嘴银壶”，改进生产“虎钮錞于”系列文创产品。出品以万州盐井沟出土的东方剑齿象化石为原型的《东方剑齿象》动漫短片并开发“东方剑齿象”系列周边文创产品14件。全年累计销售文物、文创产品及纪念品1000余件，销售收入446.44万元。虎钮錞于茶叶罐、书法镇尺、书法墨盒、巴蜀剑书签、虎钮笔架系列文创产品全年销售和赠送推广工作成果显著，虎钮錞于茶叶罐获外观专利证书。文创产品多次参展“第七届中国西部旅游产业博览会”“文旅赋能乡村振兴—农文旅融合发展现场会”“三峡文化旅游产业博览会”等，虎钮錞于茶叶罐在2021三峡库区文创产品创意设计大赛中获金奖，在2021“重庆好礼”旅游商品（文创产品）大赛中获铜奖。

（区文化旅游委）

【媒体经济】 2021年，重庆三峡传媒集团有限公司探索“媒体+政务”“媒体+商务”“媒体+服务”模式，实现资讯、服务、营销、活动有机融合模式。全年广告创收2344万元。利用一体化包装生产线和老牌龙头印刷企业优势，争取政策支持改造升级印刷包装传统企业，全年创造产值4000余万元。加快建设渝东印务包装园，打造亿元企业。创新直播电商、社交电商、主播带货等业态。融入全国报商联盟，与200多家省市级报业集团加强合作，实现“买全国”“卖全国”，打造万州本土最大电商，全年营业收入1300万元。用好全区唯一的市级消费扶贫示范单位牌子，有效衔接乡村振兴。旅行社克服疫情影响创新商业模式，以红色旅游为契机开发个性化旅游产品，做强周边游。发挥会展策划、执行等优势，举办三峡库区车展、三峡美食烤鱼节、三峡柑橘交易节、三峡江滩音乐季，参与执行大河歌会等重大会展活动；参与城区节庆灯饰、城乡“双亮”、旧城改造等建设，聚力乡村振兴，做强做优文化建设品牌。做大做强拥有国家级广告产业试点园区、国家级众创空间头衔的重庆三峡广告产业园孵化平台，升级广告产业，招引吸纳90余家单位入驻，实现产值3亿元。主动与开州区和云阳县融媒体中心签署媒体经营合作协议，共同推动三地做强媒体产业；与四川省达州市、重庆市开州区签署战略合作协议，建立深度合作机制。加强巫山、梁平、利川等周边区县深度合作。全年营业收入9768.29万元，比上年增长25%；资产总额1.5亿元；所有者权益总额0.82亿元；净利润222.6万元，增长30%；全员劳动生产率达9万元/人；上缴税金200万元。

（重庆三峡传媒集团有限公司）

【万州文化创意创业产业园】 位于重报·万州中心，总占地面积8万平方米，总建筑面积19万平方米，总投资8亿元。至2021年年末，完成一、二期工程，三期工程于当年5月开工，累计投资5.5亿元，竣工面积1.59万平方米。园区以传媒为特色，构建文化产品形式多元、文化内容健康积极、产业链条完备现代的立体文创园区，入驻企业70余家，其中文创类企业50余家，文化消费和配套服务类企业10余家，传媒类企业7家，其中渝万网络直播孵化平台拥有管理团队300余人；多个以经纪公司集群为核心的完整生态链组建完成。2021年，园区产值约4亿元。

【文化产业企业选介】 重庆三峡文化创意集团 该集团是万州区国资委出资组建的国有独资企业，由涉及文化、体育、教育、人社等18家国有企业改革重组而成，注册资本5000万元，于2019年11月15日成立，主营文化、体育、教育、人力资源等产业项目的投资运作及经营服务。职工251人，房屋类固定总面积2.56万平方米，净值约1.46亿元。至2021年年末，集团资产总额2.65亿元，全年营业收入3.31亿元。2021年，该公司完成“三元四方”文旅街区部分节点老旧小区改造、何其芳故居景点工程、天生城大遗址公园一期部分文物本体修缮项目；投资450万元打造彰显万州历史人文底蕴和江城特色的驻场演出《川江号子情》，该剧目基本成型并进入舞美道具制作阶段；创排《高空皮条》《滚环吊圈》《柔术造型》《高拐倒立》《魔术变伞》《集体跳绳》6个高难度杂技节目和主题杂技《梦开花季——我为少男少女们歌唱》。

（区文化旅游委）

社会科学

【概况】 万州区社会科学界联合会（简称区社科联）于2007年6月16日成立。2015年设立重庆市万州区社会科学界联合会机关，为正处级群团机构。2017年召开第一次代表大会。至2021年年末，有直属区级学会（协会）2个，非直属区级学会（协会）31个，区级社科专家54人，区级社科讲师75人，区级社科普及基地19家，2019年至2021年连续3年被评为重庆市区县社科联工作先进单位。

【社科队伍建设】 区社科联于2019年6月25日建立万州区第一届哲学社会科学专家库、万州区哲学社会科学讲师团。至2021年年末，专家库有专家54人，其中硕士及以上学历21人；讲师团有讲师75人，其中硕士及以上学历30人。

【社科学术研究】 2021年，区社科联联合区委宣传部立项区级重点研究课题15项，其中经济社会发展重点理论课题10项，社科基础研究重点理论课题5项。以区委党校为主要平台，组织各类社科专家开展调查研究，形成专报4期，其中《关于依托“三峡库心·长江盆景”统筹推进长坪乡与新乡一线高质量发展的建议》等两项报告获区级以上领导批示。遴选出一批课题申报重庆市级社科研究项目，其中《万达开乡村建设行动有效衔接机制创新研究》获市级立项。指导区级各类学会（协会）开展学术研究，各学会（协会）立项研究课题160项，在对应重庆市级学会（协会）获立项49项，在对应国家级学会（协会）获立项2项。

【社科活动】 2021年，区社科联组织社科界参加党史学习教育和中国共产党成立100周年庆祝活动，走访调研社团28个，指导成立社团党支部1个，组织召开工作协调会、座谈会18次，指导并参加社科社团年度总结会、会员大会、理事会7次，加强对重要会议、论坛、讲座和重大活动等方面的全程把关。

【社科普及】 2021年，万州区完成第二批区级科普基地创建工作，全区有区级社科普及基地19家。2家区级社科普及基地创建为市级社科普及基地，市级社科普及基地4家，居全市前列。开展品牌化社科普及活动，全年开展“美好生活 从心开始”心理健康公益活动96场，惠及5万余人；开展渝鲁协作中华优秀传统文化进基层项目42场，惠及农村居民6000余人；开展孝老爱亲进社区活动7场，惠及城市居民1400余人；举办第四届中华优秀传统文化公益论坛家风家教专场，惠及2000余人。开展各类社科普及活动6200余场，受众超过90万人次。

（区社科联）

卫生健康

综述

【概况】 2021年，万州区着力打好三峡健康牌，区妇幼保健院新院区建成投用，三峡公共卫生应急医院、重庆全域肿瘤医院基本建成，新创三级医院4家、甲级乡镇卫生院5家，人均预期寿命提升至77.9岁。至年末，有各级各类卫生健康单位1309家（含区红十字会等5家卫生健康单位），卫生机构床位数12043张，卫生机构人员数15509人，每千常住人口卫生从业人员10人。全年门急诊人次数1054.3万人次，比上年增长1.34%；出院人数36.84万人，增长6.47%。门诊次均费用226.96元，增长7.72%；人均住院费用8967.89元，增长8.47%。

【智慧医疗平台建设】 2021年，万州区建成全民健康信息、疫情防控管理、基层“健康云”3个服务平台，基本实现区级、基层纵向互联，公卫、医疗、家医横向互通。重庆大学附属三峡医院创建为五级“智慧医院”，医院内各业务子系统互联互通、数据共享。2家互联网医院建成投入运行。辖区内二级以上公立医院全面完成12320平台、微万州、微脉等线上预约挂号平台对接工作。推进二级以上公立医院远程医疗服务平台建设，重庆大学附属三峡医院、重庆三峡医专附属医院、上海医院牵头搭建远程心电、远程超声、远程影像和远程病理4个医疗协作网，覆盖区内外261家医疗机构，全年累计服务基层医疗机构患者11.45万人次。

【医政管理】 2021年，万州区统筹医疗资源，实施重庆大学附属三峡医院五年提振计划，创建省级区域医疗中心；支持重庆三峡医药高等专科附属人民医院与重庆三峡医药高等专科附属医院资源整合；区第一人民医院完成二甲复评。抓好五大中心建设，启动全区胸痛体制建设，将14家中心卫生院列为第一批胸痛单元培育单位。新成立重庆市神经内科医疗质量控制中心渝东北分中心、重庆市消化内镜医疗质量控制中心渝东北分中心、重庆市血液内科医疗质控中心渝东北分中心，区域辐射能力增强。全年立项市级临床重点专科2个（重庆大学附属三峡医院肿瘤科、重庆三峡医药高等专科学校附属人民医院重症医学科）。

【医学区域协作】 2021年，万州区在卫生健康领域加强区域协作。9月6日，《万开云同城化发展二级及以上医院检查检验结果互认工作实施方案》发布，明确万州区、开州区、云阳县三地推进二级及以上医院60项检查检验结果互认工作。12月22日，万达开川渝统筹发展示范区卫生健康一体化发展联席会议暨合作协议签约仪式在万州区召开。万州区、达州市、开州区三地卫生健康部门共同签订120应急救援协同发展合作协议和食品安全风险监测区域合作协议。在应急救援方面，三地实时共享网络医院、急救站、急救车辆人员等数据，通过跨区域调度让患者得到更快救治。在食品安全风险监测方面，三地在互享监测计划和监测结果、定期检测互送和风险互通、互助开展流行病学调查、疾病救治和案例分析等多方面展开合作。

（区卫生健康委）

医药卫生体制改革

【医共体“三通”改革】 2021年，万州区共建联合病房26个，为成员单位诊疗门急诊患者5306人次，诊疗住院患者5244人次，开展手术80台次、教学查房801次、疑难病例讨论451次。开展医疗集团和医共体内用药衔接试点，医共体内统一用药目录69个品种，远程医疗协作网实现基层全覆盖。牵头医院选派233名业务骨干与基层成员单位骨干建立师徒关系；推行“乡聘村用”，3家中心卫生院公招3名医生到村卫生室服务。建立基层医疗机构事业发展、区级技术服务协作2个资金池，统筹资金4533万元，实施55个项目。

【公立医院改革】 2021年，万州区开展重庆大学附属三峡医院现代医院管理制度试点、区第一人民医院人员总量备案管理试点、区上海医院薪酬制度改革试点。重庆三峡医专附属人民医院晋升三级综合医院，重庆三峡医专附属中医院晋升三级中医医院，区妇幼保健院接受三级甲等评审，启动区疾控中心创建三级甲等疾控中心工作。

【基层医疗卫生机构试行分类管理】 2021年，万州区试行基层医疗卫生机构分类管理，对全区街道社区卫生服务中心、乡镇卫生院试行动态管理、分类考核、分类施策。原8个托管街道社区卫生服务中心实行实体化运行。

【医联体建设】 2021年，万州区医联体内上级医院指导下级单位开展新技术、新项目52项，上级医院向下级医院派出专业技术和管理人才751人次，接收下级医院进修学习131人次。

（区卫生健康委）

基层医疗卫生

【基本公共卫生服务】 2021年，万州区开展国家基本公共卫生服务项目31项，人均补助标准提高到79元。组建区级基本公共卫生服务项目管理基层人才库，吸纳区级专家和基层骨干26人，开展交流学习6次。在32支万州平湖健身操队伍宣传“你健康，我服务”3期；在万州电视台开设卫健专栏，播放基本公共卫生服务宣传12期；联合中国移动开通基本公共卫生服务视频彩铃，覆盖全区610个村（居）公共卫生委员会成员。探索儿童保健室与预防接种门诊有机整合，优化功能布局，推进儿童健康全过程管理和服务。

【基层医疗卫生机构建设】 2021年，万州区递进式推进基层医疗卫生机构等级评审工作，余家镇中心卫生院、走马镇中心卫生院、双河口街道社区卫生服务中心通过甲级评审，确定为重庆市甲级基层医疗卫生机构。全区三星级及以上行政村卫生室占基层医疗卫生机构的88.63%。开展基层卫生人才能力培训、乡村医生专项能力培训1次130人次，动态完善乡村医生及村卫生室管理台账。

【家庭医生签约服务】 2021年，万州区开展第11个“世界家庭医生日”大型宣传活动，举办首届“庆建党百年·展家医风采”家庭医生技能竞赛，至年末，累计有510个家庭医生团队签约脱贫人口57992人，实现在家且有签约意愿的脱贫人口家庭医生签约全覆盖。

（区卫生健康委）

疾病预防控制

【新冠肺炎疫情防控】 2021年，万州区核酸检测样品197.76万份，结果均为阴性，全区未发生本土疫情。落实片区集中救治任务，8月5日收

2021年11月10日，万州区疾控中心组织开展2021年秋冬季新冠肺炎疫情防控暨社区防控桌面演练。图为演练现场

（区疾控中心 供图）

治奉节县无症状感染者1人，万州区派出6名医师、13名护士开展新冠肺炎西医、中医、营养、心理、康复“五位一体”医疗模式治疗，患者在重庆三峡公共卫生应急医院住院18天后康复出院。提升大规模新冠肺炎核酸检测能力，建成PCR实验室9个、核酸检测设备65台、实验室检测人员270人，设置采样点848个，满负荷运转每天可保障6.5万管的检测。加强重点场所和重点人群管理，设置集中隔离点92个，可用于集中隔离房间3326间，累计排查国内中高风险区和重点地区来万返万人员4.07万人次，完成党代会等20余次重大活动疫情防控保障工作。至年末，累计接种新冠病毒疫苗306.13万剂次，累计全程接种123.73万人，累计加强免疫接种24.4万人，人群全程接种覆盖率79.09%。

【传染病检测治疗】 2021年，万州区报告法定传染病17种7977例，发病率509.89/10万。无甲类传染病报告，报告乙类传染病10种2697例，发病率172.39/10万；报告丙类传染病7种5280例，发病率337.50/10万。规范处置聚集性疫情211起，其中达到报告标准12起，达到突发公共卫生事件Ⅳ级标准1起。

【计划免疫】 2021年，万州区儿童（0～17岁）免疫规范建档72325人，一类疫苗接种144827剂次，二类疫苗（除新冠病毒疫苗）接种339947剂次，八苗接种率98.88%。

【慢性病防治】 2021年，万州区通过国家慢病示范区复评审，完成慢性病监测、口腔疾病综合干预、脑卒中筛查、慢阻肺筛查等慢性病防控重大公共卫生项目。

【地方病防治】 碘缺乏病监测 2021年，万州区在5个乡镇（街道）完成202名8～10岁儿童尿碘、盐碘含量检测、甲状腺B超检查和102名孕妇尿碘、盐碘含量检测。儿童甲状腺肿大率2%；儿童尿碘中位数240.3微克/升；孕妇尿碘中位数159.9微克/升；合格碘盐食用率96.7%。以上指标均达到国家消除碘缺乏病标准。

克山病监测 2021年，万州区在4个区级医院、24个病区乡（街道）、47个村医疗单位开展疑似克山病病例搜索工作。在余家镇凤池村、五一村和千银村共对828名常住人口进行临床查体和心电图描记，均未发现克山病病人。

饮水型氟中毒监测 2021年，万州区在病区村开展饮用水工程运转情况调查、水氟含量检测和8～12岁儿童氟斑牙调查。病区饮用水工程运转情况正常，饮用水氟含量在0.10～0.38毫克/升之间，符合生活饮用水卫生标准（GB5749）中氟含量要求，儿童氟斑牙患病率5.7%，以上指标达到国家饮水型氟中毒控制标准。

【职业健康】 2021年，万州区创建市级健康企业2家。全年定期检测职业病危害因素335家，检测率86.56%；申报职业危害项目353家，申报率91.21%；完成职业病危害预防评价25个、设计专篇22个、控制效果评价16个；培训企业负责人和职业卫生管理人员749人，培训率96.77%；职业健康检查10761人，体检率91.36%。印发《重庆市万州区职业病防治技术支撑体系建设实施方案》，依托区疾控中心、重庆大学附属三峡医院、万州区上海医院及尘肺病患者较多的分水镇中心卫生院作为全区职业病防治技术支撑机构。全年执法检查83家，比上年增长66%，对18家重点行业职业病危害开展专项治理；查处违法案件13件，罚款12.5万元，其中5万元以上大额罚款2件。

（区卫生健康委）

妇幼保健

【妇幼公共卫生服务】 2021年，万州区完成妇女宫颈癌检查19083例、乳腺癌检查13089例，宫颈癌早诊率95.59%，乳腺癌早诊率93.33%。全年办理出生证8304张。0～6岁儿童眼保健和视力检查人数65107人，其中6岁儿童接受视力检查总人数9901人。全年累计发放营养包8.81万盒，受益儿童1.41万人，发放率95.52%。全年新生儿遗传代谢疾病筛查7870例，筛查率99.81%，新生儿听力筛查7407人，筛查率93.97%。全年叶酸新增服用人数6840人，叶酸服用率93.54%。

【母婴健康管理】 2021年，万州区加强母婴安全管理，孕产妇零死亡，婴儿死亡率降至2.41‰。发放母子健康手册7912本。全年全区孕妇学校共开设理论课和互动课两类321期，总听课人数10193人，总听课时长235.1小时。开展“母亲健康快车项目”进基层，共举办大型公众知识讲座20次，听课1850人，接待咨询36人，发放宣传资料43种3352份。

【婚前孕前保健】 2021年，万州区持续在婚姻登记处设立免费婚检、孕检点，实现婚登婚检一站式服务。对所有参加婚前医学检查服务、孕前优生健康检查服务对象均按要求进行医学检查及个性化的卫生咨询指导。全年免费婚前医学检查1.01万人次，婚检率60.14%；孕优检查5038人次，目标人群覆盖率85.86%，孕优检查人数比上年上升3.43%。

【3岁以下婴幼儿照护服务】 2021年，万州区按照政府引导、家庭为主、托育补充的总体思路，建设3岁以下婴幼儿多元化照护服务体系，探索建立“1+5”婴幼儿托育服务体系。“1”即成立婴幼儿托育服务综

合指导中心，由区妇幼保健院挂牌成立万州托育服务综合指导中心，指导辖区托幼（育）机构开展卫生保健工作，对全区托幼（育）机构不同人员开展针对性的卫生保健知识培训，组建成融合医学、教育、心理等领域专家的50人婴幼儿照护专家库，线上线下开展入户指导、亲子活动、妈妈课堂等活动；“5”即建立“托幼一体化”“机关办”“企事业办”“社会办”“社区办”5种多元化托育服务模式。全年托位数由425个增加至2035个，每千人口托位数1.3个，获评市级示范性托育机构2家。至年末，全区开展托育服务的公办幼儿园3家，提供托位数210个，开展普惠性托育服务的民办幼儿园41家，提供托位数1290个。重庆大学附属三峡医院改建天使托育服务中心，于2021年9月建成全区首家公办托育机构，11月1日开园，在园入托幼儿21名。

（区卫生健康委）

2021年3月24日，万州区卫生健康委开展世界防治结核病日宣传活动

（区卫生健康委　供图）

健康促进

【健康万州行动】　2021年，万州区实施健康素养促进行动等措施，助力全民健康素养和健康水平提升。优化基本公共卫生服务，提高居民健康档案建档率和利用率，提升妇幼老年等重点人群健康服务水平，加强3岁以下婴幼儿照护发展及老年病科建设，提升全民健康素养水平和人均期望寿命。建设“区—乡—村”三级健康教育工作网络，培养基层健康教育骨干队伍。巩固健康科普专家队伍，加强健康科普和健康传播能力建设。居民健康素养水平25.96%。儿童青少年近视率51.29%，比上年下降0.52个百分点。人均预期寿命77.9岁。

【心理健康服务】　2021年，万州区构建社会心理服务体系，基本建立基层、校园、企事业单位、医疗机构4个社会心理服务平台。各街道、社区建立心理健康服务站，提供心理健康服务，在7家二级及以上综合医院开设心理门诊，同时依托重庆大学附属三峡医院建设心理服务平台1个。7月15日，万州区心理健康服务中心揭牌仪式在重庆大学附属三峡医院平湖分院举行。

【健康宣传】　2021年，万州区设立健康教育宣传专栏703块并定期更换，阅读专栏受教8.9万人次。区疾控中心开展“世界无烟日”“爱国卫生月”“全民营养周”“全民健康生活方式日”“全国高血压日”“联合国糖尿病日”“世界艾滋病日”活动共7次。全区开展“世界防治结核病日”等主题活动日咨询宣传920场次，现场接受咨询和健康教育8.9万人次，全区个性化健康教育活动受教137万人次。开展健康科普知识讲座3199期次，直接听课受教11.9万人次。在候诊厅、输液室、健康教育活动室等场所播放糖尿病、高血压、艾滋病防治，以及新冠肺炎疫情防控等宣传片25种1.2万场次，播放时长5.3万小时。利用健康小屋平台、健康教育处方资料架、吸烟区、公众性宣传活动、讲座、义诊活动、随访与访视等为居民提供宣传资料30余种86.7万份。

（区卫生健康委）

中医药事业

【概况】　2021年，万州区有各级各类中医医疗机构370家，其中中医医院2家，中医门诊部、诊所368家；全区5个二级以上综合医院均开设中医病房；全区38个乡镇卫生院、14个社区卫生服务中心均开设中医科和中药房。

【中医药服务能力建设】　2021年，万州区累计建成基层中医馆50个，其中精品中医馆6个。重庆三峡医药高等专科学校附属中医院晋级为三级中医医院，重庆大学附属三峡医院成立中医诊疗中心，万州区第一人民医院引进康复医学学科带头人1名，万州区妇幼保健院在新院区建成中医科，并引进硕士研究生和副主任医师各1名。重庆三峡医药高等专科学校附属中医院中医骨伤科学、肾病学和重庆大学附属三峡医院中医传染病学3个学科获批重庆市中医药重点学科。全年获中医药类科研项目立项3项。

【中医药服务】 2021年，万州区开展65岁及以上老年人中医体质辨识和健康指导19.21万人，0～3岁儿童中医药指导服务1.7万人。中医药参与新冠肺炎疫情防控工作。全年向隔离点医学观察人员发放中医防病“香囊”200个，向一线医务人员发放中药预防方药1000人次，向门诊住院病人发放中药茶饮3万人次。

【中药饮片电商平台“药采采”上线运营】 2021年6月1日，万州医药产业龙头企业重庆厚捷医药集团有限公司推出的中药饮片电商平台“药采采”上线运营。“药采采”由厚捷医药集团旗下杏仁医药科技重庆有限公司运营，围绕中医药大健康产业，借助互联网整合中药饮片产业链，在生产企业和用户之间搭建起“两端一链一平台”。用户在“药采采”电商平台小程序或App上下单后，可进行全国“一键发货”，并提供15天无理由退换货服务。

（区卫生健康委）

爱国卫生

【概况】 2021年，万州区贯彻落实重庆市人民政府《关于深入开展爱国卫生运动的实施意见》《重庆市爱国卫生条例》，持续推进病媒生物防制、饮水安全、控烟履约、环境卫生整治、卫生城区创建等工作。全年新增国家卫生镇1个，累计2个；新增市级卫生乡镇11个，累计11个；累计创建无烟单位318家。全年举办爱国卫生宣传2次，开展全区范围内爱国卫生运动周末大扫除活动156次，参与人次1.56万。4月15日，万州区举办以“文明健康 绿色环保”为主题的第33个爱国卫生月宣传活动。

【基层卫生创建】 2021年，万州区武陵镇通过国家卫生镇复查，龙沙镇创建为国家卫生乡镇。全年创建市级卫生乡镇11个，分别是甘宁镇、大周镇、孙家镇、郭村镇、弹子镇、白羊镇、余家镇、罗田镇、瀼渡镇、柱山乡、恒合土家族乡。

【病媒生物防制】 2021年，万州区组织开展集贸市场、餐饮类企业及集中居住区的公共区域蚊、蝇、鼠、蟑螂等消杀工作，全年投放鼠药9900余千克、灭蚊药3600千克，降低病媒生物对市民危害。4个街道、13个乡镇推行害虫防治公司专业化病媒生物防制。

【饮水安全】 2021年，万州区按照《2021年重庆市城乡饮用水水质监测工作方案》，全面落实水质监测措施。全区全年城市饮用水水质监测合格率89.71%，较上年同期合格率70.59%上升19.12个百分点，为2014年开展城市饮用水水质监测以来水质最高合格率。

【无烟单位创建】 2021年，万州区倡导文明健康绿色环保生活方式，多措并举创建无烟机关。结合“世界无烟日”宣传活动，于5月27日和5月28日分别在万州区学府广场和长龙家园社区开展2期主题系列宣传活动。“世界无烟日”宣传活动期间，全区61家机关单位参与，新媒体宣传报道205次，发放宣传资料6000份、制作无烟家庭公益广告2块，累计受益1.22万户；全区教育系统“世界无烟日”活动覆盖率100%，制作宣传专题展板、班级黑板报、LED电子屏等600余块，完善重点场所禁烟标识2000余块，推送转发宣传知识210余篇，开展专题培训、主题班队活动1000余次，受益人数25万余人。至年末，全区116所中小学校、61家医疗单位、141家党政机关全面建成无烟单位，其中区级“无烟党政机关”74家、区级“无烟党政机关示范单位”67家，基本实现学校、公立医院、机关“全覆盖”。开展无烟家庭创建，无烟家庭报名788户，356户通过认证。

（区卫生健康委）

卫生监督

【卫生监督执法体系建设】 2021年，万州区建立“1248”综合业务管理工作机制，即规范工作流程、建立2个任务清单、落实4项运行机制、完善8个事项台账，形成“事前有安排、事中有提醒、事后有跟踪”的闭环管理模式，实现目标、进程、质量管理三统一。建立区级执法技术专家库，建立部门协作、法律顾问、司法局及法院多层次指导办案机制。

【卫生监督检查】 2021年，万州区多部门联合开展医疗卫生行业综合监管专项4次。双随机抽查511户，查处案件58件，监督检查各类单位6642户次，协管巡查单位9451户次。建设项目卫生审查38项次，查办案件335件，其中大案要案4件。计划生育审查1.6万人次。调查处理各类卫生举报投诉及信访事件43件，调解处理个体诊所医疗纠纷3起。医疗机构不良执业行为记分70家286分。常态化监督新冠肺炎疫情防控工作，督导二级以上公立医疗机构、社区卫生服务中心和镇乡卫生院182户次，督导民营医院165户次，督导个体诊所、村卫生室和社区卫生服务站1432户次，督导住宿场所、沐浴场所、超市商场等场所2473户次，责令改正151家。

【卫生监督量化管理】 2021年，万州区开展医疗卫生健康行业公共场所量化评级，4类场所量化评级165家，其中A级18家。建立职业健康“两级监管、三级联动”机制，实现区、镇街、村居三方联动共治，创建健康企业2家。

（区卫生健康委）

医学教育科研

【医学科研项目】 2021年，万州区有二级病原微生物实验室生物安全备案实验室22个。全年获各级各类科研项目立项71项，获项目资助241万元。全年科研项目结题118项。获区域医学重点学科立项2个。发表医学科技论文841篇，获专利技术59项。重庆大学附属三峡医院“基于深度学习与分子模拟的纳米水凝胶跨生物膜输运机制研究”“肌少症患者外周血管阻抗和肌内压改变影响心血管系统的血流动力学研究”2个项目获国家自然科学基金（青年科学基金）资助，资助经费共54万元。

【继续医学教育】 2021年，万州区完成市级继续医学教育申报56项，重庆大学附属三峡医院获国家级继续教育项目6项。审核区级继续医学教育项目43项。全年继续医学教育10885人，参加人数10850人，达标人数10734人，达标率98.61%。

【医技人才培养】 2021年，万州区引进博士研究生13名、硕士研究生49名，重庆大学附属三峡医院博士后工作站新入站博士后8名。全区注册全科医生790人，城乡每万名居民拥有全科医生4.9名，每个乡镇卫生院均有至少1名注册全科医生。全区卫生健康行业入选第二批重庆市区县医疗卫生学术技术带头人7人、入选万州区第四批“平湖英才”2人、入选万州区第二批创新创业示范团队4个，获2021年万州区“最美科技工作者”称号3人、“最美科技创新团队”称号3个。30家单位被评为“万州区卫生健康先进集体”，54人被评为“万州区卫生健康先进个人”。

（区卫生健康委）

医疗用血服务

【概况】 重庆市万州中心血站成立于1976年5月，是全国最早建立的地区级血站之一，主要开展血液采集与制备、临床用血供应、无偿献血者招募、医疗用血业务指导、血液检测等业务，采供血范围包括万州区、开州区、梁平区、忠县、云阳县，同时承担城口县中心血库的集中化检测工作，服务半径1.5万平方千米，服务人口660余万人。

【血液采集】 2021年，万州中心血站采血总量98560个单位，折合采血19.7吨，比上年增长7.7%。无偿献血59052人次，全血采集94581个单位，折合18.9吨，增长7.4%。一次献300毫升、400毫升献血人次占献血总人次比重上升为83.3%，成为献血主流人群。血小板采集3979个单位，增长8.6%，其中采集80%以上来自成分血固定献血者队伍，该队伍已发展在册近千人。全年千人口献血率11.81‰。

【血液质量管理】 2021年11月起，万州中心血站执行F/0版质量体系文件，对献血服务、血液采集、血液检测、血液制备、血液隔离与放行、血液保存、发送与运输、库存管理等所有环节实行全程标准化管理与监督，确保临床用血安全。

【临床医疗供血】 2021年，万州中心血站向片区内100余家医疗机构提供临床用血，主要包含悬浮红细胞、新鲜冰冻血浆、浓缩血小板等12个血液制品。全年供应红细胞类血液制品91869.5个单位，比上年上升8.8%；供应血浆类79078个单位，下降3.5%；冷沉淀凝血因子23706个单位，上升53.3%；单采血小板3981个单位，增长11.8%。全年紧急送血303次。血液成本462.77元/个单位，比上年降低21.32元。

【血液检测】 2021年，万州中心血站检测血液标本6万份，检测内容包括乙肝表面抗原（HBsAg）、丙型肝炎抗体（抗HCV）、人类免疫缺陷病毒抗体（抗HIV-1/2）、抗梅毒螺旋体抗体（抗TP）、丙氨酸氨基转移酶（ALT）、ABO血型和RhD血型等血清学检测项目，以及乙型肝炎病毒核酸（HBV-DNA）、丙型肝炎病毒核酸（HCV-RNA）、人类免疫缺陷病毒核酸（HIV-RNA）等核酸检测项目。全年献血者血液艾滋初筛阳性报送万州疾控中心63例，其中确认抗-HIV阳性9例。

【无偿献血宣传】 2021年，万州中心血站通过开展无偿献血宣传，持续提高市民无偿献血知晓率和参与度。利用“重庆市万州中心血站”微信公众号推送每日献血导引、无偿献血健康知识、血液库存信息以及献血动态等，订阅量近4万次。开展“6·14”世界献血者日主题宣传和“无偿献血开放周”活动，在《三峡都市报》设立“我身边的献血人”专栏报道献血先进典型，在万州电视频道滚动播放无偿献血信息、开办专题报道；设置无偿献血公益广告。每年定期到高校以及企事业单位举办无偿献血宣传讲座，发放宣传资料，解答无偿献血疑虑。全年免费测血型血压1200余人次。

【无偿献血表彰活动】 2021年6月11日，万州区无偿献血表彰活动在万州万达广场举行。活动对2018—2019年度无偿献血促进奖（单位奖）——万州中心血站、重庆三峡医药高等专科学校，无偿献血志愿服务奖（五星级）彭国洪以及全国无偿

2021年6月11日，万州区无偿献血表彰活动现场　（万州中心血站　供图）

献血奉献奖金奖代表进行表彰。此次表彰中，无偿献血奉献奖金奖获得者188名、银奖278名、铜奖1055名。

（袁迎燕）

医疗卫生机构

【概况】　2021年，万州区各级各类卫生健康单位1309家。其中，政府办医院4家（重庆大学附属三峡医院、区妇幼保健院、区上海医院、区第一人民医院）；部门办9家（重庆三峡医药高等专科学校附属人民医院、重庆三峡医药高等专科学校附属中医院、重庆三峡医药高等专科学校附属医院、优抚康复医院、福康医院、福安医院、三峡监狱医院、三合监狱医院、教育矫治医院）；社会办医院28家；基层医疗卫生机构565家[乡镇卫生院38家、街道社区卫生服务中心14家；社区卫生服务站5个、村（社区）卫生室508个]；专业公共卫生机构4家（区卫生健康综合行政执法支队、区疾控中心、万州中心血站、区皮肤病防治院）；其他卫生健康机构5家（区红十字会、区计生协会、区卫生干部进修学校、区老年活动中心、区卫生健康服务中心）；门诊部20家；体检中心1家；个体诊所657家；医务室16家。

【重庆大学附属三峡医院】　始建于1929年，全国医学学科设置最为齐全的大型综合性三级甲等医院和重庆市级区域医疗中心。医院占地面积0.27平方千米，开放床位3150张，设有主院区1个、分院区4个。2021年，该院在艾力彼全国省单医院100强中排名第6位、14个专业跻身全国省单医院专科排行榜前10强，三级公立医院绩效考核成绩在全国2413家综合公立医院中位列第203名、考评等级为A，7项工作获选国家级医院高质量发展典型案例，年门诊量在“2021中国医院门诊量100强榜”中位居全国第64位，GCP机构药物临床试验量值在全国1211家备案药物临床试验机构中排名第134位。配备全球领先的第四代达芬奇手术机器人、西部首台64通道生命感知磁共振等万元以上设备5157台件。

全年获得省级以上荣誉43项（其中国家级荣誉8项）。通过国家二级癫痫中心、全国名老中医药专家郑邦本传承工作室评审验收。新增市级区域医学重点学科建设项目2个、临床重点专科建设项目1个、中医药重点学科1个、新冠核酸检测培训实验室1个、质控中心渝东北分中心5个。重庆市老年疾病临床医学研究中心挂牌运行，重庆市内分泌代谢病学临床医学研究中心通过上级验收评估。全年科研项目获批立项44项（其中国家自然科学基金项目1项），获国家专利18项，主持及参与教材编写等13部、国家级临床指南与专家共识4部。通过“智慧医院”（五级）、国家医疗健康信息互联互通标准化成熟度四级甲等评审，互联网医院、远程诊疗服务患者61万人次。加强与重庆大学教学融合互动，加强临床医学本科教育师资储备。成为重庆市公众卫生应急技能培训示范基地、重庆市首批公卫医师培训临床培训基地。9名职工进入博士后工作站，新增区级人才19名、创新创业示范团队2个。获得2021年度重庆市博士后创新人才支持计划1项、中国博士后科学基金第69批面上项目一等资助1项和第70批面上项目二等资助1项。

2021年，上岗职工4171人，其中享受国务院政府特殊津贴专家9人、高级职称人员555人、博士和硕士551人、博士后21人、硕士生导师26人。全年门急诊人次281.73万人次，比上年增长9.84%；出院人次10.92万人次，增长11.38%；门诊次均费用425.31元，增长2.57%；人均住院费用1.62万元，增长4.07%。

【万州区第一人民医院】　国家二级甲等综合医院，集医疗、教学、科研、预防、保健于一体，设住院部和门诊部各1个。医院设有临床和医技科室30个，其中颅脑外伤科为重庆市特色专科。卒中中心为重庆市防治卒中中心项目单位，食管精准外科治疗团队入选万州区创新创业示范团队，呼吸与危重症医学科获评全国PCCM建设项目优秀单位。2021年，通过重庆市卫生健康委员会（简称重庆市卫生健康委）二级甲等综合医院周期性评审。全年门急诊人次260361人次，比上年增长43%；出院人数17861人，增长11.15%。门诊次均费用243.71元，增长51.54%；人均住院费用9396.47

元，增长23.51%。全年累计预检98万人次，核酸检测20万人份，临时接种点累计接种新冠病毒疫苗9.5万剂次，发热门诊累计接诊1533人次。

【重庆三峡医药高等专科学校附属人民医院】 三级综合性教学医院，占地面积1.27万平方米，业务用房面积5.1万平方米，编制床位800张。微创外科是重庆三峡库区微创外科临床研究中心，微创手术占外科手术的50%以上，在全市区县医院中居前列，是重庆市全科医师规范化培训基地、重庆博士后科研工作站，获国家实用新型专利技术11项，拥有市级区域重点学科建设项目1个、市级临床重点专科及建设项目4个、市级医疗特色专科2个、区级医疗特色专科1个。2021年，开展新技术15项，其中四级手术10项；开展新项目21项。心血管内科成功申请国家心脏康复中心建设，重症医学科成功申报2021年重庆市临床重点专科建设项目，卒中中心建设成功接受重庆市卫生健康委验收。依托宁波第一医院对口支援，引进“储慧民心律失常工作室”，成功开展重庆市首例以最新TCSE消融导管及Precision三维标测系统为主导的房颤射频消融等复杂心律失常介入手术。开展“我服务·您监督”优质服务百日行动，提升就诊服务流程等9个服务措施。119名职工取得《高校教师资格证》，成功转型为“双师型”专业技术人才；新取得国家实用新型专利8项，市级科研立项1个，区级科研立项4个，完成科研结题9个。全年门急诊人次288376人次，比上年下降18.6%；出院人数23672人，增长18.1%；门诊次均费用205.81元，增长2.27%；人均住院费用11989.87元，增长28.47%。

【重庆三峡医药高等专科学校附属中医院】 国家三级综合性中医院，集医疗、教学、科研、预防、康复、保健为一体。医院由牌楼、北山2个院部及高笋塘、周家坝2个分院组成。有骨伤、康复、肾病3个国家中医重点专科，有针灸、脑病、耳鼻喉、肺病、妇科、肛肠、肿瘤7个市级中医重点专科。有全国名老中医药专家传承工作室1个、市级名老中医药专家传承工作室1个、临床研究所2个。2021年，门急诊人次181987人次，比上年增长20.68%；出院人数16218人，增长9.01%。门诊次均费用221.7元，增长14.41%；人均住院费用10550.8元，增长17.57%。

【重庆三峡医药高等专科学校附属医院】 国家二级甲等综合医院，集医疗、教学、科研、预防保健、康复为一体。占地面积2.28万平方米，业务用房5.55万平方米，实际开放床位494张，以皮肤、针灸、中医康复诊疗为特色，有国家级特色专科在建项目1个，建有万州区皮肤病临床研究所和万州区针灸技术应用研究所。针灸科为市级中医重点专科和区级医学重点学科，肿瘤科为市级中医特色专科，皮肤科为市级特色专科和区级医学重点学科。建有国家药物临床试验机构、重庆市全科医学专科规范化培训基地和社区健康管理实验基地。2021年，门急诊人次数335472人次，比上年增长14.37%；出院人数12926人，增长-3.97%。门诊次均费用266.75元，增长15.31%；人均住院费用9309.95元，增长18.11%。

【万州区妇幼保健院新院建成投用】 2021年6月29日，万州区妇幼保健院新院区（双河口院区）正式开诊。该院为重庆市38个区县规模和服务量最大的三级妇幼保健院，共有院区3个、门诊部1个、公卫服务中心1个，即双河口总院、太白路院区、百安院区，周家坝门诊部和妇幼保健公共卫生服务中心（万州区后街金座）。双河口新院区占地面积3.4万平方米，建筑面积7.2万平方米，床位500张，投资4.35亿元，按照现代化、智慧化、三级（甲/乙等）医院设计建设。9月底，太白路院区门诊和住院业务及配套科室整体迁转至新院区，同时增设成人内科、成人外科住院业务，原太白路院区仍提供产科、妇科、儿科、儿保科、生殖内分泌科以及检验检查等门诊日间服务。10月1日起，双河口新院区提供24小时门诊、住院以及各类手术的全面医疗保健服务。

（区卫生健康委）

2021年6月29日，万州区妇幼保健院新院区（双河口院区）正式开诊

（区妇幼保健院 供图）

体　育

综　述

【概况】　2021年，万州区丰富群众体育生活，倡导全民健身运动，城市社区15分钟健身圈基本形成，人均体育场地1.68平方米，国民体质抽样合格率93%，全区经常参加体育锻炼的人口比例为42%。全区发挥区位优势和场馆优势，以品牌赛事为载体，举办体育赛事活动，打造以亲水、生态、环保为理念的体育特色品牌赛事，全年举（承）办大型体育赛事20场。

【体育协会组织】　2021年，万州区有区级体育协会35个，会员5万余人，带动全区群众体育活动开展。新成立万州区健身气功协会，是重庆市首个成立健身气功协会的区县。

【体育人才培育】　2021年，万州区向重庆输送集训运动员30余名，其中谭滨宇、王鑫、陈钇西3人进入专业队。田径、摔跤、跳水项目被评为重庆市竞技体育后备人才单项训练重点基地、举重项目被评为一般基地。新培训社会体育指导员460余人、乒乓球裁判员30余人、气排球裁判40余人。

【体育彩票】　2021年，万州区体育彩票销售额2.19亿元，较上年增幅75.8%，在全市销量排名第十四位。全区体彩网点138个，新增网点30个。其中，专卖店86个，新增16个；兼营店52个，新增14个。全区体彩专卖店占体彩网点比重62.31%，高于全市49.81%的平均水平。

【万州区体育学校】　万州区体育学校主要担负万州区培养竞技体育人才工作，是国家体育后备人才基地、重庆市重点体育学校。位于万州区申明坝凤仙路317号，注册运动员300余人、教练员20余人，开设田径、游泳、举重、跳水、摔跤、柔道、拳击、跆拳道、武术套路、武术散打、艺术体操、篮球、网球等项目，其中田径、跳水、摔跤项目是重庆市重点训练基地。为国家和省市输送数百名优秀运动人才，其中张勇、钟国顺和秦福林均获得过世界举重锦标赛冠军。2021年，张琳、陈钇西（田径）、王鑫（摔跤）、谭滨宇（跳水）、秦福林（举重）作为专业运动员代表重庆市参加各级各类比赛。全年一级运动员水平10人次，二级运动员水平46人次。

（区文化旅游委）

竞技体育

【概况】　2021年，万州区承办第十四届全运会男子手球资格赛暨2021年“体彩杯”全国男子手球冠军杯赛、第十四届全运会女子手球资格赛暨2021年“体彩杯”全国女子手球冠军杯赛、2021年全国（U19）青年篮球联赛女子组第二阶段（重庆万州赛区）比赛等竞技比赛3场次。全年参加重庆市锦标赛、冠军赛，获金牌26枚、银牌20枚、铜牌20枚；代表万州区参加市级及以上赛事获奖牌165枚。

2021年5月，万州区运动员参加重庆市第六届运动会柔道比赛

（万州区体育学校　供图）

【2021年"体彩杯"全国男子手球冠军杯赛】 2021年5月8—16日，第十四届全运会男子手球资格赛暨2021年"体彩杯"全国男子手球冠军杯赛在万州区三峡之星体育馆举行。比赛由中国手球协会主办，市体育局、区政府承办，区文化旅游委协办，来自广东、江苏、四川、山东、北京、上海、天津、澳门等地的10支代表队参赛，江苏队夺冠，北京队、安徽队分获第二、三名。

【2021年"体彩杯"全国女子手球冠军杯赛】 2021年5月21—27日，第十四届全运会女子手球资格赛暨2021年"体彩杯"全国女子手球冠军杯赛在万州区三峡之星体育馆举行。比赛由中国手球协会主办，市体育局、区政府承办，区文化旅游委协办，来自广东、江苏、四川、北京、上海、山东等地的8支代表队通过分组单循环赛和交叉附加赛两个阶段决出名次，江苏队夺冠，上海队和山东队分获第二、三名。

【2021年全国（U19）青年篮球联赛女子组第二阶段（重庆万州赛区）】 2021年10月12—19日，在万州区三峡之星体育馆举行。此次赛事由中国篮球协会主办，市体育局、区政府承办，区文化旅游委协办，区体育场馆管理中心执行。来自河北、浙江、天津、北京、上海、山西、武汉的7支球队112名运动员参赛，浙江队、上海队、北京队分获前三名。

【赛事参与】 2021年，万州区体育学校派出322名运动员代表万州区参加重庆市第六届运动会，参与举重、游泳、田径、柔道、武术套路、跆拳道、攀岩、摔跤、跳水、拳击、艺术体操、武术散打、篮球、橄榄球、网球15个项目，获19金41银39铜；输送到重庆市运动技术学院古典式摔跤队的王鑫参加十四届全运会获男子古典式摔跤60公斤级第五名，周涛在全国国际式摔跤锦标赛暨第十四届全运会预赛上获男子古典式摔跤63公斤级第五名。

2021年万州区运动员参加市级及以上赛事获奖情况一览表

表66

姓名	比赛名称	项目（组别）	名次（成绩）	比赛时间	比赛地点
王　鑫	中华人民共和国第十四届运动会	摔跤男子古典式60公斤级	第五名	2021年9月23—26日	陕西延安
周　涛	2021年全国国际式摔跤锦标赛暨第十四届全运会预赛	摔跤男子古典式63公斤级	第五名	2021年5月8—16日	浙江温州
向怡星辰	重庆市第六届运动会	武术套路女子乙组长拳+剑术全能	第一名	2021年3月9—12日	永川区
左洪溢	重庆市第六届运动会	武术套路男子乙组42式太极拳+42式太极剑全能	第一名	2021年3月9—12日	永川区
马千惠	重庆市第六届运动会	武术套路甲组女子枪术	第一名	2021年3月9—12日	永川区
蒋海周	重庆市第六届运动会	拳击男子乙组42公斤级	第一名	2021年3月26—30日	永川区
李元杰	重庆市第六届运动会	拳击男子乙组52公斤级	第一名	2021年3月26—30日	永川区

续表66

姓名	比赛名称	项目（组别）	名次（成绩）	比赛时间	比赛地点
张雨珊	重庆市第六届运动会	柔道女子乙组+67公斤级	第一名	2021年4月15—20日	永川区
刘耕宏	重庆市第六届运动会	柔道男子甲组+90公斤级	第一名	2021年4月15—20日	永川区
余柯言	重庆市第六届运动会	跳水男子乙组5米台	第一名	2021年4月24—28日	重庆市奥林匹克体育中心
周　涛	重庆市第六届运动会	摔跤男子甲组古典式63公斤级	第一名	2021年4月25—29日	永川区
吴　娜	重庆市第六届运动会	举重女子乙组59公斤级	第一名	2021年4月24—29日	永川区
彭春娅	重庆市第六届运动会	举重女子乙组49公斤级	第一名	2021年4月24—29日	永川区
黄　浩	重庆市第六届运动会	举重男子乙组81公斤级	第一名	2021年4月24—29日	永川区
叶亦菲	重庆市第六届运动会	田径女子丙组跳高	第一名	2021年5月24—30日	永川区
胡俊毅	重庆市第六届运动会	田径男子乙组跳远	第一名	2021年5月24—30日	永川区
蒋林甫	重庆市第六届运动会	田径男子乙组铁饼	第一名	2021年5月24—30日	永川区
牟潇玥	重庆市第六届运动会	田径女子甲组200米	第一名	2021年5月24—30日	永川区

（区文化旅游委）

全民健身

【概况】　2021年，万州区宣传贯彻《重庆市全民健身条例》，开展群众性体育活动。同时，发挥区级体育协会、健身俱乐部以及社会体育指导员、教练员的带头作用，开展全民健身活动。加大场地设施供给，满足群众多元化健身需求，巩固城市社区15分钟健身圈。年末有30个社区健身示范点、33块社会足球场，共注册社会体育指导员2940人。

【全民健身服务体系建设】　2021年，万州区城市供给和乡村供给两大重点工作齐头并进，科学规划和统筹建设全民健身场地设施，形成城区、乡镇（街道）、村（社区）全民健身网络体系，完善并巩固城市社区15分钟健身圈。

【全民健身赛事活动】　2021年，万州区组织各类体育活动100余场次，参与人数近20万人次。举办“全民健身月”“全民健身日”主题志愿服务活动暨全民健身系列展示活动，举办、承办、执行、协办重庆市迎新登高万州区群众登山活动、“2021年全国百城千村”万州区健身气功·八段锦交流比赛活动、重庆市第十届全民健身运动会健身气功比赛、重庆市第十届全民健身运动会气排球比赛、万州足球联赛、2021年万州区乒乓球俱乐部联赛、2021年万州区男子篮球联赛、第二十四届“鱼泉杯”渝东北片区（万州站）老年人乒乓球邀请赛、2021三峡江滩万州群体活动展示等一系列群众体育赛事活动。

2021年8月11日，群众在万州区音乐广场开展太极拳健身运动

（三峡融媒体中心　供图）

【中国·万州体育舞蹈（国标舞）全国公开赛】 2021年5月2—3日，由中国国际标准舞总会指导，区文化旅游委、区体育总会、市国际标准舞协会主办，区体育舞蹈协会承办的2021年中国·万州体育舞蹈（国标舞）全国公开赛暨第二届三峡体育舞蹈锦标赛在万州区三峡之星体育馆举行。大赛主题是“舞动三峡·情系万州”，赛事分为成人组、职业组、业余青少年组等多个组别，进行单人、双人、团体等多个等级赛，涵盖拉丁舞、摩登舞、华尔兹、伦巴、探戈、桑巴等多个国标舞舞种。来自北京、上海、重庆、湖北、四川等省市的50余个代表队2000余名选手参加。

【2021年重庆市第六届男子篮球联赛万州赛区】 2021年9月23—27日，在万州区三峡之星体育馆举行。由市体育局、区政府主办，重庆市篮球运动管理中心、区文化旅游委承办，市篮球协会、区体育场馆管理中心、区篮球协会协办，来自涪陵、合川、黔江、石柱、北碚、重庆高新区的6支男子篮球队参赛，黔江、重庆高新区、北碚、涪陵4支球队取得赛事积分榜前4名，进入最终主客场决赛。

【重庆市第十届全民健身运动会健身气功比赛】 2021年10月22—24日，在万州区三峡之星体育馆举行。此次比赛由市体育局、市直机关工委、市总工会主办，市武术运动管理中心、市健身气功管理中心、区文化旅游委、市健身气功协会承办，来自重庆梁平区、九龙坡区、万州区等区县以及高校、协会的33支代表队及四川省达州市的2支展演代表队共196名运动员参赛。比赛分为健身气功·易筋经、五禽戏、六字诀、八段锦等8项集体赛项目，以及健身气功·马王堆导引术、导引养生功十二法、大舞、太极养生杖等8项个人赛项目。

【重庆市第十届全民健身运动会气排球比赛】 2021年12月3—5日，在万州区三峡之星体育馆举行，来自渝中、渝北、万州、铜梁等区县的40余支气排球代表队、400余名运动员及教练员参加。此次比赛由市体育局、市直机关工委、市总工会主办，市社会体育指导中心、区文化旅游委、市排球协会承办。比赛分为男子组和女子组，渝北区、九龙坡区、江津区获男子区县组前三名；巴南区、铜梁区、九龙坡区分列女子区县组前三；重庆市前卫体协、重庆市第二师范学院、大足龙水镇人民政府获男子单位组前三名；重庆晋疆汽车零部件有限公司、大足龙水镇人民政府、重庆文理学院获女子单位组前三名。

【“2021年全国百城千村”万州区健身气功·八段锦交流比赛】 2021年12月10—11日，在万州区三峡之星体育馆举行，由国家体育总局健身气功管理中心主办，市健身气功管理中心指导，区文化旅游委、区卫生健康委、区总工会联合举办，区体育总会、区健身气功协会承办。万州区高校、街道社区、乡镇、企事业单位共45支代表队360名运动员参与，重庆三峡医药高等专科学校健身气功代表队获一等奖。

（区文化旅游委）

体育设施

【概况】 2021年，万州区公共体育场馆以免费、低收费对外开放为主，结合旅游、商业文化活动、商业体育竞赛、展览、培训等项目开发体育产业，推动全民健身事业发展。全年启动江南体育健身中心建设，推动五桥运动公园建设。至年末，全区有体育场地4873个，场地面积263.28万平方米，全区人均体育场地面积1.68平方米。

【体育场地项目建设】 2021年，万州区申报全民健身场地器材补短板工程项目4个，项目总投资364.94万元，申报补助资金140万元，其中2021年度80万元、2022年度60万元，分别用于龙驹镇、李河镇、白羊镇、五桥街道全民健身场地器材补短板工程建设。申报城市体育公园和健身步道项目2个，项目补助资金160万元，其中2021年度樱花渡体育公园项目补助资金140万元、2022年度大周镇滨江健身步道项目补助20万元。争取体育彩票公益金482万元，其中全民健身项目占368万元，主要用于援建和维护公共体育场地设施，资助体育场地对外开放和运营，资助群众体育组织建设和开展全民健身活动。

【三峡之星体育馆】 位于万州区北滨大道西山公园旁，是万州区首座综合性体育场馆，于2004年建成、2005年投用，占地面积34297平方米，主馆赛场半径28.4米，净空高15米，能同时容纳5307人观看比赛，可开展室内篮球、手球、羽毛球、乒乓球、体育舞蹈、室内音乐会、演唱会、文化演出等综合项目，能承办相关的国际国内大型室内专业体育赛事。2021年，三峡之星体育馆对外开放350天、每周对外开放89小时，公休日、节假日每天开放12小时以上，户外公共区域实行24小时免费开放，对学生、老年人、残疾人以及在全民健身日期间免费开放。全年累计举办体育赛事活动28次，其中公益体育赛事26次；举办其他体育、文化等活动5次，其中公益体育讲座、展览3次；免费体育健身技能培训1730人次；运动健身指导5620人次，其中免费体质监测3010人。全年接待人员22.28万人次，其中接待健身21.08万人次。

【万州体育场】 位于万州区大河沟北滨大道一段150号，2012年10月建成投用，是万州首个标准化体育场。建设用地0.14平方千米，总建筑面积约3.1万平方米，按乙级体育场标准设计，可承担全国单项比赛或省级运动会，主场规模2.6万座，配套全民健身活动场地及设施。举办过动漫展览、乡村旅游推广、中国之队国际青年足球赛等大型活动。2021年，万州体育场除因受新冠肺炎疫情影响关闭两周外，其余时间均对外开放，每周对外开放63小时（其中免费开放36小时），公休日、节假日每天开放9小时以上，户外公共区域实行24小时免费开放，免费开放率100%。全年，举办体育赛事活动12次，其中公益体育赛事10次；举办其他体育、文化等活动8次，其中公益体育讲座、展览3次；体育健身技能培训3.1万人次（其中免费培训800人次），运动健身指导3000人次，全年接待人次22.2万人次，接待健身人群11.2万人次。全年开展重庆市应急管理局系统运动会、重庆市烟草专卖系统职工运动会、第十四届全运会手球资格赛暨2021全国男子、女子冠军杯赛体能测试工作等大小赛事活动11次，其中公益类赛事8次。

2021年，万州游泳（跳水）馆全年累计开放310天，为13万人次提供服务。图为万州游泳（跳水）馆比赛池 （区体育场馆管理中心 供图）

【万州游泳（跳水）馆】 位于大河沟北滨大道一段150号，2010年10月开工，2012年9月建成，工程总投资2.2亿元，总用地面积4.67万平方米，总建筑面积1.85万平方米。室外场地面积2万平方米，室内场地面积5642.25平方米。场馆体育功能有16米×22.2米跳水池（深5.25米）1个、8泳道50米×21米比赛池（深2米）1个、6泳道25米×15米训练池（深1.35~1.65米）1个、两个戏水浅池及两个按摩池。馆内设有15排席位，可容纳1588人。2021年，万州游泳（跳水）馆全年累计开放310天，每周开放64小时，累计开放2672小时，其中7—8月开放时间为12小时/天，其余日期开放时间为8小时/天。全年7天（元旦节、劳动节、国庆节等6个半天，全民健身日1个全天）对全区市民免费开放，接待市民1000余人。全年举办体育赛事活动4次，其中公益体育赛事4次；举办其他体育、文化等活动8次，其中公益体育讲座、展览5次；体育健身技能培训1.44万人次，其中免费培训400人次；运动健身指导5000人次，其中免费体质监测3000人。全年接待人员11.09万人次，其中接待健身9.15万人次。

（区文化旅游委）

社会生活

人口家庭

·人口和生育·

【概况】 2021年，万州区落实国家生育政策，开展生育关怀行动，发展婴幼儿照护服务，推进落实三孩生育政策，废止《流动人口计划生育工作条例》。全年户籍人口出生8841人，其中一孩5041人、二孩3327人、三孩404人、四孩及以上69人。全区生育服务证登记6817份（含再生育审批），办理独生子女父母光荣证2093份、重庆市婚育证明1120份。

【人口状况】 2021年，万州区户籍出生人口8841人，出生率5.16‰；死亡人数11722人，死亡率6.85‰；人口自然增长率-1.69‰。全年全区常住人口出生7592人，出生率4.8‰，比上年降低1.34个千分点，呈逐年下降趋势；死亡11723人，死亡率7.41‰，下降0.3个千分点；人口自然增长率-2.61‰，下降1.04个千分点。

【生育政策】 2021年，万州区贯彻落实产假、育儿假、护理假等制度，推进三孩生育政策落地实施。召开生育政策解读培训会议，发放宣传资料3000余份，分别在高速路口、万达广场、驿鑫广场和重庆大学附属三峡医院LED屏投放广告，营造生育浓厚氛围。清理废止社会抚养费征收文件1件，发展婴幼儿照护服务，新增托位1610个。全年将50964名奖扶对象、4883名特扶对象纳入扶助范围，发放扶助金1.08亿元。根据《中华人民共和国国务院令》第747号决定，废止《流动人口计划生育工作条例》，从2021年9月9日起施行。

【计生信息化建设与应用】 2021年，万州区卫生健康委持续开展人口监测项目，加强全员人口基础数据库新平台推广应用，动态更新维护人口家庭信息系统，与公安、民政、统计等部门适时共享交换信息，及时比对核实处理。全面推行生育登记服务线上线下同步办理。

【生育关怀行动】 2021年，万州区深入计生特殊家庭开展“下基层、访群众、办实事”走访慰问活动，帮助其解决生产、生活等方面困难。建立就医绿色通道，在挂号、取药、住院等环节提供优先便利服务。制作发放围裙、年画、春联及慰问信等宣传品，在元旦、春节等重要时间节点或计生特殊家庭遇到突发情况适时开展紧急救助。全年走访慰问5279人，发放慰问金87万余元，为4500人次计生特殊家庭人员开展心理咨询、健康咨询、法律咨询等讲座79场，进行心理辅导138人次。

（区卫生健康委）

·婚姻家庭·

【概况】 2021年，万州区办理结婚登记8418对、离婚登记3087对，补发结婚登记5778对、补发离婚登记910对。持续推进婚姻登记机关行风建设和婚姻仪式移风易俗，开展“家庭和谐计划”和“幸福家庭”评选。开通婚姻登记“跨省通办”“全市通办”，全年办理跨省结婚7对、离婚2对，办理跨区结婚58对、离婚25对。

【历史婚姻档案电子化】 2021年，区民政局开展中华人民共和国成立以来全区历史婚姻档案电子化补录工作。从8月1日起，开展对已补录历史档案错误信息的纠正、回填和完善，完成1528条；开展缺失历史档案补录，完成1323条。

【婚姻领域移风易俗】 2021年，万州区推进婚姻领域移风易俗，为婚姻当事人发放《结婚誓词》《新婚贺词》等婚俗改革宣传资料5000余份。倡导喜事新办、婚事简办，倡议婚姻当事人不攀比、不浪费、不收彩礼，推进婚俗改革，摒弃不良陋习。建立特邀颁证员颁证制度，设立颁证室，聘请人大代表、金婚夫妇等为新人颁发结婚证，推行结婚登记免费颁证仪式，新婚男女在结婚登记当天，站在庄严国徽下，由颁证员引导宣读结婚誓言并为新人颁发结婚证书。全年免费颁证服务4364对，每月至少开展1次集体颁证仪式。设立婚姻家庭辅导室，免费提供婚前辅导、婚姻家庭咨询、情感辅导、心理疏导、离婚劝导和调解等志愿服务，宣传正确婚恋观和家庭美德，树立移风易俗新风尚。

【家庭和谐计划】 自2016年9月28日开始，重庆市万州明爱社会工作服务中心承接区民政局婚姻家庭社会工作“家庭和谐计划”项目。2021年，明爱社会工作服务中心深入社区挖掘困境家庭，一对一帮扶协助3个个案走出困境；开展家风家教类宣传活动6场、社区活动25场、家和进乡村活动4场、乡村文明婚俗讲座4场、青年婚恋讲座2场、免费颁证服务6次、“幸福家庭”评选活动1场；开展婚姻家庭辅导小组6个（30节次），为冲动离婚人群开展离婚调解40例；以“家和服务站”为依托，开展社区类调解5例。

2021年万州区第四届“幸福家庭”评选活动获奖一览表

表67

名次	家庭
第一名	32号家庭（罗文莲）
第二名	85号家庭（刘伟）
第三名	48号家庭（廖成龙）
第四名	52号家庭（唐小练）
第五名	53号家庭（廖方芝）
第六名	35号家庭（陈芳）
第七名	10号家庭（吴永富）
第八名	86号家庭（骆君玉）
第九名	1号家庭（吴仕权）
第十名	84号家庭（崔贵平）

【万州区第四届“幸福家庭”评选】 2021年，万州区开展第四届“幸福家庭”评选活动，线上累计总票数21.81万票，累计访问量17.03万次。经过收集幸福清单、群众自荐、专家评审、网络投票、线下评比等环节，通过“幸福清单一起晒”“幸福清单齐挑战”“幸福故事齐分享”等方式，吸引82个家庭参与，评选出10家最具代表性的幸福家庭。

（杨舒悦）

收入消费

【概况】 2021年，万州区全体居民人均可支配收入37817元，比上年增长9.9%。城镇常住居民年人均可支配收入46758元，增长9.6%；农村常住居民年人均可支配收入19281元，增长11.5%。全体居民人均消费支出26678元，比上年增长9.3%。城镇常住居民年人均消费支出31850元，增长9.5%；农村常住居民年人均消费支出15956元，增长8.6%。

【居民收入】 2021年，万州区全体居民人均可支配收入绝对额较全国、全市平均水平分别高2690元、4015元，增速高0.8、0.2个百分点。农村居民收入增速高于城镇居民，城乡居民收入比由上年同期2.47∶1下降至2.43∶1。上半年，万州区全体居民收入从一季度的13.3%上升到上半年的13.5%；下半年，受国内新冠肺炎疫情多点散发以及2020年下半年收入基数逐季提升等因素影响，全体居民收入增速逐渐回落至前三季度的11.5%，全年回落至9.9%。以2019年为基数，全体居民收入两年平均增长9.8%。全体居民收入的四大项工资性收入、经营净收入、财产净收入、转移净收入绝对额占全体居民收入比重分别为60.7%、13.4%、7.2%、18.7%。其中，工资性收入仍占据可支配收入主体地位，比

上年增加1948元，增收贡献率57.1%

农村居民收入　2021年，万州区农村居民增收总体延续2020年二季度以来的恢复性增长态势，分季度收入增速高开稳走、逐季放缓，全年增速较快增长，创近五年来最高。四大项收入增长呈“一快三稳”。从增速看，2021年万州区农村居民收入的四大项继续保持增长。从结构看，四大项收入占农村居民收入比重总体保持稳定，与上年同期相比呈“三降一升”态势。

城镇居民收入　2021年，万州区城镇居民收入增速快于全市、全国。人均可支配收入46758元，比上年增长9.6%，增速居全市第一，高于全市增速0.9个百分点，高于全国增速1.4个百分点。

2021年，国家统计局万州调查队调查人员向群众核查基础信息

（国家统计局万州调查队　供图）

【居民消费】　2021年，万州区全体居民人均生活消费支出八大类全面增长，拉动消费支出增加2267元。其中，衣着、交通通信、教育文化娱乐等5类消费支出增幅均超过10%。

农村居民消费　2021年，万州区持续出台落地一系列促进居民消费相关政策举措，消费市场全面恢复。农村居民八大类消费支出占比较上年呈现“五增二降一平”态势。其中，食品烟酒、居住分别比上年下降0.9%、0.3%；衣着、生活用品及服务、交通通信、教育文化娱乐和医疗保健分别上升0.3%、0.2%、0.5%、0.1%、0.1%。生存型消费占农村居民消费比重比上年下降0.9个百分点，发展型、享受型消费占农村居民消费比重比上年分别上升0.7、0.3个百分点。

城镇居民消费　2021年，万州区城镇居民人均现金消费支出31850元，比上年增长9.5%，恩格尔系数35.9%。食品烟酒、居住、生活用品及服务、医疗保健、其他用品和服务分别增长8.9%、2.7%、1.5%、9.9%和29%，城乡居民消费中衣着、交通通信、教育文化娱乐分别下降4.1%、14.7%和1.4%。

2021年万州区全体居民人均可支配收入情况统计表

表68

指标名称	2021年（元）	2020年（元）	增幅（%）
人均可支配收入	37817	34407	9.9
工资性收入	22945	20997	9.3
经营净收入	5092	4584	11.1
财产净收入	2717	2442	11.3
转移净收入	7063	6384	10.7

2021年万州区农村居民人均可支配收入情况统计表

表69

指标名称	2021年（元）	2020年（元）	增幅（%）
人均可支配收入	19281	17292	11.5
工资性收入	7821	7147	9.4
经营净收入	5576	5119	8.9
财产净收入	510	462	10.4
转移净收入	5374	4564	17.7

2021年万州区城镇居民人均可支配收入情况统计表

表70

指标名称	2021年（元）	2020年（元）	增幅（%）
人均可支配收入	46758	42662	9.6
工资性收入	30241	27677	9.3
经营净收入	4858	4327	12.3
财产净收入	3781	3397	11.3
转移净收入	7878	7261	8.5

2021年万州区全体居民人均生活消费支出情况统计表

表71

指标名称	2021年（元）	2020年（元）	增幅（%）
消费支出	26678	24394	9.3
食品烟酒	9596	9024	6.3
衣着	2329	2061	13
居住	3931	3707	6
生活用品及服务	1899	1714	10.8
交通通信	3076	2705	13.7
教育文化娱乐	3107	2683	15.4
医疗保健	2144	1998	7.3
其他商品和服务	596	502	16.7

2021年万州区农村居民人均生活消费支出情况统计表

表72

指标名称	2021年（元）	2020年（元）	增幅（%）
消费支出	15956	14697	8.6
食品烟酒	5755	5439	5.8
衣着	778	672	15.8
居住	2866	2690	6.5
生活用品及服务	1020	911	12
交通通信	1871	1647	13.6
教育文化娱乐	1698	1544	10
医疗保健	1725	1574	9.6
其他商品和服务	243	220	10.5

2021年万州区城镇居民人均生活消费支出情况统计表

表73

指标名称	2021年（元）	2020年（元）	增幅（%）
消费支出	31850	29097	9.5
食品烟酒	11449	10753	6.5

续表73

指标名称	2021年（元）	2020年（元）	增幅（%）
衣着	3078	2731	12.7
居住	4444	4197	5.9
生活用品及服务	2324	2102	10.6
交通通信	3657	3216	13.7
教育文化娱乐	3787	3246	16.7
医疗保健	2346	2202	6.5
其他商品和服务	765	650	17.7

（魏薇）

创业就业

【概况】 2021年，万州区贯彻落实“稳就业”“保居民就业”工作要求，加大企业纾困政策措施落实力度，保障重点群体就业，推进大众创业、万众创新，开展职业技能培训，全区就业形势总体稳定。全区城镇新增就业3.05万人，发放创业担保贷款4.08亿元，开展职业技能培训2.3万人。接收离校未就业高校毕业生2770人，就业率93.83%。人力资源服务业产值8.4亿元，服务渝东北、川东北地区劳动力38.7万人次，保障区内企业用工0.9万人，实现利税1200万元。

【职业技能培训】 2021年，万州区人力社保局组织职业技能培训2.3万人，发放培训补贴2610万元，发放职业培训生活补贴（含交通费）64万元。万州烤鱼学院挂牌并获市级职业技能培训品牌机构称号。严格过程监管，投入30万元建设人脸识别和远程视频监管系统24套，杜绝代培、学时缩水等现象，规范培训秩序，提升培训质量。

【就业创业服务】 2021年，万州区3个市级创业孵化基地入孵企业148家、带动就业1767人。4个市级农民工返乡创业园入驻企业352家、带动就业4684人，生产总值4.1亿元。开展创业服务“进山村、进社区、进企业”活动12场，印发宣传资料4万份，免费提供政策宣传、项目评估、开业指导等服务。

【创业担保贷款】 2021年，万州区为2111户市场主体发放创业担保贷款4.08亿元，总量位居全市第一，带动就业4490人，为3826户实体兑现创业担保贷款贴息4160.9万元。

【招用工平台服务】 2021年，万州区依托“重庆就业网”“万州智慧就业”微信小程序和万州区人力资源市场，搭建线上线下用工求职平台。全年举办招聘会54场，1842家次单位提供岗位5.6万个次，入场求职2.8万人次，保障企业用工0.9万人。

【高校毕业生就业】 2021年，万州区接收离校未就业高校毕业生2770人，就业率93.83%，其中186名贫困学生就业率100%。开展大学生就业创业专项活动36场，帮扶大学生创业项目26个，服务5.3万人次。新增见习基地146个，累计建成544个，提供岗位2766个，见习人数784人，全年发放大学生各类补贴662.8万元，惠及1205人次。

【农村劳务开发】 2021年，万州区农村劳动力转移就业总人数42.36万人，年内劳务总收入66.1亿元。回引农民工返乡就业创业1.18万人，其中创业1824人。新创建市级农民工返乡创业园1个。鲁渝劳务协作农村劳动力就业613人。完成市级下达的重点电子智能终端企业送工6788人，培育劳务经纪人436人，落实补贴43.6万元。完成新市民培训3864人次，落实补贴19.32万元。为2.73万人落实市外跨区域交通补助428.58万元，为6093人落实区外市内跨区域交通补助35.23万元。

【和谐劳动关系创建】 2021年，万州区企业劳动合同签订率稳定在95%以上，创建和谐劳动关系“AAA”级企业5家，总量增至32家。推进行业工资集体协商试点、维护新就业形态劳动者权益保障专项行动，采取集中培训和实地走访等方式，帮助指导重庆象征科技有限公司等100余家新注册企业规范用工。加强基层调解组织和劳动关系协调员队伍建设，全区有乡镇（街道）劳动人事争议调解中心21个，基层劳动关系协调员256名，重庆市金牌劳动关系协调员3名，65家大中型企业设置劳动争议调解委员会。

【工伤评定】 2021年，万州区受理工伤认定申请825件，办结810件，其中依法驳回认定申请101件、依法作出不予认定工伤30件、依法作出认定工伤679件。与太平洋保险公司合作，启动工伤认定辅助调查工作，辅助调查率37%。开展工伤鉴定和病退鉴定工作，全年组织开展工伤鉴定7次，502人参加鉴定；组织开展病退鉴定4次，275人参加鉴定。

【劳动保障监察】 2021年，万州区开展综合执法和根治欠薪工作，开展清理整顿人力资源市场、女职工特殊权益保障、新业态劳动者权益保障、治理超时加班专项检查4次，检查各类用人单位70家，涉及劳动者9000人。妥善处理房地产、校外培训机构等重点行业欠薪隐患，帮助6500余名农民工追回工资8000余万元，未出现因欠薪引发的50人以上群体性讨薪集访事件和极端讨薪事件。日常巡视检查各类用人单位120家，排查在建工程项目359个。推广运用农民工工资支付监控预警平台，新开工项目入网率100%。

【劳动维权一站式服务大厅成立】 2021年2月，万州区人力资源和社会保障综合行政执法支队联合区劳动人事争议仲裁院、区司法局法律援助中心建立“劳动保障维权服务大厅”，整合维权资源，为劳动者提供一站式维权服务。全年受理劳动者举报投诉801件，协调处理777件，涉及6181人7812万元，立案处理24件，涉及63人114万元，举报投诉案件结案率100%。立案受理劳动人事争议案件1284件，结案1266件，结案率97.09%。

2021年4月16日，万州区第一届“平湖工匠”职业技能大赛颁奖现场

（区人力社保局　供图）

【重庆三峡人力资源服务产业园开园】 2021年7月8日，重庆三峡人力资源服务产业园开园运营，被市人力社保局授牌为“市级产业园”。产业园依托“行业集聚、产业协同、人才汇集、创新培育”四大核心功能，立足万州区，辐射渝东北和川东北，建设区域性人力资源服务产业园，打造区域性人力资源服务高地。11月1日，重庆三峡人力资源服务产业园加入成渝地区“双城经济圈”人力资源服务产业园联盟，成为常任理事单位。至年末，签约入驻企业34家，服务2.5万人次。

2021年7月8日，重庆三峡人力资源服务产业园开园（区人力社保局　供图）

【万州区第一届“平湖工匠”职业技能大赛】 2021年4月启动，9月结束。此次大赛由万州区就业工作领导小组主办，区人力社保局承办，重庆三峡人力资源产业园运营管理有限公司、重庆万州技师学院、重庆三峡医药高等专科学校、重庆长安跨越车辆有限公司、重庆市三峡水利电力学校具体承办。主要分为行业职工组、学生组和企业职工组3个组别，主要有数控车工、万州烤鱼制作、健康和社会照护等比赛。评选出一等奖11名、二等奖22名、三等奖33名，80余名参赛选手获高级工证书。

【“渝创渝新·创响万州”第五届创新创业大赛】 2021年7月启动，11月结束。此次大赛由区人力社保局、区科技局、团区委和区妇联主办，区就业和人才中心、区科技信息中心承办，收到各行各业报名项目65个。11月25日，决赛在三峡广告产业园举行，10个创新创业项目

2021年11月25日，“渝创渝新·创响万州”第五届创新创业大决赛举行

（区人力社保局　供图）

现场角逐。重庆三峡融媒体中心进行现场同步直播。重庆胜特佳机械有限公司“轻型电动车无离合器AMT自动变速器开发应用”项目获一等奖，奖金5万元。威科赛乐微电子股份有限公司“940nm VCSEL芯片——领先科技，引导未来”、重庆奇迹半导体科技有限公司“高保真低功耗蓝牙+2.4G双模双向收发射频软件技术”、万州区集庆玩具制衣厂“扶贫工厂助力乡村振兴”3个项目获二等奖，奖金2万元。重庆巴渝大嫂职业培训学校的“渝管家新型家政”等6个项目获三等奖，奖金1万元。

（夏显坤）

社会保险

【概况】　2021年，万州区持续实施全民参保计划，全区城乡基本养老保险参保率95%以上，参加养老保险、医疗保险、失业保险、工伤保险的人数分别达112.84万人、155.23万人、12.17万人、18.92万人。推进机关事业单位工作人员养老保险改革。按时足额发放社保待遇，及时兑现待遇调整政策。强化社保基金风险防控，确保基金安全。

【基本养老保险】　2021年，万州区城乡居民基本养老保险基础养老金上调到每人每月125元（增加10元），人均月养老金增加到138.4元。连续第17年调整企业退休人员养老金，人均月养老金增加104.8元。连续第6年调整机关事业单位退休人员养老金，人均月养老金增加168.6元。

城镇企业职工基本养老保险　2021年，万州区参加城镇企业职工基本养老保险47.26万人。其中，随单位参保14.32万人，以个人身份参保13.75万人，按月领取养老金19.19万人，发放城镇企业职工养老金52.2亿元。全年基金收入25.69亿元。

城乡居民基本养老保险　2021年，万州区参加城乡居民基本养老保险59.6万人，其中按月领取养老金20.13万人，发放城乡居民养老金3.8亿元。全年基金收入1.05亿元。应参保的5.74万名低保、特困、重度残疾等困难人员100%参加养老保险。

机关事业单位养老保险　2021年，万州区参加机关事业单位工作人员养老保险5.98万人，其中按月领取养老金2.46万人，发放机关事业单位退休人员养老金15.3亿元。全年基金收入7.5亿元，职业年金收入6.28亿元。

【基本医疗保险】　2021年，万州区城乡居民医保参保124.03万人，职工医保参保31.2万人，全区参保率稳定在95%以上。全年城乡居民医保基金征缴10.75亿元，职工医保基金征缴11.76亿元。全年城乡居民医保待遇享受477万人次，支付（含大病保险）11.63亿元，政策范围内报销率57.8%；城镇职工医保待遇享受226万人次，支付（含大病保险）8.23亿元，政策范围内报销率72.51%。落实城乡居民高血压、糖

2021年5月31日，区医保局组织召开基本医疗保险基金运行情况通报会暨红黄牌医院约谈会议

（区医保局　供图）

尿病“两病”门诊保障政策，累计备案12.35万人，支出139.81万元。落实确保患者不因费用问题影响就医、确保收治医院不因支付政策影响救治的“两个确保”政策，合理降低新冠病毒核酸检测价格，对疑似或确诊患者未参保的实行“即参即享”，救治费用实行“临时无卡结算”，支付新冠病毒疫苗接种费3036.54万元。

【失业保险】 2021年，万州区参加失业保险12.17万人，全年基金收入7507万元，基金支出9048万元，按时足额发放失业保险待遇4103万元，保障4669名失业人员基本生活。建立规模失业风险常态预防、风险处置机制，做好全区51家企业失业动态监测和100家重点企业用工监测，对失业人员提供求职登记、职业指导、技能培训等公共就业服务，促进失业人员就业。

【工伤保险】 2021年，万州区强化工伤保险参保扩面，扩大工伤保险覆盖范围，落实建筑业按项目参加工伤保险政策，全区7209家单位18.92万人参加工伤保险。全年基金收入6126万元，基金支出4533万元，其中工亡待遇1683万元、伤残待遇1671万元、医疗待遇662万元、一次性医疗补助469万元、辅助器具费22万元、鉴定和鉴定检查费20万元、住院伙食补助6万元。

【生育保险】 2021年，万州区继续做好生育保险和职工基本医疗保险合并实施工作，加强基金管理，规范生育医疗费用支付管理，推进生育医疗费用支付方式改革，住院分娩按病种支付，产前检查按人头支付，控制生育医疗费用不合理增长，降低生育成本。全年生育险待遇享受5143人次，支出4100万元。

【社保降费】 2021年，万州区执行降低基本养老保险单位缴费费率政策和调整缴费基数政策，小微企业按14%确定企业职工基本养老保险单位缴费比例，困难行业企业单位缴费基数下限调整到每月2800元，累计降低养老保险费4.3亿元。实施阶段性降低失业保险费率政策，累计降低失业保险费6366万元。全面落实阶段性减征职工医保费政策，全年助企纾困企业917家，减免医保费用5573万元。

2021年7月30日，“万达开”医疗保障协同发展合作交流座谈暨“万开云”医保经办同城化办理协议签订会现场
（区医保局 供图）

【社保基金监管】 2021年，万州区以内控制度建设、岗位权限设置、基金账户管理等8个方面为重点，完善风险防控体系，规范经办流程，开展市级交叉检查1次、财务风险专项审计1次，移交涉嫌骗取养老保险待遇案件1件。建成全区医保智能监控系统并启用，促进医保智能“云监管”。

【医保扶贫】 2021年，万州区建立建档立卡贫困人口、边缘人口、易地扶贫搬迁人口参保和待遇享受情况台账，实行动态监测管理，建档立卡贫困人口、易地扶贫搬迁贫困人口参保率和参保资助覆盖率均达100%。建卡贫困人口区内住院享受政策3.2万人次，医保基金支出10062万元；医疗救助0.45万人次，支出335.87万元。执行贫困人口就医“先诊疗、后付费”制度，全区医保定点医疗机构全部实现健康扶贫“一站式”结算。

【医保改革】 2021年，万州区推行总额预算控制下的多种支付方式改革。按床日付费、单病种付费、“两病”门诊用药按人头付费等支付方式落地，开展日间手术基本医疗保险试点工作。准备DRGs支付改革试点前期工作。推进医药服务供给侧改革。出台《万州区医疗机构药品配送企业管理办法（试行）》《万州区医疗机构药品交易采购管理办法（试行）》，开展药品、医用耗材集中带量采购13轮，涉及288种药品、9类医用耗材，节约资金1.94亿元。

【医保基金监管】 2021年，万州区有定点医疗机构156家（公立69家、民营87家），定点零售药店567家，村卫生室512家。打击欺诈骗保，全年解除定点医药机构17家，暂停定点医药机构4家，共追回医保基金1707.07万元，处理违约金4413.88万元，合计6120.95万元；通过待遇审核，直接扣回医保基金117万元。全年直接受理群众举报11件，查证属实9件，举报奖励5起，追回医保基金16.56万元，处理违约金39.63万元。

【医保区域协同发展】 2021年，万州区组织召开“万达开”医疗保障协同发展合作交流座谈暨“万开云”医保经办同城化办理协议签订会，印发《万开云同城化发展医保参保暨门诊特殊疾病诊断鉴定资格认定三地通办工作实施方案》。推进西南五省（重庆、四川、贵州、云南以及西藏）（区、市）门诊特病异地就医费用直接结算试点，开展重庆大学附属三峡医院及万州区第一人民医院试点结算。跨省异地就医住院费用直接结算全面推开，全区1235家医药机构实现门诊跨省直接结算，异地就医备案服务更加便捷。参与国家谈判药品零售药店供给试点，万州中兴医药等4家药房纳入全市试点。

【医保经办服务】 2021年，万州区医保局下放医保行政权力事项21项，下放率75%。加强异地就医经办服务，全年累计备案11.1万人次。将城乡居民“两病”用药保障、医保电子凭证推广使用、异地就医等工作纳入“我为群众办实事”清单，“两病”门诊全年享受待遇10.7万人次，支出417万元，医保电子凭证激活65.07万余人。落实公共服务“好差评”制度，建立投诉建议问题台账和信访转办件台账，收到信访件271件，全部办结，满意率100%。区医保局《关于开展门诊费用跨省直接结算出现的问题及建议》被重庆政务信息采用。

（夏显坤　陈秋宇）

住房保障

【保障性住房管理】 2021年，万州区有公租房13723套、建筑面积79.45万平方米。全年分配公租房173套。审核发放优抚对象租住公租房租金补助118户26.08万元，建制镇廉租补贴43户10万元。清退违规享受公租房65户，收回欠租100余万元。打造集中性高品质人才公寓项目——玉安富祥人才公寓，筹集“拎包入住”精装房源288套。全区直管公房5436套、面积22.41万平方米。通过入户调查、宣传动员、现场办理等手段，累计售出直管公房1830套7.27万平方米，财政入库售房款1.32亿元。

【住房公积金归集缴存】 2021年，重庆市住房公积金管理中心万州区分中心（简称住房公积金万州区分中心）重点扩大机关事业单位人员（含劳务代理人员）和万州经开区企业职工的公积金缴存范围，将职工住房公积金权益纳入万州区劳动合同的格式内容，加强宣传引导，规范缴存基数，对万州区消防救援支队、树上鲜食品公司等重点单位开展针对性归集扩面工作并取得实效。向辖区70余家机关企事业单位发出催建催缴通知书，做好万州区群联物业44人催建和重庆科技职业学院301人催缴工作。全年新增缴存单位162家，累计1372家；新增缴存1.18万人，累计10.8万人；新增缴存额17亿元，累计135.3亿元。

【住房公积金提取使用】 2021年，住房公积金万州区分中心加强住房公积金提取运行的内部监管稽核，引导职工采用“渝快办”“微信”“支付宝”等线上平台办理住房公积金提取业务，加大公积金贷款冲还贷、商业贷款约定提取的签约工作。制作在线业务开通流程图700余份，对缴存职工进行数据维护，确保其便捷使用个人网厅，公积金还贷提取除在系统初始维护进行柜台办理外，其他时段实现离柜率100%，已签约4694个，线上办结提取业务13466笔。落实老旧小区自有住房加装电梯提取住房公积金政策，办结加装电梯提取公积金3笔，提取金额11.3万元。全年发生提取3.73万人次，提取公积金11.85亿元，提取使用率69%。

【住房公积金贷款发放】 2021年，住房公积金万州区分中心深入重点企业楼盘座谈调研，加强对个贷工作指导，满足职工和企业贷款需求。把住房公积金贷款业务纳入日常管理工作机制，组织受托银行定期参加培训学习，严格执行个贷政策，

2021年1月4日，住房公积金万州区分中心工作人员上门为群众办理住房公积金业务

（住房公积金万州区分中心　供图）

从窗口设置、人员配置、服务态度、工作纪律、业务办理等方面考核，引导受托银行合规办理业务。全年发放公积金贷款3200户12.57亿元，个贷率113%。

【住房公积金资金管理】 2021年，住房公积金万州区分中心严防住房贷款风险，对逾期3次以上开展上门催收，对4名逾期职工上报进行司法诉讼，总体逾期情况良好。加强与公安经侦联动机制，查处1笔跨区域购房骗提行为（涉及金额20万元），当场终止该业务办理并将骗提资料移送经侦进行处理，对骗提职工及单位经办人进行批评教育。对3名疑似骗提套取职工（涉及金额50万元）调查核实，劝告职工主动放弃提取行为。全年业务收入1.92亿元，增值收益0.88亿元，收益率1.66%。

【灵活就业人员参加住房公积金制度试点】 2021年，住房公积金万州区分中心实施灵活就业人员参加公积金制度试点工作。召开合作银行专题推进会2次，成立联合工作组。与重庆市邮政管理局一分局，开州区、云阳县住房公积金分中心联合发文，将快递员群体纳入制度保障范围。开展线上线下宣传推广，发放宣传资料2万余份，在报刊媒体刊发报道38次，在城区主线路公交车进行滚动视频播放，深入乡镇、市场、单位和物业小区宣传推广200余次。至年末，灵活就业人员住房公积金开户3241人，选择产品2757人，实际缴存2392人，实际缴存金额727万元。

【成渝地区双城经济圈住房公积金一体化发展】 2021年，住房公积金万州区分中心在四川省广安市签署“一体化合作协议”，协调资金融通，深化联络联动、人员互派，四川省达州市住房公积金管理中心选派3名骨干到住房公积金万州区分中心驻点交流。与开州区、云阳县两地住房公积金分中心联合印发《万开云住房公积金同城化发展工作机制》。开展“跨省通办”，办理异地职工住房公积金转入120余份，购房提取6笔。

【万州首个人才公寓摇号入住】 2021年10月21日，万州区首个人才公寓——玉安富祥人才公寓摇号，该公寓位于钟鼓楼街道社区医院旁，是区委、区政府为鼓励和吸引高层次人才到万州创新创业打造的集中性高品质人才公寓项目。有房源288套，此次投放房源102套。其中，A栋75套，为53.15平方米和53.73平方米的两室一厅；E栋27套，为62.16平方米和63.69平方米的两室一厅，所有房屋均为精装修，室内家具、厨具、空调、洗衣机、电视机等配套生活设施配备到位。受理申请87户，现场采用“重庆市公共租赁住房摇号配租”系统公开电子摇号，其中83户通过复审入住。

（区住房城乡建委 住房公积金万州区分中心）

社会救助

【概况】 2021年，万州区推进社会救助兜底保障同乡村振兴有效衔接和“一门受理、协同办理”社会救助平台高效运行。完成低保对象、特困供养人员、低保边缘家庭和脱贫不稳定户、边缘易致贫户及支出型困难人口53451人的信息采集、录入、上传汇总工作，推进教育、住房等专项社会救助数据录入，基本建成低收入人口数据库。加强城乡低保、特困供养及临时救助对象动态管理。争取财政资金20万元，启动对全区8858名分散供养特困人员照料服务第三方评估。

【困难群众基本生活保障】 2021年，万州区常态化开展低保在册对象动态管理工作，低保对象核查授权资料合格率100%；新增低保对象核查率100%；在册低保对象动态核查率100%。城乡低保对象24818户40332人，发放低保金26202.54万元。其中，农村低保12044户21776人，发放低保金12770.94万元；城市低保12774户18556人，发放低保金13431.6万元。

【医疗救助】 2021年，万州区医疗救助对象在册人员17.25万人，普通住院医疗救助比例最高80%，重特大疾病救助比例最高70%，年救助封顶线最高10万元。全年实施医疗救助23.23万人次，支出7872.8万元（含扶贫济困基金820.95万元），资助参保9.2万人，支出2388.81万元。

【临时救助】 2021年，万州区落实临时救助“先行救助”“分级审批”制度。2000元以下由乡镇（街道）直接审批，超过2000元的上报区民政局审批。下拨专项资金200万元，督导52个镇乡（街道）建立临时救助备用金制度。全年实施临时救助3384户次，发放资金1790.88万元。

【特困人员供养】 2021年，万州区贯彻落实新《特困人员认定办法》，将符合条件的困难群众纳入特困供养范围。启动对全区8858名分散供养特困人员照料服务工作第三方评估工作。《分散供养特困人员照料委托服务协议书》签订率100%，对有集中供养需求的特困人员集中供养满足率100%；对生活不能自理特困人员集中供养需求满足率100%。全年全区特困供养对象9915人，发放供养金1.08亿元。

【流浪乞讨人员救助】 2021年，万州区救助流浪乞讨人员275人次。建立全区流浪乞讨人员救助管理工

2021年6月9日，万州区民政局开展社会救助政策宣传活动

（区民政局　供图）

作联席会议制度，开展救助服务质量大提升专项行动，开展寻亲工作和“冬季送温暖”“夏季送清凉”专项救助活动。至年末，完成寻亲工作1人、救助活动48人。建立易流浪走失人员信息库，统计人员5833名。

（杨舒悦　陈秋宇）

社会福利

【老龄福利】　2021年，万州区帮助经济困难的高龄、失能老年人解决养老服务困难。为929名经济困难的失能老年人发放补贴242.7万元，为2205名经济困难的高龄老年人发放补贴553.2万元，为6191名90岁以上的高龄老年人发放高龄津贴713.37万元。

【儿童福利】　2021年，万州区开展《中华人民共和国未成年人保护法》宣讲进村（社区）活动。至年末，全区留守儿童8931名、困境儿童242名。所有乡镇（街道）均配备儿童督导员，所有村居均配备儿童主任，相关信息录入全国儿童福利综合管理系统。按时足额发放孤儿基本生活保障金197.59万元、事实无人抚养儿童基本生活补贴264万元。将41名孤儿、8名事实无人抚养儿童纳入“福彩圆梦·助学”工程资助范围。

【残疾人福利】　2021年，万州区开展精神障碍社区康复服务试点，将万州福康医院确定为全区精神障碍社区康复服务培训中心。强化贫困残疾人生活补贴、重度残疾人护理补贴等残疾人“两项补贴”发放花名册和低保、特困、火化、残疾等信息对比，全区享受贫困残疾人生活补贴10635人937.05万元，享受重度残疾人护理补贴17235人1501.54万元，累计发放2438.59万元。

【福利彩票】　2021年，万州区在售福利彩票投注站163家，其中专营店61家、主营店9家、兼营店93家。全年全区电脑票销售1.08亿元，比上年增长9.19%；刮刮乐销售1468万元，增长69.51%，福利彩票共销售1.22亿元，总销量增长7.13%。加强乡镇即开票卖场建设，推进实施福利彩票销售亭建设项目。募集福利彩票公益金900余万元。严格公益金使用管理，所有资金均用于敬老院运行经费、管理员和护理员工资发放、福利彩票销售亭建设等社会公益性项目。

（杨舒悦）

基层社会治理

【概况】　2021年，万州区举办全市加强基层社会治理暨市域社会治理现代化工作现场会，展示基层社会治理“万州品牌”。完善“楼栋工作日”工作方案、优化流程，制发社区治理工作手册。推动乡镇（街道）党（工）委副书记兼任政法委员、综治专干兼任警务助理全覆盖，每个城市社区新增1～5名社区工作者，每年服务群众工作经费提高至30万元，解决基层治理统筹权限不足、“小马拉大车”难题。

【基层政权治理能力建设】　2021年，万州区完成全区610个村（社区）第十一届村（居）民委员会选举。完成乡镇（街道）服务能力建设调研课题，推动社会治理和服务重心向基层下移。印发《关于进一步做好基层政权建设相关工作的通知》，指导督促各乡镇（街道）做好村（社区）干部培训、完善村规民约和居民公约、修订自治章程、村（居）务公开等事宜。建立健全村（居）民委员会下属委员会，完成村（居）民委员会主任、村（居）务监督委员会主任培训。提高村（社区）专职干部待遇，早年离任村（社区）“三职干部”生活医疗补贴基础补助标准由300元调至350元。完成19个城乡社区便民服务中心建设。印发《加快推进社会工作三级服务体系建设实施方案》，完成17个乡镇（街道）社会工作站建设，“五社联动”为基层社会治理持续注入专业化力量。

【基层群众自治】　2021年，万州区指导城乡社区将社区事务按大事、难事、小事、私事分类形成清单，推动实现社区事务“三事分责”，促使社区、楼栋、居民回归自治本能，构建起“自治为基、德治为先、法治为本”的“三治结合”基层治理局面，楼栋“微治理”推进形成基层治理大格局。龙都街道九龙园社区自治案例《党建引领“双五心”社企共建谱新篇》获评中国社会治理研究会“全国市域社会治理创新优秀案例”。

【基层法治和德治建设】 2021年，万州区开展“法润千里·治汇广大”法治宣传等活动，宣传重点法律法规800余场次。实施“法律明白人”培养工程，确定“法律明白人”3050名。深化民主法治村（社区）“三治结合”建设行动，百安坝街道天台社区被命名为“全国民主法治示范社区”。开展新时代文明实践中心建设试点、全国文明城区创建，打造新时代文明实践中心、所、站、点1453个，组建“十万”志愿服务队伍，注册社会志愿组织2250个，探索形成“以德换积分”“雷锋时间银行”等志愿服务品牌。举办“文明在行动”等系列活动，评选道德模范、“五好楼栋”、“最美楼栋长”。加强大周镇“勇救落水妇女”的宋伦雪等先进典型宣传，弘扬社会正气。

【基层智慧治理能力建设】 2021年，万州区深化智慧交通建设，整合机关企事业单位、行业场所等各类监控镜头，完成交通指挥室大厅改造、大数据资源中心及综合管控平台和机房扩容项目，初步在全区重点区域及部位、进出城口形成全闭合态势。推进智慧小区建设，与老旧小区改造相结合，在街道建设智慧安防小区257个。

【“楼栋工作日”机制】 2021年，万州区重点打造“楼栋工作日”升级版，包片联系街道和重点社区区领导，由原来“4+1”（4名常委+1名副区长）加强为“4+4”（4名常委+4名副区长），统筹推行基层党建、精神文明、平安稳定、居民自治、发展环境等“五事共促”，通过社区引导居民自办“私事”、楼栋自治主办“小事”、街道和部门联办“大事”、包片联系区领导督办“难事”，解决群众反映强烈问题70个，办结群众诉求800余件。“楼栋工作日”入选重庆市党史学习教育“我为群众办实事”实践典型案例，相关工作经验在《国内动态清样》《改革内参》等国家级内部刊物刊发。

【“多勤联动”综合执法】 万州区“多勤联动”工作队于2019年4月成立，主要从区公安交巡警支队、区公安城管治安支队、区城管支队、区交通执法支队4家单位抽调人员组成。至2021年年末，“多勤联动”工作队有195人。其中，在编执法人员46人（交警15人、城管17人、运管10人、城管治安4人），辅助力量149人。主要围绕万州区城区“示范街”创建、“蓝天行动”等工作，配合各街道、城管执法大队对辖区内地面违法建设、城市乱象、车辆违停等城市管理问题开展综合整治。2021年，区“多勤联动”工作队巩固全区32条“城市市容秩序规范化管理街区”成果，提速新创17条街区整治；完成城区校园周边、消防“生命通道”、扬尘污染、消落带、农贸市场、公共休闲空间、食品摊贩、违法搭建等专项整治拆除及共享电动自行车企业经营行为规范；将夜市规范与噪声扰民整治贯穿日常巡查整治中，营造宜居环境。全年查处案件1.63万件，罚款435.53万元。

2021年12月9日，全市加强基层社会治理暨市域社会治理现代化工作现场会在万州区召开 （区委政法委 供图）

【乡村治理】 2021年，万州区突出党建引领，排查整顿软弱涣散村党组织18个，全区村社书记、主任“一肩挑”达98.8%。推广乡村治理积分制，推动文明村镇创建，区级以上文明村镇占比75%。深化平安乡村建设，不断健全“网格化+网络化+信息化”管理服务机制。发挥“枫桥经验”实践作用，农村矛盾纠纷调处成功率保持在95%以上。

【市域社会治理现代化试点】 2021年，区委、区政府将市域社会治理现代化试点纳入全区“十四五”规划统筹推进，举办全市加强基层社会治理暨市域社会治理现代化工作现场会，将试点工作纳入年度平安建设考核重要内容，推动自治、法治、德治融合。确定“强化党建引领，打造‘红色物业’”等2021年度重点项目14个，区财政落实城市社区治理专项经费、城市社区工作者补贴、楼栋长通讯补助等3000余万元。加强基层社会治理队伍建设，对全区村（社区）党组织书记（主任）集中轮训基层社会治理、平安建设等内容；分批组织社工人才参加社会工作实务能力提升培训班；深化社会工作人员专业化、职业化建设，组织全区268名社会工作者参加全国社会工作者职业资格考试。

【培育发展社区社会组织三年专项行动】 2021年，万州区出台《培育发展社区社会组织专项行动实施方案（2021—2023年）》，召开推进社区社会组织高质量发展会议。印发《关于做好社区社会组织高质量发展工作的通知》《〈社区社会组织章程示范文本（试行）〉的通知》《关于做好社区社会组织联合会筹建的通知》，启用万州区社会组织党群服务中心、万州区创新社区治理服务中心、万州区社会工作服务中心，采取“政府资金支持、社工人才培养、社创项目投放”运营模式，汇集13家专业社会组织入驻，年孵化培育社会组织3家。全区社区社会组织从年初的4714个发展到年末的5126个，新增412个。

（向剑峰　杨舒悦　唐玲　张婷婷）

专项民政事务

【概况】 2021年，万州区持续推进社会事务工作。规范区划地名界线管理，完成高峰镇、天城镇、九池乡撤镇（乡）设街道工作，启动省界精准落地工作。加强社会组织监督管理，开展“僵尸型”社会组织专项整治行动。推动社工事业发展和慈善事业发展，建立政府购买社会服务统筹机制和专业社工+志愿者“双工联动”社会工作机制。加快建成投用新殡仪馆，开展“住宅式”墓地、公益性安葬设施违规建设经营等专项整治行动。

【区划地名管理】 2021年，区民政局清理全区不规范地名5个，命名7个片区的道路96条、桥梁隧道10座、公园7个、广场1个、居民住宅区3个。红色地名宣传作品获评民政部二等奖1个，重庆市二等奖、三等奖各1个。推进红色地名文化展示馆建设，加强历史地名保护标志建设，完成《万州区地名录》《行政区划图》等标准地名图录典志和文化丛书编纂。开展万州云阳、万州开江行政区域界线联合检查。完成万州开江省级行政区域界线精准落地试点，率先启动省界精准落地工作。

2021年万州区标准地名命名情况一览表

表74

命/更名时间	命名名称	更名名称或地名相关信息	名称性质	申报单位（清理登记单位）
1月23日	万全路	起于沙龙路三段商社起航，经赛德学校中心街、银碗街，止于农科院路段，长1200米，宽18米，东西走向城市道路	道路	双河口街道办事处
	万全支路	起于龙华一支路邮政宿舍，经在建的妇幼保健院，止于赛德学校廉租房，长1500米，宽12米，南北走向城市沥青路	道路	
	石人场路	起于五桥街道原石人乡道班，止于原石人乡新民村加工房，长580米，宽9米，属场镇主干道	道路	五桥街道办事处
	擒马一支路	起于后山镇新场社区便民服务中心，止于曾家村浪湾水井，长200米，宽8米	道路	后山镇人民政府
3月5日	玉城大道	起于玉城大桥北桥头，止于玉和路，长约1000米，宽12米	道路	沙河街道办事处
	玉城三支路	起于玉和支路，止于玉和路，长约265米，宽6米	道路	
	龙门大道	起于龙驹镇高速连接道（老妈子岩旁），止于与508省道接道处（冉家坝附近），长1256.4米，宽36米	道路	龙驹镇人民政府
	兴龙大道	起于龙驹镇318国道（交巡警平台旁），止于高速连接道（老妈子岩旁），长1237.5米，宽24米	道路	
	龙渠大道	起于龙驹镇欣鑫平价药房，止于龙驹卫生院岔路口，长750米，宽20米	道路	
	风雨廊桥	位于龙驹场镇，该桥体横跨磨刀溪如廊道连接场镇与新建道路，长50米，宽6米	桥梁	
	龙驹大桥	位于龙驹场镇，横跨磨刀溪，长32米，宽6米	桥梁	

续表74

命/更名时间	命名名称	更名名称或地名相关信息	名称性质	申报单位（清理登记单位）
	龙渠大桥	位于龙驹场镇，桥体横跨磨刀溪，长52米，宽8米，人行道1米	桥梁	
	龙腾广场	位于龙驹场镇，2017年建成。广场面积3886平方米	广场	
	中坝路	起于弹子镇环城路6号（弹子卫生院），止于永兴路132号（鑫鑫超市），长220米，宽8.5米	道路	弹子镇人民政府
	中坝一支路	起于弹子镇文明街22号，止于环城路29号，长200米，宽8.5米	道路	
	湖畔家园	该居民住宅区位于太白街道北滨大道二段473-493号，北接北滨大道二段，东接孙家书房路，西接国本路社区，南临国本路。总占地面积0.58万平方米，总建筑面积8.46万平方米，容积率14.59，绿地率10%	居民住宅区	太白街道办事处
3月16日	香山大道	起于万川大道，止于机场路，长约1150米，宽36米	道路	江南新区管委会
	香竹路	起于机场路，止于红星街，长约590米，宽24米	道路	
	莲花寺路	起于红星街，止于红星街，长约890米，宽12米	道路	
	天香大道	起于香山大道，止于百安大道，长约3870米，宽36米	道路	
	万石桥路	起于万川大道，止于天香大道，长约570米，宽14米	道路	
	云海路	起于上海大道，经云熙台小区，止于长回路，长约360米，宽14米	道路	
	望龙路	起于天香大道，止于五桥辖区范围线，长约4070米，宽24米	道路	
	汪龙坝路	起于天香大道，止于望龙路，长约470米，宽24米	道路	
	龙滩路	起于天香大道，止于百安大道，长约1170米，宽24米	道路	
	合龙路	起于龙滩路，止于望龙路，长约240米，宽24米	道路	
	民安路	起于民康街，止于望龙路，长约1060米，宽14米	道路	
	民康街	起于天香大道，止于望龙路，长约220米，宽14米	道路	
	民泰街	起于民安路，止于望龙路，长约150米，宽14米	道路	
	陈家湾路	起于望龙路，止于汪龙坝路，长约700米，宽14米	道路	
	龚家路	起于望龙路，止于望龙路与汪龙坝路交叉口，长约1400米，宽14米	道路	
	长溪路	起于汪龙坝路，止于合龙路，长约890米，宽14米	道路	
	香炉山桥	该桥梁位于香炉山大道，临近香山大道、万川大道和安康交会路口，紧邻香炉山	桥梁	
	白岩寨隧道	该隧道位于百安大道，临近百安大道、长星二路交会路口，紧邻白岩寨	隧道	
	芦家坝立交	该立交桥位于芦家坝，连接万川大道、G69银百高速、五桥收费站等	立交桥	

续表74

命/更名时间	命名名称	更名名称或地名相关信息	名称性质	申报单位（清理登记单位）
4月27日	梨花路动步公园	该公园位于梨花路社区，紧邻安置点和箭楼，园区面积15000平方米	公园	长岭镇人民政府
	岭南社区公园	该公园位于梨花路社区，紧邻便民服务中心，园区面积10005平方米	公园	
	安溪生态公园	该公园位于安溪村，园区面积54.2万平方米，水体面积5.34万平方米	公园	
	凉水街	长1100米，宽6.8米，社区道路，起于原凉水菜厂，止于原凉水供销社	道路	
	响滩街	长800米，宽8米，社区道路，起于火烧湾，止于永安桥	道路	
	响滩支路	长320米，宽6米，社区支路，起于318国道响滩岔路口，止于龚告湾	道路	
	双安路	长3000米，宽5.5米，社区道路，起于318国道双龙岔路口，止于安溪安澜谷	道路	
6月1日	明珠公园	位于戴家岩社区平湖路，紧邻金龙豪爵、金花花园，园区面积21000平方米	公园	九池乡人民政府
	金龙公园	位于戴家岩社区平湖路，紧邻金龙豪爵、明珠公园，园区面积75000平方米	公园	
6月11日	鹿山大道	长2254米，宽32米，城市主干道，起于高峰北路，止于规划道路	道路	万州经开区管委会
	高峰西路	长5029米，宽32米，城市主干道，起于高峰北路，止于绕城高速连接道	道路	
	灵凤大道	长2285米，宽36米，城市主干道，起于高峰南路，止于规划道路	道路	
	凤祥路	长1190米，宽16米，城市支路，起于高峰南路，止于灵秀路	道路	
	凤语路	长1186米，宽20米，城市支路，起于高峰南路，止于灵秀路	道路	
	凤居路	长987米，宽36米，城市主干道，起于高峰南路，止于高峰北路	道路	
	灵秀路	长1207米，宽16米，城市支路，起于高峰北路，止于灵凤大道	道路	
	高峰北路	长3382米，宽24米，城市次干道，起于万忠路南北段，止于鹿山大道	道路	
	高峰南路	长1748米，宽36米，城市主干道，起于高峰西路，止于规划道路	道路	
	安静路	长350米，宽14米，城市支路，起于高峰大道，止于高峰北路	道路	
	相思路	长2313米，宽16～22米，城市次干道，起于绕城高速连接道，止于高峰西路	道路	
	相思支路	长1130米，宽14米，城市支路，起于相思路，止于高峰西路	道路	
	相思一路	长1005米，宽14米，城市支路，起于相思路，止于高峰中路	道路	
	相思二路	长3600米，宽16～22米，城市次干道，起于相思路，止于相思路	道路	

续表74

命/更名时间	命名名称	更名名称或地名相关信息	名称性质	申报单位（清理登记单位）
	灵凤山隧道	长1249米，宽36米，城市主干道，位于经开大道	隧道	
	高峰湿地公园	城市公园，共145597平方米	公园	
	九沙大道	长5630米，宽28米，城市主干道，起于金陵路，止于规划道路	道路	
	桐九大道	长3460米，宽28米，城市主干道，起于九沙大道，止于规划道路	道路	
	九胜路	长1728米，宽28米，城市主干道，起于龙池路，止于规划道路	道路	
	龙湖支路	长977米，宽22米，城市次干道，起于龙湖路，止于九沙大道	道路	
	桐子园路	长776米，宽14米，城市次干道，起于九沙大道，止于规划道路	道路	
	龙池路	长1456米，宽26米，城市次干道，起于九沙大道，止于九胜路	道路	
	九沙支路	长1510米，宽14米，城市支路，起于九沙大道，止于龙池路	道路	
	龙胜路	长1836米，宽22米，城市次干道，起于九沙大道，止于九胜路	道路	
	九和路	长2301米，宽15米，城市支路，起于九沙大道，止于规划道路	道路	
	九和支路	长676米，宽14米，城市支路，起于九和路，止于规划道路	道路	
	沙梁路	长872米，宽22米，城市次干道，起于桐九大道，止于规划道路	道路	
	沙梁支路	长408米，宽15米，城市支路，起于沙梁路，止于九沙大道	道路	
	九顺路	长607米，宽15米，城市支路，起于桐九大道，止于沙梁支路	道路	
	万博路	长466米，宽22米，城市次干道，起于龙翔大道，止于规划道路	道路	
	龙翔支路	长450米，宽18米，城市支路，起于龙翔大道，止于龙翔南路	道路	
	龙笙路	长473米，宽18米，城市支路，起于龙翔南路，止于龙池路	道路	
	天香大道	长1200米，宽36米，城市主干道，起于长星大道，止于百安大道	道路	
	长星大道	长2833米，宽36米，城市主干道，起于天香大道，止于规划道路	道路	
	长星二路	长2798米，宽31米，城市次干道，起于上海大道，止于规划道路	道路	
	天星中路	长1438米，宽31米，城市次干道，起于永乐街，止于规划道路	道路	
	天星路	长616米，宽31米，城市次干道，起于天星路，止于长星二路	道路	
	永乐街	长531米，宽14米，城市支路，起于长星一路，止于长星二路	道路	
	长星三路	长2495米，宽31米，城市次干道，起于上海大道，止于规划道路	道路	

续表74

命/更名时间	命名名称	更名名称或地名相关信息	名称性质	申报单位（清理登记单位）
	长星四路	长1847米，宽31米，城市次干道，起于长回路，止于规划道路	道路	
	回龙中路	长996米，宽31米，城市次干道，起于长星三路，止于天香大道	道路	
	回龙上街	长1119米，宽14米，城市支路，起于长星三路，止于天香大道	道路	
	白岩寨隧道	长726米，宽36米，城市主干道，位于百安大道	隧道	
	白岩寨公园	城市公园，总面积552062平方米	公园	
	金山路	长2800米，宽24米，城市次干道，起于新田港大道，止于规划道路	道路	
	金山支路	长560米，宽24米，城市次干道，起于新田港大道，止于金山路	道路	
	新田港大道	长3845米，宽24米，城市主干道，起于新田港，止于规划道路	道路	
	学堂堡隧道	长890米，宽24米，城市主干道，位于新田港大道	隧道	
7月12日	凤仪庄苑	总占地面积2.44万平方米，总建筑面积4.66万平方米，位于恒合土家族乡凤安社区3、4组和五星村1组，北临度假区规划市政道路，东临凤安3组村民承包林，西临凤安街，南临度假区规划市政道路	居民住宅区	恒合土家族乡人民政府
7月13日	枫香街	起于梨树街出场口，止于乡卫生院，长约700米，宽12米	道路	梨树乡人民政府
7月16日	渝东大道	起于高铁北站西北诗仙社区，止于熊家镇白水村。此路是高铁片区重要干道，因是渝东开发区投资建设且为渝东北重要交通枢纽地，故名	道路	渝东开发区管委会
	万开大道	起于长江二桥北桥头至高铁片区隧道北出口，止于万开快速铁峰山隧道南入口。此路是连接开州区的重要通道，为体现指位功能和寓意万州倾力打造渝东北对外开放大门，故名	道路	
	歇凤大道	起于高铁北站西北诗仙社区，止于渝东大道东端。因地处历史地名歇凤山下，故名	道路	
	高铁西路	起于高铁大道以北，止于申明大道与滨湖路交会处。此路位于高铁北站西侧，为体现指位功能，故名	道路	
	天子湖大道	起于高铁西路，止于塘坊大道。此路地处天子湖以北，为体现指位功能，故名	道路	
	高铁东路	起于高铁大道以北，止于天子湖大道。此路位于高铁北站东侧，为体现指位功能，故名	道路	
	万汇路	位于站前广场以南，成半环形，起止点均在高铁大道。此路处于高铁片区核心地段，汇集超高层双子塔、区域商业中心和万州欢乐海底世界等商旅项目，故名	道路	
	油坊路	起于万汇路，止于塘坊大道。因地处历史地名油坊沟，为继承万州“万国油都”历史，故名	道路	
	黄桷寨路	起于万汇路，止于天子湖大道。因地处历史地名黄桷砦（同“寨”），故名	道路	
	高涧槽路	起于油坊路，止于天子湖大道。因临近历史地名高笕（同“涧”）槽，故名	道路	
	梨树湾路	起于滨湖路，下穿高铁西路，止于区殡仪馆。因地处历史地名梨树湾，故名	道路	

续表74

命/更名时间	命名名称	更名名称或地名相关信息	名称性质	申报单位（清理登记单位）
	黑龙江路	起于已命名"黑龙江路"，止于龙溪大道。此路为已命名"黑龙江路"延长线，故名	道路	
	狮子山路	起于新狮路，止于黑龙江路。因地处狮子山，故名	道路	
	得胜寨路	起于黑龙江路，止于高铁大道。因地处历史地名得胜砦（同"寨"），故名	道路	
	纸坊溪路	起于龙溪大道，向东延伸至规划道路。因地处历史地名纸坊溪（龙溪河原名），故名	道路	
	打鼓坪路	起于黑龙江路延长线，止于纸坊溪路。因地处历史地名打鼓坪，故名	道路	
	狮子山支路	起于狮子山路，止于打鼓坪路。此路位于狮子山，故名	道路	
	笔架峰路	起于狮子村委会，止于黑龙江路。因该路环狮子山，走势似笔架，故名	道路	
	高铁大道	起于高铁大道与龙溪大道交会处，止于万开大道。因此路为高铁大道延长线，故更名。原项目名：都历大道。现名：高铁大道	道路	
	都历山隧道	起于长江二桥北桥头，止于万开大道，贯通都历山。因隧道穿过万州古八景有"都历摩天"之称的都历山，故名	隧道	
	塘坊家园	因已竣工且已交付使用的项目地块3还房（飞川还房）地处塘坊，故名	居民住宅区	
9月8日	龙祥路	原龙祥路因城市建设消失。起于螺蛳包立交，止于永佳路，长1800米，宽24米，因保留城市记忆而得名	道路	双河口街道办事处
	司南路	起于凤凰社区新农村路口，止于玖凤景区入口，长800米，宽6.5米，因途经司南祠而得名	道路	太安镇人民政府
	丁家楼子路	起于凤凰社区新农村路口，止于凤凰社区4组岔路口，长1035米，宽6.5米，因途经丁家楼子而得名	道路	
	九岭路	起于凤凰场镇中段岔路口，止于云阳县盘龙路口，长300米，宽5米，因位于九岭山上而得名	道路	
12月24日	德厚路	起于天城街道万源玻璃厂（老陶瓷厂），经原工农村，止于区殡仪馆，长1400米，宽7.5米，沥青路面。为弘扬中华优秀传统文化，以《管子·形势解》："无德厚以安之，无度数以治之，则国非其国，而民无其民也。"中"仁德宽厚、德泽深厚"之意，故名	道路	天城街道办事处

【社会组织管理】　2021年，万州区新增登记社会组织13家，累计登记622家，其中社会团体261家、社会服务机构361家。落实社会组织登记管理与党建工作"六同步、三纳入、一共享"，协同推进社会组织党组织和党的工作从有形到有效覆盖。加大社会组织信息公开力度，加强社会组织信用信息管理、共享、公开。打击整治非法社会组织，清理整治行业协会商会乱收费行为，继续整治"僵尸型"社会组织，有36家社会组织被纳入整治范围，9家社会组织被责令限期整改，27家社会组织被纳入注销撤销名单。已完成整改7个，注销9个。引导鼓励社会组织、慈善组织等社会力量通过投入资金、捐助物资、捐建设施、开展培训、实施项目等方式助力乡村振兴。区社会组织促进会募集捐款12万元，实施走马镇槽溪村乡村人居环境整治和中华优秀传统文化进社区"向上向善　德润万州"项目。

【社工人才培养】　2021年，万州区完成17个镇乡社会工作站建设，增加社工就业岗位50个。推动城乡社区工作者和村（居）民小组长参加社会工作者职业资格考试，做好社区工作者社会工作能力提升培训，全年培训1400余人次。深化社区、社会组织、社会工作者、社区志愿者、社会慈善资源“五社联动”，延伸社工服务触角。建立社工职级及薪酬自然增长机制，加强社会工作专业人才培育。

【收养登记】 2021年，万州区办理收养登记7件，合格率100%。委托第三方社工组织对每例收养个案进行收养评估，规范收养登记档案管理和收养登记办理。

【慈善事业】 2021年，万州区募集助学金17.5万元，帮助55名困难学子解决入学难问题。其中，资助孤儿3名、特困家庭困难学生2名。拨出1277万元支持万州区养老服务和医疗卫生事业发展，受益50万人次。对全区515人（次）困难群众医疗救助478.3万元。为415人次患白血病、肺癌等贫困患者开展慈善药品救助，折合人民币386.2万元。联合深圳壹基金公益基金会以“守护成长爱心接力”为主题，对万州区内乡村小学2000名困境儿童、留守儿童、残疾儿童送上价值36.5万元的冬季温暖包。对100名环卫工人给予每人500元的慈善慰问，向敬老院集中供养的197名失能、半失能、自理老人送去每人200多元的过冬衣物，向龙沙镇、郭村镇等乡镇（街道）600户低保户、建卡贫困户送去每户300元的慰问金，为47名困难残疾人送去每人500～5000元不等的慰问金。资助713户受灾烟农复工复产资金144.7万元。开展腾讯“99公益日”网络募捐活动，组织公众筹款1309.49万元，获腾讯配捐197.2万元，参与人次50余万，筹募金额及参与人次均创历史新高。开展慈善大病救助募捐活动，收到捐赠款303.19万元，其中退役军人冠名关爱基金150万元。全年区慈善会筹募慈善款物2355.78万元。

2021年12月，迁建后的万州区殡仪馆 （区民政局 供图）

【殡葬管理】 2021年，万州区火化遗体8586具。全年减免困难群众基本殡葬服务费2617例282.02万元。完成全区殡仪服务站和城市公益性公墓建设选址。成立万州区殡葬业价格秩序公益性安葬设施建设经营专项整治工作联席会议，开展专项整治工作。开展文明治丧，推进殡仪服务站建设、拟定城区文明治丧专项行动方案、协调职能部门等相关工作有序开展。至年末，全区有公墓16处，其中经营性公墓5处、农村公益性公墓11处。对各公墓自2018年专项整治后修建墓型进行排查，未发现超标准墓穴、违法违规私建“住宅式”骨灰安放建筑、活人墓及建立或恢复的宗族墓地。整改公墓外违规私建硬化大墓5座。

【区殡仪馆搬迁】 2021年12月25日，区殡仪馆完成迁建，位于周家坝街道的老馆同日关闭。新殡仪馆位于天城街道德厚路666号，于2018年8月开工建设，历时3年多，占地面积0.13平方千米，总建筑面积3.74万平方米，停车位536个，预留可扩展停车位200个。新殡仪馆主体建筑呈长方体结构，色彩以黄色、灰白色、深灰色为主，分为殡仪服务楼和治丧守灵区两部分。殡仪服务楼设有办公接待区、遗体处理区（遗体冷藏、火化、解剖）、告别悼念区、骨灰安放区4个功能区。治丧守灵区设有19个守灵厅、餐厅910平方米、客房25间，年治丧可接2200余户。

（杨舒悦）

老龄事业

【概况】 2021年，万州区着力构建“居家社区机构相协调、医养康养相结合”的养老服务体系，全方位、多层次、高品质为老年人服务，满足老年人持续增长的养老服务需求。至年末，全区有养老床位13977张，百岁老人111人。

【养老政策研判执行】 2021年，万州区调整区老龄工作委员会组成人员，实行“每季度重点跟踪、每半年综合研判”，出台《万州区农村养老服务全覆盖工作方案》，推动养老重点工作落地。将应对人口老龄化作为独立章节纳入全区“十四五”规划，出台《万州区积极应对人口老龄化工作方案》等系列政策文件，2020年至2021年通过争取中央、市级财政支持和三峡后续、对口支援等资金渠道，投入养老服务资金1.9亿元。

【居家和社区养老服务改革试点启动】 2021年8月11日，万州区启动居家和社区养老服务改革试点工作，以老年人需求为导向，建立医、食、住、护、娱等“一站式”创新养老服务模式，提高全区居家和社区老人的生活质量。2月，万州区被民政部、财政部确定为第五批中央财政支持开展居家和社区养老服务改革试点地区。至7月，中央财政提供1838万元补助资金，支持万州养老服务发展。

【养老机构建设】 2021年，万州区出台《万州区农村养老服务全覆盖工作方案》，持续推进区养老服务指导中心、智慧养老云服务平台建设，通过“互联网+”智慧养老，构建“机构、社区、居家”三级联动、中心带站（点）的养老服务体系。通过城市提升“双亮”活动，实施、巩固养老服务项目13个。引进南京银杏树、光大百龄帮等4家养老企业运营全区32家敬老院。全区有养老床位13977张，占“十四五”规划总数的88.75%；建成11个街道养老服务中心、11个乡镇养老服务中心、190个社区养老服务站、113个互助养老点，城市社区养老服务设施社会化运营率100%。双河口街道螺蛳包社区创建为“2021年全国示范性老年友好型社区”。重庆大学附属三峡医院，重庆三峡医药高等专科学校附属人民医院，龙驹镇中心卫生院，走马镇卫生院，双河口、龙都、太白街道社区卫生服务中心等8家医疗机构创建为区县级“老年友善型医疗机构”。万州区公建民营改革经验被国家发改委主管的《改革内参》（综合）2021年第05期全文采用刊载。

【老年人社会保障】 2021年，万州区围绕社会保险、救助关爱、社会福利等工作，持续完善措施增强老年人获得感。全年全区基本养老保险参保112.84万人。城镇企业和机关事业单位退休人员养老金实现17连涨。老年人常见重病、慢性病门诊病种报销范围病种分别扩大至23种、28种。至年末，有12684名老年人享受城乡低保，7843名特困老年人获救助供养，3134名经济困难的高龄失能老年人获补贴798.38万元。90岁、100岁以上老年人每月分别享受高龄津贴100元、300元。全年为5.6万名老年人发放农村计划生育奖励扶助资金近1.1亿元。

【老年人权益保障】 2021年，万州区宣传《中华人民共和国老年人权益保障法》《重庆市老年人权益保障条例》等涉老法律法规，维护老年人权益。印发《2021年万州区推进老年人居家适老化改造工程实施方案》，全年完成100户高龄、失能、残疾老年人家庭居家适老化改造，为老年人提供法律援助123人次，实行65岁及以上老年人免费乘坐城市公共交通工具、免费进入公园景区和公共文化场所的规定。万州区老年大学常年开设教学班187个、专业48个，在校学员7200余人；定期开展“老年人健康知识大讲堂”、老年健康宣传周、敬老月、专家赶场等系列活动，组织“老年诗书画作品展示”活动。

【老龄健康服务】 2021年，万州区围绕医疗服务、医养结合、人才支持等工作，不断完善老年人健康服务体系。万州区有医养结合机构6家，机构床位2481张，其中医疗床位1193张、养老床位1288张，均为城镇职工医疗保险及新型农村合作医疗保险定点医院，休养老人可报销职工医保及新型农村合作医疗保险。医疗机构在挂号、就诊、缴费、检验、取药、转诊、住院等环节为老年人提供优先服务，为高龄、重病、失能、残疾等特殊老年人开设绿色通道；制定医养签约服务规范，医疗机构与养老机构签订服务协议，签约率100%。全区养老机构68家，推动医养结合服务向家庭延伸，出台家庭医生签约规范，有服务团队493个，全年为65岁及以上老年人提供医养结合服务107391人，为65岁以上失能老年人提供健康评估与健康服务118人，老年人健康管理率70.16%。鼓励发展健康养老服务，提供中医药综合服务，全区老年人中医药健康管理率65.36%。支持医务人员从事医养结合服务，引导重庆三峡医药高等专科学校、重庆幼儿师范高等专科学校等学校开设老年护理相关专业，培养专技人才。

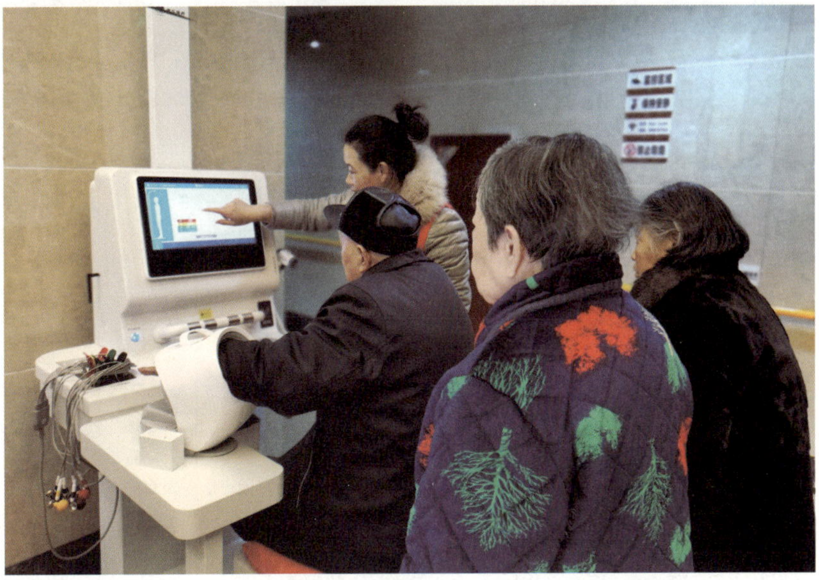

2021年11月10日，万州区天援社会福利院免费为老人查血压

（区民政局 供图）

2021年万州区百岁老人一览表

表75

序号	姓名	年龄（岁）	性别	乡镇（街道）	序号	姓名	年龄（岁）	性别	乡镇（街道）
1	蒲自英	101	女	太白街道	37	杨德云	102	女	百安坝街道
2	刁达来	102	女	太白街道	38	骆学仁	101	男	百安坝街道
3	蒲旭珍	100	女	太白街道	39	吴乃秀	101	女	百安坝街道
4	周一生	100	男	太白街道	40	龙正高	104	男	五桥街道
5	王德珍	105	女	太白街道	41	蔡阔宽	109	男	陈家坝街道
6	熊振铎	100	男	太白街道	42	王文兴	101	男	陈家坝街道
7	汪宝玉	100	女	太白街道	43	骆明秀	101	女	陈家坝街道
8	韩中志	100	男	太白街道	44	官德玉	100	男	陈家坝街道
9	赵立国	100	男	高笋塘街道	45	王果珍	104	女	高峰街道
10	王绍珍	100	男	高笋塘街道	46	石光秀	100	女	高峰街道
11	刘隆秀	100	女	高笋塘街道	47	张应梅	100	女	高峰街道
12	郭子澜	101	女	高笋塘街道	48	许大秀	101	女	高峰街道
13	魏怀民	100	男	高笋塘街道	49	韩和远	101	男	天城街道
14	黎祖淑	102	男	高笋塘街道	50	王先碧	102	女	天城街道
15	陈　立	100	男	高笋塘街道	51	彭珍兰	100	女	天城街道
16	杨方珍	100	女	高笋塘街道	52	佘正美	100	女	甘宁镇
17	刘明淑	100	女	高笋塘街道	53	文中珍	100	女	甘宁镇
18	熊道性	100	男	高笋塘街道	54	易忠珍	104	女	龙沙镇
19	陈昌林	101	女	高笋塘街道	55	牟秀军	100	男	龙沙镇
20	黄顺忠	100	男	高笋塘街道	56	黄大志	102	男	响水镇
21	杨习香	102	女	牌楼街道	57	邓礼容	101	女	武陵镇
22	孙孝兰	100	女	牌楼街道	58	杨文珍	100	女	武陵镇
23	陈　芳	102	女	龙都街道	59	陈邦荣	100	男	熊家镇
24	杨世玉	101	女	双河口街道	60	王开英	101	女	熊家镇
25	张朝秀	100	女	双河口街道	61	朱治富	102	男	熊家镇
26	黄成秀	101	女	双河口街道	62	杜合珍	101	女	熊家镇
27	李茂华	101	女	周家坝街道	63	蔡五珍	104	女	熊家镇
28	罗怀珍	100	女	周家坝街道	64	代家蓉	106	女	熊家镇
29	任碧英	100	女	钟鼓楼街道	65	林元忠	111	男	小周镇
30	吴绍艮	104	男	钟鼓楼街道	66	严立秀	107	女	高梁镇
31	饶成海	100	男	钟鼓楼街道	67	张元菊	105	女	高梁镇
32	乔德珍	100	女	钟鼓楼街道	68	何大碧	103	女	高梁镇
33	张本兴	100	男	钟鼓楼街道	69	涂光秀	101	女	高梁镇
34	向慧忠	102	女	钟鼓楼街道	70	刘宁芳	100	女	高梁镇
35	潘光秀	101	女	钟鼓楼街道	71	向付珍	100	女	高梁镇
36	瞿兴植	100	男	百安坝街道	72	卢　义	101	男	李河镇

续表 75

序号	姓名	年龄（岁）	性别	乡镇（街道）	序号	姓名	年龄（岁）	性别	乡镇（街道）
73	舒辉莲	100	女	分水镇	93	陈吉安	100	男	太龙镇
74	廖多梅	100	女	分水镇	94	徐志发	100	男	太龙镇
75	唐厚珍	102	女	分水镇	95	杨永珍	100	女	太龙镇
76	赖古芬	106	女	分水镇	96	唐传珍	103	女	太龙镇
77	陈太平	101	男	分水镇	97	陈正香	106	女	太安镇
78	陈恒珍	105	女	分水镇	98	钟光华	104	男	太安镇
79	陈道梅	101	女	分水镇	99	张培福	101	男	太安镇
80	谭常秀	100	女	分水镇	100	丁天谷	100	女	白土镇
81	唐世钟	103	男	余家镇	101	谭先珍	100	女	新乡镇
82	罗庆林	107	女	弹子镇	102	冉云开	100	男	郭村镇
83	王和英	100	女	弹子镇	103	张龙会	102	女	郭村镇
84	周国玉	104	女	弹子镇	104	吴现统	100	男	郭村镇
85	曾文秀	105	女	弹子镇	105	应家秀	108	女	柱山乡
86	张世珍	102	女	长岭镇	106	鲁德之	100	男	铁峰乡
87	朱文珍	101	女	长岭镇	107	黄　超	103	女	黄柏乡
88	幸坤成	100	男	新田镇	108	张明玉	102	女	溪口乡
89	魏淑英	100	女	白羊镇	109	黎万良	103	男	长坪乡
90	向元珍	100	女	走马镇	110	黎昌谷	102	男	长坪乡
91	李二会	100	女	走马镇	111	汪培英	102	女	长坪乡
92	王洪秀	100	女	罗田镇					

（区民政局　区卫生健康委）

关心下一代工作

【概况】　2021年，万州区关心下一代工作委员会（简称区关工委）下辖“三团一校一室”，即理想信念宣教团、法治教育团、科技辅导团、家长学校、“中华魂”读书活动办公室。12月，区关工委在纪念重庆市关工委成立30周年暨表彰大会上交流发言，牌楼街道关工委、天城街道关工委被评为先进集体，陈浪、汪硃军被评为先进个人。中国关工委《中国火炬》杂志报道万州区关工委工作。

【关工委组织建设】　2021年，万州区52个乡镇（街道）配备关工委专职副主任60名，其中后山镇、普子乡、太白街道、双河口街道、沙河街道等配备2名，罗田镇配备3名。全区610个村（社区）均健全基层关工委组织，组建3～5名老干部、老战士、老专家、老教师、老模范等“五老”人员队伍。区关工委家长学校调整副校长1名，科技辅导团调整副团长2名、成员3名。

【革命传统教育】　2021年，区关工委编写出版《革命英烈在万州》红色基因教育丛书8000册，赠送给全区机关企事业单位，丰富党史学习教育内容。开展百场党史宣讲活动，全年宣讲107场，受教育群众6万余人次。理想信念宣教团90岁高龄的志愿军老战士彭道明将亲身经历的抗美援朝英雄事迹编成快板书进行宣讲，被2021年第8期《中国火炬》杂志专题报道；彭道明被评为第五届感动万州十大人物，荣登11—12月重庆好人榜、12月中国好人榜。组织开展研学活动，组织5000余名中小学生到万州革命烈士陵园、万县“九五”惨案纪念馆等红色资源基地开展理想信念和爱国主义教育。全区各镇乡、学校关工委举办党史知识竞赛、诗歌诵读、传唱红色经典歌曲比赛180余场，受众10余万人次。

【“中华魂”主题教育活动】　自2003年起，区关工委连续19年参加中国关工委开展的“中华魂”主题教育读书活动，并成立“中华魂”读书活动办公室。2021年，区关工委副主任、教育专家万启蒙教授代表重庆市参加中国关工委2022年“中华魂”读书活动选题会。全区首次专题召开国企读书活动座谈和培训会，召开中小学征文、演讲稿写作和演讲培训会，动员辖区单位参加“中华魂”读书活动，全年收集征文472篇、演讲稿129篇。编写“中华魂”主题教育读书活动《征文演讲优秀作品集》5000册，并赠送给全区乡镇（街道）和大中小学。

【青少年法治教育】 2021年，区关工委组织法治教育团成员、法治副校长深入各学校宣讲《中华人民共和国未成年人保护法》《中华人民共和国预防未成年犯罪法》等法律法规，举办普法宣讲230余场，受教青少年20余万人次。建立“关爱明天、普法先行”青少年普法教育联席会机制，探索预防未成年人犯罪的方法路径。建立“一帮一、多帮一”未成年人矫正帮教机制，全年帮教13人，其中按期解除矫正4人、考上高职2人，其余全部就业。加强青少年“零犯罪学校”“零犯罪社区”创建，至年末，全区80%以上的社区、90%以上的学校实现未成年人零犯罪学校、社区创建。全年开展网吧监督检查1629次，劝阻未成年上网97人次、无身份证上网17人次。

【家长学校】 2021年，区关工委家长学校引进全国知名家庭教育专家曹坤、冷秀金等专家团队，长期开展线上、线下家庭教育指导，培育家庭教育指导师，组建退休教师家庭教育指导站18个，深入中小学、幼儿园、社区举办家庭教育讲座97场次，惠及学生家长5.3万人次；开展心理咨询281人次，帮助19人走出心理困境。加强实践校社区建设，增加鸡公岭小学、双堰塘社区等12所学校和社区为第二批“三宽教育”（宽厚、宽容、宽松的家长教育理念）实践校社，扩大家校社共育覆盖面。组织家校社共育实践校负责人参加全国家长大会和“三宽教育”培训会，福建小学介绍学校家长互渐式管理经验。开展网上家庭教育讲座12次，受益家长累计126万人次。开展老校长走进社区活动，家长学校成员及18个工作站老校长走进102个村（社区），走访236个家庭，收集好家教、好家风75条。开展关爱活动，联合重庆学雷锋志愿服务总团志愿者为白土镇大林小学、普子小学等450余名学生送去御寒棉衣、学习用品和慰问金；“六一”前夕到福建小学慰问留守儿童和困难学生100名；争取重庆曼瑜童颜商贸有限公司、重庆新中语教育科技有限公司爱心捐赠10万元，资助大学新生23名。

2021年5月31日，万州区关工委在福建小学举行“庆六一，送关爱”助学活动

（区关工委 供图）

【科技辅导】 2021年，区关工委科技辅导团“五老”专家深入甘宁、李河等30多个镇乡开展稻田养鱼、黄桃、中药材种植等科技培训105场，受益人员5000余人次。在甘宁镇冠丰村指导建设小田改大田稻田养鱼示范基地，推广稻田养鱼新技术1.67平方千米，平均每亩可增收2000～3000元，全年增收500万元以上。在长岭镇安溪村、溪口乡玉竹村培植“农民工返乡孵化园”，已孵化企业150余家。在恒合土家族乡石坪村生态观光园进行农副产品种植加工技术指导，赠送水稻玉米种子，指导建设生态观光研学基地。在甘宁镇仙云村指导雷竹笋田间管理技术，建设雷竹笋基地。搭建农产品网络销售平台，首次召开科技辅导基地与电商平台对接座谈会，为基地农副产品销售服务。

（区关工委）

民族宗教事务

【概况】 2021年，万州区有土家族等少数民族42个，年末户籍总人数3.64万人；有少数民族乡2个。9月2日，区委常委会召开会议研究部署民族工作，确定全区民族工作以铸牢中华民族共同体意识为主线，持续抓好民族团结进步创建工作和少数民族群众服务工作，支持民族乡加快发展，促进全区各民族交往交流交融。年末，万州区有重庆市民族团结进步示范区示范单位12家、重庆市民族团结进步模范集体1个。

万州区宗教信仰主要有佛教、伊斯兰教、天主教、基督教，宗教活动场所24处，信教群众4.6万人。全区宗教工作坚持中国宗教中国化

身着民族服装的恒合土家族乡石坪村村民　　（区委统战部　供图）

方向，落实宗教信仰自由政策，依法管理宗教事务。年内，区佛教协会、伊斯兰教清真寺管委会、天主教爱国会和基督教三自爱委会围绕中国共产党成立100周年开展形式多样的“爱党爱国爱社会主义”系列主题庆祝活动。全区开展第十一届村（居）务监督委员会主任培训班，促进宗教事务治理现代化。

【民族事务】　2021年，万州区建立完善少数民族基础信息台账，构建区级部门、乡镇（街道）、村（社区）三级民族工作网络，走访慰问少数民族230余人次，帮助解决困难问题30余个。完成高考学生民族成分审核确认165人次，依法更改民族成分25人。组织为期两个月的万州新疆籍少数民族务工经商人员国家通用语言培训班，培训50人次。召集3个民族团结进步宣讲队开展宣讲12场，指导组建民族文化艺术团队2个，编制发放《民族知识手册》5000册，开展民族知识竞赛15场。开展“第十一个民族团结进步宣传周”活动，接受咨询4万余人次，开展活动200余场。恒合土家族乡石坪村创建为市级民族团结进步示范区示范单位，五星村冒水井被列入重庆市第三批传统村落名录。地宝土家族乡打造“一林一花多果”主导产业格局。

【宗教事务】　2021年，万州区以庆祝中国共产党成立100周年为契机，开展国旗、宪法和法律法规、社会主义核心价值观、中华优秀传统文化进宗教活动场所“四进”，及“爱党爱国爱社会主义”主题教育等活动。推进天主教万州教区主教府项目建设，教堂主体工程量完成50%。完成《重庆市宗教事务条例》修订后的第1例行政处罚案例的行政复议、行政诉讼、行政上诉应诉工作。完成市人大常委会执法检查组实地检查和重庆市政协民宗侨外委专题调研。开展宗教活动场所消防安全、农村宗教活动场所房屋安全隐患排查整治和安全生产大排查大整治大执法行动，全年开展安全检查50余次。

（罗小恩）

精神文明建设

【新时代文明实践促进】　2021年，万州区成立新时代文明实践促进中心，完善新时代文明实践中心、所、站“1+104+956”工作体系，制定《2021年万州区建设新时代文明实践所、站重点工作安排》，开展新时代文明实践志愿服务培训，指导文明实践站、点向楼栋、小区、文化场馆、景区公园拓展延伸，形成“纵向到底、横向到边、上下联动”的志愿服务网格。建立联席会议、队伍培训、群众参与、嘉许激励、招募注册等制度，开展“文明储蓄所”“雷锋银行”积分管理。新建新时代文明实践云平台、万州文明网、“文明万州”微信公众号，开通文明实践信息发布、志愿者注册登记、志愿服务动态记录等线上功能，初步实现文明实践网上网下同频共振。

【城市文明行动】　2021年，万州区推进“餐饮文明”“居住文明”“出行文明”“游乐文明”“环境文明”五大行动。印发《万州区创建全国文明城区倡议书》5万余份，推动实施“吃得文明”入宾馆、入餐馆、入食堂、入学校、入机关主题活动，开展广场宣传、马路宣传12次，创作文明用餐系列公益广告和公益海报101份。在中心城区15个路口、6个出站台、25个乘车点常态化开展文明交通志愿服务活动。开展“全国交通安全日”宣传，推广施画“我文明·靠右行”斑马线，持续巩固“礼让斑马线·文明我点赞”工作成果。把普通话纳入岗位服务培训内容，开展“文明用语服务明星”“文明用语示范岗位”等选树活动15场，开展“同讲普通话 倡微笑服务 共建文明城”宣传活动45场，营造讲普通话、用规范语的浓厚氛围。推进“物管小区环境卫生”“生活垃圾密闭运输”专项整治，增强人民群众获得感、幸福感。

【乡风文明建设】　2021年，万州区建立健全村民议事会、道德评议会、红白理事会等群众组织，推进移风易俗，开展乡风评议，褒扬“吃得文明”“住得文明”“行得文明”“游得文明”等乡村新风，提倡科学精神，普及科学知识，破除铺张浪费、薄养厚葬、人情攀比等不良习俗，抵制迷信和腐朽落后文化，防范极端思想和非法宗教势力渗透。全区

2021年6月5日，第四届中华优秀传统文化公益论坛家风家教专场活动现场
（区委宣传部 供图）

村民委员会修订《村规民约》完成率100%。有区级文明村镇367个、市级文明村镇32个、全国文明村镇5个；以“美丽乡村”为主题，深化“星级文明户”创建、“美丽庭院”创建，已创建“美丽庭院”1000户；开展弘扬“好家风好家训”活动，全年评选区级文明家庭100户、区级最美家庭10户，获评市级文明家庭3户。

【志愿服务】 2021年，万州区组建10支“万”字特色志愿服务队伍，培育志愿服务项目32个，全区注册志愿者人数超过22.8万人，志愿组织超过2250个，活跃志愿者人数超过全区常住人口13%。结合党史学习教育，梳理“我为群众办实事”实践活动项目清单90条，全区5.7万名党员志愿者下沉社区“双报到”，解决民生实事1500件。举办区级“进街道”新时代文明实践示范活动5场，联合38个区级部门、8个社会组织集中开展“六送”“六晒”活动。推动41家文明单位深入结对82个农村文明实践站，常态化开展“助耕支农”“文明劝导”“健康义诊”“守望相助”等志愿服务活动3600余场，惠及群众22万余人。参加第三届全市志愿服务项目大赛，“七彩假期 快乐童年”志愿服务项目获评“重庆市最佳志愿服务项目”，开展五星级志愿者认定工作，“无悔青春路 志愿服务行”获银奖，柴海燕获评重庆市五星级志愿者。

【未成年人思想道德建设】 2021年，万州区加强未成年人理想信念教育，围绕庆祝中国共产党成立100周年、党史学习教育，组织青少年参观万州西山抗战遗址群、万县“九五”惨案纪念馆、万师六角亭等红色教育基地。开展“我向党旗敬个礼”活动近100次，“传唱红色经典礼赞百年华诞”红歌传唱活动121场，参与学生21万余人。开展“小萝卜头进校园”系列活动，收到征文、红色短视频、书画作品共1400余件，评选优秀作品130件。开展“新时代好少年”学习宣传，推选出“新时代万州好少年”10名、“新时代万州好少年提名奖”10名。开展“传承中华民族传统美德，做新时代劳动者”“我劳动我快乐”主题活动近400场，培养吃苦耐劳、艰苦奋斗精神。成立未成年人心理健康辅导中心和“医校结合”专家组，组织心理健康教育专家深入学校、社区开展巡讲6次，推进未成年人心理健康宣传和知识普及。组织中小学校举办心理健康活动课、心理主题班会，编排校园心理剧等活动累计242场次，提高学生心理素质。推进学校心理咨询室建设，全区中小学心理咨询室普及率100%。

（区委宣传部）

镇乡街道

甘宁镇

【概况】 甘宁镇因三国东吴将军甘宁而得名。东邻高峰镇，南接瀼渡镇，西连龙沙镇，北依柱山乡，恩（施）广（元）高速万州过境其镇4村，348国道横贯其境。境内以缓丘地貌为主，海拔180～810米，属暖湿中亚热带东南季风区，温热寒凉，四季分明，雨量充沛，日照充足，年平均气温18.1℃。总面积104.8平方千米，辖永正、永胜、甘宁、楠桥、仙云、公碑、冠丰、高桥、黑马、帅家、新农、高梁、河口、牌楼、庙沟、围灯、大山、烟坡、二屯、中屯、姜家、永平、石庙、桐坪、兴国25个村和凉风、天宫、河口3个社区，202个村民小组，2021年年末常住人口1.84万户5.5万人。集镇建成区面积1.3平方千米，耕地面积44平方千米。森林覆盖率50.19%。全镇建成优质粮油和晚熟柑橘、蔬菜、小水果、花卉、水产"1+5"现代农业产业体系。有AAAA级景区万州大瀑布群旅游区1个、AAA级景区同鑫蔬菜大观园和奇芳花谷2个、三星级农家乐5家。甘宁镇是首批国家农村产业融合发展示范园、全国特色景观旅游名镇、市级现代农业示范园区、市级现代农业产业园、市级生态镇、市级休闲农业与乡村旅游示范镇、市级文明乡村旅游示范镇、市级玫瑰香橙科技园、市级乡村振兴示范镇，永胜村、楠桥村被评为中国美丽休闲乡村，永胜村为首批中国乡村旅游模范村，楠桥村被评为国家森林乡村。

甘宁镇历史文化底蕴深厚，孕育了现代诗人何其芳、三国名将甘宁"一文""一武"两位名人；出土的青铜器文物虎钮錞于被重庆三峡博物馆作为"镇馆之宝"收藏；市级非物质文化遗产——1800多年历史的甘宁鼓乐流传至今；辖区何其芳故居、陆安桥、抗日阵亡将士纪念碑3处建筑被列为市、区级文物保护单位；甘宁民间故事、刮打板、龟蚌舞、榨油号子等被列为区级非物质文化遗产目录。

【政治建设】 2021年，甘宁镇有党组织33个，党员1760名。全年发展党员39名，按期转正12名。全年组织党员干部分批次前往重庆三峡移民纪念馆开展红色研学活动。制定"我为群众办实事"清单，细化为群众办实事事项26项，开展志愿服务活动200余场。开展年轻干部集体谈话1次，约谈村居干部3人。推进农村资源变资产、资金变股金、农民变股东"三变"改革，探索"三变+乡村旅游""三变+特色种养""三变+加工企业"等"合股联营"机制。承接下放行政职权2项。全年办理人大建议、政协提案12件，办理率和满意率均达100%。11月25日，中国共产党甘宁镇第五次代表大会选举产生镇党委委员9名、纪委委员7名。12月10日，甘宁镇第五届人民代表大会第一次会议选出

2021年3月13日，游客在甘宁镇油菜花田赏玩　（三峡融媒体中心　供图）

镇人大主席1名，镇长1名、副镇长5名，选出区人大代表13名、镇人大代表81名。完成28个村（社区）“两委”班子换届工作，选举党支部书记28名，选出“两委”成员222名，书记、主任“一肩挑”比例100%。

【经济发展】　2021年，甘宁镇地区生产总值17.96亿元，固定资产投资42853万元，财政总收入122万元，一般公共预算收入66万元，农村居民人均可支配收入2.09万元。限额以下贸易销售收入1.98亿元，比上年增长6.3%。批发零售贸易业收入1.87亿元，增长7.1%。住宿餐饮业营业收入6900万元，增长6%。坚持“以农促旅、以旅带农、农文旅融合”发展思路，发展现代农业和乡村旅游。新发展玫瑰香橙基地1.33平方千米、小水果0.67平方千米。25个单元的生态养殖场养殖能繁母猪1300余头、仔猪1.3万头，全年出栏生猪6.5万头。开展果蔬有机肥替代化肥和绿色防控，巩固兴国、永胜村集体经济经果林发展项目，开展楠桥村集体经济50万元入股蛋鸡养殖项目和中屯村集体经济约0.4平方千米的玫瑰香橙种植项目。

【基础设施】　2021年，甘宁镇推进万州环线高速公路甘宁段、柱瀼路升级改造等一批重点工程；完成93千米“四好农村路”各标段主体工程建设和33.78千米农村公路生命安全防护栏安装。开展道路交通隐患大排查大整治，安装爆闪灯、减速带和警示标牌。完成万州区甘宁镇高桥村三峡后续工程公路整治项目。完成永平村、二屯村、桐坪村、公碑村、庙沟村等饮水工程建设，农村安全饮水运行管护有序开展。凉风农贸市场建成投入使用，河口农贸市场主体工程完工，以路为市、人车混流的安全隐患得到较好解决。完成凉风社区人防工程，提高社区居民防空应急疏散保障能力。完成13户C级危房、28户D级危房改造。

【文化建设】　2021年，甘宁镇有文物点71个，其中，陆安桥、何其芳故居为市级文物点，抗日阵亡将士纪念碑为区级文物点。有甘宁民间故事、吹打乐等非遗项目7个。全年放映惠民电影360场，举行“扫黄打非”宣传12次，开展辖区文化市场、旅游市场安全检查12次，开展文物点巡查150次。举办“学雷锋、巾帼护河”活动、趣味运动会、庆祝中国共产党成立100周年文艺汇演暨表彰大会。组织全镇文艺专干和文艺爱好者进行电子琴、二胡、健身舞和佳木斯操等文艺培训，并进行汇报展演。组织榨油号子、甘宁鼓乐等非遗节目参加万州区2021民歌进景区活动，组建“八段锦气功队”参加万州区“百城千村”气功比赛，并获三等奖。

【社会事业】　2021年，甘宁镇有小学1所、中学2所。镇政府与各学校、村居签订“控辍保学”目标责任书，保障每位适龄儿童完成义务教育规定年限。支持中小学全面落实“双减”政策，促进教育减负提质。2021年，甘宁镇创建为重庆市级卫生乡镇，全镇有标准化村卫生室25个。全年举办健康教育讲座5期，播放健康教育专题视频8次，设置健康教育宣传栏20余块。中小学校健康教育开课率100%，学生健康知识知晓率和健康行为形成率均在90%以上。居民健康基本知识知晓率和健康生活方式与行为形成率分别达88%和82%，全镇医疗保险参保率达95%以上。全年开展新冠肺炎疫情防控应急排查演练1次、大规模核酸检验演练2次。全面完成新冠病毒疫苗接种任务，实现应接尽接。

全年城镇新增就业405人，发放创业担保贷款30笔590万元。发放低保、特困、临时救助等资金1045万余元，涉及1634人。受理各类城乡养老保险、医疗保险服务超过1万余人次，特困人员、建卡贫困户参保率100%。

2021年，甘宁镇实行“网格化+”模式助推基层治理，全镇划分网格113个，配备网格管理人员550人。开展扫黑除恶、禁种铲毒、反诈宣传、普法工作等系列宣传活动，累计发放宣传资料5000余册，制作宣传标语25条、宣传教育展板35块。定期组织开展“干部赶场面对面”“居民开放日”“领导干部接访群众”“社区工作日”等主题活动，征求社情民意，组织力量协调处理群众反映问题，按期出具答复意见书，全年接受群众来信来访52件，收集社情民意200余件。围绕水陆交通、建筑施工、森林防火、危化物品、非煤矿山、地质灾害、食品药品等重点行业领域，常态化开展安全生产检查，全年整治农村道路安全隐患30余处，安装安全警示标志、标识牌100余块，依法取缔“三无船舶”3艘，对加油站和烟花爆竹经营店开展集中排查整治。

【环境保护】 2021年，甘宁镇完成楠桥村古树别院院落及便民服务中心周边民房墙面排危及恢复工程5.44万平方米，实施房屋顶棚整治改造1800平方米，拆除凉风、河口、天宫社区乱搭乱建棚盖4500平方米。完成永胜、楠桥、黑马村100户美丽庭院建设，新建旅游公厕5座，完成万忠路沿线亮化工程。完成凉风、天宫、河口社区破损污水管网清掏和维修10余处，共投资15万元，清掏修复一、二级污水管网3.3千米和污水井12个，保障场镇污水管网正常运行。协调凉风社区污水管网补充工程项目建设，总投资937万元，建成社区及新农村污水管网总长7701.89米。以国家现代农业产业园、3个社区及万忠路沿线为重点，建成生活垃圾分类示范村20个、垃圾分类宣传公示栏173块，印发垃圾分类明白卡3800余份，放映垃圾分类小电影50余场。全年累计清理各类垃圾和废弃杂物近5500吨，消除陈旧垃圾点7处，实现农村生活垃圾有效治理90%以上。处理环保投诉交办件31件，约谈污染企业3家，解决环境污染问题3件，组织人员清漂河面垃圾130余吨。

【脱贫攻坚成果巩固同乡村振兴有效衔接】 2021年，甘宁镇纳入全区“3+4+4”重点帮扶体系，8个市区级帮扶单位结对帮扶甘宁镇25个村。全年围绕“两不愁三保障”问题开展集中走访，排查脱贫户、重点户1469户。全年发放贫困户小额贷款38笔164万元、外出务工人员交通补贴829人13.3万元、一次性求职创业补贴20人1万元、贫困户产业补助133户19.39万元，农村危房改造12户，贫困劳动力外出就业1404人，劳动力技能培训送培14人。深化消费扶贫，甘宁镇农产品在山东省销售额达200余万元。

【农旅融合发展】 甘宁镇以农促旅、以旅带农，大力发展现代农业和乡村旅游。2021年，完成现代诗人何其芳故居复建，黑马村入选市级休闲农业和乡村旅游文艺村。推出“诗人田园”“大地之心”“百花奇芳”“科普乐园”“瀑上人家”5个农旅文融合样板，形成休闲娱乐、采摘观光、科教亲子3条游览线路，串起4个市区级休闲农业和乡村旅游示范村、8个示范点。建成“橙海思乡”油菜花观赏点、古树别院和毛家屯2个民宿示范院落、示范户5家。年接待游客60万人次以上，成为万州及周边市民四季观花、四季采果的首选地。

【万州玫瑰香橙入选2021年第二批全国名特优新农产品目录】 甘宁镇按照中国农业公园建设规划，因地制宜发展晚熟柑橘玫瑰香橙。坚持大产业、小果园、标准化、品牌化道路，已发展以甘宁红玫瑰香橙园、四月红玫瑰香橙园、豪田玫瑰香橙园等为代表的万亩玫瑰香橙基地。2021年年末，全镇建成玫瑰香橙基地13.33平方千米、标准化果园40个。“万州玫瑰香橙”甘宁红牌获绿色食品标志、地理标志证明商标；“万州玫瑰香橙”甘宁红牌和四月红牌分别获国家质检总局生态原产地产品保护认证；豪田牌玫瑰香橙入选市级名牌农产品；2018年三峡杯重庆市优质晚熟柑橘评优活动中，四月红牌玫瑰香橙获血橙类“果王”称号。2021年9月13日，万州玫瑰香橙入选2021年第二批全国名特优新农产品目录。

（甘宁镇）

甘宁镇楠桥村玫瑰香橙基地 （甘宁镇 供图）

龙沙镇

【概况】 龙沙镇位于万州区西南部，距万州城区28千米，总面积68.5平方千米。全镇地势西北高，东南略低，地形地貌以浅丘平坝为主，属亚热带湿润季风气候区，海拔200～668米，年平均气温16℃左右，年降水量1200毫米，全年无霜期300天左右。龙沙镇1992年建镇，镇政府驻地龙沙镇永安路134号，辖何院、红鹤、黄金、周坝、沙包、印合、彭家、老林、马岩、雨台、青龙、海螺12个行政村和龙沙、龙古、岩口3个社区。2021年年末，全镇户籍人口3.7万人，其中乡村人口2.9万人、城镇人口0.8万人，常住人口2.96万人。全镇农用土地38平方千米，耕地面积32.19平方千米，其中水田16.67平方千米，盛产水稻、玉米、小麦、薯类、油菜、榨菜、柑橘、李子等。龙沙镇是三峡库区传统天然粮仓、榨菜之乡和重庆市首批启动建设的中心镇，万州区“十四五”期间作为重要支点发展的五大中心城镇之一，先后被命名为国家级生态镇、全国重点镇、全国建制镇示范试点和市级卫生镇、重庆市文明镇标兵、市级抗击新冠肺炎疫情先进集体，创建“全国卫生镇”已通过市级技术评估。

【政治建设】　2021年，龙沙镇有党支部23个，党员1390名。全年开展党史学习教育，制作宣传栏35块，悬挂横幅50余幅，开展读书班活动8次、院坝宣讲35场，梳理“我为群众办实事”重点项目清单40项。开展作风突出问题专项整治1次，观看警示教育片1次。办结人大代表议案、建议100余件。各级主流新闻媒体累计刊播龙沙镇稿件817篇，获评“全市舆情直报优秀单位”。11月26日，中国共产党龙沙镇第五次代表大会召开，选举产生镇党委委员9名、纪委委员5名；选举产生龙沙镇出席区第六次党代会代表4名。12月10日，龙沙镇第五届人民代表大会第一次会议召开，选举区第六届人大代表10名，镇人大主席1名，镇长1名、副镇长4名。3月，龙沙镇15个村（社区）完成支委换届。5月，15个村（居）完成村委换届，选举村（社区）党支部书记15名（含新当选支部书记2名），选出村委会成员75名。全镇村（社区）实现支部书记和主任“一肩挑”、“两委”班子年龄和学历“一降一升”总体要求。

【经济发展】　2021年，龙沙镇地区生产总值13.02亿元，固定资产投资6293万元，财政总收入117万元，一般公共预算收入90万元，农村居民人均可支配收入2.08万元。全年粮食总产量1.9万吨，产销蔬菜6.89万吨，出栏生猪8.8万头、牛羊0.58万头、禽类158万羽；推动“低架网床+益生菌+异位发酵”生态猪养殖项目建设，建成66个单元，关猪48个单元，累计出栏生猪9.5万头、存栏4.8万头。年出栏10万头生猪养殖繁育示范基地正在建设中。“四下”样本企业4家；内资企业、个体工商户等民营经济市场主体1285家，当年新增87家；民营企业244家，从业人员数1246人、总产值约2.37亿元，当年新增15家；金融机构6家。限额以上批发和零售销售额546万元。全镇14个村（居）建立村级电商服务点，提供代卖、代买、充值、缴费等电商服务，电商销售额比上年增长11%。有成熟乡村旅游景点1处、星级农家乐1家、餐饮企业118家，全年主要乡村旅游景点累计接待游客1.3万人次，收入60万元。

【基础设施】　2021年，龙沙镇“四好农村路”建设及管养目标完成率100%，完成“四好农村公路”硬化3千米，管理养护公路207千米，新建产业便道4千米。协调保障龙岩路通车。审计、验收2020年农村山坪塘整治工程10口。建立饮用水源、畜禽养殖监管台账，辖区河流、塘、水库无生活污水直排情况。完成辖区房屋全面排查，总计排查13937户。

【文化建设】　2021年，龙沙镇有岩口老街张家祠堂、吴家寨楼等文物点25个。有区级非遗项目抬工号子和非遗文化“金钱板”培训基地，固定学员30人，有民间传统舞蹈打连箫、彩船舞表演队伍70人。建设海螺、雨台、何院3个村级文化服务中心，完善文化服务中心惠民电影厅，配备体育健身器材；配置文明壁画、路牌标牌、村规民约、宣传栏以及农耕文化景观20余处；为14个村农家书屋各配备新书60册，价值近2000元。举办各类流动文化演出50余场，观众2万人次，图书室、惠民电影等设施均免费开放。

【社会事业】　2021年，龙沙镇有中小学3所、幼儿园3所，年末教职工212名、学生2672名，全镇义务教

龙沙镇龙沙步行街　　（龙沙镇　供图）

龙沙镇场镇　（龙沙镇　供图）

育阶段青少年入学率稳定保持在100%。在2021年全国“五四”表彰中，岩口复兴学校团支部被评为“全国五四红旗团支部”。有中心卫生院有医护118人，医疗床位155张。全年落实基本公共医疗卫生服务、优生优育服务、女性“两癌”筛查等服务工作和奖扶、特扶、残扶等惠民政策，辐射响水镇、郭村镇等周边10万人。累计开展秋冬疫情防控“桌面演练+实景演练”、大规模人群核酸检测等应急演练3次；落实“五包一”责任制，加大对重点区域重点人群、返乡人群的排查。全镇累计接种新冠病毒疫苗7.2万剂次。

全年城镇新增就业342人，高校毕业生就业17人；有非全日制公益性岗位12人、全日制公益性岗位2人。发放小额担保贷款22户422万元，带动就业53人。新增低保55户78人，累计356户577人；新增特困供养2人，累计369人。累计发放特困供养人员救助金404.7万元、临时救助金13.3万元。新增居民养老保险195人，城乡居民医疗保险参保3.08万人，其中1805名巩固脱贫户和监测对象参保率100%。发放优待金26万元，发放重点优抚对象抚恤金、医疗补贴、节日慰问金、丧葬补助等27万元；发放解决生活难、住房难、医疗难等“解三难”资金162户16万元；规范送达现役军人立功受奖喜报2人、三等功喜报1人。

推进新时代文明实践“七讲”宣讲，开展面对面“讲理论、讲党史、讲政策、讲法律、讲科技、讲健康、讲典型”活动，发放各类宣传资料1万份。定期开展矛盾纠纷排查和重大事项社会稳定风险评估，化解矛盾6起，受理处置来信、来访、网上信访，群众满意度90%以上。完成地质灾害应急处置项目，地质灾害应急处置1处，搬迁避让1户；开展地质灾害单点应急演练16次，培训2次；落实地质灾害监测点监测人16名，发放地质灾害明白卡、避灾明白卡，监测上报率100%。与15个村居及有关单位签订安全生产责任书58份，落实情况联合专项检查13次，增设各类标志标识1000余处，开展各类安全检查90余次。对病险水库进行维修养护，制定水库防汛预案及山洪预案。

【环境保护】　2021年，龙沙镇落实环境监管网格化管理，全年未发生环境事件。安装林长制公示牌15块，新建森林防火检查站3个，辖区森林覆盖率提高至67%。定期巡河巡库，镇村两级年度巡河完成率100%。打造美丽院落14个，完成人居环境整治工作，“双亮”工作在全区排名前八位。2021年度化肥使用量比上年减少0.3%以上；秸秆还田面积提高3%以上；推广有机肥和综合利用畜禽粪污培肥地力，畜禽粪污利用率提高5%以上。全镇19个业主共申报4.78平方千米“有机肥替代化肥”项目，施用有机肥3600吨，减少化肥使用89.7吨。

【脱贫攻坚成果巩固同乡村振兴有效衔接】　2021年，龙沙镇新识别监测对象2户5人，村集体经营性收入总额150万元，无“空壳村”。印合村采取自建自营模式扶持村级集体经济项目，2021年区级验收合格；引进重庆苏美达制衣（重庆启航服装有限公司）在周坝村建立龙沙镇扶贫车间，带动周边群众就业150人，其中建卡贫困户11人，残疾、

2021年2月，龙沙镇榨菜丰收　（龙沙镇　供图）

低保、特困等特殊人群26人；与山东省济宁市嘉祥县、嘉祥县嘉祥街道进行对接，签订“十四五”东西部协作框架协议，获捐资金55万元。

【榨菜小镇建设】 龙沙镇是鱼泉榨菜的重要生产加工基地，全镇通过“公司+基地+农户”的方式种植优质榨菜8平方千米，榨菜加工产业园区综合年生产产能2.53万吨。至2021年年末，全镇有榨菜加工企业2家，榨菜生产、加工、销售等相关从业人员数千人，年产值1.62亿元。龙沙镇重点打造榨菜小镇文化及景观建设，设置各类景观元素22处。

（黄馨）

响水镇

【概况】 响水镇位于万州区西部，距万州城区45千米，东与龙沙镇接壤，距348国道龙沙场段5千米，南与郭村镇相邻，西与分水镇相连，距万渝高速分水互通20千米，北与甘宁镇相倚。510省道东西方向横贯全境，规划建设的重庆至万州沿江高铁穿越其间，陆路交通便利。镇内深丘地貌，海拔400～880米，气候温和，雨量充沛，日照充足，年平均气温20℃左右，年降雨量1200毫米左右。总面积62.1平方千米，城镇规划区面积0.9平方千米，耕地面积23.12平方千米，林地和草地面积28.67平方千米，辖青林、高石、付家、公议、总角、万民、响水、联合、张家9个行政村以及宝莲、响水2个社区，9358户2.28万人，镇政府驻地响水镇中心街22号。镇内有大水井、宝莲禅院遗址、朱氏古墓群、易家古寨等文化旅游景点，产业以优质水稻、伏淡季水果、中药材和养殖业为主，“响水山”红心猕猴桃声名远扬。

【政治建设】 2021年，响水镇有党组织17个，党员774名，新发展党员10名。11月25日，中国共产党响水镇第五次代表大会召开，选举产生镇党委委员9名、纪委委员5名；选举产生响水镇出席区第六次党代会代表4名。3月，响水镇11个村（社区）党组织换届；5月，11个村居委换届；12月16日，响水镇第五届人民代表大会第一次会议召开，选举镇人大主席1名，镇长1名、副镇长4名。全年开展工作督查30余次，对督查发现问题立行整改。开展集体廉政谈话5次，约谈村（社区）支书12人次。开展扶贫领域形式主义、官僚主义问题整改，全年处置问题线索5件，其中办结2件、立案3件。

【经济发展】 2021年，响水镇地区生产总值5.59亿元，固定资产投资3684万元，财政总收入173万元，一般公共预算收入91万元，农村居民人均可支配收入1.79万元。镇内金融机构年末储蓄存款余额7.77亿元，年均增长6.6%。新建产业园6个，面积0.79平方千米，其中柑橘基地0.29平方千米、小水果基地0.17平方千米、中药材基地0.25平方千米。收购烟叶2.82万千克，平均单价17.33元/千克，总产值48.87万元，平均亩产150.8千克，亩产值2613.5元。油菜种植面积1.07平方千米，比上年增加0.67平方千米，平均亩产135千克。完成产油大县项目1平方千米，发放良种225千克，财政补贴1.6万元。榨菜种植面积0.67平方千米，比上年增加0.33平方千米，平均亩产2100千克，平均亩产值1470元，总产值147万元。新增市场主体86户，其中新增企业6家、农民合作社1家、个体经营户79户。新培育“总角山”红心猕猴桃电商品牌，年销售额100万元以上。全年新培育5家电商经营主体，实现11个村（社区）电商服务站及快递物流网点全覆盖。

【基础设施】 2021年，响水镇完成农村公路硬化建设5.07千米，安装农村公路生命安全防护栏19.58千米，完成农村公路养护204千米、修复水毁堡坎7个。争取上级项目180万元，实施万民村、联合村供水改建项目，通过管网延伸解决万民村、联合村安全饮水问题，项目建成后可实现1236户1892人安全饮水。改造响水场镇农产品市场A区门楣及公示墙97平方米，地面整改1147平方米，摊位整改530平方米，入口顶棚整改50平方米，配套实施管网工程；农产品市场B区新建彩

响水红心猕猴桃 （响水镇 供图）

钢棚架923平方米，门楣及公示墙改造140平方米，地面整改1980平方米，摊位整改925平方米，道路硬化355平方米，公厕外墙改造80平方米，新建花池30平方米。

【文化建设】 2021年，响水镇有文物点18个，其中朱氏墓群为区级文物点。设有新时代文明实践站、所12个，注册志愿者200余人。设有镇文化服务中心1个，配有电子阅览室、图书室、镇情陈列室、舞蹈室、棋牌室等活动场地，均免费向群众开放；设有村（社区）农家书屋11个，文化中心户4户。每个村（居）配有2～5套运动器材和部分健身场地。全年开展趣味运动会14次、读书活动6次、大型文艺汇演2次、文艺下乡活动8次，惠及辖区群众1万余人。投资13.6万元对宝莲禅寺道路进行硬化，在陡坡处加装仿木栏杆60米，雕刻“岩洞扶孤”“朱重八故事”石碑2块、其余石刻3块，设置旅游指示牌1块。投资8.9万元打造大岩洞景区，建设仿石板路2千米、仿木栏杆20米、休闲仿木桌凳1套、文化碑刻8平方米。投资3万元对区级文物点朱氏古墓群进行道路硬化和环境升级打造，对倾斜倒塌的墓碑和旺柱进行重置扶正。投资9.7万元对朱家老院进行环境提档升级。

【社会事业】 2021年，响水镇有学校2所，年末教职工104人、学生647人，辖区适龄儿童、少年入学率100%。有医疗卫生机构11个，其中镇级卫生院1家，开设床位40张，专业卫生人员37人（其中执业医师11人、助理医师11人）；村卫生室10家，乡村医生18人。居民医保参保率95%，困难群众参保率100%。全年宣讲慢病防控健康知识3次，受教162人次；开展精神卫生宣传教育2次，受教116人次；开展乳腺癌筛查190人、宫颈癌筛查285人；全年出生人口59人，死亡人口332人。建立完善疫情防控“五包一”管控台账，制定疫情防控工作方案、应急预案、大规模核酸检测工作预案。落实6个疫情防控核酸检测点的规划设置、人员配置、物资配备，开展大规模核酸检测演练2次、桌面推演1次。累计接种新冠病毒疫苗1.8万剂次，符合条件人群接种率100%。

全年新增城镇就业153人，安置50名以脱贫户为主的就业困难人员，为526户脱贫户发放交通补贴6.4万元，为118名脱贫户发放一次性求职创业补贴近6万元；参加职业技能培训300余人，发放创业担保贷款9笔180万元。全年累计发放城乡低保金389万元；临时救助94人，发放救助金58.57万元，其中救助特困、低保、建卡贫困户80人，救助金额43.7万元。发放义务兵优待金及立功授奖14.6万元、在乡老复员军人医疗补贴0.8万元、企业“三类”人员补贴2万元。为13名优抚对象申请“三难”救助资金4.8万元，落实帮扶关爱资金1人0.3万元。

开展安全大检查大排查，全年纠处各类交通违法案件280件，教育警告381人次，开展集中宣传活动12场次，悬挂标语36幅；开展重点驾驶人教育182人次。督查劝导队（站）工作，做到劝导队（站）每天上路进行劝导。对重点行业领域安全实行专项整治16次，督促企业建立并完善“日周月”隐患排查制度和“隐患整改制度”，确保一般隐患“不过夜”，重大隐患“五落实”。

【环境保护】 2021年，响水镇持续开展中央第一、二轮环保督察群众投诉案件的“回头看”工作，完成中央第二轮环保督察群众投诉案件的档案整治及销号工作。强化石桥河流域响水段水质监管，对河道沿线养殖场进行巡查整改，全年巡查40余次，下达整改通知20余次。加强场镇污水治理，全年修复污水管网50余处，提高排污接收率，减少河道污染。全年农村改厕17户，其中新建14户、升级改造3户。启动易家寨桃园院子“五清理一活动”示范点建设，帮助群众养成良好习惯，累计参与人数5000余人，发动村民3400余人，组织宣传动员300余次，清理垃圾23吨，集中开展大扫除2000余户。

【脱贫攻坚成果巩固同乡村振兴有效衔接】 2021年，响水镇持续开展“两不愁三保障”巩固情况“回头看”工作，全年排查发现问题9个，累计解决问题6个，其中涉及饮水4个、住房1个、医疗1个；累计未解决问题3个，涉及住房2个、“吃穿两不愁”1个。开展全镇“大走访、大遍访”活动，共走访3364户9127人。安排6名学习技能意向脱贫户参加技能培训，其中挖掘机培训4人、网络直播电商培训2人。完成2021年度小额信贷还款工作，全年无逾期情况，当年新增小额信贷25万元。

【银杏产业】 响水镇万民村与重庆友润农业开发公司合作，通过“公司+基地+农户”模式建立银杏苗木种植示范基地0.2平方千米，并采取公司无偿提供银杏苗并负责回收银杏叶方式带动周边村（社区）农户种植银杏0.67平方千米。总角村建有1000余平方米加工厂，主要对银杏叶进行烘干打包粗加工。基地采取“银杏+青蒿+榨菜”立体种植模式（上半年间种青蒿，下半年间种榨菜）增加收益。亩产银杏叶1500千克（丰产期亩产可达2500千克），亩产值3000元；亩产青蒿500千克，亩产值5000元；亩产榨菜3500千克，亩产值2500元，综合效益每亩达1万元。农户产出银杏鲜叶由公司“全收购”，设保底价2元/千克，

响水镇总角村银杏产业基地　　（响水镇　供图）

带动农户362户1215人增收，其中脱贫户32户112人。2021年，全镇收购银杏鲜叶17.5万千克，农户收入35万元，全年增收1000元以上的农户120户，增收5000元以上农户30户。

（陈苏）

武陵镇

【概况】　武陵镇位于万州区西南部，地处万州区、忠县、石柱土家族自治县三区（县）交界处，距离万州城区陆路73千米、水路37千米。镇域大部分为山地丘陵，地势略为西高东低、南高北低，地面高程多在海拔145～700米，形成高山、中山、低坝三带。最高点鹿井村四方山海拔1000米，最低点长江沿线海拔175米。属亚热带暖湿季风气候区，全年气候温和，雨量充沛，日照充足，全年无霜期270天以上，年平均气温17.5℃，年平均降水量1250毫米，适宜多种农作物栽培和动物饲养。湿地资源丰富，有荷叶铁线蕨、中华蚊母、小灵猫、班灵狸、普通鵟、红隼猫头鹰、大鲵等国家级保护珍稀动植物，是万州首家湿地自然保护区。总面积80.7平方千米，城镇建成区面积2.1平方千米，辖石桥、乐安、复龙、八羊、朝阳、鹿井、和平、长榜、禹安、下中、黄金、客群12个行政村和源阳、椅城、红谷3个社区，镇政府驻地武陵镇源阳大道136号。2021年，总人口3.26万人，常住人口1.6万人。武陵镇是全国文明村镇、国家级生态镇、国家级卫生镇、中国首批特色小镇，属三峡库区全淹全迁移民一类集镇和万州国家农业公园核心区。境内遗址众多，“武陵遗址群”为市级文物保护单位，其中武陵汉阙为国宝级文物。武陵镇被认定为重庆市休闲农业和乡村旅游示范乡镇、重庆新乡村治理示范镇，石桥村被评为乡村文明旅游示范村，“大唐荔园”农业观光园被认定为重庆市休闲农业和乡村旅游示范点。石桥水乡申报为国家AAA级景区，鲁班溪漂流景区建设有序推进。椅城社区居民袁玉兰获2021年全国“诚信之星”称号。

【政治建设】　2021年，武陵镇党委下设基层党组织29个，其中村（社区）党支部15个、机关事业党委7个，党员1150名。整顿转化软弱涣散基层党组织，改扩建便民服务中心15个。召开集中学习66场次、专题辅导17次、带头宣讲20场次，从经商能人、致富带头人、退伍军人、大学毕业生、种养殖大户中培养选拔后备干部63名，开展村居干部培训4次、党员冬训1200余人次。11月25日，中国共产党武陵镇第五次代表大会召开，选举产生镇党委委员9名、纪委委员5名；选举产生武陵镇出席区第六次党代会代表4名。12月17日，武陵镇第五届人民代表大会第一次会议召开，选举区人大代表8名、镇人大代表68名，选举产生镇人大主席1名，镇长1名、副镇长5名。完成村（社区）两委换届工作，落实村（社区）专职干部任前资格审查报告，调整党支部书记6名、专职干部13名，回引本土人才17名。

【经济发展】　2021年，武陵镇地区生产总值8.45亿元，固定资产投资4111万元，财政总收入53万元，一般公共预算收入43万元，农村居民人均可支配收入2.08万元。按照全区“双百亿”工程部署，武陵镇大力发展“六型”产业。投入资金1亿余元，实施产业发展项目40个，新流转土地2.67平方千米，新增玫瑰香橙、沃柑等特色水果园2平方千米，建成生态猪养殖场4个共44个单元，培育区级龙头企业5家、农旅融合发展产业园2个，建成现代农业园40个。复垦农村建设用地0.28平方千米，完成农村建设用地复垦项目4个653户0.22平方千米，通过区级验收。累计发展内资企业208家，培育个体工商户788户、贸易大个体户2户，建成镇级电商服务站1个、村级服务点13个。

【基础设施】　2021年，武陵镇完成椅城源阳移民小区综合帮扶、椅城路至将军路等道路综合整治（二期）、入城大道至休闲公园综合整治、源阳路和滨江路环境综合整治。武陵至瀼渡连接线（张家塝—干沟）道路工程基本完工，硬化农村道路

4.24千米，安装生命安全防护栏34.68千米。硬化“四好农村路”130千米，安装生命安全防护栏65千米，道路“白改黑”1.8千米。投资1.5亿元，整治山坪塘400口，改建安全饮水工程22个，基本完成岸线环境综合整治。武陵镇三峡库心风情小镇整体建设方案设计完成，围绕文化、产业、城镇、生态、交通等策划重点项目14个，正在实施江镇品质提升、鲁班溪景区建设等项目4个。改造集镇汉文化风貌近10万平方米，汉风村级便民服务中心9个，建成休闲汉文化广场1.2万平方米，复建武陵八景、阁楼牌坊、风雨长廊等景点。累计改造完善卫生厕所3417户。新修商贸步行街1条、小水果交易市场1个，建成社区活动中心1个。

【文化建设】 2021年，武陵镇有文物点47个，其中，庙梁墓群、瓦屋村七孔子崖墓等为市级文物点，郎家岩崖墓群为区级文物点。有非物质文化遗产项目4个，其中武陵板凳龙为市级非遗项目，武陵龙舟、武陵浑水粑制作技艺、武陵酸鲊肉制作技艺为区级非遗项目。出土文物2万余件，文物出土量占全区出土文物总量60%以上。设新时代文明实践所、站16个，注册志愿者1071人。村（社区）文化室基本全覆盖，配套运动器材和场地。全年开展趣味运动会、新春文艺下乡等文体活动30余次，吸引群众5万人次。

【社会事业】 2021年，武陵镇有中学1所、小学1所、公办幼儿园2所、私营幼儿园2所。年末教师126人、学生956人，辖区适龄儿童、少年入学率100%。有医疗卫生机构14个，其中中心卫生院1所、村卫生室12个、社区卫生室1个，年末执业医师33人、助理医师10人，床位120张；有乡村医生19人，其中乡村全科助理医师12人、乡村医生7人。居民医保参保率91.93%，困难群众参保率100%。抓实新冠肺炎疫情防控工作，排查返乡人员2000余人，预备2个集中隔离场所，制定武陵镇大规模核酸检测应急预案和疫情防控应急预案，预设大规模核酸采样点7个；对264名中高风险城市返万人员按要求进行集中隔离、居家隔离、自我健康管理。推进新冠病毒疫苗接种工作，完成全程接种1.15万人，符合条件人群接种率95.4%。

全年新增城乡劳动者城镇就业331人。发放创业担保贷款315万元，带动就业40人。新增低保户32户43人，调减停发低保121户185人，其中建卡贫困户低保兜底105户；累计低保户373户616人，发放城市低保金116万元、农村低保金232万元。新增城乡居民养老保险参保284人、职工养老保险参保48人。建成养老服务中心1个、社区养老服务站4个、村互助养老点11个。落实退役军人和其他优抚对象关爱帮扶工作，发放优抚资金327万元。

健全扫黑除恶长效机制，辖区未发生严重刑事案件、恶性群体事件及民转刑事件。开展全民反诈工作，劝返滞留缅北人员11人。全年化解信访积案5件、调解矛盾纠纷86件。全年开展各类安全生产执法检查126次，排查车辆1300余辆，查处交通违法行为270余起，处罚金额1.35万元。摸底排查房屋安全1000余户，涉及安全隐患30户，整治完成20户。开展应急疏散演练2次，定期排查17个地灾点，有效应对强降水天气7次。

武陵镇望江阁 （武陵镇 供图）

【环境保护】 2021年，武陵镇推进人居环境整治，拆除临街雨棚400余块，下中村、石桥村创建为重庆市美丽宜居示范村庄，石桥村被评为万州十大最美乡村。完成禹安村精准帮扶项目、南都路环境综合整治、椅城小区环境综合整治等重点项目。完成2021年“两岸青山·千里林带”、农村“四旁”植树造林任务共0.23平方千米，森林抚育1.72平方千米。开展“双亮”活动，打造禹安村瓦屋院子、下中村上庄院子等人居环境示范点2个，完成下中村“厕所革命”整村推进项目，全镇新（改）建厕所236户。开展世界环境日宣传活动，设置美丽庭院生活垃圾分类桶600个，维修整治污水管网6处，更换污水管网1620米，维修整治沼气池、井盖、公厕供水设施等40处。

【脱贫攻坚成果巩固同乡村振兴有效衔接】 2021年，武陵镇持续巩固637户脱贫户脱贫成果，动态监测边缘易致贫户14户31人，防止返贫。全镇发放小额信贷403户1329.05万元，收回贷款277户882.85万元，全年新增续贷25户122万元；未到期126户446.2万元。职工、镇属单位开展消费扶贫，线上消费金额约8万元。定期走访了解易地扶贫搬迁户近况，动态清零全镇易地扶贫搬迁零就业家庭。4个贫困村脱贫摘帽，637户1818名建卡贫困户稳定脱贫，贫困发生率由2015年的5.35%降为0，武陵镇脱贫攻坚专题片《夏芳的暑假》获中国广播电视大奖，武陵镇党委被评为万州区脱贫攻坚先进集体，下中村党支部被评为重庆市脱贫攻坚先进集体。

【武陵镇纳入“三峡库心·长江盆景”跨区域发展规划重点区域】 2021年3月2日，重庆市举行《“三峡库心·长江盆景”跨区域发展规划》新闻发布会，规划核心区域涉及万州区、忠县、石柱土家族自治县3个区县。武陵镇由于其独特的场镇格局、江湾资源，被纳入此次规划实施重点区域。规划结合武陵镇江镇格局、江湾资源、汉唐遗风等独特自然人文资源，完善与忠县石宝寨区域交通联系，培育三峡库心国际龙舟赛等活动，带动片区发展，打造独具风格的三峡库心风情江镇，提档建设“石桥水乡”“大唐荔园”“木枥观景区”。万州区成立“三峡库心·长江盆景”项目建设指挥部，武陵镇相应增设正科级内设机构“库心办”，专职负责库心建设。建立周研究、月考核工作机制，完成库心建设5年项目规划，谋划库心重点项目14个，启动实施4个。完成第一轮山水林田湖草沙中央财政补助资金项目申报，围绕禹安江湾、下中江湾、鲁班溪、石桥河、贵妃峡编制并上报项目5个。

2021年6月，武陵龙舟赛 （武陵镇 供图）

【武陵板凳龙】 武陵板凳龙是利用木质板凳装饰成龙的样子进行表演的一种传统舞蹈形式。起源于北宋时期，兴盛于明末清初，流行于民国时期，有900余年历史。2014年，武陵板凳龙入选重庆市非物质文化遗产名录。2015年6月18日，万州区将板凳龙非遗传承展演基地牌匾授予武陵镇。2016年万州区惠民春晚演出活动中，武陵板凳龙作为开场表演节目上演。此后，武陵板凳龙作为地方传统文化最具代表性的艺术形式之一，每逢重大庆典均参加演出活动并多次获奖。2018年，武陵镇板凳龙参加三峡首届文化旅游节文艺展演并获一等奖。至2021年年末，武陵镇推动群众、干部共同组建板凳龙表演队伍18支，制作板凳龙90条，开展技艺培训100余次。

【武陵龙舟赛】 武陵龙舟赛诞生于清朝同治年间，2014年入选万州区非物质文化遗产名录。2015年，武陵镇组织举办第一届武陵龙舟赛，至2021年已举办3届。

【武陵特色美食】 武陵浑水粑 武陵浑水粑制作技艺起源于明代末期，逐步发展为武陵镇名特小吃。其由米豆腐油炸加工而成，色泽黄亮，外脆里嫩，香脆可口，多用于早餐，深受食客喜爱。2014年，武陵浑水粑制作技艺入选万州区非物质文化遗产名录。

武陵酸鲊肉 酸鲊肉是武陵镇居民喜爱的一道传统菜肴，开脾健胃，可口舒心。酸鲊肉历史悠久，始于北魏，北魏农学家贾思勰在其所著农书《齐民要术》中就详细总结了酸鲊肉做法。在冬至后立春前，家家户户杀年猪时，将一部分当时吃不完的诸如肉皮、猪头肉、猪颈卷肉等切或砍成片，腌制后用熟米粉子腌在倒扣坛里保存，并腌制到一定酸味。酸鲊肉制作技艺在武陵乡村比较普遍，于2020年入选万州区非物质文化遗产名录。

（刘鑫）

瀼渡镇

【概况】 瀼渡镇位于长江北岸，地处万州区西南部，距万州城区28千米。东与溪口乡隔江相望，南与燕山乡划江而邻，西近武陵镇，北与龙沙镇、甘宁镇相连，镇域呈长方形，南北走向并顺江而卧，南北长15千米，东西宽3.5千米，属典型丘陵地带。

总面积36.4平方千米，农用土地面积12平方千米，耕地面积7.6平方千米，森林覆盖率52%。镇政府驻地瀼渡镇百步梯18号，辖重岩、碑牌、高村、炉头、河溪、双鸡6个村和龙井社区，53个村（居）民小组，户籍人口5132户1.23万人，常住人口2105户5013人。全镇粮食作物以水稻、小麦、玉米为主，畜牧业以饲养生猪、家禽为主，农业以粮食、水果为主，工业以农副产品加工业、水电工业为主。辖区内有鲸鱼口、瀼渡飞瀑、石人阅江等景点。

【政治建设】 2021年，瀼渡镇有基层党组织15个，党员401人。全年完成民生实事28项，党员到社区报到55人次，为村（社区）解决问题33件。组织志愿服务活动30余次，300余人次参与。401名党员开展集中培训1次，接受红色基地教育180人次。投入90余万元升级改造双鸡村、碑牌村便民服务中心，整顿转化软弱涣散党支部1个，获区级先进基层党组织1个，创建区级党建示范点1个。发放“光荣在党50年”纪念章100枚。7个村（社区）与9个城市支部全覆盖“手拉手”结对。新聘本土人才4人、村专干2人，辞退村干部1人，新发展党员8人。廉政谈话83人次，未发生党员违规违纪问题。召开镇党代会1次、人代会2次，完成区镇两级党代表、人大代表换届工作，推选出镇党代表59名、区党代表2名，镇人大代表54名、区人大代表4名。完成村（社区）“两委”换届选举，书记、主任“一肩挑”率100%。

【经济发展】 2021年，瀼渡镇地区生产总值3.57亿元，固定资产投资5629万元，财政总收入38万元，一般公共预算收入31万元，农村居民人均可支配收入1.71万元。社会消费品零售总额9650万元；规模以下工业收入2150万元，比上年增长6.4%。全年粮食播种面积3.2平方千米，总产量1700吨；蔬菜播种面积3.67平方千米，总产量0.87万吨；经果林种植面积8平方千米，其中柑橘种植超过6.67平方千米，脆红李、水蜜桃、桂圆等小水果种植0.67平方千米。建成德康生态猪养殖单元16个，生猪出栏1.1万头、存栏0.76万头，新增生猪产能2万头。引进农业企业5家。土地流转率达80%以上。推进“满谷春”皮蛋品牌建设，新建专业合作社3个。双鸡村、河溪村2平方千米公益林调整为商品林。全年实施基础设施项目20余个，投入资金3500万元，9个项目实施股权化改革，股本金1160万元，每年向村集体和农户分红85.5万元。完成新月湾空间规划，可利用建设用地2平方千米。新注册民营企业8家，4家农业公司产值超千万元。培养电商扶贫能手1人，6个电商服务点正常运行。

重庆市满谷春农产品有限公司 该公司成立于2013年3月，2016年1月落户于瀼渡镇重岩村3组，2018年3月流转土地0.13平方千米，发展精品柑橘园。公司正式员工64人，在厂地周边招工38人，其中贫困家庭务工人员7人、残疾人家庭务工人员2人、低保家庭务工人员3人。引进“自动化分级敲蛋机”“烘干机”“真空包装机”等生产线，实现皮蛋、咸蛋制作销售2000万枚，年产值突破2000万元，生产的“盛源丰”牌、“满谷春”牌蛋及蛋制品已售向全国各大城市超市、卖场，该公司及其产品先后入选万州区农业产业化“龙头企业”“非物质文化遗产”。

【基础设施】 2021年，瀼渡镇硬化公路11千米，管养农村公路99千米。安装公路生命安全防护栏1.8千米，新建人行便道26千米、产业便道12千米，完成重大交通设施项目协调服务工作。协助甘瀼路、龙瀼路等区级重点项目建成通车，麻柳坨大桥施工顺利。完成大包水库坝内坝坡、坝顶溢洪道硬化，加固大坝外坝坡、排水系统，整治管理房120平方米；实施重岩村、炉头村农村饮水安全保障工程，建成重岩村黄桐梁水厂、整治炉头村肖家湾水厂，解决3700余人饮水问题；整治双鸡村蓄水池1口、新修管理房1间。龙井、高村、碑牌村等更换维修饮水PE管网1.88万米。完成抗战阵亡将士纪念广场和高村村精准帮扶、高村村民居民俗基础设施配套项目等项目建设，总投资3425万元。新建江湾公园1个5000平方米，开工场镇污水二、三级管网工程，

瀼渡镇高村村新月湾民俗文化村 （瀼渡镇　供图）

瀼渡镇高村村伤兵梁抗战遗址　（瀼渡镇　供图）

危房改造4户，投资50万元新建村（社区）人防基地6个，安装太阳能路灯20盏，建设农房5户并验收合格。整治农房安全隐患634户，改造农村低收入群体危房4户，其中C级2户、D级2户。

【文化建设】　2021年，瀼渡镇有文物点13个。其中，瀼渡电厂为国家级文物点，团石板长江水文题记为区级文物点。有区级非遗项目川东葬礼习俗。全年开展惠民文体活动，“送文化”下乡4次，“送电影”下乡18场次，举办以“颂歌献给党”为主题的中国共产党成立100周年文艺表演，承办万州区第四届中国农民丰收节。完成镇综合性文化服务中心主体升级改造。

【社会事业】　2021年，瀼渡镇设九年一贯制学校1所、中心幼儿园1所，年末教师24人、学生111人，辖区适龄儿童、少年入学率100%。有医疗卫生机构1个，年末职业医师6人、助理医师2人，床位30张。城乡居民合作医疗保险参保率94%以上，特殊困难群体参保率100%。全年宣讲慢病防控、健康知识13次，受教300人次；开展精神卫生宣传教育1次，受教50人次；开展乳腺癌筛查95人、宫颈癌筛查150人。新冠肺炎疫情防控中，全年动态排查0.9万人次，实现全镇无确诊病例、无疑似病例、无密接人员、无症状感染者。全程接种4589人，全镇常住人口新冠病毒疫苗接种率100%。设置集中隔离点1处、隔离室32间，储备所需物资。设置大规模人群核酸采样点2个，配置工作人员100余人，开展大规模人群核酸采样实战演练2次。

全年新增城镇就业110人，农村劳动力转移就业5189人，劳务总收入1.5亿元；新增城镇养老保险参保28人、居民养老保险参保152人。办理失业保险金待遇领取1人次；办理就业小额担保贷款3人次，发放贷款资金60万元。做好退捕渔民安置保障工作，开发公益性岗位17个，发放补贴资金12.48万元；退捕渔民享受养老保险缴费补贴59人14.33万元。发放低保170余万元，追缴冒领资金2.99万元。申报小额贷款60万元。发放义务兵优待金8.4万元、优抚金133万元、各类慰问金2.6万元。发放后期扶持直补资金793户50万元，贫困移民特殊救济申报450户9.92万元。

召开扫黑除恶宣传及涉黑线索院坝会8次，参加人数713人。开展3次拉网式集中罂粟踏查铲除行动，未发现罂粟种植情况。全年群众来信来访办结率100%。完成大冲滑坡陈某某家屋后不稳定斜坡治理和地质灾害“三查”工作，全年无地质灾害安全事故发生。完成20个地灾隐患点单点演练，筹集排危资金1.5万元解决双鸡村后溪口大堰水渠安全隐患。

【环境保护】　2021年，瀼渡镇实施农村人居环境整治，打造区级人居环境示范点2个、美丽庭院20户。设置农村垃圾分类公示牌7块、宣传栏7块，发放垃圾分类桶50余个。实施农村三格式卫生改厕15户。处理环保投诉6件，满意度100%。成功创建市级卫生镇。完成国土绿化提升任务0.33平方千米，“四旁植树”工程绿化道路0.11平方千米。治理小微养殖户污物排放2家，整改涉气散乱污小微企业3家。整治瀼渡河、石桥河流域，组织库岸垃圾清理200余人次。建立次级河流日常巡查、水质预警、污染反弹快速处置、清漂等长效机制，未发生环境安全事件。

【脱贫攻坚成果巩固同乡村振兴有效衔接】　2021年，瀼渡镇333户脱贫户和15户监测户教育、医疗、住房和饮水安全保障全部到位。累计发放贫困户小额信贷172户354.75万元，获贷率52%。脱贫户退出低保19户，有就业能力和就业意愿的脱贫人口100%就业，发放脱贫户一次性求职补贴、交通补贴资金合计4.1万元。村集体经济收入95万元，消除“空壳村”。脱贫户享受各类教育资助共4万元，脱贫户、边缘户签约“家庭医生”875人。挖掘乡村旅游、农技推广、乡村治理等各类人才50人次，组织技能培训120人次，培养致富带头人10人，培训家庭服务业从业人员30人，带动建卡贫困户务工35人。

（唐克伶）

熊家镇

【概况】　熊家镇地处万州区东北部，与云阳县相邻，距万州区政府驻地20千米、万州北站9.4千米、万州机场26千米。万宜、万开、万利3条高速公路在辖区交会，设立公主立交出口，348国道、郑万铁路穿境而过，是万州城市二环线上重要节点。镇域以山地丘陵为主，海拔250～1213米，形成高山、中山、低坝三带。雨水充沛，四季分明，温湿适度，年平均气温17.2℃，年降雨量1179.2毫米，全年无霜期305天。总面积82.5平方千米，场镇建成区面积1.95平方千米，辖古城、白水、庄子、红星、腊烛、举安、万家、石公、燕子、松柏10个行政村和半边井、响水滩2个社区，镇政府驻地熊家镇古城大道298号。2021年年末，户籍人口3.68万人，其中城镇人口0.94万人、农村人口2.74万人，常住人口3.47万人。石灰石、白泡石、页岩、矿泉水等储量较大。耕地面积21.08平方千米，林地面积43.33平方千米，其中经果林23.33平方千米，水果年产量逾万吨，红星樱桃、腊烛枇杷、翠冠梨等特色小水果形成口碑效应。有佛平寨、黑山沟、玄天观、石公石母、金字山等颇具开发潜能的旅游资源，新增农家乐2家。2021年，熊家镇举安村党支部获“重庆市脱贫攻坚先进集体”称号。

【政治建设】　2021年，熊家镇有党组织44个，其中镇党委1个、村级党委2个、村级党总支3个，党支部38个；党员1118名。开展党史学习教育，党史宣讲覆盖2万余人次，完成11项重点民生实事。完成腊烛村、庄子村软弱涣散基层党组织转化。开展干部作风和工作效能督查30余次，组织各村（社区）开展“以案四改”警示教育大会12场（次），受教育人数600余人。结合河长巡河、马路办公、“双亮”活动，实地调研60人次，座谈访谈300人次，解决饮水问题等群众“急难愁盼”问题20个。11月25日，中国共产党熊家镇第八次代表大会召开，选举产生镇党委委员9名、纪委委员5名；选举产生熊家镇出席区第六次党代会代表5名。12月10日，熊家镇第八届人民代表大会第一次会议召开，选举镇人大代表70名，镇人大主席1名，镇长1名、副镇长4名。完成村（社区）两委换届选举，选举党支部书记12名，选出村委会成员60名。

【经济发展】　2021年，熊家镇地区生产总值11.2亿元，固定资产投资2337万元，财政总收入236万元，一般公共预算收入157万元。农村居民人均可支配收入2.01万元。古红桔技改0.13平方千米，林下茶叶改造0.33平方千米；新发展杂柑、柑橘、佛手0.2平方千米；发展山地高效农业产业项目3个，面积0.36平方千米。建成德康生猪养殖单元16个。谷物、豆类、薯类等粮食年总产量1.15万吨。工业增加值2.03亿元，比上年增长4.6%；服务业增加值5.34亿元，增长10%。新发展企业12家、个体户108户，累计有企业207家、个体户813户；纳税小微企业从5家增加到23家，金融机构3家。

【基础设施】　2021年，熊家镇硬化通组路16.61千米，安装安全防护栏14.16千米，辖区累计公路里程245千米。改造庄河路、老街步行便道、中心小学沿线人行便道1006.5米。完成水土保持工程，建设蓄水池、沉沙池19座、山坪塘1口，作业便道、机耕道、排水沟10.97千米。完成庄子河生态补水工程，新建取水池、蓄水池3口，引水管线10.07千米。完成三水河河堤整治工程，新建堤防护岸、道路1009.3米。完成水利设施修复工程，整治山坪塘1口、杨窑湾庄子河支流河堤185米，修复、整治堰沟堡坎11处。新建排

熊家镇场镇　　（熊家镇　供图）

水沟、消防管道、通信管道973米，新增太阳能路灯31盏，建设二期污水管网20.85千米。

【文化建设】 2021年，熊家镇有文物点13个，其中程正階墓为区级文物点。设有新时代文明实践站、所13个，注册志愿者2465人。设有文化服务站1个，配套电子阅览室、图书室、书画室等活动场地，免费向群众开放；村（社区）文化室基本全覆盖，配套运动器材和场地。全年开展趣味运动会、新春文艺下乡等文体活动18次，吸引周边群众1万人。

【社会事业】 2021年，熊家镇有中学1所、小学1所、幼儿园2所，年末教师240人、学生3098人，辖区适龄儿童、少年入学率100%。有医疗卫生机构15个，年末职业医师35人、助理医师21人，床位100张。居民医保参保率95%，困难群众参保率100%。全年，宣讲慢病防控、健康知识5次，受教534人次；开展精神卫生宣传教育12次，受教600人次；开展乳腺癌筛查283人、宫颈癌筛查430人；出生人口151人，死亡人口276人。落实网格化管理，排查返乡人员3000余人，预备3个集中隔离场所，制定熊家镇大规模核酸检测应急预案和疫情防控应急预案，预设大规模核酸采样点11个；对851名中高风险地区返万人员按要求进行集中隔离、居家隔离、自我健康管理。新冠病毒疫苗全程接种1.77万人，符合条件人群接种率100%。

新增城乡劳动者城镇就业311人，城镇登记困难人员、失业人员就业156人，新增农村劳动力转移就业226人，回引农民工就业950人。发放镇级困难群众临时救助金5.36万元；新增低保户55户91人，退出低保102户171人，其中建卡贫困户低保兜底5户，累计低保户670户1019人。审核历年计划生育奖扶1315人、特扶90人。走访各类优抚对象535人次，发放慰问金6.59万元；解决重点优抚对象“三难”12人次，打卡发放资金5万元；发放义务兵优待金、奖励金19.43万元。

开展平安建设等法治宣传活动7次，受教育人数1.3万人次；组建专职治安巡逻队，维护辖区社会治安秩序；常态开展扫黑除恶专项斗争工作会议10次；强化监测排查，签订社区戒毒（康复）协议5份。主要领导干部公开接访化解率98%。开展各类安全生产执法检查102次，排查车辆4000余辆，查处交通违法行为300余起，处罚金额3.5万元。摸底排查房屋1.3万户，其中涉及安全隐患房屋71户，整治完成65户。开展应急疏散演练2次，定期排查17个地灾点，制止、警告、处罚野外用火事件28起，应对强降水天气7次。

【环境保护】 2021年，熊家镇持续优化、整治镇容村貌及人居环境，“门前屋后三包承诺书”常住人口签订率100%，“无害化”卫生厕所改造193户；带动村民创建“美丽庭院”20处，增设路灯20盏；实施万家村独瓦屋、红星村白院墙“双亮”建设。深入开展生活垃圾分类及治理工作，新增、整修垃圾分类收集点34处，年清运垃圾5100余吨，比上年减少1900余吨；稳步推进全域环境整治，取缔墙体户外广告、拆除违章搭建棚亭300余处。全镇累计巡河1567次，巡河完成率107%；开展自然保护地专项检查、森林防火巡查800余人次；开展“四旁”植树0.2平方千米，松材线虫处置0.71平方千米；处置、回复16件环保相关信访投诉件，信访处置率、回复率、群众满意率100%；定期巡查、督察全镇267家（处）企业、门店、饮用水源地。全年未出现环境污染重大事件。

【脱贫攻坚成果巩固同乡村振兴有效衔接】 2021年，熊家镇巩固816户脱贫户脱贫攻坚成果，动态监测边缘易致贫户110人，防止返贫。全镇发放小额信贷439户2047.2万元，收回贷款76户308万元，续贷157户779.9万元，未到期贷款193户894.3万元。鼓励职工、镇属单位开展消费扶贫，线上消费约2.4万元，线下消费5万元。定期走访了解易地扶贫搬迁户近况，动态清零全镇易地扶贫搬迁零就业家庭。重点人群危房改造14户，其中C级1户、D级13户。

【特色小水果产业】 熊家镇腊烛村由福建省对口援建的早中6号枇杷基地，面积1平方千米，年产量1275吨；翠冠梨种植面积0.33平方千米，年产量625吨；沃柑种植面积0.27平方千米，年产量410吨。红星村“南早红”“红妃”樱桃种植面积1.33平方千米，年产量375吨；“春美”“春雪”等早、中、晚熟优质桃种植面积0.67平方千米，年产量2000吨。腊烛、万家、举安村塔罗科血橙种植面积5.2平方千米，年产量9000余吨。

（邓飞娇）

小周镇

【概况】 小周镇位于长江北岸、万州区东部，地处万州区、开州区、云阳县三角中心地带，毗邻云阳县巴阳镇，距万州城区陆路23千米、水路20千米，属三峡移民全淹全迁镇。濒临长江黄金水道，348国道横贯全境，距渝宜高速公路入口（小周站）3千米，距渝万高铁万州北站入口20千米。海拔175～890米，年均降水1000～1300毫米，全年无霜期300天以上，日平均气温16.3℃，属亚热带东南季风气候。总面积26.8平方千米，耕地面积2.33

平方千米，园地面积10.07平方千米，森林面积6.41平方千米。辖马褡、马道、姚家、小周、大堡5个村和刘家坝社区，33个村（居）民小组，2021年年末总人口4850户10917人，镇政府驻地小周镇民安街18号。

【政治建设】 2021年，小周镇有党组织12个，党员425名。开展节日集体提醒谈话7次、廉政提醒谈话420余人次。开展"以案四说"警示教育1次，参加人员125人次。出具各类廉政意见32人次。针对违规违纪突出问题，开展专项整治监督检查2次、镇村干部作风监督检查1次，利用农村赶集开展倡廉活动月宣传2次，发放各类倡廉资料2000余份，向党员干部发送廉政信息、警示案例、法纪课堂等各类信息300余条。11月25日，小周镇第八次党员代表大会召开，选举产生第八届镇党委委员9名、纪委委员5名，选举产生纪委书记1名、副书记1名，选举产生出席区第六次党代会代表3名。12月23日，小周镇第八届人民代表大会第一次会议召开，选举镇人大主席1名，镇长1名、副镇长3名。完成村（社区）两委换届选举，村（社区）书记主任实现100%"一肩挑"，选聘专职干部33名。

【经济发展】 2021年，小周镇地区生产总值3.06亿元，固定资产投资5199万元，财政总收入124万元，一般公共预算收入119万元，农村居民人均可支配收入1.95万元。全口径工业增加值1.32亿元，规模以上工业产值2689万元。社会消费品零售额1.48亿元，批发零售额1.26亿元，住宿餐饮业销售额2213万元。累计完成古红桔高换"W·默科特"2.87平方千米，提质改良0.87平方千米，承办全区古红桔高换、提质改良及销售现场会，配套实施水肥一体化项目，防治柑橘褐斑病。生猪、山羊传统农业和椪柑、枇杷等小水果巩固壮大。小周镇盛产柑橘、榨菜，有"柑橘榨菜之乡"美称。红桔是小周镇传统支柱产业，种植面积近7平方千米，是全区重点古红桔产区之一，全镇5个村均有种植，年产2万吨。古红桔畅销全国并出口到韩国、日本等国家。近年新发展青脆李、枇杷等名优特新水果0.53平方千米。引进富成木材、星荣木材厂、重庆越强农产品有限公司、万州美特尔床垫厂、小溪红水果打蜡厂等企业入驻，民营经济主体新增23家，累计200家。培育电商企业2家、淘宝卖家3家，建立村级电商服务站点5个。

【基础设施】 2021年，小周镇蓄水量在500立方米以上的山坪塘158口，总蓄水量48.54万立方米。灌溉水渠28.6千米，农田有效灌溉面积1.91平方千米。改建污水管网补充工程5.6千米，整治污水管网2千米。维修农贸市场摊位6个，安装路灯23盏，维修集镇道路820米、社区广场560平方米、市政井盖48个，修整管道1.6千米，新增路边停车位72个。

小周镇马道村油菜梯田 （小周镇 供图）

【文化建设】 2021年，小周镇有中坝子遗址、塘房坪遗址等文物点10个。有区级非遗项目三生石的传说。旅游资源丰富，有五大遗址、三寨十一坊、解放军万州登陆点和望丰都、南浦三生石、洋房子等小周八景。有文化服务中心510平方米，包括图书室、阅览室、棋牌室、电子阅览室、多功能活动室，均免费开放。有人口文化广场、小周村人口文化大院、农家书屋6个。文化娱乐广场覆盖到村（社区），健身器材部分覆盖到院落，全民健身运动广泛开展。有坝坝舞队、秧歌舞队、连箫舞队、腰鼓队，定时定期开展文化活动。

【社会事业】 2021年，小周镇有中心小学1所，年末在校学生120人（含幼儿班32人）、教职工13人。有卫生院1所，在职职工24人，开放床位30张，业务用房2550平方米，小周卫生院在2021年被评定为丙级卫生院。有村卫生室5个，乡村医生6人。全年开展老年人保健、慢性病管理、严重精神障碍病患者等健康问题健康教育宣传活动。家庭医生签约3149份，脱贫户累计医疗救助减免3.2万元。排查市外返万人员1650人，管理重点人员246人，开展大规模核酸检测演练2次，接种新冠病毒疫苗9666人次。

城镇新增就业130人，离校未就业高校毕业生就业率100%。发放低保190户293人170.4万元、特困供养100人110.06万元、优抚补助62人103.49万元、义务兵家庭优待金12.92万元。

开展法治宣传活动6次，受教1.1万人次。组建专职治安巡逻队1

2021年2月，小周镇群众文化活动　　（小周镇　供图）

个，配备警务助理6人。开展场镇全民反诈宣传4次，核查涉诈人员2人，劝返缅北涉诈人员。开展禁种铲毒踏查工作3次，辖区无罂粟种植，签订社区戒毒（康复）协议3份；开展扫黑除恶专项斗争，集中宣传2次，开院坝会12场次。开展各类安全生产执法检查85次，排查车辆2500余辆，查处交通违法行为240余起，处罚金额0.56万元。

【环境保护】　2021年，小周镇建成示范美丽院落4个、美丽庭院60个，马道村檬子树院落被评为市级"美丽宜居村庄"，小周村被评为"重庆市绿色示范村"。严守小周镇林地面积不低于13.96平方千米、森林面积不低于13.22平方千米红线，确保造林任务完成率100%以上，义务植树尽责率达90%以上。至年末，小周镇森林覆盖率69.9%。开展水污染防治和水环境治理，对辖区河流沿线企业加强巡查监测。加强消落带流域治理，对辖区沿河消落带乱耕、乱种、乱倾、乱倒等"四乱"行为集中清理，出动人员140人次清理辖区河道。

【脱贫攻坚成果巩固同乡村振兴有效衔接】　2021年，小周镇有脱贫村2个，脱贫户199户609人；监测对象10户26人，其中边缘易致贫户5户9人、脱贫不稳定户5户17人。累计投入扶贫资金1900万元，实施农村电力改造、环境整治、产业发展、公路硬化、安全饮水、生产生活便道等脱贫攻坚项目36个，脱贫村基础设施明显改善，产业结构渐趋合理。小周镇立足"三生文化"为主体的六大文化体系及红桔、W·默科特、榨菜产业现状，推动柑橘产业、三生文化、乡村旅游一体化协同发展，宣传推介"三生文化"，传承丰富周溪故事，推进乡村休闲旅游，打造滨江小周名片。

（丁晓锋）

大周镇

【概况】　大周镇始建于明朝，因"大周溪"而得名，位于万州区东北部，滨长江北岸，与小周镇、熊家镇、钟鼓楼街道接壤，距万州城区18千米，渝宜高速公路、103省道、549县道横穿全镇。平均海拔180米，以暖湿亚热带东南季风气候为主，具有春早、夏长、秋雨、冬暖的立体气候特点。总面积24.3平方千米，辖铺垭、五土、宋家、莫家、凤凰5个行政村和常家坪社区，39个村（居）民小组，6541户1.39万人。耕地面积2.89平方千米、基本农田面积0.56平方千米，森林覆盖率80.41%。大周镇历史悠久，现存渣子门遗址、观音阁造像、崇正书院、安徽旅鄂中学等遗址遗迹18处。辖区有国家级综合教育实践基地1所，市级中小企业园1个，产业孵化园1个。镇党委2021年获"重庆市先进基层党组织"称号。

【政治建设】　2021年，大周镇有党组织11个，其中镇党委1个、党支部10个，党员493名。镇人大代表55名。调整科级干部岗位6人，其中提拔3人。全年对班子集体廉政谈话5次、个别谈心谈话12人次，班子成员与机关、村居干部谈心谈话35人次，廉政谈话68人次。整改完成区委第五巡察组巡察反馈问题18个、上年度民主生活会查找问题9个。镇党委集体学习17次。开展党史专题学习17次，撰写"感悟百年党史"心得体会51篇，党史宣讲覆盖1.1万人次，办理民生实事26件，解决群众"急难愁盼"问题513件。11月26日，中国共产党大周镇第十六次代表大会召开，选举产生镇党委委员9名、纪委委员5名；选举产生大周镇出席区第六次党代会代表5名。12月10日，大周镇第十六届人民代表大会第一次会议召开，选举镇人大主席1名，镇长1名、副镇长3名。2月，大周镇6个村（社区）党组织换届；5月，6个村（居）委换届。选举党支部书记6名，选出村支两委成员41名。

【经济发展】　2021年，大周镇地区生产总值3.74亿元，固定资产投资5786万元，财政总收入678万元，一般公共预算收入394万元，农村居民人均可支配收入1.86万元。种植农业主导产业古红桔5.2平方千米、杂柑探戈2.13平方千米、桂圆

0.21平方千米、青脆李0.32平方千米、枇杷0.23平方千米。新招引企业30家、个体工商户95户，市级凤凰中小企业园、大周产业孵化园等园区、10个生态猪养殖单元运行良好。新培育电商企业2家，培训电商人才120余人次；推广“贫困户+专业合作社+电商”服务模式，累计销售本地农产品130万元以上，比上年增长50%以上。

【基础设施】 2021年，大周镇“四好农村路”通达率100%，安装生命安全防护栏2.32千米，道路隐患整改率100%。新增安全饮水池4处，铺设水管10.9千米，全镇群众生活饮水、生产用水安全有保障。改造农村危房3户，改造完成率100%。新建城镇污水管网10.4千米，实现集镇污水管网全覆盖，完成常家坪社区、五土村、铺垭村环境综合整治项目，整治小区环境116户，铺设青石地面1万平方米，安装照明路灯150盏，有公厕2座、小型停车场2个。

【文化建设】 2021年，大周镇有渣子门旧石器点、观音阁造像等文物点15个。文化中心建设、管理、服务标准基本达到国家要求，文化中心图书室、电子阅览室、文化活动室全面免费开放，广播“村村响”通响率达95%以上。全年放映惠民电影76场次，组织开展庆祝中国共产党成立100周年文艺汇演、三峡歌舞团“送戏下乡”进基层、“雷锋日”志愿服务、春季植树等活动，丰富群众精神文化生活。

【社会事业】 2021年，大周镇有中小学实验基地1个、小学1所，全镇适龄儿童、少年1193人，入学率100%；6~15周岁残疾儿童14人，在校就读11人、送教上门3人。有医疗卫生机构6个，其中卫生院1所、村卫生室5个。至年末，卫生院有副主任医师1人、执业医师9人、助理医师2人，开放床位24张。居民医保参保率97%，困难群众参保率100%。全年宣讲慢病防控、健康知识19次，受教1034人次；开展精神卫生宣传教育3次，受教250人次；开展乳腺癌筛查100人、宫颈癌筛查151人。累计排查市外返镇人员1880人，其中中高风险地区返镇人员208人、区外市内返镇人员238人。储备疫情防控物资，开展大规模核酸演练2次，新冠病毒疫苗全程接种3503人，符合条件人群接种率100%。

新增城镇就业173人，登记失业率控制在4%以内；发放创业担保贷款2户40万元，帮扶离校未就业高校毕业生就业5人，贫困学生就业率100%。农村低保受益3132人次，累计发放145万元；临时救助27人14.4万元，发放特困人员救助金123人137.25万元；居民养老保险正常参保6822人，参保率达95%以上。完成镇养老服务中心及4个村养老互助点建设；落实高龄失能老人补助25人6万元、长寿金52人6.24万元。慰问优抚对象、退役军人、现役军人家属197人次9.86万元；新建退役军人之家1个，开展优抚对象体检和康养活动，募捐退役军人关爱基金2.3万元。重视自然灾害预防救助，落实倒房重建房1户，救助2.5万元，一般性自然灾害救助434户670人12.3万元，发放棉被50床、棉衣10件，灾民因洪涝灾害倒损房屋1户救助2.5万元，因灾紧急转移救助31户74人1万元。

开展“法润乡村·送法下乡”等法治宣传活动100余次，受教6000余人次；各村（社区）组建专职治安巡逻队伍6支，维护辖区社会治安秩序；常态开展扫黑除恶专项斗争工作宣传及线索摸排12次；签订社区戒毒（康复）协议8份。主要领导干部公开接访化解率100%。召开各类安全生产与自然灾害防治工作会议26次，开展执法检查176次，发现各类安全隐患26起，整改26起，罚款3起1200元。检查劝导各类车辆1100余次，纠违194起，行政罚款5200元，全年未发生道路安全交通事故。开展汛期综合救援应急救援演练2次、消防安全应急演练3次、地灾演练72次。

【环境保护】 2021年，大周镇整治农村人居环境，开展垃圾分类评比及积分兑换工作，全年收集转运垃圾1500余吨。推进国土绿化提升行动，落实林长制。开展天然林保护，实施“两岸青山·千里林带”建设，推进消落带美化工程，巩固生态修复司法生态实践基地建设，种植中山杉0.33平方千米。统筹水资源、

大周镇滨江彩色步道 （大周镇 供图）

大周镇水中杉林　（大周镇　供图）

水生态、水治理“三水共治”，落实河长制，加强水土流失、石漠化系统治理，抓好长江流域“十年禁渔”，推进水污染防治攻坚，打击各类违章违法建设。

【脱贫攻坚成果巩固同乡村振兴有效衔接】　2021年，大周镇建立健全巩固拓展脱贫攻坚成果与乡村振兴有效衔接体制机制，完成粮食、生猪、蔬菜“三张清单”任务，改造农厕50户，2个村集体经济收入达10万元以上。动态排查4389户脱贫户、一般农户“两不愁三保障”情况，新识别脱贫监测户2户；新申报小额信贷1户5万元，消费扶贫2万元，开展职业技能培训5人，群众满意度100%。

【科教亲子乡村旅游】　2021年，大周镇新建滨江长廊3千米和里牌溪、童趣园、吟诗台等多处节点景观，引入一定规模研学文旅项目2个，新发展特色民宿3家、特色农家乐5家，年接待游客10.5万人次，总营业额近千万元，比上年增长12.6%。大周镇重点打造以“科教亲子”为主题的乡村旅游。2017年，大周镇聘请上海交大设计团队，形成《大周科教亲子旅游发展规划》，2018年建成首批日月广场、滨江长廊等“网红”景点，举办“大美万州乡村旅游季”启动仪式、“赏美景品红桔杀年猪”等旅游活动，三峡旅游“水上巴士”大周镇一日游航线全面开通，农家乐、民宿酒店蓬勃发展，年吸引游客10余万人。累计投入资金6500余万元，实施常家坪场镇风貌整治，建成螃蟹寺等休闲广场9500平方米，完成常家坪社区、五土村、铺垭村环境综合整治项目，建成明清风情中心街，先后建成滨江生态长廊10千米、休闲亭阁6座，打造日月广场、八角井广场、抚琴广场，以及“饮水思源”“四季农耕”等旅游人文景观。

（苏飞飞）

高梁镇

【概况】　高梁镇地处万州区西部，东与天城街道和沙河街道接壤，南与柱山乡、九池街道相邻，西与李河镇相连，北与开州区岳溪镇相接。镇域交通便利，318国道、达万铁路、渝万城际铁路、高梁入城大道穿境而过，万宜高速公路在境内设有进出口。海拔175～1270米，年平均气温17.6℃。总面积100.9平方千米，城镇建成区面积1.5平方千米，辖沙坝、香良、长春、千家、五福、大碑、康胜、桐槽、茨坪、天鹅、庙垭、顺安、三义、豪家14个村和高梁场、五梁桥、新店子、杨金4个社区，总人口4.9万人，镇政府驻高梁镇泗华路215号。耕地面积29.75平方千米，森林面积59.11平方千米，森林覆盖率57.95%。境内探明的矿藏资源为煤矿和石灰石，自然资源以森林资源为主。支柱产业有蔬菜、柑橘、畜禽及水产养殖、机械加工、船舶制造、灯饰照明。高梁镇“文明家宴”“高梁大格格”等特色餐饮在万州小有名气。

【政治建设】　2021年，高梁镇党委下设党组织47个，其中党委2个、党总支部5个、党支部40个；党员1364名，其中男性党员1047名、女性党员317名。开展党史学习教育理论中心组学习9次、党委会学习6次、专题读书班学习5次、党史知识竞赛1次，发放学习材料312本。表彰优秀共产党员50名、优秀党务工作者9名、先进基层党组织6个。走访慰问老党员、生活困难党员、老干部共178名，为20个党组织306名老党员颁发“光荣在党50年”纪念章。推进“我为群众办实事”实践活动，围绕河流综合治理、公路安全防护、基础设施建设等7方面，制定落实举措17项，党员为民办实事594件。整治“四风”问题，召开“以案四说”警示教育大会1次，查处违纪党员2名，其中1名违纪党员以身说法1次。通报典型案例10余起，开展集体廉政谈话4次，发送文明过节、廉洁过节短信4000余条。收集基层社区干部反映重点难点问题及意见建议20余条。开展村（社区）干部违规发放津贴补贴专项整治自查自纠工作。镇四届人大九次会议人大代表提出建议36件，跟踪督办民生项目4个，视察调研产业、基础设施等项目7个。11月26

日，中国共产党高梁镇第五次代表大会召开，选举产生镇党委委员、纪委委员。11月30日，高梁镇第五届人大第一次会议选举产生区人大代表12名、镇人大代表79名，镇人大主席1名，镇长1名、副镇长5名。18个行政村（社区）完成党组织换届选举，村（社区）书记继任11名，平均年龄50.5岁，男性18名，高中及以上学历13名，占比72.2%；选举产生“两委”成员124名，平均年龄44.6岁；选举产生监督委员会主任18名、委员36名；选举村民小组长122名、居民小组长34名、村民代表462名。

【经济发展】 2021年，高梁镇地区生产总值17.16亿元，固定资产投资5212万元，财政总收入16919万元，一般公共预算收入8467万元，农村居民人均可支配收入1.93万元，社会消费品零售总额0.22亿元。辖区金融机构3家。粮食产量1.31万吨，油料395.8吨，蔬菜12.8万吨，瓜果1.28万吨，园林水果6949吨；猪肉产量3510.62吨，生猪存栏2.25万头、出栏4.27万头；禽蛋产量205.4吨，家禽存栏7.31万羽、出栏16万羽；牛肉产量52.35吨，牛存栏930头、出栏381头；羊肉产量65.35吨，羊存栏4037只、出栏4778只。农民专业合作社27个，成员3607人。工业总产值3.66亿元，新增“四上”企业1家，净增规模以上企业1家，规模以下样本企业营业收入3676万元。

【基础设施】 2021年，高梁镇整治新店河、野漆河河堤和三义村道路；完成第三批、第四批“四好农村路”建设项目3个；建设村民小组通畅工程7千米；安装公路生命安全防护栏15.74千米。完成场镇空间规划调整，将部分区域划入城市管理区域，完成泗华路加油站规划调整，完成沙坝村、天鹅村人居环境整治工程和高梁镇污水整治工程。创新改革劝导执法，取缔318国道停车位，统一规划场镇广告位，完成农贸市场基础设施整治。

【文化建设】 2021年，高梁镇有文物点32个，其中凤凰寨遗址、马鞍寨等区级文物点有6个。有文化服务中心图书室1间、文化体育广场1个、村（社区）文化体育健身活动场所18个。全年为顺安、茨坪9个村配置价值18万元的文娱器材，举办文娱演出2场、艺术培训10场。开展机关职工登山活动2次、群众坝坝舞展演3次、腰鼓队展演2次。

【社会事业】 2021年，高梁镇有中心小学1所，学生1532人，教师102人；中学1所，学生545人，教师62人。有中心卫生院1家，床位90张，分院2家，全院总人数87人，有专业技术人员73人，执业医师22人，助理医师17人，注册护士24人，药师4人，技师2人。村（社区）卫生室17个，村级医生30人，其中执业医师3人、助理医师16人，持有村医证11人。落实疫情防控隔离点“点长负责制”，推进核酸采集、检测、生活垃圾收集标准化。加强敬老院人员出入、探视探访管理，开展乡村旅游点检查，实行中小学、冷链物流“两码”核验防控。排查中高风险所在地、境外返万人员2439人。15个采样点完成大规模人群新冠病毒核酸检测应急演练。新冠病毒疫苗全程接种2.83万人次，接种率112%。

全年应届高校毕业生37人，就业率94.5%，发放贫困毕业生离校未就业求职创业补贴2人1000元，完成创业担保贷款500万元，城镇新增就业387人，城镇登记失业82人，城镇困难人员就业15人。申报灵活就业人员社保补贴54人。公益性岗位在岗46人，发放补贴54.65万元。全镇农民工2.04万户5.03万人，劳动力总数2.82万人。办理城乡居民养老保险待遇申领163人。完成城乡居民基本养老保险参保扩面195人。办理村专职人员社保补贴81人，发放补贴22.8万元。城乡居民医疗保险参保3.98万人。对城乡困难群众进行免申报全额资助1765人。全年农村低保338户555人，发放低保金25.59万元；城镇低保193户280人，发放低保金13.89万元。推进退役军人服务站标准化建设，采集录入退役军人信息，悬挂光荣牌。募捐退役军人关爱基金1.15万元。

全年核查涉诈高危人员200余人，开展法治宣传4次，创建法治示范村5个。开展禁毒铲种踏查321人次、打黄打非专项检查21次。开展铁路护路宣传活动4次。全年矛盾纠纷化解率100%，办结群众来信来访满意度96.3%。辖区有地质灾害点27个，开展地质灾害防治培训2次，检查地质灾害点监测设施35次，实施地质灾害应急演练27次，汛前汛中汛后巡查地质灾害隐患点68次，巡查苎溪河30次。排查房屋安全1.4万户，倒腾撤离大碑村大碳坡滑坡点42户118人。开展道路交通联合执法13次，镇领导带队上路检查交通安全110余次，录入劝导日志3.5万条，检查各类车辆约7000辆，查处违法行为310余起。宣传消防安全知识6次，开展消防应急演练2次，举办消防讲座7次，检查各类场所100余个。落实加油站、液化气点持证上岗要求，严格检测设施设备。检查集贸市场、学校食堂、药店等50余次。开展森林防火、烟花爆竹、工贸企业安全检查68次。

【环境保护】 2021年，高梁镇推进“双亮”实践，打造湾底院子、新瓦屋院子等人居环境样本2个。加强环境综合整治，城乡环境卫生显著改善。全镇有专职清扫保洁员65名、垃圾收运车专职驾驶员2名、

高梁镇七星谷生态旅游度假区　　（高梁镇　供图）

场镇容貌秩序巡查员3名。全年清运生活垃圾3360吨，取缔占道经营摊点72家，拆除违规户外广告27个、违规搭建畜禽圈舍8个，清理废旧施工设备5台，铲除“牛皮癣”广告198平方米。推进“三清一改”（清理农村生活垃圾、清理村内塘沟、清理畜禽养殖粪污等农业生产废弃物，改变影响农村人居环境的不良习惯）工作，农户卫生厕所改造139户。完成柑橘大实蝇绿色综合防控7.7平方千米，指导10户典型农户开展施药减量、14户示范户化肥减量，实施有机肥替代化肥项目3个1.02平方千米。

【脱贫攻坚成果巩固同乡村振兴有效衔接】　2021年，高梁镇脱贫户1106户2896人，监测对象40户76人。全年实施贫困人口医疗救助377人11.3万元，家庭医生签约1170人。义务教育率100%，申报“雨露计划”16人。全年建卡贫困户就业1367人，使用公益性岗位推动就业63人，产业扶持带动就业153人，发放交通补贴526人11.07万元，改造C、D级危房41户，低保兜底182户294人，医疗保险参保定额资助141人6310元，医疗保险事后资助480人。完成沙坝村等3个村的精准帮扶项目。清理扶贫资产1.41亿元。消费扶贫2.06万元，扶贫小额信贷放款695户次2523万元。

【七星谷生态旅游度假区】　位于高梁镇香良村境内，距万州城区13千米，景区林莽蓊郁、峰峦雄峻，牯牛背、滴水岩、高峰寨与织女溪、牵牛溪构成“三山夹二水”奇特景观，其历史文化底蕴与自然景观交相辉映。七星谷开放景点有龙门口峡谷、合欢亭、七星花谷、农耕博物馆，娱乐项目有滑草、滑索、水上娱乐、真人CS、儿童游乐场，园内每年可接待游客180万人次。

（邓昱）

李河镇

【概况】　李河镇位于万州区中西结合部，2004年由原高升、李河两镇合并而成，系三峡移民安置乡镇，距万州城区12千米，距渝万高速公路分水入口17千米，距万云高速公路高梁入口8千米，318国道横贯全镇，交通十分便利。总面积77.2平方千米，辖平安、天地、高升、荆煤、棕花、小城、李河、十字、彭河、七里、蒲团、福寺、洞沟、骑龙14个村和国光、兴盛、油房坝3个社区，镇政府驻地李河镇兴盛路47号，常住人口3.8万人。属亚热带暖湿东南季风气候类型，海拔200～1200米，年平均气温21℃，年均降雨1200毫米，全年无霜期300天。境内煤、气、石英、砂、矿泉水等矿产资源丰富。耕地面积28.2平方千米，其中田12.33平方千米、地15.87平方千米，森林面积40.67平方千米，森林覆盖率52.5%。有各类水利设施613处。李河镇先后被评为市级优秀绿化小城镇、市级文明镇和市级“小企业创业基地”、市级“农产品加工基地”。2018年被区委、区政府确定为13个重点镇之一，2021年被纳入全区三个“中小企业集聚区”之一。

【政治建设】　2021年，李河镇党委下设党（总）支部23个，其中村（社区）党（总）支部17个、机关事业党支部3个、非公党支部3个；党员1160名（其中预备党员11名），镇党代表100名，镇人大代表69名。组织党员干部500余人前往万州革命烈士陵园等地开展红色研学活动。领导干部带头到基层讲党课18次，开展党史知识竞赛1次、各类志愿服务活动200余场，“我为群众办实事”解决群众问题160余件。纠治“四风”，开展“以案四说”促“以案四改”，收到问题线索4件，立案结案1件，党纪处分1人，组织处理3人。11月26日，中国共产党李河镇第五次代表大会选举产生镇党委委员9名、纪委委员5名、出席区第六次党代会代表5名。12月10日，李河镇第五届人民代表大会第一次会议选举李河镇人大主席1名，镇长1名、副镇长4名。5月底，村（社区）两委换届选举完成，选举出

"两委"成员114名，17个村（社区）实现书记（主任）"一肩挑"。

【经济发展】 2021年，李河镇地区生产总值12.65亿元，固定资产投资6052万元，财政总收入8288万元，一般公共预算收入4063万元，农村居民人均可支配收入1.99万元，农业增加值3.1亿元。中小微企业总产值14亿元，工业总产值14.5亿元，其中规模以上工业总产值5.8亿元，工业增加值3亿元。

辖区规模养殖场35家（其中有机生态养殖场3家19个单元，年出栏2.3万头生猪）；各类农业专业合作社33家，种植大户28家，家庭农场47家。有柑橘8.67平方千米、李子2.67平方千米、花椒3.92平方千米、佛手0.13平方千米、蔬菜基地0.2平方千米、苗圃基地0.27平方千米、渔业养殖0.67平方千米、特色养殖0.05平方千米。全年主要农产品产量中粮食1.37万吨、油料334吨、蔬菜3.3万吨、水果4340吨、水产品250吨，肉类总产量6125吨、猪肉5580吨、禽蛋57.5吨、生猪出栏4.61万头。

辖区企业396家，其中国家重点龙头企业1家，市级高新技术企业4家，"四上"工业企业8家，以树上鲜食品有限公司、劲牛食品等企业为龙头，大力发展农副产品加工业，形成农产品加工、农用物资生产、塑料制品制造、新型建材四大支柱产业。全年引进企业1家，达成意向5家，培育经营主体303家。采取集体土地、资金入股模式，先期规划建设0.13平方千米集体土地中小产业园，扶持壮大村集体经济。

【基础设施】 2021年，李河镇改造硬化产业路5千米、通组公路10千米，公路"单改双"提档升级8千米，安装生命安全防护栏15千米，完成棕花村水库移民后扶项目人行路硬化5.5千米。投资70万元实施十字、李河、天地、平安4个村农村安全饮水巩固提升工程，完成平安村小（2）型水库困难扶助和天地供水站技改项目，排查整治农村集中供水站隐患2处，整治渠堰15千米。完成蔡河广场、高升场镇及国道路灯安装升级，新建垃圾分类收运亭21个，协助整治318国道沿线环境，通过旧房提升、院落整治，提升农村人居环境。

【文化建设】 2021年，李河镇有文物点29个，其中升北桥、乘驷桥等区级文物点6个。有区级非遗项目挖断山民间文学。完成兴盛健身广场补短板项目，建成旅游厕所1座。推进全国文明城区创建，开展大型文化体育、志愿活动10余次。全镇有镇综合文化站1个，场镇健身文化广场2个，村（社区）农家书屋17个，实现村（社区）文化活动室、农家书屋、社区书屋全覆盖。

【社会事业】 2021年，李河镇有中学2所、小学2所、幼儿园3所，年末教师147人、学生1355人，辖区适龄儿童、少年入学率100%。有医疗卫生机构15个，年末职业医师35人、助理医师16人，床位65张。全年宣讲慢病防控、健康知识86次，受教2572人次；开展精神卫生宣传教育15次，受教1210人次；开展乳腺癌筛查320人、宫颈癌筛查200人。开展大规模核酸检测演练2次、设立大规模核酸检测点12个，建立集中隔离点2个，累计流调1181人、集中隔离218人。坚持人物同防，严格进口冷链物品及从业人员防控，做好中高风险地区返镇人员排查管控。接种新冠病毒疫苗3.29万针次，3～11周岁人群接种率超90%。

全年新增城镇就业360人，城镇登记失业人员就业再就业95人，开发公益性岗位53个，登记失业率0.14%。城乡居民合作医疗保险参保3万人，居民医保参保率95%，困难群众参保率100%。社会养老保险参保2万人。转移劳动力1.19万人，劳务输出总收入1.2亿元。新增低保52户83人，大额临时救助17户，特困供养295人，高龄补助127人，完成农村C、D级危房改造13户，发放各类补助90余万元。审核计划生育奖扶对象94人，特扶14人。

全年开展平安建设等法治宣传活动14次，发放宣传资料4500余份；成立治安协警队伍1支，组建专职治安巡逻队17支。打击传销、非法金融活动。开展扫黑除恶专项斗争，收到线索26件，办结处理26件。推动矛盾化解，办理群众反映事项，化解问题诉求100%。全年开展安全生产专项行动4次，常态安监执法行动100余人次。开展应急疏散演练3次，排查安全隐患24起。定期排查地灾点23个，发放防灾明白卡和地灾避险明白卡891份，摸底排查1.2万户农户住房，涉及安全隐患房屋149户，拆除地灾区域危旧房52户，整治地灾隐患7处，全年无重特大安全生产事故。

【环境保护】 2021年，李河镇实施全域河流、城乡污水、消落区生态治理"三项工程"，持续开展库岸垃圾专项整治。完成松材线虫除治4.27平方千米，完成特色新造经济林0.1平方千米，完成未成林抚育4.69平方千米。

【脱贫攻坚成果巩固同乡村振兴有效衔接】 2021年，李河镇对1059户3019名已脱贫人口持续巩固脱贫成效，对未解除风险的3户11人持续每月关注走访帮扶。推进"双百亿"工程，新建彭河村花椒基地0.1平方千米，新增生猪产能3万头，完善配套产业，巩固平安村有机高效农业产业园，推进"一村一品"建设；推动"三社"融合发展，培育新型农业主体15家，产业兴村规模逐渐突显。

【棕花生态农业产业园】 位于李河镇的棕花两山生态农业产业园，占地面积0.67平方千米，是集香根草种植、肉牛养殖、中药材种植、蔬菜水果种植、环保治污为一体的生态循环产业综合体。秉承“虫草治污、肉果致富、种养循环、绿色生态”发展理念，通过“香根草发展畜牧养殖—养殖产生牲畜肥+秸秆发酵繁殖蚯蚓—蚯蚓蛋白肥供应林下种养殖—最后牲畜肥再助力香根草生产”模式，推动种养循环，生产、加工、销售融合发展。棕花村已入选生态环境部首批乡村生态振兴典型案例，也是重庆市唯一案例。

【“万洲”牛肉干】 位于万州区李河镇，始创于1981年，是一家专业从事牛肉制品研发生产销售的股份制企业。有员工63人，是农业农村部农产品加工局固定观察点。该公司生产的“万洲”牛肉干是重庆著名特产。“万洲”牛肉干取材于三峡库区生态养殖的山地黄牛肉，精选其腿部肌肉，采用家传配方与现代工艺，历经23道工序，纯手工制成，不含淀粉及香辛料残末，表面清爽，块块完整，是旅游休闲、馈赠亲友之佳品。“万洲”牛肉干有数十个品种，先后获“中国市场公认品牌”“中国著名品牌”“中国绿色健康食品”“万州区知名商标”等称号。2021年，工业总产值4337万元，销售利润110万元。

（吴春燕）

分水镇

【概况】 分水镇，因镇北山梁之水分别流向万州区与梁平区而得名，位于万州区西部，距离万州城区26千米，距离重庆主城区260千米，与开州区、梁平区、忠县接壤，素有万州“西大门”之称。总面积220.96平方千米，户籍人口9.36万人，其中城镇人口4.31万人、乡村人口5.05万人，常住人口7.38万人。耕地面积72.28平方千米，森林面积100平方千米，森林覆盖率43%。属亚热带湿润季风气候，四季分明，年均降水量1186.4毫米，年平均气温18.3℃，海拔240～1373米。318国道、沪蓉高速、达万铁路、渝万高铁贯穿全境，其中沪蓉高速设有互通枢纽。分水镇辖石碾、大地、五马、竹山、川兴、双红、辣子、双城、茶坪、王兴、三角凼、红豆、花屋、大冲、郎家、红古、八角、龚家弯18个村，三正、新石、枣园、黄泥、三元、培文、大兴、分水岭8个社区。镇政府驻地分水岭社区育才路32号。分水镇是国家七部委确定的全国重点镇，是重庆市经济发达镇、万州区乡村振兴重要支点镇，主要支柱产业有青脆李、服装和食品加工等。2021年4月，分水镇获评重庆市脱贫攻坚先进集体。

【政治建设】 2021年，分水镇有党组织78个，其中党委35个、党支部42个。党员2668名，其中党龄50年以上党员826名。开展党史学习教育163次，开展廉政教育28场。完成区镇两级人大代表换届选举工作，选举产生区人大代表23名、镇人大代表109名。召开镇第五次党代会和镇第五届人民代表大会第一次会议，选举产生镇党政领导班子。完成村（社区）“两委”换届工作，选举产生村（社区）党（委）支部书记26名、村（居）委会成员161名。

【经济发展】 2021年，分水镇地区生产总值24.21亿元，固定资产投资10740万元，财政总收入5598万元，一般公共预算收入2783万元，农村居民人均可支配收入2.09万元。农业增加值7.3亿元。新发展石碾村、黄泥社区、双城村等11个村（社区）青脆李1.33平方千米以上，李子产业种植规模突破40平方千米，产值1.5亿元。建成德康生态生猪养殖单元31个，投产15个，新增1.5万头生猪产能。新流转土地12.67平方千米，统筹推进花椒、柠檬、佛手、蜜柚等产业发展。加强扶贫产业后续管护，18个种植业产业基地，11个专业合作社及到户产业项目累计增收3000万元。工业增加值4.5亿元。有工业企业52家，其中规模以上企业3家，带动就业3000余人。引进丽郎服饰等企业8家。重缘汽配、宁兰食品等企业完成技改升级，实现产能翻倍。新培育家家福商场等商贸服务限额以上企业3家，个体工商户372户，初步形成分水为主、三正为辅的两个商贸中心。打造泡椒兔、烤鱼特色美食街。引进“刚刚好”物流企业，通过电商物流助销本地特产，线上成交额超3000万元。

【基础设施】 2021年，分水镇交通建设投资5300余万元，新建村组公路（机耕道）20千米，新硬化公路42千米，日常养护公路656千米，整治危桥2座，安装生命安全防护栏60.74千米，通村公路通畅率100%。绕场路、包江路旅游干线初见雏形，镇域内三纵三横交通网络基本形成。完成26个村（社区）农村饮水安全巩固提升工程，新建集中供水工程28处、改建42处，铺设引供水管道160千米，新建水池37口，配套管网130千米，整治山坪塘24口、水库15座。完成小城镇提升重点项目4个，场镇常住人口4.2万人。整治人行道1726米，更换井盖150余个，安装路灯100余盏。新建公共停车场6300平方米、停车位150个，公共厕所3座。

【文化建设】 分水镇有万梁古道、沿途古楼寨堡等古迹资源，三角凼榨油文化等非遗资源。2021年年末，有文物点80个，其中，有皇兴寨市级文物点1个，有观音岩造像、真灵山庙造像等区级文物点6个。有非物质文化遗产项目6个，其中万县桐油手工压榨技艺为市级非遗项目，巫舞、土地会等区级非遗项目5个。有图书馆1个，村级图书室26个；有公共篮球场27个，游泳馆1个。全年新建文化广场4个，建成农家书屋26个，组织各类大型文艺演出2场、惠民电影92场、各类讲座培训3场，在“2021年全国百城千村”万州区健身气功八段锦交流比赛中获第二名。

【社会事业】 2021年，分水镇有幼儿园7所，小学2所，初中3所，高中1所，年末在校生6961人，教师1508人。三正小学教学综合楼建成投用，义务教育巩固率保持100%。卫生机构主要有万州区第六人民医院（分水镇中心卫生院），下设三正、培文2个分院，有医护人员224人，床位235张，全年门诊13.6万人次，医疗业务辐射万州西部“万梁忠”3个区县交界地区8个乡镇40万人。开展常态化疫情防控，全年累计排查市外（区外）返万人员3.34万人次，其中中高风险区返回人员4091人次，集中隔离164人。建成大规模核酸检测集中采样点28个，累计检测核酸3.82万人次，无新增确诊病例和无症状感染者。新冠病毒疫苗接种第一针4.1万人、第二针4.12万人、第三针1.04万人，加强针接种1.99万人，接种率89.5%。

全年新增城镇就业602人，城镇登记失业率控制在3.5%以内。新增特困32人、低保136户217人，累计特困787人、低保1367户2301人，发放城镇低保金310余万元、农村低保金870余万元。新增计生特扶对象9人。养老保险保持全覆盖，城乡养老保险参保率53.86%。医疗保险参保率稳定在95%以上。建立健全分水镇退役军人信息数据档案。新建（改扩建）便民服务中心8个。

全年拖移违停车辆180余辆，整治占道经营1100起。查处违法建筑6起，拆除场镇违建彩钢棚128家5112平方米，整治高层建筑消防用水设施6栋，拆除可燃雨棚332户、外墙防护网24户，整治背街小巷2条。成立文明实践站30个，设置高标准宣传牌3处。打造黄泥社区凉水湾等美丽庭院4个。全年开展扫黑除恶、金融打非、防诈反诈、禁毒铲种等专项打击行动累计40余次。推进“治重化积”专项治理，化解矛盾纠纷463起。开展普法宣传12次，党委政府依法接受人大、政协和社会各界监督，全面推进依法治镇。开展“马路办公”187次，整改问题620个。全年开展道路交通、食品药品、危化物品、森林防火、地质灾害检查排查48次，发现并整改安全隐患47处。对16个地灾隐患点位日常巡查监测190余次，组织开展地灾演练26次、地灾防治集中宣传3次，发放避险、防灾明白卡890份，对老林沟等17处地灾点实施排危降险处置。

【环境保护】 2021年，分水镇整改环保突出问题7个，整治养殖场污染治理14家、餐饮油烟污染20家。建成镇乡污水处理厂6座、污水管网15千米，城乡生活污水集中处理率75%。落实林长制，完成铁峰山国家森林公园违建房屋清退工作，查处乱占林地等案件5起，治理松材线虫7.33平方千米，除治疫木4000余株，实施新一轮退耕还林7.33平方千米，新建特色经济林7.2万平方米。

【脱贫攻坚成果巩固同乡村振兴有效衔接】 2021年，分水镇着力做好防止返贫动态监测和农村低收入人口常态化帮扶，守住不发生规模性返贫底线，巩固提升“两不愁三保障”成果。推广“四分”管护模式，带动6个村（社区）脱贫户增收。

【悦君山乡村休闲旅游基地打造】 2021年，分水镇启动石碾村“五星3A”打造，贯通环山旅游公路、配套乡村旅游设施，新建登山梯道3千米、观景步道2.7千米，发展星级农家乐20家。

【分水青脆李】 分水青脆李是分水镇特色和支柱产业。全镇有青脆李30平方千米，年产3万吨，产值超3亿元。每年3月，漫山遍野李花怒放，是分水镇靓丽的风景线，游客纷纷前来观花赏景，年游客人数达10万人次以上。分水镇依托万亩李花，建成彩色登山步道、贯通环山

2021年7月，分水青脆李丰收　　（分水镇　供图）

旅游公路、配套乡村旅游设施，推进农旅融合发展，有效带动群众增收致富。

（分水镇）

孙家镇

【概况】 孙家镇地处万州西部，是渝万高速公路进入万州的第一窗口城镇和典型的农业镇，东邻分水镇，西倚余家镇及梁平区城东乡，北接后山镇，南抵梁平区福禄镇，距万州城区39千米，沪蓉高速、渝宜铁路、渝万高铁穿镇而过。平均海拔900米，最高海拔1300米，属亚热带季风湿润气候，森林面积13.4平方千米，森林覆盖率64%，年平均气温15℃，年日照时数1484.4小时，年降水1243毫米。总面积46.2平方千米，辖天宝、槐花、快乐、兰草、田湾、兴发、大河7个行政村和飞龙桥社区，48个村（居）民小组。镇政府驻地飞龙桥社区中心街8号。2021年年末，户籍人口1.49万人，其中农村人口1.14万人。耕地面积18.73平方千米。农作物以水稻、玉米、小麦、蔬菜为主，经济作物主要有茶叶、烟叶、西瓜、脆李、蓝莓等。2021年，孙家镇、孙家镇兰草村获评“市级文明村镇”，孙家镇获“重庆市卫生乡镇”称号。

【政治建设】 2021年，孙家镇有党组织14个，其中镇党委1个、党支部13个，党员495名，镇人大代表55名。全年组织55名党员分批前往重庆渣滓洞、白公馆开展红色研学。领导干部讲党课10次，开展党史知识竞赛1次、主题演讲1次，“我为群众办实事”实践活动解决民生实事50余件。11月25日，中国共产党孙家镇第十七次代表大会召开，选举产生镇党委委员9名、纪委委员5名；选举产生孙家镇出席区第六次党代会代表3名。12月16日，孙家镇第十七届人民代表大会第一次会议召开，选举镇人大主席1名，镇长1名、副镇长3名。2月，孙家镇8个村（社区）党组织换届；5月，完成8个村（居）委换届。选举产生村（社区）党支部书记8名，村（居）委会成员39名。

【经济发展】 2021年，孙家镇地区生产总值44.67亿元，固定资产投资1534万元，财政总收入612万元，一般公共预算收入297万元，农村居民人均可支配收入1.77万元。全年种植烤烟1.17平方千米，年总收购量175.6吨，产值467.7万元，利税43.8万元。新发展脆李种植0.47平方千米，全镇脆李规模种植4.14平方千米，产量7250吨，经济收入7250万元。投资4800万元，建成德康生猪养殖单元44个。新增油茶种植0.67平方千米，新发展黄桃0.07平方千米、茶叶0.2平方千米、榨菜0.39平方千米。引进企业42家、个体工商户85户；培育电商企业1家，实现销售额35万元。

【基础设施】 2021年，孙家镇完成村民小组通畅工程1.95千米，硬化梁山桥引道公路0.17千米，新装农村公路安全防护栏12.9千米。申报田湾村集中供水工程，已获区发展改革委批准立项。完成大河村、兰草村3处水利设施和4处分散供水工程集中整治。建成名人广场，包括林铁广场、刘江广场、孙氏名人广场3个版块，占地面积5000平方米。完成茶山景区导视系统标识标牌制作安装。“兰草1号”游客接待中心动工建设，“五星三A”示范村取得实效。启动悦君山森林“康养小镇”项目，完成悦君山至510省道路基扩建。

【文化建设】 2021年，孙家镇有文物点8个，其中，万梁驿道、刘江旧居为区级文物点。有抬工号子、高腔山歌等区级非遗项目3个。设新时代文明实践站、所9个，注册志愿者477人。有文化服务站1个，配套电子阅览室、图书室、书画室等活动场地，免费向群众开放；村（社区）文化室基本全覆盖，配套运动器材和场地。全年开展趣味运动会、新春文艺下乡等文体活动18次，吸引周边群众2000余人。

【社会事业】 2021年，孙家镇有小学1所、幼儿园1所，年末教师27人、学生265人，辖区适龄儿童、少年入学率100%。镇中心小学是国家非物质文化遗产项目四川竹琴重庆市传承基地。辖区有医疗卫生机

孙家镇万梁古驿道 （孙家镇 供图）

构11个，年末执业医师5人、助理医师6人、执业药师1人，床位20张。完成规范化基层卫生院打造，扩建镇卫生院业务用房12间，建成中医馆，添置DR照光机等医疗设备。居民医保参保率95%，困难群众参保率100%。全年宣讲慢病防控、健康知识6次，受教300余人次；开展精神卫生宣传教育12次，受教500人次。落实疫情防控工作网格化管理，排查返乡人员5000余人次。预备集中隔离场所2个，制定大规模核酸检测应急预案和疫情防控应急预案，预设大规模核酸采样点3个。新冠病毒疫苗全程接种4000人次，符合条件人群接种率100%。

全年临时救助42人，医疗救助48人。新增计生奖扶36人61.7万元，21人享受特扶资金20.19万元。落实低保动态调整政策，全年清退113人，追回资金4.78万元。新增就业186人，帮助10名高校毕业生就业，高校毕业生就业率100%。发放就业担保贷款150万元，各类优抚金90万元。

全年开展法治政府建设等宣传活动6场，受众5000人次；扫黑除恶常态开展。领导干部接访化解率97%。多形式开展防范打击非法集资、电信诈骗集中宣传活动，辖区无电诈案件发生。全年开展各类安全生产执法检查122次，排查车辆2000余辆，查处交通违法行为250余起，处罚金额2.4万元。开展辖区安全隐患排查12次，整改安全隐患7处。开展应急疏散演练3次，定期排查7个地灾点。制止、警告、处罚野外用火事件19起，有效应对强降水、大风等天气5次。

【环境保护】 2021年，孙家镇坚持以“三清一改”为主线，增设污水管网1000余米，修建化粪池3个，维修污水管网600米，清理亭子垭场上乱堆乱放点10处，清理整治场镇主干道“牛皮癣”广告30余处，完成镇村两级公路路边垃圾转运，消除沟渠存量垃圾9处10余吨，清理卫生死角15处，集中开展农村公共区域和农户庭院环境卫生整治50余人次。建立联户保洁长效机制，全年开展城镇容貌和环境卫生联合检查12次，发出检查通报12期，评选卫生先进户200户。完成兰草兰香别院、亭子垭院落整治，创建美丽庭院15个。

【脱贫攻坚成果巩固同乡村振兴有效衔接】 2021年，孙家镇新发展到户产业93户、补助资金13万元；消费扶贫10万余元；新增小额信贷14户57.5万元，28名中高职贫困学生享受“雨露计划”补助8.4万元。东西协作持续深化，争取资金20万元，完成梁山桥连接道路面硬化工程。

【“三峡佛印”茶叶】 2021年，孙家镇有茶叶基地2平方千米，年产茶叶275吨，销售收入2200余万元，其生产的“三峡佛印”牌茶叶先后获“三峡杯”名茶金奖、第三届“国饮杯”全国茶叶评比一等奖、万州区首届地产名茶斗茶活动“绿茶茶王”和“中绿杯”中国名优绿茶评比金奖。

（孙家镇）

孙家镇飞龙桥社区水景街 （孙家镇 供图）

余家镇

【概况】 余家镇地处万州区西北部，距万州城区68千米，东与开州区毗邻，西与梁平区连界，北与四川省开江县接壤，处于三区一县八镇交界处。华南河和关龙河交汇于场镇并流入浦里河经开州、云阳注入长江，素有“山水余家，浦里明珠”之称。海拔251.8～1270.9米，亚热带湿润气候。总面积139平方千米，建成区面积1.3平方千米，辖万安、柏桐、安平、九龙、饶家、余家、桥亭、关龙、凤池、三河、李垭、钟楼、同心、张河、千银、硝水、铁炉17个行政村和老街、岔路口、五一、邵家、回龙5个社区，总人口5.4万人，常住人口3.05万人，镇政府驻地余家镇万安路212号。耕地面积44.32平方千米，森林面积46.72平方千米，草地面积11.57平方千米。辖区有煤、石灰石、页岩、高岭土等矿产资源，有“犀牛望月”“白洞岩瀑布”“晒鼓滩古桥”“黑漆洞竹海”等自然景观，有柚子、柑橘、花椒、茶叶、青脆李、中药材等特色农业，有生猪、肉鸡、肉牛等养殖基地，有“部优产品”铁炉脐橙和“十大名柚”余家土柚，是万州区重要的特色农产品主产区。商贸活动辐射周边镇乡15万人，是重庆市级中心镇、乡镇商贸综合服务中心。

【政治建设】 2021年，余家镇有党组织30个，党员1309名。开展干部警示教育10次，组织集中学习16次，党委中心组学习12次，看望慰问贫困党员142人次，表彰优秀党员3名。党员诫勉谈话4人，党内警告1人，严重警告1人。开展“以案四改”警示教育活动6次。11月26日，中国共产党重庆市万州区余家镇第五次代表大会选举产生镇党委委员9名、纪委委员7名、余家镇出席区第六次党代会代表5名。12月16日，第五届人民代表大会第一次会议选举余家镇人大主席1名，镇长1名、副镇长4名。3月，余家镇22个村（社区）党组织换届；5月，22个村（居）委换届。选举产生村（社区）党支部书记22名、选出村（居）委会成员88名。

【经济发展】 2021年，余家镇地区生产总值13.13亿元，固定资产投资10516万元，财政总收入719万元，一般公共预算收入357万元，农村居民人均可支配收入1.96万元，农业增加值4.32亿元。实施完成山地高效农业产业项目5个，培育花椒、柑橘、茶叶、中药材等特色产业2.33平方千米。新成立农民专业合作社1个，建成有机高效农业园1个、标准示范园2个，发展生态养猪场2个（54个单元），出栏生猪1.53万头、存栏0.63万头。培育养牛户8户。粮食播种面积57.6平方千米，产量2.98万吨；蔬菜播种13.33平方千米，产量2.5万吨。完成农产品快检120个，产品质量合格率100%，农产品合格证推广覆盖率100%，累计产值超3.66亿元。达成2项招商引资成果，引资约600万元，全镇新发展个体工商户9户、小微企业2家，规模以下样本企业新发展2个，增速25%。有农村淘宝店5家，邮政电子商务扶贫网点12家。电商主体1家，秦氏物流公司年经营收入50万元，电商服务站点8家，农副产品销售额50万元。

【基础设施】 2021年，余家镇完成农村公路硬化33.98千米，安装生命安全防护栏54.2千米。新建浦里河大桥、晒谷滩中桥、小河桥，新修浦里路，形成“六桥两路”环线新格局。完成浦里河生态补水工程，新建取水池、蓄水池5口。整治、技改柏桐供水工程、关龙乐湾供水工程等农村供水工程8处。完成水利设施修复工程，整治山坪塘11口，整治浦里河河堤35米。有公共服务中心1个、便民服务中心22个，完成小城镇及特色小镇建设项目，建成浦里源广场和滨河景观长廊。完成农村危旧房改造27户，农网改造基本完成。水库规范管理达标率100%，水利工程建设及正常运行率100%。全年未发生重大、特大环境安全事件。

【文化建设】 2021年，余家镇有万安桥、土高屋基箭楼等26处文物保护单位和十二洞崖墓群等27个文物点，全年开展3次文物安全巡查。设有文化服务站1个，配套电子阅览室、图书室、书画室等活动场地，免费向群众开放；村（社区）文化室基本全覆盖，配套运动器材和场地，公共文化和体育服务率100%。有区图书馆余家分馆。开展文体活动4次和文化扶贫下乡慰问演出5次，组织广场舞团队参加区八段锦气功比赛获三等奖，建立“好体育人”为民惠民志愿服务工作队，开展日常体操健身活动。

【社会事业】 2021年，余家镇有初级中学1所、九年一贯制学校1所、中心小学1所、完全小学1所、村小1所、幼儿园6所，年末教师194人，学生2546人，辖区适龄儿童、少年入学率100%。有区第一人民医院余家分院、村卫生室17个，年末执业医师12人、助理医师10人，床位100张。成立余家镇公共卫生委员会，家庭医生签约率100%；开展公共卫生知识、健康讲座培训两次，健康档案合格率99%以上、真实率100%，公共卫生服务群众满意率100%。创建为重庆市级卫生镇。落实疫情防控网格化管理，排查返乡人员2000余人，预备2个集中隔离场所，制定大规模核酸检测应急预案和疫情防控应急预案，预设大规模核酸采样点14个；对155名中高风险地区返万人员按要求进行集中隔离、居家隔离、自我健康管理。新冠病毒疫苗全程接种1.79万人，符合条件人群接种率100%。

发放镇级困难群众临时救助6.12万元；新增低保户90户181人，退出低保390户756人，累计低保户954户1661人。审核历年计划生育奖扶1341人、特扶84人。适龄少年儿童入学率、双拥规范管理达标率、低保规范管理达标率均为100%。新增城乡劳动者城镇就业367人，城镇登记困难人员、失业人员就业157人，新增农村劳动力转移就业1.27万人，就业率95%。节假日走访困难退役军人，发放慰问金、“三难”资金、家属优待金48万元，开展“五关爱、六必访”活动50余次，组织拥军优属座谈会两次，开展关爱基金募集活动1次，共募集4万元。建成5个社区养老服务站、17个村互助养老服务点。

举办各类专题培训及宣传活动24次，培训重点安全领域1259人次，全镇未发生较大及以上安全生产事故。信访事项处理群众满意率100%，无信访积案。推进社会治理现代化试点。全年开展宪法、全民反诈等宣传活动35次。核查各类车辆1880台次，纠违410台次。检查非煤矿山26次，现场整改6处，整

余家镇关龙村花椒产业园　（余家镇　供图）

改率100%。检查烟花爆竹76家次，纠违7次。检查食品卫生安全30家次，签订食品安全协议22份，全年无食品安全事故。对18个地质灾害监测点制定应急预案，并对每个地质灾害监测点进行应急演练2次，制订余家镇防震减灾应急预案，落实防震减灾应急值班制度，组织防震减灾应急救援队伍适时开展培训和演练活动各2次。

【环境保护】　2021年，余家镇落实生态环保“党政同责”“一岗双责”，与村居签订22份责任书。综合整治村（社区）环境卫生，落实“门前三包”责任制和“五长制”，按照“户投、组清、村集、镇运”的农村生活垃圾治理模式，开展公共区域清扫保洁工作。完成松材线虫除治0.43平方千米。完成新造林0.31平方千米，通过区级验收。

【脱贫攻坚成果巩固同乡村振兴有效衔接】　2021年，余家镇开展“回头看”大排查、大走访4次，动态监测脱贫户。全年新扶持壮大村集体经济项目1个，全镇经营总收入110.06万元。加强人居环境整治，以“双亮”为契机，打造镇级示范院落7个、村级示范院落20个。加快农村改厕实施进度，新建旅游公厕1座，改造公厕1座，全年农村改厕489户。

【花椒产业】　余家镇通过以“花椒”产业带动全镇脱贫攻坚的发展思路，陆续引进普里源、浦聪农业、阔瑞、利威凡等多家农业公司进镇入村发展产业，采取“二二六”模式，即群众土地入股20%、技术服务公司配股20%、业主自持60%。已发展“九叶青”花椒2.53平方千米，建成标准化“天知椒”示范种植园0.8平方千米，2021年产量超75万千克，直接经济收益逾600万元。

（张皓羽）

后山镇

【概况】　后山镇位于万州区西部，分别与李河镇、孙家镇、余家镇、弹子镇、开州区岳溪镇相邻，距万州城区约70千米。总面积78.3平方千米，耕地面积30.96平方千米，林地面积33.81平方千米，海拔500～1350米。辖天顺、天池、天元、元河、铁厂、马槽、丁阳、石关、沐河、曾家、紫云11个行政村和新场社区，86个村（居）民小组，总人口1.11万户2.97万人。有脱贫村5个、扶贫开发重点村1个，脱贫人口1195户3618人。辖区岭谷交错，沟壑纵横，地质复杂，地形多样，气候温和，雨量充沛，昼夜温差较大，生态优良，是生产烟叶、优质大米、无公害蔬菜和茶叶理想种植地。后山镇历史文化资源深厚，有新场古街、桥亭古街、万达古道、天顺古桥和蛤蟆石古碉楼；有传统麻花和藤编加工；林区环境优美，有“森林乡镇”之称。中华人民共和国成立前后边贸繁荣，有“旱码头”之誉，一度是万州西部地区的经济、文化中心，物资、商贸集散地。

【政治建设】　2021年，后山镇有基层党支部15个，党员796名，其中新发展党员8名。开展警示教育4次、提醒谈话16人次、廉政谈话150人次，党纪处分2人。11月，中国共产党重庆市万州区后山镇第五次代表大会召开，选举产生镇党委委员9名、纪委委员5名、区第六次代表大会代表4名。12月，后山镇第五届人民代表大会召开，选举产生镇人大主席1名、区人大代表8名、镇政府领导班子4名。3月，完成村（社区）两委换届，选举产生支委成员60名、村（居）委会成员60名。换届后，12个村（社区）书记主任全部实现“一肩挑”，党组织书记平均年龄下降5岁，高中及以上学历占83%，年龄学历“一降一升”。

【经济发展】　2021年，后山镇地区生产总值6.77亿元，固定资产投资22479万元，财政总收入240万元，一般公共预算收入99万元，农村居民人均可支配收入1.64万元，社会消费品零售总额1.3亿元。粮食作物种植面积35.87平方千米，年产量1.78万吨；果蔬播种面积13.33平方千米，年产量2.5万吨。新增猕猴桃、高山生态茶叶等种植业0.73平方千米；加大中蜂养殖场规模3个；建成单元生态养猪场18个，其中铁厂金匾生猪养殖场已投入养殖出栏。累计发展个体工商户151户，内资企业49家，创办微型企业142家，培育限额以上商贸企业1家，手工传统麻花、藤编等产业成长壮大。培育电商主体7个，建设电商服务经营站点9个、网上村庄5个，通过电商主体销售本地扶贫产品95万元。累计发展农业企业8家，专业合作社13家，家庭农场50个，创办区级示范家庭农场4家，区级农业示范园1个，市级示范专业合作社1个。

【基础设施】 2021年，后山镇实施道路交通重点项目3个，安装生命安全防护栏21.54千米，硬化村民小组及联网路6.46千米，升级改造牌楼路1.18千米。完成2021年农村供水保障工程。完成区重点水利项目石笋沟水库和青龙水库建设协调保障工作。石笋沟水库基本完成，具备蓄水条件；青龙水库进入征地拆迁阶段，保护性施工有序推进。完成房屋安全质量鉴定7785户，完成丁阳污水处理厂管道恢复，启动紫云村、桂花社区两个污水处理厂的管道恢复工程，完成场镇道路综合整治三期工程。

【文化建设】 2021年，后山镇有石笋寨遗址、上院子左氏墓等文物点14个。有市级非遗项目三峡木雕。开展文化巡查10余次。加强私建庙宇、露天造像等排查处理，破除封建迷信，树立新时代文明新风。举办庆祝中国共产党成立100周年等文艺活动10余场，开展文化下乡演出2场次，建立业余文艺队伍10支。配置村（居）文化器材6套。开展文明劝导、支农助耕、新冠病毒疫苗接种宣传等志愿服务活动，全年开展新时代文明实践志愿服务活动100余场次。

【社会事业】 2021年，后山镇有幼儿园2所、小学2所、初中1所，教师131人，学生1978人，学生数比上年增长3.3%。有镇级医疗机构1个，医护人员41名，配备医疗临时床位40张；有村卫生室12个，均配备村医和医疗服务队。常态化开展新冠肺炎疫情防控，建立社区排查信息员队伍，排查全镇9189人。设置核酸检测采样点6个，落实物资、人员、培训、预案；设立集中隔离点1个。3岁以上居民新冠病毒疫苗接种率100%。

落实公益性岗位就业人员102人，农村劳动力转移就业2358人，解决困难群体就业25人，城镇登记失业率小于1%。发放就业创业担保贷款240万元。全年发放临时救助、困难救助救济等资金40.97万元，发放低保、残疾人等补贴636.98万元。落实危房改造11户。开展双拥创建活动，建成标准示范性服务站，组织“八一”座谈会，慰问优抚对象，组织全镇募捐慈善基金，发放重点优抚对象抚恤金、60岁农村籍退役士兵生活补助金、义务兵优待金，为优抚对象解决医疗难、生活难和住房难资金问题。

开展风险隐患排查化解、扫黑除恶线索排查、乱点乱象整治和国家安全教育宣传。化解“平安万州暨防范化解重大风险”交办案件。调处各类矛盾纠纷，未发生较大及以上安全事故。开展安全生产宣传、监督、整治等各项工作。联合检查监督14次，出动人员58人次，检查生产企业121次，开展综合安全宣传12次。全镇无安全生产责任事故发生。

【环境保护】 2021年，后山镇落实林长制、河长制，加强农业面源污染防治，推进人居环境整治，开展场镇环境卫生清扫保洁，加快污水管网建设。打击乱砍滥伐、滥捕乱猎、侵占基本农田等违法行为。实施国土绿化特色经济林新造0.12平方千米，植树造林面积3.2万平方米，选聘生态护林员85人，天然林护林员79人。镇、村两级林长31人，网格护林员39人，防治松毛虫等森林病虫害面积2平方千米。落实镇、村两级河长18人，公益性岗位巡河员2人，辖区“一河一策”全面编制完成。开展环保执法30余次，处理环保投诉8起，下发整改通知书5次，关闭养殖场1家，整治养殖户污染4家。建成紫云、桥亭污水处理厂，强化污水直排偷排治理。

2021年1月5日，后山镇马槽寨农民专业合作社中蜂养殖场（后山镇　供图）

【脱贫攻坚成果巩固同乡村振兴有效衔接】 2021年，后山镇对脱贫户开展动态监测，建立每月村研判上报、镇核查核实、区比对确认的工作机制。重点排查饮水安全、房屋安全、大病家庭、义务教育学生失学辍学情况。建立四级防止返贫动态监测机制，“两不愁三保障”问题动态清零。全镇67户监测户，已消除风险65户。引导外出务工就业1464人。青脆李、中蜂养殖、高山生态茶叶等产业稳步发展，马槽寨专业合作社群众年分红12.6万元。

【中蜂养殖】 中蜂养殖是马槽寨农业专业合作社特色项目，是后山镇马槽村创新发展、壮大村级集体经济的主要载体之一。项目养殖蜜蜂200余群，聘请专业人员1名，带动就业5人，注册“山后马槽”商标，年产值30万元以上。探索“产业带动型”村级集体经济发展模式，全村脱贫户均有盈利分红。

（陈瑛）

弹子镇

【概况】 弹子镇地处万州区西部边陲，东邻开州区五通乡、岳溪镇，南倚后山镇，西接余家镇，北连四川省开江县八庙镇，有“一脚踏三县”之称。弹子镇位于弹子坝，原名錾子坝，因坝中一巨石屹立河边，其形如錾子，故名錾子坝，后演变为弹子坝。海拔220～1295米，年均降水1400毫米，全年无霜期超280天，年均气温17.6℃。总面积74.03平方千米，辖人和、插旗、黄龙、大垭、小垭、龙峡、三坝、关家、林泉9个行政村和弹子坝、新袁2个社区，50个村民小组，8888户2.27万人，镇政府驻地弹子镇永兴路51号。耕地面积20.26平方千米，森林面积31.78平方千米，森林覆盖率65%。

【政治建设】 2021年，弹子镇有党组织15个、党员694名、镇人大代表61名。全年开展党史学习教育和党风廉政建设。11月26日，中国共产党弹子镇第五次代表大会选举产生镇党委委员9名、纪委委员5名、出席区第六次党代会代表3名。12月22日，弹子镇第五届人民代表大会第一次会议选举镇人大主席1名，镇长1名、副镇长3名。完成村（社区）“两委”换届选举，选举党支部书记11名，选出村委会成员55名。

【经济发展】 2021年，弹子镇地区生产总值4.78亿元，固定资产投资8556万元，财政总收入5421万元，一般公共预算收入2705万元，农村居民人均可支配收入1.81万元。发挥重庆市万州区晋企隆企业管理有限公司引资平台作用，引进总部经济企业8家、小规模纳税人9家，实现税费5416万元。争取和出台区镇两级扶持办法，发展村集体经济，鼓励社会资本等共同参与农业产业发展，建成投产有机农业一体化生猪养殖单元27个。有晚熟青脆李1.33平方千米、玫瑰香橙0.67平方千米、花椒0.67平方千米、柠檬0.4平方千米、榨菜0.53平方千米。

【基础设施】 2021年，弹子镇建设“四好农村路”4.5千米，硬化道路96.36千米，修建人行便道125千米，安装生命安全防护栏73.89千米、养护道路221千米，形成四通八达的农村路网，解决2万余名群众出行难问题。全年排查房屋5462户，完成C、D级危房改造9户。建成污水处理厂2座，改建垃圾中转站1处，完成场镇排洪沟整治90余米，新建中坝院子油化公路水沟200余米，整治背街小巷160平方米。完成农村卫生厕所改造975户，创建示范院落3个。完成场镇自来水改扩建，实施农村安全饮水工程项目8个，修建蓄水池72口，整治山坪塘96

弹子场镇全景 （骆仁新 摄）

处、渠堰10千米，群众生活用水得到保障。

【文化建设】 2021年，弹子镇有文物点11个，其中，新袁粮站语录墙、张家沟渡槽为区级文物点。有黑龙洞的传说、浦里河民歌等区级非遗项目3个。设有新时代文明实践站、所12个，注册志愿者300余人。设有文化服务站1个，配套电子阅览室、图书室、书画室等活动场地，免费向群众开放。11个村（社区）文化室全覆盖，配有图书和科技影像光碟5000余份，同时配套健身设施、场地。组建腰鼓队、军鼓队、连箫队、川剧锣鼓队4支文艺团队，全年开展送文艺下乡演出8次，吸引周边群众2000余人。

【社会事业】 2021年，弹子镇有九年一贯制学校1所，年末在编教师53人、学生792人，辖区适龄儿童、少年入学率100%。持续开展农村义务教育控辍保学专项行动，落实送教上门5人。有医疗卫生机构1个，年末职业医师7人、职业助理医师4人、开放床位35张。开展乳腺癌筛查260人、宫颈癌筛查220人。居民医保参保率92%，困难群众参保率100%。全年开展慢病防控、健康知识等宣传教育活动6次，受教800人次；开展爱国卫生工作，成功创建为市级卫生乡镇。排查返乡人员2500余人，集中隔离20余人。制定弹子镇大规模核酸检测应急预案和疫情防控应急预案，设置5个核酸检测采样点，进行大规模检测实战演练。完成18岁以上常住人口新冠病毒疫苗接种5125人，加强针接种308人，3～11岁人群接种485人。

全年落实外出务工交通补贴721人次，城镇新增就业206人。新增低保33户50人，退出低保105户210人；累计农村在册低保159户209人，城镇在册低保119户160人。审核历年计划生育奖扶623人、特扶29人。解决重点优抚对象“三难”40余人次，打卡发放资金8.54万元；发放义务兵优待金、奖励金14.25万元。提升农村养老服务功能，新建敬老院1个、社区养老服务站1个。

推进全民反诈专项行动，防范打击电信诈骗、网上博彩、非法集资等新型犯罪，进行集中宣传2次，走村入户宣传覆盖1500余人。组织开展矛盾纠纷大化解大排查预防，调处矛盾纠纷案件。开展场镇集中宣传3次，召开院坝会25场，制作横幅标语12幅、LED宣传1块，发放资料5000余份。监管道路交通、食品药品、建筑施工、防汛抗旱、森林防火等重点领域安全，开展安全生产起底排查整改行动和重点领域整治。全年排查各类生产经营场所52家，其中存在严重安全隐患1家，存在隐患9处；没收各类烟花爆竹23件。处理违法违章车辆224辆，处罚金1.4万元。定期排查11个地灾点，开展各类应急演练14次。

【环境保护】 2021年，弹子镇落实“门前三包”、每日普扫作业、全时保洁制度。建成污水处理厂2座，改建垃圾中转站1处。深化农村人居环境整治提升行动，创建示范院落3个。实施户厕改造90户，设立公示指导设施3处，分发垃圾分类设施25套，实现垃圾清运全覆盖。每月巡查2处集中式及42处分散式饮用水源地环境，未出现环境污染重大事件。全年镇级河长累计巡河400余次，村级河长累计巡河4000余次。

【脱贫攻坚成果巩固同乡村振兴有效衔接】 2021年，弹子镇制定巩固拓展脱贫攻坚成果同乡村振兴有效衔接实施规划。争取和出台镇村两级扶持办法，鼓励社会资本参与，建成投产生态猪养殖单元27个，发展玫瑰香橙基地0.67平方千米、柠檬基地0.4平方千米、榨菜基地0.53平方千米。发展到户产业青脆李0.31平方千米、养殖畜禽户70户，开展技能培训200人次，聘用公益性岗位120人。与山东省济宁市高新区交流互访，落实帮扶资金20万元。建立乡村振兴项目库，新袁社区作为2021年万州区“三变”改革试点村，整合资金160万元发展花椒标准园0.47平方千米，试投产种植花椒0.2平方千米，生产经营收入13万元。

【池海湿地公园】 位于弹子镇，处于万州、开州、开江、梁平4区县交界处，项目总占地4平方千米，以打造国家级湿地公园及AAAA级景区为目标，一期建设2平方千米。以水库为核心，池塘景观围绕水库呈放射状分布，有湿地0.8平方千米，可冬春观候鸟、夏秋赏荷花。景区种植果园及花卉0.33平方千米，景观苗木5万株，修建景观池塘400余口，荷花池6.67万平方米，放养水产100万尾。项目完成土地流转0.64平方千米，固定给予流转费用，扶持建卡贫困户8户29人，劳务增收100余万元。景区获评重庆市休闲农业和乡村旅游示范点、万州区科普教育基地。

（幸雪）

长岭镇

【概况】 长岭镇地处万州区长江南岸，距万州城区4千米、万州机场10千米、沱口深水港码头8千米、宜渝高速路入口6千米，318国道、“万云”南路、宜万铁路横贯境内，万忠高速、万利高速规划在此交汇互通。境内属亚热带湿润季风气候，海拔240～1118米，矿产资源丰富，有石灰石、页岩、煤、铁矿、镁矿等多种矿产资源。全镇总面积99.4平方千米，辖龙立、东桥、乔家、鹿池、立苇、双龙、安溪、老土、凉水、茶店、板桥11个村和长岭岗、梨花路、响滩、青石4个社区，81个村（居）民小组。镇政府驻地长岭镇梨花路177号，总人口1.65万户3.89万人，集镇建成区面积1.85平方千米，城镇人口6324人。境内有水库5座［小（2）型3座、小（1）型2座］，山坪塘1246口，耕地面积27.82平方千米，林地面积38.25平方千米，退耕还林面积17.53平方千米，长江绿化森林工程面积6.9平方千米，森林覆盖率45%。经济作物以蔬菜、西瓜、水果、茶叶、中药材为主，其中安溪苹果梨、玉毫雪茶叶、老土西瓜、板桥香葱、梨花路椪柑等在万州区久负盛名。

【政治建设】 2021年，长岭镇有党组织53个，其中镇党委1个、村级党总支11个、党支部41个；党员1189名、镇人大代表72名。举办党史学习教育专题读书班12期，开展专题组织生活会2次，班子成员到村社开展宣讲20余次，党员干部到巫山县下庄村等地开展红色教育实践活动500余人次，开展集体谈话3批43人次，组织128名镇村干部公开进行廉政承诺。11月25日，中国共产党长岭镇第五次代表大会选举产生镇党委委员9名、纪委委员5名，出席区第六次党代会代表5名。12月17日，长岭镇第八届人民代表大会第一次会议选举长岭镇人大主席1名，镇长1名、副镇长4名。3月，长岭镇15个村（社区）党组织换届；5月，15个村委、居委换届。选举产生党支部书记15名，选出村委会成员76名，实现支部书记、主任“一肩挑”比例100%。

【经济发展】 2021年，长岭镇地区生产总值11.23亿元，固定资产投资11472万元，财政总收入266万元，一般公共预算收入174万元，农村居民人均可支配收入2.08万元。流转土地12平方千米，建成验收生态养猪单元60个。新发展1.5亿枚蛋鸡产业和山地高效农业项目3个，新增经果林0.8平方千米。有市级龙头企业1家，区级龙头企业4家，个体工商户1170户，工贸企业120家，电商企业11家，电商农产品销售额121.6万元。构建“一湖引领、两带并进、全域旅游”发展格局，发挥安澜谷景区龙头作用，建成安溪村美术、书法、摄影艺术一条街，新建旅游项目4个，旅游收入突破1000万元。

【基础设施】 2021年，长岭镇新硬化公路14.19千米，安装公路生命安全防护栏24.82千米，整治水毁路段13处，安装桥梁限重标识牌20处。加强对全镇22处百人以上农村集中供水工程的运行管理，整治小（1）型水库2座、小（2）型3座（其中小水电站2个）。完善长岭大梯子市政设施配套，整治高层建筑消防安全3栋。安装太阳能路灯60盏，栽植场镇沿线绿化苗木1万株。

【文化建设】 2021年，长岭镇有文物点39个，其中，良公祠为市级文物点，有静安桥、龙滩子石刻等区级文物点4个。有区级非遗项目巫舞。有石龙寺、莲花寺、摩天岭、尖山子、养马池、将军碥、龙门峡、古墓群、青石溪、老君山、鹿湖等名胜古迹。全年制作安装社会主义核心价值观、卫生健康知识、未成年人保护宣传等长久性公益广告40余处，组织全民读书活动32场次，建成东桥农耕文化展览室、水磨坊等3个文化项目，送文化下村演出16场次，放映惠民电影180余场。

【社会事业】 2021年，长岭镇有学校3所、幼儿园4所，年末在校生2035人，教职工212人，辖区适龄儿童、少年入学率100%。有医疗卫生机构16个，年末执业（助理）医师43人，床位80张。全年各医疗机构诊疗10.9万人次。落实疫情防控网格化管理，划分网格82个，对重点人群开展排查。制定大规模核酸检测应急预案和疫情防控应急预案，设置大规模核酸采样点11个，开展核酸采样应急演练15次。推进新冠病毒疫苗接种工作，累计接种4万余剂，符合条件人群接种率100%。

新增就业人员483人，联系企业为脱贫户提供工作岗位58个，申报鲁渝劳务协作就业帮扶车间1间，吸纳脱贫户34名，培训就业技能180人。应届高校毕业生就业率90%，贫困大学生就业率100%。完成7个养老机构委托运营，补助失能老人，高龄、特困人员502人，分散供养特困人员照料护理协议签订率100%。建立未成年人保护工作站，做好全镇45名留守儿童和22名留守妇女关爱工作。建立镇心理服务站和村居心理咨询室。动态管理全镇低保户，纳入低保兜底1281人，全年发放低保金784.1万元。临时救助困难群众77户。有重点优抚对象279人，完成退役军人技能培训，为4名困难优抚对象解决“三难”资金。

创建三支队伍、三个平台、三项制度基层治理“三三制”，全年调解各类纠纷受理率100%，开展“扫黑除恶”“电信诈骗”等宣传100余场次。推进和完善“网络化”“网格化”“信息化”管理，在重要路口、重点场所安装摄像头60个，配备夜巡人员4名。组建镇村民兵应急救援分队24组337人，开展日常训练12次。维护道路交通安全，查处交通违法行为244件。开展重点区域检查400余次，排除各类安全隐患15起。

【环境保护】 2021年，长岭镇加强大气环境保护，巡查制止处理“三烧”行为，开展餐饮油烟污染、建筑施工扬尘污染、农业面源污染等

长岭镇安澜谷景区　　（长岭镇　供图）

专项治理100余次；加强全域水体保护。围绕全镇1条河、7条沟，落实河长巡河率100%；推进辖区排污企业、农村居民点等污水排入市政管网工程，完成养殖企业污染整改3家。落实2个村“两岸青山·千里林带”项目，新增0.13平方千米油橄榄特色经济林，低效林改造0.78平方千米，“四旁”植树0.16平方千米，新造林1平方千米。

【脱贫攻坚成果巩固同乡村振兴有效衔接】　2021年，长岭镇落实116户搬迁户政策补贴，稳定务工就业1116人，新发展建卡脱贫户产业4户，二次验收通过建卡脱贫户产业67户。15个村居镇级驻村工作队全覆盖，无返贫现象。开发公益性岗位92个。市级农民工返乡创业园入驻企业超103家，区关工委在安溪村成立科技辅导团，确保“愿培尽培”，提升脱贫人口就业能力。推进实施农村人居环境整治行动，以改厨改厕、院坝整治、垃圾清运、规范养殖、污水治理和村容村貌提升为主，安溪村石地坝院子和东桥村望山田院子在全区“双亮”活动中获第一名。全年改建卫生厕所550户。

【安澜谷景区】　位于长岭镇安溪村，是集现代农业、休闲旅游、田园社区为一体的田园综合体，依托小（2）型水库安溪水库修建，总投资8000万元。主要景区占地0.67平方千米，水体面积5.33万平方米，具有独特区位及自然资源优势。景区规划建设三峡渔文化博物馆、三峡渔文化研究院、青少年科普基地、农业科技专家小院、三峡国际滑翔伞基地、农产品交易中心、共享农场、鲜花植物迷宫、儿童乐园、花艺工坊、户外拓展基地、露营基地、钓鱼竞技、水上游乐、健身娱乐等项目。2021年景区获“万州区关工委科技辅导基地”“万州区中小学社会实践教育基地”“万州区安澜谷科普基地”等称号。全年接待游客突破100万人次，旅游收入800万元。

（长岭镇）

新田镇

【概况】　新田镇地处三峡库区腹心地带，距万州城区15千米，位于万州区西北部长江南岸，清代至民国初属市郭里八甲，1953年建镇。东邻长岭镇，西接溪口乡，南与走马镇紧密相连，北与高峰镇隔江相望。海拔110～1092米，地势南高北低，属亚热带湿润季风气候。总面积153.5平方千米，辖义和、天德、五溪、东村、西村、幸家、高家、铜马、谭绍9个行政村和五一、金山、小岭、盐井、五新5个社区，85个村（居）民小组，镇政府驻地新田镇五新路888号。年末户籍总人口4.55万人，常住人口3.2万人，是三峡库区移民全淹全迁Ⅰ类集镇。土地面积149平方千米，其中耕地面积34.99平方千米，森林面积52.93平方千米，森林覆盖率51%。长江新田航段设有客货码头，辖区有211国道、忠万高速、万宜铁路、黄西公路、新茨公路等交通要道，疏港大道全线位于境内，万州环线高速、铁路集疏运中心建设推进中，新田长江大桥合龙。万州经开区新田园规划面积8千米，央企国能重庆万州电力有限责任公司落户新田并投产，新田港作业区一期已开港运行。有国家AAA级旅游景区西游洞、AA级乌龙池森林公园、白水湖、盐井沟古生物化石群等旅游资源；有储量丰富的铁矿、黄沙、页岩、金属镁矿、石灰岩等矿产资源。

【政治建设】　2021年，新田镇有党组织22个，党员1211名。开展党史学习教育，领导干部带头到基层讲党课15次，开展宣讲活动30余场。开展“我为群众办实事”实践活动，完成公路生命安全防护栏安装等11件民生项目，为民办实事310余件。开展“以案四说”警示教育29场次、廉政审查285人次、党员集体廉政谈话11次。召开中国共产党新田镇第八次代表大会、新田镇第五届人民代表大会第一次会议，完成区、镇人大代表选举。新田镇人大主席团由9人组成，其中专职主席1名、工作人员1名；有区人大代表小组1个，区人大代表12名；有镇人大代表小组14个，镇人大代表76名。完成第十一届村（居）两委换届选举，13个村（社区）两委实现“一肩挑”，下派支部书记1名，选聘专职干部77名，整顿软弱涣散党组织3个，改扩建村级党组织阵地1个。

【经济发展】 2021年，新田镇地区生产总值18.75亿元，固定资产投资38215万元，财政总收入772万元，一般公共预算收入468万元，农村居民人均可支配收入2.08万元，社会消费品零售总额5.38亿元。4家规模以上工业企业年总产值10亿元。引进安瑾物流、硕累物流2家企业，新增个体工商户141户，电商企业2家，税收237.69万元。有金融机构3个。特色小水果五溪柠檬、血橙、幸家枇杷、晚熟李种植面积分别为3.33平方千米、10平方千米、0.53平方千米、2.13平方千米。木姜子种植面积0.67平方千米。峡江竹笋种植面积0.13平方千米，年产量20吨。虾蟹基地占地0.67平方千米。五溪村冻库1座，储量100吨，小岭社区洗果分选设备每年洗果190吨，17个单元生态养猪场年养猪2万头。

【基础设施】 2021年，新田镇投资430万元硬化农村公路6千米，投资146万元整治大雁山坪塘，投资77万元整治盐井、高家供水工程，投资44万元整治松树湾人饮工程。改造农村危房7户，改造完成率100%。

【文化建设】 2021年，新田镇有文物点34个，其中，盐井沟古生物化石遗址为市级文物点，万县盐井人民公社旧址为区级文物点。有非遗项目6个，其中，市级非遗项目万州逃遁术1个，麻糖制作技艺、船工号子等区级非遗项目5个。全年开展流动文化进村演出20次，开展新时代文明实践活动400余次，依托小岭社区乡情陈列馆开展党史系列活动5次，举办庆祝中国共产党成立100周年表彰大会暨文艺汇演和“百年复兴梦 奋进新时代”微型党课比赛等活动。组织开展科普及文物展览4次，播放惠民电影266场，报刊借阅、电子阅览服务1200余人次，图书室、电子阅览室、文体活动室、惠民放映厅均免费开放。投资2.1万元安装体育健身器材8套，开展公益性群众文化体育活动128场次。

【社会事业】 2021年，新田镇有市级重点中学新田中学、新田中心小学和新田中心幼儿园，年末师生6000余人，适龄儿童入学率100%。有医疗卫生机构1个，年末职业医师25人、助理医师8人，床位76张。居民医保参保率100%，困难群众参保率100%。宣讲慢病防控、健康知识18次，受教389人次；开展精神卫生宣传教育12次，受教417人次；开展乳腺癌筛查401人、宫颈癌筛查451人。摸排中高风险区所在城市和重点地区来万返万人员181人，集中隔离56人，常态备用核酸采样点14个，开展大规模核酸检测演练2次。累计接种新冠病毒疫苗2.3万人5万针，接种率100%，加强针接种有序实施。

推进镇村两级民生实事10件，开展创业、就业培训200余次，城镇新增就业660人，发放创业担保贷款600万元，高校毕业就业率94%，城镇登记失业率低于3%。投资110万元新建养老服务中心，累计发放移民困难救助、优抚救济、临时困难救助、计生奖扶、特困救助、低保救助等各类补助救助2000余万元，城乡居民养老保险覆盖率100%，基本医疗保险覆盖率96%，特困失能半失能人员集中供养19人，集中供养率92%，社区居家养老服务全覆盖。向1052户1240名受灾群众发放救灾资金22.4万元。建立健全镇村两级退伍军人服务体系，悬挂光荣牌。

办理群众信访投诉建议事项，群众满意率94.2%。排查整治重点领域安全隐患，检查企业安全58次，发现并整改安全隐患18起，安装公路生命安全防护栏23.16千米。检查各类车辆2.5万次，查处交通违法行为280余起。实时监测地灾点51个，发放森林防火宣传资料2500份。

【环境保护】 2021年，新田镇落实河长制，各级河长巡河1325次，8艘渔船的16名渔民全部退捕转产，新田河、盐井河水质持续保持Ⅲ类。推进林长制，实施“两岸青山·千里林带”项目3.67平方千米，其中农村“四旁”植树0.34平方千米、疏林地和未成林地营造林1.01平方千米、森林抚育1.82平方千米、低效林改造0.5平方千米，森林覆盖率51%。回收利用地膜3.78吨、棚膜2.43吨、肥料包装物4.25吨。开展生态环保领域专项执法行动，制止露天焚烧20余起，整治餐饮油烟企业50家。清理生活垃圾126吨，清理沟渠64千米，村庄亮化安装太阳能灯54盏，打造示范院落29个。

【脱贫攻坚成果巩固同乡村振兴有效衔接】 2021年，新田镇围绕“四个不摘”要求，落实“一户一专班”“一户一策”等帮扶措施，巩固“两不愁三保障”、饮水安全等成果。整治隐患房屋136户，实施危房改造6户，农厕改造52户，转移脱贫人口就业1286人，开发公益性岗位安置贫困劳动力50人，发放小额扶贫贷款20户79万元，线上线下消费扶贫销售额分别达32.48万元、24.7万元，补助发展种养殖脱贫户158户55.51万元。

【重点工程】 2021年，新田镇主动服务重点工程，推进铁路集疏运中心、恩广高速、大滩口渠系工程、新茨路新西路升级改造、万博新材料配套项目、经开区新田园配套设施建设等项目；启动三峡电力集团高压线迁移、疏港大道扩宽工程、物流港二期设施建设。全年累计征收土地1.4平方千米，拆迁安置农户

351户1152人，搬迁坟墓3200座。妥善处置新田物流港、忠万高速、新城雅苑还房、固废物处置场错车道建设等遗留问题23个。

【旅游发展】 新田镇文旅资源丰富，有万州区唯一的钟乳石景区、国家首批AAA级景区——西游洞，洞内景观定海神针被誉为“神州第一柱”，全年接待游客超万人。有重庆市级文物保护单位——盐井沟古生物化石遗址、全国第三次文物普查“100大新发现”之一——万县盐井人民公社旧址、城郊天然氧吧——乌龙池森林公园。自全面实施乡村振兴战略以来，镇内基础设施从有到优，乡村旅游精品路线优化发展，游客观光体验得到改善。

（秦辉）

白羊镇

【概况】 白羊镇位于万州区东部，地处长江南岸，东接太安镇，西邻长岭镇，北连太龙镇、黄柏乡，与云阳县接壤，南依长滩镇。因清代在上场一岩石上刻有“白羊坪”三字得名。总面积98.5平方千米，辖白羊、鱼泉、双石、石龙、魏家场5个社区和公平、大悟、三元、大弯、白燕、大石、清潭、长石、惠民、友谊、紫金、太和12个村，常住人口2.2万人。耕地面积39.52平方千米，林地面积78平方千米。中心场镇建成区面积0.7平方千米，常住人口1万余人，镇政府驻地白羊镇政府路25号。

【政治建设】 2021年，白羊镇有党总支部5个、党支部29个，党员1443人。开展党史学习教育研学活动2次。召开中国共产党重庆市万州区白羊镇第五次代表大会和白羊镇第五次人民代表大会第一次会议，选举区第六届人大代表11名、镇第五届人大代表78名。召开白羊镇第五届人民代表大会第一次会议，选举人大主席1名，镇长1名、副镇长5名。完成各村（社区）党组织和村（居）民委员会换届选举，选举产生（社区）党（总）支部委员93名、村（居）委委员93名，17个村（社区）支部书记、村主任，12个村（社区）支部副书记、副主任均实现“一肩挑”。选举产生村（居）民小组长150名，村（居）务监督委员会主任17人、委员34人。

【经济发展】 2021年，白羊镇地区生产总值12.59亿元，固定资产投资5037万元，财政总收入597万元，一般公共预算收入324万元，农村居民人均可支配收入1.94万元。粮食播种面积50.67平方千米，总产量3.8万吨，其中种植高产优质水稻18.67平方千米，总产量1.68万吨。25个生态猪养殖单元全面建成投产。“万州柠檬”农产品地理标志认证完成专家现场核查程序。有企业315家，其中规模以上企业1家；个体工商户1100余户，其中规模以上个体户1户，2021年新申报规模以上个体户2户。

【基础设施】 2021年，白羊镇完成小组通畅工程6.64千米、硬化联网路0.78千米，安装生命安全防护栏13.6千米，日常管护公路402.2千米，新增错车道3处。完成2021年农村供水保障工程，总投资160万元，解决三元村、魏家社区、惠民村、大石村、白燕村饮水安全问题，经新建或改扩建后，全镇农村供水工程的供水保证率、水质合格率提高，解决1880户6537人饮水安全问题；完成5座小（2）型水库外坎、内坝护坡、坝顶、溢洪道等除草清淤及水库清漂工作。新增路灯100盏、停车位116个、公厕1座，新建场镇污水管网16.97千米，污水处理厂建成投入运行。

【文化建设】 2021年，白羊镇有文物点28个，其中，杨家山祠堂、生芝湾石刻、乐善堂造像为区级文物点。有区级非遗项目薅秧歌、薅草歌。常态化巡查保护文物。新增700平方米多功能运动场1处，组织参加健身项目培训1次；全年放映惠民电影204场次，组织传统文化讲座2场，组织非遗项目传承人开展活动3次。设有文化服务站1个，配套电子阅览室、图书室、书画室等活动场地，均免费向群众开放，村（社区）文化室基本全覆盖，配套运动器材和场地。

【社会事业】 2021年，白羊镇有中学1所，中心小学1所，幼儿园3所，辖区适龄儿童、少年入学率100%。有医疗机构23个，年末医师34人、助理医师28人，床位110张。全镇有5个村获万州区卫生红旗村称号，白羊镇创建市级卫生镇于2021年10月13日通过重庆市专家评估初验。排查返乡人员3415人，预备集中隔离场所3个，预设大规模核酸采样点14个；隔离管控中高风险地区返万人员1680名。推进新冠病毒疫苗接种工作，完成全程接种8804人，符合条件人群接种率100%。

全年城镇新增就业292人，报销脱贫在外务工人员往返交通费828人9.66万元，新增转移贫困劳动力3人。城乡居民合作医疗保险参保3.84万人，参保率96.8%，困难群众和建卡贫困户医保参保率100%。有城市低保250户335人，农村低保388户667人，全年发放低保金633.85万元；临时救助120人次，发放救助金73.7万元；全镇登记贫困残疾人306人，发放生活补贴25.7万元，享受重度残疾人护理补贴609人，发放护理补贴51.45万元；特困供养人员392人，其中集中供养特困人员13人、低保边缘户3户6人。建成社区居家养老服务站5个，与万州区银林养老服务有限公司签订敬老院运营托管协议。

开展干部下访活动，开展“1+10”结对帮扶，化解基层矛盾。强化“平安白羊”创建，开展“平安镇乡”“平安村（社区）”“平安校园”创建活动，在镇交通要道、重点区域、重要单位安装治安巡逻摄像设备。全年开展校园周边食品安全检查7次、交通安全检查49次，排除校园周边安全隐患10多处。定期巡查茶楼等娱乐场所，定期开展治安巡查。开展各类安全生产执法检查100余次，排查车辆4000余辆，查处交通违法行为300余起，处罚金额3.5万元。排查道路交通隐患57处，整治水毁公路20处，开展公路建设安全及质量巡查百余次，下达整改通知书20份。摸底排查1.58万户房屋，其中涉及安全隐患房屋388户，整治完成388户。开展应急疏散演练2次，定期排查12个地灾点，制止、警告、处罚野外用火事件15起。

【环境保护】 2021年，白羊镇落实生态保护“党政同责”“一岗双责”，与村居签订责任书17份。开展污染治理，建立污染防治设施监督管理台账，全域禁止露天焚烧秸秆，改造集镇污水管网10千米，强化饮用水源地环境监督管理。开展“6·5环境日”宣传，畅通12369环保投诉，全年未发生重大、特大环境安全事件。建立林长制组织体系，落实各项保障措施，推行森林资源管理巡查制度，各村配备专职护林员1名。松材线虫病除治总面积0.37平方千米，除治病（枯）死松树718株，其中病死松树18株，自然灾害枯死松树700株，共计蓄积49.257立方米。

【脱贫攻坚成果巩固同乡村振兴有效衔接】 2021年，白羊镇增强镇、村党组织对村级集体经济的领导，集聚生产、加工、销售等要素，引入社会化服务，推动农村集体经济和柠檬特色产业发展壮大。将丘陵地区高低不平、分散零碎的“馒头山”“巴掌田”整治成连片的种植基地，在友谊村、公平村新栽种柠檬0.67平方千米。实施就业推荐，全镇务工建卡贫困户1376人，其中重庆市外务工811人，向山东务工输送12人。全镇贫困户劳动力有就业意愿的全部就业。帮扶单位及帮扶责任人直接购买贫困村或贫困户的农副产品价值超30万元。全年办理小额贷款50户，发放小额创业担保贷款1000万元；开发贫困劳动力公益性岗位37个、非建卡贫困劳动力公益性岗位3个。

2021年11月，白羊镇柠檬喜获丰收 （区乡村振兴局 供图）

【柠檬产业】 柠檬产业是白羊镇传统主导产业。全镇有17个村（社区）、151个村小组、1.2万余户农户种植柠檬。至2021年年末，柠檬种植面积40平方千米，年产量5万余吨。柠檬专业合作社70余家，覆盖90%以上的柠檬种植农户。柠檬产业年综合产值约3.6亿元，有“白羊坪”商标和“万州柠檬”地理标志证明商标，“万州柠檬”农产品地理标志申报已通过重庆市级专家现场核查。全镇已建成柠檬保鲜冻库81座，总贮藏能力7000吨。有柠檬加工厂1个，年加工能力5000吨，累计建成柠檬产地初加工生产线12条、深加工生产线2条，主要产品有柠檬浓缩汁、柠檬干片、柠檬酒、柠檬酵素、柠檬蜜饯等。全镇有电商40余家，年销售柠檬1.3万吨，销售额超5000万元。

（张秋林）

龙驹镇

【概况】 龙驹镇位于万州区东南部，处于渝鄂两省市万州区、云阳县、利川市3区县周边12个镇乡的结合部，是市级中心镇、市级边贸重镇，有万州“南大门”之名。镇域峡谷纵横，地形多样，集“大集镇、大林区、大山区”为一体；辖区河流众多，有区级河流5条。总面积247.9平方千米，位列全区第一，辖茶园、丛木、灯台、分水、官坝、宏福、花坪、黄显、老雄、岭上、龙溪、民义、太吉、梧桐、向东、玉合16个行政村和灯塔、赶场、龙驹、团结、信义5个社区，年末常住人口5.2万人，场镇常住人口2.5万人。镇政府驻地龙驹镇永兴街115号。2021年被党中央、国务院授予“全国脱贫攻坚先进集体”称号。

【政治建设】 2021年，龙驹镇有党组织51个，其中镇党委1个、村级党总支7个、党支部43个，党员1233人。镇党代表103人，镇人大代表79人。村（社区）有35岁以下年轻干部51名，占村（社区）干部总数44%，大专以上学历48人，占41.2%。11月25日，中国共产党龙驹镇第十一次代表大会选举产生镇党委委员9名、纪委委员5名、区第六次党代会代表5名。12月17日，龙驹镇第五届人大一次会议选举龙驹镇人大主席1名、副主席1名，镇长1名、副镇长4名。21个村（社区）党组织和村（居）民委员会完成换届。新当选的村（社区）支委成员144名，其中大专以上学历占20.8%（支部书记大专以上学历占52.9%），平均年龄37.6岁；新当选的村（居）委成员113名，其中大专以上学历占37.2%，平均年龄42.4岁。21个村（社区）支部书记、主任平均年龄46岁，换届后学历、年龄实现“一升一降”。

【经济发展】 2021年，龙驹镇地区生产总值13.37亿元，固定资产投资25266万元，财政总收入339万元，一般公共预算收入204万元，农村居民人均可支配收入1.94万元。固定资产入库项目11个，年度投资2583万元，新增各类市场主体290家。“三峡皇希茶”“芦花椒椒鸡”品牌影响力逐渐扩大，产业规模、质量和带动能力日益增强。辖区可种植面积粮食经济作物比为2∶8，土地流转率69.3%，新发展茶叶、中药材、花椒等作物17.27平方千米。建成中药材初加工、百香果深加工、花椒深加工等扶贫车间5个，农产品加工车间5个，创建市级扶贫返乡创业示范园1个。培育符合入库条件规模以上工业企业1家，发展两家规模以下样本企业，新增限额以上大个体户4户。出台招商引资奖励办法，召开招商座谈会等会议7次，签订招商引资协议4份，2家企业入驻小微企业加工园。

【基础设施】 2021年，龙驹镇硬化通组路10.66千米，加宽公路2.4千米，安装生命安全防护栏32.53千米，辖区累计公路里程578千米（通组公路400千米、泥结石路135千米、干线路43千米）。对全镇372处集中供水工程开展3次饮水安全巩固情况“回头看”，清零农村供水工程损毁、临时性饮水困难等问题。聘用饮用水管道管护员239名，对21个村（社区）饮水水池、管道进行日常巡逻维护。投入150万元，新建分水村农村安全饮水巩固提升工程，解决高寒偏远山区群众用水量不足问题。新建污水管网8.2千米。完成龙驹滨河公园建设、龙驹派出所搬迁、龙驹幼儿园改扩建和龙驹中学校门搬迁工程，建成万州区第十二特困养老服务中心、龙驹镇中心卫生院医养楼；辖区21个村（社区）实现广播、电视、移动互联网4G信号“村村通”，光纤宽带全覆盖。

【文化建设】 2021年，龙驹镇有文物点85个，其中谭家院子为区级文物点。有版画艺术、高腔山歌等非遗项目4个。全年组织健身项目培训1次、传统文化讲座3场，放映惠民电影504场次，组织非遗项目传承人开展活动5次。设有文化服务中心1个，配套图书馆、科技馆、乡情陈列馆、红色文化展览馆、书画室、舞蹈室等活动场地，免费向群众开放，21个村（社区）文化室全覆盖，均配套运动器材和场地。

【社会事业】 2021年，龙驹镇有中学2所、小学2所、幼儿园3所，年末学生6457人、教师412人，辖区适龄儿童入学率100%。全镇义务教育适龄脱贫对象和防止返贫监测对象共873人，无失学辍学情况。一般农户中义务教育阶段适龄对象区外就读887人，无失学辍学情况。义务教育阶段适龄残疾少儿57人，其中小学32人（随班就读24人，送教上门8人），初中就读20人（随班就读13人，送教上门7人），初中毕业5人，无失学辍学情况。送教上门学生15人，其中已脱贫户10人。资助龙驹镇户籍区内就读脱贫户、监测对象家庭学生1079人98万元。有医疗卫生机构29个，年末职业医师28人、助理医师22人，床位200张。宣讲慢病防控、健康知识126次，受教3201人次；开展精神卫生

2021年7月，夕阳下的龙驹镇　（龙驹镇　供图）

宣传教育2次，受教91人次；开展乳腺癌筛查310人、宫颈癌筛查480人。执行巩固脱贫人员就医“先诊疗、后付费”制度，实现健康扶贫“一站式”结算，推进城乡居民高血压、糖尿病“两病”患者门诊用药保障和健康管理，在家且有签约意愿脱贫人口家庭医生签约全覆盖。常态化开展疫情防控，排查返镇人员1.2万人次，设置大规模人群核酸采样点18个，配齐人员物资，开展大规模核酸检测演练2次，新冠病毒疫苗接种18岁以上完成2.25万人，接种率94.56%。

引导新增就业累计1452人，提供公益岗位391个，开展各类技能培训班18次；累计发放重点群众一次性创业补贴218人次、交通补贴2361人次。城乡居民合作医疗参保4.13万人，参保率96%；城乡居民养老保险参保2.48万人，参保率95%。纳入低保对象799户1314人，享受特困人员救助340人，7729名脱贫人口全部参保，按照每人每年30元予以参保资助。完成村居便民服务中心新建、改建项目13个。

全年开展法治宣传活动10次，受教1.8万人次；组建专职治安巡逻队，维护辖区社会治安秩序；开展扫黑除恶专项斗争工作会议6次；签订社区戒毒（康复）协议8份。主要领导干部公开接访化解率100%。开展各类安全生产执法检查89次，排查车辆3870辆，查处交通违法行为309起，处罚金额1.84万元。摸底排查房屋1.6万户，其中涉及安全隐患房屋78户，整治完成69户。定期排查16个地灾点，制止、警告、处罚野外用火事件12起，有效应对强降水天气7次。

【环境保护】 2021年，龙驹镇资源化治理养殖场粪污61家，办理环保投诉案件80起，办结率、满意度100%。排查全镇排污情况，发放环保法规告知书1.1万份，辖区52家企业已办理排污许可登记，其中取得排污许可证2家，实现固定污染源排污许可全覆盖。改造农村厕所1.4万户，财政补贴1500余户，全镇卫生厕所覆盖率95%。完善5条区级河流、11条镇级河流“一河一策”，关停河道边养殖场3家。除治病死松材线虫疫木5000余株。完成1231户农村乱占耕地建房清理核查，推进“三清一改”工作，申报市级宜居村庄6个。

【脱贫攻坚成果巩固同乡村振兴有效衔接】 2021年，龙驹镇紧盯脱贫户、低保户等低收入群体，围绕“两不愁三保障”巩固情况开展“回头看”工作，全年累计排查发现饮用水管道破损、因灾威胁住房安全等问题7个，所有问题均动态清零。义务教育阶段适龄儿童因身体原因送教上门17人；改造C级危房1户、D级危房8户。227名镇村干部和驻村干部全年走访镇域在家农户8724户。全年脱贫户外出务工3161人。新增小额信贷172笔，发放贷款843万元，累计发放小额信贷1501户5805.5万元，累计到期收回贷款4543.94万元，贷款余额1261.56万元。

龙驹镇梧桐村芦花鸡 （龙驹镇　供图）

【芦花鸡产业】 龙驹镇扶持芦花鸡养殖产业，发展芦花鸡山地林下示范养殖，鸡苗销往云阳县、梁平区等10余个区县和恒合、罗田等13个周边乡镇，形成跨区域集繁育鸡苗500万羽、示范养殖20万羽、年屠宰120万只、深加工50万只于一体的芦花鸡产业发展联合体。

（龙驹镇）

走马镇

【概况】 走马镇位于万州区东南部，因“茶马古道”而得名，始建于清光绪年间，有万州“南大门”之称，是重庆市历史文化名镇。至万州城区沿211国道34千米，距万忠高速路盐井出口7千米，沿万忠高速至万州城区23千米，距万州新田港15千米。万利西路、万石路、走罗路穿境而过，19个村（居）通畅率100%。海拔382～1328米，峡谷山川密布，四季分明、气候宜人，无霜期长，阶梯气候明显，适合多种作物生长。总面积176.49平方千米，辖白草、老屋、渡河、马安、凉风、石告、杜家、石灯、龙台、熊家、坝梁、野鸭、谷雨、槽溪、冒水、龙咀16个行政村和走马、双流、小河3个社区，148个村（居）民小组，总人口4.8万人，镇政府驻地走马镇明星路1号。耕地面积52.99平方千米，森林覆盖率60.5%。有红豆树、楠木、樟树、兰科、铁尖油杉等8种珍稀植物，以及西南紫箕、中华蚊母、川黔紫薇等13种特有植物。泗步河穿越全境，有万州第一大水库——鱼背山水库，库容8680万立方米，全长17千米，水域面积3.1平方千米；有万州第二大水库——大滩口水库，库容6840万立方米，为万州城区备用饮用水源地。

走马镇鱼背山水库　（走马镇　供图）

【政治建设】　2021年，走马镇有党组织4个，党员1340人。开展党史学习教育，领导干部带头到基层讲党课27次，举办理论学习宣讲500余场。开展“我为群众办实事”实践活动，梳理办理龙台村、槽溪村美丽庭院建设等实事6件，基层党组织办实事56条。11月27日，镇党代会选举产生镇党委班子成员，其中镇党委书记1名、副书记2名、委员9名，选举产生区党代表5名、镇党代表101名。12月22日，镇人民代表大会选举产生镇人大主席1名、区人大代表12名、镇人大代表78名，镇长1名、副镇长5名。完成村（社区）党组织和村（居）委换届，产生党支部书记19名、村委会成员95名，支部书记和主任实现“一肩挑”，两委成员年龄、学历“一降一升”。

【经济发展】　2021年，走马镇地区生产总值12.11亿元，固定资产投资10144万元，财政总收入395万元，一般公共预算收入238万元，农村居民人均可支配收入1.7万元。新发展白柚0.2平方千米，特色小水果0.33平方千米，管护油茶3.47平方千米，种植虎杖等中药材3.47平方千米，完成54个生态生猪养殖单元建设。谷物、豆类、薯类等粮食年总产量2.7万吨。培育卓玛矿业和东慧石材两家石料加工企业，全年加工石材8000立方米、砂石5万吨、碎石10万立方米，产值1200万元，税收100万元。建成中药材初加工厂1家。工业企业20家，个体工商户1310户，商贸服务业159家，其中规模以上企业2家，新增市场主体131户。

【基础设施】　2021年，走马镇新修、硬化公路17.03千米，安装生命安全防护栏26.64千米，建设人行便道35千米，改造拓宽县道15.7千米。整治山坪塘6口，技改集中供水工程3个，新建供水工程2个。场镇分为15个责任小区，全面清理垃圾囤积点、下水道，清运垃圾1500吨，签订“门前三包”责任书3000份。规范场镇容貌秩序，联合执法5次，清理小广告1000余处，清理违建“蓝顶棚”1478家。

【文化建设】　2021年，走马镇有文物点37个，其中，向氏民居为市级文物点，谭万明墓、关上箭楼、唐家寨箭楼、关上粮仓等区级文物点4个。设有新时代文明实践站、所20个，开展志愿服务活动，发放传单2万余份，开展活动300余场次。设有文化服务站1个，农家书屋16个，配套图书室、健身室等活动场地，免费向群众开放；村（社区）文化室基本全覆盖，均配套运动器材和场地。

【社会事业】　2021年，走马镇有中学1所、小学2所、民办幼儿园1所，年末教师286人、学生3823人，辖区适龄儿童、少年入学率100%。走马初级中学教育教学成绩保持万州区单设初中第一名。有医疗卫生机构17个，走马中心卫生院创建优质服务基层型乡镇甲级卫生院，年末职业医师15人、助理医师15人、床位99张。居民医保参保率95%，困难群众参保率100%。全年宣讲慢病防控、健康知识3次，受教1256人次；开展精神卫生宣传教育6次，受教328人次；开展乳腺癌筛查298人、宫颈癌筛查428人。常态化开展疫情防控，排查人员1.7万人次，对学校等80余个重点场所管控到位。设置集中隔离点1个。累计接种新冠病毒疫苗1.35万人，接种率96.47%。

完成镇级民生实事6项，城镇新增就业187人，城镇登记困难人员就业25人、失业人员就业188人，新增农村劳动力转移就业320人，回引农民工就业1080人。城乡居民合作医疗保险参保4.18万人，发放临时救助、特困生活补助等252.47万元；新增低保56户106人，退出低保269户477人，累计低保656户1139人。审核计划生育奖扶1515人，特扶70人。走访各类优抚对象94人次，发放慰问金2.27万元；解决重点优抚对象“三难”27人次，打卡发放资金10.6万元；发放义务兵优待金、奖励金26.48万元。

完成上级交办信访件，主要领导接访下访群众。建立网格党组织20个，配备网格人员523名，实现农村网格化管理。铁路护路13千米。巩固扩大禁种铲毒“零种植”范围。开展重点时段、重点行业联合执法230余次，发现安全隐患300余起。开展道路检查108次，查处道路交通违法行为400余起，处罚金3万元，劝导车辆7万辆。成立安全生产督查组5个，每季度检查33家单位安全生产情况。开展应急疏散演练18次，定期排查13个地灾点，制止、警告、处罚野外用火事件6起，应对强降水天气2次。2021年9月6日，暴雨造成走马镇19个村（社区）不同程度受灾，镇党委政府立即启动应急预案，镇村两级干部200余人分组赶赴现场救灾抢险，转移群众3500余人，紧急排查地质监测点，设立安全隔离带，安排专人24小时值守，确保群众生命财产安全。

【环境保护】 2021年，走马镇实施国土绿化退耕还林1平方千米，森林病虫害除治5.33平方千米。落实河长制，完善更新全镇10条河流“一河一策”，各级河长累计巡河1000余次，巡河率130%，整治河流问题20余个。开展长江流域“十年禁渔”宣传活动5场次，联合执法3次。协助完成二、三级污水管网1.22万米；农村卫生厕所改造2980户；传统养殖进行污染治理29家，关闭限养区养殖场11家。

【脱贫攻坚成果巩固同乡村振兴有效衔接】 2021年，走马镇1800户脱贫户稳定脱贫，58户监测户无返贫发生，新增发放小额贷款331万元，培育致富带头人31人，组织实用技能培训36人，产业到户补助212户30.94万元。打造槽溪村铁马坎、龙台村青龙嘴等亮点院落。

走马镇向氏民居　　（走马镇　供图）

【向氏民居】 重庆市文物保护单位，位于走马镇槽溪村，始建于清晚期，总占地面积2295平方米，整体呈复四合院布局，房屋为土木结构、穿斗式梁架、青瓦悬山屋面。其建筑包括主院和别院两部分，由门楼、牌楼、前廊、正堂、厢房、配房等组成。带有浓厚峡江地域特色和移民文化、孝贤文化烙印。院内木雕花窗形式多样，石刻浮雕工艺精湛，具有较高艺术价值。2019年12月，向氏民居被评为重庆市文物保护单位。

（走马镇）

罗田镇

【概况】 罗田镇地处万州区东南部边陲，与龙驹镇、走马镇、湖北省利川市谋道镇、建南镇接壤，距万州城区71千米。总面积82.2平方千米，海拔386～1395米。耕地面积32.25平方千米，其中田14.67平方千米；森林面积30平方千米，其中退耕还林面积5.33平方千米；森林覆盖率36.5%。辖谷山、阳坪、新华、阳河、梓桐、六合、长堰、三溪、龙坝、折岩、枫香11个行政村和天生、马头、中山3个社区，81个村（居）民小组，1.21万户3.06万人。镇政府驻地天生社区华胜街。罗田镇有红岩石林，大小二寨、百丈沟、“似桃源”、马头梯田等自然景观和罗田老街、古墓群、金黄甲大院、普济桥等文化资源。依托高山丘陵，海拔落差大的地理优势，突出发展高山大米、高山水果、高山蔬菜、高山畜禽、高山药材“五高产业”，其中“万州罗田大米”为地理标志证明商标，“罗斛”“乡卡卡”等产业品牌知名度持续提升。罗田镇是中国历史文化名镇、市级历史文化名镇、重庆市民间文化艺术（石雕艺术）之乡，用坪村入列中国传统村落。

【政治建设】 2021年，罗田镇有基层党支部19个，党员899人。3月和5月，分别开展党组织换届和村（居）委员会换届工作。11月27日，镇第五次党代会选举罗田镇第五届委员会委员9名。12月16日，镇第五届人民代表大会选举产生第五届人民代表大会主席、罗田镇人民政府镇长、副镇长。

【经济发展】 2021年，罗田镇地区生产总值6.78亿元，固定资产投资3656万元，财政总收入708万元，一般公共预算收入413万元，农村居民人均可支配收入1.57万元。发展高山优质大米13.33平方千米，粮食总产量1.73万吨。种植高山水果1.47平方千米、石斛80万丛、中药材0.9平方千米、高山蔬菜1.33平方千米、烟叶2.13平方千米、油桐6.67平方千米。有工业企业12家，金融机构5家。有1293家经济主体，其中合作社52家、内资企业369家、个体工商户872户。

【基础设施】 2021年，罗田镇安装农村公路生命安全防护栏17.78千米，升级改造马五路4.8千米，完成中山社区（板凳岩—黎明丫口）公路硬化工程。除险加固塌方路段4处，排查治理公路隐患6处，添置公路警示桩7处100米，悬挂安全警示牌20块，砌混凝土防撞墙15处，安装减速带18处150米。完成2021年农村饮水安全巩固提升工程，解决阳坪村2000人饮水问题。安排资金10万元补助全镇14个村居饮水工程运行管护。累计发放大中型水库后期扶持资金3.18万元。完成月亮石广场及周边道路和环境整治工程项目，新建成市民广场2013.5平方米，新建成市民停车场2114.45平方米，车位50个（其中新能源充电车位8个、无障碍车位2个）。整治市容环卫类问题199个、城市秩序类问题78个、市政实施类问题1个、园林绿化问题14个。

【文化建设】 2021年，罗田镇有文物点34个，其中，普济桥、金黄甲大院为市级文物点，有向母幸氏墓、向志扬墓等区级文物点10个。有万州村居建筑艺术、大小二寨的传说等区级非遗项目。全年开展文化惠民活动120次，送文化下村（居）170次。开展“七一庆祝中国共产党成立100周年”活动，举办“迎新春”书画展1次、“义写春联—送文化下乡”活动2场，开展讲文明、树新风、迎新春活动5次，在清明、端午节开展传统文化习俗活动2次。

【社会事业】 2021年，罗田镇有学校3所、幼儿园3所，年末在校学生899人，教职工97人，小学适龄儿童入学率100%。有镇级医疗机构1个，医护人员43名，配备医疗临时床位30张；有村（社区）卫生室13个，均配备村医。加强大规模核酸检测点和集中隔离点规范化建设。坚持“外防输入、内防反弹”要求，备齐防疫物资，完善防控体系，强化应急演练。累计接种新冠病毒疫苗2.78万人次。其中，接种第一针疫苗1.17万人次，接种第二针疫苗1.11万人次，接种第三针疫苗5057人次，接种疫苗率98%。

新增就业176人，其中单位就业150人、灵活就业20人、公益性岗位就业6人。发放创业贷款140万元，开发公益性岗位40人，656人申报交通补贴8.95万元。新增低保39户80人，开展续保、低保动态调整120户200人。因病临时救助31人、因灾临时救助2人，发放救助金14.08万元，其中区级审核救助6人9.4万元、镇级自审救助27人4.68万元。审核审批残疾人“两项补贴”450人次，为残疾人提供康复服务200人次。发放一次性奖励资金69人2.07万元；新增奖扶63人，累计奖扶973人；新增特扶2人，累计特扶36人，发放资金14.65万元。为计生家庭补助合作医疗资金近24万元。养老服务中心及11个养老服务点有序运行，发放高龄老人营养补贴3.74万元。

全年开展村（居）入户反诈宣传3次、赶场日集中宣传2次。开展各类排查活动12次，收集和化解矛盾纠纷化解率100%。开展各类检查166次，下达责令限期整改通知书16份，查处交通违法行为263起，共处罚款1.04万元。增设塘堰救生杆67根。发挥消防专职队作用，减少损失100万元。设置地质灾害监测点8个，安排专人巡查。组织开展“6·7”地质灾害、防汛抗旱森林防火等应急演练7次。

【环境保护】 2021年，罗田镇完成第二次全国污染源普查。落实河长制，清理整治辖区内污水乱排、岸线乱占、河道乱建问题，各级河长

罗田镇金黄甲大院 （罗田镇 供图）

罗田镇马头梯田 （罗田镇 供图）

累计巡河2400余次。划定永久基本农田及城镇开发边界，守住全镇永久基本农田和耕地红线。控制森林采伐限额，打击滥伐盗伐行为。完成马头、罗田自来水厂水源地保护建设。完成中山、马头、天生3个场镇污水处理厂建设。关闭养殖场4家，治理养殖场14家，取缔两处临河水泥砖厂，督促折岩砖厂停工整改。生活垃圾收运率超90%。退耕还林地保存率100%，森林覆盖率42.4%。

【脱贫攻坚成果巩固同乡村振兴有效衔接】 2021年，罗田镇落实“四不摘”要求，保持政策稳定和平稳过渡。开展动态监测，防止返贫致贫，1180户脱贫户、73户监测户走访帮扶全覆盖。完成《罗田镇小城镇总体规划》《罗田镇小城镇控制性详细规划》修编，编制《罗田镇全域旅游规划》。与“国企进镇”帮扶单位协同制定《助力罗田镇乡村振兴工作方案》，着力开发文化产品，扩大石斛产业，拓展农产品网上消费渠道，推进乡村旅游建设。制定罗田镇乡村振兴重要支点培育建设方案，研究确定“十四五”建设项目29个，其中基础设施项目11个、产业发展项目9个、文化建设项目9个。

【万州罗田大米】 罗田镇特色农业品牌，获“地理标志证明商标”“农产品地理标志认证”双标。栽培历史悠久，西汉时期即有大规模种植。据清乾隆《万县志》记载：“万州罗田古镇出好米，其米粒青如玉、晶莹剔透、味浓米香……”其米粒饱满、外观阴色透明、心腹白较少，有清香味；蒸煮后米饭油亮、米粒膨胀均匀，味浓郁香，口感柔软有弹性。每年4月播种，10月收割，2021年种植面积14平方千米，年产量8400吨。

（罗田镇）

太龙镇

【概况】 太龙镇地处万州区东北部，东与黄柏乡相邻，西与陈家坝街道接壤，南与白羊镇、长岭镇、五桥街道相连，北与小周镇、大周镇隔江相望，地处长江万州段南岸下游，因历史上曾有太阳镇和龙门镇各取一字而得名。地势南高北低，以亚热带季风性气候为主，海拔175～824.7米，被称为“中国红桔第一镇”。总面积56.9平方千米，场镇建成区面积1.95平方千米，辖五塝、楠木、龙滩、大旗、蓼叶、横山、万丰、仙鹤8个行政村和太阳溪、大田2个社区，77个村（居）民小组，9299户2.3万人，镇政府驻地太阳溪社区新村路66号。

【政治建设】 2021年，太龙镇有党组织41个，党员803人，镇人大代表61人。11月25日，中国共产党太龙镇第五次代表大会选举产生镇党委委员9名、纪委委员5名、区第六次党代会代表4名。12月8日，太龙镇第五届人民代表大会第一次会议选举太龙镇人大主席1名，镇长1名、副镇长3名。2月，太龙镇10个村（社区）党组织换届；5月，8个村委、居委换届；12月，大旗、蓼叶两个村委完成换届。选举产生党支部书记8名、村委会成员57名。

【经济发展】 2021年，太龙镇地区生产总值6.53亿元，固定资产投资4527万元，财政总收入130万元，一般公共预算收入69万元，农村居民人均可支配收入1.73万元。服务业销售总额6043万元，比上年增长7.6%；限额以上批发零售业营业额1200万元，增长24.5%；批发零售业销售总额1.36亿元，增长8.3%。新建标准化李子园2个、标准化柑橘园1个，面积0.2平方千米；完成大旗村“探戈园”“新立”标准化柑橘园“水肥一体”化建设，累计投资50余万元。依托现有11.33平方千米古红桔资源和已经认定的万州古红桔“国家地理标志保护产品”“百强中国农产品区域公用品牌”，持续做好红桔产业病虫害防治，加快示范基地建设，大旗村古红桔被评为重庆市第三批“一村一品”示范村。建设投产生态猪养殖单元14个。全年新发展电商2家，线上销售额776万元，增长23.5%。百年老字号企业重庆乾方天地食品公司“冉师傅”牛肉干整体搬迁到太龙镇投产。

【基础设施】 2021年，太龙镇硬化农村公路5.78千米，实施“四好农村路”通畅工程建设28.1千米。全覆盖排查群众饮水安全情况，实施农村饮水安全巩固提升工程。

【文化建设】 2021年，太龙镇有文

2021年12月2日，山东省济宁市委党校副教授皮小卉和重庆市三峡曲艺团演职人员在太龙镇太阳溪社区开展送文艺（戏曲）演出进基层活动（太龙镇 供图）

物点8个，其中二黄坝楼子为区级文物点。有打火罐、喝栽秧酒等区级非遗项目3个。全镇文化活动室、阅览室、多功能室无障碍零门槛进入，按时免费开放，全年放映惠民电影176场次。

【社会事业】 2021年，太龙镇有中学1所，年末教师47人、学生192人，辖区适龄儿童、少年入学率100%。有医疗卫生机构11个，年末职业医师23人、助理医师21人、乡村医生8人，编制床位55张，实际开放床位80张。全年宣讲慢病防控、健康知识讲座、咨询活动27次，受教2182人次；开展精神卫生宣传教育6次，受教156人次；开展乳腺癌筛查100人、宫颈癌筛查180人。设置集中隔离点1个、大规模核酸采样点4个；推进新冠病毒疫苗接种工作，符合条件人群接种率100%。

全年城镇新增就业173人；新增转移农村劳动力168人；回引农民工635人；返乡创业32户；全年劳务总收入1.78亿元；为2021年毕业大学生制定计划服务9人，其中贫困大学生就业1人；发放创业担保贷款450万元；巩固充分就业社区3个。将符合条件脱贫人口纳入农村低保，发放城乡低保316万元，惠及311户527人；发放困难临时救助24户24.1万元；发放残疾人“两项补贴”4604人次33万元；更新761名残疾人数据动态。在2021年度镇乡（街道）民政工作综合评估中，被评估为“优秀”等次。组织镇村干部全面排查农村房屋住房安全情况，实施D级危房改造4户、C级危房改造1户。

在全镇10个村居道路交通要道、3个农贸市场安装监控摄像头19个。推进扫黑除恶专项斗争，召开各级各类会议30余次，摸排线索5条。无重大恶性案件和刑事案件。化解矛盾纠纷，辖区未发生群体性事件。全年发现安全隐患50余处，整改50余处，处理交通违章200余起。地灾搬迁5户15人，补助金额已发放80%。

【环境保护】 2021年，太龙镇以环境保护、建筑质量和安全管理、农村生活垃圾治理、垃圾分类及集镇清扫保洁、地质灾害防控、建卡贫困户复垦等为重点，建立健全“户清扫、组保洁、村集中、镇收集、区处理”五级垃圾清运处置模式，完成农村户厕无害化改造19户。出动1200余人次，集中清理房前屋后、田间地头、公路沿线、水塘沟渠等生活垃圾5次，农村生活垃圾收运全覆盖。签订耕地保护目标书11份。环保“三同时制度”执行率100%。围绕“6·5”世界环境日、“4·22”地球日等节点开展环保法律法规宣传。

【脱贫攻坚成果巩固同乡村振兴有效衔接】 2021年，太龙镇监测对象脱贫不稳定户26户61人，边缘易致贫户18户37人，全部消除返贫致贫风险。兑现贫困群众跨区域就业往返城市交通补贴政策532人6.6万元；开发公益性岗位安置贫困户21人，带动贫困户增加岗位工资性收入24.5万元，822名脱贫人口和边缘户实现稳定就业，就业人数比上年

太龙镇古红桔 （史焕云 摄）

增长1.73%。新增扶贫小额信贷48户103.5万元。脱贫人口基本医疗保险参保100%。

【柑橘产业】 2021年，太龙镇以古红桔、探戈柑橘、血橙、柠檬为支撑的柑橘产业形成规模，总面积26.67平方千米，总产值2亿元。建成大旗村0.8平方千米柑橘高换改良“探戈”、仙鹤村0.43平方千米血橙示范基地。万州古红桔栽培系统入选第五批中国重要农业文化遗产，推动古红桔产业升级提档。

（太龙镇）

长滩镇

【概况】 长滩镇地处万州区江南片区腹心地带，东与云阳县外郎乡接壤，南与龙驹镇相倚，西与茨竹乡、长岭镇相连，北与白羊镇、太安镇为邻。距万州城区13千米，318国道、万利高速和区内长江最大支流磨刀溪横贯全镇。总面积127.8平方千米，海拔220～1050米，耕地面积23.87平方千米，森林面积84平方千米，森林覆盖率68%，属亚热带季风性季候。辖林场、白岩、草堂、沙滩、清河、茶坪、太白溪、土门、庙子、天庆、红石11个行政村和长滩、龙泉、向家3个社区，镇政府驻地长滩镇渔阳路180号。户籍人口1.12万户2.92万人，场镇建成区面积0.94平方千米。长滩镇是万州第一座古县城，是政治经济学家刘诗白和红岩英烈李明辉的故乡。盐文化、易经文化、砚石文化、红色文化等文化底蕴深厚，水资源丰富，森林覆盖率高，种植业发达，美食美酒历史悠久。

【政治建设】 2021年，长滩镇有党组织19个，党员830名。发展年轻党员22名，培养入党积极分子12人，回引本土人才3人，培养村级后备干部28人。收集镇人大代表书面建议18件，征集区人大代表书面建议7件，代表意见建议办理回复率100%、反馈率100%、满意率超95%。开展党史学习教育，领导干部到村（社区）讲党课32次，第一书记、支部书记讲党课56次，14支镇级宣讲工作队宣讲200余次，开展党史知识竞赛15次，1个先进事迹和1个典型案例入编全区党史学习教育先进典型选编《前行》。召开中国共产党长滩镇第十次代表大会和长滩镇第十届人民代表大会第一次会议，选举产生镇人大主席1名、人大代表65名，镇长1名、副镇长5名。完成村（社区）“两委”换届工作，选出支部书记14名、村委会成员78名。实现支部书记、村主任“一肩挑”，年龄学历“一降一升”。

【经济发展】 2021年，长滩镇地区生产总值8.53亿元，固定资产投资8204万元，财政总收入290万元，一般公共预算收入192万元，农村居民人均可支配收入1.78万元。新成立民营企业30家，比上年增长12%。招商引资完成协议资金2100万元。全年粮食播种面积18平方千米，产量0.94万吨。生猪存栏2.2万头，出栏3.1万头。蔬菜播种面积16平方千米，产量3.8万吨。新发展有机高效农业0.76平方千米，其中花椒0.24平方千米、沃柑0.06平方千米、翠冠梨0.15平方千米、血橙0.25平方千米、李子0.06平方千米。向家血橙提质增效0.67平方千米，产量品质显著提升。规模以下样本企业3家，营业收入比上年增加14%。有工商企业123家、个体工商户1118户。新增大个体户1户、累计3户。

【基础设施】 2021年，长滩镇温泉大道完成验收。新建通组公路7.46千米，新安装公路生命安全防护栏24千米，开展公路养护、管理、运营工作，保障全镇交通网络畅通。整治山坪塘182口，整修渠堰20余千米，新建蓄水池28口、人饮池42口，农村集中供水率从80.1%增至98%。羊渠广场及配套停车场工程竣工并投入使用。协调处理4座污水处理厂问题，完成龙泉污水处理厂第二批破损管网修复工程、长滩镇污水处理厂和向家污水处理厂管网补充工程。

【文化建设】 2021年，长滩镇有文物点28个，其中山门井盐井遗址为区级文物点。有竹藤工艺、长滩手工制盐技艺等区级非遗项目4个。全年完善14个村（社区）农家书屋设施设备，补充更新书籍1386册，出版物保有总量3.75万册。组织开展全民阅读活动30次，参与群众8550人次。开展公益讲座、送文艺进社区、榜样面对面20余场次，“送学上门”28场次。举办庆祝中国共产党成立100周年文艺汇演暨“两优一先”表彰活动。放映惠民电影187场次。深入挖掘先进典型，向家社区龚佑君被评为“重庆好人”“万州好人”。

【社会事业】 2021年，长滩镇有中学1所、小学1所，年末教师116人、学生1403人，辖区适龄儿童、少年入学率100%。有医疗机构16个，执业医师21人，助理17人，村医9人，床位50张。设置健康教育宣传栏15块，全年刊出6期，更新90次，受教4749人次；举办健康知识讲座12次，受教1580人次，发放宣传资料17种3730份。辖区13个村卫生室，每两个月举办1场知识讲座，为各村群众宣传健康知识和技能，全年举办78次，受教1754人次，发放宣传资料3630份。利用各种健康主题日，多渠道面向群众开展健康义诊、健康咨询、答疑解惑等活动12次，受教1560人次，接受群众健康咨询260人次，发放宣传资料3500份。全镇村居利用村村通、音响等途径，播放新冠肺炎顺口溜、实行单元管控、密切接触者隔离期限等宣传内容，全年播放220次750小时，受教人数2071人次。做好大规模核酸检测准备，建立9个大规模核酸采样点；推进新冠病毒疫苗接种工作，全镇3岁以上村（居）民接种率100%。

规范运行社区养老服务站3个，关爱留守儿童508人、无人抚养儿童4人，开展对留守儿童重点对象干预帮扶2人。全镇新增就业人员247人，新增公益性岗位20个，新增城镇居民养老保险参保人员27人，续保157人，享受养老保险待遇32人，办理城保死亡待遇28人；新增城镇居民基本医疗保险参保人员60人，申报居民养老保险待遇110人，办理死亡待遇180人。城乡居民养老保险合计参保1.83万人，享受金额50万元。挖掘最美拥军人物、最美退役军人先进典型2人，走访慰问35户困难优抚对象家庭；发放“解三难”资金2.35万元；帮助3名困难退役军人申报万州区专项资金，合计9000元；帮助困难退役军人申报重庆市退役军人关爱基金；为在乡老复员军人申报重大疾病医疗补助；发放优待抚恤金218.86万元。

打造茶坪村“村民议事厅”、向家社区“德仁说事”等村民自治平台，茶坪村获“重庆市乡村治理示范村”称号。深入开展扫黑除恶专项斗争，受理群众来信，接待来访群众，接办率100%、答复率100%、满意率98%。完善14个“扫黄打非”站点阵地建设，茶坪村“扫黄打非”工作点被评为万州区“扫黄打非”进基层示范点。开展各类安全生产执法检查133次，排查车辆3000余辆，查处交通违法行为280余起。摸底排查房屋安全隐患1.1万户，其中涉及安全隐患房屋63户，整治完成61户。开展应急疏散演练4次，定期排查9个地灾点，制止、警告、处罚野外用火事件23起，应对强降水天气9次。

长滩镇龙泉社区龙门峡景区　　（长滩镇　供图）

【环境保护】　2021年，长滩镇深入落实河长制、林长制，磨刀溪、砚溪河、虬溪河等河流水质保持在Ⅱ类。完成森林抚育0.67平方千米，栽植“四旁”树1000余株，森林覆盖率68%。松材线虫病除治面积覆盖20平方千米。完善生活垃圾收运体系，完成碾盘梁垃圾中转站建设和规范化运行，新安装垃圾收集亭88个，新增垃圾手推车15辆，新配置垃圾桶600余个，家庭分类垃圾桶2700余个，村（社区）生活垃圾均得到集中转运处理，生产垃圾处置率95%。完成农户改厕66户。千人聚居点生活污水治理率100%。打造向家社区小树林、清河湾里人家环境整治示范点2个，在全区“双亮”评比中均获小组第一。

【脱贫攻坚成果巩固同乡村振兴有效衔接】　2021年，长滩镇将38户边缘易致贫户、脱贫不稳定户和突发严重困难户纳入监测对象，社会救助兜底保障率100%，聚焦“两不愁三保障”和饮水安全，常态化开展动态监测，守住不发生规模性返贫底线。茶坪村余小平获评重庆市脱贫攻坚先进个人。依托驻村干部、村组党员、院落长、公益性岗位人员、志愿者、院落群众等“1+5”工作队伍，创新村规民约、院坝议事会、道德评议会、季度评比会等“一约三会”工作机制，激发院落群众主观能动性，自发参与基层治理。

【龙门峡景区】　龙门峡景区位于长滩镇龙泉风景名胜区境内，峡谷全长5千米，面积13.4平方千米，拥有清溪、深谷、溶洞、瀑布等自然景观，周边有易经演义台、天子城等景区，是游览观光、休闲度假以及开展文化科考活动的市级风景名胜区。景区内中华易温泉地热井深1988米，水温51.5℃，水量2400立方米/天，含多种矿物元素。

（王强）

太安镇

【概况】　太安镇位于万州区东部，西北、西南与白羊镇、长滩镇相连，东与云阳县接壤，距万州城区28千米，102省道穿境而过。属亚热带季风湿润气候，年平均气温15℃，年平均日照时数1225小时，年平均降水量1250毫米。地形为山岭重丘为主，以中低山为主，间有坪坝；地势东高西低、南低北高。海拔282～1068米，境内最高山为凤凰山，海拔1068米；最低点位于向家嘴电站接头处，海拔282米。主要河流磨刀溪自南向东沿流而下，有小（1）型水库2座，小（2）型水库5座。总面积68.68平方千米，辖河堰、柏弯、天峰、红丰、醒狮、法隆、钟刘、古堰8个行政村和长乐、凤凰两个社区，73个村（居）民小组，户籍人口1.13万户3.03万人，镇政府驻地长乐社区。耕地面积24.74平方千米，森林面积31.93平方千米，森林覆盖率46.5%；场镇规划面积0.63平方千米，建成区面积0.23平方千米。辖区有派出所1家，医院1家，自来水厂1家，污水处理厂1家，农贸市场2个，金融机构营业网点2个。太安镇历史文化厚重丰富，大石板梯田是农业农村部公布的全国10大梯田之一，造田历史起自南宋，堪称“千年良田”。司南祠为市级文物保护单位，太安茶连箫舞为市级非物质文化遗产，丁家箭楼、成山宗祠为区级文物保护单位，还有其他寨堡、祠堂、家庙、箭楼、古寺、古树、古堰、古道等农耕文化遗存。

【政治建设】 2021年，太安镇有党委1个、党总支11个、党支部23个，党员734名，区人大代表8名、镇人大代表66名。5个基层党组织、26名党员和13名优秀党务工作者获得区、镇两级表彰。全年开展新时代文明志愿服务5000余人次，为群众办实事26件。11月26日，中国共产党太安镇第八次代表大会选举产生镇党委委员9名、纪委委员5名、区第六次党代会代表4名。12月15日，太安镇八届人大一次会议选举产生镇人大主席1名，镇长1名、副镇长4名。全镇10个村（社区）两委完成换届选举，其中9个村（社区）实现支部书记、主任“一肩挑”，村居专职干部62人，充实村居后备力量21人、回引本土人才30人。

【经济发展】 2021年，太安镇地区生产总值6.33亿元，固定资产投资5363万元，财政总收入271万元，一般公共预算收入155万元，农村居民人均可支配收入1.95万元。旅游综合收入2亿元。全镇粮食播种面积25.6平方千米，产量1.18万吨。其中，稻谷播种10.59平方千米，产量6619吨；玉米播种0.34平方千米，产量183吨；豆类播种2.08平方千米，产量294吨；折粮薯类播种12.58平方千米，产量4745吨。新发展高山有机茶0.33平方千米、柑橘0.19平方千米，完成0.67平方千米油菜种植示范片栽植，推进长乐稻鱼综合体项目，“三峡银针”有机绿茶出口额500余万元，茶叶总产值突破2200万元，高山晚熟李、柑橘、有机葡萄产值200余万元，培育新型农业经营主体2个。农旅融合加快发展，现代农业示范园区入选全国农村创业园区（基地）目录，凤凰社区“五星3A”美丽乡村建设不断深化，申请认定为全市首批亿元村，村集体经济收入60万元以上1个、5万元以上4个、1万元以上5个。初步建成以“十里荷塘、百亩花园、千亩茶园、万亩田园”为特色的市级全域旅游示范镇，太安梯田、司南祠、凤凰花果山先后入选万州区第一季和第二季“双晒”宣传片。全年接待游客25万人次，综合收入1.52亿元。

【基础设施】 2021年，太安镇硬化天峰、古堰、柏弯等村农村公路6.6千米，完成乐堂水库入库公路建设项目，安装生命安全防护栏5千米。整治醒狮、红丰等村山坪塘7口，实施太安镇场镇饮用水应急工程和应家冲水库借水堰项目，维护养护小（2）型水库5座。完工场镇道路二期基础设施及功能配套、太安镇梯田小镇项目以及凤凰村传统村落保护项目。

【文化建设】 2021年，太安镇有文物点10个，其中，司南祠为市级文物点，丁家碉楼、成山宗祠为区级文物点。有市级非遗项目太安茶连箫舞。有新时代文明实践站、所11个。有文化服务站1个，配套电子阅览室、图书室、书画室等活动场地，免费向群众开放；村（社区）文化室基本全覆盖。全年组织开展诵读活动、全民健身、坝坝舞、送

太安梯田 （太安镇 供图）

文化进村等活动20场次，开展茶连萧舞和鼓乐非遗项目展演活动4次，广播电视“村村响”运行良好，“户户通”直播卫星运行维护到位。

【社会事业】 2021年，太安镇有初级中学1所、小学1所、幼儿园1所，年末教师132人、学生1595人，辖区适龄儿童、少年入学率100%。有医疗卫生机构13个，年末职业医师5人、助理医师1人、床位40张。居民医保参保率94%，困难群众参保率100%。全年宣讲慢病防控、健康知识5次，受教425人次；开展精神卫生宣传教育12次，受教500人次。提升安宇医院及村卫生室医疗服务能力，完善疫情防控应急预案、落实防控措施，加强对重点人员排查管控，排查境外和国内中高风险地区来镇返镇重点人员3139人，完成新冠病毒疫苗接种2.75万针剂次。

发放各类民生资金1222.3万元，惠及3375人，其中发放残疾人“两项补贴”371人39.3万元、高龄失能老人养老服务补贴76人18.2万元、城乡低保金392户703人383万元、90岁以上高龄补助96人11.8万元、襄渝铁路民工补助8人5.2万元、特困人员生活补助201人222.4万元、农村退职村干部生活医疗补助75人6.3万元、农村计划生育奖励扶助金1767人251万元、临时救助金78人35.4万元，发放优抚对象“三难”资金21万元、专项帮扶资金2.9万元、抚恤补助金225.9万元。完成居民医疗保险参保2.62万人，参保率94%，其中事后资助450人；完成养老保险指纹认证2685人，新增养老保险参保378人，养老保险参保率93.6%。完成高校毕业生就业帮扶15人，新增就业188人，发放创业贷款160万元，新增非全日制公益性岗位12个。

全年召开政法相关工作会议12次、专题会4次。成立社会治安综合治理中心。排除辖区矛盾纠纷，

太安镇凤凰茶乡有机茶园 （太安镇 供图）

调处化解率98.2%。开展安全生产大排查大整治大执法，持续开展各领域安全监管，开展安全执法50余次，排查整治安全隐患21处，全年无森林火灾发生，全镇未发生较大及以上事故。

【环境保护】 太安镇投入30万元推进农村人居环境整治，打造姜家老屋、凤凰大草坪两个亮点院落，柏弯村申报为重庆市第三批美丽宜居乡村。开展农村人居环境“五清理一活动”专项行动、村庄清洁行动、清洁户评比活动，完善“红黄旗”流动评比考核机制，辖区主次干道、居民小区、公共场所、村居院落环境卫生明显好转。定期开展生态环境巡查，全域禁止露天焚烧农作物秸秆。推行林长制，完成松材线虫病防治6.67平方千米，落实河长制，开展十年长江禁渔工作。推进场镇污水管网建设2个，动态管理畜禽养殖场9个，加强饮用水水源保护区基础设施建设与日常巡查，开展龙泉风景区红丰村区域日常监管巡查，完成全镇“散乱污”企业排查整治、非移动机械网上登记、粪便处理设施登记排查等工作。

【脱贫攻坚成果巩固同乡村振兴有效衔接】 2021年，太安镇强化监测对象防止返贫动态监测，完成扶贫消费2万元，全镇929户3221名巩固脱贫户无返贫，落实监测户帮扶措施16户，小额信贷放款497户次1059万元，对51个扶贫项目1739.9万元扶贫资产开展确权登记。编制《太安镇“十四五”乡村振兴项目库》，重点发展茶叶、优质大米、特色水果、生态稻鱼等产业。

【凤凰茶乡】 位于太安镇凤凰社区，海拔为950～1068米，生态资源、旅游资源丰富。有市、区级文物保护单位司南祠、丁家楼子等人文景观，培育“十里荷塘、百亩花园、千亩茶园、万亩田园”等特色景点，开发“春采银针、夏享康养、秋品美食、冬观云雾”等农旅融合旅游产品，先后获得“全国乡村旅游扶贫重点村”“中国美丽田园”“中国最美休闲乡村”“全国首批美丽乡村建设示范村”“全国特色景观旅游名村”“全国乡村旅游模范村”“全国生态文化村”“全国一村一品示范村”“中国传统村落”和“全国最美三十座茶园”10个国家级称号，“千层梯田”获“中国美丽田园”称号、入选重庆市100个最佳景观拍摄点，其核心凤凰花果山景区为国家AAA级旅游景区。太安镇有机绿茶“三峡银针”加入国际雨林联盟并通过欧盟和美国有机茶产品认证以及国内有机产品认证，亮相“中国西南茶展”“川渝茶叶品牌联展”，并获中国茶叶协会“中茶

杯”一等奖、“重庆市十大渝茶品牌”称号。“万州银针”为地理标志证明商标。2021年年末，太安镇玖凤旅游公司开发出3类11个有机茶、绿色茶产品系列，产业种植规模133.33万平方米，年产值2200万元。

（赵仁君）

白土镇

【概况】 白土镇建场于清乾隆年间，因明洪武二年（1369）迁徙至此的先人在坝内发现一块白土而得名。1929年置镇，自古是两省（湖北、四川）三县（利川、云阳、万县）交界处，东临地宝土家族乡，南接普子乡，西依恒合土家族乡，北连梨树乡。白土镇地处万州东南山区，距万州城区82千米。森林覆盖率60%，风景秀丽，气候宜人。年平均气温20℃，年降雨量1250毫米，无霜期210天左右。海拔360～1515米。总面积66.3平方千米，耕地面积22.52平方千米，辖五龙、青杠、人头、丁家、联盟、谭家、石家、大林、长槽9个行政村和白土社区，61个村（居）民小组，总人口9009户2.42万人，场镇常住人口近8000人，镇政府驻地白土镇白云路18号。地形以山地丘陵为主，地域开阔、土壤肥沃，盛产“烟、稻、薯”三大农产品，是万州特色生态农业大镇。人头旅游新村海拔1300米，其中人头寨海拔1515米。龙白公路改造后，人头村地处万州1小时经济圈内，乃夏日避暑胜地。

【政治建设】 2021年，白土镇有党组织36个，其中镇党委1个、村级党总支6个、党支部29个，党员654人，镇人大代表61人。开展党史学习教育，镇党员干部到基层讲党课30余次，开展形式主义等作风问题专题整改座谈会3次。11月25日，中国共产党白土镇第八次代表大会选举产生镇党委委员9名、纪委委员5名；选举产生白土镇出席区第六次党代会代表5名。12月16日，白土镇第八届人民代表大会第一次会议选举白土镇人大主席1名，镇长1名、副镇长3名。2月，白土镇10个村（社区）党组织换届；5月，9个村委、1个居委换届。产生党支部书记10名，选出村委会成员50名。

【经济发展】 2021年，白土镇地区生产总值5.74亿元，固定资产投资3673万元，财政总收入180万元，一般公共预算收入149万元，农村居民人均可支配收入1.65万元。农业增加值1.7亿元，比上年增长12.5%。发展烟、稻、薯共16.67平方千米、小水果3.33平方千米；发展“烟+菜”模式0.8平方千米、“稻+鱼”模式0.4平方千米；建成生态养猪场单元16个，年出栏生猪6417头；发展农业企业15家、专业合作社30家、家庭农场62户，创建部级、市级示范合作社各1个，市级示范农场1家，区级示范农场5家。

【基础设施】 2021年，白土镇安装农村公路生命安全防护栏5.5千米。实施白土镇2021年农村饮水安全巩固提升工程，总投资118.22万元。投入年度农村饮水工程运行维护资金10万元，解决丁家、谭家、联盟、石家、人头等村饮水问题。投资9万元修复水毁白土河河堤10米。新建污水管网1726米。

【文化建设】 2021年，白土镇有五龙村冉氏墓群、神仙洞岩下冉氏墓地等文物点66个。有婚嫁歌、弹棉花2个区级非遗项目。设文化服务站1个，配套电子阅览室、图书室、书画室等活动场地，文化服务中心免费开放，全年进行文化、健身、文

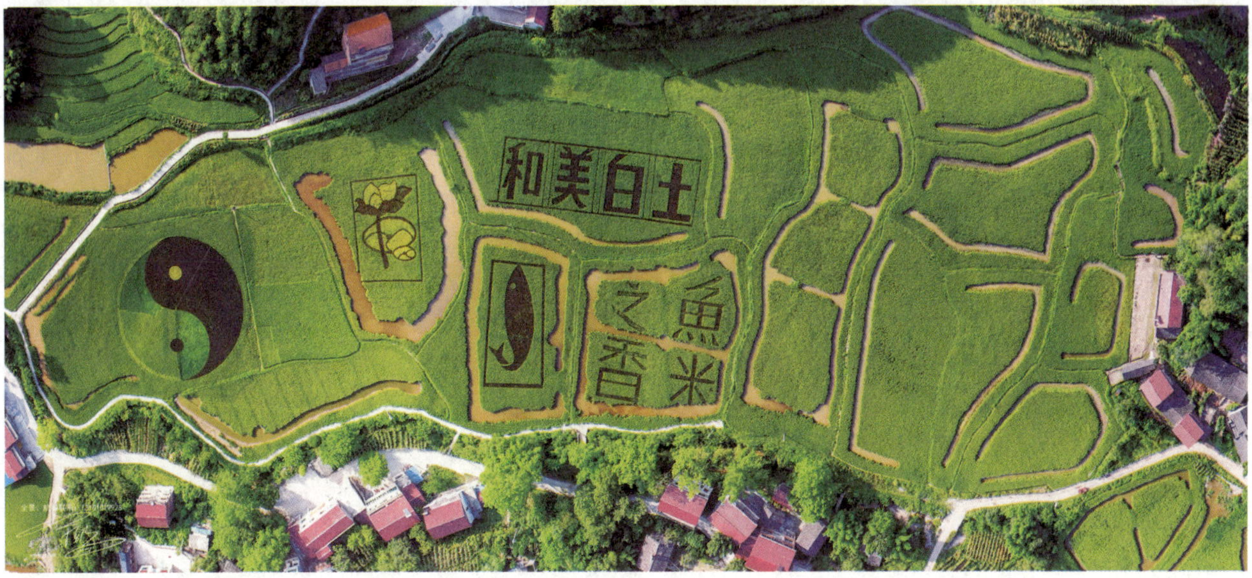

白土镇人头村稻鱼基地 （白土镇 供图）

物保护等宣传12期；设新时代文明实践站、所11个，注册志愿者2165人。

【社会事业】 2021年，白土镇有中学1所、小学1所、幼儿园2所，年末教师210人、学生4098人，辖区适龄儿童、少年入学率100%。有医疗卫生机构10个（9个村卫生室），年末执业医师17人、助理医师8人、床位50张。居民医保参保率95%，困难群众参保率100%。全年宣讲慢病防控、健康知识10次，受教600余人次；开展精神卫生宣传教育10次，受教600余人次；开展乳腺癌筛查253人、宫颈癌筛查253人。组织镇村干部100余人、网格长21人，组建“党员先锋队”18个，招募党员志愿者200余人、群众志愿者500余人，进行疫情防控工作。排查返乡人员3000人次，预备3个集中隔离场所，制定白土镇大规模核酸检测应急预案和疫情防控应急预案，预设大规模核酸采样点6个。完成新冠病毒疫苗全程接种7682人次，符合条件人群接种率100%。

全镇有城乡低保465户908人，合作医疗参保2.06万人，脱贫户3491人中适龄人员全部参保，居民养老保险覆盖率100%，实现应保尽保。全年城镇新增就业142人。

开展平安建设等法治宣传活动5次，受教1.1万人次；组建专职治安巡逻队，维护辖区社会治安秩序。领导干部公开接访化解率98%；重庆群工系统处理来信189条，办理网上信访58件。开展“马路办公”351场次，发现问题226个，整治率100%。开展各类安全生产执法检查96次，排查车辆3000余辆，查处交通违法行为200余起。开展应急疏散演练2次，定期排查地灾点，制止、警告、处罚野外用火，有效应对强降水天气9次。

【环境保护】 2021年，白土镇卫生改厕270户，完成集中供水工程水质全覆盖抽样检测39处，实施2个人饮安全项目。出动干部720余人次、农村党员632人次、群众1.32万人次，对690户居民房前屋后及公共区域进行整理打扫，其中集中整治23次，整治乱堆乱码点23处。清理沟渠32千米、清理卫生死角76处，清除临街小广告等“牛皮癣”350余张，集中整治院落10个，安装庭院灯50盏，移栽桂花树60余棵，创建美丽庭院10个，创建杉木沟特色文化院落。成片造林0.23平方千米，公路沿线种植花卉6.5千米，农村“四旁”绿化植树6万株，庭院、广场绿化面积666.67平方米，义务植树尽责率90%以上。

白土镇人头村人头寨 （白土镇 供图）

【脱贫攻坚成果巩固同乡村振兴有效衔接】 2021年，白土镇开展“两不愁三保障”巩固情况“回头看”工作，9名驻村工作队员和215名帮扶干部对全镇5341户农户开展走访排查；审核消除风险监测对象53户，回退风险10户，村居上报新增3户，上报区级审核1户。按程序完成3户脱贫不稳定户和7户边缘易致贫户风险回退，个人新增6人、出户16人。年末，脱贫户994户3491人，监测对象53户154人。组织驻村工作队、帮扶干部、村支“两委”干部和致富带头人参加市、区各项乡村振兴培训40人次，推荐脱贫户参加挖掘机、厨师等技能培训17人次，培育致富带头人30名，统筹开发临时性公益岗位49个。推荐认定6家企业6个扶贫产品，扶贫产品销售额800万元。

【人头村农旅融合产业园】 人头村农旅融合产业园是白土镇党委、政府抓住恒合旅游度假区发展契机，依靠万州湖北中烟核心示范基地，引进河北文荣集团打造的一个农旅融合综合体。以“企业+乡村旅游合作社+100院”模式，打造各具特色、统一运营的乡村民宿11个，年接待游客10万人次以上，接待收入超500万元。万州湖北中烟核心示范基地主要种植中棵烟，全流程零农药、零化肥。基地覆盖人头全村，种植中棵烟1.03平方千米，占全镇50%。由“合作社+大户+农户”共同推动，其中合作社2家（辉永烟叶、土链蔬菜），1.33万平方米以上的大户48户，带动全村60%以上的贫困户（1/3自种、1/3务工）人均增收2000～5000元。后期“烟+菜”“烟+旅”“烟+肥”等“烟+N”项目持续推动，农民每亩综合种植效益达8000元以上，行情佳时可突破万元。

（何卓）

新乡镇

【概况】 新乡镇地处万州区西南部，东与石柱土家族自治县河嘴乡、临溪镇交界，南与长坪乡相依，西与武陵镇隔江相望，北与燕山乡相邻。距万州城区水路36千米、沿江公路69.5千米、万忠高速（南线）41千米。总面积43.3平方千米，辖万顺、合作、芝华、龙泉、三水5个村和新场社区，33个村民小组、2个居民小组，4053户1.13万人，镇政府驻地新乡镇新升街8号。海拔175～1431米，耕地面积12.98平方千米，森林面积21.68平方千米，森林覆盖率65%。

【政治建设】 2021年，新乡镇有镇党委1个、党支部12个，党员351名，镇人大代表70名。开展党史学习教育和“我为群众办实事”实践活动。11月25日，中国共产党新乡镇第八次代表大会选举产生镇党委委员9名、纪委委员5名、区第六次党代会代表3名。12月10日，新乡镇第八届人民代表大会第一次会议选举镇人大主席1名，镇长1名、副镇长3名。2月，新乡镇6个村（社区）党组织换届；5月，6个村（居）委换届。选举产生党支部书记6名，选出村委会成员62名。

【经济发展】 2021年，新乡镇地区生产总值3.72亿元，固定资产投资3520万元，财政总收入13万元，一般公共预算收入22万元，农村居民人均可支配收入1.66万元。粮食总产量7128吨，工业总产值2450万元。推进“双百亿”工程，发展山地高效型农业，新增柑橘0.23平方千米，新建生态生猪养殖单元11个。高效农业产业园14个、规模养殖园3个，年产值超2300万元。茶叶种植面积2.53平方千米，年产值1500万元。新培育农民专业合作社1个、家庭农场1个。培育特色农业产业园14个、特色养殖园3个、经果林10.16平方千米、绿色食品A级产品3个，治华村获重庆市首批“一村一品”示范村镇称号。民营经济发展目标完成率100%。巩固培育独资企业13家，个体工商户37户，新增市场主体50户。

【基础设施】 2021年，新乡镇投资361.42万元新修及硬化三水村通畅路2千米、龙泉村联网路2.7千米。安装农村公路生命安全防护栏25千米。投资400万元新建人行索拉桥，利用集镇库岸环境综合整治建成集休闲、健身、观光于一体的滨江步道。投资160万元建成三水村便民服务中心，利用三峡后扶资金400万元新建万顺村便民服务中心，投入近60万元对龙泉村便民服务中心实施改扩建和党建规范化改造。改造污水管网主干管网2.6千米、二三级管网2千米、社区管网3.6千米。投入750万元启动镇卫生院业务用房改扩建工程。

【文化建设】 2021年，新乡镇有文物点10个，其中，包上墓群、礁芭石墓地等市级文物点7个，方家祠堂区级文物点1个。有区级非遗项目建筑彩绘。全年免费开放镇文化活动中心和村（社区）农家书屋，提供书刊、音像制品以及文娱器材免费借阅使用，组建民间文艺社团。

【社会事业】 2021年，新乡镇有九年一贯制学校1所、幼儿园1所，年末职工教师29人、学生190人，辖区适龄儿童、少年入学率100%。有医疗卫生机构1个，年末执业医师4人、助理医师4人，开放床位40张。居民医保参保率95%，困难群众参保率100%。全年宣讲慢病防控、健康知识9次，受教897人次；开展精神卫生宣传教育1次，受教39人次；开展乳腺癌筛查62人、宫颈癌筛查135人。排查人员4800余人次，设置4个大规模核酸采样点，开展疫情防控大规模核酸演练信息采集培训12次、应急核酸采样演练5次。新冠病毒疫苗接种8800余剂次，符合条件人群接种率95%。

全镇建卡贫困户纳入低保兜底保障60户103人。完善全镇退役军人资料并录入系统，发放71人的重点优扶生活补助273.46万元。公益性岗位人员就业76人，发放公益性岗位补贴28.35万元。依托便民利民服务队，开发保洁、劳动保障协管等村（社区）公益性岗位，新增公益性岗位人员就业35人，累计发放公益性岗位资金84.5万元；新申报扶贫车间1个，带动建卡户在扶贫车间长期就业15人。为全镇退役军人建立个人档案，走访慰问退役军人15次，发放解“三难”资金27人次3.05万元。改造（新建）农村C级危房1户、无房户1户。发放惠农补贴156.59万元，其中耕地地力保护补贴89.72万元，退耕还林补贴7.08万元，森林生态效益补偿33.05万元。

开展反电信诈骗、反非法集资宣传劝导，挽回群众经济损失30余万元。教育监督社区矫正对象，防范化解各类风险。开展各类安全生产执法检查102次，排查车辆4000余辆，查处交通违法行为300余起，处罚金3.5万元。排查房屋1.3万户，发现涉及安全隐患房屋71户，整治完成65户。开展应急疏散演练2次，定期排查17个地灾点，制止、警告、处罚野外用火事件28起，应对强降水天气7次。抓好交通、食品、森林防火、消防等重点领域安全，开展安全生产隐患大排查大整治大执法，解决排查各类隐患200余处。

【环境整治】 2021年，新乡镇增设分类垃圾箱、垃圾桶100余个，年清运垃圾200余吨，推进施工扬尘、焚烧秸秆等大气污染防治。加强集镇环境整治，推进垃圾分类，与1500余户场镇居民签订“门前三包责任书”，加强生活垃圾中转站、建筑垃圾倾倒点建设管理，保持主次干道、背街小巷及人行道干净整洁，清除一批影响场镇风貌的陈年垃圾，绿化美化亮化高速路连接道。结合库岸综合整治、消落带治理，选用水杉等合适绿植，提高长江沿线绿化覆盖率。沿五西路打造2个集居家生活、文化娱乐融为一体的居民品质生活“亮点”；打造滨江广场、新武客渡码头、建成公共厕所3座、停车场2个。

【脱贫攻坚成果巩固同乡村振兴有效衔接】 2021年，新乡镇累计制定各类帮扶措施6370条，发放小额扶贫信贷210户552万元，报销市外务工交通补贴388人5.85万元、市内交通补贴86人4588元。志智双扶培训120余人次，安全饮水、社会保障、教育资助等覆盖率落实率100%，全镇364户1269名建卡贫困户全部脱贫，3个市级贫困村、1个区级重点村全部出列。监测户5户14人已全部标注风险消除；边缘户20户37人标注风险消除19户36人。发放临时救助58人21.53万元。

【新乡茶叶】 2021年，新乡镇茶叶种植面积2.53平方千米，其茶叶基地紧邻长江、环抱森林，地处茶叶种植黄金海拔，源自50年老茶树优质品质，年产绿茶、红茶等5万余吨，培育绿色食品A级产品认证2个。三峡天丛牌“涌湖银毫”茶叶连续获评重庆市金奖绿茶，其制茶工艺被列入万州区非物质文化遗产名录；聚缘川秀茶叶获中国茶叶学会“五星茶叶”认证。

（梁伦琼）

郭村镇

【概况】 郭村镇地处万州区西南边陲，距万州城区55千米。北靠响水镇、南俯武陵镇、东接龙沙镇、西邻忠县野鹤镇，348国道横贯全镇，素有万州“西大门”之称，是农业农村部全国水产总站定点联系镇。辐射连接邻近的武陵镇和忠县新场等10余场镇。辖区东西最大距离9.31千米，南北最大距离7.62千米。地处浅丘，四面环山，丘陵连绵起伏，岭谷纵横。地势南高北低，海拔315～610米，最高海拔724米。属于亚热带湿润性季风气候，春早、夏热、秋绵雨、冬多雾，四季分明，雨量充沛。年平均气温18.7℃，多年平均相对湿度76%，多年平均降雨量1149.3毫米，年均日照时数1400小时，全年无霜期280天左右。总面积57.4平方千米，其中，陆地52.81平方千米，占94.14%；水域3.29平方千米，占5.86%。辖柏木、中洋、关子、桐林、灼艾、向泥、笔锋、瑞池、三根、双福、安全11个行政村和郭村场、康乐2个社区。辖区总人口2.29万人，其中城镇常住人口0.38万人。人口密度为每平方千米570.41人。境内有河流2条，总长35千米，控制流域27.5平方千米。森林资源丰富，草场面积13.33平方千米，天然林面积11.41平方千米，森林覆盖率41%。地下水资源可利用量958.4万立方米。

【政治建设】 2021年，郭村镇有党组织19个，其中镇党委1个、村级党支部13个，党员730名，镇人大代表61名。开展党史学习教育和“我为群众办实事”实践活动。11月26日，中国共产党郭村镇第五次代表大会召开，选举产生镇党委委员9名、纪委委员5名、区第六次党代会代表4名。12月16日，镇第五届人民代表大会第一次会议召开，选举人大主席1名，镇长1名、副镇长4名。3月，13个村（社区）党组织换届；5月，13个村（居）委换届。选举产生党支部书记13名，选出村委会成员62名。

【经济发展】 2021年，郭村镇地区生产总值6.2亿元，固定资产投资3357万元，财政总收入403万元，一般公共预算收入209万元，农村居民人均可支配收入1.88万元。粮食生产面积24.52平方千米，产量1.24万吨。关子村生态养猪场12个单元实现投产，出栏生态猪2.43万头。新发展柑橘、名优小水果各0.33平方千米，建成玫瑰香橙、沃柑、蜂糖李、黄桃、烟叶等20多个产业园，农业产业面积7.33平方千米。有2平方千米柑橘、2平方千米脆李等特色小水果、2平方千米生态鱼等水产养殖、0.2平方千米食用菌、0.67平方千米中药材，基本形成现代农业产业格局。引进宝茂实业等9家企业，总部企业纳税总量占全镇税收96%以上。

【基础设施】 2021年，郭村镇投入735万元硬化农村公路12.25千米。投入230万元安装危险路段生命安全防护栏13.26千米。全镇有水库7座，其中小（1）型水库1座，小（2）型水库6座，库容总量413.8万立方米；山坪塘418口，灌溉渠道总长76千米，农业灌溉面积67.18平方千米。有人畜饮水工程6个。全年，投入近50万元落实饮水安全保障，农村居民供水率100%。投资60余万元，建成人居环境示范院落2个，整治河道400余米、绿化美化河堤800米。深入开展农村房屋安全隐患排查整治，累计实施D级危房改造3户。投入9万元，完成无害化改厕61户。开展农村垃圾整治工作，累计配备垃圾分类桶3600余个，全镇生活垃圾收集转运设施覆盖率95%，农村生活垃圾有效治理率100%。

【文化建设】 2021年，郭村镇有文物点16个，其中，刘家寺石狮、母猪寨遗址为区级文物点。有川东葬礼习俗、喝栽秧酒2个区级非遗项目。投资37.8万元完成吴体珂烈士墓红色教育基地建设，年接待游客2000余人次，带动旅游消费收入30余万元。全年举办送文艺下乡大型演出3场、播放惠民电影60余场，服务群众2.3万人次。

【社会事业】 2021年，郭村镇有学校2所、幼儿园2所，年末在校生1211人，教职工133人，辖区适龄儿童入学率100%。有医疗卫生机构12个，其中乡级卫生院1家、村（社区）卫生站11家，床位50张，专业卫生人员77人。置备大规模核酸采样点5个、隔离场所2个。累计悬挂疫情防控相关宣传横幅117幅，发放《倡议书》8900余份、宣传资料8100份、发送手机短信2.3万条次。常住人口符合条件人群新冠病毒疫苗接种率100%。

城乡居民养老保险新增参保145人，累计参保1.35万人。城乡基本医疗保险参保2.01万人。全年发放低保金300.7万元，发放特困、临时救助金23.96万元。城镇新增就业161人，城镇困难人员就业28人。发放创业担保贷款220万元。有重点优抚对象163人，全年发放抚恤金220万元、优抚对象慰问金16万余元。帮扶困难优抚对象13人次，救助4.76万元，其中帮助解决医疗救助10人次3.86万元，为3名优抚对象提供家庭临时救助9000元。协助12名离校未就业高校毕业生就业。

开展平安建设等法治宣传活动8次，受教1.5万人次；组建专职治安巡逻队，维护辖区社会治安秩序；开展扫黑除恶专项斗争工作会议9次。召开禁毒工作4次，悬挂宣传横幅13幅，张贴禁毒海报200余张，发放禁毒知识宣传单1000余份，辖区全体党员干部开展禁毒知识培训1次，到郭村学校、瑞池学校开展禁毒知识讲座各2次。接待来信来访全部依法依规办结。加强平安郭村智能网络建设，检查餐饮单位21户、农村家宴160余次、食品流通企业41家，食品药品、农产品安全事故“零发生”。开展安全生产大检查及专项治理10余次，发现并督促整改各类隐患40余处。投入20余万元，建设专职化劝导站2个，上路执法200多次，劝导车辆万余辆次，处罚3000余元。

【环境保护】 2021年，郭村镇落实河长制，巡河900余次。投入20.9万元除治松材线虫，投入11.04万元开展护林工作，投入25.27万元开展国土绿化项目8.87万平方米。防治区域性农业病虫害约8平方千米。投入1250万元，完成瑞池污水处理二、三级污水管网改造工程。投入50万元，开展双福、关子两个村的自来水场技改工作。常态巡查辖区18家工业污染源企业，建立完整档案。

【脱贫攻坚成果巩固同乡村振兴有效衔接】 2021年，郭村镇排查住房和饮水安全7312户，改造D级危房3户，脱贫户全部实现集中或分散供水。全镇贫困户居民医保、养老保险、精准脱贫保和住房意外保险参保率100%。建立外出务工人员动态管理台账，参加就业培训16人，开发公益性岗位50个，稳岗就业1256人，发放小额贷款445人880万元，发展种、养殖到户产业221户，发放补贴77.35万元，培育致富带头人3名。

【重庆鸿先水果种植家庭农场农业示范园区】 位于灼艾村3组，于2013年创建，取名“三国媚桃园”，发展“名、优、特、新”多种绿色无公害水果。园区种植面积0.23平方千米，有各类水果品种24种。其中，桃类17种，包含春雪、黄桃、水蜜桃、六月桃、八月脆、油桃、蟠桃等；李子类5种，包含“早晚熟青脆李”、土李、血布李、澳得罗达李等；此外还种植“大五星”枇杷及“夏黑”葡萄。年产量超800吨，产值近600万元，常年聘用周边农户20余人，季节性用工50余人，其中脱贫户10余人，带动人均年增收1万余元。

郭村镇全景 （郭村镇 供图）

【郭村镇灵芝种植基地】 位于三根村食用菌种植场，是重庆三峡库区特色林产品生产企业，在重庆市科学技术研究院指导下开展药用、观赏、食用灵芝种植。基地规划面积6.67万平方米，首期实施1.33万平方米，年产值达200余万元，带动周边32户农户（其中贫困户16户）致富增收。

（谭轶）

柱山乡

【概况】 柱山乡是重庆市历史文化名镇，因境内一柱擎天的918米高的柱头山和地标性建筑柱山寨而得名。距万州城区25千米，东连九池街道、高峰街道，南接甘宁镇，西邻分水镇、李河镇，北依高梁镇。海拔415～918米，高山丘陵地形地貌，森林覆盖率73%，年平均气温14℃，年降水量1120毫米，无霜期270天左右。总面积53.9平方千米，辖草盘、金牛、何庙、葵花、山田、青高、戈厂、三木、云安9个行政村和柱山社区，乡政府驻地柱山场镇，户籍人口1.54万人，常住人口约5000人，耕地面积15.82平方千米。有甘宁水库（大部分）、登丰水库（大部分）等6座中小型水库，是万州区第一饮用水水源重镇。主要发展以脆李、金槐、核桃、大球盖菇、高山茶叶、佛手、榨菜为主的种植业和以生猪、肉兔、生态鱼为主的养殖业，推广“柱山大米”贡米品牌。辖区寨堡、古道、宗祠遗迹丰富，是巴蜀古道万梁、万忠段的重要驿站。2021年，柱山乡创建为市级卫生乡镇，山田村获评重庆市文明村镇，草盘村、三木村获批市级美丽宜居乡村，戈厂村、九岭茶山分获市级休闲农业和乡村旅游示范村、示范点，山田村、草盘村纳入国家农业公园核心区。

【政治建设】 2021年，柱山乡有基层党组织15个，党员579人。完成何庙村软弱涣散党组织整顿，新建非公党组织1个，新发展党员12名。组织“以案四说”警示教育2次，开展廉政谈话53人次。召开柱山乡第十七次党员代表大会，选举乡党代表70人、区党代表4人。12月16日，中国共产党柱山乡第十九届人民代表大会召开，选举产生乡人大主席1名，乡长1名、副乡长3人，选举乡人大代表56名、区人大代表4名。完成乡、村两级换届，选举支委委员50人、村委委员54人，村（社区）两委主要负责人学历年龄“一升一降”。

【经济发展】 2021年，柱山乡地区生产总值4.42亿元，固定资产投资118万元，财政总收入1042万元，一般公共预算收入504万元，农村居民人均可支配收入1.79万元，比上年增长11%。稳定土地流转面积8.56平方千米，规模经营耕地面积约5平方千米。粮油作物播种面积25.46平方千米，产量1.34万吨，其中种植水稻9.3平方千米，出产稻谷7000吨，产值2000余万元。新培育农民专业合作社8个、家庭农场2个。全乡农民专业合作社35个，家庭农场8个，种粮大户2户。发展茶叶0.4平方千米、竹笋0.47平方千米、经果林0.2平方千米。全区农业重点招商引资工程“农神生物有机肥”项目落户柱山乡山田村，总投资过亿元。批发与零售业销售额3亿余元。有金融机构2个，民营企业104家。立足历史文化名镇定位，建设“宗祠寨堡”特色旅游资源，4个乡情陈列馆对外公益开放，以产业为支撑发展农家乐、渔家乐，新建高标准民宿3座，打造重庆市乡镇民宿建设示范区域。

【基础设施】 2021年，柱山乡硬化防疫通道4.3千米，扩宽硬化村组公路12.8千米，新建硬化产业路2.5千米。安装生命安全防护栏18千米。完成农村供水保障工程主体施工，在何庙村、青高村及葵花村安装输配水主管道40千米，实施青高、何庙等村安全饮水工程，发放农村管护经费13万元。投资2万元维修养护张家湾、青高水库。排查农村房屋安全隐患4757户，其中存在安全隐患420户，整治完成368户，实施危房改造4户。连通青高至云安、柱山社区至葵花沿线天然气管道。打造美丽庭院20家，在安置点、集中院落安装路灯20套，建成停车场1个、人防疏散基地1个。

【文化建设】 2021年，柱山乡有文物点22个，其中，柱山寨箭楼、青云寨、顺天寨、文氏宗祠为区级文物点。有万州打夯号子、柱山文氏家训2个区级非遗项目。完成王氏宗祠的保护性修缮及布展，柱山寨登山梯道和观景平台竣工投用，时来园建成开放。有科技科普活动室10个，各类科技人才45人，信息员118人。完成文化服务中心升级改造，乡文化服务中心藏书6000余册，全乡有9个农家书屋，10个村（居）文体设施全覆盖，实施广播电视“村村通”工程、农村惠民电影放映工程等，乡文化活动室接纳群众累计1000余人次，图书室阅读、借阅400余人次。全年举办“全民阅读”“趣味运动会”等各类文体活动20余场，夯实农家书屋、健身场所等村级文化基础设施。

【社会事业】 2021年，柱山乡有小学1所，年末教职工41人、学生172人，辖区适龄儿童入学率100%。有卫生院1个、村卫生室9个，医护人员36人（村卫生室11人），床位32张。全年开展社会公众健康教育，宣讲慢病防控、健康知识等20余次，开展公众咨询义诊活动10余次。全覆盖滚动排查人员4次2.5万人次，排查出外地来访或者返乡人员2000余人次。开展疫情防控全员核酸检测演练2次，建成并完善疫情隔离点2个。接种新冠病毒疫苗1.3万余针次，基本实现在家3周岁以上人员全覆盖。

全年帮助15名就业困难人员申办公益性岗位、保洁员、巡河员等工作。城镇新增就业人员193人，其中城镇登记失业人员就业19人，城镇就业困难人员就业23人。为457名贫困劳动力跨区域就业提供交通补贴6.48万元；贫困劳动力一次性求职创业补助8人，补助金额4000元。办理发放小额贷款4户80万元。累计发放计生奖扶81.5万元、计生特扶46万余元。发放残疾人各类补贴23.6万元、优抚对象补助104万余元、城乡低保救助178万余元。医疗保险参保率95%以上，养老保险应保尽保。完成65名优抚对象补助标准的调整，打卡发放其补助资金。完成退役军人技能培训1人、发放现役军人家属优待金4人4.01万元，申报退役士兵自主就业一次性经济补助1人。走访慰问伤病残、困难、优抚退役军人员150余人次，发放慰问品、慰问金合计9万余元。

运用网格化管理制度，加强信访积案化解和源头防范，排查化解矛盾纠纷，强化重点行业、重点领域专项治理，建设“平安乡村”数字监控9个，化解矛盾纠纷。推进安全生产专项整治三年行动，开展道路交通综合执法检查150余次，食品药品、危化物品、森林防火、地质灾害检查排查56次，发现并整改安全隐患30余处。开展森林防火、地灾应急演练、古镇古寨消防演练等6次，全年开展集中宣传20次、流动宣传8次、会议宣传8次，安全知识“五进”10余次，安全宣传受众合计1.5万余人。

柱山乡文氏宗祠　　（张剑锋　摄）

【环境保护】　2021年，柱山乡深化饮水思源环保公益行动，收运垃圾500余吨。新建垃圾分类收集亭27个。实施云安、葵花人居环境综合整治，完成油房湾院落美化，打造“文家大院”“冒水丘”“油房湾”等院落。实施乡村美化亮化工程，在道路沿线、院落等种植花草0.13平方千米，实施“四旁”绿化0.33平方千米。打击污染水体、乱砍滥伐等行为。开展卫生死角清理，组织“讲文明、爱卫生、我行动、我快乐”签名活动，筹集捐款资金3万余元。沿高速、沿河、门口、路口、村口、院落可视垃圾基本清除，脏乱差现象基本消除，群众清洁卫生习惯逐步养成。

【脱贫攻坚成果巩固同乡村振兴有效衔接】　2021年，柱山乡开展脱贫户“走亲戚”、监测对象帮扶“回头看”干部集中走访活动，集中走访全乡714户脱贫户1936人。有监测对象41户87人，未消除风险19户29人，均由乡干部对接帮扶、定期走访监测，防止返贫。全乡外出务工脱贫劳动力810人。编制巩固拓展脱贫攻坚成果同乡村振兴有效衔接规划，建立项目库181个。柱山脆李、柱山大米等一批农产品入驻重庆消费扶贫馆。加强东西扶贫协作，历史文化名镇标识性节点——时来园建成并对外开放。4支驻村工作队落实“三在村”制度。新建草盘、青高、何庙村高标准农田4.67平方千米。建成全区首家高密度水产养殖示范基地，发展稻鱼综合体6.67万平方米，探索鱼稻共生、鱼藕共生系统。新建九岭茶山园区公路、产业路，进行人居环境整治配套，改造三木林下茶0.13平方千米。

【市级历史文化名镇】　柱山乡是市级历史文化名镇中唯一的建制乡。历史文化遗存厚重，时间跨度2000多年，从汉魏六朝崖墓到宋元古道，从明清众多宗祠、寨堡、寺庙到民国及现代优质民居，文物多点、连线、成片。2021年，王氏宗祠修缮工程通过验收。至年末，完成文氏宗祠和王氏宗祠的陈列布展，并结合三峡汉砖主题和三峡寨堡主题完成对青云寨、柱山寨的布展，3家单位获批市级乡村民俗博物馆，文氏宗祠是全区13个科普单位中唯一的乡村项目，4处文物保护单位对外开放。巴蜀古道（柱山段）被列为全区唯一的线性文物保护单位，另有市级古树名木挂牌6株，市级历史建筑柱山一校旧址。

（彭若云）

铁峰乡

【概况】 铁峰乡1955年置乡，地处万州区东北部、万开云三地交界处，与熊家镇、天城镇，开州区长沙镇、赵家街道及云阳县平安镇接壤，距万州城区17千米。境内以山地、森林为主，海拔450～1370米，平均海拔800米，土质以酸性为主，气候属亚热带湿润季风气候，年降雨量约1200毫米，无霜期超260天，森林34平方千米，森林覆盖率74%，水资源丰富，长22千米的杨家河横贯全乡。总面积51.5平方千米，辖吉安、富强、太平、箭楼、桐元、楼坪6个行政村和中心场社区，乡政府驻地中心场社区10号，户籍人口4725户1.28万人。铁峰乡山势开阔，气候宜人，其地处铁峰山国家森林公园南麓、重庆市歇凤山风景名胜区核心区域，是万州区高山休闲避暑度假胜地。有鹰嘴岩、狮子包等自然奇特地形地貌，有阴沉木、珍稀古松、高山原生态红茶等多种原始珍稀植物。先后获“中国绿色名乡”“中国生态魅力乡”称号，2021年获“巴蜀气候宜居宜游乡镇清凉避暑地”称号。

【政治建设】 2021年，铁峰乡有基层党（总）支部15个，其中党总支部1个、流动党支部1个，党员492名。常态化开展党史学习教育，组织开展党史“进企业、进乡村、进社区、进校园、进机关、进网络”活动。11月26日，乡党代会选举产生中国共产党铁峰乡第十七届党委委员9名、纪委委员5名、区第六次党代会代表2名。12月15—16日，铁峰乡第十八届人民代表大会第一次会议选举出乡人大主席1名，乡长1名、副乡长3名，乡人大代表53名、区人大代表4名。完成村（社区）“两委”换届选举工作，选出村（社区）“两委”班子成员52名，其中党（总）支部班子成员37名、村（居）委班子成员35名，交叉任职20名。

【经济发展】 2021年，铁峰乡地区生产总值4.23亿元，固定资产投资5375万元，财政总收入25693万元，一般公共预算收入12848万元，农村居民人均可支配收入1.7万元。社会消费品零售总额3236万元，固定资产投资616万元，贸易业商品销售额1.1亿元。引进民营企业2家，民营经营主体8家。粮食播种10.08平方千米，产量4256吨。注册有“铁峰优果”公益商标，种植猕猴桃0.17平方千米、翠玉梨0.53平方千米、翠冠梨0.12平方千米、青脆李1.24平方千米、粉黛脆李0.41平方千米、油橄榄0.5平方千米、林下茶叶20平方千米、黄桃0.13平方千米、白沙枇杷0.33平方千米。全乡山地高效农业产业12平方千米，基本取代传统农业。

【基础设施】 2021年，铁峰乡万云北路升级改造工程项目基本完工，完成沥青路面铺装和边坡治理，安装临水临塘临崖农村公路生命安全防护栏15.1千米。铁峰乡村民小组通畅工程主体工程完工，硬化吉安村、富强村通组公路3.08千米。至年末，全乡修建农村公路209千米，其中已硬化149千米，安装生命安全防护栏44千米。支出水毁专项资金20余万元修复整治吉安、楼坪、桐元、箭楼、太平、富强村水毁公路。境内有小（2）型水库2座、大小山坪塘330口，蓄水量361万立方米。全年组织实施农村供水保障工程，新建供水工程1个，改造供水工程配套设施2处。争取上级资金7.18万元，新建无害化卫生厕所22户。下达农村房屋安全隐患整治告知书27份。整改临水临崖、急弯陡坡复合隐患30余处，安装警示标示牌19处，解决道路水毁50余处，治理道路边坡垮塌2处。

【文化建设】 2021年，铁峰乡有文物点13个，其中，楼坪古生物化石遗址为区级文物点。有牙齿顶板凳、舞狮、彩船等民间非物质文化遗产和民间乡村文化，其中牙齿顶板凳为市级非遗项目。有万开云茶马古道等人文古迹，有新寨子、盆鼓凼、立碑坝等民间传说典故。全年开展文艺演出、体育活动、教育培训等重点文化活动和服务项目30余项，其中文艺演出12场、体育活动6场，开展体育指导服务12次，教育培训惠及200余人，免费开放农家书屋、文化中心户，加强文化中心户和村（居）文化室指导工作。争取健身器材1套，实现各村居健身器材全覆盖。解决广播电视经营合同纠纷，完成“村村通”广播工程改建，完成5村1居数字广播改造。

【社会事业】 2021年，铁峰乡有学校1所，年末教师29人、学生201人，辖区适龄儿童、少年入学率100%。医疗卫生机构1个，年末医护人员20人，床位25张。完成乳腺癌筛查65人、宫颈癌筛查144人。确定核酸集中检测点2个、集中隔离点1个，开展实战演练3次；加强宣传引导、排查发现、监测预警、重点场所管理，对农贸市场、医疗机构、快递点、定线班车、机关企事业单位工作人员等重点行业人员定期开展核酸检测。完成新冠病毒疫苗全程接种9562剂3825人。

全乡社会保险实现全覆盖。全年发放低保金408.3万元，发放特困、临时救助金11.12万元。城镇新增就业136人，城镇困难人员就业24人。发放创业担保贷款210万元。

开展“七五”普法，引导群众通过法律渠道解决矛盾纠纷。签订扫黑除恶承诺书，定期开展扫黑除恶宣传活动。发现和处置治安案件22起，治安拘留涉黄赌毒人员13人，查获拘留吸毒人员6人，强制隔离戒毒3人，黄赌拘留7人，抓获

2021年7月，万州区果树站在铁峰乡开展翠玉梨栽培技术指导

（铁锋乡　供图）

网上逃犯4人，抓获外省市逃犯3人。办理刑事案件27件，刑事打击处理9人，其中侵财起诉5人（含电信诈骗2人），环保案件起诉1人，非法捕捞2人。

【环境保护】　2021年，铁峰乡开展人居环境整治“三清一改”及“五年行动”，建立农村垃圾分类管理长效管护机制，箭楼村被评为“重庆市垃圾分类示范村”。打造宜居院落2个，新增美丽庭院20户，安装院落庭院灯20盏。发放分类垃圾桶100余个，制作墙壁宣传画3幅。每月按时开展“马路办公”，整改问题400余个，开展集中整治100余次，清理卫生死角500余处，铲除小广告200多条，集中整治河道（溪）岸垃圾50余次，维修污水二、三级管网50余处、路灯30余盏，新增垃圾收集亭50个，拆除场镇违法建筑3处。农村生活垃圾日产日清率95%，生活垃圾无害化处理率100%，集中居民点垃圾清运基本全覆盖。出具环境违法整改通知书10份。完成2019年中央生态环保督察整改销号案件1件、区级水生态污染暗访整改销号案件1件，处理12369环保投诉案件1件，满意率100%。完成辖区内非道路移动机械环保编码登记5辆，风景名胜区自然保护地核查整改10个，整治“散乱污”中小微企业5家，制止秸秆、垃圾焚烧30余次。

【脱贫攻坚成果巩固同乡村振兴有效衔接】　2021年，铁峰乡帮助脱贫户发展到户产业120户，帮助农户申请免息助农贷款14户。提供公益性岗位88个，对农村低收入人口发放兜底保障金558万元，实现有劳动力家庭至少有1人就业或有1个增收产业。遍访监测对象25户，建立防止返贫动态监测机制，全乡无返贫、新增致贫情况发生。改造林下茶园0.26平方千米，改造晚熟李产业0.07平方千米，10.67平方千米特色产业持续巩固。对接浙江省宁波市宁海县长街镇对口支援，争取资金支持20万元。

【马子塘翠玉梨专业合作社获评国家农民合作社示范社】　铁峰乡富强村于2015年5月注册成立万州区马子塘翠玉梨专业合作社，经区果树站指导，建成0.53平方千米翠玉梨示范园。富强村被评为重庆市首批“一村一品”示范村，富强翠玉梨被评为绿色食品A级产品，获绿色食品标志，并获全区优质特色水果金奖。2021年6月11日，马子塘翠玉梨专业合作社被评为国家农民合作社示范社。年末，富强村外出创业成功人士主动接管核心果园0.33平方千米，优化完善果园利益分配机制，推进翠玉梨种植示范园转型升级。

（铁峰乡）

黄柏乡

【概况】　黄柏乡位于万州区最东端，东与云阳县盘龙镇接壤，西与太龙镇为邻，南靠白羊镇，北与云阳县巴阳镇隔江相望，距万州区政府驻地38千米。海拔175～680米，地势南高北低，境内最高峰位于沙田村磨盘寨，海拔680米；最低点位于黄柏社区码头，海拔175米。清代，黄柏乡一带属大周里小九甲，1995年10月，由太龙镇析设黄柏乡。总面积32.1平方千米，辖向龙、三坪、明月、沙田、金山5个行政村和黄柏社区，51个村（居）民小组，常住人口5391户1.25万人。乡政府驻地黄柏社区。耕地面积12.72平方千米，森林面积8.23平方千米，森林覆盖率75%。

【政治建设】　2021年，黄柏乡有基层党组织11个，其中村（社区）党支部6个、机关支部1个、卫生院支部1个、非公党组织3个，党员406名。开展庆祝中国共产党成立100周年活动，执行村干部及人选区级联审机制和村党组织书记在区委组织部备案管理制度。召开黄柏乡第七次党员代表大会，选举乡党委委员9名、乡党代表71人、区党代表3人。召开黄柏乡第七次人民代表大会，选举乡主席1名，乡长1名、副乡长3名，乡人大代表54名、区人大代表3名。完成乡、村两级换届，选举党支部书记6名，选出村委会成员34名。

【经济发展】 2021年，黄柏乡地区生产总值3.1亿元，固定资产投资2419万元，财政总收入206万元，一般公共预算收入120万元，农村居民人均可支配收入1.7万元，社会消费品零售总额2032万元。种植主导产业古红桔4.67平方千米、柠檬2.73平方千米、青脆李0.4平方千米、杂柑0.06平方千米、冬桃0.09平方千米。新增农业专业合作社3家，有明月冬桃园、三坪有机高效农业园等特色农业产业园，全年累计销售本地农产品31万元以上，增长50%以上。建成益标农业开发有限公司生猪生态养殖场，建设生态猪养殖单元9个，生态养殖场3月生猪入栏，9月生猪出栏，月出栏生猪约1000头。全年新增注册企业11家，个体工商户15户。新培育电商企业1家，培训电商人才115人，推广"贫困户+合作社+电商"服务模式。

【基础设施】 2021年，黄柏乡新增"四好农村路"1.84千米，"四好农村路"通达率100%，新修人行步道1千米，安装道路防护栏3.3千米，道路隐患整改率100%。完成农村安全饮水巩固提升工程2个，启动三坪水库溢洪道整治工程项目，整治病险山坪塘2口。建成污水管网2.98千米，垃圾处理站1个。改造农村危房3户，改造完成率100%。

【文化建设】 2021年，黄柏乡有文物点12个，其中魏家坝墓群、熊先廷墓为区级文物点。有区级非遗项目龟蚌舞。文化中心图书室、电子阅览室、文化活动室免费开放，广播"村村响"通响率100%。全年文化下乡进村演出5场，放映惠民电影80余场，开展"庆祝中国共产党

黄柏乡狮子岛生态观光旅游区 （黄柏乡 供图）

成立100周年"文艺汇演、三峡歌舞团"送戏下乡"进基层、"雷锋日"志愿服务、春季植树、普法宣传等活动。

【社会事业】 2021年，黄柏乡有九年一贯制学校1所，全乡适龄儿童入学率100%。有卫生机构6个，医疗人员25名，床位25张。争取对口支援资金180万元建设卫生院业务用房300平方米，村（社区）卫生室基本全覆盖。排查境外返乡人员13人次、市外区外返乡人员1480余人次。加强疫情防控知识宣传，开展大规模人群新冠病毒核酸检测演练4次，落实适龄人群新冠病毒疫苗全程接种1.12万人次。

新增城乡就业649人，城乡登记失业率低于3%。新建养老服务站1个、养老服务点5个，发放城乡低保、临时救助、奖励扶助等3000万元；居民养老保险正常参保8894人，参保率71%。落实优抚政策法规，累计走访慰问各类优抚对象2000余人次，发放慰问金23.56万元。

构筑综合治理"网格化"防控体系。开展流动人口服务管理和特殊人群管理工作。创建"大调解"格局，领导干部接访受理事项解决率100%。组建应急救援队，开展19次防震减灾、地灾避险逃生演习。组织大排查大检查12次，检查各类车辆600余辆，查处违规驾驶240余起。排除企业安全隐患9起，规范烟花爆竹店1个。深化安全生产专项整治三年行动，开展大排查大整治大执法，全年未发生安全生产责任事故。

【环境保护】 2021年，黄柏乡整治农村人居环境。推进国土绿化提升行动，落实林长制，完成松材线虫病除治，实施0.28平方千米"两岸青山·千里林带"建设，推进消落带美化工程；落实河长制，抓好长江流域十年禁渔工作。推广有机肥替代化肥，推进农药化肥减量、畜禽养殖粪污和农业废弃物资源化利用。

【脱贫攻坚成果巩固同乡村振兴有效衔接】 2021年，黄柏乡完成粮食、生猪、蔬菜"三张清单"任务，改造农厕871户，2个村集体经济收入10万元以上。落实"四不摘"政策，动态排查371户脱贫户、一般农户"两不愁三保障"情况，新识别脱贫监测户4户；消费扶贫2万元，开展职业技能培训7人，群众满意度100%。

【狮子岛生态观光旅游区】 该观光旅游区由重庆市三峡牧业集团有限公司投资打造，占地超1.33万平方米，建有环岛观光步道260米、健身步道680米，有接待中心、酒店、餐厅、停车场等旅游基础设施。景区绿化2300平方米，栽植波斯菊、薰衣草、月季等花卉，及古红桔、

三月红、枇杷等小水果，成为集亲子游乐、观花采果、运动体验、休闲旅游于一体的乡村旅游网红打卡地。

（张凤丽）

溪口乡

【概况】 溪口乡位于万州区西南部，地处长江南岸，东邻走马镇，南接燕山乡，西与瀼渡镇隔江相望，北与新田镇为邻，距万州城区35千米。境内地势东高西低，以低山丘陵为主，属亚热带季风湿润气候。总面积44.64平方千米，耕地面积14.38平方千米，森林面积28.1平方千米，森林覆盖率65%。辖玉竹、九树、高山、其林4个行政村和大溪社区，33个村（居）民小组，3810户9795人，其中城镇人口2019人、乡村人口7776人，常住人口4535人，乡政府驻地大溪社区1组。探明地下矿藏有天然气、煤炭、石灰石、磷矿等，其中天然气储量24.2亿立方米，可采储量15.3亿立方米。溪口乡江岸线长12千米，是万州区规划布局的重要物流港口之一。海拔175～1200米（平均海拔687.5米），适宜多种水果生长，其中低山主要种植金秋砂糖橘、玫瑰香橙、沃柑、桂圆、贵妃枇杷等特色畅销水果；中高山主要种植粉黛脆李、晚霜脆李、杨梅等优质水果和中药材，形成以柑橘产业为拳头、特色水果成多元、优质小水果是精品的产业新格局。

【政治建设】 2021年，溪口乡有党支部7个，党员305名，区人大代表4名、乡人大代表52名。召开溪口乡第十六次党员代表大会，选举产生乡党委委员9名、乡党代表59人、区党代表2人。选举乡人大主席1名，乡长1名、副乡长3名，区人大代表4名、乡人大代表52名。3月和5月，分别开展党组织换届和村（居）委员会换届工作。选出村（社区）“两委”班子成员32人，其中支委成员25人、村（居）委成员26人，新选任“两委”委员9名，交叉任职20名。

【经济发展】 2021年，溪口乡地区生产总值2.67亿元，固定资产投资5396万元，财政总收入120万元，一般公共预算收入102万元，农村居民人均可支配收入1.7万元。限下批发、零售业和限下住宿、餐饮业营业额9840万元。全年粮食种植面积14.01平方千米，粮食产量6595吨。围绕“临港小镇甜美溪口”总目标，发展山地高效型农业，建成标准化产业园11个，发展水果、中药材等种植业面积16平方千米，申报并验收合格山地高效型农业产业基地项目2个0.23平方千米。全年申报创建有机高效农业产业园2个。工业增加值1380万元，比上年增长1.2%。服务业总值9840万元，增加总值1172万元，增长15.1%。有金融机构2家。新增内资私营企业及个体工商户42户，新增民营企业9家，民营经济市场主体累计213户。14家电商开展公共服务，销售总额271.3万元，增长2%。

【基础设施】 2021年，溪口乡加强水毁公路整治，对影响道路交通安全的路面病害、隐患黑点、标识标牌、老旧路段进行整改、维修，确保132千米农村公路安全畅通。全年安装公路生命安全防护栏15.28千米。总投资1626.02万元的玉竹村农田水利扶贫精准帮扶项目基本完工，总投资320万元的高立水库渗漏整治项目和基础设施完善工程均通过区级竣工验收。投资10万元实施东风水库灌溉区金属防护网建设项目，推进农村供水保障项目1个。加强场镇违规建设监管，对13栋违规加层建筑责令停止使用。投入735万元实施污水管网补充工程，污水处理厂保持正常运转。

【文化建设】 2021年，溪口乡有文物点15个，其中溪马古道遗址为区级文物点。有区级非遗项目孝歌。着力挖掘开发“茶马古道”“壁上挂灯”“灵芝石”“海安桥”“老棺丘墓群出土的象棋”等沉睡历史文化资源。有文化馆分馆1个、图书室1个、农家书屋4个、村（社区）体育设施设备71套。建设象棋广场、象棋艺术馆、剪纸学堂、枇杷膏手工作坊等一批乡村特色文旅项目，莱飞通用航空营地落户溪口并启动建设。溪口学校开展剪纸特色教育，突出以文化人、成风化俗。发展集镇“坝坝舞”、腰鼓队、乒乓球等群

溪口乡玉竹村有机农业产业园 （溪口乡 供图）

众文化体育活动，完善村级活动阵地文体设施，常态化开展文化、科技、卫生“三下乡”和农家书屋开放活动，组织开展“七一庆祝中国共产党成立100周年”活动，全年送电影下村83场次，开展大型文艺演出活动3次，其中区级送文艺下乡2次。

【社会事业】 溪口乡有小学1所、幼儿园1所，年末在校学生114人，小学适龄儿童入学率100%。有医疗卫生机构6个，其中乡级卫生院1家、村（社区）卫生站5家，床位20张，专业卫生人员25人。全年，各医疗机构诊疗1.5万人次，出院病人576人次。

全年新增城镇就业120人，城镇登记失业人员再就业56人、就业困难对象就业33人，开发公益性岗位安置就业困难人员36人，开展创业就业培训130人。全年发放小额再就业担保贷款5户100万元、计生奖扶457人、低保救助金155户220人125.32万元、优抚救助金4.65万元、临时救助金14.03万元、农村“五保”分散供养金85.35万元。为退役军人及优抚对象发放解“三难”资金，为患大病退役军人发放解困资金，发放现役军人家属优待金，“八一”建军节和春节等节日共慰问困难退役军人19人。

持续开展“吃得文明”主题活动，让“吃得合法、吃得合理、吃得卫生、吃得礼貌、吃得干净”成为全乡人民日常用餐习惯。全年发生地质险情5起，妥善处置5起。排查农村房屋安全隐患2477户，其中存在安全隐患9户，整改危房5户。全年未发生较大安全生产责任事故。

【环境保护】 2021年，溪口乡推进人居环境整治，打造美丽庭院4个，卫生改厕16户。开展水污染治理、水生态修复、水资源保护“三水共治”，进行全域河流、塘库治理，清理流域可视垃圾，完善污水处理设施和配套管网。落实林长制，完成退耕直补和天然林资源保护直补工作，义务植树5.33万平方米5000株，“四旁”植树补绿2万平方米，改造特色经济林2.5平方千米。严守耕地和永久基本农田红线，开展耕地质量保护与提升，3家种养殖业主实施有机肥替代化肥，化肥使用量减少0.8%、农药使用量减少0.5%，农产品质量安全隐患和风险排查率100%，全年无违法用地现象发生。落实河长制，常态化开展长江干支流及高立、东风水库巡河巡库，排查整治水源保护区内排污口、畜禽养殖污染源，落实专人加强河道清漂。退捕渔船14艘、渔民27人。完成三峡库区资金项目2个，推进三峡后续项目1个。

【脱贫攻坚成果巩固同乡村振兴有效衔接】 2021年，溪口乡建立健全防返贫动态监测和帮扶机制，全年对13户30名脱贫监测户、10户27名边缘易致贫户实时监测，常态化开展“两不愁三保障”“回头看”，确保脱贫成果“守得住”。不断健全土地流转、贫困村产业项目入股分红等利益联结机制，其林村扶持壮大集体经济组织项目年度经营收入5.01万元。持续强化产业扶贫、就业扶贫、消费扶贫、电商扶贫，贫困村“一村一品”的产业格局基本形成。

【“四季花果”之乡】 溪口乡发展有多种特色小水果，其中蓝莓种植面积0.2平方千米，年产量120吨，产值360万元；贵妃枇杷种植面积0.3平方千米，年产量200吨，年产值320万元；杨梅种植面积1平方千米，年产量750吨，产值1500万元；蜂糖李种植面积0.1平方千米，年产量75吨，产值300万元。有农产品公益品牌“蜜境溪口”以及“九树牌”杨梅、“岚苑”蓝莓、“瓜果美人”农产品、“智丰缘”水果、“大地芳华”水果、“万哥”枇杷等品牌，“四季花果”之乡格局基本形成。

（陈辉）

燕山乡

【概况】 燕山乡地处万州区西南，因燕多山高而得名，东与石柱土家族自治县河嘴乡接壤，南与新乡镇为邻，西与武陵镇、瀼渡镇隔江相望，北与溪口乡相邻，距万州城区水路32千米，经G69高速至五桥32千米。境内地貌以山地丘陵为主，沟壑纵横、资源丰富，立体气候明显，海拔175～1434米。全乡森林面积35.67平方千米，以松、柏、杉、笋竹、香料林为主，森林覆盖率67%。总面积56.4平方千米，耕地面积12.98平方千米，辖东峡、泉水、长柏、沱基4个行政村和复兴社区，25个村（居）民小组，4460户1.13万人。辖区内有煤、石灰石、页岩、天然气、矿泉水等矿产资源。有东峡水库、海拔1434米的万州第二峰阎高包、平均海拔1300米的26.67平方千米成片天然原始森林大山坪、磨刀滩、陈家寨原生态茶山、东峡沟等自然人文资源。有天然气井3口、天然气脱水站1座。

【政治建设】 2021年，燕山乡有党组织12个，党员305名。开展集中学习12次，领导干部讲党课9次，邀请区委党校教授讲党史3次。开展招投标领域“以案四说”促“以案四改”警示教育1次。11月，召开中国共产党燕山乡第六届代表大会，选举产生乡党委委员9名、纪委委员5名、区第六次党代会代表2名。12月，召开燕山乡第六届人民代表大会第一次会议，选举产生燕山乡人大主席1名，乡长1名、副乡长3名。3月完成村（社区）党支部换届选举，5月完成村（居）委会

燕山乡东峡水库　（燕山乡　供图）

换届选举，选举产生党支部书记5名，选出村委会成员25名。

【经济发展】　2021年，燕山乡地区生产总值2.42亿元，农业总产值9126万元，固定资产投资1274万元，财政总收入284万元，一般公共预算收入144万元，农村居民人均可支配收入1.73万元。社会消费品零售总额6140万元。有山地高效型“燕山红茶”“燕山杨梅”“燕山血橙”等特色农业产业园8个，引进土中坝农业开发有限公司发展标准化李子园0.21平方千米，新增农村土地规模经营1.32平方千米，全乡土地流转比例46%。扶持2个村集体股份经济合作联合社发展产业，东峡村、长柏村集体经济产业落地。建成德康生猪生态化养殖场14个单元，年最大生猪产能1.75万头。工业增加值8230万元。新增注册企业6家，个体工商户50户。全口径税收277万元，比上年增长28%。

【基础设施】　2021年，燕山乡新建硬化道路4千米，完成五西路改扩建13.14千米，村组道路通达率、通畅率100%。建成大山坪7.5千米景区道路，完成公厕、休闲步道等配套设施建设。整治山坪塘2口，自来水入户率、饮水安全率100%。恢复路系10余条、水系2条。投资350万元修复集镇破损污水管网3千米，改扩建集镇停车场1382平方米，巩固提升人防工程及公厕形象。

【文化建设】　2021年，燕山乡有燕义墓群、祠堂坝墓群、中坝河墓群、迴龙桥、新房子院子、下房院子、小沱基遗址文物点7个。有燕山刺绣以及上房、下房、新房子、黄杆田等明清古建筑群和长柏新村等人文资源。有业余文艺演出队、腰鼓队、彩龙船队、坝坝舞队、民间乐队、连箫队、机关乒乓球队、篮球队、居民健身跑步队等文体队伍。文化服务中心在“三馆一中心”免费开放绩效评价中获一等奖、获万州区老年人体育协会老年体育工作先进集体。燕山杨梅文化旅游节被确定为万州区第二批乡村文化振兴“一村一品”文化品牌活动。全年举办送文艺下乡大型演出5场，举办庆祝中国共产党成立100周年文艺惠民演出。

【社会事业】　2021年，燕山乡有中学1所、小学1所、幼儿园1所，年末教师25人、学生167人，辖区适龄儿童、少年入学率100%。有医疗卫生机构6个，其中乡级卫生院1个、村（社区）卫生站5个，床位40张，专业卫生人员21人。组织辖区医院、学校、企业进行2次疫情防控应急演练和1次大规模核酸检测应急演练。新落实集中隔离点1处，隔离房间20间；完善2个大规模核酸检测点人员安排、物资准备工作；全乡累计接种新冠病毒疫苗3001人6500剂次。

社会保险全面覆盖，全年发放城乡低保金241万元，发放特困、临时救助金122万元，发放移民困难补助、直补资金14.74万元。城镇新增就业93人，城镇困难人员就业31人，新增农村劳动力转移72人，发放创业担保贷款20万元。全年发放“三难”资金8.71万元。发放优抚、救助资金87.9万元，退伍军人慰问金2.2万元。

构筑综合治理“网格化”防控体系。开展流动人口服务管理和特殊人群管理工作。依法依规办理群众来信来访，推动人民调解，领导干部接访受理事项解决率100%。组建应急救援队，开展2次防震减灾、地灾避险逃生演习。组织大排查大检查12次，检查各类车辆3000余辆，查处违规驾驶300余起，扣留机动车16辆。多次突击检查烟花爆竹、生产企业安全，排除安全隐患9起，规范烟花爆竹店3个。劝导19户75人办理“金土工程”，搬离地灾威胁区。全年未发生安全生产责任事故。

【环境保护】　2021年，燕山乡完成林长制网格化管理体系公示牌6个。推动建立29人的护林员队伍和目标考核责任制。完成松材线虫病除治面积4.2平方千米，清理自然灾害枯死松树1.09万株。加强饮用水源保护，乡村两级巡河429次。加强长江消落区管理，保护耕地和永久基本农田。投入垃圾清运费用40余万元，投资4万元新建垃圾分类收纳亭18个，培训上岗公益性保洁员37名。财政投入10万元，实施农村改厕60户。打造东峡村石坝湾、沱基村李家坡两个“双亮”美丽示范院落。东峡村石坝湾院子在2021年全区“双亮”评比中获小组第一名。

【脱贫攻坚成果巩固同乡村振兴有效衔接】 2021年，燕山乡排查3315户群众住房和饮水安全，完成贫困户D级危房改造4户，建卡户全部实现集中或分散供水。贫困户居民医保、养老保险、精准脱贫保和住房意外保险参保率100%。建立外出务工人员动态管理台账，通过“雨露计划”等推送参加就业培训4人，开发公益性岗位82个，稳岗就业1354人，发放小额贷款10万元，发展种养殖到户产业87户，发放补贴30.45万元，培育致富带头人2名。

【燕山品牌】 燕山杨梅 燕山乡杨梅基地由浙江省宁波市对口援建，面积1平方千米，年产优质杨梅50吨，其果粒大、色泽鲜艳、汁液多，甜酸适口，营养价值高，有“绿色无公害水果”美誉。2012年燕山杨梅获兴隆杯“中国十大精品杨梅”称号；2015年入选万州十大最美农产品之一。

燕山红茶 燕山乡拥有1.33平方千米原生态有机林地茶园，1000平方米的厂房和600平方米的游客接待中心，年生产有机红茶50吨，注册品牌“绿隐仙枞”。“绿隐仙枞”“燕山红”红茶品牌获万州唯一的杭州中农质量认证中心认定的有机茶证书，作为万州“三峡天枞”红茶系列产品参加中国杭州茶博会。曾获评重庆市外事礼品茶。

【泉水村传统村落保护发展】 燕山乡泉水村传统村落位于长江南岸，G69银百高速公路两侧，2019年被列入第五批中国传统村落。古院落有三房九院，即上房、中房、下房三房，土中坝、祠堂坝、大操坝、刘家坪、王二坪、橙树湾、张家湾、新房子、老屋基九院。2020年泉水村张家湾院子被列入重庆市第四批历史建筑，下房院子、新房院子被列入万州区文物保护点。该村落始建于明崇祯年代，现存9个院落主要建于清中期至民国初期，总面积约2.7万平方米，主体建筑为土木、砖木结构，四合院沿中轴线布局，抬梁式梁架，硬山式屋顶，建造工艺斗拱榫卯结构、石木雕刻，极富渝东北民居建筑风格，具有一定建筑、历史价值和文化内涵。泉水村传统村落保护发展项目围绕“积厚流光，泉水老家”为主题建设，已开始一期工程。计划项目总投资1887万元，主要修缮下房、新房和村文化展示中心房屋及其配套基础设施，面积约8000平方米，打造休闲寄居组团养老式民宿、耕读茶药陶编绣等自给自足体验式慢生活休闲旅游、设计创作摄影微视体验服务及非遗传承体验等农文旅高度融合项目。

（田从专）

2021年4月，燕山乡泉水村古院落传统制茶工艺展示 （燕山乡 供图）

长坪乡

【概况】 长坪乡地处万州区南部，距万州城区水路40.5千米、五西路86千米、忠万高速50千米，东靠石柱土家族自治县临溪镇，西与武陵镇隔江相望，北临新乡镇，南与石柱土家族自治县西沱镇毗邻。总面积44.3平方千米，海拔175～1363米，耕地面积11平方千米，森林面积22.49平方千米，森林覆盖率66%以上。辖金福、弹子、大树、中兴4个行政村和长坪社区，38个村民小组，4057户1.06万人。乡政府驻地长坪乡新西路27号。

【政治建设】 2021年，长坪乡有党组织7个，党员312名，乡人大代表53名。创建基层党组织规范村居4个和基层党组织示范村居2个。长坪乡第十四次党员代表大会选举乡党委委员9名、纪委委员5名。12月，召开长坪乡第十七届人民代表大会第一次会议，选举乡长1名、副乡长3名。完成村（社区）“两委”班子换届，选举村（社区）“两委”班子成员25名，其中村（社区）党组织成员25名、村（居）委会成员24名，交叉任职14名，5个村（社区）支部书记和村（居）委会主任实现“一肩挑”。

【经济发展】 2021年，长坪乡地区生产总值2.2亿元，工业总产值488万元，固定资产投资519万元，财政总收入195万元，一般公共预算收入95万元，农村居民人均可支配收入1.5万元。社会消费品零售总额3819万元。企业税收172万元。建成弹子村生猪养殖场生态养殖单元12个；中兴村4个单元生猪养殖场建设中。中兴村（茶叶）获重庆市首批一村一品示范村镇。重庆品森农业开发有限公司被评为万州区农业产业化区级龙头企业，建成公园式茶园。三红蜜柚、蜂糖李、爱媛38号、沃柑、翠冠梨、玫瑰香橙等高山小水果初见成效。建立专业合作社6家，引进新型农业经营主体21家，建成生态农业产业园27个，面积超6.67平方千米，形成“果药茶树”为主的“1+2+3+X”的绿色生态农业产业结构，规模投产的有茶叶、大雅柑和中山杉。民营经济市场主体新增10户，民营企业新增4户，分别比上年增长13.4%、7.46%。新注册和引进重庆市喆海建筑劳务有限责任公司。

【基础设施】 2021年，长坪乡硬化“四好农村路”3.68千米，安装生命安全防护栏5.5千米，启动弹子村1组、6组大山坪防火公路建设，白河沟渡改桥及至新乡连接线项目建成通车。投入资金20万元，在长坪社区建设养老服务站1个。

【文化建设】 2021年，长坪乡有大地嘴遗址、石槽溪崖墓群等文物点8个，有文化馆分馆1个、图书室1个、农家书屋4个、村（社区）体育设施设备19套。通过挖掘开发“杨家坝古遗址”“汪家溪古遗址”等沉睡历史文化资源，建立长坪腰鼓队1支，发展长坪“一村一品一坪”，举办大垭柑首届农业文化节等乡村特色文旅项目。发展集镇“坝坝舞”、腰鼓队、乒乓球、八段锦气功队、连箫舞队等群众文化体育活动，开展文化、科技、卫生“三下乡”和农家书屋开放活动，开展“七一庆祝中国共产党成立100周年”活动、“农旅文化节”活动。全年送电影下村48场次，开展大型文艺演出活动3次，开展培训、知识讲座等活动12次，区级送文艺下乡4次。

【社会事业】 2021年，长坪乡有小学1所、幼儿园1所，年末教师20人、学生162人，辖区适龄儿童、少年入学率100%。有医疗卫生机构1个，年末职业医师3人、助理医师2人，床位15张。居民医保参保率90%，困难群众参保率100%。全年宣讲慢病防控、健康知识2次，受教120人次；开展精神卫生宣传教育4次，受教200人次；开展乳腺癌筛查90人、宫颈癌筛查135人。2021年3月25日，长坪乡开展大规模核酸检测实战演练。全年完成18岁以上常住人口新冠病毒疫苗接种2968人，加强针接种2062人，18岁以下人群接种486人。

全年为农村104户191人、城市31户39人低保家庭发放低保金147.1万元。新增城乡居民养老保险547人。民政困难群众及建卡贫困户参保率、双拥经费发放率、适龄儿童入学率、建卡贫困户家庭医生签约率均为100%。建立本土人才库18人，培育农村致富带头人9名。产业园解决就业1300余人，城镇新增就业人员130人，城镇登记失业率低于3.5%。提升便民服务中心1个。

开展人民群众安全防范教育，推进全民反诈专项行动，防范打击电信网络诈骗、网上博彩、非法集资等新型犯罪。开展矛盾纠纷大化解大排查预防，调处矛盾纠纷案件。全年开展安全生产大起底大排查大整改行动和重点领域专项整治，排查各类生产经营场所50家次，其中存在严重安全隐患1家，存在隐患11条，没收“三无”摩托车3辆，处理违法违章车辆117辆次，处罚金0.5万元。

【环境保护】 2021年，长坪乡新增绿地1200平方米，打造长坪社区谭家湾、向家冲、中兴大院子、下生基坪，金福村老秦管、大树村土地塝6个美丽院落，中兴村获“绿色示范村”称号。整治镇容村貌及人居环境，“门前屋后三包承诺书”常住人口签订率100%。累计巡河1567次，开展自然保护地专项检查、森林防火巡查1000余人次。“两岸青山·千里林带”造林3.1平方千米。开展“四旁”植树0.22平方千米，处置松材线虫面积4.77平方千米。

长坪乡大雅柑种植基地　　（长坪乡　供图）

实施秦家冲、下生基坪“双亮”建设。新增、整修垃圾分类收集点30余处，新增垃圾桶280个，农村生活垃圾清运率100%，年清运垃圾500余吨。推进全域环境整治，取缔墙体户外广告、拆除违章搭建棚亭10余处。定期巡查、督察全乡50余家（处）企业、门店、饮用水源地。未出现环境污染重大事件。

【脱贫攻坚成果巩固同乡村振兴有效衔接】 2021年，长坪乡建立动态监测帮扶制度，各级干部走访脱贫户618户，落实帮扶措施900余条，走访620余人次，发放慰问金9.45万元，完成中央巡视整改平台易地搬迁“双超”问题整改销号14个和市级整改平台“双超”问题整改销号29个，群众认可度超97%。监测对象风险消除回退3户12人，监测对象风险消除2户3人。累计发放小额信贷207笔377.65万元，建成品森茶叶加工车间1个，吸纳就业人员100余人。

【品森农业安吉白茶旅游示范基地】 2021年，品森农业安吉白茶旅游示范基地被认定为重庆市2021年休闲农业与乡村旅游示范点。种植安吉白茶0.33平方千米（其中村集体0.13平方千米）、黄金叶茶0.13平方千米、黄金芽茶0.13平方千米，以企业带动村集体加农户的经营模式，村民可享受土地租金和股权化改革分红。年产值260万元，带动务工人数200余人，其中脱贫户15人。

【长坪社区柑橘标准化产业园】 项目规划占地1.33平方千米，主要种植“大雅1号”。“大雅1号”于2019年进入初产期，2021年产果约250吨，产值180万元，带动务工人数100余人，其中脱贫户40余人。大雅柑获国家“农产品绿色食品认证”。

【中山杉树育苗基地】 长坪乡金福村、大树村建立中山杉育苗、移栽、销售基地，面积0.4平方千米。中山杉属半常绿高大乔木，树干挺拔、树型优美，作为新型生态绿化树种，在城市园林绿化、水源涵养、水土保持、消落带治理、绿色景观通道、生态建设等方面发挥独特作用，年产值300万元，通过流转土地、务工等方式带动当地困难群众增收致富。

（长坪乡）

梨树乡

【概况】 梨树乡始建于1929年，位于万州区东南部，距万州城区50千米、万利高速龙驹出口15千米。总面积48.6平方千米，辖龙头、召灵、河马3个行政村和安民社区，18个村（居）民小组，户籍人口2412户7034人，乡政府驻地安民社区梨树街69号。耕地面积8.43平方千米、林地面积38.57平方千米。境内最高海拔1342米，森林覆盖率75.6%。辖区旅游资源丰富，有潭獐峡国家级风景名胜区、王二包重庆市级自然保护区、1200余年古银杏树、“亚洲第一”金钱松、神秘莫测的“油麻藤之王”等独特旅游资源和景观。

【政治建设】 2021年，梨树乡有党支部7个、党员235人、乡党代表51人、区党代表2人、乡人大代表50人、区人大代表3人。11月，召开中国共产党万州区梨树乡第十四次党员代表大会，选举乡党委委员9人、纪委委员5人。12月，召开梨树乡第十七届人民代表大会第一次会议，选举乡长1名、副乡长3名。完成村（社区）“两委”班子换届，选举“两委”班子成员25名，其中村（社区）党组织成员18名、村（居）委会成员20名，交叉任职13人，村（社区）党支部书记和村（居）委会主任“一肩挑”。

【经济发展】 2021年，梨树乡地区生产总值1.83亿元，固定资产投资61万元，财政总收入188万元，一般公共预算收入114万元，农村居民人均可支配收入1.53万元。农业增加值7161万元，比上年增长6%。管护高山晚熟青脆李2平方千米，新发展羊肚菌大棚种植1万平方米，新建中蜂养殖标准化厂房400平方米，是万州区第一家使用无尘灌装设备的蜂蜜加工厂，蜂蜜年产量500千克，产值100万元，带动48户群众增收30万元，脱贫户分红3.35万元。引进个体工商户、小微企业108家，完成招商引资资金144.68万元。有金融机构2家。

【基础设施】 2021年，梨树乡投资45万元安装公路生命安全防护栏3.54千米，整修水毁公路100处，设置警示标志25处，全乡村组公路通达率100%。投资8万元实施农村安全饮水巩固提升工程。清理小桥、涵洞、排水沟、边沟、急流槽等排水设施拥堵杂物。投资30万元整治河堤1千米。完成场镇污水二三级管网升级改造，配套完成农贸市场基础设施。

【文化建设】 2021年，梨树乡有文物点17个，其中李氏民居为区级文物点。组建民间文艺演出队4支，老年腰鼓队2支，社会业余文艺团体3个，聘请上级专业团队人员来乡指导2次。开展梨树乡三八节登山健身活动、梨树乡七一庆祝中国共产党成立100周年文艺演出、梨树乡文艺骨干培训会等文体活动13场。

【社会事业】 2021年，梨树乡有小学1所、幼儿园1所，在校学生302人，教师31人，义务教育学生在校

2021年6月24日，梨树乡广场庆祝中国共产党成立100周年文艺演出

（梨树乡　供图）

率100%。有卫生院1所，医护人员19人，床位26张，村卫生室4间，个体诊所1家，药房1家。排查重点地区返乡人员582人。开展大规模核酸检测应急演练3次。完成新冠病毒疫苗全程接种3074人，加强针2082人。

新增城镇就业63人，发放创业小额贷款80万元。城乡居民医疗参保6250人次，参保率超96%，城乡居民养老保险覆盖率75%。发放社会救助、福利补贴256万元、残疾人补贴6.5万元。上报区级关爱帮扶6人，累计发放资金2.57万元；“三难”资金帮扶26人，累计发放2.67万元；重大节日走访慰问累计102人次，累计发放1.68万元；发放应急救灾款239人4万元、救灾衣被2批次。

受理群众网上办理事项，回复率、满意率100%。加强乡村治理，强化网格管理，完善人民调解，抓好全民禁毒、法治宣传工作。落实安全生产责任制，开展“敲门行动”、青少年防溺水工作，防范遏制重特大生产安全事故发生，全年辖区安全稳定。开展交通执法96次，排查各类车辆2000余辆，开展安全生产大检查大排查50次，整改问题40个。开展巡山护林38.7平方千米，有效防止森林火灾发生。开展应急疏散演练1次，定期排查3个地灾点，转发极端天气预警信息500余条。

【环境保护】　2021年，梨树乡规范场镇乱停车、乱摆摊设点行动，拆除彩钢棚5处。完善城乡环卫一体化生活垃圾收运处理体系，全乡所有村组生活垃圾转运全覆盖。投资83万元整治召灵村谭家山院子、龙头村乔家坝人居点环境，治理畜禽养殖污染，农村改厕28户。落实林长制，开展森林资源“四乱”突出问题专项整治。完成植树造林0.2平方千米。落实河长制，开展污水“三排”、河岸“三乱”专项整治。

【脱贫攻坚成果巩固同乡村振兴有效衔接】　2021年，梨树乡落实“四个不摘”要求，建立防止返贫动态监测和帮扶机制，对348户已脱贫户以及面上困难户开展定期排查、动态管理，边缘易致贫户纳入监测对象19户，安排帮扶干部进行帮扶。开展“两不愁三保障”排查整改，梳理脱贫攻坚战以来各类监督检查、巡视巡察等发现的问题，有效整改率100%，“两不愁三保障”问题动态清零。

【潭獐峡国家级风景名胜区】　潭獐峡横跨万州区梨树乡、地宝土家族乡和云阳县耀灵镇、灵溪镇，距离云阳龙缸景区29千米。主峡长约21千米，峡谷最宽处150米，最窄处仅1.5米，由将军峡、天王峡、桃园峡、地缝峡、海螺峡组成。潭獐峡因潭多、峡长、獐子出没而得名。主要以峡谷景观为主，潭池、岩溶、瀑布、跌水景观为辅，以奇、秀、险、幽为特征，峡内流水潺潺，瀑布连绵，滴水垂穴，形成峡中有峡、洞中有洞、水中有潭、潭中有瀑的自然美景，有“小三峡”之幽秀，“天坑地缝”之神奇。

（梨树乡）

茨竹乡

【概况】　茨竹乡因境内有竹节上长刺的竹子“刺竹”，取其谐音而得名。地处万州区东南部，东与龙驹镇、长滩镇相连，南与走马镇接壤，西与新田镇相倚，北与长岭镇为邻，距万州区政府驻地37.4千米。总面积43.8平方千米，耕地面积12.2平方千米，其中地9.77平方千米，森林覆盖率74%，亚热带湿润季风气候，喀斯特地貌，海拔460～1200米。辖前堰、外梁、枣木、马家、盛家5个行政村和茨竹社区，37个村（居）民小组，茨竹乡政府驻地茨竹社区3组99号，户籍人口9438人。有神鹰石、翡翠峡等18处原生态自然景观。

【政治建设】　2021年，茨竹乡有党支部8个，党员298名，党代表49名，人大代表52名。完成村（社区）“两委”换届工作，实现书记主任“一肩挑”，储备村级后备干部12名，回引本土人才8名。选举茨竹乡党委书记1名、乡人大主席1名、乡长1名、副乡长3名。

【经济发展】　2021年，茨竹乡地区

生产总值2.42亿元，农业总产值847万元，固定资产投资2142万元，财政总收入80万元，一般公共预算收入79万元，农村居民人均可支配收入1.58万元。粮食总产量8757吨，蔬菜总产量4.6万吨，禽蛋300吨，肉类总产量1355吨（其中猪肉约1200吨），生猪出栏1.6万头。种植核桃2.2平方千米、板栗0.67平方千米、花卉0.33平方千米、晚熟李1.01平方千米、花椒0.2平方千米。

【基础设施】 2021年，茨竹乡万忠高速公路油沙出口至茨竹乡连接线工程竣工，安装农村公路安全防护栏13.18千米。整治山坪塘10口。新建市民广场1个，完成场镇污水管网铺设，新安装路灯59盏。

【文化建设】 2021年，茨竹乡有落仙洞造像、八一井场化石点、邓友书墓石刻等文物点10个。有区级非遗项目孝歌。文化站免费开放，开展群众文化活动4次，组织传统文化进乡等专题讲座3次，开展文物保护巡查5次，维护“村村响”“户户通”26次。

【社会事业】 2021年，茨竹乡有小学1所、幼儿园1所，年末教师18人、学生225人，辖区适龄儿童、少年入学率100%。有医疗卫生机构7家，其中乡卫生院1家、村（社区）卫生站5家，床位20张，专业卫生人员26人。乡卫生院年诊疗1万余人次，肺结核患者健康管理4人。落实计划生育特扶残扶对象就医绿色通道29人，落实“家庭医生”签约服务。排查上报返乡人员3125人次，上级反馈信息排查上报206人次，推进“五包一”责任落实，对重点区域全覆盖消杀，返乡人员核酸采样检测1236人次，集中隔离5人，居家隔离36人。新冠病毒疫苗全程接种7656人，接种加强针846人。

茨竹雪韵民宿　　（茨竹乡　供图）

城乡养老保险参保4952人，城乡居民合作医疗保险缴费8703人。新增城镇就业人员100人，解决15名就业困难人员到公益性岗位从事保洁工作，落实已脱贫户人员外出务工交通补贴707人次14.65万元。办理临时医疗救助11人1.93万元，大病救助6人5.2万元，落实城乡低保202户3168人，发放低保资金137.98万元。申报计划生育奖励扶助、特别扶助26人，发放贫困残疾人生活补贴64人、重度残疾人护理补贴98人。

开展扫黑除恶专项斗争宣传活动6场次，发放宣传资料3000份。办理区长公开信箱、群工系统等网上信访，办结率100%。开展校园安全、道路交通安全、食品药品安全、消防安全、非煤矿山等安全生产检查95次，查出安全隐患12条，整改12条，开展各项应急演练4次，全年无安全生产责任事故发生。

【环境保护】 2021年，茨竹乡新建示范点2个，创建美丽庭院16个，完成场镇居民生活污水集中处理和雨污分流配套，农村生活垃圾有效整治率95.5%。开展乡村振兴“双亮”活动2次，开展水稻象甲虫、柑橘大实蝇等农作物病虫监测防治3次，实施春秋季猪、羊、鸡等畜禽重大动物疫病防控3.6万头（只）次，应免动物密度99.8%以上，非洲猪瘟“零出现”。落实河长制、林长制，加强水源地保护，累计清理河道垃圾96处，清理各类垃圾360余立方米，清除松材线虫疫木190余吨。

【脱贫攻坚成果巩固同乡村振兴有效衔接】 2021年，茨竹乡持续开展“两不愁三保障”动态监测，实施财政涉农统筹资金项目8个305.63万元，新增监测户12户22人，对21户32名未消除风险监测对象跟踪帮扶，为866名已脱贫人员实施合作医疗保险资助2.6万元，586户2043人稳定脱贫。9个生态猪养殖单元投产运行，6个村（居）集体经济收益95.70万元。

【茨竹生态康养镇建设】 茨竹乡具有离城近、海拔优、景观多、空气好、配套齐的综合优势，是万州区“一心六型”两化路径推进的生态康养镇。2021年，启动康养地产项目，拍卖国有土地3.33万平方米。培育简朴寨、竹贤居、仙人阁等农家乐

11家，新发展茨竹雪韵等民宿5家，年接待游客5万人次，实现旅游收入200万元。

（徐荣）

普子乡

【概况】 普子乡位于万州区东南部边缘，距离万州城区107千米。地处“两省三县六乡”交界处，东与湖北省利川市柏杨镇毗邻，南与利川市谋道镇相交，西与万州区白土镇、恒合土家族乡相连，北与云阳县耀灵乡、清水乡接壤。总面积85.7平方千米，海拔380～1762.2米（万州区最高点），耕地面积15.63平方千米，其中田6.33平方千米。林地面积56.24平方千米，森林覆盖率65.6%。辖七曜、院子、金家、小龙、碗厂、土庙、虎头7个行政村和普子社区，其中碗厂村为市级历史文化名村，29个村（居）民小组，户籍人口5141户14606人，其中非农业人口3337人。乡政府驻地普子乡普龙路8号。

【政治建设】 2021年，普子乡有党支部10个、党员376名、区党代表2名、乡党代表59名。开展“我为群众办实事”实践活动。11月，召开中国共产党普子乡第十五次代表大会，选举产生乡党委委员9名、纪委委员5名。11月，召开普子乡区、乡两级人大代表换届选举大会，选举区人大代表4名、乡人大代表55名。12月，召开普子乡第十七届人民代表大会第一次会议，选举产生乡人大主席1名，乡长1名、副乡长3名。3月完成村（社区）党支部换届选举，5月完成村（居）委会换届选举，选举党支部书记8名，选出村（居）委会成员40名，全部实现支部书记、主任“一肩挑”，年龄、学历结构“一降一升”。

【经济发展】 2021年，普子乡地区生产总值3.37亿元，固定资产投资5569万元，财政总收入104万元，一般公共预算收入96万元，农村居民人均可支配收入1.55万元。粮食播种面积15.77平方千米、总产量7886吨，蔬菜播种6平方千米、总产量1.21万吨，生猪出栏4706头、存栏3600头。兑现耕地地力保护补贴3453户168万元、农机购置补贴98户7.84万元。重庆能投集团蒲叶林风电场运行顺畅，年产值1.19亿元。

【基础设施】 2021年，普子乡安装农村公路生命安全防护栏7.14千米，建设管护“四好农村路”134千米。新增污水处理管网800米。集镇燃气管网向周边延伸，5个村（社区）实现燃气管网覆盖。

【文化建设】 2021年，普子乡有文物点10个，其中干坝子民居群为区级文物点。有书画手工装裱技艺、手工锻造技艺2个区级非遗项目。全年开展送演出进基层、农业技术培训讲座等活动12次。文物巡查22次。碗厂村干坝子获评重庆市传统村落。建立覆盖全乡的文化市场监管网络，配备农村文化市场监管信息员8名、联络员8名，巡查娱乐场所、营业性演出活动12次。

【社会事业】 2021年，普子乡有小学3所（其中中心校1所、村校2所）、幼儿园2所，小学适龄儿童入学率100%。开展农村义务教育控辍保学专项行动，全年送教上门5人。有医疗卫生机构9个，其中乡级卫生院1个、村（社区）卫生室8个，各村（社区）卫生室均配备执业村医。建立市外（区外）来乡返乡人员台账，建成大规模核酸检测集中采样点2个，累计检测中高风险区来万人员、冷链工作人员、快递人员、医务人员、住院病人及陪护人员等群体核酸500人次。累计接种新冠病毒疫苗8479剂次，符合条件人群应接尽接。

新建碗厂村敬老院、普子乡养老服务中心。争取倒房重建资金6.1万元，倒房重建3户；投资5万元完成全乡自然灾害防治体系建设，发放冬春生活救助10万元、救灾物资160件。落实外出务工交通补贴1553人次，城镇新增就业70人。发放优抚、慰问金共77.29万元。累计发放低保金345.21万元，发放大病医疗救助资金23.45万元，临时救助困难群众9户1.27万元。

开展扫黑除恶、防诈反诈、禁毒铲种等专项打击行动20余次。开展矛盾纠纷化解排查预防，调处矛盾纠纷案件。开展普法、平安建设宣传12次。排查各类生产经营场所105家，发现存在严重安全隐患企业1家，排查整改隐患40多条；没收各类违法非法烟花爆竹150余件；处理违法违章车辆1000余辆，共处罚金1.2万元。累计排查3900余户房屋并建立农村房屋安全隐患台账，隐患动态清零；完成D级危房改造3户，启动C级危房改造2户。

【环境保护】 2021年，普子乡实施农村人居环境整治提升。实施户厕改造31户，清理秸秆、农膜及露天堆放农业废弃物1吨、堰塘10处、沟渠20千米、垃圾60吨。开展进村入户宣传教育50余场次，清洁行动覆盖率100%，农户知晓率和参与率100%。推进污水治理，新增污水处理管网800米。治理农村生活垃圾，设立公示指导设施7处，分发垃圾分类设施20套，实现垃圾清运全覆盖。

【脱贫攻坚成果巩固同乡村振兴有效衔接】 2021年，普子乡落实“四个不摘”要求，保持帮扶政策总体稳定。开展农村低收入人口动态监测，分类精准实施帮扶。推进产业扶贫、就业扶贫，补助资金34.3万元，帮助241户脱贫户发展到户产

普子乡云上风车假日酒店　　（普子乡　供图）

业；提供公益性岗位120个，实现有劳动力家庭至少有1人就业或有1个增收产业。全年落实兜底保障320户617人，保障金额336万元；推动实用技术技能培训，累计送培7人；延续扶贫车间支持优惠政策；与山东省济宁市新兖镇交流互访8人次，签订年度“东西部协作框架协议”。

【普子乡云上风车假日酒店】　紧邻国家AAAAA级旅游景区云阳龙缸风景区、龙缸滑雪场和岐山草场，海拔1600米。酒店占地3100平方米，建筑面积1760平方米，配套有42间客房、容纳80人的会议室、娱乐室、厨房、餐厅、农产品展销厅等功能房。周边配套有3千米林间步道、500米登山步道、观景长廊等。有万亩落叶杉、牡丹花区、十里风电、万州最高峰——沙坪峰（海拔1762.2米）等。

（程静）

恒合土家族乡

【概况】　恒合土家族乡是万州区第一个少数民族乡，地处万州区东南部，东临普子乡，南毗湖北省利川市谋道镇，西靠龙驹镇，北依白土镇，距万州区行政中心65千米。位于齐岳山脉南麓，地势以高山为主，沟壑众多，地形东高西低，平均海拔1200米，境内最高峰位于鹿鸣垭，海拔1480米。总面积82平方千米，辖枫木、国兴、前进、里坪、恒心、玉都、鸿凤、水口、箱子、石坪、八一、七星、五星13个行政村和凤安社区，79个村民小组，乡政府驻地恒合土家族乡凤康街24号。户籍人口9522户2.7万人，其中土家族人口1.55万人，占总人口55.1%。耕地面积25.89平方千米，林地面积约40平方千米，森林覆盖率63%。拥有“全国面积第五大的古枫香树群落”“鹰嘴岩巴楚门户”“七曜山大风车”“石桶寨山乡云霞”等独特资源。2021年，恒合土家族乡被纳入市级17个乡村振兴重点帮扶镇乡和11个区级重点培育镇乡。

【政治建设】　2021年，恒合土家族乡有党组织23个，党员816名。开展党史学习教育专题读书班活动8场，讲党课42次，到农村、企事业单位开展宣讲58场次。梳理重大民生服务事项清单20件，收集群众诉求300余条，为民办实事，惠及群众7500余人。11月，恒合土家族乡第十七次党代会选举产生乡党委委员9名、纪委委员5名、区第六次党代会代表4名。12月，恒合土家族乡第十七届人民代表大会第一次会议选举产生乡人大主席1名，乡长1名、副乡长5名。3月完成村（社区）党支部换届选举，5月完成村（居）委会换届选举，选举党支部书记14名，选出村委会成员70名。

【经济发展】　2021年，恒合土家族乡地区生产总值5.76亿元，固定资产投资2.12亿元，财政总收入255万元，一般公共预算收入238万元，农村居民人均可支配收入1.54万元。社会消费品零售总额1.23亿元，比上年增长10.91%；农业生产总值1.89亿元（其中种植业7600万元、林业1100万元、牧业9800万元、渔业400万元），增长7.3%。五星、国兴与玉都等村10个单元生态猪养殖场投产，出栏生猪1.59万头，通过股份合作方式与武陵镇签订生态猪养殖单元12个，集体经济“空壳村”消除。在巩固传统烟叶的基础上，发展高山特色小水果、茶叶等产业，已发展烟叶面积1.8平方千米、中药材面积0.67平方千米、高山特色小水果面积2平方千米。新增茶叶产业园面积0.33平方千米、水蜜桃产业园面积0.23平方千米、脆梨产业园面积0.2平方千米、中药材良种繁育示范基地0.13平方千米，初步建成五星茶叶、七星桃园、玉都烤烟等种植示范区。

【基础设施】　2021年，恒合土家族乡投资3761.74万元，新建公路20千米，联网路10千米即将完工，油化路10千米项目进入招投标阶段。实施安全防护工程19.3千米。投资723.5万元用于13个村（居）的农村饮水安全巩固提升工程，全部完工并投入使用；整治山坪塘10口；枫木水库建设有序推进。投资250万元，完成场镇二三级污水管网补充工程，新建污水管网1.2千米，整治污水管网缺失和破损共6处。

【文化建设】 2021年，恒合土家族乡有文物点56个，其中，石桶山惜字塔、复元桥等区级文物点6个。有土家哭嫁歌、车灯舞等区级非遗项目3个。定期开展文物保护巡查，排除危险隐患。开展大型群众文艺文化活动9场次，举办登山、拔河等文体活动10余次，送文化进村（社区）28场次，放映惠民电影176场；在民族中（小）学集中开展手摆舞等民族舞蹈与民族歌曲教学。

【社会事业】 2021年，恒合土家族乡有中学1所、小学2所、幼儿园3所，年末教师25人、学生1839人，辖区适龄儿童、少年入学率100%。有医疗卫生机构14个，其中乡级卫生院1个、村（社区）卫生站13个，床位35张，专业卫生人员59人。排查市外返乡人员1267人，对59名重点人员实施分类管控，其中居家健康监测46人、集中隔离13人。建立6个大规模核酸采样点，开展信息采集、消毒、现场管控等人员培训144人次，实施大规模核酸采样应急演练3次、排查演练2次、疫情处置演练1次，新冠病毒疫苗接种人群应接尽接。

合作医疗参保率超96%，城乡居民养老保险参保率超70%。发放最低生活保障397户1077人。城镇新就业人员151人，安置非全日制公益性岗位56个；发放小额担保贷款42笔840万元。发放困难群体临时救灾救济金17.02万元，涉及受灾群众452户618人。开展马路办公259场次，发现问题72个，整治率100%。

2021年，凤安社区加强避暑小区流动人口管理，召开院坝会宣传人居环境整治和社会治理3000余人次。接待群众来信来访，调解矛盾纠纷，开展“为民办实事”活动，为民办实事120余件。开展联合执法检查18人次，整改安全隐患114处，落实41个地灾隐患点、54个高切坡、13户临水房屋安全监测，开展抢险救灾应急演练37场次，开展农村道路交通劝导执法1.75万次，查处交通违法行为240余起。

【环境保护】 2021年，恒合土家族乡卫生改厕647户，完成20个集中供水工程水质全覆盖抽样检测。对479户居民房前屋后及公共区域进行整理打扫，其中集中整治27次，整治乱堆乱码18处。清理卫生死角89处，清除临街小广告等“牛皮癣”342张，集中整治院落12个，安装庭院灯70盏。开展环保巡查176次。整治饮用水水源保护区，实行村周巡查、乡月巡查的巡查制度，确保饮用水源地安全。帮助小微型企业在网上进行环评备案登记76次。

【脱贫攻坚成果巩固同乡村振兴有效衔接】 2021年，恒合土家族乡新落实产业到户补助8户，实施产业项目股权化改革26个，分红124.33万元，产业利益连接全覆盖。组织农村实用技术培训147人次、致富带头人培训56人次，开发公益性岗位142个，开展招聘进乡活动，用工50人，稳岗就业2288人。医保参保率100%，落实医保补助421人。义务教育阶段适龄儿童未发生辍学现象，对7名因病因残学生开展送教上门。完成危房改造2户，建立全乡农户住房安全台账，劝导有稳定住房仍住危房群众搬离。制定防止返贫动态监测帮扶工作方案，坚持每月走访，动态监测。年末，全乡97户监测对象已稳定消除风险53户，未消除风险的44户帮扶措施均落实到位。

【三峡恒合度假区建设】 2021年，恒合土家族乡组建征地工作组，配合区征地办在保障群众利益的前提下完成康养小镇一期0.44平方千米土地征收工作。片区“二纵一横”城镇道路、鹿鸣湖体育公园即将开工建设。完成恒合综合医院、学校、加油站等公共服务设施用地选址等前期工作。建设完成森林度假区内的古枫香园景区、鹿鸣垭森林公园、龙凤溪谷景观、洞里人家、巴蜀边关城墙、龙驹镇花坪节点景观及公厕、鹿鸣垭公厕、古枫香园弱电等项目。新增以枫香谣、枫香驿、枫香里、栖凤湖畔等为代表的AAAA级民宿。

（吴雪梅）

恒合土家族乡凤仪水库　　（恒合土家族乡　供图）

地宝土家族乡

【概况】 地宝土家族乡地处万州区东南角，距离万州城区109千米，东与云阳县耀灵镇一河之隔两桥相连，南接白土镇，西北连梨树乡，北邻云阳县泥溪镇，是万州区最小、最年轻、最偏远的少数民族乡。总面积39.3平方千米，辖四季、龙河、裴家3个行政村和地宝社区，18个村（居）民小组，户籍人口2700户7728人，其中土家族4167人，占总人口的53%。境内山高坡陡，海拔230～1100米，森林覆盖率超74%，有独具特色的峡谷风光、神奇的红豆古树、清代武状元张奇同遗址、万州古盐道、川东游击队七南支队红色革命遗址、张家祠堂等丰富的生态旅游资源。地宝土家族乡人民政府通过深入挖掘土家文化，传承土家文明，创建为重庆市级民族团结进步示范单位。

【政治建设】 2021年，地宝土家族乡有党支部5个，党员233人。开展“以案四说”警示教育2次、集体廉政谈话4次、党员干部廉政谈话45人次，打造廉政文化宣传栏3块。11月，地宝土家族乡第十七次党代会选举产生乡党委委员9名、纪委委员5名、区第六次党代会代表3名。12月，地宝土家族乡第十七届人民代表大会第一次会议选举产生乡人大主席1名，乡长1名、副乡长3名。完成村（社区）两委换届工作，选举党支部书记5名，选出村委会成员20名。配备3名本土人才在村任职，培育村级后备干部8名。

【经济发展】 2021年，地宝土家族乡地区生产总值1.97亿元，固定资产投资2136万元，财政总收入12万元，一般公共预算收入10万元，农村居民人均可支配收入1.57万元。文化产业财政投入增加8万元，比上年增长5%。8个单元1万头规模的亮阳生态猪养殖场投产，年产值2500万元，养殖场净利润300万元，4个村（居）年分红10万元以上；0.23平方千米白茶种植基地建设初见成效，年产值30万元以上；0.97平方千米黄桃开始投产，年产值170万余元；新培育土家品牌1个（涵盖土家腊肉、香肠、豆腐乳、豆豉等）。

【基础设施】 2021年，地宝土家族乡安装公路生命安全防护栏1.6千米；完成45千米乡村组公路养护和排险整治；硬化产业路1千米；投资240万元建成渡改桥3座。完成四季村防洪拦山堰项目400米，完成地宝社区1、3、4组供水保障工程建设，整治地宝社区河堤287米。治理亮阳生态猪养殖场边坡190米、滑坡点3处。

【文化建设】 2021年，地宝土家族乡有张代迪墓、猴子洞石刻、张定清民居等文物点7个。有文化服务中心1个，文化专干3人，办公场地30平方米，藏书1.1万本。全年开展各类文化活动2次、送文艺进村活动2次、送展览2次，更新文化宣传栏7期；图书室接待读者157人次，借阅348册次。对全乡文物进行安全巡查2次，开展校园周边文化环境集中整治3次，集中检查农家书屋3次，播放庆祝中国共产党成立100周年优秀电影68场次。与云阳县耀灵镇联合举办“奋斗百年路 启航新征程”庆祝中国共产党成立100周年文艺汇演活动。

【社会事业】 2021年，地宝土家族乡有小学1所，有教职工28人，在校小学生350人，在园幼儿124名。有公立卫生院1家，医务人员32人，床位19张；村卫生室4个，乡村医生4人。完善大规模核酸检测应急预案和疫情防控应急预案，开展排查返乡人员3500余人次，开展大规模核酸检测演练3次，完成新冠病毒疫苗接种3404人6047剂次。

救助临时困难家庭9户，发放临时救助金5.1万元，清退不符合条件的低保户51户116人。特困户、低保户、建卡贫困户合作医疗参保率100%，发放低保141户305人61.28万元。发放救灾补助2.76万元，冬春生活救助185人5.3万元。发放老龄人口长寿金1.92万元。宣传奖扶政策，奖扶81人、特扶5人、节育手术并发症1人。申请重度残疾人护理补贴88人，申请贫困残疾人生活补贴37人，新办残疾人证5人。发放33名重点优抚对象抚恤优待金、医疗补助、死亡抚恤55.68万元。城镇新增就业71人，其中城镇登记失业人员16人，引导大学生就业6人。

开展防范电信网络诈骗宣传工作，诈骗案件全年零发生。开展安全生产百日专项行动、“五四宪法宣传周”“国家安全日”活动。排查各类矛盾纠纷，处置化解100%。推进安全生产专项整治三年行动，开展道路交通综合执法检查170余次，食品药品、危化物品、森林防火、地质灾害检查排查60次，发现并整改安全隐患20余处。开展森林防火、地灾应急演练等14次。

【环境保护】 2021年，地宝土家族乡着力整治人居环境，打造四季村田坝院子和裴家村张家院子人居环境示范点；投入30万元修建垃圾分类中转站，更换配发垃圾分类桶100个，辖区公路沿线垃圾实现100%统一收运处理。开展“6·5”世界环境日、生态文明宣传“十进十创”等活动，提高群众环保意识。

【脱贫攻坚成果巩固同乡村振兴有效衔接】 2021年，地宝土家族乡巩固拓展脱贫攻坚成果，坚持排查走访，问题动态清零。发放小额信贷208户497.5万元；发展到户产业122户，补贴34.02万元。

【生猪养殖场】 地宝土家族乡生猪养殖场是建设万州区“双百亿”工程之“百万头生猪养殖”项目，该养猪场采取“村集体+合作社”的合作经营模式，由万州亮阳种养殖专

地宝土家族乡裴家村生态猪养殖场　　（地宝土家族乡　供图）

业合作社在裴家村建设经营，在2019年被评为区级示范社。生猪养殖场建设项目总投资800万元，占地1.3万平方米，建有配怀舍1间、产房2间、保育舍5间、育肥舍5间。年出栏生猪1万余头，年产值2500万元，有机肥年产量2000吨，年产值110万元，为当地农户带来稳定增收。

（罗阳精）

太白街道

【概况】　太白街道地处万州主城，于2004年8月由原红光街道、太白岩街道合并而成，东与陈家坝街道、钟鼓楼街道一衣带水，南与高笋塘街道相邻，西与九池街道、高梁镇接壤，北与沙河街道、周家坝街道相通。海拔177～600米，最高海拔位于永宁村佛耳岩处600米，最低海拔位于复兴路社区和平广场处177米。属亚热带湿润季风气候，具有春早、夏热、秋雨、冬暖多雾、雨量充沛等特点。总面积13.34平方千米，其中建成区面积6.41平方千米，耕地面积3.75平方千米，森林面积2.07平方千米。辖青羊宫、白岩路、桂花堰塘、孙家书房、桔园、文化里、复兴路、和平路、国本路、南池沟、红光、吴家湾12个社区和万二、永宁、太白3个行政村，75个居民小组，17个村民小组，常住人口12.5万人，街道办事处驻地万州区白岩路468号。交通便利，村村通公路，万州大桥、万安大桥横跨苎溪河南北两岸，达万铁路跨境而过，318国道横贯全境。商贸繁荣，入驻有小天鹅综合批发市场、重百商场、苏宁电器、希尔顿酒店等大型企业。自然资源丰富，太白岩山顶公园风景怡人，太白岩山体挺拔险峻、碑文林立、风光旖旎，是万州城区最大的旅游、休闲绿地。

【政治建设】　2021年，太白街道下属基层党组织91个，其中街道党工委1个、机关党支部3个、社区党委11个、党支部1个、村级党支部3个，党员3326人。全年发展党员33名，按期转正26人。承办“万州区庆祝中国共产党成立100周年‘榜样面对面’先进事迹巡回报告会”太白专场，向区推荐表彰“两优一先”10名，街道表彰130名，颁发“光荣在党50年”纪念章673枚。开展“我为群众办实事”实践活动，落实民生实事18项。建立新时代文明实践志愿服务队15支，吸纳党员干部2000名，完成志愿服务项目106个。完成15个村（社区）“两委”换届工作，书记、主任“一肩挑”比例100%。选举区党代表7名、区人大代表20名。升格成立红光社区党委、南池沟社区党委，新成立三峡水利大厦联合党支部，辐射中信银行等企业15家，完成党支部换届8个、整建制转入1个。

【经济发展】　2021年，太白街道地区生产总值106.2亿元，固定资产投资4249万元，财政总收入1.92亿元，一般公共预算收入9703万元，城镇居民人均可支配收入4.9万元，农村人均可支配收入2.05万元。批发零售业销售总额29亿元，比上年增长7.7%。开展“民营企业百日大走访”活动，全年走访企业40家、个体工商户65户；召开企业座谈会5次、现场办公会25场次，参与座谈的民营企业负责人100余人次。落实重庆市关于进一步助力企业纾困政策38条，支持实体经济企业健康发展政策18条，协调解决企业困难问题26个。协调解决小天鹅市场安全、高笋塘核心商圈建设等问题。利用上级产业政策和重大专项规划，做大做强高笋塘核心商圈、做优配强小天鹅市场。全年新增民营企业312家，增长10.52%，新增个体工商户755户，增长8.68%。数字经济全年营业额突破1亿元，增长40%。粮食作物播种面积0.83平方千米，产量377吨；经济作物播种面积8.27万平方米，水果生产面积0.36平方千米，产量142.8吨，猪存栏2566头、出栏3638头，牛存栏52头、出栏48头，羊存栏75只、出栏62只，家禽存栏7094羽、出栏1.7万羽。发放耕地地力保护补贴和实际种粮一次性补贴1901户3.57平方千米43.58万元。

【基础设施】　2021年，太白街道整合资金4.3万元养护农村公路43千米，投入资金21.45万元新建农村公路生命安全防护栏1.24千米。开展农村道路隐患大排查，治理道路隐患29处。整合资金4万元维护农村安全饮水工程，街道饮水安全保障率100%。

【文化建设】 2021年，太白街道有文物点14个，其中，太白岩石刻群、西山碑市级文物点2个，观音阁、流杯池、民国万县防空指挥部等区级文物点6个。开展送文化进基层活动4次，组织各村居开展群众文化体育活动30余场次，开展庆元旦迎新春文艺汇演及庆祝中国共产党成立100周年大型活动2次。借城市“双亮”契机，开展万县面巷道、玉和巷等老旧小区改造，提升文化内涵，打造文化太白名片，做大文化产业。

【社会事业】 2021年，太白街道有学校22所，其中托育园3所、幼儿园11所（其中公立4所）、小学5所、中学2所、高中1所。有医院5家、社区卫生服务中心1个、私立诊所63个。其中重庆市三峡医药高等专科学校附属人民医院为万州区120急救点。全年加强慢病防控知识和卫生防疫宣传，开展登革热、流行性感冒、手足口病等流行性疾病防治知识宣传64次。开展疫情防控精准排查9009人次，其中大数据排查4382人次。建立大规模核酸检测采样点49个，编制完善大规模核酸检测应急预案，开展核酸应急演练30场次、核酸检测实战1次。辖区新冠病毒疫苗接种率93.41%。

城镇新增就业3397人，困难人员就业723人，新开发公益性岗位23人，其中应届高校毕业生8名；新增转移农村劳动力27人，为辖区633名灵活就业困难人员申报社保补贴342.34万元，对181名应届高校毕业生开展“一对一”个性化服务，困难家庭高校毕业生100%就业；发放失业保险金525万元，全年申报发放创业担保贷款156笔2336万元，带动就业353人。与4所养老机构签订安全责任书，安排不能自理特困人员131人。发放各类救助金131.6万元，受益人数超800人。完成8个社区退役军人服务站规范化建设。

整治存量违法建筑101处2.02万平方米，拆除玉和巷、启和市场、国本支路、孙家书房路、双白路菜市场等处违法建筑；消除新增违法建筑20余处5125平方米；处罚金55.2万元；处理拆违信访案件128起。推进街道“双亮”工作，整治大街小巷4条，打通安全通道12处。开展高层消防通道整治，规划15条消防通道，规范和处理各类违章660次。推进“大督查大接访大调研”活动，接待群众来信来访及建议，解决率98.3%。完成国本路涉黄市级专项整治，开展现场反诈宣传94场，发放宣传资料1.3万份。开展安全生产执法检查，检查生产型企业50家次、经营型企业19家次，填写现场检查记录35份，下发责令限期整改指令书1份，全年发现并整改隐患186起。完成辖区192栋无水高层建筑消防安全整治工作；对老旧小区内141栋无水多层建筑（8～9层）消防安全现状进行摸排调查，建立台账。整改佳能大厦、万光大厦隐患23处。加强地质灾害风险管理，处置“8·29”沙龙路一段居民楼后山体滑坡险情，转移居民70户180人，治理太白灰岩洞、太白坟山、万二村万老龙处等地灾项目。开展森林火险排查治理，排查出重点火源点160个，治理重庆市万州区王徐气体有限公司火灾隐患，查处2起野外生活用火。督促427家单位安装燃气泄漏报警装置。

【环境保护】 2021年，太白街道实行环境监管三级网格化管理，在15个村（社区）建立监管网络。开展燃煤、油烟整治专项行动3次，重点整治群众反映强烈的双白路、红光路、万安菜市场、小天鹅周边、华鑫苑、复兴路菜市场等区域。整治辖区餐饮企业油烟排放420余家。淘汰落后烧燃煤锅炉4家。加强垃圾、秸秆焚烧的宣传、巡查，发现一起处理一起。控制农业面源污染，推行健康畜禽养殖。累计转接12369环保投诉、阳光重庆、大渝网等投诉180多件、群众和社区电话反映环保问题60余件，信访案件处置回复群众满意率99%。定期开展巡林巡河，排查整治林业和河流“四乱”问题，整合资金5万元实施河道整治项目1个。

开展卫生环境整治。清理卫生死角3000余处，清除垃圾1586吨821车。开展垃圾分类宣传2次，发放宣传品8万份，修建垃圾分类亭（屋）3个。巩固和规范示范街整治成果，制止和规范违章行为3万余起；查处使用燃煤炉灶经营户52家，现场销毁燃煤炉灶37个。开展双白路农贸市场综合整治，规范各类违章行为700余起，治理面积5200余平方米。整治校园周边环境秩序，纠正占道经营行为2000余次。推进以“三清一改”为主要内容的农村人居环境综合整治，投入12万元，进行集中清运和清洁。

【脱贫攻坚成果巩固同乡村振兴有效衔接】 2021年，太白街道42户脱贫户住房、教育、医疗和饮水安全保障全部到位。加强与驻武陵镇复龙村工作队联系。强化扶贫项目管理，申报入库基础设施建设维护、产业发展、乡村建设、人居环境整治等项目15个，申报东西部协作项目1个。消费帮扶5.5万元。动员脱贫户参加烹饪技能培训1户。

【太白街道文化街】 文化街上连白岩路，下通电报路，又名“半边街”“前进街”。自民国以来，鸡公岭小学、万州第二高级中学等多所学校曾在该巷道附近办学，文化气息浓郁，文化街由此得名。著名老红军汪永泰曾住在文化街，还曾到鸡公岭小学宣讲红色革命故事。与

太白街道文化街小巷文化氛围打造（太白街道 供图）

文化街仅一墙之隔的李家花园曾是抗战时期的防空指挥部，朱德、陈毅曾在此战斗；四方院是原万县行政公署办公场所。太白街道着力加强文化街历史文化艺术打造，设置休闲廊架“墨香廊”，展示万州书画家作品；设置专员墙、川剧脸谱护栏、传统巴渝民居板壁墙画、古风格校园时光画、汪永泰老红军墙、抗战文化墙、万县防空配备图以及老照片墙、学校铭牌墙等小节点，展现深厚历史文化内涵，以宣扬和谐社区、互敬互爱的精神堡垒。经过改造，文化街成为太白街道社区文化新名片、展现城区发展新格局示范街区。

（太白街道）

高笋塘街道

【概况】　高笋塘街道地处万州主城，东、北与太白街道接壤，南濒长江北岸，西邻牌楼街道。地势北高南低、东西平缓，呈条带状，地形属浅丘地貌；最高点位于乌龙池钻洞子，海拔350米；最低点位于鞍子坝港口，海拔175米。总面积3.6平方千米，辖东方广场、王家坡、电报路、太白路、高笋塘、甘家院、乌龙池、望江路、西山路、苗圃10个社区，91个居民小组，户籍人口5.74万人，常住人口10.41万人。

【政治建设】　2021年，高笋塘街道有党支部57个，党员2606名，新发展党员15名，预备党员转正8名，吸收入党积极分子6名。开展青春讲坛、党史知识竞赛、“青春赞歌献给党”主题演讲比赛、党史学习教育红色基地研学活动，深化拓展“我为群众办实事”实践活动，办成实事22件，解决人民群众“急难愁盼”问题63件。纠治“四风”，重要节点、重点区域开展明察暗访、督导检查6次，开展提醒谈话56人次，运用“四种形态”批评教育帮助和处理11人次，开展“以案四说”警示教育6次。完成10个社区“两委”换届工作，选举产生社区“两委”委员104名，实现社区书记、主任“一肩挑”，实现年龄学历“一降一升”。选举区六届党代表3名。选举区人大代表16名，其中党员11名、民主党派人士1名。

【经济发展】　2021年，高笋塘街道地区生产总值84.7亿元，固定资产投资6794万元，财政总收入757万元，一般公共预算收入444万元，城镇居民人均可支配收入4.83万元。孵化电商100余家，产值5000万元；与重庆农商行签订民营小微企业和个体工商户金融服务港湾协议，帮助企业融资；服务西山公园改造提升、星光时代商业中心建设等重点项目。全年培育限额以上服务企业4家、限额以上个体户7户；新增个体工商户1281户、注册资本1.2亿元；新增企业317家、注册资本7.7亿元。新培育规模以上文化企业2家、文化旅游重点项目4个。

【基础设施】　2021年，高笋塘街道投资500万元，建成独具现代时尚风格的特色街区——吉祥街；改造提升十七码头，作为三峡平湖“十六景”其中一景重点打造；改造提升沙龙公园，打造沙龙红色文化主题公园；建成“天使之星”托育中心。投入1120万元改造西山路、乌龙池、甘家院、太白诗酒小巷，投资2500万元整治高笋塘片区污水管网。

【文化建设】　2021年，高笋塘街道有文物点10个，其中，西山钟楼国家级文物点1个，库里申科烈士墓园、抗战阵亡将士纪念碑、万县大轰炸白骨塔市级文物点3个，万县专区人民医院办公楼、三峡中心医院血液内科楼、万县红十字会医院区级文物点3个。有区级非遗项目糖画。开展“江竹筠生平事迹展及下川东革命历史展”，开拓西山钟楼、十七码头、望江大梯道、沙龙红色文化主题公园等城市新兴文化旅游。免费开放片区文化服务中心，到站活动5200人次，组织公益性群众文化活动16次，体育健身活动18次。

【社会事业】　2021年，高笋塘街道有中学1所、小学2所、公立幼儿园1所，私立幼儿园6所，建成2家独立托育服务中心，可供240名幼儿入托。辖区适龄儿童、少年入学率100%。有医疗卫生机构3个。居民医保参保率94.86%，困难群众参保率100%。举办公众咨询义诊活动27次，接受健康教育5180人次；开展精神卫生宣传教育2次，受教160人次；开展慢病防治知识宣传培训5场，受教550余人。社区卫生服务中心开展家庭医生签约，签约常住人口8648人；开展乳腺癌筛查850

高笋塘街道吉祥街 （高笋塘街道　供图）

人、宫颈癌筛查560人。建立居民健康档案10万余份。成立1个心理服务站和10个心理咨询室，开展健康知识培训和咨询。集中隔离重点地区返万人员239人，核酸检测996人。制定大规模人群核酸预案，设置42个核酸采样点，落实42名点长、840名工作人员，开展核酸检测演练42次。完成新冠病毒疫苗第一针接种8.86万人、第二针接种8.56万人。

街道与万达、新世纪百货、巴渝子弟等100余家单位建立用工联系，为62名大学生提供实名就业服务，新增就业3338人，城镇登记失业率低于5%。发放小额贷款2533万元；发放低保金519万元，清理存款超标户88户，追回违规享受低保金19万元；发放“4050”人员养老和医疗保险补贴265万元；清退追回违规享受移民困难补助14人1.8万元，发放移民困难补助资金220万元；发放高龄津贴、特困救助90万元，临时救助45人25万元。完善儿童服务阵地建设，配备儿童主任10名，将7名事实无人抚养儿童纳入保障。7个退役军人社区服务站通过区级验收。新增11户公租房低收入家庭的资料审核、上报工作。补贴375万元，实现居家养老服务全覆盖和社会化运营。

坚持“五长制”“马路办公”“门前三包”工作机制，推行市容卫生服务外包。开展高层建筑可燃雨棚及突出外墙防护网专项整治工作，拆除可燃雨棚2664户2.87万平方米，整改突出外墙防护网2366户，新开逃生窗2375个；推动天江景城，帝景湾，鸽子沟7号、9号、11号小区，福斯德广场，春天花园等小区业委会换届及新选工作，化解物业纠纷90余件；联动区消防救援支队、区交巡警、区市场监管局等部门，出动3500余人次，清理占道车辆300余台次，清理废弃垃圾、占道物品100车，规范早（夜）市美食摊点500个；发放垃圾分类宣传资料3万余份，增设垃圾分类桶3200余个，升级改造垃圾分类亭14个；拆除违建2.5万平方米。开展干部下访接访群众，调处化解各类矛盾纠纷。强化对吸毒人员等重点人员监管。解决群众私事331件、小事313件，协调部门解决大事18件。受理电信网络诈骗案件191件，追回资金25.8万元。检查辖区企业和单位144家次，发现安全隐患126处，整改完成113处。开展燃气安全排查整治，加强国贸中心安全值守，推进“生命通道”专项整治，完成117栋高层无水消防设施改造，排查梳理各类安全隐患54处，进行分项挂单、挂牌，落实责任，制定措施，形成闭环。

【环境保护】　2021年，高笋塘街道对辖区36家高层建筑二次供水单位、24家废品收购店、1家加油站、11家医院等单位开展环境安全综合检查，开具现场检查整改记录单25份，完成限期整改。开展建筑工地、大气污染、噪声污染等专项整治，环境质量明显提升。处理环保投诉127件，按期结案率100%。落实河长制和十年禁渔管理，全年巡河300余次。完成铁峰山国家森林公园违建迁出清退85户。

【“网红”望江大梯道灯饰景观打造】　2021年，高笋塘街道投资2000万元打造望江大梯道灯饰景观工程，安装灯带5428米、1826平方米，每晚19时30分至22时定时开放，布设冯家院7号、8号、9号楼4块高清屏共590平方米，每天错时投放。打造城市夜景消费开敞式的阶梯空间，成为三峡平湖旅游的一张独特名片。

（李玲玉）

牌楼街道

【概况】　牌楼街道地处长江北岸，位于万州城区西南部，东临长江，南接龙都街道、双河口街道，西与九池街道接壤，北靠高笋塘街道。牌楼街道办事处位于万州区王牌路1286号，于2004年由原万安街道办事处和牌楼街道办事处合并而成。总面积9.8平方千米，辖牌楼、袁家墩、搭马桥、太平、观音岩、印盒石、万安、大河沟、石峰9个社区，56个网格，户籍人口7.99万人，常住人口近15万人。

【政治建设】　2021年，牌楼街道有党组织85个，党员3130名。开展

“我为群众办实事”实践活动，为群众解决大事小事300余件。集体廉政谈话120余人，批评教育5人，诫勉谈话1人。整改2名干部“吃空饷”等5个巡察反馈问题，修订完善制度13个。班子成员带队开展重点工作督查检查50余次，即查即改问题8个，约谈提醒干部5名。处置问题线索3件，立案3件，处理党员干部3人，线索处置率、办结率100%。完成基层党组织换届选举、社区居委会换届选举。换届后，牌楼街道辖9个社区，选出新一届社区“两委”班子成员98人，“两委”成员中交叉任职28名。其中，党委成员63名，居委会成员63名。区人大代表换届选举工作选出区级人大代表18人。

【经济发展】 2021年，牌楼街道地区生产总值112.91亿元。其中，二产业增加值30.66亿元，占27.15%；三产业增加值82.25亿元，占72.85%。固定资产投资17.57亿元，财政总收入742万元，一般公共预算收入391万元，城镇居民人均可支配收入4.88万元。辖区各类市场主体1.21万家，其中企业3012家（“四上”企业132家），有87家企业在本地或者外地设立分公司；个体工商户9107户（大个体户44户）。新增内资企业505家，个体工商户1373户。

【基础设施】 2021年，牌楼街道投入263万元进行石峰还房小区改造及品质提升；投入203万元用于石峰还房片区滑坡应急抢险治理；投入3764万元改造观音岩片区污水管网；投入1491万元建设金石东路（一期）；投入395万元建设中加友谊小学万泉校区教学综合楼；投入1222万元建设滨江环湖旅游基础设施建设二期；投入2869万元建设三水厂到吴家湾管道；投入1936万元打造万州区北滨公园；投入869万元建设北滨大道拓宽改造工程（牌楼至印盒石段）；投入373万元改造提升红花码头节点景观；分别投入375万元和100万元进行中联移民小区、华升移民小区综合整治。

【文化建设】 2021年，牌楼街道有文物点5个，其中清明箭楼、三峡学院图书馆为区级文物点。全年免费开放街道文化服务中心和社区文化站，服务群众近5000人次，组织公益性群众文化活动17次、体育健身活动18次。挖掘红色文化、汽车文化、石油文化、丝绸文化、盐文化、桥文化等特色文化。启动青林小学建设。承接“五大商圈”“三峡智慧城”重点项目，打造智慧体育场、三峡电竞游戏体验馆、智慧公园，打造一批运动、健身、电竞、科创、滨水休闲打卡地。

【社会事业】 2021年，牌楼街道有中学2所、小学3所，年末教师891人、学生1.62万人。有医疗及养老机构14家，医护人员1000余人，床位1000余张。全年宣讲慢病防控、健康知识16次，举办公众咨询义诊活动24次，接受健康教育1.5万人次；开展精神卫生宣传教育9次，受教2800人次。社区卫生服务中心开展家庭医生签约，签约常住人口7600人；开展乳腺癌筛查660人、宫颈癌筛查900人。编制完善大规模人员核酸检测预案，指导各社区开展实战演练两轮。全面推进新冠病毒疫苗接种，累计完成全程接种8.13万人次，完成18岁以上加强针接种1.9万人，3～11周岁接种第二针1.3万人。

新增就业4142人，发放创业担保贷款3600万元。发放临时救助、移民困难救助救济等资金91.89万元，发放优抚对象、残疾人等特殊人群补贴226.09万元。推进印盒石、观音岩和石峰3个社区标准化退役军人服务站创建。

全年规范占道经营摊点5563处，拆除违规设置建构筑物、遮阳亭棚（伞）528处6000余平方米、违规广告586个1.56万平方米、接坡26处，拖移乱停乱放车辆30台，清理乱堆码4123处，清运堆码杂物619车。拆除辖区大型破损广告6处816平方米。整治存量违法建筑229处2.22万平方米，处罚金90余万元。整治辖区282栋高层建筑4281户可燃雨棚43.13千米、突出式防盗网5053个。开展高层建筑消防车道整治行动15次，检查整治小区65个。整治林业局宿舍、中联还房、气矿小区3个老旧小区。巩固王牌路、沙龙路三段市容秩序规范化管理示范街区，创建科园路、万顺路、津滨路为市容秩序规范化管理示范街区。开展干部下访接访群众，调处化解各类矛盾纠纷。强化对吸毒人员等重点人员监管。受理电信网络诈骗案件205件，追回资金12万元。全年发案348起，比上年下降10%；可防性案件44起，下降28%，治安案件407起，下降9%，打击64人。开展执法检查72家次，整改安全隐患243起，强化对3个地灾隐患点、16个高切坡、14户D级危房监测，组织开展各类应急演练65场。

【环境保护】 2021年，牌楼街道开展环保五大行动，持续巩固中央环保督察案件整改成果。坚持河长制常态巡河360人次，制止露天焚烧秸秆150余起，查处整治噪声污染23起。劝导江边洗衣200余人次。打击未来城、金科观澜、万山国际等小区毁绿占绿行为6起。设置生活垃圾分类公益广告位54块，新建垃圾分类亭14个。举办生活垃圾分类进社区、进楼宇宣讲会35场。创建和谐园、索特小区、香怡江山等小区为垃圾分类示范开放式小区。

【脱贫攻坚成果巩固同乡村振兴有效衔接】 2021年，牌楼街道继续做

牌楼街道网格管理平台 （牌楼街道　供图）

好龙驹镇官坝村等四镇乡六村一居的脱贫攻坚帮扶与乡村振兴有效衔接工作，配足配强驻村工作队，完成官坝村村委会办公楼维修。投入26万元，帮助改善基础设施环境和产业项目发展，开展贫困户帮扶对接，完成10万元扶贫消费任务。

【“两网一化”社会治理模式】　从2013年起，牌楼街道建立起“一核多元、互动共治”的“两网一化”（网格化+网络化+信息化）社会治理模式，运用“两网一化”平台，设指挥平台1个、信息平台终端9个、智能操作端56个，形成“大联动、微治理”格局。实施“七每”工作制度，创新落实法治、德治、自治、智治“四治融合”治理方式。

（牌楼街道）

龙都街道

【概况】　龙都街道地处万州城区东部，于2001年12月由原龙宝镇体制调整而设立。总面积25.7平方千米，海拔175～510米。辖岩上坝、红溪沟、大塘边、金港、九龙园5个社区和三吉村，41个居民小组，10个村民小组，常住人口5万人，户籍人口2万人。距万州机场10千米、渝万高铁14千米。辖区内集聚沪蓉高速公路进出口、万州火车站、红溪沟深水码头，是渝东北通江达海最便捷的中转地、万州重要的交通商贸物流中心和工业基地。街道产业布局以工业、商贸、物流为主。工业经济依托万州经开区九龙园重点培育化工、建材、机械、新材料等行业，有万博特铝公司、湘渝盐化公司、华歌生物公司等规模以上企业。商贸业发展有友豪万商城、鑫德利汽贸建材城等八大专业市场，主营家居建筑建材、汽车及零部件、钢材和中药材等。物流业发展有苏商码头、鄂渝桐子园码头等8个深水码头作支撑。

【政治建设】　2021年，龙都街道下属基层党组织（党支部）40个，党员867名。全年表彰优秀共产党员30名、优秀党务工作者7名、先进基层党组织4个。选拔、招录、交流10名社区干部，遴选事业干部1人。建立200人的党员志愿者服务队，300余名机关党员到社区报到。举办以“奋斗百年路、启航新征程”为主题的演讲比赛，召开龙都街道庆祝中国共产党成立100周年大会。完成基层党组织换届选举、社区居委会换届选举，村（居）两委书记主任全部实现“一肩挑”，年龄、学历“一降一升”。选举区党代表3人、区人大代表6人。

【经济发展】　2021年，龙都街道地区生产总值57.47亿元。固定资产投资2.03亿元，财政总收入696万元，一般公共预算收入531万元，城镇居民可支配收入4.58万元；农村居民人均可支配收入1.87万元。规模以上工业总产值15.2亿元、规模以上服务业营业收入4.2亿元、限额以上住宿和餐饮业营业额787万元，限额以上批发和零售业销售额52.59亿元。房地产及固定资产投资1.4亿元。融入“成渝地区双城经济圈”和双河口商圈建设，完善招商引资机制，解决入驻企业在万州建设和发展困难。举办节庆会展活动，龙都花市二期（渝东北花卉博览中心）提档升级，万州友豪万商城市场第二期建设项目加快推进。辖区企业法人单位1098家，个体工商户1793户。有“四上”单位49家，其中规模以上工业4家、限额以上商贸企业35家、房地产3家、建筑业2家。新培育重庆新十年科技公司、重庆太行科技公司等7家农村电商企业；组织人员参加各类电商培训4次；完成17家规模以下数字产业法人企业调查，线上数字经济收入3136万元。新发展区县级公益性农产品市场12家。11家企业成功申报辖区限额以上商贸服务业市场主体培育扶持资金。引进中银富登村镇银行金融服务港湾入驻友豪万商城。

【基础设施】　2021年，龙都街道自筹资金20万元及项目资金180余万元用于三吉村沿吉路提升改造建设项目，硬化农村通组公路3.4千米，建设农村公路生命安全防护栏1.36千米；投入资金10余万元用于农村公路安全防护设施增设、隐患整治以及日常管护。投入3万元完成农村安全饮水运行管护项目，投入20万元完成沙梁水库维修整治工程，投入1万元完成维修养护项目，投入29.83万元完成山坪塘水毁整治工程。

【文化建设】 2021年，龙都街道有文物点4个，其中梯子岩箭楼为区级文物点。街道文化服务中心图书阅览室、电子阅览室、文化娱乐室和多功能室全天免费开放。图书室藏书1.1万册，电子阅览室配备电脑10台。新建职工书屋1个，新购买书籍600余册。辖区有腰鼓队、军鼓队、门球队、佳木斯健身操队、舞蹈队、太极拳队、非遗传承队、象棋队等文艺队13支，全年开展文化宣传、文艺演出、新年登高群众登山、“全民健身月”等活动30余场次。开展农民工电子技术培训、消防知识、金钱板传承等培训50余次，参培300余人次。

文明城区创建。全年累计整改实地考察点突出问题200余项。在龙都大道、厦门大道等主次干道安装灯杆广告375块，安装绿化带插排广告15个、公益景观小品11个、建筑围挡广告6处。开展“创文”集中宣传活动14场次，发放简明读本、倡议书等5万余份。联合区级文艺团队等举办“七一”文艺汇演13场次，联合辖区学校开展“小手拉大手”系列活动。建立党员、青年等10支特色志愿服务小队，开展各类志愿服务活动100余场次。新创建区级“文明家庭”2户。

【社会事业】 2021年，龙都街道有中职院校1所、高职院校1所、中学1所、小学2所、公立幼儿园1所、私立幼儿园5所，年末辖区适龄儿童、少年入学率100%。有医疗卫生机构3个，其中公立医疗卫生机构1所，私立医疗卫生机构2所。居民医保参保率94.86%，其中困难群众参保率100%。开展苍蝇、蚊虫、老鼠、蟑螂等“四害”灭杀活动，对重点场所、重点区域进行登革热传染病消毒，共喷洒药水27次。设置核酸采样点30个，完善大规模核酸检测采样预案3版，开展新冠肺炎疫情防控应急演练2次。新冠病毒疫苗全程接种4万余人，完成率118%。

社会保险参保全覆盖，低保发放984户1499人1148.1万元；新增就业2442人，自主创业贷款112人，发放贷款2275万元。发放特困人员、困难老年人、残疾人等各类救助资金150余万元，发放移民困难慰问金近12万元，发放移民后扶门面扶持资金近120万元。申报困难救助个人1340户、集体853户，发放救助金106万元。

辖区全年城市清扫保洁率100%，拆除存量违法建筑161件4.57万平方米，收取罚没款2件。拆除破损广告800余平方米、破损和不符合标准的门楣600余平方米，移除遮阳棚、雨伞500余处，规范跨门店经营、占道经营3800余处，整治占绿毁绿面积600余平方米。完成高层建筑可燃雨棚和防护网整治工作，整治可燃雨棚1182户5532.63米、突出外墙防护网整治428户552个。开展“楼栋工作日”现场办公会11次，解决群众反映问题83条。通过信访网、群工网办结群众来信来访件，满意率93%。开展反诈骗宣传活动60余场次，悬挂横幅300余幅，发放宣传资料7万余份，与辖区企业签订反诈责任协议120份。推进扫黑除恶专项斗争，召开专题会议5次，开展宣传活动6场次，悬挂条幅10余条，张贴海报200余张，制作安装扫黑除恶举报箱7个。投入消防安全管理奖补资金10万元完善更新社区消防器材；投入5万元采购防汛救灾物资。开展应急处置、消防灭火、地质灾害疏散等演练6次，安全知识集中宣传6次；开展企业安全检查200余次，督促整改隐患80余个。

【环境保护】 2021年，龙都街道设立治超、治限、噪声、扬尘联合检查站，整治违法运输车200余辆。开展露天焚烧、污水偷排、直排、乱排专项检查、长江干流及龙宝河沿线明察暗访720余次。整治完成餐饮油烟企业50余家，取缔燃煤炉灶30余个。清理龙宝河沿岸建筑弃土、垃圾20余吨。处理环保类来信来访案件40余件，处置率100%。

【脱贫攻坚成果巩固同乡村振兴有效衔接】 2021年，龙都街道清理22个扶贫项目资金，形成15个资产项目，涉农财政投入资金659万元。申报高职学生“雨露计划”1人，技能培训送培1人。开展电商直播带货活动6次；发动辖区企事业单位及个人通过电商渠道销售，消费贫困镇乡、贫困户农产品713万元，电商销售额比上年增长20.23%。完成消费扶贫任务5万元。投入9万元进行人居环境整治，在三吉村和九龙园、金港两个涉农社区开展“五清理一活动”集中整治行动。派出3名干部组成驻村工作队助推白羊镇乡村振兴工作。

【龙都花市】 2018年，龙都街道引进重庆绿隆园林工程有限公司投资近千万元创建龙都花市。龙都花市作为渝东北首个大型专门的花卉综合市场，填补行业市场空白。入驻企业35家，鲜花档位100余个，年交易额近亿元。已举办两届迎春花展和1次三峡库区盆景展。2021年，龙都街道启动龙都花市二期扩容升级工程，于11月建成渝东北花卉博览中心，该项目由龙都街道金港社区引进重庆绿隆园林工程有限公司投资，已投资1100万元，占地约5500平方米，以“旧时光·花弄里”为主题，打造园林盆景景观、娱乐休闲、科普展销等为一体的多功能街区。其重在延伸和完善花卉产业链，建设恒温花棚暨会展中心，展

2021年3月14日，市民在龙都花市选购鲜花　（龙都街道　供图）

示各种亚热带花卉，承接各类展会活动，为举办三峡国际花卉节做准备；同时融入科普和培训功能，建成学生科普研学、花艺培训和书画艺术展示基地。

（刘信）

双河口街道

【概况】　万州区双河口街道成立于1998年12月，是万州重要移民安置区，街道办事处位于万州区龙宝大街620号。东与龙都街道相依，南与高峰街道毗连，西与九池街道接壤，北与牌楼街道为邻。总面积22.8平方千米，辖螺蛳包、一碗水、学堂湾、槽房、石梁5个社区和龙宝、万利、永清、石鼓、大榜5个村，户籍人口2.56万人、常住人口5.28万人，基本农田耕地保护面积2.33平方千米。城区居民主要由城迁移民、占地移民、企迁移民、征地农转非及外来购房人员组成，其中三峡移民1.3万人。

【政治建设】　2021年，双河口街道有基层党组织31个，党员961名。新发展党员15名，党员转正8名，培养入党积极分子9名。召开庆祝中国共产党成立100周年表彰大会，表彰优秀基层党组织5个，优秀党务工作者15名，优秀共产党员50名。整顿转化软弱涣散党组织1个，提升螺蛳包社区、宏发实业党组织阵地建设2个，创建市级先进基层党组织1个、区级先进基层党组织1个、非公党组织区级示范点3个。开展10个村（社区）换届工作，选出81名“两委”委员。选举区党代表3人、区人大代表7人。配齐5个村本土人才5名，招聘城市社区工作者4名、专职干部3名。召开街道城市基层党建联席会和各社区党建联席分会24次，实现资源共享14项，与浙江省宁波市甬江街道结对共建。推行“1+1”帮扶机制，5个社区分别和5个村签订结对共建协议。

【经济发展】　2021年，双河口街道地区生产总值24.32亿元，固定资产投资5.05亿元，财政总收入338万元，一般公共预算收入243万元，城镇居民人均可支配收入4.54万元。培育农业企业、家庭农场等新型经营主体各1家、家庭农场8家（其中区级示范2家）、专业合作社23家（其中国家级、市级、区级各1家）。完成3家农业产业化区级龙头企业监测评定工作。发放农机购置补贴25台1.99万元。建成1个农产品产地仓储保鲜冷链设施项目（200吨气调冷库）。申报山地高效型农业产业园1个。协助三峡农业集团在永清村发展智慧农业，建设万州区种养循环高标准示范园。督促指导重庆和厚农业开发有限公司、重庆普汇生态农业开发有限公司、永清观农业开发有限公司等公司生产经营管理，兑现相关村集体及农户分红。新增市场主体365户，其中企业99家；培育“四上”企业5家，其中限额以上商贸企业4家，商贸业销售总额12.62亿元；规模以上服务业企业1家，规模以上服务业营业收入0.87亿元。全年签约项目5个、协议资金1.22亿元、实际到位资金0.51亿元。旅游固定资产投资3000余万元。依托林海集团等汽车销售及相关服务企业，培育汽车销售上下游产业链企业，打造一条龙服务汽车产业链，可提供汽车销售、维修、检测、上户等“一站式”服务。奥迪、宝马、奔驰等汽车品牌入驻辖区。拥有汽车销售企业和门店131家，年销售额23亿元，从业人员逾2000人，年税收3000万元以上。

【基础设施】　2021年，双河口街道配合服务拟投资100亿元万博特铝新材料产业园、总投资7.5亿元青杠塝立交等项目建设；完成双石监狱、厦门大道西二段、永佳路连接道、南京路连接段和青杠塝立交部分征地拆迁安置工作，全年征拆房屋81户、搬迁坟墓300余座，调处施工矛盾和遗留问题70余件次。实施双河组团、双福组团立面整治，完成双河口移民小区和杨柳移民小区统建还房基础设施完善工程（二期）。推进三峡综合物流枢纽、三峡国际农产品集散基地、区妇幼保健院、谭木匠百万件小木制品等重点项目，增强产业配套。修建农村公路生命安全防护栏4.42千米。

【文化建设】 2021年，双河口街道有余彦清墓、一碗水水井等文物点6个。有区级非遗项目李贵郎。图书室藏书1.2万册，电子阅览室配备电脑5台。新建职工书屋1个，购书500余册。有腰鼓队、佳木斯健身操队、舞蹈队、平湖健身龙、空竹队等文艺队20余支，全年开展文化宣传、文艺演出、趣味运动会、演讲比赛、“全民健身月”等活动52场次，逾万人次参与。

【社会事业】 2021年，双河口街道有中学1所、小学1所、公立幼儿园1所、职业学校1所，私立幼儿园7所、中高职私立学校3所。辖区适龄儿童、少年入学率100%。对辖区6名因病因残义务教育阶段学生送教上门。有医疗卫生机构2个。合作医疗参保1.81万人。全年开展社会公众健康教育，宣讲慢病防控、健康知识6次，举办公众咨询义诊活动13次，受教1236人次。开展5轮排查，全年入户排查返万人员2.17万户5.51万人，开展大规模核酸检测演练13次。安排5名干部驻守集中隔离点，接待重点地区返万人员1952人。辖区接种新冠病毒疫苗8.81万剂次。

发放低保金1000余万元。发放临时救助28万余元。完成移民困难补助发放162.36万元，特殊救助（大病及大学生）17.65万元。发放高龄失能人员补贴、残疾人“两项”补贴、长寿金、特困人员补贴等资金100余万元。拨付资金17.5万元改造D级危房5户。审核上报通过廉租房5户。推荐就业信息800余条，新增就业2117人，城镇登记失业人口就业560人，城镇就业困难人员就业254人。有应届未就业高校毕业生52人，51人成功就业。发放创业担保贷款947万元。建设集养老、休闲、休养为一体的智能化养老服务中心，螺蛳包社区创建为全国示范性老年友好型社区。

开展文明城区创建工作，发放宣传资料4万余份，入户问卷2.8万份，开展大整治14次、组织志愿者开展文明劝导和大扫除1100人次。规范整治主次干道、早夜市摊点、校园周边环境、菜市场周边环境。创建龙安路示范街，拆除破旧门楣招牌26个，拆除违规设置遮阳篷盖52处，整治扩建台阶6处，整改空调外机26处。拆除违法建筑136处，建筑面积1.9万平方米。整治突出外墙防护网1829户、可燃雨棚557户3514.73米。

依托“楼栋工作日”、城市“双亮”、老旧小区改造3大载体，推行螺蛳包社区“红丝带”志愿服务精神、槽房社区“产业工人学习社”“居民读书会”、石梁社区“生人—熟人—亲人”三人治理、富康花园“13338”服务群众等治理举措。4月23日和12月7日，富康花园作为市委主要领导在万州调研点和全市政法干部基层社会治理现场会之一，得到市、区两级认可。召开院坝会75场、开展现场活动33次，全年收集问题209个，其中区领导及部门现场办公会解决金石雅苑小区监控设施损坏、双河路与南京路公路破损、轻质建材厂雨污分流、双河路电杆拆除等问题10件，正在推进中9件，街道办结19件，社区办结171件。排查矛盾纠纷办结满意率95%。开展反诈骗宣传活动120余场次，悬挂横幅60余幅，发放宣传资料6万余份，与辖区企业签订反诈责任书300份。打造并申报一碗水社区扫黄打非市级示范点。检查工贸企业411家次，整改隐患622起，行政处罚26家；劝导登记车辆1.3万台；采购储备应急物资、装备13类共48件。紧急转移螺蛳包海事小区、石鼓村地坝坪地灾点安置人口254人，完成道路抢险修复18处、地质灾害抢险修复6处。

【环境保护】 2021年，双河口街道落实河长制，配合相关部门编制细化“一河一策”，开展乱排乱放等专项整治行动。完善林长公示牌。发放臭氧告知书75份。实施超低氮燃气锅炉改造4个，实施汽修店废气处理系统升级改造1家，引导林海汽修有限责任公司新建钣喷中心1个。全年办理12369环保投诉热线、114阳光政务及上级部门转批环保类信访件30件次，按期结案率100%。开展生态文明建设和垃圾分类宣传活动5次，发放各类宣传资料1.5万份。鼓励群众开展村庄清洁和绿化行动，新申报龙宝村为市级“美丽宜居乡村”。

【脱贫攻坚成果巩固同乡村振兴有效衔接】 2021年，双河口街道加强57户脱贫户、3户监测户“两不愁三保障”和安全饮水日常监测；开展扶贫对象动态管理，对脱贫不稳定户、边缘易致贫户、突发严重困难户及时纳入，全年新纳入1户；上报致贫风险点消除2户；完成建卡贫困户车费报销28人。累计完成小额信贷33户60.3万元，户贷率57.89%。辖区党组织与甘宁镇甘宁、高梁、永正和兴国4个村开展“支部手拉手”。

（吴波）

周家坝街道

【概况】 周家坝街道地处万州城区北部核心区域，东与钟鼓楼街道接壤，南与太白街道相邻，西与沙河街道相连，北与天城街道相接，总面积12.28平方千米，常住人口约10万人，流动人口约3.9万人，城镇化率100%。辖周家坝、救兵城、天生城、流水、映水坪、天子路、双堰塘、天子湖、集中、长生河、狮子11个社区，街道办事处驻地万州区黑龙江路50号。万州汽车北站地处城中，交通网发达。辖区自然风光秀美，历史底蕴深厚，有国家级文物保护单位天生城，有狮子山、天仙湖、天子湖等自然风光，有全国特色文化广场心连心广场及万州烤鱼城，形成城在景中、景在城中的格局。辖区有市级特色夜市心连心烤鱼城，主要从事烤鱼类餐饮业，有小舅母子、渝尾巴等13户商家、27个门店。

【政治建设】 2021年，周家坝街道有党支部64个，党员2363名，新发展党员15名，转接组织关系217人次，通过“党课开讲啦”轮训党员3700人次，表彰先进基层党组织11个、优秀党务工作者20名、优秀共产党员90名，颁发“光荣在党50年”纪念章440枚，走访慰问老党员、困难党员170人。加大非公党组织“两覆盖”，排查非公组织1300余家次，单建联建非公党组织22个，完善救兵城社区和长生河社区便民服务中心阵地建设，开展救兵城社区党委软弱涣散基层党组织整顿，实现整顿验收满意率95%。完成11个社区两委换届选举，参选率超90%，全部实现“一肩挑”。选举区党代表4人、区人大代表15人。强化党史学习教育与加强基层党建结合，组织专题学习29次、集中宣讲14次。结合新时代文明实践活动，开展“我文明·靠右行”“文明祭祀劝导”“疫苗接种宣传”“便民服务”。开展“我为群众办实事”实践活动，列出为民办实事清单30项，形成为民办实事长效机制5个。开展“党旗在一线高高飘扬”活动，引导党员为群众办实事4329件。新招录事业单位人员3人，推荐9名博士、1名院士参与区级博士联盟。

【经济发展】 2021年，周家坝街道地区生产总值82.87亿元，固定资产投资15.16亿元，财政总收入6910万元，一般公共预算收入3442万元，城镇居民人均可支配收入4.8万元。晋企隆总部经济平台引进企业5户、个体及个体内资企业48户，年缴纳工商税8833万元。引进德森和昶国际贸易（重庆）有限责任公司注册登记落地。发展规模以上服务业1家、限额以上大个体户1户、内资企业296家，个体工商户911户。发展文旅产业，天生城大遗址公园建设项目完成投资1370万元，三峡海洋世界完成投资5000万元。渝万传媒集团三峡新媒体青创孵化基地项目完成投资1200万元。

【基础设施】 2021年，周家坝街道完成万州区天生城移民安置小区综合帮扶项目（二标段）建设，投资500余万元；万州区周家坝城镇移民安置区综合帮扶基础设施和功能完善工程开工建设，投资500余万元；完成万州区周家坝街道移民安置区关破企业小区居住环境改善工程项目申报工作，计划投资3432万元；完成万州区三环路内侧农村移民联户自建还房外侧安全防护工程和万州区天城滨江路15号、16号、29号移民房后侧安全防护工程项目申报和工程施工招标工作，计划投资580万元；完成天津市对口支援流水社区养老服务中心适老化改造项目申报工作，计划投资100万元；启动对口支援映水坪社区基础设施及功能完善工程项目前期申报工作，计划投资380万元。建立老旧小区项目储备库，按编制计划实施改造，总投资660万元，实施万州区2021年周家坝街道老旧小区改造工程，周家坝街道天海苑、君宅花园等小区旧改项目和天城东路666号老旧小区改造提升。

【文化建设】 2021年，周家坝街道有文物点6个，其中，天生城为国家级文物点，狮子寨防空炮台为区级文物点。有市级非遗项目万州烤鱼技艺。全年开展送文艺演出进基层活动4场次，各类培训18场次；制定广场活动文明公约，规范广场文化活动。文化活动室全天免费开放，年接待9000余人次。

【社会事业】 2021年，周家坝街道有中学3所，小学3所，幼儿园17所，年末教师1072人，学生1.7万人，辖区适龄儿童入学率100%。6所幼儿园托幼一体化建设已完成，每月对孤儿、事实无人抚养儿童开展探访巡查，覆盖率100%。辖区有医疗卫生机构9个，街道和11个社区居委会成立公共卫生委员会，指导辖区卫生健康工作，通过第三批建设国家级慢性病综合防控示范区复评。开展慢病防治知识宣传培训讲座7次，开展义诊宣传14次。悬挂横幅130幅，发放宣传资料5000余份，

周家坝街道心连心广场 （周家坝街道 供图）

受教人数2800余人。特扶家庭签约家庭医生121人，65周岁以上老年人家庭医生签约12449人。完成宫颈癌筛查902人、乳腺癌筛查602人、孕前优生健康检查89对。开展大规模核酸检测应急演练60余次，免费采样9561人次；准备辖区58个大规模人群核酸采样点的物资、网络信息设备、人员、场地。辖区居民新冠病毒疫苗累计完成第一剂接种8.03万人，第二剂接种7.66万人，第三剂接种3.2万人，完成加强针接种1.26万人。

城乡合作医疗集中参保3.46万人，参保率95%。累计发放低保金711万元、特困人员供养金30.46万元、临时救助金37.79万元、未成年人基本生活补助6.21万元。落实再就业优惠政策，全年新增就业2941人。完成街道养老服务中心、11个社区养老服务站建设，社会化运营率100%。映水坪社区建设为2021年市级企业退休人员社会化管理服务示范社区点。燕湾小区退伍军人志愿服务队获2021年度“重庆市最美退役军人”称号。

督促市场化公司加强全域环境卫生作业，建成分类垃圾亭32个、智能垃圾亭2个。全年累计规范辖区占道经营、跨门店经营、车载售物摊点6800余个，清理乱堆码2000余处，拆除违规横幅标语、喷绘广告、破损广告等违规广告230个，创建黑龙江路、名亨路2条市容交通秩序示范道路。完成违建治理任务7.26万平方米。构建服务群众网络体系，推进“互联网+基层治理”模式，升级完成网格化信息服务平台。开展“楼栋工作日”，召开现场办公会14次（其中区领导参加7次）、座谈会92次，接待群众1万余人次，收集解决群众反映强烈难事、愁事。建立新时代文明实践储蓄所14个，开创“新时代文明实践”线上运行平台。试点“渝事好商量”协商平台。推进“扫黑除恶”专项斗争，辖区刑事案件比上年下降18.02%。开展干部“大接访、大下访”活动，新矛盾化解率100%。开展辖区吸毒人员“社区戒毒”康复工作，创建渝东北片区社区戒毒社区康复指导站示范点。梳理辖区内涉及符合检查要求企业单位，建立“一单两库一细则”动态管理机制，涉企行政执法检查150次。强化天然气管道、交通运输等领域监管执法，检查企业79家次，下达安全检查执法文书79份，发现安全隐患75处，整改完成75处。会同周家坝派出所、周家坝市场监管所、区消防救援支队开展安全生产执法清零行动，下达处罚10次，联合共处罚金3.9万元。完成辖区142栋高层无水消防设施改造，排查梳理安全隐患76个。在映水坪社区新建应急物资分库。推进三年行动集中攻坚，防范化解重大安全风险，全年无较大及以上安全生产事故。

【环境保护】 2021年，周家坝街道开展大气污染防治攻坚战，改善辖区环境质量。落实第一轮中央生态环保督察回访意见整改1件和第二轮中央生态环保督察“回头看”问题整改，涉及16件督察交办件已全部销号，妥善处理环保投诉600余件。空气质量优良天数超330天。落实河长制，开展“三乱”整治专项行动，强化日常巡查。

【脱贫攻坚成果巩固同乡村振兴有效衔接】 2021年，周家坝街道成立乡村振兴驻村工作队，选派3名机关干部到恒合土家族乡八一村和水口村工作，落实驻村工作保障，全年投入乡村振兴工作经费30余万元。

（周家坝街道）

沙河街道

【概况】 沙河街道位于万州区城郊接合部，东倚天城街道，西连太白岩街道，北邻高梁镇，南接周家坝街道。总面积11.2平方千米，建成区面积4平方千米，耕地面积2.32平方千米。辖万斛、安乐、孙家、上坪4个行政村和凤仙路、申明、沙河、花青路、落凼、玉城6个社区，81个村（居）民小组，户籍人口1.82万人，常住人口4.31万人。建有万州经开区天子园，入驻三峡技术纺织公司、雷士照明公司、长安跨越公司等大型企业，有规模以上工业企业30家。辖区交通便利，318国道交通线横穿其中，距五桥机场15千米、万州高铁北站1千米、万宜高速路入口1.2千米。

【政治建设】 2021年，沙河街道有党组织33个，党员718名。新发展党员7名、预备党员11名、积极分子24名，新成立天子园物业公司党支部，玉城社区党支部调整升格为党总支。办结民生实事21件，组织微宣讲210场次，受众8000余人次。整改政治巡察和经济责任审计反馈问题5类67个。完成村（社区）“两委”换届选举工作，10个村（社区）全部实现书记、主任“一肩挑”。街道新一届领导班子调整到位，选举产生区第六届人大代表6名。街道妇联、工会等群团组织完成换届选举。

【经济发展】 2021年，沙河街道地区生产总值31.44亿元，街道规模以上工业总产值6.24亿元，固定资产投资4.23亿元，财政总收入4608万元，一般公共预算收入2289万元。农村居民人均可支配收入2.1万元，城镇居民可支配收入4.53万元。批发零售业销售总额1.11亿元。新增个体工商户193户，新增内资企业70家。

【基础设施】 2021年，沙河街道投资148万元，新建孙家村与三清村公路连接桥（桥长16米）。整治农村公路路面、公路沿线设施、安全标识标牌以及临水临崖、陡坡、弯道等重点路段隐患43处，新增凸面镜19个、安全警示标志18个，治理农村公路边坡下滑1处，公路路基塌陷1处，安装公路生命安全防护栏1.36千米。投资50万元，实施万斛安全饮水工程。投资70万元，修复羊叉河河堤280米，疏浚清淤河道2.5千米，整治排洪沟50米。完成国有土地征收149户1.62万平方米。筹资650余万元，整治银湖鞋业、天子园公租房、田坝水泥宿舍、玉城家园足球场、申明坝菜市场等7个老旧小区周边环境。投资102万元，新建申明社区便民服务中心430平方米。统筹资金10万元，升级完善孙家村便民服务中心功能。新建玉城家园运动场2000平方米，其中足球场800平方米、健身场地1200平方米。投资100万元，新建万斛休闲观光长廊1千米，修建完善沙河文化广场舞台150平方米，新增健身器材18套。

【文化建设】 2021年，沙河街道有万斛村万斛寨、孙家村石刻、玉城社区蛮子洞文物点3个。有区级非遗项目乌龟石的传说。有区图书馆沙河分馆、区文化馆沙河分馆、社区图书馆10个，每日免费对外开放；文化健身广场12个3000平方米，有篮球场、乒乓球场10个。有腰鼓队、彩船队、坝坝舞队各10支，组建女子军乐队、木兰拳队等特色文娱队伍5支。全年开展中国共产党成立100周年庆祝活动文娱演出12场次，送演出下乡4场，观演人数5000余人次。

【社会事业】 2021年，沙河街道有中学1所，小学2所，幼儿园6所，年末教师122人，学生2114人。协助万州金陵中学（一期）建成招生，该校由万州第二高级中学领办，计划招生18个初中班，首年秋季开学共招生6个班304人。辖区适龄儿童、少年入学率100%。有医疗卫生机构18个。居民医保参保率100%。全年开展社会公众健康教育8次，宣讲慢病防控、健康知识33次，举办公众咨询义诊活动12次，接受健康教育1.5万人次；开展精神卫生宣传教育12次，受教135人次。开展家庭医生签约，签约常住人口2103人；开展乳腺癌筛查220人、宫颈癌筛查339人。排查从中高风险地区来万返万人员1500余人，登记在外务工人员1975人。建立大规模核酸检测采样点20个，编制完善大规模核酸检测应急预案，开展核酸应急演练20场次。完成新冠病毒疫苗接种7.93万剂次，符合条件人群应接尽接。

新增城镇就业人员1874人，离校未就业高校毕业生、困难大学生就业率100%，无“零就业”城镇家庭；审报、审批就业再就业小额贷款25人495万元，养老保险续保245人、新增68人。发放城镇低保金115.96万元、农村低保金73.2万元。全年累计发放困难家庭临时救助、特困老人供养、优抚对象抚恤补助、因灾困难补助、计生特扶等170余万元，帮扶230余人次。创建全国示范型退役军人服务站。走访慰问计生特扶对象39户，发放慰问金1.2万元。

拆除违建面积1.4万平方米，创建市级无违大道1条、区级示范街1条。整治可燃雨棚1160米、逃生窗口669个。办结“12319”案件3500件。推行生活垃圾分类，建成农村生活垃圾分类示范村4个，新改建垃圾亭42个。开展“楼栋工作日”、城市基层党建联席会，全面推行“三事分流”“四事五议”工作方法，现场办公议事53次，调解处理各类矛盾纠纷。开展全民反诈专项行动，全年发生电信诈骗案件31件，比上年下降53%。开展安全检查154次，发现、整治安全隐患61处。投入5万元，新采购帐篷、橡皮筏、安全绳等防汛抗旱物资，组建200余人民兵应急队伍。开展地质灾害防治“雨前、雨中、雨后”三查工作，上传信息112条，排查隐患点16处。开展单点及联合应急演练14场次，累计参与人数1.2万人。

【环境保护】 2021年，沙河街道打击企业偷排直排乱排污水、废气废物、露天焚烧等现象，关停散乱污企业27家、整改安装油烟净化设施餐饮57家，处理环保投诉11件，环保投诉比上年下降62%，案件处置回复率100%。耕地保有量0.92平方千米，化肥、农药使用量减少1%，秸秆还田、农膜回收率超80%，畜禽养殖粪便实现零排放。辖区9家企业办理排污许可证，12家企业完成非道路移动机械环保编码登记。全年两级河长共巡河896人次。

【脱贫攻坚成果巩固同乡村振兴有效衔接】 2021年，沙河街道落实脱贫攻坚“四个不摘”要求，保障教育、医疗、住房、饮水等民生普惠性政策落实。全年提供全日制公益性岗位7个、非全日制公益性岗位9个，落实务工交通补贴62人1.06万元，完成消费扶贫5.1万元。开展各类问题整改“回头看”，建立健全易返贫致贫人口常态化监测和动态管理机制，开展全面排查3次，发现整改问题5个。选派3人脱产驻村帮扶分水镇辣子村。村集体经济组织收入全部突破5万元，实现粮食种植0.5平方千米、产量260吨，蔬菜种植0.59平方千米、产量950吨，出栏生猪4550头，新发展小水果面积0.14平方千米，培育致富带头人10人。

【万斛城遗址打造】 万斛城遗址位于沙河街道辖区，建于清咸丰年间，距今160余年，因土地肥沃盛产粮食而得名，其廊道东面绝壁凌空，可俯瞰万州主城风貌，现存前、中、后3座城门和部分城墙，面积1.73平方千米，其中核心区面积0.69平

沙河街道万斛城　（沙河街道　供图）

方千米。万斛城城中现有人口236户676人，地质条件优越，是万州区自然生态屏障和重要景观之一。2021年，万州区对万斛城遗址进行挖掘打造，主要实施万斛寨古城墙廊道建设项目，新建文化休闲长廊1千米，修建登山便道2千米，修复城墙遗址和炮台嘴1个。

（吴佳妮）

钟鼓楼街道

【概况】　钟鼓楼街道在2004年由原钟鼓楼街道和枇杷坪街道合并而成。地处三峡库区腹心，万州城区东大门，东与大周镇相邻，南与万州区政府隔江相望，西邻周家坝街道，北与天城街道接壤。总面积38.7平方千米，耕地面积12.24平方千米，辖八角井、丰收、棉花地、幸福、陶家坪、枇杷坪、玉安、富祥、桑树、双溪、百步11个社区和都历、驸马、吊龙、大团、抗建、小岩6个行政村，户籍人口7.3万人（其中城镇人口4.5万人、农村人口2.8万人），常住人口10.6万人，移民搬迁安置总人数4.6万人。主要依托江湾组团连接高铁片区区位优势，以北滨路美食街、北山大道商贸街为载体，打造以商贸服务、特色餐饮、楼宇经济、金融等现代服务业为主的城市经济重要板块。

【政治建设】　2021年，钟鼓楼街道下属基层党组织（党支部）71个，党员2391名。全年发展党员16名，按期转正14人。召开庆祝中国共产党成立100周年表彰大会和文艺汇演，表彰优秀共产党员100名、优秀党务工作者20名、先进基层党组织7个。获区级表彰个人4名、先进集体2个。开展村（社区）“两委”“两代表一委员”换届选举工作，17个村（社区）全部实现书记、主任“一肩挑”。辖区5.36万名选民参加人大换届投票选举，参选率92%，选出区级人大代表17名，完成区六届人大换届选举工作。公开招聘社区专干、专职社区工作者16名，储备后备干部人选34人。组织各类培训200余人次，全覆盖开展村（社区）干部培训369人次，召开青年干部专题座谈会1次。发挥城市基层党建联席会议作用，提档升级小岩村、都历村2个阵地政治能力，整顿提升枇杷坪社区基层党组织软弱涣散问题，创建国瑞天街等“红色物业”试点小区2个，新建非公党支部2个。结合新时代文明实践活动，开展“我文明·靠右行”“文明祭祀劝导”“疫苗接种宣传”“便民服务”等新时代文明实践活动，参与人数500余人，受众4万余人。

【经济发展】　2021年，钟鼓楼街道地区生产总值49.27亿元，规模以上工业企业产值1.03亿元，比上年增长2.67%。固定资产投资8.08亿元，一般公共预算收入7583万元。农村居民人均可支配收入1.95万元，城市居民人均可支配收入4.85万元。

稳定土地流转及规模经营耕地面积5平方千米。粮油作物播种面积25.33平方千米，产量7500吨。新培育发展种养大户5个、家庭农场3个、农村电商5家。深化产业结构调整，发展壮大集种植、加工、销售为一体的无花果产业，巩固2平方千米古红橘、1.33平方千米无花果、1.33平方千米无公害蔬菜等特色效益农业发展，特色效益农业总产值1.78亿元。全面投产“双百亿”生态猪项目，新增产能1.2万头，农村集体经济分红55万元。

北滨路美食街辐射北滨路三段和北山大道，依托建筑群体形成全长约6500米的商业街区，入驻各类餐饮、休闲娱乐、金融企业587家（尤德福广场35家、国瑞天街31家、北滨路199家、北山大道322家）。临江的音乐广场、南门口广场独具特色，多次举办三峡江滩音乐季等大型活动。全年新培育入驻山水溶洞火锅、欧若拉酒吧、康特口腔等企业16家，新培育飞儿串串、楠火锅等限额以上大个体户5户。持续推进钟鼓楼大市场、财富中心、国瑞天街等综合经济楼宇提档升级。至年末，辖区民营经济市场主体961家，民营企业253家。

打造以康寿无花果基地、梦林山庄、舵鸡石院子为引领的乡村休闲旅游示范基地，持续举办樱花节，规划推进近郊关口字库塔、陈家花园石刻群修缮改造，发展近郊文化休闲旅游。2021年3月，钟鼓楼街道大团村万州无花果基地生态园举办万州区第五届樱花文化旅游节，日接待游客在5000人以上，带动当地农民工就业100余人，带动当地农户经营农家乐50余家，吸引20多户小商品商户到园区内销售商品，该基地被评为重庆市市级休闲农业与乡村旅游示范点。

【基础设施】 2021年，钟鼓楼街道推进农村基础设施建设，投资206.79万元，实施“母亲水窖”项目，安装公路生命安全防护栏6.28千米，保障800余人饮水安全和5000余人出行安全。服务保障万州长江二桥北桥头至高铁连接道、万一中至驸马片区库岸及消落区综合整治工程临时用地及补偿等全区重点项目建设，全年拆除农房554户、企业6家，拆除房屋9.93万平方米，兑付补偿资金3.5亿元，依法化解因项目建设使用企业土地而产生的矛盾纠纷和小区居民反映突出的噪声、粉尘扰民问题等纠纷，确保重点项目推进。

【文化建设】 2021年，钟鼓楼街道有文物点26个，其中，关口字库塔、大佛寺等区级文物点8个。有区级非遗项目三峡空竹、春节习俗。全年开展“全民阅读”“图书下乡”“读书比赛”等文化活动16场次，为6个村“农家书屋”续配图书；开展街道“全民健身月”系列活动，组织群众开展体育健身活动4次、职工健身比赛2场次。

【社会事业】 2021年，钟鼓楼街道有幼儿园13所，在校学生3345人，在职教师354人；中小学5所，在校学生8749人，在职教师524人，辖区适龄儿童、少年入学率100%，万州第一中学初中部区域被打造为中华传统文化主题街区。有医疗卫生机构8个。全年开展社会公众健康教育，宣讲慢病防控、健康知识11次，举办公众咨询义诊活动17次，接受健康教育1771人次；开展精神卫生宣传教育130次，受教946人次；开展慢病防治知识宣传培训10余场，受教人数1800余人。社区卫生服务中心开展家庭医生签约，签约常住人口3.09万人；开展乳腺癌筛查600人、宫颈癌筛查900人。开展4轮滚动社区排查，排查58万人次，排查出中高风险区到万返万人员2.29万人次，对2318名国内重点地区和112名境外返万人员落实健康管理措施。加强重点场所重点人员管理，累计开展定期核酸检测2645人次。修订完善《钟鼓楼街道大规模人群核酸检测工作预案》，设置大规模核酸采样点60个，开展大规模核酸检测应急演练26次。累计接种新冠病毒疫苗20.56万剂次。

有农村五保、城市三无、城乡孤儿及困境儿童、残疾人等群体共236户。全年，落实城乡低保金1393万元，保障困难群众1398户，落实城镇移民困难补助、农村移民后扶直补、五保供养等救助金1625万元，开展残疾人技能培训57人。社会保险累计参保5.25万人。新增城镇就业人员2835人，贫困毕业生就业率100%。发放创业担保贷款2280万元。辖区有养老服务机构11个，床位1200余张，入住老人700余人，新建玉安社区养老服务中心1个，新增床位150余张。创建八角井、丰收社区2个全国示范型退役军人服务站。

全年拆除新增违法建筑392.72平方米、存量违法建筑1.76万平方米，罚没处理违法建筑920.5平方米。实施老旧小区改造工程，对蓝盾花园、鸡冠梁一巷、富华苑等小区改造升级，老旧居民楼安装电梯8部，整治无水高层建筑消防安全8栋，集中整治消防通道12次。拆除可燃雨棚758户4075.6米，整治突出外墙防护网244户。持续开展城市“双亮”工作，打造大团舵鸡石院落、抗建地灾安置点、万州区电子信息工程学校校企融合发展项目、雅韵教育等一批“双亮”点。推进民生工程建设，结合“我为群众办实事”实践活动，落实枇杷坪广场噪声污染综合整治、无大修基金无水高层建筑消防安全隐患整治等民生实事24件，惠及群众3万余人。桑树社区廉租房小区和大团村成为2021年重庆市加强和创新社会治理、全区防溺水工作现场观摩点，山水国际·好望江小区被授予“市级安静居住小区”称号。全年调解矛盾纠纷40余件，解决突出信访问题36件。开展“楼栋工作日”，整改群众反映问题85件。持续推进扫黑除恶专项斗争，全年破获侵财案59起，查处治安案件197件。开展联合执法检查18次，整改安全隐患114处，落实41个地灾隐患点、54个高切坡、13户临水房屋安全监测，开展抢险救灾应急演练37场次，开展农村道路交通劝导执法1.75万次。

【环境保护】 2021年，钟鼓楼街道深入开展环保五大行动，中央环保督察案件整改成果持续巩固，坚持河长制常态巡河1513人次，回收废弃农膜96吨，整治偷排漏放企业1家，制止露天焚烧秸秆108起，劝导江边洗衣250余人次，整改餐饮油烟污染防治企业147家。持续实施“三清一改”和村庄清洁行动，改造农村厕所50户、D级危房户10户，打造示范院落1个；设立农村生活垃圾分类点227个，投放垃圾分类桶800个；打造绿化示范点1个，植树1.2万株。

【脱贫攻坚成果巩固同乡村振兴有效衔接】 2021年，钟鼓楼街道建立防止返贫动态监测帮扶机制，全年对脱贫人员培训帮扶328人次，就业帮扶62人，发放小额信贷6户30万元、外出务工交通补贴15.09万元，安排公益岗位就业26人。全年累计消费扶贫12.4万元。

大团村无花果产业园　　（钟鼓楼街道　供图）

【无花果产业园】　钟鼓楼街道无花果产业园位于大团村4组、6组，始建于2005年7月，占地面积1平方千米。园区集农业观光、农副产品加工、乡村旅游为一体，是市级休闲农业与乡村旅游示范点。有无花果种植基地0.67平方千米，加工厂房960平方米，全机械化无花果干生产线2条，实行“公司+基地+农户”产业模式，采取租用、流转、入股等方式带动周边300余户农户种植增收，解决本村30余名群众就地就业问题。新建电商平台1个，实现网络销售增收。园区内另有樱花、牡丹、梅花等观赏花卉，每年定期举办“樱花节”，年接待游客5万余人，被评为万州区科普教育基地。园区内康寿无花果开发有限公司被评为市农业产业化龙头企业。2021年，钟鼓楼街道获浙江省宁波市政府对口支援，引进“鱼菜共生”项目落地该产业园。

（何其琪）

百安坝街道

【概况】　万州区百安坝街道成立于1998年12月，因地势平缓，百业兴旺，百姓安居乐业而得名。东与长岭镇接壤，南与新田镇相邻，西临长江与龙都街道隔江相望，北与陈家坝街道、五桥街道相连。海拔206～568米，耕地面积2.49平方千米，森林面积2.67平方千米，森林覆盖率45%。总面积15.8平方千米，城区面积9.38平方千米，辖百安、张家湾、乐居苑、庆宁、天台、学府、程家、尖峰岭、扁寨、三洲10个社区和天星、保安2个行政村，街道办事处驻地万州区学府路666号，常住人口13.7万人。辖区交通便利，距万州区行政中心5千米、机场7千米、火车站3千米、红溪沟深水码头2千米、万渝高速入口2千米、万利万忠高速长岭互通出口2千米。

【政治建设】　2021年，百安坝街道党工委直属党组织88个，党员1804名。完成村（社区）“两委”换届工作，“两委”干部学历、年龄实现“一升一降”。新进“两委”成员28人，新任村居党组织书记7人。组织辖区20个基层党支部按期换届。选举区人大代表17名。

【经济发展】　2021年，百安坝街道地区生产总值70.2亿元，固定资产投资10.05亿元，财政总收入1363万元，一般公共预算收入655万元，农村居民人均可支配收入1.98万元，城市居民人均可支配收入4.82万元。依托百安微企孵化园，利用现入驻4个招商平台功能，发展总部经济。累计招商企业447家，其中有限公司72家、个人独资197家、个体工商户178户，新引进招商平台2个。新入库限额以上商贸企业2家、规模以上服务业2家，工商新增注册企业195家、个体户1228户。发展文化产业，培育发展年营业额500万元以上规模以上文化企业1家。深化农村集体经营性资产股份合作制改革，完成农村集体经济组织成员1349户4269人系统录入工作。实施3个单元村集体经济生态猪养殖场项目建设。在建成柠檬、油橄榄等4个基地基础上实施近郊“农旅”“研学”开发，投资500万元推进油橄榄观光园建设，落实产业发展扶持金16.05万元实施枸杞芽菜产业项目。

【基础设施】　2021年，百安坝街道三洲社区便民服务中心完成主体工程建设；学府社区农贸市场升级改造项目有序推进，商业步行街、药膳一条街项目完成勘测工作。完善农村道路交通安全“三化六体系”建设，完成天星村、保安村“四好农村路”建设，安装农村公路生命安全防护栏1.3千米。完成星光上院、天星南二路、回龙南二路、万州区上海医院项目、沱口污水处理厂等征地拆迁工作，全年签订人员生产安置及房屋补偿协议118户，企业搬迁协议15家，拆除面积4.34万平方米，搬迁坟墓153座，确保区级重点项目如期推进。

【文化建设】　2021年，百安坝街道有文物点3个，其中扁寨石刻为区级文物点。有清和桥的故事、彩船舞等区级非遗项目3个。组织专业人士深度走访挖掘文化底蕴，形成百安坝文化挖掘工作调研报告。升级文化服务中心服务功能，建成万州区第一批特色文化服务中心、万州区图书馆分馆、万州区文化馆分馆、万州区第一批曲艺传承基地，开设有声图书馆，更换图书3000余册。对外免费开放川东竹琴、百花舞蹈队、排舞广场舞、健身男子球队、唱歌班、亲子活动等6项活动，设立公示牌，按时错峰开展活动。

【社会事业】 2021年，百安坝街道有重庆三峡学院等高等院（职）校4所，中学、小学、幼儿园12所。辖区6～14岁适龄儿童、少年入学率100%。有医疗卫生机构5个。持续推进卫生健康工作万州实践，落实专人监管企业职业健康安全，推进托幼一体化建设。累计走访摸排5万余人，其中重点地区到万返万人员1600余人、市外返万人员5800余人、境外人员239人，按要求落实健康管控措施。开展全员核酸检测应急演练13次。强化应急物资储备，采购储备防疫物资50万余元。共接种新冠病毒疫苗11.71万针次。

新增城镇就业2900人，贫困高校毕业生就业率100%。审批小额担保贷款申请491人次，申报贷款金额8000万元。发放低保、大病救助、特困人员丧葬补贴等各类救助资金700万余元，惠及困难群众1100人。辖区幼儿园推进托幼一体化建设完成托位145个，帮扶辖区2名孤儿和9名事实无人抚养儿童。建成社区养老服务站6个，完善社区养老服站点社会化运营协议，完成100户居家适老化改造任务，按时发放经济困难失能老人、经济困难高龄老人养老服务补贴和90岁以上老人长寿金补贴。建卡贫困户居民医保参保率100%。完成残疾人“两项补贴”申报审查635人，发放补贴资金54.4万元。对计生特别扶助对象126人、计生奖励扶助对象295人进行补助申报，计生一次性奖励申报424人，审批办理生育证348人、再生育证15人、独生子女证106人。

落实“马路办公”“五长制”等城市综合管理工作机制，街道领导现场办公20余次，处理问题60余起。235名网格员入户走访11500户，收集解决社情民意170余条。创建市容秩序规范化管理示范路2条。整治辖区闲置土地0.53平方千米。制止、拆除新增违法建筑50余起，拆除存量违法建筑404件1.51万平方米，完成违建罚没1976.75平方米86.98万元。完成可燃雨棚整治303户3635.85米；整治突出外墙防护网1185户1185个。引导新成立业委会2个。配备楼栋长372名、网格员80名，推动工作重心下移，解决涉及群众切身利益难点、热点问题。天台社区被评为第八批“全国民主法治示范村（社区）”。配备巡逻队员38名、巡逻车5辆，累计开展夜间治安巡逻410余次，调解矛盾纠纷35起，辖区刑事案件发案率比上年下降42%。摸排辖区麻将馆、酒店、网吧等重点场所5次、开展集中宣传12次。

宣传动员辖区居民开展燃气安全隐患排查，开展单位食堂燃气报警装置安装工作；开展消防安全排查走访单位1238家，危化物品隐患排查56次，烟花爆竹执法检查8次。开展消防、地质灾害等应急救援演练12次。规范设置农村交通安全劝导队，开展村级道路交通安全检查138次，检查车辆1480辆，查处、纠违802起。

【环境保护】 2021年，百安坝街道争取项目资金66万元实施农村饮水安全巩固提升工程和农村安全饮水运行管护。开展大气污染防治，制止烧垃圾、烧秸秆、烧落叶“三烧”行为500余次，督促200余家餐饮店完成油烟整改，关闭取缔涉气散乱污中小微企业4家，禁止燃煤使用2起。实施“两岸青山·千里林带”生态修复工程0.3平方千米，森林防火检查宣传站点建成率100%。建立废弃农膜回收点，回收废弃农膜5.85吨。

【脱贫攻坚成果巩固同乡村振兴有效衔接】 2021年，百安坝街道召开研究部署巩固脱贫攻坚成果促乡村振兴工作专题会21次，26个涉农整合扶贫项目全部完工，655.6万元项目资金均按进度支付；派驻第一书记和驻村工作队帮扶龙沙镇马岩村，

2021年4月，百安坝街道居民参与“黄葛树之声”活动（百安坝街道 供图）

投入帮扶资金15万元；走访慰问帮扶困难群众300余户，发放慰救助资金12万元。

【"黄葛树之声"基层治理品牌】 百安坝街道首创推出"黄葛树之声"基层治理品牌，通过"五子"治理机制（一面旗帜、一个台子、一把尺子、一顶帽子、一大家子），推动街道治理同社会调节、居民自治良性互动，有序推进老旧小区改造、文明创建、违建整治和安全维稳等工作，提高辖区基层治理能力，提升辖区居民幸福感，成效较为显著。"黄葛树之声"品牌被市级点名、区级推广，街道基层治理工作作为样本多次接受市区两级观摩、被《人民日报》采访报道，2个社区获"全国民主法治示范区"国家级表彰。

（刘莉）

五桥街道

【概况】 五桥街道地处万州长江南岸城乡接合部，东与长岭镇相通，南与百安坝街道相邻，西与陈家坝街道接壤，北与太龙镇相接。属亚热带季风性气候，平均海拔380米。总面积25.7平方千米，其中建成区面积4.5平方千米，耕地面积8.3平方千米，森林面积8.67平方千米，森林覆盖率41%。辖长龙、莲花、香炉山、五间桥、万石桥、民安、龚家、石人8个社区和民强村，街道办事处驻地万州区上海大道698号。总人口4.97万人，其中户籍人口2.84万人，城镇人口2.29万人，农业人口0.55万人。2018年10月，五桥街道整体被划入江南新区开发建设管理，是江南新区高新技术产业园主战场，是万州城市拓展区之一和万州城郊生态高效农业规划区之一。辖区交通便利，万宜铁路、万利高速公路、万忠高速公路、318国道横贯境内，距万州机场5千米、红溪沟码头3千米，长回路、回龙路、回龙南二路、回龙中路、纵二路二标段建成投用，白岩寨公园一、二期完工投用。街道紧扣建设"高新技术产业和宜居新城"发展战略，把高新技术、城市商贸、乡村旅游、特色农业作为产业发展的主攻方向，打造芦家坝高新技术产业园，发展城郊型特色农业产业，无公害蔬菜、优质水果等产业基地已成规模。

【政治建设】 2021年，五桥街道有党组织50个，党员903名。全年发展党员7名，按期转正5人。召开庆祝中国共产党成立100周年表彰大会和文艺汇演，表彰优秀共产党员51名、优秀党务工作者12名、先进基层党组织7个。有区人大代表7人。召开以案促改专题工作会议4次，查找村级财务、工程问题28个，梳理廉政风险点31条，开展村级财务专项治理，完善制度，开展新任村（社区）干部财务管理、廉洁纪律培训。完成村（社区）"两委"换届工作，选优配强村居"一肩挑"人选9人，选举产生新一届村（社区）"两委"班子成员75人，实现学历、年龄"一升一降"。

【经济发展】 2021年，五桥街道地区生产总值23.6亿元，固定资产投资4.14亿元，一般公共预算收入158万元，农村居民人均可支配收入1.94万元，城市居民人均可支配收入4.4万元。限额以上商贸业批发零售总额9.64亿元，增长18%。农作物种植面积8.14平方千米，测土配方施肥技术覆盖率99.1%，推广使用配方肥68吨、有机肥130吨；畜禽粪污养分利用率75.3%；农作物秸秆养分还田率60.7%。巩固发展农业企业5家、农家乐2家。发展粮油、畜禽、蔬菜、生猪养殖四大保供产业，巩固民安、民强无公害蔬菜基地2平方千米。生猪存栏5891头、出栏7518头，出栏家禽3.58万羽。建设生态猪养殖8个单元，完成民强金鼎生猪养殖场升级改造。新建优化蔬菜基地2.67平方千米，优化发展玫瑰香橙基地0.8平方千米、名优小水果基地0.33平方千米、花椒基地1.33平方千米。0.67平方千米标准化高效特色果园有序建设。辖区规模以上工业企业产值10.57亿元，比上年增长27%，规模以下工业样本企业增长21%。辖区工商企业1506家。全年新增民营企业72家、个体户249户，累计规模以上企业21家（工业企业11家），其中街道级5家。引进重庆旺根供应链管理有限公司，协议资金5000万元，注册资金1000万元。

【基础设施】 2021年，五桥街道争取农业、交通、移民等资金2000余万元，硬化改造公路21千米，安装公路生命安全防护栏4千米，道路通畅率和通达率100%。安装民安社区人饮管道7千米，整治山坪塘2口。投资242万元，完成小城镇提升项目3个，建成老街文娱场所1个，停车位10余个，安装路灯10余盏。建设龚家老屋院子和民强村文化体育广场旅游厕所2座。完成农村电网改造。协调处理白岩寨公园二期建设、纵二路二期、回龙路等工程用地事项，涉及青苗补偿6.67万平方米，搬迁坟墓80余座，拆除居民搭建菜棚20余个300余平方米，协调施工用地纠纷10余起，保障重点工程建设顺利施工。

【文化建设】 2021年，五桥街道有文物点6个，其中五间桥为区级文物点。有"千斤石"的传说等区级非遗项目2个。有街道文化服务中心1个，区图书馆分馆1个，区文化馆分馆1个，社区综合文化服务站8个，农家书屋1个，乡情陈列馆2个。全年购置室外乒乓球台3个，健身器材2套，篮球架1套，建成民强村新农村广场五人制足球场2个，

五桥街道白岩寨公园 （牟丹 摄）

米。拆除存量违法建筑34件7872平方米，制止新增违建50件2076.6平方米。群众工作系统来件办结率超97%，满意度98%。开展社会治安重点整治地区专项整治，打击处理违法犯罪2起、侵财案件9件，查处治安案件12起，化解居民矛盾纠纷45件。打击疫情防控期间各类违法行为，依法查办案件24件。开展安全生产和自然灾害防治联合执法检查25次，下达责令限期整改指令书23次，复查整改23次。处置“8·6”三雄极光巨石滚落突发事件。开展道路交通宣传12次，检查车辆2900余辆，纠正、处理违章操作车辆80辆；排查道路隐患92个，整治55个。

引进五桥羽毛球馆和民强村宝林越野俱乐部体育运动项目2个，完善群众体育健身设施；承办送文艺演出进基层4场，举行庆祝中国共产党成立100周年文艺演出2场，组织居民观看文化惠民演出及红色主题电影3场。

【社会事业】 2021年，五桥街道有小学2所，幼儿园5所，在校学生6298人，适龄儿童、少年入学率100%。有医疗卫生机构1个，面积3520平方米，医护人员53人，床位49张。开展社会公众健康教育，举办公众咨询义诊活动4次，接受健康教育380人次；开展精神卫生宣传教育13次，受教700余人次；开展慢病防治知识宣传培训8场，受教人数355人。开展乳腺癌筛查230人、宫颈癌筛查350人。辖区家庭医生签约2127人。走访摸排4万余人，排查国内重点地区返万人员1500余人、境外26人，均按要求采取集中隔离、居家隔离管控、核酸监测等防控措施，开展大规模核酸检测集中演练2次。完成18岁以上人群新冠病毒疫苗全程接种3.41万人，3～17岁人群累计接种1.83万人。

城镇新增就业1925人，发放创业担保贷款675万元。困难人员城乡居民医疗保险参保率100%。落实262名死亡退休人员家属丧葬费、抚恤金社会保障待遇。新增城市低保19户38人，累计263户455人；新增农村低保13户27人，累计173户303人；发放低保金506.3万元。发放特困人员生活补助、临时救助、高龄失能老人等各类补助补贴206人131.76万元，兑付奖励扶助金214万元。为50年以上党龄退役军人颁发纪念章，发放慰问金。发放和调整重点优抚对象优待金、企业军转干社保补贴、退役士兵一次性经济补助等资金。街道有养老中心1个、服务站7个、服务点1个，从业人员20余人。

推进全域背街小巷和集贸市场治理，投入资金200余万元，综合整治提升五间桥社区桥下空间环境、长龙家园B区环境、五桥养老服务中心、龚家八少爷院子环境。规范占道经营游摊、骑马摊4256起，劝离车载售物774起，清理乱牵挂159处、横幅56条，移除占道广告牌214处。完成60栋无水高层建筑消防整改并通过验收，耗资120余万元完成高层建筑防盗网整改1850户、可燃雨棚整改1443户7481.19

【环境保护】 2021年，五桥街道实施环保五大行动，加强城区餐饮油烟、燃煤、露天焚烧管控，核实更新100余家餐饮单位油烟排放台账，对未落实整改餐饮单位再次督促整改。加强五桥河道清扫保洁。分类督促整改辖区68家涉气“散乱污”中小微企业，将100家企业信息录入大气污染防治系统，督促其达标排放。开展秸秆禁烧专项巡查。全年受理12369平台环保投诉件12件次，案件调查处理回复率、满意率100%。

【脱贫攻坚成果巩固同乡村振兴有效衔接】 2021年，五桥街道开展“两不愁三保障”及饮水安全动态清零大排查，投入资金13.5万元，实施农村“新三类”群体危旧房改造7户。发放扶贫小额信贷65户233.75万元。派驻余家镇驻村工作人员3名，保持帮扶机制总体稳定。街道帮扶人员与辖区112户脱贫户和余家镇九龙村91户脱贫户保持常态化沟通交流，定期入户帮扶。

【花果民强长寿山村】 五桥街道民强村距万州城区9千米，面积5.7平方千米，与长岭镇安溪村相连。村

2021年7月，五桥街道民强村嘉宝果（树葡萄）种植基地（五桥街道　供图）

内山水田园自然风光秀丽，有林地1.67平方千米，水库2座，盛产名优特新精品小水果，是城郊知名休闲旅游度假乡村，被五桥街道以“民强仙果岭 三峡长寿村”形象定位推广。有鸿舰源、吉森缘、吉之源、茗鑫苑等农业企业16家，果园20个，精品小水果种植面积1.73平方千米。特色农产品有嘉宝果（树葡萄）、燕窝果、台湾长果桑、蜂糖李、黄桃、樱桃、翠冠梨、三红蜜柚、南参贡桃、羊肚菌、大球谷菌、九叶青花椒、黄精等28个品种，正打造“民强水果公社”公共品牌，带动本地200余名群众就业增收。2021年，民强村级集体经济经营性收入15万元。民强村长寿老人数量众多，百岁以上老人10多人，80岁以上老人近300人，村里有长寿山大院子、长寿泉、李氏宗祠、金龟山、寨包、古道等人文景观；有国际滑翔伞基地、宝林山地越野车等体育运动基地；可开展果园采摘活动，有鸿舰源山庄、四季钓鱼城、石人山小院、吉森缘山庄、茗鑫苑农家乐等多家场所提供乡村旅游服务。

（程远）

陈家坝街道

【概况】　陈家坝街道位于长江以南、五桥河以北的沿江地带，长江岸线31.2千米，东接五桥街道，北邻太龙镇，与龙都街道、牌楼街道、高笋塘街道、太白街道、钟鼓楼街道、大周镇隔江相望，三面环水，一面靠山，山水环抱，形似半岛。整体地势东高西低，地形呈波浪带状，谷地系统由滨江向纵深地段枝状延伸，大部分为丘陵山地，沿江向山呈台地分布。境内最高点位于龙冠山，海拔620米；最低点位于塘角村杨家背，海拔175米。清末民初先属万县郭里一甲，后为陈家镇，历经翠屏公社、翠屏乡，于1992年设立陈家坝街道，2004年合并原盘龙街道，2020年太龙镇向坪社区划入。总面积40.5平方千米，规划建城区面积15.6平方千米，辖向坪、南山、陈家坝、大河、大石、沱口、联合、机场8个社区和塘角、晒网、旅密、翠屏、茂合5个村。常住人口6.6万人，是万州城市开发新区、行政文化中心、金融商务中心、都市休闲中心。辖区水陆空立体交通便捷，境内有机场、铁路、长江集装箱码头、4座长江公路（铁路）大桥、两个高速路出入口。有“古万州八景”之秋屏列画、岑公水帘，有文峰塔、洄澜塔、万县旧城墙、龙冠山风景区、密溪沟风景区、翠屏山公园、南滨公园、南山公园、新兴公园、古红桔主题公园、气象公园、世界大河歌会广场、重庆三峡移民纪念馆等多处自然人文景观。有三峡文化产业园、长江之星、驿鑫广场等大型商业综合体。新城核心区已成为万州城市名片，一座环湖、半壁城池，园林融会、产城融合，汇集“宜居、魅力、生态、畅通、活力、共享”之城市优势。

【政治建设】　2021年，陈家坝街道有党组织51个，党员1196名。选举区党代表3名、人大代表11名，推荐政协委员1名。13个村（社区）“两委”换届，新发展党员10名，补充专职干部3名、社区工作者7名。完善长江之星党群服务站，整修南山社区便民服务中心；重组陈家坝社区、南山社区党组织体系。开展党史学习教育，班子成员到联系的村（社区）党组织上专题党课11人次。开展环境清洁、文明劝导、疫情排查等志愿活动1000余人次。开展“我为群众办实事”实践活动，解决群众急难愁盼问题35件。开展“以案四说”警示教育2次，核查涉权事项108条。开展中央八项规定精神、疫情防控、换届风气等监督检查6次，处理信访举报10件，立案1件并给予党纪处分1人。

【经济发展】　2021年，陈家坝街道地区生产总值104亿元。限额以上企业销售总额50亿元，比上年增长4.2%；街道本级规模以上工业总产值10.5亿元，增长11.7%，规模以上服务业营业收入12亿元，增长18.8%。固定资产投资32.47亿元，一般公共预算收入97万元。农村居民人均可支配收入2.03万元，城市居民人均可支配收入4.72万元。围绕渝东新区产业发展规划，为企业解难题30余件。新发展非公经济企业490家，个体工商户654户。成功申报长江之星市级美食街区。引进全季酒店、维也纳酒店、重庆巴菲酒业有限公司、腾讯云数字经济人才创新中心等企业落户。全年招商引资实际到位资金10亿元。

【基础设施】 2021年，陈家坝街道围绕新区开发建设和城市拓展，推进征地拆迁，为库岸整治等市级重点项目建设提供用地保障。维护小桔灯项目、新田铁路支线等区级重点项目正常施工秩序。整改集中饮水工程1处，农村饮水安全达标率100%；修缮加固危房1户，临时性倒腾26户70人，避让搬迁2户8人；开展地灾整治项目7个；新修人行便道1.2千米、整治农村道路7.3千米。

【文化建设】 2021年，陈家坝街道有文物点39个，其中，洄澜塔市级文物点1个，张氏墓群、三尊佛造像等区级文物点13个。有牛舞、草编等区级非遗项目3个。建成农家书屋5处，配置书籍2万余册，新建、修缮文体广场13个，更换健身器材300余件（架）。全年举办文化、科技、健康、卫生等知识培训讲座10余次，参与人数500余人。

【社会事业】 2021年，陈家坝街道有幼儿园11所，在校学生2405人，在职教师290人；中小学7所，在校学生1.31万人，在职教师702人，适龄儿童、少年入学率100%。有医疗卫生机构2个。全年开展社会公众健康教育讲座62次，发放健康教育宣传资料9476本，受教1602人次；开展“两癌”免费筛查670人，免费孕前优生检查156人。儿童预防接种1.25万针次。建立健康档案1275人，接受健康教育5465人次。特扶对象家庭医生签约率100%。落实重点地区返万来万人员闭环管理，排查2万余人，集中隔离99人，居家隔离163人，追踪重点人员3265人次，完成核酸检测采样9778人次；开展农贸市场常态化集中消杀，对个体诊所、棋牌室、休闲娱乐室、养老院、机场等45处公共场所环境定期核酸采样检测；设置大规模核酸检测集中采样点38个，开展应急演练6次。完成新冠病毒疫苗首针接种5.87万人，二针接种4.5万人，加强针接种1.03万人。

陈家坝街道茂合村葡萄种植基地 （陈家坝街道 供图）

城镇新增就业2350人，登记失业人员就业463人。发放创业担保贷款980万元。灵活就业社保补贴122人。城镇职工养老保险新增及续保1457人，城乡居民养老保险新增参保142人。城乡居民医疗保险集中参保2.45万人，城镇职工医疗保险新增和续保940人。发放城乡低保金698人。长江渔民禁捕退捕92人，退渔后就业率100%，社保参保率100%，领取养老保险待遇15人。建成投用养老服务站8个，集中供养特困人员8名，申请各级临时救助24户22.48万元。

清理违规招牌451个，拆除破损门楣、户外广告牌264平方米，清理乱堆废弃物390处约210吨，处理“12319”投诉案件6100余件，处置率100%；整治违法建筑面积1.41万平方米，开展违法建筑质量安全鉴定4批210家，处罚147家2249平方米，罚没收入980万元。玉龙湾小区创建为市级宁静小区。领导班子全年接访群众化解矛盾纠纷，群工系统受理办结群众反映事项办结率100%。开展“楼栋工作日”现场办公活动9次，解决大小事件260余件。开展反诈宣传讲座38次，发放宣传资料5.8万份，接受群众咨询6820余人次。开展“安全生产月”、“5·12”全国防灾减灾日、“11·9”全国消防日等系列集中宣传活动，共发放安全读本、科普宣传单5000余本，开展应急演练26次，受教育群众超8000人。深入推进安全生产三年整治行动，全年检查企业47家次，发现安全隐患35处，全部整改到位。完成工贸企业岗位风险清单、岗位职责清单、岗位操作卡、岗位应急处置卡等“两卡两清单”试点。开展生命通道整治联合执法行动11次，拖移违停车辆130余台次，罚金3.1万元。完成第一城CDE小区、祥瑞香山缘小区消防无水问题整改，拆除防护网1591个、整治可燃雨棚1852户9076米。查处道路交通违法行为112起，罚金2.9万元。安装临水临崖防护栏1.75千米，新建减速带50米、各类警示标识19个。全年未发生安全生产责任事故和考核类灾害应急责任事件。

【环境保护】 2021年，陈家坝街道落实河长制，巡查辖区5个水源地60余次，全年巡河率100%。落实环评和排污许可制度，下发排污许可证执行报告督办通知6份。下发臭氧污染告知书75份，整治涉气中小微企业18家，关停取缔喷漆房2家。治理道路扬尘，处罚工地3起4050元，处理露天焚烧3起。规范清扫保洁市场化运作，城区生活垃圾无害化处置率100%；开展“五长”巡查1500余次，解决问题1700余件。

【脱贫攻坚成果巩固同乡村振兴有效衔接】 2021年，陈家坝街道开展农村人居环境整治“五清理一活动”专项行动，清理垃圾1100吨，回收废弃农膜1.5吨，排查改厕问题1394户。发放扶贫小额贷款347.7万元；贫困劳动力转移就业335人，发放建卡贫困户各类补贴2.75万元；完成巩固脱贫成果项目申报8个。未出现返贫和新致贫情况，脱贫户满意度98%。

【小桔灯生态文化旅游区】 小桔灯移民生态文旅项目位于陈家坝街道向坪社区，东以崖壁边界为界，南以地形谷沟为界，北面边界以现状道路以北20米为界，西至长江以167.5米等高线为界，规划设计面积约0.22平方千米。该建筑风貌整体呈现渝东北青瓦白墙特色，主要体现渔村风情和公社风情，建筑层次错落有致、色彩素雅。共设计“一心一廊四区”6个功能区，主要包括：小桔灯旅游服务中心、记忆江岸滨江风情廊、三峡桔园观光问拜区、三峡公社文化休闲区、三峡渔村乐活体验区、三峡聚落创意艺术区。融合现代旅游市场需求适度超前发展，打造出创造生态自然、环境优美、健康安全、功能完善、设施完备，全年龄层皆可游的滨江生态文化旅游区。

（付婉慧）

高峰街道

【概况】 高峰街道（原高峰镇）位于万州区西南部，东北接双河口街道、龙都街道，西南邻甘宁镇，北连九池街道、柱山乡，南望新田镇，于2021年10月25日撤镇设街。自然条件优越，以缓丘地貌为主，属亚热带湿润季风气候，海拔175～640米，盛产古红桔、青脆李、玫瑰香橙、蕉藕粉等特色农产品。总面积46.2平方千米，纳入万州经开区规划面积40平方千米，已征地约10平方千米，建成区7.6平方千米。辖兴隆、灵凤、洪安、相思、石羊、大寨、吟水、赵家、朝阳9个行政村和高峰、雷家、鹿山3个社区，76个村（居）民小组，总人口2.73万人，街道办事处驻高峰社区兴隆街91号。矿产资源丰富，盐储量14.7亿吨、盐井12口，天然气储量600亿立方米、天然气井8口。有社区卫生服务中心1家，在建大型三级肿瘤专科医院1家。

【政治建设】 2021年，高峰街道有39个党组织，901名党员。发展党员7名，培训党员1500余人次。开展党史学习教育，组织党史知识竞赛、微党课、文艺汇演、观看庆典直播等活动260余场次。举办庆祝中国共产党成立100周年系列活动，开展“两优一先”评选表彰，颁发“光荣在党50年”纪念章，选树先进典型245名，召开座谈会13场，走访慰问困难党员359人。完成村（社区）“两委”换届，“两委”班子平均年龄下降5岁，大专以上学历占班子成员比重提高15%，实现书记、主任“一肩挑”，年龄、学历“一降一升”，新聘村（社区）专职干部6名，引进本土人才8名。选举区党代表4人、区人大代表7人。

【经济发展】 2021年，高峰街道地区生产总值10.47亿元，首次突破10亿元。其中第一产业1.66亿元，第二产业3.41亿元，第三产业5.4亿元。固定资产投资3.81亿元，财政总收入758万元，一般公共预算收入147万元，农村居民人均可支配收入1.99万元。规模以上工业总产值2700万元。民营经济新发展个体工商户65户，比上年增长8.5%；新发展企业19家，增长8.7%。固定资产投资3373万元。招商引资协议资金5000万元，到位资金900万元。辖区有厚捷医药集团、龙的丝绸等“四上”企业7家，个体工商户700余户。

【基础设施】 2021年，高峰街道完成灵凤村二组通畅工程2.48千米，实施农村公路防护栏工程5.14千米，管护农村公路132千米、桥4座，整治公路隐患点、修复水毁路段12处。协调兴朝路施工，完成竣工决算及综合验收。完成大寨至赵家村村级公路硬化工程，实施大寨村村级公路至大寨9组扩宽硬化工程、赵家村委会至高峰21号连接道硬化工程。开通52路、38路、60路城市公交。开展6000余户城乡房屋安全大排查，下达6户城镇危房排危告知书，实施2户农村C、D级危房改造。推进龙凤鸣居智慧小区建设，升级改造首个“高峰智慧农超”。升级改造文化广场，新建相思村塑胶篮球场，全覆盖添新配置各村（社区）体育锻炼器材。

【征地拆迁】 2021年，高峰街道启动涉及相思、兴隆、石羊3个村12个组的征地拆迁工作，完成部分房屋及附属物、集体资产调查，完成

高峰街道洪安村三峡漫城　　（高峰街道　供图）

石羊村人口调查和土地勘界，签订倒腾协议448户，拆除房屋341栋8.7万平方米，保障恩广高速、万州外环绕城高速高峰段、重庆三峡医专高峰校区、重庆全域肿瘤（三甲）医院、万州综合保税区二期等重大项目用地需求。加强待征土地管理，完善街道、村、组三级联动及村民自我监督、共同参与的土地管护机制，制止各类违法违规占地行为。实行二次青苗“零”补偿，全年共制止抢栽抢种2起、乱倒弃土3起。做好征地后续服务，开展保护性施工1次，协调化解经开区高峰园项目建设中的矛盾纠纷11起、群体性阻碍施工事件8次，回复信访6件。畅通群众诉求表达机制，联系万州经开区建设发展有限公司及相关单位整改还房小区质量瑕疵，推进业主委员会成立，督促小区物业履职尽责，改善还房小区居住环境。

【文化建设】　2021年，高峰街道有马家溪遗址、马家溪造像、大青杠树水文碑等文物点31个。有“万县吹打乐”“金钱板”“手工艺弹棉花”“造船技艺”等区级非物质文化遗产，命名非遗传承人4名、非遗传承基地3个。全年开展庆祝中国共产党成立100周年文艺演出、中秋节敬老院慰问演出等大中小型文体活动70余次，免费放映惠民电影180场次。免费开展锣鼓、葫芦丝、电子琴、群口快板培训，免费提供书屋书刊、音像制品以及文娱器材借阅使用。推动文化旅游发展，项目固定资产投资500万元，配齐文化旅游硬件设施。开展创文活动，建立完善新时代文明实践站（所），组织开展“礼让斑马线、文明我点赞”“周六文明劝导我参与”等志愿活动2000余人次。

【社会事业】　2021年，辖区有中学2所、小学1所、幼儿园2所，万州第二高级中学高峰校区即将完工并投入运行，重庆三峡医专高峰校区即将开工建设。辖区适龄儿童、少年入学率100%。有医疗卫生机构3个，村卫生室10个。开展免费节育手术50例、“两癌”筛查488人、“四类”人群慢性病检查285人。建成街道“心理服务站”和村（社区）“心理咨询室”，提供心理健康服务48次。针对脱贫户提供“先诊疗后付费”“一站式”服务，实现家庭医生签约全覆盖。全年开展慢病防治知识宣讲、精神卫生宣传教育10余场次，受教1000余人次。创建无烟党政机关，职业病危害因素项目申报率100%。修订完善《高峰街道大规模人群核酸检测工作预案》，筹备10个核酸检测采样点所需硬件设备、防疫物资、水电气网络设施，组织工作人员开展培训4次，开展核酸检测演练10余次。18岁以上人群新冠病毒疫苗第一针接种1.26万剂。

新增低保对象22户42人，调减停发107户234人，累计申报发放城乡低保、特困供养、临时救助等各类民生资金1100余万元，救助对象核查率100%。社会保险累计参保1.02万人，其中领取待遇3265人。新增城镇就业394人，应届毕业生就业率超94%。完成养老服务中心及村级互助养老点建设、敬老院“三改”和特困失能、半失能人员集中供养点升级改造并验收合格。建成未成年人保护工作站，开展儿童主任培训2次、政策宣传活动4次。

开展建成区环境综合整治，规范骑门摊点、游摊、车辆违停等乱象100余起，清理不规范户外广告牌、杂物。整治高层建筑可燃雨棚52户、逃生窗口444个。拆除万忠路主干道两旁存量违法彩钢棚127处5241平方米。开展“马路办公”，现场处理问题60余起。开展扫黑除恶专项斗争，加强重点区域巡逻防控。受理和排查梳理各类信访事项，化解率99.5%。开展抢险救灾应急演练22次，治理危岩2处，提前实施2022年地灾治理项目2个，将1户2人纳入2022年“金土工程”搬迁重建，全年未发生安全生产、已监测地灾点死亡事故，无森林火灾，各类受灾困难群众“五有”生活保障率100%。

【环境保护】　2021年，高峰街道落实河长制，街道、村（社区）两级河长巡查河道435次，组建“守护绿水”志愿服务支队80人，清理长江消落区乱耕乱种、河库边可视垃圾35起。排查辖区水域安全，增添修复集中式饮用水源地标识标牌，整治山坪塘7口，落实取水许可审批和节约用水工作。落实林长制，设立街道、村（社区）两级林长，确定护林员34名，对山林资源实行网格化管理。完成松材线虫病除治任务。查处在经开区规划范围内无林业植物检疫手续栽植苗木案件4起。开展国土绿化提升行动，栽植青脆李2万株。查处辖区秸秆露天焚烧12起，开展“偷排、漏排、乱排”“严厉打击危险废物环境违法犯罪行为”专项整治。开展农业污染源普查，实施有机肥替代化肥0.13平方千米。开展“农村乱占耕地建房”“大棚房”问题清理整治，审批农村建房5户，未发现违规项目。新建农村生活垃圾分类收运亭33个，分发分类式、家庭式垃圾桶1780个，发放宣传资料2000余份，9个行政村全部纳入重庆市垃圾分类示范村。完成问题厕所摸排整改，推进农村污水治理、村容村貌整治提升，改善农村人居环境。

【脱贫攻坚成果巩固同乡村振兴有效衔接】 2021年，高峰街道落实“四个不摘”要求，启动防止返贫动态监测和帮扶机制，调整乡村振兴帮扶集团，选优配强吟水、洪安两村驻村工作队和第一书记。加强扶贫产业项目后续扶持，消费扶贫20余万元。引导贫困户外出务工就业37人次，宣讲教育扶贫、医疗扶贫、社保扶贫、就业扶贫政策747人次，发放外出务工交通补贴2.5万元，安排公益岗位就业16人。

【高峰撤镇设街】 2021年，为实施全区“双两百”目标和“一区一枢纽两中心”发展定位，加快建成万州南部产业智造城，原高峰镇按照万州区《高峰镇、天城镇、九池乡改设街道行政区划调整方案》，结合镇情实际，开展撤镇设街工作。3月，原高峰镇召开行政区划优化调整工作动员大会，成立以党政主要负责人任组长、其余班子成员任副组长的领导小组，下设办公室在民政和社会事务办，办公室下设8个专项工作组，对标撤镇设街相关指标收集数据，完善佐证资料。完成公开征求社会公众意见、进行风险评估、组织专家论证等系列程序，于5月24日提出申请。经过区级评估、西南大学专家组实地考察、重庆市民政局现场调研和资料核查，9月2日，市政府下达《重庆市人民政府关于万州区部分乡镇行政区划变更的批复》。按照全区统一部署，于10月25日举行撤镇设街揭牌仪式。

（范敏）

2021年10月25日，高峰街道举行揭牌仪式 （高峰街道 供图）

天城街道

【概况】 天城街道（原天城镇）位于万州区北部，经行政体制调整，于2021年10月25日设立天城街道办事处，是万州区城市规划江湾组团重要部分，高铁组团核心区。东接熊家镇，西连沙河街道，南接周家坝街道，北邻铁峰乡及开州区长沙镇，海拔200～1200米，铁峰山国家森林公园位于境内，四季分明，气候宜人。总面积78.13平方千米，耕地面积14.92平方千米，森林面积36.87平方千米，森林覆盖率63.22%。辖高寨、老岩、万河、中坝、绿茶、付沟6个行政村及陈家、董家、小湾、塘坊、太平、茅谷、诗仙、工农、麻柳9个社区，总人口4.2万人。街道办事处位于万州区塘坊街208号，距万州高铁北站1千米、万州火车站16千米、万州机场20千米，沪蓉高速、渝宜高速、万开快速通道、103省道、202省道穿境而过，境内有沪蓉高速公路天城出入口和已建成运行的渝万城际铁路客运专线终点站——万州高铁北站。在建的郑（州）万（州）高铁，新渝万高铁、成达万高铁交会于此。

【政治建设】 2021年，天城街道有党组织30个，党员1342名。全年开展党史学习教育，举办专题读书班4次、机关职工集中学习8次、红色基地参观学习686人次、邀请宣讲团主题宣讲2次、班子成员及调研员上专题党课16次、机关党员开展红色微宣讲13次、召开专题组织生活会30次。开展“我为群众办实事”实践活动，民生实事项目办结82件。完成15个村（社区）两委换届选举工作，实现年龄学历“一降一升”。选出区党代表4名、人大代表11名。新提拔村（社区）党组织书记9名，新吸纳本土人才5名，公开选聘社区专职干部9名。

【经济发展】 2021年，天城街道地区生产总值24.78亿元。固定资产投资26.84亿元，一般公共预算收入6889万元，农村居民人均可支配收入2.07万元。批发零售和住宿餐饮业总额4.3亿元，比上年增长3%。招商引资签约资金29.7亿元，到位资金16.9亿元。农业总产值5.4亿元，比上年增长5%。专业合作社增至28家、家庭农场增至32家，培育蔬菜科技示范户50户。经果林、生态猪“双百亿”工程落地落实，新建标准化果园2家，高寨村16个单元生猪标准养殖场建成、14个单元即将竣工投产，新增产能2万头。推进农业有机绿色发展，23家农产品生产主体单位加入食用农产品合格证制度体系。推进集体经济组织融合发展、产权制度改革，13个涉农村（社区）集体经济组织股份经济联合社建账。培育电商示范企业1家、扶贫消费产品7种，开展农村“三变”改革试点村2个，建设稻渔综合种养示范基地3.33万平方米。工业总产值4.5亿元，规模以上工业企业总产值3.1亿元。新增规模以上工业企业1家，共8家；指导企业申报科技型企业9家，其中工业4家、农业4家、建筑业1家；新培育限额以上建筑企业1家，民营企业新增91家、“四上”民营企业增加1家。实现限额以上商品贸易额2.4亿元、电商销售额1000万元。诗仙太白、伴神酿造、建管家等5家企业提交注册商标申请书33件，德祥玻璃申报专利2件，野农文件申报软件著作权4件。2021年，重庆市万州区伴神酿造有限公司“百年伴神”（品牌）被重庆市商务委认定为第六批重庆老字号。

【基础设施】 2021年，天城街道硬化“四好农村路”2.25千米，安装防护工程6千米，整治较大公路隐患8处、水毁公路12处，新修人行便道6千米。完成大堰沟院落入口道路整治223米以及育才路改造提升。实施供水工程水质提升项目1个，完成双堰水库人居环境整治及水源保护工程1个。成立4个工作组，服务重点项目建设。北山隧道至高铁连接路、渝东大道、龙溪大道二期、疾控中心、会展中心、重庆三峡幼专、区消防应急中心等重点项目共搬迁房屋206栋，搬迁企业12家，拆除房屋面积4.7万平方米，搬迁坟墓518座，处理各类遗留问题25个。

2021年10月25日，天城街道举行揭牌仪式 （天城街道 供图）

【文化建设】 2021年，天城街道有文物点19个，其中，明镜在茨石刻、赵尚辅墓、校训碑等区级文物点5个。累计巡查文物点50余次，建立不可移动文物台账，强化文物保护责任制并完成辖区不可移动文物安全巡查4次以上。16个新时代文明实践站（所）正常开放，志愿服务分队开展活动19次、志愿服务小队开展活动316次。组织大型庆“七一”文艺汇演活动1次、流动文化进村演出8次、全民健身活动15次。参加区级八段锦气功比赛获一等奖。新增小湾社区、麻柳社区体育场地2处。

【社会事业】 2021年，天城街道有中学1所，教师116人，学生1534人；小学1所，教师130人，学生1375人。重庆市万州区三峡小学、三峡中学完工并投入使用，于9月1日开学。有医疗机构1个，医护人员96人，核定床位数105张，开放床位数200张，重庆大学附属三峡医院大医疗中心有序建设中。开展4轮滚动社区排查，排查16.24万人次，排查出中高风险区到万返万人员1.16万人次，对2977名国内重点地区和100名境外返万人员落实健康管理措施。修订完善《天城街道大规模人群核酸检测工作预案》，投资10余万元，设置大规模核酸采样点24个，开展大规模核酸检测应急演练19次，累计开展定期核酸检测2305人次。累计接种新冠病毒疫苗6.5万剂次。

新增城镇就业597人，登记失业人员就业190人，困难人员就业102人，自主创业23人，发放创业担保贷款410万元。完成劳动力资源调查2.2万人，动态监测农民工务工情况1.07万人。劳务经济总收入3.2亿元，新增劳动力转移239人。社会保险累计参保2.6万人。居民医保参保3.12万人，资助参保人员3025人，脱贫户参保率100%。完成低保对象经济核查703户，累计城乡低保625户1015人，发放低保金49.3万元。发放部分优抚对象生活补助2586人次276万元。开展养老服务全覆盖建设，辖区有养老服务机构1个，床位200余张，入住老人1000余人。

查处违法建（构）筑94起，下达责令停止违法建设决定书4次，下达限期拆除违法建筑决定书63次，实施强制拆除7起，整治新增以及存量违建面积约2100平方米，开展违法建设宣传10次。整治万开路、合巴路、育才路、重庆信息学院等路段沿街商铺、游摊，加强塘坊农贸市场、凯惠农贸市场、重庆幼儿师专等重点区域、路段管控。取缔违规棚点190余处，清理占道流动摊点270余个，纠正机动车乱停乱放800余辆（次），拆除破旧、有安全隐患广告牌57块，清除“牛皮癣”广告2000余处。处理12319城市管理等网络平台投诉件17起，教育、纠正、制止不良行为900余人（次）。开展路检路查140余次，检查车辆1600余台，查处纠违272起，罚款7580元。查处32件二、三轮车违法行为。整治42处道路交通隐患，查处25件严重违法行为，开展25场交通道路安全宣传。开展“楼栋工作日”，整改群众反映问题34件。推进扫黑除恶专项斗争，全年破侵财案55起，查处治安案件39件。检查辖区12家危化品经营企业56次，出动执法人员160人次，发现问题5起，现场整改4起，下达书面整改意见书1起。检查8家烟花爆竹企业32次，排查出安全隐患3起，现场整改2起，下达书面整改意见书1起。协助配合天城市场监管所开展食品药品安全检查60余次，发现问题8起，现场整改8起，家庭宴席申报备案登记188次。检查工贸企业消防安全150余次，查处隐患56处，整改56处。检查高层建筑消防安全30余次，查处隐患5处，整改5处，共处罚金1300元。对辖区非煤矿山进行安全生产检查12次，发现问题3处，现场整改3处。巡查已关闭2家煤矿12次。

天城街道绿茶村栖凤桃庄 （天城街道　供图）

【环境保护】　2021年，天城街道优化打造人居环境示范院落2个。完成第二次污染源普查和辖区餐饮油烟治理任务，强化中央环保督察问题整改，完成202省道沿线绿化美化项目建设、农村黑臭水体调查，整治污水偷排直排乱排。落实河长制、林长制，义务植树6.67万平方米、森林抚育0.27平方千米。新建污水处理设施1座，铺设污水管网1200米。摸排整改农村户厕问题595户，完成农户改厕28户。

【脱贫攻坚成果巩固同乡村振兴有效衔接】　2021年，天城街道申报2022年及以后年度项目35个，农房建设验收发证49户，改造农村C、D级危旧房3户。街道有脱贫户734户1805人，监测对象37户90人，其中边缘易致贫户34户83人，脱贫不稳定户3户7人、已消除风险10户26人、未消除风险27户64人，对未消除风险监测对象落实监测措施和帮扶措施。脱贫人口、易返贫致贫对象享受医疗救助325人次148万元，临时救助12人次、资金救助3万余元，均落实家庭医生签约。

【栖凤桃庄】　天城街道通过引进硕桃丰农业发展有限公司，建成渝东北最大高标准桃园“栖凤桃庄生态农旅公园”，借人居环境打造和“双亮”契机，通过修建休闲步道、湿地观光、演艺舞台、儿童游乐区等，打造乡村旅游新景点，园区内有农家乐10余家，种有蓝莓李、黄金梨、桃子、血橙等10余种特色水果，开发游玩项目10余项。

（崔月芃）

九池街道

【概况】　九池街道（原九池乡）于1952年建制，相传境内有九座山，形像九条龙，山下各有一池，故取名九池（光绪辛巳年曾在原公社驻地修有“九龙寨”）。位于万州城区北郊，北靠太白街道，东接高笋塘街道、牌楼街道，南邻双河口街道，距离万州核心商圈高笋塘2千米、万州区行政中心10千米，“离尘不离城”，被市民誉为“万州后花园”。总面积31.4平方千米，耕地面积10.89平方千米，林地面积13.73平方千米，森林覆盖率45.75%，城市建成区面积6.7平方千米。辖普安、凤凰、九池、金明、桐花、泉活、大包7个村和黄梅、下场、戴家岩3个社区，于2021年9月2日设立九池街道办事处，驻地戴家岩社区平湖路89号。年末户籍人口1.64万人，常住人口5万人，城区常住人口4.03万人。九池街道拥有得天独厚的森林资源、270度俯瞰万州夜景的金龙山观景平台、离主城最近的峡谷险滩、九大水库等自然资源，海拔400～900米，气候宜人，年均气温15.8℃，年降雨量1300毫米，盛夏气温比万州城区低3℃～5℃。有重庆信息学院、万州职教中心、警察学校、三峡监狱等单位，有渝东北最大家居制造企业群（49家）、高端康养服务机构等。先后获中共中央组织部"全国创先争优先进基层党组织"、团中央"全国农村基层团建示范乡镇"，重庆市委、重庆市政府"重庆市脱贫攻坚先进集体"等称号。

【政治建设】 2021年，九池街道党工委辖党总支部3个，党支部19个，党员593名。金明村党支部获评万州区先进基层党组织。引进8名本土人才到村任职，发展预备党员10名，有区人大代表6名。完成党员教育管理"宽松软"、基层党建主体责任缺失、农村发展党员违规违纪等问题专项整治。改扩建凤凰村便民服务中心，新建戴家岩社区便民服务中心。开展志愿服务活动48场，带动1000余名群众参与。收集群众反映各类建议问题30余件，建立"我为群众办实事"动态清单，逐项销号。完成村（社区）"两委"换届，村（社区）支书、主任"一肩挑"100%。

【经济发展】 2021年，九池街道地区生产总产值9.53亿元。固定资产投资1.58亿元，财政总收入104万元，一般公共预算收入68万元，农村居民人均可支配收入2.03万元。规模以下工业企业主营业务收入8512万元，工业产值比上年增长4%。粮食播种面积10.42平方千米，产量5235吨；蔬菜种植面积14.67平方千米，产量3.64万吨。和厚生态猪场30个单元关猪投产，年出栏生猪4500头。0.33平方千米柠檬基地、7.67万平方米蔬菜基地提质增效，0.17平方千米沃柑综合农业基地改造升级。草莓、脆红李、蓝莓、葡萄等特色小水果市场响应良好。引进渝万传媒公司打造"九池源乡"网红旅游目的地；铭雨铭恩、银杏树、三生有幸、街道养老服务中心等养老机构稳步发展；九凤湘院、泉水院子、厚院、知竹院子、悠然小院等近郊民宿发展势头强劲，形成规模效应和品牌效应。

【基础设施】 2021年，九池街道安装公路生命安全防护栏6.34千米。完成桐花、大包、黄梅3个村（居）安全饮水巩固提升，整修病险山坪塘4口；戴家岩移民安置点精准帮扶项目有序施工，开展乡管小（2）型水库维护和农村安全饮用水维护，更换破损管网，确保人民群众饮用水安全，辖区内贫困户人饮工程全覆盖。实施金明、泉活天然气安装工程，解决412户村民清洁能源问题，总投资450万元，建设管网25.1千米，其中主管网2.6千米、入户管网22.5千米。

【文化建设】 2021年，九池街道有葛仙洞箭楼、乌龟包渡槽等文物点13个。有区级非遗项目黄鼓坪的传说。有综合文化服务中心1个，农家书屋10个，村级文艺宣传队10个，村级活动场所10个。开展送文艺演出进基层活动4场次；送文化进村12次，参与人数800余人；组织群众文化活动5次、展览6次、讲座和培训4次；文化设施免费开放2000余人次，书报刊及音像制品借阅1500余人次，放映惠民电影120余场，发放科普资料6次2000余份；村、居体育设施覆盖率100%。

【社会事业】 2021年，九池街道有小学2所，幼儿园2所，中等职业学校2所，高等职业院校1所，在校师生1万余人，适龄儿童入学率100%。有乙级社区卫生服务中心1个，医护人员45人，床位60张。村级医疗室11个。完成大规模核酸采样演练2次，采集305人，大规模核酸实战采样6000余人次。推进新冠病毒疫苗接种工作，18岁以上全程接种1.98万人，共接种3.53万剂次。

城镇职工养老保险续保180人，新增25人。城镇新增就业284人，新增回乡创业8户，带动就业26人，回引就业150人，累计转移农村劳动力5605人，其中新增转移农村劳动力125人，劳务总收入9883万元，开发公益性岗位就业7人。发放创业担保贷款159万元。城乡居民合作医疗保险参保率99%，全年发放低保金183.2万元。2个养老服务机构均获市级养老标准化建设认证，完成九池敬老院改造工作，街道养老服务中心、"三生有幸"康养中心加快建设。

开展干部接访下访，化解矛盾纠纷；系统处置信访件，群众满意率超90%。推进扫黑除恶专项斗争，强化社会面防控和违法案件查处。全年开展安全生产大排查、大整治、大执法，召开风险研判会10余次，无较大及以上安全事故发生。开展联合执法检查20余次，整改安全隐患120余处，实施地质灾害整治项目2个，完成5120户农户房屋安全排查鉴定工作，开展抢险救灾应急演练3场次，开展农村道路交通劝导执法1.8万次。完成戴家岩通行公交沿途隐患整改，开通高铁北站至金龙公交车62路。

【环境保护】 2021年，九池街道整

治院落10个，累计清理存量垃圾375吨，清理废弃秸秆、农膜及露天堆放农业废弃物350吨，清理河道、沟渠116千米，集中参与1.76万人次，受益群众1.38万人，打造金明村大冲院子、厚院院子，黄梅村区小湾院子、黄泥湾院子，桐花村青龙嘴院子，泉活村黄泥片院子、新屋院子，凤凰村老屋院子等16个示范点，创建美丽庭院20个。完成73户农村旧房整治提升；完成户厕改造8户。累计巡河360余次、巡林6900余次，确保辖区河（库）水清岸洁河畅，统筹推进护绿、增绿、管绿、用绿等工作。开展宣传巡查，全年开展违法建设巡查60余次。

【脱贫攻坚成果巩固同乡村振兴有效衔接】 2021年，九池街道贫困人口全部达标脱贫，通过市、区巩固脱贫攻坚成果与乡村振兴有效衔接后评估测评。全年落实教育资助82人次、医疗救助108人次。强化农村饮水安全工程运营管护，组织村级管水员培训7人次，辖区8座安全饮水工程水质检测均达标。组织开展各类技术培训500人次，完成“雨露计划”培训8人、致富带头人培训2人；聘用公益岗位人员34人；建立劳动力就业台账，动态掌握脱贫户和“三类对象”就业情况，转移劳动力386人次，有就业意愿且有就业能力脱贫人口和边缘易致贫户全部转移就业。认定扶贫产品3个、农产品进驻消费扶贫馆1个，宣传发动帮扶单位、机关干部、社会人士等以“面对面采购”“平台销售”等“以买代帮”方式销售农产品8万元，消费扶贫线上采购2.1万元。

【九池撤乡设街】 2021年，原九池乡按照万州区《高峰镇、天城镇、九池乡改设街道行政区划调整方案》，开展撤乡设街工作。3月，原九池乡召开行政区划优化调整工作动员大会，成立以党政主要负责人任组长，其余班子成员任副组长的领导小组，下设办公室在民政和社会事务办，并抽调专人负责具体工作，对标撤乡设街相关指标收集数据，完善佐证资料。完成公开征求社会公众意见、进行风险评估、组织专家论证等系列程序，于5月25日正式提出请示。经过区级评估、西南大学专家组实地考察、重庆市民政局现场调研和资料核查，9月2日，市政府下达《重庆市人民政府关于万州区部分乡镇行政区划变更的批复》。按照全区统一部署，于10月25日举行揭牌仪式。

（钱瑶）

2021年10月25日，九池街道举行揭牌仪式　（九池街道　供图）

人物·荣誉

全国“诚信之星”

袁玉兰

袁玉兰，女，1953年10月出生，重庆市万州区武陵镇椅城社区居民。20世纪70年代，袁玉兰和同村青年张宜华确立恋爱关系。1975年，20岁的张宜华应征入伍，临行前，袁玉兰向张宜华承诺会像照顾自己母亲一样照顾他的妈妈。两人相约，张宜华退伍荣归之时就是两人结婚成家之日。然而，1979年，张宜华在边境自卫反击战中不幸牺牲。“你为国捐躯，我替你尽孝！”26岁的袁玉兰毅然搬到张宜华家，认张宜华的母亲袁和菊为“妈妈”，每天忙里忙外，和“妈妈”共同撑起一个家，替张宜华尽孝。时至今日，袁玉兰仍然一如既往地悉心照顾着92岁高龄的“妈妈”。从26岁到68岁，从风华正茂到鬓发斑白，40多年来，袁玉兰用常人难以坚持的大爱和真情，用日复一日的付出与关爱，践行着一诺千金的誓言。2019年，袁玉兰入选“中国好人”榜，被评为“诚实守信好人”；2020年获“感动重庆十大人物”称号；2021年获第八届全国道德模范提名奖；2022年1月获全国“诚信之星”称号。

（区委宣传部）

全国岗位学雷锋标兵

黄　霞

黄霞，女，1982年11月出生，重庆大学附属三峡医院重症医学科副主任。2020年1月21日，重庆市首例输入性新型冠状病毒肺炎确诊者转入三峡医院。黄霞临危受命，以过硬专业素质带领工作人员在2天之内完成隔离病房改造，后又克服重重困难连续奋战20多个小时完成所有患者转运安置，并带领团队开展临床救治科研攻关。在她与团队的精心救治下，重庆首例新冠肺炎确诊患者治愈出院，其所在重症病区共治愈出院48例重症和危重症患者，极大提振重庆打赢疫情防控阻击战的信心。在重症病房救治工作中，黄霞每天至少全副“武装”工作6个小时，从不叫苦叫累。为挽救1名垂危重症患者，她曾在病房连续工作36小时，为患者实施插管救治手术，最后患者转危为安。因连续抢救危重患者，穿戴防护服时间过长致缺氧，黄霞患急性脑水肿晕倒，仅仅休息3天后又主动返岗。2020年，黄霞获“全国抗击新冠肺炎疫情先进个人”“全国优秀共产党员”称号；2021年获“第六批全国岗位学雷锋标兵”称号。

（区委宣传部）

立功军人

孙科巍

孙科巍，男，重庆市万州区人，2006年12月入伍，陆军某边防团宣保股股长，少校军衔，父亲孙兴应，母亲乔兴玉。先后被表彰为优秀基层军官、“固边稳藏十大标兵”等，立三等功1次，2021年因工作成绩突出立个人二等功1次。

田长林

田长林，男，重庆市万州区人，2003年入伍，陆军某部空中机械师，三级军士长军衔，父亲田业贵，母亲邓兴琼。先后被评为“全军优秀士官人才奖”一等奖、战区陆军“十类尖子”人才，2021年因工作成绩突出立个人二等功1次。

崔浩然

崔浩然，男，重庆市万州区人，2012年入伍，陆军某部技师，二级上士军衔，父亲崔斌，母亲陈红。先后获团“爱军精武标兵”“优秀士官”“优秀共产党员”表彰，2021年因工作成绩突出立个人二等功1次。

（区退役军人事务局）

逝世人物

王红旭

王红旭（1986—2021），男，汉族，1986年生，重庆市万州区人，生前系重庆市大渡口区育才小学体育教师。他传承家风、担当使命，一家三代从事教师职业，热爱教育事业，着力培养学生健全人格和强健体魄。他以德立身、潜心施教，在基层小学默默耕耘、无私奉献，展现爱生如子的真挚情怀和甘为人梯的高尚境界。他胸怀大爱、见义勇为，2021年6月1日为救两名落水儿童，献出宝贵生命，用短暂一生诠释为人师表、行为世范的深刻意义。逝世后，被追认为中共党员，追授“见义勇为先进个人”“重庆好人”“重庆市优秀教师”等称号，被重庆市人民政府评定为烈士。6月11日，教育部追授他“全国优秀教师”称号，并决定在教育系统深入开展向王红旭学习活动。9月16日，中共中央宣传部授予王红旭“时代楷模”称号。2022年6月12日，中央政法委授予他第十四届“全国见义勇为英雄”称号。

陶梅岑

陶梅岑（1932—2021），男，重庆市万州区人，中国共产党党员，中国书法家协会会员，万州区书法家协会、万州区政府书画院、长江三峡书画院顾问。1949年毕业于重庆建国新闻专科学校，同年12月参加革命工作。曾任《万县日报》记者、编辑，中小学教师，万县政协文史委主任，万县书协主席。他擅长并喜好书法，数十年笔耕不辍，一生励志于传播书法文化，免费开办公益书法培训课，墨迹遍布万州城乡，广受尊敬。其作品入展1986年“首届全国硬笔书法大展”，出版过《万州双璧》专著和《怎样写好钢笔字》等钢笔字帖3种。1998—2007年，先后在《书法导报》《书法报》《中国书法》等刊物上发表书法论文47篇。2009年，陶梅岑参与万州区《万州西山格言碑》校订重刻，撰写的导读文章《让身边经典成为我们的良师益友》在《三峡都市报》刊发，改版后的《三峡都市报》报名亦由其所书。2012年，他书写的《万州西山格言碑》被重刻于万州西山公园静园。2014年，他书写的“三生有幸 平湖万州”万州城市形象宣传语成为规范字体对外发布。2019年，年近九旬的陶梅岑书写的“畅游三峡 万州出发”书法作品在重庆市“晒文化·晒风景”文旅推介活动“书记晒文旅·万州篇”宣传片中亮相。

（区委宣传部）

集体荣誉

2021年万州区获部委及以上表彰的先进集体一览表

表76

获奖单位	获奖名称	授奖单位	获奖时间
万州区龙驹镇党委	全国脱贫攻坚先进集体	中共中央、国务院	2021年2月
万州区委宣传部	舆情信息工作“优秀单位”	中共中央宣传部	2021年4月
万州区委政法委	全国普法工作先进单位	中共中央宣传部、司法部、全国普法办	2021年12月
万州区委网信办	2021年国家网络安全宣传周活动表现突出单位	中央网信办、中共中央宣传部、教育部、工信部、公安部、中国人民银行、国家广电总局、全国总工会、共青团中央、全国妇联	2021年12月
万州区法院、万州区审计局	节约型机关	国家机关事务管理局、中共中央直属机关事务管理局、国家发展改革委、财政部	2021年8月
万州区长岭镇安溪村	第三批全国乡村旅游重点村	文化和旅游部、国家发展改革委	2021年8月
万州区鸡公岭小学	第三批全国中小学中华优秀传统文化传承学校（戏曲）	教育部	2021年12月
万州区双河小学	第三批全国中小学中华优秀传统文化传承学校（书法）	教育部	2021年12月
万州区岩口复兴学校	第三批乡村温馨校园建设典型案例学校	教育部	2022年1月
重庆三峡医药高等专科学校	中药学专业国家级职业教育教师教学创新团队	教育部	2021年7月
	第二批示范性职业教育集团（联盟）培育单位	教育部	2021年9月
	全国首批教师实践流动站试点建设单位	教育部教师工作司	2021年4月
重庆三峡职业学院	全国“乡村振兴人才培养优质校”	农业农村部、教育部	2021年5月
	“宏志助航计划”全国高校毕业生就业能力培训基地	教育部	2021年12月
	第46届世界技能大赛“园艺项目”国家集训基地	人力资源和社会保障部	2021年7月
万州区公安局刑警支队	全国扫黑除恶先进集体	全国扫黑除恶专项斗争领导小组	2021年1月
	全国公安机关集体一等功	公安部	2021年6月
万州区公安局政治处	全国公安机关教育训练工作突出集体	公安部	2021年9月
万州区公安局龙都派出所	全国公安机关成绩突出集体	公安部政治部	2021年4月
万州区百安坝街道天台社区	第八批“全国民主法治示范社区”	司法部、民政部	2021年2月
奎龙律师事务所	全国优秀律师事务所	司法部	2021年1月
万州区长岭司法所	全国模范司法所	司法部	2021年10月

续表76

获奖单位	获奖名称	授奖单位	获奖时间
万州区史志研究室	全国地方志系统先进集体	人力资源和社会保障部、中国地方志指导小组	2021年6月
	全国党史和文献部门先进集体	人力资源和社会保障部、中央党史和文献研究院	2021年12月
万州区工商联	2020—2021年度全国“五好”县级工商联	中华全国工商业联合会	2021年12月
	2021年度民营企业调查点工作先进单位		
中交一公局万州环线项目部	第20届全国青年文明号	全国创建青年文明号活动组委会	2021年8月
重庆大学附属三峡医院感染管理部	全国五一巾帼标兵岗	中华全国总工会	2021年4月
重庆华歌生物技术有限公司技术中心	全国工人先锋号	中华全国总工会	2021年4月
万州区岩口复兴学校团支部	全国五四红旗团支部	共青团中央	2021年4月
万州区龙驹镇劳动就业和社会保障服务所	全国巾帼文明岗	全国妇联	2021年3月
万州区龙沙镇马岩村村委会	全国巾帼建功先进集体	全国妇联	2021年3月
万州区侨联	全国侨联系统抗击新冠肺炎疫情先进集体	中国侨联	2021年1月
万州区青年商会	全国“四好”商会	中华全国工商业联合会办公厅	2021年1月
万州区卫生健康委	全国第六次卫生服务统计调查中表现突出单位	国家卫生健康委办公厅	2021年7月
万州区教委	全国关心下一代工作先进集体	教育部关心下一代工作委员会	2021年10月
万州区水利局	2021年“节水中国你我同行”主题宣传联合行动优秀组织单位	全国节约用水办公室	2021年6月
万州区农业综合行政执法支队	农业农村系统抗击新冠肺炎疫情先进集体	农业农村部	2021年1月
	“中国渔政亮剑2021”系列专项执法行动成绩突出的集体		2021年12月
人民银行万州中心支行	中国人民银行青年文明号	中国人民银行	2021年12月
万州特教中心	中国第十一届残疾人运动会暨第八届特殊奥林匹克运动会体育道德风尚奖	国家体育总局	2021年10月
民革万州区委会	民革助力脱贫攻坚工作先进集体	民革中央	2021年11月
万州民革党员之家	第二批优秀民革党员之家	民革中央	2021年12月
民革万州区委会新党员支部	第二批民革示范支部	民革中央	2021年12月
民盟万州区委会	民盟脱贫攻坚先进集体	民盟中央	2021年6月
九三学社万州区委会	脱贫攻坚民主监督先进集体	九三学社中央	2021年12月
	组织信息系统数据维护工作先进集体		

2021年万州区获市级及市级部门表彰的先进集体一览表

表77

获奖单位	获奖名称	授奖单位	获奖时间
万州区大周镇铺垭村党支部、万州区武陵镇下中村党支部、万州区熊家镇举安村党支部、万州区普子乡七曜村村委会、万州区后山镇马槽村村委会、万州区高梁镇天鹅村驻村工作队、万州区罗田镇梓桐村驻村工作队、中共万州区新乡镇委员会、中共万州区九池乡委员会、万州区分水镇人民政府、万州区梨树乡人民政府、万州区长滩镇卫生院、中共万州区委组织部、万州区住房城乡建委、万州区扶贫办、万州区就业和人才中心、重庆万州德康农牧科技有限公司	重庆市脱贫攻坚先进集体	中共重庆市委、重庆市政府	2021年4月
孙家镇、孙家镇兰草村、高梁镇天鹅村、柱山乡山田村	2019—2021年度重庆市文明村镇	中共重庆市委、重庆市政府	2022年1月
骆世川家庭、何承香家庭、崔炳莲家庭	2019—2021年度重庆市文明家庭	中共重庆市委、重庆市政府	2022年1月
万州第二高级中学、万州区电报路小学、万州高级中学、万州区天星小学	2019—2021年度重庆市文明校园	中共重庆市委、重庆市政府	2022年1月
政协重庆市万州区委员会办公室、中共重庆市万州区委办公室、万州区周家坝街道狮子社区、万州区五桥街道五间桥社区、中国铁塔股份有限公司万州分公司、重庆三峡移民纪念馆	2019—2021年度重庆市文明单位	中共重庆市委、重庆市政府	2022年1月
万州区退役军人事务局思想政治和权益维护科	全市信访工作先进集体	中共重庆市委、重庆市政府	2022年3月
万州区纪委监委机关党委、万州区大周镇党委、万州区牌楼街道党工委、万州区武陵镇下中村党支部、万州区双河口街道螺蛳包社区党委、万州区龙都街道大塘边社区党委、万州区分水镇黄泥社区党委、重庆长安跨越车辆有限公司党委、重庆三峡移民纪念馆党支部、万州区福建小学党支部、万州区疾病预防控制中心党委、万州区公安局红光派出所党支部	重庆市先进基层党组织	中共重庆市委	2021年6月
万州区周家坝社区燕湾小区退伍军人志愿服务队	2021年度“重庆市最美退役军人”	中共重庆市委宣传部、重庆市精神文明办、重庆市退役军人事务局、重庆警备区政治工作局	2021年9月

续表77

获奖单位	获奖名称	授奖单位	获奖时间
万州区经济信息委办公室	重庆市经济和信息化系统先进集体	重庆市人力社保局、重庆市经济信息委	2021年12月
万州区住房城乡建委	重庆市住房和城乡建设系统先进集体	重庆市人力社保局、重庆市住房城乡建委	2021年7月
万州区医疗保障局	重庆市医疗保障系统先进集体	重庆市人力社保局、 重庆市医保局	2021年4月
万州区牌楼街道关工委	重庆市关心下一代工作先进集体	重庆市关工委、重庆市精神文明办、重庆市人力社保局	2021年11月
万州区百安坝街道妇联	重庆市三八红旗集体	重庆市人力社保局、重庆市妇联	2021年3月
万州区看守所	集体二等功	重庆市公安局	2021年8月
万州区公安局法制支队	集体三等功	重庆市公安局	2021年8月
万州区公安局侦办熊某某恶势力犯罪集团专案组	集体嘉奖	重庆市公安局	2021年8月
万州区公安局指挥中心	集体三等功	重庆市公安局	2021年10月
万州区公安局治安支队	集体嘉奖	重庆市公安局	2021年10月
万州区公安局、万州银保监分局	第七轮安全评估工作优秀监管机构	重庆市公安局	2021年12月
万州区纪委监委	2021年通报表扬全市扫黑除恶专项斗争先进单位	重庆市扫黑除恶专项斗争领导小组	2021年5月
万州区交通局	重庆市“十三五”干线公路养护管理优秀单位	重庆市交通局	2021年10月
万州区公路事务中心	2021年公路养护工作先进单位	重庆市交通局	2022年1月
重庆友友利鸿玻璃有限公司、重庆市万州职业教育中心、重庆长江水务集团有限公司	重庆五一劳动奖状	重庆市总工会	2021年4月
重庆平湖金龙精密铜管有限公司设备部电修工段、重庆市万州区天福幼儿园行政组、神华神东电力重庆万州港电有限责任公司设备维护部、中交一公局厦门工程有限公司万州环线高速公路项目二分部	重庆市工人先锋号	重庆市总工会	2021年4月
重庆三峡农业科学院桑蚕产业团队、重庆大学附属三峡医院平湖分院心身医学科、万州区高峰中心小学留守儿童托管家园、万州区爱尔眼科医院眼底病科、万州区疾病预防控制中心核酸检测团队	2021年重庆市巾帼文明岗	重庆市妇联	2021年12月

个人荣誉

2021年万州区获部委及以上表彰的先进个人一览表

表78

获奖人	获奖名称	授奖单位	获奖时间
傅飞丁、罗显清	全国脱贫攻坚先进个人	中共中央、国务院	2021年2月
傅山祥	全国优秀共产党员	中共中央	2021年6月
黄　霞	全国岗位学雷锋标兵	中共中央宣传部	2021年2月
	“中国好医生、中国好护士”2020年12月月度人物	中央文明办、国家卫生健康委员会	2021年1月
袁玉兰	第八届全国道德模范提名	中央文明委、中共中央宣传部	2021年11月
	2021年全国“诚信之星”	中共中央宣传部、国家发展改革委	2022年1月
柴海燕	2021年5月助人为乐类“中国好人”	中央文明办	2021年6月
蒲承祥	2021年8月诚实守信类“中国好人”	中央文明办	2021年9月
彭道明	2021年12月助人为乐类“中国好人”	中央文明办	2022年1月
袁　卉	资深地方外事工作者	外交部	2021年12月
彭道军	全国公安机关成绩突出交警	公安部	2021年12月
向洪林	全国公安机关情报信息工作成绩突出先进个人	公安部政治部	2021年9月
唐　备	全国农村留守儿童关爱保护和困境儿童保障工作先进个人	民政部	2021年9月
张鸿鸣	“法援惠民生 扶贫奔小康”品牌活动突出表现个人	司法部	2021年6月
王　莉	全国优秀河（湖）长	水利部	2021年1月
张洪云	水利部农村饮水安全脱贫攻坚先进个人	水利部	2021年5月
李达山	全国粮食生产先进个人	农业农村部	2021年12月
张　志	“中国渔政亮剑2021”系列专项执法行动成绩突出的个人	农业农村部	2021年12月
吴　波	全国退役军人服务保障先进个人	退役军人事务部、中央军委政治工作部	2021年11月
向英姿	全国调查队成立十五周年最美调查人	国家统计局	2021年11月
黄　燕	“五史”知识竞赛优胜个人	九三学社中央	2021年12月
姚　容	民革全国组织工作先进个人	民革中央	2021年10月
胡风明	全国五一劳动奖章	中华全国总工会	2021年4月
李璐君	全国优秀共青团干部	共青团中央	2021年4月
张光平	全国残疾人工作先进个人	国务院残疾人工作委员会	2021年7月
李　宁	全国扫黑除恶专项斗争先进工作者	全国扫黑除恶专项斗争领导小组	2021年1月
谭　静	第七次全国人口普查国家先进个人	国务院第七次全国人口普查领导小组	2021年9月
秦　健	国家贫困地区重大专项普查先进个人	国家脱贫攻坚普查领导小组	2021年8月
王　娟、刘　丽、吴金花、匡晋明、程启兵、牟丽帆	全国第六次卫生服务统计调查中表现突出的个人	国家卫生健康委办公厅	2021年7月

2021年万州区获市级及市级部门表彰的先进个人一览表

表79

获奖人	获奖名称	授奖单位	获奖时间
方义明、李仁福、张定美、莫一万、杨　才、余思成、付绍兴、余小平、扶江仕、张大富、胡强仁、谭秀林、云克清、李　洁、向泌柠、陈蜀栋、严永明、陈　平、钟雪美、谭成勇、吴邦和、罗运贵、龚天芳	重庆市脱贫攻坚先进个人	中共重庆市委、重庆市政府	2021年4月
谢定来、张先祥、何克忠	重庆市第六届先进工作者	中共重庆市委、重庆市政府	2021年10月
陈　平、李育明、段世祥、李宜骏、万庆华、王兴春、吴吉平、董　姚	重庆市第六届劳动模范	中共重庆市委、重庆市政府	2021年10月
金维山	重庆市担当作为好干部	中共重庆市委、重庆市政府	2021年12月
袁玉兰	2019—2021年度重庆市道德模范（诚实守信类）	中共重庆市委、重庆市政府	2022年1月
许明云、潘海林、汪义高、任　凭、赵柳英、向　东、陈　奔、贺晓耘、万钌源	重庆市优秀共产党员	中共重庆市委	2021年6月
向光杰、黄　红、张　磊、陈发权	重庆市优秀党务工作者	中共重庆市委	2021年6月
张　甲、张世平、李承端	高产广适糯稻“三峡糯1号”的创制与应用——科技进步奖三等奖	重庆市政府	2021年11月
王良伟	非线性发展方程解的性质——自然科学奖三等奖	重庆市政府	2021年11月
向文磊、张　琴、洪晓东	重庆市文明实践“六讲”大赛“讲政策”类一等奖	重庆市委宣传部、重庆市精神文明委、重庆市民政局、重庆市司法局、重庆市人力社保局、重庆市生态环境局、重庆市农业农村委、重庆市卫生健康委、重庆市科协、重庆市文学艺术界联合会、重庆广播电视集团（总台）	2021年6月
李育明	重庆市岗位服务明星	重庆市委宣传部、重庆市交通局、重庆市商务委、重庆市文明办、重庆市市场监管局、重庆市文化旅游委	2021年12月
龚佑君	2021年1—2月敬业奉献类“重庆好人”	重庆市委宣传部、重庆市文明办	2021年1月
柴海燕	2021年3—4月助人为乐类“重庆好人”	重庆市委宣传部、重庆市文明办	2021年4月
周小琴	2021年5—6月自强不息类“重庆好人”	重庆市委宣传部、重庆市文明办	2021年6月
蒲承祥	2021年7—8月诚实守信类“重庆好人”	重庆市委宣传部、重庆市文明办	2021年8月
程　飞	2021年9—10月敬业奉献类“重庆好人”	重庆市委宣传部、重庆市文明办	2021年9月

续表79

获奖人	获奖名称	授奖单位	获奖时间
彭道明	2021年11—12月助人为乐类“重庆好人”	重庆市委宣传部、重庆市文明办	2021年11月
梁　圣、张明皓	重庆市坚决打好防范化解重大风险攻坚战先进个人	重庆市委政法委、重庆市人力社保局	2021年8月
余建康、何世亮	重庆市经济和信息化系统先进个人	重庆市人力社保局、重庆市经济信息委	2021年12月
江　杰	重庆市财政系统先进个人	重庆市人力社保局、重庆市财政局	2021年2月
李　祥	重庆市住房和城乡建设系统先进个人	重庆市人力社保局、重庆市住房城乡建委	2021年7月
向梦斌	重庆市农业行业职业技能竞赛优胜奖	重庆市农业农村委、重庆市人力社保局、重庆市总工会	2021年9月
李　锐	重庆市应急管理先进个人	重庆市人力社保局、重庆市应急管理局	2021年12月
张奕霞、杨　静	重庆市三八红旗手	重庆市人力社保局、重庆市妇联	2021年3月
张玉林	全市公安系统第四届巾帼建功标兵	重庆市公安局、重庆市妇联	2021年3月
赵学德、袁文骥	三等功	重庆市公安局	2021年8月
刘　杰	全市公安机关扫黑除恶专项斗争成绩个人二等功	重庆市公安局	2021年8月
晏廷坤、万　鹏	全市公安机关扫黑除恶专项斗争成绩个人三等功	重庆市公安局	2021年8月
张　朋、谭千亮、任　劲、许力策、李昌军、彭　松、王家平、余京芯、阳乾安	全市公安机关庆祝中国共产党成立100周年安保维稳工作成绩突出个人三等功	重庆市公安局	2021年10月
闫正文	全市扫黑除恶专项斗争先进个人	重庆市扫黑除恶专项斗争领导小组	2021年4月
余天耀、左　军	全市扫黑除恶专项斗争表现突出三等功	重庆市扫黑除恶专项斗争领导小组	2021年5月
唐运东	就业榜样人物	重庆市退役军人事务局	2021年12月
刘治国、李　郸、牟华明、何光君、韩德禄	重庆五一劳动奖章	重庆市总工会	2021年4月
任　伟	2021年网上劳动和技能竞赛年度之星	重庆市总工会	2021年12月
金　素、蒋　曼	2021年重庆市巾帼建功标兵	重庆市妇联	2021年12月

统计资料

万州区国民经济和社会发展主要指标（2020—2021年）统计表

表80

指标名称	计量单位	2020年	2021年
土地、人口与就业			
行政区域面积	平方千米	3456.41	3456.41
年末户籍总户数	万户	69.14	68.85
#乡村	万户	37.76	38.70
年末户籍总人口	万人	172.57	171.47
#城镇人口	万人	73.69	70.65
#男性	万人	87.55	86.98
女性	万人	85.02	84.49
年平均户籍人口	万人	173.07	172.02
常住人口	万人	156.44	156.87
#城镇人口	万人	107.81	109.25
城镇化率	%	68.92	69.64
出生人口	万人	1.15	0.91
死亡人口	万人	1.74	1.25
人口自然增长率	‰	-3.39	-1.97
城镇登记失业率	%	3.20	3.10
综合经济			
地区生产总值（当年价格）	万元	9706843	10879418

续表80

指标名称	计量单位	2020年	2021年
第一产业	万元	959741	1089072
第二产业	万元	2679983	3109581
#工业	万元	1088735	1355117
第三产业	万元	6067119	6680765
人均生产总值(按常住人口计算)	元	61989	69358
民营经济增加值	万元	5404742	6032459
国有经济增加值	万元	4107451	4628384
外商及港澳台经济增加值	万元	194650	218575
文化及相关产业增加值	万元	178237	197604
旅游及相关产业增加值	万元	310481	352302
R&D经费内部支出	万元	95206	95304
R&D经费投入强度(R&D经费内部支出占GDP的比重)	%	0.98	0.88
地区生产总值指数(可比价 上年=100)		102.40	108.40
第一产业		105.10	112
第二产业		99.70	104.40
#工业		103.30	108.50
第三产业		103.30	109.60
人均生产总值指数(可比价 上年=100)		102.30	108.20
农业			
乡村从业人员	万人	65.73	60.34
农业机械总动力	万千瓦	72.48	73.20
化肥施用量(折纯)	万吨	3.82	3.78
农村用电量	万千瓦时	21331	22439
有效灌溉面积	平方千米	353.60	351.11
农作物总播种面积	平方千米	1675.03	1687.25
#粮食作物	平方千米	987.36	991.23
农林牧渔业总产值	万元	1421267	1614310
农业	万元	924512	1080798
林业	万元	79834	83572
牧业	万元	345696	361725
渔业	万元	48509	61617
农林牧渔专业及辅助性活动	万元	22716	26597
粮食产量	吨	493822	497479
油料产量	吨	19900	20409
糖料产量	吨	484	466
烟叶产量	吨	1172	1390

续表80

指标名称	计量单位	2020年	2021年
蚕茧产量	吨	14	8
茶叶产量	吨	2231	2451
水果产量（含果用瓜）	万吨	49.59	56.37
蔬菜产量	万吨	118.59	124.40
肉类总产量	万吨	6.55	9.87
#猪肉产量	万吨	4.93	8.14
牛肉产量	吨	2205	2294
羊肉产量	吨	2338	2393
奶类产量	吨	257	115
水产品产量	吨	21149	22149
年末大牲畜存栏数	万头	2.85	2.83
年内出栏生猪头数	万头	64.97	103.17
年末生猪存栏头数	万头	54.86	66.26
工业			
规模以上工业企业主要经济指标			
工业企业单位数	个	147	162
#大型企业	个	6	5
中型企业	个	18	12
小型企业	个	123	145
工业总产值	万元	3322954	3814278
#国有企业	万元	27879	14437
股份制企业	万元	3204856	3720600
外商及港澳台商投资企业	万元	90219	79241
工业销售产值	万元	3281404	3732105
出口交货值	万元	74092	140696
应收账款	万元	588977	642694
营业收入	万元	3409429	3845830
利税总额	万元	346571	391437
利润总额	万元	232518	282340
亏损企业亏损额	万元	27751	17428
产成品	万元	156438	167614
建筑业			
建筑企业单位数	个	215	203
建筑企业从业人员	万人	5.92	4.51
建筑业总产值	万元	2228869	2298248
房屋施工面积	万平方米	858.80	806.50

续表80

指标名称	计量单位	2020 年	2021 年
房屋竣工面积	万平方米	214.70	206.80
交通运输、邮电通信			
公路通车里程	千米	7340	8051
民用汽车拥有量	辆	254730	259249
#私人汽车	辆	235785	244320
公路客运量	万人次	1965	1742
公路货运量	万吨	5471	6801
水运客运量	万人次	30	25
水运货运量	万吨	3698	4077
邮电业务总收入（2020年含民营快递收入）	万元	136392	152363
年末固定电话用户数	万户	20.97	20.10
年末移动电话用户数	万户	160.25	178.80
国际互联网用户数	万户	197.79	227.60
固定资产投资			
固定资产投资额	万元	2029431	2232026
#农林水投资	万元	226033	120856
工业部门投资	万元	313028	585805
#房地产开发投资	万元	625320	661105
房地产开发			
商品房销售面积	万平方米	125.38	133.18
#住宅	万平方米	103.34	105.41
商品房销售额	万元	771281	739899
#住宅	万元	677705	630305
国内贸易			
社会消费品零售总额	万元	3457954	4417967
批发和零售业销售额	万元	11692575	15819805
住宿和餐饮业营业额	万元	535481	675419
对外贸易、旅游			
进出口总额	万美元	57171	61246
出口	万美元	17801	39184
进口	万美元	39370	22062
实际利用外资额	万美元	12775	17502
接待海外旅游者人数	万人次	0.14	0.12
接待国内旅游者人数	万人次	1652	2194
海外旅游收入	万美元	13	0
国内旅游收入	亿元	96	123

续表80

指标名称	计量单位	2020年	2021年
财政、金融、保险			
一般公共预算收入	万元	671253	714496
#税收收入	万元	383438	419969
#增值税	万元	136608	189336
企业所得税	万元	58604	61935
个人所得税	万元	16694	18640
一般公共预算支出	万元	1613357	1468545
#一般公共服务	万元	123108	125365
教育支出	万元	271046	274794
城乡社区支出	万元	54261	86613
商业服务业等支出	万元	11005	5256
社会保障和就业支出	万元	201546	216148
金融机构人民币存款余额	万元	14030888	15277367
#住户存款	万元	10847172	11964736
非金融企业存款	万元	2011295	2066893
金融机构人民币贷款余额	万元	8330109	9557934
保费收入	亿元	63.80	62.28
证券交易额	亿元	1478.59	2483.40
证券累计开户数	万户	14.31	15.90
教育			
学校数	所	434	436
普通高等学校	所	7	7
普通中等职业学校	所	5	5
普通高中	所	17	17
初级中学	所	42	48
小学	所	88	89
特殊学校	所	1	1
幼儿园	所	274	269
专任教师总数	人	16546	17082
普通高等学校	人	3565	3824
普通中等职业学校	人	335	516
普通高中	人	2286	2268
初级中学	人	3518	3500
小学	人	5028	4982
特殊学校	人	52	39
幼儿园	人	1762	1953

续表80

指标名称	计量单位	2020年	2021年
招生数	人	94961	93641
普通高等学校	人	30535	31857
普通中等职业学校	人	6471	7561
普通高中	人	11924	11807
初级中学	人	16608	16391
小学	人	13426	13788
特殊学校	人	84	85
幼儿园	人	15913	12152
在校学生总数	人	313214	327704
普通高等学校	人	85693	96866
普通中等职业学校	人	14234	17303
普通高中	人	35705	35539
初级中学	人	48969	49916
小学	人	87630	86232
特殊学校	人	388	374
幼儿园	人	40595	41474
毕业生数	人	80952	80604
普通高等学校	人	19760	20392
普通中等职业学校	人	3990	3400
普通高中	人	12378	11735
初级中学	人	14425	15707
小学	人	15689	15470
特殊学校	人	73	67
幼儿园	人	14637	13833
小学学龄儿童入学率	%	100	100
初中阶段入学率	%	109.40	113.60
高中阶段入学率	%	106.10	108.20
小学升学率	%	100	100
初中升学率	%	95.70	93.60
高中升学率	%	95.50	95.60
卫生			
卫生机构数	个	1301	1304
#医院、卫生院	个	80	80
疾病预防控制中心	个	1	1
妇幼保健院	个	1	1
卫生机构床位数	张	11227	12043

续表80

指标名称	计量单位	2020年	2021年
卫生机构人员数	人	15492	15509
#卫生技术人员	人	12430	12848
#执业医师、助理医师	人	4600	4978
注册护士	人	5554	5748
科技、文化			
年末拥有科研单位	个	16	16
实施科研项目	个	189	200
高新技术企业	家	63	81
专业艺术表演团体	个	4	4
剧场、影剧院	个	7	7
广播人口覆盖率	%	99.87	99.66
电视人口覆盖率	%	99.69	99.87
公共图书馆	个	1	1
公共图书馆藏书（含电子图书）	万册	43.25	43.25
人民生活、社会保障			
城镇居民人均住房建筑面积	平方米	35.30	35.40
农村居民人均住房建筑面积	平方米	50.20	50.50
城镇常住居民人均可支配收入	元	42662	46758
城镇常住居民恩格尔系数	%	37	35.90
农村常住居民人均可支配收入	元	17292	19281
农村常住居民恩格尔系数	%	37	36.10
城镇居民最低生活保障人数	人	23648	18556
城镇居民最低生活保障补助金额	万元	16582	13432
累计参加失业保险人数	万人	12.26	12.18
累计领取失业保险金人次	人次	26319	27448
参加养老保险人数	万人	113.09	112.84
享受养老保险待遇人数	万人	41.41	41.78
社会治安			
刑事案件立案数	件	4886	4159
刑事案件破案数	件	3271	2966
治安案件发现受理起数	起	4964	6649
治安案件查处数	起	4964	6649
城市建设与生态环保			
城市供水管道总长度	千米	904	734
全年供水总量	万吨	6071	6908
#生活用水量	万吨	3429	3622

续表80

指标名称	计量单位	2020年	2021年
天然气供气总量	万立方米	20372	21821
#家庭用量	万立方米	11712	11305
年末实有公共汽（电）车营运车辆数	辆	684	732
年末实有出租汽车数	辆	1975	1243
园林绿地面积	平方千米	24.43	25.69
建成区绿化覆盖面积	平方千米	29.24	31.76
公园面积	平方千米	6.89	7.14
人均公园绿地面积	平方米	13.10	13.10
生活垃圾清运量	万吨	32	32.30
#生活垃圾粪便清运量	万吨	14.80	17.20
城区空气质量优良天数	天	346	340
城区区域环境噪声平均等级声级	分贝	53	53
移民情况			
移民工程累计完成投资额	万元	1554140	1554877
移民工程本年完成投资额	万元	635	737
培训移民	人	2123	2900
移民工程本年计划投资	万元	2370	786
本年移民工程资金到位率	%	100	100
当年新开工移民发展扶持项目	个	81	64

2021年重庆市各区县主要指标及排序情况统计表

表81

指标名称 / 区县	年末常住人口		地区生产总值		社会消费品零售总额		一般公共预算收入		全体居民人均可支配收入	
	绝对额（万人）	全市排序	绝对额（亿元）	全市排序	绝对额（亿元）	全市排序	绝对额（亿元）	全市排序	绝对额（元）	全市排序
万州区	156.87	2	1087.94	8	441.80	10	71.40	2	37817	14
黔江区	48.86	32	270.98	31	153.82	29	26.30	21	28765	27
涪陵区	111.92	11	1402.74	5	576.06	6	60.90	6	37991	13
渝中区	58.83	27	1517.70	3	1353.99	1	46.40	12	51083	1
大渡口区	42.42	34	310.36	30	75.89	36	20.30	26	46200	6
江北区	92.95	13	1507.07	4	768.75	4	70.20	3	49655	2
沙坪坝区	148.34	4	1058.25	9	571.87	7	40.20	15	46906	5
九龙坡区	152.90	3	1736.38	2	888.59	3	54.60	8	48154	3
南岸区	120.40	8	880.98	12	605.69	5	57	7	47361	4
北碚区	83.79	14	717.87	17	207.29	28	28.60	19	44140	9

续表81

指标名称 / 区县	年末常住人口		地区生产总值		社会消费品零售总额		一般公共预算收入		全体居民人均可支配收入	
	绝对额（万人）	全市排序	绝对额（亿元）	全市排序	绝对额（亿元）	全市排序	绝对额（亿元）	全市排序	绝对额（元）	全市排序
渝北区	220.58	1	2235.61	1	1070.38	2	73.90	1	45066	7
巴南区	118.78	9	963.41	11	486.69	9	51.40	11	44569	8
长寿区	69.22	20	866.26	14	308.34	16	54	9	35847	17
江津区	136.28	5	1257.96	6	408.41	11	63.10	5	38740	11
合川区	124.25	6	973.88	10	349.08	14	66.30	4	37018	15
永川区	114.92	10	1144.17	7	505.28	8	43.80	14	39497	10
南川区	57.31	28	408.51	26	211.04	27	24.30	22	33320	20
綦江区（不含万盛）	77.65	16	506.91	23	232.89	25	21.10	25	30972	25
大足区	83.64	15	800.30	16	305.13	17	46	13	34431	19
璧山区	75.84	17	874.54	13	342.15	15	53.10	10	38604	12
铜梁区	68.94	22	704.50	18	276.52	21	40	16	36533	16
潼南区	69.04	21	539.35	21	303.72	19	23.30	24	31944	21
荣昌区	67	23	813.47	15	287.85	20	31.90	17	34810	18
开州区	120.47	7	600.27	19	380.32	13	30	18	28522	28
梁平区	64.54	25	549.44	20	303.98	18	27.70	20	31294	23
武隆区	35.65	37	262.14	33	136.83	31	15.80	31	29483	26
城口县	19.80	38	60.63	38	27.01	38	4.60	38	20294	36
丰都县	55.60	29	375.44	27	227.12	26	23.90	23	28137	29
垫江县	64.99	24	502.58	24	271.76	22	18.80	28	31441	22
忠　县	72.15	19	488.55	25	251.44	23	20.30	26	31064	24
云阳县	93.09	12	528.13	22	386.65	12	18.10	29	24674	32
奉节县	74.73	18	372.54	28	120.69	32	16.30	30	24078	33
巫山县	46.42	33	208.80	35	115.94	33	11.80	35	23878	34
巫溪县	38.96	35	120.83	37	64.81	37	7.40	37	19394	38
石柱土家族自治县	38.80	36	186.54	36	97.38	35	10.80	36	27735	30
秀山土家族苗族自治县	49.63	31	340.94	29	236.76	24	14.30	33	25954	31
酉阳土家族苗族自治县	60.72	26	212.47	34	99.09	34	15	32	20146	37
彭水苗族土家族自治县	52.52	30	270.12	32	139.88	30	13.60	34	23292	35

（区统计局）

附 录

2021年万州区组织机构及负责人名录

（截至2021年12月31日）

一、区委

书　记　莫恭明
副书记　聂红焰（女）
　　阳秋冬（12月离任）
　　李　庆（11月任职）
常　委　莫恭明
　　聂红焰（女）
　　阳秋冬（12月离任）
　　李　庆（11月任职）
　　姜雪松（10月离任）
　　罗　莹（女，11月离任）
　　刘丹文（11月离任）
　　李小军
　　赵光平
　　蒋艺义（女，12月任职）
　　刘　伟
　　黄立军
　　郭建伟（11月任职）
　　张凤政（12月任职）
　　吴晓明（12月任职）
　　张　程（挂职，1月离任）
　　徐　洪（挂职）
　　张　范（挂职，7月任职）

二、区人大常委会

党组书记、主任　贺恩友
党组副书记、副主任
　　楼秋玲（女，3月离任）
党组成员、副主任
　　姜孝安（3月转任党组副书记）
　　陈保余
　　殷久阳（女）
　　刘忠诚
　　谭方培（5月任职）

三、区政府

党组书记、区长　聂红焰（女）
党组副书记、副区长
　　姜雪松（10月离任，负责区政府常务工作）
党组副书记　赵光平（11月任职）
副区长　张国建
党组成员、副区长
　　涂立军
　　蒋艺义（女）
　　刘小泉
　　余朝刚
　　颜　森
　　张　程（挂职，1月离任）
　　徐　洪（挂职）
　　张　范（挂职，7月任职）
党组成员　骆高燕（11月任职）

四、区政协

党组书记、主席　罗能平
党组副书记
　　罗　莹（女，兼，11月离任）

阳秋冬（11月任职）
党组副书记、副主席 丁坤林
副主席 徐素环（3月离任）
牟之叔
党组成员、副主席 周红霞（女）
张嘉强
卢祖华
副主席 胡家海
陈联国
王海宝（5月任职）
党组成员 曾 斌（11月任职）
邹 燕（11月任职）

五、万州经开区

党工委书记 聂红焰（女，兼）
党工委副书记、管委会主任 蒲承明
党工委委员、管委会副主任
曾 斌（11月离任）
李忠云
骆高燕（11月离任）
程宏江（11月任职）

六、区纪委监委

纪委书记、监委主任 李小军
纪委常务副书记、监委副主任
杨文勇（11月离任）
王 忠（11月任职）
纪委副书记、监委副主任
邱文伟（11月离任）
王 忠（11月离任）
李其兵（11月任职）
徐胜杰（女，11月任职）
纪委常委、监委委员
胡帮林（6月离任）
张 翼
纪委常委 徐胜杰（女，11月离任）
陈 劼（11月离任）
卢亚辉（11月任职）
曹小河（11月任职）
监委委员 卢亚辉
纪委常委、监委委员
熊 飚（11月任职）
纪委常委 余京芯（11月任职）
监委委员 卢亚辉
舒全辉

七、区法院

党组书记、院长 陈 忠
党组副书记、副院长 刘道平
党组成员、副院长 喻晓峰
党组成员、政治部主任 周宗辉（女）
党组成员、副院长 冯 纲
党组成员、纪检组组长 袁海彬
党组成员、副院长 于宏伟
党组成员、执行局（庭）局长（庭长）
王 锋
审委会专职委员 袁 新
张季春（女）

八、区检察院

党组书记、检察长
刘 峰（9月离任）
党组书记、代理检察长
邹燕凌（女，9月任职）
党组副书记、副检察长 邬小军
党组成员、副检察长 陈 明
李 青
万云松
党组成员、纪检组长 卢炳辉
党组成员、政治部主任 崔昆兰（女）
检委会专职委员 赵丕瀚
王治会（女）

九、区级部门

（一）区委部门

1. 区委办公室

主 任 刘 伟（11月离任）
吴晓明（11月任职）
常务副主任 许明云
副主任 蒋培华（9月离任）
牟东云（兼，10月任职）
谢云军（10月任职）
区档案局局长
蒋培华（兼，9月离任）
谢云军（兼，10月任职）
区纪委监委驻区委办公室纪检监察组
组长 汤淑建
副主任 杨 政（6月离任）
郎 杰（土家族，10月任职）
区委机要局（区密码管理局）局长
杨 政（兼，6月离任）
郎 杰（兼，土家族，11月任职）
副主任 涂林川（9月离任）
刘 城（9月离任）
陈余静（10月任职）
副处级秘书 陈余静
区委保密委专职副主任 谭承剑
区委保密办（区国家保密局）主任（局长） 谭承剑（兼）
区委机要局（区密码管理局）密码督查员 刘祥明（10月离任）
程洪岗（10月离任）
黎 斐（11月任职）

2. 区委组织部

部 长 罗 莹（女，11月离任）
郭建伟（11月任职）
常务副部长 吴晓明（11月离任）
刘体良（11月任职）
区委非公工委书记
吴晓明（兼，11月离任）
副部长 陈 浪（女，兼）
梁润琦
秦小林（9月离任）
区公务员局局长 梁润琦（兼）
区委直属机关工委书记
秦小林（兼，9月离任）
牟林春（兼，11月任职）
区纪委监委驻区委组织部纪检监察组
组长 谭 辉
副部长 陈安国
牟林春（10月任职）
区委非公工委副书记
牟林春（10月离任）
区干部人事人才服务中心主任
陈振飞
区委非公工委副书记
张 磊（土家族，11月任职）

3. 区委宣传部

部 长 刘丹文（11月离任）
蒋艺义（11月任职）
常务副部长 刘龙飞
副部长 程华良（10月离任）

任庆兵
区新闻出版局局长，区政府新闻办主任
任庆兵（兼）
副部长 幸 宏（女，9月离任）
张 君（女，10月任职）
周启昌（10月任职）

4. 区委统战部

部 长 罗 莹（女，11月离任）
张凤政（11月任职）
常务副部长 唐明祥
副部长 范平远（兼，6月离任）
贺 斌（兼，6月任职）
韦蜀泉（兼，9月任职）
刘又铭（9月任职）
程万青（11月免职，2021年5月被立案审查调查）
陈代莹（女，9月离任）
倪 婧（女，9月任职）
区委台办（区政府台办）主任，区侨办主任 程万青（兼，11月免职，2021年5月被立案审查调查）
韦蜀泉（兼，9月任职）
区民宗委主任
陈代莹（女，兼，9月离任）
刘又铭（10月任职）

5. 区委政法委

书 记 赵光平（11月离任）
刘 伟（11月任职）
副书记 余朝刚（兼）
委 员 陈 忠（兼）
刘 峰（兼，9月离任）
邹燕凌（女，兼，9月任职）
常务副书记 刘 冰
委 员 范红林（兼）
陈绍斌（10月离任）
牟东云（10月任职）
副书记 沈 毅
委 员 陈朝兵（10月任职）
副书记 严 胜
委员、政治部主任
段小雷（9月离任）
肖朝梁（10月任职）

委 员 肖 飞（兼）
聂 波（兼）
袁建飞（兼）

6. 区委研究室

主 任 向平昭（9月离任）
王 周（土家族，9月任职）
副主任 王 周（土家族，9月离任）
谭鸿雁（女，2月任职）
云克清（11月任职）

7. 区委编办

主 任 王焱雄
副主任 刘怒涛
程 宏（女，2月任职）

8. 区委巡察办

主 任 邱文伟（兼，11月离任）
李其兵（兼，11月任职）
副主任 孙 平
杨 芸（女，11月离任）
陈安国（兼）
向泌柠（10月任职）
区委正处长级巡察专员
邓文华（12月离任）
张家荣
冯天君
张永卫
崔淑平
区委副处长级巡察专员
韦蜀泉（9月离任）
张恒学（女，10月任职）
陈代碧（女）
张应平（女）
秦永彬
陈忠明

9. 区委老干部局

局 长 陈 浪（女）
副局长 李 健（11月离任）
苏文翔
周月娥（女，11月任职）

10. 区委党校（区行政学院、区社会主义学院）

党校校长 阳秋冬（兼，11月离任）
李 庆（兼，11月任职）
区行政学院院长
姜雪松（10月离任）
区社会主义学院院长
王海宝（兼）
常务副校长（副院长）
朱美丞（11月离任）
龚元建（11月任职）
区行政学院副院长
宋玮冬（女，兼，9月离任）
雷传亮（兼，9月任职）
区社会主义学院副院长
唐明祥（兼）
副校长（副院长）
张 红（女，10月离任）
周宗成
陈柏仁（11月离任）
田政权
区社会主义学院副院长
赵蔷薇（女）
副校长（副院长）
郑爱花（女，11月任职）

（二）区人大常委会机关

1. 办公室

办公室主任 吴凯峰
办公室副主任 杨文勇（11月任职）
邓如龙
卫晓兵
李秀生（11月任职）
葛木垚（11月任职）

2. 人事代表工委

主 任 王智鸣
副主任 孙代斌（9月离任）
潘鹏武
熊竹清（女，11月任职）

3. 农业农村工委

主 任 熊道君（11月离任）
周春雷（11月任职）
副主任 牟洪林（9月任职）
易良湘（11月离任）
陈鹏程

4.教科文卫工委

主 任 何之祥

副主任 程 朴（11月离任）

宋 晓（女，9月任职）

龙 芳（女，11月任职）

徐 红（女，11月离任）

5.预算工委

主 任 李 平（12月离任）

副主任 幸乾福（11月离任）

徐 洪（11月任职）

李 静（女）

6.监察法制委办公室

主 任 陈大清

区人大监察法制委副主任委员

杨 超（9月任职）

副主任 苏江华（女，回族，11月离任）

魏洪全（11月任职）

秦 榛（11月任职）

尹光秋

7.财政经济委办公室

主 任 任延平

副主任 张安仲（11月任职）

芮 蕊（女，11月离任）

杨 军（11月任职）

秦晓军（女，11月任职）

崔联升（11月离任）

张小娟（女，11月任职）

8.城建环保委办公室

主 任 余文俊

副主任 陈 运（9月任职）

赵呈刚（11月离任）

区人大城环委副主任委员 赵程刚

副主任 李美红（9月离任）

傅世周（11月任职）

李雪云（女）

付继光（11月任职）

9.社会建设委办公室

主 任 朱绪发

副主任 汪世清（9月任职）

何开春（11月任职）

王义权（11月任职）

徐 洪（11月离任）

熊 莉（女，11月任职）

10.信访办公室

主 任 曾大林

专职常委 向昌国

杨增全

谭帮联

陈俊和

陈 鹏

谭周会（女）

龙祖滨

周显荣

万 放（10月离任）

向建华

向光彬

章 明

邱江陵

谭大友

程 艺（女）

（三）区政府部门

1.区政府办公室

党组书记、主任 程宏江

副主任 陈绍斌（兼，10月离任）

党组成员、副主任

李天新（9月离任）

党组成员，区会展经济服务中心主任

谈德成

党组成员、副主任

熊 川（9月任职）

党组成员，区政府驻北京联络处主任、驻上海联络处副主任

杨瑞华（9月离任）

党组成员，区政府驻北京联络处主任

刘 欢（9月任职）

党组成员、副主任

邵 飞（9月离任）

刘 欢（9月离任）

赖精华（9月任职）

区纪委监委驻区政府办公室纪检监察组组长、党组成员（兼）

谭名扬（10月任职）

郎玉华（10月离任）

党组成员、副主任

贺红江（10月任职）

段 劲（10月任职）

罗 艺

万明民（挂职）

宫英方（挂职，10月任职）

2.区发展改革委

党组书记、主任 乔乾麟

党组成员、副主任

吴永棋（10月离任）

万有华

刘永光（10月离任）

赵代阳（10月任职）

苏先鹏（挂职，8月离任）

黄礼清（挂职，9月任职）

副主任 晏 东（11月离任）

曹海成（挂职，4月任职，12月离任）

党组成员（兼），区发展改革服务中心（区军队粮油供应站）主任（站长）

冉仕伟

党组成员 曹海成（挂职，12月离任）

3.区教委

区委教育工委书记，区教委主任，区政府教育督导室主任（兼）

蒋建余（1月去世）

王智勇（女，4月任职）

区委教育工委副书记

邓鸿雁（女，9月离任）

向明军（9月任职）

区委教育工委委员、区教委副主任

吴 军（5月离任）

区纪委监委驻区教委纪检监察组组长，区委教育工委委员（兼）

王祖山（10月离任）

郭 丽（女，10月任职）

区委教育工委委员、区教委副主任

王远成

张声勇

区委教育工委委员（兼），区教师进修学院院长 王小华

区委教育工委委员（兼），区教育考试院院长 刘会兴

区委教育工委委员

许 宁（女，6月任职）

区委教育工委委员、区教委副主任
许　宁（女，7月任职）
区委教育工委委员
黄湘渝（女，11月任职）
区委教育工委委员（兼）
吴　乐（12月任职）
副主任　鄢小玲（女，挂职，9月离任）

4.区科技局
党组书记、局长　韩　毅（女）
党组成员（兼）、区科技信息中心主任
万劲松（10月离任）
党组成员、副局长
杨　军（11月离任）
谭　韵（女）
晏　东（11月任职）

5.区经济信息委
党委书记、主任　骆明富（9月离任）
汪海云（9月任职）
副主任　王海宝（兼，7月离任）
党委委员、副主任
谢建军（11月离任）
区纪委监委驻区经济信息委纪检监察组组长，党委委员（兼）
张良国（10月离任）
余成明（10月任职）
党委委员、副主任
熊孟明
任　涛
杨　静（女，11月任职）
副主任　金　峰（挂职，9月离任）

6.区公安局
党委书记、局长、督察长（兼）
余朝刚
党委副书记、政委　杨　滔
党委委员、副局长
周　君（11月离任）
张扬全
区纪委监委驻区公安局纪检监察组组长，党委委员、第一副督察长（兼）
谭宇粟
党委委员、警令部主任　李小剑
党委委员、副局长　曾晓雪
党委委员、政治处主任　付　操
党委委员、交巡警支队支队长
李学敏（1月任职）

7.区民政局
党委书记、局长　陈知尧（9月离任）
党委书记　张　川（9月上任，2022年4月因涉嫌严重违纪违法被立案审查调查，8月被开除党籍和公职）
局　长　饶小雪（女，9月任职）
党委委员、副局长
赵达春（10月离任）
黄　万
冉　燕（女，10月任职）
王亚军（女，10月离任）
向　东（11月上任）

8.区司法局
党委书记、局长　范红林
党委委员、副局长
杨文之（土家族，10月离任）
华　楠（9月任职）
何开春（11月离任）
熊　军（10月任职）
党委委员、政治部主任
谭祥辉（10月离任）
副局长　左海金
陈璐曦（女，11月任职）

9.区财政局
党组书记、局长　吴雪峰
党组成员、副局长
熊建华（11月离任）
刘志勇（10月任职）
区纪委监委驻区财政局纪检监察组组长，党组成员（兼）
王　静（女，11月离任）
党组成员（兼），区财政预算绩效管理评审中心主任
牟伦清（11月任职）
党组成员、副局长
黎　伟（9月离任）
郑　桦（女，9月离任）
聂小红（女，11月任职）
党组成员　魏　平（女，11月任职）

10.区人力社保局
党委书记、局长
宋玮冬（女，9月离任）
雷传亮（9月任职）
党委委员、区就业人才中心主任
唐永勤（9月离任）
党委委员（兼）、区社会保险事务中心主任　余晓宁（9月任职）
刘红五（9月离任）
党委委员（兼）、区就业人才中心主任
黎　伟（9月任职）
党委委员、副局长
陈　伟（10月任职）
秦　榛（10月离任）
党委委员（兼）、区人力社保综合行政执法支队支队长
谭其云（1月任职）
党委委员、副局长
胡　萍（女，9月任职）
王　勇（5月任职）

11.区规划自然资源局
党委书记、局长　白　波
党委委员、副局长
孙　涛（女）
杨　毅（11月离任）
谭　欣
区纪委监委驻区规划自然资源局纪检监察组组长，党委委员（兼）
王端正
党委委员、副局长
赖精华（10月离任）
副局长　卢长虹
党委委员　邓礼勇（11月任职）
王际云（11月任职）
党委委员（兼）、区规划自然资源执法支队支队长　幸锦江（10月任职）

12.区生态环境局
党组书记、局长　谭江峰
党组成员、副局长
钟章华（12月离任）
熊葵阳

刘国庆（2月离任）

党组成员（兼）、区环境行政执法支队支队长 熊 勇

党组成员、副局长

熊 猛（9月任职）

胡建军（土家族，11月任职）

13. 区住房城乡建委

党委书记、主任，区人防办主任

程 丹（8月离任）

杜秀波（8月任职）

区纪委监委驻区住房和城乡建委纪检监察组组长，党委委员（兼）

邓劲松（10月离任）

陶小艺（女，10月任职）

党委委员、副主任，区人防办副主任

何光才

党委委员、副主任，区人防办副主任

向 飞（10月离任）

付继光（10月离任）

党委委员（兼）、区房屋管理中心主任

赵学歆

副主任，区人防办副主任

孙 政（8月任职）

党委委员、副主任，区人防办副主任

张世军（10月任职）

党委委员（兼）、区住房城乡建设执法支队支队长

张世军（10月离任）

刘 丰（10月任职）

14、区城管局

党委书记、局长 熊德斌

党委委员、副局长

胡 枫（10月任职）

党委委员、区城市管理综合行政执法支队支队长 李德钊（10月任职）

郭 毅（10月离任）

党委委员、副局长

魏洪全（11月离任）

袁昌斌（11月离任）

党委委员 黄文才（11月任职）

副局长 黄文才

15. 区交通局

党委书记、局长 谈祖伟

党委委员（兼）、区公路事务中心主任

张 明

党委委员、区交通运输综合行政执法支队支队长 谢 晗

党委委员、副局长

文传勇（10月任职）

牟方钱（7月离任，2021年6月被立案审查调查）

王国胜

黎海军

16. 区水利局

党委书记、局长，三峡水库管理局局长（兼） 陈维林（10月离任）

陈绍斌（10月任职）

副局长，三峡水库管理局副局长

邓小华（女，10月离任）

党委委员、副局长，三峡水库管理局副局长（兼） 侯安平

傅世周（11月离任）

党委委员、区水土保持中心主任

胡 枫（10月离任）

党委委员、副局长，三峡水库管理局副局长（兼） 易良湘

党委委员（兼）、区水土保持中心主任

易兴平（10月任职）

党委委员、副局长，三峡水库管理局副局长（兼） 李国祥（11月任职）

党委委员、副局长

贾 翔（挂职，10月任职）

党委委员 姜轶栋（挂职）

17. 区农业农村委

区委农业农村工委书记、区农业农村委主任 童 文

区委农业农村工委副书记 胡人杰

区委农业农村工委委员（兼）、区农业综合行政执法支队支队长

周春雷（10月离任）

区委农业农村工委委员、区农业农村委副主任 魏文树

区纪委监委驻区农业农村委纪检监察组组长，区委农业农村工委委员（兼）

郭 丽（女，10月离任）

唐素萍（女，10月任职）

区农业农村委副主任

杨贵林（9月离任）

区委农业农村工委委员（兼）、区农业综合行政执法支队支队长

何光成（10月任职）

区委农业农村工委委员（兼）、区农业农村委副主任 廖曙光

张 菡（女，11月任职）

区委农业农村工委委员、区农业农村委副主任 魏昌彦（挂职）

18. 区商务委

党委书记、主任 杨晓峰

党委委员、副主任

卢克武（10月离任）

杨和君（10月任职）

骆 敏（女，10月任职）

周庆斌

副主任 饶小雪（女，9月离任）

19. 区文化旅游委

党委书记 黄方国（9月任职）

李永春（9月离任）

主任，区体育局局长（兼）

高子清（女）

党委委员、副主任，区体育局副局长（兼）

梁继福（9月任职）

梅万林（10月离任）

党委委员（兼）、区体校校长

张 承

党委委员（兼）、区文化执法支队支队长 胡 雄

党委委员、副主任，区体育局副局长（兼）

卢 林（10月离任）

吴春霞（女，10月离任）

郭代伯（10月任职）

党委委员（兼）、重庆三峡移民纪念馆馆长

岳宗英（女，10月任职）

党委委员、副主任，区体育局副局长（兼）

向林均（11月任职）

20. 区卫生健康委

党委书记、主任 范 嘉

党委副书记 牟维康（9月离任）

党委副书记、区红十字会常务副会长

雷必学（9月任职）
党委委员、区计划生育协会常务副会长
胡帮林（6月任职）
党委委员（兼）、区红十字会专职副会长　刘建宏（10月离任）
党委委员、副主任
苏　艳（女）
区纪委监委驻区卫生健康委纪检监察组组长，党委委员（兼）
谭平烽（10月离任）
程　涛（10月任职）
党委委员（兼）、区卫生健康综合行政执法支队支队长
龙玉华（11月离任）
党委委员、区计划生育协会副会长
胡显丽（女）
党委委员、副主任　张　亮
党委委员（兼）、区卫生健康综合行政执法支队支队长
杨春燕（女，11月任职）

21. 区退役军人事务局

党组书记、局长
杨秋萍（女，10月离任）
邱文伟（10月任职）
党组成员、副局长
陈　伟（10月离任）
谭鸿宾（10月离任）
闫春龙（满族，10月任职）
熊海峰
党组成员　杨　林（11月任职）

22. 区应急局

党委书记、局长　向帮林
党委委员、副局长
谭　林（3月离任）
李　靖（10月离任）
冉　军
党委委员（兼）、区应急管理综合行政执法支队支队长
易中明（9月离任）
邹家春（10月任职）
副局长　骆世才（10月任职）
党委委员、副局长
刘新峰（11月任职）
党委委员（兼）、区应急管理综合行政执法支队政委
熊　勇（女，11月任职）
副局长　张　雷（挂职，9月任职）

23. 区审计局

党组书记、局长
蔡森川（女，7月离任）
任红梅（女，7月任职）
党组成员、纪检组长
邓天旗（女，11月离任）
党组成员、副局长
张忠玲（女，12月离任）
程　驰
付　勇（11月任职）
党组成员、区经济责任审计联席办主任
付　勇（11月离任）
副局长　杨　荣（9月离任）
党组成员、区经济责任审计联席办主任
付　伟（12月任职）
副局长　杨　源（女，12月任职）

24. 区政府外办

党组书记、主任
兰申海（9月离任）
江树清（9月任职）
副主任　石　英（女，10月离任）
黄牟聪（女，10月任职）

25. 区国资委

党委书记、主任
张　川（9月离任）
傅文祥（9月任职）
党委副书记
邵太清（9月离任）
冯玉萍（女，10月任职）
党委委员、副主任
秦晓军（女，10月离任）
区纪委监委驻区国资委纪检监察组组长，党委委员（兼）
彭志卫（2月任职）
党委委员、副主任
景　丽（女，10月任职）
陶　滔（3月任职）
党委委员（兼），区国有资产管理中心主任　魏　平（女，11离任）
黄　未（11月任职）
党委委员、副主任
李俊伟（挂职，11月离任）

26. 区市场监管局

党委书记、局长，区知识产权局局长（兼）
贺盛缘
党委委员、副局长　吴晓川
区纪委监委驻区市场监督管理局纪检监察组组长，党委委员（兼）
余成明（10月离任）
邓劲松（10月任职）
党委委员、副局长
刘文革（10月离任）
黄智明（10月离任）
官学清（女，11月离任）
郝名锋（10月离任）
郭桢逊（女，10月任职）
党委委员、区市场监管综合行政执法支队支队长　吴小平（10月离任）
陈玉强（10月任职）
党委委员、区市场监管综合行政执法支队政委　陈玉强（10月离任）
党委委员、副局长
张　松（10月任职）
冯天兵（11月任职）
文　涛（11月任职）

27. 区统计局

党组书记、局长　王秀华（女）
党组成员、副局长　苏　丹（女）
副局长　王治国
党组成员、副局长
冉红梅（女，2月任职）

28. 区乡村振兴局（2021年6月区扶贫办重组为区乡村振兴局）

党组书记、局长
雷传亮（6月由原区扶贫办党组书记、主任对应任职，9月离任）
局　长　杨贵林（9月任职）
党组成员、副局长
凌　剑（6月由原区扶贫办党组成员、副主任对应任职，9月离任）
何克忠（6月由原区扶贫办党组成员、副主任对应任职，10月离任）

党组成员、副局长
陈厚生（10月任职）
副局长
刘志勇（6月由原区扶贫办副主任对应任职，10月离任）
党组成员、副局长
李　雷（10月任职）
傅飞丁（11月任职）
原区扶贫办副主任
李　雷（挂职，3月离任）
党组成员
田　昂（挂职，6月由原区扶贫办党组成员对应任职）

29. 区医保局
党组书记、局长
杜永全（9月离任）
牟维康（9月任职）
党组成员（兼），区医疗保障事务中心主任　陈园园
副局长　谭咏雪（女，11月任职）

30. 区林业局
党组书记、局长　管其军
党组成员、副局长
万良斌（10月离任）
李德钊（10月离任）
王开祥（10月任职）
周永亮（10月任职）
副局长　李君成（10月离任）
段小东（11月任职）

31. 区金融办
党组书记、主任
任红梅（女，7月离任）
张良春（女，9月任职）
党组成员、副主任　崔俊杰

32. 区信访办
党组书记、主任
陈绍斌（10月离任）
牟东云（10月任职）
副主任　陈家平（女）
党组成员、副主任
陈　忠
王小玲（女，10月任职）
何毅平（10月离任）

33. 区大数据发展局
党组书记、局长　向其军
党组成员、副局长　李　锋
党组成员（兼）、区党政信息中心主任
张先忠
党组成员、副局长
景　丽（女，10离任）
副局长　程　波（挂职，9月离任）

34. 区物流办
党组书记、主任
温飞灵（女，9月离任）
李天新（9月任职）
党组成员、副主任　吴　彬
副主任　骆坤明（女，2月任职）

35. 区招商投资局
党组书记、局长　周　艳（女）
党组成员、副局长
向　君（10月任职）
副局长　祝智勇（8月离任）
党组成员、副局长
何清荣（9月离任）
晏　硕（女）
李学林（11月任职）

36. 区政务服务办
党组书记、主任，区公共资源交易监管局局长（兼）张杨鹰（9月离任）
党组书记　王　建（9月任职）
主任，区公共资源交易监管局局长（兼）
杨　荣（9月任职）
党组成员、副主任，区公共资源交易监管局副局长（兼）
林　毅
谢文彬（10月离任）
姜学斌
张陵川（11月任职）
党组成员（兼），区公共资源综合交易中心主任　牟之云（11月离任）
付自东（11月任职）

37. 渝东新区（2021年8月江南新区和渝东开发区整合组建成立渝东新区）
党工委书记（兼）
卢祖华（8月由原渝东开发区党工委书记、管委会主任〈兼〉重新确职）
渝东新区党工委副书记、管委会主任
吴双（兼，8月由原江南新区党工委书记、管委会主任〈兼〉重新确职，9月离任）
渝东新区党工委副书记
牟维刚（8月由原渝东开发区党工委委员、管委会副主任重新确职）
渝东新区党工委委员、管委会副主任
宋明东（8月任职）
周　弢（8月由原江南新区党工委委员、管委会副主任重新确职）
阙俊杰（女，8月由原江南新区党工委委员、管委会副主任重新确职）
渝东新区党工委委员
赖　伟（11月任职）
原江南新区党工委副书记
晏宗荣（8月因机构整合组建，自然免职）
原江南新区党工委委员
向光富（兼，8月因机构整合组建，自然免职）
李德章（兼，8月因机构整合组建，自然免职）
谭建容（女，兼，土家族，8月因机构整合组建，自然免职）
何贤红（女，兼，8月因机构整合组建，自然免职）
原江南新区党工委委员、管委会副主任
蒲　刚（土家族，8月因机构整合组建，自然免职）
原渝东开发区党工委委员（兼）
向晓林（8月因机构整合组建，自然免职）
程绍祥（8月因机构整合组建，自然免职）
杨大树（8月因机构整合组建，自然免职）
鲁炳江（8月因机构整合组建，

自然免职）
向仲江（8月因机构整合组建，自然免职）
舒显林（兼，8月因机构整合组建，自然免职）
原渝东开发区党工委委员、管委会副主任
杨学忠（8月因机构整合组建，自然免职）
原渝东开发区管委会副主任
孙　政（8月因机构整合组建，自然免职）

38. 万州综合保税区
党工委书记、管委会主任（兼）
骆高燕（11月任职）

39. 区供销社
党委书记、主任
黄祖梁（9月离任）
党委书记、理事会主任
蒋培华（9月任职）
党委副书记、监事会主任
何学杰（9月任职）
党委副书记　雷必学（9月离任）
党委委员、理事会副主任
张茂孝（10月任职）
易发鹏（10月任职）
党委委员、副主任
黄化怀（10月离任）
张安仲（10月离任）
陈全胜

40. 区党史和地方志研究室
党组书记、主任　吴立明
党组成员、副主任
龙　芳（女，10月离任）
朱　杰
周　清（女，10月任职）

（四）区政协机关

1. 办公室
区政协秘书长、办公室主任　范红彬
区政协副秘书长　张　旭
副主任　唐　剑（女）
易发文
副主任　张　茜（女，挂职，9月离任）

2. 提案委
主　任　吴明伟
副主任　谭剑波（12月任职）
郝春红（女）

3. 文化文史学习委
主　任　王　云
副主任　代承斌（10月任职）
石　英（女，10月任职）
周　清（女，10月离任）

4. 农业农村委
主　任　邓显皇
副主任　谭建容（女，土家族，10月任职）
段永武（10月任职）
杨四清（10月离任）
谭祈彬（3月任职）

5. 经济委
主　任　肖仁权
副主任　温飞灵（女，10月任职）
王权英（10月任职）
刘宗宝（12月任职）
官学清（女，12月任职）
陈　林（10月离任）

6. 城建环保委
主　任　何天才（12月离任）
副主任　陈红卫（10月任职）
李　靖（10月任职）
王一兵（10月离任）
冉晓红（女，7月任职）

7. 社会法制委
主　任　陈　林
副主任　谯　模（10月任职）
汪　明（10月离任）
何毅平（10月任职）

8. 教科卫委
主　任　陈美红（女）
副主任　黎昌国（7月任职，12月离任）
谢文彬（10月任职）
付　玲（女，12月任职）
杨永红（10月离任）

9. 委员联络委
主　任　李志政
副主任　李德卿（12月任职）
程华良（10月任职）
程　荣（女，9月离任）
廖　铭（女，10月任职）

10. 专委会工作一室
主　任　李万峡（女，10月离任）
黄峥嵘（女，10月任职）
副主任　向　君（10月离任）
潘文凤（女）
张孝云（12月任职）

11. 专委会工作二室
主　任　周友兴（10月离任）
郭　毅（10月任职）
副主任　胡建军（土家族，12月离任）
李　丹（女）
周　庞（12月任职）

12. 专委会工作三室
主　任　付英凡（10月离任）
陈代莹（女，10月任职）
副主任　付　玲（女，12月离任）
周　刚
潘　劲（12月任职）

13. 专委会工作四室
主　任　周　健（女）
副主任　陈永平
罗　琼（女，12月离任）

专职常委　向　军
张小猛
王代龙
王小平
吴明国
李德卿
何　谐
熊佳圣
唐小琴（女）
陶　涌
谭剑波

（五）民主党派、区工商联

1.民革区委会

主 委 刘忠诚（兼，6月离任）
高子清（女，兼，6月任职）
副主委（兼） 高子清（女，6月离任）
刘正学（6月离任）
陈 勇
谭泽富（6月离任）
饶小雪（女）
孙 政（6月任职）
骆世才（6月任职）
段小东（6月任职）
专职副主委、秘书长 任晓君（女）

2.民盟区委会

主 委 王海宝（兼）
副主委（兼） 张 旭（6月离任）
王治国
刘召奎
陈卫星（6月任职）
崔坤明（6月任职）
陈 波（6月任职）
专职副主委、秘书长
冉晓红（女，6月离任）
向家祐（6月任职）

3.民建区委会

主 委 胡家海（兼）
副主委（兼） 周 建（女）
任敏杰（6月离任）
鲍雪松
范 雄
廖 东（6月离任）
祝智勇（6月任职）
张曦临（女，6月任职）
专职副主委、秘书长 王兴和

4.农工党区委会

主 委 陈联国（兼）
副主委（兼） 李旭宏（7月离任）
谭晓燕（女，7月离任）
杨贵林
陈贵林
骆坤明
赵蔷薇（女，7月任职）
魏大荣（7月任职）
专职副主委、秘书长
骆坤明（女，2月离任）
邹宜芬（女，2月任职）

5.九三学社区委会

主 委 张国建（兼，6月离任）
骆继军（兼，6月任职）
副主委（兼） 王代龙（6月离任）
邓元明（6月离任）
李 勇（6月离任）
谭 宁
骆继军（6月离任）
杨 荣（6月任职）
牟方政（6月任职）
潘明安（6月任职）
张季春（6月任职）
专职副主委、秘书长
谭祈彬（1月离任）
张世平（女，2月任职）

6.区工商联

主 席 王 敏（女，兼）
党组书记、常务副主席
范平远（6月离任）
贺 斌（6月任职）
党组成员、副主席 谢贵利
廖晓鹰（女）
党组成员、秘书长
段 劲（10月离任）
李 松（11月任职）

（六）人民团体

1.区总工会

主 席 陈保余（兼）
党组书记、常务副主席
滕世健（9月离任）
王 莉（女，9月任职）
党组成员、副主席
宋安全（土家族，9月任职）
谭周巍（10月离任）
毕 勇（10月离任）
周 斌（10月任职）
党组成员、经费审查委员会主任
高晓华（女）
副主席 王豫屏（女，兼）
刘召奎（兼）
党组成员、副主席 肖启胜（挂职）

2.团区委

书 记 王 周（土家族，12月任职）
副书记 李 娜（女，10月任职）
屈卓材（6月离任）
吴 乐
刘 林（6月任职）
副书记 赵太全（兼）
丁 运（兼）
黄鹏翰（挂职）

3.区妇联

党组书记、主席 程 禾（女）
党组成员、副主席
黄峥嵘（女，9月离任）
祝红梅（女）
骆 霞（女，10月任职）
副主席 石 勤（女，兼）
程素芳（女，兼）
党组成员、副主席 郭秋洁（挂职）

4.区科协

党组书记、主席 罗重生
党组成员、副主席
刘艾琳（10月离任）
廖 铭（女，10月离任）
向 飞（10月任职）
刘 勇（10月任职）

5.区文联

党组书记、主席 肖克俭（9月离任）
黄方国（9月任职）
副主席 朱美丞（兼）
党组成员、副主席
谭继琼（女，兼）
陈丹清（女，11月任职）
何菊芳（女，兼，1月任职）
党组成员 何菊芳（女，兼）

6.区残联

党组书记、理事长 张光平（9月离任）
张 杰（9月任职）
党组成员、副理事长 余春燕（女）
余海波

7.区侨联

主 席 陈 平（9月离任）
韦蜀泉（9月任职）

副主席　张　红（女，10月任职）
　　　　王争辉（10月离任）

8. 区社科联
主　席　　刘丹文（兼，11月离任）
专职副主席　黄孝贵

9. 区红十字会
会　长　　蒋艺义（女，兼）
常务副会长　王小平（兼，9月离任）
　　　　　雷必学（9月任职）
专职副会长　刘建宏（10月离任）
　　　　　吴春霞（女，10月任职）

10. 区计生协会
会　长　　蒋艺义（女，兼）
常务副会长　范　嘉
　　　　　胡帮林（7月任职）
专职副会长　胡显丽（女）

十、万州经开区办、局、中心

1. 办公室
主　任　冉宏荣（9月离任）
　　　　涂林川（9月任职）
副主任　方大奎（9月离任）
　　　　江树清（9月离任）
　　　　王　菠（女，11月任职）

2. 经济发展局
局　长　万小莉（女）
副局长　刘　宇（9月离任）
　　　　高邦元（11月任职）

3. 投资促进局
局　长　陈　珑
副局长　李继斌（3月任职）

4. 财务局
局　长　傅文祥（9月离任）
　　　　郑　桦（女，9月任职）
副局长　施明钢

5. 建设管理局
局　长　杜秀波（8月离任）
　　　　吴　军（8月任职）
副局长　魏　军

6. 应急局
局　长　陈　运（9月离任）
　　　　易中明（9月任职）
副局长　刘宗宝（11月离任）
　　　　潘德华（11月任职）

7. 生态环境局
局　长　何柏林（9月离任）
　　　　关小忠（9月任职）
副局长　关小忠（9月离任）
　　　　曾必武（10月任职）

8. 万州经开区经济发展服务中心
主　任　熊压修
副主任　张茂成（10月离任）
　　　　李仕超（11月任职）
　　　　邓　波（11月任职）
　　　　谭　为（11月任职）

十一、镇乡街道

1. 甘宁镇
（换届前）
党委书记　谭连军（土家族，9月离任）
党委副书记、镇长
　　　　李　毅（9月离任）
党委委员、人大主席
　　　　邓如钦（9月离任）
党委副书记　符正国（10月离任）
党委委员、组织委员
　　　　黄　静（女，9月离任）
党委委员、副镇长
　　　　张纯英（9月离任）
党委委员、宣传委员、人大副主席（兼）
　　　　蒲昌兵（10月离任）
党委委员、武装部长、副镇长
　　　　易兴荣（10月离任）
党委委员、政法书记
　　　　刘　昊（10月离任）
党委委员、纪委书记
　　　　骆宏平（女，2月离任）
　　　　初光生（2月任职）
党委委员、统战委员
　　　　宋　莉（女，10月离任）
副镇长　　文　科（女）
　　　　高云川

（换届后）
党委书记　　李　毅（9月任职）
党委副书记、镇长
　　　　何清荣（12月任职）
党委委员、人大主席
　　　　李忠富（12月任职）
党委副书记、政法委员
　　　　余　波（10月任职）
党委委员、人武部长、副镇长
　　　　严永明（10月任职）
党委委员、统战委员、副镇长
　　　　张光发（10月任职）
党委委员、宣传委员
　　　　宋　莉（女，10月任职）
党委委员、纪委书记
　　　　初光生
党委委员、组织委员
　　　　赵　激（女，10月任职）
副镇长　　文　科（女）
　　　　高云川
　　　　赖　敏（12月任职）

2. 龙沙镇
（换届前）
党委书记　　谭成勇（10月离任）
党委副书记、镇长
　　　　侯　龙（9月离任）
党委委员、人大主席
　　　　漆明怀（女，9月离任）
党委副书记、人大副主席（兼）
　　　　周楠山（10月离任）
党委委员、组织委员
　　　　向存琼（女，土家族，10月离任）
党委委员、政法书记、副镇长
　　　　陶　金（10月离任）
党委委员、宣传委员、统战委员
　　　　应　傅（10月离任）
党委委员、武装部长、副镇长
　　　　向　伟（10月离任）
党委委员、纪委书记　王清文
副镇长　　龚承军（10月离任）
（换届后）
党委书记　　何　军（10月任职）
党委副书记、镇长
　　　　王　勇（12月任职）

党委委员、人大主席
罗运康（12月任职）
党委副书记、政法委员
袁德生（10月任职）
党委委员、人武部长
向 伟（10月任职）
党委委员、纪委书记 王清文
党委委员、组织委员
何云良（10月任职）
党委委员、宣传委员
冉小红（女，10月任职）
党委委员、统战委员、副镇长
邓鸿梁（10月任职）
副镇长 崔坤忠（12月任职）
李永平（12月任职）
向玉明（12月任职）
张 涛（12月任职）

3.响水镇
（换届前）
党委书记 杨友碧（女，6月任职）
党委副书记、镇长
夏洪远（9月离任）
党委委员、人大主席
幸坤荣（9月离任）
党委副书记 何泽蓉（女，9月离任）
党委委员、政法书记、副镇长
冉启娃（10月离任）
党委委员、组织委员、人大副主席（兼）
周永亮（10月离任）
党委委员、武装部长、副镇长
何亚峰（10月离任）
党委委员、纪委书记 钟守映
党委委员、宣传委员、统战委员
李红霞（女，10月离任）
副镇长 陈 铭（10月离任）
（换届后）
党委书记 杨友碧
党委副书记、镇长
幸坤荣（12月任职）
党委委员、人大主席
何泽蓉（女，12月任职）
党委副书记、政法委员
蒲 辉（10月任职）
党委委员、纪委书记 钟守映
党委委员、统战委员、副镇长
李红霞（女，10月任职）
党委委员、人武部长、副镇长
陈晓军（10月任职）
党委委员、组织委员
李凌祥（苗族，10月任职）
党委委员、宣传委员、副镇长
彭朝晖（10月任职）
副镇长 程文生（12月任职）

4.武陵镇
（换届前）
党委书记 刘厚荣（9月离任）
党委副书记、镇长
魏 卡（9月离任）
党委委员、人大主席
谭仕勇（9月离任）
党委副书记 余 波（10月离任）
党委委员、副镇长
曾必武（10月离任）
党委委员、武装部长、副镇长
毛顺钦（10月离任）
党委委员、统战委员、副镇长
陈 林（9月离任）
党委委员、纪委书记
余先莉（女，9月离任）
党委委员、组织委员
龚 明（10月离任）
党委委员、宣传委员
李相欣（10月离任）
党委委员、政法书记
吴俊锋（10月离任）
副镇长 张海波（10月离任）
人大副主席 杨小波（10月离任）
（换届后）
党委书记 刘建华（9月任职）
党委副书记、镇长
陈 林（12月任职）
党委委员、人大主席
黄 静（女，12月任职）
党委副书记、政法委员
谭德明（10月任职）
党委委员、统战委员、副镇长
张海波（10月任职）
党委委员、纪委书记
姚成洲（10月任职）
党委委员、宣传委员
秦 莎（女，10月任职）
党委委员、组织委员
陈洪申（10月任职）
党委委员、人武部长、副镇长
聂小松（10月任职）
副镇长 李相欣（12月任职）
杨小波（12月任职）
殷荷评（12月任职）

5.瀼渡镇
（换届前）
党委书记 冯春太
党委副书记、镇长
段永武（10月离任）
党委委员、人大主席
熊德凤（10月离任）
党委副书记 邓 勇（10月离任）
党委委员、政法书记、副镇长
黎 帅（10月离任）
党委委员、纪委书记
蒲 辉（10月离任）
党委委员、武装部长、副镇长
骆世清（10月离任）
党委委员、人大副主席、宣传委员、统战委员 汪维云（10月离任）
党委委员、组织委员 魏文峰
副镇长 骆 敏（女，10月离任）
（换届后）
党委书记 冯春太
党委副书记、镇长
熊德凤（12月任职）
党委委员、人大主席
方望军（12月任职）
党委副书记、政法委员
汪维云（10月任职）
党委委员、宣传委员、副镇长
黎 帅（10月任职）
党委委员、组织委员 魏文峰
党委委员、纪委书记
张 媛（女，10月任职）
党委委员、统战委员、副镇长
张 莉（女，10月任职）
党委委员、人武部长、副镇长
谭 成（10月任职）

6. 熊家镇

（换届前）

党委书记　江文峰

党委副书记、镇长　李小峰

党委委员、人大主席

杨　超（9月离任）

党委副书记　谭千梅（女，10月离任）

党委委员、纪委书记

任卫红（10月离任）

党委委员、政法书记、副镇长

宋明东（8月离任）

党委委员、组织委员

严存慧（女，10月离任）

党委委员、武装部长、副镇长

王　冬（10月离任）

党委委员、副镇长

蔡名川（10月离任）

党委委员、宣传委员、统战委员

付　强（10月离任）

副镇长　彭纯洁（女，10月离任）

（换届后）

党委书记　江文峰

党委副书记、镇长　李小峰

党委委员、人大主席

陈会胜（9月任职）

党委副书记、政法委员

丁黎明（10月任职）

党委委员、纪委书记

王　蕾（女，10月任职）

党委委员、统战委员、副镇长

蒲昌兵（10月任职）

党委委员、人武部长、副镇长

王　冬（10月任职）

党委委员、组织委员

李博骁（10月任职）

党委委员、宣传委员、副镇长

谭　鑫（10月任职）

副镇长　高传玥（女，12月任职）

7. 小周镇

（换届前）

党委书记　陶永忠（9月离任）

党委副书记、镇长

华　楠（9月离任）

党委委员、人大主席

林隆江（9月离任）

党委副书记　牟益洪（10月离任）

党委委员、宣传委员、统战委员、人大副主席（兼）

李光云（女，9月离任）

党委委员、纪委书记　梁戈芒（壮族）

党委委员、政法书记、武装部长、副镇长　邓　勇（10月离任）

党委委员、副镇长

钟旅军（10月离任）

党委委员、组织委员

陈厚生（10月离任）

（换届后）

党委书记　朱希现（9月任职）

党委副书记、镇长

袁安平（12月任职）

党委委员、人大主席

张纯英（12月任职）

党委副书记、政法委员

邓　勇（10月任职）

党委委员、统战委员、副镇长

熊　艳（女，10月任职）

党委委员、纪委书记　梁戈芒（壮族）

党委委员、人武部长、副镇长

骆世清（10月任职）

党委委员、组织委员

张　玲（女，10月任职）

党委委员、宣传委员、副镇长

邓雨竹（女，10月任职）

8. 大周镇

（换届前）

党委书记　王智勇（女，4月离任）

党委副书记、镇长

周建红（6月离任）

党委委员、人大主席

王道双（9月离任）

党委副书记　李德清（10月离任）

党委委员、纪委书记

谭继斌（10月离任）

党委委员、宣传委员、统战委员、人大副主席（兼）

周　斌（10月离任）

党委委员、武装部长、副镇长

周天才（10月离任）

党委委员、组织委员

兰国毅（9月离任）

党委委员、政法书记、副镇长

谭柳华（10月离任）

副镇长　骆世才（10月离任）

（换届后）

党委书记　周建红（6月任职）

党委副书记、镇长

屈卓材（7月任职）

党委委员、人大主席

刘　斌（9月任职）

党委副书记、政法委员

张　胜（10月任职）

党委委员、人武部长、副镇长

郭德俊（10月任职）

党委委员、纪委书记

蒋红梅（女，10月任职）

党委委员、统战委员、副镇长

饶忠明（10月任职）

党委委员、宣传委员、副镇长

何晓庆（女，10月任职）

党委委员、组织委员

汤小莲（女，10月任职）

副镇长（缺）

9. 高梁镇

（换届前）

党委书记　王　建（9月离任）

党委副书记、镇长

罗晓云（9月离任）

党委委员、人大主席

蒲　力（9月离任）

党委副书记　李　春（9月离任）

党委委员、政法书记

王万斌（10月离任）

党委委员、统战委员

向洪波（10月离任）

党委委员、副镇长

聂　鑫（10月离任）

党委委员、宣传委员　刘　昊

党委委员、武装部长、副镇长

谢银锋（10月离任）

党委委员、纪委书记

夏洪涛（女，10月离任）

党委委员、组织委员、人大副主席（兼）

牟万平（女，10月离任）

副镇长　邵安东（10月离任）

杨雅茜（女，10月离任）

（换届后）

党委书记　　罗晓云（9月任职）

党委副书记、镇长

李顺春（12月任职）

党委委员、人大主席

孙代斌（12月任职）

党委副书记、政法委员

王绍山（10月任职）

党委委员、宣传委员　刘　昊

党委委员、人武部长、副镇长

谢银锋（10月任职）

党委委员、纪委书记

董地林（女，10月任职）

党委委员、统战委员、副镇长

杨雅茜（女，10月任职）

党委委员、组织委员

张成莉（女，10月任职）

副镇长　　程文化（女，12月任职）

朱书健（12月任职）

万　律（12月任职）

10. 李河镇

（换届前）

党委书记　　胡帮成（9月离任）

党委副书记、镇长

李沿江（9月离任）

党委委员、人大主席

张艾清（女，9月离任）

党委副书记　张宏富（10月离任）

党委委员、宣传委员、统战委员

屈发丽（女，10月离任）

党委委员、武装部长、副镇长

何　涛（10月离任）

党委委员、纪委书记

向小端（10月离任）

党委委员、组织委员

冯玉萍（女，10月离任）

党委委员、政法书记、副镇长

熊晓龙（10月离任）

副镇长　　丁黎明（10月离任）

（换届后）

党委书记　　李沿江（9月任职）

党委副书记、镇长

兰国毅（12月任职）

党委委员、人大主席

谭仕勇（9月任职）

党委副书记、政法委员

易兴云（10月任职）

党委委员、宣传委员、副镇长

屈发丽（女，10月任职）

党委委员、人武部长、副镇长

熊晓龙（10月任职）

党委委员、纪委书记

鄢来亭（10月任职）

党委委员、统战委员、副镇长

王爱萍（女，10月任职）

党委委员、组织委员

谭峻峰（土家族，10月任职）

副镇长　　崔坤鹏（12月任职）

11. 分水镇

（换届前）

党委书记　　邹　燕（女，10月离任）

党委副书记、镇长

熊　川（9月离任）

党委委员、人大主席

谭　敏（9月离任）

党委副书记　马世银（女，10月离任）

党委委员、政法书记

张力祥（9月离任）

党委委员、武装部长、副镇长

付少将（9月离任）

党委委员、纪委书记

陈绍祥（9月离任）

党委委员、组织委员

刘德勇（女，9月离任）

党委委员、统战委员、副镇长

赵代阳（9月离任）

党委委员、宣传委员　黄　印

党委委员、副镇长

牟　波（9月离任）

副镇长　　黄　刚（9月离任）

人大副主席　向登伟（9月离任）

（换届后）

党委书记　　郭　勇（10月任职）

党委副书记、镇长

张正国（12月任职）

党委委员、人大主席

付少将（12月任职）

党委副书记、政法委员

黄　刚（10月任职）

党委委员、组织委员

唐天权（10月任职）

党委委员、宣传委员　黄　印

党委委员、人武部长

牟　波（10月任职）

党委委员、纪委书记

杨　军（10月任职）

党委委员、统战委员、副镇长

刘建柳（土家族，10月任职）

人大副主席　程雪滢（女，12月任职）

副镇长　　向登伟（12月任职）

王　勇（蒙古族，12月任职）

易铃清（女，12月任职）

12. 孙家镇

（换届前）

党委书记　　郭　勇（10月离任）

党委副书记、镇长

兰建军（9月离任）

党委委员、人大主席

孙定国（9月离任）

党委副书记　巨光英（女，10月离任）

党委委员、政法书记、副镇长

张龙万（10月离任）

党委委员、武装部长、副镇长

康文全（10月离任）

党委委员、纪委书记

冯守红（10月离任）

党委委员、宣传委员、统战委员

张　琼（女，10月离任）

党委委员、组织委员　肖　冰

副镇长　　漆贵芳（女，10月离任）

（换届后）

党委书记　　孙定国（10月任职）

党委副书记、镇长

张　淋（12月任职）

党委委员、人大主席

应　傅（12月任职）

党委副书记、政法委员

冯守红（10月任职）

党委委员、统战委员、副镇长

谭元春（土家族，10月任职）

党委委员、宣传委员、副镇长

张　琼（女，10月任职）

党委委员、组织委员　肖　冰

党委委员、纪委书记
张丽娟（女，10月任职）
党委委员、人武部长、副镇长
陈海涛（10月任职）
副镇长（缺）

13. 余家镇

（换届前）
党委书记　谭　胜（9月离任）
党委副书记、镇长
牟洪林（9月离任）
党委委员、人大主席
陈会胜（9月离任）
党委副书记、人大副主席（兼）
陈　斌（10月离任）
党委委员、副镇长
谢显琴（女，10月离任）
党委委员、组织委员
唐天权（10月离任）
党委委员、政法书记
周文全（9月离任）
党委委员、纪委书记
张　胜（10月离任）
党委委员、宣传委员
谭元春（土家族，10月离任）
党委委员、武装部长、副镇长
严永明（10月离任）
党委委员、统战委员
丁洪胜（10月离任）
副镇长　张　川（10月离任）
俞　雷（10月离任）
（换届后）
党委书记　邵　飞（9月任职）
党委副书记、镇长
周文全（12月任职）
党委委员、人大主席
钟吉健（9月任职）
党委副书记、政法委员
俞　雷（10月任职）
党委委员、统战委员、副镇长
谢显琴（女，10月任职）
党委委员、纪委书记
陈定有（10月任职）
党委委员、组织委员
丁洪胜（10月任职）
党委委员、人武部长
黄　亮（10月任职）
党委委员、宣传委员
万　浪（10月任职）
副镇长　邓海江（12月任职）
曾明珊（女，12月任职）
张洋军（12月任职）

14. 后山镇

（换届前）
党委书记　谯　模（9月离任）
党委副书记、镇长
陈泓宇（9月离任）
党委委员、人大主席
钟吉健（9月离任）
党委副书记、人大副主席（兼）
谭仕成（10月离任）
党委委员、纪委书记
熊维云（10月离任）
党委委员、组织委员
薛后祥（10月离任）
党委委员、武装部长、副镇长
郭德俊（10月离任）
党委委员、宣传委员、统战委员
蔡丽君（女，10月离任）
党委委员、政法书记、副镇长
牟红卫（10月离任）
副镇长　冉瑞军（10月离任）
（换届后）
党委书记　余志华（9月任职）
党委副书记、镇长
田　坤（12月任职）
党委委员、人大主席
陈立金（12月任职）
党委副书记、政法委员
冉瑞军（10月任职）
党委委员、宣传委员、副镇长
蔡丽君（女，10月任职）
党委委员、统战委员、副镇长
牟红卫（10月任职）
党委委员、纪委书记
王　涛（10月任职）
党委委员、人武部长、副镇长
翟爱民（10月任职）
党委委员、组织委员
袁忠佑（10月任职）
副镇长（缺）

15. 弹子镇

（换届前）
党委书记　汪世清（9月离任）
党委副书记、镇长
余志华（9月离任）
党委委员、人大主席
曾大友（9月离任）
党委副书记　谭启兵（9月离任）
党委委员、组织委员
陈定有（10月离任）
党委委员、纪委书记
郭德伦（女，10月离任）
党委委员、武装部长、副镇长
侯　毅（10月离任）
党委委员、政法书记、副镇长
张剑峰（10月离任）
党委委员、宣传委员、统战委员
刘　林（6月离任）
副镇长　王志云（10月离任）
（换届后）
党委书记　谭　敏（9月任职）
党委副书记、镇长
谭启兵（12月任职）
党委委员、人大主席
李　春（12月任职）
党委副书记、政法委员
侯　毅（10月任职）
党委委员、统战委员、副镇长
王志云（10月任职）
党委委员、纪委书记
向　波（10月任职）
党委委员、组织委员
王开平（女，10月任职）
党委委员、宣传委员、副镇长
陈杨涛（10月任职）
党委委员、人武部长、副镇长
陈建军（10月任职）
副镇长（缺）

16. 长岭镇

（换届前）
党委书记　黄方国（9月离任）
党委副书记、镇长　胡　海

党委委员、人大主席
罗建国（9月离任）
党委副书记 吴小波（9月离任）
党委委员、宣传委员、统战委员
郎永娥（女，10月离任）
党委委员、政法书记、副镇长
胡小军（9月离任）
党委委员、纪委书记
唐素平（女，10月离任）
党委委员、武装部长、副镇长
余福明（10月离任）
党委委员、组织委员、人大副主席（兼）
蒋 锐（10月离任）
副镇长 王中山（10月离任）
（换届后）
党委书记 雷 蕾（女，9月任职）
党委副书记、镇长 胡 海
党委委员、人大主席
吴体卫（12月任职）
党委副书记、政法委员
蒋 锐（10月任职）
党委委员、人武部长、副镇长
周天才（10月任职）
党委委员、统战委员、副镇长
王中山（10月任职）
党委委员、纪委书记
张匀彦（女，10月任职）
党委委员、宣传委员、副镇长
向江丽（女，10月任职）
党委委员、组织委员
张 琪（女，10月任职）
副镇长 张小勇（12月任职）

17.新田镇
（换届前）
党委书记 王 莉（女，9月离任）
党委副书记、镇长
冉 昕（9月离任）
党委委员、人大主席
冯天荣（9月离任）
党委副书记 吴体卫（9月离任）
党委委员、政法书记
谭永平（10月离任）
党委委员、统战委员
唐 闻（10月离任）
党委委员、武装部长、副镇长
王开祥（10月离任）
党委委员、副镇长
范向斌（10月离任）
党委委员、纪委书记 张继全
党委委员、宣传委员
文传勇（10月离任）
党委委员、组织委员
王小玲（女，10月离任）
副镇长 靳东海（10月离任）
陈 刚（10月离任）
（换届后）
党委书记 冉 昕（9月任职）
党委副书记、镇长
方大奎（12月任职）
党委委员、人大主席
金敦伦（土家族，9月任职）
党委副书记、政法委员
靳东海（10月任职）
党委委员、统战委员、副镇长
唐 闻（10月任职）
党委委员、纪委书记 张继全
党委委员、人武部长、副镇长
谭永华（10月任职）
党委委员、组织委员
顾 莎（女，10月任职）
党委委员、宣传委员
吴 双（女，10月任职）
副镇长 刘顺碧（女，12月任职）
潘 伟（12月任职）
唐 鑫（12月任职）

18.白羊镇
（换届前）
党委书记 张清华（9月离任）
党委副书记、镇长
李树林（9月离任）
党委委员、人大主席 冉瑞琳（女）
党委副书记 张道全（9月离任）
党委委员、副镇长
张忠荣（10月离任）
党委委员、纪委书记
幸永鸿（10月离任）
党委委员、统战委员
罗育权（10月离任）
党委委员、武装部长、副镇长
吴邦奎（10月离任）
党委委员、宣传委员
张光发（10月离任）
党委委员、组织委员
罗绍成（土家族，10月离任）
党委委员、政法书记
吴朝东（10月离任）
副镇长 张小林（10月离任）
何良炯（10月离任）
（换届后）
党委书记 李树林（9月任职）
党委副书记、镇长
李成康（12月任职）
党委委员、人大主席 冉瑞琳（女）
党委副书记、政法委员
张忠荣（10月任职）
党委委员、统战委员、副镇长
吴邦奎（10月任职）
党委委员、纪委书记
熊德林（10月任职）
党委委员、宣传委员
罗绍成（土家族，10月任职）
党委委员、组织委员
陈 潜（女，10月任职）
党委委员、人武部长
柴泽明（10月任职）
副镇长 吴朝东（12月任职）
刘 博（12月任职）
熊林霞（女，12月任职）
丁 运（土家族，12月任职）

19.龙驹镇
（换届前）
党委书记 张凤政（10月离任）
党委副书记、镇长
丁时成（10月离任）
党委委员、人大主席
胡应国（9月离任）
党委副书记 郭代伯（10月离任）
党委委员、副镇长
杨 兴（10月离任）
党委委员、组织委员
刘太福（9月离任）
党委委员、统战委员、副镇长
王酉生（9月离任）

党委委员、宣传委员
向　晖（女，10月离任）
党委委员、纪委书记
杨声春（10月离任）
党委委员、政法书记
姜先国（10月离任）
党委委员、武装部长、副镇长
卿　华（10月离任）
副镇长　白新亮
人大副主席　汪金欢（10月离任）
（换届后）
党委书记　丁时成（10月任职）
党委副书记、镇长
张海荣（12月任职）
党委委员、人大主席
刘太福（12月任职）
党委副书记、政法委员
卿　华（10月任职）
党委委员、统战委员、副镇长
庞德刚（10月任职）
党委委员、宣传委员
汪金欢（10月任职）
党委委员、纪委书记
周锦海（10月任职）
党委委员、组织委员
杜玉鹏（10月任职）
党委委员、人武部长
黄　磊（10月任职）
人大副主席　李　姣（女，12月任职）
副镇长　白新亮
谭　勇（12月任职）
张丹丹（女，12月任职）

20. 走马镇
（换届前）
党委书记　张　明（10月离任）
党委副书记、镇长
张向阳（10月离任）
党委委员、人大主席
刘　斌（9月离任）
党委副书记　魏文学（10月离任）
党委委员、统战委员、副镇长
郑明族（女，10月离任）
党委委员、副镇长
王绍山（10月离任）
党委委员、纪委书记
江　云（女，10月离任）
党委委员、宣传委员
张大平（10月离任）
党委委员、武装部长、副镇长
谭永华（10月离任）
党委委员、组织委员、人大副主席（兼）
余　智（10月离任）
党委委员、政法书记
刘　俊（10月离任）
副镇长　何芳生（10月离任）
（换届后）
党委书记　张向阳（10月任职）
党委副书记、镇长
张力祥（12月任职）
党委委员、人大主席
凌　剑（12月任职）
党委副书记、政法委员
何芳生（10月任职）
党委委员、统战委员、副镇长
谭　东（10月任职）
党委委员、宣传委员
刘　俊（10月任职）
党委委员、纪委书记
曾华平（10月任职）
党委委员、组织委员
张小琴（女，10月任职）
党委委员、人武部长、副镇长
张义华（10月任职）
副镇长　杜政硕（12月任职）
陈晓红（女，12月任职）
周　祥（12月任职）

21. 罗田镇
（换届前）
党委书记　张　杰（9月离任）
党委副书记、镇长
张　珂（9月离任）
党委委员、人大主席
魏大东（9月离任）
党委副书记　冯　健（土家族，10月离任）
党委委员、纪委书记
谭启明（10月离任）
党委委员、宣传委员、统战委员
彭　江（10月离任）
党委委员、政法书记、副镇长
郎正清（10月离任）
党委委员、组织委员、人大副主席（兼）
魏国强（10月离任）
党委委员、武装部长、副镇长
崔坤忠（10月离任）
副镇长　牟维高（10月离任）
（换届后）
党委书记　邵太清（9月任职）
党委副书记、镇长
魏大东（12月任职）
党委委员、人大主席
余先莉（女，12月任职）
党委副书记、政法委员
魏国强（10月任职）
党委委员、纪委书记
熊　军（10月任职）
党委委员、人武部长、副镇长
向　明（10月任职）
党委委员、统战委员、副镇长
牟维高（10月任职）
党委委员、宣传委员
洪志华（10月任职）
党委委员、组织委员
周露丹（女，10月任职）
副镇长　贺　颖（女，12月任职）
赵志远（蒙古族，12月任职）

22. 太龙镇
（换届前）
党委书记　雷　蕾（女，9月离任）
党委副书记、镇长
程国庆（9月离任）
党委委员、人大主席
熊德新（女，土家族，9月离任）
党委副书记　刘明权（10月离任）
党委委员、宣传委员、统战委员
杨劲松（10月离任）
党委委员、政法书记、副镇长
张　淋（9月离任）
党委委员、武装部长、副镇长
邹家春（10月离任）
党委委员、组织委员、人大副主席（兼）
李　娜（女，10月离任）

党委委员、纪委书记
朱洪涛（土家族，10月离任）
副镇长　叶　凯（10月离任）
（换届后）
党委书记　程国庆（9月任职）
党委副书记、镇长
谭　婷（女，12月任职）
党委委员、人大主席
向宇坤（9月任职）
党委副书记、政法委员
朱洪涛（土家族，10月任职）
党委委员、统战委员、副镇长
向　晖（女，10月任职）
党委委员、纪委书记
杨　娟（女，10月任职）
党委委员、宣传委员、副镇长
杨　光（10月任职）
党委委员、人武部长、副镇长
郑晓舟（10月任职）
党委委员、组织委员
郑坤拾（女，土家族，10月任职）

23. 长滩镇

（换届前）
党委书记　李其兵（10月离任）
党委副书记、镇长
贯吉敏（10月离任）
党委委员、人大主席
钟开权（土家族，9月离任）
党委副书记、人大副主席（兼）
幸莫明（10月离任）
党委委员、政法书记、副镇长
李长江（10月离任）
党委委员、纪委书记
程　涌（9月离任）
党委委员、组织委员
熊　艳（女，10月离任）
党委委员、武装部长、副镇长
杨德伟（10月离任）
党委委员、宣传委员、统战委员
冯　玲（女，10月离任）
副镇长　吴　涛（土家族，10月离任）
（换届后）
党委书记　贯吉敏（10月任职）
党委副书记、镇长
吴小波（12月任职）
党委委员、人大主席
向群召（女，12月任职）
党委副书记、政法委员
杨德伟（10月任职）
党委委员、统战委员、副镇长
吴　涛（土家族，10月任职）
党委委员、纪委书记
程刘进（女，10月任职）
党委委员、宣传委员
杨　洲（10月任职）
党委委员、人武部长、副镇长
陈　峰（10月任职）
党委委员、组织委员
邓　宏（10月任职）
副镇长　郑世君（12月任职）
何　毅（女，12月任职）
熊　江（12月任职）

24. 太安镇

（换届前）
党委书记　王权英（9月离任）
党委副书记、镇长
刘又铭（9月离任）
党委委员、人大主席
牟奇亮（9月离任）
党委副书记　冯　进（女，10月离任）
党委委员、武装部长、副镇长
谭　东（10月离任）
党委委员、组织委员、人大副主席（兼）
谭海峰（10月离任）
党委委员、政法书记、副镇长
何光成（10月离任）
党委委员、宣传委员、统战委员
张继荣（9月离任）
党委委员、纪委书记
蒋红梅（女，10月离任）
副镇长　向继河（10月离任）
（换届后）
党委书记　胡　贵（9月任职）
党委副书记、镇长
姜先国（12月任职）
党委委员、人大主席
张继荣（12月任职）
党委副书记、政法委员
向继河（10月任职）
党委委员、宣传委员、副镇长
谭海峰（10月任职）
党委委员、统战委员、副镇长
吴　宗（10月任职）
党委委员、纪委书记
彭海峰（10月任职）
党委委员、人武部长、副镇长
李　波（10月任职）
党委委员、组织委员
管　浩（10月任职）
副镇长　张玉婷（女，12月任职）

25. 白土镇

（换届前）
党委书记　余晓宁（9月离任）
党委副书记、镇长
金敦伦（土家族，9月离任）
党委委员、人大主席
丁书明（土家族，9月离任）
党委副书记、人大副主席（兼）
易良明（土家族，10月离任）
党委委员、政法书记、副镇长
向家昌（10月离任）
党委委员、纪委书记
朱　江（9月离任）
党委委员、组织委员
杨桂花（女，10月离任）
党委委员、宣传委员、统战委员
熊卫兵（10月离任）
党委委员、武装部长、副镇长
谭年杰（10月离任）
副镇长　李永平（10月离任）
（换届后）
党委书记　夏洪远（9月任职）
党委副书记、镇长
向建兵（12月任职）
党委委员、人大主席
朱　江（12月任职）
党委副书记、政法委员
江　君（10月任职）
党委委员、人武部长、副镇长
谭年杰（10月任职）
党委委员、纪委书记
张梅花（女，10月任职）
党委委员、统战委员、副镇长
秦从俊（10月任职）

党委委员、宣传委员、副镇长
匡　斌（10月任职）
党委委员、组织委员
刘华才（10月任职）
副镇长（缺）

26.新乡镇

（换届前）
党委书记　陈地桥
党委副书记、镇长
李　鋆（9月离任）
党委委员、人大主席
向宇坤（9月离任）
党委副书记　陈立全（9月离任）
党委委员、组织委员
欧荣华（10月离任）
党委委员、宣传委员、统战委员、人大副主席（兼）
陈　潜（女，10月离任）
党委委员、政法书记、副镇长
李　波（10月离任）
党委委员、武装部长、副镇长
何　峰（10月离任）
党委委员、纪委书记
李建明（2月离任）
汪明清（2月任职）
副镇长　张小勇（10月离任）
（换届后）
党委书记　陈地桥
党委副书记、镇长
钟小平（12月任职）
党委委员、人大主席
程国锋（9月任职）
党委副书记、政法委员
欧荣华（10月任职）
党委委员、人武部长、副镇长
何　峰（10月任职）
党委委员、纪委书记
汪明清
党委委员、组织委员
李　松（10月任职）
党委委员、统战委员、副镇长
张晓玲（女，10月任职）
党委委员、宣传委员、副镇长
王建宇（10月任职）

27.郭村镇

（换届前）
党委书记　张光禄（9月离任）
党委副书记、镇长
向　军（9月离任）
党委委员、人大主席
廖　英（女）
党委副书记　谭以红（10月离任）
党委委员、政法书记、副镇长
陈朝兵（10月离任）
党委委员、武装部长、副镇长
张朝斌（10月离任）
党委委员、人大副主席、宣传委员、统战委员　刘治鑫（10月离任）
党委委员、纪委书记　向华臻
党委委员、组织委员
何光伟（10月离任）
副镇长　程文生（10月离任）
（换届后）
党委书记　向　军（9月任职）
党委副书记、镇长
陈泓宇（9月任职）
党委委员、人大主席
廖　英（女）
党委副书记、政法委员
张朝斌（10月任职）
党委委员、宣传委员、副镇长
刘治鑫（10月任职）
党委委员、纪委书记　向华臻
党委委员、人武部长、副镇长
陈海建（10月任职）
党委委员、统战委员、副镇长
郑　伟（10月任职）
党委委员、组织委员
李迎春（女，10月任职）
副镇长　彭　俊（12月任职）

28.柱山乡

（换届前）
党委书记　张永明
党委副书记、乡长
谢云军（9月离任）
党委委员、人大主席
姜　勇（9月离任）
党委副书记　张功清（10月离任）
党委委员、政法书记、副乡长
王　勇（9月离任）
党委委员、武装部长、副乡长
方望军（10月离任）
党委委员、纪委书记
杨　娟（女，10月离任）
党委委员、组织委员、人大副主席（兼）
陈世勇（10月离任）
党委委员、宣传委员、统战委员
董地林（女，10月离任）
副乡长　郭　勇（10月离任）
（换届后）
党委书记　张永明
党委副书记、乡长
李光云（女，12月任职）
党委委员、人大主席
伍　洪（12月任职）
党委副书记、政法委员
陈世勇（10月任职）
党委委员、统战委员、副乡长
杨劲松（10月任职）
党委委员、纪委书记
张大平（10月任职）
党委委员、人武部长、副乡长
郭　勇（10月任职）
党委委员、宣传委员、副乡长
冉襄林（女，10月任职）
党委委员、组织委员
王建清（女，10月任职）

29.铁峰乡

（换届前）
党委书记　向　秦
党委副书记、乡长
何　军（10月离任）
党委委员、人大主席　张德安
党委副书记　徐明权（10月离任）
党委委员、纪委书记
丁家福（10月离任）
党委委员、宣传委员、统战委员、人大副主席（兼）
向红梅（女，10月离任）
党委委员、政法书记、副乡长
吴应成（10月离任）
党委委员、武装部长、副乡长
陈明华（10月离任）

党委委员、组织委员
赖登月（女）
副乡长　程晓玲（女，10月离任）
（换届后）
党委书记　向　秦
党委副书记、乡长
万　黎（12月任职）
党委委员、人大主席　张德安
党委副书记、政法委员
吴应成（10月任职）
党委委员、统战委员、副乡长
魏海林（10月任职）
党委委员、组织委员
赖登月（女）
党委委员、纪委书记
吴志俊（10月任职）
党委委员、宣传委员、副乡长
谭仕武（10月任职）
党委委员、人武部长、副乡长
张可将（10月任职）

30.黄柏乡
（换届前）
党委书记　王显明（9月离任）
党委副书记、乡长
宋　琴（女，9月离任）
党委委员、人大主席
张永群（9月离任）
党委副书记　吴宗前（10月离任）
党委委员、副乡长
张　清（10月离任）
党委委员、宣传委员、统战委员
王　蕾（女，10月离任）
党委委员、纪委书记
黄国琼（女，10月离任）
党委委员、政法书记、武装部长、副乡长　吴承忠（10月离任）
党委委员、组织委员、人大副主席（兼）
谭小平（10月离任）
（换届后）
党委书记　宋　琴（女，9月任职）
党委副书记、乡长
张道全（12月任职）
党委委员、人大主席
徐明权（12月任职）
党委副书记、政法委员
谭小平（10月任职）
党委委员、人武部长、副乡长
吴承忠（10月任职）
党委委员、纪委书记
向　路（女，10月任职）
党委委员、统战委员、副乡长
高渝平（10月任职）
党委委员、宣传委员、副乡长
何林峰（10月任职）
党委委员、组织委员
张婷婷（女，10月任职）

31.溪口乡
（换届前）
党委书记　冉光伟（9月离任）
党委副书记、乡长
梁继福（9月离任）
党委委员、人大主席
陈维洪（9月离任）
党委副书记　徐　英（女，10月离任）
党委委员、宣传委员、统战委员、人大副主席（兼）
吴宗敏（10月离任）
党委委员、纪委书记
黄秀珍（女，10月离任）
党委委员、武装部长、副乡长
张成峰（10月离任）
党委委员、组织委员
向光菊（女，10月离任）
党委委员、政法书记、副乡长
秦　超（10月离任）
副乡长　宋建平（10月离任）
（换届后）
党委书记　邓鸿雁（女，9月任职）
党委副书记、乡长
胡小军（12月任职）
党委委员、人大主席
张孝琼（女，12月任职）
党委副书记、政法委员
夏　毅（10月任职）
党委委员、统战委员、副乡长
秦　超（10月任职）
党委委员、纪委书记
程光属（女，10月任职）
党委委员、宣传委员、副乡长
陈　礼（10月任职）
党委委员、人武部长、副乡长
熊　鑫（10月任职）
党委委员、组织委员
彭国华（10月任职）

32.燕山乡
（换届前）
党委书记　何学杰（9月离任）
党委副书记、乡长
代承斌（9月离任）
党委委员、人大主席　王　勇
党委副书记　向　宏（10月离任）
党委委员、纪委书记
黄　敏（女，10月离任）
党委委员、副乡长
熊迎春（10月离任）
党委委员、政法书记、武装部长、副乡长　袁德生（10月离任）
党委委员、组织委员　冯　亮
党委委员、宣传委员、统战委员、人大副主席（兼）
廖　埝（10月离任）
（换届后）
党委书记　吴　林（9月任职）
党委副书记、乡长
王酉生（12月任职）
党委委员、人大主席　王　勇
党委副书记、政法委员
向　宏（10月任职）
党委委员、宣传委员、副乡长
熊维云（10月任职）
党委委员、组织委员　冯　亮
党委委员、纪委书记
涂彩霞（女，10月任职）
党委委员、统战委员、副乡长
佘朝兵（10月任职）
党委委员、人武部长、副乡长
廖　埝（10月任职）

33.长坪乡
（换届前）
党委书记　向光杰（9月离任）
党委副书记、乡长
吴　林（9月离任）
党委委员、人大主席

王华云（9月离任）
党委副书记、人大副主席（兼）
谭德明（10月离任）
党委委员、纪委书记
吴　宗（10月离任）
党委委员、副乡长
杨和君（10月离任）
党委委员、政法书记、武装部长、副乡长　周代明（10月离任）
党委委员、组织委员
吴弘扬（10月离任）
党委委员、宣传委员、统战委员
张　明（女，10月离任）
（换届后）
党委书记　李　鋆（9月任职）
党委副书记、乡长
罗　琼（女，12月任职）
党委委员、人大主席
李福斌（9月任职）
党委副书记、政法委员
吴弘扬（10月任职）
党委委员、人武部长、副乡长
周代明（10月任职）
党委委员、统战委员、副乡长
张　明（女，10月任职）
党委委员、纪委书记
刘　麟（10月任职）
党委委员、宣传委员、副乡长
袁　静（女，10月任职）
党委委员、组织委员
颜　凤（女，10月任职）

34.梨树乡
（换届前）
党委书记　朱希现（9月离任）
党委副书记、乡长
向明军（9月离任）
党委委员、人大主席
程国锋（9月离任）
党委副书记　向学群（9月离任）
党委委员、纪委书记
彭海峰（10月离任）
党委委员、宣传委员、统战委员、人大副主席（兼）
刘顺碧（女，10月离任）
党委委员、副乡长
魏海林（10月离任）
党委委员、政法书记、武装部长、副乡长　曾　军（10月离任）
党委委员、组织委员
郑世君（10月离任）
（换届后）
党委书记　张　珂（9月任职）
党委副书记、乡长
向学群（12月任职）
党委委员、人大主席
陈保均（12月任职）
党委副书记、政法委员
曾　军（10月任职）
党委委员、纪委书记
毛地伟（10月任职）
党委委员、宣传委员、副镇长
王必英（女，10月任职）
党委委员、人武部长、副乡长
谭　勇（10月任职）
党委委员、组织委员
张　净（10月任职）
党委委员、统战委员、副乡长
杨杰龙（10月任职）

35.茨竹乡
（换届前）
党委书记　陈红卫（9月离任）
党委副书记、乡长　张　全（9月离任）
党委委员、人大主席
张孝琼（女，9月离任）
党委副书记　牟联平（10月离任）
党委委员、政法书记、武装部长、副乡长　陈保均（9月离任）
党委委员、纪委书记
熊德林（10月离任）
党委委员、宣传委员、统战委员、人大副主席（兼）
夏　毅（10月离任）
党委委员、副乡长
黄思维（10月离任）
党委委员、组织委员
熊　猛（10月离任）
（换届后）
党委书记　张　全（9月任职）
党委副书记、乡长
牟联云（12月任职）
党委委员、人大主席
王华云（12月任职）
党委副书记、政法委员
向光菊（女，10月任职）
党委委员、统战委员、副乡长
熊卫兵（10月任职）
党委委员、纪委书记
王　莲（女，10月任职）
党委委员、宣传委员、副乡长
龙小玲（女，10月任职）
党委委员、人武部长、副乡长
彭思荣（10月任职）
党委委员、组织委员
吴德青（女，10月任职）

36.普子乡
（换届前）
党委书记　段术华（9月离任）
党委副书记、乡长
张　彬（9月离任）
党委委员、人大主席
李福斌（9月离任）
党委副书记　金友江（10月离任）
党委委员、宣传委员、统战委员
张德春（女，土家族，10月离任）
党委委员、政法书记、副乡长
黄永川（9月离任）
党委委员、武装部长、副乡长
杜政硕（10月离任）
党委委员、组织委员、人大副主席（兼）
熊　军（10月离任）
党委委员、纪委书记　周　强
副乡长　石孝均（土家族，10月离任）
（换届后）
党委书记　刘　城（9月任职）
党委副书记、乡长
钟庆林（12月任职）
党委委员、人大主席
程　涌（12月任职）
党委副书记、政法委员
石孝均（土家族，10月任职）
党委委员、纪委书记　周　强

党委委员、统战委员、副乡长
郎宗梽（10月任职）
党委委员、组织委员
杨　勇（10月任职）
党委委员、人武部长、副乡长
陈光平（10月任职）
党委委员、宣传委员、副乡长
彭辉艳（女，10月任职）
副乡长（缺）

37.恒合土家族乡

（换届前）
党委书记　胡　贵（9月离任）
党委副书记、乡长
李永生（土家族，9月离任）
党委委员、人大主席
冉茂林（9月离任）
党委副书记、人大副主席（兼）
秦　开（10月离任）
党委委员、政法书记、武装部长、副乡长　李海燕（10月离任）
党委委员、统战委员、副乡长
牟联云（9月离任）
党委委员、副乡长
谭忠庆（9月离任）
党委委员、组织委员　谷海燕（女）
党委委员、纪委书记
汪恩川（10月离任）
党委委员、宣传委员
熊同正（10月离任）
（换届后）
党委书记　魏　卡（9月任职）
党委副书记、乡长
蒲　刚（土家族，12月任职）
党委委员、人大主席
谭忠庆（12月任职）
党委副书记、政法委员
向家昌（10月任职）
党委委员、统战委员、副乡长
张　强（10月任职）
党委委员、组织委员　谷海燕（女）
党委委员、纪委书记
贺贤君（10月任职）
党委委员、人武部长
王劲松（10月任职）

党委委员、宣传委员
吴文超（10月任职）
副乡长　汪恩川（12月任职）
熊同正（12月任职）
王　娜（女，土家族，12月任职）
赵思政（12月任职）

38.地宝土家族乡

（换届前）
党委书记　宋安全（土家族，9月离任）
党委副书记、乡长　蒲　军（土家族）
党委委员、人大主席
蒲承美（女，土家族，9月离任）
党委副书记　江　君（10月离任）
党委委员、组织委员、人大副主席（兼）
钟庆林（9月离任）
党委委员、纪委书记
牟兴华（10月离任）
党委委员、政法书记、武装部长、副乡长　黄　东（10月离任）
党委委员、统战委员、副乡长
向　明（10月离任）
党委委员、宣传委员
谭年文（10月离任）
（换届后）
党委书记　张　彬（9月任职）
党委副书记、乡长　蒲　军（土家族）
党委委员、人大主席
黄永川（12月任职）
党委副书记、政法委员
牟兴华（10月任职）
党委委员、统战委员、副乡长
黄　东（10月任职）
党委委员、宣传委员、副乡长
谭年文（10月任职）
党委委员、纪委书记
陈小莉（女，10月任职）
党委委员、人武部长、副乡长
谢小华（10月任职）
党委委员、组织委员
刘　波（10月任职）

39.太白街道

（换届前）
党工委书记　谭方培（9月离任）
党工委副书记、办事处主任
王小平（9月离任）
党工委委员、人大工委主任
吴光怀（9月离任）
党工委副书记　夏智富（10月离任）
党工委委员、宣传委员
刘绍志（女，10月离任）
党工委委员、武装部长、办事处副主任
钟兴国（10月离任）
党工委委员、办事处副主任
张成兵（10月离任）
党工委委员、纪工委书记
陶小艺（女，10月离任）
党工委委员、统战委员、人大工委副主任（兼）向　宏（10月离任）
党工委委员、政法书记
周　钺（10月离任）
党工委委员、组织委员
郎　杰（土家族，10月离任）
办事处副主任 何文生
张　松（10月离任）
（换届后）
党工委书记　秦小林（9月任职）
党工委副书记、办事处主任
杨　芸（女，11月任职）
党工委委员、人大工委主任
陶永忠（9月任职）
党工委副书记、政法委员
张功清（10月任职）
党工委委员、统战委员、办事处副主任
刘绍志（女，10月任职）
党工委委员、宣传委员
易　武（10月任职）
党工委委员、人武部长
张成峰（10月任职）
党工委委员、纪工委书记
余福明（10月任职）
党工委委员、组织委员
牟万平（女，10月任职）
办事处副主任
何文生
张成兵（10月任职）

秦　开（11月任职）
冉启娃（11月任职）

40.高笋塘街道
（换届前）
党工委书记　蒲东平（9月离任）
党工委副书记、办事处主任
邓厚明（9月离任）
党工委委员、人大工委主任
吴显权（9月离任）
党工委副书记
黄春城（10月离任）
党工委委员、纪工委书记
向长虹（10月离任）
党工委委员、办事处副主任
晏　军（10月离任）
党工委委员、统战委员、人大工委副主任（兼）晋明丰（10月离任）
党工委委员、宣传委员
陈　珊（女）
党工委委员、政法书记
万　黎（10月离任）
党工委委员、武装部长、办事处副主任
周建明（10月离任）
党工委委员、组织委员
李忠富（9月离任）
办事处副主任
杨云峰（10月离任）
王卫东
（换届后）
党工委书记　张清华（9月任职）
党工委副书记、办事处主任
兰建军（9月任职）
党工委委员、人大工委主任
段小雷（9月任职）
党工委副书记、政法委员
周建明（10月任职）
党工委委员、统战委员、办事处副主任
吴宗前（10月任职）
党工委委员、组织委员
冯　进（女，10月任职）
党工委委员、纪工委书记
江　云（女，10月任职）
党工委委员、宣传委员
陈　珊（女）
党工委委员、人武部长
钟旅军（10月任职）
办事处副主任
王卫东
向长虹（11月任职）
李伟尚（11月任职）
李　军（11月任职）

41.牌楼街道
（换届前）
党工委书记　刘体良（10月离任）
党工委副书记、办事处主任
王长万（10月离任）
党工委委员、人大工委主任
李亨禄（9月离任）
党工委副书记　杨　灿（10月离任）
党工委委员、政法书记
向文忠（壮族，10月离任）
党工委委员、统战委员、人大工委副主任（兼）骆常奎（10月离任）
党工委委员、办事处副主任
程碧荣（女，10月离任）
党工委委员、纪工委书记
张正国（9月离任）
党工委委员、宣传委员
廖永红（女，10月离任）
党工委委员、武装部长、办事处副主任
闫春龙（满族，10月离任）
党工委委员、组织委员
周启昌（10月离任）
办事处副主任
郭桢逊（女，10月离任）
向建兵（9月离任）
（换届后）
党工委书记　张　明（10月任职）
党工委副书记、办事处主任
袁昌斌（11月任职）
党工委委员、人大工委主任
邓如钦（9月任职）
党工委副书记、政法委员
向文忠（壮族，10月任职）
党工委委员、统战委员、办事处副主任
吴宗敏（10月任职）
党工委委员、纪工委书记
黄秀珍（女，10月任职）
党工委委员、人武部长
王　程（10月任职）
党工委委员、组织委员
薛后祥（10月任职）
党工委委员、宣传委员
彭纯洁（女，10月任职）
办事处副主任
向洪波（11月任职）
钟兴国（11月任职）
何鸿鹰（女，11月任职）
梁　圣（11月任职）

42.龙都街道
（换届前）
党工委书记　刘国庆（2月任职）
党工委副书记、办事处主任
张良春（女，9月离任）
党工委委员、人大工委主任
谭红兵（9月离任）
党工委副书记
何泽勇（10月离任）
党工委委员、政法书记、办事处副主任
梁文超（10月离任）
党工委委员、组织委员
何　跃（10月离任）
党工委委员、宣传委员、统战委员、人大工委副主任（兼）
何鸿鹰（女，10月离任）
党工委委员、纪工委书记
杜春芳（女，10月离任）
党工委委员、武装部长、办事处副主任
李顺春（9月离任）
办事处副主任
秦叙芬（女，10月离任）
张茂孝（10月离任）
（换届后）
党工委书记　刘国庆
党工委副书记、办事处主任
幸　宏（女，11月任职）
党工委委员、人大工委主任
胡应国（9月任职）
党工委副书记、政法委员
何泽勇（10月任职）
党工委委员、纪工委书记
邓　勇（10月任职）

党工委委员、组织委员
熊迎春（10月任职）
党工委委员、宣传委员
黄国琼（女，10月任职）
党工委委员、统战委员、办事处副主任
张剑锋（10月任职）
党工委委员、人武部长、办事处副主任
陈　铭（10月任职）
办事处副主任
郑明族（女，11月任职）
付　强（11月任职）

43.双河口街道
（换届前）
党工委书记　牟东云（10月离任）
党工委副书记、办事处主任
谭　林（3月任职）
党工委委员、人大工委主任
张义昌（9月离任）
党工委副书记
伍　洪（10月离任）
党工委委员、政法书记、办事处副主任
万德瑜（10月离任）
党工委委员、武装部长、办事处副主任
张永恒（10月离任）
党工委委员、纪工委书记
付绍军（10月离任）
党工委委员、组织委员
邹德菊（女）
党工委委员、宣传委员、统战委员、人大工委副主任（兼）
李应荣（10月离任）
办事处副主任
何　英（女，10月离任）
黄井泉（10月离任）
（换届后）
党工委书记　王长万（10月任职）
党工委副书记、办事处主任
谭　林
党工委委员、人大工委主任
漆明怀（女，9月任职）
党工委副书记、政法委员
陈　斌（10月任职）
党工委委员、统战委员、办事处副主任
张永恒（10月任职）

党工委委员、组织委员
邹德菊（女）
党工委委员、人武部长、办事处副主任
何　涛（10月任职）
党工委委员、宣传委员
严存慧（女，10月任职）
党工委委员、纪工委书记
程晓玲（女，10月任职）
办事处副主任
李应荣（11月任职）
毛顺钦（11月任职）

44.周家坝街道
（换届前）
党工委书记　张劲松
党工委副书记、办事处主任
吴明忠（9月离任）
党工委委员、人大工委主任
刘仕琳（9月离任）
党工委副书记
金　卉（女，10月离任）
党工委委员、政法书记
袁　斌（10月离任）
党工委委员、统战委员
魏伯寿（10月离任）
党工委委员、办事处副主任
吴联云（10月离任）
党工委委员、纪工委书记
冉　燕（女，10月离任）
党工委委员、宣传委员
罗运康（9月离任）
党工委委员、武装部长、办事处副主任
张海荣（10月离任）
党工委委员、组织委员
何　进（10月离任）
办事处副主任
杨　鸿（女，10月离任）
丁后全（10月离任）
（换届后）
党工委书记　张劲松
党工委副书记、办事处主任
邓天旗（女，11月任职）
党工委委员、人大工委主任
段术华（9月任职）
党工委副书记、政法委员

何　进（10月任职）
党工委委员、统战委员、办事处副主任
姚红来（女，10月任职）
党工委委员、人武部长
谭仕成（10月任职）
党工委委员、宣传委员
谭继斌（10月任职）
党工委委员、纪工委书记
陈明华（10月任职）
党工委委员、组织委员
余　智（10月任职）
办事处副主任
符正国（11月任职）
邵安东（11月任职）
漆贵芳（女，11月任职）
程　燕（女，11月任职）

45.沙河街道
（换届前）
党工委书记　吴晓阳（9月离任）
党工委副书记、办事处主任　邵　平
党工委委员、人大工委主任
杨小东（9月离任）
党工委副书记
易　武（10月离任）
党工委委员、政法书记、办事处副主任
严正银（10月离任）
党工委委员、办事处副主任
曹文军（10月离任）
党工委委员、纪工委书记
熊　军（10月离任）
党工委委员、组织委员　连传燕
党工委委员、武装部长、办事处副主任
袁安平（9月离任）
党工委委员、宣传委员、统战委员
骆　霞（女，10月离任）
办事处副主任
陈仁芬（女，10月离任）
（换届后）
党工委书记　刘厚荣（9月任职）
党工委副书记、办事处主任　邵　平
党工委委员、人大工委主任
刘　宇（9月任职）
党工委副书记、政法委员
何　跃（10月任职）

党工委委员、纪工委书记
罗育权（10月任职）
党工委委员、统战委员、办事处副主任
丁家福（10月任职）
党工委委员、宣传委员
彭　江（10月任职）
党工委委员、人武部长、办事处副主任
范向斌（10月任职）
党工委委员、组织委员　连传燕
办事处副主任
牟联平（11月任职）
巨光英（女，11月任职）

46. 钟鼓楼街道

（换届前）
党工委书记　向晓林（9月离任）
党工委副书记、办事处主任
向仲江（9月离任）
党工委委员、人大工委主任
兰　斌（9月离任）
党工委副书记
郭　芳（女，10月离任）
党工委委员、统战委员、人大工委副主任（兼）林美权（10月离任）
党工委委员、办事处副主任
刘纯宽（10月离任）
党工委委员、宣传委员
胡　方（女，10月离任）
党工委委员、组织委员
黄牟聪（女，10月离任）
党工委委员、纪工委书记　刘　川
党工委委员、武装部长、办事处副主任
罗洪贵（10月离任）
党工委委员、政法书记
魏拥锋（10月离任）
办事处副主任　唐清洁
陈小东
（换届后）
党工委书记　向仲江（9月任职）
党工委副书记、办事处主任
杨学忠（11月任职）
党工委委员、人大工委主任
吴明菊（女，9月任职）
党工委副书记、政法委员
魏拥锋（10月任职）
党工委委员、统战委员、办事处副主任
郭　芳（女，10月任职）
党工委委员、宣传委员
邹献忠（10月任职）
党工委委员、纪工委书记　刘　川
党工委委员、组织委员
刘德勇（女，10月任职）
党工委委员、人武部长
蔡名川（10月任职）
办事处副主任　陈小东（民革）
胡　方（女，11月任职）
唐清洁
罗洪贵（11月任职）

47. 百安坝街道

（换届前）
党工委书记　汪海云（9月离任）
党工委副书记、办事处主任
杨友碧（女，6月离任）
杨　政（6月任职）
党工委委员、人大工委主任
冉瑞祥（9月离任）
党工委副书记
贺红江（10月离任）
党工委委员、政法书记、办事处副主任
吴济安（10月离任）
党工委委员、纪工委书记
张恒学（女，10月离任）
党工委委员、武装部长、办事处副主任
梁利民（10月离任）
党工委委员、宣传委员、统战委员、人大工委副主任（兼）
吴群英（女，10月离任）
党工委委员、组织委员
张朝坤（10月离任）
办事处副主任
邬军川
谭　婷（女，9月离任）
（换届后）
党工委书记　何贤红（女，9月任职）
党工委副书记、办事处主任
杨　政（6月任职）
党工委委员、人大工委主任
牟奇亮（9月任职）
党工委副书记、政法委员
张朝坤（10月任职）
党工委委员、人武部长、办事处副主任
向小端（10月任职）
党工委委员、统战委员、办事处副主任
梁利民（10月任职）
党工委委员、组织委员
杨桂花（女，10月任职）
党工委委员、纪工委书记
李全林（10月任职）
党工委委员、宣传委员
何光伟（10月任职）
办事处副主任
吴群英（女，11月任职）
冯　玲（女，11月任职）

48. 五桥街道

（换届前）
党工委书记　向光富（9月离任）
党工委副书记、办事处主任
谭建容（女，土家族，9月离任）
党工委委员、人大工委主任
吕永福（9月离任）
党工委副书记
张显杰（10月离任）
党工委委员、纪工委书记
向群召（女，9月离任）
党工委委员、办事处副主任
张茂权（10月离任）
党工委委员、武装部长、办事处副主任
曾继勇（10月离任）
党工委委员、宣传委员、统战委员
佘科萍（女，10月离任）
党工委委员、政法书记、办事处副主任
熊　军（10月离任）
党工委委员、组织委员
刘道春（10月离任）
办事处副主任　李维军
（换届后）
党工委书记　谭连军（土家族，9月任职）
党工委副书记、办事处主任
陈　劼（11月任职）
党工委委员、人大工委主任
程　荣（女，9月任职）
党工委副书记、政法委员

严正银（10月任职）
党工委委员、统战委员、办事处副主任
曾继勇（10月任职）
党工委委员、宣传委员
佘科萍（女，10月任职）
党工委委员、组织委员
向存琼（女，土家族，10月任职）
党工委委员、人武部长、办事处副主任
何亚峰（10月任职）
党工委委员、纪工委书记
陈　刚（10月任职）
办事处副主任
李维军
叶　凯（11月任职）

49.陈家坝街道
（换届前）
党工委书记　李德章（9月离任）
党工委副书记、办事处主任
何贤红（女，9月离任）
党工委委员、人大工委主任　李　兵
党工委副书记　姚红菜（女，10月离任）
党工委委员、纪工委书记
陈方清（10月离任）
党工委委员、政法书记、办事处副主任
孙寿成（10月离任）
党工委委员、武装部长、办事处副主任
向东海（10月离任）
党工委委员、宣传委员、统战委员、人大工委副主任（兼）
邹献忠（10月离任）
党工委委员、组织委员
伊伟琳（10月离任）
办事处副主任
魏　豪（10月离任）
陈天武（10月离任）
（换届后）
党工委书记　吴明忠（9月任职）
党工委副书记、办事处主任
晏宗荣（11月任职）
党工委委员、人大工委主任　李　兵
党工委副书记、政法委员
伊伟琳（10月任职）
党工委委员、宣传委员
幸永鸿（10月任职）
党工委委员、人武部长、办事处副主任
向东海（10月任职）
党工委委员、组织委员
夏洪涛（女，10月任职）
党工委委员、统战委员、办事处副主任
陈天武（10月任职）
党工委委员、纪工委书记
向　超（女，10月任职）
办事处副主任
郎永娥（女，11月任职）
牟伦科（11月任职）

50.高峰街道
（换届前）
党委书记　贺　斌（6月离任）
党委副书记、镇长
李　勇（9月离任）
党委委员、人大主席
吴明菊（女，9月离任）
党委副书记　张云峰（9月离任）
党委委员、武装部长、副镇长
易发鹏（10月离任）
党委委员、政法书记、副镇长
杨晓东（10月离任）
党委委员、纪委书记
陈小兵（10月离任）
党委委员、副镇长
母忠诚（10月离任）
党委委员、组织委员
肖朝梁（10月离任）
党委委员、宣传委员、统战委员、人大副主席（兼）
程文化（女，10月离任）
（换届后）
党工委书记　李　勇（9月任职）
党工委副书记、办事处主任
杨晓毅（藏族，11月任职）
党工委委员、人大工委主任
曾大友（9月任职）
党工委副书记、政法委员
谭以红（10月任职）
党工委委员、统战委员、办事处副主任
杨晓东（10月任职）
党工委委员、纪工委书记
熊晓娴（女，10月任职）
党工委委员、宣传委员
向红梅（女，10月任职）
党工委委员、组织委员
龚　明（10月任职）
党工委委员、人武部长、办事处副主任
刘　昊（10月任职）
办事处副主任
冯　建（土家族，11月任职）
李海燕（11月任职）
陶　金（11月任职）

51.天城街道
（换届前）
党委书记　程绍祥（9月离任）
党委副书记、镇长
鲁炳江（9月离任）
党委委员、人大主席
谭小林（9月离任）
党委副书记　李　文（10月离任）
党委委员、统战委员、人大副主席（兼）
陈光荣（女，10月离任）
党委委员、纪委书记
李益东（10月离任）
党委委员、组织委员
徐明亮（7月任职）
党委委员、武装部长、副镇长
李伟尚（10月离任）
党委委员、副镇长
王　成（10月离任）
党委委员、政法书记
但　军（10月离任）
党委委员、宣传委员
孟怡然（10月离任）
副镇长　冯守武（10月离任）
刘　勇（10月离任）
（换届后）
党工委书记　侯　龙（9月任职）
党工委副书记、办事处主任
鲁炳江（9月任职，2022年6月因严重违纪违法被开除党籍和公职）
党工委委员、人大工委主任
谭小林（9月任职）
党工委副书记、政法委员

李　文(10月任职)
党工委委员、纪工委书记
郭德伦(女,10月任职)
党工委委员、统战委员、办事处副主任
王　成(10月任职)
党工委委员、人武部长、办事处副主任
冯守武(10月任职)
党工委委员、宣传委员
孟怡然(10月任职)
党工委委员、组织委员
徐明亮(10月任职)
办事处副主任
李益东(11月任职)
张　川(11月任职)
卢颖渝(11月任职)

52.九池街道

(换届前)

党委书记　刘建华(9月离任)
党委副书记、乡长
殷达奎(9月离任)
党委委员、人大主席
宋　晓(女,9月离任)
党委副书记　李成康(9月离任)
党委委员、纪委书记
谭宜双(10月离任)
党委委员、政法书记、副乡长
陈　洪(10月离任)
党委委员、人大副主席、宣传委员、统战委员　周昌勇(10月离任)
党委委员、武装部长、副乡长
王　程(10月离任)
党委委员、组织委员
熊晓娴(女,10月离任)
副乡长　李　雷(10月离任)

(换届后)

党工委书记　王小平(9月任职)
党工委副书记、办事处主任
张云峰(11月任职)
党工委委员、人大工委主任
张永群(9月任职)
党工委副书记、政法委员
陈　洪(10月任职)
党工委委员、宣传委员、办事处副主任
周昌勇(10月任职)
党工委委员、纪工委书记
杨声春(10月任职)
党工委委员、统战委员、办事处副主任
吴俊锋(10月任职)
党工委委员、人武部长、办事处副主任
杨　敏(10月任职)
党工委委员、组织委员
李　飞(女,满族,10月任职)

(区委组织部)

2021年万州区重要文件目录

2021年万州区委重要文件一览表

表82

发文字号	文件名	发文日期
万州委发〔2021〕1号	《万州区全面推进乡村振兴加快农业农村现代化的实施意见》	2021年3月21日
万州委发〔2021〕5号	《万州区实现巩固拓展脱贫攻坚成果同乡村振兴有效衔接的实施意见》	2021年3月21日
万州委发〔2021〕6号	《万州区开展党史学习教育实践指导方案》	2021年3月22日
万州委发〔2021〕8号	《万州区创建全国文明城区工作方案》	2021年4月1日
万州委发〔2021〕14号	《关于加快建设三峡库区科技创新高地支撑引领高质量发展的决定》	2021年7月7日
万州委发〔2021〕15号	《万州区持续营造国际一流营商环境实施方案》	2021年10月31日
万州委发〔2021〕18号	《万州区法治社会建设工作方案（2021—2025年）》	2021年12月31日

2021年万州区委办公室重要文件一览表

表83

发文字号	文件名	发文日期
万州委办发〔2021〕6号	《万州区构建现代环境治理体系实施方案》	2021年3月29日
万州委办发〔2021〕12号	《关于全面推行林长制的实施方案》	2021年6月30日
万州委办〔2021〕26号	《万州区工业强区十条措施》	2021年4月9日
万州委办〔2021〕48号	《万州区“楼栋工作日”工作方案》	2021年7月8日
万州委办〔2021〕92号	《万州区贯彻落实〈重庆市深化新时代教育评价改革若干措施〉的具体举措》	2021年12月24日

2021年万州区政府重要文件一览表

表84

发文字号	文件名	发文日期
万州府发〔2021〕2号	重庆市万州区人民政府关于印发重庆市万州区国民经济和社会发展第十四个五年规划和二〇三五年远景目标纲要的通知	2021年4月10日
万州府发〔2021〕11号	重庆市万州区人民政府关于调整城市基础设施配套费征收标准的通知	2021年10月29日
万州府〔2021〕86号	重庆市万州区人民政府关于公布实施万州区集中式饮用水水源地保护区的通知	2021年8月6日

2021年万州区政府办公室重要文件一览表

表85

发文字号	文件名	发文日期
万州府办发〔2021〕46号	重庆市万州区人民政府办公室关于印发贯彻落实市政府办公厅2021年政务公开工作要点任务分工的通知	2021年6月3日

续表85

发文字号	文件名	发文日期
万州府办发〔2021〕64号	重庆市万州区人民政府办公室关于印发万州区林业碳汇开发工作方案的通知	2021年7月26日
万州府办发〔2021〕72号	重庆市万州区人民政府办公室关于加快实施重庆市国民经济和社会发展第十四个五年规划和二〇三五年远景目标纲要重大项目的通知	2021年9月26日
万州府办发〔2021〕74号	重庆市万州区人民政府办公室关于印发万州区建设大健康产业协同创新区实施方案的通知	2021年9月30日
万州府办发〔2021〕80号	重庆市万州区人民政府办公室关于转发《重庆市人民政府办公厅关于印发进一步助力企业纾困政策措施的通知》的通知	2021年12月2日
万州府办〔2021〕43号	重庆市万州区人民政府办公室关于印发万州区创建全国社区教育示范区实施方案的通知	2021年8月6日
万州府办〔2021〕60号	重庆市万州区人民政府办公室关于印发重庆市万州区人民政府重大行政决策事项目录标准和2021年度重大行政决策事项目录的通知	2021年9月16日
万州府办〔2021〕74号	重庆市万州区人民政府办公室关于印发《万州区统筹整合使用财政涉农资金管理办法（修订）》的通知	2021年11月17日

2021年万州区区级行政规范性文件一览表

（万州府发）

表86

文号	文件名	发文日期
万州府发〔2021〕5号	重庆市万州区人民政府关于印发《重庆市万州区集体土地征收补偿安置实施办法》的通知	2021年6月30日
万州府发〔2021〕6号	重庆市万州区人民政府关于印发分水镇人民政府承接市政府赋予的部分区级经济社会管理权限事项目录的通知	2021年7月10日
万州府发〔2021〕7号	重庆市万州区人民政府关于高污染燃料禁燃区扩建的通告	2021年8月10日
万州府发〔2021〕10号	重庆市万州区人民政府关于规定森林防火期和划定森林防火区的通告	2021年10月15日
万州府发〔2021〕11号	重庆市万州区人民政府关于调整城市基础设施配套费征收标准的通知	2021年10月29日
万州府〔2021〕130号	重庆市万州区人民政府关于废止部分区政府规范性文件的决定	2021年12月9日

2021年万州区区级行政规范性文件一览表

（万州府办发）

表87

文号	文件名	发文日期
万州府办发〔2021〕4号	重庆市万州区人民政府办公室关于印发《万州区政府投资项目财政评审管理规定》的通知	2021年1月31日
万州府办发〔2021〕11号	重庆市万州区人民政府办公室关于全面推动装配式建筑发展的通知	2021年3月5日

续表87

文号	文件名	发文日期
万州府办发〔2021〕50号	重庆市万州区人民政府办公室关于印发《支持科技创新若干财政金融政策》的通知	2021年6月22日
万州府办发〔2021〕84号	重庆市万州区人民政府办公室关于印发《万州区国有投资抢险救灾工程管理办法》的通知	2021年12月17日
万州府办发〔2021〕89号	重庆市万州区人民政府办公室关于印发万州区清理规范城镇供水供电供气行业收费促进行业高质量发展实施方案的通知	2021年12月31日

2021年万州区区级部门行政规范性文件一览表

表88

文号	文件名	发文机关	发文日期
万州医保发〔2021〕42号	重庆市万州区医疗保障局关于印发《万州区医疗机构药品配送企业管理办法（试行）》的通知	万州区医疗保障局	2021年5月20日
江南管委发〔2021〕4号	重庆市万州江南新区管理委员会关于印发《江南新区数字和文化创意企业扶持办法》和《江南新区商务办公和商业服务企业扶持办法》的通知	重庆市万州江南新区管理委员会	2021年5月10日
万州医保发〔2021〕46号	重庆市万州区医疗保障局关于印发《万州区医疗机构药品交易采购管理办法（试行）》的通知	万州区医疗保障局	2021年6月28日
万州林办〔2021〕59号	重庆市万州区林业局关于印发《重庆市万州区林业龙头企业认定管理办法》的通知	万州区林业局	2021年9月17日
万州科局文〔2021〕22号	重庆市万州区科技企业孵化器认定和管理暂行办法	万州区科技局	2021年10月22日
万州财办发〔2021〕21号	重庆市万州区财政局、重庆市万州区科学技术局、中共重庆市万州区委人才工作领导小组办公室、重庆市万州区经济和信息化委员会、重庆市万州区农业农村委员会、重庆市万州区市场监督管理局、重庆市万州区金融工作办公室关于印发《万州区支持科技创新若干财政金融政策实施细则》的通知	万州区财政局	2021年11月9日
万州发改价〔2021〕27号	重庆市万州区发展和改革委员会关于调整城乡自来水价格的通知	万州区发展和改革委员会	2021年12月21日

（区委办公室　区政府门户网）

2021年万州区“一区一枢纽两中心”建设重点项目一览表

表89

序号	项目名称	项目业主	建设规模及主要建设内容	计划建设年限	当年建设目标	牵头单位	当年投资完成率（%）
一	生态优先绿色发展示范区建设项目（28个）					区生态环境局	103
（一）	竣工项目5个						116
1	万州移民安置区抗洪防涝工程	万州区城市建设中心	对老城区共计23条排洪沟进行清除淤积、修复破损涵洞、重建垮塌涵洞等，总长约17千米	2020—2021	11月完工	区住房城乡建委	83
2	万州区申明坝污水处理厂A2线改造工程	万州区城市建设中心	新建污水管网9千米，污水处理泵站1座	2020—2021	12月完工	区住房城乡建委	75
3	万州区新田镇等11个镇乡污水管网补充工程	重庆建环实业集团有限公司	新建污水管网123千米，配套建设污水提升泵站、检查井、生化池等	2020—2021	12月完工	区住房城乡建委	163
4	新田污水处理厂	万州经济技术开发区建设发展有限公司	新建污水处理厂一座，日处理规模5000立方米（近期2500立方米，远期5000立方米），配套新建污水管网4000米，厂外提升泵站1座	2020—2021	12月完工	经开区建管局	100
5	万州区江北水厂尾水处理工程	重庆长江水务集团有限公司	按照现状10万立方米/天的自来水生产规模，建设处理能力为6049立方米/天的尾水处理系统	2020—2021	9月完工	区城市管理局	90
（二）	续建项目14个						108
6	★万一中至驸马片区库岸及消落区综合整治工程	万州中交四航建设发展有限公司	集道路建设、库岸及消落区整治和滑坡治理于一体的综合性建设项目，分为万一中至驸马片区北滨大道延伸段和高速公路连接线，总长约8.91千米	2019—2023	主体工程施工，完成总工程量的20%	渝东新区	77
7	★密溪沟至长江四桥库岸整治工程	万州江南新区开发建设有限公司	全长4.4千米，主要包括滑坡治理工程、库岸整治工程、南滨大道下延段道路工程等建设内容	2019—2024	主体工程施工，完成至总工程量的60%	渝东新区	119
8	万州区滨江环湖北岸（十七码头）库岸及消落带治理工程	三峡平湖有限公司	对万达广场外侧节点进行景观升级改造	2020—2022	完成总工程量的60%	区城市管理局	59
9	沱口污水处理厂三期扩建工程	重庆水务资产公司	新增污水日处理能力3万吨/天，扩容后日处理能力6万吨/天	2020—2022	完成总工程量的40%	区住房城乡建委	172
10	观音岩片区污水管网改造工程	万州区城市建设中心	新建及改造污水管网25.2千米	2020—2021	完成总工程量的70%	区住房城乡建委	92

续表89

序号	项目名称	项目业主	建设规模及主要建设内容	计划建设年限	当年建设目标	牵头单位	当年投资完成率（%）
11	万州区瀼渡河（甘宁段）水生态修复项目	重庆建环实业集团有限公司	河道治理总长度12.57千米，包括生态护岸、生态护岸、水生态修复工程、截污工程、生态景观工程及河床清淤等	2020—2022	完成总工程量的40%	区生态环境局	76
12	万州区石桥河（两河口段）水生态修复项目	重庆建环实业集团有限公司	河道治理总长度5.5千米，包括生态护岸、水生态修复工程、截污工程等	2020—2022	完成总工程量的38%	区生态环境局	123
13	万州区新田河（油沙段）水生态修复项目	重庆建环实业集团有限公司	河道治理总长度约5千米。包括生态护岸、生态湿地、截污工程、河床清淤等	2020—2022	完成总工程量的46%	区生态环境局	111
14	新田河综合治理工程	万州经济技术开发区建设发展有限公司	位于新田园，治理范围内天然河道总长4319米，其中新田河长1956米，盐井河长1456米，油沙河长907米	2020—2022	12月完工	经开区建管局	94
15	石笋沟水库工程	重庆长江水务集团有限公司	新建总库容300万立方米水库一座，及其附属设施	2019—2022	完成总工程量的18%	区水利局	100
16	万州区枫木水库	重庆长江水务集团有限公司	新建总库容120万立方米水库一座及配套工程	2020—2022	完成总工程量的22%	区水利局	167
17	★万州区青龙水库	万州区双源水利开发有限公司	工程主要由水库枢纽工程、邓家坝取水枢纽工程和灌区工程三部分组成	2020—2026	开展大坝枢纽坝体浇筑、邓家坝取水工程、分水干渠施工；完成部分征地移民工作	区水利局	202
18	大滩口水库灌区渠道烟草援建水源工程	万州区双源水利开发有限公司	新建干渠28.27千米，支渠23.5千米，渠首引用流量9.5立方米	2017—2022	完成隧洞掘进2000米	区水利局	186
19	大滩口水库集中式饮用水源地保护项目	万州区双源水利开发有限公司	新建拦沙坝、垃圾收集站、垃圾池、布设拦渣网、布设主动防护网、布设生态涵养林等	2020—2022	完成总工程量的33%	区水利局	103
（三）	新开工项目9个						73
20	恒泰河流域综合治理工程	三峡平湖有限公司	库岸消落区治理约2.8千米、38万平方米，排水工程，生态景观工程等	2021—2023	力争年末开工建设	渝东新区	110
21	江南（密溪沟）污水处理厂	重庆水务资产公司	拟建日处理能力8万吨/天，主要承接江南沱口联合坝至长江四桥城市规划区的污水处理，建设用地约4.43万平方米	2021—2023	完成总工程量的5%	区住房城乡建委	18
22	万州区2021年镇乡污水管网补充工程（一期）	重庆建环实业集团有限公司	新建茨竹、柱山等15个镇乡污水管网97.5千米，管径DN300-400	2021—2022	8月底开工	区住房城乡建委	94

续表89

序号	项目名称	项目业主	建设规模及主要建设内容	计划建设年限	当年建设目标	牵头单位	当年投资完成率（%）
23	★万州区2021年镇乡污水管网补充工程（二期）	重庆长江水务集团有限公司	新建普子、地宝等12个镇乡，武陵鹿井、龙驹赶场等9个撤并场镇管径DN300-400污水管网126千米	2021—2022	8月底开工	区住房城乡建委	86
24	万州区2022年镇乡污水管网补充工程	重庆长江水务集团有限公司	新建走马双流、长岭凉水等28个撤并场镇管径DN300-400污水管网109千米	2021—2022	11月开工建设	区住房城乡建委	4
25	万州区2021年镇乡污水处理厂技改工程	重庆长江水务集团有限公司	改造龙驹团结、长岭向家等9座污水处理厂	2021—2022	12月开工建设	区住房城乡建委	8
26	万州区铁峰乡等13个乡镇农村生活污水治理工程	重庆建环实业集团有限公司	铁峰乡等13个乡镇17个村农村生活污水治理工程。主要工程为新建污水处理站6座、DN300污水管网19600米（含独立管网工程）、配套DN150入户支管8600米，新建污水提升泵站11座，处理规模共计730立方米/天	2021—2022	12月底前开工	区生态环境局	239
27	余家镇关龙村等4个“千人聚居点”污水处理站	重庆建环实业集团有限公司	余家镇关龙村、天城镇万河村、新田镇谭绍村、白羊镇魏家社区4个村的生活污水处理设施建设	2020—2022	完成4个“千人聚居点”征地	区生态环境局	0
28	龙溪河大道市政污水管线工程	三峡平湖有限公司	建设内容包括污水管网敷设、检查井砌筑、排水沟恢复、路面恢复等。设计管径为WD400-800毫米，设计长度4.7千米	2021	1月开工，建成投用	渝东新区	85
二	全国性综合交通物流枢纽建设项目（20个）					区交通局	94
（一）	竣工项目2个						96
29	万州现代综合物流中心项目	万州汽车运输集团公司	占地13.67万平方米，建筑面积12.3万平方米，建成集仓储、运输、配送、信息交易、电子商务于一体的现代综合性物流中心	2017—2021	12月底前项目竣工	经开区投促局	80
30	★重庆万州综保区一期	万州经济技术开发区建设发展有限公司	总建筑面积约15.53万平方米。一期分两标段建设，其中一标段总建筑面积10.65万平方米；二标段总建筑面积4.88万平方米	2019—2021	2021年12月项目竣工	经开区建管局	100
（二）	续建项目9个						100
31	★郑万高铁（万州段）	渝万铁路有限责任公司	万州境内正线18千米	2016—2022	完成重庆段铺架任务，具备开通条件	区交通局	50

续表89

序号	项目名称	项目业主	建设规模及主要建设内容	计划建设年限	当年建设目标	牵头单位	当年投资完成率（%）
32	★成达万高铁	渝黔铁路公司	万州区境内正线全长约23千米	2020—2025	四川段已开工，重庆段10月开工建设	区交通局	75
33	★渝万高铁（重庆茶园—万州段）	重铁集团	万州境内正线全长约49千米	2020—2025	主体工程建设	区交通局	92
34	五桥机场改扩建工程项目	万州机场有限责任公司	跑道向东南延长至2800米，按4C指标新建部分联络道、滑行道及助航灯光系统；新建6个C类机位的站坪和26000平方米的T2航站楼；跑道次降方向建设I类精密进近系统并将跑道入口内移200米	2017—2022	改扩建计划2021年完成8000平方米航站楼主体结构封顶、二次结构、钢结构、幕墙	区交通局	0
35	★万州五桥机场航站楼扩建项目	万州机场有限责任公司	在已批复8000平方米航站楼及其配套设施的情况下，扩建18000平方米航站楼及其配套设施	2018—2023	航站楼扩建计划2021年完成连廊二次结构、装饰装修；18000平方米航站楼主体结构封顶、二次结构、钢结构、幕墙和办公楼主体结构封顶、二次结构	区交通局	71
36	★恩施至广元国家高速公路重庆高峰至新田段	中交一公局重庆万州高速公路有限公司	高速公路全长22.153千米，其中新田长江大桥1733米，互通式立交4座	2018—2023	2021年土建部分主体工程全部完成，路面工程完成40%，房建工程完成30%，机电交安工程完成30%，绿化工程完成60%	区交通局	125
37	万州区普通干线公路升级改造工程	佳路交通投资有限公司	国省县乡等普通公路约711千米	2016—2022	尽快实现通车目标，推动各乡镇的沟通交流，带动沿线乡镇的经济发展	区交通局	83
38	★新田港铁路集疏运中心	重铁集团	新建专用线16.255千米	2019—2023	完成全部改河改沟、改路改桥工程，基本完成新建桥梁下部结构、路基土石方及其附属工程，隧道工程完成进洞8400米，其中荆竹园隧道完成贯通	区交通局	93

续表89

序号	项目名称	项目业主	建设规模及主要建设内容	计划建设年限	当年建设目标	牵头单位	当年投资完成率（%）
39	三峡国际农产品集散基地项目	重庆百安港农业供应链有限公司	占地面积0.92平方千米，建设商贸园区和加工园区，其中商贸园区占地面积23.13万平方米，建筑面积32万平方米，包括农副产品及相关产品交易中心、农业总部基地、冷链物流服务中心、商业服务区和配套住宅等	2019—2023	商贸区项目二期开业运营	区商务委	142
（三）	新开工项目9个						61
40	★渝西高铁（万州—城口段）	西昆铁路公司	万州境内正线全长约21千米	2021—2025	年末开工建设	区交通局	50
41	★恩施至广元国家高速公路万州至开江段（万达直线）	待定	万州境内22.735千米	2021—2025	力争6月开工建设	区交通局	0
42	开州至梁平高速公路（开万梁高速）	待定	万州段16.5千米	2021—2025	力争6月开工建设	区交通局	0
43	★粮食仓储物流项目	中储粮重庆万州直属库有限公司	位于新田园，占地约0.2平方千米，建设100万吨浅圆仓及配套设施、办公生活设施	2021—2025	12月底开工建设	经开区投促局	171
44	万州区桐子园作业区改扩建工程	万州港口集团	扩能改造3个泊位	2021—2022	下半年开工建设	区交通局	39
45	★万州新田港二期工程	重庆航运建设发展（集团）有限公司	新建4个泊位	2021—2024	10月开工	区交通局	136
46	仓储物流项目（特铝新材料子项目）	重庆万博新榜仓储有限公司	位于九龙园，占地约17.4万平方米，建设1#原矿堆场约5.7万平方米、2#原矿堆场约3.6万平方米、管状皮带运输廊桥约3400米及道路、绿化、附属等配套设施工程	2021	4月开工建设	经开区投促局	94
47	★中通快递渝东（万州）智能科技产业链园区项目	重庆通旭供应链管理有限公司	拟占地20万平方米，规划建设综合办公大楼、智能化快递分拨中心、快运转运中心、电子商务中心、电商云仓中心、商业运营中心等。实行统一规划，分期建设，其中一期建设用地13.33万平方米，二期预留用地6.67万平方米	2021—2022	8月开工建设	渝东新区	101
48	董家物流园场平及基础设施工程（暂定名）	重庆万州中交四航建设发展有限公司	董家物流园2个地块的土地平整和2条市政道路。场平总计约0.42平方千米，挖土石方约253万立方米，填埋约348万立方米，城市次干路1.1千米	2021—2022	推进前期工作办理，年末前开工建设	渝东新区	0

续表89

序号	项目名称	项目业主	建设规模及主要建设内容	计划建设年限	当年建设目标	牵头单位	当年投资完成率（%）
三	提升区域中心城市功能建设项目（61个）					区住房城乡建委	82
（一）	竣工项目21个						71
49	★三峡公共卫生应急医院	重庆大学附属三峡医院	规划床位数1000张（其中：固定床位300张，临时应急床位700张）	2020—2021	12月建成并投入使用	渝东新区	61
50	妇幼保健院迁建	区妇幼保健院	项目占地面积34418平方米，总建筑面积71007平方米	2016—2022	10月建成投入使用	区卫生健康委	88
51	重庆市万州区妇幼保健院迁建项目功能完善工程	区妇幼保健院	普通业务房屋、检验病理房屋、洗衣供应、病员食堂等改造工程，以及配套净化工程和外立面灯饰工程等	2020—2021	10月建成投入使用	区卫生健康委	93
52	重庆全域肿瘤医院	重庆全域肿瘤医院有限公司	占地11.73万平方米，建设面积23万平方米	2018—2021	完成一期基建工程、内装及医疗专项工程	区卫生健康委	48
53	龙驹镇中心卫生院后勤保障用房（公共卫生中心）	万州区龙驹镇中心卫生院	项目拟用地面积4684平方米，新建建筑面积约2920平方米，配套建设相关附属设施、添置相应的设备设施等	2019—2022	竣工	区卫生健康委	11
54	万二中高峰校区一期	万州经济技术开发区建设发展有限公司	位于高峰园，占地面积约12.8万平方米，总建筑面积14万平方米，主要建设内容包括教学楼、实验楼、图文信息中心、办公楼、宿舍、食堂、运动场、地下车库等	2018—2021	完成总工程量80%	经开区建管局	100
55	三峡文化园（繁星江南）	万州江南新区开发建设有限公司	“一环十六景”之一，位于市民广场及南滨公园，结合城市公共空间特色，打造文化表演大舞台、璀璨星光喷泉节庆广场等具有吸引力的万州新城景观中心，人防工程面积29481平方米，停车位825个	2020—2021	计划于2021年12月完工	渝东新区	125
56	白鹭湾（原逐浪江湾）	万州江南新区开发建设有限公司	位于现二桥南桥头水湾处及延伸绿地滩涂，设计思路为尽可能减少工程措施，将其打造为野趣、原生态的江岸湿地公园	2020—2021	计划于2021年9月完工	渝东新区	71
57	三峡文化艺术中心一期大剧院	万州江南新区开发建设有限公司	项目占地3.3万平方米，总建筑面积2.2万平方米，一期设1417座大剧场	2018—2021	计划于2021年12月完工	渝东新区	76
58	三生缘廊	万州江南新区开发建设有限公司	南北长约900米，东西宽约50～100米，用地面积45000平方米；含林间休闲区、广场活动区、滨江观景区	2020—2021	计划于2021年6月完工	渝东新区	100

续表89

序号	项目名称	项目业主	建设规模及主要建设内容	计划建设年限	当年建设目标	牵头单位	当年投资完成率（%）
59	万州区南门口广场景观节点改造工程（南浦城根）	三峡平湖有限公司	占地面积约8.11万平方米，主要包括升级改造重新铺装约1万平方米，广场及护坡绿化约2万平方米，建设仿古城墙一座，消落带整治约3.8万平方米，完善区域节点、园林小品、灯饰照明、综合管网等相关公共配套设施	2020—2021	计划2021年8月开工，力争12月完成175水位线上建设内容	区城市管理局	4
60	★“智慧万州”一期项目	区大数据发展局	智慧万州一期项目拟建设内容包括云数据中心、大数据云平台、城市综合运行管理指挥中心、信息安全保障体系四个核心，以及智慧交通、智慧医疗、智慧教育、智慧城管、智慧综治“雪亮工程”、智慧旅游6个专项应用	2020—2021	完成面向重大公共卫生突发事件的智慧医疗一期项目建设（智慧万州子项目）	区大数据发展局	99
61	高铁片区基础设施建设项目	三峡平湖有限公司	包括2条城市主干道及高铁天子湖还房工程，其中：万开棉花地—浦里公路隧道连接道二期工程（长1582米）、万州区塘坊新城区龙四路工程（长940米，双向六车道）；高铁天子湖还房工程还房总建筑面积约205123平方米	2018—2021	龙四路4月完工，其余2个项目完成扫尾工程	渝东新区	100
62	密溪沟渡改桥工程	万州江南新区开发建设有限公司	线路全长0.52千米，宽37米，其中桥梁长394米，两岸接线长126米；主桥计算跨径为195米，净跨径为178米	2016—2021	计划2021年完成至总工程量的80%	渝东新区	51
63	万州区江北水厂引水隧洞高峰水库段改道工程	重庆长江水务集团有限公司	新建取水隧洞1#1.4千米、2#隧洞85米、3#隧洞1.9千米，引水箱涵213.3米，取水分流池、闸阀室、圆形进水池、出口调节池、排洪渠	2019—2021	11月完工	区城市管理局	153
64	三水厂到吴家湾管道工程	重庆长江水务集团有限公司	新建DN1000输水管道6.5千米及其他附属设施	2020—2021	一标段8月完工投运	区城市管理局	100
65	金石东路一期	三峡平湖有限公司	位于重庆市万州区龙宝组团I管理单元，起点接规划石峰路，终点接现状石峰路与万丰路交叉口，全长1630米	2018—2021	12月完工	区住房城乡建委	100

续表89

序号	项目名称	项目业主	建设规模及主要建设内容	计划建设年限	当年建设目标	牵头单位	当年投资完成率（%）
66	双河口片区基础设施和功能完善	三峡平湖有限公司	包括三条城市主干道：厦门大道西一段（1030米）、厦门大道西二段（1135米）、厦门大道至龙宝河（555米）	2018—2021	厦门大道西一段年末前半幅通车、西二段按拆迁继续推进；厦门大道至龙宝河，12月竣工	区住房城乡建委	92
67	牌楼长江大桥附属工程	万州交通建设开发总公司	附属工程（岸坡防护、桥墩防船撞及功能房）	2019—2021	原计划2020年12月完工，但因因库区防洪长江水位长期处于高水位，延续至2021年12月完工	区交通局	7
68	纵二路二期	万州经济技术开发区建设发展有限公司	位于五桥园，长1070米，宽24米，次干道	2019—2021	10月底前项目竣工	经开区建管局	200
69	回龙路一期	万州经济技术开发区建设发展有限公司	位于五桥园，长1200米，宽24米，次干道	2019—2021	8月底前项目竣工	经开区建管局	150
（二）	续建项目17个						105
70	重庆三峡学院人文社会科学文献中心	三峡学院	建筑面积9.7万平方米：新校区二期文科实验楼、实训楼、美术学院综合楼，公共教学楼五、六工程5.6万平方米，图书馆4.1万平方米主体及内部装修及绿化工程	2017—2022	图书馆装修工程完成60%	区教委	113
71	重庆三峡医药高等专科学校校园扩建工程二期	三峡医药高等专科学校	教学楼、实验实训楼、科技楼、学生公寓等共计约6万平方米	2020—2022	完成教学楼、实验实训楼及学生公寓建设，科技楼完成主体工程建设及装修招标	区卫生健康委	92
72	★重庆幼儿师专迁建（一期）	重庆幼儿师专	项目建设用地面积33.53万平方米，建筑面积8万平方米。以及道路、给排水、电气、绿化、消防、环保等附属配套工程	2020—2022	完成场平及主体结构工程大部	渝东新区	51
73	移民广场改造工程（三峡之眼）	三峡平湖有限公司	对移民广场节点进行升级改造	2020—2022	完成景观土建工程，力争主体完工	区城市管理局	78
74	西山公园改造工程	三峡平湖有限公司	对西山公园进行升级改造	2020—2022	完成精致化景观园林部分建设；完成总工程量的44%	区城市管理局	101

续表89

序号	项目名称	项目业主	建设规模及主要建设内容	计划建设年限	当年建设目标	牵头单位	当年投资完成率（%）
75	重庆市万州区第六人民医院门急诊综合楼项目	万州区第六人民医院	项目总用地面积约1.93万平方米，新建门急诊综合楼建筑面积约1.43万平方米，配套设施设备安装、供电扩容、装饰装修、绿化、道路硬质铺装等建设	2020—2022	主体工程基本完工	区卫生健康委	60
76	重庆市万州区残疾人康复中心扩建项目	区残疾人综合服务中心	康复场所7890平方米	2020—2023	完成主体工程建设，做二次装修准备工作	区残联	87
77	万州区东北部城市拓展区供水工程	重庆长江水务集团有限公司	新建4万立方米/日水厂一座，DN700至DN200输水管道62千米及其他附属设施	2020—2021	基本完工	区城市管理局	104
78	★万州区江南水厂及配套管网工程	重庆长江水务集团有限公司	项目总占地面积约9.71万平方米，总规模25万立方米/日，一期建设规模15万立方米/日，主要建设内容包括净水厂工程、取输水工程和配水管网工程	2020—2022	完成总工程量的20%	区城市管理局	101
79	江南新区体育健身中心	万州江南新区开发建设有限公司	总用地面积约3.07万平方米，建筑面积1.46万平方米	2020—2022	计划于年末前，主体工程完工	渝东新区	140
80	★长江二桥北桥头至高铁连接道工程	万州中交四航建设发展有限公司	包含全互通立交一座，立交匝道标准横断面宽7米，设计车速30千米/小时；北山隧道左洞长2.85千米，右洞长2.84千米；高铁片区主干道工程隧道北出口为长约2千米，包含一座喇叭形全互通立交和一座双向4车道左转上跨桥	2019—2022	推进主体工程施工，完成总工程量的15%	渝东新区	116
81	永佳路连接道工程	三峡平湖有限公司	永佳路连接道长为1839米，道路标准路幅宽度为20米，双向四车道，按城市次干路标准新建	2020—2021	K0+560—K1+460段完成形象进度80%	区住房城乡建委	60
82	渝巴路东一段	重庆万州中交四航建设发展有限公司	道路总长3566米，道路标准路幅宽度36米，双向6车道	2020—2022	主体工程施工，完成总工程量的18%	渝东新区	95
83	渝巴路东二段	重庆万州中交四航建设发展有限公司	道路全长2980米，道路等级为城市主干路，双向六车道，标准路幅宽度为36米	2020—2022	主体工程施工，完成总工程量的17%	渝东新区	173
84	农村小水电扶贫项目大滩口水库二级电站工程	万州区双源水利开发有限公司	新建装机9800kw水电站一座	2019—2022	主体工程完工	区水利局	195

续表89

序号	项目名称	项目业主	建设规模及主要建设内容	计划建设年限	当年建设目标	牵头单位	当年投资完成率（%）
85	石峰还房抢险排危及环境提质工程	三峡平湖有限公司	包含抢险排危、穿衣戴帽、小区景观提升三个部分	2019—2022	抢险排危、穿衣戴帽完成建设，小区景观提升工程完成；续建工程26号楼完成形象进度80%	区住房城乡建委	100
86	万州区杨柳水厂及配套管网工程（三水厂搬迁）—取水泵房及预处理厂工程	重庆长江水务集团有限公司	供水规模20万立方米/日，远期35万立方米/日。取水泵房，预处理厂、管理用房、10KV变电站、辅助用房、取水泵站高压配电室、送水泵房，加氯加药间及送水泵房配电间等	2018—2023	完成总工程量的5%	区城市管理局	3
（三）	新开工项目23个						65
87	★三峡国际健康城三峡医学中心	重庆大学附属三峡医院	项目拟占地34.63万平方米，总建筑面积约59.4万平方米，其中地上44.52万平方米，地下14.9万平方米。项目建成后，设置床位3000张，常驻培训学员2000人	2021—2027	3月开工，完成70%土石方工程，20%基础工程	区住房城乡建委	127
88	★万州区疾控中心迁建项目	万州区疾病预防控制中心	项目用地面积约2.67万平方米，总建筑面积约1.93万平方米，配套建设强弱电、给排水、消防系统、空调及通风、智能化系统等设施设备及室外公用工程	2021—2023	计划9月开工，完成场平施工，启动主体建设	渝东新区	80
89	★重庆市万州区中医院迁建工程	重庆市万州区中医院	项目拟用地约3.53万平方米，总建筑面积约1.52万平方米，配套建设道路、广场、绿化及管网等附属工程。设置床位800张	2021—2025	完成土地购买、勘察、设计、招标等工作，开展场平施工	区卫生健康委	0
90	★上海医院门诊及住院综合业务用房迁建项目	万州区上海医院	项目拟用地约5.13万平方米，新建门诊及住院等综合业务用房约8.38万平方米（其中地上建筑约5.38万平方米，地下建筑约3万平方米），设置床位500张，配套建设水电、中央空调、消防、中心供氧、层流手术室、院内环境等相关附属设备设施	2021—2023	2021年10月开工建设	区卫生健康委	0
91	★万州金陵中学（一期）	三峡平湖有限公司	一期建筑面积约8200平方米	2021	3月开工，9月完成项目建设	区教委	103
92	★万州区委党校迁建项目	南滨开发公司	位于区信访办对面空地，占地面积3.87万平方米，建筑面积约7.3万平方米	2021—2023	完成党校主体工程量的10%	渝东新区	5

续表89

序号	项目名称	项目业主	建设规模及主要建设内容	计划建设年限	当年建设目标	牵头单位	当年投资完成率（%）
93	天生城大遗址公园	区文管所、重庆三峡文化创意集团有限公司	文物本体修缮、考古发掘1.5万平方米、基础设施建设与展示	2021—2023	完成文物本体修缮（一期）工程、考古发掘3393平方米	区文化旅游委	104
94	万州区红花码头节点景观提升改造工程	三峡平湖有限公司	改造面积约4万平方米，主要改造内容为市政人行道拓宽，码头广场及办公楼、消落带景观及人行交通系统改造等	2021—2022	力争8月开工	区城市管理局	29
95	三峡文化艺术中心二期	万州江南新区开发建设有限公司	建筑面积1.4万平方米，入驻单位为文化馆、川剧团、曲艺团。配置600座音乐厅及排练厅、展厅、培训教室、办公室、设备房等功能用房	2021—2022	力争2021年11月开工	渝东新区	0
96	★北滨公园	三峡平湖有限公司	总建筑面积约10万平方米，包括：南区的科技馆约1.8万平方米；北区的望江公园约2.8万平方米配套服务用房和约5万方人防工程等	2021—2023	力争5月开工，年内完成儿童公园景观土建工程进度50%，科技馆主体完成工程进度20%	区城市管理局	50
97	★动物园迁建	三峡平湖有限公司	用地面积20万平方米，修建一个动物园，建成后将现状西山公园内动物园搬迁	2021—2023	在殡仪馆拆除和相关部门支持完成前期手续前提下，力争10月底开工建设	区城市管理局	22
98	北滨大道改造拓宽工程（牌楼至印盒石段）	三峡平湖有限公司	北滨公园周边道路改造，部分4车道改6车道，修建立交体系和交通匝道	2021—2022	9月开工建设，启动部分路段改造	区住房城乡建委	100
99	百安坝转盘改造工程	三峡平湖有限公司	改造道路长0.5千米，主线双向4车道下穿，两边设置双车道匝道	2021	年内开工建设	区住房城乡建委	11
100	石峰路与金石东路连接路工程	三峡平湖有限公司	城市支路，双向两车道，长1千米	2021—2022	力争12月开工建设	区住房城乡建委	4
101	经开大道延伸段道路工程	万州经济技术开发区建设发展有限公司	位于高峰园核心区，长700米，宽36米，主干道	2020—2022	完成总工程量25%	经开区建管局	235
102	高峰外环连接道	万州经济技术开发区建设发展有限公司	位于高峰园核心区，长1400米，宽32米，主干道	2021—2022	完成总工程量20%	经开区建管局	133
103	龙翔大道延伸段道路工程	万州经济技术开发区建设发展有限公司	位于九龙园，长1061米，宽22米，次干道，双向4车道	2021—2022	完成总工程量90%	经开区建管局	94

续表89

序号	项目名称	项目业主	建设规模及主要建设内容	计划建设年限	当年建设目标	牵头单位	当年投资完成率（%）
104	桐子园大桥	万州经济技术开发区建设发展有限公司	位于九龙园，全长425米（含桥台），桥宽26米，双向六车道	2021—2022	完成总工程量25%	经开区建管局	71
105	青杠塝综合枢纽工程	万州经济技术开发区建设发展有限公司	位于高峰园石梁片区，项目建设用总用地面积47.6万平方米，道路面积约14.65万平方米，道路总长度约10.7千米，其中桥梁全长约3.5千米，桥梁建筑面积2.44万平方米；下穿通道全长约0.25千米，建筑面积1610平方米	2021—2023	8月开工建设	经开区建管局	100
106	万州区翠屏大道市政道路及管网工程—B段	万州江南新区开发建设有限公司	城市主干道，全长2480米，宽度20.5～23米，含雨污水、电信、照明等管网工程	2021—2023	2021年11月开工	渝东新区	0
107	万州区杨柳水厂及配套管网工程（三水厂搬迁）—原水输水隧道及管桥工程	重庆长江水务集团有限公司	由输水管道和输水隧道组成，全长约15千米	2021—2025	6月开工，完成总工程量的10%	区城市管理局	3
108	万州区职业技能培训基地	三峡平湖有限公司	教学楼、学员宿舍、训练基地及游泳池，建筑面积约1.5万平方米	2021—2024	12月底前开工建设	区公安局	3
109	万州区2021年老旧小区改造提升工程	区房管中心	无水高层消防整治，可燃雨棚、突出外墙防盗网整治，老旧小区改造提升、改造总面积202.98万平方米	2021—2022	拟12月前全面开工	区住房城乡建委	28
四	三峡库区经济中心建设项目（56个）					区发展改革委	112
（一）	竣工项目14个						145
110	年产4000万片2.5D/3D手机、笔电消费电子玻璃盖板项目（一期）	重庆象征科技有限公司	位于光电园，一期租赁临时钢构厂房1.6万平方米，建设年产4000万片2.5D/3D手机、笔电消费电子玻璃盖板项目	2020—2021	9月一期竣工投产	经开区投促局	133
111	航空航天零部件智能工厂项目	重庆钦纵航空航天装备智能制造有限公司	位于高峰园，租用标准厂房7000平方米，建设智能工厂，生产航天、兵器、船舶的各类结构件	2020—2021	10月竣工投产	经开区投促局	180
112	★特铝新材料项目	重庆市九龙万博新材料科技有限公司	位于九龙园，占地1平方千米，建设年产360万吨特种铝项目	2020—2021	12月竣工投产	经开区投促局	156

续表89

序号	项目名称	项目业主	建设规模及主要建设内容	计划建设年限	当年建设目标	牵头单位	当年投资完成率（%）
113	智慧灯杆和5G基站硬件产品制造项目	重庆华创智能装备有限公司	位于高峰园，租用照明产业园和渝东表面处理中心厂房约1.55万平方米，建设智慧灯杆和5G基站硬件产品生产线	2020—2021	1.租用照明产业园厂房生产指挥灯杆、铁塔项目6月竣工投产。2.租用渝东表面处理中心热镀锌项目待渝东表面处理中心建成后实施	经开区投促局	86
114	年产50万吨饲料项目	重庆万州德康农牧科技有限公司	位于新田园，占地约3.73万平方米，建设代乳康、乳猪康、仔猪康及育肥饲料生产线	2020—2021	10月开工建设	经开区投促局	0
115	食品易拉盖和罐生产项目	重庆市友鹏包装制品有限公司	位于高峰园，占地4.09万平方米，建设铝制、马口铁制安全边易拉盖、铝制饮料盖、马口铁子母盖、易撕盖、两片罐及底盖生产线	2020—2021	12月竣工投产	经开区投促局	71
116	渝东表面处理中心环保项目（一期）	万州经济技术开发区建设发展有限公司	位于高峰园相思南区A区，总用地面积约积6.07万平方米，建筑面积共计5.94万平方米	2019—2021	完成总工程量75%	经开区建管局	100
117	三雄极光LED绿色照明扩产项目	重庆三雄极光照明有限公司	位于五桥园，新增4200平方米、24米高全自动智能化仓库和2.8万平方米生产厂房，主要建设灯珠封装车间、智能物流仓库、科技创新中心等	2018—2021	12月竣工投产	经开区投促局	125
118	轨道交通用贯通地线项目	中科金龙金属材料开发有限公司	位于光电园，租赁标准厂房5000平方米，建设年产轨道交通用贯通地线5000千米	2019—2021	5月竣工投产	经开区投促局	50
119	中船重工万州智能装备产业园（一期）	中国船舶重工集团长江科技有限公司	位于高峰园，新建及改造高峰厂房约10万平方米，建设定位导航仪器、智能切割设备、智能润滑设备等智能装备生产线	2018—2021	12月机加工厂房主体工程竣工	区经济信息委	100
120	中船重工万州智能制造产业园（一期）	中国船舶重工集团衡远科技有限公司	位于九龙园，新建及改造龙宝片区厂房约3万平方米，建设船用推进装置、新能源装备、舰船特种装备、结构件生产线	2018—2021	12月竣工投产	区经济信息委	100
121	环保合规产业园一期	万州经济技术开发区建设发展有限公司	位于高峰园檬子片区，檬子环路北侧、先导稀材项目东侧地块内，即万州照明电气产业园项目。用地面积15.07万平方米，总建面积约21.6万平方米	2020—2021	8月底前项目竣工	经开区建管局	138

续表89

序号	项目名称	项目业主	建设规模及主要建设内容	计划建设年限	当年建设目标	牵头单位	当年投资完成率（%）
122	高峰雷家片区标准厂房建设项目二期	万州经济技术开发区建设发展有限公司	位于高峰园核心区，西经大道东侧、万州医药产业园北侧地块内，用地面积为4.47万平方米，拟建面积约6.7万平方米	2020—2021	6月底前项目竣工	经开区建管局	100
123	★有机农业产业化项目	有关镇乡	完成100万头出栏生猪养殖并进行种养循环	2020—2021	6月底完成800个单元，形成100万头生猪产能	区农业农村委	100
（二）	续建项目16个						95
124	西部照明产品生产及运营基地项目	广东亚一半导体应用科技有限公司	位于高峰园，租用标准厂房5万平方米，建设西部照明产品生产及运营基地项目	2020—2023	力争引进照明生产和商贸企业3家，运营基地部分运营	经开区投促局	150
125	★煤气化节能技术升级改造项目	重庆湘渝盐化股份有限公司	占地约12.2万平方米，新增水煤浆加压气化装置、深冷空气分离装置、净化系统装置和低压氨合成装置，并配套公用工程及生产辅助设施建设，将现有常压固定床煤气化合成氨工艺升级为先进的加压水煤浆气化合成氨工艺	2019—2022	执行EPC合同，完成厂房基础施工，实施空分装置、气化炉等主要设备安装工程	经开区经发局	46
126	热电系统优化节能改造项目	重庆索特盐化股份有限公司	新增两台先进燃煤锅炉，替代现有两台老旧低效燃煤锅炉，并配套锅炉辅机、管阀、电气仪表等设备设施，优化热电生产管理，提高能源利用效率，减少三废排放	2020—2022	第一台锅炉2021年11月安装投运	经开区经发局	68
127	特色经果林基地建设	各经营主体	新改建标准化基地107平方千米	2019—2021	新改建标准化基地3.33平方千米（其中柑橘6.67平方千米，小水果13.33平方千米、茶叶3.33平方千米、中药材3.33平方千米；林业局负责的林业特色经济产业基地新改建6.67平方千米）	区农业农村委	100
128	万州文化创意创业产业园	重庆日报集团	项目总占地8万平方米，总建筑面积约19万平方米	2018—2022	完成2.3万平方米，招商入驻50家	区文化旅游委	98

续表89

序号	项目名称	项目业主	建设规模及主要建设内容	计划建设年限	当年建设目标	牵头单位	当年投资完成率（%）
129	★三峡会馆	三峡文创集团	新建三峡会馆（吊脚楼街区）建筑面积约1.2万平方米，仿古风格吊脚楼1.1万平方米，景观廊道920米、空中架空走廊约180米；改造“金玉满堂”，建筑面积1088平方米	2020—2022	三峡会馆（吊脚楼街区）2021年启动建设；金玉满堂年末完成建设	区住房城乡建委	0
130	小桔灯生态文化旅游区	三峡交旅集团	规划范围为驸马长江大桥南桥头至黄柏乡狮子岛沿江公路外侧滨江区域以及太龙镇大旗村部分区域，面积约6.67平方千米，主要建设内容为小桔灯游客接待中心、古红桔文化博物馆、群众文化活动广场、过街天桥人行便道、民宿改造等	2020—2023	完成小桔灯接待中心和博物馆基础，进行部分民宿改造以及装修，开工建设景区内人行通道、果园生态整治灌溉系统，进行库岸生态整治，修建江边步道	区文化旅游委	101
131	巴国部落文化旅游区	三峡交旅集团	规划范围为瀼渡河万州大瀑布至入长江河口段沿岸流域，规划区总面积约1.73平方千米，其中核心区规划面积约0.6平方千米。项目拟依托古崖洞（绝壁）、叠级瀑布、瀼渡电厂、瀼渡河、老村落以及长江等资源，打造以“巴国洞天、三峡秘境”为定位的巴国部落主题文化旅游区	2020—2025	基本完成桥梁工程的初步建设；年末完成瀼渡河水环境治理项目建设的60%	区文化旅游委	103
132	★重庆三峡恒合旅游度假区	三峡交旅集团	项目规划范围为：北至X553县道；东至鹰嘴岩及枫木村；南面以恒合乡行政边界为界，西至恒合乡行政边界西侧道路。规划面积：52.8平方千米。主要建设内容：龙凤溪谷景观廊，鹿鸣之喜·森林度假区、心归云霞·乡村度假区，有凤来仪·高山康养旅居小镇等	2020—2029	主体施工	区规划自然资源局	117
133	绿地·万萃城	绿地集团重庆申万房地产开发有限公司	总建筑面积约220万平方米，包含高层建筑、洋房、超高层、办公楼、学校、商业综合体	2018—2024	计划新开工30万平方米	渝东新区	106

续表89

序号	项目名称	项目业主	建设规模及主要建设内容	计划建设年限	当年建设目标	牵头单位	当年投资完成率（%）
134	恒大御景半岛	恒大地产集团重庆有限公司	项目一期用地面积56.53万平方米，总建筑面积约120万平方米，建设内容包括：居住、商业商务、文旅度假、酒店、运动、休闲、娱乐等项目，同步配套完善道路与交通设施、公用设施、绿地与广场等城市基础设施建设	2018—2022	一期工程基本完工	渝东新区	64
135	南滨上院（DEF区、揽江）	重庆海成实业（集团）有限公司	总建筑面积38万平方米	2018—2022	推进在建约25万平方米	区住房城乡建委	84
136	未来城三期	万州区鸿鸥地产发展有限公司	城市商业综合体及超高层住宅，总建筑面积18万平方米	2020—2022	年度竣工11万平方米	区住房城乡建委	129
137	天生天城	重庆海成实业（集团）有限公司	总建筑面积80万平方米	2018—2023	年度竣工40万平方米	区住房城乡建委	149
138	天生别院	重庆海成实业（集团）有限公司	总建筑面积35万平方米	2019—2022	年度竣工9万平方米	区住房城乡建委	134
139	腾讯云数字经济人才创新中心	腾讯云计算（北京）有限责任公司；重庆点雅网络科技有限公司；中通服软件科技有限公司	一期投资55000万元，建设面积1.25万平方米，主要包括搭建数字化基础平台、开展大数据应用开发、完成实训中心、考试认证中心、数字经济展示中心等。二期投资45,000万元，建设大数据产业园，引进大数据、人工智能企业入驻，形成产业集聚和生态圈	2020—2023	完成平台搭建	渝东新区	192
（三）	新开工项目26个						102
140	诗仙太白复产技改项目	重庆诗仙太白酒业有限公司	升级改造原有酿酒车间，新建污水处理站1座，改建锅炉一台，达到年产1500吨基酒酿造能力	2021—2022	11月开工建设	区经济信息委	100
141	年产100万件（套）小木制品扩建项目（一期）	重庆谭木匠工艺品有限公司	位于双河街道边家村五组、龙都街道大桥村一组，新建厂房1.08万平方米，存储原木，建设木料加工线	2021—2022	2月开工建设	区经济信息委	100
142	年产100万套汽车行李架零配件项目	重庆明卓汽车配件有限公司	位于九龙园，占地约2万平方米，建设年产100万套汽车行李架零配件项目	2021—2022	12月开工建设	经开区投促局	0

续表89

序号	项目名称	项目业主	建设规模及主要建设内容	计划建设年限	当年建设目标	牵头单位	当年投资完成率（%）
143	高级服装定制项目	重庆游龙实业有限公司	位于高峰园，占地2.93万平方米，建设高级服装定制项目	2021—2022	10月开工建设	经开区投促局	0
144	集成式装配钢结构及高频焊接钢管生产项目	重庆九建钢结构有限公司	位于九龙园，占地4万平方米，建成年产4.2万吨集成式装配钢结构、2万吨冷弯型C型钢管、3万吨高频焊接钢管	2021—2022	12月开工建设	经开区投促局	33
145	热电中心项目	重庆博联能源发展有限公司	位于九龙园，占地约13.33万平方米，建设规模为4×500t/h超高压燃煤锅炉，配套建设1×8MW背压机和2×80MW背压式汽轮发电机组	2020—2021	2月开工建设	经开区投促局	131
146	年产5万吨调味品项目	重庆市树上鲜食品（集团）有限公司	占地约3.73万平方米，建设年产调味油2万吨、食用植物油2万吨、固态调料1万吨生产线	2021—2022	9月进场施工	经开区经发局	0
147	年加工15万吨菜籽项目	重庆澳斯卡粮油有限公司	位于高峰园，占地约4.93万平方米，建设年加工15万吨菜籽项目	2021—2022	12月底开工建设	经开区投促局	0
148	檬子片区标准厂房建设项目三期（一标段）	万州经济技术开发区建设发展有限公司	位于高峰园檬子片区，友鹏项目东侧地块，用地面积2.93万平方米，总建筑面积3万平方米	2021—2022	完成总工程量10%	经开区建管局	78
149	环保合规产业园二期	万州经济技术开发区建设发展有限公司	位于高峰园檬子片区，万州科创中心东侧地块，用地面积2.33万平方米，总建筑面积3.5万平方米	2021—2022	完成总工程量25%	经开区建管局	200
150	联合坝M6地块标准厂房	万州经济技术开发区建设发展有限公司	位于五桥园联合坝M6地块，用地面积约5.53万平方米，总建筑面积8万平方米	2021—2022	完成总工程量20%	经开区建管局	67
151	育苗基质、培养土生产项目	重庆丰壤农业科技有限公司	位于九龙园，占地约2万平方米，建设育苗基质、培养土生产线	2021—2022	12月底开工建设	经开区投促局	78
152	万州经开区高峰产业园住房租赁项目	万州经济技术开发区建设发展有限公司	位于高峰园核心区，用地面积约6.33万平方米，总建筑面积约20万平方米，含房屋主体、附属配套设施、装饰装修等	2021—2023	10月开工建设	经开区建管局	100
153	渝东表面处理中心环保项目二期	万州经济技术开发区建设发展有限公司	用地面积约8066.71平方米，总建筑面积1.71万平方米，其中单层厂房0.5万平方米，多层厂房约1.2万平方米	2021	12月完工	经开区建管局	100

续表89

序号	项目名称	项目业主	建设规模及主要建设内容	计划建设年限	当年建设目标	牵头单位	当年投资完成率（%）
154	LED芯片研发和智能灯具生产项目	重庆菲达旭微电子有限公司	拟租赁照明产业园4号标准厂房整栋约21000平方米，建设LED芯片实验室和智能灯具生产线，主要研发、设计LED电源芯片、小家电电源芯片、智能灯具控制芯片和生产家装智能灯具、教室护眼灯、户外智能照明、场景灯光秀等系列产品	2021—2022	10月开工建设	经开区投促局	80
155	锂离子电池生产项目（三期）	重庆市维都利新能源有限公司	租用甲方标准厂房约2.55万平方米，建设扣式锂离子电池、方型锂离子电池、蓝牙锂离子电池生产线，项目达产后，可年产各式锂离子电池7500万只	2021	12月竣工投产	经开区投促局	100
156	★滨水城乡有机农业产业化发展项目	滨水城乡发展有限责任公司	50万头生猪相关生态养殖及食品加工全产业链产业集群	2021—2022	力争2021年5月开工建设50万头生猪一期生态养殖圈舍	区农业农村委	73
157	万州区种养结合循环有机农业产业示范园	三峡农业集团	主要建设内容含种植区、养殖区、生物饲料研发生产区等	2021—2022	永清园区：8月开工，完成工程量的30%。微生物饲料加工中心：10月份开工，完成工程量的10%	区农业农村委	46
158	水产研究所工程整体迁建	三峡平湖有限公司	建设用地约11.91万平方米，总建筑面积8793平方米	2021—2022	11月完成前期手续开工建设	区农业农村委	1
159	万州区国家农村产业融合发展示范园配套设施项目	三峡农业集团	农业公园综合服务中心：建筑面积6665平方米，广场9845平方米；道路改扩建：道路“白改黑”2763米、改建生产便道4500米	2021—2022	道路工程10月开工，道路工程完成工程量的50%；综合服务中心完成土地转用手续，主体工程开工建设，工程量完成10%	区农业农村委	11
160	三峡绣文旅产业主题园“秀园”	重庆市万州区三峡绣手工艺品有限公司	总建筑面积约4.16万平方米，完善相关配套基础设施及交通设施	2021—2023	推进项目前期工作，年末开工	经开区经发局	0
161	重庆农商行在万州设立数据灾备中心	重庆农商行万州分行	建设数据灾备中心	2021—2022	项目招标完成，施工单位进场施工	区金融办	470

续表89

序号	项目名称	项目业主	建设规模及主要建设内容	计划建设年限	当年建设目标	牵头单位	当年投资完成率（%）
162	琅阅滨江	重庆融滔房地产开发有限公司	项目一期用地面积6.87万平方米，总建筑面积约24万平方米，建设内容包括：住宅、配套商业、幼儿园、菜市场等	2021—2023	拟5月开工，完成30%左右工程量	区住房城乡建委	92
163	雍江上境小区	重庆蓝波湾置业有限公司	小区建筑面积约35万平方；配建小学1.7万平方米；公园绿地1.3万平方米	2021—2025	拟7月开工建设，完成15%工程量	区住房城乡建委	105
164	云樾上境	重庆恒璞房地产开发有限公司	总用地面积5.6万平方米，规划计容总面积8.4万平方米，总建筑面积11.04万平方米，其中地上建筑面积8.6万平方米，地下建筑面积2.44万平方米。项目包含16栋多层住宅、地下车库、幼儿园、配套商业及配套用房	2021—2023	10月底前开工建设	区住房城乡建委	197
165	金龙云府	重庆迪高物业管理有限公司	总建筑面积约8.5万平方米。其中地上建筑面积约5.4万平方米，地下建筑面积约3.1万平方米	2021—2023	完成20%工程量	区住房城乡建委	110

（区政府办公室）

2021年万州区“一区一枢纽两中心”建设重点事项一览表

表90

序号	事项名称	事项内容	推进年限	当年目标任务	牵头单位	是否完成（是/否）
	合计（53项）					
一	生态优先绿色发展示范区事项（4项）				区生态环境局	
1	加强万州区全域水质提升联防联控机制建设	进一步落实万州区全域水质提升联防联控机制，明确各方责任，随时灵通信息，保障全域水环境安全，推进全域水质提升	长期	持续推进	区河长办	是
2	农业废弃物资源化利用	在18条次级河流流域开展农业废弃物资源化利用，农膜回收率达82%以上	长期	持续推进	区供销社	是
3	推进万州区水产养殖绿色发展	进一步落实万州区水产养殖绿色发展指导意见，推进全区水产绿色健康发展	长期	持续推进	区农业农村委	是
4	三峡库区消落带生态修复中山杉示范林	在黄柏乡、大周镇、百安坝街道库区消落带栽植中山杉0.8平方千米	2021—2023	造林面积完成80%以上，成活率85%以上	区林业局	是

续表90

序号	事项名称	事项内容	推进年限	当年目标任务	牵头单位	是否完成（是/否）
二	全国性综合交通物流枢纽事项（5项）				区交通局	
5	推进物流通道建设	培育和开辟物流通道，加强“无水港”建设	长期推进	争取开通万沪直达快线，在西南、西北增设“无水港”，争取新开至广西的冷链班列，争取开通东盟班车	区物流办	是
6	推进交通物流信息化建设	加强物流信息化建设	长期推进	推进智慧物流大数据平台建设，推广万州智慧物流（公路）信息平台运用	区大数据发展局，区物流办	是
7	推进国家生产服务型物流枢纽申报工作	申报生产服务型物流枢纽	2021—2022	争取纳入国家生产服务型物流枢纽申报	区物流办	否
8	加快推进口岸开放步伐	持续做好万州机场航空口岸开放和万州港水运口岸开放相关工作	长期推进	万州机场开放力争取得国务院批复，开工建设口岸联检综合楼；力争水运口岸纳入国家“十四五”规划	区物流办	部分完成
9	推进渝万客专提速	渝万客专运营速度由210千米/小时达速改造至250千米/小时	2021	4月底前完成	区交通局	否
三	提升区域中心城市功能事项（10项）				区住房城乡建委	
10	举办世界大河歌会	举办2021世界大河歌会	2021	完成	区文化旅游委	是
11	承办2021CFA中国之队国际足球锦标赛	承办2021CFA中国之队国际足球锦标赛	2021	按照上级要求落实	区文化旅游委	否
12	何其芳故居展陈	完成何其芳故居展示陈列工作并对外开放	2021	完成	区文化旅游委	是
13	2021中国（万州）烤鱼美食文化艺术节	“中国烤鱼之乡”复审；烤鱼产业发展论坛；万州烤鱼连锁经营管理新闻发布会；万州烤鱼调味品、万州烤鱼预包装食品、烤鱼器皿订货会；餐饮名店、名菜评定；三峡美食、万州美食品鉴会；三峡库区重庆长江沿线及周边区县、周边省市农副土特产品、特色商品、美食产品和万州区扶贫产品、外贸商品等展示展销、推介；三峡库区重庆长江沿线及周边区县、四川省达州市、湖北省恩施州（利川市）和万州区美食展示展销、推介等系列活动	2021	完成	区商务委	是
14	三峡江滩音乐季	搭建文化艺术展演平台和三峡旅游商品秀场，着力打造三峡夜间经济品牌，举办三峡江滩音乐季活动	2021	完成	区文化旅游委	是
15	24小时自助图书馆	结合全区地理特色，在城区及滨江环湖带人口集中区域修建24小时自助图书馆1个	2021	完成	区文化旅游委	否

续表90

序号	事项名称	事项内容	推进年限	当年目标任务	牵头单位	是否完成(是/否)
16	三峡文化旅游产业博览会	举办三峡文化旅游产业博览会，持续打好“三峡牌”，深入挖掘、展示和弘扬三峡地域特色文化，推动文化产业跨区域、多层次、多渠道、多方位合作	2021	完成	区文化旅游委	是
17	“中国曲艺之乡”授牌仪式及常态化运营工作	1. 中国曲协授予万州区“中国曲艺之乡”授牌仪式；2. 开展“庆祝中国共产党成立100周年”曲艺演出系列活动	2021	完成	区文化旅游委	是
18	“中国水上运动之城”启动创建	启动“中国水上运动之城”创建工作	2020—2022	1. 力争完成天仙湖水上运动基地配套的陆上运动基地建设。新购置天仙湖水域水上运动特色设施设备 2. 通过并完成长江岸边苎溪河段（南门口—万达广场）训练浮台的设施设备配置 3. 力争完成大周日月广场水域的水上基地建设。打造万州体旅结合及乡镇振兴示范点 4. 多项目多时段多单位开展水上运动活动及赛事及打造水上运动线路 5. 举办横渡长江水上项目（游泳、皮划艇、浆板、龙舟）系列赛事活动	区文化旅游委	否
19	三峡康养论坛	2021年12月前举办第三届论坛	2019—2025	成功举办	区卫生健康委	是
四	三峡库区经济中心事项（34项）				区发展改革委	
20	江南新区数字产业化产业数字化	到“十四五”末，完成江南新区光纤改造及5G规模组网，建成万州数据中心和指挥平台，做好数据资源的开发利用，数字产业总量过30亿元，占新区GDP的比重达到30%以上，数字城市建设及应用水平明显提升	长期	1. 推进三峡智慧城前期工作，完成三峡智慧城片区城市规划设计，启动片区规划区域征迁和部分区域绿化及基础设施建设 2. 协助解决托米等互联网平台企业集群注册、委托代征和汇总开票等问题 3. 力争实现建成区5G覆盖率达80%，推进网络“双千兆”建设，有序推动智慧小区、智慧公园、智慧商圈、智慧工地等场景应用建设，试点建设电子公交站亭、经济数字孪生系统，逐步实现新区城市智慧化 4. 建设两江数字经济产业园万州分园，并实现挂牌运营 5. 全年引进5家数字经济企业，助推数字经济产业发展	江南新区	是

续表90

序号	事项名称	事项内容	推进年限	当年目标任务	牵头单位	是否完成（是/否）
21	加快推进渝东开发区生态产业化产业生态化先行示范区建设	科学规划，优化空间布局；加快实施征地拆迁；进一步加大招商引资力度，着力引进“六型”优势生态产业项目；重点推进高铁中央商务区、三峡国际健康城、绿色智慧物流加工园区、文创科教产业聚集区等项目建设，加快高铁新城建设，打造渝东北城镇群形象窗口	2019—2022	配合区交通局完成沪蓉高速改线涉及高铁北站片区范围的研究； 配合区规划自然资源局完成江湾组团城市设计涉及渝东范围的部分； 完成高铁片区控规修编； 深化完成区域整体评价、北站片区用地布局概念规划、综合交通规划、龙溪大道老旧房屋改造及片区统筹策划等专项规划研究成果，编制完成万州北站北广场片区城市设计和驸马片区城市重要节点风貌设计； 完成2平方千米征报工作； 围绕大健康、大物流、大数据、高铁商圈四大板块招商引资，到位资金10亿元以上； 推动北部新城新型城镇化PPP项目加快建设	渝东开发区	是
22	抓好一批重点项目建设	抓好九龙万博特铝新材料、渝东表面处理中心等一批重点项目建设	年末	全年实现新开工重点项目10个、竣工重点项目10个	区经济信息委、经开区经发局、经开区投促局	是
23	积极开展工业招商	围绕“重点产业”“重点区域”“重点项目”，抓紧项目洽谈签约，强化项目落地保障	年末	全年完成协议投资150亿元，签约5000万元以上项目30个	区经济信息委、区招商投资局、经开区投促局	否
24	改造升级传统产业	抓好现有企业提质增效、传统产业改造提升	长期	推进实施湘渝盐化煤气化节能技术升级改造等一批扩能、节能技改项目	区经济信息委、经开区经发局	是
25	推进企业产能释放	以20户区级重点工业企业和20户成长型企业为重点，深度挖掘增长潜力，加速扩产扩能	长期	推动金乡精密5000吨铜管组件、三雄极光100亿粒LED灯珠封装等一批优势产品扩能达效	区经济信息委	是
26	推进新产品产业化	推进科技成果转化。推进新产品研发及产业化，早日形成增量，发挥效益	长期	推进威科赛乐3D成像VCSEL芯片、长安跨越D系列小轻卡等一批新产品产业化	区经济信息委	是
27	推进产业链协同发展	推进重点产业上下游企业协同发展，提升本地配套能力	长期	围绕延链补链，加大招商引资力度，加快推动中船集团在万企业、江东机械、长安跨越、三雄极光等龙头企业与中小企业协同发展	经开区经发局、经开区投促局	是
28	加强污染治理集中化	加强污染治理集中化	长期	推进新田污水处理厂等污染集中治理基础设施建设	经开区生态环境局	是

续表90

序号	事项名称	事项内容	推进年限	当年目标任务	牵头单位	是否完成（是/否）
29	实施一批智能化改造项目	鼓励企业实施智能化改造，指导企业积极创建数字化车间及智能工厂	长期	实施一批智能化改造项目，创建数字化车间或智能工厂2个	区经济信息委	是
30	推进企业技术创新	实施研发机构培育建设，提升企业创新能力	长期	新认定市级企业技术中心1家、区级企业技术中心2家，规模以上工业企业研发机构达到80户	区经济信息委	是
31	农产品品牌建设	重点打造三峡柑橘、“三峡”茶叶等区域公用品牌；突出“三品一标”、产品认证及市级名牌农产品申报；加大品牌农产品宣传、营销；落实奖补政策	2020—2021	做实品牌宣传推介，绿色食品、有机农产品和农产品地理标志（“两品一标”）认证产品持续稳定在100个以上，市级以上农业品牌达到110个以上	区农业农村委	是
32	重庆市第四届斗茶大赛暨“三峡天丛”品牌推介活动	1. 举办全市茶叶斗茶活动 2. 对全市茶叶产业评优 3. 举办“三峡天丛”制茶能手大赛 4. 专家推介三峡茶叶 5. “三峡天丛”主馆上线 6. 三峡茶叶产销对接 7. 举办三峡茶叶科创沙龙 8. 开展“三峡天丛”品牌推介	2021	1. 举办重庆市第四届斗茶大赛； 2. 完成“三峡天丛”茶叶区域公用品牌推介；3. 完成“三峡天丛”主馆上线，开展茶品牌宣传、茶企业推介、茶产品网销、茶文化讲解等活动，拓宽对外宣传途径，提升“三峡天丛”在民众间的认知度、影响力，推进品牌建设，做实做强品牌营销	区农业农村委	是
33	新型经营主体培育（龙头企业、家庭农场、合作社）	通过该项目，帮助龙头企业、合作社、家庭农场解决生产经营中的具体问题，提高规范化建设水平，提升竞争力和带动增收能力，在全区范围内起到示范引导和带动作用，促进全区农民合作社、家庭农场规范健康发展	2020—2021	培育新型经营主体（家庭农场、合作社）100家，每个主体补助20万元，共计2000万元；优进劣汰开展国家级、市级、区级龙头企业申报、评定与监测工作，据实实施奖补	区农业农村委	是
34	社会化服务	通过支持农业生产全过程社会化服务试点，实现社会化服务组织“四转变、一提高、一增强”目标，即：实现社会化服务组织从农业生产关键环节向全程社会化服务转变；从小规模经营服务向大规模整建制服务转变；从兼业化经营向专业化、职业化经营管理转变；实现传统生产方式向现代生产方式转变，农业机械化集约化水平和农业生产率显著提高，农业综合生产能力明显增强	2020—2021	在区内农业公园和产业重点区域开展农业生产社会化服务试点工作，试点面积13.33平方千米以上，重点扶持主要特色产业的关键环节的劳动力服务补助，补助500万元	区农业农村委	是

续表90

序号	事项名称	事项内容	推进年限	当年目标任务	牵头单位	是否完成（是/否）
35	举办三峡柑橘国际交易会	举办2021年三峡柑橘国际交易会，形成节会品牌，搭建三峡柑橘销售平台，提升柑橘产业链和价值链	2021	成功举办	区农业农村委	是
36	举办三峡优质水果推介会	推介万州粉黛脆李、早熟梨、优质桃等特色水果，提升果品知名度和品牌影响力	2021	成功举办	区农业农村委	是
37	宣传营销“壮美长江·诗画三峡”“畅游三峡·万州出发”等旅游品牌	赴航线开通城市、高铁直达城市、东西部扶贫城市、对口支援城市以及万州重点客源市场开展旅游宣传推介活动	2021	完成	区委宣传部、区文化旅游委	是
38	常态化运行三峡旅游“水上巴士”	常态化运行三峡旅游“水上巴士”	2021	完成	区文化旅游委、区交通局	是
39	2021大三峡乡村旅游文化惠民活动	举行2021大三峡乡村旅游文化惠民活动	2021	完成	区文化旅游委	是
40	川江号子旅游驻场演出	川江号子旅游驻场演出	2021	完成	区委宣传部、区文化旅游委	否
41	驿鑫广场“夜市经济”打造	引进特色餐饮、高中档酒店等企业，发展以“休闲+体验+餐饮”为聚客元素，融夜间演出、影视、娱乐等服务一体，营造美食名吃、体验娱乐、文化休闲的消费体验环境，打造“夜市”经济，建设特色商业街区	2020—2021	商业入驻率60%	江南新区	是
42	筹建东兴证券股份有限公司重庆万州证券营业部	筹建东兴证券股份有限公司重庆万州证券营业部	2021	正式营业	区金融办	是
43	重庆农商行万州分行设立财富管理中心	重庆农商行万州分行设立财富管理中心	2021	完成	区金融办	是
44	三峡人寿在万州设立电话中心	三峡人寿电话中心搬到万州	2021	完成	区金融办	是
45	三峡银行万州分行创新“美食贷”线上产品	三峡银行万州分行“美食贷”产品上线	2021	完成	区金融办	是
46	三峡银行万州分行打造“三峡付”金融平台	三峡银行围绕衣食住行等民生领域，聚焦智慧停车场、智慧教育、智慧房管等重点场景，着力打造江南新区长江之星5G智慧商圈，助力“三峡数字商贸大数据平台”建设，与三峡新生活网合作共建高规格、低成本的本地生活服务平台，推广线上综合金融平台“三峡付”运用，助推“智慧万州”建设	2021	持续推进	区金融办	是

续表90

序号	事项名称	事项内容	推进年限	当年目标任务	牵头单位	是否完成（是/否）
47	中银富登村镇银行创新线上产品	中银富登村镇银行创新纯线上信用贷款产品“中富翼贷”	2021	持续推进	区金融办	是
48	建设银行万州分行支持四川港投集团与万州合作项目	推进绿色金融工作	2021	持续推进	区金融办	是
49	引导金融机构助力“双百亿”工程	推进绿色金融工作	2021	持续推进	区金融办	是
50	引导金融机构支持绿色产业发展，加大绿色信贷投入	推进绿色金融工作	2021	持续推进	人行万州中心支行	是
51	打造江南金融核心区	按照区政府要求和新区产业发展规划，序时做好相关工作	2020—2025	1. 引入大地保险等区外金融机构落户新区 2. 协助做好三峡人寿、农发行、农商行等对外营业及服务 3. 中信银行万州支行在江南新区布局网点 4. 人保财险筹建江南新区营销服务部	江南新区	是
52	三峡银行上市	推动三峡银行上市	2021	力争完成	区金融办	是
53	推进企业上市挂牌工作	开展拟上市重点企业培育工作，协调解决企业在上市过程中存在的困难和问题	长期	召开企业上市培训会，协调金龙集团、厚捷医药等企业在上市过程中存在的问题	区金融办	是

（区政府办公室）

2021年万州区各类人才名录

万州区入选重庆“鸿雁计划”人才一览表

（截至2021年12月31日）

表91

姓名	入选批次	时任职务	人才类别	认定时间
裴　林	第六批	重庆雷士照明有限公司品质总监	C类	2019年10月29日
苏小平	第十三批	威科赛乐微电子股份有限公司总经理	B类	2020年9月11日
徐永伟	第十四批	三峡人寿保险股份有限公司副总经理、资产管理部总经理、首席投资官	A类	2021年1月11日
李盟超	第十五批	重庆雷士照明有限公司副总经理	B类	2021年4月14日
黄赛军	第十五批	重庆雷士照明有限公司总经理	B类	2021年4月14日
张新勇	第十八批	威科赛乐微电子股份有限公司高级外延工程师	C类	2021年12月31日
邱荣华	第十八批	重庆雷士照明有限公司薪酬与激励总监	C类	2021年12月31日

续表91

姓名	入选批次	时任职务	人才类别	认定时间
李海波	第十八批	重庆雷士照明有限公司市场营销副总裁	A类	2021年12月31日
昂正锋	第十八批	重庆雷士照明有限公司品质高级总监	C类	2021年12月31日
林良琦	第十八批	重庆雷士照明有限公司董事、首席执行官	A类	2021年12月31日
王淑琴	第十八批	重庆雷士照明有限公司人力资源副总裁	A类	2021年12月31日
胡建辉	第十八批	重庆雷士照明有限公司制造副总裁	A类	2021年12月31日

万州区入选重庆“英才计划”个人一览表

（截至2021年12月31日）

表92

姓名	类别	单位	批次
徐洪志	创新领军人才	重庆三峡农业科学院	2019年
罗　阳	创新领军人才	重庆大学附属三峡医院	2019年
李永革	创业领军人才	重庆江东机械有限责任公司	2019年
何　斌	高技能领军人才	重庆飞亚实业有限公司	2019年
郭远臣	青年拔尖人才	重庆三峡学院	2019年
黎已铭	名家名师金融领域	三峡人寿保险股份有限公司	2020年
刘　巍	创业领军人才民企领域	重庆川东路桥工程有限公司	2020年
程素芳（女）	名家名师教育领域	重庆市万州高级中学	2021年
陈地龙	创新领军人才教育领域	重庆三峡医药高等专科学校	2021年
潘海琳（女）	名家名师宣传文化领域	重庆三峡融媒体中心	2021年

万州区入选重庆“英才计划”团队一览表

（截至2021年12月31日）

表93

团队名称	类别	单位	负责人	批次
新时代职业学校“三化”管理模式探索与实践创新创业团队	创新创业示范团队	重庆市万州职业教育中心	秦小滨	2019年
三峡库区脱贫攻坚与乡村振兴创新创业示范团队	创新创业示范团队	重庆三峡学院	祁俊生	2020年
蓄电池专用制造设备创新创业团队	创新创业示范团队	中国船舶重工集团衡远科技有限公司	汪浩然	2020年
生物有机肥研发与应用创新创业示范团队	创新创业示范团队	重庆市万植巨丰生态肥业有限公司	陈明元	2021年
电动汽车OBD关键技术创新创业团队	创新创业示范团队	重庆三峡学院	谭泽富	2021年
三峡库区农作物种业研发创新创业团队	创新创业示范团队	重庆三峡农科所种子开发公司	张　甲	2021年

万州区入选“平湖英才”计划人员一览表

（截至2021年12月31日）

表94

批次	姓名	人才类别	工作单位	年度
第一批	黄全安	第二类	重庆市万州区教师进修学院	2018
第一批	李武恒	第四类	重庆飞亚实业有限公司	
第一批	霍仕平	第四类	重庆三峡农业科学院	
第一批	黄文章	第四类	重庆三峡农业科学院	
第一批	牟华明	第四类	重庆大学附属三峡医院	
第一批	晏庆九	第四类	重庆三峡农业科学院	
第一批	徐洪志	第四类	重庆三峡农业科学院	
第一批	刘卫华	第四类	重庆市万州第二高级中学	
第一批	刘　燕	第五类	重庆飞亚实业有限公司	
第一批	吴　疆	第五类	重庆市万州区地质环境监测站	
第一批	陈坤喜	第五类	重庆大有工程设计研究院集团有限公司	
第一批	傅仲琨	第五类	重庆三峡融媒体中心	
第一批	潘海琳	第五类	重庆三峡融媒体中心	
第一批	袁　昆	第五类	重庆三峡融媒体中心	
第一批	刘雪飞	第五类	重庆江东机械有限责任公司	
第一批	胥筱康	第五类	重庆江东机械有限责任公司	
第一批	陈　兵	第五类	重庆市万州新田中学	
第一批	李吉海	第五类	重庆市万州江南中学	
第一批	程素芳	第五类	重庆市万州高级中学	
第一批	曾宏建	第五类	重庆市万州高级中学	
第一批	覃跃武	第五类	重庆市万州区红光小学	
第一批	谢定来	第五类	重庆市万州区红光小学	
第一批	何　蓉	第五类	重庆市万州区幼师幼儿园	
第一批	邹世平	第五类	重庆市万州区百安移民小学	
第一批	汪建德	第五类	重庆市万州第二高级中学	
第一批	张廷志	第五类	重庆市万州第二高级中学	
第一批	秦小滨	第五类	重庆市万州职业教育中心	
第一批	巫贵成	第五类	重庆大学附属三峡医院	
第一批	陈胜利	第五类	重庆大学附属三峡医院	
第一批	王义亮	第五类	重庆大学附属三峡医院	
第一批	曾文兵	第五类	重庆大学附属三峡医院	
第一批	莫运波	第五类	重庆大学附属三峡医院	

续表94

批次	姓名	人才类别	工作单位	年度
第一批	李　风	第五类	重庆大学附属三峡医院	
第一批	庞小华	第五类	重庆大学附属三峡医院	
第一批	谭晓燕	第五类	重庆大学附属三峡医院	
第一批	汪华蓉	第五类	重庆大学附属三峡医院	
第一批	王易林	第五类	重庆大学附属三峡医院	
第一批	田继书	第五类	重庆大学附属三峡医院	
第一批	刘明冬	第五类	重庆大学附属三峡医院	
第一批	谭定勇	第五类	重庆市万州区人民医院	
第一批	杨隆奎	第五类	重庆市万州区第一人民医院	
第一批	谭登永	第五类	重庆市万州区中医院	
第一批	王　维	第五类	重庆市万州区中医院	
第一批	胡江华	第五类	重庆市万州区中医院	
第一批	郑代坤	第五类	重庆市万州区疾病预防控制中心	
第一批	张兴端	第五类	重庆三峡农业科学院	
第一批	张明海	第五类	重庆三峡农业科学院	
第一批	黄仁军	第五类	重庆三峡农业科学院	
第一批	张　甲	第五类	重庆三峡农业科学院	
第一批	乔正洪	第五类	重庆三峡水利电力股份有限公司	
第一批	聂义民	第五类	重庆湘渝盐化股份有限公司	
第一批	李星华	第五类	国能重庆万州电力有限责任公司	
第二批	李雪树	第四类	重庆市万州区土肥工作站	2019
第二批	何　斌	第四类	重庆飞亚实业有限公司	
第二批	梁治明	第四类	重庆市万州第二高级中学	
第二批	龚　毅	第五类	重庆市万州区土肥工作站	
第二批	王栋樑	第五类	重庆市万州高级中学	
第二批	幸奠银	第五类	重庆市万州高级中学	
第二批	曾人平	第五类	重庆市万州区电报路幼儿园	
第二批	何菊芳	第五类	重庆三峡曲艺保护传承中心	
第二批	张　平	第五类	重庆市万州区交通工程质量和安全监督站	
第二批	蒋公建	第五类	重庆市三峡牧业集团有限公司	
第二批	王远全	第五类	重庆市万州区多种经营技术推广站	
第二批	朱　江	第五类	重庆万州燃气有限公司	
第二批	谭士战	第五类	重庆长安跨越车辆有限公司	

续表94

批次	姓名	人才类别	工作单位	年度
第二批	汪小伟	第五类	重庆市万州区果树技术推广站	
第二批	刘本祥	第五类	重庆市万州区水产研究所	
第二批	张胜强	第五类	重庆渝万律师事务所	
第二批	吴高林	第五类	重庆市万州区规划设计研究院	
第二批	吴春帆	第五类	重庆市万州区文化馆	
第二批	潘文俊	第五类	重庆市万州区公路养护一段	
第三批	王　钧	第三类	重庆三峡学院	2020
第三批	苏小平	第四类	威科赛乐微电子股份有限公司	
第三批	郭远臣	第四类	重庆三峡学院	
第三批	李永革	第四类	重庆江东机械有限责任公司	
第三批	程大勇	第五类	金龙精密铜管集团有限公司	
第三批	李　涌	第五类	重庆大有工程设计研究院集团有限公司	
第四批	潘海琳	第三类（由第五类升为第三类）	重庆三峡融媒体中心	2021
第四批	张习刚	第四类	金龙精密铜管集团股份有限公司	
第四批	刘　巍	第四类	重庆川东路桥工程有限公司	
第四批	汪浩然	第四类	中国船舶重工集团衡远科技有限公司	
第四批	秦小滨	第四类（由第五类升为第四类）	重庆市万州区职业教育中心	
第四批	祁俊生	第四类	重庆三峡学院	
第四批	郭作飞	第四类	重庆三峡学院	
第四批	李廷真	第四类	重庆三峡学院	
第四批	聂祥飞	第四类	重庆三峡学院	
第四批	邓晓霞	第五类	重庆三峡学院	
第四批	周　健	第五类	重庆大有工程设计研究院集团有限公司	
第四批	陈　泉	第五类	重庆三峡农业科学院	
第四批	刘传永	第五类	重庆市万州区妇幼保健院	
第四批	范仕兵	第五类	重庆大学附属三峡医院	
第四批	杨晓英	第五类	重庆市万州区教师进修学院	
第四批	张　进	第五类	重庆市万州高级中学	
第四批	杨清军	第五类	重庆市万州区红光小学	
第四批	刘体美	第五类	重庆市万州区红光小学	
第四批	熊　川	第五类	重庆渝万传媒集团有限公司	
第四批	陈忠洪	第五类	重庆万州奇昌生物科技有限公司	

（区人力社保局）

索　引

说明：

一、本索引分主题索引和表格索引。

二、主题索引中，类目、分目、次分目作标目一般采用原称，其余标目一般提取主题词，大事记、组织机构及负责人、综述分目、概况条目、彩页除外。各标目按汉语拼音音序排列；以数字开头的，排在最前面。标目后的数字表示内容所在页码，数字后英文字母a、b、c分别表示该页码的左、中、右栏。

三、表格索引，以表格题名为标目，仅标注所在页码，不标注分栏，按照表序排列。

主题索引

D

E

F

J

K

L

M

N

T

W

X

Y

Z

表格索引